A HUMANIZAÇÃO DO DIREITO INTERNACIONAL

ANTÔNIO AUGUSTO CANÇADO TRINDADE

Ph.D. (Cambridge) em Direito Internacional; Juiz da Corte Internacional de Justiça (Haia); Ex-Presidente da Corte Interamericana de Direitos Humanos; Professor Emérito de Direito Internacional da Universidade de Brasília e do Instituto Rio Branco; Ex-Consultor Jurídico do Ministério das Relações Exteriores do Brasil; Membro Titular do *Curatorium* da Academia de Direito Internacional da Haia, e do *Institut de Droit International*; Membro das Academias Mineira e Brasileira de Letras Jurídicas

A HUMANIZAÇÃO DO DIREITO INTERNACIONAL

2ª edição
Revista, Atualizada e Ampliada

DelRey
EDITORA

Belo Horizonte, Brasil
2015

Copyright © 2015 Editora Del Rey Ltda.

Nenhuma parte deste livro poderá ser reproduzida, sejam quais forem os meios empregados, sem a permissão, por escrito, da Editora.
Impresso no Brasil | *Printed in Brazil*

EDITORA DEL REY LTDA.
www.livrariadelrey.com.br

Editor: Arnaldo Oliveira

Editor Adjunto: Ricardo A. Malheiros Fiuza

Editora Assistente: Waneska Diniz

Coordenação Editorial: Wendell Campos Borges

Diagramação: Romério Damascena

Revisão: RESPONSABILIDADE DO AUTOR

Capa: CYB Comunicação

Editora Del Rey
Rua dos Goitacazes, 71 – Sala 709-C – Centro
Belo Horizonte – MG – CEP 30190-050
Tel: (31) 3284-5845
editora@delreyonline.com.br

Conselho Editorial:

Alice de Souza Birchal
Antônio Augusto Cançado Trindade
Antonio Augusto Junho Anastasia
Antônio Pereira Gaio Júnior
Aroldo Plínio Gonçalves
Carlos Alberto Penna R. de Carvalho
Celso de Magalhães Pinto
Edelberto Augusto Gomes Lima
Edésio Fernandes
Felipe Martins Pinto
Fernando Gonzaga Jayme
Hermes Vilchez Guerrero
José Adércio Leite Sampaio
José Edgard Penna Amorim Pereira
Luiz Guilherme da Costa Wagner Junior
Misabel Abreu Machado Derzi
Plínio Salgado
Rénan Kfuri Lopes
Rodrigo da Cunha Pereira
Sérgio Lellis Santiago

T833h   Trindade, Antônio Augusto Cançado
       A humanização do Direito Internacional. / Antônio Augusto Cançado Trindade. 2. ed. rev., atual. e ampl. Belo Horizonte: Del Rey, 2015.
       xxvi + 790 p.
       ISBN: 978-85-384-0422-4
       1.Corte Interamericana de Direitos Humanos, legislação, jurisprudência. 2. Convenção Européia dos Direitos Humanos, legislação, jurisprudência. 3. Direitos humanos (direito internacional público). 4. Direito internacional público, análise crítica. 5. Direitos pessoais. 6. Jus gentium. 7. Desarmamento universal controlado, aspectos jurídicos. 8. Desarmamento nuclear, aspectos jurídicos. 9. Conflito internacional. 10. Guerra e sociedade. 11. Refugiado, proteção, legislação. 12. Refugiado político, proteção. I. Título.

CDU: 342.7

Nilcéia Lage de Medeiros
Bibliotecária
CRB6: 1545

À memória de meus pais
Dr. Geraldo Trindade e Maria Antonieta Cançado Trindade,
exemplos de integridade pessoal, de dedicação à família e
de excelência no labor do quotidiano,
com gratidão e saudade.

SUMÁRIO

Prefácio à 2ª. edição XI
Prefácio à 1ª. edição XXI

Parte I
A CONSCIÊNCIA HUMANA NOS FUNDAMENTOS, FORMAÇÃO E EVOLUÇÃO DO DIREITO INTERNACIONAL

I. A *Recta Ratio* nos Fundamentos do *Jus Gentium* como Direito
   Internacional da Humanidade..3

II. A Formação do Direito Internacional Contemporâneo:
    Reavaliação Crítica da Teoria Clássica de Suas "Fontes"......................................28

III. La Convention Américaine relative aux Droits de l'Homme et le Droit
     International Général..90

IV. A Consciência Jurídica Universal como Fonte Material do Direito Internacional 99

Parte II
A EMANCIPAÇÃO DO SER HUMANO COMO SUJEITO DO DIREITO INTERNACIONAL

V. A Emancipação do Ser Humano como Sujeito do Direito
   Internacional e os Limites da Razão de Estado... 125

VI. La Humanización del Derecho Internacional y los Límites de la Razón
    de Estado.. 134

VII. La Consolidación de la Personalidad y Capacidad Jurídicas
     Internacionales del Ser Humano en la Agenda de los Derechos
     Humanos del Siglo XXI... 143

VIII. Le Nouveau Règlement de la Cour Interaméricaine des Droits
      de l'Homme: Quelques Réflexions sur la Condition de l'Individu
      comme Sujet du Droit International 156

IX. La Emancipación de la Persona Humana en la Reconstrucción del *Jus Gentium* 169

Parte III
OS SERES HUMANOS, OS POVOS E A HUMANIDADE COMO SUJEITOS DO DIREITO INTERNACIONAL

X. Os Indivíduos como Sujeitos do Direito Internacional 187

XI. L´Humanisation du Droit International: La Personne Humaine en tant que Sujet du Droit des Gens / The Humanization of International Law: The Human Person as Subject of the Law of Nations 236

XII. Some Reflections on the Justiciability of the Peoples´ Right to Peace 269

XIII. L´Humanité comme Sujet du Droit International 292

XIV. *Universitas* e *Humanitas*: Memorial por uma Formação Humanista para os Nossos Tempos 311

XV. *Universitas* and *Humanitas*: A Plea for Greater Awareness of Current Challenges 325

Parte IV
O PRIMADO DO DIREITO INTERNACIONAL SOBRE A FORÇA

XVI. The Primacy of International Law over Force 343

XVII. The Illegality under Contemporary International Law of All Weapons of Mass Destruction 361

XVIII. Peaceful Settlement of International Disputes: Current State and Perspectives 391

Parte V
A HUMANIZAÇÃO DO DIREITO INTERNACIONAL NA JURISPRUDÊNCIA E NA DOUTRINA

XIX. La Humanización del Derecho Internacional en la Jurisprudencia y la Doctrina: Un Testimonio Personal 443

XX. The Right of Access to Justice in Its Wide Dimension 459

XXI. Le Déracinement et les Droits des Migrants dans le Droit International des Droits de l´Homme 468

XXII. Las Inmunidades del Estado frente a los Crímenes Internacionales de Sujeción a Trabajo Forzado y Masacres: el caso de las inmunidades jurisdiccionales del estado (Alemania *versus* Italia, con intervención de Grecia, sentencia de la CIJ del 03.02.2012) y disidencia 501

XXIII. Compliance With Judgments and Decisions – The Experience
of the Inter-American Court of Human Rights: A Reassessment 511

Parte VI
AS CONVERGÊNCIAS E EXPANSÃO DOS REGIMES JURÍDICOS DE PROTEÇÃO INTERNACIONAL DOS DIREITOS DA PESSOA HUMANA

XXIV. Aproximaciones y Convergencias Revisitadas: Diez Años de Interacción entre el Derecho Internacional de los Derechos Humanos, el Derecho Internacional de los Refugiados, y el Derecho Internacional Humanitario (De Cartagena/1984 a San José/1994 y México/2004) 525

XXV. El Largo Camino de la Humanización del Derecho Internacional: Una Nueva Década de Consultas del Alto Comisionado de las Naciones Unidas para los Refugiados (ACNUR) (De México/2004 a Brasília/2014) 593

XXVI. Le Développement du Droit International des Droits de l'Homme à travers l'Activité et la Jurisprudence des Cours Européenne et Interaméricaine des Droits de l'Homme 614

XXVII. Quelques Réflexions à l'Occasion de la Première Réunion des Trois Cours Régionales des Droits de l'Homme (Strasbourg, 08-09.12.2008) 623

XXVIII. Address to the U.N. Human Rights Committee on the Occasion of the Commemoration of Its 100th Session (United Nations, Geneva, 29.10.2010) 638

Parte VII
RUMO AO NOVO *JUS GENTIUM*, O DIREITO INTERNACIONAL DA HUMANIDADE

XXIX. A Perenidade dos Ensinamentos dos "Pais Fundadores" do Direito Internacional 647

XXX. Quelques Réflexions sur les Systèmes Régionaux dans le Cadre de l'Universalité des Droits de l'Homme 677

XXXI. The Universality of International Law, Its Humanist Outlook, and the Mission of The Hague Academy of International Law 682

XXXII. A Century of International Justice and Prospects for the Future 691

XXXIII. Human Development and Human Rights in the International Agenda of the XXIst Century 718

XXXIV. Réflexions sur le Principe d'Humanité dans sa Vaste Dimension 736

XXXV. The Human Person and International Justice (2008 Friedmann
    Memorial Award) 748
XXXVI. Hacia el Nuevo *Jus Gentium* del Siglo XXI: El Derecho Universal
    de la Humanidad 759
XXXVII. Memorial por um Novo *Jus Gentium*, o Direito Internacional
    da Humanidade 768

Anexo: Bibliografia - Livros do Mesmo Autor 783

PREFÁCIO À 2ª. EDIÇÃO

Ao longo da década transcorrida desde o lançamento da primeira edição de *A Humanização do Direito Internacional*, até o presente, tem persistido um panorama marcado, por um lado, pela generalização da violência, em meio a novos e sucessivos conflitos e crises humanitárias em distintos continentes. Isto não é de se surpreender, pois a violência gera a violência ainda em maior escala. Por outro lado, no mesmo cenário internacional também se constata que, ao longo desta última década, vem sendo construída, de modo alentador, a jurisprudência dos tribunais internacionais contemporâneos, que vêm contribuindo de modo marcante à realização da justiça internacional,[1] e à busca do fim da impunidade – dos indivíduos e dos Estados –, por violações graves dos direitos humanos e do Direito Internacional Humanitário.

Esta construção jurisprudencial, altamente significativa, é um traço de nossa época, cuja importância talvez venha a ser mais nitidamente reconhecida com o passar do tempo. Afinal, se voltarmos os olhos para trás, nos damos conta de que a história das civilizações tem revelado a incapacidade destas de coibir o impulso humano à destruição de seus semelhantes, inclusive a destruição em massa.[2] É conhecida a dedicação com que, em meados do século passado, Karl Jaspers, um verdadeiro humanista, se pôs a identificar a culpa coletiva em seu próprio país após a experiência do totalitarismo nazista com milhões de vítimas. Esta tragédia moderna (e não no sentido clássico) – assinalou – passou a gerar um sentimento de culpa nos próprios sobreviventes, pelo simples fato de estarem vivos.[3]

Mesmo assim, em seus estudos e reflexões sobre as civilizações mais antigas, buscava ele exemplos que demonstrassem que os seres humanos eram capazes de

---

1 Cf. A.A. Cançado Trindade, *Os Tribunais Internacionais e a Realização da Justiça*, Rio de Janeiro, Edit. Renovar, 2015, pp. 1-507; A.A. Cançado Trindade, *Los Tribunales Internacionales Contemporáneos y la Humanización del Derecho Internacional*, Buenos Aires, Ed. Ad-Hoc, 2013, pp. 7-185; A.A. Cançado Trindade, *La Humanización del Derecho Internacional Contemporáneo*, México, Edit. Porrúa/IMDPC, 2013, pp. 1-324; Emilia Bea, *Conversación con Antônio Augusto Cançado Trindade - Reflexiones sobre la Justicia Internacional*, Valencia, Tirant lo Blanch, 2013, pp. 15-111.
2 Cf. Erich Fromm, *Anatomía de la Destructividad Humana* [1973], Madrid/México/Buenos Aires, Siglo Veintiuno Edit., 2009 [reimpr.], pp. 273, 275, 292-293, 300, 319-322, 396, 401 e 426-427
3 Cf. S. Kirkbright, *Karl Jaspers - A Biography: Navigations in Truth*, New Haven/London, Yale University Press, 2004, p. 197.

tratar-se com tolerância uns aos outros.[4] No entanto, Karl Jaspers advertia que a experiência histórica mostra que o Estado é capaz de aniquilar os seres humanos, inclusive os que para ele trabalharam por toda a vida; o ser humano – concluiu – só encontrará sentido para sua existência no transcendental, independentemente de tudo o que ocorre no mundo.[5] A opressão, advertia, por sua vez, Simone Weil, a todos destrói, os oprimidos assim como os próprios opressores; quando a vida humana se reduz, de um fim em si mesma a um simples meio (podendo ser sacrificada), todos se encontram abandonados em uma "coletividade cega".[6]

É preocupante a constatação de que, uma vez mais, nem sequer o passar do tempo, ao longo dos séculos, tem logrado aprimorar o comportamento humano e extirpar a violência com que os seres humanos se tratam uns aos outros. Não parecem ter sido aprendidas as lições dos sofrimentos do passado. A barbárie tem estado presente em toda a história da humanidade. Civilização e barbárie são duas faces da mesma moeda.[7] Ao longo dos séculos, tem havido momentos de luz, como, por exemplo, o Renascimento, com o desenvolvimento das humanidades, o florescer do humanismo decorrente da confluência dos legados grego e romano.[8] Nem por isso houve um progresso linear: a barbárie permaneceu presente na história mundial.

Outro momento de luz, após a Segunda Guerra Mundial, foi a adoção, no breve lapso de dois dias, da Convenção contra o Genocídio, e da Declaração Universal de Direitos Humanos, aos 9 e 10 de dezembro de 1948, respectivamente, seguida da projeção da Declaração Universal em escala verdadeiramente mundial, e nos planos do direito tanto internacional como interno.[9] Mas nem por isso terminou a barbárie; tem marcado presença desde então, em distintos continentes, e se mostra hoje – em 2015 – ameaçadora, de modo manifesto e preocupante.[10]

---

4 *Ibid.*, p. 213.
5 K. Jaspers, *La Fe Filosófica* [1947], Buenos Aires, Edit. Losada, 2003 [reed.], pp. 19, 65, 149 e 157-158.
6 S. Weil, *Reflexiones sobre las Causas de la Libertad y de la Opresión Social* [1934], Barcelona, Ed. Paidós/Universidad Autónoma de Barcelona, 1995, pp. 1995, pp. 81-82, 84 e 130-131; S. Weil, *Réflexions sur les causes de la liberté et de l'oppression sociale*, Paris, Gallimard, 1955, pp. 124-125, e cf. pp. 114-115 e 144.
7 Cf. n. (11), *infra*.
8 Cf. Edgar Morin, *Culture et barbarie européennes*, Paris, Bayard, 2005, pp. 36 e 44; Edgar Morin, *Mon chemin*, [Paris,] Fayard, 2008, pp. 201 e 357.
9 Cf. A.A. Cançado Trindade, *Tratado de Direito Internacional dos Direitos Humanos*, 2ª. ed., vol. I, *op. cit. infra* n. (12), pp. 55-77; A.A. Cançado Trindade, "O Legado da Declaração Universal de 1948 e o Futuro da Proteção Internacional dos Direitos Humanos", 107/112 *Boletim da Sociedade Brasileira de Direito Internacional* (1997) pp. 77-109.
10 Cf., e.g., O. Hanne e Th. F. de la Neuville, *L'État islamique – Anatomie du nouveau Califat*, [Paris,] B. Giovanangeli Éd., 2014, pp. 5-172; P. Cockburn, *O Novo Estado Islâmico* [*The Jhadis Return*], Carcavelos/Portugal, Self D.P. Ed., 2014, pp. 13-164; J. Sekulow *et alii*, *Rise of ISIS*, N.Y., Howard Books, 2014, pp. 1-128.

Assim sendo, – pelas razões que expus na *aula magna* que ministrei em 2013, na cerimônia de inauguração da cátedra de Direito Internacional, da Universidade Federal da Integração Latino-Americana (UNILA), em Foz do Iguaçu,[11] – há que insistir no valor do ser humano, perseverar na visão humanista do Direito Internacional, e reagir pronta e preventivamente à agressividade, e ao ímpeto de destruição, para superar a antinomia civilização/barbárie e fazer prevalecer os valores humanos superiores.

Com efeito, os abusos e atrocidades que têm vitimado, nas últimas décadas, milhões de seres humanos em toda parte, têm despertado, em definitivo, a *consciência jurídica universal* (que em meu entender é a fonte *material* última de todo o Direito) para uma necessária reconceitualização das próprias bases do ordenamento jurídico internacional. Daí provem o reconhecimento de sua dimensão verdadeiramente *universal* e da necessária prevalência de *valores* fundamentais, com base em um sentido de *justiça objetiva*, assim como a formação da *opinio juris communis* nas últimas décadas.

Para isto têm contribuído as organizações internacionais, sobretudo as de âmbito universal (porta-vozes dos interesses da comunidade internacional como um todo),[12] pondo um fim ao antigo monopólio estatal da titularidade de direitos no plano internacional, e contribuindo à consolidação da emancipação da pessoa humana *vis-à-vis* o próprio Estado.[13] Têm elas inclusive aberto as portas a entidades da sociedade civil (a exemplo das organizações não governamentais – ONGs), com as quais os Estados-Membros vêm aprendendo a dialogar, particularmente no tratamento de questões de teor humanitário, de interesse geral de toda a comunidade internacional.

Graças ao despertar da consciência jurídica universal, há na atualidade uma pronta reação à secular violência vitimando milhões de seres humanos em distintos continentes, deslocando-os forçadamente de um lugar a outro e destruindo seus lares, seja pela perpetração de crimes contra a humanidade, ou pela marginalização e exclusão sociais, levando à pobreza extrema e crônica. Um exemplo desta reação à brutalidade humana reside nas três décadas das Consultas do ACNUR em nossa região (1984-2014), examinadas no presente livro (capítulos XXIV-XXV), verdadeiramente pioneiras, na busca de novas respostas às crises humanitárias.

---

11 Reproduzida *in*: A.A. Cançado Trindade, *Os Tribunais Internacionais e a Realização da Justiça, op. cit. supra* n. (1), cap. II ("Reflexões Críticas sobre a Referencia a 'Nações Civilizadas' no Artigo 38 do Estatuto da Corte Internacional de Justiça"), pp. 69-137.
12 A.A. Cançado Trindade, *Direito das Organizações Internacionais*, 6a. ed., Belo Horizonte, Edit. Del Rey, 2014, pp. 543-574.
13 A.A. Cançado Trindade, *El Acceso Directo del Individuo a los Tribunales Internacionales de Derechos Humanos*, Bilbao, Universidad de Deusto, 2001, cap. III, pp. 41-59; A.A. Cançado Trindade, "The Emancipation of the Individual from His Own State - The Historical Recovery of the Human Person as Subject of the Law of Nations", *in Human Rights, Democracy and the Rule of Law - Liber Amicorum L. Wildhaber* (eds. S. Breitenmoser *et alii*), Zürich/Baden-Baden, Dike/Nomos, 2007, pp. 151-171.

Sinto-me honrado em ter atuado como Consultor Jurídico *ad honorem* do ACNUR neste exercício de três décadas. Não há outra região do mundo que tenha procedido do mesmo modo, na busca de soluções duráveis às crises humanitárias. As novas respostas alcançadas (como a mobilidade laboral, os "vistos humanitários", entre outras) constituem um patrimônio jurídico dos países e povos de nossa região, na linha da mais lúcida doutrina latino-americana jusinternacionalista. Nossa região vem, hoje, acolhendo, – como já fez no passado, – com espírito de verdadeira solidariedade, as vítimas de catástrofes e atrocidades cometidas em outros continentes.

Se, por um lado, persistem na atualidade, em todas partes, manifestações da violência extrema com que os seres humanos têm se tratado, uns aos outros, ao longo dos séculos, – a exemplo, na última década, *inter alia*, da continuada devastação do Iraque, a par das devastações da Líbia e da Síria no presente, entre outras, com suas consequências trágicas, – por outro lado, a par de tantos atos de crueldade humana, na mesma época a Assembleia Geral das Nações Unidas tem-se insurgido contra esta situação, ao inserir em sua agenda, de 2006 até o presente, o item do "Estado de Direito (*rule of law/prééminence du Droit/Estado de Derecho*) nos planos *nacional e internacional*", que vem atraindo atenção crescente dos Estados-Membros da ONU.[14] A Assembleia Geral tem envidado seus esforços em face da incapacidade do Conselho de Segurança, refém do veto das "grandes potências", de atuar prontamente, desde as tragédias da Ex-Iugoslávia e de Ruanda, na década de 1990, até as do Iraque, Líbia e Síria, entre outras, na atualidade.

Cabe, assim, salvaguardar e cultivar o que se tem logrado realizar em prol de um ordenamento jurídico internacional humanizado. Neste propósito, ao longo da última década, tive a satisfação de participar, como expositor, das comemorações, na Haia, de dois centenários, a saber, o da II Conferência de Paz da Haia (realizado na Academia da Haia em 2007),[15] e o do Palácio da Paz (realizados tanto na Academia de Direito Internacional da Haia quanto na CIJ em 2013),[16] erguido para promover a justiça internacional. Em ambas ocasiões ressaltei a relevância do processo histórico em curso da humanização do Direito Internacional.

Ademais, ao longo de minha Presidência da Sociedade Latino-Americana de Direito Internacional (2012-2014), busquei, *inter alia*, identificar e difundir o legado das Conferências Mundiais das Nações Unidas (das duas décadas e meia anteriores),[17]

---

14 Para um relato desse desenvolvimento, A.A. Cançado Trindade, *Direito das Organizações Internacionais*, 6ª. ed., *op. cit. supra* n. (12), pp. VII-VIII, XV, XXIII-XXIV, XXVII-XXVIII e 584-587.
15 Cf. A.A. Cançado Trindade, "The Presence and Participation of Latin America at the II Hague Peace Conference of 1907", in *Actualité de la Conférence de La Haye de 1907, II Conférence de la Paix (Colloque de 2007 - éd. Y. Daudet)*, Leiden/La Haye, Académie de Droit International/ Nijhoff, 2008, pp. 51-84, e cf. pp. 110-112, 115-117, 122 e 205-206.
16 Cf. os capítulos XXXII e XXXIII do presente livro.
17 Expostas e estudadas a fundo in: A.A. Cançado Trindade, *Tratado de Direito Internacional dos Direitos Humanos*, 2ª. ed., vol. I, Porto Alegre, S.A. Fabris Ed., 2003, pp. 77-337; A.A.

sobretudo o da II Conferência Mundial de Direitos Humanos (Viena, 1993), da qual tão gratas lembranças guardo. Graças ao ciclo das Conferências Mundiais das Nações Unidas, hoje não mais se questiona a legitimidade da preocupação da comunidade com as condições de vida das populações (particularmente seus segmentos mais vulneráveis e indefesos) em toda parte.[18]

No novo *jus gentium* do século XXI, a pessoa humana emerge como sujeito de direitos emanados diretamente do DireitoI, dotado de capacidade processual para vindicá-los.[19] Mediante sua *humanização e universalização*, o Direito Internacional contemporâneo passa a ocupar-se mais diretamente da identificação e realização de valores e metas comuns superiores, atinentes a cada ser humano em particular, assim como à humanidade como um todo. Tal como assinalado no capítulo XIX, no seio dos tribunais internacionais passei a dedicar-me à construção jurisprudencial da *humanização* do direito internacional, em meus votos sucessivos.

Assim o fiz, a partir de meados da década de 1990, na CtIADH, tanto em seus Pareceres Consultivos,[20] e em suas sentenças em casos contenciosos,[21] assim como

---

Cançado Trindade, *A Proteção dos Vulneráveis como Legado da II Conferência Mundial de Direitos Humanos (1993-2013)*, Fortaleza, IBDH/IIDH/SLADI, 2014, pp. 13-356; A.A. Cançado Trindade, "Nouvelles réflexions sur l'interdépendence ou l'indivisibilité de tous les droits de l'homme, une décennie après la Conférence Mondiale de Vienne", *in El Derecho Internacional: Normas, Hechos y Valores - Liber Amicorum J.A. Pastor Ridruejo* (eds. L. Caflisch *et alii*), Madrid, Universidad Complutense, 2005, pp. 59-73.

18 Cf. A.A. Cançado Trindade, "Sustainable Human Development and Conditions of Life as a Matter of Legitimate International Concern: The Legacy of the U.N. World Conferences", *in Japan and International Law - Past, Present and Future* (International Symposium to Mark the Centennial of the Japanese Association of International Law), The Hague, Kluwer, 1999, pp. 285-309.

19 Cf., neste sentido, e.g., A.A. Cançado Trindade, *El Derecho Internacional de los Derechos Humanos en el Siglo XXI*, 2ª. ed., Santiago, Editorial Jurídica de Chile, 2006, cap. VII, pp. 319-376; A.A. Cançado Trindade, *Tratado de Direito Internacional dos Direitos Humanos*, vol. III, Porto Alegre, S.A. Fabris Ed., 2003, caps. XV-XVI, pp. 27-117 e 119-192; A.A. Cançado Trindade, *El Ejercicio de la Función Judicial Internacional - Memorias de la Corte Interamericana de Derechos Humanos*, 3ª. ed., Belo Horizonte, Edit. Del Rey, 2013, pp. 1-354; dentre outros. E cf. também: A.A. Cançado Trindade, "A Emancipação do Ser Humano como Sujeito do Direito Internacional e os Limites da Razão de Estado", 6/7 *Revista da Faculdade de Direito da Universidade do Estado do Rio de Janeiro* (1998-1999) pp. 425-434; A.A. Cançado Trindade, "La Emancipación de la Persona Humana en la Reconstrucción del *Jus Gentium*", 47 *Revista da Faculdade de Direito da Universidade Federal de Minas Gerais* (2005) pp. 55-74.

20 Voto Concordante (pars. 34-35) no Parecer Consultivo n. 16 (de 01.01.1999) sobre o *Direito à Informação sobre a Assistencia Consular no Âmbito das Garantias do Devido Processo Legal*; Voto Concordante (pars. 66-67 e 71) no Parecer Consultivo n. 17 (de 28.08.2002) sobre a *Condição Jurídica e Direitos Humanos da Criança*; Voto Concordante (pars. 25, 27-28 e 88) no Parecer Consultivo n. 18 (de 17.09.2003) sobre a *Condição Jurídica e Direitos dos Migrantes Indocumentados*.

21 Voto Concordante (pars. 6-7) no caso *Castillo Petruzzi et alii versus Peru* (exceções preliminares, Sentença de 04.09.1998); Voto Arrazoado (par. 27) no caso *Ximenes Lopes versus Brasil* (Sentença de 04.07.2006); Voto Arrazoado (pars. 12-13) no caso da *Comunidade Indígena Yakye Axa versus Paraguai* (Interpretação de Sentença de 06.02.2006); Voto Arrazoado (par. 155) no caso da *Prisão de Castro-Castro versus Peru* (Interpretação de Sentença de 02.08.2008).

em suas Medidas Provisórias de Proteção.²² Do mesmo modo o tenho feito na CIJ, na atualidade, a partir de 2009, também tanto em seus Pareceres Consultivos,²³ e em suas sentenças em casos contenciosos,²⁴ assim como em suas Medidas Provisórias de Proteção.²⁵ Tenho sustentado, em meus votos sucessivos, a condição do ser humano como sujeito do Direito Internacional, no âmbito de um Direito Internacional humanizado, o novo *jus gentium* de nossos tempos. Recentemente, a Editora Nijhoff incluiu meus referidos votos (em dois tomos, relativos respectivamente à CtIADH e à CIJ) em sua conceituada série *Juízes* (o sexto da série, de 1945 à atualidade), sob o título geral *A Construção de um Direito Internacional Humanizado*.²⁶

Tal construção jurisprudencial, à qual tenho me dedicado em duas jurisdições internacionais distintas, ergue-se nos mais diversos contextos factuais, das questões levadas ao conhecimento, para adjudicação, tanto da CtIADH como da CIJ. Ao proceder a tal construção, tenho levado em conta também as contribuições da jurisprudência de outros tribunais internacionais contemporâneos, buscando alimentar – mediante a fertilização jurisprudencial – seu desenvolvimento harmônico, com repercussões na doutrina contemporânea.

---

22 Voto Concordante (pars. 12 e 25), caso dos *Haitianos e Dominicanos de Origem Haitiana na República Dominicana versus República Dominicana* (Resolução de 18.08.2000); Voto Concordante (pars. 16-18); no caso da *Comunidade de Paz de San José de Apartadó versus Colombia* (Resolução de 18.06.2002); Voto Concordante (par. 3) no mesmo caso (Resolução de 15.03.2005); Voto Concordante (pars. 10-11) outra vez no mesmo caso (Resolução de 02.02.2006); Voto Concordante (pars. 4 e 10-11) no caso das *Comunidades de Paz de Jiguamiandó e Curbaradó versus Colombia* (Resolução de 07.02.2006).

23 Voto Arrazoado (párrs. 169-240) no Parecer Consultivo de 22.07.2010 sobre a *Declaração de Independencia do Kossovo*; Voto Arrazoado (párrs. 57-75 e 101-118) no Parecer Consultivo de 01.02.2012 sobre a *Sentença n. 2867 do Tribunal Administrativo da OIT sobre uma Reclamação contra o FIDA*.

24 Voto Dissidente (pars. 101-179) no caso das *Imunidades Jurisdicionais do Estado* (Alemanha *versus* Itália, demanda reconvencional, *Ordonnance* del 06.07.2010); Voto Arrazoado (pars. 88-92 e 200-245) no caso *A.S. Diallo* (Guiné *versus* R.D. Congo, mérito, Sentença de 30.11.2010); Voto Arrazoado (pars. 20-21, 41-42, 48, 64, 82 e 93-95) no caso *A.S. Diallo* (Guiné *versus* R.D. Congo, reparações, Sentença de 19.06.2012); Voto Dissidente (pars. 68-72, 161-171 e 177-183) no caso das *Imunidades Jurisdicionais do Estado* (Alemanha *versus* Itália com intervenção da Grécia, mérito, Sentença de 03.02.2012); Voto Arrazoado (pars. 49, 84, 109, 169 e 178-184) no caso das *Questões Relativas à Obrigação de Julgar ou Extraditar* (Bélgica *versus* Senegal, mérito, Sentença de 20.07.2012); Voto Arrazoado (pars. 27, 31 e 65-66) no caso do *Templo de Preah Vihear* (Camboja *versus* Tailandia, Interpretação de Sentença de 11.11.2013); Voto Dissidente (pars. 58-60, 63, 68-69, 74, 83-84 e 530) no caso da *Aplicação da Convenção contra o Genocídio* (Croácia *versus* Sérvia, Sentença de 03.02.2015).

25 Voto Dissidente (pars. 15-25) no caso das *Questões Relativas à Obrigação de Julgar ou Extraditar* (Bélgica *versus* Senegal, *Ordonnance* de 28.05.2009); Voto Arrazoado (párrs. 66-117) no caso do *Templo de Preah Vihear* (Cambodia *versus* Tailandia, *Ordonnance* de 18.07.2011).

26 Cf. *Judge Antônio A. Cançado Trindade - The Construction of a Humanized International Law - A Collection of Individual Opinions (1991-2013)*, vol. I (Inter-American Court of Human Rights), Leiden, Brill/Nijhoff, 2014, pp. 9-852; vol. II (International Court of Justice), Leiden, Brill/Nijhoff, 2014, pp. 853-1876.

Os ensaios que compõem a presente obra *A Humanização do Direito Internacional*, em sua 2ª. edição (ampliada, revista e atualizada), incluem tanto minhas pesquisas acadêmicas, apresentadas como *aulas magnas* e conferências em universidades em distintos continentes (como, *inter alia*, a ministrada na Universidade de Hiroshima, em fins de 2004, sobre a ilegalidade de todas as armas de destruição em massa – capítulo XVII), quanto minhas intervenções nas sedes de tribunais internacionais, assim como meus discursos nos plenários de organizações internacionais (Nações Unidas, ACNUR, UNESCO, OEA). Os tópicos abordados compõem a agenda internacional do século XXI, com o necessário enfoque humanista.

Tenho tido, efetivamente, o privilégio de acompanhar de perto os grandes temas da agenda internacional de nossos tempos, e de conceituar a *humanização* do Direito Internacional contemporâneo. Em meu *Curso Geral de Direito Internacional Público*, intitulado *Direito Internacional para a Humanidade: Rumo a um Novo Jus Gentium*, que ministrei em 2005 na Academia de Direito Internacional da Haia, propugnei pela formação e consolidação de um novo *jus gentium* humanizado.[27] Assim, nos planos tanto da jurisprudência como da doutrina jusinternacionalistas, tenho me empenhado na causa da *humanização* do Direito Internacional, com fidelidade ao pensamento jusnaturalista em constante evolução, presente desde as origens históricas do direito das gentes, e único capaz de superar as distorções do enfoque estritamente interestatal – próprio do positivismo jurídico – do ordenamento jurídico internacional.[28]

Quanto ao conteúdo da presente obra, compõem esta segunda edição (atualizada, revista e ampliada) de *A Humanização do Direito Internacional*, sete partes, congregando, em sequência lógica, 37 ensaios, nos idiomas em que originalmente os escrevi. Na *parte I* (capítulos I-IV) examino a consciência humana (*recta ratio*) nos fundamentos, formação e evolução do Direito Internacional público, identificando a consciência jurídica universal como fonte *material* última do Direito Internacional. Passo, então, ao estudo, na *parte II* (capítulos V-IX), da emancipação do ser humano como sujeito do Direito Internacional: com a reconstrução do direito das gentes (*jus*

---

27   A.A. Cançado Trindade, "International Law for Humankind: Towards a New *Jus Gentium* - General Course on Public International Law - Part I", 316 *Recueil des Cours de l'Académie de Droit International de la Haye* (2005) pp. 31-439; A.A. Cançado Trindade, "International Law for Humankind: Towards a New *Jus Gentium* - General Course on Public International Law - Part II", 317 *Recueil des Cours de l'Académie de Droit International de la Haye* (2005) pp. 19-312.

28   Cf., *inter alia*, A.A. Cançado Trindade, "Memorial por um Novo *Jus Gentium*, o Direito Internacional da Humanidade", *in* 1 *Revista da Academia Mineira de Letras Jurídicas* (2007) pp. 67-92; A.A. Cançado Trindade, "As Manifestações da Humanização do Direito Internacional", *in* 23 *Revista da Academia Brasileira de Letras Jurídicas* - Rio de Janeiro (2007) n. 31, pp. 159-170; A.A. Cançado Trindade, "*Totus Orbis*: A Visão Universalista e Pluralista do *Jus Gentium*: Sentido e Atualidade da Obra de Francisco de Vitoria", *in* 24 *Revista da Academia Brasileira de Letras Jurídicas* - Rio de Janeiro (2008) n. 32, pp. 197-212; A.A. Cançado Trindade, "Prefacio", *in Escuela Ibérica de la Paz (1511-1694) - La Conciencia Crítica de la Conquista y Colonización de América* (eds. P. Calafate e R.E. Mandado Gutiérrez), Santander, Ed. Universidad de Cantabria, 2014, pp. 40-109.

gentium) nas últimas décadas, e o reconhecimento dos limites da razão de Estado, consolidam-se a personalidade e capacidade jurídicas internacionais do ser humano.

Na *parte III* (capítulos X-XV) da presente obra, concentro-me na subjetividade jurídica internacional, percorrendo, como sujeitos do direito internacional contemporâneo, os seres humanos, os povos, e a humanidade. É este um dos traços marcantes da humanização do direito das gentes em nossos tempos, no âmbito de sua universalidade. Na *parte IV* (capítulos XVI-XVIII), abordo o primado do Direito Internacional sobre a força, com todas suas implicações para a solução pacífica das controvérsias internacionais, e as novas perspectivas desvendadas, rumo à jurisdição obrigatória, superando o voluntarismo estatal.

Em seguida, na *parte V* (capítulos XIX-XXIII), examino a humanização do Direito Internacional em forma de um testemunho pessoal, concentrado em minhas próprias contribuições à jurisprudência e à doutrina jusinternacionalistas contemporâneas. O direito de acesso da pessoa humana à justiça internacional é analisado em sua dimensão *lato sensu*,[29] abarcando as garantias do devido processo legal e a própria execução de sentenças internacionais em defesa de seus direitos, e descartando a invocação indevida de imunidades do Estado em face dos crimes internacionais (de sujeição a trabalho forçado e massacres).

Na *parte VI* (capítulos XXIV-XXIX), procedo a um estudo atualizado das convergências e expansão dos regimes jurídicos e vertentes de proteção internacional dos direitos da pessoa humana (Direito Internacional dos Direitos Humanos, Direito Internacional Humanitário, e Direito Internacional dos Refugiados), tema ao qual venho dedicando minhas reflexões há cerca de três décadas.[30] Estendo este exame ao papel dos tribunais internacionais contemporâneos, assim como aos órgãos convencionais de supervisão internacional dos tratados gerais de direitos humanos das Nações Unidas (capítulo XXVIII).

Enfim, na *parte VII* (capítulos XXX-XXXVIII), passo a uma avaliação geral de todo o processo histórico de *humanização* do Direito Internacional, desde suas origens – nos ensinamentos dos "pais fundadores" do direito das gentes – até o presente, com atenção especial à experiência acumulada no último século no domínio da justiça internacional. Destaco, ademais, a universalidade do *jus gentium* em nossos tempos, e suas projeções ao futuro, como o Direito Internacional da Humanidade.[31]

---

29 Cf., a respeito, A.A. Cançado Trindade, *Évolution du Droit international au droit des gens - L'accès des particuliers à la justice internationale: Le regard d'un juge*, Paris, Pédone, 2008, pp. 1-187; A.A. Cançado Trindade, *The Access of Individuals to International Justice*, Oxford, Oxford University Press, 2011, pp. 1-236; A.A. Cançado Trindade, *Le Droit international pour la personne humaine*, Paris, Pédone, 2012, pp. 45-368.

30 Cf. A.A. Cançado Trindade, *Derecho Internacional de los Derechos Humanos, Derecho Internacional de los Refugiados y Derecho Internacional Humanitario - Aproximaciones y Convergencias*, Genebra, CICV, [2000], pp. 1-66.

31 Cf., a respeito, ns. (27) e (28), *supra*; e cf., recentemente, A.A. Cançado Trindade, *International*

A evolução do Direito Internacional contemporâneo nas últimas décadas vem dando mostras da expansão da *personalidade* jurídica internacional (abarcando os Estados, povos, indivíduos e a humanidade como um todo), – à qual se junta a *capacidade* jurídica internacional, – assim como da expansão concomitante da *responsabilidade* internacional. No entanto, esta evolução histórica continua em curso, buscando superar obstáculos ou vazios dogmáticos do passado, como, *e.g.*, a visão estatocêntrica do ordenamento jurídico internacional.

Na atualidade, no seio da CIJ, tenho reiteradamente advertido contra este dogmatismo, contra as distorções do enfoque estritamente interestatal do direito das gentes. Minhas advertências neste sentido se encontram, por exemplo, em meu voto dissidente (§§ 161-176) no caso das *Imunidades Jurisdicionais do Estado* (Alemanha *versus* Itália com intervenção da Grécia, mérito, sentença de 03.02.2012), e em meu voto dissidente (§ 496) no caso da *Aplicação da Convenção contra o Genocídio* (Croácia *versus* Sérvia, sentença de 03.02.2015), entre outros.[32] Neste mais recente voto dissidente, ponderei, *inter alia*, que a consciência do mal que a todos circunda e a angústia que daí advém – estudada em distintos ramos do conhecimento humano – têm estado presentes em todas as civilizações, e a ameaça, daí decorrente, ao futuro da humanidade, tem mantido esta preocupação presente em toda a história do pensamento humano[33] (§ 473).

Se apreciarmos em conjunto todas as vertentes de proteção da pessoa humana no Direito Internacional contemporâneo, – o Direito Internacional dos Direitos Humanos, o Direito Internacional Humanitário e o Direito Internacional dos Refugiados, acrescidos do Direito Penal Internacional, – em suas aproximações e convergências, nos daremos conta de que no novo *jus gentium* de nossos tempos a centralidade é da pessoa humana, e não dos Estados. Só assim poderemos nos desvencilhar das perigosas distorções do prisma estritamente estatista, com suas consequências nefastas. Os avanços na justiça internacional constituem hoje um patrimônio jurídico de todos os povos, da própria comunidade internacional como um todo, e contribuem de modo marcante ao processo histórico em curso da *humanização* do Direito Internacional contemporâneo.

Haia, 3 de março de 2015.

Antônio Augusto CANÇADO TRINDADE

Law for Humankind - Towards a New Jus Gentium, 2a. ed., Leiden/The Hague, Nijhoff/The Hague Academy of International Law, 2013, pp. 1-726.

32 Cf. também, no mesmo sentido, meu Voto Arrazoado (párrs. 80-81) no Parecer Consultivo de 01.02.2012 sobre a *Sentença n. 2867 do Tribunal Administrativo da OIT sobre uma Reclamação contra o FIDA*.

33 R.P. Sertillanges, *Le problème du mal - l'histoire*, Paris, Aubier, 1948, pp. 5-412.

PREFÁCIO À 1ª. EDIÇÃO

Como se não bastasse o triste legado do século XX de trágicas contradições, o Direito Internacional enfrenta hoje, na aurora do século XXI, novas ameaças à paz e segurança internacionais, em meio a uma profunda crise, que se afigura como uma verdadeira crise de valores na mais ampla escala. Nunca, como nas últimas décadas, tem se constatado tanto progresso na ciência e tecnologia acompanhado tragicamente de tanta destruição e crueldade. Nunca, como em nossos tempos, tem se verificado tantos sinais da prosperidade acompanhados de modo alarmante de tanto aumento das disparidades econômico-sociais e da pobreza crônica e extrema.

Este início do século XXI desvenda um panorama de progresso científico e tecnológico sem precedentes acompanhado de padecimentos humanos indescritíveis. No quotidiano de cada um, não é de difícil constatação o processo de degradação paulatina das condições de vida (educação, saúde, moradia, trabalho) de segmentos crescentes da população. O que mais impressiona na tragédia contemporânea da marginalização e exclusão sociais é a impressão que deixa de que todos os esforços, sacrifícios e sofrimentos das gerações passadas parecem ter sido em vão.

Em luminoso ensaio publicado há mais de meio-século, um erudito historiador questionou as bases do que se entendia por *civilização*, caracterizando-a como não mais do que avanços modestíssimos nos planos social e moral[1]. Debaixo de sua capa tênue, persistia – e persiste – lamentavelmente a barbárie, como o demonstra o recrudescimento – à margem da Carta das Nações Unidas – dos unilateralismos e do uso indiscriminado da força neste início do século XXI, desvendando o espectro que hoje paira sobre toda a humanidade da ameaça ou iminência de novas e sucessivas guerras.

Ademais, as célebres alegorias de mais de meio século (como as de A. Huxley e G. Orwell, entre outras), afiguram-se hoje mais atuais do que nunca, dada sua lúcida premonição, como que em uma antecipação da realidade, do mundo massificado em que hoje vivemos, da falácia das chamadas "leis do mercado", do pensamento dirigido pelos meios eletrônicos de comunicação.

O mundo em que vivemos permanece ambivalente e eivado de contradições: nem melhor, nem pior, do que o de outrora[2], mas persistentente ameaçador. Um

---

1 A.J. Toynbee, *Civilization on Trial*, Oxford, University Press, 1948, pp. 3-263.
2 Para lúcidos testemunhos, cf. K. Popper, *The Lesson of this Century*, London, Routled-

mundo caracterizado pela revolução das comunicações, em que os seres humanos se sentem cada vez mais isolados e solitários. Um mundo marcado por avanços tecnológicos sem precedentes, acompanhados pela marginalização social em escala crescente e também sem precedentes. Um mundo marcado pela tensão entre a pretensão dos arautos do "pensamento único", e o eterno reflorescimento do livre pensamento, manifestado no domínio das humanidades e das artes, com vistas a dar expressão às aspirações humanas atemporais. Em suma, um mundo marcado por avanços e retrocessos concomitantes, próprios da condição humana. Vivemos efetivamente uma verdadeira *transformação de época*, em que os consideráveis avanços científicos e tecnológicos paradoxalmente têm gerado uma crescente vulnerabilidade dos seres humanos face às novas ameaças do mundo exterior.

É, no entanto, em momentos históricos difíceis de crise como o atual, de consequências mundiais imprevisíveis, que se impõe preservar os princípios fundamentais e os verdadeiros valores, assim como o primado do Direito Internacional sobre a força, e que efetivamente se tem logrado dar saltos qualitativos. Neste sentido, a par de tanta violência, não obstante vem hoje avançando o velho ideal da justiça internacional[3]. Floresce a jurisprudência protetora dos tribunais internacionais (Cortes Interamericana e Europeia) de direitos humanos[4]. Vem de ser criada uma jurisdição penal internacional permanente (o Tribunal Penal Internacional), para combater a impunidade dos atentados contra a humanidade, somada à jurisprudência florescente, neste propósito, dos Tribunais Penais Internacionais *ad hoc* para a Ex-Iugoslávia e Ruanda[5]. O ser humano passa, enfim, a ter acesso direto à justiça internacional[6].

Hoje se reconhece, – como expressado nos documentos finais do recente ciclo de Conferências Mundiais das Nações Unidas da década de noventa e da passagem do século, de que tive a ocasião de participar, – que cabe dispensar um tratamento equânime às questões que afetam a humanidade como um todo (a erradicação da pobreza, a proteção dos direitos humanos, a realização da justiça, a preservação

---

ge, 1997, pp. 13-91; I. Berlin, "Return of the *Volksgeist*: Nationalism, Good and Bad", in *At Century's End* (ed. N.P. Gardels), La Jolla, Alti Publ., 1996, pp. 84-98; S. Zweig, *O Mundo que Eu Vi*, Rio de Janeiro, Ed. Record, 1999, pp. 7-519; B. Bruneteau, *Le siècle des génocides*, Paris, A. Colin, 2004, pp. 5-233.

3 Cf. A.A. Cançado Trindade, *Direito das Organizações Internacionais*, 3ª. ed., Belo Horizonte, Ed. Del Rey, 2003, pp. 785-810.

4 A.A. Cançado Trindade, *Tratado de Direito Internacional dos Direitos Humanos*, vol. III, Porto Alegre, S.A. Fabris Ed., 2003, pp. 27-192.

5 Cf., e.g., J.R.W.D. Jones, *The Practice of the International Criminal Tribunals for the Former Yugoslavia and Rwanda*, 2ª. ed., Ardsley/N.Y., Transnational Publs., 2000, pp. 3-532.

6 A.A. Cançado Trindade, *El Acceso Directo del Individuo a los Tribunales Internacionales de Derechos Humanos*, Bilbao, Universidad de Deusto, 2001, pp. 9-104; A.A. Cançado Trindade, *El Derecho Internacional de los Derechos Humanos en el Siglo XXI*, Santiago, Editorial Jurídica de Chile, 2001, pp. 317-374.

ambiental, o desarmamento, a segurança humana), em meio a um sentimento de maior solidariedade e fraternidade. O reconhecimento da legitimidade da preocupação de toda a comunidade internacional com as *condições de vida* de todos os seres humanos em todas as partes do mundo corresponde ao novo *ethos* da atualidade, do momento histórico tão denso em que vivemos.

Estamos, neste início do século XXI, em meio à luta pelo primado da razão de humanidade sobre a razão de Estado. Nesta luta incessante pela elevação da criatura humana, reafirma-se a missão dos que continuamos a crer na educação e na justiça, e na necessidade de transmitir às novas gerações o conhecimento emancipador, o cultivo e a prática dos verdadeiros valores, e a renovada fé e esperança no futuro do Direito Internacional. Premido pelo sentido desta missão, a que me tenho dedicado ao longo das últimas décadas, me permito dar a público o presente livro *A Humanização do Direito Internacional*.

A aquisição do conhecimento é uma forma – talvez a mais eficaz – de emancipação humana, ainda que só logremos conhecer com algum grau de profundidade aquilo com que nos identificamos. Para compreender o mundo em que vivemos, tão complexo e dissimulado, é imprescindível o conhecimento humano, e os limites deste último hão de fomentar o sentido de solidariedade humana, de atenção cuidadosa à condição dos demais, porque, em última análise, todos dependemos de todos, e a sorte de cada um está inexoravelmente ligada à sorte dos demais.

Sinto-me privilegiado por ter podido acompanhar de perto os grandes temas do Direito Internacional nas três últimas décadas, e por ter podido influenciar – como ativo protagonista – os rumos de alguns deles. A experiência somada ao conhecimento adquirido têm-me, ao longo dos anos, orientado na firme defesa de uma posição *principista* (e não voluntarista) quanto à formação, função básica e evolução do Direito Internacional; de um enfoque *universalista* (e não interestatal) do mesmo; e, sobretudo, de uma visão necessariamente *humanista* do mesmo. Nesse sentido tenho me pronunciado, a par do exercício da função judicial internacional, em foros internacionais e centros acadêmicos e culturais, do mais alto nível, nos continentes americano, europeu e asiático, – como atestado pelos estudos recentes (1999-2005)[7] que compõem o presente livro *A Humanização do Direito Internacional*.

Tanto em meus numerosos Votos no seio da Corte Interamericana de Direitos Humanos (1991-2005), como em tantas outras obras de minha autoria, tenho buscado, ao longo dos anos, conceitualizar a consciência humana, a *consciência jurídica universal*, como a fonte *material* última do Direito Internacional, assim como de todo

---

7 São estes estudos de cunho e extensão distintos, congregando meus trabalhos de pesquisa, textos de conferências magnas ou palestras, discursos em matéria substantiva (e não protocolar), aqui devidamente ordenados, e reproduzidos nos distintos idiomas em que originalmente os elaborei e redigi, – mas todos revelando o que identifico como a *humanização* do Direito Internacional em nossos dias.

o Direito[8] (a par de suas fontes "formais"). Com efeito, o *Leitmotiv* subjacente ao presente livro, que lhe confere unidade e coesão, é precisamente o evocado em seu título, ou seja, a *humanização* do Direito Internacional contemporâneo, movido, em última análise, pela consciência humana, e não pela "vontade" dos Estados, consoante uma visão antropocêntrica e não estatocêntrica.

Mais de uma década de atuação em um tribunal internacional de direitos humanos, e de meia-década em sua Presidência (1999-2004), têm reforçado minhas convicções nessa linha de reflexão. A convivência constante, como Juiz de um tribunal internacional de direitos humanos, com os relatos comprovados de sucessivas atrocidades e abusos praticados contra a pessoa humana, nos casos submetidos ao conhecimento do Tribunal interamericano, – convivência esta refletida em mais de uma centena de sentenças internacionais de cuja elaboração e adoção tenho tido o privilégio de participar ativamente, – tem reforçado minha convicção quanto à premente necessidade de sustentar e promover o atual processo histórico de *humanização* do Direito Internacional, e de buscar a consolidação do novo *jus gentium* do século XXI[9], o Direito Internacional para a humanidade.

É esta a mensagem básica que deixo consignada no presente livro *A Humanização do Direito Internacional*. Busquei ordenar os dezesseis capítulos que compõem a presente obra em uma sequência lógica, congregando-os em cinco Partes, dedicadas, respectivamente, aos seguintes pontos centrais, aos quais atribuo importância capital: a) a consciência humana nos fundamentos, formação e evolução do Direito Internacional; b) a emancipação do ser humano como sujeito do Direito Internacional; c) o primado do Direito Internacional sobre a força; d) as convergências e expansão dos regimes jurídicos de proteção internacional dos direitos da pessoa humana; e e) rumo ao novo *jus gentium*, o Direito Internacional da humanidade.

Cada um dos dezesseis estudos fala por si mesmo, e dispensa maiores comentários neste Prefácio. As circunstâncias em que os apresentei (quanto ao tempo e espaço) encontram-se indicadas, em pé de página, ao início de cada um deles. A sistematização completa de minha visão de todo o Direito Internacional Público da atualidade encontra-se consignada em meu *General Course on Public International Law – International Law for Humankind: Towards a New Jus Gentium*, que tive a honra de ministrar na Academia de Direito Internacional da Haia, de 25 de julho a 12 de agosto de 2005, e que se encontra presentemente no prelo, a ser publicada proximamente no célebre *Recueil des Cours* da Academia da Haia.

---

8 Cf. A.A. Cançado Trindade, *O Direito Internacional em um Mundo em Transformação*, Rio de Janeiro, Ed. Renovar, 2002, capítulo XXIII, pp. 985-1036; e, para a propugnação por uma visão humanista em nosso país, cf. *ibid.*, capítulo XV, pp. 671-721.

9 A.A. Cançado Trindade, *O Direito Internacional em um Mundo em Transformação*, op. cit. *supra* n. (5), capítulo XXIV, pp. 1048-1109.

O presente livro, a seu turno, se circunscreve a recolher testemunhos de minha posição, manifestados em círculos acadêmicos e culturais ao redor do mundo, de oposição à barbárie contemporânea e de defesa do primado do Direito Internacional e de seus princípios fundamentais. Mediante a publicação do presente livro em nosso país, pela Editora Del Rey, espero – a despeito da crise mundial em que vivemos – lograr transmitir às novas gerações de nossos cultores da disciplina minha mensagem de confiança no futuro do Direito Internacional, tal como o visualizo, – a saber, como, necessariamente, o novo *jus gentium* do século XXI, o Direito Internacional para a humanidade.

Brasília, 30 de outubro de 2005.

Antônio Augusto CANÇADO TRINDADE

Parte I

A CONSCIÊNCIA HUMANA NOS FUNDAMENTOS, FORMAÇÃO E EVOLUÇÃO DO DIREITO INTERNACIONAL

I

A *Recta Ratio* nos Fundamentos do *Jus Gentium* como Direito Internacional da Humanidade[1]

Há exatamente um ano e cinco meses, aos 25 de maio de 2004, comparecia eu à sede desta conceituada Academia Brasileira de Letras Jurídicas, para proferir meu discurso de agradecimento pela honrosa outorga do Prêmio "Pontes de Miranda", ocasião em que, após ser saudado pelo eminente Ministro Sálvio de Figueiredo Teixeira, me permiti expor meu "Memorial por um Novo *Jus Gentium*, o Direito Internacional da Humanidade"[2]. No dia de hoje, 25 de outubro de 2005, ao ter a honra de tomar posse como Membro da Academia Brasileira de Letras Jurídicas e passar a ocupar sua Cadeira n. 47, desejo, inicialmente, deixar consignadas as expressões de minha sincera gratidão ao Presidente Acadêmico J.M. Othon Sidou, pela cordialidade e fina atenção com que me tem distinguido em ambas ocasiões, ao comunicar-me as boas notícias, quando me encontrava na sede da Corte Interamericana de Direitos Humanos na Costa Rica, o que bem atesta o zelo e a extrema dedicação com que desempenha, nos mínimos detalhes, as funções inerentes à Presidência da Academia Brasileira de Letras Jurídicas.

– I –

Constitui para mim uma grata distinção ser saudado nesta cerimônia pelo Acadêmico Dr. Everardo Moreira Lima, um dos membros fundadores da Academia Brasileira de Letras Jurídicas, ilustre jurista que, ao longo de sua carreira, honrou os quadros do Ministério Público do antigo Distrito Federal [...]. Ao percorrer, recentemente, na Costa Rica, as *Cartas aos Amigos*, escritas pelo Acadêmico Dr. Everardo Moreira Lima no ano 2000, dei-me conta de que compartilhamos um gosto comum, o do cultivo do estudo do tempo, não só no universo conceitual do Direito, mas também e sobretudo na condição existencial. Em boa hora, entre outras considerações, soube o Acadêmico Dr. Everardo Moreira Lima resgatar a perene lição de Aristóteles, para quem o bem, para o ser humano, reside no exercício da excelência (que implica perfeição e probidade), podendo a excelência moral ser adquirida pela prática e pelo hábito, e a intelectual com o tempo e a experiência, moldando o comportamento justo com os demais.

---

1 Discurso proferido pelo Autor na sessão solene de sua posse como Membro da Academia Brasileira de Letras Jurídicas (Cadeira n. 47), realizada na sede da Academia Brasileira, no Rio de Janeiro, Brasil, em 25 de outubro de 2005.

2 Cf. capítulo XVI, *infra*.

– II –

Tenho plena consciência da alta responsabilidade que a partir de hoje assumo ao tomar posse nesta Academia, em sua Cadeira n. 47, em sucessão ao saudoso Acadêmico Professor Raul Machado Horta [...]. Em 1968, minha primeira publicação, *Fundamentos Jurídicos dos Direitos Humanos*, ganhadora de um concurso de monografias, foi prefaciada pelo estimado Professor Raul, então Diretor em exercício da Faculdade de Direito da Universidade Federal de Minas Gerais, na época da realização, em Teerã, da I Conferência Mundial das Nações Unidas sobre Direitos Humanos. Ao longo de sua trajetória como docente exemplar, o Professor Raul jamais descuidou do padrão de excelência acadêmica que sempre o caracterizou. Àquela época, jamais poderia eu imaginar que, transcorridas quase quatro décadas, teria eu a fortuna e o privilégio, a mim concedidos, por unanimidade dos votantes, consagrados juristas integrantes desta Academia Brasileira de Letras Jurídicas, de sucedê-lo em sua cadeira n. 47, o que uma vez mais demonstra que a sucessão de fatos não raro suplanta nossa própria imaginação. [...]

Em sua obra central *Direito Constitucional*, sucessivamente reeditada até 2003, o Professor Raul Machado Horta [...] cuidou de assinalar as raízes jusnaturalistas da construção doutrinária da *lex fundamentalis*, para inclusive estabelecer limites à conduta dos governantes, de modo a ajustar-se a "determinados princípios imanentes à espécie humana, anteriores à organização política", a ser sempre respeitados como inerentes à pessoa humana[3]. Para minha satisfação, na mesma obra mostrou-se o Professor Raul aberto às conquistas da internacionalização dos direitos individuais, por ele expressamente destacada[4].

Recordo-me de nossos encontros e conversas, ao longo dos anos, em Belo Horizonte, no Clube Campestre e alhures, em que se mostrava sempre atento aos avanços do jusinternacionalismo da atualidade, da mesma forma que, de minha parte, mostrava-me aberto aos avanços paralelos do constitucionalismo contemporâneo. Ao final, sempre coincidíamos na necessidade do fomento do diálogo, nem sempre fácil, entre constitucionalistas e jusinternacionalistas, cada vez mais necessário em nossos dias.

O Professor Raul Machado Horta foi, em suma, um fiel expoente da cultura jurídica brasileira, à qual aportou as características da cultura mineira. A respeito, um ilustre conterrâneo a ele ligado por laços pessoais e familiares, Milton Campos, recordou, em seus *Testemunhos e Ensinamentos*, a síntese formulada por Alceu Amoroso Lima do temperamento mineiro, identificado no "espírito de distinção", na aversão a oposições e contrastes virulentos, na não aceitação acrítica de conceitos, na

---

3 R. Machado Horta, *Direito Constitucional*, 4ª. ed. rev., Belo Horizonte, Edit. Del Rey, 2003, p. 122.
4 *Ibid.*, pp. 231-232.

calma e paciência, na aversão ao pomposo e ao superficial e acessório, e na valorização do autêntico e do substantivo e profundo, enfim, no equilíbrio na avaliação e ação[5].

Estou seguro de que os confrades da Academia Brasileira de Letras Jurídicas, assim como os da Academia Mineira de Letras Jurídicas presentes a esta cerimônia, concordarão comigo em que o Professor Raul Machado Horta, que nos brindou por tantos anos a satisfação de sua convivência e amizade, foi um autêntico expoente desse *esprit de finesse* das Alterosas, manifestado sobretudo em sua reconhecida contribuição às letras jurídicas brasileiras.

– III –

Em um de seus últimos livros, *Fundamentos do Direito Aplicado* (2003), o Presidente desta Academia Brasileira de Letras Jurídicas, Acadêmico J.M. Othon Sidou, ao criticar a ilusão positivista de "tudo prever e tudo regulamentar", assim como o hermetismo da "escola da exegese", defendeu com toda propriedade a liberdade de pensamento do intérprete – implicando o juízo de equidade para a realização da justiça social e do bem comum – para resguardar os direitos a ser protegidos[6]. E assinalou com toda lucidez a incidência deste entendimento também no *jus gentium*, em defesa do *consensus gentium*, do universalismo no Direito[7].

Este universalismo, por sua vez, em meu entender é intrínseco à expressão *recta ratio*, lema desta Academia Brasileira de Letras Jurídicas, em razão de proposta tão oportunamente formulada no ato de sua fundação pelo Acadêmico Fernando Whitaker da Cunha. Sinto-me sumamente honrado e gratificado em ingressar, nesta cerimônia para mim tão significativa, em uma Academia que tem por lema a *recta ratio*, que tenho sempre cultivado como guia de minha atuação profissional no domínio do Direito Internacional na três últimas décadas. Como expressão de reconhecimento da significação de que este ingresso se reveste para mim, – no momento em que completo uma década de serviços prestados a um tribunal internacional de direitos humanos e meia-década de sua presidência, e em que venho de ministrar meu *Curso Geral de Direito Internacional Público* na Academia de Direito Internacional da Haia (18 anos após ter lá ministrado meu curso temático[8]), a mais alta meta a que pode aspirar um acadêmico jusinternacionalista no mundo, – permito-me traçar uma breve linha de reflexão sobre a relação entre a *recta ratio* e o *jus gentium*.

---

5 Cf. Milton Campos, *Testemunhos e Ensinamentos*, Rio de Janeiro, Livr. José Olympio Edit., 1972, pp. 103-104.
6 J.M. Othon Sidou, *Fundamentos do Direito Aplicado*, Rio de Janeiro, Ed. Forense Universitária, 2003, pp. 142-145, 147, 149 e 153-156.
7 *Ibid.*, pp. 187-188 e 200.
8 A.A. Cançado Trindade, "Co-Existence and Co-Ordination of Mechanisms of International Protection of Human Rights (At Global and Regional Levels)", 202 *Recueil des Cours de l'Académie de Droit International de La Haye* (1987) pp. 1-435.

– IV –

A *recta ratio* passou, com efeito, a ser identificada, a partir das obras dos chamados "fundadores" do Direito Internacional, nos séculos XVI e XVII, como pertencente ao domínio dos fundamentos do direito natural, e, para alguns, a identificar-se ela própria integralmente com este último[9]. A contribuição dos "fundadores" dos *jus gentium* neste sentido se inspirou em grande parte, por sua vez, na filosofia escolástica do direito natural, em particular, na concepção aristotélica-estóica-tomista da *recta ratio* e da justiça, que concebeu o ser humano como um ser social, racional, e dotado de dignidade intrínseca; a *recta ratio* passou a afigurar-se como indispensável à sobrevivência do próprio direito internacional[10].

Foi Cícero quem efetivamente formulou a mais célebre caracterização da *recta ratio*, ainda que as raízes desta remontem ao pensamento dos antigos gregos (Platão e Aristóteles), correspondendo ao seu *orthos logos*[11]. Segundo este último, a reta razão prescreve o que é bom, a *lex preceptiva* está conforme a *recta ratio*. Os estóicos buscaram levar ainda mais adiante – no caminho da virtude ética – o pensamento aristotélico neste particular[12], segundo o qual tudo aquilo que é correto é determinado, em muitos aspectos, pelo *orthos logos*[13].

Consoante os princípios da *recta ratio*, cada sujeito de Direito deve comportar-se com justiça, boa-fé e benevolência. São princípios cogentes que emanam da consciência humana, a afirmam a relação inelutável entre o Direito e a ética. O direito natural reflete os ditados da *recta ratio*, em que se fundamenta a justiça. Cícero conceituava o direito da *recta ratio* como dotado de validez perene, a afigurando-se como inderrogável. Sua validade se estende a todas as nações em todas as épocas, sendo intransgressível. Na célebre síntese formulada por M.T. Cícero em sua obra clássica *De República*,

> "o verdadeiro Direito é a *recta ratio* em conformidade com a natureza; é de aplicação universal, inalterável e perene (...), um Direito eterno e imutável (...) válido para todas as nações em todos os tempos"[14].

Na Roma antiga, Cícero ponderava, em seu igualmente célebre De Legibus[15], que nada havia "mais destrutivo para os Estados, nada mais contrário ao direito e à

---

9 E. Nys, "The Development and Formation of International Law", 6 *American Journal of International Law* [AJIL] (1912) pp. 1-29; e cf. G.E. Sherman, "*Jus Gentium* and International Law", 12 *AJIL* (1918) pp. 56-63.
10 B.F. Brown, "Review of B.A. Wortley's *Jurisprudence* (1967)", 12 *Natural Law Forum* (1967) pp. 232-235.
11 Cf. D.P. Dryer, "Aristotle's Conception of *Orthos Logos*", 66 *The Monist* (1983) pp. 106-119.
12 Cf. J.M. Rist, "An Early Dispute about *Right* Reason", 66 *The Monist* (1983) pp. 39-48.
13 Cf. D.P. Dryer, *op. cit. supra* n. (11), pp. 117 e 119.
14 M.T. Cicero, *De Republica*, livro III, cap. XXII, par. 33.
15 *On the Laws*, book II, *circa* 51-43 a.C..

lei, nada menos civil e humano, que o uso da violência nos assuntos públicos"[16]. E, novamente em sua *De República*[17], Cícero acrescentava que nada era "mais destrutivo para um Estado" e "tão contrário à justiça e ao direito" do que o recurso à "força através de uma medida de violência", em um país que tenha "uma constituição estabelecida"[18].

O jus gentium clássico do Direito Romano[19], ao transcender, com o passar do tempo, suas origens de direito privado, transformou-se por completo, ao associar-se com o direito das gentes emergente[20], – para o que contribuíram decisivamente os escritos dos chamados "fundadores" deste último, particularmente os de F. Vitoria, F. Suárez, A. Gentili, H. Grotius, C. Bynkershoek, S. Pufendorf e C. Wolff, dentre outros. O novo *jus gentium*, a partir dos séculos XVI e XVII, passou a ser associado com a própria humanidade, empenhado em assegurar sua unidade e a satisfação de suas necessidades e aspirações[21], em conformidade com uma concepção essencialmente universalista (ademais de pluralista)[22].

O *jus communicationis* de F. Vitoria, e.g., foi concebido como um Direito para todos os seres humanos. Assim, já nos séculos XVI e XVII, para F. Vitoria e F. Suárez o Estado não era um sujeito exclusivo do direito das gentes, que abarcava ademais os povos e os indivíduos; e, no século XVII, H. Grotius tomou em conta primeiramente a humanidade, e apenas em segundo lugar os Estados[23]. Ao visualizar a ordem jurídica internacional como *necessária* ao invés de "voluntária", acudiu Grotius à *recta ratio* para fundamentar sua posição.

Desde então se admitiu o aprimoramento do *jus gentium* na medida em que o sentimento ou noção de uma humanidade comum a todos se desenvolvesse em todas as nações. As raízes do que já se afigurava como o direito comum da humanidade podiam identificar-se nesta considerável evolução do *jus gentium*. Na verdade,

---

16 Cicero, *On the Commonwealth and On the Laws* (ed. J.E.G. Zetzel), Cambridge, University Press, 2003 [reed.], livro III, *ibid.*, p. 172.

17 *Circa* fins dos anos 50 e 46 a.C..

18 Cicero, *The Republic – The Laws*, Oxford, University Press, 1998, p. 166 (livro III, par. 42).

19 Cf., e.g., Gabrio Lombardi, *Ricerche in Tema di "Ius Gentium"*, Milano, Giuffrè, 1946, pp. 3-272; Gabrio Lombardi, *Sul Concetto di "Ius Gentium"*, Roma, Istituto di Diritto Romano, 1947, pp. 3-390; W. Kunkel, *Historia del Derecho Romano*, 9ª. ed., Barcelona, Ed. Ariel, 1999, pp. 85-87; H.C. Clark, "*Jus Gentium* – Its Origin and History", 14 *Illinois Law Review* (1919) pp. 243-265 e 341-355.

20 P. Guggenheim, «Contribution à l'histoire des sources du droit des gens», 94 *Recueil des Cours de l'Académie de Droit International de La Haye* (1958) pp. 21-23 e 25.

21 J. Moreau-Reibel, «Le droit de société interhumaine et le `jus gentium': Essai sur les origines et le développement des notions jusqu'à Grotius», 77 *Recueil des Cours de l'Académie de Droit International de La Haye* (1950) pp. 500-501, 504 e 506-510.

22 A. Miele, *La Comunità Internazionale*, vol. I, 3ª. ed., Torino, Giappichelli, 2000, pp. 75, 77-78, 80 e 89.

23 S. Laghmani, *Histoire du droit des gens – du jus gentium impérial au jus publicum europaeum*, Paris, Pédone, 2003, pp. 90-94.

bem antes dos "fundadores" do Direito Internacional, já no século XIII Tomás de Aquino (1225-1274) considerou o conceito de *jus gentium* em sua *Summa Theologiae*. Em seu entender, o *jus gentium* não necessitava a autoridade do legislador, por ser passível de apreensão pela própria razão natural (sendo assim mais perfeito do que o direito positivo), revelando uma consciência da dimensão temporal e revestindo-se de uma validade universal[24].

Para Tomás de Aquino, o Direito não deveria favorecer uns poucos, ou beneficiar apenas certos interesses, mas deveria, ao invés disso, contribuir à realização do bem comum, em benefício último de todos os seres humanos, – pois de outro modo seria injusto[25]. Em seu correto entender, é a própria *recta ratio* que revela que "o bem comum é melhor" do que o bem de um ou outro individualmente[26]. Os preceitos do *jus gentium*, na visão de Tomás de Aquino, eram universalmente válidos e satisfaziam necessidades naturais da vida humana; refletiam eles uma espécie de auto-entendimento humano fundamentalmente distinto do de seu sucessor, o *jus inter gentes*[27] *(expressão cunhada por F. Suárez).*

Enquanto o direito natural era identificável pela *recta ratio*[28], sendo um direito "superior" de aplicação universal, o direito positivo, por outro lado, era promulgado por autoridades públicas distintas para comunidades distintas (presumivelmente em busca do bem comum), tornando a razão subserviente à "vontade"; a *synderesis,* para Tomás de Aquino, denotava uma forma de conhecimento, ou disposição da razão de aderir a princípios gerados na busca do bem comum[29]. O *jus gentium* se propunha regulamentar as relações humanas em uma base ética, formando uma espécie de "razão comum de todas as nações" em busca da realização do bem comum[30].

---

24 J.-P. Rentto, "*Jus Gentium*: A Lesson from Aquinas", 3 *Finnish Yearbook of International Law* (1992) pp. 103, 105, 110 e 112-113; e cf. J. Finnis, *Natural Law and Natural Rights*, Oxford, Clarendon Press, 2003 [reprint], p. 296.

25 P. Groarke e J.L.A. West, "Reconciling Individual Rights and the Common Good: Aquinas and Contemporary Law", *in Philosophical Theory and the Universal Declaration of Human Rights* (ed. W. Sweet), Ottawa, University of Ottawa Press, 2003, pp. 158-161; do mesmo modo, os direitos individuais devem ser abordados em harmonia com o bem comum (*ibid.*, p. 165).

26 J. Finnis, *Aquinas – Moral, Political, and Legal Theory*, Oxford, University Press, 1998, p. 120; e cf. R. McInerny, *St. Thomas Aquinas*, Notre Dame/London, University of Notre Dame Press, 2004 [reprint], pp. 63-65.

27 J.-P. Rentto, *op. cit. supra* n. (24), p. 121, and cf. pp. 108-109.

28 Thomas Aquinas, *Treatise on Law*, Washington D.C., Gateway Ed., 2001 [reprint], p. 44.

29 *Ibid.*, pp. 57 e 88; e T. Murphy, "St. Thomas Aquinas and the Natural Law Tradition", *in Western Jurisprudence* (ed. T. Murphy), Dublin/Ireland, Th. Round Hall, 2004, pp. 96, 103-105 e 114-115; e cf. também R. McInerny, *Ethica Thomistica – The Moral Philosophy of Thomas Aquinas*, rev. ed., Washington D.C., Catholic University of America Press, 1997 [reprint], pp. 26, 38 e 46.

30 J.P. Rentto, *op. cit. supra* n. (24), pp. 121-122.

A *recta ratio* dotou efetivamente o *jus gentium*, em sua evolução histórica, de bases éticas, e imprimiu-lhe um caráter de universalidade, ao ser um direito comum a todos, emanando, em última análise, da *consciência jurídica universal* (sua fonte material *par excellence*). Cícero, inspirado, como visto, no pensamento dos antigos gregos, deixou um legado precioso a F. Vitoria, F. Suárez, H. Grotius e outros, ao situar a *recta ratio* nos fundamentos do próprio *jus gentium*.

A célebre obra de F. de Vitoria, no século XVI, avançava a noção da prevalência do *Estado de Direito*; em suas aclamadas *Relecciones Teológicas* (1538-1539), ponderou que o ordenamento jurídico obriga a todos – tanto governados como governantes, – e, nesta mesma linha de pensamento, sustentou que a comunidade internacional (*totus orbis*) prima sobre o arbítrio de cada Estado individual[31]. Em sua concepção, o direito das gentes regula uma comunidade internacional constituída de seres humanos organizados socialmente em Estados e coextensiva com a própria humanidade; a reparação das violações dos direitos humanos reflete uma necessidade internacional atendida pelo direito das gentes, com os mesmos princípios de justiça aplicando-se, em conformidade com a *recta ratio*, tanto aos Estados como aos indivíduos ou povos que os formam[32].

Em um mundo marcado pela diversificação (dos povos e culturas) e pelo pluralismo (de ideias e cosmovisões), o novo *jus gentium* assegurava a unidade da *societas gentium*. Este novo *jus gentium* era definido pelo próprio Francisco de Vitoria como *quod naturalis ratio inter omnes gentes constituit, vocatur jus gentium*. Não poderia este último derivar da "vontade" de seus sujeitos de direito (dentre os quais começavam a sobressair-se os Estados nacionais), mas se baseava, antes, em uma *lex praeceptiva*, apreendida pela razão humana.

Na visão de Vitoria, o *jus gentium* se aplicava a todos os povos e seres humanos (mesmo sem o consentimento de seus destinatários), e a *societas gentium* era "a expressão da unidade fundamental da humanidade"[33]. A partir dessa unidade da humanidade, podia-se depreender que o *jus gentium* fornecia o fundamento jurídico (decorrente de uma *lex praeceptiva* do direito natural) para o *totus orbis*, suscetível de ser descoberto pela razão humana, a *recta ratio* inerente à humanidade[34]. O caminho

---

31 Cf. Francisco de Vitoria, *Relecciones – del Estado, de los Indios, y del Derecho de la Guerra*, México, Porrúa, 1985, pp. 1-101; A. Gómez Robledo, *op. cit. infra* n. (37), pp. 30-39; e cf. F. de Vitoria, *De Indis – Relectio Prior* (1538-1539), in: *Obras de Francisco de Vitoria – Relecciones Teológicas* (ed. T. Urdanoz), Madrid, BAC, 1960, p. 675.

32 A.A. Cançado Trindade, "Co-existence and Co-ordination of Mechanisms of International Protection of Human Rights...", *op. cit. supra* n. (8), p. 411; J. Brown Scott, *The Spanish Origin of International Law – Francisco de Vitoria and his Law of Nations*, Oxford/London, Clarendon Press/H. Milford – Carnegie Endowment for International Peace, 1934, pp. 282-283, 140, 150, 163-165, 172 e 272-273.

33 P. Guggenheim, «Contribution à l'histoire des sources...», *op. cit. supra* n. (20), pp. 21-22.

34 *Ibid.*, pp. 22-23 e 25.

estava assim aberto para a apreensão de um verdadeiro *jus necessarium*, transcendendo as limitações do *jus voluntarium*[35]. *Anteriormente, em seu De Lege*, Vitoria sustentou a necessidade de todo direito de buscar, acima de tudo, o bem comum; e acrescentou que o direito natural se encontra não na vontade, mas sim na *recta ratio*[36]. *Decorridos mais de quatro séculos e meio, sua mensagem retém uma notável atualidade.*

Foi, desse modo, da obra de Vitoria, – e em particular de seu *Relectio De Indis Prior*, – que emergiu a concepção de um *jus gentium*, inteiramente emancipado de sua origem de direito privado (no Direito Romano), imbuído de uma visão humanista, respeitosa das liberdades das nações e dos indivíduos, e de âmbito universal. O *jus gentium* universal de Vitoria regulava, com base nos princípios do direito natural e da *recta ratio*, as relações entre todos os povos, com o devido respeito a seus direitos, aos territórios em que viviam, a seus contatos e liberdade de movimento (*jus communicationis*). Ao ecoar do mesmo modo a visão universalista do direito das gentes, A. Gentili (autor de *De Jure Belli*, 1598), sustentava, em fins do século XVI, que é o Direito que regula a convivência entre os membros da *societas gentium* universal[37].

No século XVII, na visão de F. Suárez (autor do tratado *De Legibus ac Deo Legislatore*, 1612), o direito das gentes revela a unidade e universalidade do gênero humano; os Estados têm necessidade de um sistema jurídico que regule suas relações, como membros da sociedade universal[38]. Em sua referida obra, igualmente consagrada, F. Suárez mantinha que o *jus gentium* – transcendendo em muito o *jus civile* e o direito privado – é formado pelos usos e costumes comuns à humanidade, sendo conformado pela razão natural para toda a humanidade como um direito universal[39]. Na visão de Suárez, os preceitos do *jus gentium* encontram-se imbuídos de equidade e justiça; o *jus gentium* se afigura em completa harmonia com o direito natural, de onde emanam suas normas, revelando, um e outro, o mesmo caráter verdadeiramente universal[40].

---

35   Nos capítulos VI e VII de seu *De Indis*, Vitoria esclarece seu entendimento do *jus gentium* como um direito para todos, indivíduos e povos assim como Estados, "toda fração da humanidade"; o *jus gentium*, em sua visão, conforma-se pelo "consenso comum de todos os povos e nações"; *ibid.*, pp. 140 e 170.

36   F. de Vitoria, *La Ley* (*De Lege – Commentarium in Primam Secundae*), Madrid, Tecnos, 1995, pp. 5, 23 e 77.

37   A. Gómez Robledo, *Fundadores del Derecho Internacional*, México, UNAM, 1989, pp. 48-55.

38   Cf. Association Internationale Vitoria-Suarez, *Vitoria et Suarez – Contribution des Théologiens au Droit International Moderne*, Paris, Pédone, 1939, pp. 169-170.

39   F. Suárez, *Selections from Three Works* [*De Legibus ac Deo Legislatore*, 1612] (orgs. G.L. Williams et alii), vol. II, Oxford, Clarendon Press, 1944, pp. 326-327 e 341.

40   *Ibid.*, pp. 352 e 357. No entanto, sua visão não impediu Suárez de antever a fragmentação do *jus gentium* no *jus inter gentes*, expressão que, a partir do século seguinte, passaria a ser freqüentemente utilizada; cf. B.F. Brown, "The Natural Law as the Moral Basis of International Justice", 8 *Loyola Law Review* (1955-1956) p. 60.

É inegável da contribuição dos da escola teológica espanhola à formação e consolidação do *jus gentium*. Se, por um lado, Vitoria buscou adaptar o pensamento tomista à realidade histórica do século XVI, Suárez apresentou uma formulação da matéria que abriu caminho para a obra de Grotius. Um e outro, Vitoria e Suárez, sentaram as bases de um direito de aplicação universal (*commune omnibus gentibus*), de um direito para toda a humanidade[41].

A concepção do *jus gentium* de H. Grotius – desenvolvida sobretudo em seu *De Jure Belli ac Pacis* (1625), – esteve sempre atenta ao papel da sociedade civil. Para Grotius, o Estado não é um fim em si mesmo, mas um meio para assegurar o ordenamento social consoante a inteligência humana, de modo a aperfeiçoar a "sociedade comum que abarca toda a humanidade"[42]. Os sujeitos têm direitos *vis-à-vis* o Estado soberano, que não pode exigir obediência de seus cidadãos de forma absoluta (imperativo do bem comum); assim, na visão de Grotius, a razão de Estado tem limites, e a concepção absoluta desta última torna-se aplicável nas relações tanto internacionais quanto internas do Estado[43].

No pensamento grociano, toda norma jurídica – seja de direito interno ou de direito das gentes – cria direitos e obrigações para as pessoas a quem se dirige; a obra precursora de Grotius, já no primeiro meado do século XVII, admite, pois, a possibilidade da proteção internacional dos direitos humanos contra o próprio Estado[44]. Há, pois, que ter sempre presente o verdadeiro legado da tradição grociana do Direito Internacional. A comunidade internacional não pode pretender basear-se na *voluntas* de cada Estado individualmente.

Ante a necessidade histórica de regular as relações dos Estados emergentes, sustentava Grotius que as relações internacionais estão sujeitas às normas jurídicas, e não à "razão de Estado", a qual é incompatível com a própria existência da comunidade internacional: esta última não pode prescindir do Direito[45]. O ser humano e o seu bem estar ocupam posição central no sistema das relações internacionais[46].

Nesta linha de pensamento, também Samuel Pufendorf (autor de *De Jure Naturae et Gentium*, 1672) afirmava, do mesmo modo, "a sujeição do legislador à mais

---

41 A. García y García, "The Spanish School of the Sixteenth and Seventeenth Centuries: A Precursor of the Theory of Human Rights", 10 *Ratio Juris* – Universidade de Bologna (1997) pp. 27 e 29.

42 P.P. Remec, *The Position of the Individual in International Law according to Grotius and Vattel*, The Hague, Nijhoff, 1960, pp. 216 e 203.

43 *Ibid.*, pp. 219-220 e 217.

44 *Ibid.*, pp. 243 e 221.

45 Cf., a respeito, o estudo clássico de Hersch Lauterpacht, "The Grotian Tradition in International Law", 23 *British Year Book of International Law* (1946) pp. 1-53.

46 Hersch Lauterpacht, "The Law of Nations, the Law of Nature and the Rights of Man", 29 *Transactions of the Grotius Society* (1943) pp. 7 e 21-31.

alta lei da natureza humana e da razão"[47], e identificava o direito natural propriamente dito com a *recta ratio*[48]. *Por sua vez, Christian Wolff (autor de Jus Gentium Methodo Scientifica Pertractatum*, 1749), ponderava que, assim como os indivíduos devem, em sua associação no Estado, promover o bem comum, a seu turno o Estado tem o dever correlativo de buscar sua perfeição[49].

Lamentavelmente, as reflexões e a visão dos chamados fundadores do Direito Internacional (notadamente os escritos dos teólogos espanhóis e a obra grociana), que o concebiam como um sistema verdadeiramente *universal*[50], vieram a ser suplantadas pela emergência do positivismo jurídico, que personificou o Estado dotando-o de "vontade própria", reduzindo os direitos dos seres humanos aos que o Estado a estes "concedia". O consentimento ou a vontade dos Estados (o positivismo voluntarista) tornou-se o critério predominante no Direito Internacional, negando *jus standi* aos indivíduos, aos seres humanos[51]. Isto dificultou a compreensão da comunidade internacional, e enfraqueceu o próprio Direito Internacional, reduzindo-o a um direito estritamente inter-estatal, não mais *acima* mas *entre* Estados soberanos[52]. As consequências desastrosas desta distorção são sobejamente conhecidas.

A personificação do Estado todo-poderoso, inspirada na filosofia do direito de Hegel, teve uma influência nefasta na evolução do Direito Internacional em fins do século XIX e nas primeiras décadas do século XX. Esta corrente doutrinária resistiu com todas as forças ao ideal de emancipação do ser humano da tutela absoluta do Estado, e ao reconhecimento do indivíduo como sujeito do Direito Internacional. A ideia da soberania estatal absoluta (com que se identificou o positivismo

---

47   *Ibid.*, p. 26.
48   S. Pufendorf, *De Jure Naturae et Gentium Libri Octo* (eds. C.H. Oldfather e W.A. Oldfather), vol. II, Buffalo/N.Y., W.S. Hein, 1995 [reprint], pp. 202-203.
49   C. Sepúlveda, *Derecho Internacional*, 13ª. ed., México, Ed. Porrúa, 1983, pp. 28-29. Wolff vislumbrou os Estados-nação como membros de uma *civitas maxima*, conceito que Emmerich de Vattel (autor de *Le Droit des Gens*, 1758), posteriormente, invocando a necessidade de "realismo", pretendeu substituir por uma "sociedade de nações" (conceito menos avançado); cf. F.S. Ruddy, *International Law in the Enlightenment – The Background of Emmerich de Vattel's Le Droit des Gens*, Dobbs Ferry/N.Y., Oceana, 1975, p. 95; para uma crítica a esse retrocesso (incapaz de fundamentar o princípio de *obrigação* no direito internacional), cf. J.L. Brierly, *The Law of Nations*, 6ª. ed., Oxford, Clarendon Press, pp. 38-40. Não há que passar despercebido, não obstante, que em seu *Droit des Gens* Vattel também se referiu expressamente à *recta ratio* (livro II, capítulo XVII, parágrafo 268). Para referências à *recta ratio* e à consciência na doutrina de meados do século XIX, cf., e.g., J.J. Burlamaqui, *The Principles of Natural and Politic Law* (reed. da 7ª. ed. inglesa), Columbus, J.H. Riley, 1859, pp. 136, 138-139 e 156-163.
50   C.W. Jenks, *The Common Law of Mankind*, London, Stevens, 1958, pp. 66-69; e cf. também R.-J. Dupuy, *La communauté internationale entre le mythe et l'histoire*, Paris, Economica/UNESCO, 1986, pp. 164-165.
51   P.P. Remec, *The Position of the Individual...*, op. cit. supra n. (42), pp. 36-37.
52   *Ibid.*, p. 37.

jurídico, inelutavelmente subserviente ao poder), que levou à irresponsabilidade e à pretensa onipotência do Estado, não impedindo as sucessivas atrocidades por este cometidas contra os seres humanos, mostrou-se com o passar do tempo inteiramente descabida.

De H. Grotius – para quem o *jus gentium* era necessário e não só voluntário, fundamentado na *recta ratio*[53] – aos nossos dias, a tradição jusnaturalista do Direito Internacional jamais desapareceu[54]; superou todas as crises por que este passou, esteve sempre presente na doutrina jusinternacionalista mais lúcida, que dá testemunho constante de seu perene renascimento como reação da consciência humana contra as sucessivas atrocidades cometidas contra o ser humana, que lamentavelmente contaram, por outro lado, com a subserviência e a covardia do positivismo jurídico.

Poder-se-ia argumentar que o mundo contemporâneo é inteiramente distinto do da época dos chamados fundadores do Direito Internacional, que propugnaram por uma *civitas maxima* regida pelo direito das gentes. Ainda que se trate de dois cenários mundiais diferentes (ninguém o negaria), não há como negar que a aspiração humana permanece a mesma, qual seja, a da construção de um ordenamento internacional aplicável tanto aos Estados (e organizações internacionais) quanto aos indivíduos, consoante certos padrões universais de justiça[55].

Constantemente tem se identificado, a partir da influência inicial do pensamento de Francisco de Vitoria, um "renascimento" contínuo do direito natural, ainda que este último jamais tenha desaparecido. Isto tem-se dado ante o conservadorismo e a degeneração do positivismo jurídico, consubstanciando o *status quo*, com sua subserviência típica ao poder (inclusive nos regimes autoritários, ditatoriais e totalitários). Não mais se trata de um retorno ao direito natural clássico, mas sim da afirmação ou restauração de um padrão de justiça, pelo qual se avalia o direito positivo[56].

O "renascimento" contínuo do direito natural reforça a universalidade dos direitos humanos, porquanto inerentes a todos os seres humanos, – em contraposição às normas positivas, que carecem de universalidade, por variarem de um meio social a outro; daí se depreende a importância da personalidade jurídica do titular

---

53 J. Dunn e I. Harris (eds.), *Grotius*, vol. II, Cheltenham, Elgar, 1997, pp. 292-293.

54 Cf., e.g., H. Accioly, *Tratado de Direito Internacional Público*, 2ª. ed., vol. I, Rio de Janeiro, [M.R.E.], 1956, p. 13. E cf. J. Maritain, "The Philosophical Foundations of Natural Law", in *Natural Law and World Law – Essays to Commemorate the 60th Birthday of Kotaro Tanaka*, Yuhikaku, Japan Academy, 1954, pp. 133-143.

55 A.A. Cançado Trindade, *O Direito Internacional em um Mundo em Transformação*, Rio de Janeiro, Edit. Renovar, 2003, p. 547, e cf. pp. 539-550.

56 C.J. Friedrich, *Perspectiva Histórica da Filosofia do Direito*, Rio de Janeiro, Zahar Ed., 1965, pp. 196-197, 200-201 e 207. E, para um estudo geral, cf. Y.R. Simon, *The Tradition of Natural Law – A Philosopher's Reflections* (ed. V. Kuic), N.Y., Fordham Univ. Press, 2000 [reed.], pp. 3-189.

de direitos[57], inclusive como limite às manifestações arbitrárias do poder estatal. O pensamento de Francisco de Vitoria se projeta na reconstrução do Direito Internacional, a partir do segundo meado do século XX, mediante o reconhecimento da importância de seus princípios fundamentais[58], afigurando-se, ademais, como um precursor da emergência e considerável evolução, nas seis últimas décadas, do Direito Internacional dos Direitos Humanos[59].

O "eterno retorno" do jusnaturalismo tem sido reconhecido pelos próprios jusinternacionalistas[60], contribuindo em muito à afirmação e consolidação do primado, na ordem dos valores, das obrigações estatais em matéria de direitos humanos, *vis-à-vis* a comunidade internacional como um todo[61]. Esta última, testemunhando a moralização do próprio direito, assume a vindicação dos interesses comuns superiores[62].

Resgatar, neste início do século XXI, o legado do *jus gentium* em evolução, – como me venho propondo fazer já por anos[63], – equivale a sustentar a concepção

---

[57] Vicente Ráo, *O Direito e a Vida dos Direitos*, 5ª. ed., São Paulo, Ed. Rev. dos Tribs., 1999, pp. 85, 101 e 641.

[58] Cf. A. Truyol y Serra (ed.), *The Principles of Political and International Law in the Work of Francisco de Vitoria*, Madrid, Ed. Cultura Hispánica, 1946, pp. 13-25, 29-32, 53-73; L. Getino (ed.), *Francisco de Vitoria, Sentencias de Doctrina Internacional – Antología*, Madrid, Ediciones Fe, 1940, pp. 15-33 e 129-130; A. Pagden e J. Lawrance (eds.), "Introduction", in *Francisco de Vitoria – Political Writings*, Cambridge, University Press, 1991, pp. XIII-XXIII; R. Hernández, *Francisco de Vitoria, Síntesis de Su Vida y Pensamiento*, Burgos, Ed. OPE, 1983, pp. 27-32 e 47-55. E, sobre a relevância dos princípios, cf. A.A. Cançado Trindade, "Foundations of International Law: The Role and Importance of Its Basic Principles", in *XXX Curso de Derecho Internacional Organizado por el Comité Jurídico Interamericano (2003)*, Washington D.C., Secretaría General de la OEA, 2004, pp. 359-415.

[59] Cf. A.A. Cançado Trindade, *Tratado de Direito Internacional dos Direitos Humanos*, vol. III, Porto Alegre, S.A. Fabris Ed., 2003, pp. 450-451; e cf. A.A. Cançado Trindade, "The Procedural Capacity of the Individual as Subject of International Human Rights Law: Recent Developments", in *Les droits de l'homme à l'aube du XXIe. siècle – K. Vasak Amicorum Liber*, Bruxelles, Bruylant, 1999, pp. 521-544.

[60] A. Truyol y Serra, «Théorie du Droit international public – Cours général», 183 *Recueil des Cours de l'Académie de Droit International de La Haye* (1981) pp. 142-143; e cf. J.L. Kunz, «Natural Law Thinking in the Modern Science of International Law», 55 *AJIL* (1961) pp. 951-958, esp. p. 956.

[61] J.A. Carrillo Salcedo, "Derechos Humanos y Derecho Internacional", 22 *Isegoría – Revista de Filosofía Moral y Política* – Madrid (2000) p. 75.

[62] R.-J. Dupuy, «Communauté internationale et disparités de développement – Cours général de Droit international public», 165 *Recueil des Cours de l'Académie de Droit International de La Haye* (1979) pp. 190, 193 e 202.

[63] Cf., e.g., A.A. Cançado Trindade, *O Direito Internacional em um Mundo em Transformação...*, op. cit. supra n. (55), pp. 1040-1109; A.A. Cançado Trindade, "Memorial por um Novo *Jus Gentium*, o Direito Internacional da Humanidade", 45 *Revista da Faculdade de Direito da Universidade Federal de Minas Gerais* (2004) pp. 17-36.

universalista do Direito Internacional, voltada ao mundo em que vivemos. Foi este o grande desafio que enfrentei há poucas semanas, ao ministrar, na Academia de Direito International da Haia, meu *Curso Geral de Direito Internacional Público* (de 25 de julho a 12 de agosto de 2005), que teve por subtítulo "*O Direito International para a Humanidade – Rumo a um Novo Jus Gentium*"[64]. É esta uma tarefa que me parece crucial em nossos dias, em um mundo dilacerado por conflitos e disparidades, de modo a tornar o Direito Internacional capaz de responder às necessidades e aspirações da humanidade na atualidade.

Mais do que uma época de transformações, vivemos atualmente uma transformação de época, mas as aspirações humanas – de um mundo mais justo e solidário – permanecem as mesmas ao longo dos séculos. O mundo contemporâneo é certamente distinto do mundo dos "fundadores" do Direito Internacional; não obstante, é notável que a aspiração humana a uma unidade harmônica da humanidade, como já assinalado, permanece a mesma. A meu ver, o Direito Internacional simplesmente não pode fazer abstração desta aspiração, sendo hoje chamado a fornecer respostas a questões que Estado algum, isoladamente, pode tratar de modo adequado ou satisfatório, e que dizem respeito à humanidade como um todo[65].

Em um mundo como o nosso, hoje marcado por uma profunda crise do Direito Internacional que reflete uma crise ainda mais profunda de valores, torna-se imperativo recorrer ao pensamento dos "fundadores" da disciplina. Em um mundo como este em que vivemos, em que os apologistas do uso da força (os assim-chamados "intelectuais" lamentavelmente cooptados pelos donos do poder) buscam inventar "doutrinas" espúrias, inteiramente esquecidos do sofrimento das gerações passadas e dos avanços dificilmente alcançados pelo Direito Internacional, e parecem crescer em número embora inconvincentes em argumento, – parece de todo necessário resgatar os ensinamentos imperecíveis dos clássicos (dos antigos gregos, de Cícero, Tomás de Aquino, F. Vitoria, F. Suárez, H. Grotius, C. Wolff, dentre outros), apontando, em convergência, a um Direito Internacional objetivo e necessário (e não simplesmente voluntário, como outrora pretenderam os positivistas em sua usual e lamentável subserviência ao poder), que dá expressão a valores universais.

Parece-me de todo apropriado resgatar seus ensinamentos de um direito impessoal que é o mesmo para todos – não obstante as disparidades de poder, – e que situa a solidariedade acima da soberania, e que submete os diferendos ao juízo da *recta ratio*. O renascimento – que sustento firmemente – em nossos tempos desses

---

64 A.A. Cançado Trindade, "General Course on Public International Law – International Law for Humankind: Towards a New *Jus Gentium*", *in Recueil des Cours de l'Académie de Droit International* (2005), capítulos I-XXVII, 997 pp. (no prelo).

65 A.A. Cançado Trindade, "La Humanización del Derecho Internacional y los Límites de la Razón de Estado", 40 *Revista da Faculdade de Direito da Universidade Federal de Minas Gerais* – Belo Horizonte (2001) pp. 11-23.

ensinamentos clássicos, que ademais propugnam uma ampla concepção da personalidade jurídica internacional (incluindo os seres humanos, e a humanidade como um todo)[66], pode certamente ajudar-nos a enfrentar mais adequadamente os problemas com que se defronta o Direito Internacional contemporâneo, movendo rumo a um novo *jus gentium* do século XXI, o Direito Internacional para a humanidade.

– V –

Como me permiti, há três meses atrás, assinalar em meu *Curso Geral de Direito Internacional Público* ministrado na Academia de Direito Internacional da Haia, mediante o reconhecimento inequívoco de que a nenhum Estado é dado tentar situar-se acima do Direito, voltamos às origens conceituais tanto do Estado nacional como do Direito Internacional. Quanto ao primeiro, não há que se esquecer que o Estado foi originalmente concebido para a realização do bem comum, e que existe para o ser humano, e não *vice versa*. Quanto ao segundo, tampouco há que se olvidar de que o Direito Internacional não era em suas origens um direito estritamente interestatal, mas sim o *direito das gentes*[67].

O Estado – hoje se reconhece – é responsável por todos os seus atos – tanto *jure gestionis* como *jure imperii* – assim como por todas suas omissões, por parte de qualquer de seus poderes ou agentes. Criado pelos próprios seres humanos, por eles composto, para eles existe, para a realização de seu bem comum. Em caso de violação dos direitos humanos, justifica-se assim plenamente o *acesso direto* do indivíduo à jurisdição internacional, para fazer valer tais direitos, inclusive contra o próprio Estado[68].

O ser humano passa a ocupar, em nossos dias, a posição central que lhe corresponde, como *sujeito do direito tanto interno como internacional*[69], em meio ao processo

---

66 A.A. Cançado Trindade, *El Acceso Directo del Individuo a los Tribunales Internacionales...*, *op. cit. infra* n. (68), pp. 9-104; A.A. Cançado Trindade, "A Personalidade e Capacidade Jurídicas do Indivíduo como Sujeito do Direito Internacional", *in Jornadas de Direito Internacional* (Cidade do México, dezembro de 2001), Washington D.C., Subsecretaria de Assuntos Jurídicos da OEA, 2002, pp. 311-347; A.A. Cançado Trindade, "El Nuevo Reglamento de la Corte Interamericana de Derechos Humanos (2000): La Emancipación del Ser Humano como Sujeto del Derecho Internacional de los Derechos Humanos", 3 *Revista do Instituto Brasileiro de Direitos Humanos* – Fortaleza (2002) pp. 277-290; A.A. Cançado Trindade, "Vers la consolidation de la capacité juridique internationale des pétitionnaires dans le système interaméricain des droits de la personne", 14 *Revue québécoise de droit international* (2001) n. 2, pp. 207-239.
67 A.A. Cançado Trindade, "General Course on Public International Law...", *op. cit. supra* n. (64), capítulos I e XXVII (no prelo).
68 A.A. Cançado Trindade, *El Acceso Directo del Individuo a los Tribunales Internacionales de Derechos Humanos*, Bilbao/Espanha, Universidade de Deusto, 2001, pp. 9-104.
69 Sobre a evolução histórica da personalidade jurídica no direito das gentes, cf. H. Mosler, "Réflexions sur la personnalité juridique en Droit international public", *Mélanges offerts à Henri Rolin – Problèmes de droit des gens*, Paris, Pédone, 1964, pp. 228-251; G. Arangio-Ruiz, *Diritto Internazionale e Personalità Giuridica*, Bologna, Coop. Libr. Univ., 1972, pp. 9-268; G. Scelle,

de humanização do Direito Internacional, o qual passa a se ocupar mais diretamente da identificação e realização de valores e metas comuns superiores. A titularidade jurídica internacional do ser humano é hoje uma realidade inegável, cabendo agora consolidar sua plena capacidade jurídica processual no plano internacional. Temos todos o dever inescapável de dar nossa contribuição neste sentido, ainda mais por corresponder o reconhecimento da centralidade dos direitos humanos ao novo nuevo *ethos* de nosso tempo. O ser humano é, incontestavelmente, em última análise, o sujeito último do direito tanto interno como internacional[70].

Os chamados "fundadores" do direito internacional (notadamente os escritos dos teólogos espanhóis e a obra grociana), concebiam o ordenamento jurídico internacional como um sistema verdadeiramente *universal*. Hoje, depois da influência nefasta do positivismo jurídico superveniente, que personificou o Estado dotando-o de "vontade própria", reduzindo os direitos dos seres humanos aos que o Estado a estes "concedia", – com consequências desastrosas, – vislumbro um renascimento da concepção universalista do direito internacional[71], consoante os ensinamentos dos "fundadores" da disciplina.

O novo *jus gentium* do século XXI revela o domínio ou contexto no qual se tem dado a notável evolução a que venho de referir-me. Este novo *jus gentium*, reconstruído sobre bases humanistas, constitui o ponto central de minha última linha de considerações neste discurso de posse na Academia Brasileira de Letras Jurídicas. Em uma dimensão mais ampla, situamo-nos, com efeito, em meio a um processo histórico, e juridicamente revolucionário, de reconstrução de um novo paradigma no Direito Internacional Público, que transcende claramente sua antiga dimensão meramente interestatal, que se encontra inteiramente superada em nossos dias.

No novo *jus gentium* do século XXI o ser humano emerge como sujeito de direitos emanados diretamente do Direito Internacional, dotado de capacidade processual para vindicá-los. Permitir-me-ia caracterizar esta evolução mais ampla como

---

"Some Reflections on Juridical Personality in International Law", *Law and Politics in the World Community* (ed. G.A. Lipsky), Berkeley/L.A., University of California Press, 1953, pp. 49-58 e 336; J.A. Barberis, "Nouvelles questions concernant la personnalité juridique internationale", 179 *Recueil des Cours de l'Académie de Droit International de La Haye* (1983) pp. 157-238; A.A. Cançado Trindade, "The Interpretation of the International Law of Human Rights by the Two Regional Human Rights Courts", *Contemporary International Law Issues: Conflicts and Convergence* (Proceedings of the III Joint Conference ASIL/Asser Instituut, The Hague, July 1995), The Hague, Asser Instituut, 1996, pp. 157-162 e 166-167.

70 A.A. Cançado Trindade, "General Course on Public International Law...", *op. cit. supra* n. (64), capítulos IX-X (no prelo). E cf., para um estudo geral, A.A. Cançado Trindade, *Tratado de Direito Internacional dos Direitos Humanos*, Porto Alegre, S.A. Fabris Ed., vol. 1, 2ª. ed., 2003, pp. 1-640; vol. II, 1ª. ed., 1999, pp. 1-440; e vol. III, 1ª. ed., 2003, pp. 1-663.

71 A.A. Cançado Trindade, "Memorial por um Novo *Jus Gentium*, o Direito Internacional da Humanidade", 45 *Revista da Faculdade de Direito da Universidade Federal de Minas Gerais* (2004) pp. 17-36.

a da reconstrução do *jus gentium*, consoante a *recta ratio*, como um novo e verdadeiro *direito universal da humanidade*. Mediante sua *humanização* e *universalização*, o direito internacional contemporâneo passa a ocupar-se mais diretamente da identificação e realização de valores e metas comuns superiores, que dizem respeito à humanidade como um todo[72]. Para este processo histórico têm contribuído decisivamente o advento tanto do Direito Internacional dos Direitos Humanos como do Direito das Organizações Internacionais[73].

Tal como me permiti assinalar em meu Voto Concordante no Parecer n. 16, da Corte Interamericana de Direitos Humanos, sobre o *Direito à Informação sobre a Assistência Consular no Âmbito das Garantias do Devido Processo Legal* (1999),

"toda a jurisprudência internacional em matéria de direitos humanos tem desenvolvido, de forma convergente, ao longo das últimas décadas, uma interpretação dinâmica ou evolutiva dos tratados de proteção dos direitos do ser humano. (...) As próprias emergência e consolidação do *corpus juris* do Direito Internacional dos Direitos Humanos se devem à reação da *consciência jurídica universal* ante os recorrentes abusos cometidos contra os seres humanos, frequentemente convalidados pela lei positiva: com isto, o Direito veio ao encontro do ser humano, destinatário último de suas normas de proteção" (parágrafos 3-4).

A importância e atualidade dessa concepção do *jus gentium* universal são ilustradas de modo eloquente pelo recente Parecer n. 18, de 17 de setembro de 2003, da Corte Interamericana de Direitos Humanos, sobre a *Condição Jurídica e os Direitos dos Migrantes Indocumentados*. Neste Parecer, de transcendência histórica dada a gravidade do problema em questão, a Corte Interamericana sustentou o dever dos Estados de respeitar e assegurar o respeito dos direitos humanos dos migrantes à luz do princípio básico da igualdade e não discriminação. Acrescentou que qualquer tratamento discriminatório atinente aos direitos humanos dos migrantes gera a responsabilidade internacional dos Estados.

Na visão da Corte Interamericana, o princípio fundamental da igualdade e não discriminação ingressou no domínio do *jus cogens*. O Tribunal interamericano agregou que os Estados não podem discriminar ou tolerar situações discriminatórias em detrimento dos migrantes (ainda que indocumentados), e devem garantir o devido processo legal a qualquer pessoa, independentemente de seu estatuto migratório. Este último, – concluiu a Corte no referido Parecer n. 18 de 2003, – não pode constituir uma justificação para privar uma pessoa do gozo e exercício de seus direitos humanos, inclusive os direitos trabalhistas. Os trabalhadores migrantes

---

72   A.A. Cançado Trindade, "General Course on Public International Law...", *op. cit. supra* n. (64), capítulos III, VI e XI-XXIII (no prelo).
73   Sobre este último, cf. A.A. Cançado Trindade, *Direito das Organizações Internacionais*, 3ª. ed., Belo Horizonte, Edit. Del Rey, 2003, pp. 1-990.

indocumentados têm os mesmos direitos laborais que outros trabalhadores no Estado de emprego, e este último deve assegurar o respeito desses direitos na prática. Enfim, não podem os Estados subordinar ou condicionar a observância do princípio da igualdade ante a lei e não discriminação aos objetivos de suas políticas migratórias, dentre outras.

Em meu Voto Concordante neste histórico Parecer n. 18 da Corte, que muito tem repercutido em nosso continente, me permiti relacionar as considerações do Tribunal interamericano com o legado dos ensinamentos de Francisco de Vitoria, a começar pela ponderação básica de suas aclamadas *Relecciones Teológicas* (1538-1539) no sentido de que a comunidade internacional (*totus orbis*) prima sobre o arbítrio de cada Estado individual[74]. O novo *jus gentium* veio atender as novas necessidades humanas, abrindo caminho, como já visto, à concepção de um direito internacional universal[75]. Com sua emergência, veio a prevalecer a crença de que era possível captar o conteúdo desse direito (*jus gentium*) pela razão[76].

Como assinalei em meu referido Voto Concordante, o *jus communicationis* e a liberdade de movimento transfronteiriço, propugnados desde os séculos XVI e XVII, perduraram por muito tempo, e só em época histórica mais recente, na segunda metade do século XIX, quando a *imigração* penetrou em definitivo na esfera do direito *interno*, passou a sofrer restrições sucessivas e sistemáticas[77]. Daí a importância crescente da prevalência de determinados direitos, como o direito de acesso à justiça (no sentido *lato sensu* de direito à realização da justiça), o direito à vida privada e familiar (compreendendo a unidade familiar), o direito a não ser submetido a tratamentos cruéis, desumanos e degradantes, – transcendendo toda esta problemática contemporânea a dimensão puramente estatal ou interestatal.

No mesmo Voto Concordante, ao situar o princípio básico da igualdade e não discriminação no domínio do *jus cogens*, gerando obrigações *erga omnes*, advertí para

---

[74] Cf. F. de Vitoria, *Relecciones...*, op. cit. supra n. (31), pp. 1-101; W.G. Grewe, *The Epochs of International Law*, Berlin, W. de Gruyter, 2000, pp. 189-190. Já em sua época, F. Vitoria concebia a *societas gentium* como expressão da unidade fundamental do gênero humano, formando una verdadeira *societas ac communicatio*, porquanto Estado algum era auto-suficiente; P. Guggenheim, "Contribution à l'histoire des sources...", op. cit. supra n. (20), pp. 21-22.

[75] J. Moreau-Reibel, «Le droit de société interhumaine et le *jus gentium*...», op. cit. supra n. (21), pp. 506-510.

[76] G. Fourlanos, *Sovereignty and the Ingress of Aliens*, Stockholm, Almqvist & Wiksell, 1986, p. 17, e cf. pp. 19-23, 79-81, 160-161 e 174-175.

[77] F. Crépeau, *Droit d'asile – De l'hospitalité aux contrôles migratoires*, Bruxelles, Bruylant, 1995, pp. 17-353; F. Rigaux, «L'immigration: droit international et droits fondamentaux», in *Les droits de l'homme au seuil du troisième millénaire – Mélanges en hommage à P. Lambert*, Bruxelles, Bruylant, 2000, pp. 693-696, e cf. pp. 707-708, 710-713, 717-720 e 722; e, para um estudo geral, cf. A.A. Cançado Trindade e J. Ruiz de Santiago, *La Nueva Dimensión de las Necesidades de Protección del Ser Humano en el Inicio del Siglo XXI*, 3ª. ed., San José de Costa Rica, ACNUR, 2004, pp. 27-127.

a necessidade de ter sempre presentes os princípios fundamentais do direito, sem os quais o ordenamento jurídico (nacional e internacional) simplesmente não se realiza e deixa de existir como tal. Como me permiti ponderar a respeito em meu referido Voto Concordante no Parecer n. 18 da Corte,

> "Todo sistema jurídico tem princípios fundamentais, que inspiram, informam e conformam suas normas. São os princípios (...) que, evocando as causas primeiras, fontes ou origens das normas e regras, conferem coesão, coerência e legitimidade às normas jurídicas e ao sistema jurídico como um todo. São os princípios gerais do direito (*prima principia*) que conferem ao ordenamento jurídico (...) sua inelutável dimensão axiológica; são eles que revelam os valores que inspiram todo o ordenamento jurídico e que, em última análise, fornecem seus próprios fundamentos. É assim que concebo a presença e a posição dos princípios em qualquer ordenamento jurídico, e sua função no universo conceitual do Direito. (...) Dos *prima principia* emanam as normas e regras, que neles encontram seu sentido. Os princípios encontram-se assim presentes nas origens do próprio Direito" (parágrafos 44 e 46).

– VI –

Toda vez que se tem feito abstração desses princípios, tem-se incorrido em violações do Direito. Os positivistas chegaram a identificar os princípios com as normas que deles emanam, e pecaram, juntamente com os chamados "realistas" das ciências sociais, por confundir o mundo do ser com o do dever ser, o *Sein* com o *Sollen*. Desvendaram uma visão estática do mundo, ignorando por completo sua dimensão temporal. Isolaram o Direito de outras áreas do conhecimento humano. Uns e outros revelaram uma auto-suficiência própria dos arrogantes. Definitivamente, ser positivista ou realista é demasiado fácil, porquanto não requer erudição alguma, tampouco maiores conhecimentos.

E lamentavelmente, as Universidades não só brasileiras como de tantos outros países, encontram-se hoje infestadas de positivistas e realistas, o que explica o preocupante declínio no cultivo da ciência jurídica e das ciências sociais. Difundem-se, no âmbito do Direito Internacional, sem o menor espírito crítico, pseudo-doutrinas como as do "recurso à força", das "contramedidas", das intervenções supostamente "humanitárias", da chamada "guerra preventiva", da "ação de preempção", da "legítima defesa antecipatória" nas relações interestatais, dos "limites" e da "fragmentação" do direito internacional, do "conflito de civilizações", dentre outras, que prestam um desserviço ao Direito Internacional, ignoram os princípios gerais do direito, além de desvendar as distorções, a letargia e a indigência mental de segmentos da "doutrina" jusinternacionalista contemporânea.

A elas se tem recorrido para tentar explicar o recurso à força bruta, e justificar uma das mais flagrantes violações do Direito Internacional ocorrida nas últimas décadas, a da invasão e ocupação do Iraque por uma autodenominada "coalizão de

Estados", à margem da Carta das Nações Unidas[78]. Há que reiterar, quantas vezes necessário se fizer, que não se combate o terror com o terror, mas sim no âmbito do Direito, para isto havendo hoje 13 convenções internacionais no âmbito universal e oito no âmbito regional. Não se pode reivindicar os vitimados pelo terror com novas vítimas inocentes do terror em outras de suas manifestações.

A força bruta gera a força bruta, e, no final, o que temos? O nada, a devastação geral, a descomposição do tecido social, as vinganças, as torturas e execuções sumárias e outras violações graves do Direito Internacional Humanitário[79] e do Direito Internacional dos Direitos Humanos, a transformação dos seres humanos em meros instrumentos da confrontação e destruição, – abrindo feridas que requererão gerações para cicatrizar. Que sirva isto de alerta aos apologistas irresponsáveis da assim-chamada "guerra contra o terror", à margem do Direito e da Carta das Nações Unidas.

Como manifestei em meu recente Voto Individual no caso do *Massacre de Plan de Sánchez* (reparações, 2004) ante a Corte Interamericana de Direitos Humanos, temo que as brutalidades e os massacres, de décadas passadas e dos momentos sombrios que vivemos neste ano de 2005, em diferentes partes do mundo, tenham um profundo *efecto descivilizador*, e que a perigosa escalada de violência que se expande e alastra neste início do século XXI venha sugerir que

> "os seres humanos parecem pouco ou nada haver aprendido com os padecimentos de gerações passadas, e que só poderá ser contida mediante o fiel apego ao Direito e a seus princípios básicos. Acima da força está o Direito, assim como acima da vontade está a consciência (fonte material última de todo Direito)" (parágrafo 30).

Recorde-se que, em linha similar de pensamento ao dos antigos gregos e de Cícero na Roma antiga, opondo-se ao recurso à força, Emanuel Kant advertia com eloquência, ao final do século XVIII, em seu célebre ensaio sobre a *Paz Perpétua* (1795), que

---

78 Cf. A.A. Cançado Trindade, "A Guerra como Crime", *in Correio Braziliense*, Brasília, 20.03.2003, p. 5; A.A. Cançado Trindade, "O Direito e os Limites da Força", 12 *Fonte – Procuradoria Geral do Estado do Ceará* (agosto/outubro de 2002) – n. 51, p. 2; A.A. Cançado Trindade, "A Proibição Absoluta da Tortura", *in Correio Braziliense* – Suplemento `Direito e Justiça", Brasília, 23.08.2004, p. 1; A.A. Cançado Trindade, "El Primado del Derecho sobre la Fuerza como Imperativo del *Jus Cogens*", *in Doctrina Latinoamericana del Derecho Internacional*, vol. II (eds. A.A. Cançado Trindade e F. Vidal Ramírez), San José de Costa Rica, Corte Interamericana de Derechos Humanos, 2003, pp. 51-66.

79 Cf. J. Cardona Lloréns, «Libération ou occupation? Les droits et devoirs de l'État vainqueur», *in L'intervention en Irak et le Droit international* (eds. K. Bannelier, O. Corten, Th. Christakis y P. Klein), Paris, Pédone/CEDIN, 2004, pp. 221-250; G. Abi-Saab, «Les Protocoles Additionnels, 25 ans après», *in Les nouvelles frontières du Droit international humanitaire* (ed. J.-F. Flauss), Bruxelles, Bruylant, 2003, pp. 33-36; Y. Sandoz, «L'applicabilité du Droit international humanitaire aux actions terroristes», in *ibid.*, pp. 71-72.

"(...) ser remunerado para matar ou ser morto parece implicar a utilização dos homens como simples máquinas e instrumentos nas mãos de outrem (do Estado), o que não se coaduna com o direito da humanidade em nossa própria pessoa"[80].

Não se pode combater o terror com suas próprias armas. É o que advertia pertinentemente J. Pictet, em um tom quase premonitório, na primeira edição de seus *Princípios de Direito Internacional Humanitário,* há quatro décadas. Em suas próprias palavras, "seria um passo desastrosamente retrógrado para a humanidade tentar lutar contra o terrorismo com suas próprias armas"[81]. Os apologistas do uso da força bruta de nossos dias não se dão conta do profundo efeito *descivilizador* de sua postura, de seus efeitos nocivos ou nefastos para a humanidade como um todo.

Os chamados "realistas", por sua vez, se concentram naquilo que percebem como a "realidade" do momento, atribuindo um elemento de permanência ao que não passa de um ponto na história do Direito e das relações internacionais. Encaram o Estado como um ator perene, esquecendo-se dos fatos históricos que deram origem ao mesmo. Insistem em abordar as necessidades e aspirações atuais da humanidade a partir da ótica exclusiva, insuficiente e inadequada, do Estado e das relações interestatais. Insistem nesta ótica como perenemente inquestionável, e encaram as relações de poder como inelutáveis. Ao proceder deste modo, curvam-se ante o que consideram como o primado das relações de dominação sobre o Direito, e a primazia da ordem estabelecida sobre os imperativos da justiça. O positivismo jurídico e o "realismo" político têm, assim, não surpreendentemente, sido invariamente subservientes ao poder.

Nenhum positivista foi capaz de antecipar, em meados da década de quarenta, a emergência e a consolidação do Direito Internacional dos Direitos Humanos. Nenhum realista foi capaz de prever, em meados da década de cinquenta, o advento do fenômeno histórico da descolonização. A emancipação da pessoa humana *vis-à-vis* seu próprio Estado e a emancipação dos povos no Direito Internacional ocorreram ante a surpresa e o despreparo dos positivistas da ciência jurídica e dos "realistas" das ciências sociais. Nenhum realista foi capaz de prenunciar a queda do muro de Berlim, no final da década de oitenta. Nem os positivistas, nem os "realistas", têm se mostrado capazes de entender – e têm dificuldades em aceitar – as profundas transformações do Direito Internacional contemporâneo na busca da realização dos imperativos da justiça.

Positivistas e "realistas" pretenderam que a realidade sobre a qual trabalhavam era permanente e inevitável, mas o que realmente ocorreu foi que, perplexos ante as mudanças, tiveram que se mover de um momento histórico a outro, inteiramente diferente. Ao tentar se reajustar à nova "realidade" empírica, tiveram novamente que tentar a esta aplicar o esquema estático a que estavam habituados.

---
80 Cit. in: *La paix* (*Textes choisis,* ed. M. Lequan), Paris, Flammarion, 1998, pp. 173-174.
81 J. Pictet, *The Principles of International Humanitarian Law,* 1ª. ed., Ginebra, CICR, 1966, p. 36.

Resistentes ante as mudanças, se descuidaram de analisar as profundas alterações que levaram à nova "realidade" sobre a qual começaram a trabalhar, e de novo passaram a projetar sua ilusão da "inevitabilidade" no futuro e, por vezes – em desespero – também no passado. Seu equívoco básico tem sido sua minimização dos *princípios*, que jazem nos fundamentos de qualquer sistema jurídico, nacional e internacional, e que informam e conformam as normas e a ação consoante estas últimas, na busca da realização da justiça. Sempre que tal minimização prevaleceu os resultados têm sido desastrosos.

Positivistas e "realistas" não têm resistido à tentação de revelar seu orgulho por seu método de pura observação dos fatos e por seu sentido de "pragmatismo". Mas à parte do pragmatismo como postura filosófica (reconhecendo que a verdade que se possa alcançar nem sempre é infalível), quando posto em prática, sem princípios diretores e sem orientação própria, o pragmatismo tem desvendado o seu lado sinistro[82]. Tem não raro levado a abusos, à fabricação da chamada "opinião pública", à perseguição de pessoas e grupos de pessoas em razão de suas opiniões pessoais (outras que a prevalecente), e a atos de extrema violência[83]. Os danos causados pelo pragmatismo sem princípios se prolongam indefinidamente no tempo, e sua *praxis* se mostra desprovida da dimensão temporal: o pragmatismo é praticado no calor do momento.

Não se pode pretender erguer um "novo" ordenamento jurídico internacional a partir de devastações e guerras, que, ao contrário, reduzem a cinzas as conquistas da civilização[84]. *Ex injuria jus non oritur*. É o que os "realistas" parecem não entender, – como advertia já em 1940 Jacques Maritain, – ignorando inteiramente os imperativos da ética e da justiça, e revelando sua miopia em relação à dimensão temporal dos fatos sociais[85]. Particularmente em momentos de "profunda crise espiritual", como o que vivemos neste início do século XXI, há que se apegar aos princípios gerais do direito, aos princípios do direito natural[86].

Lamentavelmente os "realistas" têm se mostrado complacentes com o poder estabelecido – na linha dos escritos de Machiavelli e Hobbes e seus sucessores modernos – e entusiasmados com o oportunismo político, abstendo-se de condenar a agressão; em seu desprezo característico em relação aos princípios do direito de perene validade, aceitam e pressupõem como um fato inevitável – como também advertia em sua época Hersch Lauterpacht – "a imoralidade da conduta dos Esta-

---

82 Como advertido por Bertrand Russell, *Sceptical Essays*, London, Routledge, 1993 [reprint], p. 49.

83 Como os bombardeios aéreos de populações civis indefesas e a destruição total de cidades inteiras, como Hiroshima, Nagasaki, Coventry, Dresden, Guérnica, entre outras.

84 J. Maritain, *De la justice politique – Notes sur la présente guerre*, Paris, Libr. Plon, 1940, pp. 36-37, 40-41 and 44-45.

85 *Ibid.*, pp. 88, 90-91 e 106-107.

86 *Ibid.*, pp. 112-114.

dos" como "um fator permanente inerente em sua existência como unidades coletivas"[87]. O oportunismo dos "realistas" políticos sempre os levou, por exemplo, a "desaprovar" a ideia da segurança coletiva, na era das Nações Unidas; só conseguem enxergar interesses e vantagens, e não parecem crer na razão humana, na *recta ratio*, nem tampouco na capacidade dos seres humanos de extrair lições da experiência histórica[88].

– VII –

A contrário do que alguns "realistas" hoje argumentam, o que é preventivo e antecipatório é o Direito, e não o uso da força. Em meio à profunda crise mundial em que vivemos, que se afigura como uma crise de valores, não obstante o velho ideal da justiça internacional tem logrado avanços, graças à reação da consciência humana contra os abusos perpetrados contra milhões de seres humanos, os marginalizados e excluídos do mundo "pós-moderno". O ciclo das Conferências Mundiais das Nações Unidas, – de que tive o privilégio de participar ativamente, – realizado ao longo dos anos noventa até o ano de 2001, têm conformado a agenda social internacional do século XXI, com atenção especial aos que se encontram em situação de particular vulnerabilidade.

Os tribunais internacionais têm se multiplicado, o que considero um fenômeno altamente positivo[89]: a via judicial constitui efetivamente a forma *par excellence* da solução pacífica das controvérsias internacionais, que deve efetuar-se com base no Direito e não na força. A jurisdição penal internacional permanente (o Tribunal Penal Internacional) foi enfim estabelecida. Os tribunais internacionais (Cortes Interamericana e Europeia) de direitos humanos têm construído uma rica jurisprudência de emancipação do ser humano *vis-à-vis* seu próprio Estado. Os tribunais penais internacionais *ad hoc* para a Ex-Iugoslávia e Ruanda vêm construindo uma já vasta jurisprudência de combate à impunidade por violações graves dos direitos humanos e do Direito Internacional Humanitário.

Somos hoje mais de cem juristas a desempenhar a função judicial internacional, o que seria impensável há poucas décadas atrás. A função judicial internacional tem se expandido e enriquecido. As necessidades e aspirações da humanidade hão

---

87 H. Lauterpacht, "On Realism, Especially in International Relations", *in International Law Being the Collected Papers of Hersch Lauterpacht*, vol. 2, parte I, Cambridge, University Press, 1975, pp. 53 e 57-62.

88 *Ibid.*, pp. 58 e 61-65.

89 Cf. A.A. Cançado Trindade, «The Merits of Coordination of International Courts on Human Rights», 2 *Journal of International Criminal Justice* – Oxford (2004) pp. 309-312; A.A. Cançado Trindade, «La perspective trans-atlantique: La contribution de l'oeuvre des Cours internationales des droits de l'homme au développement du droit public international», *in La Convention européenne des droits de l'homme à 50 ans – Bulletin d'information sur les droits de l'homme*, n. 50 (numéro spécial), Strasbourg, Conseil de l'Europe, 2000, pp. 8-9 (publicado também em outros idiomas do Conselho da Europa).

de se satisfazer pelo Direito, – e não pelo uso discricionário da força, – na busca da realização da justiça. É inescapável o recurso à *recta ratio* nos fundamentos de todo o *corpus juris* do Direito Internacional contemporâneo. É nas grandes crises internacionais – como a atual – que se logram dar os grandes saltos qualitativos, como o ouro que se extrai da pedra bruta. O mundo em que vivemos muito necessita um ordenamento jurídico internacional capaz de regular eficazmente as relações entre todos os seus sujeitos (inclusive a pessoa humana), e de assim satisfazer as necessidades e aspirações da comunidade internacional, entre as quais a realização da justiça.

A propósito, o documento final resultante da recente Cúpula Mundial de reforma das Nações Unidas, de 15.09.2005, de seguimento à Cúpula do Milênio, ressalta a "importância vital de um sistema multilateral eficaz" para enfrentar a complexidade dos atuais desafios à paz e segurança internacionais, e adverte que nenhum Estado pode sustentar-se ou proteger-se só, dependendo todos do mecanismo de segurança coletiva, consoante os princípios e propósitos da Carta das Nações Unidas, ante as atuais ameaças que a todos afetam[90]. Reitera, a seguir, a obrigação de todos os Estados membros de abter-se de toda ameaça ou uso da força inconsistente com a Carta das Nações Unidas[91]. A Cúpula Mundial reconhece a necessidade de examinar as causas dos desafios e ameaças que confrontam a todos, e reafirma o compromisso da ONU de erradicação da pobreza e fomento do desenvolvimento humano[92].

O documento final da recente Cúpula Mundial da ONU condena o terrorismo em todas as suas formas, e afirma que o combate ao mesmo deve dar-se no âmbito das Nações Unidas e das convenções internacionais a respeito, e em conformidade com o Direito Internacional, e particularmente com o Direito Internacional dos Direitos Humanos, o Direito Internacional dos Refugiados e o Direito Internacional Humanitário[93]. O referido documento reconhece a democracia como um "valor universal", ao mesmo tempo em que admite não existir um "modelo único" de democracia a impor-se aos demais[94]. Ressalta a importância da diversidade cultural e do diálogo entre as civilizações para o futuro da humanidade[95], e reafirma, enfim, os princípios e propósitos da Carta das Nações Unidas e a necessidade de um ordenamento internacional nestes baseado, respeitoso dos direitos humanos universais, e essencial à coexistência pacífica e cooperação entre os Estados[96].

Não poderia, a meu ver, ter sido mais clara a resposta da comunidade internacional à flagrante violação do Direito Internacional perpetrada por um grupo de

---

90 U.N./General Assembly, *2005 World Summit Outcome*, documento A/60/L.1, de 15.09.2005, pp. 2 e 21-22, pars. 6-7 e 72.
91 *Ibid.*, pp. 22-23, pars. 77-79.
92 *Ibid.*, pp. 2-4, 6-7 e 12, pars. 8, 19, 24 e 48.
93 *Ibid.*, pp. 23-24, pars. 81-91.
94 *Ibid.*, p. 31, par. 135.
95 *Ibid.*, p. 3, par. 14.
96 *Ibid.*, pp. 30, 28 e 3, pars. 134, 121 e 13.

Estados autodenominado *"coalition of the willing"*, ao invadir e ocupar outro Estado, multiplicando as vítimas inocentes e silenciosas, ademais de indefesas, e ao atuar à margem da Carta das Nações Unidas. A comunidade internacional vem de assumir uma postura principista, e não voluntarista, ancorada nos fundamentos do Direito Internacional, em que se situa a *recta ratio*. Sem os princípios gerais do direito simplesmente não há sistema jurídico algum, nacional ou internacional. Na recente Cúpula Mundial de reforma das Nações Unidas, a comunidade internacional vem de reiterar sua profissão de fé nos princípios gerais do Direito Internacional.

As sucessivas atrocidades e abusos que nas últimas décadas têm vitimado milhões de seres humanos em todas partes têm em definitivo despertado a *consciência jurídica universal* (como fonte material última de todo Direito) para a premente necessidade de reconceitualizar as próprias bases do direito internacional[97]. Este último não se reduz, em absoluto, a um instrumental a serviço do poder; seu destinatário final é o ser humano, devendo atender a suas necessidades básicas, entre as quais se destaca a da realização da justiça. A emancipação da pessoa humana *vis-à-vis* o próprio Estado avança lentamente, mas avança. Os avanços do ordenamento jurídico internacional correspondem à ascensão da consciência humana orientada à necessidade da realização do bem comum e da justiça.

Ninguém poderia supor ou prever, há alguns anos atrás, que as causas dos deslocados, dos marginalizados e excluídos, dos migrantes indocumentados (em busca de alimento, moradia, trabalho e educação), e das crianças abandonadas nas ruas, alcançassem um tribunal internacional como a Corte Interamericana de Direitos Humanos, como tem efetivamente ocorrido, de modo sistemático, a partir de sua Sentença de 1999 no caso paradigmático dos *"Meninos de Rua"* (*Villagrán Morales e Outros*). O fato de ter-se tornado o acesso dos pobres e oprimidos à justiça internacional uma realidade em nossos dias se deve, sobretudo, em meu entender, ao despertar da consciência humana para as necessidades de proteção dos mais fracos e dos esquecidos.

Movida pela consciência jurídica universal, a própria dinâmica da vida internacional contemporânea tem cuidado de desautorizar o entendimento tradicional de que as relações internacionais se regem por regras derivadas inteiramente da livre vontade dos próprios Estados. O positivismo voluntarista se mostrou incapaz de explicar o processo de formação das normas do direito internacional geral, e se tornou evidente que só se poderia encontrar uma resposta ao problema dos fundamentos e da validade deste último na *consciência jurídica universal*[98], *a partir da afirmação da ideia de uma justiça objetiva, consoante a recta ratio*.

---

97 Como assinalei em meu supracitado Voto Concordante (parágrafos 25-26) no Parecer n. 18 (de 2003) da Corte Interamericana de Direitos Humanos.
98 A.A. Cançado Trindade, "General Course on Public International Law...", *op. cit. supra* n. (64), capítulo VI (no prelo).

A reconstrução do *jus gentium* como direito universal da humanidade situa-se na mesma linha de pensamento visionário, preconizada, a partir do século XVI, pelos teólogos espanhóis F. de Vitoria e F. Suárez, em conformidade com o mais lúcido pensamento jusinternacionalista. Em definitivo, não é função do jurista simplesmente tomar nota da prática dos Estados (frequentemente ambígua e incongruente), mas sim dizer qual é o Direito. Desde a obra clássica de H. Grotius no século XVII, – seguida das de C. Bynkershoek e C. Wolff, entre outros, – tem-se desenvolvido uma influente corrente do pensamento jusinternacionalista que concebe o Direito Internacional como um ordenamento jurídico dotado de valor próprio ou intrínseco (e portanto superior a um direito simplesmente "voluntário"), – porquanto deriva sua autoridade de certos princípios da reta razão (*est dictatum rectae rationis*).

A *recta ratio* tem, com efeito, ao longo dos séculos, sempre propugnado por um direito das gentes verdadeiramente universal. Definitivamente, não se pode visualizar a humanidade como sujeito do Direito a partir da ótica do Estado; o que se impõe é reconhecer os limites do Estado a partir da ótica da humanidade[99]. E ao jurista está reservado um papel de crucial importância na reconstrução, consoante a *recta ratio*, do novo *jus gentium* do século XXI, o *direito universal da humanidade*.

Espero, ao final de minhas palavras, ter transmitido, com a força de minha convicção, a este distinguido Colégio Acadêmico, e a todos os presentes, meu profundo reconhecimento pela alta significação de que para mim se reveste ser empossado na Academia Brasileira de Letras Jurídicas, ao ostentar esta por lema a *recta ratio*. Não poderia, para mim, haver um lema mais significativo, por tudo aquilo anteriormente exposto. Muito agradeço aos eminentes Acadêmicos pela amável acolhida, e a todos os presentes pela fina atenção com que me distinguiram. Muito obrigado a todos.

---

99 A.A. Cançado Trindade, "General Course on Public International Law...", *op. cit. supra* n. (64), capítulo XI (no prelo).

II

A Formação do Direito Internacional Contemporâneo:
Reavaliação Crítica da Teoria Clássica de suas "Fontes"[1]

Sumário: I. Introdução. II. Considerações sobre as "Fontes" Formais do Direito Internacional. III. As "Fontes" Formais Enumeradas no Artigo 38 do Estatuto da CIJ. 1. O Costume Internacional. 2. Os Tratados Internacionais. 3. Os Princípios Gerais do Direito. 4. Valor da Jurisprudência Internacional (Decisões Judiciais e Arbitrais). 5. Valor da Doutrina. 6. O Elemento da Equidade. IV. As "Fontes" Formais Não Enumeradas no Artigo 38 do Estatuto da CIJ. 1. Os Atos Jurídicos Unilaterais dos Estados. 2. As Resoluções das Organizações Internacionais. V. O Processo de Formação do Direito Internacional Contemporâneo: Do Consentimento ao Consenso. VI. Considerações sobre a Questão da "Fonte" Material do Direito Internacional. VII. O Amplo Alcance da *Opinio Juris* na Formação do Direito Internacional Contemporâneo. VIII. Conclusões: A Consciência Jurídica Universal.

I. Introdução

A questão básica das "fontes" do Direito Internacional continua desafiando os estudiosos da matéria, e requerendo um tratamento adequado do processo de formação do Direito Internacional contemporâneo. A crescente complexidade deste processo, somada ao advento de novos atores no cenário internacional, têm contribuído para ampliar os modos pelos quais o Direito Internacional hoje se manifesta. Já a doutrina clássica tendia a ressaltar a distinção entre as fontes *formais* do Direito Internacional, ou seja, os meios pelos quais este se manifesta e suas normas são criadas (costume, tratados, princípios gerais do direito, jurisprudência, doutrina, equidade, dentre outras), e sua chamada "fonte" *material*, a saber, o *substratum* – metajurídico – de que se originam as primeiras[2]. Na verdade, a referida "fonte" material encontra-se ineluctavelmente ligada, em última análise, à questão da própria *validade* das normas do Direito Internacional.

---
1 Estudo apresentado em três conferências ministradas pelo Autor, no XXIX Curso de Direito Internacional Organizado pela Comissão Jurídica Interamericana da Organização dos Estados Americanos (OEA), realizado no Rio de Janeiro, Brasil, em 15-16 de agosto de 2002.
2 Georges Scelle, «Essai sur les sources formelles du droit international», *Recueil d'etudes sur les sources du droit en l'honneur de François Gény*, vol. III, Paris, Rec. Sirey, 1934, pp. 400-430; Max Sorensen, *Les sources du Droit international*, Copenhague, E. Munksgaard, 1946, pp. 13-14.

Esta questão, no entanto, – como ponderou com lucidez M. Sorensen em 1946, – transcende o âmbito do direito positivo[3]. Como os jusinternacionalistas, em sua grande maioria, não se mostraram dispostos a adentrar-se nesta linha de reflexão, tornou-se comum, – mais cômodo, – ao longo dos anos, nos numerosos livros e cursos dedicados à matéria, tomar reiteradamente como ponto de partida para o estudo da mesma o disposto no artigo 38 do Estatuto da Corte Internacional de Justiça (CIJ), virtualmente idêntico ao mesmo artigo do Estatuto da anterior Corte Permanente de Justiça Internacional (CPJI)[4]. O elenco consagrado naquela célebre disposição, no entanto, se refere tão só às "fontes" formais. O estudo da formação do Direito Internacional, desse modo, não se exaure – não pode se exaurir – na consideração apenas do referido elenco das "fontes" formais.

No presente estudo, examinarei, de início, o sentido e alcance das "fontes" formais do Direito Internacional, – tanto as consagradas no artigo 38 do Estatuto da CIJ como as que neste não figuram. Em seguida, procederei a uma reavaliação crítica da teoria clássica das "fontes", para isto considerando o processo de formação do Direito Internacional contemporâneo (desvendando a passagem do consentimento ao consenso). Procedendo, enfim, à consideração da "fonte" material, examinarei a questão do amplo alcance da *opinio juris* na formação do Direito Internacional contemporâneo, e as manifestações da *consciência jurídica universal*, precisamente como "fonte" material última do Direito Internacional.

II. Considerações Gerais sobre as "Fontes" Formais do Direito Internacional

Dispõe o referido artigo 38 do Estatuto da CPJI e da CIJ que, na solução de controvérsias que lhe forem submetidas, a Corte aplicará as convenções internacionais, o costume internacional e os princípios gerais do direito, acrescidos, como meios auxiliares para a determinação das regras de direito, das decisões judiciais e da doutrina; é, enfim, facultado à Corte decidir uma questão *ex aequo et bono*, se as partes com isto concordarem. O histórico legislativo desse dispositivo remonta a 1920, quando uma Comissão Consultiva de Juristas foi nomeada pelo Conselho da Liga das Nações para preparar o projeto para o estabelecimento de uma Corte Permanente de Justiça Internacional.

A referida Comissão Consultiva de Juristas teve composição ilustre: Adatci, Altamira, Clovis Bevilaqua (substituído posteriormente por Raul Fernandes), Barão Descamps, Hagerup, Albert de La Pradelle, Loder, Lord Phillimore, Ricci-Busatti, Elihu Root (assistido por J. B. Scott), sendo D. Anzilotti o Secretário-Geral da Comissão[5]. A Comissão reuniu-se na Haia de 16 de junho a 24 de julho de 1920. O

---

3   M. Sorensen, *op. cit. supra* n. (2), p. 15.
4   Afora pequenas variações de fraseologia (na frase introdutória) e na numeração de parágrafos e subparágrafos: cf. Bin Cheng, *op. cit. infra* n. (101), pp. 2 e 21.
5   *Cit. in* Bin Cheng, *op. cit. infra* n. (101), p. 6 n. 19.

projeto do artigo 38 do Estatuto da CPJI resultou de um projeto originalmente apresentado pelo Barão Descamps (incluindo tratados, costume, princípios gerais do direito, jurisprudência), que foi objeto de debates entre os membros da referida Comissão, nos quais exerceram influência decisiva, além do autor do referido projeto, o Sr. E. Root e Lord Phillimore[6].

O artigo 38 do Estatuto da antiga CPJI, incorporado duas décadas e meia depois ao Estatuto também da sucessora CIJ, passou a atrair a atenção dos jusinternacionalistas, por enumerar "fontes" do Direito Internacional, chegando mesmo a se tornar alvo de algumas críticas nos anos seguintes à sua adoção[7]. G. Scelle, por exemplo, observou em 1934 que a própria concepção do referido artigo 38 mostrava-se insuficiente para atender às necessidades sociais que deveriam ser tomadas em conta pelo Direito Internacional da época[8]. Há, no entanto, que se ter em mente que o referido artigo 38 jamais pretendeu se constituir em fórmula peremptória e exaustiva das fontes do Direito Internacional, mas tão somente em guia à atuação judicial da Corte Internacional da Haia[9].

O mencionado artigo 38 do Estatuto da Corte da Haia também se tornou objeto de controvérsia entre os autores acerca da questão se estabelecia ou não uma hierarquia de fontes do Direito Internacional Público. A rigor, as dúvidas se aplicariam apenas a tratados, costume e princípios gerais do direito, uma vez que o próprio artigo 38 cuidou de caracterizar a jurisprudência e a doutrina como meios auxiliares e atribuir função limitada à equidade. Para os que adotam uma fundamentação jusnaturalista do Direito Internacional, torna-se menos difícil apreender o relacionamento entre princípios gerais do direito, tratados e costume: nesta ótica, tratados e costume seriam atualizações ou positivações dos princípios gerais do direito, adaptadas às situações históricas variáveis[10]. Mas esta é apenas uma das concepções existentes (cf. *infra*). O que pode ser tido como ponto pacífico é que as chamadas «fontes» do Direito Internacional apresentam-se em constante e dinâmica interação.

---

6   As atas dos debates encontram-se reproduzidas *in*: Cour Permanente de Justice Internationale/Comité Consultatif de Juristes, *Procès-verbaux des séances du Comité (16 juin/24 juillet 1920) avec Annexes*, La Haye, Éd. Van Langenhuysen Frères, 1920, pp. 247, 270, 293-297, 306-321, 331-339, 344-346, 351, 584, 620 e 729-730. Para um estudo subsequente destes *procès-verbaux*, cf. Maarten Bos, «The Recognized Manifestations of International Law – A New Theory of «Sources» 20 *German Yearbook of International Law* (1977) pp. 18 e 33-39.

7   Em 1934, G. Scelle, por exemplo, criticou que a formulação do artigo 38 de Estatuto da CPJI fora muito influenciada por considerações de ordem política, representando um acordo ou *compromis* entre as exigências da técnica jurídica e as possibilidades das relações intergovernamentais: G. Scelle, *op. cit. supra* n. (2), p. 411.

8   *Ibid.*, p. 420.

9   Max Sorensen, *Les sources...*, *op. cit. supra* n. (2), pp. 28-33.

10   A. Truyol y Serra, *Noções Fundamentais de Direito Internacional Público*, Coimbra, A. Amado Ed., 1962, pp. 141-143.

Outro ponto que se tornou cada vez mais claro, e sobre o qual passou a existir considerável consenso entre os autores, diz respeito à posição proeminente de tratados e costume – desfrutando normalmente de *igual* autoridade – dentre as fontes do Direito Internacional[11]. Houve mesmo quem defendesse a tese de que o costume internacional pode ser encontrado nos tratados assim com os tratados podem, com o decorrer dos tempos, passar ao direito costumeiro internacional, e mesmo exercer efeitos, *qua* evidência do Direito Internacional consuetudinário, sobre Estados não partes contratantes[12]. Exceção feita a esse último ponto, que tem sido contestado[13], é hoje admissível que um tratado se sobreponha a um costume pré-existente, assim como que um costume subsequente se sobreponha a um tratado.

Um tratado multilateral pode refletir a prática dos Estados Partes, pode induzir Estados não Partes a se conformarem com alguns de seus dispositivos, pode por sua implementação interagir com a prática dos Estados na formação de novo costume[14]. Também os tratados bilaterais, ademais dos multilaterais, podem servir de evidência do direito costumeiro. Por exemplo, tratados bilaterais consulares muito influenciaram o desenvolvimento do Direito Internacional costumeiro sobre relações consulares, hoje codificado na Convenção de Viena sobre Relações Consulares de 1963; outra ilustração reside na presença da regra do prévio esgotamento dos recursos de direito interno em tratados bilaterais atestando sua validade como regra de direito costumeiro[15].

O papel reconhecidamente preponderante de tratados e costume dentre as «fontes» do Direito Internacional geral foi objeto de revisão no contexto específico das relações interamericanas. Tal revisão tem suas raízes na antiga polêmica acerca

---

11 Autores soviéticos chegaram mesmo ao ponto de se recusarem a reconhecer quaisquer fontes do Direito Internacional outras que os tratados e o costume; cf. M. Akehurst, «The Hierarchy of the Sources of International Law», 47 *British Year Book of International Law* (1974-1975) pp. 273-285. E houve autores soviéticos que acrescentaram que os tratados prevalecem sobre o Direito Internacional costumeiro por se basearem no acordo expresso dos Estados; cf. R. R. Baxter, *op. cit. infra* n. (12), pp. 101-102.

12 R.R. Baxter, «Treaties and Custom», 129 *Recueil des Cours de l'Académie de Droit International de La Haye* (1970) pp. 31-104; A.D. McNair, «Treaties Producing Effects 'Erga Omnes'», *Scritti di Diritto Internazionale in Onore di T. Perassi*, vol. II. Milano, Giuffrè, 1957, pp. 23-36.

13 Ph. Cahier, «Le problème des effets des traités à l'égard des États tiers», 143 *Recueil des Cours de l'Académie de Droit International de La Haye* (1974) pp. 589-736.

14 R.R. Baxter, *op. cit. supra* n. (12), pp. 31-104. – Sobre a possibilidade de certas normas de Direito Internacional serem convencionais em relação a Estados Partes em tratados que as contêm, e costumeiras em relação a outros Estados, cf. M. Virally, «The Sources...», *op. cit. infra* n. (40), p. 129.

15 R.R. Baxter, *op. cit. supra* n. (12), pp. 87 e 101. Mas há também que se admitir que os tratados podem ser conflitantes entre si e exercer influência negativa, que a retirada de Estados Partes também pode ter sua influência, que até mesmo a conduta de não conformidade dos Estados pode ajudar a limitar ou alterar o direito costumeiro; *ibid.*, pp. 89 e 98.

da existência ou não de um Direito Internacional americano. Segundo tese advogada há alguns anos, no plano das relações interamericanas, diferentemente do que ocorre no Direito Internacional geral, ao costume estaria reservado um papel secundário entre as fontes (que melhor se integrariam, e.g., através das Conferências Internacionais Americanas); dentre os numerosos tratados regionais, relativamente poucos foram os que lograram obter o número suficiente de ratificações para entrar em vigor, exercendo papel exíguo na produção de regras jurídicas internacionais, excetuados os chamados tratados «constitutivos»[16].

Em contrapartida, a doutrina, que no Direito Internacional geral encontra-se para muitos relegada a posição relativamente modesta, no Direito Internacional americano tem exercido considerável influência na formação de normas internacionais tanto consuetudinárias quanto convencionais. E, ainda mais significativamente, as resoluções ou decisões das Conferências Internacionais Americanas, situando-se «a meio-caminho entre a convenção e o costume», constituir-se-iam na «fonte do Direito Internacional americano por excelência»[17]. De todo modo, cabe aqui acentuar que, desde seus primórdios (e muito antes da adoção do Estatuto da antiga CPJI), a doutrina latinoamericana mostrou-se atenta ao estudo da teoria das "fontes" do Direito Internacional[18].

Caberia aqui um derradeira advertência geral, antes de passar em revista as categorias de «fontes» do Direito Internacional individualmente. Há exemplos marcantes ressaltando o fato de que a enumeração de «fontes» do Direito Internacional contida no artigo 38 do Estatuto da CIJ, conforme já indicado, não é, como jamais foi ou poderia ser, exaustiva. Assim, no caso da *Barcelona Traction* (Bélgica *versus* Espanha, Segunda Fase, 1970), a CIJ baseou-se em uma miscelânea de jurisprudência arbitral, decisões prévias da própria Corte, tratados bilaterais e multilaterais, e princípios gerais de direito interno para demonstrar que a Bélgica não tinha *standing* para proteger a Companhia *Barcelona Traction*; e anos antes, no caso *Nottebohm* (Liechtenstein *versus* Guatemala, 1955), a CIJ foi encontrar a evidência do Direito Internacional costumeiro em decisões arbitrais, decisões de tribunais internos em casos de nacionalidade, doutrina, um dispositivo de seu próprio Estatuto, uma série de tratados

---

16 Como, e.g., a Carta da OEA (com as modificações de 1967), o TIAR (1947), os instrumentos criando o BID (1959) e a ALALC (1960). C. Sepúlveda, *Las Fuentes del Derecho Internacional Americano*, México, México, Ed. Porrúa, 1975, pp. 43-69. O autor é igualmente crítico em relação à atuação dos órgãos da OEA (cf. *ibid.*, pp. 108-110), acrescentando que também a contribuição da jurisprudência arbitral e judicial é, no contexto das relações interamericanas, bem mais modesta do que talvez o pretendessem os autores de formação anglo-saxônia (*ibid.*, pp. 85-91).

17 *Ibid.*, pp. 94-95.

18 Cf. M. Panebianco, "La Teoria delle Fonti del Diritto Internazionale nei Fondatori della Dottrina Latino-Americana (Sec. 18-19)", *in Studi in Onore di Giuseppe Sperduti*, Milano, Giuffrè, 1984, pp. 163-186; cf. também, em geral, J.C. Puig, *Les principes du Droit international public américain*, Paris, Pédone, 1954, pp. 1-81.

bilaterais do século XIX (não mais em vigor) entre os Estados Unidos e outros Estados, uma convenção panamericana de 1906, e um tratado de codificação de 1930[19].

Desse modo, ocorre, às vezes, na prática, a impossibilidade de se basear uma decisão em apenas uma determinada categoria das fontes oficialmente consagradas no artigo 38 do Estatuto da CIJ. Outra ilustração reside na transformação do velho princípio pelo qual reservas a um tratado multilateral só seriam admissíveis se aceitas por todas as demais partes, princípio este que hoje perdeu praticamente sua validade. Para esta mudança de posição, contribuíram, conjuntamente, um parecer da Corte Internacional (de 1951, caso das *Reservas à Convenção sobre o Genocídio*), uma resolução da Assembleia Geral das Nações Unidas sobre reservas a convenções multilaterais (resolução 598 (VI) de 12.01.1952, contendo instruções ao Secretário-Geral e recomendação aos membros), o trabalho da Comissão de Direito Interncional das Nações Unidas e os artigos 19-23 da Convenção de Viena sobre o Direito dos Tratados de 1969[20].

Tendo isto em mente, talvez se possa concordar com a sugestão de que, ao invés de se classificar abstratamente as modalidades de fontes, mais apropriado seria examinar o *corpus* global de «autoridade juridicamente significativa para uma determinada decisão»; o artigo 38 do Estatuto da CIJ representaria, pois, ao invés de enumeração exaustiva das «fontes», provavelmente nada mais do que «um catálogo descrito com razoável grau de exatidão histórica»[21]. Das considerações anteriores se pode, ademais, depreender que as «fontes» do Direito Internacional não são categorias estáticas: encontram-se em constante e dinâmica interação, não se exaurindo em classificações teóricas que refletem tão somente os meios de manifestação do Direito Internacional prevalecentes em determinado momento histórico.

III. As "Fontes" Formais Enumeradas no Artigo 38 do Estatuto da CIJ

1. O Costume Internacional

O próprio artigo 38 do Estatuto da CIJ qualifica devidamente o costume internacional ao se referir a ele como «prova de uma prática geral aceita como sendo o direito». Donde os dois elementos clássicos constitutivos do costume: o elemento objetivo, representado pela própria prática internacional, e o elemento subjetivo, a *opinio juris sive necessitatis*, i.e., a convicção de que tal prática é de direito e aceita como tal. Tal configuração do costume internacional é ainda a predominantemente aceita em nossos dias.

No entanto, foi ela alvo de crítica contundente por parte de H. Kelsen e seus seguidores (a escola da «teoria pura do direito»), endossada por P. Guggenheim, no

---

19 Cit. in R.R. Baxter, *op. cit. supra* n. (12), pp. 36-37.
20 Cit. in Ch. Schreuer, «Recommendations and the Traditional Sources of International Law», 20 *German Yearbook of International Law* (1977) p. 113.
21 *Ibid.*, pp. 113-114. Sobre a atividade da CIJ com base em decisões de organizações internacionais, *cf.* observações *infra*.

sentido de que o elemento objetivo seria suficiente para criar o costume como fonte de direito, uma vez que o elemento subjetivo da *opinio juris* seria de difícil comprovação além de pressupor a existência de uma regra de direito autônoma que tampouco poderia ser provada; somente a doutrina voluntarista poderia sustentar que a vontade comum dos Estados seria o fundamento último do Direito Internacional, mas surgiria então o problema dos Estados terceiros que não aceitaram explícita ou implicitamente determinada regra costumeira[22]. Tal doutrina tornaria evidentemente supérfluo o costume como fonte autônoma do Direito Internacional, e o processo de formação da norma costumeira só se materializaria mediante uma ficção, a de uma norma preestabelecida, elemento impossível de se provar, – o que levaria necessária e fatalmente à renúncia ou rejeição do elemento subjetivo do costume (*opinio juris*)[23].

Em contraposição a esta visão, muitos outros autores consideraram necessário ou útil a preservação do conceito de *opinio juris* como meio de se provar a existência de certas normas costumeiras, insistindo na necessidade e relevância do elemento psicológico na formação do costume, quando, e.g., os Estados disputassem o conteúdo do direito consuetudinário[24]. Uma corrente de pensamento florescida nos Estados Unidos sustentou que um *claim-oriented approach*, além de estender maior força de persuasão à repetição de certos atos no plano internacional, implicaria em simplificação da teoria do costume, ao demonstrar que, e.g., em situações de conflito ou negociação, tenderia a prevalecer a parte que apresentasse o argumento mais sólido[25].

Ainda mais significativo que esta contraposição doutrinária foi o fato de terem os próprios Kelsen e Guggenheim gradualmente reconhecido a necessidade de abandonar sua argumentação (*supra*), cedendo ao reconhecimento da viabilidade, e necessidade, continuadas da *opinio juris*; prescindir desta última só beneficiaria os poderosos, além de incorrer no equívoco de equiparar o direito com a mera conduta estatal[26].

---

22 Cf. observações *infra* a esse respeito.
23 P. Guggenheim, «Les deux éléments de la coutume en Droit international», *La technique et les principes du droit public – études en l'honneur de Georges Scelle,* vol. I, Paris, LGDJ, 1950, pp. 275-284.
24 A.A. D'Amato, *The Concept of Custom in International Law,* Ithaca, Cornell University Press, 1971, pp. 242 n. 28, e 74. Cf. também J.L. Kunz, «The Nature of Customary International Law», 47 *American Journal of International Law* (1953) p. 665. – Houve quem aventasse a possibilidade de que a interação de reivindicações rivais por parte dos Estados viesse a atuar no sentido de formação do costume internacional; D.W. Greig, *International Law,* 2ª. ed., London, Butterworths, 1976, p. 19.
25 E não necessariamente a que tentasse tão somente se conformar com o que sustentavam os teóricos do Direito Internacional; A.A. D'Amato, *op. cit. supra* n. (24), pp. 271-272.
26 Sienho Yee, "The News that *Opinio Juris* `Is Not a Necessary Element of Customary [International] Law' Is Greatly Exaggerated", 43 *German Yearbook of International Law/Jahrbuch für internationales Recht* (2000) pp. 231, 234 e 236-238.

O certo é que a *opinio juris* passou a atrair crescente atenção por parte dos doutrinadores[27], – e hoje se reconhece o seu amplo alcance (cf. ítem VII, *infra*). No plano teórico, há que se registrar, por exemplo, a tentativa de Roberto Ago de explicação de um direito internacional costumeiro «espontâneo»[28], – a que se opôs Josef Kunz[29].

O problema dos elementos constitutivos do costume e o processo de criação de regras costumeiras foram amplamente debatidos perante a CPJI no caso *Lotus* (1927), que opôs a França à Turquia. A disputa se originara em uma colisão no alto-mar entre o navio francês *Lotus* e o navio turco *Boz-Kourt*, afundando este último e desaparecendo oito cidadãos turcos; ao chegar o *Lotus* em Constantinopla, seu oficial e o capitão do *Boz-Kourt* foram presos e incriminados; o oficial francês contestou a jurisdição da corte criminal de Istambul. Levado o caso à CPJI, opinou esta que não havia norma que impedisse a Turquia de agir como agiu. No decorrer do procedimento contencioso perante a antiga Corte da Haia, de início a Turquia arguiu, em seu memorial, que o costume internacional devia refletir o consentimento geral dos membros da «sociedade internacional»; ser aplicado uniformemente; ser suficientemente antigo, estável e constante, tendo ademais um caráter de reciprocidade; faltando uma dessas condições, não estaria configurado o costume como «fonte» do Direito Internacional.

A França, a seu turno, invocou precedentes para defender a tese do caráter territorial da jurisdição do Estado, no que foi contestada pela Turquia, que,

---

27 Por exemplo, destacou-se como traço característico do direito costumeiro internacional sua formação não pela repetição de atos que visassem necessária e expressamente a criação do Direito Internacional, mas sim por uma apreciação baseada na observação criteriosa da conduta dos Estados no plano internacional; cf. Max Sorensen, *op. cit. supra* n. (2), p. 85; H.W. Briggs, «The Colombian-Peruvian *Asylum* Case and Proof of Customary International Law», 45 *American Journal of International Law* (1951) p. 729. – Houve os que sustentaram a contribuição dos ordenamentos tanto internacional quanto interno para a criação de normas consuetudinárias, como ilustrado, *inter alia*, por certos documentos históricos de direito interno (ordenações) na regulamentação da guerra marítima, pela contribuição de sentenças de tribunais nacionais de presas na formação do direito do mar; cf. G.B.M. Boson, «Fontes do Direito Internacional», 8 *Revista da Faculdade de Direito da Universidade Federal de Minas Gerais* (1956) pp. 23-24. – Ainda no tocante à *opinio juris*, quer se aplicasse o termo à «convicção» dos Estados, quer se aplicasse às *declarações* do Estado como pretendia M. Akehurst (*op. cit. infra* n. (41), pp. 36-37), tal distinção passou a se afigurar irrelevante, dado que era normalmente a partir das declarações e notas oficiais dos Estados que se tentava depreender e identificar suas "convicções". – Para uma discussão teórica sobre o elemento da *opinio juris*, cf., e.g., R.M. Walden, «Customary International Law: A Jurisprudential Analysis», 13 *Israel Law Review* (1978) pp. 86-102.

28 I.e., a internacionalidade de uma norma resultaria de sua natureza e não necessariamente do caráter de sua «fonte», pois poderia ela surgir «espontaneamente»; cf. comentários *in* J.J. Lador-Lederer, «Some Observations on the `Vienna School' in International Law», 17 *Nederlands Tijdschrift voor internationaal Recht* (1970) pp. 137-138. Para uma avaliação da teoria do "direito espontâneo", cf. F. Münch, "Le rôle du droit spontané...", *in op. cit. infra* n. (251), pp. 831-836.

29 Cf., e.g., J.L. Kunz, «The Nature of Customary International Law», 47 *American Journal of International Law* (1953) pp. 664-665.

advogando concepção voluntarista do Direito Internacional, argumentou que o costume não poderia se aplicar necessariamente a todos os Estados – que não contribuíram para sua formação ou a ele não aderiram – independentemente de sua vontade. Em seus argumentos orais, o representante francês (J. Basdevant) defendeu a tese de que havia uma prática *negativa* bem estabelecida pela qual *não* se perseguia o suposto autor de um abalroamento em país outro que o do pavilhão, e tal prática refletia um *consensus gentium*, a opinião comum dos Estados. Contestando, o agente turco (Essat Bey) arguiu que, para impedir os Estados de exercer sua jurisdição, uma abstenção apenas (o ponto de vista de somente um Estado, no caso a França) não bastaria: na ausência de dispositivos convencionais estabelecendo uma regra relativa a perseguições penais em abalroamentos no alto-mar, caberia examinar se tal princípio houvera sido estabelecido pelo costume internacional, e este só se configuraria através de manifestação coletiva, repetida, recíproca da vontade dos diversos Estados atuando no plano internacional.

Em seu julgamento, a CPJI enfatizou o elemento da vontade dos Estados independentes na formação de regras internacionais convencionais e costumeiras, e admitiu que, na prática, os Estados de fato frequentemente se abstiveram de exercer perseguições penais, mas – acrescentou a Corte significativamente – somente se tais abstenções houvessem sido motivadas pela *consciência de um dever de se abster* é que se poderia conceber a configuração de um costume internacional nesse sentido, a ser levado em conta no caso em questão[30]. Em Voto Dissidente, o Juiz Nyholm ressaltou que o exame ou busca de uma regra de Direito Internacional comportava uma investigação da maneira pela qual o costume nasce e se cristaliza em «fonte» de Direito Internacional; sua relevância era acentuada pela ausência de um legislativo internacional, e era pela repetição contínua de certos atos que começava a se manifestar uma consciência jurídica internacional[31].

O que parecia transparecer da decisão da Corte e do processo no caso *Lotus* era uma importância atribuída em princípio ao elemento subjetivo do costume, a *opinio juris sive necessitatis*. É indubitável que o voluntarismo se fêz presente no julgamento da Corte, parecendo sugerir uma penetração do pensamento positivista no raciocínio de seus Juízes. Um exame desse ponto escaparia aos propósitos do presente estudo; cumpre, no entanto, registrar a tendência subsequente da Corte (sobretudo de sua sucessora, a CIJ) de se distanciar, e mesmo desvincular-se, da outrora

---

30 Cf. materiais reproduzidos *in*: K. Marek, *Répertoire des décisions et des documents de la procédure écrite et orale de la Cour Permanente de Justice Internationale et de la Cour Internationale de Justice*, vol. 2: *Les sources du droit international*, Genebra, I.U.H.E.I., 1967, pp. 801-831.
31 Tanto o Juiz Weiss quanto o Juiz Altamira (dissidentes) ressaltaram o consentimento geral como elemento necessário à formação de regras costumeiras; acrescentou Altamira que não se podia elevar à categoria de costume (*per se* um fato positivo) a inexistência da repetição de atos mais ou menos numerosos (abstenção), geralmente considerados necessários ao estabelecimento de uma regra costumeira; cf. *ibid.*, pp. 801-831.

prevalecente concepção voluntarista do Direito Internacional. No tocante à *opinio juris*, mesmo nas proposições de princípio da CPJI no referido caso *Lotus*, verificou-se uma certa cautela no sentido de evitar asserções categóricas sobre a existência ou não do elemento psíquico do costume nas circunstâncias do *cas d'espèce*.

Este ponto conduz a outro aspecto de capital importância no estudo do costume, a saber, o da *prova* do costume. Este aspecto se tornaria, anos depois, alvo de atenção por parte da CIJ no caso do *Asilo* (Colômbia *versus* Peru, 1950)[32]. Na ocasião, a Colômbia, *inter alia*, invocou a existência de um pretenso costume regional ou local, do chamado Direito Internacional americano, contestado pelo Peru. A Corte, sobre este ponto específico, decidiu que, diante de tantas incertezas e aparentes contradições (quanto ao exercício do asilo diplomático), era-lhe impossível constatar a existência de um costume constante e uniforme, aceito como de direito; fazendo abstração do elemento psíquico do costume, salientou a Corte que cabe à parte que invoca um determinado tipo de costume e nele se baseia provar que ele efetivamente existe[33]. Quanto aos meios de comprovação de um costume, o Direito Internacional contemporâneo parece admitir várias formas de prova e liberdade de apreciação[34]. E há considerável *corpus* de jurisprudência internacional, prática dos Estados e doutrina endossando o princípio da divisão ou distribuição do ônus da prova (quanto a determinadas exceções preliminares) entre as partes litigantes no processo legal internacional[35].

No passado, se caracterizou o Direito Internacional consuetudinário como «a generalização da prática dos Estados»[36], comportando variações e matizes de Estado

---

32 Os fatos são conhecidos: em suma, após rebelião no Peru em 1948, foi ordenada a prisão de Haya de la Torre, que procurou asilo na Embaixada colombiana em Lima. A Colômbia concedeu-lhe asilo diplomático e solicitou salvo-conduto ao Peru, que contestou a medida. Levado o caso à CIJ, decidiu esta que a concessão do asilo não estava em conformidade com a Convenção de Havana de 1928; no ano seguinte (1951) a Corte proferiu nova sentença sobre o caso.

33 Cf. observações *in* P. Guggenheim, *Traité de Droit international public*, vol. I, Genebra, Libr. Univ. Georg & Cie., 1953, pp. 46-48 e 506; cf. também H.W. Briggs, *op. cit. supra* n. (27), pp. 728-731.

34 Cf., e.g., P. Guggenheim, *Traité de Droit international public*, vol. I, 2ª. ed. rev., Genebra, Libr. Univ. Georg & Cie., 1967, p. 105; cf. também M. Sorensen, *op. cit. supra* n. (2), p. 209; Roger Pinto, «L'organisation judiciare internationale», *Juris-classeur de Droit international*, fascicule 248, 1961, p. 8. Quanto aos elementos para a comprovação de costume no plano internacional, cf. o valioso memorando do Secretário-Geral da ONU, *Ways and Means of Making the Evidence of Customary International Law More Readily Available*, N.Y., U.N. publ. n. 1949-V-6, 1949, pp. 3-114.

35 Cf. A.A. Cançado Trindade, «The Burden of Proof with Regard to Exhaustion of Local Remedies in International Law», 9 *Revue des droits de l'homme – Droit international et comparé* – Paris (1976) pp. 81-121.

36 Cf. *cit. in* Clive Parry, *The Sources and Evidences of International Law*, Manchester, University Press/Oceana, 1965, pp. 58 e 62, e cf. pp. 56-82.

a Estado, e mesmo uma certa distância entre os pronunciamentos oficiais dos canais governamentais competentes e as linhas de conduta de política externa efetivamente adotadas e seguidas pelas chancelarias[37]. Hoje, a *prática internacional* tem um alcance bem mais amplo, abarcando não só a dos Estados, mas também a das organizações internacionais e de outros atores atuantes no plano internacional[38].

Um problema surgido à época da descolonização foi o de se determinar a aplicação ou não do Direito Internacional costumeiro aos novos Estados, recém-emancipados politicamente. A questão mostrou-se de início circundada de incertezas. Se se aplicasse a teoria positivista do consentimento como fundamento último do Direito Internacional, sérias dificuldades surgiriam, pois só as normas com as quais concordassem inteiramente os novos Estados ser-lhes-iam automaticamente obrigatórias; ora, sabe-se que na prática os Estados novos preferiram, ao invés de tentar rejeitar precipitada e irrealisticamente certas normas que pudessem vir a ser-lhes adversas, admitir sua existência e tentar modificá-las o mais rápida e eficazmente possível através de sua atuação nesse sentido em foros internacionais como a Assembleia Geral das Nações Unidas[39].

Ademais, como pertinentemente se observou na época, «não há, com efeito, exemplo algum na prática moderna em que reservas tenham sido formuladas à aplicação de regras do Direito Internacional geral. Por outro lado, o surgimento de muitos Estados novos com ideias jurídicas distintas e práticas diferentes pode acarretar mudanças apreciáveis e rápidas no Direito Internacional por meios normais para a formação de costume»[40].

Dois outros aspectos, com um denominador comum, passaram a ser objeto de atenção, a saber, o da prova do costume e o da aplicação ou não de normas costumeiras aos novos Estados (ou seja, a própria *relatividade* da prática dos Estados). Conforme já visto, a prova do costume pode tornar-se relevante especialmente no tocante ao costume regional (caso do *Asilo, supra*). Mas grande parte do registro da prática

---

37 Clive Parry, «The Practice of States», 44 *Transactions of the Grotius Society* (1958-1959) pp. 167 e 159, e cf. pp. 145-186. – Sobre as dificuldades na avaliação da prática dos Estados como «evidência» do Direito Internacional consuetudinário, cf. J.L. Kunz, *op. cit. supra* n. (24), pp. 667-668.

38 A.A. Cançado Trindade, *O Direito Internacional em um Mundo em Transformação*, Rio de Janeiro, Ed. Renovar, 2002, pp. 1048-1049.

39 Os novos Estados têm, com efeito, feito largo uso da Assembleia Geral das Nações Unidas, em áreas como, e.g., a da soberania permanente sobre os recursos naturais, a da exploração do espaço cósmico, a de regulamentação das atividades das corporações transnacionais, a da descolonização; cf. D.W. Greig, *op. cit. supra* n. (24), pp. 28-30; A.A. Cançado Trindade, «Desenvolvimentos Recentes no Direito Internacional Contemporâneo», 24 *Revista da Faculdade de Direito da Universidade Federal de Minas Gerais* (1976) pp. 123-158.

40 M. Virally, «The Sources of International Law», *Manual of Public International Law* (ed. Max Sorensen), London, MacMillan, 1968, pp. 139-139.

dos Estados encontra-se guardada e não examinada nos arquivos diplomáticos, dificultando assim a prova da existência de regras costumeiras. O que não dizer da prática dos Estados que emergiram do processo de descolonização, no mais das vezes não publicada, e mesmo inexistente, sobre determinadas questões de Direito Internacional! A prova do costume internacional torna-se, assim, uma questão relativa e não absoluta, e o Estado que puder citar mais precedentes estará em posição mais vantajosa *vis-à-vis* seu oponente, independentemente da modalidade de solução pacífica de eventual controvérsia[41].

Estados que não disponham de diplomatas e juristas com conhecimento especializado das «fontes» do Direito Internacional e com total acesso e disponibilidade para um exame cuidadoso das evidências – por vezes conflitantes – do direito costumeiro, terão que se contentar com a citação de documentos mais facilmente acessíveis, como tratados bilaterais e multipaterais, resoluções da Assembleia Geral das Nações Unidas, resoluções de associações científicas como o *Institut de Droit International* e a *International Law Association*[42]. É inevitável que Estados constantemente atentos aos seus interesses em diversas partes do mundo e que publiquem periodicamente os dados de sua prática internacional (e.g., em forma de digestos) venham a exercer maior influência no desenvolvimento do direito costumeiro do que outros, – não por ser sua prática «intrinsecamente mais importante» do que a dos demais, mas pela publicidade e divulgação que lhe são dadas[43].

Outro problema relativo ao costume internacional é o da criação mais ou menos «imediata» de normas costumeiras em áreas novas do Direito Internacional, em que não havia regulamentação alguma anteriormente. Fornecem exemplo marcante, no início da década de sessenta, as resoluções 1721(XIV), 1802(XVII), 1962(XVIII) e 1963(XIX) – particularmente a 1962(XVIII) – da Assembleia Geral das Nações Unidas sobre a exploração e uso do espaço, resultantes em grande parte de um acordo tácito entre os dois principais atores espaciais, e que vieram a refletir, no dizer de alguns autores, um «costume incipiente» («*inchoate custom*») sobre a matéria[44].

As resoluções 1721(XVI), de 20.12.1961, e 1962(XVIII), de 13.12.1963, passaram a ser aclamadas como o «capítulo inicial» do tratamento do direito espacial contemporâneo. Sabe-se, hoje, porém, que o «acordo» entre as duas superpotências da época – Estados Unidos e União Soviética – que possibilitou a adoção de tais resoluções não

---

41   M. Akehurst, «Custom as a Source of International Law», 47 *British Year Book of International Law* (1974-1975) pp. 13-14 e 18-19.

42   Cf. *ibid.*, p. 51.

43   *Ibid.*, p. 23. Admite o autor que mesmo as *reivindicações* avançadas pelos Estados no contexto de casos concretos podem contribuir para a formação de novas regras do direito costumeiro; *ibid.*, p. 5.

44   G. Arangio-Ruiz, «The Normative Role of the General Assembly of the United Nations and the Declaration of Principles of Friendly Relations», 137 *Recueil des Cours de l'Académie de Droit International de La Haye* (1972) p. 525.

passou sem controvérsias: quanto à forma de tal «acordo», enquanto a União Soviética preferia um tratado, os Estados Unidos insistiam em uma resolução da Assembleia Geral, fórmula esta que a União Soviética foi finalmente persuadida a aceitar, dado o procedimento complicado e politicamente incerto da celebração de tratados em conformidade com o direito constitucional norteamericano[45]. Em artigo sobre a questão publicado em Nova Délhi, Bin Cheng sugeriu a imaginativa expressão, – que se tornou célebre (e que gerou uma certa controvérsia), – «direito costumeiro imediato» («*instant customary law*»), para a atividade regulamentadora supracitada[46].

Assim como houve quem por algum tempo propusera, em vão e sem maior fundamentação, a rejeição do elemento subjetivo (*opinio juris*) do costume internacional, Bin Cheng, à luz dos desenvolvimentos no direito espacial, chegou a sugerir, por outro lado, que o direito internacional consuetudinário contava na realidade com apenas um elemento constitutivo, precisamente a *opinio juris*, pois era a prática geral *aceita como de direito* que fornecia evidência da regra costumeira e não vice-versa. Como no plano internacional os Estados eram tidos até certo ponto como criadores das normas que regem o convívio internacional, – argumentou o autor, – tais normas deviam ser tidas por obrigatórias ainda que estivessem existindo por período de tempo bastante curto. Da *opinio juris communis* adviria assim o «direito internacional costumeiro imediato», e as resoluções da Assembleia Geral das Nações Unidas, como a 1721 e a 1962 (tecnicamente não obrigatórias), exerceriam a função de identificar a *opinio juris* latente dos Estados membros das Nações Unidas e delinear a existência e conteúdo das novas normas costumeiras, contra as quais não poderiam os Estados membros de boa fé se investir. Assim, o costume, constituído apenas pela *opinio juris communis* ou *generalis* dos Estados (elemento realçado pela própria Corte da Haia nos casos *Lotus* e do *Asilo*, *supra*), pode não somente surgir «imediatamente» – como no caso das referidas resoluções 1721 e 1962 – como também se modificar em qualquer época[47].

A despeito de sua originalidade, tal construção veio a ser alvo de críticas. Segundo estas, resoluções da Assembleia Geral das Nações Unidas (como as supracitadas) não poderiam *per se* constituir-se em direito internacional costumeiro, pois, dado seu

---

45 Bin Cheng, *op. cit. infra* n. (46), pp. 23-33.
46 Bin Cheng, «United Nations Resolutions on Outer Space: `Instant' International Customery Law?», 5 *Indian Journal of International Law* (1965) pp. 23-48.
47 Sugeriu ainda Bin Cheng que, no caso das resoluções espaciais das Nações Unidas, tudo indicava que os Estados Unidos admitiam que um «direito costumeiro imediato» pudesse ser criado por meio de resoluções adotadas unanimemente pela Assembleia Geral das Nações Unidas. Mesmo assim, o autor terminou por admitir que, a longo prazo, o método convencional de se criar o Direito Internacional pela conclusão de tratados permanecia o mais indicado ou apropriado, o mais certo e menos controvertido. Cf. Bin Cheng, *op. cit. supra* n. (46), pp. 23-48. Cf. também I. Herczeg, «Space Treaties and Law-Making Process in International Law», *Questions of International Law* (ed. Hungarian Branch of the International Law Association), Budapeste, Progressprint, 1971, pp. 51-63, esp. p. 53.

caráter recomendatório, não poderiam tornar-se obrigatórias aos Estados membros das Nações Unidas. Assim, a expressão «direito costumeiro imediato» mostrar-se-ia contraditória, e melhor seria concentrar em outros meios para explicar a influência de tais resoluções das Nações Unidas do que «falsificar o costume» para esse propósito[48]. No entanto, a natureza jurídica e os efeitos dos atos das organizações internacionais, assim como a contribuição da jurisprudência internacional para a formação de regras costumeiras, serão mais adequadamente analisados mais adiante (cf. *infra*).

2. Os Tratados Internacionais

Não caberia, em um estudo dedicado às «fontes» do Direito Internacional, descer a detalhes do direito dos tratados, como fazem alguns manuais de Direito Internacional; as considerações que se seguem se restringem a pontos básicos diretamente pertinentes ao estudo das «fontes». O primeiro deles não poderia ser outro que o do relacionamento próprio entre os tratados e a noção de soberania estatal. Assim, no caso do *Wimbledon* (julgamento de 17.08.1923), a CPJI esclareceu que a conclusão de um tratado, qualquer que seja ele, jamais implica em abandono da soberania do Estado: a faculdade de contrair compromissos internacionais, e seu fiel cumprimento, constituem precisamente atributos da soberania do Estado. Esta não pode ser invocada de encontro ou choque com obrigações convencionais; a jurisprudência internacional aponta no sentido de que os dispositivos do direito interno ou constitucionais não podem ser invocados para evadir obrigações internacionais e prevalecer sobre dispositivos de tratados em vigor. É este um princípio que rege as obrigações internacionais, um princípio de responsabilidade internacional e mesmo de direito costumeiro: um Estado *não* pode evadir-se de suas obrigações internacionais sob o pretexto de sua pretensa incompatibilidade com o seu ordenamento jurídico interno (ou quaisquer atos emanados do poder público – legislativos, executivos ou judiciais)[49].

Pode-se mesmo acrescentar que a ideia de soberania não mais exerce influência de peso na *interpretação* de tratados[50], exceto talvez na chamada regra da interpretação

---

[48] Maarten Bos, *op. cit. supra* n. (6), pp. 27 e 68.

49 Lord McNair, «Treaties and Sovereignty», *Symbolae Verzijl* (présentées au Professeur J. H. W. Verzijl à l'occasion de son LXXième anniversaire), Haia, M. Nijhoff, 1958, pp. 222-237; Roberto Ago, «Third Report on State Responsibility», *Yearbook of the International Law Commission* (1971) – II: Parte I, pp. 226-233. Na disputa franco-britânica acerca dos *Decretos de Nacionalidade em Túnis e Marrocos* (1923), a CPJI estipulou que a competência em princípio exclusiva dos Estados em matéria de nacionalidade poderia vir a ser limitada por compromissos assumidos com outros Estados por meio de convenções internacionais; nesse caso, a competência do Estado, em princípio exclusiva, encontrar-se-ia limitada pelas regras de Direito Internacional; cf. K. Marek, *Répertoire...*, *op. cit. supra* n. (30), pp. 623-674.

50 Cf. as regras de interpretação contidas nos artigos 31-33 da Convenção de Viena sobre o Direito dos Tratados, de 1969, e comentários *in* M. K. Yasseen, «L'interprétation des traités d'après la Convention de Vienne sur le droit des traités», 151 *Recueil des Cours de l'Académie de Droit International de La Haye* (1976) pp. 9-112.

restritiva; mas mesmo essa regra encontra-se em processo de franco declínio, senão de desaparecimento. O que a esse respeito se deve ter em mente é que toda obrigação convencional limita os poderes soberanos de *ambos* ou *todos* os Estados Partes, e se tal regra de interpretação restringisse uma parte contratante, teria o efeito de restringir igualmente as demais partes, o que pareceria um absurdo[51].

O crescimento impressionante somente da *United Nations Treaty Series* já seria suficiente para atestar a grande importância da utilização de tratados na prática internacional e das regras deles derivadas para o Direito Internacional contemporâneo; apenas na primeira década coberta pela *U.N.T.S.*, que se estende de 1945 a 1955, foram editados 225 volumes contendo 3.633 tratados registrados e publicados pelo Secretariado da ONU; já em meados de 1963 a coleção havia atingido 470 volumes contendo 7.420 tratados registrados[52]. Diferenças de enfoque surgiriam, no entanto, no tratamento dos tratados como «fonte» do Direito Internacional.

Enquanto alguns autores britânicos, por exemplo, tendiam a manter que os tratados não são «fontes» do Direito Internacional mas sim fontes de obrigações (G. Fitzmaurice, C. Parry), certos autores europeus continentais vieram a discordar desta postura (A. Verdross); em posição intermediária entre as escolas britânica e continental, Maarten Bos propôs que os tratados são «fontes» do Direito Internacional desde que aumentem ou codifiquem o *corpus* de regras já existentes, e são fontes de obrigações quando, ao contrário, desempenham a função equivalente a de um contrato no direito interno moderno[53].

Observe-se, a respeito, que a Convenção de Viena sobre o Direito dos Tratados (1969) não dispõe sobre o direito que rege a obrigação internacional dos Estados, mas sim sobre os instrumentos incorporando tais obrigações, quais sejam, os tratados[54]. Ademais, preocupada com problemas práticos, a Convenção rejeita as classificações

---

51 Lord McNair, *op. cit. supra* n. (49), pp. 222-237, esp. pp. 236-237.
52 Dados *cit. in* M. Virally, *op. cit. supra* n. (40), p. 123.
53 Maarten Bos, *op. cit. supra* n. (6), pp. 20-24.
54 A Convenção de Viena de 1969 considera «tratado» um termo genérico (abrangendo, e.g., «acordo, ato, carta, convenção, pacto», etc.), significando um acordo internacional independentemente de sua designação particular. Não há formas prescritas (excluindo-se apenas acordos orais, embora até estes possam ter força jurídica), podendo o tratado comportar mais de um instrumento. Hoje, curiosamente, refere-se até mesmo ao «pacto de cavalheiros» (*gentlemen's agreement*) – colocado em evidência pelos trabalhos da III Conferência das Nações Unidas sobre o Direito do Mar – como «fonte» do Direito Internacional. P.M. Eisemann, «Le gentlemen's agreement comme source du droit international», 106 *Journal du droit international* (Clunet) (1979) pp. 326-349. O autor caracteriza o «pacto de cavalheiros» como um compromisso voluntariamente assumido pelos Estados, quando muito com efeitos jurídicos incompletos, coberto pelo princípio da boa fé e de significação sobretudo política. O *gentlemen's agreement* foi também utilizado na sessão de 1977 da Conferência Diplomática sobre a Reafirmação e o Desenvolvimento do Direito Internacional Humanitário Aplicável nos Conflitos Armados (cf. *ibid.*, pp. 335-336). Para Eisemann, cumpre estudar o «pacto de cavalheiros» no capítulo das fontes do Direito

abstratas de tratados, tão comuns no passado (como, e.g., a distinção entre *traité--contrat* e *traité-loi*)[55]. Das oito partes e anexo componentes da referida Convenção de Viena, destacam-se as Partes I-IV (artigos 1-41) como representativas do direito e prática internacionais existentes sobre a matéria e a Parte V (artigos 42-72), sobre nulidade, extinção e suspensão de aplicação de tratados, como refletindo o «desenvolvimento progressivo» do Direito Internacional nesta área[56].

Somente tratados entre Estados recaíram no âmbito da [primeira] Convenção de Viena de 1969 (artigo 1), o que na época não deixou de ser surpreendente, mormente depois de ter a CIJ estipulado, em 1949, no parecer sobre as *Reparações de Danos*, serem as organizações internacionais (no caso, a ONU) dotadas de personalidade jurídica no plano internacional. No transcorrer da Conferência de Viena de 1968-1969 tal exclusão causou estranheza a muitas Delegações[57], tanto que o artigo 3 da Convenção houve por bem acrescentar que a exclusão não prejudicaria o valor jurídico de acordos internacionais entre Estados e outros sujeitos do Direito Internacional e a aplicação a esses acordos das regras contidas na Convenção às quais estariam submetidos em virtude do Direito Internacional, independentemente da Convenção de Viena. De todos modos, esta lacuna ficou definitivamente suprida com a adoção, em 1986, da [segunda] Convenção de Viena sobre o Direito dos Tratados entre Estados e Organizações Internacionais ou entre Organizações Internacionais[58].

Ao determinar que um acordo internacional deve ser regido pelo Direito Internacional (artigo 2), a Convenção de Viena de 1969 deixa claro ser tal acordo, portanto, distinto de instrumentos regidos pelas normas dos sistemas jurídicos internos

---

Internacional principalmente ao se considerar o «dogmatismo do artigo 38 do Estatuto da Corte Internacional de Justiça» e sua incapacidade de abranger o conjunto de atos normativos que contribuem para a formação das regras do Direito Internacional; *ibid.*, p. 326.

55 S. Rosenne, «Bilateralism and Community Interest in the Codified Law of Treaties», *Transnational Law in a Changing Society – Essays in Honour of Ph. C. Jessup* (ed. W. Friedmann, L. Henkin, e O. Lissitzyn), N.Y./Londres, Columbia University Press, 1972, pp. 202-227.

56 Sobre a referida Convenção em geral, cf.: I.M. Sinclair, *The Vienna Convention on the Law of Treaties*, Manchester, University Press/Oceana, 1973, pp. 1-145; G.E. do Nascimento e Silva, *Conferência de Viena sobre o Direito dos Tratados*, Rio de Janeiro, Ed. Ministério das Relações Exteriores, 1971, pp. 11-88; P. Reuter, *La Convention de Vienne sur le droit des traités*, Paris, Libr. Armand Colin, 1970, pp. 5-89; E. de la Guardia e M. Delpech, *El Derecho de los Tratados y la Convención de Viena*, Buenos Aires, La Ley, 1970, pp. 1ss.; e cf. os comentários elucidativos da Comissão de Direito Internacional das Nações Unidas, *in International Law Commission Reports* (1966) pp. 10ss..

57 Comentários *in* P.K. Menon, «The Law of Treaties with Special Reference to the Vienna Convention of 1969», 56 *Revue de droit international de sciences diplomatiques et politiques* (1978) pp. 133-147, esp. pp. 137-139. – O artigo 4 estabelece a irretroatividade da Convenção de Viena, e o artigo seguinte admite aplicar-se a Convenção a tratado que seja o ato constitutivo de uma organização internacional.

58 Cf., a respeito, A.A. Cançado Trindade, *Direito das Organizações Internacionais*, 2ª. ed., Belo Horizonte, Edit. Del Rey, 2002, pp. 199-251.

ou nacionais. Mesmo no período intermediário entre a assinatura e a entrada em vigor de um tratado, encontram-se os Estados na obrigação de não derrotar o objeto e propósito do tratado (artigo 18 da Convenção), dispositivo este que decorre do princípio da boa fé[59], acatado tanto na doutrina quanto na prática. A noção de «objeto e propósito» de um tratado, consagrada na Convenção, foi inicialmente introduzida pela CIJ em 1951 no parecer sobre as *Reservas à Convenção contra o Genocídio*[60]. Foi este mesmo parecer que marcou a passagem gradual, em matéria de reservas a tratados, da regra da unanimidade (de sua aprovação pelos Estados Partes), ao teste de sua compatibilidade com o objeto e propósito do tratado[61].

Os artigos 53 e 64 da Conferência de Viena de 1969 estabelecem a nulidade[62] e extinção de tratados que conflitem com uma norma imperativa de Direito Internacional geral[63] *(jus cogens)*. Tais dispositivos podem servir de ilustração das polaridades de tensão entre o bilateralismo e os interesses gerais da «comunidade internacional»: a Convenção oscila constantemente entre ambos, pois, por exemplo, se por um lado salienta o *jus cogens*, por outro lado a Convenção não adota a tese – tão defendida no passado por A. McNair[64] – de que um tratado poderia gerar um regime de caráter objetivo *erga omnes* em derrogação do princípio clássico *pacta tertiis nec nocent nec prosunt*[65]. Conforme observado por S. Rosenne, no decorrer dos prolongados trabalhos preparatórios sobre a matéria da Comissão de Direito Internacional das Nações Unidas, pode-se constatar a presença da noção de «community interest»: primeiramente utilizada por J.-M. Yepes em 1950, a ideia passou depois a aparecer no 1º relatório de J.L. Brierly (o primeiro relator), no 1º relatório de H. Lauterpacht (o segundo relator), ausentando-se dos relatórios de G. Fitzmaurice (o terceiro relator), para enfim ressurgir no 2º relatório de H. Waldock (o quarto e último relator sobre o tema)[66].

---

59 Cf., a respeito, Manfred Lachs, «Some Thoughts on the Role of Good Faith in International Law», *Declarations on Principles, A Quest for Universal Peace – Liber Amicorum Discipulorumque B.V.A. Roling*, Leyden, Sijthoff, 1977, pp. 47-55; Roger Pinto, *Le droit des relations internationales*, Paris, Payot, 1972, pp. 127-134; Bin Cheng, *op. cit. infra* n. (101), pp. 105-160.

60 S. Rosenne, *op. cit. supra* n. (55), p. 223.

61 De modo geral, a Convenção de Viena incorporou a flexível doutrina panamericana sobre reservas, consoante tendência nesse sentido da prática internacional já formada na época; I.M. Sinclair, «Vienna Conference on the Law of Treaties», 19 *International and Comparative Law Quarterly* (1970) pp. 47-69. Sobre a questão, cf. artigos 19 e 20 da Convenção de Viena.

62 É significativo que, na seção devotada à nulidade de tratados, tivesse a Convenção de Viena de 1969 incluído a coação como vício do consentimento (artigo 51-52). Cf., a respeito, G.E. do Nascimento e Silva, *Conferência de Viena sobre o Direito dos Tratados*, [Rio de Janeiro], MRE, 1971, pp. 78-79.

63 Cf. também o artigo 71 da Convenção.

64 Cf. A.D. McNair, *op. cit. supra* n. (12), pp. 23-36.

65 S. Rosenne, *op. cit. supra* n. (55), p. 207; e cf. Ph. Cahier, *op. cit. supra* n. (13), pp. 589-736.

66 Cf. S. Rosenne, *op. cit. supra* n. (55), pp. 212-219.

A noção parece ter sido reconhecida pela Convenção de Viena como um todo, tornando, assim, possível, que o direito que ela enuncia não viesse a ser aplicado em base exclusivamente bilateralista; assim sendo, os principais beneficiários viriam a ser «os Estados fracos e pequenos»[67]. A adoção das duas Convenções de Viena sobre o Direito dos Tratados, de 1969 e de 1986, e o sucesso alcançado nas Conferências de Viena de 1968-1969 e de 1986, respectivamente, representam um prêmio ao grande esforço intelectual dos membros da Comissão de Direito Internacional das Nações Unidas e um marco significativo no tormentoso processo histórico da codificação e desenvolvimento progressivo do Direito Internacional[68].

Se, por um lado, a Convenção de Viena de 1969 deixou de adotar o conceito de tratados estabelecendo «regimes jurídicos de caráter objetivo» *(supra)*, por outro lado veio ela a consagrar significativamente o conceito de *jus cogens*[69], i.e., de normas imperativas de Direito Internacional geral. Os *travaux préparatoires* da Convenção contêm algumas incertezas doutrinárias a respeito[70], tendo a expressão *jus cogens* encontrado mesmo oposição no início dos debates de 1963; o termo, como tal apareceu pela primeira vez no 3° relatório de Fitzmaurice, voltou a surgir posteriormente no 2° relatório de Waldock[71]. Mesmo antes da Conferência de Viena de 1968-1969, nos debates de 1963 e 1966 da Assembleia Geral das Nações Unidas (VI Comissão), ficou claro que a maioria dos internacionalistas dos países em desenvolvimento e dos países do Leste Europeu atribuíam a maior importância ao conceito de *jus cogens*, o mesmo ocorrendo durante a Conferência, em que quase não houve oposição total ao conceito, muito embora as Delegações dos países ocidentais (com o apoio de algumas Delegações latino-americanas e afro-asiáticas) insistissem cautelosamente na necessidade de critérios – ainda que vagos – para a determinação das regras de Direito Internacional que constituíssem *jus cogens*[72]. Tanto depois como antes da

---

67 *Ibid.*, pp. 226-227.
68 I.M. Sinclair, *op. cit. supra* n. (56), pp. 144-145.
69 Para um histórico do conceito, remontando ao antigo direito romano, mas ressurgindo principalmente a partir do século XIX, cf. Jerzy Sztucki, *Jus Cogens and the Vienna Convention on the Law of Treaties – A Critical Appraisal*, Viena, Springer-Verlag, 1974, pp. 6-11 e 97-108.
70 Parecendo indicar que o *jus cogens* pode ser estabelecido por tratados e/ou costume; M. Akehurst, *op. cit. supra* n. (11), pp. 281-285.
71 J. Sztucki, *op. cit. supra* n. (69), pp. 104-105 e 108.
72 I.M. Sinclair, *op. cit. supra* n. (61), pp. 66-69; I.M. Sinclair, *op. cit. supra* n. (56), pp. 124-129. Dentre estas últimas situa-se a Delegação suíça, cuja declaração a respeito encontra-se reproduzida *in* P. Reuter, *op. cit. supra* n. (56), pp. 86-87. O consultor jurídico do *Foreign Office* britânico adotou igualmente posição cuidadosa, chamando a atenção para as dificuldades da configuração de normas de *jus cogens* acarretadas principalmente por diferenças ideológicas e disparidades na distribuição da riqueza mundial entre os Estados; embora admitindo a validade do conceito de *jus cogens* no Direito Internacional contemporâneo, advertiu para a necessidade de seu desenvolvimento com sabedoria, em prol da comunidade internacional, e não para servir a propósitos políticos a curto prazo, o que poderia minar a «confiança na segurança dos tratados»; I.M. Sinclair, *op. cit. supra* n. (56), pp. 129-131.

adoção do conceito pela Convenção de Viena de 1969, abundante bibliografia especializada veio a florescer no propósito de examinar e desenvolver a noção no âmbito do Direito Internacional contemporâneo[73], superando as previsões e comentários céticos de autores que se precipitaram inadvertidamente em juízos prematuros[74].

Persiste, no entanto, mesmo em nossos dias, a questão central do conteúdo discernível do *jus cogens*. Um comentário da Comissão de Direito Internacional das Nações Unidas já sugerira, como incompatíveis com as regras de *jus cogens*, tratados que contemplassem o uso ilícito da força (contrário aos princípios da Carta das Nações Unidas), ou qualquer outro ato criminoso sob o Direito Internacional (tráfico de escravos, pirataria, genocídio)[75]. E já em parecer de 1951, no caso das *Reservas à Convenção contra o Genocídio*, a CIJ ressaltara que os princípios humanitários subjacentes àquela Convenção eram reconhecidamente «obrigatórios aos Estados, mesmo na ausência de qualquer obrigação convencional»[76].

---

[73] Cf., além das citações acima, e.g.: Ch.L. Rozakis, *The Concept of Jus Cogens in the Law of Treaties*, Amsterdam, North Holland Publ. Co., 1976, pp. 1ss.; E.Suy, «The Concept of *Jus Cogens* in Public International Law», *in Papers and Proceedings of the Conference on International Law* (Langonissi, Grécia, 03-08 de abril de 1966), Genebra, C.E.I.P., 1967, pp. 17-77; Ch. de Visscher «Positivisme et *jus cogens*», 75 *Revue générale de Droit international public* (1971) pp. 5-11; M. Virally, «Réflexions sur le *jus cogens*», 12 *Annuaire français de Droit international* (1966) pp. 5-29; A. Verdross, "*Jus dispositivum* and *Jus Cogens* in International Law», 60 *American Journal of International Law* (1966) pp. 55-63; J.A. Barberis, «La liberté de traiter des États et le *jus cogens*», 30 *Zeitschrift für ausländisches öffentliches Recht und Völkerrecht* [*Z.f.a.o.R.u.V.*] (1970) pp. 19-45; U. Scheuner, «Conflict of Treaty Provisions with a Peremptory Norm of International Law», 27 e 29 *Z.f.a.o.R.u.V.* (1967 e 1969) pp. 520-532 e 28-38, respectivamente; H. Mosler, "*Ius cogens* im Völkerrecht», 25 *Schweizerisches Jahrbuch für internationales Recht* (1968) pp. 1-40; G. Schwarzenberger, «The Problem of International Public Policy», 18 *Current Legal Problems* (1965) pp. 191-214; K. Marek, "Contribution à l'étude du *jus cogens* en Droit international», *Recueil d'etudes de Droit International en hommage à P. Guggenheim*, Genebra, I.U.H.E.I., 1968, pp. 426-459; M. Schweitzer, «Ius cogens im Völkerrecht», 15 *Archiv des Völkerrechts* (1971) pp. 197-223.

[74] À luz, e.g., das considerações anteriores e tendo presentes as indicações bibliográficas da nota n. (73), *supra*, parece estranho que um ilustre autor tenha afirmado que a noção de *jus cogens* «não foi pensada nem aprofundada quando dos debates de Viena» (P. Reuter, *op. cit. supra* n. (56), p. 21). Acrescenta o autor que, muito embora os casos de nulidade dos acordos internacionais – expondo a concepção moderna dos vícios do consentimento – e a noção de *jus cogens* constituam as novas tendências e a «parte progressista» da Convenção de Viena, os aspectos tradicionais da Convenção apresentam-se mais sólidos e eficazes que os demais (cf. *ibid*., pp. 22 e 24): ora, seria altamente surpreendente se se passasse o contrário...

[75] *Cit. in* I.M. Sinclair, *op. cit. supra* n. (56), pp. 121-122, e cf. pp. 130-131; cf. também relatos *in* S.P.A. Ferrer, «Los conceptos de *ius cogens* y *ius dispositivum* y la labor de la Comisión de Derecho Internacional», 21 *Revista Española de Derecho Internacional* (1968) pp. 763-780; E. Schwelb, «Some Aspects of International *Ius Cogens* as Formulated by the International Law Commission», 61 *American Journal of International Law* (1967) pp. 946-975.

[76] Parecer de 28 maio de 1951, *ICJ Reports* (1951) p. 23.

Posteriormente, em célebre passagem da decisão do caso *Barcelona Traction* (Segunda Fase, 1970), a CIJ precisou que há certas obrigações internacionais *erga omnes*, obrigações de um Estado *vis-à-vis* a «comunidade internacional» como um todo, que são do interesse de todos os Estados; «tais obrigações derivam, por exemplo, no Direito Internacional contemporâneo, da proibição de atos de agressão, e de genocídio, e também dos princípios e regras relativos aos direitos básicos da pessoa humana, incluindo a proteção contra a escravidão e a discriminação racial. Alguns dos direitos correspondentes de proteção *ingressaram no corpus do Direito Internacional geral* (...); outros são atribuídos por instrumentos internacionais de caráter universal ou quase-universal»[77]. Nesta linha de reflexão, não há que passar despercebido que, nos casos dos *Testes Nucleares* (Austrália e Nova Zelândia *versus* França, 1973-1974), um dos Estados reclamantes, a Nova Zelândia, argumentou *inter alia* que os testes nucleares empreendidos pelo governo francês na região do Pacífico Sul violavam não apenas o direito da Nova Zelândia de não permitir que nenhum material radioativo penetrasse em seu território, espaço aéreo e águas territoriais assim como os de outros territórios do Pacífico, como *também* «os direitos de todos os membros da comunidade internacional, incluindo a Nova Zelândia, de que nenhum teste nuclear produzindo *fallout* radioativo fosse efetuado»[78].

Mesmo nos idos de 1927, no caso *Lotus* visto anteriormente, o argumento endossado pela CPJI, no dizer de um de seus Juízes, de que «sob o Direito Internacional tudo o que não é proibido é permitido», foi alvo de severas críticas não só de Voto Dissidente no próprio caso[79] como de internacionalistas da época[80]. Hoje ninguém duvida de que a era da base supostamente interestatal exclusiva do Direito Internacional pertence ao passado, e a tese esposada pela antiga Corte da Haia em 1927 de que o Direito Internacional governa relações interestatais com fundamento em regras jurídicas emanando tão somente da «vontade» dos próprios Estados dificilmente refletiria com fidelidade a dinâmica do convívio internacional comtemporâneo.

---

77 Julgamento de 05 de fevereiro de 1970, *ICJ Reports* (1970) p. 32 §§ 33-34 (ênfase nossa).

78 ICJ, *Application Instituting Proceedings*, de 9 de maio de 1973, pp. 8 e 15-16. Este aspecto foi talvez mais significativo do que o desenrolar final do caso, em que, dada a suspensão dos testes pela França, a Corte, tendo ordenado medidas provisórias de proteção (cf. *ICI Reports* (1973) pp. 99-106), recuou em seu julgamento de 20 de dezembro de 1974, mantendo que a disputa deixara de existir e evitando assim pronunciar sobre sua própria competência e a admissibilidade das petições (cf. *ICJ Reports* (1974) pp. 253-272 e 457-478), um ponto altamente questionável.

79 Cf. Voto Dissidente do Juiz Loder, CPJI, caso *Lotus*, Série A, nº 10, Sentença de 07 de setembro de 1927, p. 34 (tal concepção estava em desacordo como o «espírito do Direito Internacional»).

80 J.L. Brierly, *The Basis of Obligation in International Law and Other Papers*, Oxford, Clanendon Press, 1958, p. 144; H. Lauterpacht, *The Function of Law in the International Community*, Oxford, Clarendon Press, 1933, pp. 409-412 e 94-96; e, mais recentemente, G. Herczegh, «Sociology of International Relations and International Law», *Questions of International Law* (ed. G. Haraszti), Budapeste, Progresprint, 1971, pp. 69-71 e 77.

Tal concepção somente poderia ter florescido em época «politicamente segura em termos globais»[81], bem diferente da de hoje[82], que testemunha o impasse nuclear, a crescente vulnerabilidade do Estado territorial, a multilateralização dos contatos internacionais e a intensificação e complexidade das relações transnacionais. Em nossos dias, ante a persistente ameaça dos arsenais de armas de destruição em massa, é a lógica oposta à do caso *Lotus* que se impõe: tudo o que não é expressamente permitido encontra-se terminantemente proibido[83].

Nada impede que dispositivos de tratados venham a ingressar no *corpus* do Direito Internacional geral, isto é, venham a gerar regras do direito internacional consuetudinário. Tal possibilidade foi cautelosamente admitida pela própria CIJ, no mesmo ano da conclusão da primeira Convenção de Viena sobre o Direito dos Tratados[84]. Conforme relata um participante da Conferência de Viena de 1968-1969, na ocasião o representante da Suécia observou que grande parte do conteúdo da Convenção de 1969 «expressava simplesmente regras já existentes no direito costumeiro intenacional», ao passo que o representante suíço, a seu turno, acrescentou que, para preencher as lacunas que persistiam, «ainda se tornava necessário, na prática das relações internacionais, recair no costume»[85].

Com efeito, os próprios artigos 3 e 4 da Convenção contêm a expressão «independentemente da Convenção», que, na explicação do *chairman* do Comitê de Redação da Confência de Viena (M.K. Yasseen), tornou-se necessária «a fim de demonstrar que as regras estabelecidas na Convenção poderiam se aplicar, não como artigos da Convenção, mas com outros fundamentos, porque derivavam de outra fonte; por

---

81 Maarten Bos, "Dominant Interest in International Law», 21 *Revista Española de Derecho Internacional* (1968) p. 234.

82 Kaplan e Katzenbach argumentam que o estudo das "fontes" do Direito Internacional deveria ater-se não apenas aos dados técnicos mas também às considerações políticas (subjacentes às decisões judiciais internacionais). Assim, por exemplo, a evolução, ocorrida há alguns anos atrás, do sistema de equilíbrio de poder para o bipolar flexível acarretou várias implicações para a política interna dos Estados e para a preservação ou não de pelo menos alguns tratados; M.A. Kaplan e N. de B. Katzenbach, *Fundamentos Políticos do Direito Internacional,* Rio de Janeiro, Zahar, 1964, pp. 282-283, 263-264, e cf. p. 366. – Sobre a questão da «mudança fundamental de circunstâncias» no direito dos tratados contemporâneo (artigo 62 da Convenção de Viena), cf., e.g., E.B. Impallomeni, *Il Principio `Rebus Sic Stantibus' nella Convenzione di Vienna sul Diritto dei Trattati*, Milano, Giuffrè, 1974, pp. 1-50; e cf., anteriormente, e.g., O. J. Lissitzyn, «Treaties and Changed Circumstances (*Rebus Sic Stantibus*)», 61 *American Journal of International Law* (1967) pp. 895-922.

83 A.A. Cançado Trindade, *O Direito Internacional em um Mundo em Transformação, op. cit. supra* n. (38), p. 1099.

84 Em relação ao princípio da equidistância (para a delimitação de áreas da plataforma continental entre Estados adjacentes) consagrado no artigo 6 da Convenção de Genebra de 1958 sobre a Plataforma Continental; cf. caso da *Plataforma Continental do Mar do Norte* (Dinamarca e Países-Baixos *versus* República Federal da Alemanha), sentença de 20 de fevereiro de 1969, *ICJ Reports* (1969) p. 41.

85 *Cit. in* I.M. Sinclair, *op. cit. supra* n. (56), pp. 9 e 11.

exemplo, o costume»⁸⁶. I. Sinclair destacou ainda, a esse respeito, a referência do artigo 38 (*infra*) ao direito internacional costumeiro (podendo este ampliar a aplicação de regras convencionais), e o disposto no artigo 43 acerca de obrigações impostas aos Estados pelo Direito Internacional, independentemente de um tratado⁸⁷: em todo caso, é sempre bom ter em mente que não se trata propriamente de efeitos de tratados *vis-à-vis* Estados terceiros, mas sim de um processo pelo qual dispositivos originalmente convencionais podem tornar-se obrigatórios a Estados terceiros *qua* regras do Direito Internacional costumeiro; o processo, tecnicamente alheio ao direito dos tratados propriamente dito, é fundamentalmente o da formação do costume internacional⁸⁸ (*supra*).

A esse respeito, a advertência contida no artigo 38 da Convenção de Viena sobre Direito dos Tratados é inequívoca, ao dispor expressamente que «nada nos artigos 30 a 33⁸⁹ impedirá uma regra prevista em um tratado de tornar-se obrigatória para terceiros Estados como regra *consuetudinária* de Direito Internacional, *reconhecida com tal*»⁹⁰. Mas se uma regra incorporada inicialmente em um tratado é ou não aceita posteriormente como uma regra de direito consuetudinário «é uma questão de fato», não cabendo aplicar critérios aprioristicos para tentar distinguir entre normas capazes e incapazes de se desenvolverem em regras costumeiras ⁹¹.

Há, enfim, que aqui focalizar um aspecto relevante mas até hoje negligenciado, qual seja, o da significação de certas convenções não ratificadas para a formação do costume internacional. Conforme observou C.Th. Eustathiades, os esforços modernos de codificação, que vão «bem mais além da mera expressão do direito internacional costumeiro» do que convenções de outrora, caracterizam-se cada vez mais pela inclusão do elemento do «desenvolvimento progressivo» do Direito Internacional⁹². Ora,

---

86 *Cit. in ibid.*, p. 8.
87 Dispõe o artigo 43 da Convenção de Viena que «a nulidade, a extinção, a denúncia, a retirada de uma das Partes ou a suspensão da aplicação de um tratado como consequência da aplicação da presente Convenção ou das disposições do tratado não prejudicarão, de qualquer forma, o dever de um Estado de cumprir qualquer obrigação incorporada no tratado à qual estaria sujeito de conformidade com o Direito Internacional, independentemente do tratado».
88 I.M. Sinclair, *op. cit. supra* n. (56), p. 10, e cf. pp. 23-26: a Convenção de Viena é em parte declaratória do direito costumeiro existente, e constitui em parte "desenvolvimento progressivo» do Direito Internacional, que por sua vez pode vir a gerar (novas) regras de direito costumeiro internacional.
89 Os artigos 31 a 33 versam sobre a interpretação de tratados, ao passo que o artigo 30 diz respeito à aplicação de tratados sucessivos sobre o mesmo assunto.
90 [Ênfase acrescentada]. Esta última expressão, «reconhecidas como tais», requer uma referência às considerações anteriores sobre a *opinio juris* como elemento componente do costume internacional (*supra*). – A esse respeito, cf. e.g., as ponderações da CIJ no caso da *Plataforma Continental do Mar do Norte, ICJ Reports* (1969) p. 41 § 71.
91 M. Akehurst, *op. cit. supra* n. (41), p. 50.
92 C.Th. Eustathiades, *Unratified Codification Conventions* (Gilberto Amado Memorial Lecture), Genebra, United Nations Publ., 1973, pp. 2 e 10.

pode ocorrer que mesmo alguma das chamadas «convenções de codificação» (tais como, e.g., as próprias Convenções de Viena sobre o Direito dos Tratados de 1969 e 1986, as Convenções de Genebra de 1958 – seguidas da de Montego Bay de 1982 – sobre o Direito do Mar, a Convenção de Viena sobre Relações Diplomáticas de 1961, e a Convenção de Viena sobre Relações Consulares de 1963) não logre – ainda que por algum tempo – obter o número suficiente e necessário de ratificações para entrar em vigor[93].

É, no entanto, inegável, que uma «convenção de codificação» assinada e que não tenha entrado em vigor, mas que tenha alcançado um número substancial de ratificações significativas, possa contribuir para formação do costume internacional, e que uma regra nela incorporada possa, sob certas condições, tornar-se uma regra do Direito Internacional geral[94]. Invocando a decisão da CIJ no caso da *Plataforma Continental do Mar do Norte* (Dinamarca e Países Baixos *versus* República Federal da Alemanha, 1969), ponderou C.Th. Eustathiades que, «no caso de uma convenção de codificação *latu sensu*, em outras palavras, uma convenção que codifique e `desenvolva progressivamente' o Direito Internacional, uma convenção que, por assim dizer, contenha inovações, o processo de codificação considerado independentemente da ratificação pode gerar novas regras costumeiras e assim alterar os direitos e deveres dos Estados independentemente do consentimento que a convenção deles requeira para tornar-se válida como tal»[95].

3. Os Princípios Gerais do Direito

A inclusão dos princípios gerais do direito dentre as «fontes» do Direito Internacional consignadas no artigo 38 do Estatuto da CIJ poderia ser explicada, conforme já indicado, a partir de uma fundamentação jusnaturalista do Direito Internacional (correspondente a uma das concepções existentes – cf. *supra*). Tal inclusão veio a confirmar uma prática arbitral anterior, que contribuiu para a configuração da terceira «fonte» do Direito Internacional, historicamente mais recente que o costume e os tratados[96]. Persistiam, no entanto, diversas dúvidas e incertezas acerca do sentido

---

93 As razões dessa não ratificação podem variar desde uma oposição genuína ao conteúdo de uma convenção até dificuldades puramente técnicas ou administrativas (e.g., falta de especialistas ou conhecimento insuficiente do tema da convenção, dificuldades de tradução, etc.), e nem sempre um atraso na ratificação significa oposição à convenção; pode ocorrer que o Estado simplesmente não considera a ratificação tão urgente quanto certos problemas internos; cf. *ibid.*, pp. 3-4 e 7.

94 *Ibid.*, pp. 7-8 e 12-13; «no passado a força de uma convenção assinada e não ratificada no Direito Internacional geral estava fora de dúvida no caso de uma convenção declaratória do direito costumeiro, e hoje tal força é fortalecida por sua extensão a convenções de codificação contendo novas regras em aditamento às existentes, i.e., pelo fato de abranger igualmente as novas regras» (*ibid.*, p. 7).

95 *Ibid.*, p. 13.

96 P. Guggenheim, «Contribution à histoire des sources du droit des gens», 94 *Recueil des Cours de l'Académie de Droit International de La Haye* (1958) pp. 72-76 e 80-81.

dos princípios gerais do direito: para uns, a expressão dizia respeito aos princípios do Direito Internacional propriamente dito, enquanto que para outros se referia aos princípios dos direitos internos dos diversos Estados[97]; para uns eram princípios de direito natural, ao que outros se opunham; havia ainda a referência aos princípios reconhecidos pelas chamadas «nações civilizadas»[98].

Esta última expressão, na época eivada de um cunho eurocêntrico, pode hoje ser lida de outro modo. Países civilizados são os que efetivamente respeitam o Direito Internacional[99] e os direitos inerentes à pessoa humana, de todos os seres humanos que se encontrem sob suas respectivas jurisdições[100]. Enquanto a linha divisória entre tratados e costume se mostrava clara, nem sempre era tão fácil distinguir as regras costumeiras dos princípios gerais do direito[101]. Na verdade, controvérsias se fizeram presentes durante a própria redação, pela Comissão Consultiva de Juristas designada para tal[102], do artigo 38 do Estatuto da Corte da Haia em junho e julho de 1920. Os principais protagonistas do debate sobre os princípios gerais do direito foram o Barão Descamps, Lord Phillimore e o Sr. E. Root.

O Barão Descamps, que acreditava em uma «justiça objetiva» (presente em teorias do direito natural), propusera originalmente à Comissão a expressão «consciência jurídica dos povos civilizados», contra cujo subjetivismo se insurgiu o Sr. E. Root[103]. Lord Phillimore elaborou, juntamente com E. Root, uma emenda à proposta de Descamps. A conciliação, entre os princípios de «justiça objetiva» de Descamps, e os princípios de «direito comum» (Phillimore) ou reconhecidos pelas nações «civilizadas» *in foro domestico* (Root), operou-se com a expressão «princípios gerais do direito»[104].

---

97 M. Virally, por exemplo, advogava que os «princípios gerais do direito» derivam dos sistemas jurídicos nacionais, ou do direito interno em geral, ao passo que os «princípios do Direito Internacional» derivam do costume e dos tratados. Para ele, os «princípios de Direito Internacional» consignados em declarações de organizações internacionais não constituem *per se* uma fonte distinta do Direito Internacional, dada a inexistência de um «legislativo» internacional; poderiam, no entanto, vir a tornar-se regras de Direito Internacional se originados em tratados ou no costume. M. Virally, *op. cit. supra* n. (40), pp. 144-146.

98 D.W. Greig, *op. cit. supra* n. (24), p. 27, e cf. pp. 26-31; Bin Cheng, *op. cit. infra* n. (101), pp. 2-6.

99 J.A. Carrillo Salcedo, *Soberanía de los Estados y Derechos Humanos en Derecho Internacional Contemporáneo*, 2ª. ed., Madrid, Tecnos, 2001, pp. 180-181.

100 A.A. Cançado Trindade, *Tratado de Direito Internacional dos Direitos Humanos*, vol. II, Porto Alegre, S.A. Fabris Ed., 1999, p. 344.

101 Bin Cheng, *General Principles of Law as Applied by International Courts and Tribunals*, Londres, Stevens, 1953, p. 23. Cf. também as observações críticas de Ch. Chaumont, «Cours général de Droit international public», 129 *Recueil des Cours de l'Académie de Droit International de La Haye* (1970) pp. 456-464.

102 Para sua composição, cf. ítem II, *supra*.

103 A expressão fora também utilizada por Clovis Bevilaqua.

104 P. Guggenheim, *op. cit. supra* n. (96), pp. 76-77; Bin Cheng, *op. cit. supra* n. (101), pp. 6-21; Maarten Bos, *op. cit. supra* n. (6), pp. 33-39.

A expressão incorporou, no entanto, a tensão da polaridade entre o jusnaturalismo (os princípios universais de justiça objetiva) e o positivismo (a busca dos princípios do direito cristalizados nos ordenamentos jurídicos nacionais)[105]. É, porém, inegável, que a expressão estabelece um claro liame entre o direito interno e o Direito Internacional[106]. Posteriormente passou a se insistir em um estudo científico dos direitos internos dos diversos Estados como o guia mais seguro para a identificação dos princípios gerais do direito; tal estudo requereria um levantamento o mais completo possível de direito comparado[107]. Subsistiram, no entanto, algumas dificuldades, como a incerteza se um princípio geral do direito devia ser comum a todos os países ou a apenas a determinada maioria deles; Akehurst sugeriu que «grande parte da dificuldade de se provar os princípios gerais do direito poderia ser evitada se os tribunais internacionais se limitassem a aplicar os princípios gerais do direito comuns às partes litigantes, sem indagar se tais princípios existem nos direitos internos de outros Estados»[108]. Já a pretensa dificuldade gerada pelo fato de não serem os princípios gerais do direito reconhecidos como «fonte» do Direito Internacional na [então] União Soviética[109] não deveria ser exagerada, pois são eles reconhecidos como «fonte» do Direito Internacional em países como a China, a Hungria e a Iugoslávia [110].

Já na década de cinquenta se tentavam identificar exemplos de princípios gerais do direito, reconhecidos pelas chamadas «nações civilizadas», tais como o princípio da boa fé, o princípio da *res judicata*, o princípio proscrevendo o abuso de direitos, dentre outros[111]. Em relação aos princípios gerais do direito nos procedimentos judiciais, há que se mencionar um substancial estudo, sob os auspícios da [então]

---

105 Uma confrontação das duas teses é visível pela comparação dos escritos de, e.g., A. Truyol y Serra (*op. cit. supra* n. (10), pp. 141-143), por um lado, e P. Guggenheim, enfático defensor da concepção positivista da expressão, por outro lado (*op. cit. supra* n. (96), pp. 77-79).
106 Maarten Bos, *op. cit. supra* n. (6), pp. 33-39.
107 M. Akehurst, «Equity and General Principles of Law», 25 *International and Comparative Law Quarterly* (1976) pp. 817-819; A.A. Cançado Trindade, "La méthode comparative en Droit international: une perspective européene», 55 *Revue de droit international de sciences diplomatiques et politiques* (1977) pp. 273-287; L.C. Green, «Comparative Law as a 'Source' of International Law», 42 *Tulane Law Review* (1967) pp. 52-66.
108 M. Akehurst, *op. cit. supra* n. (107), pp. 824 e 820.
109 *Ibid.*, pp. 815-816; e cf. observações críticas de G.I. Tunkin, *Droit international public – problèmes théoriques*, Paris, Pédone, 1965, pp. 119-127.
110 M. Akehurst, *op. cit. supra* n. (107), p. 815. O argumento central do autor é o de que os princípios gerais do direito parecem fornecer o melhor critério ou base para determinar o conteúdo da própria equidade, e o reconhecimento de tais princípios como «fonte» do Direito Internacional torna a equidade (como conceito autônomo) redundante como uma espécie de subgrupo dos princípios gerais do direito; cf. *ibid.*, pp. 801-825. Sobre a equidade, cf. observações *infra*.
111 Cf. Bin Cheng, *op. cit. supra* n. (101), pp. 25-26ss.; cf. também M. Virally, *op. cit., supra* n. (40), p. 148; G.B.M. Boson, *op. cit. supra* n. (27), p. 27.

Subcomissão de Prevenção de Discriminação e de Proteção de Minorias das Nações Unidas[112], sobre a igualdade na administração da justiça, baseado em dados concernentes aos sistemas jurídicos internos de inúmeros Estados[113]. Vale, ademais, relembrar que o artigo 38 da Corte Internacional, tal como adotado (isto é, contendo referências *inter alia* ao costume e aos princípios gerais do direito), veio, na ponderação de um especialista na matéria, repudiar a tese de que «somente as regras criadas por meio de um processo formal são válidas», e sustentar o ponto de vista de que, «como os sistemas jurídicos internos, o Direito Internacional contém um certo número de princípios não formulados»[114].

4. Valor da Jurisprudência Internacional (Decisões Judiciais e Arbitrais)

Não há como negar à grande massa de decisões arbitrais e judiciais o caráter de «fonte» do Direito Internacional, ainda que operando de modo intermitente e sendo as decisões não raro de peso desigual (i.e., algumas mais inovadoras ou criativas do que outras). Decisões da CIJ, e.g., podem conter um reconhecimento judicial, ou mesmo proceder à aplicação de um costume geral[115]. Há aqui que se observar que os tribunais de onde emanan as «decisões judiciais» aqui consideradas compreendem não apenas os tribunais internacionais, mas também os administrativos internacionais e os nacionais[116]. Não se poderia deixar de considerar estes últimos, conforme acentua o estudo de R. Falk, dada a ênfase «horizontal» do ordenamento

---

112   Atualmente intitulada Subcomissão para a Promoção e Proteção dos Direitos Humanos das Nações Unidas.

113   Cf. M.A. Abu Rannat, *Study of Equality in the Administration of Justice*, N.Y., United Nations, 1972, pp. 1-270.

114   Bing Cheng, *op. cit. supra* n. (101), p. 23. – Sobre a utilidade, para os tribunais, de recorrer aos «princípios gerais do direito», cf. M.O. Hudson, *International Tribunals – Past and Future*, Washington, Carnegie Endowment for International Peace/Brookings Institution, 1944, p. 108. – E sobre a aplicação dos «princípios gerais do direito» nas decisões de organismos internacionais (e.g., a OIT), cf. e.g., M. A. Kaplan e N. de B. Katzenbach, *op. cit. supra* n. (82), p. 28. M. Bos sugeriu que «fontes» escritas, como os tratados, certas decisões judiciais, e algumas decisões judiciais, e algumas decisões de organizações internacionais, prestam-se mais à indução. Maarten Bos, *op. cit. supra* n. (6), p. 7.

115   Como nos casos do *Lotus* (1927), do *Wimbledon* (1923), do *Canal de Corfu* (1947), das *Reservas à Convenção contra o Genocídio* (1951), de *Nottebohm* (1955), – ou de um costume especial, a exemplo dos casos do *Asilo* (1950), dos *Nacionais dos EUA em Marrocos* (1952) e do *Direito de Passagem* (1960); *cit. in* A.A. D'Amato, *The Concept of Custom...*, *op. cit. supra* n. (24), pp. 251-252. Sobre o precedente judicial como fonte do Direito Internacional, cf. H. Lauterpacht, *The Development of International Law by the International Court*, London, Stevens, 1958, pp. 20-22, e cf. também pp. 155-157 e 368-393.

116   D.W. Greig, *op. cit. supra* n. (24), pp. 31-39. Para um estudo da jurisprudência dos tribunais administrativos internacionais, cf. A.A. Cançado Trindade, «Exhaustion of Local Remedies and the Law of International Organizations», 57 *Revue de droit international de sciences diplomatiques et politiques* (1979) pp. 81-123, e referências.

jurídico internacionial, de estrutura descentralizada, e em que são chamados a exercer importante função os tribunais nacionais, no domínio em que os ordenamentos jurídicos nacional e internacional interagem[117].

Muito embora não fizesse a jurisprudência da CIJ referência expressa alguma a qualquer norma costumeira baseada na atividade dos tribunais internos, já na década de cinquenta houve Juízes que se anteciparam, referindo-se a essa questão em Votos Dissidentes: assim, no caso das *Zonas de Pesca* (1951), o Juiz Read se referiu à utilização, *inter alia,* por inúmeros tribunais internos, do método de delimitação da extensão das águas territoriais, a partir da linha costeira; pouco depois, no caso do *Ouro Monetário em Roma* (1954), o Juiz Levi Carneiro também recorreu à prática dos órgãos judiciais internos[118]. Estes últimos podem, com efeito, em muito facilitar a operação do próprio Direito Internacional (em âmbito nacional)[119]. Vê-se aqui uma área de interação significativa da atuação dos tribunais internacionais e dos tribunais internos.

Assim como decisões judiciais de tribunais internacionais podem clarificar certas questões de direito interno, decisões judiciais de tribunais nacionais podem igualmente trazer uma importante contribuição ao discorrerem acerca de questões de Direito Internacional[120]. Há, aqui, um campo fértil de estudos, aberto aos pesquisadores, com o enfoque voltado para a posição ocupada no ordenamento jurídico interno pelos dispositivos legais internacionais, ou para o exame ou interpretação do direito interno pelos órgãos judiciais internacionais, ou para a presença e relevância do direito interno no processo legal internacional, ou para a implementação

---

117 R.A. Falk, *The Role of Domestic Courts in the International Legal Order,* Syracuse University Press, 1964, pp. 21-52 e 170.

118 Cf. *ICI Reports* (1951) p. 192 e (1954) p. 44, respectivamente, *cit. in* J. A. Barberis, "Les arrêts des tribunaux nationaux et la formation du droit international coutumier», 46 *Revue de droit international de sciences diplomatiques et politiques* (1968) pp. 247-253; para o autor, mesmo à luz da jurisprudência anterior da CPJI, assim como da doutrina, é posível e viável a criação de regras costumeiras por meio da jurisprudência *interna* (nacional).

119 F. Morgenstern, «Judicial Practice and the Supremacy of International Law», 27 *British Year Book of International Law* (1950) p. 90. – Há mesmo quem sugira que talvez a contribuição mais significativa dos tribunais internacionais, durante várias décadas, para a elucidação e desenvolvimento das regras do Direito Internacional costumeiro, tenha ocorrido na área de proteção dos direitos de estrangeiros (i.e., nacionais no exterior), em relação aos quais se estabeleceram *standards* pelos tribunais internos em inúmeros países, particularmente no tocante aos direitos básicos à vida e à liberdade pessoal. Bin Cheng, «The Contribution of International Courts and Tribunals to the Protection of Human Rights under International Customary Law», *International Protection of Human Rights* – Proceedings of the Seventh Nobel Symposium (ed. A. Eide & A. Schou, Oslo, 1967), Stockholm, Almqvist & Wiksell, 1968, pp. 167-175. Cf. também C. H. Schreuer, «The Impact of International Institutions on the Protection of Human Rights in Domestic Courts», 4 *Israel Yearbook on Human Rights* (1974) pp. 60-88.

120 C.H. Schreuer, «The Authority of International Judicial Practice in Domestic Courts», 24 *International and Comparative Law Quarterly* (1975) pp. 180-183.

das decisões judiciais internacionais pelos tribunais internos[121]. Controvérsias acerca da suposta «primazia» de uma, ou outra, ordem jurídica – a nacional e a internacional, – tornam-se, assim, supérfluas. Por meio desse novo enfoque pode-se evitar o antagonismo irreconciliável e ocioso entre as duas posições clássicas dualista e monista, baseadas em falsas premissas.

5. Valor da Doutrina

O próprio artigo 38 do Estatuto da CIJ indica expressamente que a doutrina, assim como as decisões judiciais, constituem meio *auxiliar* para a determinação das regras de direito. A referência à doutrina é acompanhada de um qualificativo, a saber, «a doutrina dos juristas mais qualificados das diferentes nações»[122]. Talvez a influência dos autores tenha sido mais marcante na época de formação do Direito Internacional do que em nossos dias[123], a exemplo dos clássicos[124]. Muito embora haja uma tendência a atribuir à doutrina hoje posição relativamente modesta dentre as «fontes» do Direito Internacional, não se deve, no entanto, negligenciá-la. Aos ensinamentos doutrinários sempre recorrem os atores no cenário internacional quando se trata de fundamentar suas posições.

Em determinados casos, ainda que raros, um ou outro autor logrou influenciar a própria evolução do Direito Internacional em áreas específicas, como é o caso da sistematização de E.M. Borchard de vasto material, antes de sua obra desordenado, acerca da proteção diplomática de cidadão no exterior[125]. Outro exemplo diz respeito ao direito do mar: muito embora tenham os Estados reivindicado direitos restritos em áreas adjacentes ao seu mar territorial muito antes de G. Gidel começar a escrever sobre tais reivindicações[126], «foi Gidel quem produziu o conceito de zona contígua como base para discussão acerca da validade de tais reivindicações»[127]. Recorde-se, ademais, a considerável influência da doutrina latinoamericana (mormente de cunho defensivo) para a consagração de determinados princípios do Direito Internacional, como os

---

121 A.A. Cançado Trindade, «Exhaustion of Local Remedies in International Law and the Role of National Courts», 17 *Archiv des Völkerrechts* (1977-1978) pp. 333-360, e referências bibliográficas.

122 Artigo 38(1)(d) do Estatuto da CIJ.

123 Cf., nesse sentido, M. Akehurst, *A Modern Introduction to International Law*, 2ª. ed., London, G. Allen & Unwin, 1971, p. 55.

124 E.g., *inter alia*, Hugonis Grotii, *De Iure Belli ac Pacis* (ed. B.M. Telders), The Hague, M. Nijhoff, ed. 1948, pp. 1-195.

125 E.M. Borchard, *The Diplomatic Protection of Citizens Abroad*, N.Y., Banks Law Publ. Co., 1916, pp. 1ss.; e cf. ponderações a respeito *in* Clive Parry, *The Sources and Evidences of International Law*, Manchester, University Press/Oceana, 1965, p. 107.

126 Cf. Gilbert Gidel, *Le droit international public de la mer*, 3 vols., Châteauroux, Mellottée, 1932-1934.

127 M. Akehurst, *op. cit. supra* n. (123), pp. 55-56.

princípios da igualdade jurídica dos Estados, da não intervenção nas relações interestatais, e da solução pacífica das controvérsias internacionais[128].

Uma característica da doutrina, que pode, no entanto, não raro ser tida como uma limitação, é o fato de refletir as percepções do Direito Internacional prevalecentes em cada país; lembrem-se, por exemplo, nesse sentido, certos hábitos derivados do próprio sistema jurídico interno e a tendência de preferir citações de autores do próprio idioma[129]. Acrescente-se o risco de um abordamento dogmático e autoritário, e portanto irrealista e inadequado, da disciplina. Certamente haverá sempre variações na interpretação das normas do Direito Internacional de país a país, e é natural e até certo ponto inevitável que isto ocorra. O que é de se evitar é uma ênfase *exagerada* em idiossincrasias, que nem sempre refletem com fidelidade as regras do convívio internacional.

Não obstante, cumpre ter em mente que a inserção da doutrina – além dos princípios gerais do direito – no elenco das "fontes" do Direito Internacional consagrado no artigo 38 do Estatuto da CIJ não há que ser minimizada, precisamente por independer do voluntarismo estatal; ademais, tampouco há como negar que as grandes doutrinas do Direito Internacional, sedimentadas no tempo, tenham contribuído ao "desenvolvimento da consciência jurídica e dos sentimentos de sociabilidade internacional"[130]. A influência dos ensinamentos em matéria de Direito Internacional, como bem ressaltou M. Lachs, se irradia bem mais além da esfera pedagógica, alcançando a própria prática do Direito Internacional[131].

E como bem assinalou também A. de La Pradelle, os juízes e árbitros internacionais mantêm-se conscientes das autolimitações inerentes a suas funções, e os representantes dos Estados só vislumbram seus próprios interesses, não raro de modo intransigente; assim, a doutrina retém sua função criadora[132]. Importa – agregou ele – que a "alta especulação do espírito" se empenhe livremente na "pesquisa objetiva de uma verdade jurídica", e com ainda maior força ao se ter em mente que a fixação de regras, tidas como obrigatórias para os Estados "independentemente de seu consentimento formal", não poderia "ser empreendida pelos próprios Estados"[133].

Cabe, ademais, ter presente que a doutrina não se limita à dos autores, mas abarca igualmente a emanada dos órgãos colegiados. Em 1977, sugeriu Maarten Bos

---

128 Para uma avaliação recente, cf. A.A. Cançado Trindade e A. Martínez Moreno, *Doctrina Latinamericana del Derecho Internacional*, vol. I, San José de Costa Rica, Corte Interamericana de Derechos Humanos, 2003, pp. 5-64.

129 *Ibid.*, pp. 55-56, também para exemplos.

130 N. Mateesco, *Doctrines-écoles et développement du droit des gens*, Paris, Pédone, 1951, pp. 25 e 45.

131 M. Lachs, *The Teacher in International Law*, 2ª. ed. rev., Kluwer, Nijhoff, 1987, pp. 159-229.

132 A. de La Pradelle, *Maîtres et doctrines du droit des gens*, 2ª. ed., Paris, Éds. Internationales, 1950, p. 7.

133 *Ibid.*, pp. 7-8.

que a importância dos trabalhos da Comissão de Direito Internacional (CDI)[134] das Nações Unidas talvez transcendesse a da doutrina na acepção clássica (as lições de autores), não só por representar – como a doutrina – os ensinamentos dos publicistas mais altamente qualificados, mas também por possuir uma *qualidade internacional* não encontrável na doutrina tradicional, e por refletir hoje o pensamento de um corpo quase-diplomático, tido como "realista", não distanciado das chancelarias e dos órgãos políticos das Nações Unidas e de outras organizações internacionais[135].

A composição atual da CDI não é mero fruto do acaso e chega a contrastar com sua formação de anos atrás, em que juristas eminentes compunham a Comissão. Seus primeiros projetos, talvez demasiado pessoais, raramente se prestaram ao uso dos Estados, o que acarretou uma crescente «politização» da CDI. Hoje se encontra ela mais voltada à elaboração, com o concurso de diversos Estados, de «textos verdadeiramente úteis e amplamente debatidos de forma a atingir os fins almejados de codificação e desenvolvimento progressivo do direito internacional»[136]. Daí resulta que os trabalhos mais recentes da CDI apresentem, na observação de R.Y. Jennings, uma certa confrontação em nível científico dos interesses variados de diferentes Estados[137].

Ainda na mesma linha de trabalhos conjuntos ou de equipe, cabe citar os trabalhos de órgãos homólogos, atuantes no plano regional, a exemplo da Comissão Jurídica Interamericana (CJI)[138] da Organização dos Estados Americanos (OEA), e do Comitê Jurídico Consultivo Afro-Asiático (CJCAA)[139]. Aos trabalhos destes órgãos se somam as obras de associações científicas internacionais, como, em particular, o renomado *Institut de Droit International*; a este se agregam a *International Law Association*, e o *Instituto Hispano-Luso-Americano de Direito Internacional* (IHLADI), dentre outros. Os *Anuários* e *Relatórios* destas associações científico-acadêmicas, dentre outras, constituem um manancial precioso de ensinamentos que permitem

---

134   Cf., a respeito, e.g., United Nations, *The Work of the International Law Commission*, 5ª. ed., N.Y., U.N., 1996, pp. 1-501.

135   M. Bos, *op. cit. supra* n. (6), p. 64.

136   A.A. Cançado Trindade, «La méthode comparative en Droit international...», *op. cit. supra* n. (107), p. 275.

137   R.Y. Jennings, «Recent Developments in the International Law Commission: Its Relation to the Sources of International Law», 13 *International and Comparative Law Quarterly* (1964) p. 390.

138   Para uma avaliação, cf., e.g., Renato Ribeiro, "A Contribuição da Comissão Jurídica Interamericana ao Desenvolvimento e à Codificação do Direito Internacional", *in XVI Curso de Derecho Internacional Organizado por el Comité Jurídico Interamericano* (1989), Washington D.C., Secretaría General de la OEA, 1991, pp. 150-168; A.A. Cançado Trindade, "The Inter-American Juridical Committee: An Overview", *in The World Today*, Londres, Royal Institute of International Affairs (Chatham House), novembro de 1982, pp. 437-442.

139   Para uma avaliação, cf., *inter alia*, AALCC, *Asian-African Legal Consultative Committee – Report and Selected Documents* (XXXII Session, 1993), New Delhi, AALCC Secretariat, 1993, pp. 1-312.

acompanhar a evolução da doutrina sobre diversos capítulos e temas do Direito Internacional[140].

6. O Elemento da Equidade

No decorrer dos trabalhos de redação, em 1920, do artigo 38 do Estatuto da Corte da Haia (CPJI), a Comissão Consultiva de Juristas nomeada para tal (cf. *supra*) concebeu a função da equidade como sendo bastante restrita, só devendo se aplicar se autorizada pelas partes; na ocasião, um dos membros da Comissão, o Sr. E. Root, advertiu a respeito que a futura Corte não deveria ter o poder de legiferar[141]. Com efeito, a noção de equidade, que pelo parágrafo 2 do artigo 38 do Estatuto da Corte da Haia (CPJI e CIJ) ocupa posição tão somente secundária dentre as «fontes» do Direito Internacional, sempre foi acompanhada de dúvidas e incertezas[142]. O artigo 38(2) limita-se a preservar «a faculdade da Corte de decidir uma questão *ex aequo et bono*, se as partes com isto concordarem».

A doutrina mostrou-se dividida até mesmo no que tange às relações entre a equidade e as demais «fontes» do Direito Internacional consagradas no artigo 38 do Estatuto da Corte. A distinção, por exemplo, entre a equidade e os princípios gerais do direito nem sempre foi compreendida com suficiente clareza. A esse respeito, vale recordar o ensinamento de Charles de Visscher de que, enquanto os princípios gerais do direito, assim como os tratados e o costume, revestem-se de «um caráter de generalidade ou de positividade», a equidade, por outro lado, «caracteriza-se essencialmente como uma expressão individualizada da justiça»[143].

Segundo a celebrada classificação tripartite das funções da equidade, pode esta aplicar-se *infra legem* (adaptando o direito aos fatos dos casos concretos), *praeter legem* (preenchendo lacunas no direito), ou *contra legem* (como meio de recusar-se a aplicar leis injustas). Nem sempre esta classificação tem refletido com fidelidade a prática da matéria, e tem-se admitido que essas três funções possam até certo ponto

---

140 Cf. Institut de Droit International, *Livre du Centenaire 1873-1973: Évolution et perspectives du droit international*, Bâle, Karger, 1973, pp. 124-473; G. Fitzmaurice, «The Contribution of the Institute of International Law to the Development of International Law», 138 *Recueil des Cours de l'Académie de Droit International de La Haye* (1973) pp. 211-259; International Law Association, *The Present State of International Law – 1873-1973*, Kluwer, Deventer, 1973, pp. 3-392. Cf. também: Ch. Dominicé, «La contribution de l'Institut de Droit International au développement du Droit de l'organisation internationale», in *Mélanges en l'honneur de Nicolas Valticos – Droit et justice* (ed. R.-J. Dupuy), Paris, Pédone, 1999, pp. 101-115; P. de Visscher, «La contribution de l'Institut de Droit International à la protection des droits de l'homme», in *Le Droit international au service de la paix, de la justice et du développement – Mélanges Michel Virally*, Paris, Pédone, 1991, pp. 215-224.

141 Max Sorensen, *op. cit. supra* n. (2), pp. 28-33.

142 Sobre tais incertezas e divergências, cf. e.g., Ch. Rousseau, *Droit international public*, vol. I, Paris, Sirey, 1970, pp. 400-405.

143 Ch. de Visscher, *De l'équité dans le règlement arbitral ou judiciaire des litiges de Droit international public*, Paris, Pédone, 1972, pp. 6-7.

mesmo fundir-se entre si. A doutrina concorda em que a equidade *contra legem* não poderia se aplicar na ausência de uma autorização expressa nesse sentido (como no artigo 38(2) do Estatuto da Corte, *supra*); a equidade *praeter legem* é de reduzida aplicação na atualidade, pelo simples fato de que as lacunas no Direito Internacional são hoje muito menos numerosas do que no passado; resta, assim, a equidade *infra legem*, a forma mais usual de sua aplicação, como, por exemplo, em disputas fronteiriças[144].

Tem-se também ressaltado os riscos de aplicação da equidade, particularmente em períodos e situações de rápidas mudanças, pelos elementos de incerteza, exceção e subjetivismo que pode vir a introduzir; talvez por isso tenham os tribunais internacionais muitas vezes juntado a referências à equidade uma invocação simultânea do costume, de tratados (aplicáveis ou não), de princípios gerais do direito ou de decisões arbitrais anteriores[145]. Por outro lado, pode-se argumentar que como as origens de muitas das regras do Direito Internacional geral encontram-se na «conciliação histórica dos interesses em conflito», compete à equidade continuar procedendo à «adaptação judicial das regras às circunstâncias dos casos concretos»[146].

Com efeito, têm-se invocado[147] tanto a equidade quanto os princípios gerais do direito[148] em relação à proteção internacional dos direitos humanos: a equidade, no reconhecimento de certos «poderes inerentes» aos órgãos de implementação dos mecanismos ou procedimentos de proteção[149]; os princípios gerais do direito, no reconhecimento de certos direitos fundamentais consagrados tanto no Pacto de Direitos Civis e Políticos das Nações Unidas quanto em algumas constituições nacionais e a consequente rejeição do voluntarismo positivista[150].

Há quem tenha vislumbrado, no julgamento de 1969 da CIJ no caso da *Plataforma Continental do Mar do Norte* (Dinamarca e Países Baixos *versus* República Federal da Alemanha), um exemplo de decisão baseada em «considerações de equidade»[151].

---

144 M. Akehurst, «Equity and General Principles of Law», 25 *International and Comparative Law Quarterly* (1976) pp. 801-813; Ch. de Visscher, *op. cit. supra* n. (143), pp. 12-13. E cf., e.g., caso da *Plataforma Continental do Mar do Norte*, *ICJ Reports* (1969) pp. 32-33, 49-50 e 53, §§ 47, 91-92 e 100; caso da *Barcelona Traction* (Segunda Fase), Explicação de Voto de Juiz G. Fitzmaurice, *ICJ Reports* (1970) pp. 84-86.

145 M. Akehurst, *op. cit. supra* n. (144), pp. 811-812; Ch. de Visscher, *op. cit. supra* n. (143), p. 4.

146 Ch. de Visscher, *op. cit. supra* n. (143), p. 9.

147 B.G. Ramcharan, «Equity in the International Law of Human Rights», 5 *Dalhousie Law Journal* (1979) pp. 45-72.

148 N.K. Hevener e S.A. Mosher, «General Principles of Law and the U.N. Convenant on Civil and Political Rights», 27 *International and Comparative Law Quarterly* (1978) pp. 596-613.

149 B.G. Ramcharan, *op. cit. supra* n. (147), pp. 52, 59 e 65-66.

150 N.K. Hevener e S.A. Mosher, *op. cit. supra* n. (148), pp. 596-597, 601, 603-604 e 612-613.

151 K. Hjertonsson, *The New Law of the Sea – Influence of the Latin American States on Recent Developments of the Law of the Sea*, Leiden/Stockholm, Sijthoff/Norstedts, 1973, p. 166, e cf. pp. 163-168; sobre o costume e o direito do mar em geral, cf. *ibid.*, pp. 117-175.

De fato, ao indicar no caso que não havia um único método de delimitação aplicável em todas as circunstâncias, a Corte levou em conta vários fatores de natureza geográfica, geológica e econômica, tais como, e.g., a configuração geral do litoral, a estrutura físico-geológica, os recursos naturais, as áreas de plataforma continental envolvidas e o grau de proporcionalidade (na delimitação)[152].

IV. As "Fontes" Formais Não Enumeradas no Artigo 38 do Estatuto da CIJ

1. Os Atos Jurídicos Unilaterais dos Estados

Dada a descentralização do ordenamento jurídico internacional, em que coexistem em regime de coordenação entidades politicamente organizadas como os Estados (ademais das organizações internacionais e outros atores no plano internacional), não é de se surpreender que os atos unilaterais emanando desses últimos possam gerar *efeitos jurídicos*. A prática internacional admite, com efeito, que se possam assumir obrigações internacionais por meio de uma manifestação unilateral de vontade real e inequívoca; surge aqui, novamente, o problema fundamental do *consentimento* no Direito Internacional[153], a que já me referi no início do presente estudo (cf também *infra*). Na observação de Erik Suy, o ato unilateral corresponde a uma manifestação de vontade de um sujeito do Direito Internacional à qual este último vincula determinadas consequências; o ato emana de um só sujeito, não devendo depender, quanto à sua eficácia, de outro ato jurídico[154].

Para Suy, seria demasiado rígido e formalístico sustentar que só os tratados e convenções geram compromissos obrigatórios para os Estados; o mesmo pode ocorrer com os atos unilaterais, que contribuem para a formação do costume e não deixam de favorecer, a seu modo, a segurança e harmonia nas relações internacionais; são atos unilaterais previstos pelo direito costumeiro, e.g., o protesto, a notificação, a promessa, a renúncia, o reconhecimento. Para ilustrar sua importância, relembrem-se, e.g., a «declaração Ihlen» (de 1919), exemplo famoso de *promessa*, e, como exemplo de *protesto*, a rejeição pela Comissão Arbitral em 1911, no caso El Chamizal, da pretensão dos Estados Unidos de prescrição aquisitiva e posse ininterrupta de território, realçando as contestações constantemente levantadas pelo México[155].

Há autores que são categóricos em afirmar que o ato unilateral pode gerar costume e de fato se constitui em fonte do Direito Internacional[156], assim como há os

---

152 Cf. *ICJ Reports* (1969) p. 54.
153 G. Venturini, «La portée et les effets juridiques des attitudes et des actes unilatéraux des États», 112 *Recueil des Cours de l'Académie de Droit International de La Haye* (1964) pp. 387-388, 391 e 400-401.
154 Erik Suy, *Les actes juridiques unilatéraux en Droit international public*, Paris, LGDJ, 1962, p. 44.
155 E. Suy, *op. cit. supra* n. (154), pp. 1-290.
156 Cf., e.g., Ch. Rousseau, *op. cit. supra* n. (142), vol. I, pp. 416-418.

que concordam com tal assertiva mas com certas reservas[157]. Mesmo a enumeração, supracitada, de atos unilaterais, não passa sem dificuldades. O *reconhecimento*, por exemplo, excetuadas as muito raras vezes em que se dá por meio de um tratado, é frequentemente um ato unilateral[158], mas não obstante ocupa uma «posição peculiar» no quadro geral das declarações unilaterais no Direito Internacional[159].

Na grande maioria das vezes o reconhecimento, independentemente da forma com que é estendido, constitui um ato jurídico de manifestação de vontade unilateral com base no princípio da efetividade em determinada situação, acarretando todas as consequências decorrentes de tal ato[160]. Por outro lado, o não reconhecimento é também utilizado na prática para tentar impedir que uma situação de fato produza efeitos jurídicos[161].

É justamente em relação aos efeitos do reconhecimento que surgiu a disputa clássica entre as teses declaratória e constitutiva. A identificação do Estado é matéria controvertida, que na prática tem-se operado empiricamente, escapando frequentemente a critérios fixos ou regras preestabelecidas[162]. No que tange particularmente ao

---

157   E.g., os atos unilaterais, produzindo efeitos jurídicos mediante a aquiescência de outros Estados, atuariam como "fonte" quando determinada norma internacional lhes atribuísse tal consequência (de criar situações objetivas e obrigatórias); A. Miaja de la Muela, «Los Actos Unilaterales en las Relaciones Internacionales», 20 *Revista Española de Derecho Internacional* (1967) pp. 456-459, também para uma exposição de correntes doutrinárias a respeito. Virally observou que os atos unilaterais dos Estados são muito frequentemente considerados no Direito Internacional «no contexto de outras fontes daquele direito, a saber, o costume e os tratados»; M. Virally, *op. cit. supra* n. (40), p. 155. – Cf. também as ponderações críticas de Ch. Chaumont, *op. cit. supra* n. (101), pp. 464-469.

158   Ch. Rousseau, *op. cit. supra* n. (142), vol. I, p. 426.

159   A.P. Rubin, «The International Legal Effects of Unilateral Declarations», 71 *American Journal of International Law* (1977) p. 5. Argumentou o autor que, em sua decisão no caso dos *Testes Nucleares* (Austrália e Nova Zelândia *versus* França, 1974), a CIJ teria agido *ultra vires*, ao atribuir ênfase excessiva a declaraçãoes unilaterais (como se fossem obrigatórias no caso); segundo o autor, para decidir o litígio de acordo com o Direito Internacional a Corte não poderia recorrer a fontes outras que as enumeradas no artigo 38 de seu Estatuto (e declarações unilaterais permanecem excluídas do artigo 38); cf. *ibid.*, pp. 1-30.

160   Erik Suy, *op. cit. supra* n. (154), pp. 189-214; P. Reuter, *Institutions internationales*, 6ª. ed., Paris, P.U.F., 1969, pp. 120-128.

161   Cf. exemplos *in*, e.g., Alf Ross, *A Textbook of International Law – General Part*, London, Longmans, 1947, pp. 118-122: C.A. Colliard, *Institutions internationales*, Paris, Dalloz, 1956, pp. 195-208; e cf. E. Suy, *op. cit. supra* n. (154), pp. 189-214.

162   Cf., a respeito, o estudo de Krystina Marek, *Identity and Continuity of States in Public International Law*, 2ª. ed. Genève, Droz. 1968, pp. 1-619; e cf. também J. Verhoeven, «L'État et l'ordre juridique internacional – remarques», 82 *Revue générale de Droit international public* (1978) pp. 749-774; J. Crawford, "The Criteria for Statehood in International Law», 48 *British Year Book of International Law* (1976-1977) pp. 93-182; Ch. Rousseau, «L'indépendance de l'État dans l'ordre international», 73 *Recueil des Cours de l'Académie de Droit International de La Haye* (1948) pp. 213-219; J. Crawford, *The Creation of States in International Law*, Oxford, Clarendon Press, 1979, pp. 3-423.

reconhecimento, os adeptos da *tese constitutiva* sustentam que o ato de reconhecimento é decisivo até mesmo para o surgimento da personalidade internacional do novo Estado e dos direitos e deveres normalmente a ele associados, ao passo que os defensores da *tese declaratória* advogam que o ato de reconhecimento é tão somente um ato político, formal, que normalmente precede o estabelecimento de relações diplomáticas com um Estado que já existe como tal. Não surpreende que a tese declaratória seja hoje bem mais aceita: é certamente um exagero condicionar a própria configuração da personalidade internacional de um novo Estado, e dos direitos e deveres correspondentes, já estabelecidos, à vontade soberana dos Estados que o reconhecem; estamos aqui diante de um excesso do positivismo voluntarista radical, hoje ultrapassado, que pretendera há algumas décadas que a vontade arbitrária dos Estados constituía fonte não apenas de alguns de seus direitos mas também de sua própria existência[163].

Tal posição é realmente insustentável, pois chegaria a tornar a própria existência de um Estado uma questão relativa, dependente do reconhecimento individual de cada outro Estado[164]; e, o que é mais grave, se o Estado não reconhecido fosse juridicamente não existente, tudo então seria permissível com relação a ele, bastando aqui recordar a declaração de Hitler da não existência da Tchecoslováquia às vésperas da invasão alemã de 15 de março de 1939, e a proclamação pela União Soviética da extinção da Polônia antes da invasão soviética daquele país, de 17 de setembro de 1939[165].

As considerações anteriores aconselham certamente muita cautela no tratamento dos atos unilaterais do Estado sob o capítulo das fontes do Direito Internacional. No que diz respeito ao reconhecimento, a polêmica clássica desenvolve-se entre os que consideram, de um lado, o Estado, e de outro, o sistema jurídico (o Direito Internacional «objetivo») como fonte última dos direitos e deveres internacionais[166]. A favor desta segunda posição tem-se ressaltado a inclusão dos «princípios gerais do direito» dentre as fontes do Direito Internacional enumeradas no artigo 38 do Estatuto da CIJ[167].

Ademais, é significativo observar que um Estado pode perfeitamente «existir» sem travar relações internacionais com alguns outros Estados, e não obstante possuir certos direitos e contrair certos deveres. Há sempre Estados não reconhecidos por outros, negociações são conduzidas *a despeito* do não reconhecimento, até mesmo acordos são concluídos com base no não reconhecimento, e insiste-se às vezes na responsabilidade internacional de Estados ou Governos não reconhecidos.

---

163 H. Lauterpacht, *Recognition in International Law*, Cambridge, University Press, 1947, pp. 2, 51, 59, 62-63, 75 e 77.
164 Ti-Chiang Chen, *The International Law of Recognition*, London, Stevens, 1951, pp. 40-42.
165 K. Marek, *op. cit. supra* n. (162), pp. 146 e 148-149, e cf. também pp. 149-150; T.-Ch. Chen, *op. cit. supra* n. (164), pp. 33-38.
166 T.-Ch. Chen, *op. cit. supra* n. (164), p. 3; K. Marek, *op. cit. supra* n. (162), pp. 134 e 144. Cf. também as ponderações de Hans Kelsen, «Recognition in International Law – Theoretical Observations», 35 *American Journal of International Law* (1941) pp. 605-617.
167 T.-Ch. Chen, *op. cit. supra* n. (164), pp. 28-29.

Em suma, os Estados não encaram outros Estados não reconhecidos como isentos das normas do Direito Internacional[168]. Tudo isto demonstra que a determinação das condições de existência de um Estado cabe ao próprio Direito Internacional. Não é, pois, sem razão, que se no passado o estudo da qualidade de Estado (*statehood*) vinculou-se estreitamente ao do ato unilateral do reconhecimento, por influência do positivismo voluntarista, a teoria e a prática modernas têm voltado sua atenção para as questões de *statehood* e regras afins (e.g., quanto ao *status*, competência, etc., das diversas unidades territoriais governamentais) independentemente do ato jurídico do reconhecimento, muito embora ainda não haja atualmente definição jurídica satisfatória de *statehood*[169].

Outro problema relativo à enumeração proposta dos atos unilaterais no Direito Internacional reside no fato de que o catálogo – abrangendo, como já visto, o reconhecimento, a promessa, o protesto, a notificação, a renúncia – não inclui certos atos das autoridades legislativas ou governamentais (tais como «proclamações» presidenciais, leis, decretos, etc.) que podem vir a ter significação ou repercussão no plano internacional. Os autores dividem-se entre os que acentuam que tais atos têm sido levados em conta no tratamento de certas questões de Direito Internacional[170] (como, e.g., no direito do mar), e os que dogmaticamente se recusam a admitir que aqueles atos «internos», e pronunciamentos ou proclamações de autoridades governamentais (em âmbito nacional), possam influenciar na criação de obrigações internacionais[171].

No direito do mar, por exemplo, há que se ressaltar que as noções de zona contígua, mar territorial (seguido do mar patrimonial e posteriormente da zona econômica exclusiva) formaram-se mais por meio de atos unilaterais de regulamentação por parte de cada Estado individualmente do que através de tratados multilaterais. Foi o que ocorreu também, em determinada época, com a extensão do mar territorial a um limite de 200 milhas por parte de alguns Estados latino-americanos, por meio de atos unilaterais «internos» (proclamações, leis, decretos, etc.). Foi ademais o que ocorreu com a plataforma continental a partir da celebrada proclamação de Truman de 1945. Chegou-se mesmo a sugerir que, nessa área do Direito Internacional, os múltiplos atos unilaterais, e também multilaterais, dos Estados latino-americanos, e sua repetição consistente durante um período de mais de trinta anos, contribuíram decisivamente para a formação de normas consuetudinárias, como a

---

168 K. Marek, *op. cit. supra* n. (162), pp. 142-144; T.-Ch. Chen, *op. cit. supra* n. (164), pp. 33-38; J. Crawford, "The Criteria...», *op. cit. supra* n. (162), pp. 93ss.; e cf. A.J.P. Tammes, «The Legal System as a Source of International Law», 1 *Nederlands Tijdschrift voor Internationaal Recht* (1954) pp. 374-384.
169 J. Crawford, «The Criteria...», *op. cit. supra* n. (162), pp. 93-182; K. Marek, *op. cit. supra* n. (162), pp. 93-182, esp. pp. 160 e 158; T.-Ch. Chen, *op. cit. supra* n. (164), pp. 55 e 62.
170 J. Dehaussy, «Les actes juridiques unilatéraux en Droit international public: à propos d'une théorie restrictive», 92 *Journal du droit international* – Clunet (1965) pp. 55-56, e cf. p. 63.
171 Cf., e.g., A.P. Rubin, *op. cit. supra* n. (159), p. 27.

do limite exterior de 200 milhas do mar territorial[172]. Com a adoção, no entanto, da Convenção das Nações Unidas sobre o Direito do Mar, de 1982, resultante da III Conferência das Nações Unidas sobre o Direito do Mar, conceitos emergentes que pareciam refletir um consenso mais generalizado foram consagrados, como o de zona econômica exclusiva, a partir do mar territorial de 12 milhas.

Alguns autores têm tentado abordar os atos unilaterais dos Estados e os atos da organizações internacionais conjuntamente[173]. Parece-me, no entanto, que tal procedimento pode dar margem a algumas incertezas, e que seria talvez mais apropriado proceder a um exame dos atos das organizações internacionais separadamente do estudo dos atos unilaterais dos Estados.

2. As Resoluções das Organizações Internacionais

As últimas décadas têm acompanhado a evolução do importante fenômeno da ascensão e expansão das organizações internacionais, e gradual ampliação de seus poderes de regulamentação, variando de caso a caso. Conforme definição proposta em 1956 à Comissão de Direito Internacional das Nações Unidas, entende-se por organização internacional «uma coletividade de Estados estabelecida por um tratado, com uma constituição e órgãos comuns, possuindo uma personalidade distinta da de seus Estados membros, e sendo um sujeito de Direito Internacional com capacidade para concluir acordos»[174]. Já em 1937 L. Kopelmanas, ressaltando a relevância da criação do direito por meio do costume (particularmente no caso do Direito Internacional), lançava uma pertinente advertência: embora no passado se acreditasse que tão somente os órgãos estatais contribuíam para a formação do costume por sua prática internacional, chegaria a época em que a atuação de órgãos internacionais (e.g., de organizações internacionais) também devesse ser levada em conta. Kopelmanas chegou mesmo a afirmar que «a análise do direito positivo nos permite concluir que todos os sujeitos de direito que se encontram em contato próximo ou mesmo distante com as relações internacionais contribuem para a formação do costume internacional»[175].

---

172 A.A. Aramburu Menchaca, «La Costumbre y la Delimitación de los Espacios Marítimos en el Continente Americano», 38 *Revista de Derecho y Ciencias Políticas* – Lima, Peru (1974) pp. 5-39; cf. também K. Hjertonsson, *op. cit. supra* n. (151), pp. 7-179.

173 Cf. J. Dehaussy, *op. cit. supra* n. (170), pp. 45, 53-54 e 59-61; A. Miaja de la Muela, *op. cit. supra* n. (157), pp. 431-434.

174 *Cit. in Yearbook of the International Law Commission* (1956) – II, p. 108; a definição foi proposta por G.G. Fitzmaurice, *rapporteur* sobre o direito dos tratados.

175 L. Kopelmanas, «Custom as a Means of the Creation of International Law», 18 *British Year Book of International Law* (1937) p. 151; assim, exerce papel principal ou preponderante o próprio *conteúdo* da regra costumeira; a despeito das incertezas quanto à existência ou não de uma regra costumeira e dos fatores extra-legais sempre presentes, é o costume não obstante mais adequado às relações internacionais do que a regulamentação legislativa (*ibid.*, p. 151).

Posteriormente se observou, na mesma linha de pensamento, que só se poderia negar à prática das organizações internacionais a capacidade de contribuir para a formação do costume[176] com base em uma concepção tradicional e «estritamente voluntarista» do Direito Internacional que mantivesse o monopólio da vontade tão somente dos Estados para criação do Direito Internacional[177]; ora, quando pouco seria «paradoxal reconhecer às organizações o poder de concluir acordos[178] e simultaneamente negar-lhes toda capacidade de contribuir para a formação do costume»[179]. Hoje, ao início do século XXI, não restam dúvidas de que a prática do Direito Internacional não se restringe à prática dos Estados, e abarca também a das organizações internacionais. Já há muito, com efeito, se vem assinalando a necessidade da sistematização da prática, *lato sensu* e cada vez mais complexa, do Direito Internacional[180].

A atuação dos organismos internacionais, em setores os mais diversos, se externaliza habitualmente através de resoluções, de relevância e significação variáveis: algumas servem de instrumento de exortação, outras enunciam princípios gerais, e outras requerem determinado tipo de ação visando resultados específicos. Se apreciarmos certas resoluções de um organismo internacional sobre determinado tema, como intimamente vinculadas entre si, como partes de um processo contínuo no tempo, poderemos vir a nelas identificar um conteúdo mais específico, refletindo uma *opinio juris* de consenso generalizado, como ocorreu nos últimos anos com as questões da descolonização, do reconhecimento do direito de autodeterminação dos povos, e da soberania permanente dos Estados sobre seus recursos naturais[181].

Tal método de cristalização de novos conceitos e princípios gerais, – em geral acompanhados ulteriormente de certos mecanismos de supervisão e controle, – pode vir a suprir em parte a insuficiência das modalidades tradicionais de formação do Direito Internacional (consignadas no artigo 38 do Estatuto da CIJ), principalmente na regulamentação das relações entre Estados em diferentes graus de

---

176 Sobre tal capacidade, declarou o Juiz Ammoun, em sua Explicação de Voto no caso da *Barcelona Traction* (Segunda Fase, 1970), que «as posições tomadas por delegados de Estados em conferências e organizações internacionais, e particularmente nas Nações Unidas, fazem naturalmente parte da prática dos Estados» e «constituem precedentes contribuindo para a formação do costume». *ICJ Reports* (1970) pp. 302-303.

177 M. Virally, *op. cit. supra* n. (40), p. 139.

178 Cf., a respeito, e.g., Clive Parry, «The Treaty-Making Power of the United Nations», 26 *British Year Book of International Law* (1949) pp. 108-149; Y. Souliotis, «La capacité des organisations internationales de conclure des accords d'après leurs actes constitutifs et la pratique», 25 *Revue hellénique de droit international* (1972) pp. 201-225; Badr Kasme, *La capacité de l'Organisation des Nations Unies de conclure des traités*, Paris, LGDJ, 1960, pp. 49-62.

179 M. Virally, *op. cit. supra* n. (40), p. 139.

180 Cf., e.g., A.A. Cançado Trindade, "Elementos para uma Sistematização da Prática do Direito Internacional", 38 *Arquivos do Ministério da Justiça* – Brasília (1981) n. 158, pp. 29-35; S. Rosenne, *Practice and Methods of International Law*, London/N.Y., Oceana Publs., 1984, pp. 1-117.

181 A.A. Cançado Trindade, *op. cit. supra* n. (39), p. 139.

desenvolvimento econômico[182]. Na prática, cada órgão internacional, no exercício normal de suas funções, tem procedido à determinação da chamada «constitucionalidade» de seus próprios atos, e a própria *praxis* do órgão tem-se tornado fator decisivo para a determinação do âmbito legal de suas funções específicas[183]. Com efeito, um exame meticuloso da jurisprudência da CIJ sobre a matéria revela que ao órgão judicial das Nações Unidas não têm faltado ocasiões para pronunciar-se no sentido de aceitar a própria prática organizacional como elemento de interpretação na determinação dos poderes atribuídos às organizações internacionais[184].

É possível identificar certos fatores que afetam a significação das resoluções adotadas pelas organizações internacionais. Pode-se, de início, investigar, pelas circunstâncias da decisão em apreço, se houve intenção por parte do órgão internacional em questão de formular proposições, normas ou princípios existentes de Direito Internacional. É inegável que tal ocorreu nas declarações da Assembleia Geral das Nações Unidas sobre Soberania Permanente sobre Recursos Naturais (1962 em diante) ou sobre Proibição do Uso de Armas Nucleares e Termonucleares (1961). A ênfase pode também recair no consenso, como modalidade de processo decisório e método de se estender o Direito Internacional a novas áreas (e.g., os trabalhos da UNCTAD, a III Conferência das Nações Unidas sobre o Direito do Mar, os trabalhos preparatórios da Conferência das Nações Unidas de 1974 sobre População, os trabalhos do Comitê Consultivo das Nações Unidas sobre Usos Pacíficos da Energia Atômica, dentre outras)[185], como é caso das declarações da Assembleia Geral das Nações Unidas sobre os Princípios Jurídicos que Regem as Atividades dos Estados na Exploração e Uso do Espaço Cósmico (1961 e 1963).

No exame dos *travaux préparatoires* conducentes à adoção de resoluções pelos organismos internacionais, pode-se também tentar detectar a função do direito e de considerações jurídicas no processo decisório, o que é até certo ponto determinado pela

---

182 Institut Universitaire de Hautes Études Internationales, *Les résolutions dans la formation du Droit international du developpement*, Genève, IUHEI, 1971, pp. 5-19.

183 J. Castañeda, *Legal Effects of United Nations Resolutions*, N.Y., Columbia University Press, 1969, pp. 1-16.

184 A.A. Cançado Trindade, *op. cit. supra* n. (39), pp. 123-133.

185 Cf. C.W. Jenks, «Unanimity, the Veto, Weighted Voting, Special and Simple Majorities and Consensus as Modes of Decision in International Organizations», *Cambridge Essays in International Law – Essays in Honour of Lord McNair*, London, Stevens/Oceana, 1965, pp. 48-63; E.M. Chossudovsky, «Some Reflections in the Light of UNCTAD's Experience», in *Les résolutions dans la formation du droit international du développement*, Genève, I.U.H.E.I. 1971, pp. 173-182; D. Vignes, «Will the Third Conference on the Law of the Sea Work According to the Consensus Rule?», 69 *American Journal of International Law* (1975) pp. 119-129; G. de Lacharrière, «Consensus et Nations Unies», 14 *Annuaire français de droit international* (1968) pp. 9-14; S. Bastid, «Observations sur la pratique du consensus», in *Multitudo Legum Ius Unum – Festschrift für Wilhelm Wengler*, vol. I, Berlin, Inter-Recht, 1973, pp. 11-25; F. Y. Chai, *Consultation et consensus: un aspect du fonctionnement du Conseil de Sécurité*, N.Y., UNITAR, 1971, pp. 3-45.

própria natureza do tema em questão. Enfim, certas resoluções que pretendem promover programas específicos da organização internacional podem conter certos princípios de direito (ou ser exortatórias); poderiam ser aqui citadas a Declaração das Nações Unidas sobre a Outorga de Independência aos Países e Povos Coloniais (1960), e a Declaração das Nações Unidas sobre a Eliminação de Todas as Formas de Discriminação Racial (1963, seguida, três anos depois, da Convenção das Nações Unidas sobre a matéria)[186].

Dadas as modalidades distintas de resoluções adotadas por organismos internacionais, é natural que seus efeitos jurídicos também sejam variados. Um exemplo claro seria o do contraste marcante entre as *recomendações da Assembleia Geral* (artigos 10 a 14 da Carta das Nações Unidas) e as *decisões do Conselho de Segurança* (artigo 25), uma vez que estas últimas, a contrário das primeiras, têm efeito mandatório[187].

Somente nas duas décadas, estendendo-se de 1946 a 1966, a Assembleia Geral das Nações Unidas votou mais de 2000 resoluções, de natureza e importância variadas. É possível, embora difícil, sistematizar até certo ponto esta vasta massa de manifestações formais de decisão ou opinião por parte dos organismos internacionais. Já me referi a resoluções contendo *declarações* ou pronunciamentos de ordem geral. Esse tipo de resoluções vem suprir uma insuficiência básica da comunidade internacional, em que, não raro, incertezas, instabilidade e mesmo contradições acerca das regras que regem ou devem reger a conduta das relações internacionais decorrem da própria ausência de órgãos legislativos permanentes e da natureza não institucionalizada do processo pelo qual o Direito Internacional é criado[188].

Tais declarações de princípios gerais tiveram capital importância no desenvolvimento do sistema interamericano (e.g., proibição de guerras de conquista, operação do sistema continental de consultas); ainda que não obrigatórias, estas resoluções criaram órgãos permanentes, transcendendo a duração das conferências interamericanas em que eram adotadas, e estabeleceram assim as bases da futura OEA[189]. Há outro tipo de resoluções, expressando e registrando um acordo entre os membros de um órgão internacional; são os chamados «*accords en forme simplifiée*». Estas

---

186 O.Y. Asamoah, *The Legal Significance of the Declarations of the General Assembly of the United Nations*, The Hague, M. Nijhoff, 1966, pp. 68-213.

187 F.A. Vallat, «The Competence of the United Nations General Assembly», 97 *Recueil des Cours de l'Académie de Droit International de La Haye* (1959) pp. 207-287; muito embora as recomendações da Assembleia Geral das Nações Unidas não sejam estritamente obrigatórias, acarretam elas, não obstante, efeitos jurídicos, o que é muito importante, principalmente no contexto da paz e segurança internacionais, pois quando o Conselho de Segurança se paralisa (e.g., em virtude do veto) é a Assembleia Geral quem recomenda as medidas a serem seguidas. – Sobre os efeitos das resoluções da Assembleia Geral e do Conselho de Segurança, cf. também, e.g., M.K. Nawaz, «Law and International Organization – A Perspective on the United Nations», 17 *Indian Journal of International Law* (1977) pp. 234-241.

188 J. Castañeda, *op. cit. supra* n. (183), pp. 165-196.

189 *Ibid.*, pp. 177-180.

resoluções-acordos, de natureza obrigatória quando relativas à estrutura e funcionamento internos, constituíram-se em instrumento extremamente útil para solucionar problemas organizacionais do sistema interamericano nascente (e.g., criação de órgãos permanentes, de regras processuais, etc.), antes mesmo da adoção da carta constitutiva da OEA como instrumento a prover a base da força obrigatória das resoluções[190].

Certas resoluções determinam a existência de fatos ou situações legais concretas. É intuitivo que só são elas válidas em relação a cada caso concreto. Por exemplo: a determinação, pela Assembleia Geral das Nações Unidas, de que a [então] África do Sul não obedecera os preceitos do mandato sobre a África do Sudoeste (hoje, Namíbia), capacitou a mesma Assembleia Geral, com base em sua determinação, a em seguida terminar o mandato, e assim proceder à realização do objetivo do Pacto da Liga das Nações e da Carta das Nações Unidas, a saber, no caso, o autogoverno ou a independência do povo da Namíbia[191].

As únicas decisões realmente *mandatórias*, – além das decisões do Conselho de Segurança sob o artigo 25 da Carta das Nações Unidas, a que já me referi, – são as resoluções relativas à estrutura *interna* do organismo internacional. Há, na ONU, questões internas sobre as quais se tomam decisões *mandatórias* pela ação conjunta da Assembleia Geral com prévia recomendação positiva do Conselho de Segurança, a saber: admissão, suspensão e expulsão de membros da ONU, e nomeação do Secretário-Geral[192].

É significativo observar que, nos últimos anos, a questão da natureza jurídica e dos efeitos das resoluções das organizações internacionais tem gerado considerável bibliografia especializada, não raro vinculando a questão ao problema das «fontes» do Direito Internacional[193]. Ao favorecer o desenvolvimento de *standards* de

---

190   Exemplo ilustrativo foi o da resolução da Conferência Interamericana do México, de 1945, intitulada «Reorganização, Consolidação e Fortalecimento do Sistema Interaamericano»; *ibid.*, pp. 150-164.

191   *Ibid.*, pp. 117-138.

192   *Ibid.*, pp. 22-116. Quanto ao caráter mandatório das decisões do Conselho de Segurança, cf. discussão *in* R. Higgins, «The Advisory Opinion on Namibia: Which U.N. Resolutions Are Binding Under Article 25 of the Charter?», 21 *International and Comparative Law Quarterly* (1972) pp. 270-286. No que tange aos modos pelos quais são adotadas resoluções pelas organizações internacionais (processo decisório), cf., e.g., C.W. Jenks, *op. cit. supra* n. (185), pp. 48-63; R.Y. Jennings, «General Course on Principles of International Law», 121 *Recueil des Cours de l'Académie de Droit International de La Haye* (1967) pp. 592-593; A. El-Erian, "The Legal Organizations of International Society», *in Manual of Public International Law* (ed. M. Sorensen), London, MacMillan, 1968, pp. 90-92 e 98-100; I.L. Claude Jr., *Swords into Plowshares*, 4ª ed., N.Y., Random House, 1971, pp. 118-162; J.G. Starke, *Introduction to International Law*, 7ª ed., London, Butterworths, 1972, pp. 602 e 607-608.

193   Cf., *inter alia*, A.J.P. Tammes, «Decisions of International Organs as a Source of International Law», 94 *Recueil des Cours de l'Académie de Droit International de La Haye* (1958) pp. 265-363; S. El-Naggar, «The Recommendations of the U.N. Conference on Trade and Development as a Means of Creating International Norms», *Les résolutions dans la formation du Droit international*

comportamento internacional, tais resoluções têm contribuído para moldar o direito internacional costumeiro e para cristalizar, a longo prazo, os princípios gerais emergentes do Direito Internacional[194]. Ainda que se lhes negasse o caráter de «nova fonte» do Direito Internacional, ter-se-ia, no entanto, pelo menos que se admitir que contribuem elas para a formação ou cristalização do direito consuetudinário, e possivelmente mesmo dos «princípios gerais do direito», além de fornecerem indicações sobre a *opinio juris* da comunidade jurídica internacional[195].

É provável que alguns Estados identifiquem hoje no «*multilateralismo*» no processo decisório um fator até certo ponto compensador de suas desigualdades de poder no cenário internacional. Talvez a ilustração mais enfática resida na nova técnica do consenso, como expressão da vontade no plano multilateral[196], a que já me referi anteriormente. Em estudo a respeito, observou E. Suy que «a institucionalização progressiva do procedimento do consenso – de direito ou de fato – é uma indicação de que aqui nos defrontamos com um método de tomada de decisão muito importante, que provavelmente exercerá uma função proeminente no Direito das Organizações Internacionais e na doutrina das fontes do Direito Internacional»[197].

---

du development, Genève, I.U.H.E.I., 1971, pp. 165-171; D.H.N. Johnson, «The Effect of Resolutions of the General Assembly of the United Nations», 32 *British Year Book of International Law* (1955-1956) pp. 97-122; M. Virally, «La valeur juridique des recommendations des organisations internationales», 2 *Annuaire français de Droit international* (1956) pp. 66-96; F.B. Sloan, «The Binding Force of a Recommendation of the General Assembly of the United Nations», 25 *British Year Book of International Law* (1948) pp. 1-33; S.A. Bleicher, «The Legal Significance of Re-Citation of General Assembly Resolutions», 63 *American Journal of International Law* (1969) pp. 444-478; K. Skubiszewski, «Enactment of Law by International Organizations», 41 *British Year Book of International Law* (1965-1966) pp. 198-274; J. Castañeda, «Valeur juridique des résolutions des Nations Unies», 129 *Recueil des Cours de l'Académie de Droit International de La Haye* (1970) pp. 205-332.

194 E. Hambro, «Some Notes on Parliamentary Diplomacy», *in Transnational Law in a Changing Society – Essays in Honor of Ph.C. Jessup* (ed. W. Friedmann, L. Henkin e O. Lissitzyn), N.Y., Columbia University Press, 1972, pp. 280-297; e cf., anteriormente, sobre o tópico, Ph. Jessup, «Parliamentary Diplomacy: An Examination of the Legal Quality of the Rules of Procedure of Organs of the United Nations», 89 *Recueil des Cours de l'Académie de Droit International de La Haye* (1956) pp. 185-319. Sobre a importância de tais resoluções para a formação do costume, cf. também R. Monaco, «Fonti e Pseudo Fonti del Diritto Internazionale», 61 *Rivista di Diritto Internazionale* (1978) pp. 743-744 e 747-758, esp. p. 751.

195 Edvard Hambro, "Some Notes on the Development of the Sources of International Law», 17 *Scandinavian Studies in Law* (1973) pp. 77-93, esp. p. 92.

196 Cf., a respeito, J. Monnier, «Observations sur quelques tendances récentes en matière de formation de la volonté sur le plan multilatéral», 31 *Schweizerisches Jahrbuch für internationales Recht/Annuaire suisse de Droit international* (1975) pp. 31-51; e, anteriormente, H. Rolin, «De la volonté générale dans les organisations internationales», *in La technique et les principes de droit public – Études en l'honneur de Georges Scelle*, vol. II, Paris, LGDJ, 950, pp. 553-564.

197 Erik Suy, «The Meaning of Consensus in Multilateral Diplomacy», *in Declarations of Principles, A Quest for Universal Peace – Liber Amicorum Discipulorumque B.V.A. Röling*, Leyden, Sijthoff, 1977, p. 272.

É este um elemento que se deve ter sempre em mente, a acarretar inelutavelmente uma reavaliação do velho enfoque do capítulo das «fontes» do Direito Internacional a partir da atenção ao problema fundamental do *consentimento* no Direito Internacional (cf. *supra*).

Este enfoque dificilmente se sustentaria em nossos dias. É natural que a crescente complexidade da atuação dos organismos internacionais torne mais visíveis os focos de tensão entre o sistema jurídico internacional[198] contemporâneo e os pressupostos tradicionais do sistema interestatal. Essa tensão se faz hoje presente em diversas áreas do Direito Internacional, conforme já ressaltei em relação até mesmo ao direito dos tratados (cf. *supra*). Na própria Carta das Nações Unidas encontram-se normas orientadas ao sistema internacional e normas voltadas aos Estados[199].

A atuação das organizações internacionais tem contribuído para a formação de normas do Direito Internacional de modos distintos. O mais comum e frequente é através da adoção de resoluções, conforme já acentuado. Os debates precedendo a adoção de resoluções, em que têm os Estados participantes a oportunidade de externalizar seus pontos de vista, são importantes para a verificação da existência ou não de uma *opinio juris*[200]. Ademais, as organizações internacionais têm às vezes se encarregado de auspiciar a realização de trabalhos preparatórios conducentes à conclusão de determinados tratados (e.g., a atuação da Comissão de Direito Internacional das Nações Unidas); os textos adotados nas conferências gerais têm bastante peso, mesmo para os Estados que não os ratificaram (cf. *supra*). Além de facilitar consideravelmente a conclusão de tais instrumentos internacionais, não raro os organismos internacionais exercem uma função relevante também na implementação de certos tratados ou convenções[201] (e.g., na área de proteção internacional dos direitos humanos).

Cabe, no entanto, ressaltar que as regras derivadas de resoluções das organizações internacionais têm fonte que se distingue do costume, dos tratados, e dos princípios gerais do direito, e que não recaem sob qualquer das categorias

---

198   Cf. A.J.P. Tammes, *op. cit. supra* n. (193), pp. 374-384; J.H.F. van Panhuys, «Relations and Interactions between International and National Scenes of Law», 112 *Recueil des Cours de l'Académie de Droit International de La Haye* (1964) pp. 9-81.
199   W.D. Coplin, «International Law and Assumptions about the State System», 17 *World Politics* (1965) p. 627 n. 43.
200   H. Bokor-Szegó, «The Contribution of International Organizations to the Formation of the Norms of International Law», *in Questions of International Law* (ed. Hungarian Branch of the International Law Association), Budapeste, Progresprint, 1971, pp. 20-21.
201   *Ibid.*, pp. 21-22, 25 e 27. – Também Lachs advogou que as organizações internacionais participam da formação do Direito Internacional contemporâneo, e de modo direto no que diz respeito ao âmbito de seu direito interno ou próprio; Manfred Lachs, «Le rôle des organisations internationales dans la formation du Droit international», *in Mélanges offerts à Henri Rolin – Problèmes de droit des gens*, Paris, Pédone, 1964, pp. 168-169, e cf. pp. 157-170.

enumeradas no artigo 38 do Estatuto da CIJ. A grande maioria dessas resoluções diz respeito ao direito interno ou próprio das organizações internacionais, voltando-se menos frequentemente aos Estados membros[202]. Por vezes indicam-se a semelhança de efeitos dessas resoluções e de tratados, o fato de que resoluções mandatórias são adotadas com base em uma autorização convencional, e a relativa fraqueza dessa modalidade de processo decisório, mas tais receios não têm logrado impedir que para muitos as resoluções das organizações internacionais constituam hoje uma nova e distinta «fonte» do Direito Internacional contemporâneo[203].

E, o que é ainda mais significativo, o silêncio do artigo 38 do Estatuto da CIJ acerca das resoluções das organizações internacionais «não tem impedido a Corte de aplicar o direito interno de algumas organizações internacionais»: K. Skubiszewski relembrou, a esse respeito, três pareceres da Corte no período 1954-1962[204]. Posteriormente, no caso da *Barcelona Traction* (Segunda Fase, 1970), um dos Juízes da Corte foi mais além, ao destacar expressamente «uma tendência marcante da doutrina, refletindo os aspectos novos da vida internacional, favorável a se atribuir às resoluções, e particularmente às declarações da Assembleia Geral das Nações Unidas, o caráter de fonte pelo menos subsidiária ou auxiliar do Direito Internacional, a ser acrescentada às fontes clássicas do artigo 38 do Estatuto da Corte»[205]. Observou ainda o Juiz Ammoun que, «à luz da prática dos Estados manifestada dentro de organizações e conferências internacionais, não se pode negar, com relação às resoluções que daí emergem, ou melhor, com relação aos votos aí expressados em nome dos Estados, que estes constituam precedentes contribuindo para a formação do costume»[206].

Enfim, a própria CIJ, em várias passagens de seu parecer de 16.10.1975 sobre o caso do *Sahara Ocidental*, considerou e discutiu em detalhes algumas resoluções da Assembleia Geral das Nações Unidas, no contexto da descolonização e autodeterminação dos povos[207]. Anteriormente, a própria Assembleia Geral das Nações Unidas, em sua resolução 3232(XXIX) de 22.11.1970, acerca da revisão da função da CIJ, também esposou a tese de que «o desenvolvimento do Direito Internacional pode refle-

---

202 K. Skubiszewski, «A New Source of the Law of Nations: Resolutions of International Organisations», *in Recueil d'études de Droit international en hommage à Paul Guggenheim*, Genève, I.U.H.E.I., 1968, pp. 508 e 510-511. Sobre a atividade juridicamente relevante do Secretariado da ONU, cf., por exemplo, O. Schachter, «The Development of International Law through the Legal Opinions of the United Nations Secretariat», 25 *British Year Book of International Law* (1948) pp. 91-132.

203 K. Skubiszewski, *op. cit. supra* n. (202), pp. 518-520, e referências.

204 Pareceres sobre: *Efeito das Sentenças de Compensação do Tribunal Administrativo da OIT de Reclamações Formuladas contra a UNESCO* (1956), e *Certas Despesas das Nações Unidas* (1962), cit. in ibid., p. 520 e n. 43.

205 Explicação de Voto do Juiz Ammoun, caso da *Barcelona Traction* (Segunda Fase), *ICJ Reports* (1970) p. 302.

206 *Ibid.*, p. 303.

207 Caso do *Sahara Ocidental, ICJ Reports* (1975) pp. 20, 23, 26-37, 40, 57 e 67-68.

tir-se, *inter alia*, em declarações e resoluções da Assembleia Geral, que podem nessa medida ser levadas em conta pela Corte Internacional de Justiça»[208]. É o que tem ocorrido na prática.

Assim, outra não poderia ser a conclusão senão a de considerar incompleto, nos dias de hoje, – ademais de anacrônico, – o artigo 38 do Estatuto da CIJ, por permanecer silencioso quanto às resoluções das organizações internacionais. Tem-se, no entanto, ponderado, que, dados a natureza jurídica e os efeitos heterogêneos dos vários atos das instituições internacionais (recomendações, regulamentações, decisões, declarações, etc. – cf. *supra*), seria talvez de duvidosa utilidade incluir essa nova categoria nas "fontes" do Direito Internacional, a não ser para o propósito da própria classificação[209].

Entretanto, tal argumento não parece resistir a um exame cuidadoso. Ainda que certas resoluções sejam puramente recomendatórias, – e, portanto, não obrigatórias, – são, não obstante, juridicamente relevantes, têm em muito influenciado a prática internacional, e os próprios Estados, naturalmente relutantes em infringi-las, consideram-se pelo menos no dever de considerá-las de boa-fé[210]. Ainda mais significativamente, as dúvidas e incertezas que circundaram, por exemplo, o costume, os princípios gerais do direito, a equidade, não impediram que fossem estas categorias incluídas na enumeração das «fontes» do Direito Internacional do artigo 38 do Estatuto da CIJ. Tais categorias continuam a gerar controvérsias, mesmo na atualidade.

As incertezas que ainda pairam sobre as resoluções das organizações internacionais não me parecem, portanto, suficientemente fortes de modo a justificar sua continuada exclusão do artigo 38 do Estatuto da Corte. Tais resoluções não mais podem ser ignoradas ou negligenciadas. E não parece haver obstáculo algum – lógico ou jurídico – à inserção de uma cláusula reconhecendo-as expressamente como «fonte» distinta do Direito Internacional contemporâneo, ao menos limitativamente alguns tipos de resoluções sob determinadas condições e circunstâncias.

O presente exame dos atos ou resoluções das organizações internacionais, inserido no quadro geral das «fontes» do Direito Internacional, explica-se por constituir o estudo de tais organizações um capítulo do Direito Internacional contemporâneo. Contudo, a crescente complexidade e extraordinária expansão de seu campo de atuação no cenário internacional indicam que não se deve hoje excluir a possibilidade de que as questões relativas às organizações internacionais venham

---

208 Cit. *in* Ch. Schreuer, «Recommendations...», *op. cit. supra* n. (20), p. 112 e n. 42.
209 Nesse sentido, Ch. Schreuer, *op. cit. supra* n. (20), p. 114, e cf. pp. 103-118; H. Bokor-Szegó, *op. cit. supra* n. (200), p. 26.
210 Conforme acentuado pelo próprio Schreuer, *in op. cit. supra* n. (20), pp. 103-118. Cf. também K. Skubiszewski, «Recommendations of the United Nations and Municipal Courts», 46 *British Year Book of International Law* (1972-1973) pp. 353-364.

eventualmente a se desenvolver e constituir em um sistema jurídico próprio, como parece sugerir o título da obra básica de H.G. Schermers[211].

Se isto vier realmente a ocorrer, é quase certo que desenvolver-se-ão no futuro estudos das fontes do «direito das organizações internacionais». Já surgem hoje as primeiras indicações a esse respeito; sugeriu-se recentemente, por exemplo, que as «fontes» do «Direito das Organizações Internacionais» seriam, em primeiro lugar, as decisões dos órgãos das organizações internacionais (contrastando com seu caráter mais auxiliar no Direito Internacional geral), seguidas do tratado e do costume (este último aqui não exercendo o mesmo papel que no Direito Internacional geral); a Convenção de Viena sobre Representação dos Estados em suas Relações com Organizações Internacionais de Caráter Universal (1975), por exemplo, pode ser tida como declaratória de regras costumeiras já cristalizadas mesmo antes de sua adoção[212].

V. O Processo de Formação do Direito Internacional Contemporâneo: Do Consentimento ao Consenso

Já me referi ao fato de que, nas últimas décadas, grande parte da doutrina jurídica tenha se acomodado a enumerar o elenco de "fontes" formais do Direito Internacional, embora o estudo da *formação* do Direito Internacional esteja longe de esgotar-se nas referidas "fontes" formais (cf. *supra*). Com efeito, durante cerca de meio-século (do início da década de vinte ao início da década de setenta), todo o capítulo das «fontes» do Direito Internacional foi considerado à luz da questão – que se tornara central – do *consentimento* no Direito Internacional. A questão se mostrou prontamente circundada de controvérsias, não comportando respostas simples, e dependendo em grande parte da formação e das premissas orientando cada autor. Logo se formou uma oscilação entre duas teses opostas, determinada até certo ponto pelas ideias prevalecentes em distintas épocas históricas. Assim, por exemplo, em parecer de 1923, no caso da *Carélia Oriental*, a CPJI endossou a tese do consentimento

---

211 H.G. Schermers, *International Institutional Law*, vol. I, Leyden, Sijthoff, 1972, pp. 1ss.; e cf., mais recentemente, H.G. Schermers e N.M. Blokker, *International Institutional Law*, 3ª. ed. rev., The Hague, Nijhoff, 2001, pp. 1-1198. E cf. também R. Zacklin, *The Amendment of the Constitutive Instruments of the United Nations and Specialized Agencies*, Leyden, Sijthoff, 1968, p. 199; e cf., em geral, C.W. Jenks, *The Proper Law of International Organisations*, London, Stevens/Oceana, 1962, pp. 1-267; A.A. Cançado Trindade, *Direito das Organizações Internacionais*, 2ª. ed., *op. cit. infra* n. (223), pp. 75-76.

212 E. Shibaeva, «Law of International Organization in the System of Modern International Law», 17 *Indian Journal of International Law* (1977) pp. 227-233; o autor sugeriu a classificação como regras «primárias» do direito interno das organizações internacionais as baseadas nos instrumentos constitutivos, e «secundárias», as baseadas em decisões dos órgãos das organizações internacionais. Para estudos anteriores do tema, cf., e.g., Ph. Cahier, «Le droit interne des organisations internationales», 67 *Revue générale de Droit international public* (1963) pp. 563-602; M. Merle, «Le pouvoir réglementaire des institutions internationales», 4 *Annuaire français de Droit international* (1958) pp. 341-360.

dos Estados como base do Direito Internacional, ao afirmar ser um princípio básico do Direito Internacional que nenhum Estado poderia, em seu consentimento, ser compelido a submeter suas disputas a mediação, arbitragem ou qualquer outro método de solução pacífica de conflitos internacionais.

Posteriormente, porém, no parecer de 1950 sobre a *Interpretação dos Tratados de Paz*, a CIJ descartou o argumento da Bulgária, Hungria e Romênia de que, como não haviam consentido em sua jurisdição, não poderia esta emitir parecer sobre o caso. A Corte da Haia, ao rejeitar tal argumento, observou que o «princípio Carélia Oriental» envolvia o exame do mérito de uma disputa, ao passo que o presente assunto dos *Tratados de Paz* dizia respeito somente ao procedimento para a solução do litígio e não ao seu conteúdo ou substância. De modo consistente, também no subsequente assunto da *Namíbia* (1971) recusou-se a Corte da Haia a aplicar o «princípio Carélia Oriental», em se tratando de parecer, distinguindo as circunstâncias do assunto em pauta das do caso da *Carélia Oriental*[213].

Já então se verificava, no exame do processo de formação do Direito Internacional, uma mudança de ênfase do consentimento individual ao *consenso*. Segundo a doutrina da época (início dos anos setenta), na evolução do Direito Internacional o consentimento (individual) jamais poderia constituir a fonte última de uma obrigação legal, e a tendência claríssima em prol do consenso era "uma expressão da consciência jurídica da comunidade internacional"[214]. Esta tendência foi alimentada pela formação do consenso nas Conferências de codificação e desenvolvimento progressivo do Direito Internacional. Superava-se, desse modo, a velha postura positivista de busca do consentimento de cada Estado individualmente.

A própria CIJ, a partir da sentença no caso da *Plataforma Continental do Mar do Norte* (1969), – como bem assinalou um de seus ex-Presidentes, E. Jiménez de Aréchaga, – se inclinou decididamente em prol da identificação do *consenso geral* dos Estados na formação das normas do Direito Internacional[215]. Anos depois, no caso *Nicarágua versus Estados Unidos* (1986), a CIJ deu outro passo, e dos mais significativos, nesta direção. Ao descartar a tese do consentimento individual, atribuiu considerável importância à *opinio juris* (cf. *infra*), para cuja formação contribuem não só os Estados como também as organizações internacionais[216].

---

213 Cf. discussão sobre a questão *in* D.W. Greig, *op. cit. supra* n. (24), pp. 4-40.

214 T.O. Elias, "Modern Sources of International Law", *in Transnational Law in a Changing Society: Essays in Honour of Ph.C. Jessup* (eds. W. Friedmann, L. Henkin e O. Lissitzyn), N.Y./London, Columbia University Press, 1972, pp. 49 e 51, e cf. p. 67.

215 E. Jiménez de Aréchaga, *El Derecho Internacional Contemporáneo*, Madrid, Tecnos, 1980, pp. 16, 33, 37 e 39.

216 C. Lang, *L'affaire Nicaragua/États-Unis devant la Cour Internationale de Justice*, Paris, LGDJ, 1990, pp. 138, 140 e 149. – A mesma ênfase na *opinio juris* se fêz também presente na sentença da CIJ no caso da *Delimitação da Fronteira Marítima na Região do Golfo de Maine*, ICJ Reports (1984) p. 299.

As doutrinas positivistas não se preocupam com valores e ideias, obsecadas que se mostram apenas com a estabilidade e a certeza jurídicas[217]; no entanto, não há como prescindir da *opinio juris*, dos princípios que emanam da "consciência jurídica da humanidade", aos quais se fêz referência inclusive nos *travaux préparatoires* da Convenção de Viena sobre o Direito dos Tratados de 1969[218]. Isto, somado à expansão do Direito Internacional Público, requer uma nova postura quanto às "fontes" deste último, as quais se encontram inelutavelmente ligadas às questões fundamentais por este tratadas[219]; como assinalou G.F.H. van Hoof, as "fontes" tradicionais do Direito Internacional Público já não mais conseguem abarcar todo o domínio de sua formação[220].

A teoria clássica das "fontes" do Direito Internacional, além de repousar em uma analogia inadequada com as fontes de criação dos ordenamentos jurídicos internos, não reflete a complexidade do processo de formação do Direito Internacional contemporâneo, devido em parte à própria expansão da comunidade internacional em nossos dias[221]. Assim, a teoria clássica das "fontes", por exemplo, não toma em devida conta a considerável produção normativa emanada das organizações internacionais[222], – a qual tem contribuído decisivamente à superação do paradigma interestatal do ordenamento jurídico internacional[223].

Esta contribuição das organizações internacionais se reflete em seu labor de codificação e desenvolvimento progressivo do Direito Internacional, o qual, por sua vez, tem fomentado o *rule of law* nas relações internacionais[224]. Tal contribui-

---

217 É a preocupação que se depreende, e.g., do abordamento de Prosper Weil das "fontes" do Direito Internacional, a partir de uma dimensão estritamente interestatal do ordenamento jurídico internacional; apresentou ele uma concepção reducionista das fontes, reduzida às vias convencional e costumeira; minimizou o papel dos princípios gerais do direito e da doutrina; subjacente a toda sua análise fêz-se presente o elemento do consentimento estatal, culminando em uma apologia da assim-chamada "doutrina do *persistent objector*", como último reduto – em que se refugiou o autor – do voluntarismo estatal. Cf. P. Weil, «Le Droit international en quête de son identité – Cours général de Droit international public», 237 *Recueil des Cours de l'Académie de Droit International de La Haye* (1992) pp. 131-201.
218 G.J.H. van Hoof, *Rethinking the Sources of International Law*, Deventer, Kluwer, 1983, pp. 35, 101, 153 e 162, e cf. pp. 157, 167 e 175.
219 *Ibid.*, pp. 190, 195, 211, 241, 281 e 283-284.
220 *Ibid.*, p. 287, e cf. p. 290.
221 R. Monaco, "Réflexions sur la théorie des sources du Droit international", in *Theory of International Law at the Threshold of the 21st Century – Essays in Honour of K. Skubiszewski* (ed. J. Makarczyk), The Hague, Kluwer, 1996, pp. 517-518.
222 R. Monaco, "Réflexions sur la théorie des sources...", *op. cit. supra* n. (221), pp. 519-520 e 529; e cf. R. Monaco, "Fonti e Pseudo Fonti del Diritto Internazionale", 61 *Rivista di Diritto Internazionale* (1978) p. 740.
223 A.A. Cançado Trindade, *Direito das Organizações Internacionais*, 2ª. ed., Belo Horizonte, Edit. Del Rey, 2002, pp. 659-679.
224 C.-A. Fleischhauer, "The United Nations at Fifty", 38 *German Yearbook of International Law* (1995) p. 23.

ção, ao incidir diretamente no processo de formação do Direito Internacional, representa, ademais, uma etapa importante no processo de gradual institucionalização da comunidade internacional, tendo presentes os princípios básicos do Direito Internacional[225].

Estes princípios[226] têm uma validade e necessidade inerentes, emanam do direito natural, e demonstram – como ressaltou categoricamente G.G. Fitzmaurice – que o consentimento não pode jamais constituir a fonte última do Direito Internacional, e responder por sua própria validade[227]. Tal posição voluntarista-positivista era, a seu ver, contraditória e inconsistente, uma vez que o consentimento, externalizado por tratados ou pela prática dos Estados, era *ex hypothesi* incapaz de explicar ou justificar sua própria validade ou seus efeitos jurídicos, e tampouco a existência e validade dos princípios de direito essenciais a todo e qualquer sistema jurídico[228]. Assim, a teoria clássica das "fontes", refletida no artigo 38 do Estatuto da CIJ, primeiro, não pode ter a pretensão de exaurir tais "fontes" (jamais o lograria); segundo, deixa de distinguir entre as "fontes" formais e a "fonte" material do Direito Internacional; e terceiro, limita-se a enunciar meras diretrizes (não exaustivas) à CIJ, e o faz de forma inevitavelmente imperfeita e inadequada[229].

VI. Considerações sobre a Questão da "Fonte" Material do Direito Internacional

A atitude, seguida nas últimas décadas, de parte da doutrina jusinternacionalista, de limitar-se, a partir de um prisma essencialmente positivista, a considerar tão só as "fontes" formais do Direito Internacional, tem privado a consideração da matéria do exame aprofundado dos fundamentos jurídicos, e, em última análise, da questão da própria *validade* das normas do Direito Internacional. Com efeito, nos últimos anos, muitos dos estudiosos do Direito Internacional têm se concentrado

---

225 A.G. López Martin, "La Codificación del Derecho Internacional en el Umbral del Siglo XXI: Luces y Sombras en la Labor de la CDI", 15 *Anuario del Instituto Hispano-Luso-Americano de Derecho Internacional* (2001) pp. 388-390.

226 E.g., o princípio do *pacta sunt servanda*, o princípio de que nenhum Estado pode invocar o direito interno para evadir-se das obrigações internacionais, o princípio de que alterações políticas internas não alteram as obrigações internacionais do Estado; G.G. Fitzmaurice, *op. cit. infra* n. (227), pp. 164-165.

227 G.G. Fitzmaurice, «Some Problems Regarding the Formal Sources of International Law», in *Symbolae Verzijl présentées au Professeur J.H.W. Verzijl à l'occasion de son LXXème. anniversaire*, La Haye, M. Nijhoff, 1958, pp. 166-167; por conseguinte, o consentimento "jamais poderá constituir a única fonte formal do Direito Internacional»; *ibid.*, p. 167.

228 *Ibid.*, p. 175.

229 *Ibid.*, pp. 173-176. – Kaplan e Katzenbach rejeitaram a tese do consentimento como elemento essencial e preponderante na formação do costume internacional obrigatório; para eles, o «consentimento», assim entendido, nada mais é do que «uma ficção usada para harmonizar a prática com a teoria»; M.A. Kaplan e N. de B. Katzenbach, *op. cit. supra* n. (82), p. 272.

exclusivamente em suas "fontes" formais[230], a ponto de despojar o exame da formação do Direito Internacional do *substratum* das normas jurídicas: as crenças, os valores, a moral, as ideias, as aspirações humanas.

Não surpreendentemente, tal atitude tem tornado o estudo da matéria árido, formalista, circunscrito aos modos ou procedimentos pelos quais as normas internacionais são formalmente criadas. Tal postura tem reduzido a visão do Direito Internacional à de um ordenamento jurídico meramente formal, – com consequências, a meu ver, nefastas, entre as quais a perpetuação do hermetismo da concepção positivista, o esvaziamento de um ordenamento jurídico insensível aos valores, e sua incapacidade de atender às necessidades sociais.

Trata-se, pois, de uma visão reducionista, conducente a resultados insatisfatórios, e que, no entanto, tem persistido ao longo dos anos. Com efeito, é uma postura que tem se manifestado ao longo de várias décadas. No final da década de sessenta, por exemplo, J.H.W. Verzijl, depois de distinguir devidamente entre as "fontes" formais e material do Direito Internacional Público, ponderou que não era possível examinar as "fontes" do Direito Internacional Público sem reconhecer a importância do direito natural para o direito das gentes, independentemente de o conteúdo do direito natural ter uma existência "objetiva" ou emanar da consciência humana[231].

No entanto, de modo surpreendente, interrompeu subitamente esta linha de pensamento para afirmar que somente as fontes "formais", como "procedimentos de criação" adotados para este fim por determinado sistema jurídico, devem ser tidas como "fontes" do Direito Internacional Público. Ao recusar-se a tomar em conta os princípios que transcendem as normas do direito positivo, – sejam eles apreendidos pela doutrina, ou pela razão, ou pela consciência humana, ou formados "espontaneamente" (como propugnado pela "escola histórica")[232], – capitulou ante o hermetismo do positivismo jurídico.

Anos antes, a mesma postura de reserva mental já se havia manifestado na doutrina jurídica. A contrário do afirmado, e.g., por Hans Kelsen, de que não era possível reconciliar a ordem legal com a ordem moral[233], penso que a experiência humana ao longo do século XX, – marcado por tantos avanços no domínio científico-tecnológico acompanhados por atrocidades sem precedentes, demonstra que não é possível conceber a ordem legal fazendo abstração da ordem moral. A afirmação de Kelsen se deu em

---

230 Por exemplo, Michel Virally disse abertamente que aquilo que se designa como "fonte" material não seria de "interesse" ao estudo do Direito Internacional; M. Virally, "Panorama du Droit international contemporain – Cours général de Droit international public", 183 *Recueil des Cours de l'Académie de Droit International de La Haye* (1983) p. 167.
231 J.H.W. Verzijl, *International Law in Historical Perspective*, vol. I, Leyden, Sijthoff, 1968, pp. 1-3.
232 *Ibid.*, pp. 7-8.
233 H. Kelsen, "The Basis of Obligation in International Law", in *Estudios de Derecho Internacional – Homenaje al Profesor C. Barcía Trelles*, Santiago de Compostela, Universidad de Santiago de Compostela, 1958, p. 110.

sua avaliação de um estudo clássico de J.L. Brierly, que, como ele, buscou examinar a base da validade das normas do Direito Internacional. Brierly chegou a afirmar, em seu estudo, que a conexão entre o Direito e a moral é "muito mais fundamental" que sua distinção, e que a base última de uma obrigação internacional reside na moral[234]; no entanto, mais adiante o próprio Brierly confessou não saber como conciliar a convicção individual de atuar em conformidade com o Direito com o caráter "imperativo" deste último[235]. E, em seu *Law of Nations*, Brierly se limitou, de maneira insatisfatória, a dizer, *tout court*, que a resposta a esta questão devia ser encontrada fora da ordem legal, devendo a filosofia do direito fornecê-la[236]. Deteve-se, pois, no meio do caminho...

Não há, com efeito, em meu entender, como dissociar a formação do Direito Internacional dos aspectos atinentes a seus próprios fundamentos. A postura tipicamente positivista, de abordar a formação do Direito Internacional a partir do prisma das "fontes" formais do Direito Internacional (artigo 38 do Estatuto da CIJ) com ênfase na prova do consentimento estatal, – tal como seguida durante anos na jurisprudência da CPJI e da CIJ, – mostra-se crescentemente aberta a críticas. É a postura resultante do positivismo analítico do século XIX, estribada no formalismo legal (inclusive com sua lista de "fontes"), e fazendo abstração do processo informal de criação das normas jurídicas[237].

Como ilustração deste último, no entanto, se afigura a "atividade legiferante" de alguns órgãos das Nações Unidas (para a realização dos propósitos da Organização mundial), refletida sobretudo em determinadas resoluções da Assembleia Geral, que têm tido impacto na evolução do Direito Internacional e da própria *opinio juris* da comunidade internacional[238]. Desta perspectiva mais ampla, o processo de formação do Direito Internacional contemporâneo afigura-se multifacetado, vasto e complexo (cf. *infra*), e busca, inclusive, enfrentar os novos desafios com que se defronta a comunidade internacional, ademais de atender a suas novas necessidades[239].

Na verdade, a postura reducionista de considerar tão somente suas "fontes" formais jamais demonstrou a impossibilidade lógica ou jurídica de também se tomar em conta o *substratum* das normas jurídicas. Não o toma em conta simplesmente por que dogmaticamente se recusa a fazê-lo. Tampouco explica por que. De minha parte, não vislumbro qualquer impedimento a que se considere, no estudo da formação do Direito Internacional, igualmente sua "fonte" material, ainda que esta transcenda – como efetivamente transcende – o ordenamento jurídico positivo. Vou

---

234 J.L. Brierly, *The Basis of Obligation in International Law*, Oxford, Clarendon Press, 1958, p. 65.
235 Cf. *ibid.*, pp. 66-67, e cf. também pp. 68-80.
236 J.L. Brierly, *The Law of Nations*, 6ª. ed., Oxford, Clarendon Press, 1963, p. 54.
237 D.P. Verma, "Rethinking about New International Law-Making Process", 29 *Indian Journal of International Law* (1989) pp. 38 e 43-44.
238 *Ibid.*, pp. 46-47.
239 *Ibid.*, p. 51.

mais além: com a dura experiência humana acumulada nas últimas décadas, e os novos desafios com que se defronta a humanidade, não vejo como deixar de tomar em conta a "fonte" material do Direito Internacional.

Os desafios deste início do século XXI não mais admitem tanta reserva mental, e tampouco a atitude, tão generalizada e cômoda, de eximir-se de examinar a questão bem mais difícil da "fonte" *material* do Direito Internacional contemporâneo. Esta questão não pode ser abordada adequadamente a partir de uma perspectiva positivista, e fazendo abstração dos valores, e do próprio fim do Direito. O Direito Internacional não se reduz, em absoluto, a um instrumental a serviço do poder; seu destinatário final é o ser humano, devendo atender a suas necessidades, entre a quais a realização da justiça[240].

VII. O Amplo Alcance da *Opinio Juris* na Formação do Direito Internacional Contemporâneo

Como anteriormente assinalado, os chamados "normativistas" jamais lograram fornecer uma explicação convincente da *validade* das normas jurídicas[241]. Tal validade é uma questão metajurídica, recai no âmbito psicológico, em que se manifestam os valores; e, como assinalou Max Sorensen em meados dos anos quarenta, embora os valores pareçam *prima facie* transcender o domínio da ciência jurídica, são eles apreendidos pelos atores no plano internacional, a partir da "necessidade intrínseca" de reconhecer certos fins sociais e identificar os meios para realizá-los[242].

Assim, – acrescentou com maestria Sorensen, – o Direito Internacional não pode estar alheio aos valores e às questões morais, que se fazem sempre presentes, e atribuem "importância considerável" aos princípios gerais do direito[243]. Nesta linha de reflexão, A. Verdross, por sua vez, pressupôs como fundamento de todo sistema jurídico uma "ideia de direito" (*idée du droit*), que tem expressão precisamente nos princípios gerais do direito, que antecedem o direito internacional positivo (i.e., os tratados e o costume)[244].

---

240 A.A. Cançado Trindade, "Reflexiones sobre el Desarraigo como Problema de Derechos Humanos Frente a la Conciencia Jurídica Universal", *in La Nueva Dimensión de las Necesidades de Protección del Ser Humano en el Inicio del Siglo XXI* (de A.A. Cançado Trindade e J. Ruiz de Santiago), San José de Costa Rica, ACNUR, 2001, pp. 64-65.

241 Max Sorensen, *Les sources...*, *op. cit. supra* n. (2), pp. 20-21.

242 *Ibid.*, p. 254.

243 *Ibid.*, p. 254.

244 *Ibid.*, p. 244; e cf. A. Verdross, *Derecho Internacional Público*, 5ª. ed. [reimpr.], Madrid, Aguilar, 1969, pp. 15-19. – O Direito Internacional transcende efetivamente o mero formalismo jurídico, incapaz de explicar a origem de suas normas; e o faz precisamente para atender as novas necessidades da comunidade internacional, sem o que perderia sua própria razão de ser. N.E. Ghozali, «Les fondements du Droit international public – approche critique du formalisme classique», *in Les droits des peuples à disposer d'eux-mêmes – Méthodes d'analyse du Droit international – Mélanges offerts à Ch. Chaumont*, Paris, Pédone, 1984, pp. 305 e 314.

Para esta formação de uma "ideia de direito" contribuem, em nossos dias, não apenas os Estados, mas também as organizações internacionais e os demais atores no cenário internacional. Se, há algumas décadas atrás, era frequente abordar o processo de formação das normas do Direito Internacional geral com atenção voltada tão só às "fontes" manifestadas nas relações interestatais[245], em nossos dias não é mais possível deixar de igualmente reconhecer as "fontes não estatais", decorrentes da atuação de entidades da sociedade civil organizada no plano internacional[246]. Hoje se reconhece que, efetivamente, os indivíduos, as ONGs e demais entidades da sociedade civil têm passado a atuar no processo tanto de formação como de aplicação das normas internacionais[247].

Constantemente tem se identificado um "renascimento" contínuo do direito natural, ainda que este último jamais tenha desaparecido. Isto tem-se dado ante o conservadorismo e a degeneração do positivismo jurídico, consubstanciando o *status quo*, com sua subserviência típica ao poder (inclusive nos regimes autoritários, ditatoriais e totalitários). Não mais se trata de um retorno ao direito natural clássico, mas sim da afirmação ou restauração de um padrão de justiça, pelo qual se avalia o direito positivo[248]. Este "eterno retorno" do jusnaturalismo tem sido reconhecido pelos próprios jusinternacionalistas[249], contribuindo em muito à afirmação e consolidação do primado, na ordem dos valores, das obrigações em matéria de direitos humanos, *vis-à-vis* a comunidade internacional como um todo[250].

Independentemente da profissão ou não de um jusnaturalismo renovado, é patente que a enumeração das "fontes" do Direito Internacional efetuada pelo artigo 38 do Estatuto da CIJ tem se mostrado – como já assinalado – inadequada e inconvincente. Muitos jusinternacionalistas têm inclusive se insurgido manifestamente contra a concepção voluntarista-positivista que consideram subjacente à mesma.

---

245 Cf. R. Pinto, «Tendances de l'élaboration des formes écrites du Droit international», in *L'élaboration du Droit international public* (Colloque de Toulouse, Société Française pour le Droit International), Paris, Pédone, 1975, pp. 13-30.

246 Para um estudo geral, cf., e.g., F. Hondius, "La reconnaissance et la protection des ONGs en Droit international", 1 *Associations Transnationales* (2000) pp. 2-4; M.H. Posner e C. Whittome, "The Status of Human Rights NGOs", 25 *Columbia Human Rights Law Review* (1994) pp. 269-290; J. Ebbesson, "The Notion of Public Participation in International Environmental Law", 8 *Yearbook of International Environmental Law* (1997) pp. 51-97.

247 M. Bettati e P.-M. Dupuy, *Les O.N.G. et le Droit international*, Paris, Economica, 1986, pp. 1, 16, 19-20, 252-261 e 263-265.

248 C.J. Friedrich, *Perspectiva Histórica da Filosofia do Direito*, Rio de Janeiro, Zahar Ed., 1965, pp. 196-197, 200-201 e 207. E, para um estudo geral recente, cf. Y.R. Simon, *The Tradition of Natural Law – A Philosopher's Reflections* (ed. V. Kuic), N.Y., Fordham Univ. Press, 2000 [reprint], pp. 3-189.

249 A. Truyol y Serra, «Théorie du Droit international public – Cours général», 183 *Recueil des Cours de l'Académie de Droit International de La Haye* (1981) pp. 142-143.

250 J.A. Carrillo Salcedo, "Derechos Humanos y Derecho Internacional", 22 *Isegoría – Revista de Filosofía Moral y Política* – Madrid (2000) p. 75.

Um exemplo notório é o da escola do "direito espontâneo" (R. Ago, G. Sperduti, R. Quadri, entre outros), que, ao rejeitar a enumeração das "fontes" formais, insiste na formação "espontânea" ao menos das normas internacionais consuetudinárias, tidas como orientadas essencialmente ao *bem comum*. Subjacente a esta visão, segundo o entendimento desta escola de pensamento jurídico, encontra-se a força moral da consciência humana, – a consciência jurídica universal, – de que é manifestação, e.g., a *cláusula Martens*, até mesmo como "fonte geral do Direito Internacional"[251].

Em outra linha de pensamento, mas também em reação contra a concepção voluntarista do Direito Internacional[252] (refletida, e.g., na decisão da CPJI no caso *Lotus, supra*), a chamada "escola histórica" enfatizou a *opinio juris*, ao requerer esta que a prática fosse uma expressão autêntica da "consciência jurídica" das nações[253]. Esta concepção veio a ser desenvolvida, na atualidade, na teoria moderna do Direito Internacional, preocupada sobretudo com a relutância de determinados Estados em aceitar e aplicar normas de interesse geral[254].

Com efeito, a concepção da *opinio juris* emergiu, no século XIX, como construção sobretudo da escola histórica alemã (Puchta, Savigny), em reação à concepção voluntarista; com isto, logrou-se afastar gradualmente da "vontade" dos Estados, e mover em direção à "consciência jurídica comum", da qual eram expressão as normas consuetudinárias[255]. Isto veio a fomentar a formação destas últimas em uma comunidade internacional universalizada. À época da elaboração do Estatuto da antiga CPJI (artigo 38, cf. *supra*), o Barão Descamps se referiu precisamente a esta consciência jurídica comum, mas prevaleceu, ao final dos debates, a visão reducionista de caracterizar a *opinio juris* tão só como um dos elementos (o subjetivo) do costume[256].

Mas, com o passar do tempo, se tornou evidente que a formação do Direito Internacional constitui um processo bem mais amplo do que a formulação de suas "fontes" formais, sobretudo ao se buscar a legitimidade de normas a reger a vida internacional: há um claro afastamento, e abandono, do voluntarismo clássico, rumo

---

251 F. Münch, "À propos du droit spontané", in *Studi in Onore di Giuseppe Sperduti*, Milano, Giuffrè, 1984, pp. 149-162; F. Münch, "Le rôle du droit spontané", in *Pensamiento Jurídico y Sociedad Internacional – Libro-Homenaje al Prof. D. Antonio Truyol y Serra*, vol. II, Madrid, Universidad Complutense, 1986, pp. 831-836.

252 Para uma crítica à concepção voluntarista do Direito Internacional, cf. A.A. Cançado Trindade, "The Voluntarist Conception of International Law: A Re-Assessment", 59 *Revue de droit international de sciences diplomatiques et politiques* – Genebra (1981) pp. 201-240.

253 K. Wolfke, "Some Persistent Controversies Regarding Customary International Law", 24 *Netherlands Yearbook of International Law* (1993) pp. 5-6.

254 *Ibid.*, pp. 13-14 e 16.

255 R. Huesa Vinaixa, *El Nuevo Alcance de la `Opinio Juris' en el Derecho Internacional Contemporáneo*, Valencia, Tirant lo Blanch, 1991, pp. 30-31 y 76-77; L. Millán Moro, *La `Opinio Juris' en el Derecho Internacional Contemporáneo*, Madrid, Ed. Centro Est. R. Areces, 1990, pp. 33-34 e 138.

256 R. Huesa Vinaixa, *El Nuevo Alcance de la `Opinio Juris'...*, op. cit. supra n. (255), pp. 36-38.

à formação de um verdadeiro "direito de consciência"[257]. Com isto, a *opinio juris* assume uma dimensão consideravelmente mais ampla do que a de elemento subjetivo constitutivo do costume, assumindo um papel-chave na emergência e identificação das normas do direito internacional geral[258].

Em nada surpreende, desse modo, a importância atribuída pela CIJ à *opinio juris*, no caso *Nicarágua versus Estados Unidos* (1986), – o que reflete a ampla dimensão do processo de formação do Direito Internacional contemporâneo[259]. A *opinio juris* se afirma como um fator da própria *formação* do Direito Internacional (e não mais como tão só um dos elementos constitutivos de uma de suas "fontes" formais); os dados fundamentais da ordem jurídica internacional independem da vontade dos Estados, e a *opinio juris* dá expressão à "consciência jurídica da comunidade internacional"[260].

Com o abandono do positivismo voluntarista, se restaurou devidamente o primado da consciência sobre a vontade. Reconheceu-se, enfim, que a consciência se refere a valores objetivos que se situam acima da vontade, e que o Direito emana da consciência comum do que é juridicamente necessário (*opinio juris communis necessitatis*). Distintamente das "fontes" formais do Direito Internacional, que nada mais são do que meios ou veículos da formação de suas normas, a consciência (a *opinio juris* assim entendida) se afigura distintamente como sua "fonte" *material* por excelência (que expressa a obrigatoriedade de tais normas); é dela – da consciência jurídica da comunidade internacional em seu conjunto – que emanam, em última análise, as normas do *jus cogens* internacional[261].

VIII. Conclusões: A Consciência Jurídica Universal

O Direito Internacional tradicional, vigente no início do século passado, caracterizava-se pelo voluntarismo estatal ilimitado, que se refletia na permissividade do recurso à guerra, da celebração de tratados desiguais, da diplomacia secreta, da manutenção de colônias e protetorados e de zonas de influência. Contra esta ordem oligárquica e injusta se insurgiram princípios como os da proibição do uso e ameaça da força e da guerra de agressão (e do não reconhecimento de situações por estas geradas), da igualdade jurídica de los Estados, da solução pacífica das controvérsias internacionais.

---

257   *Ibid.*, pp. 173, 192, 194 e 199.
258   *Ibid.*, pp. 204-205.
259   C. Lang, *L'affaire Nicaragua/États-Unis...*, *op. cit. supra* n. (216), pp. 138, 140 e 149.
260   P. Haggenmacher, «La doctrine des deux éléments du droit coutumier dans la pratique de la Cour Internationale», 90 *Revue générale de Droit international public* (1986) pp. 101, 109 e 124. – Desse modo, atende à *necessidade* de um *validade objetiva* dos princípios e normas fundamentais da comunidade internacional (e de qualquer comunidade em qualquer época); F. Castberg, «Natural Law and Human Rights», 1 *Revue des droits de l'homme/Human Rights Law Journal* (1968) pp. 34-35 e 37.
261   R.E. Piza Escalante, "La `*Opinio Juris*' como Fuente Autónoma del Derecho Internacional (`*Opinio Juris*' y `*Jus Cogens*')", 39 *Relaciones Internacionales* – Heredia (1992) pp. 61-74.

Ademais, deu-se início ao combate às desigualdades (com a abolição das capitulações, o estabelecimento do sistema de proteção de minorias sob a Sociedade das Nações, e a adoção das primeiras convenções internacionais do trabalho da OIT)[262].

A par dos princípios do Direito Internacional propriamente dito, a invocação, no âmbito das "fontes" do Direito Internacional, dos princípios gerais do direito, como já assinalado, veio atender às "exigências éticas" do ordenamento jurídico internacional, a partir de uma visão jusnaturalista renovada (Le Fur, A. Verdross, A. Truyol y Serra). Tais princípios (cf. *supra*) passaram a iluminar a formação e evolução do ordenamento jurídico internacional, dada a flagrante incapacidade do positivismo jurídico de explicar a formação das normas consuetudinárias, de visualizar o Direito como meio para a realização da justiça, e de reconhecer que o fundamento último do Direito se encontra necessariamente fora da ordem legal positiva[263].

Em meados do século XX se reconheceu a necessidade da reconstrução do Direito Internacional com atenção voltada aos direitos inerentes a todo ser humano, – do que deu testemunho eloquente a adoção da Declaração Universal de 1948, seguida, ao longo de cinco décadas, por mais de 70 tratados de proteção hoje vigentes nos planos global e regional[264], em uma manifestação do despertar da consciência jurídica universal para a necessidade de assegurar a proteção eficaz do ser humano em todas e quaisquer circunstâncias. O Direito Internacional passou a experimentar, na segunda metade do século XX, uma extraordinária expansão, fomentada em grande parte pela atuação das Nações Unidas e agências especializadas, além das organizações regionais.

Assim, por influência direta das organizações internacionais, o processo de formação das normas de Direito Internacional tornou-se complexo e multifacetado, no propósito de lograr uma ampla regulamentação que atendesse as necessidades e aspirações da comunidade internacional como um todo[265]. A vasta produção normativa das Nações Unidas, por exemplo, já não se limitava aos projetos da Comissão de Direito Internacional[266], – que retêm seu valor e utilidade, – mas passaram a se estender à própria Assembleia Geral, a sua VI Comissão (para Assuntos Jurídicos), às Conferências de Plenipotenciários convocadas pelas Nações Unidas; além disso,

---

262 A.A. Cançado Trindade, "Introdução à Edição em Língua Portuguesa", do livro de Ian Brownlie, *Princípios de Direito Internacional Público*, Lisboa, Fundação Calouste Gulbenkian, 1997, pp. IX-XX.

263 Cf. A. Truyol y Serra, *Fundamentos de Derecho Internacional Público*, 4ª. ed., Madrid, Tecnos, 1977, pp. 19, 61, 68, 73, 104-105 y 117.

264 Na era das Nações Unidas se consolidou, paralelamente, o sistema de segurança coletiva, que, no entanto, deixou de operar satisfatoriamente em consequência dos impasses gerados pela guerra fria.

265 A.A. Cançado Trindade, *Direito das Organizações Internacionais*, 2ª. ed., Belo Horizonte, Edit. Del Rey, 2002, pp. 670-671.

266 United Nations, *The Work of the International Law Commission*, 5ª. ed., N.Y., U.N., 1996, pp. 1-501.

agências especializadas do sistema das Nações Unidas, como a Organização Internacional do Trabalho (OIT), a UNESCO, a Agência Internacional de Energia Atômica (AIEA), dentre outras, – além das organizações regionais, – passaram a produzir numerosos tratados e convenções de importância em distintas áreas da atividade humana[267].

A emergência dos novos Estados, em meio ao processo histórico de descolonização, veio a marcar profundamente sua evolução nas décadas de cinquenta e sessenta, em meio ao grande impacto no seio das Nações Unidas do direito emergente de autodeterminação dos povos. Desencadeou-se o processo de *democratização* do Direito Internacional[268]. Ao transcender os antigos parâmetros do direito clássico da paz e da guerra, equipou-se o Direito Internacional para responder às novas demandas e desafios da vida internacional, com maior ênfase na cooperação internacional[269]. Nas décadas de sessenta a oitenta, os foros multilaterais se involucraram em um intenso processo de elaboração e adoção de sucessivos tratados e resoluções de regulamentação dos espaços[270].

As notáveis transformações no cenário mundial desencadeadas a partir de 1989, pelo fim da guerra fria e a irrupção de numerosos conflitos internos, caracterizaram os anos noventa como um momento na história contemporânea marcado por uma profunda reflexão, em escala universal, sobre as próprias bases da sociedade internacional e a formação gradual da agenda internacional do século XXI. O ciclo das Conferências Mundiais das Nações Unidas do final do século XX[271] tem procedido a uma reavaliação global de muitos conceitos à luz da consideração de temas que afetam a humanidade como um todo.

---

267 A. Pellet, "La formation du droit international dans le cadre des Nations Unies", 6 *European Journal of International Law* (1995) pp. 401-425; F. Cede, "New Approaches to Law-Making in the U.N. System", 1 *Austrian Review of International and Comparative Law* (1996) pp. 51-66; E. McWhinney, *Les Nations Unies et la formation du droit*, Paris, Pédone/UNESCO, 1986, pp. 101-129 e 261-287.

268 A.A. Cançado Trindade, "Introdução à Edição...", *op. cit. supra* n. (262), pp. IX-XX; e cf. H. Valladão, *Democratização e Socialização do Direito Internacional*, Rio de Janeiro, Livr. José Olympio Ed., 1961, pp. 7-98; P. Buirette-Maurau, *La participation du tiers-monde à l'élaboration du Droit international*, Paris, LGDJ, 1983, pp. 19-202.

269 As Nações Unidas gradualmente voltaram sua atenção também ao domínio econômico e social, a par do comércio internacional, sem prejuízo de sua preocupação inicial e continuada com a preservação da paz e segurança internacionais.

270 Em áreas distintas como as do espaço exterior e do direito do mar.

271 Conferência das Nações Unidas sobre Meio Ambiente e Desenvolvimento, Rio de Janeiro, 1992; II Conferência Mundial sobre Direitos Humanos, Viena, 1993; Conferência Internacional sobre População e Desenvolvimento, Cairo, 1994; Cúpula Mundial para o Desenvolvimento, Copenhague, 1995; IV Conferência Mundial sobre a Mulher, Beijing, 1995; II Conferência das Nações Unidas sobre Assentamentos Humanos, Habitat-II, Istambul, 1996; Conferência de Roma sobre o Estatuto do Tribunal Penal Internacional, 1998.

Seu denominador comum tem sido a atenção especial às *condições de vida* da população, – em particular dos que integram os grupos vulneráveis, em necessidade especial de proteção[272]. Com efeito, os grandes desafios de nossos tempos – a proteção do ser humano e do meio ambiente, a superação das disparidades alarmantes entre os países e dentro deles assim como da exclusão social, a erradicação da pobreza crônica e o fomento do desenvolvimento humano, o desarmamento, – têm incitado à revitalização dos próprios fundamentos e princípios do Direito Internacional contemporâneo, tendendo a fazer abstração de soluções jurisdicionais e espaciais (territoriais) clássicas e deslocando a ênfase para a noção de solidariedade.

Em meu entender, há efetivamente elementos para abordar a matéria, deste prisma e de modo mais satisfatório, tanto na jurisprudência internacional, como na prática dos Estados e organismos internacionais, como na doutrina jurídica mais lúcida. Destes elementos se depreende, – permito-me insistir neste ponto central, – *o despertar de uma consciência jurídica universal* (cf. *supra*), para reconstruir, neste início do século XXI, o Direito Internacional, com base em um novo paradigma, já não mais estatocêntrico, mas situando o ser humano em posição central e tendo presentes os problemas que afetam a humanidade como um todo[273].

No tocante à *jurisprudência internacional*, o exemplo mais imediato reside na jurisprudência dos dois tribunais internacionais de direitos humanos hoje existentes, as Cortes Europeia e Interamericana de Direitos Humanos. Referências expressas à consciência jurídica universal encontram-se, e.g., em alguns de meus Votos no seio da Corte Interamericana de Direitos Humanos[274]. A esta jurisprudência se pode agregar a jurisprudência emergente dos dois Tribunais Penais Internacionais *ad hoc*, para a ex-Iugoslávia e Ruanda. E a própria jurisprudência da Corte Internacional de Justiça contém elementos desenvolvidos a partir, e.g., de considerações básicas de humanidade[275].

---

272 Daí resultando o reconhecimento universal da necessidade de situar os seres humanos, em definitivo, no centro de todo processo de desenvolvimento; A.A. Cançado Trindade, "Introdução à Edição...", *op. cit. supra* n. (262), pp. IX-XX; A.A. Cançado Trindade, "Sustainable Human Development and Conditions of Life as a Matter of Legitimate International Concern: The Legacy of the U.N. World Conferences", in *Japan and International Law – Past, Present and Future* (International Symposium to Mark the Centennial of the Japanese Association of International Law), The Hague, Kluwer, 1999, pp. 285-309.

273 A.A. Cançado Trindade, *O Direito Internacional em um Mundo em Transformação*, Rio de Janeiro, Ed. Renovar, 2002, pp. 1039-1109.

274 Sobre esta consciência jurídica universal, cf. meus Votos, na jurisprudência da Corte Interamericana de Direitos Humanos, e.g., no Parecer n. 16, sobre o *Direito à Informação sobre a Assistência Consular no Âmbito das Garantias do Devido Processo Legal* (1999), parágrafos 3-4, 12 e 14; na Medidas Provisórias de Proteção no caso dos *Haitianos e Dominicanos de Origem Haitiana na República Dominicana* (2000), parágrafo 12; no caso *Bámaca Velásquez versus Guatemala* (mérito, sentença de 25.11.2000), parágrafos 16 e 28.

275 Cf., e.g., A.A. Cançado Trindade, "La jurisprudence de la Cour Internationale de Justice sur les droits intangibles / The Case-Law of the International Court of Justice on Non-Derogable

No que tange à *prática internacional*[276], a ideia de uma consciência jurídica universal tem marcado presença em muitos debates das Nações Unidas (sobretudo da VI Comissão da Assembleia Geral), nos trabalhos das Conferências de codificação do Direito Internacional (o chamado "direito de Viena") e nos *respectivos travaux préparatoires* da Comissão de Direito Internacional das Nações Unidas[277]. Mais recentemente, tem ocupado um espaço importante no ciclo de Conferências Mundiais das Nações Unidas da década de noventa (*supra*).

Também na *doutrina do Direito Internacional* encontramos elementos para o desenvolvimento da matéria, ainda que, surpreendentemente, não suficientemente articulados até o presente. A noção que me permito denominar de *consciência jurídica universal* passa a encontrar expressão doutrinária em tempos relativamente recentes, ao longo do século XX, com a emergência do conceito de *communis opinio juris*, ao enfrentar o velho dogma positivista do consentimento (*voluntas*) individual para a formação do direito consuetudinário[278]. Nas três primeiras décadas do século XX, a expressão "consciência jurídica internacional" foi efetivamente utilizada, em sentido ligeiramente distinto, recordando a noção clássica da *civitas maxima*, a fim de fomentar o espírito de solidariedade internacional[279].

Na América Latina, referências a "consciência jurídica" e "consciência moral" encontram-se, por exemplo, na *Meditación sobre la Justicia* (1963) de Antonio Gómez Robledo, em meio a sua lúcida crítica do positivismo jurídico[280]. E duas décadas antes, Alejandro Álvarez argumentava que os grandes princípios do Direito Internacional, e a própria "justiça internacional", emanam da "consciência pública" ou "consciência dos povos"[281]. Estes são alguns exemplos a revelar que, no passado, houve jusinternacionalistas que tiveram a intuição e a sensibilidade para a realidade da *consciência humana*, mais além da "realidade" crua dos fatos.

Caberia recordar os debates do *Institut de Droit International*, em sua Sessão de Nova York de 1929, acerca de um projeto de declaração sobre os direitos humanos.

Rights", *in Droits intangibles et états d'exception / Non-Derogable Rights and States of Emergency* (eds. D. Prémont, C. Stenersen e I. Oseredczuk), Bruxelles, Bruylant, 1996, pp. 73-89.

276   Entendida esta já não mais como a simples "prática dos Estados", inspirada por seus chamados "interesses vitais", como nas sistematizações do passado, mas sim como a prática dos Estados e organismos internacionais em busca da realização de fins comuns e superiores (cf. *supra*).

277   Este ponto, dentre outros, forma objeto da pesquisa por mim realizada para meu *Curso Geral de Direito Internacional Público* programado para 2005 na Academia de Direito Internacional da Haia.

278   A. Carty, *The Decay of International Law? A Reappraisal of the Limits of Legal Imagination in International Affairs*, Manchester, University Press, 1986, pp. 26-28 e 33.

279   Cf., e.g., G. Tassitch, «La conscience juridique internationale», 65 *Recueil des Cours de l'Académie de Droit International de La Haye* (1938) pp. 310-311, 314, 316-317 e 320.

280   A. Gómez Robledo, *Meditación sobre la Justicia*, México/Buenos Aires, Fondo de Cultura Económica, 1963, pp. 179 e 185.

281   Alejandro Álvarez, *La Reconstrucción del Derecho de Gentes – El Nuevo Orden y la Renovación Social*, Santiago de Chile, Ed. Nascimento, 1944, pp. 19-21 e 24-25, e cf. p. 488.

Observou-se, na ocasião, que a "vida espiritual" e a "consciência jurídica" dos povos requeriam um novo direito das gentes, com a afirmação dos direitos humanos[282]. Em um determinado momento daqueles memoráveis debates de 1929 do *Institut*, – quase esquecidos em nossos dias, – ponderou-se, por exemplo, que "dans la conscience du monde moderne, la souveraineté de tous les États doit être limitée par le but commun de l'humanité. (...) L'État dans le monde n'est qu'un moyen en vue d'une fin, la perfection de l'humanité (...). La protection des droits de l'homme est le *devoir de tout État* envers la communauté internationale. (...) Il s'agit de proclamer les droits que la conscience du monde civilisé reconnaît aux individus en tant qu'hommes.(...)»[283]. Ao final dos referidos debates, o *Institut* (22a. Comissão) efetivamente adotou uma resolução contendo a "Déclaration des droits internationaux de l'homme", cujo primeiro *considerandum* afirmou com ênfase que "a consciência jurídica do mundo civilizado exige o reconhecimento ao indivíduo de direitos salvaguardados de todo atentado por parte do Estado"[284].

O reconhecimento de certos *valores* fundamentais, imbuídos de um sentido de justiça objetiva, em muito contribuiu à formação da *communis opinio juris*[285] nas últimas décadas do século XX. *Verificou-se, aqui, uma evolução conceitual que se moveu, a partir dos anos sessenta, da dimensão internacional à universal* (sob a grande influência do desenvolvimento do próprio Direito Internacional dos Direitos Humanos), conducente à identificação dos interesses comuns da comunidade internacional e do reconhecimento generalizado do imperativo de satisfazer as necessidades sociais básicas[286]. Assim, no início dos anos setenta, era possível vislumbrar, – como o fêz T.O. Elias, por exemplo, – um "overwhelming trend toward consensus which is an expression of the juridical conscience of the world community"[287]. E Giuseppe Sperduti, por sua vez, ao final da década de oitenta, não hesitou em afirmar, em outra crítica ao positivismo jurídico, que "la doctrine positiviste n'a pas été en mesure d'élaborer une conception du droit international aboutissant à l'existence d'un véritable ordre juridique (...). Il faut voir dans la conscience commune des peuples, ou conscience universelle, la source des normes suprêmes du droit international»[288].

---

282 Cf. *Annuaire de l'Institut de Droit International* (Session de New York), vol. II, 1929, pp. 114, 134-135 e 137.

283 Ibid., pp. 112 e 117.

284 Cit. in ibid., p. 298.

285 Maarten Bos, *A Methodology of International Law*, Amsterdam, North-Holland, 1984, p. 251, e cf. pp. 246 e 253-255.

286 B. Stern, «La coutume au coeur du Droit international – quelques réflexions», *Mélanges offerts à Paul Reuter – Le droit international: unité et diversité*, Paris, Pédone, 1981, p. 487.

287 T.O. Elias, "Modern Sources of International Law", *Transnational Law in a Changing Society: Essays in Honour of Ph.G. Jessup* (eds. W. Friedmann, L. Henkin e O. Lissitzyn), N.Y./London, Columbia University Press, 1972, p. 51.

288 G. Sperduti, «La souveraineté, le droit international et la sauvegarde des droits de la personne», *in International Law at a Time of Perplexity – Essays in Honour of Shabtai Rosenne* (ed. Y. Dinstein), Dordrecht, Nijhoff, 1989, p. 884, e cf. p. 880.

Referências do gênero, certamente suscetíveis em nossos dias de um desenvolvimento conceitual mais amplo e aprofundado, não se limitam ao plano doutrinário; figuram igualmente em tratados internacionais. A Convenção contra o Genocídio de 1948, e.g., se refere, em seu preâmbulo, ao "espírito" das Nações Unidas. Transcorrido meio século, o preâmbulo do Estatuto de Roma de 1998 do Tribunal Penal Internacional se refere à "consciência da humanidade" (segundo *considerandum*). E o preâmbulo da Convenção Interamericana de 1994 sobre o Desaparecimento Forçado de Pessoas, para citar outro exemplo, menciona a "consciência do hemisfério" (terceiro *considerandum* do preâmbulo).

Uma cláusula da maior transcendência merece destaque: a chamada *cláusula Martens*, que conta com mais de um século de trajetória histórica. Originalmente apresentada pelo Delegado da Rússia, Friedrich von Martens, à I Conferência de Paz da Haia (1899), foi inserida nos preâmbulos da II Convenção da Haia de 1899 (parágrafo 9) e da IV Convenção da Haia de 1907 (parágrafo 8), ambas relativas às leis e costumes da guerra terrestre. Seu propósito – conforme a sábia premonição do jurista e diplomata russo – era o de estender juridicamente a proteção às pessoas civis e aos combatentes em todas as situações, ainda que não contempladas pelas normas convencionais; neste propósito, a cláusula Martens invocava "os princípios do direito das gentes" derivados dos "usos estabelecidos", assim como das "leis de humanidade" e das "exigências da consciência pública".

Posteriormente, a cláusula Martens voltou a figurar na disposição comum, relativa à denúncia, das quatro Convenções de Genebra sobre Direito Internacional Humanitário de 1949 (artigo 63/62/142/158), assim como no Protocolo Adicional I (de 1977) a tais Convenções (artigo 1(2)), – para citar algumas das principais Convenções de Direito Internacional Humanitário. A cláusula Martens tem-se revestido, pois, ao longo de mais de um século, de validade continuada, porquanto, por mais avançada que seja a codificação da normativa humanitária, dificilmente poderá ser esta última considerada verdadeiramente completa.

A cláusula Martens continua, assim, a servir de advertência contra a suposição de que o que não esteja expressamente proibido pelas Convenções de Direito Internacional Humanitário poderia estar permitido; muito ao contrário, a cláusula Martens sustenta a aplicabilidade continuada dos princípios do direito das gentes, das leis de humanidade e das exigências da consciência pública, independentemente do surgimento de novas situações e do desenvolvimento da tecnologia[289]. A cláusula Martens impede, pois, o *non liquet*, e exerce um papel importante na hermenêutica e aplicação da normativa humanitária.

O fato de que os redatores das Convenções de 1899, 1907 e 1949, e do Protocolo I de 1977, tenham reiteradamente afirmado os elementos da cláusula Martens, situa

---

289 B. Zimmermann, "Protocol I – Article 1", *Commentary on the Additional Protocols of 1977 to the Geneva Conventions of 1949* (eds. Y. Sandoz, Chr. Swinarski e B. Zimmermann), Geneva, ICRC/Nijhoff, 1987, p. 39.

esta última no plano da própria *fonte material* do Direito Internacional Humanitário[290]. Desse modo, exerce uma influência contínua na formação espontânea do conteúdo de novas regras do Direito Internacional Humanitário[291]. A doutrina jurídica contemporânea tem também caracterizado a cláusula Martens como fonte do próprio direito internacional geral[292]; e ninguém ousaria hoje negar que as "leis de humanidade" e as "exigências da consciência pública" invocadas pela cláusula Martens pertencem ao domínio do *jus cogens*[293]. A referida cláusula, como um todo, tem sido concebida e reiteradamente afirmada, em última instância, em benefício de todo o gênero humano, mantendo assim sua grande atualidade. Pode-se considerá-la como expressão da *razão de humanidade* impondo limites à *razão de Estado* (*raison d'État*).

Movida pela consciência humana, a própria dinâmica da vida internacional contemporânea tem cuidado de desautorizar o entendimento tradicional de que as relações internacionais se regem por regras derivadas inteiramente da livre vontade dos próprios Estados. O positivismo voluntarista se mostrou incapaz de explicar o processo de formação das normas do Direito internacional geral, e se tornou evidente que só se poderia encontrar uma resposta ao problema dos fundamentos e da validade deste último na consciência jurídica universal, a partir da afirmação da ideia de uma justiça objetiva[294]. Neste início do século XXI, temos o privilégio de testemunhar e o dever de impulsionar o processo de humanização do Direito Internacional, que, de conformidade com o novo ethos de nossos tempos, passa a se ocupar mais diretamente da identificação e realização de valores e metas comuns superiores. Desse modo, o Direito Internacional evolui, se expande, se fortalece e se aperfeiçoa, e, em última análise, se legitima.

---

290   H. Meyrowitz, «Réflexions sur le fondement du droit de la guerre», *Études et essais sur le Droit international humanitaire et sur les principes de la Croix-Rouge en l'honneur de Jean Pictet* (ed. Chr. Swinarski), Genève/La Haye, CICR/Nijhoff, 1984, pp. 423-424; e cf. H. Strebel, "Martens' Clause", *Encyclopedia of Public International Law* (ed. R. Bernhardt), vol. 3, Amsterdam, North-Holland Publ. Co., 1982, pp. 252-253.

291   F. Münch, "Le rôle du droit spontané", *in op. cit. supra* n. (251), p. 836; H. Meyrowitz, *op. cit. supra* n. (290), p. 420. Já se assinalou que, na *ultima ratio legis*, o Direito Internacional Humanitário protege a própria humanidade, ante os perigos dos conflitos armados; Chr. Swinarski, *Principales Nociones e Institutos del Derecho Internacional Humanitario como Sistema Internacional de Protección de la Persona Humana*, San José de Costa Rica, IIDH, 1990, p. 20.

292   F. Münch, *op. cit. supra* n. (291), p. 836.

293   S. Miyazaki, «The Martens Clause and International Humanitarian Law», *Études et essais... en l'honneur de J. Pictet, op. cit. supra* n. (290), pp. 438 e 440.

294   Nesta linha de evolução também se insere a tendência atual de 'criminalização' de violações graves dos direitos da pessoa humana, paralelamente à consagração do princípio da jurisdição universal, – somados ao reconhecimento da responsabilidade penal individual (a par da responsabilidade internacional do Estado), de capital importância ao combate à impunidade (cf., e.g., a criação dos dois Tribunais *ad hoc*, para a ex-Iugoslávia (1993) e Ruanda (1994), seguida da adoção do Estatuto de Roma do Tribunal Penal Internacional (1988), – acrescidas das três Convenções contra a Tortura, – a das Nações Unidas, 1984; a Interamericana, 1985; e a Europeia, 1987).

III

La Convention Américaine Relative Aux Droits de L'Homme etle Droit International Général[1]

Sumário: I. L'Interprétation de la Convention Américaine. II. La fonction des principes. III. L'Application de la Convention Américaine. 1. La récevabilité des pétitions: la règle de l'épuisement des recours internes. 2. Les décisions sur compétence et quant au fond. 3. Le devoir de réparation. IV. L'Exécution des Sentences de la Cour Interaméricaine. V. Conclusions. VI. *Addendum*.

I. L'Interprétation de la Convention Américaine

La Convention Américaine relative aux Droits de l'Homme n'exclut pas la prise en compte, par la Cour Interaméricaine des Droits de l'Homme, du droit international général; bien au contraire, il y a quelques normes de la Convention Américaine qui ont conduit la Cour Interaméricaine à recourir au droit international général, dans l'exercice de sa fonction d'interprétation et application de la Convention Américaine, à savoir, e.g., l'article 29 (normes d'interprétation) et l'article 68(1) (*pacta sunt servanda*)[2].

En ce qui concerne l'interprétation, en général, de la Convention Américaine, il faut tout d'abord remarquer que le droit international général témoigne le principe sousjacent a la règle générale de l'interprétation consacrée dans l'article 33(1) des deux Conventions de Vienne sur le Droit des Traités (1969 et 1986), – le principe *ut res magis valeat quam pereat*, – qui correspond au soi-disant *effet utile* (le principe de l'effectivité), selon lequel on doit assurer aux dispositions conventionneles leurs effets propres[3]. Ce principe a assumé une importance particulière dans la détermination de la portée des obligations conventionnelles de protection des droits de l'homme.

---

[1] Conferência proferida pelo Autor no Seminário International sobre "*Droit international, droits de l'homme et juridictions internationales*", realizado na sede do Instituto Internacional de Direitos Humanos em Estrasburgo, aos 10 de julho de 2003, e copatrocinado pela Universidade de Paris-II, França.

[2] Cf. A.A. Cançado Trindade, *Tratado de Direito Internacional dos Direitos Humanos*, tome II, Porto Alegre/Brésil, S.A. Fabris Éd., 1999, chapitre XI, pp. 23-200.

[3] M.K. Yasseen, "L'interprétation des traités d'après la Convention de Vienne sur le Droit des Traités", 151 *Recueil des Cours de l'Académie de Droit International de La Haye* (1976) p. 74; A.A. Cançado Trindade, "La Interpretación de Tratados en el Derecho Internacional y la Especificidad de los Tratados de Derechos Humanos", *in Estudios de Derecho Internacional en Homenaje al Prof. E.J. Rey Caro* (ed. Z. Drnas de Clément), vol. I, Córdoba, Ed. Drnas/Lerner, 2003, pp. 749-750.

Ce principe a été évoqué constamment par la Cour Interaméricaine dans sa jurisprudence constante[4]. Dans l'arrêt «*La dernière temptation de Christ*» (*Olmedo Bustos et autres versus Chili*), la Cour a dit: – «Dans le droit des gens, une norme coutumière établit qu'un État qui a ratifié un traité de droits de l'homme doit introduire dans son droit interne les modifications nécessaires pour assures le plein respect des obligations assumées. Cette norme est universellement acceptée, avec appui jurisprudentiel» (sentence du 05.02.2001, para. 87), et elle découle du principe de l'*effet utile*.

Dans le même sens, dans l'affaire *Cantos versus Argentine* (sentence du 28.11.2002, para. 59), la Cour Interaméricaine a réitéré qu'»en droit des gens, une norme coutumière établit qu'un État qui a ratifié un traité de droits de l'homme doit introduire dans son droit interne les modifications nécessaires pour assurer le plein respect des obligations assumées». Et dans l'affaire *Barrios Altos versus Pérou*, sentence du 03.09.2001, interprétation de sentence, para. 17) la Cour a réitéré le principe de l'*effet utile* dans l'interprétation des dispositions pertinentes de la Convention Américaine.

En fin, dans l'affaire *Communauté Mayagna versus Nicaragua* (sentence du 31.08.2001, para. 146), la Cour a dit que

> «les termes d'un traité international des droits de l'homme ont un sens autonome, et ne peuvent pas être considerés como équivalents au sens que le droit interne les attribuent. D'ailleurs, les traités des droits de l'homme sont instruments vivants, et leur interprétation doit se conformer à l'évolution du temps, et, en particulièrement, aux conditions de vie actuelles».

Dans cet affaire, la Cour a suivi les considérations à ce sujet qu'elle avait développé, dans le même sens (en invoquant le principe de l'*effet utile*), dans son seizième avis consultatif (du 01.10.1999) sur *Le droit à l'information sur l'asssistance consulaire dans le cadre du procès équitable* (paras. 58 et 114-115).

II. La fonction des principes

Le rôle des principes du droit international général peut être clairement dégagé de la jurisprudence constante de la Cour Interaméricaine. Dans l'affaire *Loayza Tamayo versus Pérou* (résolution sur l'exécution de sentence, du 17.11.1999, para. 7), la Cour a souligné que l'obligation d'exécution des arrêts de la Cour qu'impose l'article 68(1) de la Convention Américaine «correspond à un principe fondamental du droit de la responsabilité internationale de l'État» selon lequel les États doivent observer leurs obligations conventionnelles internationales de bonne foi (*pacta sunt servanda*), et ne peuvent pas s'évader de leur responsabilité internationale pour des raisons d'ordre interne.

---

4 Cf., e.g., le quatrième Avis Consultatif de la Cour Interaméricaine des Droits de l'Homme, sur les *Projets d'Amendements aux Dispositions sur Naturalisation de la Constitution du Costa Rica* (1984).

Dans l'affaire *Baena Ricardo et alii (270 travailleurs) versus Panama* (sentence du 02.02.2001, para. 98), la Cour a réaffirmé expréssement le principe *pacta sunt servanda*, en ajoutant que les États doivent s'abstenir d'actes contraires à l'objet et fin des traités qu'ils ont ratifié, et même des traités qu'ils ont signé, comme, dans le cas d'espèce, le Protocole de San Salvador (à la Convention Américaine) sur les Droits Économiques, Sociaux et Culturels (1988).

Dans l'affaire *Cinq Pensionnaires versus Pérou* (sentence du 28.02.2003, para. 156), la Cour a affirmé qu'elle a la faculté d'analiser la violation ou non des articles de la Convention Américaine non mentionnés dans les écrits soumis par les parties. Elle peut le faire sur la base du principe *jura novit curia*, qui trouve un appui solide dans la jurisprudence internationale, dans le sens selon lequel le Tribunal a la faculté, et le devoir, d'appliquer les dispositions juridiques pertinentes à l'affaire, même si les parties ne les ont pas invoqué expréssement.

Dans l'affaire *Velásquez Rodríguez versus Honduras* (sentence du 29.07.1988, para. 184), la Cour a signalé que, indépendamment des changements des gouvernements et de leurs attitudes envers les droits de l'homme, «selon le principe de droit international de la identité ou continuité de l'État, la responsabilité subsiste indépendamment des changements des gouvernements» dans le temps, et concrètement, entre le moment du fait illicite qui donne lieu à la responsabilité et le moment ou celle-ci est declarée, – et ce principe s'applique aussi dans le domaine des droits de l'homme.

Dans l'affaire *Neira Alegría et alii versus Pérou* (sentence du 11.12.1991, exceptions préliminaires, para. 29), la Cour Interaméricaine a invoqué le principe dégagé de la pratique internationale selon lequel, quand une partie litigante a adopté une certaine attitude dans son propre bénéfice ou contraire à l'attitude de l'autre partie, elle ne peut pas assumer une autre attitude en contradiction avec la première, en vertu du principe de l'*estoppel*.

Les références au droit international général se multiplient dans la jurisprudence de la Cour Intraméricaine, dans ses raisonnements sur des points juridiques distincts[5] (cf., e.g., affaire *Genie Lacayo versus Nicaragua*, sentence du 29.01.1997, paras. 94-95, et résolution du 13.09.1997, pétition de révision de sentence, para. 9; affaire *Castillo Páez versus Pérou*, réparations, sentence du 27.11.1998, paras. 69 et 96; affaire *Loayza Tamayo versus Pérou*, résolution du 08.03.1998, pétition de révision de sentence, paras. 15 et 18; affaire *Castillo Petruzzi et alii versus Pérou*, sentence du 30.05.1999, para. 101; affaire *Ivcher Bronstein versus Pérou*, sentence du 06.02.2001, para. 82; affaire *Villagrán Morales et alii («Niños de la Calle») versus Guatemala*, réparations, sentence du 26.05.2001, para. 40; affaires *Hilaire, Benjamin et alii*, et *Constantine et alii versus Trinidad et Tobago*, sentences du 01.09.2001, exc. prél., paras. 69-70 et 72; affaire *Cantos versus Argentine*, sentence du 07.09.2001, exc. prél., paras. 21 et 37).

---

5 E.g., récevabilité des requêtes, charge de la preuve, valoration de la preuve, forclusion, présomptions, établissement des faits, portée des réparations, etc.

La Cour Interaméricaine a systématiquement recouru au droit international général, et aux principes généraux du droit, dans l'exercice de sa fonction non seulement contentieuse mais aussi consultative (cf. avis consultatif n. 1, du 24.09.1982, sur «*Autres traités*» *objet de la fonction consultative de la Cour*, para. 23; avis consultatif n. 7, du 29.08.1986, sur l'*Exigibilité du droit de rectification ou réponse*, para. 30; avis consultatif n. 8, du 30.01.1987, sur l'*Habeas corpus dans situations de crise*, para. 14; avis consultatif n. 10, du 14.07.1989, sur l'*Interprétation de la Déclaration Américaine des Droits et Devoirs de l'Homme*, paras. 37-38; avis consultatif n. 16, du 01.10.1999, sur *Le droit à l'information sur l'assistance consulaire dans le cadre du procès équitable*, paras. 58, 78, 82, 113-115, 128 et 135; avis consultatif n. 17, du 28.08.2002, sur la *Condition juridique et droits de l'enfant*, du 28.08.2002, paras. 29, 34, 66 et 87). Dans son plus récent avis consultatif (n. 17) jusqu'à présent, sur la *Condition juridique et droits de l'enfant*, du 28.08.2002, la Cour a même invoqué l'*opinio juris communis* en faveur des principes consacrés par la Convention des Nations Unies sur les Droits de l'Enfant (1989) et par le développement courant de ce sujet (para. 29).

L'importance, particulièrement, des principes *pacta sunt servanda* et *bona fides* a été souligné par la Cour Interaméricaine, e.g., dans l'avis consultatif n. 16 (du 01.10.1999) sur *Le droit à l'information sur l'asssistance consulaire dans le cadre du procès équitable* (para. 128), et dans l'avis consultatif n. 14 (du 09.12.1994) sur la *Responsabilité internationale por l'émission et l'application de lois en violation de la Convention Américaine* (para. 35).

III. L'Application de la Convention Américaine

On peut constater le recours, par la Cour Interaméricaine, au droit international général, dans l'exercice de sa fonction de l'application de la Convention Américaine, dans toutes les étapes de la procédure devant le Tribunal (cf. item 2, *supra*), à commencer – en ce qui concerne la fonction contentieuse – par celle de la récevabilité de la requête.

1. La récevabilité des pétitions: la règle de l'épuisement des recours internes

Le droit international général marque présence dans la récevabilité des pétitions sous la Convention Américaine. Les règles généralement reconnues du droit international, – auxquelles la formulation de la règle de l'épuisement des voies de recours internes se réfère expréssement, – non seulement suivent une évolution propre dans les différents contextes où elles s'appliquent (protection des droits de l'homme, protection diplomatique), mais souffrent nécessairement, quand elles sont inclues dans les traités des droits de l'homme, un certain degré d'adaptation, en vertu du caractère spécial de l'objet et fin de ces traités et de la spécificité généralement reconnue de la protection internationale des droits de l'homme[6].

---

6   A.A. Cançado Trindade, *The Application of the Rule of Exhaustion of Local Remedies in International Law*, Cambridge, Cambridge University Press, 1983, pp. 1-443.

La Cour Interaméricaine s'est ainsi prononcée sur la portée des exceptions à la règle de l'épuisement des droits internes, au delà des exceptions généralement reconnues des délais non-raisonnables et du déni de justice (e.g., en incluant les cas de pauvreté et de la crainte généralisée dans la communauté juridique d'assumer la réprésentation légale des victimes presumées). La Cour a correctement insisté dans la nécessité de l'effectivité des recours internes; elle a souligné, avec raison, e.g., que, dans les affaires de disparitions de personnes comme une «pratique d'État» ou de négligence ou tolérance des autorités publiques il y a une présomption en faveur des victimes, et il n'y a pas besoin d'insister dans l'application de la règle de l'épuisement (une fois qu'il n'y a pas des recours à épuiser).

Les contributions de la Cour sur ce sujet ont correctement mis attention sur les nécessités de protection dans le présent contexte de la sauvegarde internationale des droits de l'homme. L'incidence de la règle de l'épuisement des voies de recours internes dans la protection des droits de l'homme est certainement distincte de son application dans la pratique de la protection diplomatique des nationaux à l'étranger (dans le droit international coutumier), et la règle en question est loin d'avoir les dimensions d'un principe immutable du droit international général. La règle des voies de recours internes intègre le système de protection internationale des droits de l'homme, avec l'accent sur l'élément de la réparation et non sur le procès d'épuisement. La règle des voies de recours internes témoigne l'interaction entre le droit international et le droit interne dans le présent domaine de protection. On est ici devant un *droit de protection*, avec spécificité propre, orienté fondamentalement envers les victimes, et qui s'occupe des droits des individus, de l'être humain, et non de ceux des États.

Dans quelques unes de ces décisions, la Cour Interaméricaine s'est référée aux principes de droit international généralement reconnus, en relation avec l'application de la règle de l'épuisement et de ses exceptions (affaire *Fairen Garbi et Solis Corrales versus Honduras*, sentence du 26.06.1987, exc. prél., para. 86-87, et sentence du 15.03.1989, paras. 87 et 110; affaire *Castillo Páez*, sentence du 30.01.1996, exc. prél., para. 40; affaire *Loayza Tamayo*, sentence du 31.01.1996, exc. prél., para. 40; affaire *Communauté Mayagna versus Nicaragua*, sentence du 01.02.2000, exc. prél., para. 53).

2. Les décisions sur compétence et quant au fond

Dans les deux sentences du 24.09.1999 sur compétence dans les affaires du *Tribunal Constitutionnel* et de *Ivcher Bronstein versus Pérou*, la Cour Interaméricaine, en affirmant sa compétence de se prononcer sur les deux affaires, a déclaré *inadmissible* la prétendue «retraite» par l'État de sa compétence contentieuse avec «effet immédiat». La Cour a averti que sa compétence ne pourrait pas être conditionnée par des actes distincts de ses propres. Elle a ajouté que, en acceptant sa compétence contentieuse, l'État accepte la prérogative de la Cour de décider sur aucune question affectant sa compétence, se trouvant dans l'impossibilité, dans la suite, d'essayer de se retirer soudainement de dite compétence, d'une façon que pourrait ménacer l'integrité du mécanisme de protection internationale comme un tout (*Tribunal Constitucional, cit.*, paras. 31-34; *Ivcher Bronstein, cit.*, paras. 32-35).

La Cour a remarqué qu'il existe des actes unilatéraux qui se complètent par eux-mêmes, d'une façon autonome (e.g., reconnaissance de l'État ou du gouvernement, protestation diplomatique, promesse, renonciation), et actes unilatéraux effectués dans le cadre du droit des traités, reglés et conditionnés par ce dernier (e.g., ratification, réserves, acceptation de la clause facultative de la juridiction obligatoire d'un tribunal international). La Convention Américaine – a ajouté la Cour – ne peut pas dépendre des limitations qui ne sont pas prévues, ou qui sont soudainement imposées par un État partie pour des raisons d'ordre interne.

La Convention Américaine ne prévoit pas la retraite unilatérale d'une clause (telle que la clause d'acceptation de sa juridiction en matière contentieuse, d'importance capitale). La seule possibilité que prévoit la Convention Américaine, ouverte à un État partie, est celle de la dénontiation (de la Convention comme un tout), dans un délai de 12 mois (le même délai prévu dans la Convention de Vienne sur le Droit des Traités de 1969. Il s'agit d'un impératif de sécurité juridique, qui doit être observé avec rigueur dans l'intérêt de tous les États parties (*Tribunal Constitucional, cit.*, paras. 35-52; *Ivcher Bronstein, cit.*, paras. 36-53).

La prétendue «retraite» unilatérale de l'État défendeur avec «effet immédiat» – la Cour a conclu – n'a aucun fondement juridique, – ni dans la Convention Américaine, ni dans le droit des traités, ni dans le droit international général. La prétendue «retraite», la Cour a conclu, était «inadmissible» (*Tribunal Constitucional, cit.*, paras. 53-54; *Ivcher Bronstein, cit.*, paras. 54-55). Avec cette décision dans les affaires du *Tribunal Constitutionnel* et de *Ivcher Bronstein versus Pérou*, la Cour Interaméricaine a sauvegardé l'integrité de la Convention Américaine, et a contribué à renforcer le fondement de sa juridiction en matière contentieuse.

Dans l'affaire «*La dernière temptation de Christ*» (*Olmedo Bustos et autres versus Chili*, sentence du 05.02.2001), la Cour Interaméricaine a établit que la prohibition au Chili, basée sur une disposition constitutionnelle, de la pelicule en question, constituait une restriction au droit à la liberté d'expression (lequel possédait une dimension à la fois individuelle et sociale – paras. 64-68), en violation de l'article 13 de la Convention Américaine; la Cour a soutenu la responsabilité internationale objective de l'État, pour des actes ou omissions attribués à aucun de ses pouvoirs ou organes, indépendamment de sa hiérarchie (paras. 72-73).

3. Le devoir de réparation

Une fois établies les violations de la Convention Américaine, la Cour Interaméricaine a souligné que le devoir de réparation, consacré dans l'article 63(1) de la Convention Américaine, est régi par le droit international dans tous ses aspects: sa nature, ses formes, sa portée et la détermination des bénéficiaires (affaire *Loayza Tamayo versus Pérou*, réparations, sentence du 27.11.1998, para. 86; affaire *Aloeboetoe et alii versus Suriname*, réparations, sentence du 10.09.1993, para. 44). C'est, en effet, un principe de droit international que toute violation d'une obligation internationale causant un dommage entraîne le devoir de le réparer d'une façon adéquate (affaire *Barrios Altos versus Pérou*, réparations, sentence du 30.11.2001, para. 24).

Le devoir de réparation établi par l'article 63(1) de la Convention, – a ajouté la Cour Interaméricaine, – reflet une norme coutumière, que constitue un principe fondamental du droit international de la responsabilité des États (affaire *Garrido et Baigorria versus Argentine*, réparations, sentence du 27.08.1998, para. 40, et cf. para. 55). Il s'agit, en somme, d'une «norme coutumière qui est un des principes fondamentaux du droit des gens» (affaire *Las Palmeras versus Colombie*, réparations, sentence du 26.11.2002, para. 37).

IV. L'Exécution des Sentences de la Cour Interaméricaine

En somme, tant dans l'interprétation que dans l'application de la Convention Américaine le droit international général a été toujours pris en compte par la Cour Interaméricaine. Celui-ci est toujours présent, dans toutes les étapes de la procédure devant la Cour, y inclu dans l'exercice, par la Cour, d'une faculté que lui est inhérente: celle de la supervision de l'exécution de ses sentences.

À ce propos, dans une série de résolutions récentes, la Cour a recouru au droit international général. Ces résolutions, concernant l'exécution des sentences dans les affaires *Barrios Altos versus Pérou* (résolution du 22.11.2002, considerandum 3), *Castillo Páez versus Pérou* (résolution du 27.11.2002, considerandum 3), *Blake versus Guatemala* (résolution du 27.11.2002, considerandum 3), *Benavides Cevallos versus Equateur* (résolution du 27.11.2002, considerandum 3), *Loayza Tamayo versus Pérou* (résolution du 27.11.2002, considerandum 3), *Garrido et Baigorria versus Argentine* (résolution du 27.11.2002, considerandum 3), *Caballero Delgado et Santana versus Pérou* (résolution du 27.11.2002, considerandum 3), *Durand et Ugarte versus Pérou* (résolution du 27.11.2002, considerandum 11), *El Amparo versus Venezuela* (résolution du 28.11.2002, considerandum 3), *Olmedo Bustos et alii (`La dernière temptation du Christe') versus Chile* (résolution du 28.11.2002, considerandum 3), *Neira Alegría et alii versus Pérou* (résolution du 28.11.2002, considerandum 3), et *Baena Ricardo et alii (270 travailleurs) versus Panamá* (résolutions du 22.11.2002, considerandum 3, et du 06.06.2003, considerandum 4), contiennent un paragraphe dans les termes suivants:

> «Considérant (...) que l'obligation d'exécuter la sentence du Tribunal correspond à un principe fondamental du droit de la responsabilité internationale de l'État, appuyé par la jurisprudence internationale, selon lequel les États doivent se soumettre à leurs obligations conventionnelles internationales de bonne foi (*pacta sunt servanda*) et (...) ne peuvent pas pour des raisons d'ordre interne ne pas assumer la responsabilité internationale déjà établie (...)».

Dans le *dispositif* de presque toutes ces résolutions récentes[7] (paragraphe 1), la Cour a réaffirmé le devoir de l'État défendeur de prendre toutes les mesures nécessaires pour donner effet et exécuter dûment ses sentences. Dans une de ces résolutions récentes, celle du 27.11.2002, sur l'affaire *Durand et Ugarte versus Pérou*, la Cour a même mentionné expressément le principe *pacta sunt servanda* en réaffirmant l'obligation de l'État défendeur d'exécuter promptement ses sentences sur le fond et les réparations dans le cas d'espèce (paragraphe 1 du *dispositif*). Et dans l'affaire «*La dernière temptation de Christ*» (*Olmedo Bustos et autres versus Chili*, sentence du 05.02.2001), la Cour Interaméricaine a déterminé que l'État devait modifier son droit interne, dans un délai raisonnable, pour mettre fin à cette situation (*dispositif*, point n. 4), – ce qui a été fait par le Chili récemment.

V. Conclusions

La relation entre la Convention Américaine relative aux Droits de l'Homme et le droit international général, comme le démontre la jurisprudence de la Cour Interaméricaine des Droits de l'Homme, est manifeste, et se lie à la question fondamentale de la validité même des normes conventionnelles; cette validité repose sur le principe du droit international général, du *pacta sunt servanda*. Un tribunal international des droits de l'homme comme la Cour Interaméricaine ne se limite pas à résoudre les affaires contentieux de violation des droits de l'homme que lui sont soumis: il déclare le droit, et prend charge du développement progressif du *corpus juris* de protection.

Dans son interprétation et application des normes conventionnelles de protection, la Cour Interaméricaine a recouru aux principes généraux de droit; en le faisant, la Cour Interaméricaine a affirmé son autorité comme tribunal international des droits de l'homme, ne se limitant pas aux arguments des parties (*jura novit curia*). La Cour Interaméricaine a recouru au droit international général dans l'exercice de ses fonctions tant consultative que contentieuse. En ce qui concerne la fonction contentieuse, le droit international général s'est fait présent dans toutes les étapes de la procédure devant la Cour (exceptions préliminaires, compétence, fond, réparations), y inclue dans la supervision par la Cour de l'exécution des ses propres arrêts.

La Cour Interaméricaine a par là donné expression à des valeurs communs supérieurs, selon lesquels l'être humain est sujet des droits et non simplement objet de protection, et ses droits lui son inhérents, et, par définition, antérieurs et supérieurs à l'État. Le recours par la Cour au droit international général, aux principes généraux du droit, dans l'interprétation et l'application de la Convention Américaine relative aux Droits de l'Homme, a donné expression à une conscience juridique commune que reconnaît le caractère intangible des droits inhérents à la personne humaine.

---

7   Avec les seules exceptions de la résolution du 22.11.2002 dans l'affaire *Barrios Altos versus Pérou*, et des résolutions du 22.11.2002 et du 06.06.2003 dans l'affaire *Baena Ricardo et alii (270 travailleurs) versus Panamá*.

VI. Addendum

Dans son 18ème. avis consultatif (sollicité par le Mexique) relatif à *La Condition Juridique et aux Droits des Immigrés sans Papier* (adopté le 17 septembre 2003), la Cour Interaméricaine des Droits de l'Homme a estimé que les États dévaient respecter et assurer le respect des droits de l'homme à la lumière du principe général et fondamental d'égalité et de non-discrimination[8]. Elle a aussi considéré que tout traitement discriminatoire dans la protection et l'exercice des droits de l'homme faisait naître à la charge des États une responsabilité internationale. Selon la Cour, le principe fondamental d'égalité et de non-discrimination constitue désormais une règle du *jus cogens*.

La Cour Interaméricaine a également fait valoir que les États ne sauraient ni adopter des mesures discriminatoires à l'égard des migrants, ni tolérer l'existence de situations discriminatoires au détriment de ces derniers, et qu'ils étaient tenus de garantir à toute personne fut-elle immigrée, le droit à un *due process of law*. Le statut d'immigré ne peut servir de justification pour priver une personne de la jouissance et de l'exercice de ses droits fondamentaux, y compris ses droits sociaux. Les immigrés sans papier ont les mêmes droits sociaux que les autres travailleurs de l'État d'emploi: celui-ci doit assurer la garantie effective de ces droits. Les États ne peuvent assujettir le respect du principe d'égalité devant la loi et de non-discrimination aux buts de leur politique d'immigration ainsi qu'ailleurs, plus généralement, que de toute autre politique.

Le 18ème. avis consultatif de la Cour Interaméricaine des Droits de l'Homme a déjà eu, à raison de toutes ses implications, un grand retentissement sur le continent américain. S'inscrivant dans le prolongement de l'interprétation dynamique et évolutive du Droit International des Droits de l'Homme, consacrée par la Cour Interaméricaine, quatre ans auparavant, dans son autre avis historique sur *Le Droit à l'Information sur l'Assistance Consulaire dans le Cadre du Procès Légal Équitable* (1999), il propose une lecture délibérément constructive des concepts du droit international impératif (le *jus cogens* international) et des obligations internationales de protection opposables *erga omnes*.

---

[8] Dans son Opinion Concurrente, d'une grande ampleur et d'une haute teneur doctrinale, le Président de la Cour Interaméricaine, M. le Juge A.A. Cançado Trindade, développe une argumentation explicative et justificative du sens de l'Avis Consultatif. Il insiste en particulier sur l'émergence d'un droit individuel subjectif à l'asile, sur la place centrale du principe (appartenant au *jus cogens*) de l'égalité et de non-discrimination dans le Droit International des Droits de l'Homme sur la consécration d'obligations *erga omnes* de protection le cas échéant même applicables aux relations inter-individuelles.

IV

A Consciência Jurídica Universal como Fonte Material do Direito Internacional[1]

Sumário: I. Introdução: Insuficiência das "Fontes" Formais e Relevância da "Fonte" Material do Direito Internacional. II. Consciência Humana, *Recta Ratio* e a Universalidade do Direito Internacional. III. A Fonte Material do Direito Internacional Mais Além do Positivismo Jurídico Estatal. IV. Evocação e Afirmação da Consciência Jurídica em Tratados Internacionais. V. Consciência Jurídica Universal: O Significado Histórico da Cláusula Martens. VI. Invocação da Consciência Jurídica em Processos Judiciais e na Jurisprudência Internacional. VII. Invocação e Afirmação da Consciência Jurídica na Doutrina Jusinternacionalista. VIII. Observações Finais: As Realizações do Direito Internacional e a Consciência Jurídica Universal.

I. Introdução: Insuficiência das "Fontes" Formais e Relevância da "Fonte" Material do Direito Internacional

O posicionamento adotado nas últimas décadas por parte da doutrina internacionalista, de, sob um enfoque essencialmente positivista, se limitar a considerar apenas as "fontes" formais do direito internacional, privou o tema de um exame mais aprofundado dos fundamentos jurídicos, e, em última análise, da própria validade das normas de direito internacional. Excluiu da análise da formação do direito internacional o *substratum* das normas jurídicas: as crenças, os valores, a ética, os ideais e as aspirações humanas. Não é de se surpreender que tal posicionamento tornou o estudo do tema um tanto árido, sem qualquer inspiração, circunscrito aos modos ou procedimentos pelos quais as normas internacionais são formalmente criadas[2]. Tal postura reduziu a visão do direito internacional a uma ordem jurídica

---

1 O presente artigo deriva do capítulo VI da obra do Autor: A.A. Cançado Trindade, "International Law for Humankind: Towards a New *Jus Gentium* – General Course on Public International Law – Part I", 316 *Recueil des Cours de l'Académie de La Haye [RCADI]* (2005) pp. 177-202. Tradução, do original em inglês ao português, por Henrique Napoleão Alves, revista pelo Autor.

2 Michel Virally, por exemplo, afirmou abertamente que o se designou como "fonte" material não seria de "interesse" dos estudos de direito internacional; M. Virally, "Panorama du droit international contemporain – Cours général de droit international public", 183 *RCADI* (1983) p. 167.

meramente formal. Essa visão reducionista, conducente a resultados insatisfatórios, perdurou ao longo das últimas décadas, e teve, no meu entendimento, consequências prejudiciais, entre as quais a perpetuação da perspectiva hermética da concepção positivista, o esvaziamento de uma ordem jurídica internacional, insensível aos valores, e sua incapacidade de satisfazer as necessidades sociais.

Ao final dos anos sessenta, J.H.W. Verzijl, por exemplo, após distinguir devidamente as fontes formais e material do direito internacional público, ponderou que não era possível examinar as fontes do direito internacional público sem reconhecer a importância do direito natural para o direito das gentes (*droit des gens*), independentemente de o conteúdo do direito natural ter uma existência "objetiva" ou emanar da consciência humana[3]. No entanto, e um tanto surpreendente, Verzijl interrompeu essa linha de raciocínio de forma repentina ao afirmar que apenas as fontes "formais", como procedimentos de "criação" adotados com esse fim por um determinado ordenamento jurídico, deveriam ser consideradas como "fontes" de direito internacional público[4].

Anos antes, a mesma postura de reserva mental já tinha se manifestado na doutrina jurídica. Ao contrário do que foi afirmado, por exemplo, por Hans Kelsen, de que não era possível reconciliar a ordem jurídica com a ordem moral[5], o meu entendimento é no sentido de que a experiência humana ao longo do século XX – marcada por tantos avanços no domínio científico-tecnológico, acompanhados por atrocidades sem precedentes – demonstra que não é possível conceber uma ordem jurídica que se abstraia de uma ordem moral. A afirmação de Kelsen foi feita em sua avaliação sobre um estudo clássico de J.L. Brierly que, como ele, procurou examinar o fundamento de validade das normas do direito internacional. Brierly chegou a afirmar, em seu estudo, que a ligação entre direito e moral era muito mais fundamental do que a sua distinção, e que o fundamento último de uma obrigação internacional assenta-se no seu conteúdo ético[6]; porém, mais adiante, o próprio Brierly confessou não saber como conciliar a crença individual de agir em conformidade com o direito com o caráter imperativo desse último[7].

---

3   J. H. W. Verzijl, *International Law in Historical Perspective*, vol. I, Leyden, Sijthoff, 1968, pp. 1-3.
4   Ao se recusar a levar em conta os princípios que transcendem as normas do direito positivo – independentemente de eles serem apreendidos pela doutrina, pela razão, ou pela consciência humana, ou formados "espontaneamente" (tal como proposto pela "escola histórica"; *ibid.*, pp. 7-8) – acabou ele cedendo à visão hermética do positivismo jurídico.
5   H. Kelsen, "The Basis of Obligation in International Law", *in Estudios de Derecho Internacional – Homenaje al Prof. C. Barcía Trelles*, Santiago de Compostela, Univ. Santiago de Compostela, 1958, p. 110.
6   J.L. Brierly, *The Basis of Obligation in International Law*, Oxford, Clarendon Press, 1958, p. 65.
7   Cf. *ibid.*, pp. 66-67, e cf. também, pp. 68-80. E, em sua obra *The Law of Nations*, limitou-se ele, de maneira bastante insatisfatória, *tout court*, a dizer que a resposta a essa questão seria encontrada fora da ordem jurídica, cabendo à filosofia do direito fornecê-la. Assim, se reteve no

No meu entendimento, não há, de fato, como dissociar a formação do direito internacional dos aspectos atinentes aos seus próprios fundamentos. O predicado tipicamente positivista de abordar a formação do direito internacional a partir da perspectiva das suas "fontes" formais (listadas no artigo 38 do Estatuto da CIJ), com ênfase em provas de consentimento do Estado – como reiterado por muitos anos na jurisprudência da CPJI e da CIJ, – parece cada vez mais sujeito a contestação. É a postura resultante do positivismo analítico do século XIX, baseada no formalismo jurídico (incluindo sua lista de "fontes"), que, para enfrentar os novos desafios com os quais a comunidade internacional se vê confrontada, e atender suas novas necessidades e aspirações, se abstrai do processo multifacetado, vasto e complexo de formação do direito internacional contemporâneo[8].

Na verdade, a postura reducionista que considera somente as fontes formais do direito internacional nunca demonstrou a impossibilidade lógica ou jurídica de também se levar em consideração o *substratum* das normas jurídicas. Ela simplesmente – e dogmaticamente – se recusa a fazê-lo, sem explicar por quê. De minha parte, não vejo qualquer impedimento para também considerar, no estudo da formação do direito internacional, sua fonte material, ainda que ela transcenda – como efetivamente o faz – a ordem jurídica positiva. E vou além: levando-se em conta a dura experiência humana acumulada nas últimas décadas e os novos desafios enfrentados pela humanidade, não vejo como deixar de considerar a fonte material do direito internacional. Afinal, o direito internacional não está de modo algum reduzido a um instrumento a serviço do poder; seus destinatários finais são, em última instância, os seres humanos, cabendo ao direito satisfazer as suas necessidades, entre as quais a realização da justiça[9]. A fonte material do direito internacional reside na própria *consciência humana*.

II. Consciência Humana, *Recta Ratio* e a Universalidade do Direito Internacional

A história do pensamento humano em toda parte revela que a consciência sempre se opôs à injustiça e se rebelou contra a opressão[10]. Na história moderna,

---

meio do caminho... Cf. J.L. Brierly, *The Law of Nations*, 6ª. ed., Oxford, Clarendon Press, 1963, p. 54.
8 Exemplo disso é a "atividade legiferante" de alguns órgãos da ONU (para a realização dos propósitos das Nações Unidas) – principalmente certas resoluções da Assembleia Geral, – com grande relevância para a evolução da *opinio iuris* da comunidade internacional; D.P. Verma, "Rethinking about New International Law-Making Process", 29 *Indian Journal of International Law* (1989) pp. 38, 43-44, 46-47 e 51.
9 A.A. Cançado Trindade, "Reflexiones sobre el Desarraigo como Problema de Derechos Humanos Frente a la Conciencia Jurídica Universal", in *La Nueva Dimensión de las Necesidades de Protección del Ser Humano en el Inicio del Siglo XXI* (eds. A.A. Cançado Trindade e J. Ruiz de Santiago), 3ª. ed., San José de Costa Rica, ACNUR, 2004, pp. 72-73.
10 Cf., e.g., P. Hazard, *La crise de la conscience européenne (1680-1715)*, vol. I, Paris, Gallimard, 1968, p. 114.

mesmo antes da revolução industrial, houve os que se recusaram aderir à convicção crescente de que o progresso científico e material substituiria a Filosofia e as Humanidades e "todas as exigências do espírito humano"[11]. A necessidade de prevalência da *recta ratio* foi assinalada em face dos sofrimentos consideráveis infligidos aos seres humanos[12], assim como do divórcio entre as ciências e as humanidades[13]. Com efeito, os direitos da humanidade (*droits de l'humanité*) foram por vezes evocados já no século XVII e início do século XVIII[14].

De fato, a noção de consciência está profundamente enraizada no pensamento humano. Ela marcou sua presença no pensamento greco-latino clássico, que primeiro procurou problematizá-la. Pode-se argumentar que, nascida do pensamento greco--latino clássico, a noção de consciência seria de difícil apreensão, já que novos significados podem ser atribuídos a ela ao longo dos séculos. Contudo, isso não significa que ela não exista; muito pelo contrário, ela está sempre presente. O mesmo pode ser dito da própria concepção do direito das gentes, ou, na verdade, de qualquer objeto de conhecimento humano. Embora seja verdade que as diferentes ideias e concepções evoluem com o tempo, assim como o próprio Direito (inclusive o *jus gentium*), isso não impede, no meu entender, a noção de consciência de um "mínimo irredutível". A consciência parece ser como o tempo, no sentido de que sabemos o que ela significa, mas, se alguém nos perguntar o que é, teremos dificuldades em defini-la[15].

Esse mínimo irredutível, dificilmente passível de uma única definição, está sempre presente nos diferentes significados atribuídos à consciência na história do pensamento humano. Alguém poderia chamá-lo de *syneidesis/synderesis* (como na Grécia antiga[16]), de

---

11 P. Hazard, *La crise de la conscience européenne (1680-1715)*, vol. II, Paris, Gallimard, 1968, p. 123. Como o autor assinala, mesmo no período entre 1680 e 1715 já havia uma certa consciência da necessidade de desmascarar o "mito" do imperioso – quando não ilimitado – progresso material e científico (divorciado do progresso moral); *ibid.*, vol. II, p.123.

12 Cf. I. Berlin, *The Crooked Timber of Humanity*, Princeton, Princeton University Press, 1997, pp. 19 e 175.

13 I. Berlin, *The Proper Study of Mankind*, N.Y., FSG, 2000, pp. 217, 235-236 e 326-358.

14 P. Hazard, *op. cit. supra* n. (11), pp. 55 e 71.

15 Parafraseando Agostinho (Livro XI de suas *Confissões*): – "Qu'est-ce donc que le temps? Si personne ne me le demande, je le sais. Si quelqu'un pose la question et que je veuille l'expliquer, je ne sais plus. Toutefois, j'affirme avec force ceci: si rien ne passait, il n'y aurait pas de passé; si rien n'advenait, il n'y aurait pas de futur; si rien n'était, il n'y aurait pas de présent". Cf. St. Augustin, *Oeuvres I – Les Confessions précédées de Dialogues philosophiques*, Paris, Gallimard, 1998, p. 1041.

16 Uma aproximação, e.g., do silogismo prático de Aristóteles. Em sua *Ética à Nicômaco* (circa 335-322 a.C.), Aristóteles sustenta o comportamento humano de acordo com a *recta ratio*, entendida como um princípio geral, válido para todos; cf. Aristóteles, *Etica Nicomaquea – Política*, México, Ed. Porrúa, 2000, pp. 9, 16, 19, 23, 43, 95 e 144 (Livro I, Seções VII and XIII; Livro II, Seções II e VI; Livro III, Seção XII; Livro VII, Seções VIII e IX; e Livro X, Seção IX). Mesmo antes dele, a *recta ratio* marca presença nos *Diálogos de Platão* (explicitamente n'*O Banquete*). Cf. Platão, *Diálogos*, vol. III. Madrid, Gredos, 1997, p. 245.

bem moral (como em Cícero[17] e em Sêneca[18]), de conhecimento e busca pelo bem comum (Tomás de Aquino[19]), de preceito da *reta razão* e esclarecimento (Francisco de Vitoria[20]), ou ainda de imperativo categórico (I. Kant[21]). O mínimo irredutível

---

17 No seu *De Legibus* (ou *Das Leis, circa* 51-43 a.C., Livro II), M.T. Cicero afirmou que o que é "certo e verdadeiro" é também "eterno", e não deriva da legislação ou de decisões contenciosas. Cf. M.T. Cicero, *On the Commonwealth and On the Laws.* (ed. J.E.G. Zetzel), Cambridge, Cambridge University Press, 2003 (reed.), p. 133. Ainda no seu *De Legibus* (Livro I), Cicero afirmou que a humanidade inteira estava "unida", e que o "caminho certo da vida" torna "todas as pessoas melhores"; *ibid.*, p.116. No seu *De Officiis* (ou *Dos Deveres*, 44 a.C.), Cicero escreveu que "tudo o que é produzido na Terra é criado para uso da humanidade, e os homens nascem para o bem dos [próprios] homens, para que possam ser capazes de ajudar um ao outro"; M.T. Cicero, *On Duties* (eds. M.T. Griffin e E.M. Atkins), Cambridge, Cambridge University Press, 2003, p. 10. E no seu *De Republica* (ou *Da República, circa* fins da década de 50-46 a.C.), Cícero se concentrou nos princípios últimos, legitimidade e justiça, recorrendo ao direito natural; para ele, a justiça dá "a cada um o que é seu" e reflete "os interesses d[e toda]a humanidade". Cf. M.T. Cicero. *The Republic – The Laws*. Oxford, Oxford University Press, 1998, p. 66 (Livro III, par. 24).

18 Já nos primeiros anos da nossa era (até o ano 63 d.C.), podemos encontrar nas *Cartas a Lucílio*, de Seneca, passagens nas quais ele se refere ao "direito comum da humanidade" ["common law of humankind"]; L.A. Seneca, *Cartas a Lucilio* (ed. V. López Soto), Barcelona, Ed. Juventud, 1982, pp. 124 e 282, e cf. também pp. 168 e 375). Além disso, Seneca afirma que a virtude é identificada como a *recta ratio.* Ibid., p. 177; Sénèque, *Entretiens – Lettres à Lucilius* (ed. P. Veyne), Paris, Ed. R. Laffont, 1993, pp. 768 e 813.

19 No século XIII, em sua *Summa Theologiae* (Parte I), Tomás de Aquino afirmou que as leis humanas somente têm a qualidade de lei quando estão de acordo com a *reta razão*, e sua validade depende de sua justiça; para serem justas, as leis devem estar de acordo com a regra da razão (um preceito de direito natural). Cf. os excertos relevantes da obra, *in* Thomas Aquinas, *Aquinas Selected Political Writings* (ed. A.P. D'Entrèves (ed.), Oxford, Blackwell, 1970, pp. 121, 125 e 129. Cf. também: J.-P. Rentto, "*Jus Gentium*: A Lesson from Aquinas", 3 *Finnish Yearbook of International Law* (1992) pp. 103, 105, 110 and 112-113. Para Aquino, enquanto o direito natural era identificável pela *recta ratio*, sendo assim um Direito "superior" de aplicação universal, o direito positivo era promulgado por autoridades públicas, sendo distinto para diferentes comunidades (e subserviente à "vontade"); a *synderesis*, para ele, associava a razão à busca do bem comum; Th. Aquinas, *Treatise on Law*, Washington D.C., Gateway Ed., 2001 [reprint], pp. 44, 57 e 88. E cf., ademais, P. Groarke and J.L.A. West, "Reconciling Individual Rights and the Common Good: Aquinas and Contemporary Law", *in Philosophical Theory and the Universal Declaration of Human Rights* (ed. W. Sweet), Ottawa, University of Ottawa Press, 2003, pp. 158-161; do mesmo modo, deve-se abordar os direitos individuais em conformidade com o bem comum (*ibid.*, p. 165).

20 Cf. Francisco de Vitoria, *Political Writings* (eds. A. Pagden e J. Lawrance), Cambridge, Cambridge University Press, 1991, pp. XIV-XV.

21 O imperativo categórico, conforme estabelecido especialmente em sua Metafísica dos Costumes (*Fondements de La métaphysique des moeurs*, 1785), era, para Kant, um dado *a priori*, que aponta para a universalização das normas, no sentido de tratar os seres humanos não como meio, mas, cada um deles, como um fim em si mesmo, honrando, assim, a dignidade da personalidade humana. Além disso, em sua *Crítica da Razão Pura* (1786), Kant conceitua a consciência como o "tribunal interno" de cada pessoa como "ser moral"; I. Kant. *[Critique de] la raison pratique*, Paris, PUF, 1963, p. 201.

esteve sempre presente e corresponde à *recta ratio* dos grandes fundadores do direito internacional (como encontrado no *De Lege* de Francisco de Vitoria, no *De Legibus* de Francisco Suárez ou no *De Jure Belli ac Pacis* de Hugo Grócio), que se revela, na verdade, como a *ultima ratio*.

A falta ou ausência da *recta ratio* leva à submissão total dos seres humanos aos detentores do poder, a opressões e atrocidades contra a humanidade (simbolizadas pelo holocausto e demais genocídios do século XX), e, em última instância, ao caos. Com a *recta ratio* da clássica doutrina do direito internacional, prevalece a crença de que é possível apreender o conteúdo do *jus gentium* através da razão humana[22]. Tal *recta ratio* não cai em um subjetivismo, pois pressupõe e exige um direito internacional objetivo, dotado de uma validade intrínseca, que o torna capaz de manter a humanidade junta, unida. Além disso, pressupõe e exige uma ordem de valores universais, que encontra eco na perspectiva universalista do direito das gentes, do direito internacional para a humanidade. A consciência humana – mais precisamente, a consciência jurídica universal – aparece como a fonte material última do direito internacional, fornecendo o fundamento intrínseco do *jus gentium* na busca pela realização da justiça.

Desnecessário dizer que, no processo histórico de sua formação, o direito das gentes, especialmente o direito internacional moderno em um mundo multicultural, se beneficiou de contribuições de linhas distintas de pensamento. Seria impreciso não reconhecer a influência da história europeia na origem da disciplina que veio a ser conhecida como direito internacional – em especial a ordem jurídica internacional da forma que emergiu historicamente na Paz de Vestfália em meados do século XVII, – da mesma forma que seria impreciso não reconhecer o processo de universalização e de humanização do direito internacional que vem gradualmente ocorrendo por mais de um século, com maior intensidade nas últimas décadas, com contribuições de diferentes culturas. Hoje, é geralmente aceito que a universalidade do direito internacional só pode ser reconhecidamente alcançada com base no pluralismo, no respeito mútuo pela diversidade cultural, e na busca de objetivos comuns, que convergem, em última instância, para o bem-estar da humanidade.

Com efeito, o direito internacional tem sofrido um processo de contínua expansão e universalização em um mundo multicultural, de modo a satisfazer as aspirações da humanidade. Na minha visão, há, no mundo multicultural dos nossos tempos, um mínimo irredutível, que, no que tange ao direito internacional, repousa sobre a sua fonte material última: a consciência humana. Isso pode realmente ter formas distintas de expressão, em culturas diferentes, mas creio que, ao final, todas significam o que é comum a todos os seres humanos (e que os distingue de outras espécies), que guia suas ações, que identifica seus valores, que os assiste na busca do significado de suas vidas, individualmente e em coletividades socialmente organizadas: a consciência humana.

---

22 G. Fourlanos. *Sovereignty and the Ingress of Aliens*, Stockholm, Almqvist & Wiksell, 1986, p. 17, e cf. também pp. 19-23, 79-81, 160-161 e 174-175.

Em última análise, é da consciência humana, independente da forma como é chamada nas distintas partes do mundo, que emana todo o direito, inclusive o direito internacional. O reconhecimento da consciência jurídica universal como sua fonte material última (em grande medida ignorado pela doutrina jurídica internacional nas últimas décadas) tem igualmente ocorrido, já há muito, em escritos lúcidos em diferentes partes do mundo e culturas distintas. Assim, no último quartel do século XIX, por exemplo, Chao Phya Aphay Raja (o então principal conselheiro do Rei Rama V da Tailândia), para quem a "expressão da consciência pública" era a primeira manifestação de direito internacional, declarou em 1886 que:

> "Aujourd'hui déjà, les progrès de la conscience publique nous permettent d'affirmer comme une vérité incontestable que le développement et, par conséquent, la liberté rationnelle de l'être humain forment le but principal et légitime de tout droit, national ou international"[23].

Um século mais tarde, em uma linha similar de argumentação, S. Sucharitkul ponderou, em 1983, que o direito internacional

> "devrait être humanisé, aussi longtemps que l'on garde l'espoir de survivre [...].
> L'humanité tout entière devrait se faire valoir comme sujet de droit dans ce monde [...] multiculturel. [...] Si [...] l'homme persiste dans sa prudence, l'humanité aura encore sa chance."[24]

Em suma, é a consciência humana que pode conduzir – e assegurar – a universalidade do direito internacional. A consciência jurídica universal é a fonte material *par excellence* do *corpus juris* do direito internacional, que em nossos dias se orienta para o atendimento das necessidades e aspirações da humanidade como um todo.

III. A Fonte Material do Direito Internacional Mais Além do Positivismo Jurídico Estatal

Ao longo da história do pensamento jusinternacionalista, o recurso à "consciência" tem sido muito mais frequente do que se poderia, *prima facie*, supor. De Grócio a Vattel, de Martens a Alejandro Álvarez e Barile, a doutrina do direito internacional foi sempre municiada de evocações à consciência humana para estabelecer os fundamentos da disciplina e a validade de suas normas[25]. A noção de *consciência*

---

23 Cit. in S. Sucharitkul, «L'humanité en tant qu'élément contribuant au développement progressif du droit international contemporain», *in L'avenir du droit international dans un monde multiculturel/The Future of International Law in a Multicultural World* (ed. R. J. Dupuy, Colloque de La Haye, novembre 1983), The Hague, Nijhoff, 1984, pp. 418-419.
24 S. Sucharitkul, *op. cit. supra* n. (23), p. 423, 426-427.
25 Cf., e.g., M. Koskenniemi, *From Apology to Utopia*: The Structure of International Legal Argument, Helsinki, Finnish Lawyers' Publ. Co., 1989, pp. 82, 92, 95, 97, 113, 120, 182 e 357-358.

jurídica universal foi gradualmente se incorporando à teoria e prática do direito internacional, particularmente nos últimos dois séculos, com a emergência, no século XIX, do conceito da *communis opinio juris*, e sua inserção no pensamento jurídico internacional[26].

Nas primeiras décadas do século XX, a expressão "consciência jurídica internacional" foi usada – lembrando a noção clássica da *civitas maxima gentium* – a fim de fomentar o espírito de solidariedade internacional[27]. Com efeito, logo no início do século XX, a partir de 1906, Hugo Krabbe propôs uma ordem jurídica universal para toda a humanidade, seguindo a tradição dos teólogos espanhóis do direito internacional; porém, ao contrário de Francisco de Vitoria e Francisco Suárez, que fundamentaram suas teorias no direito natural, a concepção de H. Krabbe decorria da "consciência jurídica universal"[28]. Léon Duguit, por sua vez, previa um direito internacional *objetivo*, derivado não da soberania dos Estados, mas, novamente, de "uma consciência jurídica internacional"; seu sucessor intelectual, Georges Scelle, apoiou a primazia do direito internacional nos vários ordenamentos jurídicos nacionais[29].

Em seu estudo desse desenvolvimento da doutrina, Alfred Verdross considerou que os princípios gerais do direito, que fornecem as bases do direito nacional de vários países, foram reconhecidos como tais pela "consciência jurídica universal"[30]. Assim, nas palavras de A. Verdross:

> "la règle juridique est créée par une pratique constante tandis que[, dans le premier cas,] le principe général naît déjà au moment de sa première reconnaissance par la conscience juridique universelle".[31]

---

26 Isso se deve em grande medida à abordagem da escola histórica alemã do direito (cf. ibid., p.367) e à decadência do velho dogma positivista do consentimento (*voluntas* individual) para estabelecer o costume internacional; cf. A. Carty, *The Decay of International Law? A Reappraisal of the Limits of Legal Imagination in International Affairs*, Manchester, University Press, 1986, pp. 26-28 e 33. Já no final do século XIX, o direito consuetudinário era tido como "a manifestação da consciência jurídica internacional" (pelo jurista suíço A. Rivier, em seu livro *Principes du droit des gens*, de 1896), consubstanciado pela repetição contínua de atos consoante à consciência de sua necessidade; cit. in ibid., p. 27.
27 Cf., e.g., G. Tassitch, «La conscience juridique internationale», 65 *RCADI* (1938), pp. 310-311, 314, 316-317 e 320.
28 A. Verdross, «Coïncidences: Deux théories du droit des gens apparues à l'époque de la création de l'Académie de droit international», *in*: R.-J. Dupuy (ed.); *Académie de Droit International de La Haye / Hague Academy of International Law – Livre jubilaire/Jubilee Book (1923-1973)*, Leyden, Sijthoff, 1973, pp. 84-85.
29 *Ibid.*, p. 85.
30 *Ibid.*, p. 92; e A. Verdross, "Les principes généraux du droit dans la jurisprudence internationale", 52 *RCADI* (1935) pp. 223ss..
31 A. Verdross, "Coïncidences: Deux théories du droit des gens...", *op. cit. supra* n. (28), p. 93.

Todos os Estados, tenham aceito ou não a jurisdição compulsória dos tribunais internacionais, encontram-se vinculados por tais princípios apreendidos pela consciência jurídica universal.³²

Essa evolução conceitual foi levada adiante pela mudança de uma dimensão *internacional* para uma dimensão verdadeiramente *universal*. A preocupação em garantir a soberania dos Estados foi superada pela preocupação em assegurar conjuntamente um ordenamento jurídico internacional com base em um sentido de justiça objetivo: a superação da concepção voluntarista do direito internacional (incapaz de explicar o processo de formação das normas de direito internacional geral) foi claramente demonstrada pela linha de evolução jurisprudencial que separa, por exemplo, a *obiter dicta* da Corte Permanente de Justiça Internacional (CPIJ) no caso *Lotus* (1927) das decisões da Corte Internacional de Justiça (CIJ) nos casos da *Plataforma Continental do Mar do Norte* (1969); o reconhecimento de valores objetivos muito contribuiu para a formação da *communis opinio juris*³³, e o mesmo pode ser dito da consciência generalizada do imperativo de se satisfazer as necessidades sociais básicas da comunidade internacional como um todo.

Para os positivistas e "realistas" políticos, o recurso à consciência jurídica internacional pode parecer algo de difícil demonstração – para não dizer algo metajurídico. Com isso, eles têm buscado apoio para os seus próprios pontos de vista na "vontade" dos Estados. Parecem eles ser indiferentes ao recurso à consciência, que se destina a estabelecer os limites e controles necessários para a arbitrariedade da "vontade" dos Estados. Isso é por eles ignorado. Parecem igualmente alheios ao fato de que o recurso à consciência tem, por trás de si, uma longa reflexão jurídica, que, pela insistência deles em transmitir seu "realismo" – hoje aparentemente de novo *en vogue*, – parece estar quase esquecida em nossos dias.

O recurso, tão assídua e acriticamente feito hoje em dia à suposta "vontade criativa" dos Estados, negligencia o fato de que a prática dela decorrente não é de todo desprovida de ambiguidades, incongruências e contradições. O papel criativo da consciência jurídica universal em busca de metas comuns da comunidade internacional é, por sua vez, claramente demonstrável, tendo sido constantemente evocado na teoria e prática do direito internacional: nos *travaux preparatoires* e textos adotados de tratados internacionais, nos processos diante de tribunais internacionais, na jurisprudência internacional, nas obras da doutrina jusinternacionalista. A consciência jurídica internacional é, em última instância, a fonte material do direito internacional.

---

32 *Ibid.*, p. 96.
33 B. Stern, "La coutume au coeur du droit international – Quelques réflexions", *in Mélanges offerts à P. Reuter – Le droit international: unité et diversité*, Paris, Pédone, 1981, pp. 493, 496 e 487; Maarten Bos, *A Methodology of International Law*. Amsterdam: North-Holland, 1984, p. 251, e cf. também pp. 246 e 253-255.

IV. Evocação e Afirmação da Consciência Jurídica em Tratados Internacionais

Na prática internacional, a ideia de consciência jurídica internacional tem marcado presença em muitos debates nas Nações Unidas (principalmente na VI Comissão da Assembleia Geral, cf. *infra*), no trabalho das Conferências de codificação do direito internacional (o assim-chamado "direito de Viena") e nos respectivos *travaux préparatoires* da Comissão de Direito Internacional da ONU (CDI)[34]. Referências à consciência, certamente suscetíveis, nos nossos dias, de um desenvolvimento conceitual mais aprofundado, aparecem também em outros tratados internacionais.

A Convenção para a Prevenção e Repressão do Crime de Genocídio (1948), por exemplo, se refere, em seu preâmbulo, ao "espírito" das Nações Unidas. Meio século depois, o preâmbulo do Estatuto de Roma do Tribunal Penal Internacional (1998), se referiu à "consciência da humanidade" (segundo *considerandum*). E o preâmbulo da Convenção Interamericana sobre o Desaparecimento Forçado de Pessoas, para citar outro exemplo, evoca a "consciência do Hemisfério" (segundo *considerandum* do preâmbulo).

Podem-se acrescentar outros exemplos. Os elementos constitutivos da cláusula Martens – "os princípios da humanidade e dos ditames da consciência pública" – são expressamente evocados nos preâmbulos do Protocolo II (1977) às Convenções de Genebra sobre Direito Internacional Humanitário de 1949 (quarto *considerandum*)[35], e da Convenção sobre Proibições ou Restrições ao Emprego de Certas Armas Convencionais (1980) (quinto *considerandum*)[36]. Da mesma forma, a Convenção sobre a Proibição do Desenvolvimento, Produção e Estocagem de Armas Bacteriológicas (Biológicas) e à Base de Toxinas e sua Destruição (1972) assevera, nos dois últimos *consideranda* do seu preâmbulo, que a proibição dessas armas é para beneficiar toda a humanidade, e que seu uso "repugnaria à consciência da humanidade".

Ademais, a consciência jurídica internacional foi evocada nos *travaux préparatoires* das duas Convenções de Viena sobre Direito dos Tratados (1969 e 1986) por Delegações de diferentes partes do mundo. Assim, na Conferência de Viena de 1968-1969, que adotou a Convenção de Viena sobre Direito dos Tratados de 1969, o Delegado do México (E. Suárez) afirmou que as normas de *jus cogens* são

---

34 Mais recentemente, essa ideia tem ocupado um espaço importante no ciclo de Conferências Mundiais das Nações Unidas durante os anos noventa; cf. A.A. Cançado Trindade, "International Law for Humankind: Towards a New *Jus Gentium* – General Course on Public International Law – Part II", 317 *RCADI* (2005), cap. XXVI, pp. 247-268.

35 Que dispõe: – "Relembrando que, nos casos não previstos pelo direito vigente, a pessoa humana permanece sob a salvaguarda dos princípios de humanidade e das exigências da consciência pública".

36 Que dispõe: – "Confirmando sua determinação de que, em casos não cobertos pela Convenção e seus Protocolos anexos ou por outros acordos internacionais, a população civil e os combatentes permanecerão em qualquer tempo sob a proteção e a autoridade dos princípios de Direito Internacional derivados do costume estabelecido, dos princípios de humanidade e dos ditados da consciência pública".

"aquelas que resultam dos princípios considerados pela *consciência jurídica da humanidade* como absolutamente essenciais para a coexistência na comunidade internacional em uma determinada fase do seu desenvolvimento histórico"[37].

Na mesma linha de pensamento, o Representante da Itália (A. Maresca) afirmou que as normas de *jus cogens* são "normas do direito internacional geral reconhecidas pela comunidade internacional como um todo, o que significa dizer que elas foram baseadas na 'consciência jurídica de toda a humanidade'"[38]. Da mesma forma, o Delegado da França (J.J. de Bresson) afirmou que

"a matéria do jus cogens era o que representou a expressão inegável da *'consciência universal'*, do denominador comum daquilo que os homens de todas as nacionalidades consideraram como sagrado, ou seja, o respeito e a proteção dos direitos da pessoa humana"[39].

Também para o Representante do Mali (D. Maiga), a norma regra do *"jus cogens* ajudaria a fortalecer a 'consciência jurídica das nações'"[40]. O Delegado do Iraque (M. K. Yasseen), por sua vez, advertiu que os

"Estados não poderiam, por tratado, ignorar as normas mais elevadas, que foram essenciais para a vida da comunidade internacional, e [que estão] profundamente enraizadas na 'consciência da humanidade'"[41].

E o Representante do Uruguai (E. Jiménez de Aréchaga) arriscou-se a prever que, na prática, um tratado que violasse essas normas superiores, representando "uma flagrante afronta à 'consciência internacional', seria pouco frequente"[42].

Ainda no contexto dos debates sobre *jus cogens*, o Delegado da Espanha (F. de Castro) entendeu necessário também ressaltar que nenhum tribunal internacional de arbitragem "poderia considerar como vinculante qualquer disposição que se contrapõe à 'consciência da comunidade internacional'"[43]. Para o Representante da Polônia (S. Nahlik), os fundamentos do direito internacional contemporâneo deveriam ser encontrada nas realidades da vida internacional tal qual expressas na "consciên-

---

37 United Nations. *United Nations Conference on the Law of Treaties – Official Records [UNCLT – OR]* (First Session, March/May 1968), vol. I (statement of 04.05.1968), p. 294, para. 7 (ênfase acrescentada).
38 United Nations. *UNCLT – OR* (Second Session, April/May 1969), vol. II (statement of 12.05.1969), p. 104, para. 39 (ênfase acrescentada).
39 United Nations. *UNCLT – OR* (First Session, March/May 1968), vol. I (statement of 06.05.1968), p. 309, para. 32 (ênfase acrescentada).
40 *Ibid.*, vol. I (statement of 07.05.1968), p. 327, para. 74 (ênfase acrescentada).
41 *Ibid.*, vol. I (statement of 04.05.1968), p. 296, para. 23 (ênfase acrescentada)
42 *Ibid.*, vol. I (statement of 06.05.1968), p. 303, para. 48 (ênfase acrescentada).
43 United Nations, *UNCLT – OR* (Second Session, April/May 1969), vol. II (statement of 14.05.1969), p. 124, para. 72 (ênfase acrescentada).

cia" dos Estados⁴⁴. E o Delegado da Colômbia (H. Ruiz Varela), da mesma maneira, evocou as normas da "*'consciência jurídica universal'*"⁴⁵.

Não há que passar despercebido que, já no final dos anos sessenta, no século XX, tais evocações à consciência jurídica universal, em relação às normas peremptórias do direito internacional, partiram de delegados de todas as latitudes e diferentes contextos culturais e jurídicos. Deram eles expressão à comunidade internacional pluralista da época, que, não obstante, sentiu a necessidade da afirmação dessa consciência jurídica universal. Assim, ao contrário do que os porta-vozes de um positivismo ultrapassado tentam defender, tal afirmação foi uma reação ao velho padrão de dominação ou manipulação da ordem jurídica internacional por um número pequeno de grandes potências individuais, e todos os abusos dele decorrentes.

Posteriormente, em meados dos anos oitenta, a questão foi novamente tratada nos trabalhos da Conferência das Nações Unidas sobre Direito dos Tratados entre Estados e Organizações Internacionais, ou entre Organizações Internacionais (1986). Naquela ocasião, o Representante do Brasil (A.A. Cançado Trindade) advertiu que o *jus cogens* é "incompatível com a concepção voluntarista do direito internacional, que nunca conseguiu explicar a formação das normas do direito internacional geral"⁴⁶. E o Delegado do Chipre (Droushiotis) acrescentou que as "normas de *jus cogens*" são "as mais importantes normas de direito internacional, por serem de natureza universal e por conterem obrigações *erga omnes*"⁴⁷.

Dificilmente poder-se-ia negar a tendência do direito internacional contemporâneo de cuidar da proteção da humanidade como um todo, – um processo que tem sido fomentado pela descolonização e pelo surgimento e desenvolvimento do Direito Internacional dos Direitos Humanos⁴⁸. Mesmo antes da inserção do conceito de *jus cogens* na primeira Convenção de Viena sobre Direito dos Tratados (a de 1969), no decurso dos debates na VI Comissão da Assembleia Geral da ONU sobre os *Draft Articles on the Law of Treaties* da Comissão de Direito Internacional (CDI), as Delegações de alguns Estados já relacionavam esse conceito emergente com a consciência jurídica universal.

Destarte, como indicado por um estudo sobre esse ponto específico, em tais debates (de 1963 a 1966) da VI Comissão, antes da adoção da Convenção de Viena de

---

44 United Nations, *UNCLT – OR* (First Session, March/May 1968), vol. I (statement of 06.05.1968), p. 302, para. 33 (ênfase acrescentada).

45 *Ibid.*, vol. I (statement of 06.05.1968), p. 301, para. 26 (ênfase acrescentada).

46 U.N., *United Nations Conference on the Law of Treaties between States and International Organizations or between International Organizations – Official Records*, Vol. I (statement of 12.03.1986), pp. 187-188, para. 18.

47 In: *ibid.*, p. 193, para. 84.

48 S. Sucharitkul, "Évolution continue d'une notion nouvelle: le patrimoine commun de l'humanité", *in International Law at a Time of Perplexity – Essays in Honour of S. Rosenne* (ed. Y. Dinstein), Dordrecht, Nijhoff, 1989, p. 905.

1969, as Delegações de alguns Estados relacionaram os fundamentos do *jus cogens* aos interesses mais caros, à manutenção e à própria sobrevivência da comunidade internacional. A Delegação do Chipre, por exemplo, afirmou que certas normas têm sua justificativa essencial como sendo "a expressão comum da consciência da comunidade internacional"[49]. Para a Delegação francesa, o caráter universal do *jus cogens* indica que certos princípios são vinculantes *vis-à-vis* à comunidade internacional como um todo, enquanto a Delegação italiana, por sua vez, identificou nessa nova tendência uma evolução rumo a um "direito público verdadeiramente universal"[50].

V. Consciência Jurídica Universal: O Significado Histórico da Cláusula Martens

Uma cláusula de grande transcendência merece ser destacada à parte: a assim-chamada "cláusula Martens", que conta com mais de um século de história. Originalmente apresentada pelo Delegado da Rússia, Friedrich von Martens, na I Conferência de Paz da Haia, em 1899, foi inserida nos preâmbulos tanto da II Convenção da Haia de 1899 (parágrafo 9) como da IV Convenção de Haia de 1907 (parágrafo 8), ambas referentes às leis e costumes da guerra terrestre. Seu objetivo – em conformidade com a sábia premonição do jurista e diplomata russo – era o de estender, juridicamente, a proteção aos civis e combatentes em todas as situações, mesmo as não contempladas por normas de tratados; para esse fim, a cláusula Martens evoca "os princípios do direito internacional" derivados do "costume estabelecido", assim como dos "princípios da humanidade" e dos "ditames da consciência pública". Posteriormente, a cláusula Martens voltou a aparecer na disposição comum às quatro Convenções de Genebra de Direito Internacional Humanitário de 1949 (artigos 63, 62, 142 e 158, respectivamente), relativa à denúncia de tratado, e também no Protocolo Facultativo I (de 1977) às Convenções (art. 1, § 2º), – apenas para citar algumas das principais Convenções do Direito Internacional Humanitário.

Em sua evocação à consciência pública, a cláusula Martens foi assim dotada de validade contínua ao longo de mais de um século, ainda que, por mais avançada que possa ser a codificação das normas humanitárias, dificilmente possa ela ser tida como verdadeiramente completa. A cláusula Martens continua assim a servir de advertência à suposição de que o que não estiver expressamente proibido pelas Convenções de Direito Internacional Humanitário, poderia estar permitido; muito ao contrário, a cláusula Martens defende a aplicabilidade contínua dos princípios de

---

49 *Cit. in* M. Pérez González, "Los Gobiernos y el *Jus Cogens*: Las Normas Imperativas del Derecho Internacional en la Sexta Comisión", *in Estudios de Derecho Internacional Público y Privado – Homenaje al Prof. L. Sela Sampil*, vol. I, Universidad de Oviedo, 1970, pp. 107 e 109.
50 *Cit. in ibid.*, pp. 118 e 115, respectivamente. As modificações introduzidas pelo *jus cogens superveniens* foram tidas como sendo fruto de uma mudança na "consciência comunitária" em relação à aplicação das normas internacionais; *ibid.*, p. 115.

direito internacional, dos princípios da humanidade e ditames da consciência pública, independentemente do surgimento de novas situações ou do desenvolvimento de novas tecnologias[51]. A cláusula Martens impede, pois, o *non liquet*, e exerce um papel importante na hermenêutica e aplicação das normas humanitárias.

O fato de os redatores das Convenções de 1899, 1907 e 1949, e do Protocolo I de 1977, terem reiteradamente afirmado os elementos da cláusula Martens nesses respectivos instrumentos internacionais, serve de reconhecimento da referida cláusula como emanação da fonte material do Direito Internacional Humanitário[52], e o direito internacional como um todo. Desse modo, a referida cláusula vem exercendo uma influência contínua na formação espontânea do conteúdo de novas normas de Direito Internacional Humanitário[53]. O jurista egípcio Hamed Sultan, por exemplo, relacionou a "linguagem moderna" da cláusula Martens com os princípios fundamentais, de longa data, da concepção islâmica do Direito Humanitário (tais como os da justiça e equidade, e também os da dignidade e integridade da pessoa humana)[54].

O jurista suíço-polonês Christophe Swinarski ponderou que, ao entrelaçar os princípios da humanidade com os ditames da consciência pública, a cláusula Martens estabeleceu uma "interdependência orgânica" entre a legalidade da proteção e sua legitimidade, em benefício de todos os seres humanos[55]. Uma monografia publicada na Rússia, em 1999, sobre o legado da cláusula Martens, destacou a primazia do direito (*prééminence du droit*) na solução de controvérsias e na busca pela paz[56]. A doutrina jurídica contemporânea também tem caracterizado a cláusula Martens como fonte do direito internacional geral[57], e ninguém hoje ousaria negar que os "princípios da humanidade" e os "ditames da consciência pública" evocados pela

---

51 B. Zimmermann. "Protocol I – Article 1", in *Commentary on the Additional Protocols of 1977 to the Geneva Conventions of 1949* (eds. Y. Sandoz. Ch. Swinarski e B. Zimmermann), Geneva, ICRC/ Nijhoff, 1987, p. 39.

52 H. Meyrowitz, "Réflexions sur le fondement du droit de la guerre", in *Études et essais sur le droit international humanitaire et sur les principes de La Croix-Rouge en l'honneur de Jean Pictet* (ed. Ch. Swinarski), Geneva/The Hague, ICRC/ Nijhoff, 1984, pp. 423-424; e cf. H. Strebel, "Martens' Clause", in *Encyclopedia of Public International Law* (ed. R. Bernhardt), vol. 3, Amsterdam, North-Holland Publ. Co., 1982, pp. 252-253.

53 F. Münch, "Le rôle du droit spontané", in *Pensamiento Jurídico y Sociedad Internacional – Libro-Homenaje al Prof. A. Truyol Serra*, vol. II, Madrid, Univ. Complutense, 1986, p. 836; H. Meyrowitz, *op. cit. supra* n. (52), p. 420.

54 H. Sultan, "La conception islamique du droit international humanitaire dans les conflits armés", 34 *Revue égyptienne de droit international* (1978) pp. 7-9, e cf. p. 4. Cf. também, sobre os ditames da consciência pública em geral, e.g., W. B. Hallaq, *The Origins and Evolution of Islamic Law*, Cambridge, Cambridge University Press, 2005, p. 203.

55 C. Swinarski, "Préface", in V. V. Pustogarov, *Fedor Fedorovitch Martens – Jurist i Diplomat*, Moscow, Ed. Mezdunarodinye Otnoscheniya, 1999, p. xi.

56 V. V. Pustogarov, *op. cit. supra* n. (55), pp. 1-287.

57 F. Münch, *op. cit. supra* n. (53), p. 836.

cláusula pertencem ao domínio do *jus cogens*⁵⁸. A referida cláusula, como um todo, foi concebida e reiteradamente afirmada, em última análise, em benefício de toda a humanidade, mantendo, assim, sua atualidade. A cláusula Martens ser considerada como uma expressão da *raison d'humanité*, impondo limites à *raison d´État*.

VI. Invocação da Consciência Jurídica em Processos Judiciais e na Jurisprudência Internacional

No decorrer do processo (fases escrita e oral) relativo ao pedido de Parecer Consultivo sobre a *Ilegalidade das Armas Nucleares*, formulado pela Assembleia Geral da ONU e pela Organização Mundial de Saúde (OMS) perante a CIJ (1994-1995), alguns dos Estados intervenientes, não surpreendentemente, invocaram os "princípios da humanidade" e os "ditames da consciência pública" em seus argumentos. Para recordar apenas alguns exemplos, a Austrália, e.g., expressamente invocou a cláusula Martens, arguindo que os princípios da humanidade e os ditames da consciência pública não são estáticos, e permeiam todo do direito internacional em evolução, buscando a proibição de armas nucleares para todos os Estados. A mesma Austrália reafirmou, ainda, o que consta do último parágrafo do preâmbulo da Convenção contra Armas Biológicas, argumentando que a advertência lá contida, contra tais armas "repugnantes à consciência da humanidade", se aplicaria igualmente às armas nucleares, e que seu uso seria contrário aos princípios gerais da humanidade⁵⁹.

Por sua vez, o Japão asseverou que o uso de armas nucleares, devido aos danos consideráveis que acarreta, é claramente contrário ao princípio de humanidade nos fundamentos do direito internacional⁶⁰. E a Nova Zelândia afirmou que o *rationale* do Tratado de Não Proliferação de Armas Nucleares de 1968 é no sentido de que "armas nucleares são demasiado perigosas para a humanidade e devem ser eliminadas"⁶¹. Já o Egito apregoou que a ameaça ou uso de armas nucleares, como armas de destruição em massa, é proibido pelo Direito Internacional Humanitário; o Protocolo Facultativo I de 1977 às Convenções de Genebra de 1949 estabelece a proibição do sofrimento desnecessário (artigo 35) e impõe a diferenciação entre população civil e militares (artigo 48). Assim sendo, as armas nucleares, por seus

---

58 S. Miyazaki, "The Martens Clause and International Humanitarian Law", in *Études et essais ... en l'honneur de J. Pictet, op. cit. supra* n. (52), pp. 438 e 440.

59 CIJ, *loc. cit.*, pleadings of Australia (1995), p. 45, 60 e 63, e também p. 68.

60 Government of Japan. *Written Statement of the Government of Japan* (on the Request for an Advisory Opinion to the ICJ by the World Health Organization), 10.06.1994, p. 2 (circulação interna); Government of Japan, *Written Statement of the Government of Japan* (on the Request for an Advisory Opinion to the ICJ by the United Nations General Assembly), 14.06.1995, p. 1 (circulação interna); Government of Japan, *The Oral Statement by the Delegation of Japan in the Public Sitting Held at the Peace Palace*, The Hague, 07.11.1995, p. 1 (circulação interna).

61 CIJ, *loc. cit.*, pleadings of New Zealand (1995), p. 33.

efeitos de destruição em massa indiscriminada, infringem o Direito Internacional Humanitário, que contém preceitos de *jus cogens*; e como assinalado por sucessivas resoluções da Assembleia Geral da ONU, tais preceitos constituem a *opinio juris* da comunidade internacional[62].

Em relação à *jurisprudência internacional*, um exemplo claro reside na jurisprudência da Corte Interamericana de Direitos Humanos (CtIADH)[63], ao qual se pode acrescentar a jurisprudência emergente dos dois Tribunais Penais Internacionais *ad hoc* para a Ex-Iugoslávia e Ruanda. Ademais, a própria jurisprudência da CIJ contém elementos desenvolvidos a partir de *considerações básicas de humanidade*[64].

VII. Invocação e Afirmação da Consciência Jurídica na Doutrina Jusinternacionalista

Também na doutrina do direito internacional encontram-se elementos para o desenvolvimento da questão, apesar de não terem eles, surpreendentemente, sido articulados suficientemente até o presente. A noção que considero suficiente para dar expressão à consciência jurídica universal encontrou guarida na doutrina em tempos relativamente recentes (cf. *supra*), particularmente ao longo do século XX, com o surgimento do conceito de *communis opinio juris* em contraposição ao velho dogma positivista do consentimento individual (*voluntas*) para a formação do direito consuetudinário[65]. Nas três primeiras décadas do século XX, a expressão "consciência jurídica internacional" foi efetivamente utilizada, em um sentido ligeiramente distinto, e recordando a noção clássica da *civitas maxima*, com o intuito de promover e fomentar o espírito de solidariedade internacional[66].

Cabe aqui recordar os debates do *Institut de Droit International* (sessão de Nova York, 1929) sobre um Projeto de Declaração sobre Direitos Humanos. Na ocasião se

---

62   CIJ, *loc. cit.*, pleadings of Egypt (1995), pp. 37-41 e 44.
63   Referências expressas à consciência jurídica universal se encontram, e.g., em alguns dos meus Votos Individuais na jurisprudência da CtIADH, e.g., no Parecer n. 16, sobre o *Direito à Informação sobre Assistência Consular no Âmbito das Garantias do Devido Processo Legal* (1999), pars. 3-4, 12 e 14; nas Medidas Provisórias de Proteção no caso dos *Haitianos e Dominicanos de Origem Haitiana na República Dominicana* (2000), par. 12; no caso *Bámaca Velásquez versus Guatemala* (mérito, Sentença de 25.11.2000), pars. 16 e 28; dentre outros.
64   Cf., e.g., A.A. Cançado Trindade, "La jurisprudence de la Cour internationale de Justice sur les droits intangibles / The Case-Law of the International Court of Justice on Non-Derogable Rights", in *Droits intangibles et états d'exception / Non-Derogable Rights and States of Emergency* (eds. D. Prémont, C. Stenersen e I. Oseredczuk), Brussels, Bruylant, 1996, p. 73-89; e cf. também, A.A. Cançado Trindade, "International Law for Humankind: Towards a New Jus Gentium – General Course on Public International Law – Part II", 317 *RCADI* (2005), cap. XVI, pp. **[cf.]**.
65   A. Carty, *op. cit. supra* n. (26), pp. 26-28 e 33.
66   Cf., e.g., G. Tassitch, "La conscience juridique internationale", *op. cit. supra* n. (27), pp. 310-311, 314, 316-317 e 320.

observou que a "vida espiritual" e a "consciência jurídica" dos povos exigiam um novo direito das gentes a partir da afirmação de direitos humanos[67]. Em um determinado momento dos memoráveis debates de 1929 do *Institut* – quase esquecidos em nossos dias – ponderou-se, por exemplo, que

> "dans la conscience du monde moderne, la souveraineté de tous les Etats doit être limitée par le but commun de l'humanité. [...] L'Etat dans le monde n'est qu'un moyen en vue d'une fin, la perfection de l'humanité [...]. La protection des droits de l'homme est le *devoir de tout Etat* envers la communauté internationale. [...] Il s'agit de proclamer les droits que la conscience du monde civilisé reconnaît aux individus en tant qu'hommes [...]"[68].

Com efeito, ao final dos referidos debates, o *Institut* (22ª Comissão) adotou uma resolução contendo a *Déclaration des droits internationaux de l'homme*, cujo primeiro *considerandum* enfaticamente afirmava que "a consciência jurídica do mundo civilizado exige o reconhecimento de direitos do indivíduo, protegidos de qualquer ameaça ou violação por parte do Estado".[69]

Ainda na época da Segunda Guerra Mundial (1944), Alejandro Álvarez sustentou que os princípios do direito e os preceitos da justiça internacional emanavam espontaneamente da consciência jurídica internacional[70]. E, três anos depois, em um relatório apresentado ao *Institut de Droit International* (sessão de Lausanne, 1947), A. Álvarez, em meio à "grave crise" enfrentada pelo direito internacional, reiterou sua visão de que a justiça internacional era a manifestação da consciência jurídica internacional, da qual emanam os preceitos do direito das gentes[71]; acrescentou, ainda, que os interesses gerais da comunidade internacional deveriam "modelar" os "direitos dos Estados e indivíduos", e guiar a obra de reconstrução do direito internacional[72].

A seu turno, em sua inspiradora monografia *International Law in an Expanded World*, B.V.A. Rölling também invocou os interesses superiores da comunidade internacional como um todo para proteger a humanidade contra a guerra, "proteger o fraco contra o forte", estabelecer uma ordem jurídica internacional na qual seus membros são "legalmente obrigados a se absterem de ações injustificadamente prejudiciais a outros", e lançar as bases – em um mundo expandido – para a construção

---

67 Cf. *Annuaire de l'Institut de droit international* (New York Session), vol. II, 1929, pp. 114, 134-135 e 137.

68 *Op. cit. supra* n. (67), pp. 112 e 117.

69 Cit. in *ibid.*, p. 298.

70 Para ele, a "justiça internacional" emana da "consciência pública" ou "consciência dos povos"; A. Álvarez, *La Reconstrucción del Derecho de Gentes – El Nuevo Órden y la Renovación Social*. Santiago de Chile, Ed. Nascimento, 1944, pp. 19-21, 24-25, 86-87 e 488.

71 A. Álvarez, "Méthodes de la codification du droit international public – Rapport", in *Annuaire de l'Institut de droit international* (1947) pp. 38, 46-47, 50-51, 54, 64 e 69.

72 *Ibid.*, pp. 44-45, 68-69 e 70.

de um direito internacional verdadeiramente universal[73]. Outras referências à "consciência jurídica" e "consciência moral" se encontram, por exemplo, no *Meditación sobre la Justicia* (1963), de Antonio Gómez Robledo, em meio à sua lúcida crítica ao positivismo jurídico.[74] Ainda em meados dos anos sessenta, S. Glaser sustentou que as normas internacionais consuetudinárias são as que, "em conformidade com a consciência universal", deveriam regulamentar a comunidade internacional, de modo a atender o interesse comum e responder às exigências de justiça; e acrescentou que

> "C'est sur cette conscience universelle que repose la principale caractéristique du droit international: la conviction que ses normes sont indispensables pour le bien commun explique leur reconnaissance en tant que règles obligatoires"[75].

O reconhecimento de certos *valores* fundamentais, que contêm um sentido de justiça objetiva, muito tem contribuído para a evolução em curso da *communis opinio juris*[76] nas últimas décadas do século XX. Reconhece-se aqui a evolução conceitual pela qual passou o direito das gentes, de uma dimensão internacional para uma dimensão universal (sob a grande influência do desenvolvimento do Direito Internacional dos Direitos Humanos), conducente à identificação dos interesses comuns da comunidade internacional e do reconhecimento generalizado do imperativo de atendimento às necessidades humanas básicas[77]. Desse modo, no início dos anos setenta, foi possível contemplar – tal como o fêz, e.g., o jurista nigeriano T.O. Elias – uma "tendência acentuada rumo ao consenso, como expressão da consciência jurídica da comunidade mundial"[78].

Posteriormente, no final dos anos oitenta, uma corrente da doutrina jusinternacionalista sustentou que a fonte das normas superiores do direito internacional encontra-se na consciência universal, de onde emanam certos princípios do direito internacional; a doutrina positivista se mostrou incapaz de elaborar uma concepção

---

73 B.V.A. Röling. *International Law in an Expanded World*, Amsterdam, Djambatan, 1960, pp. xiii, xv, 52-53, 56, 83, 122 e 126. As metas acima mencionadas (proteger a humanidade contra a guerra, o fraco contra o forte, etc.), acrescenta o autor, foram motivadas por uma "revolta" da consciência internacional contra os horrores da II guerra mundial (em especial, as práticas criminosas nazistas) e uma nova consciência de que os seres humanos já não podem ser deixados apenas como sujeitos de seus respectivos Estados-nações (*ibid.*, p.114); seus direitos emanam diretamente do direito internacional.
74 A. Gómez Robledo, *Meditación sobre la Justicia*, México, Fondo de Cultura Económica, 1963, pp. 179 e 185.
75 S. Glaser, *L'arme nucléaire à la lumière du droit international*, Paris, Pédone, 1964, p. 18.
76 Maarten Bos, *A Methodology...*, op. cit. supra n. (33), 1984, p. 251, e cf. também pp. 246 e 253-255.
77 B. Stern, "La coutume au coeur...", op. cit. supra n. (33), p. 487.
78 T. O. Elias, "Modern Sources of International Law", *in Transnational Law in a Changing Society: Essays in Honour of Ph. C. Jessup* (eds. W. Friedmann, L. Henkin e O. Lissitzyn), N.Y./London, Columbia University Press, 1972, p. 51.

de direito internacional conducente ao estabelecimento de uma verdadeira ordem jurídica, tornando-se necessário, pois, acudir à "consciência universal", fonte última das "normas superiores do direito internacional"[79]. Esses são apenas alguns exemplos a revelar que, ao longo do século XX, houve jusinternacionalistas que tiveram a intuição e a sensibilidade para detectar a realidade da "consciência humana" mais além da "realidade" crua dos fatos.

VIII. Observações Finais: As Realizações do Direito Internacional e a Consciência Jurídica Universal

Durante todo o tempo de formação e expansão do direito internacional, o recurso à consciência jurídica universal ajudou a estabelecer limites necessários aos excessos dos que detêm o poder público, cujas decisões eram tidas como sendo a "vontade" dos Estados. Esta última tem comumente se revelado como um fator desagregador, somada às incongruências e contradições das práticas estatais. O direito internacional tradicional, tal como se apresentava no início do século passado, se caracterizava pelo voluntarismo estatal ilimitado, que se refletia na permissividade do recurso à guerra, na celebração de tratados desiguais, na diplomacia secreta e na manutenção de colônias, protetorados e zonas de influência. Contra essa ordem oligárquica e injusta surgiram princípios como os da proibição do uso e ameaça do uso da força e das guerras de agressão (e do não reconhecimento das situações delas decorrentes), da igualdade jurídica dos Estados e da solução pacífica das controvérsias internacionais.[80] Ademais, iniciou-se a luta contra as desigualdades (com a abolição das capitulações, o estabelecimento do regime da proteção das minorias no âmbito da Liga das Nações, assim como a adoção das primeiras Convenções internacionais laborais da OIT).

A consciência jurídica universal, a contrário da concepção voluntarista, tem constantemente dado expressão aos princípios fundamentais do direito internacional. A invocação desses últimos veio para cumprir as "exigências éticas" da ordem jurídica internacional, a partir de uma perspectiva jusnaturalista renovada. Tais princípios vieram iluminar a formação e evolução da ordem jurídica internacional, dada a flagrante incapacidade do positivismo jurídico de explicar a formação das normas consuetudinárias, de visualizar o direito como meio de realização da justiça, e de reconhecer que o fundamento último do direito encontra-se necessariamente fora do ordenamento jurídico positivo[81].

---

79 G. Sperduti, "La souveraineté, le droit international et la sauvegarde des droits de la personne", in *International Law at a Time of Perplexity – Essays in Honour of S. Rosenne*, Dordrecht, Nijhoff, 1989, pp. 884-885 e 880; acrescentou ele o jurista deve dizer a verdade mais além do positivismo, o qual é ilógico (*ibid.*, pp. 879-880).
80 Cf. A.A. Cançado Trindade, "International Law for Humankind...", *op. cit. supra* n. (1), cap. III, pp. 85-121.
81 Cf. A. Truyol y Serra, *Fundamentos de Derecho Internacional Público*, 4ª. ed. Madrid, Tecnos, 1977, pp. 19, 61, 68, 73, 104-105 e 117.

Em meados do século XX, reconheceu-se a necessidade da reconstrução do direito internacional, com atenção voltada aos direitos inerentes a todo ser humano – do que a adoção da Declaração Universal de 1948 deu eloquente testemunho, seguida, ao longo de cinco décadas, por mais de 70 tratados de proteção, atualmente em vigor nos planos global e regional[82], em uma manifestação clara do despertar da consciência jurídica universal para a necessidade de assegurar a proteção efetiva do ser humano em todas e quaisquer circunstâncias. O direito internacional veio a experimentar, na segunda metade do século XX, uma extraordinária expansão, impulsionada, em grande parte, pela atuação das Nações Unidas e de suas agências especializadas, bem como das organizações regionais.

Desse modo, pela influência direta das organizações internacionais, o processo de formação das normas de direito internacional tornou-se complexo e multifacetado, com a finalidade de alcançar uma regulamentação mais ampla, que satisfizesse as necessidades e aspirações da comunidade internacional como um todo[83]. A vasta produção normativa das Nações Unidas, por exemplo, não estava mais limitada apenas aos projetos da CDI[84], – que sem dúvida conservam seu valor e utilidade, – mas veio a se estender à Assembleia Geral, à VI Comissão (para Assuntos Jurídicos), às Conferências de plenipotenciários convocadas pela ONU; ademais, as agências especializadas do sistema das Nações Unidas, como a Organização Internacional do Trabalho (OIT), a UNESCO, a Agência Internacional de Energia Atômica (AIEA), entre outras – além das organizações regionais – vieram a produzir numerosos tratados e convenções de grande importância nas distintas áreas da atividade humana[85].

O surgimento de novos Estados, no decorrer do processo histórico de descolonização, veio marcar profundamente a evolução do direito internacional nos anos cinquenta e sessenta, em meio ao grande impacto, dentro das Nações Unidas, decorrente do surgimento do direito de autodeterminação dos povos. O processo de

---

82 Paralelamente, na era das Nações Unidas consolidou-se o sistema de segurança coletiva, que, no entanto, não opera de forma satisfatória devido aos impasses gerados pela guerra fria, – embora continue a ser, ainda hoje, essencial para a preservação da paz e segurança internacionais.

83 A. A. Cançado Trindade, *Direito das Organizações Internacionais*, 3ª. ed., Belo Horizonte, Edit. Del Rey, 2003, pp. 724-737.

84 United Nations, *The Work of the International Law Commission*, 5ª. ed., N.Y., U.N., 1996, pp. 1-501.

85 A. Pellet, "La formation du droit international dans le cadre des Nations Unies", 6 *European Journal of International Law* (1995) pp. 401-425; F. Cede, "New Approaches to Law-Making in the U.N. System", 1 *Austrian Review of International and Comparative Law* (1996) pp. 51-66; E. McWhinney, *Les Nations Unies et la formation du droit*, Paris, Pédone/UNESCO, 1986, pp. 101-129 e 261-287

"democratização" do direito internacional foi lançado[86]. Ao transcender os velhos parâmetros do clássico direito da paz e da guerra, o direito internacional se equipou para responder às novas exigências e desafios da vida internacional, com grande ênfase na cooperação internacional[87].

Da década de sessenta à década de oitenta, os forums multilaterais estiveram envolvidos em um processo intenso de elaboração e adoção de sucessivos tratados e resoluções sobre a regulamentação de espaços[88]. A partir de então, o direito internacional gradualmente passou por uma transformação notável. Como observado com precisão, o direito internacional contemporâneo deixou de ser uma ordem jurídica formalista para se tornar um "droit matériel", e, "sob a pressão da comunidade humana universal [...], a produção normativa se enriqueceu", dando expressão aos "valores da solidariedade e justiça entre os povos"[89].

A evolução do direito internacional ao longo do século XX dá testemunho de avanços decorrentes, no meu entender, da fonte material última do direito, i.e., a consciência jurídica universal, – apesar dos abusos sucessivos cometidos contra seres humanos, que vitimaram a humanidade como um todo. Há vários elementos que demonstram tais avanços, seja na jurisprudência internacional e na prática dos Estados, das organizações internacionais e de outros sujeitos de direito internacional, seja na doutrina jurídica mais lúcida. A partir desses elementos – permito-me insistir uma vez mais nesse ponto central – dá-se "o despertar da consciência jurídica universal" para reconstruir o direito internacional, nesse início do século XXI, com base em um novo paradigma, não mais estatocêntrico, mas situando os seres humanos em uma posição central e tomando em conta os problemas que afetam a humanidade como um todo[90].

O recurso à consciência jurídica universal tem-se dado, assim, em conformidade com a visão humanista do direito internacional, reconhecendo a necessidade premente de se definir limites à força nas relações entre Estados e outros sujeitos do direito internacional. Por um lado, o recurso à "vontade" está em consonância com a capacidade real de agir e influenciar que possuem cada um dos Estados e demais sujeitos do direito internacional, e que varia de sujeito para sujeito. Por outro lado, a

---

86 Cf. H. Valladão, *Democratização e Socialização do Direito Internacional*, Rio de Janeiro, Livr. José Olympio, 1961, pp. 7-98; P. Buirette-Maurau, *La participation du tiers-monde à l'élaboration du droit international*, Paris, LGDJ, 1983, pp. 19-202.

87 As Nações Unidas gradualmente passaram a voltar sua atenção também ao domínio econômico e social, além do comércio internacional, sem prejuízo de sua preocupação inicial e continuada com a preservação da paz e segurança internacional.

88 Em diferentes áreas, como as do espaço sideral e do direito do mar.

89 B. Conforti, "Humanité et renouveau de la production normative", *in Humanité et droit international – Mélanges R.-J. Dupuy*, Paris, Pédone, 1991, pp. 113-114 e 118.

90 A.A. Cançado Trindade, *O Direito Internacional em um Mundo em Transformação*, Rio de Janeiro, Ed. Renovar, 2002, pp. 1039-1109.

postura anterior, de recurso à consciência jurídica universal, sustenta o primado do espírito sobre a matéria (que é a visão que sempre sustentei com firmeza).

Ao longo de sucessivas crises e desastres que têm afetado a humanidade, a mesma tem, não obstante, se mantido consciente de sua criatividade e da necessidade de ser mestre de seu próprio destino. É verdade que a humanidade tem, em uma dimensão temporal, vivenciado a destruição de civilizações inteiras na história, uma após a outra, mas é igualmente verdadeiro que ela se manteve ciente da importância da consciência para orientar a ação humana e sua própria evolução. Como agudamente observado por Pierre Teilhard de Chardin, apesar de Susa, Memphis, Atenas e outros centros civilizacionais terem perecido em suas épocas respectivas, uma "consciência do universo" manteve-se em evolução e crescimento ao longo dos tempos[91].

As forças destrutivas, tanto os desastres naturais quanto as guerras feitas pelo homem, não foram capazes de impedir o curso da evolução dessa consciência e da percepção da necessidade de se viver com justiça e paz em um universo ordenado. Essa consciência é a fonte material última de todo o Direito. Afinal, não nos surpreende que, apesar da ascensão e queda das civilizações no tempo (por exemplo, Roma), a ideia do Direito tenha sobrevivido a toda destruição[92] e tenha avançado – no meu entender, através da consciência humana – em busca da realização de uma justiça objetiva.

A experiência de mais de uma década como Juiz de um tribunal internacional de direitos humanos reforçou meus sentimentos de que a consciência jurídica universal é a fonte material *par excellence* do direito internacional. Em vários dos meus Votos Individuais na jurisprudência da CtIADH, sustentei meu entendimento de que, em última instância, é devido à consciência jurídica universal que podemos testemunhar, nos dias de hoje, o processo histórico de *humanização* do direito internacional.[93] Espero sinceramente que a doutrina jurídica do século XXI venha dedicar uma atenção consideravelmente maior à fonte material do direito internacional, aos fundamentos da validade de suas normas.

A atitude predominante dos jusinternacionalistas nas últimas décadas do século XX tem sido a de limitar-se às fontes "formais" do direito internacional, tal como reconhecidas pelo artigo 38 do Estatuto da CIJ[94]. Esse dispositivo foi um

---

91 P. Teilhard de Chardin, *Himno del Universo*, 2ª. ed., Madrid, Ed. Trotta, 2000 (reed.), pp. 90-91.
92 Cf. Montesquieu, *Considérations sur les causes de la grandeur des Romains et de leur décadence* [1734)], Paris, Garnier, 1954 (reed.), pp. 50-51, 62 and 118.
93 Cf. meu Voto Concordante no Parecer n. 16, sobre o *Direito à Informação sobre Assistência Consular no Âmbito das Garantias do Devido Processo Legal* (1999), pars. 3-4, 12 e 14; Voto Concordante nas Medidas Provisórias de Proteção no caso dos *Haitianos e Dominicanos de Origem haitiana na República Dominicana* (2000), par. 12; Voto Arrazoado no caso *Bámaca Velásquez versus Guatemala* (mérito, 2000), pars. 28 e 16; Voto Concordante no Parecer n. 18, sobre a *Condição Jurídica e os Direitos dos Migrantes Indocumentados* (2003), pars. 23-25 e 28-30, esp. par. 29.
94 Que é um dispositivo jurídico de quase 90 anos de idade...

produto do seu tempo (1920), e os desafios do século XXI de fato exigem que se vá muito mais além. O estudo das "fontes" do direito internacional não pode ser adequadamente realizado desde uma perspectiva estritamente positivista, que deixa os valores de lado. O direito internacional[95] não pode jamais ser reduzido a um mero instrumento a serviço do poder.

Alguns podem argumentar, como o têm feito, que a consciência jurídica universal é algo metajurídico. No entanto, se levassem em conta que nenhuma norma do direito positivo pode se tornar a fonte de sua própria validade, então não precisariam temer a asserção de que a fonte material do direito internacional, assim como de qualquer direito, é, de fato, metajurídica – e essa constatação, na minha visão, não isenta os jusinternacionalistas do dever que têm de considerá-la de boa-fé[96]. Os juristas do passado (até os anos setenta) pareciam estar mais preparados para examinar a questão, em maior profundidade, do que a maioria dos nossos contemporâneos.

Daí as visões reducionistas do direito internacional que, infelizmente, parecem prevalecer em nossos dias, marcadas pelo pragmatismo e pelo "tecnicismo". Muitos jusinternacionalistas, hoje em dia, raramente se atrevem a ir além do direito positivo, sendo, ao contrário, receptivos – quando não subservientes – às relações de poder e dominação, prestando, assim, um desserviço ao direito internacional. Os juristas não podem ignorar a inelutável dimensão axiológica da disciplina, e, em meu entender, não podem verdadeiramente deixar de considerare sua fonte material última: a consciência jurídica universal.

É essa última que leva adiante o direito internacional, assim como todo o Direito. Não se pode realmente alcançar a universalidade do direito internacional, nem tampouco uma ordem jurídica internacional voltada ao atendimento das necessidades e aspirações da humanidade, com base tão somente no direito positivo. Daí a grande necessidade e importância de se levar em conta, devidamente e em primeiro lugar, a fonte material do direito internacional, e de todo o direito, i.e., aquilo que realmente o move sempre adiante: a consciência jurídica universal.

Em conclusão, a dinâmica da vida internacional contemporânea, movida pela consciência humana, tem se cuidado de afastar a visão tradicional de que as normas internacionais derivam inteiramente da "vontade livre" dos próprios Estados. Tem-se constatado que só se encontra uma resposta à questão dos fundamentos e validade de

---

95 Os destinatários do direito internacional são os Estados, as organizações internacionais, os povos e os seres humanos, e, em última análise, a humanidade, e que deve atender suas necessidades, dentre elas, sobretudo, a realização da justiça.
96 Recorde-se que, no processo de elaboração da *Declaração da ONU sobre os Princípios do Direito Internacional Relativos às Relações Amistosas e à Cooperação entre os Estados*, de 1970, sustentou-se o entendimento de que a Declaração buscava expressar uma "convicção jurídica universal"; cf. A.A. Cançado Trindade, "International Law for Humankind...", *op. cit. supra* n. (1), cap. III, pp. 85-121.

tais normas na "consciência jurídica universal", a partir da afirmação da ideia de uma justiça objetiva. Nesse início do século XXI, temos o privilégio de testemunhar e o dever de promover o processo histórico de *humanização* do direito internacional, que, em conformidade com o novo *ethos* dos nossos tempos, vem aprofundar-se na percepção e realização de valores e metas comuns superiores. Desse modo, o direito internacional evolui, se expande, se fortalece e se aprimora, e, em última análise, se legitima.

Parte II

A EMANCIPAÇÃO DO SER HUMANO COMO SUJEITO DO DIREITO INTERNACIONAL

V

A Emancipação do Ser Humano como Sujeito do Direito Internacional e os Limites da Razão de Estado[1]

Que sejam minhas primeiras palavras de sinceros agradecimentos à Universidade do Estado do Rio de Janeiro (UERJ), na pessoa de seu Magnífico Reitor, Professor Dr. Antônio Celso Alves Pereira, pela decisão de conferir-me a medalha da "Ordem do Mérito José Bonifácio" no grau de Gran-Oficial. Como este gesto generoso de tão importante Instituição acadêmica brasileira, representada por seus ilustres Reitor e Professores presentes nesta solenidade, se prende, como presumo, ao que tenho buscado realizar no domínio do Direito Internacional dos Direitos Humanos, permito-me desenvolver algumas reflexões a respeito, voltadas à *emancipação do ser humano como sujeito do Direito Internacional* e ao reconhecimento dos *limites da razão de Estado*, – reflexões estas entremeadas de um depoimento de minha própria experiência pessoal acumulada no presente domínio de proteção, o qual tanto tem enriquecido o próprio Direito Internacional Público contemporâneo.

Os grandes pensadores contemporâneos que se dispuseram a extrair as lições que levaremos deste século coincidem em um ponto capital, tão bem ressaltado, por exemplo, nos derradeiros escritos de Bertrand Russell, de Karl Popper, de Isaiah Berlin, dentre outros: nunca, como no século XX, se verificou tanto progresso na ciência e tecnologia acompanhado tragicamente de tanta destruição e crueldade; nunca, como em nossos tempos, se verificou tanto aumento da prosperidade acompanhado de modo igualmente trágico de tanto aumento – estatisticamente comprovado – das disparidades econômico-sociais e da pobreza extrema! O crepúsculo deste século desvenda um panorama de progresso científico e tecnológico sem precedentes acompanhado de padecimentos humanos indescritíveis.

Ao longo deste século de trágicas contradições, do divórcio entre a sabedoria e o conhecimento especializado, da antinomia entre o domínio das ciências e o descontrole dos impulsos humanos, das oscilações entre avanços e retrocessos, gradualmente se transformou a função do direito internacional, como instrumental jurídico já não só de regulação como sobretudo de *libertação*. O direito internacional tradicional, vigente no início do século, marcava-se pelo voluntarismo estatal ilimitado, que se refletia na permissividade do recurso à guerra, da celebração de tratados

---

[1] Discurso proferido pelo Autor na sessão solene de outorga da medalha da "Ordem do Mérito José Bonifácio" no Grau de Gran-Oficial, realizada no salão nobre da Faculdade de Direito da Universidade do Estado do Rio de Janeiro (UERJ), no Rio de Janeiro, Brasil, em 09 de julho de 1999.

desiguais, da diplomacia secreta, da manutenção de colônias e protetorados e de zonas de influência. Contra esta ordem oligárquica e injusta se insurgiram princípios como os da proibição do uso e ameaça da força e da guerra de agressão (e do não reconhecimento de situações por estas geradas), da igualdade jurídica dos Estados, da solução pacífica das controvérsias internacionais. Deu-se, ademais, início ao combate às desigualdades (com a abolição das capitulações, o estabelecimento do sistema de proteção de minorias sob a Liga das Nações, e as primeiras convenções internacionais do trabalho da OIT).

Em meados do século reconheceu-se a necessidade da reconstrução do direito internacional com atenção aos direitos do ser humano, do que deu eloquente testemunho a adoção da Declaração Universal de 1948, seguida, ao longo de cinco décadas, por mais de 70 tratados de proteção hoje vigentes nos planos global e regional. Na era das Nações Unidas consolidou-se, paralelamente, o sistema de segurança coletiva, que, no entanto, deixou de operar a contento em razão dos impasses gerados pela guerra fria. O direito internacional passou a experimentar, no segundo meado deste século, uma extraordinária expansão, fomentada em grande parte pela atuação das Nações Unidas e agências especializadas, ademais das organizações regionais, estendida também ao domínio econômico e social, a par do comércio internacional.

A emergência dos novos Estados, em meio ao processo histórico de descolonização, veio marcar profundamente sua evolução nas décadas de cinquenta e sessenta, em meio ao grande impacto no seio das Nações Unidas do direito emergente de autodeterminação dos povos. Desencadeou-se o processo de *democratização* do direito internacional. Ao transcender os antigos parâmetros do direito clássico da paz e da guerra, equipou-se o direito internacional para responder às novas demandas e desafios da vida internacional, com maior ênfase na cooperação internacional. Nas décadas de sessenta a oitenta, os foros multilaterais se engajaram em um intenso processo de elaboração e adoção de sucessivos tratados e resoluções de regulamentação dos espaços, em áreas distintas como as do espaço exterior e do direito do mar.

As notáveis transformações no cenário mundial contemporâneo desencadeadas, a partir de 1989, pelo fim da guerra fria e a irrupção de numerosos conflitos internos, têm caracterizado os anos noventa como um momento na história marcado por uma profunda reflexão, em escala universal, sobre as próprias bases da sociedade internacional e a formação gradual da agenda internacional do século XXI. O ciclo das Conferências Mundiais das Nações Unidas deste final de século tem procedido a uma reavaliação global de muitos conceitos à luz da consideração de temas que afetam a humanidade como um todo. Seu denominador comum tem sido a atenção especial às *condições de vida* da população (particularmente dos grupos vulneráveis, em necessidade especial de proteção), daí resultando o reconhecimento universal da necessidade de situar os seres humanos de modo definitivo no centro de todo processo de desenvolvimento.

Com efeito, os grandes desafios de nossos tempos – a proteção do ser humano e do meio-ambiente, o desarmamento, a erradicação da pobreza crônica e o desenvolvimento humano, e a superação das disparidades alarmantes entre os países e dentro deles, – têm incitado à revitalização dos próprios fundamentos e princípios do direito internacional contemporâneo, tendendo a fazer abstração de soluções jurisdicionais e espaciais (territoriais) clássicas e deslocando a ênfase para a noção de solidariedade. Compreende-se hoje, enfim, que a *razão de Estado tem limites*, no atendimento das necessidades e aspirações da população, e no tratamento equânime das questões que afetam toda a humanidade.

O ordenamento internacional tradicional, marcado pelo predomínio das soberanias estatais e exclusão dos indivíduos, não foi capaz de evitar a intensificação da produção e uso de armamentos de destruição em massa, e tampouco as violações maciças dos direitos humanos perpetradas em todas as regiões do mundo, e as sucessivas atrocidades de nosso século, inclusive as contemporâneas, – como o holocausto, o *gulag*, seguidos de novos atos de genocídio, e.g., no sudeste asiático, na Europa Central (ex-Iugoslávia) e na África (Ruanda). Tais atrocidades têm despertado a consciência jurídica universal para a necessidade de reconceitualizar as próprias bases do ordenamento internacional.

Afirmam-se, assim, com maior vigor, os direitos humanos universais. Já não se sustentam o monopólio estatal da titularidade de direitos nem os excessos de um positivismo jurídico degenerado, que excluíram do ordenamento jurídico internacional o destinatário final das normas jurídicas: o ser humano. Reconhece-se hoje a necessidade de restituir a este último a posição central – como *sujeito do direito tanto interno como internacional* – de onde foi indevidamente alijado, com as consequências desastrosas já assinaladas. Em nossos dias, o modelo westphaliano do ordenamento internacional afigura-se esgotado e superado.

A própria dinâmica da vida internacional cuidou de desautorizar o entendimento tradicional de que as relações internacionais se regiam por regras derivadas inteiramente da livre vontade dos próprios Estados. O positivismo voluntarista mostrou-se incapaz de explicar o processo de formação das normas do direito internacional geral, e se tornou evidente que só se poderia encontrar uma resposta ao problema dos fundamentos e da validade deste último na consciência jurídica universal, a partir da asserção da ideia de uma justiça objetiva. Nesta linha de evolução também se insere a tendência atual de "criminalização" de violações graves dos direitos da pessoa humana, paralelamente à consagração do princípio da jurisdição universal. Neste final de século, temos o privilégio de testemunhar o processo de *humanização* do direito internacional, que passa a se ocupar mais diretamente da realização de metas comuns superiores. O reconhecimento da centralidade dos direitos humanos corresponde a um novo *ethos* de nossos tempos.

A titularidade jurídica internacional do ser humano, tal como a anteviam os chamados fundadores do direito internacional (o direito *das gentes*), é hoje uma realidade.

Para alcançar este grau de evolução foi necessário superar inúmeros obstáculos, nos planos tanto nacional como internacional. Permito-me, nesta solenidade aqui na UERJ, recordar alguns episódios de minha própria experiência pessoal. Desde que apresentei meu Parecer, de 16.08.1085, com os fundamentos jurídicos para a adesão do Brasil aos tratados gerais de direitos humanos, como então Consultor Jurídico do Itamaraty, foi necessário aguardar por mais de seis anos sua aprovação congressual, para que o Brasil enfim se tornasse Parte nos dois Pactos de Direitos Humanos (de Direitos Civis e Políticos, e de Direitos Econômicos, Sociais e Culturais) das Nações Unidas (em 24.01.1992), e na Convenção Americana sobre Direitos Humanos (em 25.09.1992).

Durante esta longa espera, tive o ensejo de criar na Universidade de Brasília a disciplina "Proteção Internacional dos Direitos Humanos", e de organizar em várias cidades, com o respaldo de entidades humanitárias, uma série de seminários de mobilização da opinião pública nacional neste propósito, que contaram com a valiosa participação de diversos colegas de nossos círculos acadêmicos, dentre os quais dois ilustres cultores do Direito Internacional Público na UERJ, o Reitor Antonio Celso Alves Pereira e o Professor Celso D. de Albuquerque Mello, aqui presentes, fiéis companheiros de tantas jornadas, por cujo apoio constante a nossa causa comum ao longo dos anos hoje lhes estendo as expressões renovadas de minha gratidão.

Desde que apresentei outro Parecer, de 18.10.1989, ainda como Consultor Jurídico do Itamaraty, com os fundamentos jurídicos para a aceitação pelo Brasil da competência da Corte Interamericana de Direitos Humanos em matéria contenciosa, foi necessário esperar quase uma década, até que, em 10.12.1998, se efetuasse o depósito do respectivo instrumento de aceitação pelo Brasil. Felizmente estas decisões foram tomadas, reconciliando a posição de nosso país com seu pensamento jurídico mais lúcido, e congregando as instituições do poder público e as organizações não governamentais e demais entidades de nossa sociedade civil em torno da causa comum da proteção do ser humano.

No tocante à aplicação da normativa internacional de proteção no direito interno, o quadro não tem sido distinto. Desde que apresentei, em audiência pública na Assembleia Nacional Constituinte, em 29.04.1987, a proposta que se transformou no artigo 5, parágrafo 2, de nossa Constituição Federal de 1988, em virtude do qual os direitos constitucionalmente consagrados abarcam igualmente os constantes dos tratados de direitos humanos em que o Brasil é Parte, até hoje continuamos esperando pelo dia em que se venha a dar a devida aplicação a esta disposição constitucional. A Constituição de um país não é um menu, de onde se possam extrair as disposições a aplicar, ignorando as demais. Estou convencido de que, em mais de uma década da vigência de nossa Constituição Federal, muito mais poderíamos ter avançado na proteção dos direitos humanos em nosso país se todos os setores do Poder Judiciário estivessem dando aplicação cabal àquela disposição.

Outras ilustrações poderiam ser mencionadas: por exemplo, desde que o Brasil ratificou as duas Convenções contra a Tortura que hoje o vinculam – a das Nações Unidas, em 28.09.1989, e a Interamericana, de 20.07.1989, – foi necessário esperar quase oito anos até que a Lei n. 9455, de 07.04.1997 viesse a tipificar o crime de tortura em nosso direito interno, e ainda assim com algumas falhas, guardando um paralelismo apenas imperfeito com as duas Convenções supracitadas. Assim é trabalhar no campo da proteção dos direitos humanos: é como nadar *contra a correnteza*, para fazer uso de expressão consagrada em um dos escritos de Isaiah Berlin.

Se passamos do plano nacional ao internacional, o mesmo quadro de dificuldades se nos apresenta. Sempre me recordarei dos momentos finais da II Conferência Mundial de Direitos Humanos, em junho de 1993, quando, a duras penas, – e aparentemente mais pela exaustão do que pela convicção da maioria dos Delegados, – logramos enfim incluir, no artigo 1 da Declaração e Programa de Ação de Viena, a simples reasserção da universalidade dos direitos humanos, que as Delegações partidárias do chamado relativismo cultural buscavam evitar. Os que hoje lêem aquele documento, não se dão conta da luta que travamos para evitar o grave retrocesso conceitual de uma relativização – que teria sido desastrosa – dos direitos humanos universais. Naqueles momentos dramáticos da Conferência Mundial de Viena, o teor da Declaração Universal dos Direitos Humanos de 1948 me parecia demasiado avançado para o mundo de 1993.

A insensatez humana parece não ter limites, e a memória do sofrimento de gerações passadas parece não resistir à erosão do tempo. Assim é trabalhar no campo da proteção dos direitos humanos, onde o progresso parece dar-se em forma não linear, mas pendular. No plano regional, por exemplo, há poucas semanas, em 26 de maio passado, entrou em vigor uma denúncia, sem precedentes, da Convenção Americana sobre Direitos Humanos, efetuada por Trinidad e Tobago. Jamais me esquecerei das últimas horas do dia 25 de maio em que, em sessão da Corte Interamericana de Direitos Humanos, cinco horas antes da entrada em vigor da referida denúncia, logramos ordenar a tempo, sempre sob a pressão impiedosa do relógio, medidas provisórias de proteção, no sentido de suspender a execução de condenados à pena de morte naquele país. Poderia aqui evocar, como fiel ilustração das dificuldades que permeiam a luta em prol dos direitos humanos, o mito do Sísifo, nas imorredouras reflexões de um dos maiores escritores deste século, Albert Camus: é um trabalho de perseverança que simplesmente não tem fim.

Por outro lado, e talvez em razão da dimensão humana do desafio sempre a defrontar-nos, dificilmente poderia haver labor mais gratificante do que o empreendido no presente domínio, – sobretudo quando, uma vez resolvido um litígio, recebemos a visita de uma vítima para dizer-nos – como já nos ocorreu – que em seu caso enfim se fêz justiça graças à operação dos mecanismos internacionais de proteção. Considero um privilégio poder estar atuando, em benefício de tantos seres humanos, no contencioso internacional que já faz parte da história contemporânea da proteção internacional dos direitos humanos na América Latina.

A par dos casos decididos pela Corte Interamericana de Direitos Humanos, que me eximo de comentar (referindo-me a meus votos nas respectivas sentenças da Corte), guardo a melhor das lembranças, por exemplo, do desfecho de dois importantes casos para cuja solução fui convocado: um relativo à Nicarágua, no âmbito da Organização dos Estados Americanos (OEA), e outro relativo à Rússia, no âmbito do Conselho da Europa. O relatório sobre o primeiro caso, entregue ao Secretário-Geral da OEA em 04.02.1994, contribuiu decisivamente a por fim a uma gravíssima crise institucional que ocasionara a suspensão por alguns meses dos trabalhos do Parlamento nicaraguense.

No continente europeu, transcorrido pouco mais de um ano, ante a fragmentação da União Soviética e a emergência e consolidação da Comunidade dos Estados Independentes (CEI), o Conselho da Europa solicitou-me um parecer sobre as implicações jurídicas da coexistência entre a Convenção Europeia de Direitos Humanos e a Convenção de Minsk sobre Direitos Humanos de 1995. Recordo-me que, na época, havia muitos em Estrasburgo que temiam que uma aproximação com a Rússia poderia baixar os padrões de proteção dos direitos humanos em um Conselho da Europa ampliado. Ponderei que a preocupação não deveria ser esta, mas sim auxiliar a Rússia a que elevasse seus próprios padrões de proteção, trazendo-a para dentro do Conselho da Europa, e não excluindo-a, como ocorrera no passado com Cuba no sistema interamericano. O Parecer que apresentei ao Conselho da Europa em 06.10.1995, acatado por sua Assembleia Parlamentar, contribuiu, para minha satisfação, ao ingresso da Federação Russa no Conselho da Europa e a que se tornasse ela Parte na Convenção Europeia de Direitos Humanos.

Espero que o mesmo desfecho positivo tenha o mais recente caso submetido a minha consideração: há poucos dias, em 25.06.1999, no âmbito do atual processo negociador tripartite Nações Unidas/Portugal/Indonésia sobre o futuro do Timor-Leste, fiz entrega do Parecer que me foi solicitado sobre a matéria, em que desenvolvo os fundamentos jurídicos em defesa do direito de autodeterminação do povo do Timor-Leste, e os argumentos em favor da opção pela independência (ao invés de simples autonomia mitigada) no referendo popular a realizar-se na Ilha, programado em princípio para agosto próximo, sob a supervisão das Nações Unidas. A ação, no presente domínio de proteção, não visa reger as relações entre iguais, mas proteger os ostensivamente mais fracos e vulneráveis, e quando sentimos que contribuímos para assegurar a proteção do Direito àqueles que mais dela necessitam, a satisfação é redobrada, e, – ousaria acrescentar, – possivelmente maior do que em qualquer outra área da ciência jurídica contemporânea.

Em meio a muitos percalços, alguns avanços inequívocos se têm efetivamente registrado no presente domínio de proteção. Por exemplo, em nosso continente, desde sua instalação em 1979 até hoje, a Corte Interamericana de Direitos Humanos já realizou 44 períodos ordinários e 23 extraordinários de sessões, ao longo dos quais emitiu, até o presente, 53 sentenças (sobre exceções preliminares, mérito, reparações e interpretação) e 15 pareceres, além de 55 medidas provisórias de proteção. Graças a esta jurisprudência protetora, ainda virtualmente desconhecida no Brasil, temos logrado salvar vidas, por fim a violações dos direitos humanos, modificar práticas administrativas e medidas legislativas, e prover reparações às vítimas ou seus familiares.

Em sua jurisprudência recente, a Corte Interamericana tem enfatizado o papel central, no sistema de proteção, das garantias judiciais e do direito a um recurso rápido e eficaz perante as instâncias judiciais nacionais competentes. A consagração de tal direito, originalmente no artigo 8 da Declaração Universal dos Direitos Humanos, constituiu a contribuição talvez mais importante dos países latino-americanos à elaboração daquele histórico documento de 1948, que desencadou o processo de generalização da proteção internacional dos direitos humanos. Este direito encontra-se hoje consagrado no artigo 25 da Convenção Americana sobre Direitos Humanos, e a Corte Interamericana, em sentenças recentes, tem assinalado que o direito a um recurso efetivo ante os juízes ou tribunais nacionais competentes constitui um dos pilares básicos, não só da Convenção Americana, como do próprio Estado de Direito em uma sociedade democrática no sentido da Convenção, uma vez que se encontra diretamente ligado ao direito de acesso à justiça.

É este um tema que me parece de importância capital: impõe-se o direito de acesso à justiça nos planos tanto nacional como internacional. A proteção judicial constitui a forma mais aperfeiçoada de salvaguarda dos direitos humanos. Em meu entender, devemos assegurar a maior participação possível dos indivíduos, das supostas vítimas, no procedimento perante a Corte Interamericana, sem a intermediação da Comissão Interamericana de Direitos Humanos.

É esta uma bandeira que venho empunhando já há algum tempo nos foros internacionais e que, apesar das costumeiras resistências, vem ganhando ultimamente crescentes e importantes adesões. É esta a causa que continuarei defendendo, no plano internacional, até suas últimas consequências. Os europeus tiveram que esperar por mais de quatro décadas, até a entrada em vigor, em 01.11.1998, do Protocolo XI à Convenção Europeia de Direitos Humanos, que veio enfim assegurar o *jus standi* dos indivíduos diretamente ante a Corte Europeia de Direitos Humanos, em todos os casos.

Entendo que, ao reconhecimento de direitos, deve corresponder a capacidade processual de vindicá-los ou exercê-los, igualmente no plano internacional. É este um imperativo de equidade que contribui à instrução e transparência do processo. Ao direito de acesso à justiça no plano internacional deve corresponder a garantia da igualdade processual das partes, – os indivíduos demandantes e os Estados demandados, – que é da própria essência da proteção internacional dos direitos humanos. A jurisdicionalização do mecanismo de proteção convencional interessa a todos, inclusive aos indivíduos demandantes e Estados demandados. Impõe-se a consolidação da plena capacidade processual dos indivíduos, como sujeitos do Direito Internacional dos Direitos Humanos.

A despeito dos avanços logrados no presente domínio de proteção, resta, no entanto, um longo caminho a percorrer. Ainda falta muito para que a linguagem dos direitos humanos alcance as bases das sociedades nacionais; nestas, há que superar frequentemente a inércia e a indiferença do próprio meio social, que por vezes parece não se aperceber de que o destino de cada um de seus membros está ineluvavelmente ligado à sorte de todos. Daí a importância da educação em direitos humanos. Durante o biênio em que dirigi o Instituto Interamericano de Direitos Humanos (1994-1996), elegi como países-piloto, para suprir suas carências e atender suas necessidades nesta área, três Estados da região: na América do Sul, o Brasil (com a realização de numerosos projetos); na América Central, a Guatemala (com o lançamento do Plano Integral em Direitos Humanos para aquele país); e no Caribe, Cuba (com a realização do primeiro grande Seminário de Direitos Humanos naquele país, em parceria com a União Nacional de Juristas Cubanos). Somente com a educação formal e não formal em direitos humanos em todos os níveis alcançarão tais direitos as bases das sociedades nacionais.

Ainda não existe uma clara compreensão do amplo alcance das obrigações convencionais de proteção, que vinculam todos os poderes e agentes do Estado. Há que adotar e aplicar as medidas nacionais de implementação, assegurando a aplicabilidade direta das normas internacionais de proteção dos direitos humanos no plano do direito interno. Há que garantir o acesso direto dos indivíduos à justiça nos planos tanto nacional como internacional. Há que assegurar o fiel cumprimento das sentenças dos tribunais internacionais de direitos humanos no âmbito do direito interno dos Estados Partes nos respectivos tratados de proteção. Há que estender a proteção convencional aos direitos econômicos, sociais e culturais, de modo a lograr a indivisibilidade dos direitos humanos não só na teoria como também na prática. Há que assegurar melhor coordenação entre os múltiplos mecanismos e procedimentos internacionais de direitos humanos, nos planos global e regional, como assinalei em curso ministrado na Academia de Direito Internacional da Haia em 1987.

Há que conceber novas formas de proteção do ser humano ante a diversificação das fontes de violação de seus direitos. Para contribuir a assegurar a observância dos direitos da pessoa humana em quaisquer circunstâncias, inclusive em emergências públicas e estados de sítio, e evitar a *vacatio legis*, há que fomentar as convergências – nos planos normativo, hermenêutico e operacional – entre o Direito Internacional dos Direitos Humanos, o Direito Internacional dos Refugiados e o Direito Internacional Humanitário, inclusive propiciando, quando for o caso, a aplicação simultânea ou concomitante de suas normas. Foi o que sustentei na avaliação a que procedi, em 1994, por solicitação do Alto-Comissariado das Nações Unidas para os Refugiados (ACNUR), do processo desenvolvido no período de 1989-1994 pela Conferência Internacional sobre Refugiados Centroamericanos (CIREFCA); foi igualmente a conclusão a que chegaram os Seminários, convocados pelo Instituto Interamericano de Direitos Humanos, de atualização da aplicação, no continente americano, da normativa do Direito Internacional dos Refugiados (San José da Costa Rica, dezembro de 1994) e do Direito Internacional Humanitário (Santa Cruz de la Sierra, junho de 1995).

Para concluir, permito-me retornar brevemente a meu ponto de partida: o das contradições de nosso século, e da premente necessidade de superá-las. Em luminoso livro, publicado há mais de cinquenta anos, ao questionar as próprias bases do que entendemos por civilização (conquistas modestíssimas nos planos moral e social), o historiador Arnold Toynbee lamentava que o domínio, alcançado pelos homens, da natureza não humana, infelizmente não se estendeu ao plano espiritual. Outro historiador, contemporâneo, Eric Hobsbawn, vem de diagnosticar o século XX como um período da história marcado sobretudo pelos crimes e loucuras da humanidade. Com um toque de esperança, eu me permitiria acrescentar que, em meio a tanta violência e destruição, nos é dado resgatar, talvez como o mais precioso legado para o próximo século, a evolução, impulsionada em raros momentos ou lampejos de lucidez, da proteção internacional dos direitos humanos ao longo das cinco últimas décadas.

Na construção do ordenamento jurídico internacional do novo século, testemunhamos, com a gradual erosão da reciprocidade, a emergência *pari passu* de considerações superiores de *ordre public*, refletidas nas concepções das normas imperativas do direito internacional geral (o *jus cogens*), dos direitos fundamentais inderrogáveis, das obrigações *erga omnes* de proteção (devidas à comunidade internacional como um todo). A consagração destas obrigações representa a superação de um padrão de conduta erigido sobre a pretensa autonomia da vontade do Estado, do qual o próprio direito internacional buscou gradualmente se libertar ao consagrar o conceito de *jus cogens*. Há que dar seguimento à evolução auspiciosa da consagração das normas de *jus cogens* e das correspondentes obrigações *erga omnes*, buscando assegurar sua plena aplicação prática, em benefício de todos os seres humanos. Estas novas concepções se impõem em nossos dias, e de sua fiel observância dependerá em grande parte a evolução futura do direito internacional. É este, em meu entender, o caminho a seguir, para que não mais tenhamos que continuar a conviver com as contradições trágicas que marcaram este século próximo ao final. Muito obrigado pela atenção com que me distinguiram.

VI

La Humanización del Derecho Internacional y los Límites de la Razón le Estado[1]

Constituye para mí motivo de gran honor poder comparecer a esta ceremonia de incorporación, como Profesor Honorario de la Universidad Nacional Mayor de San Marcos, en el marco de las celebraciones de su 450 aniversario, aquí en la capital peruana, Lima. Los 450 años de existencia de la Universidad Nacional Mayor de San Marcos equivalen a un casi igual tiempo de la evolución del Derecho Internacional (como hoy lo conocemos). Ésto me conlleva a algunas reflexiones, que quisiera compartir con todos los presentes en la ceremonia de esta noche en la Rectoría de esta prestigiosa Universidad Decana de las Américas.

Desde los orígenes del Derecho de Gentes, el ideal de la *civitas maxima gentium* fue propugnado y cultivado en los escritos de los llamados fundadores del Derecho Internacional. Es significativa la contribución de los teólogos españoles Francisco de Vitoria y Francisco Suárez en ese sentido. Vitoria dio un aporte pionero y decisivo para la noción de la prevalencia del *Estado de Derecho*: fue él quien sostuvo, con rara lucidez, en sus célebres *Relecciones Teológicas* (1538-1539), sobre todo la *De Indis – Relectio Prior*, que el ordenamiento jurídico obliga a todos (gobernados y gobernantes), y la comunidad internacional (*totus orbis*) prima sobre el arbitrio de cada Estado individual.

Para el gran maestro de Salamanca, el Derecho de Gentes reglamenta una comunidad internacional constituida por seres humanos organizados socialmente en Estados y coextensiva con la propia humanidad. Transcurridos más de cuatro siglos y medio, el mensaje de Francisco de Vitoria retiene una notable actualidad. Para Suárez (autor del tratado *De Legibus ac Deo Legislatore*, 1612), el Derecho de Gentes revela la unidad y universalidad del género humano, siendo los Estados miembros de la sociedad universal.

En la concepción del *jus gentium* de Hugo Grotius (autor de la célebre obra *De Jure Belli ac Pacis*, 1625), el Estado no es un fin en sí mismo, sino un medio para asegurar el ordenamiento social y perfeccionar la sociedad común que abarca toda la humanidad. Aún antes de Grotius, Alberico Gentili (autor de *De Jure Belli*, 1598) sostenía que es el Derecho el que reglamenta la convivencia entre los miembros de la *societas gentium* universal. Samuel Pufendorf (autor de *De Jure Naturae et Gentium*, 1672), por

---

[1] Discurso proferido pelo Autor, na cerimônia de outorga do título de Professor *Honoris Causa* da Universidad Nacional Mayor de San Marcos, realizada na Reitoria da referida Universidade, em Lima, Peru, na noite de 13 de setembro de 2001.

su vez, sostuvo la sujeción del legislador a la "ley de la razón". Y Christian Wolff (autor de *Jus Gentium Methodo Scientifica Pertractatum*, 1749), ponderó que así como los individuos deben promover el bien común, el Estado tiene, a su turno, el deber correlativo de buscar su perfección.

Lamentablemente, estas reflexiones visionarias, que concebían el Derecho Internacional naciente como un sistema verdaderamente *universal*, vinieron a ser reemplazadas por la emergencia del positivismo jurídico, que personificó el Estado dotándolo de "voluntad propia", reduciendo los derechos de los seres humanos a los que el Estado a éstos "concedía". El consentimiento o la voluntad de los Estados (el positivismo voluntarista) se tornó criterio predominante en el Derecho Internacional, que se mostró incapaz de impedir sucesivas atrocidades perpetradas contra los seres humanos, destinatarios últimos de toda norma jurídica.

La personificación del Estado todo-poderoso, inspirada en la filosofía del derecho de Hegel, tuvo una influencia nefasta en la evolución del Derecho Internacional (reducido a un derecho interestatal) en fines del siglo XIX y en las primeras décadas del siglo XX. Esta corriente doctrinal resistió con todas las fuerzas al ideal de emancipación del ser humano de la tutela absoluta del Estado, y al reconocimiento del individuo como sujeto del Derecho Internacional. En el pasado, los positivistas se vanagloriaban de la importancia por ellos propios atribuida al método de la *observación* (negligenciado por otras corrientes de pensamiento), lo que contrasta, sin embargo, con su total incapacidad de presentar directrices, líneas maestras de análisis, y sobre todo *principios* generales orientadores. En el plano normativo, el positivismo se mostró sumiso al orden legal establecido, y convalidó los abusos practicados contra los seres humanos en nombre de tal orden.

El derecho internacional tradicional, vigente al inicio del siglo XX, se caracterizaba por el voluntarismo estatal ilimitado, que se reflejaba en la permisividad del recurso a la guerra, de la celebración de tratados desiguales, de la diplomacia secreta, del mantenimiento de colonias y protectorados y de zonas de influencia. Contra este orden oligárquico e injusto se insurgieron principios como los de la prohibición del uso y amenaza de la fuerza y de la guerra de agresión (y del no-reconocimiento de situaciones por estas generadas), de la igualdad jurídica de los Estados, de la solución pacífica de las controversias internacionales. Además, se dio inicio al combate a las desigualdades (con la abolición de las capitulaciones, el establecimiento del sistema de protección de minorías bajo la Sociedad de las Naciones, y las primeras convenciones internacionales del trabajo de la OIT).

A mediados del siglo XX se reconoció la necesidad de la reconstrucción del Derecho Internacional con atención a los derechos del ser humano, de lo que dio elocuente testimonio la adopción de la Declaración Universal de 1948, seguida, a lo largo de cinco décadas, por más de 70 tratados de protección hoy vigentes en los planos global y regional. En la era de las Naciones Unidas, y por influencia de ésta, de sus agencias especializadas y de las organizaciones regionales el Derecho Internacional pasó a experimentar una extraordinaria expansión. La emergencia de los nuevos Estados, en medio al proceso histórico de descolonización, vino a marcar profundamente su evolución en las décadas de cincuenta y sesenta, en medio al gran impacto en el seno de las Naciones Unidas del derecho emergente de autodeterminación de los pueblos. Se desencadenó el proceso de *democratización* del Derecho Internacional.

Así, ya a mediados del siglo XX, la doctrina más esclarecida del Derecho Internacional se distanciaba definitivamente de la formulación hegeliana y neo-hegeliana del Estado como supuesto repositorio final de la libertad y responsabilidad de los individuos que lo componían. El desarrollo del movimiento universal en pro de los derechos humanos, en las cinco últimas décadas, contribuyó decisivamente para el rescate histórico del ser humano como sujeto del Derecho Internacional, – evolución ésta que yo considero el legado más precioso de la evolución de la ciencia jurídica en el siglo XX.

Se podría argumentar que el mundo contemporáneo es enteramente distinto del de la época de los llamados fundadores del Derecho Internacional (*supra*), que propugnaron por una *civitas maxima* regida por el Derecho de Gentes. Pero aunque se trate de dos escenarios mundiales diferentes (nadie lo negaría), la aspiración humana es la misma, o sea, la de la construcción de un ordenamiento internacional aplicable tanto a los Estados (y organizaciones internacionales) como a los seres humanos (el *Derecho de Gentes*), en confomidad con ciertos estándares universales de justicia.

En este sentido, identifico en nuestros días, en este inicio del siglo XXI, un gran esfuerzo, por parte de la doctrina jurídica más lúcida, de *retorno a los orígenes*, en lo que respecta a la disciplina que me concierne, la del Derecho Internacional. El actual proceso histórico de *humanización* del Derecho Internacional se manifiesta, a mi modo de ver, en capítulos los más diversos de la disciplina. En el capítulo de sus *fuentes*, por ejemplo, se destaca el rol de la *opinio juris*, gracias a la actuación libertadora, en los fueros internacionales, de los países más vulnerables y oprimidos.

Recuérdese, a propósito, que la codificación del capítulo de la *sucesión de Estados* (respecto de tratados, e de materias otras que tratados) sólo fue posible después del ejercicio efectivo del *derecho de autodeterminación de los pueblos*, por parte de estos últimos. Y el capítulo del *reconocimiento*, – en el pasado de Estados y gobiernos – con el tiempo se expandió, abarcando también la beligerancia, ilustrada, a partir de mediados del siglo XX, también por la emergencia de los movimientos de liberación nacional.

En el capítulo de los *sujetos* del Derecho Internacional, a la par de los Estados y organizaciones internacionales, figuran hoy también los individuos, la persona humana. Pues si el Derecho Internacional contemporáneo reconoce derechos a los individuos y grupos de particulares, – como lo ilustran los múltiples instrumentos internacionales de derechos humanos de nuestros días, – no hay cómo negarles *personalidad* jurídica internacional, sin la cual no podría darse aquel reconocimiento. El propio Derecho Internacional, al proclamar derechos inherentes a todo ser humano, – por definición anteriores y superiores al Estado, – desautoriza el arcaico dogma positivista que pretendía autoritáriamente reducir tales derechos a los "concedidos" por el Estado.

Tal como me permití señalar en mi Voto Concurrente en el caso *Castillo Petruzzi et alii* (Excepciones Preliminares, 1997) ante la Corte Interamericana,

– "Tres siglos de un ordenamiento internacional cristalizado, a partir de los tratados de paz de Westphalia (1648), con base en la coordenación de Estados-naciones independientes, en la juxtaposición de soberanías absolutas, llevaron a la exclusión de aquel ordenamiento de los individuos como sujetos de derechos. En el plano internacional, los Estados asumieron el monopolio de la titularidad de derechos; los individuos, para su protección, fueron dejados enteramente a merced de la intermediación discrecional de sus Estados nacionales. El ordenamiento internacional así erigido, – que los excesos del positivismo jurídico intentaron en vano justificar, – de él excluyó precisamente el destinatario último de las normas jurídicas: el ser humano.

Tres siglos de un ordenamiento internacional marcado por el predominio de las soberanías estatales y por la exclusión de los individuos fueron incapaces de evitar las violaciones masivas de los derechos humanos, perpetradas en todas las regiones del mundo, y las sucesivas atrocidades de nuestro siglo, inclusive las contemporáneas. Tales atrocidades despertaron la conciencia jurídica universal para la necesidad de reconceptualizar las propias bases del ordenamiento internacional, restituyendo al ser humano la posición central de donde había sido desplazado. Esta reconstrucción, sobre bases humanas, tomó por fundamento conceptual cánones enteramente distintos, como lo son los de la realización de valores comunes superiores, de la titularidad de derechos del propio ser humano, de la garantía colectiva de su realización, y del carácter objetivo de las obligaciones de protección. El orden internacional de las soberanías cedía terreno al de la solidaridad" (párrafos 6-7).

El reconocimiento de los individuos como sujetos tanto del derecho interno como del Derecho Internacional representa una verdadera *revolución jurídica*, a la cual tenemos el deber de contribuir. Trátase, en última instancia, de capacitar cada ser humano para estar plenamente consciente de sus derechos, para – cuando necesario – enfrentar por sí mismo la opresión y las injusticias del orden establecido, y para construir un mundo mejor para sus descendientes, las generaciones futuras. Esta revolución jurídica viene, en fin, dar un contenido ético a las normas tanto del derecho público interno como del Derecho Internacional.

En lo que respecta al capítulo de la *responsabilidad* internacional, a la par de la de los Estados y organizaciones internacionales se afirma hoy día también la de los individuos. Lo ilustran la creación de los dos Tribunales Internacionales *ad hoc* de las Naciones Unidas, para la ex-Yugoslavia y para Ruanda (en 1993 y 1994, respectivamente), así como la adopción en 1998 del Estatuto del Tribunal Penal Internacional. La subjetividad internacional de los individuos pasa, así, a vincularse ineluctablemente a la temática de la responsabilidad internacional (en el pasado limitada a la de los Estados).

En relación con el capítulo de las *inmunidades* de los agentes de los Estados, la consagración del principio de la *jurisdicción universal* en algunos instrumentos internacionales, como, v.g., la Convención de las Naciones Unidas contra la Tortura (1984), acarrea profundas implicaciones. Tal como demostrado por eventos recientes, aún en la actual pendencia de la entrada en vigor del mencionado Estatuto del Tribunal Penal Internacional, tórnase virtualmente imposible a cualquier agente estatal intentar hoy prevalerse de inmunidad, cuando sea responsable por la práctica de tortura como política de Estado.

En lo referente a la *reglamentación de los espacios*, la antigua libertad de los mares, por ejemplo, cede lugar al concepto de *patrimonio común de la humanidad* (los fondos oceánicos), consagrado en la Convención de las Naciones Unidas sobre el Derecho del Mar (1982). El mismo concepto pasa, a partir de los años sesenta, a tener aplicación también en el ámbito del capítulo del derecho del espacio exterior. Y el derecho ambiental internacional contemporáneo pasa a cuñar una nueva expresión, la del *interés común de la humanidad* (*common concern of mankind*), de que dan testimonio los preámbulos de las Convenciones sobre el Clima, y sobre la Biodiversidad (1992).

Y los ejemplos se multiplican, reflejando, efectivamente, en distintos capítulos del dominio específico del Derecho Internacional contemporáneo, el ideal de la *civitas maxima gentium*. Los avances logrados hasta la fecha en el dominio del Derecho Internacional de los Derechos Humanos se deben, en gran parte, a la movilización de la sociedad civil contra todas las manifestaciones del poder arbitrario, nos planos tanto nacional como internacional. Para evocar un ejemplo reciente al respecto, los eventos que llevaron, en los últimos meses, a la normalización de las relaciones entre el Estado del Perú y la Corte Interamericana de Derechos Humanos, revelan uno de los múltiples aspectos de la importancia de la convergencia de propósitos entre la actuación de los órganos públicos del Estado y las aspiraciones de la sociedad civil, en cuanto a la protección de los derechos de la persona humana.

En los últimos meses, he tenido la satisfacción de recibir, en la sede de la Corte Interamericana de Derechos Humanos en San José de Costa Rica, las visitas de los dos últimos Ministros de Justicia del Perú (el actual Ministro, el 03 de septiembre de 2001, y el anterior, hoy Canciller de la República, el 09 de febrero de 2001), quienes reafirmaron el compromiso del país hermano del Perú con las obligaciones convencionales contraídas bajo la Convención Americana sobre Derechos Humanos. Me acuerdo complacido de ambas visitas, que para mí constituyeron momentos de luz, particularmente al cotejarlas mentalmente con lo que considero como el día más dramático de toda la historia de la Corte Interamericana, cuando su propia institucionalidad parecía amenazada: el 24 de septiembre de 1999, día en que adoptamos, por unanimidad, las dos Sentencias, sobre competencia, en los casos del *Tribunal Constitucional* y de *Ivcher Bronstein*, respectivamente.

Después de los momentos de sombra, han venido los de luz. Pero nadie puede asegurarnos – y ésto en relación con cualquier país – que las tinieblas no vuelvan a llegar. Si ésto viniera a ocurrir, lo único seguro sería que a dichas tinieblas se seguiría otra vez la luz, – como en la sucesión de noche y día, o de día y noche. Así como las tinieblas llegan cuando se desvanece la luz, también los primeros rayos de luz brotan de los últimos senos de la oscuridad. La tensión del claro-oscuro, de los avances mezclados con retrocesos, es propria de la condición humana, como ya hace siglos señalaban, con tanta lucidez, los antiguos griegos (siempre tan contemporáneos), en uno de sus mayores legados a la evolución del pensamiento humano.

Los instrumentos internacionales de derechos humanos han contribuido decisivamente para despertar la conciencia humana para la necesidad de proteger los individuos en todas y cualesquiera circunstancias. Los eventos en el Perú en los últimos meses han revelado un verdadero reencuentro del Perú con su mejor tradición y pensamiento jurídicos, verificándose una gran convergencia de convicción del Estado peruano y de la sociedad civil peruana. Cuando ésto ocurre, podemos decir que la normativa internacional de los derechos humanos ha efectivamente alcanzado las bases de la sociedad nacional.

Nada de lo que ocurrió en los últimos meses en este país hermano de América Latina, tan rico en cultura y en tradición jurídica, que tengo el honor de hoy visitar, hubiera sido posible sin la admirable movilización de la sociedad civil peruana, y su repercusión en las instituciones públicas. Ésto demuestra la importancia de las instancias internacionales de protección de los derechos humanos: representan ellas la última esperanza de los que ya habían perdido la confianza y la fe en la justicia, sobre todo los desamparados, oprimidos y olvidados.

Difícilmente podrá haber, para un jusinternacionalista, una experiencia tan gratificante como la que estoy viviendo en estos cuatro días de visita al Perú. Las fructíferas reuniones de trabajo que sostuve ayer, día 12 de septiembre, con el Presidente de la República, con los Ministros de Relaciones Exteriores y de Justicia, con el Presidente y Magistrados del Tribunal Constitucional, al igual que con parlamentarios integrantes de las Comisiones de Justicia y de Derechos Humanos del Congreso Nacional, sumadas a los contactos que mantuve antier, día 11 de septiembre, con organizaciones no-gobernamentales peruanas durante el XXVIII Período Extraordinario de Sesiones de la Asamblea General de la Organización de los Estados Americanos (OEA), han reforzado mi convicción de que, en el dominio de la protección de los derechos humanos, las jurisdicciones internacional y nacional son esencialmente complementarias, y encuéntranse en constante interacción, en beneficio de todos los seres humanos protegidos. Como los hechos, – de todos los aquí presentes conocidos, – lo demuestran claramente, a la jurisdicción internacional, al igual que a la jurisdicción nacional, está hoy día reservado un rol de la mayor importancia en la reconstrucción y prevalencia del *Estado de Derecho*.

La correcta percepción de esta realidad, que corresponde al atendimiento de una necesidad social, – el imperativo de la protección de la persona humana, – no sólo por parte de un órgano internacional como la Corte Interamericana de Derechos

Humanos, sino igual y conjuntamente por los órganos del poder público y las entidades de la sociedad civil, impulsiona la aplicación eficaz de la normativa internacional de un tratado como la Convención Americana sobre Derechos Humanos. El Perú, con la reafirmación inequívoca de sus compromisos bajo la Convención Americana, ha dado un aporte positivo y valioso al fortalecimiento del sistema interamericano de protección, el cual, a su vez, está contribuyendo, en su ámbito de operación, y particularmente mediante la jurisprudencia reciente de la Corte Interamericana, a la evolución corriente del Derecho Internacional, desde un enfoque ya no más estatocéntrico sino más bien antropocéntrico.

El movimiento universal en pro de los derechos humanos es irreversible, no admite retrocesos. Tiene su mística propia, reforzada por el ideal de la justicia internacional, que gana cuerpo en nuestros días. Resta, sin embargo, un largo camino a recorrer. Hay que equipar los mecanismos internacionales de protección para enfrentar nuevas formas de violación de los derechos humanos y combatir la impunidad. Hay que lograr en definitiva la *justiciabilidad* de los derechos económicos, sociales y culturales, negligenciados hasta el presente. Hay que fomentar la aceptación integral (sin reservas), por los Estados, de los tratados de derechos humanos, y assegurar la *aplicabilidad directa* de sus normas en el plano del derecho interno de los Estados. Hay que consolidar el *acceso directo* de los individuos a la justicia en el plano internacional, tesis por la cual vengo luchando hace tanto tiempo. Hay que desarrollar las obligaciones *erga omnes* de protección del ser humano, tomando sus derechos fundamentales como parte integrante del *jus cogens*. Y hay que diseminar el rol de la sociedad civil en la construcción de una *cultura universal* de observancia de los derechos humanos.

Tengo hoy la plena convicción, sedimentada en mi propia experiencia de vida, que lo que mueve el Derecho es la conciencia humana. La conciencia jurídica universal para mí constituye, en última instancia, la fuente material por excelencia del Derecho Internacional. El gran ciclo de las Conferencias Mundiales de las Naciones Unidas de la última década del siglo XX (Medio Ambiente y Desarrollo, Rio de Janeiro, 1992; Derechos Humanos, Viena, 1993; Población y Desarrollo, Cairo, 1994; Desarrollo Social, Copenhagen, 1995; Derechos de la Mujer, Beijing, 1995; Asentamientos Humanos – Habitat-II, Istanbul, 1996) despertó la conciencia jurídica universal para la necesidad de reconceptualizar las propias bases del ordenamiento internacional, de modo de equiparlo para tratar con eficacia los temas que afectan a la humanidad como un todo.

El actual reconocimiento de la centralidad de las *condiciones de vida* de todos los seres humanos en la agenda internacional del siglo XXI corresponde a un nuevo *ethos* de nuestros tiempos. Tal concepción, a su vez, corresponde, en nuestros días, a la búsqueda continuada de la realización del ideal de la *civitas maxima gentium*, visualizado y cultivado por los fundadores del Derecho Internacional. Con ésto, volvemos a los orígenes del Estado nacional, el cual fue concebido y existe para el ser humano, y no viceversa. En mi reciente Voto Concurrente en la sentencia sobre el fondo del caso de los *Barrios Altos* (2001) de la Corte Interamericana, me permití precisamente advertir que

> "no hay que olvidarse jamás que el Estado fue originalmente concebido para la realización del bien común. El Estado existe para el ser humano, y no vice versa. Ningún Estado puede considerarse por encima del Derecho, cuyas normas tienen por destinatarios últimos los seres humanos" (párrafo 26).

El Estado fue efectivamente concebido para la realización del bien común, y no se puede invocar su "soberanía" para intentar justificar violaciones del derecho a la vida y del derecho a la integridad de la persona humana. Con la referida evolución del ordenamiento jurídico internacional hacia la realización del ideal de la *civitas maxima gentium*, volvemos igualmente a los orígenes del propio Derecho Internacional, el cual, inicialmente, no era un derecho estrictamente interestatal, sino más bien el *derecho de gentes*. La base de las relaciones entre el Estado y los seres humanos bajo su jurisdicción, así como de las relaciones de los Estados entre sí, no es la soberanía estatal, sino más bien la solidaridad humana. El ser humano es, en última instancia, el destinatario final de las normas jurídicas, el sujeto último del derecho tanto interno como internacional.

Hace poco me referí a la reciente iniciativa alentadora del Estado del Perú de normalizar sus relaciones con la Corte Interamericana de Derechos Humanos. A ella se sumó la confianza irrestricta que depositaron en la Corte las entidades de la sociedad civil peruana, a lo largo de los últimos años, consustanciada en la carta que me envió, y que mucho me sensibilizó, el 05 de febrero de 2001, la Coordinadora Nacional de Derechos Humanos, institución que representa a 61 entidades dedicadas a la defensa legal, promoción y educación en derechos humanos en el Perú.

Anoche, en una cena memorable con 34 intelectuales peruanos, ilustres figuras de la vida pública de este gran país, inclusive con el ex-Presidente de la República del reciente Gobierno de Transición Democrática, me permití señalar que tengo plena conciencia de que, en última instancia, han sido los propios peruanos quienes han logrado cambiar los rumbos de su destino histórico, superando las vicisitudes de las desviaciones del poder y del oscurantismo autoritario, – que afectaron inclusive esta prestigiosa Universidad pública, de tanta significación histórica para toda América Latina.

Nosotros, miembros de la Corte Interamericana, tan sólo cumplimos con el deber que nos impone la Convención Americana. En la ceremonia de esta noche, me permito volver mis pensamientos a mis compañeros de trabajo – los distinguidos Jueces de la Corte, su dedicado Secretario quien me acompaña en esta celebración como lo ha hecho en tantos otros episodios, además de los integrantes del Area Legal de la Corte y todos sus funcionarios, – con quienes quisiera compartir la satisfacción por esta ocasión proporcionada por la Universidad Nacional Mayor de San Marcos.

Pero quisiera concluir mis palabras en calidad no tanto de Presidente de la Corte Interamericana de Derechos Humanos sino más bien de Profesor Titular de Derecho Internacional, en Brasil, hace 25 años. La presente ceremonia se reviste, para mí, de un gran valor simbólico. Vengo de la Academia, a la cual seguiré perteneciendo. Pertenezco a la Universidad, la *Universitas*, que tiene una vocación universal por definición. Como jusinternacionalista, sostengo el primado de la *razón de la humanidad* sobre la *razón de Estado*. Además de la función docente y social que representa en cada país, la Universidad difícilmente se realizaría sin la función *supranacional* que le pertenece por una exigencia intrínseca.

Por todo lo anterior, la iniciativa tan espontánea de la Universidad Mayor de San Marcos, en Lima, de otorgarme el título de Profesor Honorario, es para mí tan gratificante, y de la cual siempre me acordaré con especial satisfacción. Me siento particularmente honrado en recibir este título en este *campus* universitario, – de la Universidad Nacional Mayor de San Marcos, fundada en 1551, cuya antigua Faculdade de Leyes (precursora de su Facultad de Derecho) pasó a funcionar en 1571, hasta nuestros días, – Universidad que simboliza las raíces del pensamiento jurídico libertador de América Latina, que tantas contribuciones ha brindado a la evolución, la democratización y la humanización del Derecho Internacional.

Quisiera, enfin, al agradecer por esa distinción a la prestigiosa Universidad Decana de las Américas, en las personas del Señor Rector y del Señor Decano de la Facultad de Derecho y Ciencia Política, aquí presentes, reiterar mi convicción de que, frente al imperativo de la salvaguardia de los derechos humanos, es virtualmente imposible desvincular dogmáticamente las consideraciones de orden jurídico de las de orden moral: estamos ante un orden de valores superiores, – *substratum* de las normas jurídicas, – que nos ayudan, en última instancia, a buscar el sentido de la propia existencia humana. Muchas gracias a todos por la atención con que me han distinguido.

VII

La Consolidación de la Personalidad y Capacidad Jurídicas Internacionales del Ser Humano en la Agenda de los Derechos Humanos del Siglo XXI[1]

Me es particularmente grato comparecer el día de hoy, 08 de agosto de 2003, a este acto académico, que mucho me sensibiliza, mediante el cual la distinguida Universidad Central de Chile me confiere la distinción de Doctor *Honoris Causa*. Como académico, es esta la más significativa distinción que puede uno recibir, y quisiera extender mis más sinceros agradecimientos a la Facultad de Ciencias Jurídicas y Sociales de la Universidad Central de Chile, en la persona de su Decano, Profesor Victor Sergio Mena Vergara, por el honor que me concede el día de hoy. Agradezco, igualmente, por sus generosas palabras de presentación, al Profesor Hugo LLanos Mansilla, ilustre jusinternacionalista chileno, reconocido cultor del derecho del mar y del Derecho Internacional Público como un todo. Me siento, además, muy a gusto por estar en Chile, país de tan rica tradición y trayectoria jurídicas, dónde tengo publicado uno de mis libros, y con cuyos distinguidos jusinternacionalistas, algunos de ellos aquí presentes, he mantenido una fructífera y gratificante convivencia académica a lo largo de los últimos 25 años.

– I –

En el seno de la Corte Interamericana de Derechos Humanos he dado muestras del valor que atribuyo a la Academia. La Corte Interamericana opera, en el ámbito regional de sus actuaciones, en el marco de la universalidad de los derechos humanos. La Academia opera igualmente en el marco de la universalidad del pensamiento y de la solidaridad humanas, en la transmisión de los verdaderos valores de una generación a otra. A la par del ejercicio de sus funciones jurisdiccionales (consultiva y contenciosa), de los 28 convenios de cooperación internacional firmados por la Corte hasta la fecha, 22 han sido celebrados en el período de mi Presidencia de la Corte, en los cuatro últimos años, y la mayoría de estos con Universidades de nuestro continente.

Estes convenios han contribuído a la difusión, entre las nuevas generaciones, de nuestra jurisprudencia, – conformada hasta la fecha por 99 sentencias (sobre excepciones preliminares, competencia, fondo, reparaciones, e interpretación de sentencia), 17 opiniones consultivas, y 53 medidas provisionales de protección. Esta

---

1 Discurso proferido pelo Autor, na cerimônia de outorga do título de Doutor *Honoris Causa* da Universidade Central do Chile, realizada no auditório da Reitoria da referida Universidade, em Santiago do Chile, em 08 de agosto de 2003.

jurisprudencia protectora constituye hoy día un patrimonio jurídico de todos los países y pueblos de nuestra región. Gracias a los recursos de la cooperación internacional, tuve el privilegio de instalar la Biblioteca Conjunta de la Corte y del Instituto Interamericanos de Derechos Humanos en su nueva sede – ampliada – en San José de Costa Rica, el día 18 de agosto de 2000, que hoy abriga el mayor Centro de Documentación de Derechos Humanos de nuestra región y recibe jóvenes pasantes de todos nuestros países.

Estas iniciativas atienden a una concepción de lo que debe hacer la Corte Interamericana como tribunal internacional de derechos humanos. Dentro de nuestra concepción se enmarca el decidido acercamiento de nuestro Tribunal con la Academia. Más que todo, nos une la cosmovisión *universal* que compartimos. En una ceremonia de graduación en la Universidad de Brasília, en diciembre de 1997, me permití señalar que, "además de la función docente y social que representa en cada país, la Universidad dificilmente se realizaría sin la función *supranacional* que le pertenece por una exigencia intrínseca".

A la Universidad está reservado el rol, – tengo la convicción, – de hacer de los derechos humanos el *lenguage común* de nuestros pueblos. En ella se encuentran las generaciones que se suceden en el tiempo. Cada uno vive en su tiempo, que debe ser respetado por los demás: el niño vive en el minuto, el jóven en el día, y el ser humano maduro, ya impregnado de historia, o al menos de su historia, vive en la época. Importa que cada uno viva en su tiempo, en harmonía con el tiempo de los demás. La experiencia, que sólo viene con el pasar del tiempo, si por un lado aumenta nuestra percepción de la realidad, por otro lado saca de uno más de lo que da, en la medida en que nos vemos cada vez más prisioneros de nuestra propia percepción y de la consciencia aguda de nuestras limitaciones y finitudes.

Nos damos cuenta, con el pasar del tiempo, de que somos mucho menos de lo que pensábamos ser o podríamos venir a ser. De ahí la importancia de la transmisión del conocimiento y de los valores de una generación a otra, y la fuente especial de satisfacción el poder constatar que nuestro mensaje, que nuestra obra, con todas sus limitaciones temporales, son, sin embargo, debidamente captados por los jóvenes. Son las enseñanzas y los valores que buscamos transmitir a los que nos suceden en el tiempo que nos hacen crer que los frutos de nuestra labor nos sobrevivirán.

De mi propia experiencia en estos cuatro años de Presidencia de la Corte Interamericana, jamás me olvidaré de las distinciones con que me honraron la Universidad Nacional Mayor de San Marcos, el día 13 de septiembre de 2001, y la Universidad Nacional Autónoma de México, el día 13 de febrero de 2003, – además de actos de reconocimiento que me brindaron las Universidades de Rio de Janeiro (UERJ, el 09.07.1999), Brasilia (UnB, el 15.12.1999) y Minas Gerais (UFMG, el 19.09.2002), por las tesis que he sostenido y las posiciones que he asumido, – que en mucho compensaron algunos momentos difíciles que experimenté en el ejercicio de mis actuales funciones en pro de la salvaguardia de los derechos de la persona humana en nuestra región del mundo. Hoy, día 08 de agosto de 2003, es otro día altamente gratificante para mí, en virtud del alto honor que me concede la Universidad Central de Chile de distinguirme como Doctor *Honoris Causa*. Este acto académico se quedará siempre grabado en mi memoria, como señal inequívoco de que la *Universitas* es una realidad.

– II –

Hace precisamente una década, la II Conferencia Mundial de Derechos Humanos, realizada en Viena el mes de junio de 1993, elaboraba la agenda internacional de los derechos humanos para el siglo XXI. Tuve la ocasión de participar activamente de aquella histórica Conferencia, e inclusive de los trabajos de su Comité de Redacción, que adoptó la Declaración y Programa de Acción de Viena. Ahí se reiteró la concepción integral de los derechos humanos, para lograr su indivisibilidad no sólo en la teoría sino también en la práctica, y la justiciabilidad de todos los derechos humanos. La Conferencia Mundial de Viena afirmó la legitimidad de la preocupación de toda la comunidad internacional con las condiciones de vida de todas las personas en todas partes.

En la nueva agenda internacional de los derechos humanos pasaron a figurar tópicos como la ratificación universal de los tratados de derechos humanos y la retirada de reservas a éstos, las medidas de prevención y seguimiento (para asegurar el fiel cumplimiento de las decisiones de los órganos de protección internacional), el establecimiento de un monitoreo continuo de la situación de los derechos humanos en escala mundial (para hacer frente a la diversificación de las fuentes de violaciones de los derechos humanos), la salvaguardia de los derechos humanos en situaciones de emergencia, las formas de reparación a las víctimas de violaciones, el perfeccionamiento de la coordinación de los mecanismos de protección internacional, la relación entre los derechos humanos y la democracia y el desarrollo, y, en última instancia, la construcción de una cultura universal de observancia de los derechos humanos.

Hay un punto, de esta agenda de los derechos humanos en en nuevo siglo, en el cual quisiera detenerme el día de hoy: el del acceso a la justicia (entendido *lato sensu*, como abarcando el derecho a la prestación jurisdiccional, o sea, a la realización de la justicia) y de la jurisdiccionalización de los mecanismos de protección. En el marco de este punto crucial, quisiera, en esta oportunidad, compartir con los presentes dos líneas de consideraciones, a saber: primera, la visión que tengo de la base y el alcance de la jurisdicción de la Corte Interamericana y de su rol como tribunal internacional de derechos humanos; y segunda, la evolución que la Corte ha sabido imprimir a su *interna corporis*, teniendo presente particularmente la condición del individuo como sujeto del Derecho Internacional de los Derechos Humanos, y los próximos pasos que, a mi juicio, se deben dar en el futuro. Me permito, pues, pasar al primer de estos puntos.

En mi entendimiento, la jurisdicción de la Corte Interamericana no se limita a la simple solución de controversias entre los Estados Partes y los seres humanos bajo sus respectivas jurisdicciones. Sus bases jurisdiccionales conllevan la Corte, además, a decir *cual es el Derecho*. Es por esto que, en este particular, su jurisprudencia la distingue, al igual que la de la Corte Europea de Derechos Humanos, de la de otros tribunales internacionales, circunscritos al contencioso interestatal. Los dos tribunales internacionales de derechos humanos han dejado claro que no se autolimitan ante los excesos del voluntarismo interestatal.

Todo lo contrario, la Corte Interamericana, al igual que la Corte Europea, han impuesto límites al voluntarismo estatal, al proteger derechos que son anteriores y superiores al Estado y valores comunes igualmente superiores. Lo ejemplifican las Sentencias sobre competencia de la Corte Interamericana del 24 de septiembre de 1999, en los casos del *Tribunal Constitutional* y de *Ivcher Bronstein versus Perú*, en las cuales afirmó que el ejercicio de su competencia no podría ser limitado por actos distintos de sus propios, siendo, pues inadmisible el pretendido "retiro", con "efectos inmediatos", del Estado demandado. La Corte Interamericana salvaguardó, así, la integridad del mecanismo de protección de la Convención Americana.

Posteriormente, en los casos *Hilaire, Benjamin y Constantine versus Trinidad y Tobago* (excepciones preliminares, 2001), la Corte Interamericana desestimó una excepción preliminar que tendría por efecto subordinar la aplicación de la Convención Americana a la de la Constitución nacional. La Corte aclaró que el instrumento de aceptación de su competencia contenciosa no puede interponer restricciones adicionales a los términos del artículo 62(2) de la Convención Americana (*numerus clausus*), y, así, preservó la integridad de su base jurisdiccional, y la del mecanismo de protección de la Convención Americana como un todo.

En el mismo sentido se ha pronunciado la Corte Europea de Derechos Humanos, su Sentencia del 23 de marzo de 1995 en el caso *Loizidou versus Turquía* (excepciones preliminares); la Corte Europea ahí advirtió que, a la luz de la letra y del espíritu de la Convención Europea de Derechos Humanos, no se puede inferir la posibilidad de restricciones a la cláusula facultativa de su jurisdicción contenciosa (por analogía con la práctica estatal permisiva bajo el artículo 36 del Estatuto de la Corte Internacional de Justicia). Bajo la Convención Europea, agregó, se había formado una práctica de los Estados Partes precisamente *a contrario sensu*, aceptando dicha cláusula sin restricciones indebidas.

Es por eso que, en mi comunicación del 01 de noviembre de 2000 a la Conferencia de Roma sobre el cincuentenario de la Convención Europea de Derechos Humanos, me permití expresar mi convicción de que

«au lieu de menacer de `fragmentation' le droit international, nos deux Cours [de droits de l'homme] ont, bien au contraire, contribué à lui donner les moyens de réglementer les relations qui ont une spécificité propre – au niveau intra-étatique plutôt qu'interétatique, opposant les États aux individus placés sous leurs juridictions respectives – et qui requièrent des connaissances spécialisées de la part des juges. Ce faisant, nous deux Cours ont contribué, à l'aube du XXIe. siècle, à enrichir et à humaniser le droit international public contemporain. Elles l'ont fait en partant d'une conception essentiellement et nécessairement anthropocentrique, telle qu'elle avait été judicieusement prévue, depuis le XVIe. siècle, par ceux que l'on a appelés les pères fondateurs du droit international (le droit des gens)» (in Conseil de l'Europe, La Convention Européenne des Droits de l'Homme à 50 ans, 50 Bulletin d'information sur les droits de l'homme (2000) pp. 8-9).

Las Cortes Interamericana y Europea de Derechos Humanos se han guiado por consideraciones de *ordre public*, por encima de la voluntad individual de los Estados, contribuyendo, de ese modo, a la construcción de un *ordre public* internacional fundamentado en la observancia de los derechos humanos en todas y cualesquiera circunstancias. Considero relevante señalar este desarrollo, en un momento en que ciertos círculos jurídicos buscan alimentar un debate, movido en parte por celos institucionales vacíos, en torno de un falso «problema», el de la llamada «proliferación» de tribunales internacionales (una expresión indebidamente peyorativa). Considero que este debate debería más bien centrarse en la búsqueda de la excelencia de la construcción jurisprudencial, así como en el rol complementario de los tribunales internacionales contemporáneos en la realización del propósito común del primado del Derecho en las relaciones tanto de los Estados entre sí como de los Estados con los seres humanos bajo sus respectivas jurisdicciones.

La coexistencia de los tribunales internacionales contemporáneos es un fenómeno positivo, que da claro testimonio de los avances del viejo ideal de la realización de la justicia a nivel internacional en nuestros días. Y la jurisprudencia convergente de las Cortes Interamericana y Europea en cuanto a las bases de su competencia en materia contenciosa ha contribuído al fortalecimiento de la jurisdicción internacional, y, en última instancia, al enriquecimiento del Derecho Internacional contemporáneo. Cabe seguir avanzando decididamente en esta dirección.

En mi concepción, un tribunal internacional como la Corte Interamericana de Derechos Humanos no se limita a la *aplicación* del Derecho; su jurisprudencia constante en los últimos años ha dado muestras inequívocas de una labor de verdadera *creación* del Derecho, en el marco de la letra y del espíritu de la Convención Americana sobre Derechos Humanos, y del derecho internacional general, ahí comprendidos los principios generales del Derecho. Esta visión de su misión ha conllevado la Corte, como tribunal de derechos humanos, a contribuir a la formación de una *conciencia*, fuente material de todo Derecho, en cuanto al imperativo de protección del ser humano en todas y cualesquiera circunstancias.

La Corte ha, en este espíritu, tomado iniciativas en distintas frentes. Ha afirmado la capacidad jurídico-procesal de la persona humana como sujeto del Derecho Internacional en su procedimiento contencioso. Ha abierto espacio a las entidades de la sociedad civil en su procedimiento consultivo. Al respecto, me permití señalar, en mi intervención del día 10 de junio último ante el plenario de la Asamblea General de la OEA, aquí en Santiago de Chile, que

> «La realización, en esta misma ciudad de Santiago de Chile, de la audiencia pública de la Corte Interamericana del día 04 de junio último, relativa a la solicitud de opinión consultiva sobre los trabajadores migrantes, demuestra que el paradigma interestatal se encuentra superado en los procedimientos judiciales internacionales; del referido procedimiento consultivo participaron 12 Estados acreditados (entre los cuales 5 Estados intervenientes), una agencia de Naciones Unidas (el ACNUR) y 9 entidades de la sociedad civil y de la Academia de diversos paises de la región, revelando un grado de participación pública sin precedentes en la historia de la Corte Interamericana».

– III –

Este desarrollo se enmarca en la evolución que ha sabido imprimir la Corte a su propio Reglamento, – mi segunda línea de consideraciones, – con importantes implicaciones para el ejercicio de su función tanto consultiva como contenciosa, teniendo siempre presente la condición de los seres humanos como titulares de los derechos protegidos por la Convención Americana sobre Derechos Humanos. El procedimiento consultivo supracitado tiene como importante precedente el relativo a la histórica Opinión Consultiva n. 16, sobre *El Derecho a la Información sobre la Asistencia Consular en el Marco de las Garantías del Debido Proceso Legal*, del 01 de octubre de 1999.

En el procedimiento de esta Opinión Consultiva pionera, – la cual ha servido de guía para la jurisprudencia internacional *in statu nascendi* sobre la materia, – participaron, a la par de los 8 Estados intervenientes, haciendo uso de la palabra en las audiencias públicas, 7 individuos representantes de 4 ONGs (nacionales e internacionales) de derechos humanos, 2 individuos de una ONG actuante en pro de la abolición de la pena de muerte, 2 representantes de una entidad (nacional) de abogados, 4 profesores universitarios en calidad individual, y 3 individuos en representación de un condenado a la pena de muerte.

Estos datos, poco conocidos, también revelan el acceso del ser humano a la jurisdicción internacional en el sistema interamericano de protección, en el marco de los procedimientos consultivos bajo la Convención Americana; demuestran, además, el carácter de *ordre public* de dichos procedimientos. En cuanto al ejercicio de la función contenciosa, la evolución del Reglamento de la Corte amerita particular atención, por el importante aporte que ha dado a la *legitimatio ad causam* de los peticionarios bajo la Convención Americana.

El primer Reglamento de la Corte Interamericana (1980) se inspiró en el Reglamento entonces vigente de la Corte Europea de Derechos Humanos, que, a su vez, tomó como modelo el Reglamento de la Corte Internacional de Justicia (CIJ);

pero muy temprano en sus respectivas experiencias tanto la Corte Europea como la Corte Interamericana se dieron cuenta de que tendrían que reformar sus respectivos Reglamentos para ajustarlos a la naturaleza distinta de los casos contenciosos de derechos humanos. El segundo Reglamento de la Corte Interamericana (1991) vino a prever, pero en términos oblicuos, una tímida participación de las víctimas o sus representantes en el procedimiento ante la Corte, sobre todo en la etapa de reparaciones y cuando invitados por ésta.

Como señalé en estudio reciente al respecto («El Nuevo Reglamento de la Corte Interamericana de Derechos Humanos (2000) y Su Proyección Hacia el Futuro: La Emancipación del Ser Humano como Sujeto del Derecho Internacional», in *XXVIII Curso de Derecho Internacional Organizado por el Comité Jurídico Interamericano – OEA* (2001) pp. 33-92), fue necesario esperar hasta la adopción del tercer Reglamento de la Corte, en 1996, para que se lograra el avance de otorgar (por su artículo 23) a los representantes de las víctimas o de sus familiares la facultad de presentar, en forma autónoma, sus propios argumentos y pruebas en la etapa de reparaciones.

Esta decisión abrió camino para el gran salto cualitativo del cuarto y actual Reglamento de la Corte (2000), mediante el cual se vino a otorgar (artículo 23) la legitimación activa o participación directa (*locus standi in judicio*) de los individuos peticionarios (las presuntas víctimas, sus familiares o sus representantes debidamente acreditados) en *todas* las etapas del procedimiento ante el Tribunal. En perspectiva histórica, es esta la modificación más trascendental del cuarto Reglamento de la Corte, además de un verdadero marco en la evolución del sistema interamericano de protección de los derechos humanos en particular, y del Derecho Internacional de los Derechos Humanos en general.

El anterior Reglamento de 1996 había dado el primer paso en esa dirección (en la etapa de reparaciones). Sin embargo, si las presuntas víctimas se encuentran al *inicio* del proceso (al ser supuestamente lesionadas en sus derechos), así como al *final* del mismo (como eventuales beneficiarios de las reparaciones), por que razón negar su presencia *durante* el proceso, como verdadera parte demandante? El Reglamento de 2000 vino a remediar esta incongruencia que perduró por más de dos décadas (desde la entrada en vigor de la Convención Americana) en el sistema interamericano de protección.

En efecto, con el Reglamento de 2000 de la Corte Interamericana, las presuntas víctimas, sus familiares o representantes pasaron a poder presentar solicitudes, argumentos y pruebas en forma autónoma durante *todo* el proceso ante el Tribunal. Con este otorgamiento del *locus standi in judicio* en todas las etapas del proceso ante la Corte, pasaron las presuntas víctimas, sus familiares o sus representantes legales a disfrutar de todas las facultades y obligaciones, en materia procesal, que, hasta el Reglamento de 1996, eran privativos únicamente de la Comisión Interamericana y del Estado demandado (excepto en la etapa de reparaciones).

Esto implica que, en el procedimiento ante la Corte, pasaron a poder coexistir, y manifestarse, tres posturas distintas: la de la presunta víctima (o sus familiares o representantes legales), como sujeto del Derecho Internacional de los Derechos Humanos; la de la Comisión, como órgano de supervisión de la Convención y auxiliar de la Corte; y la del Estado demandado. Esta histórica reforma introducida en 2000 en el Reglamento de la Corte vino a situar a los distintos actores en perspectiva correcta; a contribuir a una mejor instrucción del proceso; a asegurar el principio del contradictorio, esencial en la búsqueda de la verdad y la prevalencia de la justicia bajo la Convención Americana; a reconocer ser de la esencia del contencioso internacional de los derechos humanos la contraposición directa entre los individuos demandantes y los Estados demandados; a reconocer el derecho de libre expresión de las propias presuntas víctimas, el cual es un imperativo de equidad y transparencia del proceso; y, *last but not least*, a garantizar la igualdad procesal de las partes (*equality of arms/égalité des armes*) en todo el procedimiento ante la Corte.

La participación directa de los individuos, en los últimos años, en todo el procedimiento ante la Corte, no se ha limitado a los casos contenciosos y opiniones consultivas. Se ha extendido igualmente a las medidas provisionales de protección. Desarrollos recientes han también aquí fortalecido la posición de los individuos en búsqueda de protección. Así, en el caso del *Tribunal Constitucional* (2000), una magistrada destituída del Tribunal Constitucional del Perú sometió, directamente a la Corte Interamericana, el 03 de abril de 2000, una solicitud de medidas provisionales de protección. Tratándose de un caso pendiente ante la Corte Interamericana, y no estando esta última en sesión en aquel entonces, el Presidente de la Corte, por primera vez en la historia del Tribunal, adoptó medidas urgentes, *ex officio*, en Resolución del 07 de abril de 2000, dados los elementos de extrema gravedad y urgencia, y para evitar daños irreparables a la peticionaria.

Posteriormente, la misma situación se planteó en el caso *Loayza Tamayo versus Perú* (2000), ya decidido por la Corte en cuanto al fondo y a las reparaciones: en un escrito de 30 de noviembre de 2000, la peticionaria (Sra. Michelangela Scalabrino) presentó directamente a la Corte una solicitud de medidas provisionales, en nombre de la víctima (Sra. María Elena Loayza Tamayo), – solicitud ésta endosada por la hermana de la víctima (Sra. Carolina Loayza Tamayo). Estando el caso en etapa de supervisión de cumplimiento de sentencia (en cuanto a las reparaciones), y no estando la Corte en sesión, su Presidente, por segunda vez, adoptó medidas urgentes, *ex officio*, en Resolución del 13 de diciembre de 2000, dadas la extrema gravedad y urgencia, y para evitar daños irreparables a la víctima.

En ambos casos (*Tribunal Constitucional* y *Loayza Tamayo*), la Corte en pleno ratificó, al entrar en sesión, las referidas medidas urgentes adoptadas por su Presidente (Resoluciones de la Corte sobre Medidas Provisionales de Protección, del 14 de agosto de 2000, y del 03 de febrero de 2001, respectivamente). Estos dos episodios recientes, que no pueden pasar desapercibidos, demuestran no sólo la viabilidad, sino también la importancia, del *acceso directo* del individuo, sin intermediarios, a la Corte Interamericana de Derechos Humanos, aún más en una situación de extrema gravedad y urgencia.

El nuevo Reglamento de la Corte, que otorga *locus standi in judicio* a los individuos peticionarios en el todo procedimiento contencioso ante élla (*supra*), ha cumplido dos años de vigencia el día 01 de junio de 2003. En estes dos últimos años, se han presentado (hasta febrero de 2003) 13 casos contenciosos; el primer caso resuelto por la Corte (mediante la Sentencia del 28 de febrero de 2003), y tramitado enteramente bajo su actual Reglamento, ha sido el caso de los *Cinco Pensionistas*, relativo al Perú.

En su práctica reciente bajo el actual Reglamento, se puede empíricamente observar que efectivamente los procesos se han agilizado en lo que respecta al procedimiento escrito ante la Corte, a pesar de que en algunas ocasiones las partes han solicitado una extensión mayor de plazo para presentar sus argumentaciones. En todos los nuevos casos contenciosos, bajo su actual Reglamento, la Corte ha contado con la efectiva participación de las presuntas víctimas, o sus familiares, o sus representantes legales. La Corte ha adoptado la prática según la cual, una vez recibido el escrito de solicitudes, argumentos y pruebas de éstos últimos, se le ha transmitido tanto a la Comisión como al Estado demandado, para que presenten sus observaciones al respecto, asegurando, de ese modo, en todo momento del proceso, la fiel observancia del principio del contradictorio.

Cabe agregar que, de conformidad con la *mens legis* del Reglamento vigente, en el sentido de dar la mayor participación posible, de forma autónoma, a las presuntas víctimas, y sus representantes legales debidamente acreditados, en el procedimento ante la Corte, encuéntrase la Resolución general sobre medidas provisionales de protección, emitida por la Corte el 29 de agosto de 2001. Mediante tal Resolución, la Corte ha permitido, en relación con los casos que se encuentran en conocimiento del Tribunal, que las presuntas víctimas, sus familiares, o sus representantes legales, presenten directa y autónomamente ante éste sus solicitudes de medidas provisionales de protección, y participen en el respectivo procedimiento (sin que por ello quede exonerada la Comisión, en el marco de sus obligaciones convencionales, de informar a la Corte al respecto, cuando ésta lo solicite).

En fín, en estos dos años de vigencia de su nuevo Reglamento, la Corte ha observado que el costo en la tramitación de los casos contenciosos ha aumentado inevitable y sustancialmente, como consecuencia sobre todo de la necesaria incorporación de los peticionarios como parte procesal (demandante) en el procedimiento ante la Corte. En resúmen, la persona humana ha sido erigida, de forma inequívoca, en sujeto del Derecho Internacional de los Derechos Humanos, dotada de capacidad jurídico-procesal en los procedimientos ante la Corte Interamericana. Esta ha sido, sin duda, una evolución de transcendental importancia, y de las más alentadoras. Como me permití ponderar en mi intervención del día 10 de junio pasado ante el plenario de la Asamblea General de la OEA, aquí en la Capital chilena, la Corte Interamericana, en la evolución de sus procedimientos y de su jurisprudencia, ha dado una relevante contribución a «la consolidación del nuevo paradigma del Derecho Internacional, el nuevo *jus gentium* del siglo XXI, que consagra el ser humano como sujeto de derechos».

– IV –

Estamos, en efecto, en medio de un proceso histórico, y jurídicamente revolucionario, de construcción de este nuevo paradigma. En el nuevo *jus gentium* del siglo XXI el ser humano emerge como sujeto de derechos emanados directamente del Derecho Internacional, dotado de capacidad procesal para vindicarlos. Es esta la tesis que he sostenido tanto en mis Votos en la Corte Interamericana (como en el caso *Castillo Petruzzi y Otros versus Perú*, Excepciones Preliminares, 1998, o en la Opinión Consultiva n. 16, sobre *El Derecho a la Información sobre la Asistencia Consular en el Marco de las Garantías del Debido Proceso Legal*, 1999, entre otros), como en mis libros (v.g., *El Derecho Internacional de los Derechos Humanos en el Siglo XXI*, Santiago, Editorial Jurídica de Chile, 2001, cap. VII; *El Acceso Directo del Individuo a los Tribunales Internacionales de Derechos Humanos*, Bilbao, Universidad de Deusto, 2001, cap. III; *Tratado de Direito Internacional dos Direitos Humanos*, tomo III, Porto Alegre, S.A. Fabris Ed., 2003, caps. XV-XVI).

Las implicaciones de los cambios reglamentarios de la Corte Interamericana son considerables, no sólo en los planos conceptual y procesal, sino también – por que no decirlo? – en el plano jusfilosófico. La otorga del *locus standi* de los individuos en todas las etapas del procedimiento ante la Corte ha sido naturalmente bien recibido por los beneficiarios del sistema interamericano de protección (para quienes su *legitimatio ad causam* ha representado, en algunos casos, su última esperanza en la justicia humana), y también por las organizaciones no-gubernamentales, por la Comisión Interamericana, y por los Estados Partes en la Convención Americana, – lo que revela una inequívoca toma de conciencia en el sentido de la subjetividad internacional de la persona humana como titular de derechos. Este gran salto cualitativo, dado por el nuevo Reglamento de la Corte Interamericana, representa, pues, un paso de los más significativos en la evolución del sistema regional de protección, en el sentido de su *jurisdiccionalización* (cf. *infra*). Ocurre, además, en un momento histórico en que gana cada vez mayor espacio el ideal de la realización de la justicia a nivel internacional.

El nuevo Reglamento de la Corte es parte de un *proceso* de perfeccionamiento y fortalecimiento del sistema de protección bajo la Convención Americana como un todo. El próximo paso de esta evolución debe, en mi entender, como vengo sosteniendo hace mucho tiempo, consistir en un Protocolo de Reformas a la Convención Americana sobre Derechos Humanos, precedido por amplias consultas a los Estados Partes en la Convención, a las entidades de la sociedad civil y a los beneficiarios del sistema en general. El futuro Protocolo, fruto necesariamente de consensos, debe inicialmente *incorporar los avances reglamentarios* ya logrados. Hay que tener siempre presente que un Reglamento puede a cualquier momento sufrir alteraciones (inclusive retrógradas); ya un Protocolo, una vez que entre en vigor, constituye la vía más segura de obtener compromisos reales por parte de los Estados, sin mayores riesgos de retrocesos, en cuanto a un mecanismo más eficaz de protección de los derechos humanos.

Dicho Protocolo debe, a mi modo de ver, y siempre con base en consensos, ir más allá. La parte sustantiva de la Convención – atinente a los derechos protegidos – debe ser debidamente preservada, sin alteraciones, pues ya se encuentra desarrollada en la creciente y rica jurisprudencia de la Corte. Pero la parte relativa al mecanismo de protección y los procedimientos bajo la Convención Americana ciertamente requiere reformas, con miras a fortalecerlos, – y con ese propósito me permití presentar, en mayo 2001, mi Informe *Bases para un Proyecto de Protocolo a la Convención Americana sobre Derechos Humanos, para Fortalecer Su Mecanismo de Protección* (tomo II, 2a. ed., San José de Costa Rica, Corte Interamericana de Derechos Humanos, 2003, pp. 1-1015, esp. pp. 3-64). Desde entonces, este Informe se ha mantenido invariablemente presente en la agenda de la Asamblea General de la OEA (como lo ilustran las Asambleas de San José de Costa Rica en 2001, de Bridgetown/Barbados en 2002, y, recientemente, de Santiago de Chile en 2003).

Entre las propuestas que me permito avanzar en mi referido Informe, en la esperanza de que logremos en el futuro alcanzar el *jus standi* de los individuos directamente ante la Corte (como órgano jurisdiccional único, dotado de una posible primera instancia para la consideración de la admisibilidad de las peticiones, y sin prejuicio de la preservación de las funciones no-contenciosas de la Comisión Interamericana), encuéntrase la de una enmienda al artículo 62 de la Convención Americana para tornar la jurisdicción de la Corte Interamericana automáticamente obligatoria para todos los Estados Partes, sin necesidad de manifestación adicional de consentimiento posterior a la ratificación de la Convención. Aquí nutro igualmente la esperanza de que todos los Estados de la región, jurídicamente iguales, se habrán, en este día, tornado Partes en la Convención Americana y por consiguiente aceptado la competencia contenciosa de la Corte.

Tengo la convicción de que la cláusula facultativa de la jurisdicción obligatoria de la Corte, plasmada en el artículo 62 de la Convención Americana, es un anacronismo histórico, que hay que superar. Con base en las extensas consideraciones desarrolladas en mi Informe supracitado, me permití proponer que el artículo 62 consagre el *automatismo* de la jurisdicción obligatoria de la Corte para todos los Estados Partes en la Convención, remplazando todos sus párrafos actuales por los siguientes términos, *tout court*:

– "Todo Estado Parte en la Convención reconoce como obligatoria de pleno derecho y sin convención especial, integralmente y sin restricción alguna, la competencia de la Corte sobre todos los casos relativos a la interpretación o aplicación de esta Convención".

La jurisdicción compulsoria de los tribunales internacionales en general, y de la Corte Interamericana en particular, responde a una verdadera necesidad de la comunidad internacional contemporánea, además de dar elocuente expresión al primado del Derecho sobre la fuerza en el plano internacional. La jurisdicción compulsoria de la Corte Interamericana constituye el complemento indispensable del derecho de petición individual bajo la Convención Americana: ambos constituyen los pilares básicos de la protección internacional, del mecanismo de emancipación del ser humano *vis-à-vis* su propio Estado, como propugnaban los llamados fundadores del derecho de gentes. Es por eso que me he permitido caracterizar los artículos 44 y 62 de la Convención Americana, que consagran a ambos, como verdaderas cláusulas pétreas de la protección del ser humano bajo este tratado internacional (cf. mi estudio "Las Cláusulas Pétreas de la Protección Internacional del Ser Humano: El Acceso Directo de los Individuos a la Justicia a Nivel Internacional y la Intangibilidad de la Jurisdicción Obligatoria de los Tribunales Internacionales de Derechos Humanos", *in El Sistema Interamericano de Protección de los Derechos Humanos en el Umbral del Siglo XXI – Memoria del Seminario* (Noviembre de 1999), tomo I, 2a. ed., San José de Costa Rica, Corte Interamericana de Derechos Humanos, 2003, pp. 3-68).

Quisiera concluir estas palabras con una breve reflexión. El gran legado del pensamiento jusinternacionalista de la segunda mitad del siglo XX ha sido, a mi juicio, la *expansión de la personalidad internacional*. Para este proceso, que mucho ha enriquecido el *jus gentium* contemporáneo, han contribuído decisivamente tanto el Derecho de las Organizaciones Internacionales como el Derecho Internacional de los Derechos Humanos. Cabe, en el siglo XXI, preservar este precioso legado, y consolidarlo de modo definitivo. Hace una década, el documento titulado Declaración y Programa de Acción de Viena, adoptado por la II Conferencia Mundial de las Naciones Unidas en Viena, en 25 de junio de 1993, invocó, *inter alia*, "el espíritu de nuestra época y las realidades de nuestro tiempo", a requerir que todos los pueblos del mundo y todos los Estados miembros de Naciones Unidas "se redediquen a la tarea global" de promover y proteger todos los derechos humanos de modo a asegurarles goce pleno y universal.

En mis memorias personales de los trabajos del Comité de Redacción de la Conferencia Mundial de Viena de 1993, publicadas en Brasil en 1997 y reeditadas este año (*Tratado de Direito Internacional dos Direitos Humanos*, tomo III, Porto Alegre, S.A. Fabris Ed., 2003, cap. V), relaté las circunstancias de la inclusión en la Declaración y Programa de Acción de Viena de la referencia al "espíritu de nuestra época y las realidades de nuestro tiempo", cuyo trecho principal me permito aquí transcribir:

> "En efecto, los debates sobre este último pasage propiciaron uno de los momentos más luminosos de los trabajos del Comité de Redacción de la Conferencia, en la tarde del 23 de junio [de 1993]. Originalmente se contemplaba hacer referencia solamente al 'espíritu de nuestra época', pero se decidió agregar otra referencia a las 'realidades de nuestro tiempo'

en el entendimiento de que éstas habrían que ser apreciadas a la luz de aquél: el `espíritu de nuestra época´ se caracteriza por la aspiración común a valores superiores, al incremento de la promoción y protección de los derechos humanos intensificadas en la transición democrática e instauración del Estado de Derecho en tantos países, a la búsqueda de soluciones globales en el tratamiento de temas globales (mención hecha, v.g., a la necesidad de erradicación de la pobreza extrema). Este fue el entendimiento que prevaleció, al respecto, en el Comité de Redacción".

Hoy, transcurrida una década, creo poder decir, en esta ceremonia en la Universidad Central de Chile, que, todos los que hemos dedicado nuestra energía a la causa del fortalecimiento de la protección internacional de los derechos humanos, hemos procurado actuar a la altura de los grandes desafíos de nuestro tiempo. Con el reconocimiento inequívoco de que ningún Estado puede considerarse por encima del Derecho, volvemos a los orígenes conceptuales tanto del Estado nacional como del Derecho Internacional. En cuanto al primero, no hay que olvidarse que el Estado fue originalmente concebido para la realización del bien común, y que existe para el ser humano, y no *vice versa*. En cuanto al segundo, tampoco hay que olvidarse que el Derecho Internacional no era en sus orígenes un derecho estrictamente interestatal, sino más bien el *derecho de gentes*.

El ser humano pasa a ocupar, en nuestro tiempo, la posición central que le corresponde, como *sujeto del derecho tanto interno como internacional*, en medio al proceso de *humanización* del derecho internacional, el cual pasa a se ocupar más directamente de la identificación y realización de valores y metas comunes superiores. La titularidad jurídica internacional del ser humano es hoy una realidad innegable, cabendo ahora consolidar su plena capacidad jurídica procesal en el plano internacional. Tenemos todos el deber ineludible de dar nuestra contribución en este sentido, aún más que el reconocimiento de la centralidad de los derechos humanos corresponde, en definitiva, al nuevo *ethos* de nuestro tiempo. El ser humano es, al fin y al cabo, el sujeto último del derecho tanto interno como internacional.

VIII

Le Nouveau Règlement de la Cour Interaméricaine des Droits de l'Homme: Quelques Réflexions sur la Condition de l'Individu comme Sujet du Droit International[1]

À l'heure où l'on s'apprête à célébrer la première décennie dès la réalisation de la II Conférence Mondiale sur les Droits de l'Homme (Vienne, juin 1993), je me permets reprendre une ligne de réflexions qui me paraît tout à fait renouvelée et actuelle: je me refère à la condition de l'individu en tant que sujet du Droit International des Droits de l'Homme. Je la reprends à la lumière d'un développement récent dans le continent américain, à savoir, l'adoption du nouveau Règlement de la Cour Interaméricaine des Droits de l'Homme. Et je le fais en m'associant à la récente Conférence de Rome (de 2000) commémorative du 50e. anniversaire de la Convention Européenne des Droits de l'Homme[2], à laquelle j'étais présent, en répresentation de la Cour Interaméricaine des Droits de l'Homme.

La contraposition des individus qui s'en plaignent comme victimes de violations des droits de l'homme avec les États mis en cause est de l'essence même de la protection internationale des droits de l'homme. Affirmer la personnalité juridique des êtres humains et leur pleine capacité juridique au niveau international pour les violations qu'ils allèguent de leurs droits, c'est être fidèle aux origines historiques du Droit International lui-même (le droit des gens). C'est assurément l'un des plus grands acquis de la protection internationale des droits de l'homme, qui en indique la *juridictionalisation*.

En effet, les développements récents dans le domaine du Droit International des Droits de l'Homme comme un tout, et surtout aux niveaux régionaux, pointent dans le sens de la consécration de la personnalité et capacité juridiques internationales des individus et de la juridictionalisation des mécanismes internationaux de protection des droits de la personne humaine. Ces derniers passent à occuper une position centrale dans le cadre du Droit International contemporain. Dans le continent européen, à partir de l'entrée en vigueur du Protocole n. 11 à la Convention Européenne des Droits de l'Homme (le 1er. novembre 1998) le mécanisme de contrôle de la Convention Européenne a été profondément modifié: les individus ont été accordés *l'accès direct à la nouvelle Cour Européenne*, comme le seul organe

---

1 Conferência proferida pelo Autor no Seminário Internacional sobre o Sistema Interamericano de Proteção dos Direitos Humanos, realizado na sede do Instituto Max-Planck de Direito Público Comparado e Direito Internacional, em Heidelberg, Alemanha, em 05-06 de dezembro de 2002.

2 Cf., e.g., *inter alia*, G. Cohen-Jonathan, "50e. Anniversaire de la Convention Européenne des Droits de l'Homme», 104 *Revue générale de droit international public* (2000) pp. 849-872.

juridictionnel du sistème européen de protection³. Les particuliers ont donc pu, enfin, saisir directement une juridiction internationale (*jus standi*) en tant que véritables sujets du Droit International des Droits de l'Homme, dotés de la pleine capacité juridique internationale.

Dans le cadre du système africain de protection, c'est le Protocole (de 1998) à la Charte Africaine des Droits de l'Homme et des Peuples, portant création d'une Cour Africaine des Droits de l'homme et des Peuples⁴, qui retient maintenant l'attention⁵. Et dans le cadre du système interaméricain de protection des droits de

---

3   Cf. Council of Europe, *Protocol n. 11 to the Convention for the Protection of Human Rights and Fundamental Freedoms and Explanatory Report*, Strasbourg, C.E., 1994, pp. 3-52; A. Drzemczewski, «A Major Overhaul of the European Human Rights Convention Control Mechanism: Protocol n. 11», 6 *Collected Courses of the Academy of European Law* (1997)-II, pp. 121-244; J.-F. Flauss (ed.), *La mise-en-oeuvre du Protocole n. 11: le nouveau Règlement de la Cour Européenne des Droits de l'Homme*, Bruxelles, Bruylant, 2000, pp. 13-135; M. Scalabrino, *Il Controllo sull'Applicazione della CEDU alla Vigilia dell'Entrata in Vigore dell'XI Protocollo*, Urbino/Italia, Università degli di Urbino, 1998, pp. 1-175. Et cf. aussi: S. Marcus Helmons, «Le Onzième Protocole Additionnel à la Convention Europénne des Droits de l'Homme», 113 *Journal des Tribunaux* – Bruxelles (1994) n. 5725, pp. 545-547; R. Bernhardt, «Reform of the Control Machinery under the European Convention on Human Rights: Protocol n. 11», 89 *American Journal of International Law* (1995) pp. 145-154; J.A. Carrillo Salcedo, «Vers la réforme dy système européen de protection des droits de l'homme», in *Présence du droit public et des droits de l'homme – Mélanges offerts à Jacques Velu*, vol. II, Bruxelles, Bruylant, 1992, pp. 1319-1325; K. de V. Mestdagh, "Reform of the European Convention on Human Rights in a Changing Europe", in *The Dynamics of the Protection of Human Rights in Europe – Essays in Honour of H.G. Schermers* (eds. R. Lawson et M. de Blois), vol. III, Dordrecht, Nijhoff, 1994, pp. 337-360.

4   Cf. G.J. Naldi et K. Magliveras, "Reinforcing the African System of Human Rights: The Protocol on the Establishment of a Regional Court of Human and Peoples' Rights", 16 *Netherlands Quarterly of Human Rights* (1998) pp. 431-456; F. Quilleré-Majzoub, "L'option juridictionnelle de la protection des droits de l'homme en Afrique", 44 *Revue trimestrielle des droits de l'homme* (2000) pp. 729-785; M. Mubiala, "La Cour Africaine des Droits de l'Homme et des Peuples: mimetisme institutionnel ou avancée judiciaire?", 102 *Revue générale de Droit international public* (1998) pp. 765-780; et cf. I.A. Badawi El-Sheikh, "Draft Protocol to the African Charter on Human and Peoples' Rights on the Establishment of an African Court on Human and Peoples' Rights – Introductory Note", 9 *African Journal of International and Comparative Law* (1997) pp. 943-952; R. Murray, "The African Charter on Human and Peoples' Rights 1987-2000: An Overview of Its Progress and Problems", 1 *African Human Rights Law Journal* (2001) pp. 1-17; W. Benedek, "The African Charter and Commission on Human and Peoples' Rights: How to Make It More Effective", 11 *Netherlands Quarterly of Human Rights* (1993) pp. 25-39; E.G. Bello, "The African Charter on Human and Peoples' Rights: A Legal Analysis", 194 *Recueil des Cours de l'Académie de Droit International de La Haye* (1985) pp. 21-184.

5   Et, il y a presque une décennie, en septembre 1994, le Conseil de la Ligue des États Arabes a adopté, à son tour, la Charte Arabe des Droits de l'Homme; cf. A. Mahiou, «La Charte arabe des droits de l'homme», in *Mélanges offerts à Hubert Thierry – L'évolution du Droit international*, Paris, Pédone, 1998, pp. 307-318; M.A. Al-Midani, «Introduction à la Charte Arabe des Droits de l'Homme», 104/106 *Boletim da Sociedade Brasileira de Direito Internacional* (1996) pp. 183-189; M.A. Al-Midani, «Présentation de la Charte Arabe des Droits de l'Homme», in *Direitos Humanos: A Promessa do Século XXI*, Porto, ELSA, 1997, pp. 77-81.

l'homme, la thèse de l'octroi de *l'accès direct des individus à la Cour Interaméricaine des Droits de l'Homme*[6] (tout en préservant les fonctions non-contentieuses de la Commission Interaméricaine des Droits de l'Homme), commence à être sérieusement considerée, dans le but de renforcer l'ensemble du mecanisme de protection consacré dans la Convention Américaine relative aux Droits de l'Homme.

En effet, le changement de siècle a été le témoin d'un saut qualitatif fondamental dans l'évolution du Droit International des Droits de l'Homme, dans le cadre du fonctionnement du mécanisme précité de protection de la Convention Américaine, à savoir, l'adoption du quatrième et nouveau Règlement de la Cour interaméricaine en date du 24 novembre 2000, qui est entré en vigueur le 1er. juin 2001[7]. La signification des changements introduits par le nouveau Règlement (2000) de la Cour Interaméricaine pour le meilleur fonctionnement du mécanisme de protection de la Convention Américaine est tout à fait considérable.

L'adoption par la Cour de *son quatrième Règlement*, celui de l'an 2000, a été accompagnée de mesures concrètes pour améliorer et renforcer le mécanisme de protection aux termes de la Convention Américaine relative aux Droits de l'Homme. Les modifications introduites par la Cour dans son nouveau Règlement ont eu une incidence sur la rationalisation des actes de procédure, en ce qui concerne la preuve et les mesures provisoires de protection, mais la modification la plus importante a consisté à permettre aux victimes présumées, aux membres de leurs familles ou à

---

6 Cf. A.A. Cançado Trindade, *El Acceso Directo del Individuo a los Tribunales Internacionales de Derechos Humanos*, Bilbao, Université de Deusto, 2001, pp. 9-104.

7 Pour un commentaire récent, cf. A.A. Cançado Trindade, «El Nuevo Reglamento de la Corte Interamericana de Derechos Humanos (2000): La Emancipación del Ser Humano como Sujeto del Derecho Internacional de los Derechos Humanos», 30-31 *Revista del Instituto Interamericano de Derechos Humanos* (2001) p. 45-71. – Pour situer dans leur contexte les changements importants introduits par ce nouveau Règlement, il convient de se rappeler que l'Assemblée Générale de 2000 de l'Organisation des États Américains (OEA, tenue à Windsor, Canada) a adopté une résolution (OEA/ A.G., résolution AG/RES.1701 (XXX-0/00)) en vertu de laquelle elle accueillait favorablement les recommandations du Groupe de Travail *ad hoc* sur les droits de l'homme formé des représentants des Ministres des Affaires Étrangères des pays de la région (réunis à San José du Costa Rica, en février 2000). Par ladite résolution, l'Assemblée Générale recommandait à la Cour Interaméricaine, en tenant compte des *Rapports* que j'avais présentés, au nom de la Cour, aux organes de l'OEA les 16 mars, 13 avril et 6 juin 2000 (reproduits *in* OEA, *Rapport annuel de la Cour Interaméricaine des Droits de l'Homme – 2000*, doc. OEA/Ser.L/V/III.50-doc.4, San José du Costa Rica, 2001, p. 657-790), qu'elle envisageait la possibilité de: a) «permettre la participation directe des victimes» aux procédures suivies par la Cour (une fois cette dernière saisie de l'affaire), «en tenant compte de la nécessité tant de préserver l'impartialité de la procédure que de redéfinir le rôle de la Commission interaméricaine des droits de l'homme dans ces procédures»; et b) éviter le «double emploi en matière de procédures» (une fois la Cour saisie de l'affaire), notamment «la production des éléments de preuve, compte tenu de la nature différente» de la Cour et de la Commission (cf. Cour Interaméricaine des Droits de l'Homme, *Le Système interaméricain de protection des droits de la personne à l'aube du XXIe. siècle – Mémoire du Séminaire*, tome I, San José du Costa Rica, 2001, pp. 1-726 – en espagnol).

leurs représentants de participer directement à *toutes* les étapes de la procédure devant la Cour (cf. *infra*).

Dans son nouveau Règlement de 2000, la Cour a introduit une série de dispositions, surtout en ce qui concerne les exceptions préliminaires, la réponse à la demande, et les réparations, en vue d'accélérer et d'assouplir la procédure. La Cour a tenu compte du vieil adage «justice différée est justice refusée» (*«justice delayed is justice denied»*); en outre, en accélérant le processus, sans préjudice de la sécurité juridique, on éviterait les frais inutiles, ce qui serait un avantage pour tous les intervenants dans les affaires contentieuses instruites par la Cour.

Dans cet esprit, s'agissant des exceptions préliminaires, l'antérieur Règlement (de 1996) stipulait qu'elles devaient être introduites dans les deux mois suivant la notification de la demande; le nouveau Règlement de 2000 établit, par contre, que ces exceptions ne peuvent être invoquées que dans la réponse à la demande (article 36)[8]. Le Règlement de 2000 établit que, dans la réponse à la demande, l'État défendeur doit déclarer s'il accepte les faits dénoncés et les prétentions du demandeur, ou s'il les conteste; de cette façon, la Cour peut considérer comme étant acceptés les faits qui n'ont pas été expressément niés et les prétentions qui n'ont pas été expressément contestées (article 37.2).

De plus, bien que dans l'étape des exceptions préliminaires on applique le principe *reus in excipiendo fit actor*, le Règlement de 2000 stipule que la Cour peut convoquer une audience spéciale sur les exceptions préliminaires lorsqu'elle le considère indispensable, c'est-à-dire qu'elle peut, selon les circonstances, ne pas tenir d'audience (comme il ressort de l'article 36.5). Même si, dans la pratique, la Cour a jusqu'à présent commencé par rendre une décision sur les exceptions préliminaires, pour ensuite, en cas de rejet, rendre un jugement sur le fond, – le Règlement de 2000 dispose, à la lumière du principe de l'économie procédurale, que la Cour peut statuer au moyen d'un seul arrêt à la fois sur les exceptions préliminaires et sur le fond de l'affaire (article 36).

En matière de preuves, la Cour a introduit dans son Règlement de 2000 une disposition selon laquelle les preuves produites devant la Commission Interaméricaine doivent être incorporées au dossier de l'affaire portée devant la Cour, à condition qu'elles aient été reçues dans les procédures contradictoires, sauf si la Cour juge indispensable de les reproduire. Avec cette innovation, la Cour entend éviter la répétition d'actes de procédure afin d'alléger le processus.

À cet égard, il ne faut jamais perdre de vue que les victimes présumées ou leurs proches, ou leurs représentants, ont la capacité de présenter, tout au long de la

---

8 La réponse à la demande devait être présentée, selon l'ancien Règlement de 1996, dans les quatre mois suivant la notification de la demande; désormais, en vertu du Règlement de 2000, elle doit l'être dans les deux mois suivant la notification de la demande (article 37.1). Ce resserrement du délai, à l'instar d'autres resserrements, permet d'accélérer la procédure au profit des parties en cause.

procédure, leurs demandes, arguments et éléments de preuve de façon *indépendante* (article 43). Selon le quatrième et nouveau Règlement de la Cour, celle-ci peut décider la jonction d'instances pour cause de connexité, à n'importe quelle étape de l'instruction, pourvu qu'il y ait identité de parties, d'objet et de base normative entre les instances concernées (article 28). Cette disposition répond également à l'objectif de rationalisation de la procédure devant la Cour[9].

S'agissant des mesures provisoires de protection, bien qu'il ait été d'usage jusqu'à présent que la Cour tienne – lorsqu'elle le juge nécessaire – des audiences publiques sur ce sujet, cette possibilité n'était pas prévue dans le Règlement de 1996. En revanche, le nouveau Règlement de 2000 comporte une disposition selon laquelle la Cour, ou son Président si celle-ci ne siège pas, peut convoquer les parties, si elle le juge nécessaire, à une audience publique sur ces mesures provisoires (article 25).

En matière de réparations, le Règlement de 2000 établit que, parmi les prétentions exprimées dans le texte de la demande elle-même, il faut inclure celles qui ont trait aux réparations et aux dépens (article 33.1). Quant aux arrêts rendus par la Cour, ils doivent contenir, *inter alia*, la décision relative aux réparations et aux dépens (article 55.1.h). Là encore, l'objectif est de réduire la durée de la procédure devant le Tribunal, conformément aux principes de célérité et d'économie procédurales, à l'avantage de toutes les parties intéressées.

La Cour a introduit dans son nouveau Règlement de 2000 une série de mesures visant à permettre aux victimes présumées, à leurs proches ou à leurs représentants dûment accrédités, la participation directe (*locus standi in judicio*) à toutes les étapes de la procédure judiciaire. Dans une perspective historique, c'est là la modification la plus importante du quatrième et nouveau Règlement de la Cour, modification qui représente de plus une véritable étape dans l'évolution du système interaméricain de protection des droits de l'homme, en particulier, et du Droit International des Droits de l'Homme, en général.

L'article 23 du nouveau Règlement de 2000 stipule ce qui suit en ce qui concerne la «participation des victimes présumées»:

> «1. Une fois la demande accueillie, les victimes présumées, leurs proches ou leurs représentants dûment accrédités peuvent présenter leurs demandes, arguments et preuves de façon autonome pendant toute la durée de la procédure.

---

9 Le Règlement de 2000 dispose en outre que les demandes ainsi que les demandes d'avis consultatifs doivent être transmises non seulement au Président et aux autres Juges de la Cour, mais aussi au Conseil Permanent de l'OEA, par l'intermédiaire de son Président; en ce qui concerne les demandes, elles doivent aussi être remises à l'État défendeur, à la Commission Interaméricaine, au pétitionnaire original et à la victime présumée, aux membres de sa famille ou à ses représentants dûment accrédités (articles 35.2 et 62.1).

2. S'il y a pluralité de victimes présumées, de proches ou de représentants dûment accrédités, ils doivent désigner un intervenant commun qui sera la seule personne autorisée à présenter les demandes, arguments et preuves au cours de la procédure, y compris aux audiences publiques.

3. En cas de désaccord éventuel, la Cour prendra les mesures qui s'imposent».

Le Règlement précédent, celui de 1996, avait marqué le premier pas dans cette direction, en habilitant les victimes présumées, leurs proches ou leurs représentants à présenter leurs propres arguments et éléments de preuve de façon autonome, en particulier à l'*étape des réparations*. Cependant, si les victimes présumées sont présentes au *début* de la procédure (ce sont elles qui sont présumément lésées dans leurs droits), ainsi qu'à la *fin* de la procédure (à titre d'éventuels bénéficiaires des réparations), pour quelle raison se verraient-elles refuser le droit d'être présentes *durant* le procès, en tant que véritable partie demanderesse? Le Règlement de 2000 est venu remédier à cette incohérence qui avait persisté pendant plus de vingt ans (depuis l'entrée en vigueur de la Convention Américaine) dans le système interaméricain de protection.

En effet, aux termes du Règlement de 2000 de la Cour Interaméricaine, les victimes présumées, leurs proches ou leurs représentants peuvent présenter des demandes, des arguments et des éléments de preuve de façon autonome pendant *toute* la procédure suivie par le Tribunal (article 23). Ainsi, une fois que la Cour notifie la demande à la victime présumée, à ses proches ou à ses représentant légaux, elle leur accorde un délai de 30 jours pour la présentation, de façon autonome, des textes contenant leurs demandes, arguments et preuves (article 35.4). De même, pendant les audiences publiques, toutes ces personnes peuvent prendre la parole pour présenter leurs arguments et preuves, en tant que véritable partie à la procédure (article 40.2)[10]. Grâce à ce progrès important, il est enfin établi sans ambiguïté que les véritables parties à une affaire contentieuse portée devant la Cour Interaméricaine sont les personnes demanderesses et l'État défendeur[11].

En étant ainsi habilités à participer directement (*locus standi in judicio*) à toutes les étapes de la procédure suivie par la Cour, les victimes présumées, leurs proches ou leurs représentants ont désormais tous les droits et devoirs, en matière de procédure, qui, jusqu'au Règlement de 1996, étaient l'apanage de la Commission et de l'État défendeur (sauf à l'étape des réparations). Cela signifie que, dans la procédure

---

10   En ce qui concerne la demande d'interprétation, elle sera communiquée par le Secrétaire de la Cour aux parties à l'affaire – y compris naturellement aux victimes présumées, à leurs proches ou à leurs représentants – pour qu'elles présentent les mémoires écrits qu'elles estiment pertinents, dans un délai fixé par le Président de la Cour (article 58(2)).

11   La Commission Interaméricaine figure comme un acteur seulement sur le plan de la procédure (cf. article 2.23).

suivie par la Cour[12], pourront exister, et se manifester, trois positions distinctes: celle de la victime présumée (ou de ses proches ou représentants légaux), en tant que sujet du Droit International des Droits de l'Homme; celle de la Commission Interaméricaine, en tant qu'organe de supervision de la Convention Américaine et auxiliaire de la Cour Interaméricaine; et celle de l'État défendeur.

Cette réforme historique introduite dans le Règlement de la Cour attribue aux différents acteurs le rôle qui leur revient; contribue à une meilleure instruction du procès; assure le maintien du principe du contradictoire, essentiel à la recherche de la vérité et au triomphe de la justice aux termes de la Convention Américaine; reconnaît que la confrontation directe entre les personnes demanderesses et les États défendeurs est de l'essence même du contentieux international des droits de la personne humaine; reconnaît le droit à la libre expression des victimes présumées elles-mêmes, lequel est un impératif d'équité et de transparence de la procédure; et, enfin et surtout, elle garantit l'égalité procédurale des parties (*equality of arms/égalité des armes*) dans l'ensemble de la procédure suivie dans l'affaire portée devant la Cour Interaméricaine[13].

Ainsi, nous assistons à un renforcement progressif de la capacité procédurale des individus dans les procédures instaurées aux termes de la Convention Américaine

---

[12] Pour la procédure relative aux affaires en instance devant la Cour, avant l'entrée en vigueur du nouveau Règlement le 1er. juin 2001, la Cour Interaméricaine a adopté une Résolution sur les dispositions transitoires (13 mars 2001) par laquelle elle a décidé ce qui suit: 1) les affaires en instance au moment de l'entrée en vigueur du nouveau Règlement (de 2000) continuent d'être traitées conformément aux normes du Règlement antérieur (de 1996), jusqu'au moment où s'achève l'étape procédurale dans laquelle elles se trouvent; 2) les victimes présumées participent à l'étape qui commence après l'entrée en vigueur du nouveau Règlement (de 2000), conformément à l'article 23 de ce dernier.

[13] À la défense de cette position (qui a réussi à venir à bout des résistances, surtout des nostalgiques du passé, y compris au sein du système interaméricain de protection), cf. A.A. Cançado Trindade, «El Sistema Interamericano de Protección de los Derechos Humanos (1948-1995): Evolución, Estado Actual y Perspectivas», *in Derecho Internacional y Derechos Humanos/Droit international et droits de l'homme* (Livre commémoratif de la XXIVe. Session du Programme extérieur de l'Académie de Droit International de La Haye, San José du Costa Rica, avril/mai 1995 – eds. D. Bardonnet e A.A. Cançado Trindade), La Haye/San José, IIDH/Académie de Droit International de La Haye, 1996, p. 47-95; A.A. Cançado Trindade, «Las Cláusulas Pétreas de la Protección Internacional del Ser Humano: El Acceso Directo de los Individuos a la Justicia a Nivel Internacional y la Intangibilidad de la Jurisdicción Obligatoria de los Tribunales Internacionales de Derechos Humanos», *in Le Système interaméricain de protection des droits de la personne à l'aube du XXIe. siècle – Mémoire du séminaire* (novembre 1999), tome I, San José du Costa Rica, Cour Interaméricaine des Droits de l'Homme, 2001, p. 3-68 (en espagnol); A.A. Cançado Trindade, «Le système inter-américain de protection des droits de l'homme: état actuel et perspectives d'évolution à l'aube du XXIème. siècle», 46 *Annuaire français de Droit international* (2000) pp. 547-577; A.A. Cançado Trindade, «El Nuevo Reglamento de la Corte Interamericana de Derechos Humanos (2000) y Su Proyección Hacia el Futuro: La Emancipación del Ser Humano como Sujeto del Derecho Internacional», *in XXVIII Curso de Derecho Internacional Organizado por el Comité Jurídico Interamericano* – OEA (2001) pp. 33-92.

relative aux Droits de l'Homme, avec non seulement l'évolution graduelle du *Règlement* lui-même de la Cour Interaméricaine (cf. *supra*), mais aussi l'*interprétation* de diverses dispositions de la Convention Américaine, à la lumière de son objet et de son but, et du Statut de la Cour. S'agissant des dispositions pertinentes de la Convention, nous pouvons souligner les suivantes: les articles 44 et 48.1.f de la Convention Américaine peuvent clairement être interprétées comme des dispositions en faveur de l'octroi du rôle de partie demanderesse aux pétitionnaires individuels; b) l'article 63.1 de la Convention fait état de la «partie lésée», ce qui signifie qu'il ne peut s'agir que de personnes (et jamais de la Commission); c) l'article 57 de la Convention stipule que la Commission Interaméricaine «participera aux audiences auxquelles donnent lieu toutes les affaires évoquées devant la Cour», mais ne précise pas à quel titre, et il n'indique pas que la Commission soit partie; d) l'article 61 lui-même de la Convention, en établissant que seuls les États Parties à la Convention et la Commission ont qualité pour saisir la Cour, ne parle pas de «parties»[14]; e) l'article 28 du Statut de la Cour stipule que la Commission comparaîtra «comme partie en cause» (c'est-à-dire, dans un sens purement procédural), mais n'établit pas qu'elle est effectivement «partie».

Également en ce qui a trait à la procédure consultative, il est impossible de ne pas mentionner ici que l'Avis consultatif n. 16 de la Cour Interaméricaine, historique et pionnier[15], sur le *Droit à l'information sur l'assistance consulaire dans le cadre des garanties du procès équitable*, émis le 1er. octobre 1999, a bénéficié d'une procédure consultative extraordinairement riche, au cours de laquelle, outre les huit États intervenants[16], ont pris la parole dans les audiences publiques sept personnes représentant quatre organisations non-gouvernementales (ONGs nationales et internationales) des droits de l'homme, deux personnes d'une ONG oeuvrant en faveur de l'abolition de la peine de mort, deux représentants d'une entité (nationale) d'avocats, quatre professeurs universitaires à titre individuel, et trois personnes intervenant au nom d'un condamné à mort. Ces données, peu connues, révèlent également que tout individu a accès à la juridiction internationale dans le système

---

14   À l'avenir, lorsque sera consacré – comme je l'espère – le *jus standi* des personnes devant la Cour, cet article de la Convention aura été modifié.

15   Comme il a été promptement reconnu par la doctrine juridique contemporaine; cf., e.g., G. Cohen-Jonathan, «Cour Européenne des Droits de l'Homme et droit international général (2000)», 46 *Annuaire français de Droit international* (2000) p. 642; M. Mennecke, «Towards the Humanization of the Vienna Convention of Consular Rights – The *LaGrand* Case before the International Court of Justice», 44 *German Yearbook of International Law/Jahrbuch für internationales Recht* (2001) pp. 430-432, 453-455, 459-460 et 467-468; Ph. Weckel, M.S.E. Helali et M. Sastre, «Chronique de jurisprudence internationale», 104 *Revue générale de Droit international public* (2000) pp. 794 et 791; Ph. Weckel, «Chronique de jurisprudence internationale», 105 *Revue générale de Droit international public* (2001) pp. 764-765 et 770.

16   Mexique, Costa Rica, El Salvador, Guatemala, Honduras, Paraguay, République Dominicaine et États-Unis.

interaméricain de protection dans le cadre des procédures consultatives consacrées dans la Convention Américaine, en démontrant en outre le caractère d'*ordre public* des procédures en question.

La Cour Interaméricaine, en ce début de XXIe. siècle, a définitivement atteint sa maturité institutionnelle. Cependant, pour faire face aux besoins croissants de protection, la Cour a un besoin considérable de ressources additionnelles, humaines et matérielles[17]. Avec l'entrée en vigueur, le 1er. juin 2001, de son nouveau Règlement de 2000, ces ressources seront indispensables pour le fonctionnement même, ou la *mise en oeuvre*, du mécanisme de protection de la Convention Américaine, précisément à la suite de l'octroi aux victimes présumées ou à leurs proches, ou à leurs représentants légaux, du *locus standi in judicio*, à titre de véritable partie demanderesse.

Comme j'ai eu l'occasion de souligner récemment devant le Conseil Permanent de l'Organisation des États Américains (OEA), dans mon rapport du 16 octobre 2002, intitulé «*Le droit de l'accès à la justice internationale et les conditions pour sa réalisation dans le cadre du système interaméricain de protection des droits de l'homme*», le droit de l'accès à la justice, doté d'un contenu juridique propre, signifie, *lato sensu*, le droit d'obtenir la justice. Il se présente, de cette façon, comme un droit autonome, à la *réalisation* de la justice elle-même[18]. Il faut, alors, attribuer tous les ressources (humaines et matérielles) nécessaires à l'exercice adéquat des fonctions des tribunaux compétents et indépendants, aux niveaux national et international, parque qu'autrement les justiciables seraient privés de leur droit de l'accès à la justice. On est ainsi devant un vrai *droit au Droit*, c'est-à-dire, le droit à un ordre juridique – aux niveaux national ainsi qu'international – capable de protèger effectivement les droits fondamentaux de la personne humaine[19]. Dans le cadre du système interaméricain de protection, il conviendra, en temps opportun, d'examiner des aspects particuliers de la future affectation des ressources matérielles, comme un mécanisme d'aide juridique gratuite (*free legal aid*) pour les pétitionnaires dépourvus de ressources matérielles (un point directement lié à la question centrale de l'accès même à la justice au niveau international)[20].

---

17 Ainsi, la Cour devra écouter et traiter les plaidoyers des trois acteurs procéduraux (les pétitionnaires, la Commission et l'État), ce qui entraînera une augmentation des coûts.

18 OEA, *Presentación del Presidente de la Corte Interamericana de Derechos Humanos, Juez Antônio A. Cançado Trindade, ante el Consejo Permanente de la Organización de los Estados Americanos (OEA)*: "*El Derecho de Acceso a la Justicia Internacional y las Condiciones para Su Realización en el Sistema Interamericano de Protección de los Derechos Humanos*" (16.10.2002), document OEA/Ser.G/CP/doc.3654/02, du 17.10.2002, pp. 15-16 (aussi disponible en français, anglais et portugais).

19 A.A. Cançado Trindade, *Tratado de Direito Internacional dos Direitos Humanos*, tome III, Porto Alegre/Brésil, S.A. Fabris Ed., 2002, p. 524.

20 Comme cela s'est fait il y a quelques années dans le cadre du système européen de protection. Dans le cadre du système interaméricain de protection, cf., récemment, OEA, *Presentación del Presidente de la Corte Interamericana de Derechos Humanos, Juez Antônio A. Cançado Trindade, ante el Consejo*

Il y a quelques mesures qui doivent, à mon avis, être prises à présent pour renforcer le système interaméricain de protection des droits de la personne humaine. En premier lieu, *tous* les États de la région doivent ratifier la Convention Américaine, ses deux Protocoles en vigueur, ainsi que les Conventions interaméricaines sectorielles de protection, ou d'adhérer à ces instruments internationaux. Les États qui se sont auto-exclus du régime juridique du système interaméricain de protection ont une dette historique envers ce dernier, situation à laquelle il convient de remédier. Le véritable engagement d'un pays à l'égard des droits de la personne humaine reconnus internationalement se mesure à son initiative et à sa détermination de devenir Partie aux traités des droits de l'homme, assumant ainsi les obligations conventionnelles de protection que ces traités consacrent.

Dans le présent domaine de protection, les mêmes critères, principes et normes doivent valoir pour tous les États, juridiquement égaux, et opérer à l'avantage de tous les êtres humains, indépendamment de leur nationalité ou de toute autre circonstance[21]. En devenant Parties aux traités relatifs aux droits de la personne humaine susmentionnés, tous les États de la région contribueront à faire en sorte que les droits de la personne humaine deviennent le langage commun de tous les peuples de notre région du monde. C'est seulement ainsi que nous réussirons à édifier un *ordre public* interaméricain fondé sur le respect fidèle des droits de la personne humaine.

Deuxièmement, il importe que tous les acteurs du système interaméricain de protection examinent sérieusement les bases d'un Projet de Protocole de modification de la Convention Américaine relative aux Droits de l'Homme (comme j'ai proposé plusieurs fois, de 1999 jusqu'à présent, devant les organes compétents de l'OEA)[22], en vue spécifiquement de renforcer son mécanisme de protection. Les récentes réformes réglementaires (*supra*) seraient ainsi transposées, avec d'autres mesures, à un instrument international liant juridiquement tous les États Parties, dans une démonstration sans équivoque du véritable engagement de ces derniers envers l'exercice des droits de la personne humaine.

Permanente de la Organización de los Estados Americanos (OEA): «El Derecho de Acceso a la Justicia Internacional y las Condiciones para Su Realización en el Sistema Interamericano de Protección de los Derechos Humanos» (16.10.2002), document OEA/Ser.G/CP/doc.3654/02, du 17.10.2002, pp. 1-23 (aussi disponible en français, anglais et portugais).

21   Aussi longtemps que tous les États membres de l'OEA n'auront pas ratifié la Convention Américaine, accepté intégralement la compétence contentieuse de la Cour Interaméricaine, et incorporé les normes substantives de la Convention Américaine dans leur droit interne, on avancera bien peu dans le renforcement réel du système interaméricain de protection. Les organes internationaux de protection ne peuvent faire que très peu si les normes conventionnelles de sauvegarde des droits de la personne humaine n'atteignent pas les bases des sociétés nationales.

22   Cf. A.A. Cançado Trindade, *Informe: Bases para un Proyecto de Protocolo a la Convención Americana sobre Derechos Humanos, para Fortalecer Su Mecanismo de Protección*, tome II, San José du Costa Rica, Cour Interaméricaine des Droits de l'Homme, 2001, pp. 1-669, esp. pp. 3-64.

Troisièmement, tous les États Parties à la Convention doivent accepter intégralement la compétence contentieuse de la Cour Interaméricaine, ainsi que le caractère *automatique* de la juridiction obligatoire de la Cour pour tous les États Parties, sans restrictions. Les clauses relatives à la juridiction obligatoire de la Cour et au droit des particuliers de soumettre des requêtes, nécessairement liées, constituent de véritables pierres angulaires de la protection internationale des droits de la personne humaine: ce sont elles qui assurent l'accès des particuliers à la justice sur le plan international, ce qui représente une véritable révolution juridique, peut-être l'héritage le plus important que nous apportons avec nous en cette aube du XXIème. siècle.

Quatrièmement, il est impératif de permettre aux particuliers d'avoir un accès direct à la juridiction de la Cour Interaméricaine. Le jour où nous serons passé du *locus standi* au *jus standi* des particuliers devant la Cour Interaméricaine, nous aurons atteint, dans le continent américain, le point culminant d'une longue évolution du droit vers l'émancipation de l'être humain, en tant que titulaire des droits inaliénables qui lui sont inhérents et qui émanent directement du droit international. Cinquièmement, il est essentiel d'allouer des ressources adéquates aux deux organes de supervision de la Convention Américaine relative aux Droits de l'Homme, afin qu'ils puissent s'acquitter convenablement de leurs fonctions.

Sixièmement, des mesures nationales indispensables à la mise en oeuvre de la Convention Américaine doivent être instituées, afin d'assurer l'applicabilité directe des normes de la Convention dans le cadre du droit interne des États Parties, et l'exécution des arrêts de la Cour Interaméricaine. Enfin, septièmement, je mentionnerai deux exigences, à savoir, l'exercice de la *garantie collective*, par l'ensemble des États Parties à la Convention, ainsi que la mise en place d'un mécanisme international de surveillance permanente de l'observation par les États Parties à la Convention Américaine des arrêts et décisions de la Cour et des recommandations de la Commission.

Dans l'application de la Convention Américaine relative aux Droits de l'Homme, même avant l'adoption du nouveau Règlement de la Cour Interaméricaine, la présence des individus, comme sujets des droits internationalement consacrés, se faisait nécessairement – et heureusement – sentir dans les procédures devant la Cour, et dans l'exercice des fonctions tant consultative comme contentieuse du Tribunal interaméricain. La personnalité juridique et la capacité processuelle internationales de la personne humaine ont été analysées par la Cour, par exemple, dans son arrêt sur exceptions préliminaires dans l'affaire *Castillo Petruzzi et autres versus Pérou* (1998), et, plus récemment, dans son 17e. avis consultatif sur la *Condition juridique et les droits de l'enfant* (2002).

En ce qui concerne l'application des mesures provisoires de protection, la position des individus cherchant la protection a été renforcée dernièrement. Dans l'affaire du *Tribunal Constitutionnel* (2000), concernant le Pérou, un des trois juges destitués de ce tribunal a déposé directement devant la Cour Interaméricaine une demande de mesures provisoires de protection. Comme l'affaire était pendante devant la Cour Interaméricaine (qui n'était pas à l'époque en session), son Président a adopté des mesures d'urgence, *ex officio* (le 07 avril 2000), pour la première fois dans l'histoire de la Cour, dans le but d'éviter des dommages irréparables au plaignant. La même situation est intervenue dans l'affaire *Loayza Tamayo contre Pérou* (2000)[23]. Dans les deux affaires (*Tribunal Constitutionnel* et *Loayza Tamayo*), la Cour, en formation plénière, a confirmé entièrement les mesures urgentes ordonnées par son Président. Ces deux épisodes récents illustrent l'importance de *l'accès direct* des requérants devant la Cour, comme sujets du Droit International des Droits de l'Homme, et encore plus dans une situation d'extrême gravité et d'urgence.

L'affaire paradigmatique des «*Enfants de la rue*» («*Street children*», *Villagran Morales et autres contre Guatemala*, 1999-2001), pour évoquer un autre exemple, souligne l'importance de la pleine participation des pétitionnaires individuels à la procédure contentieuse devant la Cour. Une telle participation, – comme cette affaire a démontré avec éloquence, – constitue le dernier espoir des personnes lésées qui ne peuvent pas trouver justice, ni même avoir accès à la justice, dans leur ordre juridique interne.

Dans l'affaire sus-évoquée, les mères des adolescents tués (et la grand-mère de l'un d'eux), qui étaient aussi pauvres et abandonnées que leurs enfants (et petit-enfant), ont eu accès à la juridiction internationale, ont participé aux audiences publiques (des 28-29 janvier 1999 et du 12 mars 2001) devant la Cour Interaméricaine, et, grâce aux jugements de cette dernière (sur le fond, du 19 novembre 1999, et sur la réparation, le 26 mai 2001), qui leur ont étendu sa protection, leur ont au moins permis de reprendre la confiance dans la justice humaine.

La conscience humaine atteint ainsi un degré d'évolution qui rend possible, comme l'illustre la récente affaire des «*Enfants de la rue*» décidée par la Cour Interaméricaine, la sauvegarde des droits de ceux qui sont socialement marginalisés ou exclus. La capacité juridique internationale des individus est aujourd'hui une réalité irréversible. L'être humain émerge, enfin, même dans les conditions de la plus grande adversité, comme le sujet ultime du droit interne ainsi que du droit international, sujet pourvu de capacité juridico-procéssuelle.

Au seuil du XXIe. siècle, l'octroi du *locus standi in judicio* aux individus pétitionnaires dans *toutes* les étapes des procédures de la sauvegarde internationale des droits de l'homme sous la Convention Américaine constitue une avance considérable dans le présent domaine de protection. Je suis convaincu que la reconnaissance de la *legitimatio ad causam* des particuliers devant les instances internationales de protection répond à une *nécessité* de l'ordre juridique international lui-même, aux

---

23 L'affaire était à l'époque sous surveillance de la Cour pour l'exécution de la sentence.

niveaux régionaux aussi qu'au plan universel[24]. Nous assistons, en ce début de XXIe. siècle, à un processus historique d'*humanisation* du Droit International contemporain, duquel nous avons le privilège de participer.

Il s'agit d'un processus dans lequel on s'attache plus directement à cultiver et réaliser des valeurs et objectifs communs supérieurs. De cette façon, nous revenons aux origines conceptuelles tant de l'État national que du Droit International. S'agissant du premier, il ne faut pas oublier que l'État a été conçu initialement pour permettre la réalisation du bien commun et qu'il existe pour le bénéfice de l'être humain, et non l'inverse. En ce qui concerne le second, il ne faut pas non plus oublier que le Droit International n'était pas, au début, un droit strictement interétatique, mais bien le *droit des personnes humaines* (c'est-à-dire, le *droit des gens*).

---

24 A.A. Cançado Trindade, *El Derecho Internacional de los Derechos Humanos en el Siglo XXI*, *Santiago*, Santiago du Chili, Éd. Jur. du Chili, 2001, p. 15-427; A.A. Cançado Trindade, *Tratado de Direito Internacional dos Direitos Humanos*, vol. III, Porto Alegre/Brésil, S.A. Fabris Éd., 2003, pp. 447-527.

IX
La Emancipación de la Persona Humana en la Reconstrucción del *Jus Gentium*[1]

– I –

Me es particularmente grato comparecer el día de hoy, 13 de septiembre de 2004, a esta ceremonia académica, que mucho me sensibiliza, mediante la cual la distinguida Universidad Americana de Asunción, Paraguay, me confiere la distinción de Doctor *Honoris Causa*. Como Profesor Universitario hace 27 años consecutivos, es esta la más significativa distinción que puede uno recibir, y quisiera extender mis más sinceros agradecimientos a la Universidad Americana del Paraguay, – en las personas de su Rector, Profesor Benjamín Fernández, y del Presidente de su Consejo Superior, Profesor Andrés Benko, – por el honor que me concede el día de hoy. Agradezco, además, al Señor Rector Dr. Benjamín Fernández, ilustre publicista paraguayo, por sus cordiales palabras de presentación, que debo creditar a su apreciada y noble generosidad.

Me siento sinceramente muy a gusto por estar en Paraguay, país de rica tradición jurídica que, durante la media década de mi Presidencia de la Corte Interamericana de Derechos Humanos, siempre ha respaldado las labores del Tribunal en sus intervenciones en los órganos competentes de la Organización de los Estados Americanos (OEA), y con cuyos distinguidos jusinternacionalistas, algunos de ellos aquí presentes, he mantenido una fructífera y gratificante convivencia en distintas ocasiones a lo largo de los últimos años. Hoy, día 13 de septiembre de 2004, es un día altamente gratificante para mí, que quedará grabado siempre en mi memoria, en virtud del alto honor que me concede la Universidad Americana, aquí en la ciudad de Asunción, de distinguirme como Doctor *Honoris Causa*.

Quisiera concentrarme en este acto académico en un tema verdaderamente central de la agenda contemporánea del Derecho Internacional de los Derechos Humanos, y al cual me he dedicado por tantos años, a saber, el del acceso de la persona humana a la justicia en el plano internacional en el marco de la reconstrucción del *jus gentium* en nuestros días. El acceso a la justicia es aquí entendido *lato sensu*, como abarcando el derecho a la prestación jurisdiccional, o sea, en última instancia, a la propia *realización* de la justicia, en el plano ya no sólo nacional sino también internacional.

---

[1] Discurso proferido pelo Autor, na cerimônia de outorga do título de Doutor *Honoris Causa* da Universidad Americana do Paraguai, realizada no auditório da Reitoria da referida Universidade, em Assunção, Paraguai, em 13 de setembro de 2004.

En el marco del examen de esta cuestión de crucial importancia en nuestros días, quisiera, en esta oportunidad, compartir con los presentes tres líneas de consideraciones, a saber: primera, la visión que sostengo de la base y del alcance de la jurisdicción de la Corte Interamericana de Derechos Humanos y del rol por ella ejercido; segunda, la evolución de los *interna corporis* de la Corte Interamericana, a la luz de la condición del individuo como sujeto del Derecho Internacional de los Derechos Humanos; y tercero, la ubicación de esta evolución en el marco del proceso histórico en curso de reconstrucción del Derecho Internacional contemporáneo, a conformar el nuevo *jus gentium* del siglo XXI. Me permito, pues, pasar al primer de estos tres puntos.

– II –

En mi entendimiento, la jurisdicción de un tribunal internacional de derechos humanos como la Corte Interamericana no se limita a la simple solución de controversias entre los Estados Partes y los seres humanos bajo sus respectivas jurisdicciones, por cuanto sus bases jurisdiccionales conllevan la Corte, además, a decir *cual es el Derecho*, – o sea, no sólo a *aplicarlo* sino también a verdaderamente *crearlo*. Es por esto que, en este particular, su jurisprudencia la distingue, al igual que la de la Corte Europea de Derechos Humanos, de la de otros tribunales internacionales, circunscritos al contencioso interestatal. Los dos tribunales internacionales de derechos humanos (a los cuales se agregará próximamente la futura Corte Africana de Derechos Humanos y de los Pueblos) han dejado claro que no se autolimitan ante los excesos del voluntarismo interestatal.

Todo lo contrario, la Corte Interamericana, al igual que la Corte Europea, han impuesto límites al voluntarismo estatal, al proteger derechos que son anteriores y superiores al Estado y valores comunes igualmente superiores. Lo ejemplifican las Sentencias sobre competencia de la Corte Interamericana en los casos del *Tribunal Constitutional* y de *Ivcher Bronstein versus Perú* (1999), en las cuales afirmó que el ejercicio de su competencia no podría ser limitado por actos distintos de sus propios, siendo, pues, inadmisible el pretendido «retiro», con «efectos inmediatos», del Estado demandado.

También lo ejemplifican las posteriores Sentencias sobre excepciones preliminares en los casos *Hilaire, Benjamin y Constantine versus Trinidad y Tobago* (2001), en las cuales la Corte Interamericana desestimó una excepción preliminar que tendría por efecto subordinar la aplicación de la Convención Americana a la de la Constitución nacional, – aclarando que el instrumento de aceptación de su competencia contenciosa no podía interponer restricciones adicionales a los términos del artículo 62(2) de la Convención Americana (*numerus clausus*). De ese modo, la Corte salvaguardó en estos casos la integridad de su base jurisdiccional, y la del mecanismo de protección de la Convención Americana como un todo.

En el mismo sentido se ha pronunciado la Corte Europea de Derechos Humanos, su Sentencia del 23 de marzo de 1995 en el caso *Loizidou versus Turquía* (excepciones preliminares); la Corte Europea ahí advirtió que, a la luz de la letra y del espíritu de la Convención Europea de Derechos Humanos, no se puede inferir la posibilidad de restricciones a la cláusula facultativa de su jurisdicción contenciosa (por analogía con la práctica estatal permisiva bajo el artículo 36 del Estatuto de la Corte Internacional de Justicia). Bajo la Convención Europea, agregó, se había formado una práctica de los Estados Partes precisamente *a contrario sensu*, aceptando dicha cláusula sin restricciones indebidas.

Es por eso que, en mi comunicación del 01 de noviembre de 2000 a la Conferencia de Roma sobre el cincuentenario de la Convención Europea de Derechos Humanos, me permití expresar mi convicción de que

> «au lieu de menacer de `fragmentation' le droit international, nos deux Cours [de droits de l'homme] ont, bien au contraire, contribué à lui donner les moyens de réglementer les relations qui ont une spécificité propre – au niveau intra-étatique plutôt qu'interétatique, opposant les États aux individus placés sous leurs juridictions respectives – et qui requièrent des connaissances spécialisées de la part des juges. Ce faisant, nous deux Cours ont contribué, à l'aube du XXIe. siècle, à enrichir et à humaniser le droit international public contemporain» (in Conseil de l'Europe, La Convention Européenne des Droits de l'Homme à 50 ans, 50 Bulletin d'information sur les droits de l'homme (2000) pp. 8-9).

Las Cortes Interamericana y Europea de Derechos Humanos se han guiado por consideraciones de *ordre public*, por encima de la voluntad individual de los Estados, contribuyendo, de ese modo, a la construcción de un *ordre public* internacional fundamentado en la observancia de los derechos humanos en todas y cualesquiera circunstancias. Considero relevante señalar este desarrollo, en un momento en que ciertos círculos jurídicos buscan alimentar un debate, movido en parte por celos institucionales vacíos, en torno de un falso «problema», el de la llamada «proliferación» de tribunales internacionales (una expresión indebidamente peyorativa). En mi discurso de apertura del año judicial de 2004 de la Corte Europea de Derechos Humanos, – un alto honor que me concedieron, como latinoamericano, mis colegas europeos de aquel otro tribunal internacional, – que pronuncié en el *Palais des Droits de l'Homme* del Consejo de Europa en Estrasburgo, el 22 de enero de 2004, destaqué la importancia de las múltiples jurisdicciones internacionales en nuestros días.

En efecto, la ciudad de Asunción es hoy la sede del más jóven tribunal internacional, el Tribunal del Mercosur, instalado aquí en la capital de Paraguay hace un mes. Considero, pues, altamente pertinente referirme, en el presente acto académico de la Universidad Americana, a la ponderación que me permití hacer en mi referido discurso en Estrasburgo de enero pasado, en el sentido de que

> "The establishment of new international tribunals is but a reflection of the way contemporary international law has evolved, and of the current search for, and construction of, an international community guided by the rule of law and committed to the realization

of justice. It is, furthermore, an acknowledgement of the superiority of the judicial means of settlement of disputes, bearing witness of the prevalence of the rule of law in democratic societies, and discarding any surrender to State voluntarism.

(...) It was necessary to wait for decades for the current developments in the realization of international justice to take place, nowadays enriching rather than threatening international law, strengthening rather than undermining international law. The reassuring growth of international tribunals is a sign of our new times, and we have to live up to it, to make sure that each of them gives its contribution to the continuing evolution of international law in the pursuit of international justice.

In the domain of the protection of the fundamental rights of the human person, the growth and consolidation of international human rights jurisdictions in our two continents – Europe and America – bear witness of the notorious advances of the old ideal of international justice in our days. (...)". (A.A. Cançado Trindade, "The Development of International Human Rights Law by the Operation and the Case-Law of the European and the

Inter-American Courts of Human Rights", in European Court of Human Rights, Annual Report 2003, Strasbourg, Council of Europe, 2004, párrs. 10-12).

En suma, considero que el debate corriente sobre la multiplicidad de jurisdicciones internacionales debe centrarse más bien en la búsqueda de la excelencia de la construcción jurisprudencial, así como en el rol complementario de los tribunales internacionales contemporáneos en la realización del propósito común del primado del Derecho en las relaciones tanto de los Estados entre sí como de los Estados con los seres humanos bajo sus respectivas jurisdicciones. La coexistencia de los tribunales internacionales contemporáneos es un fenómeno positivo, que da claro testimonio de los avances del viejo ideal de la realización de la justicia a nivel internacional en nuestros días, y del reconocimiento de la superioridad de la vía judicial sobre otros medios de solución pacífica de controversias internacionales.

Quizás estamos ante la emergencia de un embrión de poder judicial internacional, y es alentador que los Estados finalmente reconozcan que es preferible resolver las controversias internacionales por medio del Derecho que por medio de la fuerza. El primado del *rule of law* también en el plano internacional ve en fin la luz del día. En este contexto, la jurisprudencia convergente de las Cortes Interamericana y Europea en cuanto a las bases de su competencia en materia contenciosa ha contribuído al fortalecimiento de la jurisdicción internacional, y, en última instancia, al enriquecimiento del Derecho Internacional contemporáneo, – el nuevo *jus gentium* de los nuestros tiempos.

– III –

Con ésto paso a mi segunda línea de consideraciones, atinente a la evolución que ha sabido imprimir la Corte Interamericana de Derechos Humanos a su propio Reglamento, con implicaciones de la mayor relevancia para el ejercicio de sus funciones tanto consultiva como contenciosa, teniendo siempre presente la condición de los seres humanos como *titulares* de los derechos protegidos por la Convención Americana sobre Derechos Humanos. El primer Reglamento de la Corte Interamericana (1980) se inspiró en el Reglamento entonces vigente de la Corte Europea de Derechos Humanos, que, a su vez, tomó como modelo el Reglamento de la Corte Internacional de Justicia (CIJ); pero muy temprano en sus respectivas experiencias tanto la Corte Europea como la Corte Interamericana se dieron cuenta de que tendrían que reformar sus respectivos Reglamentos para ajustarlos a la naturaleza distinta de los casos contenciosos de derechos humanos. El segundo Reglamento de la Corte Interamericana (1991) vino a prever, pero en términos oblicuos, una tímida participación de las víctimas o sus representantes en el procedimiento ante la Corte, sobre todo en la etapa de reparaciones y cuando invitados por ésta.

Fue necesario esperar hasta la adopción del tercer Reglamento de la Corte, en 1996, para que se lograra el avance de otorgar (mediante su artículo 23) a los representantes de las víctimas o de sus familiares la facultad de presentar, en forma autónoma, sus propios argumentos y pruebas en la etapa de reparaciones. Esta decisión abrió camino para el gran salto cualitativo del cuarto y actual Reglamento de la Corte (2000), mediante el cual se vino a otorgar (artículo 23) la legitimación activa (*legitimatio ad causam*) o participación directa (*locus standi in judicio*) de los individuos peticionarios (las presuntas víctimas, sus familiares o sus representantes debidamente acreditados) en *todas* las etapas del procedimiento ante el Tribunal. Como lo señalé en estudio reciente al respecto[2], es ésta, en perspectiva histórica, la modificación más trascendental del actual Reglamento de la Corte, además de un verdadero marco en la evolución del sistema interamericano de protección de los derechos humanos en particular, y del Derecho Internacional de los Derechos Humanos en general.

El anterior Reglamento de 1996 había dado el primer paso en esa dirección (en la etapa de reparaciones). Sin embargo, si las presuntas víctimas se encuentran al *inicio* del proceso (al ser supuestamente lesionadas en sus derechos), así como al *final* del mismo (como eventuales beneficiarios de las reparaciones), por que razón negar su presencia *durante* el proceso, como verdadera parte demandante? El Reglamento de 2000 vino a remediar esta incongruencia que perduró por más de dos décadas (desde la entrada en vigor de la Convención Americana) en el sistema interamericano de protección. En efecto, con el actual Reglamento de 2000 de la Corte Interamericana, las presuntas víctimas, sus familiares o representantes pasaron a poder presentar solicitudes, argumentos y pruebas en forma autónoma durante *todo* el proceso

---

2 A.A. Cançado Trindade, "El Nuevo Reglamento de la Corte Interamericana de Derechos Humanos (2000) y Su Proyección Hacia el Futuro: La Emancipación del Ser Humano como Sujeto del Derecho Internacional", *in XXVIII Curso de Derecho Internacional Organizado por el Comité Jurídico Interamericano* – OEA (2001) pp. 33-92.

ante el Tribunal. Con este otorgamiento del *locus standi in judicio* en todas las etapas del proceso ante la Corte, pasaron las presuntas víctimas, sus familiares o sus representantes legales a disfrutar de todas las facultades y obligaciones, en materia procesal, que, hasta el Reglamento de 1996, eran privativos únicamente de la Comisión Interamericana y del Estado demandado (excepto en la etapa de reparaciones).

Esto implica que, en el procedimiento ante la Corte, pasaron a poder coexistir, y manifestarse, tres posturas distintas: la de la presunta víctima (o sus familiares o representantes legales), como sujeto del Derecho Internacional de los Derechos Humanos; la de la Comisión, como órgano de supervisión de la Convención y auxiliar de la Corte; y la del Estado demandado. Esta histórica reforma introducida en 2000 en el Reglamento de la Corte vino a situar a los distintos actores en perspectiva correcta; a contribuir a una mejor instrucción del proceso; a asegurar el principio del contradictorio, esencial en la búsqueda de la verdad y la prevalencia de la justicia bajo la Convención Americana; a reconocer ser de la esencia del contencioso internacional de los derechos humanos la contraposición directa entre los individuos demandantes y los Estados demandados; a reconocer el derecho de libre expresión de las propias presuntas víctimas, el cual es un imperativo de equidad y transparencia del proceso; y, *last but not least*, a garantizar la igualdad procesal de las partes (*equality of arms/égalité des armes*) en todo el procedimiento ante la Corte.

Los individuos han pasado a participar activamente en todas las etapas del procedimiento contencioso ante la Corte Interamericana, con resultados muy positivos en los tres últimos años. Además, pasaron igualmente a tener participación de las más activas también en el procedimiento consultivo, como ilustrado por lo ocurrido en relación con las históricas Opinión Consultiva n. 16, sobre *El Derecho a la Información sobre la Asistencia Consular en el Marco de las Garantías del Debido Proceso Legal* (del 01 de octubre de 1999), y Opinión Consultiva n. 18, sobre *La Condición Jurídica y los Derechos de los Migrantes Indocumentados* (del 17 de septiembre de 2003).

No hay que pasar desapercibida la activa y constructiva participación de Paraguay en el procedimiento de la Opinión Consultiva n. 16 ante la Corte Interamericana, motivado por su valiente iniciativa de desencadenar, en la misma época, también el contencioso del caso *Breard* contra Estados Unidos ante la Corte Internacional de Justicia (CIJ). Me permito, pues, hacer este reconocimiento a la contribución de Paraguay (que ha contado con los servicios de distinguidos diplomáticos como Don Mario Sandoval y Don Julio Duarte) al procedimiento consultivo que conllevó al reconocimiento y a la cristalización de un verdadero derecho individual a la información sobre la asistencia consular en el marco de las garantías del debido proceso legal.

Todo ésto revela el acceso de que hoy disfruta la persona humana a la jurisdicción internacional en el sistema interamericano de protección de los derechos humanos, en el marco de los procedimientos tanto contencioso como consultivo de la Corte Interamericana, bajo la Convención Americana sobre Derechos Humanos;

demuestra, además, el carácter de *ordre public* de dichos procedimientos. En cuanto al ejercicio de la función contenciosa de la Corte, la evolución de su Reglamento amerita particular atención, por el importante aporte que ha dado a la *legitimatio ad causam* de los peticionarios bajo la Convención Americana.

La participación directa de los individuos, en los últimos años, en todo el procedimiento ante la Corte, se ha extendido igualmente a las medidas provisionales de protección, también aquí fortaleciendo la posición de los individuos en búsqueda de protección. Así, en el caso del *Tribunal Constitucional* (2000), en que una magistrada destituída del Tribunal Constitucional del Perú presentó directamente a la Corte Interamericana (el 03.04.2000) una solicitud de medidas provisionales de protección, como el caso estaba pendiente ante el Tribunal y éste no estaba en sesión en aquel entonces, el Presidente de la Corte, por primera vez en la historia de la Corte, adoptó medidas urgentes, *ex officio* (el 07.04.2000), dados los elementos de extrema gravedad y urgencia, y para evitar daños irreparables a la peticionaria.

La misma situación se planteó posteriormente en el caso *Loayza Tamayo versus Perú* (2000), que se encontraba en etapa de supervisión de cumplimiento de sentencia (medidas urgentes del Presidente, de 13.12.2000). En ambos casos (*Tribunal Constitucional* y *Loayza Tamayo*), la Corte en pleno ratificó, al entrar en sesión, las referidas medidas urgentes adoptadas por su Presidente (Resoluciones de la Corte del 14.08.2000 y 03.02.2001, respectivamente). Estos dos episodios, que no pueden pasar desapercibidos, demuestran no sólo la viabilidad, sino también la importancia, del *acceso directo* del individuo, sin intermediarios, a la Corte Interamericana de Derechos Humanos, aún más en una situación de extrema gravedad y urgencia.

El nuevo Reglamento de la Corte, que otorga *locus standi in judicio* a los individuos peticionarios en el todo procedimiento contencioso ante élla (*supra*), ha cumplido tres años de vigencia el día 01 de junio de 2004. En estos tres últimos años, se han presentado más de 20 casos contenciosos. El primer caso resuelto por la Corte (Sentencia del 28.02.2003), y tramitado enteramente bajo su actual Reglamento, ha sido el caso de los *Cinco Pensionistas versus Perú*, en el cual la Corte correctamente señaló que, en sus alegatos, las presuntas víctimas podrían invocar derechos adicionales que considerasen violados, aunque no hubieran sido mencionados por la Comisión Interamericana en su demanda ante el Tribunal.

En su práctica reciente bajo el actual Reglamento, se puede empíricamente observar que efectivamente los procesos se han agilizado en lo que respecta al procedimiento escrito ante la Corte, a pesar de que en algunas ocasiones las partes han solicitado una extensión mayor de plazo para presentar sus argumentaciones. En todos los nuevos casos contenciosos, bajo su actual Reglamento, la Corte – para mi gran satisfacción personal – ha contado con la efectiva participación de las presuntas víctimas, o sus familiares, o sus representantes legales. La Corte ha adoptado la práctica según la cual, una vez recibido el escrito de solicitudes, argumentos y pruebas de éstos últimos, se le ha transmitido tanto a la Comisión como al Estado demandado, para que presenten sus observaciones al respecto, asegurando, de ese modo, en todo momento del proceso, la fiel observancia del principio del contradictorio.

Cabe agregar que, de conformidad con la *mens legis* del Reglamento vigente, en el sentido de dar la mayor participación posible, de forma autónoma, a las presuntas víctimas, y sus representantes legales debidamente acreditados, en el procedimento ante la Corte, encuéntrase la Resolución general sobre medidas provisionales de protección (del 29.08.2001), la cual permite, – en casos que se encuentren en conocimiento del Tribunal, – que las presuntas víctimas, sus familiares, o sus representantes legales, presenten directa y autónomamente ante la Corte sus solicitudes de medidas provisionales de protección, y participen en el respectivo procedimiento (sin que por ello quede exonerada la Comisión, en el marco de sus obligaciones convencionales, de informar a la Corte al respecto, cuando ésta lo solicite).

En fin, en estos tres años de vigencia de su nuevo Reglamento, la Corte ha observado que el costo en la tramitación de los casos contenciosos ha aumentado inevitable y sustancialmente, como consecuencia sobre todo de la necesaria incorporación de los peticionarios como parte procesal (demandante) en el procedimiento ante la Corte. En resúmen, la persona humana ha sido erigida, de forma inequívoca, en sujeto del Derecho Internacional de los Derechos Humanos, dotada de capacidad jurídico-procesal en los procedimientos ante la Corte Interamericana. Esta ha sido, sin duda, una evolución de trascendental importancia, y de las más alentadoras. Como me permití ponderar en mi intervención del día 10 de junio de 2003 ante el plenario de la Asamblea General de la OEA en Santiago de Chile, la Corte Interamericana, en la evolución de sus procedimientos y de su jurisprudencia, ha dado una relevante contribución a

> "la consolidación del nuevo paradigma del Derecho Internacional, el nuevo jus gentium del siglo XXI, que consagra el ser humano como sujeto de derechos".

El nuevo Reglamento de la Corte es parte de un *proceso* de perfeccionamiento y fortalecimiento del sistema de protección bajo la Convención Americana como un todo. El próximo paso de esta evolución debe, en mi entender, como vengo sosteniendo hace mucho tiempo, consistir en un *Protocolo de Reformas a la Convención Americana sobre Derechos Humanos*, precedido por amplias consultas a los Estados Partes en la Convención, a las entidades de la sociedad civil y a los beneficiarios del sistema en general. El futuro Protocolo, fruto necesariamente de consensos, debe inicialmente *incorporar los avances reglamentarios* (que corren el riesgo de, a cualquier momento, sufrir alteraciones, inclusive retrógradas) ya logrados. Ya un Protocolo, una vez que entre en vigor, constituye la vía más segura de obtener compromisos reales por parte de los Estados, sin mayores riesgos de retrocesos, en cuanto a un mecanismo más eficaz de protección de los derechos humanos.

Dicho Protocolo debe, a mi modo de ver, preservar sin alteraciones la parte sustantiva de la Convención – atinente a los derechos protegidos, – la cual ya se encuentra desarrollada en la creciente y rica jurisprudencia de la Corte Interamericana. Pero la parte relativa al mecanismo de protección y los procedimientos bajo la Convención Americana ciertamente requiere reformas, con miras a fortalecerlos, – y con ese propósito me permití presentar, en mayo 2001, mi Informe *Bases para un Proyecto de Protocolo a la Convención Americana sobre Derechos Humanos, para Fortalecer Su Mecanismo de Protección*[3]. Desde entonces, este Informe se ha mantenido invariablemente presente en la agenda de la Asamblea General de la OEA (como lo ilustran las Asambleas de San José de Costa Rica en 2001, de Bridgetown/Barbados en 2002, de Santiago de Chile en 2003, y de Quito en 2004).

Entre las propuestas que me permito avanzar en mi referido Informe, en la esperanza de que logremos en el futuro alcanzar el *jus standi* de los individuos directamente ante la Corte (como órgano jurisdiccional único, dotado de una posible primera instancia para la consideración de la admisibilidad de las peticiones, y sin prejuicio de la preservación de las funciones no-contenciosas de la Comisión Interamericana), encuéntrase la de una enmienda al artículo 62 de la Convención Americana para tornar la jurisdicción de la Corte Interamericana automáticamente obligatoria para todos los Estados Partes, sin necesidad de manifestación adicional de consentimiento posterior a la ratificación de la Convención.

Tengo la convicción de que la cláusula facultativa de la jurisdicción obligatoria de la Corte, plasmada en el artículo 62 de la Convención Americana, es un anacronismo histórico, que hay que superar. Con base en las extensas consideraciones desarrolladas en mi Informe supracitado, me permití proponer que el artículo 62 consagre el *automatismo* de la jurisdicción obligatoria de la Corte para todos los Estados Partes en la Convención, remplazando todos sus párrafos actuales por los siguientes términos, *tout court*:

> – "Todo Estado Parte en la Convención reconoce como obligatoria de pleno derecho y sin convención especial, integralmente y sin restricción alguna, la competencia de la Corte sobre todos los casos relativos a la interpretación o aplicación de esta Convención".

La jurisdicción compulsoria de los tribunales internacionales en general, y de la Corte Interamericana en particular, responde a una verdadera necesidad de la comunidad internacional contemporánea, además de dar elocuente expresión al primado del Derecho sobre la fuerza en el plano internacional. La jurisdicción compulsoria de la Corte Interamericana constituye el complemento indispensable del derecho de petición individual bajo la Convención Americana: ambos constituyen los pilares básicos de la protección internacional, del mecanismo de emancipación

---

3 A.A. Cançado Trindade (relator), *Informe: Bases para un Proyecto de Protocolo a la Convención Americana sobre Derechos Humanos, para Fortalecer Su Mecanismo de Protección*, tomo II, 2ª. ed., San José de Costa Rica, Corte Interamericana de Derechos Humanos, 2003, pp. 1-1015, esp. pp. 3-64.

del ser humano *vis-à-vis* su propio Estado, como propugnaban los llamados fundadores del derecho de gentes. Es por eso que me he permitido caracterizar los artículos 44 y 62 de la Convención Americana, que consagran a ambos, como verdaderas cláusulas pétreas de la protección del ser humano bajo este tratado internacional[4].

– IV –

El nuevo *jus gentium* del siglo XXI revela el dominio o contexto en el cual se ha dado la notable evolución a que acabo de referirme. Este nuevo *jus gentium*, reconstruído sobre bases humanistas, constituye el punto central de mi tercera y última línea de consideraciones en el presente acto académico. En una dimensión más amplia, estamos, en efecto, en medio de un proceso histórico, y jurídicamente revolucionario, de reconstrucción de un nuevo paradigma en el Derecho Internacional Público, que trasciende claramente su antigua dimensión meramente interestatal, que se encuentra enteramente superada en nuestros días. En el nuevo *jus gentium* del siglo XXI el ser humano emerge como sujeto de derechos emanados directamente del Derecho Internacional, dotado de capacidad procesal para vindicarlos.

Es esta la tesis que he sostenido ya por varios años tanto en mis Votos en la Corte Interamericana[5], como en mis libros[6]. Me permitiría caracterizar esta evolución más amplia como la de la reconstrucción del *jus gentium*, como un nuevo y verdadero *derecho universal de la humanidad*. Mediante su *humanización* y *universalización*, el derecho internacional contemporáneo pasa a ocuparse más directamente de la identificación y realización de valores y metas comunes superiores, que atañen a la humanidad como un todo. Para este proceso histórico han contribuído decisivamente el advenimiento tanto del Derecho Internacional de los Derechos Humanos como del Derecho de las Organizaciones Internacionales.

En efecto, los desarrollos del Derecho Internacional Público en la segunda mitad del siglo XX revelan una notable evolución desde un ordenamiento de simple

---

4 A.A. Cançado Trindade, "Las Cláusulas Pétreas de la Protección Internacional del Ser Humano: El Acceso Directo de los Individuos a la Justicia a Nivel Internacional y la Intangibilidad de la Jurisdicción Obligatoria de los Tribunales Internacionales de Derechos Humanos", *in El Sistema Interamericano de Protección de los Derechos Humanos en el Umbral del Siglo XXI – Memoria del Seminario* (Noviembre de 1999), tomo I, 2ª. ed., San José de Costa Rica, Corte Interamericana de Derechos Humanos, 2003, pp. 3-68.

5 Como en el caso *Castillo Petruzzi y Otros versus Perú*, Excepciones Preliminares, 1998, o en la Opinión Consultiva n. 16, sobre *El Derecho a la Información sobre la Asistencia Consular en el Marco de las Garantías del Debido Proceso Legal*, 1999; o en la Opinión Consultiva n. 17, sobre *La Condición Jurídica y los Derechos Humanos del Niño*, 2002; o en la Opinión Consultiva n. 18, sobre *La Condición Jurídica y Derechos de los Migrantes Indocumentados*, 2003; entre otros.

6 V.g., *El Derecho Internacional de los Derechos Humanos en el Siglo XXI*, Santiago, Editorial Jurídica de Chile, 2001, cap. VII; *El Acceso Directo del Individuo a los Tribunales Internacionales de Derechos Humanos*, Bilbao, Universidad de Deusto, 2001, cap. III; *Tratado de Direito Internacional dos Direitos Humanos*, tomo III, Porto Alegre, S.A. Fabris Ed., 2003, caps. XV-XVI; entre otros.

regulación hacia un instrumental jurídico sobre todo de libertación del ser humano. No hay que pasar olvidado que el derecho internacional tradicional, vigente en el inicio del siglo pasado, caracterizábase, en efecto, por el voluntarismo estatal ilimitado, que se reflejaba en la permisividad del recurso a la guerra, de la celebración de tratados desiguales, de la diplomacia secreta, del mantenimiento de colonias y protectorados y de zonas de influencia. Contra este orden oligárquico e injusto se insurgieron principios como los de la prohibición del uso y amenaza de la fuerza y de la guerra de agresión (y del no-reconocimiento de situaciones por estas generadas), de la igualdad jurídica de los Estados, de la solución pacífica de las controversias internacionales.

Se dió, además, inicio al combate a las desigualdades (con la abolición de las capitulaciones, el establecimiento del sistema de protección de minorías bajo la Sociedad de las Naciones, y las primeras convenciones internacionales del trabajo de la Organización Internacional del Trabajo – OIT). El rol de los principios ha sido de fundamental importancia en toda esta evolución del derecho internacional. Como me permití ponderar en mi Voto Concurrente en la reciente Opinión Consultiva n. 18 de la Corte Interamericana de Derechos Humanos, sobre *La Condición Jurídica y los Derechos de los Migrantes Indocumentados* (del 17.09.2003, párrs. 44 y 46):

> – "Todo sistema jurídico tiene principios fundamentales, que inspiran, informan y conforman sus normas. Son los principios (derivados etimológicamente del latín principium) que, evocando las causas primeras, fuentes o orígenes de las normas y reglas, confieren cohesión, coherencia y legitimidad a las normas jurídicas y al sistema jurídico como un todo. Son los principios generales del derecho (prima principia) que confieren al ordenamiento jurídico (tanto nacional como internacional) su ineluctable dimensión axiológica; son ellos que revelan los valores que inspiran todo el ordenamiento jurídico y que, en última instancia, proveen sus propios fundamentos. Es así como concibo la presencia y la posición de los principios en cualquier ordenamiento jurídico, y su rol en el universo conceptual del Derecho. (...) De los prima principia emanan las normas y reglas, que en ellos encuentran su sentido. Los principios encuéntranse así presentes en los orígenes del propio Derecho. (...) Al contrario de los que intentan – a mi juicio en vano – minimizarlos, entiendo que, si no hay principios, tampoco hay verdaderamente un sistema jurídico. Sin los principios, el `orden jurídico' simplemente no se realiza, y deja de existir como tal".

A mediados del siglo XX se reconoció la necesidad de la reconstrucción del derecho internacional con atención a los derechos inherentes a todo ser humano, de lo que dió elocuente testimonio la proclamación de la Declaración Universal de 1948, seguida, a lo largo de más de cinco décadas, por más de 70 tratados de protección de los derechos de la persona humana hoy vigentes en los planos global y regional. El derecho internacional, democratizado por el proceso histórico de la descolonización, pasó a experimentar, en la segunda mitad del siglo XX, una extraordinaria expansión, fomentada en gran parte por la actuación de las Naciones Unidas y agencias especializadas, además de las organizaciones regionales, con mayor atención a la cooperación internacional (en las décadas de sesenta hasta ochenta).

Se comprendió, en el desarrollo del derecho internacional a lo largo de la segunda mitad del siglo XX, que *la razón de Estado tiene límites,* en el atendimiento de las necesidades y aspiraciones de la población, y en el tratamiento ecuánime de las cuestiones que afectan a toda la humanidad. El ordenamiento internacional tradicional, marcado por el predominio de las soberanias estatales y la exclusión de los individuos, de la persona humana, no fue capaz de evitar la intensificación de la producción y de la amenaza y del uso de armamentos de destrucción en masa, y tampoco las violaciones masivas de los derechos humanos en todas las regiones del mundo, y las sucesivas atrocidades a lo largo del siglo XX, inclusive las contemporáneas.

Las notables transformaciones en el escenario mundial desencadenadas a partir de 1989, por el fin de la guerra fría y la irrupción de numerosos conflictos internos, caracterizaron los años noventa como un denso momento en la historia contemporánea marcado por una profunda reflexión, en escala universal, sobre las propias bases de la sociedad internacional y la formación gradual de la agenda internacional del siglo XXI. Se puede hoy día legítimamente indagar: – que resulta si se coteja esta nueva visión universalista y humanista del derecho internacional con el lamentable recrudecimiento del uso de la fuerza bruta en nuestros días?

A mi juicio, el uso arbitrario de la fuerza, por uno u otro Estado, al margen del Derecho, refuerza aún más la necesidad de la prevalencia de la visión que aquí sostengo del derecho internacional. Si las normas de este último son violadas por un Estado, por más poderoso que sea, esto no significa que el derecho internacional no exista, o dejó de existir, sino más bien que está siendo claramente violado. Si un Estado, por más poderoso que sea, insiste y persiste en sus violaciones del derecho internacional, esto no genera una nueva práctica, sino confirma el comportamiento ilícito de dicho Estado. *Ex injuria jus non oritur.* Ningún Estado se encuentra por encima del Derecho, y todo jurista tiene el deber ineludible de reafirmar el primado del Derecho sobre la fuerza.

Los males de nuestros tiempos, – la exclusión y marginación sociales y la pobreza crónica, las violaciones sistemáticas de los derechos humanos y del Derecho Internacional Humanitario, el desarraigo de vastos segmentos de la población, el tráfico de armas y de drogas, la carrera armamentista, los actos de terrorismo, – deben ser combatidos *dentro del Derecho*. No se puede luchar contra estos males con las mismas armas utilizadas por los que violan el Derecho. Hay, además, que cotejar la práctica violatoria de las normas internacionales, aunque persistente, de uno o más Estados (como en Kosovo, en Iraq, en Guantánamo) con la *opinio juris communis* de la amplia mayoría, de la casi totalidad, de los miembros de la comunidad internacional organizada, que no aprueba dicha práctica, y que orienta su conducta por el respeto a los principios y normas del derecho internacional. La impunidad de un Estado violador de las normas del derecho internacional en nada afecta la validez de las normas de éste.

En la misma línea de pensamiento, las violaciones persistentes de los derechos humanos y del Derecho Internacional Humanitario no han jamás tenido el efecto de destruirlos, o pretender que ya no existan, sino, – todo lo contrario, – confirman y dejan claro que fuera del Derecho no hay salvación. Las críticas y protestas, que se multiplican en todo el mundo de hoy, al uso arbitrario de la fuerza, por uno o más Estados, al margen de la Carta de Naciones Unidas, revelan que, aunque una o más de sus normas hayan sido violadas, su validez no es afectada, y sus principios restan intactos, y evidenciados y reforzados por el comportamiento ilícito de uno o más Estados, por más poderosos que sean. Por encima de la fuerza está el Derecho, así como por encima de la voluntad está la conciencia.

El ciclo de las Conferencias Mundiales de las Naciones Unidas en la década de noventa e inicio del siglo XXI[7] ha procedido a una reevaluación global de muchos conceptos a la luz de la consideración de temas que afectan a la humanidad como un todo. Su denominador común ha sido la atención especial a las *condiciones de vida* de la población (particularmente de los grupos vulnerables, en necesidad especial de protección), de ahí resultando el reconocimiento universal de la necesidad de situar los seres humanos, en definitiva, en el centro de todo proceso de desarrollo.

En efecto, los grandes desafíos de nuestros tiempos – la protección del ser humano y del medio ambiente, la superación de las disparidades alarmantes entre los paises y dentro de ellos así como de la exclusión social, la erradicación de la pobreza crónica y el fomento del desarrollo humano, el desarme, – han incitado a la revitalización de los propios fundamentos y principios del derecho internacional contemporáneo, tendiendo a hacer abstracción de soluciones jurisdiccionales y espaciales (territoriales) clásicas y desplazando el énfasis para la noción de solidaridad.

Tal como me permití señalar en mi Voto Concurrente en la Opinión Consultiva n. 16, de la Corte Interamericana de Derechos Humanos, sobre *El Derecho a la Información sobre la Asistencia Consular en el Marco de las Garantías del Debido Proceso Legal* (1999),

> "toda la jurisprudencia internacional en materia de derechos humanos ha desarrollado, de forma convergente, a lo largo de las últimas décadas, una interpretación dinámica o evolutiva de los tratados de protección de los derechos del ser humano. (...) Las propias

---

7   Conferencia de las Naciones Unidas sobre Medio Ambiente y Desarrollo, Rio de Janeiro, 1992; II Conferencia Mundial sobre Derechos Humanos, Viena, 1993; Conferencia Internacional sobre Población y Desarrollo, Cairo, 1994; Cumbre Mundial para el Desarrollo Social, Copenhagen, 1995; IV Conferencia Mundial sobre la Mujer, Beijing, 1995; II Conferencia de las Naciones Unidas sobre Asentamientos Humanos, Habitat-II, Istanbul, 1996. A estas se siguieron la Conferencia de Roma sobre el Estatuto del Tribunal Penal Internacional, 1998, y la Conferencia de Durban contra el Racismo, 2001.

emergencia y consolidación del corpus juris del Derecho Internacional de los Derechos Humanos se deben a la reacción de la conciencia jurídica universal ante los recurrentes abusos conmetidos contra los seres humanos, frecuentemente convalidados por la ley positiva: con ésto, el Derecho vino al encuentro del ser humano, destinatario último de sus normas de protección" (párrs. 3-4).

Las atrocidades y abusos que han victimado en las últimas décadas millones de seres humanos en todas partes han en definitiva despertado la *conciencia jurídica universal* (como fuente material última de todo Derecho) para la apremiante necesidad de reconceptualizar las propias bases del derecho internacional. Este último no se reduce, en absoluto, a un instrumental a servicio del poder; su destinatario final es el ser humano, debiendo atender a sus necesidades básicas, entre la cuales se destaca la de la realización de la justicia.

A mi juicio, hay elementos para abordar la materia, de modo más satisfactorio, tanto en la jurisprudencia internacional (de las Cortes Interamericana y Europea de Derechos Humanos), como en la práctica internacional (de los Estados y organismos internacionales), así como en la doctrina jurídica más lúcida[8]. De estos elementos se desprende, – me permito insistir, – *el despertar de un conciencia jurídica universal*, para reconstruir, en este inicio del siglo XXI, el derecho internacional, con base en un nuevo paradigma, ya no más estatocéntrico, sino situando la persona humana en posición central y teniendo presentes los problemas que afectan a la humanidad como un todo.

La emancipación de la persona humana *vis-à-vis* el propio Estado avanza lentamente, pero avanza. Nadie podría suponer o antever, hace algunos años atrás, que las causas de los desplazados, de los migrantes indocumentados (en búsqueda de alimento, vivienda, trabajo y educación), y de los niños abandonados en las calles, alcanzasen un tribunal internacional como la Corte Interamericana de Derechos Humanos. El hecho de haberse tornado el acceso de los pobres y oprimidos a la justicia internacional una realidad en nuestros días se debe, sobre todo, en mi entender, al despertar de la conciencia humana para las necesidades de protección de los más débiles y de los olvidados.

Movida por esta conciencia, la propia dinámica de la vida internacional contemporánea ha cuidado de desautorizar el entendimiento tradicional de que las relaciones internacionales se rigen por reglas derivadas enteramente de la libre voluntad de los propios Estados. El positivismo voluntarista se mostró incapaz de explicar el proceso de formación de las normas del derecho internacional general, y se tornó evidente que sólo se podría encontrar una respuesta al problema de los fundamentos y de la validad de este último en la *conciencia jurídica universal*, a partir de la afirmación de la idea de una justicia objetiva.

---

8   Cf. fuentes *in* A.A. Cançado Trindade, *O Direito Internacional em um Mundo em Transformação*, Rio de Janeiro, Edit. Renovar, 2002, pp. 1022-1029.

Con el reconocimiento inequívoco de que ningún Estado puede considerarse por encima del Derecho, volvemos a los orígenes conceptuales tanto del Estado nacional como del Derecho Internacional. En cuanto al primero, no hay que olvidarse que el Estado fue originalmente concebido para la realización del bien común, y que existe para el ser humano, y no *vice versa*. En cuanto al segundo, tampoco hay que olvidarse que el Derecho Internacional no era en sus orígenes un derecho estrictamente interestatal, sino más bien el *derecho de gentes*.

La reconstrucción del *jus gentium* como derecho universal de la humanidad se sitúa en la misma línea de pensamiento visionaria, preconizada, a partir del siglo XVI, por los teólogos españoles F. de Vitoria y F. Suárez, de conformidad con el más lúcido pensamiento jusinternacionalista. En definitiva no es la función del jurista simplemente tomar nota de la práctica de los Estados (frecuentemente ambígua e incongruente), sino más bien decir cual es el Derecho. Desde la obra clásica de H. Grotius en el siglo XVII, se ha desarrollado una influyente corriente del pensamiento jusinternacionalista que concibe el Derecho Internacional como un ordenamiento jurídico dotado de valor propio o intrínseco (y por lo tanto superior a un derecho simplemente «voluntario»), – por cuanto deriva su autoridad de ciertos principios de la razón sana (*est dictatum rectae rationis*).

No se puede visualizar la humanidad como sujeto del Derecho a partir de la óptica del Estado; lo que se impone es reconocer los límites del Estado a partir de la óptica de la humanidad. Y al jurista está reservado un papel de crucial importancia en la reconstrucción del nuevo *jus gentium* del siglo XXI, el *derecho universal de la humanidad*. Es este el mensaje que me permito dejar en este memorable acto académico en Asunción. Muchas gracias a la Universidad Americana de Paraguay por el alto honor que me confiere en la presente ceremonia, muchas gracias a los eminentes juristas paraguayos – y muy especialmente al Señor Rector de la Universidad Americana, Profesor Benjamín Fernández, – por la cálida hospitalidad que me han brindado en estos tres días de mi visita a este país hermano, y muchas gracias a todos los presentes por la atención con que me han distinguido.

Parte III

OS SERES HUMANOS, OS POVOS E A HUMANIDADE COMO SUJEITOS DO DIREITO INTERNACIONAL

X
Os Indivíduos como Sujeitos do Direito Internacional

Sumário: I. Introdução: Breves Precisões Preliminares. II. O Indivíduo como Sujeito do Direito das Gentes, no Pensamento dos Autores Clássicos. III. A Exclusão do Indivíduo do Ordenamento Jurídico Internacional pelas Distorções do Positivismo Jurídico Estatal. IV. A Personalidade Jurídica do Indivíduo como Resposta a uma Necessidade da Comunidade Internacional. V. O Resgate do Indivíduo como Sujeito do Direito Internacional na Doutrina Jurídica do Século XX. VI. A Atribuição de Deveres ao Indivíduo Diretamente pelo Direito Internacional. VII. A Capacidade Jurídica Internacional do Indivíduo. VIII. O Direito Subjetivo, os Direitos Humanos e a Nova Dimensão da Titularidade Jurídica Internacional do Ser Humano. IX. A Subjetividade Internacional do Indivíduo como o Maior Legado do Pensamento Jurídico do Século XX. X. Reflexões Finais: Novos Avanços da Subjetividade Internacional do Indivíduo no Século XXI.

I. Introdução: Breves Precisões Preliminares

Há muitos anos venho dedicando minhas reflexões ao importante tema da personalidade e capacidade jurídicas do indivíduo como sujeito do Direito Internacional. Integra um capítulo fundamental do Direito Internacional, que tem passado por uma evolução considerável nas últimas décadas, a requerer assim uma atenção bem maior e mais cuidadosa do que a que lhe tem sido dispensada até o presente por grande parte da doutrina jurídica, aparentemente ainda apegada a posições dogmático-ideológicas do passado. A consolidação da personalidade e capacidade jurídicas do indivíduo como sujeito do Direito Internacional constitui, como o tenho afirmado em sucessivos foros nacionais e internacionais, o legado mais precioso do pensamento jurídico do século XX, e que tem logrado novos avanços no século XXI.

---

1 O presente trabalho de pesquisa serviu de base às duas conferências magnas proferidas pelo Autor, respectivamente, nos atos acadêmicos de lançamento de seu livro "*The Access of Individuals to International Justice*" (Oxford, Oxford University Press, 2011), realizados, em um primeiro momento, na Universidade de Paris (Sciences-Po), em Paris, França, aos 11 de maio de 2012, e, em um segundo momento, na Universidade de Cambridge, em Cambridge, Reino Unido, aos 19 de maio de 2012.

Ao retomar a presente temática, buscarei recapitular em resumo os pontos principais de meus trabalhos anteriormente publicados sobre a matéria[2], e abordar novos desenvolvimentos, consoante o seguinte plano de exposição: examinarei, de início, a subjetividade internacional do indivíduo no pensamento dos autores clássicos, e, a seguir, a exclusão do indivíduo do ordenamento jurídico internacional pelo positivismo jurídico estatal, assim como o resgate do indivíduo como sujeito do Direito Internacional na doutrina jurídica do século XX, e sua projeção na atualidade.

Ressaltarei, em sequência, a atribuição de deveres ao indivíduo diretamente pelo Direito Internacional, e a necessidade da *legitimatio ad causam* dos indivíduos no Direito Internacional (subjetividade ativa). Passarei, em seguida, ao estudo da capacidade jurídica internacional do indivíduo, concentrando-me nos fundamentos jurídicos do acesso do ser humano aos tribunais internacionais de direitos humanos, e sua participação direta no procedimento ante estes últimos, com atenção especial à natureza jurídica e ao alcance do direito de petição individual. Por último, abordarei os desenvolvimentos pertinentes recentes e mais notáveis nos sistemas internacionais de proteção da pessoa humana, apresentando enfim minhas reflexões derradeiras sobre a matéria.

Ao longo do presente estudo, referir-me-ei frequentemente aos conceitos de personalidade e capacidade jurídicas no plano internacional. A título de introdução à matéria, podemos, no presente contexto, entender por personalidade a aptidão

---

2 A.A. Cançado Trindade, "A Emancipação do Ser Humano como Sujeito do Direito Internacional e os Limites da Razão de Estado", 6/7 *Revista da Faculdade de Direito da Universidade do Estado do Rio de Janeiro* (1998-1999) pp. 425-434; A.A. Cançado Trindade, "El Acceso Directo de los Individuos a los Tribunales Internacionales de Derechos Humanos", *XXVII Curso de Derecho Internacional Organizado por el Comité Jurídico Interamericano – OEA* (2000) pp. 243-283; A.A. Cançado Trindade, "Las Cláusulas Pétreas de la Protección Internacional del Ser Humano: El Acceso Directo de los Individuos a la Justicia a Nivel Internacional y la Intangibilidad de la Jurisdicción Obligatoria de los Tribunales Internacionales de Derechos Humanos", *El Sistema Interamericano de Protección de los Derechos Humanos en el Umbral del Siglo XXI – Memoria del Seminario* (Nov. 1999), San José de Costa Rica, Corte Interamericana de Derechos Humanos, 2001, pp. 3-68; A.A. Cançado Trindade, *El Acceso Directo del Individuo a los Tribunales Internacionales de Derechos Humanos*, Bilbao, Universidad de Deusto, 2001, pp. 17-96; A.A. Cançado Trindade, "A Consolidação da Personalidade e da Capacidade Jurídicas do Indivíduo como Sujeito do Direito Internacional", 16 *Anuario del Instituto Hispano-Luso-Americano de Derecho Internacional* – Madrid (2003) pp. 237-288; A.A. Cançado Trindade, *A Humanização do Direito Internacional*, Belo Horizonte/Brasil, Edit. Del Rey, 2006, pp. 107-172; A.A. Cançado Trindade, "The Emancipation of the Individual from His Own State – The Historical Recovery of the Human Person as Subject of the Law of Nations", in *Human Rights, Democracy and the Rule of Law – Liber Amicorum L. Wildhaber* (eds. S. Breitenmoser *et alii*), Zürich/Baden-Baden, Dike/Nomos, 2007, pp. 151-171; A.A. Cançado Trindade, *Évolution du Droit international au droit des gens – L'accès des particuliers à la justice internationale: le regard d'un juge*, Paris, Pédone, 2008, pp. 1-187.

para ser titular de direitos e deveres, e por capacidade a aptidão para exercê-los por si mesmo (capacidade de exercício). Encontra-se, pois, a capacidade intimamente vinculada à personalidade; no entanto, se por alguma situação ou circunstância um indivíduo não disponha de plena capacidade jurídica (para exercer seus direitos por si próprio), nem por isso deixa de ser sujeito de direito. Com estas precisões preliminares em mente, passo ao exame deste tema recorrente no Direito Internacional, de tanta significação e importância e de perene atualidade.

II. O Indivíduo como Sujeito do Direito das Gentes, no Pensamento dos Autores Clássicos

Ao considerar a posição dos indivíduos no Direito Internacional, não há que se perder de vista o pensamento dos chamados "fundadores" do direito das gentes. Há que recordar a considerável importância, para o desenvolvimento do tema, sobretudo dos escritos dos teólogos espanhóis assim como da obra grociana. No período inicial de formação do direito internacional era considerável a influência exercida pelos ensinamentos dos grandes mestres, – o que é compreensível, dada a necessidade de articulação e sistematização da matéria[3]. Mesmo em nossos dias, é imprescindível ter presentes tais ensinamentos.

É amplamente reconhecida a contribuição dos teólogos espanhóis Francisco de Vitoria e Francisco Suárez à formação do Direito Internacional. Na visão de Suárez (autor do tratado *De Legibus ac Deo Legislatore*, 1612), o direito das gentes revela a unidade e universalidade do gênero humano; os Estados têm necessidade de um sistema jurídico que regule suas relações, como membros da sociedade universal[4]. Foi, no entanto, o grande mestre de Salamanca, Francisco de Vitoria, quem deu uma contribuição pioneira e decisiva para a noção de prevalência do *Estado de Direito*: foi ele quem sustentou, com rara lucidez, em suas aclamadas *Relecciones Teológicas* (1538-1539), que o ordenamento jurídico obriga a todos – tanto governados como governantes, – e, nesta mesma linha de pensamento, a comunidade internacional (*totus orbis*) prima sobre o arbítrio de cada Estado individual[5].

---

3 A.A. Cançado Trindade, *Princípios do Direito Internacional Contemporâneo*, Brasília, Editora Universidade de Brasília, 1981, pp. 20-21. Para um relato da formação da doutrina clássica, cf., inter alia, e.g., P. Guggenheim, *Traité de droit international public*, vol. I, Genève, Georg, 1967, pp. 13-32; A. Verdross, *Derecho Internacional Público*, 5ª. ed., Madrid, Aguilar, 1969 (reimpr.), pp. 47-62; Ch. de Visscher, *Théories et réalités en Droit international public*, 4ª. ed. rev., Paris, Pédone, 1970, pp. 18-32; L. Le Fur, «La théorie du droit naturel depuis le XVIIe. siècle et la doctrine moderne», 18 *Recueil des Cours de l'Académie de Droit International de La Haye* (1927) pp. 297-399.

4 Cf. Association Internationale Vitoria-Suarez, *Vitoria et Suarez – Contribution des Théologiens au Droit International Moderne*, Paris, Pédone, 1939, pp. 169-170.

5 Cf. Francisco de Vitoria, *Relecciones – del Estado, de los Indios, y del Derecho de la Guerra*, México, Porrúa, 1985, pp. 1-101; A. Gómez Robledo, *op. cit. infra* n. (11), pp. 30-39.

Em sua célebre *De Indis – Relectio Prior* (1538-1539), advertiu: – "(...) No que toca ao direito humano, consta que por direito humano positivo o imperador não é senhor do orbe. Isto só teria lugar pela autoridade de uma lei, e nenhuma há que tal poder outorgue(...). Tampouco teve o imperador o domínio do orbe por legítima sucessão, (...) nem por guerra justa, nem por eleição, nem por qualquer outro título legal, como é patente. Logo nunca o imperador foi senhor de todo o mundo. (...)"[6]. Na concepção de Vitoria, o direito das gentes regula uma comunidade internacional constituída de seres humanos organizados socialmente em Estados e coextensiva com a própria humanidade; a reparação das violações de direitos humanos reflete uma necessidade internacional atendida pelo direito das gentes, com os mesmos princípios de justiça aplicando-se tanto aos Estados como aos indivíduos ou povos que os formam[7]. Decorridos mais de quatro séculos e meio, sua mensagem retém uma notável atualidade.

A concepção do *jus gentium* de Hugo Grotius – cuja obra, sobretudo o *De Jure Belli ac Pacis* (1625), é situada nas origens do Direito Internacional, como veio a ser conhecida a disciplina, – esteve sempre atenta ao papel da sociedade civil. Para Grotius, o Estado não é um fim em si mesmo, mas um meio para assegurar o ordenamento social consoante a inteligência humana, de modo a aperfeiçoar a "sociedade comum que abarca toda a humanidade"[8]. Os sujeitos têm direitos *vis-à-vis* o Estado soberano, que não pode exigir obediência de seus cidadãos de forma absoluta (imperativo do bem comum); assim, na visão de Grotius, a razão de Estado tem limites, e a concepção absoluta desta última torna-se aplicável nas relações tanto internacionais quanto internas do Estado[9].

No pensamento grociano, toda norma jurídica – seja de direito interno ou de direito das gentes – cria direitos e obrigações para as pessoas a quem se dirigem; a obra precursora de Grotius, já no primeiro meado do século XVII, admite, pois, a possibilidade da proteção internacional dos direitos humanos contra o próprio Estado[10]. Ainda antes de Grotius, Alberico Gentili (autor de *De Jure Belli*, 1598)

---

6 Francisco de Vitoria, *De Indis – Relectio Prior* (1538-1539), *in: Obras de Francisco de Vitoria – Relecciones Teológicas* (ed. T. Urdanoz), Madrid, BAC, 1960, p. 675.

7 A.A. Cançado Trindade, "Co-existence and Co-ordination of Mechanisms of International Protection of Human Rights (At Global and Regional Levels)", 202 *Recueil des Cours de l'Académie de Droit International de La Haye* (1987) p. 411; J. Brown Scott, *The Spanish Origin of International Law – Francisco de Vitoria and his Law of Nations*, Oxford/London, Clarendon Press/H. Milford – Carnegie Endowment for International Peace, 1934, pp. 282-283, 140, 150, 163-165 e 172; A.A. Cançado Trindade, "*Totus Orbis*: A Visão Universalista e Pluralista do *Jus Gentium*: Sentido e Atualidade da Obra de Francisco de Vitoria", *in* 24 *Revista da Academia Brasileira de Letras Jurídicas* – Rio de Janeiro (2008) n. 32, pp. 197-212.

8 P.P. Remec, *The Position of the Individual in International Law according to Grotius and Vattel*, The Hague, Nijhoff, 1960, pp. 216 e 203.

9 *Ibid.*, pp. 219-220 e 217.

10 *Ibid.*, pp. 243 e 221.

sustentava, em fins do século XVI, que é o Direito que regula a convivência entre os membros da *societas gentium* universal[11].

Há, pois, que ter sempre presente o verdadeiro legado da tradição grociana do Direito Internacional. A comunidade internacional não pode pretender basear-se na *voluntas* de cada Estado individualmente. Ante a necessidade histórica de regular as relações dos Estados emergentes, sustentava Grotius que as relações internacionais estão sujeitas às normas jurídicas, e não à "razão de Estado", a qual é incompatível com a própria existência da comunidade internacional: esta última não pode prescindir do Direito[12]. O ser humano e o seu bem estar ocupam posição central no sistema das relações internacionais[13]. Nesta linha de pensamento, também Samuel Pufendorf (autor de *De Jure Naturae et Gentium*, 1672) também sustentou "a sujeição do legislador à mais alta lei da natureza humana e da razão"[14]. Por sua vez, Christian Wolff (autor de *Jus Gentium Methodo Scientifica Pertractatum*, 1749), ponderava que assim como os indivíduos devem, em sua associação no Estado, promover o bem comum, a seu turno o Estado tem o dever correlativo de buscar sua perfeição[15].

Lamentavelmente, as reflexões e a visão dos chamados fundadores do Direito Internacional (notadamente os escritos dos teólogos espanhóis e a obra grociana), que o concebiam como um sistema verdadeiramente *universal*[16], vieram a ser suplantadas pela emergência do positivismo jurídico, que personificou o Estado dotando-o de "vontade própria", reduzindo os direitos dos seres humanos aos que o Estado a estes "concedia". O consentimento ou a vontade dos Estados (o positivismo voluntarista) tornou-se o critério predominante no direito internacional, negando *jus standi* aos indivíduos, aos seres humanos. Isto dificultou a compreensão da comunidade

---

11 A. Gómez Robledo, *Fundadores del Derecho Internacional*, México, UNAM, 1989, pp. 48-55.

12 Cf., a respeito, Hersch Lauterpacht, "The Grotian Tradition in International Law", 23 *British Year Book of International Law* (1946) pp. 1-53.

13 Por conseguinte, os padrões de justiça aplicam-se *vis-à-vis* tanto os Estados como os indivíduos. Hersch Lauterpacht, "The Law of Nations, the Law of Nature and the Rights of Man", 29 *Transactions of the Grotius Society* (1943) pp. 7 e 21-31.

14 *Ibid.*, p. 26.

15 C. Wolff vislumbrou os Estados-nação como membros de uma *civitas maxima*, conceito que Emmerich de Vattel (autor de *Le Droit des Gens*, 1758), posteriormente, invocando a necessidade de "realismo", pretendeu substituir por uma "sociedade de nações" (concepção menos avançada); cf. F.S. Ruddy, *International Law in the Enlightenment – The Background of Emmerich de Vattel's Le Droit des Gens*, Dobbs Ferry/N.Y., Oceana, 1975, p. 95; para uma crítica a esse retrocesso (incapaz de fundamentar o princípio de *obrigação* no direito internacional), cf. J.L. Brierly, *The Law of Nations*, 6ª. ed., Oxford, Clarendon Press, pp. 38-40.

16 C.W. Jenks, *The Common Law of Mankind*, London, Stevens, 1958, pp. 66-69; e cf. também R.-J. Dupuy, *La communauté internationale entre le mythe et l'histoire*, Paris, Economica/UNESCO, 1986, pp. 164-165.

internacional, e enfraqueceu o próprio Direito Internacional, reduzindo-o a direito estritamente inter-estatal, não mais *acima* mas *entre* Estados soberanos[17]. As consequências desastrosas desta distorção são sobejamente conhecidas.

III. A Exclusão do Indivíduo do Ordenamento Jurídico Internacional pelas Distorções do Positivismo Jurídico Estatal

A personificação do Estado todo-poderoso, inspirada na filosofia do direito de Hegel, teve uma influência nefasta na evolução do Direito Internacional em fins do século XIX e nas primeiras décadas do século XX. Esta corrente doutrinária resistiu com todas as forças ao ideal de emancipação do ser humano da tutela absoluta do Estado, e ao reconhecimento do indivíduo como sujeito do Direito Internacional. Contra esta posição reacionária se posicionou, dentre outros, Jean Spiropoulos, em luminosa monografia intitulada *L'individu en Droit international*, publicada em Paris em 1928[18]: a contrário do que se depreendia da doutrina hegeliana, – ponderou o autor, – o Estado não é um ideal supremo submisso tão só a sua própria vontade, não é um fim em si mesmo, mas sim "um meio de realização das aspirações e necessidades vitais dos indivíduos", sendo, pois, necessário proteger o ser humano contra a lesão de seus direitos por seu próprio Estado[19].

No passado, os positivistas se vangloriavam da importância por eles atribuída ao método da *observação* (negligenciado por outras correntes de pensamento), o que contrasta, porém, com sua total incapacidade de apresentar diretrizes, linhas mestras de análise, e sobretudo *princípios* gerais orientadores[20]. No plano normativo, o positivismo se mostrou subserviente à ordem legal estabelecida, e convalidou os abusos praticados em nome desta. Mas já em meados do século XX, a doutrina jusinternacionalista mais esclarecida se distanciava definitivamente da formulação hegeliana e neo-hegeliana do Estado como repositório final da liberdade e responsabilidade dos indivíduos que o compunham, e que nele [no Estado] se integravam inteiramente[21].

A velha polêmica, estéril e ociosa, entre monistas e dualistas, erigida em falsas premissas, não surpreendentemente deixou de contribuir aos esforços doutrinários em prol da emancipação do ser humano *vis-à-vis* seu próprio Estado. Com efeito, o que fizeram tanto os dualistas como os monistas, neste particular, foi "personificar" o Estado como sujeito do Direito Internacional[22]. Os monistas descartaram todo

---

17 P.P. Remec, *The Position of the Individual...*, op. cit. supra n. (8), pp. 36-37.
18 J. Spiropoulos, *L'individu en Droit international*, Paris, LGDJ, 1928, pp. 66 e 33, e cf. p. 19.
19 *Ibid.*, p. 55; uma evolução nesse sentido, agregou, haveria de aproximar-nos do ideal da *civitas maxima*.
20 Cf. L. Le Fur, «La théorie du droit naturel...», op. cit. supra n. (3), p. 263.
21 W. Friedmann, *The Changing Structure of International Law*, London, Stevens, 1964, p. 247; E. Weil, *Hegel et l'État* [1950], 4ª. ed., Paris, Librairie Philosophique J. Vrin, 1974, pp, 11, 24, 44-45, 53-56, 59, 62, 100 e 103.
22 Cf. C.Th. Eustathiades, «Les sujets du Droit international...», op. cit. infra n. (72), p. 405.

antropomorfismo, afirmando a subjetividade internacional do Estado por uma análise da pessoa jurídica[23]; e os dualistas – a exemplo de H. Triepel e D. Anzilotti – não se contiveram em seus excessos de caracterização dos Estados como sujeitos únicos do Direito Internacional[24].

Toda uma corrente doutrinária, – do positivismo tradicional, – formada, além de Triepel e Anzilotti, também por K. Strupp, E. Kaufmann, R. Redslob, dentre outros, passou a sustentar que somente os Estados eram sujeitos do Direito Internacional Público. A mesma postura foi adotada pela antiga doutrina soviética do Direito Internacional, com ênfase na chamada "coexistência pacífica" interestatal[25]. Contra esta visão se insurgiu uma corrente oposta, a partir da publicação, em 1901, do livro de Léon Duguit *L'État, le droit objectif et la loi positive*, formada por G. Jèze, H. Krabbe, N. Politis e G. Scelle, dentre outros, sustentando, *a contrario sensu*, que em última análise somente os indivíduos, destinatários de todas normas jurídicas, eram sujeitos do Direito Internacional (cf. *infra*).

A ideia da soberania estatal absoluta, que levou à irresponsabilidade e à pretensa onipotência do Estado, não impedindo as sucessivas atrocidades por este cometidas contra os seres humanos, mostrou-se com o passar do tempo inteiramente descabida. O Estado – hoje se reconhece – é responsável por todos os seus atos – tanto *jure gestionis* como *jure imperii* – assim como por todas suas omissões. Criado pelos próprios seres humanos, por eles composto, para eles existe, para a realização de seu bem comum. Em caso de violação dos direitos humanos, justifica-se assim plenamente o *acesso direto* do indivíduo à jurisdição internacional, para fazer valer tais direitos, inclusive contra o próprio Estado[26].

IV. A Personalidade Jurídica do Indivíduo como Resposta a uma Necessidade da Comunidade Internacional

O indivíduo é, pois, sujeito do direito tanto interno como internacional[27]. Para isto tem contribuído, no plano internacional, a considerável evolução nas últimas

---

23 *Ibid.*, p. 406.
24 Para uma crítica à incapacidade da tese dualista de explicar o acesso dos indivíduos à jurisdição internacional, cf. P. Reuter, «Quelques remarques sur la situation juridique des particuliers en Droit international public», in *La technique et les principes du Droit public – Études en l'honneur de G. Scelle*, vol. II, Paris, LGDJ, 1950, pp. 542-543 e 551.
25 Cf., e.g., Y.A. Korovin, S.B. Krylov, *et alii*, *International Law*, Moscow, Academy of Sciences of the USSR/Institute of State and Law, [s/d], pp. 93-98 e 15-18; G.I. Tunkin, *Droit international public – problèmes théoriques*, Paris, Pédone, 1965, pp. 19-34.
26 Stefan Glaser, «Les droits de l'homme à la lumière du droit international positif», in *Mélanges offerts à H. Rolin – Problèmes de droit des gens*, Paris, Pédone, 1964, p. 117, e cf. pp. 105-106 e 114-116. Daí a importância da competência obrigatória dos órgãos de proteção internacional dos direitos humanos; *ibid.*, p. 118.
27 Sobre a evolução histórica da personalidade jurídica no direito das gentes, cf. H. Mosler, "Réflexions sur la personnalité juridique en Droit international public", *Mélanges offerts à*

décadas não só do Direito Internacional dos Direitos Humanos, como do mesmo modo do Direito Internacional Humanitário. Também este último considera as pessoas protegidas não como simples objeto da regulamentação que estabelecem, mas como verdadeiros sujeitos do direito internacional. É o que se depreende, e.g., da posição das quatro Convenções de Genebra sobre Direito Internacional Humanitário de 1949, erigida a partir dos direitos das pessoas protegidas (e.g., III Convenção, artigos 14 e 78; IV Convenção, artigo 27); tanto é assim que as quatro Convenções de Genebra proíbem claramente aos Estados Partes derrogar – por acordos especiais – as regras nelas enunciadas e em particular restringir os direitos das pessoas protegidas nelas consagrados (I, II e III Convenções, artigo 6; e IV Convenção, artigo 7)[28]. Na verdade, as primeiras Convenções de Direito Internacional Humanitário (já na passagem do século XIX ao XX) foram pioneiras ao expressar a preocupação internacional pela sorte dos seres humanos nos conflitos armados, reconhecendo o indivíduo como beneficiário direto das obrigações convencionais estatais[29].

Com efeito, já há muito vem repercutindo, no *corpus* e aplicação do Direito Internacional Humanitário, o impacto da normativa do Direito Internacional dos Direitos Humanos: as aproximações e convergências dentre estas duas vertentes do Direito, e também a do Direito Internacional dos Refugiados, nos planos tanto normativo como hermenêutico e operacional, têm contribuído a superar as compartimentalizações artificiais do passado, e a aperfeiçoar e fortalecer a proteção internacional da pessoa humana – como *titular* dos direitos que lhe são inerentes – em todas

---

Henri Rolin – Problèmes de droit des gens, Paris, Pédone, 1964, pp. 228-251; G. Arangio-Ruiz, *Diritto Internazionale e Personalità Giuridica*, Bologna, Coop. Libr. Univ., 1972, pp. 9-268; G. Scelle, "Some Reflections on Juridical Personality in International Law", in *Law and Politics in the World Community* (ed. G.A. Lipsky), Berkeley/L.A., University of California Press, 1953, pp. 49-58 e 336; J.A. Barberis, *Los Sujetos del Derecho Internacional Actual*, Madrid, Tecnos, 1984, pp. 17-35; J.A. Barberis, "Nouvelles questions concernant la personnalité juridique internationale", 179 *Recueil des Cours de l'Académie de Droit International de La Haye* (1983) pp. 157-238; A.A. Cançado Trindade, "The Interpretation of the International Law of Human Rights by the Two Regional Human Rights Courts", in *Contemporary International Law Issues: Conflicts and Convergence* (Proceedings of the III Joint Conference ASIL/Asser Instituut, The Hague, July 1995), The Hague, Asser Instituut, 1996, pp. 157-162 e 166-167; C. Dominicé, "La personnalité juridique dans le système du droit des gens", in *Theory of International Law at the Threshold of the 21st Century – Essays in Honour of K. Skubiszewski* (ed. J. Makarczyk), The Hague, Kluwer, 1996, pp. 147-171; A.A. Cançado Trindade, "The Emancipation of the Individual from His Own State...", *op. cit. supra* n. (2), pp. 151-171; A.A. Cançado Trindade, "The Human Person and International Justice" [W. Friedmann Memorial Award Lecture 2008], 47 *Columbia Journal of Transnational Law* (2008) pp. 16-30.

28 S. Glaser, *op. cit. supra* n. (26), p. 123.

29 K.J. Partsch, "Individuals in International Law", *Encyclopedia of Public International Law* (ed. R. Bernhardt), vol. 2, Elsevier, Max Planck Institute/North-Holland Ed., 1995, p. 959.

e quaisquer circunstâncias[30]. Assim, o próprio Direito Internacional Humanitário gradualmente se desvencilha de uma ótica obsoleta puramente interestatal, passando a dar ênfase crescente – à luz do princípio de humanidade – às pessoas protegidas e à responsabilidade pela violação de seus direitos.

Carecem, definitivamente, de sentido, as tentativas do passado de negar aos indivíduos a condição de sujeitos do Direito Internacional, por não lhe serem reconhecidas algumas das capacidades de que são detentores os Estados (como, e.g., a de celebrar tratados). Tampouco no plano do direito interno, nem todos os indivíduos participam, direta ou indiretamente, no processo legiferante, e nem por isso deixam de ser sujeitos de direito. O movimento internacional em prol dos direitos humanos, desencadeado pela Declaração Universal de Direitos Humanos de 1948, veio a desautorizar estas falsas analogias, e a superar distinções tradicionais (e.g., com base na nacionalidade): são sujeitos de direito "todas as criaturas humanas", como membros da "sociedade universal", sendo "inconcebível" que o Estado venha a negar-lhes esta condição[31].

Ademais, os indivíduos e as organizações não governamentais assumem um papel cada vez mais relevante na formação da *opinio juris* internacional. Se, há algumas décadas atrás, era possível abordar o processo de formação das normas do direito internacional geral com atenção voltada tão só às "fontes estatais" e "interestatais" das "formas escritas do direito internacional"[32], em nossos dias não é mais possível deixar de igualmente reconhecer as "fontes não estatais", decorrentes da atuação da sociedade civil organizada no plano internacional. No plano global, artigo 71 da Carta das Nações Unidas tem servido de base ao *status* consultivo das organizações não governamentais (ONGs) atuantes no âmbito da ONU, e a recente resolução 1996/31, de 1996, do Conselho Econômico e Social (ECOSOC) das Nações Unidas, regulamenta com detalhes as relações entre a ONU e as ONGs com *status* consultivo[33].

No plano regional, a Convenção Europeia sobre o Reconhecimento da Personalidade Jurídica das Organizações Não Governamentais Internacionais (de 24.04.1986),

---

30 A.A. Cançado Trindade, *Derecho Internacional de los Derechos Humanos, Derecho Internacional de los Refugiados y Derecho Internacional Humanitario: Aproximaciones y Convergencias*, Ginebra, Comité Internacional de la Cruz Roja, 1996, pp. 1-66.

31 R. Cassin, «L'homme, sujet de droit international et la protection des droits de l'homme dans la société universelle», in *La technique et les principes du Droit public – Études en l'honneur de Georges Scelle*, vol. I, Paris, LGDJ, 1950, pp. 81-82.

32 Cf. R. Pinto, «Tendances de l'élaboration des formes écrites du Droit international», in *L'élaboration du Droit international public* (Colloque de Toulouse, Société Française pour le Droit International), Paris, Pédone, 1975, pp. 13-30.

33 Para um estudo geral, cf., e.g., F. Hondius, «La reconnaissance et la protection des ONGs en Droit international», 1 *Associations Transnationales* (2000) pp. 2-4; J. Ebbesson, «The Notion of Public Participation in International Environmental Law», 8 *Yearbook of International Environmental Law* (1997) pp. 51-97.

e.g., dispõe sobre os elementos constitutivos das ONGs (artigo 1) e sobre a *ratio legis* de sua personalidade e capacidade jurídicas (artigo 2). Nos últimos anos, os particulares e as ONGs têm participado nos *travaux préparatoires* de determinados tratados internacionais (e.g., a Convenção das Nações Unidas sobre os Direitos da Criança de 1989[34], e a Convenção de Ottawa sobre a Proibição de Minas Anti-Pessoal de 1997[35]).

A crescente atuação, no plano internacional, das ONGs e outras entidades da sociedade civil tem tido um inevitável impacto na teoria dos sujeitos do Direito Internacional, contribuindo a tornar os indivíduos beneficiários diretos (sem intermediários) das normas internacionais, e sujeitos do Direito Internacional, e a por um fim à anacrônica dimensão puramente interestatal deste último; ademais, sua atuação têm contribuído à prevalência de valores comuns superiores no âmbito do Direito Internacional[36]. Os indivíduos, as ONGs e demais entidades da sociedade civil passam, assim, a atuar no processo tanto de formação como de aplicação das normas internacionais[37]. Em suma, o próprio processo de formação e aplicação das normas do Direito Internacional deixa de ser apanágio dos Estados.

Na verdade, o reconhecimento da personalidade jurídica dos indivíduos veio atender a uma verdadeira *necessidade* da comunidade internacional[38], que hoje busca guiar-se por valores comuns superiores. A expansão da personalidade jurídica internacional atende efetivamente à *necessidade* da comunidade internacional de prover proteção aos seres humanos que desta necessitam. A doutrina mais lúcida e a jurisprudência internacional pertinente sustentam que os próprios sujeitos

---

34 Para um estudo geral, cf. S. Detrick (ed.), *The United Nations Convention on the Rights of the Child – 'A Guide to the Travaux Préparatoires'*, Dordrecht, Nijhoff, 1992, pp. 1-703.

35 Cf. K. Anderson, "The Ottawa Convention Banning Landmines, the Role of International Non-governmental Organizations and the Idea of International Civil Society", 11 *European Journal of International Law* (2000) pp. 91-120.

36 R. Ranjeva, «Les organisations non-gouvernementales et la mise-en-oeuvre du Droit international», 270 *Recueil des Cours de l'Académie de Droit International de La Haye* (1997) pp. 22, 50, 67-68, 74 e 101-102.

37 M. Bettati e P.-M. Dupuy, *Les O.N.G. et le Droit international*, Paris, Economica, 1986, pp. 1, 16, 19-20, 252-261 e 263-265. Isto é sintomático da *democratização* das relações internacionais, a par de uma crescente *conscientização* dos múltiplos atores atuantes no cenário internacional contemporâneo (Ph. Sands, "Turtles and Torturers: The Transformation of International Law", 33 *New York University Journal of International Law and Politics* (2001) pp. 530, 543 e 555-559), em prol de valores universais.

38 Tal como reconhecido já há décadas; cf. A.N. Mandelstam, *Les droits internationaux de l'homme*, Paris, Éds. Internationales, 1931, pp. 95-96, 103 e 138; Ch. de Visscher, «Rapport – 'Les droits fondamentaux de l'homme, base d'une restauration du Droit international'», *Annuaire de l'Institut de Droit International* (1947) pp. 3 e 9; G. Scelle, *Précis de Droit des Gens – Principes et systématique*, parte I, Paris, Libr. Rec. Sirey, 1932 (reimpr. do CNRS, 1984), p. 48; Lord McNair, *Selected Papers and Bibliography*, Leiden/N.Y., Sijthoff/Oceana, 1974, pp. 329 e 249.

de direito em um sistema jurídico são dotados de atributos que atendem às necessidades da comunidade internacional[39].

Daí que, – como assinalou com perspicácia Paul de Visscher, – enquanto "o conceito de pessoa jurídica é unitário como conceito", dada a unidade fundamental da pessoa humana que "encontra em si mesma a justificação última de seus próprios direitos", a capacidade jurídica, por sua vez, revela uma variedade e multiplicidade de alcances[40]. Mas tais variações do alcance da capacidade jurídica, – inclusive suas limitações em relação, e.g., às crianças, aos idosos, às pessoas com faltas de capacidade mental, aos apátridas, dentre outros, – em nada afetam a personalidade jurídica de todos os seres humanos, expressão jurídica da dignidade a eles inerente. Em seu recente Parecer n. 17, de 28.08.2002, por exemplo, a Corte Interamericana de Direitos Humanos (CtIADH) assinalou que "em conformidade com a normativa contemporânea do Direito Internacional dos Direitos Humanos, na qual se situa o artigo 19 da Convenção Americana sobre Direitos Humanos, *as crianças são titulares de direitos e não só objeto de proteção*"[41].

Assim, em suma, toda pessoa humana é dotada de personalidade jurídica, a qual impõe limites ao poder estatal. A capacidade jurídica varia em razão da condição jurídica de cada um para realizar determinados atos. No entanto, ainda que varie tal capacidade de exercício, todos os indivíduos são dotados de personalidade jurídica. Os direitos humanos reforçam este atributo universal da pessoa humana, dado que a todos os seres humanos correspondem de igual modo a personalidade jurídica e o amparo do Direito, independentemente de sua condição existencial ou jurídica.

V. O Resgate do Indivíduo como Sujeito do Direito Internacional na Doutrina Jurídica do Século XX

Ao reconhecimento de direitos individuais deve corresponder a capacidade processual de vindicá-los, nos planos tanto nacional como internacional. É mediante a consolidação da plena capacidade processual dos indivíduos que a proteção dos direitos humanos se torna uma realidade[42]. Mas ainda que, pelas circunstâncias da

---

39 Corte Internacional de Justiça, Parecer sobre as *Reparações de Danos*, *ICJ Reports* (1949) p. 178: – "The subjects of law in any legal system are not necessarily identical in their nature or in the extent of their rights, and their nature depends upon the needs of the community. Throughout its history, the development of international law has been influenced by the requirements of international life, and the progressive increase in the collective activities of States has already given rise to instances of action upon the international plane by certain entities which are not States".

40 P. de Visscher, «Cours Général de Droit international public», 136 *Recueil des Cours de l'Académie de Droit International* (1972) p. 56, e cf. pp. 45 e 55.

41 Ponto resolutivo n. 1 do supracitado Parecer (ênfase acrescentada).

42 Cf., no tocante à proteção internacional, A.A. Cançado Trindade, "The Consolidation of the Procedural Capacity of Individuals in the Evolution of the International Protection of Human Rights: Present State and Perspectives at the Turn of the Century", 30 *Columbia*

vida, certos indivíduos (e.g., crianças, enfermos mentais, idosos, dentre outros) não possam exercitar plenamente sua capacidade de exercício (e.g., no direito civil), nem por isso deixam de ser titulares de direitos, oponíveis inclusive ao Estado[43]. Independentemente das circunstâncias, o indivíduo é sujeito *jure suo* do Direito Internacional, tal como sustenta a doutrina mais lúcida, desde a dos chamados "fundadores" da disciplina[44]. Os direitos humanos foram concebidos como *inerentes* a todo ser humano, independentemente de quaisquer circunstâncias.

Poder-se-ia argumentar que o mundo contemporâneo é inteiramente distinto do da época dos chamados fundadores do Direito Internacional (*supra*), que propugnaram por uma *civitas maxima* regida pelo direito das gentes. Ainda que se trate de dois cenários mundiais diferentes (ninguém o negaria), a aspiração humana é a mesma, qual seja, a da construção de um ordenamento internacional aplicável tanto aos Estados (e organizações internacionais) quanto aos indivíduos, consoante certos padrões universais de justiça.

Constantemente tem se identificado um "renascimento" contínuo do direito natural, ainda que este último jamais tenha desaparecido. Isto se tem dado ante o conservadorismo e a degeneração do positivismo jurídico, consubstanciando o *status quo*, com sua subserviência típica ao poder (inclusive nos regimes autoritários, ditatoriais e totalitários). Não mais se trata de um retorno ao direito natural clássico, mas sim da afirmação ou restauração de um padrão de justiça, pelo qual se avalia o direito positivo[45]. O "renascimento" contínuo do direito natural reforça a universalidade dos direitos humanos, porquanto inerentes a todos os seres humanos, – em contraposição às normas positivas, que carecem de universalidade, por variarem de um meio social a outro[46]. Daí se depreende a importância da

---

Human Rights Law Review – New York (1998) pp. 1-27; A.A. Cançado Trindade, "The Procedural Capacity of the Individual as Subject of International Human Rights Law: Recent Developments", *in K. Vasak Amicorum Liber – Les droits de l'homme à l'aube du XXIe siècle*, Bruxelles, Bruylant, 1999, pp. 521-544; A.A. Cançado Trindade, "L'interdépendance de tous les droits de l'homme et leur mise en oeuvre: obstacles et enjeux", 158 *Revue internationale des sciences sociales* – Paris/UNESCO (1998) pp. 571-582; A.A. Cançado Trindade, "El Derecho de Petición Individual ante la Jurisdicción Internacional", 48 *Revista de la Facultad de Derecho de México* – UNAM (1998) pp. 131-151.

43 P.N. Drost, *Human Rights as Legal Rights*, Leyden, Sijthoff, 1965, pp. 226-227.
44 Cf. *ibid.*, pp. 223 e 215.
45 J. Maritain, *O Homem e o Estado*, 4ª. ed., Rio de Janeiro, Ed. Agir, 1966, p. 84, e cf. pp. 97-98 e 102; C.J. Friedrich, *Perspectiva Histórica da Filosofia do Direito*, Rio de Janeiro, Zahar Ed., 1965, pp. 196-197, 200-201 e 207. E, para um estudo geral recente, cf. Y.R. Simon, *The Tradition of Natural Law – A Philosopher's Reflections* (ed. V. Kuic), N.Y., Fordham Univ. Press, 2000 [reprint], pp. 3-189; e cf. também A.P. d'Entrèves, *Natural Law*, London, Hutchinson Univ. Libr., 1970 [reprint], pp. 13-203.
46 Vicente Ráo, *O Direito e a Vida dos Direitos*, 5ª. ed., São Paulo, Ed. Rev. dos Tribs., 1999, pp. 85 e 101

personalidade jurídica do titular de direitos[47], inclusive como limite às manifestações arbitrárias do poder estatal.

O "eterno retorno" do jusnaturalismo tem sido reconhecido pelos próprios jusinternacionalistas[48], contribuindo em muito à afirmação e consolidação do primado, na ordem dos valores, das obrigações estatais em matéria de direitos humanos, *vis-à-vis* a comunidade internacional como um todo[49]. Esta última, testemunhando a moralização do próprio Direito, assume a vindicação dos interesses comuns superiores[50]. Os experimentos internacionais que há décadas vêm outorgando capacidade processual internacional aos indivíduos[51] refletem, com efeito, o reconhecimento de valores comuns superiores consubstanciados no imperativo de proteção do ser humano em quaisquer circunstâncias.

Todo o novo *corpus juris* do Direito Internacional dos Direitos Humanos vem de ser construído em torno dos interesses superiores do ser humano, independentemente de seu vínculo de nacionalidade ou de seu estatuto político. Daí a importância que assume, nesse novo direito de proteção, a personalidade jurídica do indivíduo, como sujeito do direito tanto interno como internacional[52]. A aplicação e expansão do Direito Internacional dos Direitos Humanos, por sua vez, vem a repercutir, não surpreendentemente, e com sensível impacto, nos rumos do Direito Internacional Público contemporâneo[53].

Ora, se o Direito Internacional Público contemporâneo reconhece aos indivíduos direitos e deveres (como o comprovam os instrumentos internacionais de direitos humanos), não há como negar-lhes personalidade internacional, sem a qual

---

47 *Ibid.*, p. 641.

48 A. Truyol y Serra, «Théorie du Droit international public – Cours général», 183 *Recueil des Cours de l'Académie de Droit International de La Haye* (1981) pp. 142-143; J. Puente Egido, «Natural Law», in *Encyclopedia of Public International Law* (ed. R. Bernhardt/Max Planck Institute), vol. 7, Amsterdam, North-Holland, 1984, pp. 344-349.

49 J.A. Carrillo Salcedo, "Derechos Humanos y Derecho Internacional", 22 *Isegoría – Revista de Filosofía Moral y Política* – Madrid (2000) p. 75.

50 R.-J. Dupuy, «Communauté internationale et disparités de développement – Cours général de Droit international public», 165 *Recueil des Cours de l'Académie de Droit International de La Haye* (1979) pp. 190, 193 e 202.

51 Cf. item VII, *infra*.

52 M. Virally, «Droits de l'homme et théorie générale du Droit international», *René Cassin Amicorum Discipulorumque Liber*, vol. IV, Paris, Pédone, 1972, pp. 328-329.

53 Cf. A.A. Cançado Trindade, *Tratado de Direito Internacional dos Direitos Humanos*, vol. I, Porto Alegre, S.A. Fabris Ed., 1997, pp. 17-30; A.A. Cançado Trindade, *Tratado de Direito Internacional dos Direitos Humanos*, vol. II, Porto Alegre, S.A. Fabris Ed., 1999, pp. 23-194; A.A. Cançado Trindade, *O Direito Internacional em um Mundo em Transformação*, Rio de Janeiro, Ed. Renovar, 2002, pp. 1048-1109; A.A. Cançado Trindade, *El Derecho Internacional de los Derechos Humanos en el Siglo XXI*, Santiago, Editorial Jurídica de Chile, 2001, pp. 15-58 e 375-427.

não poderia dar-se aquele reconhecimento. O próprio Direito Internacional, ao reconhecer direitos inerentes a todo ser humano, desautoriza o arcaico dogma positivista que pretendia autoritariamente reduzir tais direitos aos "concedidos" pelo Estado. O reconhecimento do indivíduo como sujeito tanto do direito interno como do direito internacional, dotado em ambos de plena capacidade processual (cf. *infra*), representa uma verdadeira revolução jurídica, à qual temos o dever de contribuir. Esta revolução vem enfim dar um conteúdo ético às normas tanto do direito público interno como do Direito Internacional.

Com efeito, já nas primeiras décadas do século XX se reconheciam os manifestos inconvenientes da proteção dos indivíduos por intermédio de seus respectivos Estados de nacionalidade, ou seja, pelo exercício da proteção diplomática discricionária, que tornava os Estados "demandantes" a um tempo "juízes e partes". Começava, em consequência, para superar tais inconvenientes, a germinar a ideia do *acesso direto* dos indivíduos à jurisdição internacional, sob determinadas condições, para fazer valer seus direitos contra os Estados, – tema este que chegou a ser efetivamente considerado pelo *Institut de Droit International* em suas sessões de 1927 e 1929[54].

Em monografia publicada em 1931, o jurista russo André Mandelstam alertou para a necessidade do reconhecimento de um *mínimo jurídico* – com a primazia do Direito Internacional e dos direitos humanos sobre o ordenamento jurídico estatal, – abaixo do qual a comunidade internacional não devia permitir que recaísse o Estado[55]. Em sua visão, a "horrível experiência de nosso tempo" demonstrava a urgência da consagração necessária desse *mínimo jurídico*, para por um fim ao "poder ilimitado" do Estado sobre a vida e a liberdade de seus cidadãos, e à "completa impunidade" do Estado violador dos "direitos mais sagrados do indivíduo"[56].

Em seu celebrado *Précis du Droit des Gens* (1932-1934), Georges Scelle se investiu contra a ficção da contraposição de uma "sociedade inter-estatal" a uma sociedade de indivíduos (nacional): uma e outra são formadas de indivíduos, sujeitos do direito interno e do direito internacional, sejam eles simples particulares (movidos por interesses privados), ou investidos de funções públicas (governantes e funcionários públicos), encarregados de velar pelos interesses das coletividades nacionais e internacionais[57]. Em uma passagem particularmente significativa de sua obra, Scelle, ao identificar (já no início da década de trinta) «o movimento de extensão da personalidade jurídica dos indivíduos», ponderou que «le seul fait que des recours super-étatiques sont institués

---

54 S. Séfériadès, «Le problème de l'accès des particuliers à des juridictions internationales», 51 *Recueil des Cours de l'Académie de Droit International de La Haye* (1935) pp. 23-25 e 54-60.

55 A.N. Mandelstam, *Les droits internationaux de l'homme*, Paris, Éds. Internationales, 1931, pp. 95-96, e cf. p. 103.

56 *Ibid.*, p. 138.

57 G. Scelle, *Précis de Droit des Gens – Principes et systématique*, parte I, Paris, Libr. Rec. Sirey, 1932 (reimpr. do CNRS, 1984), pp. 42-44.

au profit de certains individus, montre que ces individus sont désormais dotés d'une certaine compétence par le Droit international, et que la compétence des gouvernants et agents de cette société internationale est *liée* corrélativement. Les individus sont à la fois sujets de droit des collectivités nationales et de la collectivité internationale globale: ils sont *directement* sujets de droit des gens»[58].

O fato de serem os Estados compostos de seres humanos individuais – com todas as suas consequências – não passou despercebido de outros autores, que destacaram a importância da atribuição aos indivíduos de recursos (*remedies*) no âmbito dos mecanismos internacionais de proteção de seus direitos[59]. Há os que chegam mesmo a afirmar que "a atribuição da personalidade de direito internacional ao indivíduo" constitui o domínio em que "este ramo do Direito mais progrediu nas últimas décadas"[60].

Ainda no período do entre-guerras, Albert de La Pradelle ponderou que o *droit des gens* transcende as relações inter-estatais, ao regulá-las para proteger os seres humanos (e permitir que sejam estes mestres de seu próprio destino), e assegurar o cumprimento pelos Estados de seus deveres *vis-à-vis* os indivíduos sob suas respectivas jurisdições[61]. A visão estritamente inter-estatal é particularmente perigosa, devendo-se as atenções centrar-se nos princípios gerais do direito, emanando da consciência jurídica, consoante o pensamento jusnaturalista, conformando um verdadeiro *"droit de l'humanité"*, a assegurar o respeito aos direitos da pessoa humana[62].

Também no continente americano, mesmo antes da adoção das Declarações Americana e Universal de Direitos Humanos de 1948, floresceram manifestações doutrinárias em prol da personalidade jurídica internacional dos indivíduos. Dentre as que sustentaram tal personalidade, situa-se, e.g., as obras de Alejandro Álvarez[63] e Hildebrando Accioly[64]. Do mesmo modo se posicionou Levi Carneiro a respeito, ao

---

58   *Ibid.*, p. 48.
59   Lord McNair, *Selected Papers and Bibliography*, Leiden/N.Y., Sijthoff/Oceana, 1974, pp. 329 e 249.
60   A. Gonçalves Pereira e F. de Quadros, *Manual de Direito Internacional Público*, 3ª. ed. rev., Coimbra, Almedina, 1995, p. 405, e cf. pp. 381-408.
61   A. de La Pradelle, *Droit international public* (cours sténographié), Paris, Institut des Hautes Études Internationales/Centre Européen de la Dotation Carnegie, 1932-1933, pp. 49, 80-81, 244, 251, 263-266 e 356.
62   *Ibid.*, pp. 33-34, 230, 257, 261, 264 e 412-413.
63   A. Álvarez, *La Reconstrucción del Derecho de Gentes – El Nuevo Orden y la Renovación Social*, Santiago de Chile, Ed. Nascimento, 1944, pp. 46-47 e 457-463, e cf. pp. 81, 91 e 499-500; A. Álvarez, *El Nuevo Derecho Internacional en Sus Relaciones con la Vida Actual de los Pueblos*, Santiago de Chile, Edit. Jurídica de Chile, 1962 [reed.], pp. 49, 57, 77, 155-156, 163, 292, 304 e 357.
64   H. Accioly, *Tratado de Direito Internacional Público*, vol. I, 1ª. ed., Rio de Janeiro, Imprensa Nacional, 1933, pp. 71-75.

escrever que "não subsiste obstáculo doutrinário à admissão de pleitos individuais perante a justiça internacional. (...) Ao Direito Internacional o indivíduo interessa cada vez mais", mesmo porque "o Estado, criado no interesse do indivíduo, a este não se pode sobrepor"[65]. E Philip Jessup, em 1948, ponderou que a velha acepção da soberania estatal "não é consistente com os princípios da interdependência ou interesse da comunidade e do status do indivíduo como sujeito do direito internacional"[66].

A seu turno, não hesitou Hersch Lauterpacht, em obra dada a público em 1950, em afirmar que "o indivíduo é o sujeito final de todo direito", nada havendo de inerente ao direito internacional que o impeça de tornar-se sujeito do *law of nations* e de tornar-se parte em procedimentos perante tribunais internacionais[67]. O bem comum, nos planos tanto nacional como internacional, está condicionado pelo bem-estar dos seres humanos individuais que compõem a coletividade em questão[68]. Tal reconhecimento do indivíduo como sujeito de direitos também no plano do Direito Internacional acarreta uma clara rejeição dos velhos dogmas positivistas, desacreditados e insustentáveis, do dualismo de sujeitos nos ordenamentos interno e internacional, e da vontade dos Estados como fonte exclusiva do Direito Internacional[69].

Em outro estudo perspicaz, publicado também em 1950, Maurice Bourquin ponderou que a crescente preocupação do direito internacional da época com os problemas que afetavam diretamente o ser humano revelava a superação da velha visão exclusivamente inter-estatal da ordem jurídica internacional[70]. Em livro escrito pouco antes de sua morte, e publicado em 1954, Max Huber, ao constatar a "desvalorização" da pessoa humana e as "degradações" sociais no interior dos Estados, de 1914 até então, sustentou um *jus gentium*, na linha do pensamento jusnaturalista, centrado nos seres humanos e não nos Estados, recordando o ideal dos jusfilósofos da *civitas maxima gentium*[71]. M. Huber tinha em mente a correta aplicação do Direito

---

65 L. Carneiro, *O Direito Internacional e a Democracia*, Rio de Janeiro, A. Coelho Branco Fo. Ed., 1945, pp. 121 e 108, e cf. pp. 113, 35, 43, 126, 181 e 195.
66 Ph.C. Jessup, *A Modern Law of Nations – An Introduction*, New York, MacMillan Co., 1948, p. 41.
67 H. Lauterpacht, *International Law and Human Rights*, London, Stevens, 1950, pp. 69, 61 e 51. E cf. também, no mesmo sentido, H. Lauterpacht, "The Revision of the Statute of the International Court of Justice", in *International Law, Being the Collected Papers of Hersch Lauterpacht* (ed. E. Lauterpacht), vol. 5, Cambridge, Cambridge University Press, 2004, pp. 164-166.
68 H. Lauterpacht, *International Law and Human Rights*, op. cit. supra n. (67), p. 70.
69 Cf. *ibid.*, pp. 8-9. Para uma crítica à concepção voluntarista do direito internacional, cf. A.A. Cançado Trindade, "The Voluntarist Conception of International Law: A Reassessment", 59 *Revue de droit international de sciences diplomatiques et politiques –* Sottile (1981) pp. 201-240.
70 M. Bourquin, «L'humanisation du droit des gens», *La technique et les principes du Droit public – Études en l'honneur de Georges Scelle*, vol. I, Paris, LGDJ, 1950, pp. 21-54.
71 M. Huber, *La pensée et l'action de la Croix-Rouge*, Genève, CICR, 1954, pp. 26, 247, 270, 286, 291-293 e 304.

Internacional Humanitário. Ainda há pouco, na Corte Internacional de Justiça, no caso das Imunidades Jurisdicionais do Estado (Alemanha *versus* Itália, com intervenção da Grécia, Sentença de 03.02.2012), em meu recente e extenso Voto Dissidente, tive ocasião de resgatar este pensamento doutrinário (pars. 32-40), esquecido em nossos dias, particularmente os escritos de A. de La Pradelle, M. Huber e A. Álvarez, a ressaltar os valores humanos fundamentais.

Por sua vez, em seu curso ministrado na Academia de Direito Internacional da Haia, em 1953, Constantin Eustathiades vinculou a subjetividade internacional dos indivíduos à temática da responsabilidade internacional (dos mesmos, a par da dos Estados). Como reação da consciência jurídica universal, o desenvolvimento dos direitos e deveres do indivíduo no plano internacional, e sua capacidade de agir para defender seus direitos, encontram-se vinculados a sua capacidade para o delito internacional; a responsabilidade internacional abarca, assim, em sua visão, tanto a proteção dos direitos humanos como a punição dos criminosos de guerra (formando um todo)[72].

Dada, pois, a capacidade do indivíduo, tanto para mover uma ação contra um Estado na proteção de seus direitos, como para cometer um delito no plano internacional, não há como negar sua condição de sujeito do Direito Internacional[73]. À mesma conclusão chegou Paul Guggenheim, em curso ministrado também na Academia da Haia, um ano antes, em 1952: como o indivíduo é "sujeito de deveres" no plano do Direito Internacional, não há como negar sua personalidade jurídica internacional, reconhecida inclusive pelo próprio direito internacional *consuetudinário*[74].

Ainda em meados do século XX, nos primeiros anos de aplicação da Convenção Europeia de Direitos Humanos, Giuseppe Sperduti escrevia que os particulares haviam se tornado "titulares de interesses internacionais legítimos", porquanto já se

---

72 C.Th. Eustathiades, «Les sujets du Droit international et la responsabilité internationale – nouvelles tendances», 84 *Recueil des Cours de l'Académie de Droit International de La Haye* (1953) pp. 402, 412-413, 424, 586-589, 601 e 612. Tratava-se, pois, de proteger o ser humano não só contra a arbitrariedade estatal, mas também contra os abusos dos próprios indivíduos; *ibid.*, p. 614. Cf., no mesmo sentido, W. Friedmann, *The Changing Structure...*, *op. cit. supra* n. (21), pp. 234 e 248.

73 C.Th. Eustathiades, «Les sujets du Droit international...», *op. cit. supra* n. (72), pp. 426-427, 547 e 610-611. Ainda que não endossasse a teoria de Duguit e Scelle (dos indivíduos como únicos sujeitos do direito internacional), – tida como expressão da "escola sociológica" do direito internacional na França, – Eustathiades nela reconheceu o grande mérito de reagir à doutrina tradicional que visualizava nos Estados os únicos sujeitos do direito internacional; o reconhecimento da subjetividade internacional dos indivíduos, a par da dos Estados, veio transformar a estrutura do direito internacional e fomentar o espírito de solidariedade internacional; *ibid.*, pp. 604-610. Os indivíduos emergiram como sujeitos do direito internacional, mesmo sem participar do processo de criação de suas normas; *ibid.*, p. 409.

74 P. Guggenheim, «Les principes de Droit international public», 80 *Recueil des Cours de l'Académie de Droit International* (1952) pp. 116, e cf. pp. 117-118.

iniciara, no Direito Internacional, um processo de emancipação dos indivíduos da "tutela exclusiva dos agentes estatais"[75]. A própria experiência jurídica da época contradizia categoricamente a teoria infundada de que os indivíduos eram simples *objetos* do ordenamento jurídico internacional, e destruía outros preconceitos do positivismo estatal[76]. Na doutrina jurídica de então se tornava patente o reconhecimento da expansão da proteção dos indivíduos no ordenamento jurídico internacional[77].

Em um artigo publicado em 1967, René Cassin, que participara do processo preparatório da elaboração da Declaração Universal de Direitos Humanos de 1948[78], acentuou com eloquência que o avanço representado pelo acesso dos indivíduos a instâncias internacionais de proteção, assegurado por muitos tratados de direitos humanos: – "(...) Se ainda subsistem na terra grandes zonas onde milhões de homens ou mulheres, resignados a seu destino, não ousam proferir a menor reclamação ou nem sequer a conceber que um recurso qualquer seja possível, estes territórios diminuem a cada dia. A tomada de consciência de que uma emancipação é possível torna-se cada vez mais geral. (...) A primeira condição de toda justiça, qual seja, a possibilidade de encurralar os poderosos para sujeitar-se a (...) um controle público, se satisfaz hoje em dia muito mais frequentemente que no passado. (...) O fato de que a resignação sem esperança, de que o muro do silêncio e de que a ausência de todo recurso estejam em vias de redução ou de desaparecimento, abre à humanidade em marcha perspectivas alentadoras (...)"[79].

Na articulação de Paul Reuter, a partir do momento em que se satisfazem duas condições básicas, os particulares se tornam sujeitos do Direito Internacional; estas condições são, primeiramente, "ser titulares de direitos e obrigações estabelecidos diretamente pelo Direito Internacional", e, em segundo lugar, "ser titulares de direitos e obrigações sancionados diretamente pelo Direito Internacional"[80]. Para o jurista francês, a partir do momento em que o indivíduo dispõe de um recurso a um órgão de proteção internacional (acesso à jurisdição internacional) e pode, assim, dar início ao procedimento de proteção, torna-se sujeito do Direito Internacional[81].

---

75 G. Sperduti, «L'individu et le droit international», 90 *Recueil des Cours de l'Académie de Droit International de La Haye* (1956) pp. 824, 821 e 764.

76 *Ibid.*, pp. 821-822; e cf. também G. Sperduti, *L'Individuo nel Diritto Internazionale*, Milano, Giuffrè Ed., 1950, pp. 104-107.

77 C. Parry, «Some Considerations upon the Protection of Individuals in International Law», 90 *Recueil des Cours de l'Académie de Droit International de La Haye* (1956) p. 722.

78 Como *rapporteur* do Grupo de Trabalho da [então] Comissão de Direitos Humanos das Nações Unidas, encarregado de preparar o projeto da Declaração (maio de 1947 a junho de 1948).

79 R. Cassin, «Vingt ans après la Déclaration Universelle», 8 *Revue de la Commission Internationale de Juristes* (1967) n. 2, pp. 9-10.

80 P. Reuter, *Droit international public*, 7ª. ed., Paris, PUF, 1993, p. 235, e cf. p. 106.

81 *Ibid.*, p. 238.

Na mesma linha de pensamento, "a verdadeira pedra de toque da personalidade jurídica internacional do indivíduo", no dizer de Eduardo Jiménez de Aréchaga, reside na atribuição de direitos e dos meios de ação para assegurá-los. A partir do momento em que isto ocorre, como efetivamente ocorreu no plano internacional, – agregou o jurista uruguaio, – fica evidenciado que "nada há de inerente à estrutura do ordenamento jurídico internacional" que impeça o reconhecimento aos indivíduos de direitos que emanam diretamente do Direito Internacional, assim como de recursos internacionais para a proteção desses direitos[82].

Em estudo publicado em 1983, J. Barberis ponderou que, para que os indivíduos sejam sujeitos de direito, mister se faz que o ordenamento jurídico em questão lhes atribua direitos ou obrigações (como é o caso do direito internacional); os sujeitos de direito são, assim, heterogêneos, – acrescentou, – e os teóricos que só vislumbravam os Estados como tais sujeitos simplesmente distorciam a realidade, deixando de tomar em conta as transformações por que tem passado a comunidade internacional, ao vir a admitir esta última que atores não estatais também possuem personalidade jurídica internacional[83]. Com efeito, estudos sucessivos sobre os instrumentos internacionais de proteção e as condições de admissibilidade das petições individuais no plano internacional passaram a enfatizar precisamente a importância histórica do reconhecimento da personalidade jurídica internacional dos indivíduos como parte demandante[84].

---

82 E. Jiménez de Aréchaga, *El Derecho Internacional Contemporáneo*, Madrid, Tecnos, 1980, pp. 207-208. – Para A. Cassese, o *status* jurídico internacional de que hoje desfrutam os indivíduos representa um notável avanço do direito internacional contemporâneo, mesmo que a capacidade jurídica dos indivíduos ainda comporte limitações; ademais, quanto a suas obrigações os indivíduos se associam aos demais membros da comunidade internacional, pois também deles se exige o respeito a certos valores fundamentais hoje universalmente reconhecidos; A. Cassese, *International Law*, Oxford, Oxford University Press, 2001, pp. 79-85.
83 J. Barberis, «Nouvelles questions concernant la personnalité juridique internationale», 179 *Recueil des Cours de l'Académie de Droit International de La Haye* (1983) pp. 161, 169, 171-172, 178 e 181.
84 Cf., e.g., R. Cassin, «Vingt ans après la Déclaration Universelle», 8 *Revue de la Commission internationale de juristes* (1967) pp.9-17; K. Vasak, «Le droit international des droits de l'homme», 140 *Recueil des Cours de l'Académie de Droit International de La Haye* (1974) pp. 374-381 e 411-413; H. Lauterpacht, *International Law and Human Rights*, London, Stevens, 1950, pp. 54-56 e 223-251; A.A. Cançado Trindade, *Tratado de Direito Internacional dos Direitos Humanos*, vol. I, Porto Alegre, S.A. Fabris Ed., 1997, pp. pp. 68-87; A.A. Cançado Trindade, *The Application of the Rule of Exhaustion of Local Remedies in International Law*, Cambridge, University Press, 1983, pp. 1-445; A.A. Cançado Trindade, "Co-Existence and Co-Ordination of Mechanisms of International Protection of Human Rights (At Global and Regional Levels)", 202 *Recueil des Cours de l'Académie de Droit International de La Haye* (1987) pp. 1-435; W.P.Gormley, *The Procedural Status of the Individual before International and Supranational Tribunals*, The Hague, Nijhoff, 1966, pp. 1-194; C.A. Norgaard, *The Position of the Individual in International Law*, Copenhagen, Munksgaard, 1962, pp. 26-33 e

VI. A Atribuição de Deveres ao Indivíduo Diretamente pelo Direito Internacional

Como já assinalado, à doutrina jurídica do século XX não passou despercebido que os indivíduos, ademais de titulares de direitos no plano internacional, também têm deveres que lhe são atribuídos diretamente pelo próprio Direito Internacional[85]. E, – o que é mais significativo, – a violação grave desses deveres, configurada nos crimes contra a humanidade, acarreta a responsabilidade penal individual *internacional, independentemente* do que dispõe a respeito o direito *interno*[86]. Os desenvolvimentos contemporâneos no direito penal internacional têm, efetivamente, incidência direta na cristalização tanto do princípio da jurisdição universal como do princípio da responsabilidade penal internacional individual, componente da personalidade jurídica internacional do indivíduo (este último como sujeito tanto ativo como passivo do Direito Internacional, titular de direitos assim como portador de deveres emanados diretamente do *direito das gentes*).

Recorde-se que as decisões do Conselho de Segurança das Nações Unidas de estabelecer os Tribunais Penais Internacionais *ad hoc* para a Ex-Iugoslávia[87] (1993) e para Ruanda[88] (1994), somadas à iniciativa das Nações Unidas de criação do Tribunal Penal

---

82-172; P. Sieghart, *The International Law of Human Rights*, Oxford, Clarendon Press, 1983, pp. 20-23; P.N. Drost, Human Rights as Legal Rights, Leyden, Sijthoff, 1965, pp. 61-252; M. Ganji, *International Protection of Human Rights*, Genève/Paris, Droz/Minard, 1962, pp. 178-192; A.Z. Drzemczewski, *European Human Rights Convention in Domestic Law*, Oxford, Clarendon Press, 1983, pp. 20-34 e 341; G. Cohen-Jonathan, *La Convention européenne des droits de l'homme*, Aix-en-Provence/Paris, Pr. Univ. d'Aix-Marseille/Economica, 1989, pp. 29 e 567-569; D.J. Harris, M. O'Boyle e C. Warbrick, *Law of the European Convention on Human Rights*, London, Butterworths, 1995, pp. 580-585 e 706-714; D. Shelton, *Remedies in International Human Rights Law*, Oxford, University Press, 1999, pp. 14-56 e 358-361.

85 Como vimos, e.g., já há mais de meio-século, C. Eustathiades, ao vincular a subjetividade internacional dos indivíduos à temática da responsabilidade internacional, atentou para a dimensão tanto ativa como passiva de tal subjetividade, esta última em razão da capacidade do indivíduo para o delito internacional (sujeito passivo da relação jurídica – cf. *supra*).

86 . M.Ch. Bassiouni, *Crimes against Humanity in International Criminal Law*, 2ª. ed. rev., The Hague, Kluwer, 1999, pp. 106 e 118.

87 Cf. K. Lescure, *Le Tribunal Pénal International pour l'ex-Yougoslavie*, Paris, Montchrestien, 1994, pp. 15-133; A. Cassese, "The International Criminal Tribunal for the Former Yugoslavia and Human Rights", 2 *European Human Rights Law Review* (1997) pp. 329-352; Kai Ambos, "Defensa Penal ante el Tribunal de la ONU para la Antigua Yugoslavia", 25 *Revista del Instituto Interamericano de Derechos Humanos* (1997) pp. 11-28.

88 Cf. Roy S. Lee, "The Rwanda Tribunal", 9 *Leiden Journal of International Law* (1996) pp. 37-61; [Vários Autores,], "The Rwanda Tribunal: Its Role in the African Context", 37 *International Review of the Red Cross* (1997) n. 321, pp. 665-715 (estudos de F. Harhoff, C. Aptel, D. Wembou, C.M. Peter, e G. Erasmus e N. Fourie); O. Dubois, "Rwanda's National Criminal Courts and the International Tribunal", 37 *International Review of the Red Cross* (1997) n. 321, pp. 717-731.

Internacional permanente, para julgar os responsáveis por violações graves dos direitos humanos e do Direito Internacional Humanitário, deram um novo ímpeto à luta da comunidade internacional contra a impunidade, – como violação *per se* dos direitos humanos[89], – além de reafirmarem o princípio da responsabilidade penal internacional do indivíduo[90] por tais violações, e buscarem assim prevenir crimes futuros[91].

O processo de *criminalização* das violações *graves* dos direitos humanos e do Direito Internacional Humanitário[92] tem, com efeito, acompanhado *pari passu* a evolução do próprio Direito Internacional contemporâneo: o estabelecimento de uma jurisdição penal internacional é visto em nossos dias como um elemento que fortalece o próprio Direito Internacional, superando uma carência básica e suas insuficiências do passado quanto à incapacidade de punir criminosos de guerra[93]. Os *travaux préparatoires*[94] do Estatuto do Tribunal Penal Internacional permanente, adotado na Conferência de Roma de 1998, como era de se esperar, a par da responsabilidade do Estado, contribuíram ao pronto reconhecimento, no âmbito de aplicação do Estatuto, da responsabilidade penal internacional individual, – o que representa um grande avanço doutrinário na luta contra a impunidade pelos mais graves crimes

---

89 W.A. Schabas, "Sentencing by International Tribunals: A Human Rights Approach", 7 *Duke Journal of Comparative and International Law* (1997) pp. 461-517.

90 Cf., a respeito, e.g., D. Thiam, «Responsabilité internationale de l'individu en matière criminelle», in *International Law on the Eve of the Twenty-First Century – Views from the International Law Commission / Le droit international à l'aube du XXe siècle – Réflexions de codificateurs*, N.Y., U.N., 1997, pp. 329-337.

91 Os antecedentes destes esforços de estabelecimento de uma jurisdição penal internacional remontam às antigas comissões internacionais *ad hoc* de investigação (a partir de 1919), e sobretudo aos célebres Tribunais de Nuremberg (estabelecido em agosto de 1945) e de Tóquio (estabelecido em janeiro de 1946). Cf. M.R. Marrus, *The Nuremberg War Crimes Trial 1945-1946 – A Documentary History*, Boston/N.Y., Bedford Books, 1997, pp. 1-268; M.C. Bassiouni, "From Versailles to Rwanda in Seventy-Five Years: The Need to Establish a Permanent International Criminal Court", 10 *Harvard Human Rights Journal* (1997) pp. 11-62.

92 Cf. G. Abi-Saab, "The Concept of `International Crimes' and Its Place in Contemporary International Law", *International Crimes of State – A Critical Analysis of the ILC's Draft Article 19 on State Responsibility* (eds. J.H.H. Weiler, A. Cassese e M. Spinedi), Berlin, W. de Gruyter, 1989, pp. 141-150; B. Graefrath, «International Crimes – A Specific Regime of International Responsibility of States and Its Legal Consequences», *in ibid.*, pp. 161-169; P.-M. Dupuy, «Implications of the Institutionalization of International Crimes of States», *in ibid.*, pp. 170-185; M. Gounelle, «Quelques remarques sur la notion de `crime international' et sur l'évolution de la responsabilité internationale de l'État», in *Mélanges offerts à P. Reuter – Le droit international: unité et diversité*, Paris, Pédone, 1981, pp. 315-326.

93 B. Broms, "The Establishment of an International Criminal Court", 24 *Israel Yearbook on Human Rights* (1994) pp. 145-146.

94 Precedidos pelo Projeto de Código de Crimes contra a Paz e Segurança da Humanidade (primeira versão, 1991), preparado pela Comissão de Direito Internacional das Nações Unidas, a qual, em 1994, concluiu o seu Projeto de Estatuto de um Tribunal Penal Internacional permanente.

internacionais[95]. Este avanço, em nossos dias, se deve à intensificação do clamor de toda a humanidade contra as atrocidades que têm vitimado milhões de seres humanos em todas as partes, – atrocidades estas que não mais podem ser toleradas e que devem ser combatidas com determinação[96].

Cabe chamar a atenção para os *valores* universais superiores, e subjacentes a toda a temática da criação de uma jurisdição penal internacional em base permanente. A cristalização da responsabilidade penal internacional dos indivíduos (a par da responsabilidade do Estado), e o processo da criminalização das violações graves dos direitos humanos e do Direito Internacional Humanitário[97], constituem elementos de crucial importância ao combate à impunidade[98], e ao tratamento a ser dispensado a violações passadas, na proteção dos direitos humanos.

Em uma intervenção nos debates de 12.03.1986 da Conferência de Viena sobre Direito dos Tratados entre Estados e Organizações Internacionais ou entre

---

95 Para um estudo substancial e pioneiro, cf. C.Th. Eustathiades, "Les sujets du droit international et la responsabilité internationale – Nouvelles tendances", 84 *Recueil des Cours de l'Académie de Droit International de La Haye* (1953) pp. 401-614; e sobre a responsabilidade individual por um ilícito cometido no cumprimento de "ordem superior" (ilegal), cf. L.C. Green, *Superior Orders in National and International Law*, Leyden, Sijthoff, 1976, pp. 250-251 e 218; Y. Dinstein, *The Defence of `Obedience to Superior Orders' in International Law*, Leyden, Sijthoff, 1965, pp. 93-253.

96 Neste propósito, a adoção do Estatuto do Tribunal Penal Internacional pela Conferência de Roma de 1998 constitui uma conquista da comunidade internacional como um todo, na luta contra a impunidade e em defesa da dignidade da pessoa humana.

97 Assim, começa a florescer a jurisprudência dos Tribunais *ad hoc* tanto (a partir de 1995) para a ex-Iugoslávia (casos *Tadic, Erdemovic, Blaskic, Mucic, Delic, Delalic e Landzo, Karadzic, Mladic e Stanisic, Zeljko Meakic et alii* [19 membros das forças sérvias], *Djukic, Lajic,* e caso da *Área do Vale do Rio Lasva* [27 líderes militares e políticos bósnio-croatas; 1995], – como (a partir de 1997) para Ruanda (casos *Ntakirutimana* e *Kanyabashi*). O estudo desta temática passa a assumir crescente importância, à medida em que se desperta a consciência para o velho ideal da realização da justiça a nível internacional.

98 No caso *Paniagua Morales e Outros versus Guatemala* (também conhecido como caso da "*Panel Blanca*"), a CtIADH teve ocasião de formular uma clara advertência quanto ao dever do Estado de combater a impunidade. Em sua Sentença quanto ao mérito (de 08.03.1998) naquele caso, a CtIADH conceituou como *impunidade* "a falta em seu conjunto de investigação, perseguição, captura, julgamento e condenação dos responsáveis pelas violações dos direitos protegidos pela Convenção Americana, uma vez que o Estado tem a obrigação de combater tal situação por todos os meios legais disponíveis já que a impunidade propicia a repetição crônica das violações de direitos humanos e a total vulnerabilidade (*indefensión*) das vítimas e de seus familiares" (Série C, n. 37, par. 173). Afirmou, ademais, a CtIADH, o dever do Estado (sob o artigo 1(1) da Convenção Americana sobre Direitos Humanos) de "organizar o poder público para garantir às pessoas sob sua jurisdição o livre e pleno exercício dos direitos humanos", dever este – agregou significativamente a Corte – que "se impõe independentemente de que os responsáveis pelas violações destes direitos sejam agentes do poder público, particulares, ou grupos deles" (*ibid.*, par. 174).

Organizações Internacionais, me permiti advertir para a manifesta incompatibilidade com o conceito de *jus cogens*[99] da concepção voluntarista do Direito Internacional[100]. À responsabilidade internacional *objetiva* dos Estados corresponde necessariamente a noção de *ilegalidade objetiva* (um dos elementos subjacentes ao conceito de *jus cogens*). Em nossos dias, ninguém ousaria negar a ilegalidade objetiva de práticas sistemáticas de tortura, de execuções sumárias e extralegais, e de desaparecimento forçado de pessoas, – práticas estas que representam crimes contra a humanidade, – condenadas pela consciência jurídica universal[101], a par da aplicação de tratados.

Ninguém ousaria tampouco negar que os atos de genocídio, o trabalho escravo, as práticas da tortura e dos desaparecimentos forçados de pessoas, as execuções sumárias e extralegais, e a denegação persistente das mais elementares garantias do devido processo legal, afrontam a consciência jurídica universal, e efetivamente colidem com as normas peremptórias do *jus cogens*. Toda esta evolução doutrinária aponta na direção da consagração de obrigações *erga omnes* de proteção[102], ou seja,

---

99   Sobre a formação e o desenvolvimento do conceito de *jus cogens* no direito internacional contemporâneo, cf., e.g.: J. Sztucki, *Jus Cogens and the Vienna Convention on the Law of Treaties – A Critical Appraisal*, Wien/N.Y., Springer-Verlag, 1974, pp. 1-194; C.L. Rozakis, *The Concept of Jus Cogens in the Law of Treaties*, Amsterdam, North-Holland Publ. Co., 1976, pp. 1-194; A. Gómez Robledo, *El Jus Cogens Internacional (Estudio Histórico Crítico)*, México, UNAM, 1982, pp. 7-227; G. Gaja, "Jus Cogens beyond the Vienna Convention", 172 *Recueil des Cours de l'Académie de Droit International de La Haye* (1981) pp. 279-313; Ch. de Visscher, "Positivisme et jus cogens", 75 *Revue générale de Droit international public* (1971) pp. 5-11; A. Verdross, "Jus Dispositivum and Jus Cogens in International Law", 60 *American Journal of International Law* (1966) pp. 55-63; A.A. Cançado Trindade, *Princípios do Direito Internacional Contemporâneo*, Brasília, Editora Universidade de Brasília, 1981, pp. 13-15; H. Mosler, "Ius Cogens im Völkerrecht", 25 *Schweizerisches Jahrbuch für internationales Recht* (1968) pp. 1-40; K. Marek, "Contribution à l'étude du jus cogens en Droit international", *Recueil d'études de Droit international en hommage à P. Guggenheim*, Genebra, IUHEI, 1968, pp. 426-459.

100   Cf. U.N., *United Nations Conference on the Law of Treaties between States and International Organizations or between International Organizations (Vienna, 1986) – Official Records*, vol. I, N.Y., U.N., 1995, pp. 187-188 (intervenção de A.A. Cançado Trindade, Subchefe da Delegação do Brasil). Com efeito, a referida concepção voluntarista se mostra incapaz de explicar sequer a formação de regras do direito internacional geral e a incidência no processo de formação e evolução do direito internacional contemporâneo de elementos independentes do livre arbítrio dos Estados.

101   Em estudo publicado em livro comemorativo do cinquentenário do Alto-Comissariado das Nações Unidas para os Refugiados (ACNUR), busquei conceituar o que me permito denominar de consciência jurídica universal; cf. A.A. Cançado Trindade, "Reflexiones sobre el Desarraigo como Problema de Derechos Humanos frente a la Conciencia Jurídica Universal", in *La Nueva Dimensión de las Necesidades de Protección del Ser Humano en el Inicio del Siglo XXI* (eds. A.A. Cançado Trindade e J. Ruiz de Santiago), San José de Costa Rica, ACNUR, 2001, pp. 19-78.

102   A.A. Cançado Trindade, *Tratado de Direito Internacional...*, op. cit. supra n. (53), vol. II, pp. 412-420. – Já é tempo de desenvolver as primeiras indicações jurisprudenciais a

obrigações atinentes à proteção dos seres humanos devidas à comunidade internacional como um todo[103]. A consolidação das obrigações *erga omnes* de proteção, em meio à incidência das normas de *jus cogens*, é imprescindível aos avanços na luta contra o poder arbitrário e no fortalecimento da proteção do ser humano contra os atos de barbárie e as atrocidades contemporâneas[104].

VII. A Capacidade Jurídica Internacional do Indivíduo

A par da construção de sua personalidade jurídica internacional, o acesso dos indivíduos aos tribunais internacionais contemporâneos para a proteção de seus

---

respeito, avançadas já há mais de quatro décadas, no *cas célèbre* da *Barcelona Traction* (1970), e perseverar nos esforços doutrinários já envidados. Recorde-se que, naquele caso, a Corte Internacional de Justiça pela primeira vez distinguiu, por um lado, as obrigações inter-estatais (próprias do *contentieux diplomatique*), e, por outro, as obrigações de um Estado *vis-à-vis* a comunidade internacional como um todo (obrigações *erga omnes*). Estas últimas – agregou a Corte – derivam, e.g., no direito internacional contemporâneo, *inter alia*, dos "princípios e regras referentes aos direitos fundamentais da pessoa humana", – sendo que determinados direitos de proteção "têm-se integrado ao direito internacional geral", e outros se encontram consagrados em instrumentos internacionais de caráter universal ou quase universal; caso da *Barcelona Traction* (Bélgica *versus* Espanha, 2ª. fase), *ICJ Reports* (1970) p. 32, pars. 33-34.

103 Já é tempo de desenvolver sistematicamente o conteúdo, o alcance e os efeitos jurídicos das obrigações *erga omnes* de proteção no âmbito do Direito Internacional dos Direitos Humanos, tendo presente o grande potencial de aplicação da noção de *garantia coletiva*, subjacente a todos os tratados de direitos humanos, e responsável por alguns avanços já logrados neste domínio. O reconhecimento das obrigações *erga omnes* de proteção representa, em última análise, a resposta, no plano operacional, do reconhecimento, obtido na II Conferência Mundial de Direitos Humanos (Viena, 1993), da legitimidade da preocupação de toda a comunidade internacional com as violações de direitos humanos em toda parte e a qualquer momento. Os esforços neste sentido certamente se prolongarão nestas primeiras décadas do século XXI, dada a dimensão do desafio do estabelecimento de tal *monitoramento contínuo*, que vem afirmar a universalidade dos direitos humanos nos planos não só conceitual como também operacional.

104 Há que dar seguimento à evolução alentadora da consagração das normas de *jus cogens*, impulsionada sobretudo pela *opinio juris* como manifestação da consciência jurídica universal, em benefício de todos os seres humanos; A.A. Cançado Trindade, "A Emancipação do Ser Humano como Sujeito do Direito Internacional e os Limites da Razão de Estado", 6/7 *Revista da Faculdade de Direito da Universidade do Estado do Rio de Janeiro* (1998-1999) pp. 425-434; e cf., recentemente, A.A. Cançado Trindade, "*Jus Cogens*: The Determination and the Gradual Expansion of Its Material Content in Contemporary International Case-Law", *in XXXV Curso de Derecho Internacional Organizado por el Comité Jurídico Interamericano – 2008*, Washington D.C., Secretaría General de la OEA, 2009, pp. 3-29. – E cf., sobre as relações do *jus cogens* com as obrigações *erga omnes* de proteção, e.g., A.A. Cançado Trindade, *Tratado de Direito Internacional...*, *op. cit. supra* n. (56), vol. II, pp. 412-420; Y. Dinstein, "The *Erga Omnes* Applicability of Human Rights", 30 *Archiv des Völkerrechts* (1992) pp. 16-37; A.J.J. de Hoogh, "The Relationship between *Jus Cogens*, Obligations *Erga Omnes* and International Crimes: Peremptory Norms in Perspective", 42 *Austrian Journal of Public and International Law* (1991) pp. 183-214;

direitos revela uma *renovação* do direito internacional – no sentido de sua já assinalada *humanização*[105], – abrindo uma grande brecha na doutrina tradicional do domínio reservado dos Estados[106] (ou competência nacional exclusiva), definitivamente ultrapassada: o indivíduo é elevado a sujeito do Direito Internacional[107], dotado de capacidade processual. Perante os tribunais internacionais, o ser humano se defronta consigo mesmo, para proteger-se da arbitrariedade estatal, sendo protegido pelas regras do direito internacional[108]. Em última análise, todo o Direito existe para o ser humano, e o direito das gentes não faz exceção a isto, garantindo ao indivíduo seus direitos e o respeito de sua personalidade[109].

A questão da capacidade processual dos indivíduos perante a Corte Internacional de Justiça (CIJ), e sua predecessora a Corte Permanente de Justiça Internacional (CPJI), foi efetivamente considerada por ocasião da redação original, por um Comitê de Juristas designado pela antiga Liga das Nações, do Estatuto da Corte da Haia, em 1920. Dos dez membros do referido Comitê de Juristas, apenas dois – Loder e De Lapradelle – se pronunciaram a favor de que os indivíduos pudessem comparecer como partes perante a Corte (*jus standi*) em casos contenciosos contra Estados (estrangeiros). A maioria do Comitê, no entanto, se opôs firmemente a esta proposição: quatro membros[110] objetaram que os indivíduos não eram sujeitos do Direito Internacional (não podendo, pois, a seu ver, ser partes perante a Corte) e que somente os Estados eram pessoas jurídicas no ordenamento internacional, – no que foram acompanhados pelos demais membros[111].

C. Annacker, "The Legal Regime of *Erga Omnes* Obligations in International Law", 46 *Austrian Journal of Public and International Law* (1994) pp. 131-166; M. Byers, "Conceptualising the Relationship between *Jus Cogens* and *Erga Omnes* Rules", 66 *Nordic Journal of International Law* (1997) pp. 211-239.

105   A.A. Cançado Trindade, "A Emancipação do Ser Humano como Sujeito do Direito Internacional...", *op. cit. supra* n. (104), pp. 427-428 e 432-433; e cf. A.A. Cançado Trindade, "El Nuevo Reglamento de la Corte Interamericana de Derechos Humanos (2000): La Emancipación del Ser Humano como Sujeto del Derecho Internacional de los Derechos Humanos", 30/31 *Revista del Instituto Interamericano de Derechos Humanos* (2001) pp. 45-71; A.A. Cançado Trindade, "Hacia la Consolidación de la Capacidad Jurídica Internacional de los Peticionarios en el Sistema Interamericano de Protección de los Derechos Humanos", 37 *Revista del Instituto Interamericano de Derechos Humanos* (2003) pp. 13-52.

106   F.A. von der Heydte, "L'individu et les tribunaux internationaux", 107 *Recueil des Cours de l'Académie de Droit International de La Haye* (1962) pp. 332-333 e 329-330; e cf. A.A. Cançado Trindade, "The Domestic Jurisdiction of States in the Practice of the United Nations and Regional Organisations", 25 *International and Comparative Law Quarterly* (1976) pp. 715-765.

107   F.A. von der Heydte, *op. cit. supra* n. (106), p. 345.

108   *Ibid.*, pp. 356-357 e 302.

109   *Ibid.*, p. 301. Cf. também, a respeito, e.g., E.M. Borchard, "The Access of Individuals to International Courts", 24 *American Journal of International Law* (1930) pp. 359-365.

110   Ricci-Busatti, Barão Descamps, Raul Fernandes e Lord Phillimore.

111   Cf. relato *in:* J. Spiropoulos, *L'individu en Droit international*, Paris, LGDJ, 1928, pp. 50-51; N. Politis, *op. cit. infra* n. (112), pp. 84-87; Marek St. Korowicz, "The Problem of the International Personality of Individuals", 50 *American Journal of International Law* (1956) p. 543.

A posição que prevaleceu em 1920 – que surpreendente e lamentavelmente tem sido mantida no artigo 34(1) do Estatuto da Corte da Haia até o presente – foi pronta e duramente criticada na doutrina mais lúcida da época (já na própria década de vinte). Assim, em sua memorável monografia *Les nouvelles tendances du Droit international* (1927), Nicolas Politis ponderou que os Estados não passam de ficções, compostos que são de indivíduos, e que o verdadeiro fim de todo o Direito é o ser humano, e nada mais que o ser humano[112]: trata-se de algo "tão evidente", acrescentou, que "seria inútil insistir nisto se as brumas da soberania não tivessem obscurecido as verdades mais elementares"[113]. E prosseguiu Politis em defesa da outorga do recurso direto aos indivíduos às instâncias internacionais para fazer valer seus "interesses legítimos", o que apresentaria a vantagem, por exemplo, de despolitizar o procedimento clássico, o do contencioso interestatal (a proteção diplomática discricionária)[114]. E, enfim, adiantou um prognóstico, no sentido de que a ação direta dos indivíduos no plano internacional logrará realizar-se, mais cedo ou mais tarde, porque "responde a uma verdadeira necessidade da vida internacional"[115].

Outra crítica à solução adotada a respeito pelo Estatuto da Corte da Haia (artigo 34(1), cf. *supra*) foi formulada por Spiropoulos, também nos anos vinte, para quem não havia qualquer impedimento a que o direito internacional convencional assegurasse aos indivíduos uma ação direta no plano internacional (havendo inclusive precedentes neste sentido no período do entre-guerras); se isto não ocorresse e se se limitasse às ações judiciais no plano do direito interno, não raro o Estado se tornaria "juiz e parte" ao mesmo tempo, o que seria uma incongruência[116]. Para o autor, o ordenamento jurídico internacional pode formular normas visando diretamente os indivíduos (como exemplificado pelos tratados de paz do período do entre-guerras), alçando-o desse modo à condição de sujeito do direito internacional, na medida em que se estabelece uma relação direta entre o indivíduo e o ordenamento jurídico internacional, que o torna "diretamente titular de direitos ou de obrigações"; não há, pois, como deixar de admitir a personalidade jurídica internacional do indivíduo[117].

A gradual emancipação do indivíduo da tutela do Estado todo-poderoso, antecipou Spiropoulos em 1928, não é mais que uma "questão de tempo", por "impor-se como consequência necessária da evolução da organização internacional" dos novos tempos[118]. O indivíduo deve, assim, ser capaz de defender *ele próprio* seus direitos no

---

112 N. Politis, *Les nouvelles tendances du Droit international*, Paris, Libr. Hachette, 1927, pp. 76-77 e 69.
113 *Ibid.*, pp. 77-78.
114 *Ibid.*, pp. 82-83 e 89.
115 *Ibid.*, p. 90, e cf. pp. 92 e 61.
116 J. Spiropoulos, *op. cit. supra* n. (111), pp. 50-51.
117 *Ibid.*, pp. 25, 31-33 e 40-41.
118 *Ibid.*, pp. 42-43 e 65.

plano internacional, "independentemente de toda tutela de seu Estado", e "mesmo contra seu próprio Estado"[119]. Sem a outorga aos indivíduos de ação direta no plano internacional, – prosseguiu, – seus direitos continuarão "sem proteção suficiente"; somente com tal ação direta ante uma instância internacional, – acrescentou, – se logrará uma proteção *eficaz* dos direitos humanos, em conformidade com "o espírito da nova ordem internacional"[120]. Há que estabelecer "certos limites" à autoridade do Estado, – concluiu, – o qual não é um fim em si mesmo, mas antes um meio para a "satisfação das necessidades humanas"[121].

O caráter exclusivamente inter-estatal do contencioso ante a CIJ definitivamente não se tem mostrado satisfatório. Ao menos em alguns casos, relativamente à condição de indivíduos, a presença destes últimos (ou de seus representantes legais), para apresentar, eles próprios, suas posições, teria enriquecido o procedimento e facilitado o trabalho da Corte. Recordem-se, como exemplos a esse respeito, o caso clássico *Nottebohm* sobre dupla nacionalidade (Liechtenstein *versus* Guatemala, 1955), e o caso relativo à *Aplicação da Convenção de 1902 sobre a Guarda de Menores* (Holanda *versus* Suécia, 1958), e, mais recentemente, os casos do *Julgamento dos Prisioneiros de Guerra Paquistaneses* (Paquistão *versus* Índia, 1973), dos *Reféns (Pessoal Diplomático e Consular dos Estados Unidos) em Teerã* (Estados Unidos *versus* Irã, 1980), do *Timor-Leste* (Portugal *versus* Austrália, 1995), da *Aplicação da Convenção contra o Genocídio* (Bósnia-Herzegovina *versus* Iugoslávia, 1996), ou ainda os casos *Breard* (Paraguai *versus* Estados Unidos, 1998), *LaGrand* (Alemanha *versus* Estados Unidos, 2001), e Avena (México *versus* Estados Unidos, 2004).

Casos do gênero, atinentes sobretudo à situação concreta dos seres humanos afetados, têm se intensificado nos últimos anos perante a CIJ. Recorde-se, e.g., que, no caso das *Atividades Armadas no Território do Congo* (R.D. Congo *versus* Uganda, 2007) a CIJ se confrontou com violações graves dos direitos humanos e do Direito Internacional Humanitário; do mesmo modo, no caso da *Fronteira Terrestre e Marítima entre Camarões e Nigéria* (1996), viu-se a CIJ diante de vítimas de conflitos armados. Exemplos mais recentes em que as preocupações da CIJ têm se estendido bem além da dimensão inter-estatal encontram-se nos casos recentes das *Questões Relativas à Obrigação de Julgar ou Extraditar* (Bélgica *versus* Senegal, 2009 e 2012) atinente ao princípio da jurisdição universal sob a Convenção das Nações Unidas contra a Tortura, o caso de *A.S. Diallo* (Guiné *versus* R.D. Congo, 2010 e 2012) sobre detenção e expulsão de estrangeiro, o caso das *Imunidades Jurisdicionais do Estado* (Alemanha *versus* Itália, com intervenção da Grécia, 2010-2012), o caso da *Aplicação da Convenção Internacional sobre a Eliminação de Todas as Formas de Discriminação Racial* (Geórgia *versus* Federação Russa, 2011), o caso do *Templo de Préah Vihéar* (medidas provisórias de proteção, Camboja *versus* Tailândia, 2011).

---

119   *Ibid.*, p. 44, e cf. pp. 49 e 64-65.
120   *Ibid.*, pp. 51-52, e cf. pp. 53 e 61.
121   *Ibid.*, p. 62, e cf. p. 66.

Encontram-se, ademais, em seus dois Pareceres mais recentes, a saber, o Parecer Consultivo sobre a *Declaração de Independência do Kossovo* (2010), e o Parecer Consultivo sobre a *Revisão de Sentença do Tribunal Administrativo da OIT, por Reclamação do FIDA* (2012). Em todos estes casos e pareceres recentes, não há como deixar de reconhecer que o elemento predominante é precisamente a situação concreta de seres humanos, e não meras questões abstratas de interesse exclusivo dos Estados litigantes em suas relações *inter se*. A artificialidade do caráter exclusivamente inter-estatal do contencioso ante a CIJ[122] é, pois, claramente revelada pela própria natureza de determinados casos submetidos a sua consideração.

A solução adotada pelo Estatuto da antiga CPJI, e fossilizada com o passar do tempo no Estatuto da CIJ até a atualidade, é ainda mais criticável, se considerarmos que, já na primeira metade do século XX, houve experimentos de direito internacional que efetivamente outorgaram capacidade processual internacional aos indivíduos. Exemplificam-no o sistema de navegação do rio Reno, o Projeto de uma Corte Internacional de Presas (1907), a Corte Centro-Americana de Justiça (1907-1917), assim como, na era da Liga das Nações, os sistemas das minorias (inclusive a Alta Silésia) e dos territórios sob mandato, os sistemas de petições das Ilhas Aaland e do Sarre e de Danzig, além da prática dos tribunais arbitrais mistos e das comissões mistas de reclamações, da mesma época[123].

Esta evolução se desencadeou na era das Nações Unidas, com a adoção do sistema de petições individuais sob alguns dos tratados contemporâneos de direitos

---

122   Tal artificialidade tem sido criticada na bibliografia especializada, já há muitos anos, inclusive por um ex-Presidente da CIJ; cf. R.Y. Jennings, "The International Court of Justice after Fifty Years", 89 *American Journal of International Law* (1995) pp. 504-505. Do mesmo modo, já em fins da década de sessenta Shabtai Rosenne advertia que "nada há de inerente no caráter da própria Corte Internacional que justifique a exclusão completa de um indivíduo de comparecer perante a Corte em procedimentos judiciais de seu interesse direto"; cf. S. Rosenne, "Reflections on the Position of the Individual in Inter-State Litigation in the International Court of Justice", in *International Arbitration Liber Amicorum for M. Domke* (ed. P. Sanders), The Hague, Nijhoff, 1967, p. 249, e cf. p. 242. – A atual prática de exclusão do *locus standi in judicio* dos indivíduos interessados ante a CIJ, – acrescentou S. Rosenne, – além de artificial, em certos casos contenciosos "pode até mesmo produzir resultados incongruentes"; torna-se, pois, "altamente desejável" que tal esquema seja reconsiderado, de modo a permitir que os próprios indivíduos interessados possam comparecer ante a CIJ (*locus standi*) para apresentar diretamente a esta última seus argumentos em casos contenciosos (*ibid.*, p. 249, e cf. p. 243).

123   Para um estudo, cf., e.g.: A.A. Cançado Trindade, "Exhaustion of Local Remedies in International Law Experiments Granting Procedural Status to Individuals in the First Half of the Twentieth Century", 24 *Netherlands International Law Review* (1977) pp. 373-392; C.A. Norgaard, *The Position of the Individual in International Law*, Copenhagen, Munksgaard, 1962, pp. 109-128; M.St. Korowicz, *Une expérience de Droit international – La protection des minorités de Haute-Silésie*, Paris, Pédone, 1946, pp. 81-174; dentre outros. E, para um estudo geral, cf. A.A. Cançado Trindade, *O Esgotamento de Recursos Internos no Direito Internacional*, 2ª. ed., Brasília, Editora Universidade de Brasília, 1997, pp. 1-327.

humanos de caráter universal[124], e sobretudo no plano regional, sob as Convenções Europeia e Americana sobre Direitos Humanos, que estabeleceram tribunais internacionais (as Cortes Europeia e Interamericana [CtEDH e CtIADH], respectivamente) de direitos humanos[125]. O direito de petição individual, mediante o qual é assegurado ao indivíduo o acesso direto à justiça em nível internacional, é uma conquista definitiva do Direito Internacional dos Direitos Humanos[126].

Com efeito, é da própria essência da proteção internacional dos direitos humanos a contraposição entre os indivíduos demandantes e os Estados demandados em casos de supostas violações dos direitos protegidos[127]. Três séculos de um ordenamento internacional cristalizado, a partir dos tratados de paz de Westphalia (1648), com base na coordenação de Estados-nações independentes, na justaposição de soberanias absolutas, levaram à exclusão daquele ordenamento dos indivíduos como sujeitos de direitos[128]. Três séculos de um ordenamento internacional marcado pelo predomínio soberanias estatais e pela exclusão dos indivíduos foram incapazes de evitar as violações maciças dos direitos humanos, perpetradas em todas as regiões do mundo, e as sucessivas atrocidades de nosso século, inclusive as contemporâneas[129].

Tais atrocidades despertaram a consciência jurídica universal para a necessidade de reconceituar as próprias bases do ordenamento internacional, restituindo ao ser humano a posição central de onde havia sido alijado. Esta reconstrução, sobre bases humanas, tomou por fundamento conceitual os cânones inteiramente distintos da realização de valores comuns superiores, da titularidade de direitos do próprio ser humano, da garantia coletiva de sua realização, e do caráter objetivo das obrigações de proteção[130]. A ordem internacional das soberanias cedia terreno à da solidariedade (cf. *supra*).

---

124 Cf. A.A. Cançado Trindade, *Tratado de Direito Internacional...*, op. cit. *infra* n. (136), vol. I, pp. 68-87.

125 Cf., recentemente, A.A. Cançado Trindade, *El Acceso Directo del Individuo...*, op. cit. *infra* n. (145), pp. 9-104.

126 A.A. Cançado Trindade, *El Derecho Internacional de los Derechos Humanos en el Siglo XXI*, 1ª. ed., Santiago, Editorial Jurídica de Chile, 2001, pp. 317-370.

127 Foi precisamente neste contexto de proteção que se operou o *resgate histórico* da posição do ser humano como sujeito do Direito Internacional dos Direitos Humanos, dotado de plena capacidade processual internacional (cf. *supra*).

128 No plano internacional, os Estados assumiram o monopólio da titularidade de direitos; os indivíduos, para sua proteção, foram deixados inteiramente à mercê da intermediação discricionária de seus Estados nacionais. O ordenamento internacional assim erigido, – que os excessos do positivismo jurídico tentaram em vão justificar, – dele excluiu precisamente o destinatário último das normas jurídicas: o ser humano.

129 Como o holocausto, o *gulag*, seguidos de novos atos de genocídio, e.g., no sudeste asiático, na Europa central (ex-Iugoslávia), na África (Ruanda).

130 Com incidência direta destes cânones nos métodos de interpretação das normas internacionais de proteção, sem necessariamente se afastar das regras gerais de interpretação dos tratados consagradas nos artigos 31-33 das duas Convenções de Viena sobre Direito dos Tratados (de 1969 e 1986).

Esta profunda transformação do ordenamento internacional, desencadeada a partir das Declarações Universal e Americana de Direitos Humanos de 1948, não se tem dado sem dificuldades, precisamente por requerer uma nova mentalidade. Passou, ademais, por etapas, algumas das quais já não mais suficientemente estudadas em nossos dias, inclusive no tocante à consagração do direito de petição individual. Já nos primórdios do exercício deste direito se enfatizou que, ainda que motivado pela busca da reparação individual, o direito de petição contribui também para assegurar o respeito pelas obrigações de caráter objetivo que vinculam os Estados Partes[131]. Em vários casos o exercício do direito de petição tem ido mais além, ocasionando mudanças no ordenamento jurídico interno e na prática dos órgãos públicos do Estado[132]. A significação do direito de petição individual só pode ser apropriadamente avaliada em perspectiva histórica.

---

131 Por exemplo, sob o artigo 25 da Convenção Europeia de Direitos Humanos; cf. H. Rolin, «Le rôle du requérant dans la procédure prévue par la Commission européenne des droits de l'homme», 9 *Revue hellénique de droit international* (1956) pp. 3-14, esp. p. 9; C.Th. Eustathiades, «Les recours individuels à la Commission européenne des droits de l'homme», in *Grundprobleme des internationalen Rechts – Festschrift für J. Spiropoulos*, Bonn, Schimmelbusch & Co., 1957, p. 121; F. Durante, *Ricorsi Individuali ad Organi Internazionali*, Milano, Giuffrè, 1958, pp. 125-152, esp. pp. 129-130; K. Vasak, *La Convention européenne des droits de l'homme*, Paris, LGDJ, 1964, pp. 96-98; M. Virally, «L'accès des particuliers à une instance internationale: la protection des droits de l'homme dans le cadre européen», 20 *Mémoires Publiés par la Faculté de Droit de Genève* (1964) pp. 67-89; H. Mosler, «The Protection of Human Rights by International Legal Procedure», 52 *Georgetown Law Journal* (1964) pp. 818-819.

132 Há que ter sempre presente que, distintamente das questões regidas pelo Direito Internacional Público, não raro levantadas horizontalmente sobretudo em nível *inter-estatal*, as questões atinentes aos direitos humanos situam-se verticalmente em nível *intra-estatal*, na contraposição entre os Estados e os seres humanos sob suas respectivas jurisdições. Por conseguinte, pretender que os órgãos de proteção internacional não possam verificar a compatibilidade das normas e práticas de direito interno, e suas omissões, com as normas internacionais de proteção, não faria sentido. Também aqui a especificidade do Direito Internacional dos Direitos Humanos torna-se evidente. O fato de que este último vai mais além do Direito Internacional Público em matéria de proteção, de modo a abarcar o tratamento dispensado pelos Estados aos seres humanos sob suas jurisdições, não significa que uma interpretação conservadora deva se aplicar; muito ao contrário, o que se aplica é uma interpretação em conformidade com o caráter inovador – em relação aos dogmas do passado, tais como o da "competência nacional exclusiva" ou domínio reservado dos Estados, como emanação da soberania estatal, – das normas internacionais de proteção dos direitos humanos. Com o desenvolvimento do Direito Internacional dos Direitos Humanos, é o próprio Direito Internacional Público que se enriquece, na asserção de cânones e princípios próprios do presente domínio de proteção, baseados em premissas fundamentalmente distintas das que têm guiado seus postulados no plano das relações puramente inter-estatais. O Direito Internacional dos Direitos Humanos vem assim afirmar a aptidão do Direito Internacional Público para assegurar, no presente contexto, o cumprimento das obrigações internacionais de proteção por parte dos Estados *vis-à-vis* todos os seres humanos sob suas jurisdições.

Esta transformação, própria de nosso tempo, corresponde ao reconhecimento da necessidade de que todos os Estados, para evitar novas violações dos direitos humanos, respondam pela maneira como tratam todos os seres humanos que se encontram sob sua jurisdição. Esta prestação de contas simplesmente não teria sido possível sem a consagração do direito de petição individual, em meio ao reconhecimento do caráter objetivo das obrigações de proteção e à aceitação da garantia coletiva de cumprimento das mesmas: é este o sentido real do *resgate histórico* do indivíduo como sujeito do Direito Internacional dos Direitos Humanos (cf. *supra*).

A apreciação do direito de petição individual como método de implementação internacional dos direitos humanos tem necessariamente que levar em conta o aspecto central da *legitimatio ad causam* dos peticionários e das condições do uso e da admissibilidade das petições (consignadas nos distintos instrumentos de direitos humanos que as prevêem)[133]. Tem sido particularmente sob a Convenção Europeia de Direitos Humanos que uma vasta jurisprudência sobre o direito de petição individual tem se desenvolvido, reconhecendo a este último *autonomia*, distinto que é dos direitos substantivos enumerados no título I da Convenção Europeia.

Qualquer obstáculo interposto pelo Estado Parte em questão a seu livre exercício acarretaria, assim, uma violação *adicional* da Convenção, paralelamente a outras violações que se comprovem dos direitos substantivos nesta consagrados. Reforçando este ponto, tanto a antiga Comissão como a Corte Europeias de Direitos Humanos esposaram o entendimento no sentido de que o próprio conceito de vítima (à luz do artigo 25 [original] da Convenção) deve ser interpretado *autonomamente* sob a Convenção Europeia. Este entendimento encontra-se hoje solidamente respaldado pela *jurisprudence constante* sob a Convenção. Assim, em várias decisões, a [então] Comissão Europeia advertu consistente e invariavelmente que o conceito de "vítima" utilizado no artigo 25 [original] da Convenção deve ser interpretado *de forma autônoma* e *independentemente de conceitos de direito interno*, tais como os de interesse ou qualidade para interpor uma ação judicial ou participar em um processo legal[134].

---

133 Para um exame da matéria, cf. A.A. Cançado Trindade, *Tratado de Direito Internacional dos Direitos Humanos*, vol. I, *op. cit. supra* n. (53), pp. 68-87.

134 Cf. nesse sentido: Comissão Europeia de Direitos Humanos (ComEDH), caso *Scientology Kirche Deutschland e.V. versus Alemanha* (appl. n. 34614/96), decisão de 07.04.1997, 89 *Decisions and Reports* (1997) p. 170; ComEDH, caso *Zentralrat Deutscher Sinti und Roma e R. Rose versus Alemanha* (appl. n. 35208/97) decisão de 27.05.1997, p. 4 (não publicada); ComEDH, caso *Federação Grega de Funcionários de Alfândega, N. Gialouris, G. Christopoulos e 3333 Outros Funcionários de Alfândega versus Grécia* (appl. n. 24581/94), decisão de 06.04.1995, 81-B *Decisions and Reports* (1995) p. 127; ComEDH, caso *N.N. Tauira e 18 Outros versus França* (appl. n. 28204/95), decisão de 04.12.1995, 83-A *Decisions and Reports* (1995) p. 130 (petições contra os testes nucleares franceses no atol de Mururoa e no de Fangataufa, na Polinésia francesa); ComEDH, caso *K. Sygounis, I. Kotsis e Sindicato de Policiais versus Grécia* (appl. n. 18598/91), decisão de 18.05.1994, 78 *Decisions and Reports* (1994) p. 77; ComEDH, caso *Asociación de Aviadores de la República, J. Mata el Al. versus Espanha*

A CtEDH, por sua vez, no caso *Norris versus Irlanda* (1988), ponderou que as condições que regem as petições individuais sob o artigo 25 da Convenção "não coincidem necessariamente com os critérios nacionais relativos ao *locus standi*", que podem inclusive servir a propósitos distintos dos contemplados no mencionado artigo 25[135]. Resulta, pois, claríssima a autonomia do direito de petição individual no plano internacional *vis-à-vis* disposições do direito interno[136]. Os elementos singularizados nesta jurisprudência protetora aplicam-se igualmente sob procedimentos de outros tratados de direitos humanos que requerem a condição de "vítima" para o exercício do direito de petição individual[137].

No sistema interamericano de proteção dos direitos humanos, o direito de petição individual tem se constituído em um meio eficaz de enfrentar casos não só individuais como também de violações maciças e sistemáticas dos direitos humanos[138].

(appl. n. 10733/84), decisão de 11.03.1985, 41 *Decisions and Reports* (1985) p. 222. – Segundo esta mesma jurisprudência, para atender à condição de "vítima" (sob o artigo 25 [original] da Convenção) deve haver um "vínculo suficientemente direto" entre o indivíduo demandante e o dano alegado, resultante da suposta violação da Convenção.

135 CtEDH, caso *Norris versus Irlanda*, Julgamento de 26.10.1988, Série A, vol. 142, p. 15, par. 31.

136 Sobre a continuada importância do direito de petição individual sob a Convenção Europeia, mesmo após a entrada em vigor do Protocolo n. 11 à mesma, cf. J. Wadham e T. Said, "What Price the Right of Individual Petition: Report of the Evaluation Group to the Committee of Ministers on the European Court of Human Rights", 2 *European Human Rights Law Review* (2002) pp. 169-174; E.A. Alkema, "Access to Justice under the ECHR and Judicial Policy – A Netherlands View", in *Afmaelisrit for Vilhjálmsson*, Reykjavík, B. Orators, 2000, pp. 21-37; A. Debricon, "L'exercice efficace du droit de recours individuel", in *The Birth of European Human Rights Law – Liber Amicorum Studies in Honour of C.A. Norgaard* (eds. M. de Salvia e M.E. Villiger), Baden-Baden, Nomos Verlagsgesellschaft, 1998, pp. 237-242. E cf. Council of Europe, *Report of the Evaluation Group to the Committee of Ministers on the European Court of Human Rights*, Strasbourg, C.E., 27.09.2002, pp. 7-89.

137 A evolução da noção de "vítima" (incluindo a vítima potencial) no Direito Internacional dos Direitos Humanos encontra-se examinada no curso que ministrei em 1987 na Academia de Direito Internacional da Haia: cf. A.A. Cançado Trindade, "Co-existence and Co-ordination of Mechanisms of International Protection of Human Rights (At Global and Regional Levels)", 202 *Recueil des Cours de l'Académie de Droit International de La Haye* (1987) pp. 243-299, esp. pp. 262-283. Cf. também, a respeito, J.A. Frowein, «La notion de victime dans la Convention Européenne des Droits de l'Homme», in *Studi in Onore di G. Sperduti*, Milano, Giuffrè, 1984, pp. 586-599; F. Matscher, «La Posizione Processuale dell'Individuo come Ricorrente dinanzi agli Organi della Convenzione Europea dei Diritti dell'Uomo», in *ibid*., pp. 602-620; H. Delvaux, «La notion de victime au sens de l'article 25 de la Convention Européenne des Droits de l'Homme – Le particulier victime d'une violation de la Convention», in *Actes du 5ème. Colloque International sur la Convention Européenne des Droits de l'Homme* (Francfort, avril 1980), Paris, Pédone, 1982, pp. 35-78.

138 Antes mesmo da entrada em vigor da Convenção Americana sobre Direitos Humanos (i.e., na prática inicial da Comissão Interamericana de Direitos Humanos). – Lamento,

Sua importância tem sido fundamental, e não poderia jamais ser minimizada. A consagração do direito de petição individual sob o artigo 44 da Convenção Americana sobre Direitos Humanos revestiu-se de significação especial. Não só foi sua importância, para o mecanismo da Convenção como um todo, devidamente enfatizada nos *travaux préparatoires* daquela disposição da Convenção[139], como também representou um avanço em relação ao que, até a adoção do Convenção em 1969, se havia logrado a respeito, no âmbito do Direito Internacional dos Direitos Humanos.

A outra Convenção regional então em vigor, a Convenção Europeia, só aceitara o direito de petição individual originalmente consubstanciado em uma cláusula facultativa (o artigo 25 da Convenção), condicionando a *legitimatio ad causam* à demonstração da condição de *vítima* pelo demandante individual, – o que, a seu turno, propiciou um notável desenvolvimento jurisprudencial da noção de "vítima" sob a Convenção Europeia. A Convenção Americana, distintamente, tornou o direito de petição individual (artigo 44 da Convenção) mandatório, de aceitação automática pelos Estados ratificantes, abrindo-o a "qualquer pessoa ou grupo de pessoas, ou entidade não governamental legalmente reconhecida em um ou mais Estados membros da Organização" dos Estados Americanos (OEA), – o que revela a importância capital atribuída ao mesmo[140].

Foi este, reconhecidamente, um dos grandes avanços logrados pela Convenção Americana, nos planos tanto conceitual e normativo, assim como operacional[141]. A matéria encontra-se analisada detalhadamente em meu Voto Concordante no caso

---

pois, não poder compartilhar a insinuação constante em parte da bibliografia especializada europeia contemporânea sobre a matéria, no sentido de que o direito de petição individual talvez não seja eficaz no tocante a violações sistemáticas e maciças de direitos humanos. A experiência acumulada no sistema interamericano de proteção aponta exatamente no sentido contrário, e graças ao direito de petição individual muitas vidas foram salvas e se logrou realizar a justiça em casos concretos em meio a situações generalizadas de violações de direitos humanos.

139 Cf. OEA, *Conferencia Especializada Interamericana sobre Derechos Humanos – Actas y Documentos* (San José de Costa Rica, 07-22.11.1969), doc. OEA/Ser.K/XVI/1.2, Washington D.C., Secretaría General de la OEA, 1978, pp. 43 e 47.

140 A outra modalidade de petição, a inter-estatal, só foi consagrada em base facultativa (artigo 45 da Convenção Americana, a contrário do esquema da Convenção Europeia – artigo 24 – neste particular), o que realça a relevância atribuída ao direito de petição individual. Este ponto não passou despercebido da CtIADH, que, em seu segundo Parecer, sobre o *Efeito das Reservas sobre a Entrada em Vigor da Convenção Americana sobre Direitos Humanos* (de 24.09.1982), invocou esta particularidade como ilustrativa da "grande importância" atribuída pela Convenção Americana às obrigações dos Estados Partes *vis-à-vis* os indivíduos, por estes exigíveis sem a intermediação de outro Estado (par. 32).

141 Cf. A.A. Cançado Trindade, "Las Cláusulas Pétreas de la Protección Internacional del Ser Humano: El Acceso Directo de los Individuos a la Justicia a Nivel Internacional y la Intangibilidad de la Jurisdicción Obligatoria...", *op. cit. supra* n. (1), pp. 3-68.

Castillo Petruzzi versus Peru (Exceções Preliminares, 1998)[142]. Há que ter sempre presente a *autonomia* do direito de petição individual *vis-à-vis* o direito interno dos Estados. Sua relevância não pode ser minimizada, porquanto pode ocorrer que, em um determinado ordenamento jurídico interno, um indivíduo se veja impossibilitado, pelas circunstâncias de uma situação jurídica, a tomar providências judiciais por si próprio. Nem por isso estará ele privado de fazê-lo no exercício do direito de petição individual sob a Convenção Americana, ou outro tratado de direitos humanos.

Mas a Convenção Americana vai mais além: a *legitimatio ad causam*, que estende a todo e qualquer peticionário, pode prescindir até mesmo de alguma manifestação por parte da própria vítima. O direito de petição individual, assim amplamente concebido, tem como efeito imediato ampliar o alcance da proteção, mormente em casos em que as vítimas (e.g., detidos incomunicados, desaparecidos, entre outras situações) se vêem impossibilitadas de agir por conta própria, e necessitam da iniciativa de um terceiro como peticionário em sua defesa.

A desnacionalização da proteção e dos requisitos da ação internacional de salvaguarda dos direitos humanos, além de ampliar sensivelmente o círculo de pessoas protegidas, possibilitou aos indivíduos exercer direitos emanados diretamente do direito internacional (*direito das gentes*), implementados à luz da noção supracitada de garantia coletiva, e não mais simplesmente "concedidos" pelo Estado. Com o acesso dos indivíduos à justiça em nível internacional, por meio do exercício do direito de petição individual, deu-se enfim expressão concreta ao reconhecimento de que os direitos humanos a ser protegidos são inerentes à pessoa humana e não derivam do Estado. Por conseguinte, a ação em sua proteção não se esgota – não pode se esgotar – na ação do Estado.

Cada um dos procedimentos que regulam o direito de petição individual sob tratados e instrumentos internacionais de direitos humanos, apesar de diferenças em sua natureza jurídica, tem contribuído, a seu modo, ao gradual fortalecimento da capacidade processual do demandante no plano internacional[143]. Com efeito, de

---

142 CtIADH, *caso Castillo Petruzzi versus Peru* (Exceções Preliminares), Sentença de 04.09.1998, Série C, n. 41, Voto Concordante do Juiz A.A. Cançado Trindade, pars. 1-46.

143 Em reconhecimento expresso da relevância do direito de petição individual, a Declaração e Programa de Ação de Viena, principal documento adotado pela II Conferência Mundial de Direitos Humanos (1993), conclamou sua adoção, como método adicional de proteção, por meio de Protocolos Facultativos à Convenção sobre a Eliminação de Todas as Formas de Discriminação contra a Mulher (já adotado) e ao Pacto de Direitos Econômicos, Sociais e Culturais (já concluído, mas ainda não adotado); cf. Declaração e Programa de Ação de Viena de 1993, parte II, pars. 40 e 75, respectivamente. Aquele documento recomendou, ademais, aos Estados Partes nos tratados de direitos humanos, a aceitação de todos os procedimentos facultativos disponíveis de petições ou comunicações individuais (cf. *ibid.*, parte II, par. 90). – Para uma avaliação dos resultados da II Conferência Mundial de Direitos Humanos (Viena, 1993), cf. A.A. Cançado Trindade, "Memória da Conferência Mundial de Direitos Humanos (Viena, 1993)", 87/90 *Boletim da Sociedade Brasileira de Direito Internacional* (1993-1994)

todos os mecanismos de proteção internacional dos direitos humanos, o direito de petição individual é, efetivamente, o mais dinâmico, ao inclusive atribuir a iniciativa de ação ao próprio indivíduo (a parte ostensivamente mais fraca *vis-à-vis* o poder público), distintamente do exercício *ex officio* de outros métodos (como os de relatórios e investigações) por parte dos órgãos de supervisão internacional. É o que melhor reflete a especificidade do Direito Internacional dos Direitos Humanos, em comparação com outras soluções próprias do Direito Internacional Público[144].

O complemento indispensável e inelutável do direito de petição individual internacional reside na intangibilidade da jurisdição dos tribunais internacionais de direitos humanos[145]. Nas duas históricas sentenças sobre competência de 24.09.1999, nos casos do *Tribunal Constitucional* e de *Ivcher Bronstein versus Peru*, a CtIADH advertiu corretamente que sua competência em matéria contenciosa não podia estar condicionada por atos distintos de suas próprias atuações. Acrescentou que, ao reconhecer sua competência contenciosa, um Estado aceita a prerrogativa da Corte de decidir sobre toda questão que afete sua competência, não podendo depois pretender retirar-se dela subitamente, o que minaria todo o mecanismo internacional de proteção. A pretendida "retirada" unilateral do Estado demandado com "efeito

---

pp. 9-57; A.A. Cançado Trindade, "Balance de los Resultados de la Conferencia Mundial de Derechos Humanos (Viena, 1993)", *in Estudios Básicos de Derechos Humanos*, vol. 3, San José de Costa Rica, IIDH, 1995, pp. 17-45; A.A. Cançado Trindade, "A Conferência Mundial de Direitos Humanos: Lições de Viena", 10 *Revista da Faculdade de Direito da Universidade Federal do Rio Grande do Sul* (1994) pp. 232-237.

144 Como se pode depreender da Sentença sobre exceções preliminares de 23.03.1995 da CtEDH no caso emblemático *Loizidou versus Turquia*, em que a CtEDH descartou a possibilidade de restrições – pelas declarações turcas – em relação às disposições-chave do artigo 25 (direito de petição individual), e do artigo 46 [original] (aceitação de sua jurisdição em matéria contenciosa) da Convenção Europeia. Sustentar outra posição, agregou, "não só debilitaria seriamente a função da Comissão e da Corte no desempenho de suas atribuições mas também diminuiria a eficácia da Convenção como um instrumento constitucional da ordem pública (*ordre public*) europeia" (par. 75). A CtEDH descartou o argumento do Estado demandado de que se poderia inferir a possibilidade de restrições às cláusulas facultativas dos artigos 25 e 46 [originais] da Convenção por analogia com a prática estatal sob o artigo 36 do Estatuto da Corte Internacional de Justiça (CIJ). A CtEDH não só lembrou a prática em contrário (aceitando tais cláusulas sem restrições) dos Estados Partes na Convenção Europeia, mas também ressaltou o contexto fundamentalmente distinto em que os dois tribunais operam, sendo a CIJ "a free-standing international tribunal which has no links to a standard-setting treaty such as the Convention" (pars. 82 e 68). A CIJ, – reiterou a CtEDH, – dirime questões jurídicas no contencioso inter-estatal, distintamente das funções dos órgãos de supervisão de um "tratado normativo" (*law-making treaty*) como a Convenção Europeia. Por conseguinte, a "aceitação incondicional" das cláusulas facultativas dos artigos 25 e 46 da Convenção não comporta analogia com a prática estatal sob o artigo 36 do Estatuto da CIJ (pars. 84-85).

145 Para um estudo, cf. A.A. Cançado Trindade, *El Acceso Directo del Individuo a los Tribunales Internacionales de Derechos Humanos*, Bilbao, Universidad de Deusto, 2001, pp. 17-96, esp. pp. 61-76.

imediato" não tinha qualquer fundamento jurídico, nem na Convenção Americana, nem no direito dos tratados, nem no direito internacional geral. Não podia um tratado de direitos humanos como a Convenção Americana estar à mercê de limitações não previstas por ela, impostas subitamente por um Estado Parte por razões de ordem interna. Tal pretensão, – como o determinou a CtIADH, – era, pois, inadmissível.

Com sua importante decisão nos referidos casos, a CtIADH salvaguardou a integridade da Convenção Americana sobre Direitos Humanos, que, como todos os tratados de direitos humanos, baseia-se na *garantia coletiva* na operação do mecanismo internacional de proteção. Posteriormente, a CtIADH voltou a preservar a integridade do mecanismo de proteção da Convenção Americana em suas Sentenças sobre exceções preliminares, de 01.09.2001, nos casos *Hilaire, Benjamin e Constantine versus Trinidad e Tobago*; nestes últimos casos, a CtIADH rejeitou a pretensão do Estado demandado de interpor uma restrição, não prevista no artigo 62 da Convenção Americana (e que subordinaria esta à Constituição nacional), à aceitação de sua competência em matéria contenciosa. Com isto, a CtIADH afirmou o primado da normativa internacional de proteção do ser humano.

Dada a importância da questão da capacidade processual dos indivíduos sob estas duas Convenções regionais, cabe ter em mente estes desenvolvimentos em perspectiva histórica, de fundamental importância ao estudo do próprio acesso do indivíduo à justiça no plano internacional[146]. Como já assinalado, a própria evolução normativo-institucional dos sistemas interamericano e europeu de proteção dos direitos humanos cuidou de acentuar a necessidade, funcional e ética, de dar expressão concreta à titularidade dos direitos inerentes ao ser humano e a sua capacidade jurídico-processual para vindicá-los (cf. *supra*). Esta evolução tem-se mostrado conforme à concepção segundo a qual todo o Direito existe para o ser humano, e o direito das gentes não faz exceção a isto, garantindo ao indivíduo os direitos que lhe são inerentes, ou seja, o respeito de sua personalidade jurídica e a intangibilidade de sua capacidade jurídica no plano internacional.

VIII. O Direito Subjetivo, os Direitos Humanos e a Nova Dimensão da Titularidade Jurídica Internacional do Ser Humano

A titularidade jurídica internacional do ser humano, tal como a anteviam os chamados fundadores do direito internacional (o direito *das gentes*), é hoje uma realidade. Ademais, a subjetividade (ativa) internacional dos indivíduos atende a uma verdadeira necessidade de sua *legitimatio ad causam*, para fazer valer seus direitos, emanados diretamente do Direito Internacional. No âmbito do Direito Internacional dos Direitos Humanos, nos sistemas europeu e interamericano de proteção – dotados de tribunais internacionais em operação – se reconhece hoje, a par da personalidade

---

146 O estudo desta questão não pode fazer abstração das condições de admissibilidade de petições individuais; cf. A.A. Cançado Trindade, *Tratado de Direito Internacional...*, op. cit. supra n. (129) pp. 68-87; e *ibid.*, vol. III, 2003, capítulos XV e XVI.

jurídica, também a capacidade processual internacional (*locus standi in judicio*) dos indivíduos. É este um desenvolvimento lógico, porquanto não se afigura razoável conceber direitos no plano internacional sem a correspondente capacidade processual de vindicá-los; os indivíduos são efetivamente a verdadeira parte demandante no contencioso internacional dos direitos humanos. Sobre o direito de petição individual se ergue o mecanismo jurídico da emancipação do ser humano *vis-à-vis* o próprio Estado para a proteção de seus direitos no âmbito do Direito Internacional dos Direitos Humanos[147], – emancipação esta que constitui, em nossos dias, uma verdadeira revolução jurídica, a qual vem enfim dar um conteúdo ético às normas tanto do direito público interno como do Direito Internacional.

Na base de todo esse notável desenvolvimento, encontra-se o princípio do *respeito à dignidade da pessoa humana*, independentemente de sua condição existencial. Em virtude desse princípio, todo ser humano, independentemente da situação e das circunstâncias em que se encontre, tem direito à dignidade[148]. Todo o extraordinário desenvolvimento da doutrina jusinternacionalista a esse respeito, ao longo do século XX, encontra raízes, – como não poderia deixar de ser, – em algumas reflexões do passado, no pensamento jurídico assim como filosófico[149], – a exemplo, *inter alia*, da concepção kantiana da pessoa humana como um fim em si mesmo. Isto é inevitável, porquanto reflete o processo de amadurecimento e refinamento do próprio espírito humano, que torna possíveis os avanços na própria condição humana.

Com efeito, não há como dissociar o reconhecimento da personalidade jurídica internacional do indivíduo (*supra*) da própria dignidade da pessoa humana. Em uma dimensão mais ampla, a pessoa humana se configura como o ente que encerra seu fim supremo dentro de si mesmo, e que o cumpre ao longo do caminho de sua vida, sob sua própria responsabilidade. Com efeito, é a pessoa humana, essencialmente dotada de dignidade, a que articula, expressa e introduz o "dever ser" dos valores no mundo da realidade em que vive, e só ela é capaz disso, como portadora de tais valores éticos. A personalidade jurídica, por sua vez, se manifesta como cate-

---

147 Se desse modo não tivesse sido originalmente concebido e consistentemente entendido o referido direito de petição, muito pouco teria avançado a proteção internacional dos direitos humanos em mais de meio-século de evolução. Com a consolidação do direito de petição individual perante os tribunais internacionais de direitos humanos, a proteção internacional alcançou sua maturidade.

148 Sobre esse princípio, cf., recentemente, e.g., B. Maurer, *Le principe de respect de la dignité humaine et la Convention Européenne des Droits de l'Homme*, Aix-Marseille/Paris, CERIC, 1999, pp. 7-491; [Vários Autores,] *Le principe du respect de la dignité de la personne humaine* (Actes du Séminaire de Montpellier de 1998), Strasbourg, Conseil de l'Europe, 1999, pp. 15-113; E. Wiesel, «Contre l'indifférence», in *Agir pour les droits de l'homme au XXIe. siècle* (ed. F. Mayor), Paris, UNESCO, 1998, pp. 87-90.

149 Para um exame da subjetividade individual no pensamento filosófico, cf., e.g., A. Renaut, *L'ère de l'individu – Contribution à une histoire de la subjectivité*, [Paris,] Gallimard, 1991, pp. 7-299.

goria jurídica no mundo do Direito, como expressão unitária da aptidão da pessoa humana para ser titular de direitos e deveres no plano do comportamento e das relações humanas regulamentadas[150].

Cabe recordar, no presente contexto, que a concepção de *direito subjetivo* individual tem já uma ampla projeção histórica, originada em particular no pensamento jusnaturalista nos séculos XVII e XVIII, e sistematizada na doutrina jurídica ao longo do século XIX. No entanto, no século XIX e início do século XX, aquela concepção permaneceu situada no âmbito do direito público interno, emanado do poder público, e sob a influência do positivismo jurídico[151]. O direito subjetivo era concebido como a prerrogativa do indivíduo tal como definida pelo ordenamento jurídico em questão (o direito objetivo)[152].

Não obstante, não há como negar que a cristalização do conceito de direito subjetivo individual, e sua sistematização, lograram ao menos um avanço rumo a uma melhor compreensão do indivíduo como *titular* de direitos. E tornaram possível, com o surgimento dos direitos humanos em nível internacional, a gradual superação do direito positivo. Em meados do século XX, ficava clara a impossibilidade da evolução do próprio Direito sem o direito subjetivo individual, expressão de um verdadeiro "direito humano"[153].

Como me permiti sustentar em meu Voto Concordante no histórico Parecer n. 16 da CtIADH sobre o *Direito à Informação sobre a Assistência Consular no Âmbito das Garantias do Devido Processo Legal* (de 01.10.1999), atualmente testemunhamos "o processo de *humanização* do direito internacional, que hoje alcança também este aspecto das relações consulares. Na confluência destas com os direitos humanos, tem-se cristalizado o direito individual subjetivo à informação sobre a assistência consular, de que são titulares todos os seres humanos que se vejam na necessidade de exercê-lo: tal direito individual, situado no universo conceitual dos direitos humanos, é hoje respaldado tanto pelo direito internacional convencional como pelo direito internacional consuetudinário" (par. 35)[154].

---

150 Cf., nesse sentido, e.g., L. Recaséns Siches, *Introducción al Estudio del Derecho*, 12ª. ed., México, Ed. Porrúa, 1997, pp. 150-151, 153, 156 e 159.
151 L. Ferrajoli, *Derecho y Razón – Teoría del Garantismo Penal*, 5ª. ed., Madrid, Ed. Trotta, 2001, pp. 912-913.
152 Ch. Eisenmann, «Une nouvelle conception du droit subjectif: la théorie de M. Jean Dabin», 60 *Revue du droit public et de la science politique en France et à l'étranger* (1954) pp. 753-774, esp. pp. 754-755 e 771.
153 J. Dabin, *El Derecho Subjetivo*, Madrid, Ed. Rev. de Derecho Privado, 1955, p. 64.
154 Sobre o impacto deste Parecer Consultivo n. 16 (de 1999) da CtIADH na jurisprudência e prática internacionais contemporâneas, cf. A.A. Cançado Trindade, "The Humanization of Consular Law: The Impact of Advisory Opinion n. 16 (1999) of the Inter-American Court of Human Rights on International Case-Law and Practice", in 6 *Chinese Journal of International Law* (2007) n. 1, p. 1-16.

A emergência dos direitos humanos universais, a partir da proclamação da Declaração Universal de 1948, veio a ampliar consideravelmente o horizonte da doutrina jurídica contemporânea, desvendando as insuficiências da conceitualização tradicional do direito subjetivo. As necessidades prementes de proteção do ser humano em muito fomentaram esse desenvolvimento. Os direitos humanos universais, superiores e anteriores ao Estado e a qualquer forma de organização político-social, e inerentes ao ser humano, afirmaram-se como oponíveis ao próprio poder público.

A personalidade jurídica internacional do ser humano se cristalizou como um limite ao arbítrio do poder estatal. Os direitos humanos liberaram a concepção do direito subjetivo das amarras do positivismo jurídico. Se, por um lado, a categoria jurídica da personalidade jurídica internacional do ser humano contribuiu a instrumentalizar a vindicação dos direitos da pessoa humana, emanados do Direito Internacional, – por outro lado o *corpus juris* dos direitos humanos universais proporcionou à personalidade jurídica do indivíduo uma dimensão muito mais ampla, já não mais condicionada ao direito emanado do poder público estatal.

IX. A Subjetividade Internacional do Indivíduo como o Maior Legado do Pensamento Jurídico do Século XX

Os grandes pensadores de décadas passadas que se dispuseram a extrair as lições deixadas pela história do século XX coincidem em um ponto capital[155]: nunca como no século passado, se verificou tanto progresso na ciência e tecnologia acompanhado tragicamente de tanta destruição e crueldade[156]. O crepúsculo do século XX desvendou um panorama de progresso científico e tecnológico sem precedentes acompanhado de padecimentos humanos indescritíveis[157]. Ao longo do

---

155 Tão bem ressaltado, por exemplo, nos derradeiros escritos de Bertrand Russell, de Karl Popper, de Isaiah Berlin, dentre outros; cf. B. Russell, "Knowledge and Wisdom", *Essays in Philosophy* (ed. H. Peterson), N.Y., Pocket Library, 1960 (2ª. impr.), pp. 498-499 e 502; K. Popper, *The Lesson of This Century*, London, Routledge, 1997, pp. 53 e 59; I. Berlin, "Return of the *Volksgeist*: Nationalism, Good and Bad", *At Century's End* (ed. N.P. Gardels), San Diego, Alti Publ., 1996, p. 94.

156 E nunca, como em nossos tempos, se verificou tanto aumento da prosperidade acompanhado de modo igualmente trágico de tanto aumento – estatisticamente comprovado – das disparidades econômico-sociais e da pobreza extrema.

157 Em um ensaio luminoso publicado há mais de meio século, no mesmo ano da adoção da Declaração Universal de Direitos Humanos, o historiador Arnold Toynbee, questionando as próprias bases do que se entende por *civilização*, – ou seja, avanços bastante modestos nos planos social e moral, – lamentou que o domínio alcançado pelo homem sobre a natureza não humana infelizmente não se estendeu ao plano espiritual; A.J. Toynbee, *Civilization on Trial*, Oxford, University Press, 1948, pp. 262 e 64. Outro historiador, Eric Hobsbawn, em nossos dias retrata o século XX como um período da história marcado sobretudo pelos crimes e loucura da humanidade. E. Hobsbawm, *Era dos Extremos – O Breve Século XX*, São Paulo, Cia. das Letras, 1996, p. 561. Que abusos e crimes tenham sido cometidos em nome do poder público é injustificável, porquanto o

século XX de trágicas contradições, do divórcio entre a sabedoria e o conhecimento especializado, da antinomia entre o domínio das ciências e o descontrole dos impulsos humanos, das oscilações entre avanços e retrocessos, gradualmente se transformou a função do direito internacional, como instrumental jurídico já não só de regulação como sobretudo de *libertação*[158]. Reconhece-se hoje a necessidade de restituir ao ser humano a posição central – como *sujeito do direito tanto interno como internacional* – de onde foi indevidamente alijado, com as consequências desastrosas de triste memória.

Em nossos dias, o modelo westphaliano do ordenamento internacional afigura-se esgotado e superado[159]. O ordenamento jurídico internacional já não mais comporta a visão restritiva inter-estatal, que levou a tantos abusos, e atrocidades, no passado recente; passa a ocupar-se, com o renascimento do jusnaturalismo, da condição dos seres humanos, e das questões que afetam a humanidade como um todo[160]. O reconhecimento da centralidade dos direitos humanos corresponde a um novo *ethos* de nossos tempos. Nesta linha de evolução também se insere a corrente atual de "criminalização" de violações graves dos direitos da pessoa humana, paralelamente à consagração (em novos instrumentos internacionais) do princípio da jurisdição universal. Neste início do século XXI testemunhamos o acelerar do processo histórico de *humanização* do direito internacional[161], – para o qual constitui um privilégio poder contribuir, – que passa a se ocupar mais diretamente da realização de metas comuns superiores.

Estado foi concebido – não se deveria esquecer – como promotor e garante do bem comum; Jacques Maritain, *The Person and the Common Good*, Notre Dame, University of Notre Dame Press, 1966 (reimpr. 1985), pp. 11-105.

158 O Direito Internacional tradicional, vigente no início do século XX, marcava-se pelo voluntarismo estatal ilimitado. Mas em meados do século passado reconheceu-se a necessidade da reconstrução do Direito Internacional com atenção aos direitos do ser humano, do que deu eloquente testemunho a adoção da Declaração Universal de 1948, seguida, ao longo de cinco décadas, por mais de 70 tratados de proteção hoje vigentes nos planos global e regional. Afirmaram-se, assim, com maior vigor, os direitos humanos universais. Já não se sustentavam o monopólio estatal da titularidade de direitos nem os excessos de um positivismo jurídico degenerado, que excluíram do ordenamento jurídico internacional o destinatário final das normas jurídicas: o ser humano.

159 A própria dinâmica da vida internacional cuidou de desautorizar o entendimento tradicional de que as relações internacionais se regiam por regras derivadas inteiramente da livre vontade dos próprios Estados. O positivismo voluntarista mostrou-se incapaz de explicar o processo de formação das normas do direito internacional geral, e se tornou evidente que só se poderia encontrar uma resposta ao problema dos fundamentos e da validade deste último na consciência jurídica universal, a partir da asserção da ideia de uma justiça objetiva.

160 A. Truyol y Serra, *La Sociedad Internacional*, 9ª. ed., Madrid, Alianza Editorial, 1998, pp. 97-98 e 167.

161 A cujo exame dedico o presente livro, originalmente lançado (1ª. ed.) em 2006.

O supracitado Parecer histórico (de 01.10.1999) da CtIADH, que reconheceu a cristalização de um verdadeiro direito subjetivo à informação sobre assistência consular[162], de que é titular todo ser humano privado de sua liberdade em outro país[163], rompeu com a ótica tradicional puramente inter-estatal da matéria[164], amparando numerosos estrangeiros pobres e trabalhadores migrantes. Paralelamente, a plena participação dos indivíduos, sobretudo no procedimento contencioso, tem se mostrado imprescindível. Sua importância, como última esperança dos esquecidos do mundo, vem de ser ilustrada, e.g., pelo contencioso dos assassinatos dos *"Meninos de Rua"* (caso *Villagrán Morales e Outros*) ante a mesma CtIADH. Neste caso paradigmático, as mães dos meninos assassinados (e a avó de um deles), tão pobres e abandonadas como os filhos (e neto), tiveram acesso à jurisdição internacional, compareceram a juízo[165], e, graças às sentenças da Corte Interamericana[166], que as ampararam, puderam ao menos recuperar a fé na Justiça humana.

O reconhecimento do acesso direto dos indivíduos à justiça internacional revela, nestas duas primeiras décadas do século XXI, o novo primado da *razão de humanidade* sobre a razão de Estado, a inspirar o processo histórico de *humanização* do Direito Internacional. A consciência humana alcança assim em nossos dias um grau de evolução que torna possível, – como ilustrado pelo caso paradigmático dos *"Meninos de Rua"* decidido pela CtIADH, dentre outros, – fazer justiça no plano internacional mediante a salvaguarda dos direitos dos marginalizados ou excluídos. A titularidade jurídica internacional dos indivíduos é hoje uma realidade irreversível, e o ser humano irrompe, enfim, mesmo nas condições mais adversas, como sujeito último do Direito tanto interno como internacional, dotado de plena capacidade jurídico-processual.

---

162 Consagrado no artigo 36 da Convenção de Viena sobre Relações Consulares de 1963 e vinculado às garantias do devido processo legal sob o artigo 8 da Convenção Americana sobre Direitos Humanos.

163 Em virtude desse direito, toda pessoa deve ser *imediatamente* informada pelo Estado receptor de que pode contar com a assistência do cônsul do país de origem, antes de prestar qualquer declaração ante a autoridade policial local. Agregou a Corte que, em caso de imposição e execução da pena de morte sem a observância prévia do direito à informação sobre a assistência consular, tal inobservância afeta as garantias do devido processo legal, e *a fortiori* viola o próprio direito a não ser privado da vida *arbitrariamente*, nos termos do artigo 4 da Convenção Americana e do artigo 6 do Pacto de Direitos Civis e Políticos das Nações Unidas.

164 Este Parecer, pioneiro na jurisprudência internacional, tem tido notável impacto nos países da região, que têm buscado compatibilizar sua prática com o mesmo, buscando por um fim aos abusos policiais e às discriminações contra estrangeiros pobres e iletrados (sobretudo os trabalhadores migrantes), frequentemente vitimados por todo tipo de discriminação (inclusive *de jure*) e injustiça. A CtIADH deu assim uma considerável contribuição à própria evolução do Direito neste particular.

165 Audiências públicas de 28-29.01.1999 e 12.03.2001.

166 Quanto ao mérito, de 19.11.1999, e quanto às reparações, de 26.05.2001.

A parte da doutrina que insiste em negar aos indivíduos a condição de sujeitos do Direito Internacional se estriba em uma rígida definição destes últimos, deles exigindo não só que possuam direitos e obrigações emanados do Direito Internacional, mas também que participem no processo de criação de suas normas e de cumprimento das mesmas. Ora, esta rígida definição não se sustenta sequer no plano do direito interno, em que não se exige – jamais se exigiu – de todos os indivíduos participar na criação e aplicação das normas jurídicas para ser titulares de direitos, e vinculados pelos deveres, destas últimas emanados.

Ademais de insustentável, aquela concepção se mostra imbuída de um dogmatismo ideológico nefasto, que teve como consequência principal alienar o indivíduo do ordenamento jurídico internacional. É surpreendente – se não espantoso, – ademais de lamentável, ver aquela concepção repetida mecanicamente e *ad nauseam* por uma parte da doutrina, aparentemente pretendendo fazer crer que a intermediação do Estado, entre os indivíduos e o ordenamento jurídico internacional, seria algo inevitável e permanente. Nada mais falso. No breve período histórico em que vingou aquela concepção estatista, à luz – ou, mais precisamente, em meio às trevas – do positivismo jurídico, cometeram-se sucessivas atrocidades contra o ser humano, em uma escala sem precedentes.

Há outro ponto que passa despercebido aos arautos da visão estatista do Direito Internacional: em sua miopia, própria dos dogmatismos, parecem não se dar conta de que os indivíduos já começaram a participar efetivamente no processo de elaboração de normas do Direito Internacional, que hoje se mostra muito mais complexo do que há algumas décadas. Este fenômeno decorre da democratização, que, em nossos dias, passa a alcançar também o plano internacional[167]. Ilustra-o, como já assinalado, a presença e atuação crescentes de entidades da sociedade civil (ONGs e outras), como verificado nos *travaux préparatoires* de tratados recentes assim como ao longo do ciclo das grandes Conferências Mundiais das Nações Unidas durante a década de noventa.

Há casos em que tais entidades da sociedade civil têm se dedicado inclusive a monitorar a observância e o cumprimento da normativa internacional, rompendo assim o monopólio estatal de outrora neste domínio. O certo é que, neste como em tantos outros domínios da disciplina, já não é possível abordar o Direito Internacional a partir de uma ótica meramente inter-estatal. Os sujeitos do Direito Internacional já há muito deixaram de reduzir-se a entes territoriais; há mais de meio-século, a partir do célebre Parecer da Corte Internacional de Justiça sobre as *Reparações de Danos* (1949), as organizações internacionais romperam o pretendido monopólio

---

167 Cf., e.g., A.A. Cançado Trindade, "Democracia y Derechos Humanos: Desarrollos Recientes, con Atención Especial al Continente Americano", *in F. Mayor Amicorum Liber – Solidarité, Égalité, Liberté – Livre d'Hommage offert au Directeur Général de l'UNESCO à l'occasion de son 60e. Anniversaire*, Bruxelles, Bruylant, 1995, pp. 371-390.

estatal da personalidade e capacidade jurídicas internacionais, com todas as consequências jurídicas que daí advieram[168].

Resulta hoje claríssimo que nada há de intrínseco ao Direito Internacional que impeça ou impossibilite aos indivíduos desfrutar da personalidade e capacidade jurídicas internacionais. Ninguém em sã consciência ousaria hoje negar que os indivíduos efetivamente possuem direitos e obrigações que emanam diretamente do Direito Internacional, com o qual se encontram, portanto, em contato direto. E é perfeitamente possível conceitualizar – inclusive com maior precisão – como sujeito do direito internacional qualquer pessoa ou entidade, titular de direitos e portadora de obrigações, que emanam diretamente de normas do Direito Internacional. É o caso dos indivíduos, que têm, assim, estreitados e fortalecidos seus contatos diretos – sem intermediários – com o ordenamento jurídico internacional.

Esta evolução deve ser apreciada em uma dimensão mais ampla. Em reação às sucessivas atrocidades que, ao longo do século XX, vitimaram milhões e milhões de seres humanos, em uma escala até então desconhecida na história da humanidade, se insurgiu com vigor a *consciência jurídica universal*[169], – como *fonte material* última de todo o Direito, – restituindo ao ser humano a sua condição de sujeito do direito tanto interno como internacional, e destinatário final de todas as normas jurídicas, de origem tanto nacional como internacional. Com isto se beneficiam os seres humanos, e se enriquece e justifica o Direito Internacional, desvencilhando-se das amarras do estatismo e, de certo modo, reencontrando-se com o verdadeiro *direito das gentes*, que, em seus primórdios, inspirou sua formação e evolução históricas.

Na construção do ordenamento jurídico internacional deste novo século, testemunhamos, com a gradual erosão da reciprocidade, a emergência *pari passu* de considerações superiores de *ordre public*[170], refletidas, no plano normativo, nas

---

168 Cf., para um estudo geral a respeito, A.A. Cançado Trindade, *Direito das Organizações Internacionais*, 5ª. ed., Belo Horizonte, Editora Del Rey, 2012, pp. 7-838.

169 Muito mais do que talvez se possa *prima facie* supor, a *consciência jurídica universal* tem, efetiva e reiteradamente, sido invocada tanto nas formulações doutrinárias como na prática internacional (dos Estados e das organizações internacionais); cf. A.A. Cançado Trindade, "Le déracinement et la protection des migrants dans le Droit international des droits de l'homme", 19 *Revue trimestrielle des droits de l'homme* – Bruxelles (2008) n. 74, pp. 289-328.

170 Ao referir-me à "*ordre public* internacional" no presente domínio de proteção, não utilizo a expressão no sentido clássico em que foi invocada em outros ramos do direito (como no direito civil ou no direito administrativo); tampouco a utilizo no sentido da conhecida "exceção de *ordre public*" (de não aplicação pelo juiz de determinadas normas de "direito estrangeiro"), própria do direito internacional privado (em que é tema recorrente). Entendo que, no domínio do Direito Internacional dos Direitos Humanos, a noção de *ordre public* internacional se reveste de sentido inteiramente distinto, e de difícil definição, porquanto encerra valores que preexistem e são superiores às normas do direito positivo. Cf., a respeito, e.g., J. Foyer, «Droits internationaux de l'homme et ordre public international», *in Du*

concepções das normas imperativas do direito internacional geral (o *jus cogens*), e dos direitos fundamentais inderrogáveis, e no plano processual, na concepção das obrigações *erga omnes* de proteção. A consagração destas obrigações representa a superação de um padrão de conduta erigido sobre a pretensa autonomia da vontade do Estado, do qual o próprio Direito Internacional buscou gradualmente se libertar ao consagrar o conceito de *jus cogens*.

Estamos ante uma *ordre public* humanizada (ou mesmo verdadeiramente humanista) em que o interesse público ou o interesse geral coincide plenamente com a prevalência dos direitos humanos[171], – o que implica o reconhecimento de que *os direitos humanos constituem o fundamento básico, eles próprios, do ordenamento jurídico*. No domínio do Direito Internacional dos Direitos Humanos, movido por considerações de *ordre public* internacional, estamos diante de valores comuns e superiores[172], que lhe são subjacentes, e que se afiguram verdadeiramente fundamentais e

---

droit interne au droit international – Mélanges R. Goy, Rouen, Publ. Université de Rouen, 1998, pp. 333-348; G. Karydis, «L'ordre public dans l'ordre juridique communautaire: un concept à contenu variable», 1 *Revue trimestrielle de droit européen* (2002) pp. 1 e 25. E sobre a evolução da chamada «ordem jurídica comunitária», cf. também L.S. Rossi, «'Constitutionnalisation' de l'Union Européenne et des droits fondamentaux», 1 *Revue trimestrielle de droit européen* (2002) pp. 29-33. No âmbito do Direito Internacional Público, a própria comunidade internacional necessita o conceito de ordem pública ("*international public order*"), de modo a preservar seus princípios jurídicos básicos; H. Mosler, "The International Society as a Legal Community", 140 *Recueil des Cours de l'Académie de Droit International de La Haye* (1974) pp. 33-34; e cf. também, a respeito, G. Jaenicke, "International Public Order", *Encyclopedia of Public International Law* (ed. R. Bernhardt/ Max Planck Institute), vol. 7, Amsterdam, North-Holland, 1984, pp. 314-318.

171   Nesse sentido, tem-se sugerido a emergência de um verdadeiro *jus commune* dos direitos humanos no plano internacional; cf. M. de Salvia, «L'élaboration d'un `*jus commune*' des droits de l'homme et des libertés fondamentales dans la perspective de l'unité européenne: l'oeuvre accomplie par la Commission et la Cour Européennes des Droits de l'Homme», in *Protection des droits de l'homme: la dimension européenne – Mélanges en l'honneur de G.J. Wiarda* (eds. F. Matscher e H. Petzold), 2ª. ed., Köln/Berlin, C. Heymanns Verlag, 1990, pp. 555-563; G. Cohen-Jonathan, «Le rôle des principes généraux dans l'interprétation et l'application de la Convention Européenne des Droits de l'Homme», in *Mélanges en hommage à L.E. Pettiti*, Bruxelles, Bruylant, 1998, pp. 168-169.

172   Estes valores são perfeitamente identificáveis, ao longo da parte operativa dos tratados e instrumentos internacionais de direitos humanos, mas explicitados sobretudo em seus preâmbulos. Estes últimos tendem a invocar os ideais que inspiraram os respectivos tratados e instrumentos (de importância para a identificação do "espírito" dos mesmos), ou para enunciar seus fundamentos ou princípios gerais. Cf., a respeito, e.g., N. Bobbio, "Il Preambolo della Convenzione Europea dei Diritti dell'Uomo", 57 *Rivista di Diritto Internazionale* (1974) pp. 437-438. Agrega o autor que o apelo aos valores, formulado frequentemente nos preâmbulos dos tratados de direitos humanos, "può assumere (...) l'aspetto di un'indicazione: a) dei fini o degli obiettivi; b) delle motivazioni; c) del fundamento della decisione" tomada no processo de elaboração do tratado em questão; *ibid*., pp. 439-440.

irredutíveis[173]. Podemos aqui visualizar um verdadeiro *direito ao Direito*, ou seja, o direito a um ordenamento jurídico que efetivamente salvaguarde os direitos inerentes à pessoa humana[174].

Há, em conclusão, que dar seguimento à evolução auspiciosa da consagração das normas de *jus cogens* e obrigações *erga omnes*, buscando assegurar sua plena aplicação prática, em benefício de todos os seres humanos[175], dotados de personalidade e capacidade jurídica, como verdadeiros sujeitos do Direito Internacional. Estas novas concepções se impõem em nossos dias, e de sua fiel observância dependerá em grande parte a evolução futura do próprio Direito Internacional. É este o caminho a seguir, para que não mais tenhamos que continuar a conviver com as contradições trágicas que marcaram o século XX.

X. Reflexões Finais: Novos Avanços da Subjetividade Internacional do Indivíduo no Século XXI

À medida em que as atenções da doutrina jurídica contemporânea sobre a expansão da personalidade jurídica internacional se voltam à posição central hoje ocupada pelos indivíduos vitimados, dando testemunho inequívoco do novo *jus gentium* de nossos tempos[176], – como busquei demonstrar no Curso Geral de Direito Internacional Público que ministrei em 2005 na Academia de Direito Internacional da Haia[177], – ainda mais insustentável se afigura um apego impensado e imobilista a dogmas infundados do passado. Mas como não vivemos em um mundo racional, há que nos mantermos atentos para evitar um eventual contágio de certa nostalgia

---

173 Cf., nesse sentido, F. Sudre, «Existe t-il un ordre public européen?», in *Quelle Europe pour les droits de l'homme?* (ed. P. Tavernier), Bruxelles, Bruylant, 1996, pp. 41, 50 e 54-67. – Para um estudo clássico do ordenamento jurídico, que buscou transcender o puro normativismo, cf. Santi Romano, *L'ordre juridique*, Paris, Dalloz, 2002 [reimpr.], pp. 3-163.

174 Para um estudo de caso a respeito, cf. A.A. Cançado Trindade, E. Ferrero Costa e A. Gómez-Robledo, "Gobernabilidad Democrática y Consolidación Institucional: El Control Internacional y Constitucional de los *Interna Corporis* – Informe de la Comisión de Juristas de la OEA para Nicarágua (Febrero de 1994)", 67 *Boletín de la Academia de Ciencias Políticas y Sociales* – Caracas (2000-2001) n. 137, pp. 593-669.

175 Cf., e.g., A.A. Cançado Trindade, *Tratado de Direito Internacional dos Direitos Humanos*, vol. II, *op. cit. supra* n. (53), pp. 412-420; J.A. Carrillo Salcedo, «Droit international et souveraineté des États», 257 *Recueil des Cours de l'Académie de Droit International de La Haye* (1996) pp. 132-146 e 204-207; M. Ragazzi, *The Concept of International Obligations Erga Omnes*, Oxford, Clarendon Press, 1997, pp. 43-163 e 189-218.

176 A.A. Cançado Trindade, *Évolution du Droit international au droit des gens – L'accès des particuliers à la justice internationale: le regard d'un juge*, Paris, Pédone, 2008, pp. 81-184; R. Portmann, *Legal Personality in International Law*, Cambridge, Cambridge University Press, 2010, pp. 126-128, 243, 271-277 and 283.

177 A.A. Cançado Trindade, "International Law for Humankind: Towards a New *Jus Gentium* – General Course on Public International Law – Part I", 316 *Recueil des Cours de l'Académie de Droit International de la Haye* (2005), caps. IX-X, pp. 252-317.

do imobilismo, ainda em nossos dias (em que cada vez menos se lê e menos se reflete). Assim, à medida em que nos adentramos na segunda década do século XXI, afigura-se deveras surpreendente encontrar os que, ao admitir a abertura do direito internacional à expansão da personalidade jurídica internacional (estendendo-se aos indivíduos), não obstante insistem, de forma contraditória, na permanência da tradicional visão estato-cêntrica, fora da qual parecem se sentir perdidos[178].

Sua posição é insustentável: nada mais fazem do que se apegar arbitrariamente um ponto de desenvolvimento doutrinário do passado, no século XIX, e tentar projetá-lo – tentando dotá-lo de "perenidade" – ao presente, fazendo abstração da evolução do direito internacional de mais de um século. O mundo estato-cêntrico sonhado por E. de Vattel já deixou de existir há muito tempo. Muito ao contrário, a evolução do direito das gentes segue seu curso no século XXI, com o acesso à justiça internacional hoje assegurado inclusive a pessoas que se encontravam em situações de grande vulnerabilidade, e até mesmo inteiramente indefesas (cf. *supra*).

Os que se aferram ao dogmatismo ultrapassado, – a ponto de tentar fazer crer que o direito internacional, "tal como hoje o conhecemos", teve "início" no século XIX, – estão simplesmente faltando à verdade. O direito internacional antecedeu em muito o ordenamento inter-estatal estabelecido no século XIX, com suas raízes históricas remontando ao pensamento de seus "fundadores", os jusinternacionalistas dos séculos XVI e XVII, como recapitulado no presente estudo[179]. O direito internacional em muito evoluiu desde o século XIX, acompanhando as profundas transformações do mundo, e afigurando-se hoje inteiramente distinto do que então era[180].

Em reação à sucessão de atos de barbárie e dos horrores que se sucederam ao longo do século XX e início do século XXI, o direito a cuidou de abrir-se à expansão da personalidade jurídica internacional, e, por conseguinte, da correspondente capacidade jurídica, assim como significativamente, da responsabilidade internacional. O *jus gentium* contemporâneo tem passado por um processo histórico de *humanização*, precavendo-se e instrumentalizando-se contra as manifestas insuficiências e os perigos da visão estato-cêntrica ou do superado enfoque estritamente interestatal. Para isto em muito tem contribuído o Direito Internacional dos Direitos Humanos, a ponto de o fenômeno desta evolução transcender os parâmetros deste último, e permear em nossos dias o *corpus juris* do Direito Internacional como um todo.

A jurisprudência internacional contemporânea contém ilustrações eloquentes do acesso da pessoa humana à justiça internacional em circunstâncias de grande adversidade, em casos relativos, e.g., migrantes indocumentados, crianças abandonadas

---

178 Cf., e.g., K. Parlett, *The Individual in the International Legal System: Continuity and Change in International Law*, Cambridge, Cambridge University Press, 2011, pp. 367-372.

179 . Cf. ítem II, cf. *supra*.

180 A.A. Cançado Trindade, *O Direito Internacional em um Mundo em Transformação, op. cit. supra* n. (53), pp. 1039-1109.

nas ruas (cf. *supra*), membros de comunidades de paz e outros civis em situações de conflito armado, pessoas internamente deslocadas, indivíduos (inclusive menores de idade) sob condições infra-humanas de detenção, membros de comunidades indígenas despossuídas, entre outros. Em tais circumstâncias, a centralidade do sofrimento das vítimas tem se tornado notória com seu acesso à justiça em nível internacional.

Em nossos dias, tem-se feito uso do direito de petição individual internacional, com eficácia, também em tais situações[181], – algo que dificilmente poderia ter sido antecipado, em seus dias, pelos redatores dos tratados e instrumentos internacionais de direitos humanos, dotados de sistemas de petições. Por outro lado, estes avanços recentes em nada surpreendem, pois o Direito Internacional dos Direitos Humanos encontra-se essencialmente *orientado às vítimas*. Este desenvolvimento se deve ao despertar da consciência humana ao imperativo de proteção da pessoa humanas nessas circunstâncias de extrema vulnerabilidade. É em tais circunstâncias que tal proteção alcança sua plenitude.

Com efeito, a esta notável evolução dedico um recente livro meu (de 2011), sobre a matéria, publicado em Oxford[182]. Nele examino alguns casos adjudicados pela CtIADH ao longo da última década, um ciclo de casos de massacres, com circunstâncias agravantes, em que foram planejadas e perpetradas violações graves de direitos humanos em execução de políticas estatais formando uma prática *sistemática* de extermínio de seres humanos. A adjudicação destes casos foi desencadeada pela Sentença histórica da CtIADH no caso do massacre de *Barrios Altos* atinente ao Peru (2001).

A esta se seguiram as Sentenças subsequentes da CtIADH nos casos dos massacres do *Caracazo* concernente à Venezuela (reparações, 2002), de *Plan de Sánchez* referente à Guatemala (2004), dos *19 Comerciantes* versus Colombia (2004), da *Communidade Moiwana* relativo ao Suriname (2005), de *Mapiripán* atinente à Colômbia (2005), de *Ituango versus Colômbia* (2006), de *Montero Aranguren e Outros (Centro de Detenção de Cátia)* versus Venezuela (2006); de *La Cantuta versus* Peru (2006), e da *Prisão Castro Castro*, também atinente ao Peru (2006). Também houve casos, como o de *Myrna Mack Chang versus Guatemala* (2003), de assassinatos planificados ao mais alto nível do poder estatal e executados por ordem deste.

Assim, massacres e crimes de Estado (perpetrados por agentes estatais como parte de uma política estatal), que há algumas décadas tendiam a recair no esquecimento, têm mais recentemente sido levados ao conhecimento de tribunais

---

181 Cf. A.A. Cançado Trindade, "The Right of Access to Justice in the Inter-American System of Human Rights Protection", 17 *Italian Yearbook of International Law* (2007) pp. 7-24; A.A. Cançado Trindade, "Die Entwicklung des interamerikanischen Systems zum Schutz der Menschenrechte", 70 *Zeitschrift für ausländisches öffentliches Recht und Völkerrecht* (2010) pp. 629-699.

182 A.A. Cançado Trindade, *The Access of Individuals to International Justice*, Oxford, Oxford University Press, 2011, pp. 1-236.

internacionais de direitos humanos (tais como as Cortes Interamericana e Europeia), a fim de determinar a responsabilidade do Estado (sob as Convenções regionais respectivas) por violações graves dos direitos humanos protegidos[183]. Novos desenvolvimentos têm ocorrido nos últimos anos, nos procedimentos legais internacionais[184], tais como os atinentes à determinação da responsabilidade *agravada* dos Estados em questão, e a identificação das vítimas em distintas etapas do procedimento.

Uma circunstância agravante reside na intencionalidade do dano (a revelar a coexistência da responsabilidade objetiva com a responsabilidade com base na falta ou *culpa*). A história moderna está repleta de exemplos em que os autores intelectuais e materiais de massacres pretenderam caracterizar suas vítimas – não raro inocentes e indefesas – como "inimigos" a ser eliminados, e também "desumanizá-las" (inclusive por usos indevidos da linguagem e mediante distorsões mediante neologismos e eufemismos) antes de assassiná-las[185]. Em reação a crueldades do gênero, podem-se constatar, na adjudicação internacional de tais casos, a centralidade e expansão da noção de vítima (direta), e a relevância de seu direito à reparação pelos danos sofridos. É altamente significativo que, em nossos dias, vítimas sobreviventes de massacres, e familiares de vítimas fatais, tenham tido acesso à justiça internacional.

---

183 . Para um estudo recente, cf. A.A. Cançado Trindade, *State Responsibility in Cases of Massacres: Contemporary Advances in International Justice* (Inaugural Address, 10.11.2011), Utrecht, Universiteit Utrecht, 2011, pp. 1-71.

184 A própria multiplicidade dos tribunais internacionais contemporâneos (um fenômeno alentador de nossos tempos) tem aumentado em muito o número de *justiciables* em todo o mundo, fomentando o acesso à justiça internacional na atualidade; cf., a respeito, A.A. Cançado Trindade, "Reflexiones sobre los Tribunales Internacionales Contemporáneos y la Búsqueda de la Realización del Ideal de la Justicia Internacional", *in Cursos de Derecho Internacional y Relaciones Internacionales de Vitoria-Gasteiz / Vitoria-Gasteizko Nazioarteko Zuzenbidearen eta Nazioarteko Harremanen Ikastaroak* – Universidad del País Vasco (2010) pp. 17-95; A.A. Cançado Trindade, "Os Tribunais Internacionais Contemporâneos e a Busca da Realização do Ideal da Justiça Internacional", 57 *Revista da Faculdade de Direito da Universidade Federal de Minas Gerais* (2010) pp. 37-67.

185 Para relatos pessoais dramáticos, cf. Primo Levi, *The Drowned and the Saved*, N.Y., Vintage, 1989 [reprint], pp. 11-203; J. Améry, *At the Mind's Limits*, Bloomington, Indiana Univ. Press, 1980, pp. 1-101. E cf. também os estudos de B.A. Valentino, *Final Solutions: Mass Killing and Genocide in the Twentieth Century*, Ithaca/London, Cornell University Press, 2004, pp. 17, 49, 55, 57, 71 e 235; Y. Ternon, *Guerres et génocides au XXe. siècle*, Paris, O. Jacob, 2007, pp. 14-15, 81-83, 138, 191, 279 e 376; G. Bensoussan, *Europe – Une passion génocidaire*, Paris, Éd. Mille et Une Nuits, 2006, pp. 53, 134, 220 e 228-229; J.A. Berry e C.P. Berry (eds.), *Genocide in Rwanda – A Collective Memory*, Washington D.C., Harvard University Press, 1999, pp. 3-4, 28-29 e 87; B. Bruneteau, *Le siècle des génocides*, Paris, A. Colin, 2004, pp. 41, 43, 222 e 229; E. Staub, *The Roots of Evil – The Origins of Genocide and Other Group Violence*, Cambridge, University Press, 2005 [16th printing], pp. 29, 103, 121, 142 e 227; R.J. Bernstein, *El Mal Radical – Una Indagación Filosófica*, Buenos Aires, Lilmod, 2005, pp. 110-111, 145 e 290-291.

Os próprios Estados hoje reconhecem e se dão conta de que já não podem dispor, como bem entendam, dos seres humanos que se encontrem sob suas respectivas jurisdições[186]. Seu poder de ação não é ilimitado, deve estar guiado pela fiel observância de certos valores fundamentais, e dos princípios gerais do direito[187]. Devem responder por eventuais danos causados aos seres humanos sob suas respectivas jurisdições, e prover as devidas reparações[188]. Os Estados não podem sequer se escudar por detrás da responsabilidade (penal) internacional dos indivíduos infratores; subsiste sempre a responsabilidade do Estado[189]. As responsabilidades de uns e de outro não se autoexcluem, mas se complementam. O novo ordenamento jurídico internacional de nossos tempos tem emergido da consciência humana, – a consciência jurídica universal, como fonte *material* última de todo o Direito. A expansão da personalidade jurídica internacional tem-se dado em benefício de todos os sujeitos de direito, inclusive os indivíduos como sujeitos do Direito Internacional.

---

186 Cf. o meu Voto Arrazoado (pars. 1-231) no Parecer Consultivo da CIJ sobre a *Declaração de Independência do Kossovo* (de 22.07.2010).

187 Cf. o meu Voto Dissidente (pars. 1-214) no caso da *Aplicação da Convenção Internacional sobre a Eliminação de Todas as Formas de Discriminação Racial* (Geórgia *versus* Federação Russa, Sentença da CIJ de 01.04.2011); cf. também o meu Voto Arrazoado (pars. 1-184) no caso recente das *Questões Relativas à Obrigação de Julgar ou Extraditar* (Bélgica *versus* Senegal, Sentença da CIJ de 20.07.2012); e cf. o meu Voto Arrazoado (pars. 1-118) no Parecer Consultivo da CIJ sobre a *Revisão de Sentença do Tribunal Administrativo da OIT, por Reclamação do FIDA* (de 01.02.2012).

188 Cf. o meu Voto Arrazoado (pars. 1-101) no caso de *A.S. Diallo* (Guiné *versus* R.D. Congo, reparações, Sentença da CIJ de 19.06.2012).

189 Cf. o meu Voto Dissidente (pars. 1-316) no caso das *Imunidades Jurisdicionais do Estado* (Alemanha *versus* Itália, com intervenção da Grécia, Sentença da CIJ de 03.02.2012).

XI

L'Humanisation du Droit International: La Personne Humaine en tant que Sujet du Droit des Gens / The Humanization of International Law: The Human Person as Subject of the Law of Nations

I. La Présence et la Participation de la Personne Humaine dans l'Ordre Juridique International en tant que Sujet du Droit des Gens

J'aimerais commencer par exprimer ma gratitude aux autorités de l'Université Panteion d'Athènes, pour avoir pris l'initiative de cette démarche académique de ce soir, le 1er juillet 2014. C'est un grand honneur pour moi d'être nommé Docteur *Honoris Causa*, et cela me donne l'occasion d'échanger personnellement, ici à l'Université Panteion d'Athènes, avec mes chers collègues et amis de l'École grecque contemporaine de droit international, avec lesquels j'ai partagé au cours des dernières années des moments mémorables dans le milieu académique, à la fois en Europe et en Amérique Latine. Je remercie, en particulier, M. Le Recteur, le Professeur Grigoris Tsaltas, de l'attention de son addresse d'ouverture, et M. Le Vice-Recteur, le Professeur Stelios Perrakis, de la gentillesse de sa *Laudatio*, très significative pour moi. J'aimerais ajouter qu'il y a déjà longtemps, j'ai appris à apprécier le précieux héritage de l'époque hellénistique, qui a été marquée par une rare prospérité de l'apprentissage et des arts, qui a eu des répercussions dans différentes latitudes sur les siècles qui l'ont suivie.

La Grèce ancienne a été témoin de l'apparition de la grammaire et de la critique de textes (en tant que nouvelle discipline), de la littérature elle-même (poésie, tragédies et comédies); elle a cultivé la philosophie et la sculpture; elle a vu les théâtres se multiplier; elle a influencé la naissance ultérieure du droit (à l'époque romaine), avec un sens profond de la justice. De façon significative, la profonde influence du stoïcisme dans la pensée hellénistique a ouvert la voie à l'humanisme. Nous avons des raisons d'être reconnaissants, en Europe et en Amérique Latine, pour l'héritage grec que représente la pensée humaniste.

C'est dans le cadre de cette pensée humaniste que je propose de traiter mon sujet aujourd'hui, lors de la cérémonie organisée dans cette Université Panteion d'Athènes. Il s'agit du sujet suivant: *"L'humanisation du Droit international: La personne humaine en tant que sujet du droit des gens/The Humanization of International Law: The Human Person as Subject of the Law of Nations"*. Pour apprécier les développements dans

---

1 Discurso proferido pelo Autor na sessão solene de outorga do título de Doutor Honoris Causa da Universidade Panteion de Atenas, realizada no salão-nobre da referida Universidade, em Atenas, Grécia, em 01 de julho de 2014.

le droit des gens contemporain, il est nécessaire de commencer par se tourner, même brièvement, vers les origines de notre discipline, et donc vers les origines du *jus gentium* tel qu'il est venu à être compris, englobant des Etats, des peuples et des individus.

1. La personne humaine dans la pensée jusnaturaliste du droit des gens

L'importance considérable attribuée à la personne humaine dans le cadre du *droit des gens* par les célèbres "pères fondateurs" de la discipline ne devrait pas être oubliée à notre époque. Au cours du XVIe siècle, la conception de Francisco de Vitoria (auteur des célèbres *Relecciones Teológicas*, 1538-1539) s'est développée, et selon elle, le droit des gens régule une communauté internationale (*totus orbis*) constituée d'êtres humains organisés socialement en Etats et conformant l'humanité; la réparation des violations des droits (de l'homme) reflète une nécessité internationale satisfaite par le droit des gens, avec les mêmes principes de *justice* s'appliquant à la fois aux États et aux individus et peuples qui les forment[2]. Au XVIIe siècle, dans la vision avancée par Francisco Suárez (auteur du traité *De Legibus ac Deo Legislatore*, 1612), le droit des nations révèle l'unité et l'universalité de l'humanité et régule les Etats dans leurs relations en tant que membres de la société universelle.

Peu de temps après, au XVIIe siècle, la conception élaborée par Hugo Grotius (*De Jure Belli ac Pacis*, 1625), supporte l'idée que la *societas gentium* comprend l'ensemble de l'humanité et la communauté internationale ne peut pas prétendre se baser sur la *voluntas* de chaque État individuel; les êtres humains – occupant une position centrale dans les relations internationales – ont des droits *vis-à-vis* de l'État souverain qui ne peuvent pas forcer l'obéissance de leur citoyens de manière absolue (l'impératif du bien commun), car la fameuse "raison d'État" a ses limites et ne peut pas se détourner du Droit. Dans cette ligne de pensée, encore au XVIIe siècle, Samuel Pufendorf (*De Jure Naturae et Gentium*, 1672) soutient aussi l'idée de l'assujettissement du législateur à la raison alors que, au XVIIIe siècle, Christian Wolff (*Jus Gentium Methodo Scientifica Pertractatum*, 1749) pense que comme les individus devraient – dans leur association à l'Etat – promouvoir le bien commun, l'Etat, à son tour, a le devoir corrélatif de rechercher sa perfection[3].

La personnification ultérieure de l'État tout puissant, inspirée surtout de la philosophie du droit de Hegel, a eu une influence néfaste sur l'évolution du droit international à la fin du XIXe siècle et dans les premières décennies du XXe siècle.

---

2 À son tour, Alberico Gentili (auteur de *De Jure Belli*, 1598) soutenait, à la fin du XVIe siècle, que le Droit gouverne les relations entre les membres de la *societas gentium* universelle.

3 A.A. Cançado Trindade, "A Consolidação da Personalidade e da Capacidade Jurídicas do Indivíduo como Sujeito do Direito Internacional", 16 *Anuario del Instituto Hispano-Luso-Americano de Derecho Internacional* – Madrid (2003) pp. 240-247; A.A. Cançado Trindade, "Vers la consolidation de la capacité juridique internationale des pétitionnaires dans le système interaméricain des droits de la personne", *in* 14 *Revue québécoise de Droit international* (2001) n. 2, pp. 207-239.

Cette tendance doctrinale a résisté du mieux qu'elle pouvait à l'idéal de l'émancipation de l'être humain du contrôle absolu de l'Etat et à la reconnaissance de l'individu comme sujet de Droit International. Mais la soumission de l'individu à la "volonté" de l'État n'a jamais parue convaincante, et a vite été ouvertement remise en question par la doctrine plus lucide. L'idée d'une souveraineté absolue de l'Etat, – qui a conduit à l'irresponsabilité et à la présumée omnipotence de l'Etat, n'empêchant pas les atrocités successives commises par lui (ou en son nom) contre les êtres humains, – est apparue avec le passage du temps comme entièrement non fondée.

Dans son étude sur *La morale internationale* (1944), publié pendant la IIe. guerre mondiale, N. Politis attirait l'attention, avec des références à des leçons des tragédies d'Eschyle et d'Euripide[4], sur le nécessaire équilibre – toujours avec tension – entre la légalité et la justice. La pensée humaine, aux XVIIIe et XIXe siècles, se montrait déjà consciente de cet équilibre nécessaire; cette conviction a graduellement commencé à pénétrer dans la conscience humaine[5]. N. Politis a averti, avec perspicacité, qu'"[à] la différence des profits de l'injustice et de l'illégalité, qui, s'ils peuvent être rapides, ne sont pas assurés de durer, ceux de la justice et de la légalité, sans doute plus lents, sont certainement plus durables"[6]. Au cours de tout le XXe siècle, la pensée humaniste a resisté aux tyrannies, et a reconnu la nécessité impérieuse des *valeurs*, beaucoup plus importantes que la volonté[7].

L'État – il est reconnu de nos jours – est responsable de tous ses actes (à la fois *jure gestionis* et *jure imperii*), ainsi que de toutes ses omissions[8]. En cas de violation des droits de l'homme, l'*accès direct* de l'individu à la juridiction internationale est donc totalement justifié pour défendre ces droits, même contre son propre État[9]. À partir des travaux ayant résulté en une résolution prise par l'Institut de Droit International en 1929, S. Séfériadès a donné un cours à l'Académie de Droit International de La Haye en 1935, dans lequel il a soutenu l'accès direct des individus à des juridictions internationales, pour améliorer "la justice de ce monde". Il s'agissait d'une vraie nécessité; à son avis,

> "[l]a protection diplomatique s'efface ainsi complètement lorsque la justice apparaît. Devant elle, ce n'est plus l'État protecteur qui se présente, mais, directement, le particulier interésé lui-même: c'est celui-ci qui parle"[10].

---

4   N. Politis, *La morale internationale*, New York, Brentano's, 1944, pp. 100, 102 et 157.
5   *Ibid.*, p. 158, et cf. p. 164.
6   *Ibid.*, pp. 161-162.
7   Cf. R.P. Sertillanges, *Le problème du mal – l'Histoire*, Paris, Aubier, 1948, pp. 395-397.
8   *Ibid.*, pp. 247-259.
9   S. Glaser, "Les droits de l'homme à la lumière du droit international positif", *in Mélanges offerts à H. Rolin – Problèmes de droit des gens*, Paris, Pédone, 1964, pp. 117-118, et cf. pp. 105-106 et 114-116.
10 S. Séfériadès, "Le problème de l'accès des particuliers à des juridictions internationales", 51 *Recueil des Cours de l'Académie de Droit International de La Haye* (1935) p. 31, et cf.

À notre époque, l'individu est reconnu comme sujet à la fois de droit interne et de droit international. En fait, il est toujours resté en contact, directement ou indirectement, avec l'ordre juridique international[11]. Pendant la période de l'entre-deux-guerres, les expériences des *minorités* et des *systèmes des mandats* de la Société des Nations, par exemple, en témoignent. Ils ont été suivis, à cet égard, du *système de tutelle* de l'ère de l'Organisation des Nations Unies, en parallèle au développement par cette dernière de multiples mécanismes – conventionnels et extra-conventionnels – de protection internationale des droits de l'homme. Ces premières expériences au XXe siècle étaient importantes pour les développements ultérieurs en matière de sauvegarde internationale des droits de la personne humaine.

L'évolution considérable dans les dernières dizaines d'années non seulement du Droit International des Droits de l'Homme mais similairement du Droit International Humanitaire, a contribué de manière décisive à la réaffirmation du contact constant de l'individu avec l'ordre juridique international. Le Droit International Humanitaire considère également les personnes protégées non seulement comme des simples objets de la réglementation qu'elles établissent mais comme vrais sujets de Droit International[12]. C'est ce qui découle clairement du fait que les quatre Conventions de Genève interdisent clairement aux Etats parties de déroger – par accords spéciaux – aux règles que ces Conventions énoncent, et en particulier de restreindre les droits des personnes protégées qu'elles prévoient[13]. En effet, l'impact des normes du Droit International des Droits de l'Homme a eu depuis longtemps des répercussions sur le *corpus juris* et la mise en œuvre du Droit International Humanitaire. Par conséquent, le Droit International Humanitaire s'est progressivement libéré d'une vision obsolète purement interétatique, mettant de plus en plus l'accent – au regard des principes d'humanité – sur les personnes protégées et sur la

---

pp. 48, 51, 94, 106 et 112. Le thème de la condition de l'individu dans l'ordre juridique international est démeuré présent dans les divers écrits de S. Séfériadès, dans le contexte des problèmes de son époque, cf. S. Séfériadès, "L'échange des populations", 24 *Recueil des Cours de l'Académie de Droit International de La Haye* (1928) pp. 311-433; S. Séfériadès, "Principes généraux du droit international de la paix", 34 *Recueil des Cours de l'Académie de Droit International de La Haye* (1930) pp. 310-313, 315, 317, 320 et 322-323.

11   Cf. A.A. Cançado Trindade, "The Historical Recovery of the Human Person as Subject of the Law of Nations", 1 *Cambridge Journal of International and Comparative Law* (2012) pp. 8-59.

12   C'est ce qui résulte, e.g., de la position des quatre Conventions de Genève sur le Droit International Humanitaire de 1949, érigée à partir des droits des personnes protégées (e.g., Convention III, articles 14 et 78; Convention IV, article 27).

13   Conventions de Genève I, II et III, Article 6; et Convention de Genève IV, Article 7. En fait, dès le passage du XIXe au XXe siècle, les premières Conventions sur le Droit International Humanitaire exprimaient des inquiétudes quant au sort des êtres humains dans les conflits armés, reconnaissant ainsi l'individu comme bénéficiaire direct des obligations conventionnelles internationales.

responsabilité de la violation de leurs droits, de conformité avec la ligne de pensée jusnaturaliste du *jus gentium* et de la *civitas maxima gentium*[14].

Les tentatives du passé de refuser aux individus la condition de sujets de Droit International du fait que l'on ne leur reconnaissait pas certaines compétences que les Etats avaient (comme par exemple celle de l'élaboration de traités) sont définitivement dépourvues de sens[15]. Cette tendance doctrinale, tentant d'insister sur une définition tellement rigide de la subjectivité internationale, conditionnant cette dernière à la formation des normes internationales et à leur respect, ne se tient tout simplement pas, pas même au niveau du droit interne dans lequel il n'est pas requis que chaque individu – il n'a d'ailleurs jamais été requis – participe à la création et la mise en œuvre de normes juridiques pour être sujet (titulaire) de droits et être lié par les devoirs émanant de ces normes.

En plus d'être non viable, cette conception semble contaminée par un dogmatisme idéologique inquiétant qui a eu comme conséquence principale d'aliéner l'individu de l'ordre juridique international. Il est surprenant, – sinon étonnant, – en plus d'être regrettable, de voir cette conception répétée mécaniquement et *ad nauseam* par une tendance doctrinale qui essaie apparement de faire croire que la fonction intermédiaire de l'Etat entre les individus et l'ordre juridique international serait quelque chose d'inévitable et de permanent. Rien ne pourrait être plus faux. Dans la période historique brève dans laquelle cette conception étatique prévalait, au regard du positivisme juridique, des atrocités successives ont été commises contre l'être humain à une échelle sans précédent.

Il en résulte assez clairement aujourd'hui qu'il n'y a rien d'intrinsèque au Droit International qui empêche les acteurs non étatiques, ou qui leur rend impossible, de bénéficier d'une personnalité juridique internationale. Personne n'ose en bonne conscience nier que les individus sont effectivement titulaires des droits et porteurs des obligations qui émanent directement du Droit International avec lequel il se trouvent ainsi en contact direct. Et il est parfaitement possible de conceptualiser – même avec plus de précision – comme sujet de droit international toute personne ou entité titulaire de droits et d'obligations qui émanent directement des normes de Droit International. C'est le cas des individus, qui ont ainsi renforcé ce contact direct – sans intermédiaires – avec l'ordre juridique international. Le mouvement international en faveur des droits de l'homme, lancé par la Déclaration Universelle des Droits de l'Homme de 1948, a fini par ne plus autoriser les fausses analogies susmentionnées et par surmonter les distinctions traditionnelles (par exemple, sur la base

---

14 Cf. M. Huber, *La pensée et l'action de la Croix-Rouge*, Genève, CICR, 1954, pp. 26, 247, 270, 286, 291-293 et 304.
15 Au niveau interne, les individus ne participent pas non plus en totalité, directement ou indirectement, au processus législatif, et ils ne cessent pas pour autant d'être sujets de droit.

de la nationalité): les sujets de droit sont tous des êtres humains en tant que membres de la *societas gentium* universelle[16].

De plus, de nos jours, les individus et les organisations non gouvernementales (ONGs) jouent un rôle de plus en plus important dans la formation même de l'*opinio juris communis*[17]. Au cours de ces derniers décennies, les individus et les ONGs ont efficacement participé aux travaux préparatoires de certains traités internationaux, et les ont influencés[18], et ont ensuite participé à la surveillance de leur mise-en-œuvre. La performance croissante, au niveau international, des ONGs et des autres entités de la société civile a eu un impact inévitable sur la théorie des sujets de Droit International, contribuant à rendre les individus non seulement bénéficiaires directs (sans intermédiaires) des normes internationales, mais sujets réels de droit international, et contribuant aussi à mettre un terme à la dimension anachronique purement interétatique de celui-ci; de plus, leurs activités ont contribué à la prévalence des valeurs communes supérieures dans le cadre du droit international. Les individus, les ONGs et les autres entités de la société civile finissent ainsi par agir dans le processus de formation et de mise-en-application des normes internationales.

2. La consécration de la personne humaine comme sujet du droit des gens

En somme, le processus même de formation et de mise-en-œuvre des normes de droit international a cessé d'être un monopole des Etats. De plus, au-delà de la présence et de la participation de l'individu dans l'ordre juridique international, à la reconnaissance de ses droits en tant que sujet de droit international doit correspondre la capacité procédurale de les défendre au niveau international. Depuis déjà plusieurs années, je soutiens la nécessité du *legitimatio ad causam* pleine des individus

---

16 R. Cassin, "L'homme, sujet de droit international et la protection des droits de l'homme dans la société universelle", dans *La technique et les principes du Droit public – Études en l'honneur de G. Scelle*, vol. I, Paris, LGDJ, 1950, pp. 81-82.

17 Les ONGs ont gagné une visibilité considérable au cours du récent cycle de Conférences Mondiales de l'O.N.U. (1992-2001) par leur présence dans les Conférences mêmes ou par leur articulation dans leurs propres *fora* en parallèle avec ces Conférences. Dans ces dernières années, elles ont eu le droit de présenter régulièrement leurs *amici curiae* devant les tribunaux internationaux tels que les Cours Interaméricaines et Européenne des Droits de l'Homme, et les Tribunaux Pénaux Internationaux *ad hoc* pour l'ex-Yougoslavie et pour le Rwanda.

18 E.g., la Convention de l'O.N.U. de 1984 contre la Torture et son Protocole Facultatif de 2002, la Convention de l'O.N.U. de 1989 des Droits de l'Enfant, le Protocole de Madrid de 1991 (au Traité sur l'Antarctique de 1959) sur la Protection de l'Environnement en Antarctique, la Convention d'Ottawa de 1997 sur l'Interdiction des Mines Antipersonnel et sur leur Elimination, Le Statut de Rome de 1998 relatif à la Cour Pénale Internationale, et la Convention de l'UNESCO de 2005 sur la Protection et la Promotion de la Diversité des Expressions Culturelles.

en droit international[19]. C'est au moyen de la consolidation de la capacité procédurale internationale des individus que la protection internationale des droits de l'homme devient réelle et effective[20]. Même si, au travers des circonstances de la vie, certains individus (par exemple les enfants, les malades mentaux, les personnes âgées, parmi d'autres) ne peuvent pas exercer entièrement leur capacité (par exemple en droit civil), cela ne veut pas dire qu'ils cessent d'être titulaires de droits opposables même aux États. Quelles que soient les circonstances, l'individu est sujet *jure suo* de droit international, comme soutenu au fil des siècles par la doctrine plus lucide, dès les écrits des célèbres "pères fondateurs" de notre discipline. Les droits de l'homme sont conçus comme inhérents à chaque être humain, indépendamment des circonstances.

Bien que le scénario international contemporain soit entièrement distinct de celui de l'époque des célèbres "pères fondateurs" du droit international (personne ne peut le nier) qui ont avancé une *civitas maxima* régie par le droit des gens, il y a une aspiration humaine récurrente, transmise de génération en génération au cours des siècles, menant à la construction d'un ordre juridique international applicable à la fois aux États (et organisations internationales) et aux individus, conformément à certains standards universels de justice. Cela explique l'importance, dans ce nouveau *corpus juris* de protection, que la personnalité juridique internationale de l'individu a assumé, étant à la fois sujet de droit interne et de droit international.

L'individu, étant sujet de Droit International de plein droit, pouvait certainement être distingué de son propre État, et toute faute commise à son encontre était une violation du *jus gentium* classique, un droit minimal universel. L'ensemble du nouveau *corpus juris* du Droit International des Droits de l'Homme a été construit sur la base des impératifs de protection et des intérêts supérieurs de l'être humain, sans tenir compte de son lien de nationalité ou de son statut politique, ou de quelque autre situation ou circonstance. Cela explique l'importance, dans ce nouveau *droit de protection*, de la personnalité juridique de l'individu comme sujet à la fois de droit interne et de droit international. La mise en œuvre et l'expansion du Droit International des Droits de l'Homme a ensuite eu des répercussions, non surprenantes, avec un impact sensible sur les tendances du Droit International Public contemporain[21].

---

19 A.A. Cançado Trindade, *El Acceso Directo del Individuo a los Tribunales Internacionales de Derechos Humanos*, Bilbao, Universidad de Deusto, 2001, pp. 17-96; A.A. Cançado Trindade, "The Procedural Capacity of the Individual as Subject of International Human Rights Law: Recent Developments", dans *K. Vasak Amicorum Liber – Les droits de l'homme à l'aube du XXIe siècle*, Bruxelles, Bruylant, 1999, pp. 521-544.
20 Cf. A.A. Cançado Trindade, *El Acceso Directo del Individuo a los Tribunales Internacionales...*, op. cit. supra n. (18), pp. 17-96; A.A. Cançado Trindade, "Vers la consolidation de la capacité juridique internationale des pétitionnaires dans le système interaméricain des droits de la personne", 14 *Revue québécoise de Droit international* (2001) pp. 207-239.
21 Cf. A.A. Cançado Trindade, *Tratado de Direito Internacional dos Direitos Humanos*, vol. I, 2nd. ed., Porto Alegre/Brazil, S.A. Fabris Ed., 2003, pp. 33-50, et vol. II, 1999, pp. 23-194;

En fait, déjà dans les premiers décennies du XXᵉ siècle, l'on reconnaissait les insuffisances et dérangements occasionnés par la protection des individus par l'intermédiaire de leurs États de nationalité respectifs, c'est-à-dire, par l'exercice d'une protection diplomatique discrétionnaire qui rendait les Etats "plaignants" à un moment "juges et parties". Par conséquent, on a commencé à surmonter ces insuffisances et dérangements, à nourrir l'idée de l'accès direct des individus à la juridiction internationale dans certaines conditions, pour défendre leurs droits même contre les États, – un thème qui a fini par être en fait envisagé par l'Institut de Droit International dans ses sessions de 1927 et 1929. En Europe[22], aussi qu'en Amérique Latine[23], même avant l'adoption des Déclarations Américaine et Universelle des Droits de l'Homme (de mai et décembre1948, respectivement), des manifestations doctrinales se sont exprimées, et ont évolué en faveur de la personnalité juridique internationale des individus. Comme réaction de la conscience juridique universelle, on a conçu la responsabilité internationale comme comprenant, à la fois, la protection des droits de l'homme et la punition des criminels de guerre (formant un ensemble).

Ce développement a annoncé l'émancipation de l'individu de la tutelle de son propre État, et sa condition de sujet de droit international; puisque l'individu est "sujet de devoirs" au niveau du droit international, l'on ne peut ignorer sa personnalité juridique internationale reconnue aussi en fait par le droit international *coutumier* même[24]. Bien avant ce développement si significatif, il faut garder à l'esprit que, déjà en 1927, dans son essai *Les nouvelles tendances du Droit international*, Nicolas Politis avait averti que l'État "n'est pas une fin en soi"; l'État est soumis au Droit, et le droit (international et interne)

A.A. Cançado Trindade, *O Direito Internacional em um Mundo em Transformação*, Rio de Janeiro, Ed. Renovar, 2002, pp. 1048-1109 ; A.A. Cançado Trindade, *El Derecho Internacional de los Derechos Humanos en el Siglo XXI*, Santiago, Editorial Jurídica de Chile, 2001, pp. 15-58 et 375-427.

22 N. Politis, *Les nouvelles tendances du Droit international*, Paris, Libr. Hachette, 1927, ch. II, pp. 55-92; J. Spiropoulos, *L'individu en Droit international*, Paris, LGDJ, 1928, pp. 3-66; A.N. Mandelstam, *Les droits internationaux de l'homme*, Paris, Éds. Internationales, 1931, pp. 95-96 et 138, et cf. p. 103; G. Scelle, *Précis de Droit des Gens – Principes et systématique*, part I, Paris, Libr. Rec. Sirey, 1932 (CNRS reprint, 1984), pp. 42-44 et 48; H. Lauterpacht, *International Law and Human Rights*, London, Stevens, 1950, pp. 51, 61 et 69-70; M. Bourquin, "L'humanisation du droit des gens", dans *La technique et les principes du Droit public* ..., *op. cit. supra* n. (15), vol. I, pp. 21-54.

23 A. Álvarez, *La Reconstrucción del Derecho de Gentes – El Nuevo Orden y la Renovación Social*, Santiago de Chile, Ed. Nascimento, 1944, pp. 46-47, 81, 91, 457-463 et 499-500; H. Accioly, *Tratado de Direito Internacional Público*, vol. I, 1e. éd., Rio de Janeiro, Imprensa Nacional, 1933, pp. 71-75.

24 C.Th. Eustathiades, "Les sujets du Droit international et la responsabilité internationale – Nouvelles tendances", 84 *Recueil des Cours de l'Académie de Droit International de La Haye* (1953) pp. 402, 412-413, 424-427, 547, 586-589, 601, 608 et 610-612; P. Guggenheim, "Les principes de Droit international public", 80 *Recueil des Cours de l'Académie de Droit International de La Haye* (1952) pp. 116-118.

"a toujours la même fin: il vise partout l'homme, et rien que l'homme. Cela est tellement évident, qu'il serait inutile d'y insister si les brumes de la souveraineté n'avaient pas obscurci les vérités les plus élémentaires"[25].

Les milieux sociaux (les sociétés internationale et interne), – il a ajouté, – "n'existent que pour assurer à l'homme la possibilité de vivre et de se développer"[26].

Dans son livre *L'individu en droit international*, publié une année plus tard, en 1928, Jean Spiropoulos avait affirmé que l'ordre juridique international contient des droits aussi bien que de devoirs "visant directement les individus", qui deviennent ainsi sujets de droit international; celui-ci les rend directement titulaires de droits et obligations[27]. J. Spiropoulos avait critiqué durement la philosophie du droit de Hegel, qui a vu dans l'État "un idéal suprême, un but en soi, une puissance qui n'est soumise qu'à sa propre volonté"[28], et qui a résisté "de toutes ses forces" à cette émancipation de l'individu de la tutelle de l'État[29]. Par contre, il y a eu une prise de conscience de la nécessité de protéger l'individu "même contre son propre État". Alors, le droit international a commencé à s'occuper de l'émancipation de l'individu de la toute-puissance et de la tutelle de l'État[30]. Cette émancipation de l'individu a commencé à se manifester par la "participation directe de l'individu à la vie juridique internationale"[31].

Pour J. Spiropoulos, l'État n'est pas un "fin en soi", n'est pas une "toute puissance personnifiée" au sens de la philosophie de Hegel; l'État est "une simple `communauté d'administration' d'intérêts humains". Et l'État, – contrairement à ce que disait Hegel, – "est soumis au droit international"[32], et doit satisfaire les besoins des individus qui le composent[33]. On peut ajouter ici encore une autre contribution sur le même thème, le premier ouvrage de Georges Ténékidès (*L'individu dans l'ordre juridique international*, 1933)[34]. La condition de l'individu comme sujet du droit international est alors devenue une importante contribution de la pensée jusinternationaliste grecque de la période d'entre-guerres, dans sa ligne d'orientation essentiellement humaniste. Dès cette époque et jusqu'à présent, la doctrine juridique grecque n'a jamais abandonné ce thème, et continue à le cultiver de nos jours.

---

25 N. Politis, *Les nouvelles tendances du Droit international*, Paris, Libr. Hachette, 1927, pp. 76-78.
26 *Ibid.*, pp. 78-79.
27 J. Spiropoulos, *L'individu en droit international*, Paris, LGDJ, 1928, pp. 31-32.
28 *Ibid.*, p. 55.
29 *Ibid.*, p. 33, et cf. pp. 19 et 66.
30 *Ibid.*, p. 44.
31 *Ibid.*, p. 49.
32 *Ibid.*, pp. 62-64.
33 *Ibid.*, p. 66.
34 G. Ténékidès, *L'individu dans l'ordre juridique international*, Paris, Pédone, 1933, pp. 3-263.

Au milieu du XXᵉ siècle, dans les premières années de la mise en œuvre de la Convention Européenne relative aux Droits de l'Homme, il y avait du soutient pour la vision selon laquelle les individus étaient devenus titulaires de droits, puisqu'un processus d'émancipation des individus de la tutelle "exclusive" de l'État avait déjà commencé en droit international. Dans la doctrine juridique de ce temps, la reconnaissance de l'expansion de la protection internationale de la personne humaine est devenue évidente. La victoire de cette pensée sur le positivisme juridique était rassurante, puisque l'individu, titulaire de droits et devoirs internationaux, n'était plus à la merci de son État, car l'humanité s'est tourné vers le droit naturel à la recherche du bien-être de la personne humaine, "alors que le droit international positif actuel tend à sa destruction"[35].

En fait, des études successives d'instruments de protection internationale en sont venues à mettre l'accent précisément sur l'importance historique de la reconnaissance de la personnalité juridique internationale des individus comme partie plaignante devant des organes internationaux. Dans mon propre cours délivré à l'Académie de Droit International de la Haye en 1987, j'ai soutenu que l'expansion continue du Droit International était aussi reflétée dans les multiples mécanismes contemporains de protection internationale des droits de l'homme, dont l'opération ne pourrait être dissociée des nouvelles valeurs reconnues par la communauté internationale[36]. Enfin, les individus ont réussi à exercer leurs droits émanant directement du droit international (le droit des gens); et j'ai ajouté que, historiquement,

> "les mêmes principes de justice s'appliquant à la fois aux Etats et aux individus ou peuples qui les forment. (...) Il y a une reconnaissance croissante et généralisée que les droits de l'homme, au lieu de découler de l'Etat (...), sont tous inhérents à la personne humaine en laquelle ils trouvent leur point de convergence ultime. (...) Le non respect des droits de l'homme engendre la responsabilité internationale des Etats du traitement de la personne humaine"[37].

La subjectivité internationale de l'être humain (qu'il soit un enfant, une personne âgée, une personne handicapée, une personne apatride, ou quelque autre personne que ce soit) est apparue avec vigueur dans la science juridique du XXᵉ siècle, comme réaction de la conscience juridique universelle contre les atrocités successives commises contre le genre humain. Un témoignage éloquent de l'érosion de la dimension purement interétatique de l'ordre juridique international est trouvé

---

35 B.V.A. Röling, *International Law in an Expanded World*, Amsterdam, Djambatan, 1960, p. 2.

36 A.A. Cançado Trindade, "Co-existence and Co-ordination of Mechanisms of International Protection of Human Rights (At Global and Regional Levels)", 202 *Recueil des Cours de l'Académie de Droit International de La Haye* (1987) pp. 32-33.

37 *Ibid.*, pp. 411-412.

dans l'Avis Consultatif pionnier (n. 16) de la CIADH sur le *Droit à l'Information sur l'Assistance Consulaire dans le Cadre des Garanties du Procès Équitable* (du 01.10.1999)[38], qui a servi d'orientation à d'autres tribunaux internationaux et a inspiré l'évolution *in statu nascendi* de la jurisprudence internationale sur la question; la CIADH a reconnu la cristallisation d'un vrai droit subjectif individuel à l'information sur l'assistance consulaire[39] dont chaque être humain dépourvu de sa liberté dans un autre pays est titulaire[40]; de plus, elle s'est détachée de la perspective traditionnelle purement interétatique sur la question, apportant son appui aux divers individus victimes de la pauvreté et de la discrimination, et dépourvus de liberté à l'étranger.

L'Avis Consultatif suivant (n. 17) de la CIADH, sur *la Condition Juridique et les Droits de l'Enfant* (du 28.08.2002), rentre dans le même type d'affirmation de l'émancipation juridique de l'être humain en mettant l'accent sur la consolidation de la personnalité juridique de l'enfant en tant que vrai sujet de droit et non comme simple objet de protection, et quelle que soit l'étendue de sa capacité juridique à exercer ses droits par lui-même (capacité d'exercer). À cet égard, la Convention de l'O.N.U. sur les Droits de l'Enfant (1989) reconnaît les droits subjectifs de l'enfant en tant que sujet de droit, et reconnaît également qu'étant donné sa vulnérabilité ou sa condition existentielle, l'enfant a besoin d'attention et de représentation juridique spéciales tout en restant titulaire de droits. On a reconnu la nécessité de fournir une protection aux êtres humains qui la composent, en particulier à ceux qui se trouvent dans une situation de vulnérabilité particulière.

Selon la doctrine juridique de la seconde moitié du XXe siècle, il n'est pas passé inaperçu que les individus, en plus d'être titulaires de droits au niveau international, ont aussi des devoirs qui leur sont attribués par le droit international même. Et, – ce qui est plus important, – la violation grave de ces devoirs, reflétée dans les crimes contre l'humanité, engage la responsabilité pénale individuelle internationale, *indépendamment* de ce que prévoit le droit *interne* sur la question. Des développements contemporains en droit pénal international ont en fait une incidence

---

38 CIADH, Avis Consultatif OC-16/99, Série A, n. 16, pp. 3-123, paras. 1-141, et points 1-8.
39 Indiqué dans l'article 36 de la Convention de Vienne de 1963 sur les Relations Consulaires et lié aux garanties de jugement en bonne et due forme conformément à l'article 8 de la Convention Américaine sur les Droits de l'Homme.
40 Dans cet Avis, la CIADI a clairement indiqué que les droits mentionnés dans l'article 36(1) de la Convention de Vienne de 1963 sur les Relations Consulaires "ont comme caractéristique le fait que leur *titulaire est l'individu*. En effet, cette disposition est explicite en déclarant que les droits à l'information consulaire et la notification sont `accordés´ à la personne intéressée. A cet égard, l'article 36 est une exception notable à la nature essentiellement étatique des droits et obligations mentionnés ailleurs dans la Convention de Vienne sur les Relations Consulaires ; comme interprété par cette Cour dans l'Avis Consultatif présent, cela représente une avancée notable pour ce qui est des conceptions traditionnelles du Droit International sur le sujet" (paragraphe 82, accent ajouté).

directe sur la cristallisation de la responsabilité pénale individuelle internationale (l'individu comme sujet, à la fois actif et passif, de droit international, titulaire de droits ainsi que porteur de devoirs émanant directement du droit des nations (droit des gens), ainsi que sur le principe de juridiction universelle.

3. La consolidation de la personnalité juridique internationale de la personne humaine et l'humanisation du droit des gens

La consolidation de la personnalité juridique internationale des individus, comme sujets actifs aussi bien que passifs de droit international, renforce la responsabilité en droit international pour des abus perpétrés contre les êtres humains. Par conséquent, les individus sont aussi porteurs de devoirs en droit international, et cela reflète la consolidation de leur personnalité juridique internationale. Les développements en matière de personnalité juridique internationale et de responsabilité internationale vont de pair, et toute cette évolution témoigne de la formation de l'*opinio juris communis* au point que la gravité de certaines violations de droits fondamentaux de la personne humaine affecte directement les valeurs fondamentales de la communauté internationale dans son ensemble.

Au bout du compte, tout Droit existe pour l'être humain et le droit des gens ne fait pas exception, garantissant à l'individu ses droits et le respect de sa personnalité. Le respect de la personnalité juridique de l'individu au niveau international est instrumentalisé par le droit international de pétition individuelle. Les droits de l'homme s'affirment contre toute forme de domination ou de pouvoir arbitraire[41]. Sans le droit de pétition individuelle et l'accès conséquent à la justice au niveau international, les droits établis dans les traités relatifs aux droits de l'homme seraient réduits à un peu plus qu'une lettre morte. Comme j'avais souligné dans mon Opinion Concurrente dans l'affaire de *Castillo Petruzzi et Autres* (Exceptions Préliminaires, Arrêt du 04.09.1998) devant la CIADH,

> "Le droit de pétition individuelle abrite en fait le dernier espoir de ceux qui n'ont pas trouvé la justice au niveau international. Je ne m'empêcherai pas d'ajouter – me permettant la métaphore – que le droit de pétition individuelle est sans aucun doute l'étoile la plus lumineuse de l'univers des droits de l'homme"[42].

---

41   A.A. Cançado Trindade, "The Future of the International Protection of Human Rights", in B. Boutros-Ghali Amicorum Discipulorumque Liber – Paix, Développement, Démocratie, vol. II, Bruxelles, Bruylant, 1998, pp. 961-986. – Sur le besoin de surmonter les défis et les obstacles actuels à la prévalence des droits de l'homme, cf. A.A. Cançado Trindade, "L'interdépendance de tous les droits de l'homme et leur mise-en-œuvre: obstacles et enjeux", 158 Revue internationale des sciences sociales – Paris/UNESCO (1998) pp. 571-582.

42   CIADH, affaire *Castillo Petruzzi et Autres contre Pérou* (Exceptions Préliminaires), Arrêt du 04.09.1998, Opinion Concordante du Juge A.A. Cançado Trindade, p. 62, para. 35.

L'être humain émerge enfin, même dans les conditions les plus défavorables, comme sujet ultime de droit interne et international. Comme j'ai trouvé bon de résumer dans mon Opinion Concurrente dans l'Avis Consultatif susmentionné de la CIADH sur *la Condition Juridique et les Droits de l'Enfant* (2002),

> "chaque être humain est doté de personnalité juridique qui impose des limites au pouvoir de l'Etat. La capacité juridique varie en vertu de la condition juridique de chacun pour entreprendre certains actes. Cependant, bien qu'une telle capacité d'exercice varie, tous les individus sont dotés de personnalité juridique. Les droits de l'homme renforcent l'attribut universel de la personne humaine, étant donné qu'à tous les êtres humains correspond similairement la personnalité juridique et la protection du Droit, indépendamment de sa condition existentielle ou juridique" (paragraphe 34).

Pour ce qui est des droits de l'homme des individus appartenant aux groupes ou collectivités humaines, je me permets de me référer à l'Avis Consultatif n. 18 de la CIADH, déjà célèbre, sur la *Condition Juridique et Droits des Migrants Sans Papiers* (du 17.19.2003). La Cour Interaméricaine a mis l'accent sur le fait que le statut migratoire ne peut pas servir de justification pour les priver de la jouissance et de l'exercice de leurs droits fondamentaux, y compris le droit du travail. La Cour a averti que les États ne peuvent pas subordonner le respect du principe fondamental d'égalité devant la loi et la non-discrimination aux objectifs de leurs politiques migratoires ou autres, ni le conditionner à celles-ci[43].

La subjectivité juridique internationale de l'être humain, telle que prévue par les célèbres "pères fondateurs" du droit international (le droit des gens) est à présent une réalité. En ce début de XXIe siècle, cette conquête très importante peut être appréciée dans le cadre du processus historique de l'*humanisation* du droit international, – auquel c'est un privilège de pouvoir contribuer, – qui, toujours attentif aux valeurs fondamentales, finit par s'occuper plus directement de la réalisation des objectifs communs supérieurs. Dans le cadre du Droit International des Droits de l'Homme, dans les systèmes européen et interaméricain de protection – dotés de tribunaux internationaux qui fonctionnent depuis longtemps – parallèlement à la personnalité juridique, la capacité juridique internationale (le *locus standi in judicio*) des individus est aussi reconnue.

Cela est un développement logique puisqu'il ne semble pas raisonnable de concevoir des droits au niveau international sans la capacité juridique correspondante pour les défendre; les individus sont en fait la vraie partie plaignante dans le contentieux international relatif aux droits de l'homme. Sur la base du droit de

---

43 Dans mon Opinion Concurrente je soutenais l'idée que ce principe fondamental appartenait au domaine du *jus cogens* et j'ai mis l'accent sur l'importance des obligations *erga omnes* (englobant aussi les relations interindividuelles) vis-à-vis des droits des immigrants sans papiers.

pétition individuelle, le mécanisme juridique d'émancipation de l'être humain est érigé par rapport à son propre État pour la protection de ses droits dans le cadre du Droit International des Droits de l'Homme, – une émancipation qui constitue de nos jours une vraie révolution juridique qui arrive enfin à donner un contenu éthique aux normes à la fois du droit public interne et du droit international public.

La reconnaissance de l'accès direct des individus à la justice internationale révèle, en ce début de XXIe siècle, la nouvelle primauté de la raison de l'humanité par rapport à la raison d'Etat, ce qui inspire le processus historique d'*humanisation* du droit international[44]. Les sujets de droit international ont, déjà depuis longtemps, cessé d'être réduits à des entités territoriales[45]. Il semble assez clair aujourd'hui qu'il n'y a rien d'intrinsèque au droit international qui empêcherait, ou rendrait impossible, aux "acteurs" non étatiques d'être dotés de personnalité et de compétence juridique internationale.

L'expansion de la personnalité juridique internationale, englobant de nos jours celle des individus comme sujets actifs et passifs de droit international, va *pari passu* avec l'expansion de la responsabilité en droit international. Cela contribue en final à la prééminence du droit (*rule of law*), à la réalisation de la justice aussi au niveau du droit international, répondant ainsi aux aspirations de longue date de l'humanité. En réaction aux atrocités successives qui, au cours du XXe siècle, ont fait des millions et des millions de victimes humaines à une échelle que l'histoire de l'humanité n'avait pas connue jusque là, la conscience juridique universelle – comme source matérielle ultime de tout Droit[46], – a rendu à l'être humain sa condition de sujet de droit, à la fois du droit interne et du droit international, et sa condition de destinataire final de toutes les normes juridiques, d'origine nationale ainsi qu'internationale. Le droit international s'est libéré des chaines de l'étatisme, en avançant la conception du nouveau *jus gentium*[47].

---

44 A.A. Cançado Trindade, *A Humanização do Direito Internacional*, 1ère. éd., Belo Horizonte/Brésil, Edit. Del Rey, 2006, pp. 3-409; A.A. Cançado Trindade, *Évolution du Droit international au droit des gens – L'accès des particuliers à la justice internationale: le regard d'un juge*, Paris, Pédone, 2008, pp. 140-144.

45 Il y a plus d'un siècle, comme reconnu dans le célèbre Avis Consultatif de la Cour Internationale de Justice (CIJ) sur les *Réparations des Dommages* (1949), l'apparition d'organisations internationales avait mis un terme au monopole des Etats en termes de personnalité et capacité juridiques internationales, avec toutes les conséquences juridiques qui en ont découlé, cf., pour une étude générale sur la question, A.A. Cançado Trindade, *Direito das Organizações Internacionais*, 5e. éd., Belo Horizonte/Brazil, Edit. Del Rey, 2012, pp. 9-853.

46 Cf. A.A. Cançado Trindade, *Le Droit international pour la personne humaine*, Paris, Pédone, 2012, pp. 91-112.

47 A.A. Cançado Trindade, *International Law for Humankind – Towards a New Jus Gentium*, 2nd. rev. ed., Leiden/The Hague, Nijhoff/The Hague Academy of International Law, 2013, pp. 1-726.

II. The Centrality of the Human Person in the Humanization of Contemporary International Law

Je me permets de continuer mon allocution en anglais. International law, as we know it today, does not go back only to the XIXth century, – as a doctrinal trend *en vogue* nowadays tries in vain to make one believe, – but goes much further back in time, keeping in mind its conceptual framework, and the endeavours, along centuries, to fulfill the aspirations of the whole of human kind. Regrettably, the vision and thinking of the so-called "founding fathers" of International Law (notably the writings of the Spanish theologians and of H. Grotius), which conceived it as conforming a truly *universal*[48] system, came to be replaced by the emergence of legal positivism, which personified the State, endowing it with its own "will", reducing the rights of human beings to those which were "conceded" by the State. The subsequent personification of the all-powerful State, inspired mainly in the philosophy of law of Hegel, had a harmful influence in the evolution (or rather involution) of International Law by the end of the XIXth century and in the first decades of the XXth century.

The consent or will of the States became, according to voluntarist positivism, the predominant criterion in international law, denying *jus standi* to individuals, to the human beings. This rendered difficult the understanding of the international community, weakening International Law itself, reducing it to a strictly inter-State law, no longer *above* but *between* sovereign States. This doctrinal trend resisted as much as it could to the ideal of the emancipation of the human being from the absolute control of the State, and to the recognition of the individual as subject of international law.

Against the reactionary dogmas of legal positivism stood, among others, Jean Spiropoulos, in a thoughtful monograph titled *L'individu en Droit international*, published in Paris in 1928[49]: contrary to what ensued from the Hegelian doctrine, – he pondered, – the State is not a supreme ideal subjected only to its own will, is not an end in itself, but rather "a means of the realization of the aspirations and vital necessities of the individuals", it thus being necessary to protect the human person against the harm to her rights by her own State[50].

Positivists, ascribing a far too great importance to the method of *observation*, disclosed, in contrast, their incapacity to discern guidelines of analysis and guiding general *principles*. At normative level, positivism appeared subservient to the

---

48 C.W. Jenks, *The Common Law of Mankind*, London, Stevens, 1958, pp. 66-69; and cf. also R.-J. Dupuy, *La communauté internationale entre le mythe et l'histoire*, Paris, Economica/ UNESCO, 1986, pp. 164-165.

49 J. Spiropoulos, *L'individu en Droit international*, Paris, LGDJ, 1928, pp. 66 and 33, and cf. p. 19.

50 *Ibid.*, p. 55; an evolution to this effect, – he added, – would bring us closer to the ideal of *civitas maxima*.

established legal order, and validated the abuses perpetrated in its name. But already in the mid-XXth century, the more lucid doctrine of the law of nations moved definitively away from the hegelian and neo-Hegelian outlook of the State as the final repository of the freedom and responsibility of the individuals who composed it, and which in it integrated themselves entirely. After all, States, created by the human beings themselves, and composed by them, exist for them, for the realization of their common good.

1. The Atribution of Duties to the Individual Directly by International Law

To the legal doctrine of the second half of the XXth century it did not pass unnoticed that individuals, besides being *titulaires* of rights at international level, also have duties which are attributed to them by international law itself. And, – what is more significant, – the grave violation of those duties, reflected in the crimes against humanity, engages the *international* individual penal responsibility, *independently* from what provides the *domestic* law on the matter. Contemporary developments in international criminal law have, in fact, a direct incidence in the crystallization of both of the international individual penal responsibility (the individual subject, both active and passive, of international law, *titulaire* of rights as well as bearer of duties emanated directly from the law of nations (*droit des gens*), as well as the the principle of universal jurisdiction.

The consolidation of the international legal personality of individuals, as active as well as passive subjects of international law, enhances accountability in international law for abuses perpetrated against human beings. Thus, individuals are also bearers of duties under international law, and this reflects the consolidation of their international legal personality. Developments in international legal personality and international accountability go hand in hand, and this whole evolution bears witness of the formation of the *opinio juris communis* to the effect that the *gravity* of certain violation of fundamental rights of the human person affects directly basic values of the international community as a whole.

2. Subjective Right, Human Rights and the New Dimension of the International Juridical Titularity of the Human Person

The international juridical titularity of the human person, as so-called "founding fathers" of international law (the law of nations, the *droit des gens*) foresaw it, is nowadays a reality. Furthermore, the (active) international subjectivity of the individuals responds to a true necessity of their *legitimatio ad causam* (cf. *supra*), to vindicate their rights, emanated directly from International Law. In the ambit of the International Law of Human Rights, in the regional (European, inter-American and African) systems of protection – endowed with international tribunals in operation – one recognizes today, parallel to the legal personality, also the internacional procedural capacity (*locus standi in judicio*) of the individuals.

This is a logical development, as it would not appear reasonable to conceive rights at international level without the corresponding procedural capacity to vindicate them; the individual applicants are effectively the true complaining party in the international *contentieux* of human rights. Upon the right of individual petition is erected the juridical mechanism of the emancipation of the human person *vis-à-vis* the State itself for the protection of her rights in the ambit of the International Law of Human Rights, – an emancipation which constitutes, in our days, a true juridical revolution, which comes at last to give an ethical content to the norms of both public domestic law and international law.

On the basis of this remarkable development lies the principle of *respect for the dignity of the human person*, irrespective of her existential condition. By virtue of this principle, every human being, independently of his situation and of the circumstances in which he finds himself, has the right to dignity. The whole remarkable development of the jusinternationalist doctrine in this respect, along the XXth century, finds its roots, – and it could not be otherwise, – in some reflections of the past, in the juridical as well as philosophical thinking, – as exemplified, *inter alia* (to refer to one which goes far back in time), by the Kantian conception of the human person as an end in itself. This is ineluctable, as it reflects the process of maturing and refinement of the human spirit itself, which renders possible the advances in the human condition itself.

In effect, one cannot dissociate the recognition of the international legal personality of the individual (*supra*) from the dignity itself of the human person. In effect, it is the human person, essentially endowed with dignity, the one who articulates, expresses and introduces the "*Sollen*" of the values in the world of the reality wherein she lives, and it is only her who is capable of doing so, as bearer of such ethical values. The legal personality, for its part, is manifested as a juridical category in the universe of Law, as the unitary expression of the aptitude of the human person to be *titulaire* of rights and bearer of duties at the level of regulated behaviour and human relations[51].

It may be recalled, in the present context, that the conception of individual *subjective right* has already a wide historical projection, originated in particular in the jusnaturalist thinking in the XVIIth and XVIIIth centuries, and systematized in the legal doctrine throughout the XIXth century. However, in the XIXth century and beginning of the XXth century, that conception remained situated in the ambit of domestic public law, emanated from the public power. Even so, the crystallization of the concept of individual subjective right, and its systematization, marked a step forward towards a better comprehension of the individual as *titulaire* of rights. And they rendered it possible to attain, with the emergence of human rights at international level, the gradual overcoming of positive law.

---

51 Cf., in this sense, e.g., L. Recaséns Siches, *Introducción al Estudio del Derecho*, 12th. ed., Mexico, Ed. Porrúa, 1997, pp. 150-151, 153, 156 and 159.

By the mid-XXth century, the impossibility became clear of the evolution do Law itself without the individual subjective right, expression of a true "human right"[52]. As I deemed it fit to sustain in my Concurring Opinion in the historical Advisory Opinion n. 16 of the IACtHR on the *Right to Information on Consular Assistance in the Ambit of the Guarantees of the Due Process of Law* (of 01.10.1999), we nowadays witness

> "the process of humanization of international law, which today encompasses also this aspect of consular relations. In the confluence of these latter with human rights, the individual subjective right to information on consular assistance, of which are titulaires all human beings who are in the need to exercise it, has crystallized: such individual right, situated into the conceptual universe of human rights, is nowadays supported by conventional international law as well as by customary international law" (par. 35)[53].

The emergence of universal human rights, as from the proclamation of the Universal Declaration of 1948, came to widen considerably the horizon of contemporary legal doctrine, disclosing the insufficiencies of the traditional conceptualization of the subjective right. The pressing needs of protection of the human being much fostered this development. Universal human rights, superior and anterior to the State and to any form of socio-political organization, and inherent to the human being, asserted themselves as opposable to public power itself. Human rights freed the conception of subjective right (*supra*) from the chains of legal positivism. If, on the one hand, the juridical category of the international legal personality of the human being contributed to instrumentalize the vindication of the rights of the human person, emanated from international law, – on the other hand the *corpus juris* of universal human rights ascribed to the legal personality of the individual a far wider dimension, no longer conditioned to the law emanated from the public State power.

Also in the International Court of Justice (ICJ), I have recently had the occasion, in my Separate Opinion appended to the Advisory Opinion of the ICJ on the *Revision of a Judgment of the ILO Administrative Tribunal upon a Complaint Filed against IFAD* (01.02.2012), to dwell upon the outdated dogmatism of the PCIJ and ICJ Statutes, in so far as the international legal capacity of individuals is concerned. As I have recalled in that Separate Opinion (pars.70-75), the question of the procedural capacity of the individuals before the ICJ, and its predecessor the Permanent Court of International Justice (PCIJ), was effectively considered on the occasion of the ori-

---

52   J. Dabin, *El Derecho Subjetivo*, Madrid, Ed. Rev. de Derecho Privado, 1955, p. 64.
53   On the impact of this Advisory Opinion n. 16 (of 1999) of the IACtHR on contemporary international case-law and practice, cf. A.A. Cançado Trindade, "The Humanization of Consular Law: The Impact of Advisory Opinion n. 16 (1999) of the Inter-American Court of Human Rights on International Case-Law and Practice", *in* 6 *Chinese Journal of International Law* (2007) n. 1, p. 1-16.

ginal drafting, by the Advisory Committee of Jurists appointed by the old League of Nations, of the Statute of the PCIJ, in 1920[54]. Of the ten members of the aforementioned Committee of Jurists, only two – Loder and De La Pradelle – pronounced themselves in favour of enabling the individuals to appear as parties before The Hague Court (*jus standi*) in contentious cases against (foreign) States. The majority of the Committee, however, was firmly opposed to this proposition[55].

The position which prevailed in 1920 – which has been surprisingly and regrettably maintained in Article 34(1) of the Statute of the ICJ (formerly the PCIJ) to date – was promptly and strongly criticized in the more lucid doctrine of the epoch (already in the twenties – cf. *supra*). Thus, – to recall the Greek international legal thinking, – in his aforementioned thoughtful monograph *Les nouvelles tendances du Droit international* (1927), Nicolas Politis, after remarking that all Law aims ultimately at human beings (who compose States), proceeded in the defence of the granting to individuals of the direct recourse to international instances in order to vindicate their "legitimate interests", as that would fulfill "a true necessity of international life"[56].

Another criticism to the solution adopted in the matter by the Statute of the PCIJ (Article 34(1)) was formulated by J. Spiropoulos, also in the twenties. Already in 1928, he had anticipated that the emancipation of the individual from the State was a "question of time" and that the individual should be able to defend *himself* and his rights at the international level[57]. There was – he added – no impediment for conventional International Law to secure to individuals a direct action at international level (there having even been precedents in this sense in the inter-war period); if this did not occur and one would limit oneself to judicial actions at domestic law level, not seldom the State would become "judge and party" at the same time, what would be an incongruity.

To J. Spiropoulos, the international legal order can address itself directly to individuals (as exemplified by the peace treaties of the inter-war period), thereby

---

54 A.A. Cançado Trindade, *El Acceso Directo del Individuo...*, op. cit. supra n. (18), p. 31, and cf. pp. 32-35.

55 Four members (Ricci-Busatti, Baron Descamps, Raul Fernandes and Lord Phillimore) objected that the individuals were not subjects of international law (and could not, thus, in their view, be parties before the Court) and that only the States were juridical persons in the international order, – in what they were followed by the other members. Cf. account *in* J. Spiropoulos, *L'individu en Droit international*, Paris, LGDJ, 1928, pp. 50-51; N. Politis, *op. cit. infra* n. (44), pp. 84-87; M.St. Korowicz, "The Problem of the International Personality of Individuals", 50 *American Journal of International Law* (1956) p. 543; S. Séfériadès, "Le problème de l'accès des particuliers à des juridictions internationales", *op. cit. supra* n. (9), pp. 46-47.

56 N. Politis, *Les nouvelles tendances du Droit international*, Paris, Libr. Hachette, 1927, pp. 69, 76-78, 82-83 and 89-90, and cf. pp. 92 and 61.

57 J. Spiropoulos, *op. cit. supra* n. (48), p. 44, and cf. pp. 49 and 64-65.

erecting them into the condition of subjects of international law, to the extent that a direct relationship is established between the individual and the international legal order, which renders him "directly *titulaire* of rights or of obligations"; thus, one cannot fail to admit the international legal personality of the individual[58]. Without the granting to individuals of direct means of action at international level, his rights will continue "without sufficient protection"; only with such direct action before an international instance, – he added, – an *effective* protection of human rights will be achieved, in conformity with the "spirit" of the new international order.

In the mid-thirties, the same position, as already pointed out, was taken by S. Séfériadès[59]. In the same line of thinking are the subsequent writings of Georges Ténékidès, as from his first book (*L'individu dans l'ordre juridique international*,1933)[60]; he likewise remained always attentive to the central position of individuals in the law of nations, having related it to the law of international organizations[61], and having pursued an inter-disciplinary approach[62]. Almost five decades later, he lectured at the Hague Academy of International Law on the action of the United Nations against all forms of racial discrimination[63].

The option made by the draftsmen of the Statute of the old PCIJ in 1920, stratified with the passing of time in the Statute of the ICJ up to the present time, is even more open to criticism if we consider that, already in the first half of the XXth century, there were experiments of International Law which in effect granted international procedural status to individuals[64]. This evolution intensified and generalized

---

58   *Ibid.*, pp. 50-51, 25, 31-33 and 40-41.
59   Cf. S. Séfériadès, "Le problème de l'accès des particuliers à des juridictions internationales", *op. cit. supra* n. (9), pp. 31-32, 51-52, 94 et 106.
60   Cf. G. Ténékidès, *L'individu dans l'ordre juridique international*, Paris, Pédone, 1933, pp. 3-263.
61   G. Ténékidès, "Régimes internes et organisation internationale", 110 *Recueil des Cours de l'Académie de Droit International de La Haye* (1963) pp. 405-408.
62   *Ibid.*, pp. 398-415; and cf. G. Ténékidès, "L'uniformité des régimes politiques au sein des Ligues et Confédérations grecques à l'époque classique", in *Völkerrecht und Rechtliches Weltbild* (eds. K. Zemanek *et alii*), Vienna, Springer-Verlag, 1960, pp. 263-271.
63   G. Ténékidès, "L'action des Nations Unies contre la discrimination raciale", 168 *Recueil des Cours de l'Académie de Droit International de La Haye* (1980) pp. 285-467.
64   This is exemplified by the system of the navigation of the river Rhine, by the Project of an International Prize Court (1907), by the Central American Court of Justice (1907-1917), as well as, in the era of the League of Nations, by the systems of minorities (including Upper Silesia) and of the territories under mandate, by the systems of petitions of the Islands Aaland and of the Saar and of Danzig, besides the practice of mixed arbitral tribunals and of mixed claims commissions, of the same epoch. For a study, cf., e.g.: A.A. Cançado Trindade, "Exhaustion of Local Remedies in International Law Experiments Granting Procedural Status to Individuals in the First Half of the Twentieth Century", 24 *Netherlands International Law Review* (1977) pp. 373-392; C.A. Norgaard, *The Position of the Individual*

in the era of the United Nations, with the adoption of the system of individual petitions under some universal human rights treaties of our times, in addition to human rights conventions at regional level, which established international human rights tribunals (the European and Inter-American Courts of Human Rights, followed, more recently, by the African Court of Human and Peoples´ Rights). Thereunder the international procedural capacity of individuals came to be exercised, with their direct access to international justice.

The work of contemporary international human rights tribunals, as well as international criminal tribunals, has given a new impetus to the struggle of the international community against impunity. The significance of the right of individual petition – a definitive conquest of the International Law of Human Rights[65] – can only be properly assessed in historical perspective. In my aforementioned Separate Opinion in the recent ICJ Advisory Opinion on the *Revision of a Judgment of the ILO Administrative Tribunal upon a Complaint Filed against IFAD* (2012), I then turned my criticisms on what I perceive as the erosion of the strict inter-State outlook of adjudication by the of adjudication by the Hague Court (pars. 76-81 and 88-90). I pondered that the fact that the Advisory Committee of Jurists did not find, in 1920, that the time was ripe to grant access to the PCIJ to subjects of rights other than the States, such as the individuals, did not mean a definitive answer to the question at issue. The fact that the same position was maintained at the time of adoption in 1945 of the Statute of the ICJ did not mean a definitive answer to the question at issue.

The question of access of individuals to international justice, with procedural equality, continued to occupy the attention of legal doctrine ever since, throughout the decades. Individuals and groups of individuals began to have access to other international judicial instances (cf. *supra*), reserving the PCIJ and later the ICJ only for disputes between States. The dogmatic position taken originally in 1920, on the occasion of the preparation and adoption of its Statute, did not hinder the PCIJ to occupy itself promptly of cases pertaining to the treatment of minorities and inhabitants of cities or territories with a juridical statute of their own. In considerations developed in the examination of such matters, the PCIJ went well beyond the inter-State dimension, taking into account the position of individuals themselves (as in, e.g., *inter alia*, the Advisory Opinions on *the Jurisdiction of the Courts of Danzig*, 1928, and on *Minority Schools in Albania*, 1935). Ever since, the artificiality of such dimension became noticeable and acknowledged, already at an early stage of the case-law of the PCIJ.

---

in *International Law*, Copenhagen, Munksgaard, 1962, pp. 109-128; M.St. Korowicz, *Une expérience de Droit international – La protection des minorités de Haute-Silésie*, Paris, Pédone, 1946, pp. 81-174; among others.

65 A.A. Cançado Trindade, *El Derecho Internacional de los Derechos Humanos en el Siglo XXI*, 1st. ed., Santiago, Editorial Jurídica de Chile, 2001, pp. 317-370.

The exclusively inter-State character of the *contentieux* before the ICJ has not appeared satisfactory at all either. At least in some cases (from 1955 to 2013), pertaining to the condition of individuals, the presence of these latter (or of their legal representatives), in order to submit, themselves, their positions, would have enriched the proceedings and facilitated the work of the Court[66]. In those cases, one cannot fail to reckon that one of their predominant elements was precisely the concrete situation of the individuals directly affected, and not merely abstract issues of exclusive interest of the litigating States in their relations *inter se*[67]. Other illustrations can be found in the exercise of the advisory function of the ICJ, for example, in the ICJ two most recent Advisory Opinions, namely, the Advisory Opinion on the *Declaration of Independence of Kosovo* (2010), and the Advisory Opinion of the ICJ on the *Revision of a Judgment of the ILO Administrative Tribunal upon a Complaint Filed against IFAD* (2012).

In all these recent cases and Advisory Opinions, one cannot fail to recognize that a key element – at times the predominant one – has precisely been the concrete situation of human beings, and not mere abstract questions of exclusive interest of the contending States in their relations *inter se*. The truth remains that the artificiality of the exclusively inter-State outlook of the procedures before the ICJ is clearly disclosed the very nature of some of the cases submitted to it. Such artificiality has been criticised, time and time again, in expert writing (cf. *supra*). Parallel to the

---

66 One may recall, for example, the classical *Nottebohm* case concerning double nationality (Liechtenstein *versus* Guatemala, 1955), the case concerning the *Application of the Convention of 1902 Governing the Guardianship of Infants*, (The Netherlands *versus* Sweden, 1958), the cases of the *Trial of Pakistani Prisoners of War* (Pakistan *versus* India, 1973), of the *Hostages (U.S. Diplomatic and Consular Staff) in Teheran* case (United States *versus* Iran, 1980), of the *East-Timor* (Portugal *versus* Australia, 1995), the case of the *Application of the Convention against Genocide* (Bosnia-Herzegovina *versus* Yugoslavia, 1996), and the three successive cases concerning consular assistance – namely, the case *Breard* (Paraguay *versus* United States, 1998), the case *LaGrand* (Germany *versus* United States, 2001), the case *Avena and Others* (Mexico *versus* United States, 2004).

67 Moreover, one may further recall that, in the case of *Armed Activities in the Territory of Congo* (D.R. Congo *versus* Uganda, 2000) the ICJ was concerned with grave violations of human rights and of International Humanitarian Law; in the Land *and Maritime Boundary between Cameroon and Nigeria* (1996), it was likewise concerned with the victims of armed clashes. More recent examples wherein the Court's concerns have gone beyond the inter-State outlook include, *inter alia*, e.g., the case on *Questions Relating to the Obligation to Prosecute or Extradite* (Belgium *versus* Senegal, 2009) pertaining to the principle of universal jurisdiction under the U.N. Convention against Torture; the case of *A.S. Diallo* (Guinea *versus* D.R. Congo, 2010) on detention and expulsion of a foreigner; the case of the *Application of the International Convention on the Elimination of All Forms of Racial Discrimination* (Georgia *versus* Russian Federation, 2011), the case of the *Temple of Preah Vihear* (Cambodia *versus* Thailand, provisional measures of protection, 2011; and interpretation of judgment, 2014).

construction of their international juridical personality, the access of individuals to contemporary international tribunals for the protection of their rights reveals a *renovation* of international law – in the sense of its aforementioned *humanization*[68], – opening a great gap in the traditional doctrine of the reserved domain of States[69] (or *compétence nationale exclusive*), definitively overcome: the individual is erected as subject of international law, endowed with procedural capacity.

Before internationals tribunals, the human person encounters herself, to protect herself from the arbitrariness of the State, being protected by the rules of international law. This renovation of international law, proper of our time, corresponds to the recognition of the necessity that all States, in order to avoid new violations of human rights, are to respond for the way they treat all human beings who are under their jurisdiction. Such renovation would simply not have been possible without the crystallization of the right of individual petition, amidst the recognition of the objective character of the obligations of protection and the acceptance of the collective guarantee of compliance with them: this is the real sense of the *historical rescue* of the individual as subject of the International Law of Human Rights (cf. *supra*).

In effect, it is of the essence of the international protection of human rights the counterposition between the complainant individuals and the respondent States in cases of alleged violations of the protected rights. The profound transformation of the international legal order, launched by the emergence of the International Law of Human Rights, has not taken place without difficulties, precisely for requiring a new mentality. It has furthermore undergone stages, some of which no longer sufficiently studied in our days, even in respect of the crystallization of the right of individual petition. Already in the beginnings of the exercise of this right it was stressed that, though motivated by the search for individual reparation, the right of petition contributes also to secure the respeet for obligations of an objective character which bind the States Parties. In various cases the exercise of the right of petition has gone further, ocasioning changes in the domestic legal order and in the practice of the public organs of the State. The significance of the right of individual petition can only be properly assessed in historical perspective.

Consideration of the right of individual petition as a method of international implementation of human rights necessarily takes into account the central aspect of

---

68 Cf. A.A. Cançado Trindade, "El Nuevo Reglamento de la Corte Interamericana de Derechos Humanos (2000): La Emancipación del Ser Humano como Sujeto del Derecho Internacional de los Derechos Humanos", 30/31 *Revista del Instituto Interamericano de Derechos Humanos* (2001) pp. 45-71; A.A. Cançado Trindade, "Vers la consolidation de la capacité juridique internationale des pétitionnaires...", *op. cit. supra* n. (2), pp. 207-239.

69 F.A. von der Heydte, "L'individu et les tribunaux internationaux", 107 *Recueil des Cours de l'Académie de Droit International de La Haye* (1962) pp. 332-333 and 329-330; and cf. A.A. Cançado Trindade, "The Domestic Jurisdiction of States in the Practice of the United Nations and Regional Organisations", 25 *International and Comparative Law Quarterly* (1976) pp. 715-765.

the *legitimatio ad causam* of petitioners and the conditions of the exercise (and admissibility) of petitions (set forth in the distinct human rights instruments which foresee them)[70]. In effect, of all the mechanisms of international protection of human rights, the right of individual petition is, effectively, the most dynamic one, attributing the iniciative of action to the individual himself (the ostensibly weaker party *vis-à-vis* the public power), distinctly from the exercise *ex officio* of other methods (such as those of reports and investigations) on the part of the organs of international supervision. It is the one which best reflects the specificity of the International Law of Human Rights, in comparison with other solutions proper of Public International Law.

Ultimately, all Law exists for the human being, and the law of nations is no exception to that, guaranteeing to the individual his rights and the respect for his personality, as well as the capacity to exercise his rights. Human rights do assert themselves against all forms or domination or arbitrary power. The human being emerges, at last, even in the most adverse conditions, as ultimate subject of Law, domestic as well as international. The case of the *"Street Children"* (case *Villagrán Morales and Others versus Guatemala*, 1999-2001), decided by the IACtHR, the first one of the kind in which the cause of the children abandoned in the streets was brought before an international human rights tribunal, and in which some of those marginalized and forgotten by this world succeeded to resort to an international tribunal to vindicate their rights as human beings, is truly paradigmatic, and gives a clear and unequivocal testimony that the International Law of Human Rights has nowadays achieved its maturity.

3. The Historical Significance of the International Subjectivity of the Individual

The international juridical subjectivity of the human being, as foreseen by the so-called "founding fathers" of international law (the *droit des gens*), is nowadays a reality. At this beginning of the XXIst century, this highly significant conquest can be appreciated within the framework of the historical process of *humanization* of international law. On the basis of the right of individual petition is erected the juridical mechanism of emancipation of the human being *vis-à-vis* his own State for the protection of his rights in the ambit of the International Law of Human Rights, – an emancipation which constitutes, in our days, a true juridical revolution, which comes at last to give an ethical content to the norms of both domestic public law and international law.

The recognition of the direct access of the individuals to the international justice reveals, at this beginning of the XXIst century, the new primacy of the *raison de l´humanité* over the *raison d´État*, inspiring the historical process of *humanization* of

---

70 For an examination of the matter, cf. A.A. Cançado Trindade, *Tratado de Direito Internacional dos Direitos Humanos*, vol. I, *op. cit. supra* n. (20), pp. 68-87.

international law[71]. The subjects of international law have, already for a long time, ceased to be reduced to territorial entities[72]. (...) It is perfectly possible to conceptualize as subject of international law, precisely, any person or entity, *titulaire* of rights and bearer of obligations, which emanate directly from norms of international law. It is the case of individuals, whose direct contacts – without intermediaries – with the international legal order are thus fostered and strengthened. This evolution is to be appreciated in a wider dimension. The expansion of international legal personality, nowadays encompassing that of individuals as active and passive subjects of international law, goes *pari passu* with the acknowledgment of accountability in international law.

The mechanical and thoughtless attachment to unfounded dogmas of the past becomes even more unsustainable, as the attention of contemporary international legal doctrine on the expansion of the international legal personality turns to the *central* position occupied today by the victimized individuals, giving unequivocal witness of the new *jus gentium* of our times[73], – as I sought to demonstrate in the General Course of Public International Law which I delivered in 2005 at the Hague Academy of International Law[74]. The State-centric world dreamed by E. de Vattel has ceased to exist a long time ago. The evolution of the law of nations, quite on the contrary, keeps on following its path in the XXIth century, with the access to international justice nowadays secured also to persons who found themselves in situations of the utmost vulnerability, if not entirely in defencelessness (cf. *supra*).

In reaction to the succession of acts of barbarism and of the recurring horrors throughout the XXth century and the beginning of the XXIst century, contemporary international legal doctrine has cared to open itself to the expansion of the international legal personality, and, accordingly, of the corresponding legal capacity, as well as, significantly, of the international responsibility. Contemporary *jus gentium*

---

71   A.A. Cançado Trindade, *A Humanização do Direito Internacional*, op. *cit. supra* n. (43), pp. 3-409.

72   More than half a century ago, as acknowledged in the celebrated Advisory Opinion of the International Court of Justice on *Reparations for Damages* (1949), the advent of international organizations had put an end to the States' monopoly of the international legal personality and capacity, with all the juridical consequences which ensued therefrom, cf., for a general study on the matter, A.A. Cançado Trindade, *Direito das Organizações Internacionais*, 6th. ed., Belo Horizonte/Brazil, Edit. Del Rey, 2014, pp. 7-846.

73   A.A. Cançado Trindade, *Évolution du Droit international au droit des gens – L'accès des particuliers à la justice internationale: le regard d'un juge*, Paris, Pédone, 2008, pp. 81-184; R. Portmann, *Legal Personality in International Law*, Cambridge, Cambridge University Press, 2010, pp. 126-128, 243, 271-277 and 283.

74   A.A. Cançado Trindade, "International Law for Humankind: Towards a New *Jus Gentium* – General Course on Public International Law – Part I", 316 *RCADI* (2005), chs. IX-X, pp. 252-317.

has been undergoing a historical process of humanization[75], caring to instrumentalize itself against the manifest insufficiencies and the dangers of the State-centric outlook or of the surpassed strictly inter-State vision. To that effect, the International Law of Human Rights has much contributed, to the point of the phenomenon transcending the parameters of this latter, and permeating in our days the *corpus juris* of International Law as a whole.

Contemporary international case-law contains eloquent illustrations of the access of the human person to international justice in circumstances of considerable adversity, in cases pertaining to, e.g., undocumented migrants, children abandoned in the streets (cf. *supra*), members of peace communities and others civilians in situations of armed conflict, internally displaced persons, individuals (including minors of age) under infra-human conditions of detention, members of dispossessed indigenous communities, among others. In such circumstances, the centrality of the suffering of the victims has become notorious with their access to justice at international level[76].

In our days, effective use has been made of the international individual petition also in such situations[77], – something which could hardly have been anticipated, in their days, by the draftsmen of international treaties and instruments of human rights, endowed with petitioning systems. On the other hand, such recent advances are not at all surprising, as the International Law of Human Rights is essentially *victim-oriented*. Such development is due, in my perception, to the awakening of the human conscience to the imperative of protection of the human person in these circumstances of extreme vulnerability. It is in such circumstances that such protection reaches its plenitude.

In effect, to this remarkable evolution I dedicate my recent book (of 2011), on the matter, published in Oxford[78]. I examine therein some cases adjudicated by the IACtHR in recent years, – a cycle of cases of massacres, – with aggravating circumstances, wherein grave violations of human rights were planned and perpetrated in pursuance of State policies, forming a *systematic* practice of extermination of human

---

75 A.A. Cançado Trindade, *A Humanização do Direito Internacional*, op. cit. supra n. (43), pp. 107-172.

76 Cf., on this particular point, A.A. Cançado Trindade, *El Ejercicio de la Función Judicial Internacional – Memorias de la Corte Interamericana de Derechos Humanos*, 3rd. ed., Belo Horizonte/Brazil, Edit. Del Rey, 2013, ch. XIX, pp. 163-169.

77 Cf. A.A. Cançado Trindade, "The Right of Access to Justice in the Inter-American System of Human Rights Protection", 17 *Italian Yearbook of International Law* (2007) pp. 7-24; A.A. Cançado Trindade, "Die Entwicklung des interamerikanischen Systems zum Schutz der Menschenrechte", 70 *Zeitschrift für ausländisches öffentliches Recht und Völkerrecht* (2010) pp. 629-699.

78 A.A. Cançado Trindade, *The Access of Individuals to International Justice*, Oxford, Oxford University Press, 2011, pp. 1-236.

beings. The adjudication of those cases was launched by the historical Judgment of the IACtHR (of 14.03.2001) in the case of the massacre of *Barrios Altos* concerning Peru; to that Judgment followed the subsequent Judgments of the IACtHR in the cases of the massacres[79]. Thus, massacres and crimes of State (perpetrated by State agents as part of a State policy), which tended to fall into oblivion some decades ago, have more recently been brought to the cognizance of international human rights tribunals (such as the Inter-American and European Courts), in order to determine the responsibility of the State (under the respective regional Conventions) for grave violations of the protected human rights[80].

Cases of the kind have also been lodged, to other effects, with other international tribunals, such as the international criminal ones (for the determination of individual international criminal responsibility), and the ICJ (in the framework of the inter-State *contentieux*). The current multiplicity of contemporary international tribunals (a reassuring phenomenon of our times) has by itself considerably increased the number of *justiciables* all over the world, fostering the access to international justice in our days, even in cases of the aforementioned gravity. New developments have in fact occurred lately in international legal procedures[81], such as the ones pertaining to the determination of the *aggravated* international responsibility of the States concerned, and the identification of the víctims in distinct stages of those procedures. In reaction to grave violations of human rights, one may attest, in the international adjudication of such cases, the centrality and expansion of the notion of (direct) victim, and the relevance of their right to reparation for the damages suffered. It is highly significant that, in our days, surviving victims of massacres, and relatives of fatal victims, have had access to international justice.

---

79   Namely, the cases of the massacres of *Caracazo* concerning Venezuela (reparations, of 29.08.2002), of *Plan de Sánchez* pertaining to Guatemala (of 29.04.2004), of the *19 Tradesmen versus Colombia* (of 05.07.2004), of *Mapiripán versus Colombia* (of 17.09.2005), of the *Moiwana Community versus Suriname* (of 15.06.2005), of *Pueblo Bello versus Colombia* (of 31.01.2006), of *Ituango versus Colombia* (of 01.07.2006), of *Montero Aranguren and Others (Detention Centre of Cátia) versus Venezuela* (of 05.07.2006), of *La Cantuta versus Peru* (of 29.11.2006), and of the *Prison of Castro Castro versus Peru* (of 25.11.2006), as well as in the cases of assassinations planned at the highest level of the State power and executed by order of this latter (such as that of *Myrna Mack Chang*, Judgment of 25.11.2003).

80   For a recent study, cf. A.A. Cançado Trindade, *State Responsibility in Cases of Massacres: Contemporary Advances in International Justice* (Inaugural Address, 10.11.2011), Utrecht, Universiteit Utrecht, 2011, pp. 1-71.

81   Cf., in this respect, A.A. Cançado Trindade, "Reflexiones sobre los Tribunales Internacionales Contemporáneos y la Búsqueda de la Realización del Ideal de la Justicia Internacional", *in Cursos de Derecho Internacional y Relaciones Internacionales de Vitoria-Gasteiz / Vitoria-Gasteizko Nazioarteko Zuzenbidearen eta Nazioarteko Harremanen Ikastaroak* – Universidad del País Vasco (2010) pp. 17-95; A.A. Cançado Trindade, "Os Tribunais Internacionais Contemporâneos e a Busca da Realização do Ideal da Justiça Internacional", 57 *Revista da Faculdade de Direito da Universidade Federal de Minas Gerais* (2010) pp. 37-67.

States themselves today recognize and realize that they can no longer dispose, as they wish, of the human beings who happen to be under their respective jurisdictions[82]. Their power of action is not unlimited, ought to be guided by the faithful observance of certaing fundamental values[83], and of the general princíples of law[84]. They are to respond for their eventual damages to human beings under their respective jurisdictions, and to provide the reparations due to them[85]. States cannot even shield themselves behind the international criminal responsibility of the individuals who perpetrated international wrongs; the responsibility of the State always subsists. The responsibilities of ones and the others do not exclude each other, but rather complement each other. The new international legal order of our times has emerged from the human conscience, – the universal juridical conscience, as the ultimate *material* source of all Law. The expansion of the international legal personality has taken place to the benefit of all subjects of law, including the individuals as subjects of International Law.

4. Epilogue

The law of nations, the *droit des gens*, has much evolved, ultimately moved by the universal juridical conscience, which stands well above the will of the States. Those who serve States tend to think too highly of themselves, and to attribute a key role in this evolution to strategic international litigation. Hence their adherence to the unsatisfactory and dangerous inter-State framework, and to dogmas of the past, and their insistence on trying to prolong certain moments of legal history, without realizing that theirs is a static outlook of the law of nations. After all, their activity is one of means – to "win a case", – and not of ends. Those encapsulated in dogmatisms of the past tend to undermine advances achieved in the contemporary *jus gentium*, such as those pertaining to the consolidation of the international legal personality and capacity of individuals, which they label, at best, as "not perfect". They are longing for an international legal order which no longer exists.

---

82 Cf. my Separate Opinion (paras. 1-231) in the Advisory Opinion of the ICJ on the *Declaration of Independence of Kosovo* (of 22.07.2010).

83 Cf., e.g., S. Glaser, "La protection internationale des valeurs humaines", 60 *Revue générale de Droit international public* (1957) pp. 211-241.

84 Cf. my Dissenting Opinion (paras. 1-214) in the case of the *Application of the International Convention on the Elimination of All Forms of Racial Discrimination* (Georgia *versus* Russian Federation, Judgment of the ICJ of 01.04.2011); cf. also my Separate Opinion (paras. 1-184) in the recent case of *Questions Relating to the Obligation to Prosecute or Extradite* (Belgium *versus* Senegal, Judgment of the ICJ of 20.07.2012); and cf. my Separate Opinion (paras. 1-118) in the Advisory Opinion of the ICJ on the *Revision of a Judgment of the ILO Administrative Tribunal upon a Complaint Filed against IFAD* (of 01.02.2012).

85 Cf. my Separate Opinion (paras. 1-101) in the case of *A.S. Diallo* (Guinea *versus* D.R. Congo, reparations, Judgment of the ICJ of 19.06.2012).

Theirs is a static outlook, centred on States, unpersuasive for its arbitrary points of reference. Such outlook attempts in vain to minimize the remarkable evolution of international law itself, as illustrated, e.g., by the historical recovery of the human person as subjecto of the law of nations. That surpassed inter-State outlook discloses a far too limited view which nostalgically insists on what they regard as the "perfect" international legal personality of States, – a "perfectness" taken for granted, without demonstration. The heralds of that outlook tend to forget that States were created by human beings for their common good, and benefited from "personification" on the basis – ironically – of an analogy with that of human beings. It is about time that States do their part, to the benefit of human beings who created them for the common good.

The international legal order no longer fits itself into the straight-jacket of the strict inter-State outlook, which led to so many abuses, and atrocities, in the recent past; it turns instead its attention, with the revival of jusnaturalism, to the condition of human beings, and the questions which affect the whole of humankind[86]. One recognizes today the need to consolidate the restitution to the human person the central position – as *subject of both domestic and international law* – wherefrom she was unduly removed, with the disastrous consequences of sad memory. The recognition of the *centrality of the rights of the human person* corresponds to a new *ethos* of our times. In this line of evolution also lies the current trend of "criminalization" of grave violations of the rights of the human person. At this early stage of the XXIst century, we witness the acceleration of the historical process of *humanization* of international law[87], – to which it is a privilege to be able to contribute, – which comes to occupy itself more directly with the realization of superior common goals.

We stand before a humanized (or even truly humanist) international *ordre public*, wherein the public interest or the general interest coincides fully with that of the prevalence of human rights. That implies the recognition that *human rights constitute themselves the basic foundation of the legal order*. In the domain of the International Law of Human Rights, moved by considerations of international *ordre public*, we are before common and superior values, underlying it, and whuch appear truly fundamental and irreducible. We can here visualize a true *droit au Droit*, that is, the right to a legal order which effectively safeguards the rights inherent to the human person. Of their faithful safeguard will depend, to a large extent, the future evolution of International Law itself.

---

86   A. Truyol y Serra, *La Sociedad Internacional*, 9th. ed., Madrid, Alianza Editorial, 1998, pp. 97-98 and 167. On the conception of the State as promoter and guarantee of the common good, cf. Jacques Maritain, *The Person and the Common Good*, Notre Dame, University of Notre Dame Press, 1966 (reimpr. 1985), pp. 11-105.

87   Cf. A.A. Cançado Trindade, *A Humanização do Direito Internacional*, op. cit. supra n. (43), pp. 3-409.

This is the path to follow, for us and the succeeding generations not to keep on living with the tragic contradictions which marked the XXth century. To pursue in this path, moreover, contributes ultimately to the international rule of law itself, to the realization of justice also at international level, thus fulfilling a long-standing aspiration of humankind. The international juridical subjectivity of the individuals is nowadays an irreversible reality, and the violation of their fundamental rights (emanated directly from the international legal order) entails juridical consequences. It gives expression to the new primacy of the *raison d'humanité* over the *raison d'État*. Human conscience thereby attains in our days a stage of evolution which renders it possible to do justice at the international law in the safeguard of those entirely marginalized or socially excluded (cf. *supra*). The human person has emerged, at last, also in the most adverse conditions and even amidst defencelessness, as the ultimate subject of both domestic and international law, endowed with full juridico-procedural capacity.

Contemporary international law has been moved, in its advances, by the search for justice and for the prevalence of common superior *values*. It has purported to enable individuals to exercise their rights (by acknowledging their *legitimatio ad causam*) and peoples to live in peace with justice. The fact is that, nowadays, individuals, even in the most adverse circumstances, and in situations of defencelessness (as we have seen), have had access to international justice; this would have been simply unthinkable in the XIXth century, or even some decades ago. The international legal order nowadays promptly reacts to situations of manifest injustice. As jurists, we can give our modest contribution to the improvement of the human condition, beyond the confines of institutionalized "schools of thought", essentially as free thinkers, moved by our ideals, and remaining always attentive to fundamental human *values*, standing well above dogmas. Human conscience (the *recta ratio*), the universal juridical conscience, stands well above the will of States.

Last but not least, may I reiterate my gratitude to the authorities of the University Panteio of Athens for their kindness in convening this academic act, of great significance to me and which I shall never forget. Soon in my academic life I captured the longstanding legacy of Greek spirituality; this latter expressed, in a perennial and timeless way[88], the compassion for the human condition, for human misery. The Greek tragedies of Aeschylus, Sophocles and Euripides remain as contemporary

---

88 Cf., e.g., J. de Romilly, *La Grèce antique contre la violence*, Paris, Éd. de Fallois, 2000, pp. 7-214; J. Burckhardt, *History of Greek Culture*, Mineola/N.Y., Dover Publs., 2002, pp. 1-338; J.-P. Vernant, *As Origens do Pensamento Grego*, Rio de Janeiro, Difel/Ed. Bertrand, 2002, pp. 9-143; P. Lévêque, *Le monde hellénistique*, Paris, Libr. A. Colin,1969, pp. 3-264; B. Snell, *A Cultura Grega e as Origens do Pensamento Europeu* [1955], São Paulo, Ed. Perspectiva, 2009 [reprint], pp. 1-319; J.N. Bremmer, *The Early Greek Concept of the Soul*, Princeton, Princeton University Press, 1993 [reprint], pp. 3-135; R. Dodds, *The Greeks and the Irrational*, Berkeley, University of California Press, 1997 [reed.], pp. 1-311; H.D.F. Kitto, *The Greeks*, Middlesex, Penguin Books, 1964 [reprint], pp. 7-252; C.M. Bowra, *The Greek Experience*, N.Y., Mentor Books, 1959, pp. 13-215.

today as when they were first written and performed, so many centuries ago[89]. The message is clear: it is against the use and abuse of force, which destroys not only the victims but likewise the perpetrators, everyone. It is a message illumitated by the imperatives of justice[90]. Justice is essential to human survival itself; we are privileged today to witness, and to contribute to, the emancipation of human beings *vis-à--vis* their own State, enabled as they now are to seek the realization of justice for themselves. Thank you very much for all your attention.

Athens, 01 July 2014.

RÉSUMÉ

L'individu est sujet *jure suo* de droit international, comme soutenu au fil des siècles par la doctrine juridique plus lucide, dès les écrits des célèbres "pères fondateurs" de notre discipline. L'importance considérable attribuée à la personne humaine dans le cadre du *droit des gens* par les célèbres "pères fondateurs" de la discipline ne devrait pas être oubliée à notre époque. La soumission postérieure de l'individu à la "volonté" de l'État n'a jamais parue convaincante, et a vite été ouvertement remise en question par la doctrine juridique plus lucide. À notre époque, l'individu est reconnu – et de manière très claire dans la doctrine jusinternationaliste grecque – comme sujet à la fois de droit interne et de droit international. La subjectivité internationale de l'être humain est apparue avec vigueur dans la science juridique du XXe siècle, comme réaction de la conscience juridique universelle contre les atrocités successives commises contre le genre humain. L'*accès direct* de l'individu à la juridiction internationale est donc entièrement justifié pour défendre ses droits, même contre son propre État. La consolidation de la personnalité juridique internationale des individus renforce *pari passu* la responsabilité en droit international pour des abus perpétrés contre les êtres humains. En ce début de XXIe siècle, cette conquête très importante peut être appréciée dans le cadre du processus historique en cours de l'*humanisation* du droit international.

ABSTRACT

The individual is subject *jure suo* of international law, as sustained along the centuries by the most lucid legal doctrine, as from the writings of the renowned

---

89   Cf., e.g., F. Nietzsche, *The Birth of Tragedy* [1872], Oxford, Oxford University Press, 2000, pp. 3-131; G. Steiner, *The Death of Tragedy*, London, Faber and Faber, 1961, pp. 3-355; W. Kaufmann, *Tragedy and Philosophy*, Princeton, Princeton University Press, 1992 (reed.), pp. 1-379; J. de Romilly, Le *temps dans la tragédie grecque*, 2nd. ed., Paris, Libr. Philosophique J. Vrin, 2009, pp. 11-207; S. Goldhill, *Sophocles and the Language of Tragedy*, Oxford, Oxford University Press, 2012, pp. 3-263; S. Goldhill, *Reading Greek Tragedy*, Cambridge, Cambridge University Press, 1999 (reed.), pp. 1-286.
90   Simone Weil, *A Fonte Grega*, Lisbon, Ed. Cotovia, 2006, pp. 16-17, 20, 24-25, 30, 37-39, 69-70, 106 and 127-128; Simone Weil, *L'Iliade ou le poème de la force*, Paris, Éd. Payot & Rivages, 2014, pp. 54, 83, 86-87, 93, 101, 111-113, 119, 122-123, 142 and 152.

"founding fathers" of our discipline. The considerable importance attributed to the human person in the framework of the *law of nations* by the famous "founding fathers" of the discipline should not be forgotten in our epoch. The subsequent submission of the individual to the "will" of the State has never appeared convincing, and was promptly challenged by the most lucid legal doctrine. In our epoch, the individual is recognized – and quite clearly in Greek jusinternationalist doctrine – as subject of domestic as well as international law. The international subjectivity of the human being has emerged with vigour in the legal science of the XXth century, as a reaction of the universal juridical conscience against the successive atrocities committed against the human kind. The *direct access* of the individual to the international jurisdiction is thus entirely justified so as to defend his rights, even against his own State. The consolidation of the international legal personality of individuals enhances *pari passu* responsibility in international law for the abuses perpetrated against human beings. At this beginning of the XXIth century, this very important advance can be appreciated in the framework of the historical process in course of the *humanization* of international law.

RESÚMEN

El individuo es sujeto *jure suo* de derecho internacional, como sustentado a lo largo de los siglos por la doctrina jurídica más lúcida, desde los escritos de los célèbres "padres fundadores" de nuestra disciplina. La importancia considerable atribuída a la persona humana en el marco del *derecho de gentes* por los famosos "padres fundadores" de la disciplina no debería ser olvidada en nuestra época. La sujeción posterior del individuo a la "voluntad" del Estado jamás pareció convincente, y fue prontamente cuestionada por la doctrina juridica más lúcida. En nuestra época, el individuo es reconocido – y de modo marcante en la doctrina jusinternacionalista griega – como sujeto del derecho tanto interno como internacional. La subjectividad internacional del ser humano emergió con vigor en la ciencia jurídica del siglo XX, como reacción de la consciencia jurídica universal contra las atrocidades succesivas conmetidas contra el género humano. El *acceso directo* del individuo a la juridicción internacional es, pues, enteramente justificado para defender sus derechos, aún contra su proprio Estado. La consolidación de la personalidad jurídica internacional de los individuos refuerza *pari passu* la responsabilidad en derecho internacional por los abusos perpetrados contra los seres humanos. En este inicio del siglo XXI, este avance muy importante puede ser apreciado en el marco del proceso histórico en curso de la *humanización* del derecho international.

RESUMO

O indivíduo é sujeito *jure suo* do direito internacional, como sustentado ao longo dos séculos pela doutrina jurídica mais lúcida, desde os escritos dos célèbres "pais fundadores" de nossa disciplina. A importancia considerável atribuída à pessoa humana no âmbito do *direito das gentes* pelos famosos "pais fundadores" da disciplina não deveria ser esquecida em nossa época. A submissão posterior do indivíduo à "vontade" do Estado jamais pareceu convincente, e foi prontamente questionada pela doutrina juridíca mais lúcida. Em nossa época, o indivíduo é reconhecido – e de modo marcante na doutrina jusinternacionalista grega – como sujeito do direito tanto interno como internacional. La subjetividade internacional do ser humano emergiu com vigor na ciencia jurídica do século XX, como reação da consciencia jurídica universal contra as atrocidades sucessivas cometidas contra o gênero humano. O *acesso direto* do indivíduo à jurisdição internacional é, pois, inteiramente justificado para defender seus derechos, mesmo contra seu próprio Estado. A consolidação da personalidade jurídica internacional dos indivíduos reforça *pari passu* a responsabilidade no direito internacional pelos abusos perpetrados contra os seres humanos. Neste início do século XXI, este avanço muito importante pode ser apreciado no âmbito do processo histórico em curso da *humanização* do direito international.

XII

Some Reflections on the Justiciability of the Peoples' Right to Peace

I. Introduction: Two Significant Antecedents

The subject of the rights of peoples has already a relatively long history in International Law. The right of peoples' to peace, in particular, was retaken by the United Nations, by an initiative of Cuba, in a ceremony held on 16 December 2009. I had the honour to deliver, on the occasion, at the U.N. headquarters in Geneva, the key-note address, acceding to a kind invitation of the United Nations. Shortly afterwards, a summary of it has been published in a recent U.N. report[1], but not the full text of my pronouncement. I think that there can hardly be a more proper moment to do so now that this U.N. report has been distributed and publicized worldwide by the United Nations Organization itself.

In my aforementioned key-note address of 16 December 2010, at the United Nations in Geneva, I began by recalling that two decades had already passed since I addressed, in that same U.N. headquarters in Geneva, the *U.N. Global Consultation on the Right to Development as a Human Right*. On that previous occasion, on the basis of the 1986 U.N. Declaration on the Right to Development, I dwelt upon such conceptual aspects as the subjects, legal basis and contents of the right; its obstacles and possible means of implementation; and its relationship to other human rights. Although I think that much of what I said in Geneva in 1990[2] would have a direct bearing on the peoples' right to peace, it was not my intention to go through that again in the current exercise on the peoples' right to peace.

Reference made to this antecedent, I recalled only that the 1990 U.N. Global Consultation proved to be a worthwhile exercise[3] following the 1986 U.N.

---

1 "[Key-Note Address by A.A. Cançado Trindade: Some Reflections on the Justiciability of the Peoples' Right to Peace – Summary]", *in* U.N., *Report of the Office of the High Commissioner for Human Rights on the Outcome of the Expert Workshop on the Right of Peoples to Peace* (2009), doc. A/HRC/14/38, of 17.03.2010, pp. 9-11.

2 A.A. Cançado Trindade, *Legal Dimensions of the Right to Development as a Human Right: Some Conceptual Aspects*, U.N. doc. HR/RD/1990/CONF.36, of 1990 (U.N. Global Consultations on the Right to Development as a Human Right), pp. 1-17, esp. p. 13. And, for a detailed account of the aforementioned U.N. Global Consultation, cf. A.A. Cançado Trindade, *Direito das Organizações Internacionais*, 4th. ed., Belo Horizonte/Brazil, Ed. Del Rey, 2009, pp. 289-312.

3 Cf. U.N. Centre for Human Rights, *The Realization of the Right to Development*, N.Y., U.N., 1991, pp. 3-53.

Declaration: in fact, in the decade following the formulation of this latter and the 1990 U.N. Global Consultation, the right to development found significant endorsements in the final documents adopted by the U.N. World Conferences of the nineties, which have brought it into the conceptual universe of International Human Rights Law. This seemed to have been the understanding of the U.N. General Assembly decision 48/141 (of 20.12.1993, on the creation of the post of U.N. High Commissioner for Human Rights.), which, in its preamble, reaffirmed *inter alia* that "the right to development is a universal and inalienable right which is a fundamental part of the rights of the human person".

Before turning to the peoples' right to peace, I further briefly referred to a second significant antecedent of the exercise of 16 December 2009, which promptly also came to my memory. While the recent cycle of U.N. World Conferences was taking its course, I was privileged to integrate, in 1997, the UNESCO Group of Legal Experts entrusted with the preparation of the *Draft Declaration on the Human Right to Peace* (meetings of Las Palmas Island, February 1997; and of Oslo, June 1997). We duly inserted the right to peace into the framework of International Human Rights Law[4], asserting peace as a right and a duty[5]. After the Las Palmas and Oslo meetings, UNESCO launched consultations with 117 member States (Paris, March 1998), at the end of which three main positions of the governmental experts became discernible: those fully in support of the recognition of the right to peace as a human right, those who regarded it rather as a "moral right", and those to whom it was an "aspiration" of human beings[6]; the main difficulty, as acknowledged by the *Report* of the Paris meeting, was its official recognition as a legal right[7].

It had become clear that that exercise as to the right to peace did not have the same outcome as the one pertaining to the right to development. In other words, the 1984 U.N. Declaration on the Right of Peoples to Peace[8] has not yet generated a significant projection as the 1986 U.N. Declaration on the Right to Development. And this, ironically, despite the fact that, in a historical perspective, the right to peace has been deeply-rooted in human conscience for a much longer period than the right to development (*infra*). The initiative by UNESCO was not the only exercise to that effect.

---

4   A.A. Cançado Trindade, "The Right to Peace and the Conditions for Peace", 21 *Diálogo – The Human Right to Peace: Seed for a Possible Future –* UNESCO/Paris (June 1997) pp. 20-21.

5   The document was prepared as a contribution of UNESCO to the 50th anniversary (in 1998) of the Universal Declaration of Human Rights.

6   UNESCO/Executive Board, *Report by the Director-General on the Results of the International Consultation of Governmental Experts on the Human Right to Peace (Final Report)*, document 154 EX/40, of 17.04.1998, p. 10.

7   Cf. *ibid.*, pp. 2 and 10.

8   Annex to the U.N. General Assembly resolution 39/11, of 12 November 1984.

Outside the framework of international organizations there have been initiatives, on the part of persons of good-will, to conceptualize both the right to peace[9] and the rights of peoples[10]. This brings me to invoke another element to be recalled in the present exercise, namely, the renewed attention dedicated, in the recent decades, to the rights of peoples. It was, however, beyond the purposes of my intervention of 16.12.2009 to review the extensive expert writing, the numerous books and monographs on distinct idioms, that have elaborated on the rights of peoples.

Each one speaks for his own experience, and so did I: my intention, in those preliminary remarks, was to recall pertinent exercises in which I was engaged in the last two decades, concerning the formulation of the rights to peace and to development (*supra*), including the recent cycle of U.N. World Conferences. I have registered and summarized my recollections in this respect in my *General Course on Public International Law* delivered at The Hague Academy of International Law in 2005, and published in volumes 316 and 317 of its *Recueil des Cours*[11]. *I then turned on to the points I wished to make for the exercise on the justiciability of the peoples' right to peace.*

II. Some Disquieting Interrogations

In approaching the right of peoples' to peace, we are first confronted, in my perception, with some rather disquieting interrogations. To start with, it is well-known that the U.N. Charter, adopted in one of the rare moments – if not glimpses – of lucidity in the XXth century, proclaimed, in its preamble, the determination of *"the peoples of the United Nations"* to *"save succeeding generations from the scourge of war"*, and, to that end, to *"live together in peace with each other* as good neighbours".

This phraseology is quite clear: in disclosing the constitutional vocation of the U.N. Charter, its draftsmen referred to the peoples, rather than the States, of the United Nations. Why, then, has it taken so much time for the legal profession to acknowledge such constitutional conception of the U.N. Charter (further evidenced by some key provisions as Articles 2(6) and 103 of the Charter), as it has increasingly been doing lately, in recent years? Why has it approached the Charter, for a long time, from a strictly reductionist – if not surpassed – inter-State perspective?

---

9   E.g., the 2006 Luarca Declaration on the Human Right to Peace, among others.

10 E.g., the 1976 Algiers Declaration on the Rights of Peoples, among others.

11 Cf., as to the rights to peace and to development, A.A. Cançado Trindade, "International Law for Humankind: Towards a New *Jus Gentium* – General Course on Public International Law – Part I", 316 *Recueil des Cours de l'Académie de Droit International de la Haye* (2005), chapter XIV, pp. 397-411; and cf., as to the recent cycle of U.N. World Conferences, A.A. Cançado Trindade, "International Law for Humankind: Towards a New *Jus Gentium* – General Course on Public International Law – Part II", 317 *Recueil des Cours de l'Académie de Droit International de la Haye* (2005), chapter XXVI, pp. 247-268.

Why have the debates with the U.N. system as a whole, on the human right to peace, proved inconclusive to date? Why has a been so difficult to reach consensus in relation to something which looks *prima facie* so evident? Is it possible that States remain so oversensitive – perhaps more than human beings – when it comes to what they regard as presumably touching on their so-called vital interests? Why so many years have lapsed since the adoption of the 1984 Declaration on the Right of Peoples to Peace till the subject has now seemingly been rescued by the Human Rights Council earlier this year[12] for reconsideration in the present workshop?

Unfortunately, recourse to armed force seems to have pervaded large segments of public opinion, and even – and most regrettably – of the legal doctrine and profession itself (particularly those coopted by the power-holders). Why, – it can further been asked, – has it taken so much time to come to a universally acceptable definition of aggression? Why so, despite the fact that since the twenties, in the old League of Nations, there were endeavours to that effect? Why the tipification of the crime of aggression has not yet been achieved, despite the fact that one could have built on the 1974 U.D. Definition of Aggression, itself adopted after years of debates?

Why does the proclamation of the peoples' right to peace remains an unfinished business in the United Nations system, after so many years, and despite some relevant provisions of the U.N. Charter itself? Why has humanitarian law not yet evolved to the point of banning war altogether? Why has the topic of international trade in weapons never occupied a more prominent or conspicuous place in the agenda of the U.N. competent organs? I am afraid there are no easy answers to these apparently simple, but disquieting questions. There are to be kept constantly in mind. They have probably more to do with the fathomless human nature itself. It so seems that States experience an unsurmountable difficulty to speak a common language, when it comes to reach an understanding as to the fundamentals to secure the very survival of humankind. With this warning in mind, I move on to the next point of consideration, namely, the time dimension.

III. The Time Dimension: The Long-Term Outlook

Despite the difficulties experienced so far, the renewal of interest in, and the insistence upon, the right of peoples' to peace, by the U.N. Human Rights Council, are most commendable. That right can, in effect, be appropriately approached, bearing in mind the time dimension. Its roots can be traced back to the search for peace, antedating for a long time the adoption of the U.N. Charter. In fact, the search for peace, and the construction of the right to peace, have historical roots that were to become notorious with the projects of perpetual peace of the XVIIIth century, such as those of Saint-Pierre (1712) and of I. Kant (1795). Yet, such projects

---

12   U.N. Human Rights Council, doc. A/HRC/11/L.7, of 12.06.2009, pp. 1-5.

proved incapable to date to accomplish their common ideal, precisely for laying too heavy an emphasis, in their endeavours to restrict and abolish wars, specifically on *inter-State* relations, overlooking the bases for peace *within* each State[13] and the role of non-State entities.

It may appear somewhat surprising that the search for peace has not yet sufficiently related domestic and international levels, this latter going beyond a strictly inter-State dimension. Recent attempts to elaborate on the right to peace have, however, displayed a growing awareness that its realization is ineluctably linked to the achievement of social justice *within* and *between* nations[14]. Along the XXth century, the conceptual construction of the right to peace in International Law has antecedents in successive initiatives taken, in distinct contexts at international level[15].

Reference can be made, in this connection, e.g., to the 1928 General Treaty for the Renunciation of War (the so-called Briand-Kellog Pact)[16]; Articles 1 and 2(4) of the U.N. Charter[17], complemented by the 1970 U.N. Declaration on Principles of International Law Concerning Friendly Relations and Cooperation among States[18]; the 1970 Declaration on the Strengthening of International Security[19]; the 1974 Definition of Aggression[20]; the 1974 Charter on Economic Rights and Duties of

---

13 The project of Kant (cf. I. Kant, *Sobre la Paz Perpetua* [1795], 4th. ed., Madrid, Tecnos, 1994, pp. 3-69) at least sought to establish a link between inter-State and the internal constitution of each State. On the insufficiencies of the classic endeavours to abolish wars *sic et simpliciter*, cf. G. del Vecchio, *El Derecho Internacional y el Problema de la Paz* (Spanish edition of the original *Il Diritto Internazionale e il Problema della Pace*), Barcelona, Bosch, 1959, pp. 51-52, 62-64, 67 and 121-123.

14 Cf. *ibid.*, pp. 52, 63-64 and 151; A.A. Cançado Trindade, *O Direito Internacional em um Mundo em Transformação*, Rio de Janeiro, Ed. Renovar, 2002, p. 1062.

15 Cf., generally, D. Uribe Vargas, *El Derecho a la Paz*, Bogotá, Universidad Nacional de Colombia, 1996, pp. 1-250; D. Uribe Vargas, "El Derecho a la Paz", *in Derecho Internacional y Derechos Humanos/Droit international et droits de l'homme* (eds. D. Bardonnet and A.A. Cançado Trindade), The Hague/San José of Costa Rica, IIDH/Hague Academy of International Law (1995 External Session), 1996, pp. 177-195.

16 Endeavouring to overcome the dangerous system of the equilibrium of forces by condemning war as an means of settlement of disputes and an instrument of foreign policy, and heralding the new system of collective security and the emergence of the right to peace; J. Zourek, *L'interdiction de l'emploi de la force en Droit international*, Leiden/Genève, Sijthoff/Inst. H.-Dunant, 1974, pp. 39-48.

17 The relevant U.N. provisions. together with the 1928 General Treaty for the Renunciation of War, became major sources – the legal nature of which was unchallenged by States – of limitations of resort to force by States; I. Brownlie, *International Law and the Use of Force by States*, Oxford, Clarendon Press, 1963 (reprint 1981), pp. 83 and 91.

18 U.N. General Assembly resolution 2625 (XXV), of 24.10.1970.

19 U.N. General Assembly resolution 2374 (XXV), of 16.12.1970.

20 U.N. General Assembly resolution 3314 (XXIX), of 14.12.1974.

States[21]; the Code of Offences against the Peace and Security of Mankind, drafted by the U.N. International Law Commission; successive resolutions of the U.N. General Assembly pertaining to the right to peace[22], and relating it to disarmament; the 2000 U.N. Millenium Declaration followed by the 2005 World Summit Outcome[23]. Yet, the debates conducive to the adoption of those instruments were again conducted to a large extent from a horizontal, inter-State perspective.

Going well beyond that, in excerpts from the writings of a former recipient of the Nobel Prize in literature, written at the end of the first world war, and only published, posthumously, in the early 70s, and not so well-known as his literary writings, it was pondered that

> "(...) La paix en tant que pensée et aspiration, en tant que but et idéal, est déjà très vieille. Cela fait déjà des millénaires qu'existe cette puissante parole, fondamentales pour des millénaires: 'Tu ne tueras point'. (...)
>
> Il y a quelques milliers d'années la loi religieuse d'un peuple de haute culture a édicté le principe fondamental du 'Tu ne tueras pas'. (...) La loi que Moïse a formulée sur le mont Sinaï est reprise quelques milliers d'années plus tard (...) avec des restrictions (...). Nul pays de culture au monde n'a repris dans son code pénal l'interdiction de tuer des hommes sans la restreindre». (...)
>
> (...) La forme la plus grave de 'combat' est la forme organisée par l'État (...) et son corollaire: la philosophie de l'État, du capital, de l'industrie et de l'homme faustien (...). J'ai toujours été pour les opprimés contre les oppresseurs"[24].

In the profession of his pacifist ideals, Hermann Hesse added lucidly that

> "Ce principe du 'Tu ne tueras point', à l'époque où il fut énoncé, représentait une exigence d'une portée inouïe. Cette parole signifiait pratiquement la même chose que 'Tu ne respireras pas!». Apparemment c'était impossible, apparemment c'était dément (...). Toutefois, cette parole s'est maintenue au cours de nombreux siècles et aujourd'hui encore elle est valide, elle a fondé des lois, des opinions, des morales, elle a porté ses fruits, a secoué et labouré la vie des hommes comme peu d'autres paroles. (...) Il y a eu des progrès et des régressions. Il y eu des pensées lumineuses à partir desquelles nous avons construit des lois sombres et des cavernes de la conscience. (...)

---

21 Which acknowledged the States' duty to coexist in peace and to achieve disarmament (Articles 26 and 15, respectively). Other international instruments have done the same (e.g., the 1982 World Charter for Nature, preamble, par. 4(c), and Principles 5 and 20). It has often been argued that the right to peace entails as a corollary the right to disarmament.
22 U.N. General Assembly resolution 33/73, "Declaration on the Preparation of Society to Live in Peace", of 15.12.1978; U.N. General Assembly resolution 39/11, "Declaration on the Right of Peoples to Peace", of 12.11.1984; cf. also U.N. General Assembly resolution 34/88, of 1979.
23 Cf., on these latter, A.A. Cançado Trindade, *Direito das Organizações Internacionais*, 4th ed., Belo Horizonte/Brazil, Edit. Del Rey, 2009, pp. 545-555.
24 Hermann Hesse, *Guerre et paix*, Paris, L'Arche Éd., 2003 [reed.], pp. 35, 49, 127 and 115.

Le précepte 'Tu ne tueras pas' a été fidèlement honoré et suivi depuis des milliers d'années par des milliers d'individus. (...) Il y a toujours eu une minorité des gens bien intentionnées, de croyants de l'avenir qui ont suivi des lois qui ne se trouvaient dans aucun code pénal profane. (...) Des milliers d'individus se sont réclamés de los supérieures non écrites (...), et se sont courageusement élevés contre l'obligation de tuer et de haïr, acceptant d'aller en prison et d'être persécutés pour cela"[25].

The current exercise of retaking for examination the right of peoples to peace, is thus nothing new. There is nothing new under the sun. The purpose of this debate corresponds to an ancient human aspiration, which has been present in human conscience along the centuries. As observed by another remarkable writer of the XXth century, each war, however brief, with the unethical recourse to unlimited force and violence, with the "hypothetical justification of its necessity", with the hypocrisy of alleged preoccupation with those fallen in combat, with its prayers to the flag and the homeland (*patria*), with its waging of uncontrolled violence and extermination, destroys in a short while what was supposed to be achievements of social organization, if not civilization, along centuries[26].

Fortresses, castles, temples and cathedrals, built in the course of decades, were destroyed in hours, if not minutes, – but not the idiom, not the oral history, not the religious beliefs, not the secular human aspiration to peace; these latter seem to emerge like phoenix, rising from the ashes with renewed youth. This can hardly be surprising, as "the spirit is stronger than the matter"[27]. The more we go back in time, the more this appears to be confirmed. Yet, in our days, the awareness of the imperatives of peace does not seem to have evolved *pari passu* with the impressive development of specialized knowledge and technological advances.

In the mid-XXth century, the learned historian Arnold Toynbee warned that the then growing expenditures with militarism fatally lead to the "ruin of the civilizations"[28]; likewise, the improvement of military technique is symptomatic of the "decline of a civilization"[29]. Such growing expenditures of his time keep on going on, in our days, six decades later, amidst apparent inconscience. Another distinguished writer of the XXth century, Stefan Zweig, in referring to the "old barbarism of war", likewise warned against the *décalage* between technical progress and moral ascension, in face of "a catastrophe which with one sole **golpe** made us regress a thousand years in our humanitarian efforts"[30].

---

25   *Ibid.*, pp. 35-36 and 50.
26   Stefan Zweig, *Tiempo y Mundo – Impresiones y Ensayos (1904-1940)*, Barcelona, Edit. Juventud, 1998 [reed.], pp. 60-61.
27   *Ibid.*, p. 247.
28   A. Toynbee, *Guerra e Civilização*, Lisbon, Edit. Presença, 1963 [reed.], pp. 20 and 29.
29   *Ibid.*, pp. 178-179. – And cf. J. de Romilly, *La Grèce antique contre la violence*, Paris, Éd. Fallois, 2000, pp. 18-19 and 129-130.
30   S. Zweig, *O Mundo que Eu Vi*, Rio de Janeiro, Ed. Record, 1999 (reed.), p. 19, y cf. pp. 474 y 483, y cf. p. 160.

Has the previous generation really grasped the lessons learned with so much suffering by previous generations? It does not seem so. Another remarkable thinker of the last century, Bertrand Russell, pondered in 1959, in relation to the production of the atom bomb, that

> "(...) The pursuit of knowledge may become harmful unless it is combined with wisdom (...). There must be (...) a certain awareness of the ends of human life. (...)
>
> (...) I do not think that knowledge and morals ought to be much separated. It is true that the kind of specialised knowledge which is required for various kinds of skill has little to do with wisdom. (...) With every increase of knowledge and skill, wisdom becomes more necessary, for every such increase augments our capacity for realising our purposes, and therefore augments our capacity for evil, if our purposes are unwise.;;the world needs wisdom as it has never needed it before; and if knowledge continues to increase, the world will need wisdom in the future even more than it does now"[31].

Going further back in time, in the XVIth century, Francisco de Vitoria conceived the *jus gentium* of his days as the one which regulated the relations among all peoples (including the indigenous peoples of the New World), besides the individuals, in conditions of independence and juridical equality, pursuant to a truly universalist outlook (*totus orbis*). In a world marked by the diversification (of peoples and cultures) and by the pluralism (of ideas and cosmovisions), this new *jus gentium*[32], *emanated from a lex praeceptiva* of natural law, ensuing from the *recta ratio*, secured the unity of the *societas gentium*, and provided the juridical foundation for the *totus orbis*. In his well-known *Relectio De Indis Prior*, Vitoria clarified his understanding of the *jus gentium* as a law regulating the relations among all peoples, with the due respect to their rights, to the territories where they lived, to their contacts and freedom of movement (*jus communicationis*)[33].

Going still further back in time, already the ancient Greeks were aware of the devastating effects of war over winners and losers, revealing the great evil of the substitution of the ends by the means: since the epoch of the *Illiad* of Homer until nowadays, all the "belligerents" were transformed into means, in things, in the insane struggle for power, incapable event to "submit their actions to their thoughts". As Simone Weil observed so perspicaciously, the terms "oppressors and oppressed"

---

31 Bertrand Russell, "Knowledge and Wisdom", *in Essays in Philosophy* (ed. H. Peterson), N.Y. Pocket Library, 1960 [reed.], pp. 499 and 502.

32 Defined by Francisco de Vitoria himself as "*quod naturalis ratio inter omnes gentes constituit, vocatur jus gentium*".

33 From his work emerged the conception of a *jus gentium*, entirely emancipated from its origin of private law (in Roman law), vested with a humanistic vision, respectful of the freedoms of nations as well as of individuals, and of universal ambit. A.A. Cançado Trindade, "*Totus Orbis*: A Visão Universalista e Pluralista do *Jus Gentium*: Sentido e Atualidade da Obra de Francisco de Vitoria", *in* 24 *Revista da Academia Brasileira de Letras Jurídicas* – Rio de Janeiro (2008) n. 32, pp. 197-212.

almost lose meaning, in face of the impotence of all in confronting the machinery of war, converted into a machinery of destruction of any reasoning and of the fabrication of the inconscience[34]. Like in the *Illiad* of Homer, there are no winners and losers, all are taken and overwhelmed by force, possessed by war, degraded by brutalities and massacres[35].

IV. The Assertion of the Peoples' Right to Peace before Contemporary International Courts and Tribunals

Despite the fact that human knowledge has not been accompanied by wisdom in the handling of the matters of concern to the whole of humankind, there is no reason for despair. Some modest advances seem to have been achieved by human conscience, – or by the *universal juridical conscience*, as, in my own conception, the ultimate *material* source of International Law, the *jus gentium*[36]. In effect, nowadays, the rights of peoples are acknowledged and asserted before contemporary international tribunals. Here, once again, I speak for my own experience, in referring first to the recent case-law of the tribunal I have served for many years, namely the Inter-American Court of Human Rights. I will then turn to the past practice before the tribunal I now serve, namely, the International Court of Justice.

1. Advances of the Case-Law of the Inter-American Court of Human Rights

In its Judgment of 31.08.2001, without precedents in international case-law, in the case of the *Community Mayagna (Sumo) Awas Tingni versus Nicaragua*, the Inter-American Court of Human Rights (IACtHR) extended protection to the right of all the members of an indigenous community (as the complaining party) to their communal property of their historical lands[37]. The IACtHR determined that the respondent State should proceed[38] to the delimitation, demarcation and emission of the title to those lands of the community *Mayagna (Sumo) Awas Tingni* taking into account their customary law, their uses and customs[39]. This remarkable Judgment eloquently discloses the contemporaneity of the thought of Francisco de Vitoria.

---

34 S. Weil, *Reflexiones sobre las Causas de la Libertad y de la Opresión Social*, Barcelona, Ed. Paidós/Universidad Autónoma de Barcelona, 1995, pp. 81-82, 84 and 130-131.

35 S. Weil, "L'*Iliade* ou le Poème de la Guerre (1940-1941)" *in Oeuvres*, Paris, Quarto Gallimard, 1999, pp. 527-552.

36 A.A. Cançado Trindade, "International Law for Humankind: Towards a New *Jus Gentium* – General Course on Public International Law – Part I", 316 *Recueil des Cours de l'Académie de Droit International de la Haye* (2005), ch. VI, pp. 177-202.

37 Against the exploitation of wood in their lands by a multinacional which had obtained a licence to that end from the Nicaraguan Government.

38 In the light of Article 21 of the American Convention on Human Rights.

39 A.A. Cançado Trindade, "The Case-Law of the Inter-American Court of Human Rights: An Overview", *in Studi di Diritto Internazionale in Onore di G. Arangio-Ruiz*, vol. III, Napoli, Edit. Scientifica, 2004, pp. 1881, and cf. pp. 1873-1898. The IACtHR pondered, *inter alia*, that

Shortly after this leading case in the jurisprudence of the Inter-American Court, three other decisions had a direct bearing on the rights of peoples, their cultural identity and their very survival: its Judgments on the cases of the *Indigenous Community Yakye Axa versus Paraguay* (2005-2006), of the *Indigenous Community Sawhoyamaxa versus Paraguay* (2005-2006), and of the massacre of the *Moiwana Community versus Suriname* (2005-2006)[40]. The first two cases of this triad, those of the *Indigenous Communities Yakye Axa* and *Sawhoyamaxa*, pertained to the forced displacement of the members of two indigenous communities out of their lands (as a result of State-sponsored commercialization of such lands), and their survival at the border of a road in conditions of extreme poverty.

They in fact concerned their fundamental right to life *lato sensu*, comprising their cultural identity, as I pointed out in my Separate Opinion (par. 8) in the case of the *Indigenous Community Yakye Axa* (Interpretation of Judgment, of 06.02.2006), wherein I further warned:

> "One cannot live in constant uprootedness and abandonment. The human being has the spiritual need of roots. The members of traditional communities value particularly their lands, that they consider that belongs to them, just as, in turn, they 'belong' to their lands. In the present case, the definitive return of the lands to the members of the Community Yakye Axa is a necessary form of reparation, which moreover protects and preserves their own cultural identity and, ultimately, their fundamental right to life lato sensu" (par. 14).

Shortly afterwards, in the other case of the *Indigenous Community Sawhoyamaxa* (Judgment of 29.03.2006), in my Separate Opinion I saw it fit to add:

> "The concept of culture, – originated from the Roman 'colere', meaning to cultivate, to take into account, to care and preserve, – manifested itself, originally, in agriculture (the care with the land). With Cicero, the concept came to be used for questions of the spirit and of the soul (cultura animi)[41]. With the passing of time, it came to be associated with humanism, with the attitude of preserving and taking care of the things of the world, including those of the past[42]. The peoples – the human beings in their social milieu – develop and preserve their cultures to understand, and to relate with, the outside world, in face of the

---

"for the indigenous communities the relationship with the land is not merely a question of possession and production but rather a material and spiritual element that they ought to benefit fully from, so as to preserve their cultural legacy and transmit it to future gerações" (par. 141).
40 For a study, cf. A.A. Cançado Trindade, "The Right to Cultural Heritage in the Evolving Jurisprudential Construction of the Inter-American Court of Human Rights", *in Multiculturalism and International Law – Essays in Honour of E. McWhinney* (eds. Sienho Yee and J.-Y. Morin), Leiden, Nijhoff, 2009, pp. 477-499.
41 H. Arendt, *Between Past and Future*, N.Y., Penguin, 1993 [reprint], pp. 211-213.
42 *Ibid.*, pp. 225-226.

mystery of life. Hence the importance of cultural identity, as a component or aggregate of the fundamental right to life itself" (par. 4.)[43].

The Inter-American Court's Judgment of 15.06.2005 in the case of the *Moiwana Community versus Suriname* (merits and reparations) addressed the massacre of the N'djukas of the Moiwana village and the drama of the forced displacement of the survivors. The Court duly valued the relationship of the N'djukas in Moiwana with their traditional land, having warned that "larger territorial land rights are vested in the entire people, according to N'djuka custom; community members consider such rights to exist in perpetuity and to be unalienable" (par. 86(6)). The Court's Judgment ordered a series of measures of reparations[44], including measures to foster the voluntary return of the displaced persons to their original lands and communities, in Suriname, respectively. The delimitation, demarcation and the issuing of title of the communal lands of the N'djukas in the Moiwana Community, as a form of non-pecuniary reparation, has much wider repercussions than one may *prima facie* assume.

In my extensive Separate Opinion (pars. 1-93) which accompanied that Judgment, I recalled what the surviving members of the Moiwana Community pointed out before the Court (in the public hearing of 09.09.2004), namely, that the massacre at issue perpetrated in Suriname in 1986, planned by the State, has "destroyed the cultural tradition (...) of the *Maroon* communities in Moiwana" (par. 80)[45]. Duties of respect for the relationships of the living with their dead, – I pointed out (pars. 60-61), – were present in the origins of the law of nations itself, as remarked, in the XVIIth century, by Hugo Grotius in chapter XIX of book II of his classic work *De Jure Belli ac Pacis* (1625), dedicated to the "right to burial", inherent to all human beings, in conformity with a precept of "virtue and humanity"[46]. And the *principle of humanity* itself, – as well recalled by the learned jusphilosopher Gustav Radbruch, – owes

---

43 Moreover, in the same Separate Opinion, I further stressed the "close and ineluctable relationship" between the right to life *lato sensu* and cultural identity (as one of its components). In so far as members of indigenous communities are concerned, – I added, "cultural identity is closely linked to their ancestral lands. If they are deprived of these latter, as a result of their forced displacement, their cultural identity is seriously affected, and so is, ultimately, their very right to life *lato sensu*, that is, the right to life of each one and of all the members of each community" (par. 28). When this occurs, they are driven into a situation of "great vulnerability", of social maginalization and abandonment, as in the *cas d'espèce* (par. 29).

44 Comprising indemnizations as well as non-pecuniary reparations of distinct kinds.

45 Ever since this has tormented them; they were unable to give a proper burial to the mortal remains of their beloved ones, and underwent the strains of uprootedness, a human rights problem confronting the universal juridical conscience in our times (pars. 13-22). Their suffering projected itself in time, for almost two decades (pars. 24-33). In their culture, mortality had an inescapable relevance to the living, the survivors (pars. 41-46), who had duties towards their dead (pars. 47-59).

46 H. Grotius, *Del Derecho de la Guerra y de la Paz* [1625], vol. III (books II and III), Madrid, Edit. Reus, 1925, pp. 39, 43 and 45, and cf. p. 55.

much to ancient cultures, having associated itself, with the *passing of time*, with the very spiritual formation of the human beings[47].

In the present case of the *Moiwana Community*, beyond moral damage, I sustained in my aforementioned Separate Opinion the configuration of a true *spiritual damage* (elaborated in pars. 71-81), and, beyond the *right to a project of life*, I dared to identify and attempted to conceptualize what I termed the *right to a project of after-life* (pars. 67-70). I further observed, in my Separate Opinion, that the testimonial evidence produced before the Court in the *cas d'espèce* indicated that, in the N'djukas cosmovision, in circumstances like those of the present case, "the living and their dead suffer together, and this has an intergenerational projection", and implications for the kinds of reparations due, also in the form of *satisfaction* (e.g., honouring the dead in the persons of the living) (par. 77).

In fact, the expert evidence produced before the Court indeed referred expressly to "spiritually-caused illnesses"[48]. I then concluded, in my Separate Opinion, on this particular point:

> "All religions devote attention to human suffering, and attempt to provide the needed transcendental support to the faithful; all religions focus on the relations between life and death, and provide distinct interpretations and explanations of human destiny and after-life[49]. Undue interferences in human beliefs – whatever religion they may be attached to – cause harm to the faithful, and the International Law of Human Rights cannot remain indifferent to such harm. It is to be duly taken into account, like other injuries, for the purpose of redress. Spiritual damage, like the one undergone by the members of the Moiwana Community, is a serious harm, requiring corresponding reparation, of the (non-pecuniary) kind I have just indicated. (...)
>
> The N'djukas had their right to the project of life, as well as their right to the project of after-life, violated, and continuously so, ever since the State-planned massacre perpetrated in the Moiwana village on 29.11.1986. They suffered material and immaterial damages, as well as spiritual damage. Some of the measures of reparations ordered by the Court in the present Judgment duly stand against oblivion, so that this atrocity never occurs again. (...)
>
> In sum, the wide range of reparations ordered by the Court in the present Judgment in the Moiwana Community case (...) has concentrated on, and enhanced the centrality of, the position of the victims (...). In the cas d'espèce, the collective memory of the Maroon N'djukas is hereby duly preserved, against oblivion, honouring their dead, thus safeguarding their right to life lato sensu, encompassing the right to cultural identity, which finds expression in their acknowledged links of solidarity with their dead" (pars. 81 and 91-92).

---

47 G. Radbruch, *Introducción a la Filosofía del Derecho*, 3rd. ed., Mexico/Buenos Aires, Fondo de Cultura Económica, 1965, pp. 153-154.
48 Paragraphs 77(e) and 83(9) of the Court's Judgment.
49 Cf., e.g., [Various Authors,] *Life after Death in World Religions*, Maryknoll N.Y., Orbis, 1997, pp. 1-124.

It should not pass unnoticed that, in the case of the *Moiwana Community*, the Court indicated, in the section on proven facts of the present Judgment, that

> "During the European colonization of present-day Suriname in the XVIIth century, Africans were forcefully taken to the region and used as slaves on the plantations. Many of these Africans, however, managed to escape to the rainforest areas in the eastern part of Suriname's present national territory, where they established new and autonomous communities (...). Eventually, six distinct groups of Maroons emerged: the N'djuka, the Matawai, the Saramaka, the Kwinti, the Paamaka, and the Boni or Aluku.
>
> These six communities individually negotiated peace treaties with the colonial authorities. The N'djuka treaty signed a treaty in 1760 that established their freedom from slavery[50]. In 1837, this treaty was renewed; the terms of the agreement permitted the N'djuka to continue to reside in their settled territory and determined the boundaries of that area. The Maroons generally – and the N'djuka in particular – consider these treaties still to be valid and authoritative with regard to their relationship with the State, despite the fact that Suriname secured its independence from the Netherlands in 1975"[51].

In my aforementioned Separate Opinion in the *cas d'espèce*, I dedicated a section to the legal subjectivity of peoples in nternational law (pars. 5-12), given the importance which I ascribed to the fact that the rights of a people preceded historically statehood itself. As I pondered, in this particular respect, in my Separate Opinion, "more than two centuries before Suriname attained statehood, its Maroon peoples celebrated peace agreements with the colonial authorities, subsequently renewed, and thus obtained their freedom from slavery. And the Maroons, – the N'djuka in particular, – regard these treaties as still valid and authoritatives in the relations with the successor State, Suriname. This means that those peoples exercised their attributes of legal persons in international law, well before the territory where they lived acquired statehood. This reinforces the thesis which I have always supported, namely, that the State are not, and have never been, the sole and exclusive subjects of international law.

This purely inter-State outlook was forged by positivism, as from the Vattelian reductionism in the mid-XVIIIth century[52], and became *en vogue* in the late XIXth century and early XXth century[53], with the well-known disastrous consequences –

---

50 Slavery was not formally abolished in the region until 1863.

51 Paragraph 83(1) and (2).

52 Found in the work by E. de Vattel, *Le Droit des gens ou Principes de la loi naturelle appliquée à la conduite et aux affaires des nations et des souverains* (1758); cf., e.g., E. Jouannet, *Emer de Vattel et l'émergence doctrinale du Droit international classique*, Paris, Pédone, 1998, pp. 255, 311, 318-319, 344 and 347.

53 For a criticism of State-consent theories, reflecting the dangerous voluntarist-positivist conception of international law, cf. A.A. Cançado Trindade, «The Voluntarist Conception of International Law: A Re-Assessment», 59 *Revue de droit international de sciences diplomatiques et politiques* – Geneva (1981) pp. 201-240.

the successive atrocities perpetrated in distinct regions of the world against human beings individually and collectively – that marked the tragic and abhorrent history of the XXth century. However, since its historical origins in the XVIth century, the law of nations (*droit des gens, derecho de gentes, direito das gentes*) encompassed not only States, but also peoples, and the human person, individually and in groups), and humankind as a whole[54].

In this respect, reference can be made, for example, to the inspiring work by Francisco de Vitoria[55], particularly his *De Indis – Relectio Prior* (1538-1539)[56]. In his well-known Salamanca lectures *De Indis* (chapters VI and VII), Vitoria clarified his understanding of *jus gentium* as a law for all, individuals and peoples as well as States, "every fraction of humanity"[57]. In the XVIIth century, in the days of Hugo Grotius (*De Jure Belli ac Pacis*, 1625), likewise, the *jus humanae societatis*, conceived as a universal one, comprised States as well as peoples and individuals[58]. It is important to rescue this universalist outlook, in the current process of *humanization* of international law and of construction of the new *jus gentium* of the XXIst century. (...)

Human beings, individually and collectively, have emerged as subjects of international law. The rights protected disclose an individual and a collective or social dimensions, but it is the human beings, members of such minorities or collectivities, who are, ultimately, the *titulaires* of those rights. This approach was espoused by the Inter-American Court of Human Rights in the unprecedented decision (the first pronouncement of the kind by an international tribunal) in the case of the *Community Mayagna (Sumo) Awas Tingni versus Nicaragua* (2001), which safeguarded the

---

54 A.A. Cançado Trindade, – «La Humanización del Derecho Internacional y los Límites de la Razón de Estado», 40 *Revista da Faculdade de Direito da Universidade Federal de Minas Gerais* – Belo Horizonte/Brazil (2001) pp. 11-23; A.A. Cançado Trindade, «A Personalidade e Capacidade Jurídicas do Indivíduo como Sujeito do Direito Internacional», in *Jornadas de Direito Internacional* (Ciudad de México, Dec. 2001), Washington D.C., OAS Subsecretariat of Legal Affairs, 2002, pp. 311-347; and cf. A.A. Cançado Trindade, «Vers la consolidation de la capacité juridique internationale des pétitionnaires dans le système interaméricain des droits de la personne», 14 *Revue québécoise de droit international* (2001) n. 2, pp. 207-239.

55 Francisco de Vitoria, *Relecciones del Estado, de los Indios, y del Derecho de la Guerra* (with an Introduction by A. Gómez Robledo), 2nd. ed., Mexico, Ed. Porrúa, 1985, pp. XXX, XLIV-XLV, LXXVII and 61, and cf. pp. LXII-LXIII.

56 Francisco de Vitoria, *De Indis – Relectio Prior* (1538-1539), in: *Obras de Francisco de Vitoria – Relecciones Teológicas* (ed. T. Urdanoz), Madrid, BAC, 1960, p. 675.

57 J. Brown Scott, *The Spanish Origin of International Law – Francisco de Vitoria and his Law of Nations*, Oxford/London, Clarendon Press/H. Milford – Carnegie Endowment for International Peace, 1934, pp. 140 and 170.

58 Cf. H. Grotius, *De Jure Belli ac Pacis* (1625), The Hague, Nijhoff, 1948, pp. 6, 10 and 84-85; and P.P. Remec, *The Position of the Individual in International Law according to Grotius and Vattel*, The Hague, Nijhoff, 1960, pp. 203, 216-217 and 219-220.

right to communal property of their lands (under Article 21 of the AmericanConvention on Human Rights) of the members of a whole indigenous community[59].

In this respect, the endeavours undertaken in both the United Nations and the Organization of American States (OAS), along the nineties, to reach the recognition of indigenous peoples' rights through their projected and respective Declarations, pursuant to certain basic principles (such as, e.g., that of equality and non-discrimination), have emanated from human conscience. (...)" (pars. 6-8 and 10-11).

In addition to those cases, another significant legal development can be found in the determination, by the Inter-American Court, of *grave* violations of human rights, and the corresponding reparations in various forms, under the American Convention, in a recent cycle of *cases of massacres* (of which the case of the *Moiwana Community, supra,* forms part). Some of the occurrences victimized likewise members of specific communities or human collectivities. In a recent lecture I delivered, last month, in an international symposium convened by the International Criminal Court (ICC) at The Hague (on 10.11.2009), I referred to the IACtHR's Judgments in the cases of the massacres of *Barrios Altos versus Peru* (of 14.03.2001), of *Caracazo versus Venezuela* (reparations, of 29.08.2002), of *Plan de Sánchez versus Guatemala* (of 29.04.2004), of *19 Tradesmen versus Colombia* (of 05.07.2004), of *Mapiripán versus Colombia* (of 17.09.2005), of *Moiwana Community versus Suriname* (of 15.06.2005), of *Pueblo Bello versus Colombia* (of 31.01.2006), of *Ituango versus Colombia* (of 01.07.2006), of *Montero Aranguren and Others (Retén de Catia) versus Venezuela* (of 05.07.2006), of *Prison of Castro Castro versus Peru* (of 25.11.2006), and of *La Cantuta versus Peru* (of 29.11.2006)[60].

This late jurisprudential development would, in all likelihood, have been unthinkable of, four decades ago, by the draftsmen of the American Convention. Nowadays, massacres no longer fall into oblivion. Atrocities victimizing whole communities, or segments of the population, are being brought before contemporary international tribunals, for the establishment not only of the international criminal responsibility of individuals (in the case of international criminal tribunals), by also of the international responsibility of States (in the case of international human rights tribunals, such as the

---

59 The Court pondered, in paragraph 141 of its Judgment (merits), that to the members of the indigenous communities (such as the present one) "the relationship with the land is not merely a question of possession and production but rather a material and spiritual element that they ought to enjoy fully, so as to preserve their cultural legacy and transmit it to future generations".
60 As well as cases of planified murders at eh highest level of State power estatal, and perpetraded by order of this latter (such as the case of *Myrna Mack Chang versus Guatemala,* Judgment of 25.11.2003). Cf. A.A. Cançado Trindade, *"Reminiscencias de la Corte Interamericana de Derechos Humanos en cuanto a Su Jurisprudencia en Materia de Reparaciones",* The Hague, ICC Symposium (10.11.2009), pp. 1-32 [unpublished to date, on file with me]; and cf. also, *inter alia,* e.g., G. Citroni, "La Jurisprudencia de la Corte Interamericana de Derechos Humanos en Casos de Masacres", 21 *Anuario de Derecho Internacional* (2005) pp. 1-26.

2. Pleadings before the International Court of Justice

May I now turn to the pertinent practice before the ICJ along the years, with special attention turned to the pleadings before the Court. In the first *Nuclear Tests* cases (atmospheric testing, Australia and New Zealand *versus* France, 1973-1974), the right of peoples to live in peace was acknowledged and asserted before the International Court of Justice (ICJ). For the purposed of our exercise today, the arguments of the parties, in the written and oral phases of the proceedings, are particularly significant, even more than the actual outcome of the cases. In its application instituting proceedings (of 09.05.1973), for example, Australia contended that it purported to protect its people and the peoples of other nations, and their descendants, from the threat to life, health and well-being arising from potentially harmful radiation generated from radio-active fall-out generated by nuclear explosions[61].

New Zealand, on its part, went even further in its own application instituting proceedings (also of 09.05.1973): it stated that

> "In the period of 27 years in which nuclear tests have taken place there has been a progressive realization of the dangers which they present to life, to health and to the security of peoples and nations everywhere. (...) The attitude of the world community towards atmospheric nuclear testing has sprung from the hazards to the health of present and future generations involved in the dispersal over wide areas of the globe of radioactive fallout. (...) With regard to nuclear weapons tests that give rise to radioactive fallout, world opinion has repeatedly rejected the notion that any nation has the right to pursue its security in a manner that puts at risk the health and welfare of other people"[62].

New Zealand made clear that it was pleading on behalf not only of its own people, but also of the peoples of the Cook Islands, Niue and the Tokelau Islands[63]. In its memorial on jurisdiction and admissibility (of 29.10.1973), New Zealand further argued that "the atmospheric testing of nuclear weapons inevitably arouses the keenest sense of alarm and antagonism among the peoples and governments of the region in which the tests are carried out"[64]. Moreover, in its request (of 14.05.1973) for the indication of provisional measures of protection, New Zealand recalled two precedents (in 1954 and 1961) of threats to peoples' right to live in peace:

---

61 It further referred to the populations being subjected to mental stress and anxiety generated by fear; ICJ, *Nuclear Tests cases* (Australia *versus* France, vol. I) – *Pleadings, Oral Arguments, Documents*, pp. 11 and 14.

62 ICJ, *Nuclear Tests cases* (New Zealand *versus* France, vol. II) – *Pleadings, Oral Arguments, Documents*, p. 7.

63 *Ibid.*, pp. 4 and 8.

64 *Ibid.*, p. 211.

"(...) Although in 1954 the dangers associated with nuclear testing were less well understood than they are now, the damage caused by the hydrogen bomb tests conducted by the United States in the Marshall Islands in that year led to vigorous protest by and on behalf of the peoples of the Trust Territory and by Japan in respect of injuries suffered by her own citizens on the high seas. Similarly, in October 1961, the explosion by the Soviet Union in her own territory of a 50-megaton nuclear weapon was strongly condemned by the whole world, but especially by northern hemisphere countries which were subjected to marked increases in radiation as a consequence of the tests"[65].

Thus, beyond the strict confines of the purely inter-State *contentieux* before the ICJ, both New Zealand and Australia looked beyond it, and vindicated to rights of peoples to health, to well-being, to be free from anxiety and fear, in sum, to live in peace. Two decades later, the matter was brought to the fore again, in the mid-nineties, in the second *Nuclear Tests* cases (undergroung testing, New Zealand *versus* France, 1995). Although this time only New Zealand was the applicant State (as from its request of 21.08.1995), five other States lodged with the ICJ applications for permission to intervene[66]: Australia, Solomon Islands, Micronesia, Samoa and Marshall Islands.

Australia argued (on 23.08.1995) that the dispute between New Zealand *versus* France raised the issue of the observance of obligations *erga omnes* (pars. 18-20, 24-25 and 33-34). On their part, Solomon Islands, Micronesia, Samoa and Marshall Islands contended (on 24.08.1995) that "the independent island States which are members of the South Pacific Forum have consistent opposed activity related to nuclear weapons and nuclear waste disposal in their Region, for example, by seeking to establish and guarantee the status of the Region as a nuclear-free zone" (par. 5). And, in referring to the need of fulfilment of rights and obligations erga omnes (pars. 20 and 25), they added that

"(...) The cultures, traditions and well-being of the peoples of the South Pacific States would be adversely affected by the resumption of French nuclear testing within the region in a manner incompatible with applicable legal norms" (par. 25).

As a matter of fact, so far there is not much in the ICJ Judgments themselves on the peoples' right to peace, though the subject has at times been brought to the Court's attention. This has a significance, which should not pass unnoticed in the present occasion. To recall yet another example, in its Judgment of 22.12.1986 in the case of the *Frontier Dispute* (Burkina Faso *versus* Republic of Mali), the ICJ Chamber, in drawing the frontier line as requested by the parties (par. 148), took note of their contentions, *inter alia*, concerning the *modus vivendi* of the people living in

---

65 *Ibid.*, p. 54.
66 Under the terms of Article 62 of the ICJ Statute.

four villages in the region (farming, land cultivation, pasturage, fisheries[67]. Two Separate Opinions were appended to the aforementioned Judgment of the ICJ Chamber: one invoked considerations of equity *infra legem*, bearing in mind that the region concerned is "a nomadic one, subject to drought, so that access to water is vital"[68]; the other asserted that "it is the right of peoples to determine their own future which has received the blessing of international law"[69].

Other pertinent examples of resort to peoples' rights before the ICJ could here be briefly recalled. In the course of the proceedings (of 1988-1990) in the case of *Phosphate Lands in Nauru* (Nauru *versus* Australia), for example, the ICJ took cognizance of successive contentions invoking peoples' rights[70] (e.g., over their natural resources[71]), and their *modus vivendi*[72]. Furthermore, in its Advisory Opinion of 16.10.1975 on *Western Sahara*, the ICJ itself utilized the expression "right of peoples" (par. 55), in the framework of the application of the "principle of self-determination" (pars. 55, 59, 138 and 162).

Two decades later, in the case concerning *East Timor* (Portugal *versus* Australia, Judgment of 30.06.1995), although the ICJ found that it had no jurisdiction to adjudicate upon the dispute (a decision much discussed in expert writing), yet it acknowledged the rights of peoples to self-determination (par. 29) and to permanent sovereignty over their natural resources (par. 33), and added that "the principle of self-determination of peoples" has been recognized by the U.N. Charter and in its own jurisprudence as "one of the essential principles of contemporary international law" (par. 29).

3. Contribution of the Case-Law and Practice in Othe International Jurisdictions

In my key-note address of 16.12.2009 at the United Nations, I deliberately concentrated – as already indicated – on developments under the two international tribunals that I have had, and currently have, the privilege to serve, namely, the Inter-American Court of Human Rights, and now the International Court of Justice. This does not hinder me to referring very briefly to pertinent developments under other international jurisdictions; I limit myself just to refer to them, as a closer examination of such developments is beyond the purposes of my key-note address. The European Court of Human Rights has some *obiter dicta* of interest to the subject, but it is to the system of the African Charter on Human and Peoples' Rights that I wish to refer, given the attention it has devoted to the matter at issue.

---

67 Pars. 114-116 and 124-125.
68 Separate Opinion of Judge *ad hoc* Abi-Saab, par. 17.
69 Separate Opinion of Judge *ad hoc* Luchaire, par. I.
70 ICJ, *Case concerning Certain Phosphate Lands in Nauru* (Nauru *versus* Australia, vol. I) – *Pleadings, Oral Arguments, Documents*, pp. 14, 16, 21, 87, 113 and 185.
71 *Ibid.*, pp. 183 and 196.
72 *Ibid.*, pp. 113 and 117.

On the African continent, the draftsment of the 1981 African Charter on Human and Peoples' Rights opted – as well known – for the inclusion of a catalogue of civil and political rights, added to economic, social and cultural rights[73], as well as peoples' rights (Articles 19-24), with a common mechanism of implementation (Articles 46-59). Until now (end of 2009), the African Commission on Human and Peoples' Rights has had the occasion to pronounce on peoples' rights (*infra*), but it is most likely that the recently-established African Court on Human and Peoples' Rights (AfComHPR) will also have the opportunity to give its own contribution to the matter in the foreseeable future.

As for the African Commission, the decision taken in its 33rd ordinary session, in the inter-State case[74] of the *Democratic Republic of Congo versus Burundi, Rwanda of Uganda* (May 2003)[75], is of relevance here. The complainant State alleged "grave and massive violations" of human and peoples' rights, committed in its Eastern provinces by the armed forces of the respondent States, in the form of a "series of massacres, rapes, mutilations, mass transfers of populations and looting of the peoples' possessions"[76]. The AfComHPR significantly based its decision on relevant and pertinent provisions of both International Human Rights Law and International Humanitarian Law[77].

The AfComHPR held that there had occurred "flagrant violations" of the rights to life and the integrity of the person, in breach of Articles 2 and 4 of the African Charter on Human and Peoples' Rights. Furthermore, the Commission found violations of Articles 18(1) and 12(1) and (2) of the Charter, resulting from the "mass transfer of persons from the Eastern provinces of the complainant State to camps in Rwanda"[78]. It further condemned the plunder and lootings of the natural resources of the Eastern provinces of the Congo[79], and found that there had been a serious lack of respect for the mortal remains of the victims of massacres and for their gravesites,

---

73   Articles 3-14 and 15-18, respectively.

74   This was the first inter-State communication decided by the African Commission.

75   Reproduced *in*: African Union/Executive Council, *Report of the African Commission on Human and Peoples' Rights* (2006), doc. EX.CL/279 (IX), of 25-29.06.2006, pp. 111-131.

76   Par. 69; there was further complaint of "concentration camps" situated in Rwanda, where people were "simply massacred and incinerated in crematories (especially in Bugusera, Rwanda)" (*ibid.*, par. 6).

77   It found that "the killings, massacres, rapes, mutilations and other grave human rights abuses committed while the respondent States' armed forces were still in effective occupation of the Eastern provinces of the complainant State" (as from the beginning of August 1998) were "reprehensible", as well as "inconsistent with their objections" under the 1949 Geneva Convention Relative to the Protection of Civilian Persons in Time of War (Part III) and Protocol I to the Convention (the precepts of which form part of "the general principles of law recognized by African States"; *ibid.*, pars. 78-79).

78   As alleged by the complainant State and not refuted by the respondent State; *ibid.*, par. 81.

79   In contravention of Articles 21-22 of the African Charter; *ibid.*, pars. 90-91 and 94-95.

and that the "barbaric" and "reckless" dumping and mass burial of those mortal remains (following the massacres) – forbidden under Article 34 of Protocol I of 1977 to the Geneva Conventions of 1949 – were a violation of the Congolese people's right to cultural development, in breach of Articles 60-61 of the African Charter[80]. The AfComHPR further asserted the peoples' rights to self-determination[81], to development (Article 22 of the African Charter) and to dispose freely of their wealth and natural resources[82].

In so far as public arbitrations are concerned, reference can be made to the award of 18.02.1983 in the *Guinea/Guinea Bissau Maritime Delimitation* case, wherein the peoples' right to development received judicial recognition. The Court of Arbitration found that the case pertained to "the legitimate claims" of the parties as developing States, and to "the right of the peoples involved to a level of economic and social development which fully preserves their dignity"[83].

V. The Peoples' Right to Peace and the Lessons of History

Last by not least, it may here be pointed out that, for the consideration of peoples' rights, a wide perspective has been disclosed, over two decades ago, not only by the 1986 U.N. Declaration on the Right to Development, but also, e.g., by U.N. General Assembly resolutions 32/130, 39/145, 43/113, 43/114 and 43/125. All these instruments have contributed to focus on the promotion and protection of peoples' rights, and of rights pertaining to human collectivities, without losing sight to the search for the causes of their breaches, as much as for the settlement and solutions to gross and flagrant violations of human rights[84]. This is of much relevance to the vindication of the peoples' right to peace – among other peoples' rights – before international courts and tribunals.

The supporters of the peoples' right to peace, among whom I rank myself, ought ultimately to bear in mind the lessons learned by previous generations through suffering. The lessons of history ought to be passed on to the present and future generations. In this respect, may I here briefly recall a couple of recollections

---

80 *Ibid.*, par. 87.
81 *Ibid.*, pars. 68 and 77.
82 *Ibid.*, par. 95.
83 Ian Brownlie, *The Human Right to Development*, London, Commonwealth Secretariat (Occasional Paper Series), 1989, pp. 1-2, and cf. p. 13 n. 1.
84 A.A. Cançado Trindade, "Environment and Development: Formulation and Implementation of the Right to Development as a Human Right", 3 *Asian Yearbook of International Law* (1994) p. 36, and cf. pp. 15-40; and cf. also A.A. Cançado Trindade, "Relations between Sustainable Development and Economic, Social and Cultural Rights: Recent Developments Rights", *in International Legal Issues Arising under the United Nations Decade of International Law* (eds. N. Al-Nauimi and R. Meese), The Hague, Kluwer, 1995, pp. 1051-077.

which do have a bearing on the consideration of the subject which gathers us here today at the United Nations headquarters in Geneva. On the eve of the outbreak of the II world war, one of the historians who witnessed the events of that time (J. Huizinga) pondered, in an outburst, that the return to barbarism seemed to enslave the human spirit, and that barbarism managed to associate itself to high technical progress[85]; to him, civilization required the preservation of the interior and spiritual life of each individual[86].

Shortly after the II world war, another learned historian (A.J. Toynbee), whose penetrating writings defy the erosion of time, pondered:

> "(...) The works of artists and men of letters outlive the deeds of businessmen, soldiers, and statesmen. (...) The ghosts of Agamemnon and Pericles haunt the living world of today by grace of the magic words of Homer and Thucydides (...). The experience that we were having in our world now had been experienced by Thucydides in his world already. (...) Thucydides, it now appeared, had been over this ground before. He and his generation had been ahead of me and mine in the stage of historical experience that we had respectively reached; in fact, his present had been my future. But this made nonsense of the chronological notation which registered my world as 'modern' and Thucydides' world as 'ancient'. Whatever chronology might say, Thucydides' world and my world had now proved to be philosophically contemporary. (...) The prophets, through their own experience, anticipated Aeschylus' discovery that learning comes through suffering – a discovery which we, in our time and circumstances, have been making too. (...) Civilizations rise and fall and, in falling, give rise to others, (...) and (...) the learning that comes through the suffering caused by the failures of civilizations may be the sovereign means of progress"[87].

Regarding himself as an individual as a "trustee for all future generations", and warning that "the atom bomb and our many other new lethal weapons are capable, in another war, of wiping out not merely the belligerents but the whole of the human race"[88], A.J. Toynbee added that

> "(...) In each of (...) civilizations, mankind (...) is trying to rise above mere humanity (...) towards some higher kind of spiritual life. (...) The goal (...) has never been reached by any human society. It has, perhaps, been reached by individual men and women. (...) But if there have been a few transfigured men and women, there has never been such a thing as a civilized society. Civilization, as we know it, is a movement and not a condition, a voyage and not a harbour. No known civilization has ever reached the goal of civilization yet.(...)"[89].

---

85 J. Huizinga, *La Crisi della Civiltà*, 2nd. ed., Torino, G. Einaudi Ed., 1938, pp. 136-137.
86 *Ibid.*, p. 147.
87 A.J. Toynbee, *Civilization on Trial*, Oxford, University Press, 1948, pp. 5, 7-8 and 15.
88 *Ibid.*, pp. 27 and 25.
89 *Ibid.*, p. 55.

Toynbee then regretted that mankind had "unfortunately (...) discovered how to tap atomic energy before we have succeeded in abolishing the institution of war. Those contradictions and paradoxes in the life of the world in our time (...) look like symptoms of serious social and spiritual sickness"[90]. And he concluded that "man's only dangers (...) have come from man himself"; after all, we are faced with the truths that "in this world we do learn by suffering", and that "life in this world is not an end in itself and by itself"[91]. May I just conclude this study in expressing the hope that the subject at issue, retaken by the United Nations on 16 December 2009, will keep on being cultivated in the years to come, so as to promote and produce positive results, to the benefit of the peoples of the United Nations, which its Charter refers to.

ABSTRACT

The recent retaking, by the United Nations, in 2009, of consideration of the justiciability of the peoples' right to peace is a positive step in the right direction. Attention should be paid to the time dimension, so as to avoid difficulties of the past. There are significant elements to be taken into account, for the contemporary assertion and vindication of the peoples' right to peace, in the case-law of the Inter-American Court of Human Rights, in other international jurisdictions, and in pleadings before the International Court of Justice. Such reassuring developments in the justiciability of the peoples' right to peace point towards the humanization of international law.

RÉSUMÉ

Le fait que l'Organisation des Nations Unies ait récommencé à examiner, en 2009, la question de la justiciabilité du droit des peuples à la paix, est un pas dans la bonne direction. Il conviendrait de prêter attention à la dimension temporelle afin d'éviter les difficultés rencontrées dans le passé. Pour que ce droit puisse aujourd'hui être affirmé et de défendu, certains éléments importants, figurant dans la jurisprudence de la Cour Interaméricaine des Droits de l'Homme, ainsi que dans les affaires dont ont connu d'autres juridictions, et dans les plaidoiries devant la Cour internationale de Justice, doivent être pris en compte. Cette évolution rassurante, en ce qui concerne la justiciabilité du droit des peuples à la paix, va dans le sens de l'humanisation du droit international.

RESÚMEN

El hecho de que la Organización de las Naciones Unidas ha recomenzado a examinar, en 2009, la cuestión de la justiciabilidad del derecho de los pueblos a la paz, representa un paso positivo en la dirección correcta. Se debe prestar atención a

---

90 *Ibid.*, pp. 160-161.
91 *Ibid.*, pp. 162 and 260.

la dimensión temporal, para evitar las dificultades del pasado. Hay elementos significativos a tomarse en cuenta, para la afirmación y la vindicación contemporáneas del derecho de los pueblos a la paz, en la jurisprudencia de la Corte Interamericana de Derechos Humanos, en otras jurisdicciones internacionales, y en los argumentos sometidos ante la Corte Internacional de Justicia. Tales desarrollos alentadores en la justiciabilidad del derecho de los pueblos a la paz apuntan hacia la humanización del derecho internacional.

RESUMO

O fato de ter a Organização das Nações Unidas recomeçado a examinar, em 2009, a questão da justiciabilidade do direito dos povos à paz, constitui um passo positivo na direção correta. Deve-se prestar atenção à dimensão temporal, para evitar as dificuldades do passado. Há elementos significativos a ser tomados em conta, para a asserção e a reivindicação contemporâneas do direito dos povos à paz, na jurisprudência da Corte Interamericana de Direitos Humanos, em outras jurisdições internacionais, e nos argumentos submetidos à consideração da Corte Internacional de Justiça. Tais desenvolvimentos alentadores na justiciabilidade do direito dos povos à paz apontam rumo à humanização do direito internacional.

XIII

L'Humanité comme Sujet du Droit International

Résumé: I. Remarques Préliminaires. II. La Prise de Conscience des Intérêts Communs et Supérieurs de l'Humanité en tant que Telle. III. La Reconnaissance du Principe Fondamental d'Humanité. IV. Le Principe d'Humanité dans l'Ensemble du *Corpus Juris* de la Protection Internationale de l'Individu. V. Le Principe d'Humanité dans l'Héritage de la Philosophie du Droit Naturel. VI. L'Humanité et les Considérations d'Humanité: Une Précision d'Ordre Conceptuel. VII. L'Émergence de l'Humanité en tant que Sujet de Droit International. VIII. Vers la Réalisation de l'Idéal de la Justice Universelle. IX. Conséquences Juridiques de la Reconnaissance de l'Humanité en tant que Sujet de Droit International. 1. Applicabilité du Cadre des Droits de l'Homme. 2. La Question de la Capacité d'Agir et de la Représentation Légale.

I. Remarques Préliminaires

Il y a déjà quelques années que j'accorde une attention particulière à la condition de l'humanité en tant que sujet de droit international. Ainsi, dans mon Cours Général de Droit International Public, délivré à l'Académie de Droit International de La Haye en 2005, j'ai consacré tout un chapitre à cette question[1]. À l'heure où nous entrons dans la deuxième décennie du XXIème siècle, – et où nous commémorons 120 années de l'existence de la Faculté de Droit de l'Université Fédérale de Minas Gerais au Brésil, – il me semble opportun de reprendre les réflexions sur ce sujet, à mon avis de grande importance por le présent et le futur du droit international. Tout d'abord, soutenir, comme je le fais, que l'humanité est un sujet de droit international, ne signifie pas, en aucun cas, suggérer qu'elle se substituerait aux États.

Il faut, alors, commencer par une précision préliminaire. En l'état actuel du droit international, les Etats n'ont plus l'apanage de cette qualité de sujet de droit international; ils la partagent à présent avec les organisations internationales et les individus ou groupes d'individus. En outre, l'humanité elle-même, à mon avis, a

---

[1] E.g., dans mon Cours Général de Droit International Public, délivré en 2005 à l'Académie de Droit International de La Haye; cf. A. A. Cançado Trindade, «International Law for Humankind: Towards a New *Jus Gentium* – General Course on Public International Law – Part I», 316 *Recueil des Cours de l'Académie de Droit International de la Haye* [*RCADI*] (2005) ch. XI, pp. 318-333.

accédé au statut de sujet de droit international. Ainsi coexiste-t-elle avec les Etats, sans se substituer à eux; réciproquement, les Etats ne peuvent plus considérer que le droit international est au service de leurs propres intérêts et d'eux seuls. De fait, la volonté de servir les intérêts des Etats influe sur l'efficacité du droit international; mais les intérêts de tel ou tel Etat ne sauraient l'emporter sur ceux, généraux et supérieurs, de la communauté internationale dans les domaines qui la touchent directement (comme le désarmement, les droits de l'homme, protection de l'environnement, et l'éradication de la pauvreté, pour ne citer que ceux-là)[2].

II. La Prise de Conscience des Intérêts Communs et Supérieurs de l'Humanité en tant que Telle

L'expérience a montré que c'est lorsque les Etats et autres sujets de droit international ont bien considéré et fait prévaloir ces intérêts généraux que le droit international a pu progresser. On ne saurait nier que les avancées que le droit international a connues au cours des dernières décennies sont attribuables à la reconnaissance et à la consécration des intérêts généraux et supérieurs de l'humanité (dans des domaines comme le droit international des droits de l'homme, le droit international de l'environnement, le droit de la mer ou le droit de l'espace extérieur). Les Etats eux-mêmes ont contribué à ces progrès, chaque fois qu'ils ont fait passer les considérations élémentaires d'humanité et les intérêts généraux de l'ensemble de la communauté internationale avant leurs propres intérêts.

D'ailleurs, le but ultime du *jus cogens* consiste précisément à garantir la primauté des intérêts et des valeurs les plus fondamentales de la communauté internationale dans son ensemble. L'interdiction absolue qui pèse sur les violations graves des droits de l'homme indique, par exemple, comme M. Lachs l'a rappelé, que

> «l'humanité, ou la communauté internationale, au fil de l'histoire, a estimé nécessaire de proscrire, une fois pour toutes, certains actes (...). Même les contestataires et les dubitatifs sont forcés de l'admettre, s'ils acceptent les prémisses élémentaires du droit et l'impérieuse nécessité de le faire évoluer»[3].

Il est, en fait, certaines obligations internationales qui touchent à la sauvegarde des valeurs fondamentales de la communauté internationale elle-même et qui sont distinctes des autres obligations internationales, d'où l'émergence de concepts tels que les obligations *erga omnes*, découlant du *jus cogens*, en droit international moderne[4].

---

2 A. A. Cançado Trindade, *O Direito Internacional em um Mundo em Transformação*, Rio de Janeiro, Ed. Renovar, 2002, pp. 1068, 1083 et 1094-1095.

3 M. Lachs, «The Development and General Trends of International Law in Our Time», 169 *RCADI* (1980) p. 205.

4 La conception classique n'admettant qu'un régime unique et uniforme de responsabilité internationale ne correspond plus à l'état actuel de la question en droit international moderne: V. Starace, «La responsabilité résultant de la violation des

Pour apprécier le statut de l'humanité en tant que sujet de droit international, il ne suffit pas de définir et de proclamer ses intérêts communs et supérieurs. Il faut examiner le principe fondamental d'humanité et les considérations d'humanité élémentaires qui imprègnent aujourd'hui tout le *corpus juris* du droit international[5] (en précisant certains concepts), les conséquences juridiques de l'accession de l'humanité au statut de sujet de droit international, l'applicabilité du régime des droits de l'homme et, enfin mais surtout, la question de la capacité d'agir de l'humanité et de sa représentation en justice.

III. La Reconnaissance du Principe Fondamental d'Humanité

L'être humain doit, en toutes circonstances, être traité selon le *principe d'humanité*, qui imprègne tout le *corpus juris* du droit international, d'une manière générale, et du droit international humanitaire en particulier, qu'il soit de nature conventionnelle ou coutumière. Les actes qui, dans le cadre de certaines conventions ou de certains traités internationaux, ont été définis comme constitutifs de génocide ou de violation grave du droit international humanitaire étaient déjà prohibés par le droit international *général* avant l'entrée en vigueur de ces textes. L'on se rappellera par exemple ici, à ce sujet, que ledit principe d'humanité était universellement reconnu[6]. Selon un éminent philosophe du droit dont les enseignements demeurent d'actualité, «si les règles formelles ne l'étaient pas encore elles-mêmes, à tout le moins leur contenu était-il déjà en vigueur» avant que les atrocités du XXe siècle ne soient perpétrées sous différentes latitudes ; en d'autres termes, G. Radbruch a-t-il ajouté,

> «ces règles répondent, de par leur teneur, à une loi suprême (...). C'est ainsi que, au sortir d'un siècle marqué par le positivisme juridique, cette idée ancienne d'une loi suprême renaît de ses cendres (...). Le moyen de régler de tels problèmes ressortait déjà implicitement de l'appellation qu'utilisaient jadis les philosophes du droit dans les universités et qui, après être resté inusitée pendant de nombreuses années, refait son apparition aujourd'hui : il s'agit du nom et du concept de droit naturel»[7].

---

obligations à l'égard de la communauté internationale», 153 *RCADI* (1976) pp. 272-275, et cf. pp. 289, 297 et 308. Les crimes internationaux et les violations du *jus cogens* (qui sont des circonstances *aggravantes* de la responsabilité internationale) portent atteinte, de par leur gravité particulière, aux valeurs fondamentales de la communauté internationale tout entière.

5 Cf. A. A. Cançado Trindade, «International Law for Humankind: Towards a New *Jus Gentium* – General Course on Public International Law – Part II», 317 *RCADI* (2005) ch. XVI-XXIII, pp. 19-171.

6 A cet égard, il a déjà été signalé qu'«on en vient de plus en plus à considérer que le droit international a pour mission d'assurer un minimum de garanties et d'humanité à tous les hommes, que ce soit en temps de paix ou en temps de guerre» ; J. Pictet, *Les principes du droit international humanitaire*, Genève, Comité international de la Croix-Rouge, 1966, p. 28.

7 G. Radbruch, *Introducción a la Filosofía del Derecho* [*Vorschule der Rechtsphilosophie*], 3e éd. espagnole, Mexique, Fondo de Cultura Económica, 1965, p. 180.

Il convient de rappeler que le Tribunal pénal international *ad hoc* pour le Rwanda (TPIR) a fait remarquer à juste titre, dans l'affaire *Akayesu* (jugement du 2 septembre 1998), que la notion de crime contre l'humanité avait déjà été reconnue bien avant que le Tribunal de Nuremberg ne le fasse lui-même (1945-1946). La clause dite de Martens y avait contribué (cf. *infra*) ; en fait, des textes d'incrimination analogues, désignant l'humanité comme victime, étaient apparus bien plus tôt dans l'histoire humaine[8]. Le TPIR a également signalé, dans l'affaire *Kambanda* (jugement du 4 septembre 1998), que, dans l'histoire humaine, le génocide avait de tout temps infligé d'immenses pertes à l'humanité, les victimes n'étant pas seulement les personnes massacrées mais aussi l'humanité elle-même (ce qui vaut aussi bien pour les actes de génocide que pour les crimes contre l'humanité)[9].

Nul ne peut nier que la condamnation des violations graves des droits de l'homme, actes de génocide, crimes contre l'humanité et autres atrocités était déjà gravée en substance dans la conscience humaine, bien avant que ces actes ne soient qualifiés ou leur condamnation codifiée sur le plan international, que ce soit dans la Convention contre le génocide de 1948 ou dans d'autres traités consacrés aux droits de l'homme ou au Droit international humanitaire. De nos jours, les crimes internationaux sont condamnés par le droit international général ainsi que par le droit international conventionnel. Cette évolution s'est faite sous l'impulsion de la conscience juridique universelle qui, à mes yeux, constitue la source matérielle ultime de tout droit[10].

Le droit international contemporain (qu'il soit d'origine conventionnelle ou de nature générale) se caractérise dans une large mesure par l'émergence et l'évolution de ses normes impératives (le *jus cogens*), et par une plus grande conscience, à une échelle universelle, de l'importance du principe d'humanité (cf. *infra*). Les violations graves des droits de l'homme et du Droit International Humanitaire, les actes de génocide, les crimes contre l'humanité, entre autres atrocités, emportent violation d'interdictions absolues relevant du *jus cogens*[11]. *Le sentiment d'humanité*, propre au

---

8   Paragraphes 565-565 du jugement rendu en l'affaire *Le Procureur c. J.-P. Akayesu*.
9   Paragraphes 15-16 du jugement rendu en l'affaire *Le Procureur c. J. Kambanda*. Dans le même ordre d'idées, voir les décisions du TPIR dans l'affaire *Akayesu* susmentionnée, ainsi que dans l'affaire *Le Procureur c. O. Serushago* (arrêt du 5 février 1999, par. 15).
10 Cf., e.g., Cour interaméricaine des droits de l'homme (CIADH), *Massacre de Plan de Sánchez versus Guatemala* (Arrêt sur le fond du 29 avril 2004), Opinion Individuelle de M. le Juge A.A. Cançado Trindade, par. 13 ; CIADH, *Condition juridique et droits des migrants sans papiers*, Avis Consultatif n° 18 (du 17 septembre 2003), Opinion Concurrente de M. le Juge A.A. Cançado Trindade, pars. 21-30.
11 Cf. A.A. Cançado Trindade, "*Jus Cogens*: The Determination and the Gradual Expansion of Its Material Content in Contemporary International Case-Law", *in XXXV Curso de Derecho Internacional Organizado por el Comité Jurídico Interamericano* – OAS (2008) pp. 3-29; et cf. M. C. Bassiouni, *Crimes against Humanity in International Criminal Law*, 2ᵉ éd. rev., La Haye, Kluwer, 1999, pp. 210-211 (au sujet des crimes contre l'humanité).

nouveau *jus gentium* du XXIᵉ siècle, a fini par imprégner tout le *corpus juris* du droit international moderne. J'ai qualifié cette évolution, notamment dans l'opinion concurrente j'ai jointe à l'avis consultatif n° 16 (du 1ᵉʳ octobre 1999) de la Cour interaméricaine des droits de l'homme (CIADH) sur le *Droit à l'information sur l'assistance consulaire dans le cadre des garanties du procès équitable*, dans le cours du processus historique vers une véritable *humanisation* du droit international[12].

Dans son avis consultatif de 1951 sur les *Réserves à la Convention pour la Prévention et la Répression du Crime de Génocide*, la Cour internationale de Justice (CIJ) a appuyé la reconnaissance des principes sous-tendant cette Convention comme «obligeant les Etats même en dehors de tout lien conventionnel»[13]. Dans sa jurisprudence constante, la CIADH, lorsqu'elle a interprété et appliqué la convention américaine relative aux droits de l'homme, a systématiquement invoqué les principes généraux du droit[14]. La Cour européenne des droits de l'homme (CEDH) a fait de même lorsqu'elle a eu à interpréter et à appliquer la convention européenne des droits de l'homme[15]. Ceux de ces principes qui possèdent un caractère réellement fondamental forment l'assise de l'ordre juridique lui-même, traduisant le *droit au Droit* dont tous les êtres humains sont titulaires[16]. Dans le domaine du Droit international des droits de l'homme, les principes fondamentaux de la *dignité de la personne humaine* et de l'*inaliénabilité de ses droits naturels* relèvent de cette catégorie. Dans son avis consultatif n° 18, sur la *Condition juridique et droits des migrants sans papiers* (2003), la CIADH a renvoyé expressément à ces deux principes[17].

---

12 Paragraphe 35 de mon Opinion Concurrente dans l'Avis Consultatif de la CIADH sur le *Droit à l'information sur l'assistance consulaire dans le cadre du procès équitable*.

13 *C.I.J. Recueil 1951*, p. 23.

14 Cf., notamment, CIADH, *Cinq pensionnaires c. Pérou* (Arrêt du 28 février 2003), par. 156 ; CIADH, Avis Consultatif n° 17, *Condition juridique et droits de l'enfant* (du 28 août 2002), pars. 66 et 87 ; CIADH, Avis Consultatif n° 16, *Droit à l'information sur l'assistance consulaire dans le cadre du procès équitable* (du 1ᵉʳ octobre 1999), pars. 58, 113 et 128. Pour une analyse, cf. A. A. Cançado Trindade, «La Convention Américaine relative aux Droits de l'Homme et le droit international général», *in Droit international, droits de l'homme et juridictions internationales* (eds. G. Cohen-Jonathan et J.-F. Flauss), Bruxelles, Bruylant, 2004, pp. 59-71.

15 Cf. L. Caflisch et A. A. Cançado Trindade, «Les Conventions Américaine et Européenne des Droits de l'Homme et le droit international général», 108 *Revue générale de droit international public* (2004) pp. 5-62.

16 A. A. Cançado Trindade, *Tratado de Direito Internacional dos Direitos Humanos*, vol. III, Porto Alegre/Brésil, S. A. Fabris Ed., 2003, p. 524-525.

17 Paragraphe 157 de l'Avis Consultatif sur la *Condition juridique et droits des migrants sans papiers*. Dans l'opinion concurrente (pars. 1-89) que j'avais moi-même jointe à cet avis consultatif, j'avais exposé longuement et de manière détaillée ma propre conception du rôle fondamental et de la place centrale des principes généraux du droit dans tout système juridique (national ou international).

Le but ultime du Droit lui-même, de l'ordre juridique, tant au niveau national qu'à l'échelle internationale, est de faire prévaloir le principe du respect de la dignité de la personne humaine. En vertu de ce principe fondamental, tout être humain a, en tant que tel, droit au respect (de son honneur et de ses convictions) quelles que soient les circonstances[18]. Le principe de l'inaliénabilité des droits inhérents à l'être humain, lui, est considéré comme un postulat élémentaire qui sous-tend tout l'édifice du *corpus juris* du Droit international des droits de l'homme. Quant aux principes du Droit international humanitaire, d'aucuns ont soutenu de manière convaincante que les traités conclus en la matière représentaient dans leur ensemble l'expression et la mise au point de ces principes généraux, qui sont applicables en toutes circonstances et visent à garantir une meilleure protection aux victimes[19].

Dans l'affaire *Mucić et consorts* (arrêt du 20 février 2001), la Chambre d'appel du Tribunal pénal international *ad hoc* pour l'ex-Yougoslavie (TPIY) a émis l'opinion que le droit international humanitaire et le droit international des droits de l'homme «proc[édaient]» l'un et l'autre du souci de sauvegarder la dignité humaine, qui était à la base des règles humanitaires élémentaires formulées dans ces disciplines[20]. En fait, le principe d'humanité peut s'entendre de différentes manières. Premièrement, il peut être compris comme sous-tendant l'interdiction des traitements inhumains qui est établie à l'article 3 commun aux quatre Conventions de Genève de 1949. Deuxièmement, son application peut être déclenchée par référence à l'humanité dans son ensemble, s'agissant de questions présentant un intérêt commun, général et direct pour tous les hommes. Et troisièmement, ce principe peut être employé pour évoquer une qualité humaine (faire preuve d'humanité).

Dans l'affaire *Čelebići* (jugement du 16 novembre 1998), la Chambre de 1ère. instance du TPIY avait qualifié de *traitement inhumain* l'action ou omission intentionnelle ou délibérée qui causait de graves souffrances (mentales ou physiques) ou constituait une atteinte grave à la dignité humaine: «les traitements inhumains sont des traitements intentionnellement administrés qui contreviennent au principe fondamental d'humanité ; ils constituent une catégorie dans laquelle entrent toutes les autres infractions graves énumérées dans les conventions»[21]. Par la suite, dans l'affaire *Blaškić* (jugement du 3 mars 2000), le TPIY a réitéré cette position en 1ère.

---

18 B. Maurer, *Le principe de respect de la dignité humaine et la Convention européenne des droits de l'homme*, Paris, CERIC/Univ. d'Aix-Marseille, 1999, p. 18.
19 R. Abi-Saab, «Les «principes généraux» du droit humanitaire selon la Cour Internationale de Justice», *Revue internationale de la Croix-Rouge*, 1987, vol. 766, pp. 386 et 389.
20 Paragraphe 149 de l'arrêt rendu par la Chambre d'appel en l'affaire *Le procureur c. Zejnil Delalić, Zdravko Mucić (alias «Pavo»), Hazim Delić et Esad Landžo (alias «Zenga») (affaire Čelebići).*
21 Paragraphe 543 du jugement rendu en l'affaire *Čelebići*.

instance[22]. Il a déjà été fait référence à la clause dite de Martens, dont l'importance peut être ici réaffirmée.

IV. Le Principe d'Humanité dans l'Ensemble du Corpus Juris de la Protection Internationale de l'Individu

En toutes circonstances, le traitement accordé aux êtres humains doit respecter le *principe d'humanité*, qui imprègne l'ensemble du *corpus juris* de la protection internationale des droits de l'individu (englobant le Droit international humanitaire, le Droit international des droits de l'homme et le Droit international des réfugiés), sur le plan conventionnel et coutumier, aux niveaux international (Nations Unies) et régional. Le principe d'humanité sous-tend, en effet, les deux *observations générales*, n° 9 (de 1982, par. 3) et n° 21 (de 1992, par. 4) du Comité des droits de l'homme des Nations Unies, à l'article 10 du Pacte des Nations Unies relatif aux droits civils et politiques (traitement humain de toutes les personnes privées de leur liberté)[23]. Le principe d'humanité, généralement invoqué dans le domaine du Droit international humanitaire, s'étend donc également à celui du Droit international des droits de l'homme. Et, comme le Comité des droits de l'homme l'a déclaré à juste titre dans son *observation générale* n° 31 (de 2004), « les deux domaines du droit sont complémentaires et ne s'excluent pas l'un l'autre » (par. 11).

Par loyauté envers ma propre conception, j'ai jugé nécessaire de développer quelques réflexions sur la base du principe d'humanité dans sa vaste dimension, dans de récentes décisions de la Cour internationale de Justice (ainsi que, précédemment, de la CIADH). Je l'ai fait récemment, par exemple, dans mon Opinion Dissidente[24] dans l'affaire de l'*Obligation de poursuivre ou d'extrader* (Belgique c. Sénégal, demande en indication de mesures conservatoires, ordonnance du 28 mai 2009), dans mon Opinion Dissidente[25] dans l'affaire des *Immunités juridictionnelles*

---

22 Paragraphe 154 du jugement rendu en l'affaire *Le Procureur c. T. Blaškić*.
23 Concernant l'affaire *A.S. Diallo* (Guinée c. R.D. Congo), tranchée par la CIJ (arrêt du 30.11.2010), j'ai estimé opportun de préciser, dans mon Opinion Individuelle, notamment, que le principe d'humanité sous-tend, par exemple, l'article 7 du Pacte international des Nations Unies relatif aux Droits Civils et Politiques, qui protège l'intégrité personnelle de l'individu contre les mauvais traitements, ainsi que l'article 10 dudit Pacte (relatif aux personnes en détention), qui commence par affirmer que « [t]oute personne privée de sa liberté est traitée avec humanité et avec le respect de la dignité inhérente à la personne humaine » (par. 1). Cela comprend non seulement l'obligation négative de s'abstenir de tout mauvais traitement (article 7), mais également l'obligation positive de s'assurer qu'un détenu, sous la garde de l'Etat, est traité avec humanité et avec le respect de la dignité inhérente à la personne humaine (par. 98).
24 Paragraphes 24-25 et 61.
25 Paragraphes 116, 118, 125, 136-139 et 179. Dans cette Opinion Dissidente détaillée, mes réflexions concernant le principe d'humanité sont établies notamment dans leur partie XII, sur

de l'Etat (requête et demande reconventionnelle, Allemagne c. Italie, ordonnance du 6 juillet 2010), dans mon Opinion Individuelle concernant l'Avis Consultatif de la Cour sur la *Conformité au droit international de la déclaration d'indépendance relative au Kosovo* (du 22 juillet 2010)[26], ainsi que dans mon Opinion Dissidente dans l'affaire des *Immunités juridictionnelles de l'Etat* (Allemagne c. Italie, Grèce intervenant, arrêt du 03 février 2012)[27].

Le droit international n'est nullement insensible à la pressante nécessité de voir un traitement humain accordé aux personnes et le principe d´humanité s'applique en toutes circonstances, de manière à proscrire tout traitement inhumain, en référence à l'humanité tout entière, afin d'assurer une protection à toutes les personnes, y compris celles qui se trouvent en situation de grande vulnérabilité (pars. 17-20). *L'humanité* est appelée à conditionner le comportement humain en toutes circonstances, en temps de paix, ainsi qu'en périodes de troubles et de conflit armé. Le principe d'humanité imprègne l'ensemble du *corpus juris* de la protection de l'individu, et fournit l'une des illustrations des ressemblances ou convergences entre ses branches distinctes et complémentaires (Droit international humanitaire, Droit international des droits de l'homme, et Droit international des réfugiés), au niveau herméneutique, qui se manifestent également aux niveaux normatif et opérationnel[28].

---

les êtres humains en tant que véritables titulaires des droits initialement violés et les pièges du volontarisme étatique (pars. 112-123), ainsi que, dans leur partie XIII, sur l'incidence du *jus cogens* (pars. 126-146), outre les conclusions (principalement les pars. 178-179).

26 Dans l'Avis Consultatif de la CIJ sur la *Conformité au droit international de la déclaration d'indépendance du Kosovo* (du 22 juillet 2010), j'ai expressément consacré une section entière (XIII(4)) de mon Opinion Individuelle détaillée au « principe fondamental d'humanité » (pars. 196-211) dans le cadre du droit des gens proprement dit. J'ai estimé opportun de rappeler que les « pères fondateurs » du droit international (F. de Vitoria, A. Gentili, F. Suárez, H. Grotius, S. Pufendorf, C. Wolff) proposaient un *jus gentium* inspiré par le principe d'humanité au sens large (pars. 73-74). Mon Opinion Individuelle précitée contient mes réflexions personnelles portant sur des considérations fondamentales d'humanité dans le traitement des peuples selon le droit des gens (pars. 67-74) ; la partie VI, quant à elle, est centrée sur l'actualité du *droit des gens* et assortie d'une attention particulière consacrée à la vision humaniste de l'ordre juridique international (pars. 75-96) ; la partie XII met l'accent sur la place centrale des peuples dans le droit international contemporain (pars. 169-176), la partie XIV, sur une conception globale de l'incidence du *jus cogens* (pars. 212-217) ; et la partie XIII, sur les principes du droit international, le droit des Nations Unies et les fins humaines de l'Etat (pars. 177-211). Dans cette dernière partie, j'aborde spécifiquement le principe fondamental d'humanité dans le cadre du droit des Nations Unies (pars. 196-211).

27 Paragraphes 32-40 and 61-316.

28 Sur ce point particulier, cf., e.g., A.A. Cançado Trindade, *Derecho Internacional de los Derechos Humanos, Derecho Internacional de los Refugiados y Derecho Internacional Humanitario – Aproximaciones y Convergencias*, Genève, CICR, [2000], pp. 1-66.

V. Le Principe d'Humanité dans l'Héritage de la Philosophie du Droit Naturel

Le précieux héritage de la philosophie du droit naturel, qui évoque le droit naturel de la raison droite (*recta ratio*), n'a jamais disparu et il importe de le souligner inlassablement, notamment face à l'indifférence et au pragmatisme des *droit d´étatistes* «stratégiques», si fréquents de nos jours au sein de la profession juridique. Il convient de ne pas passer sous silence le fait que le principe d'humanité s'inscrit effectivement en droite ligne dans la philosophie du droit naturel. Il sous-tend la pensée classique relative au traitement humain ainsi que le maintien de relations sociables, ce également au niveau international.

L'humanité s'est manifestée avec d'autant plus de vigueur dans le traitement des personnes en situation de vulnérabilité, voire d'impuissance, telles que celles qui se voient privées de leur liberté personnelle pour quelque raison que ce soit. Lorsque le *jus gentium* commença à correspondre au droit des gens, il en vint alors à être conçu par ses «pères fondateurs» (F. de Vitoria, A. Gentili, F. Suárez, H. Grotius, S. Pufendorf, C. Wolff) comme un droit régissant la communauté internationale composée d'êtres humains organisés socialement en Etats (émergents), existant de concert avec l'espèce humaine, correspondant ainsi au droit *nécessaire* de la *societas gentium*. Cette dernière prévaut sur la volonté individuelle de chaque État, dans le respect de l'individu et au bénéfice du bien commun[29].

VI. L'Humanité et les Considérations d'Humanité: Une Précision d'Ordre Conceptuel

Au regard de ce qui précède, il apparaît vite que le terme «humanité» a été interprété de différentes manières en droit international moderne, comme dans la jurisprudence du TPIY et du TPIR *(supra)*. Ces tribunaux *ad hoc* ont clairement relié l'«humanité» au principe universel du respect de la dignité de la personne humaine, ou au sentiment d'*humanité*. La CEDH et la CIADH s'y sont également montrées sensibles en renvoyant abondamment aux principes généraux du droit dans leurs jurisprudences constantes respectives, mais convergentes. La CIJ a elle aussi invoqué des «considérations élémentaires d'humanité», dans le même ordre d'idées[30]. Le sentiment d'humanité et la volonté de faire respecter la dignité humaine sont donc bien présents dans la jurisprudence des tribunaux internationaux contemporains.

---

29 A.A. Cançado Trindade, *A Humanização do Direito Internacional*, Belo Horizonte/Brésil, Edit. Del Rey, 2006, pp. 9-14, 172, 318-319, 393 et 408; et cf. A.A. Cançado Trindade, *Évolution du Droit international au droit des gens – L'accès des particuliers à la justice internationale: le regard d'un juge*, Paris, Pédone, 2008, pp. 1-187.

30 A. A. Cançado Trindade, «La jurisprudence de la Cour Internationale de Justice sur les droits intangibles», *in Droits intangibles et états d'exception* (D. Prémont, C. Stenersen et I. Oseredczuk, éds.), Bruxelles, Bruylant, 1996, pp. 53-71, et cf. pp. 73-88.

Lorsqu'il s'agit, toutefois, d'analyser l'expansion de la personnalité juridique internationale, c'est-à-dire l'émergence de nouveaux sujets du droit international universel d'aujourd'hui, il est nécessaire de préciser certains concepts. Le droit international des temps modernes désigne ainsi comme ses sujets non seulement les Etats mais aussi les organisations internationales et les êtres humains, tant individuellement que collectivement, laissant entrevoir un aspect fondamental de ce que j'appellerai le processus historique d'*humanisation* du droit international. Dans ce contexte, j'ajouterai – comme déjà souligné – à la liste de ces sujets, l'*humanité* en tant que telle, qui a elle aussi accédé à ce statut (cf. *supra*).

Dans son sens collectif (*humankind* en anglais), le terme «humanité» possède une acceptation distincte et très concrète: il désigne tous les membres de l'espèce humaine pris collectivement (aussi bien, du point de vue temporel, les générations présentes que futures). De fait, un nombre croissant de textes internationaux (traités, déclarations, résolutions et autres) font désormais expressément référence à l'humanité au sens collectif (*mankind* ou *humankind*), en lui conférant des droits propres. Certains concepts sont aujourd'hui en cours d'élaboration pour formuler concrètement les droits reconnus à l'humanité et les conséquences juridiques qui s'y attachent, et leur développement ira vraisemblablement en s'intensifiant dans les années à venir. Tous les progrès réalisés jusqu'ici découlent, comme il a été exposé précédemment, d'une meilleure perception et d'une plus grande conscience des intérêts communs et supérieurs de la communauté internationale dans son ensemble, ainsi que de ses valeurs fondamentales.

VII. L'Émergence de l'Humanité en tant que Sujet de Droit International

À la faveur de l'évolution du droit international contemporain, la personnalité juridique en droit international, comme on l'a déjà signalé, a cessé d'être l'apanage des Etats. À l'instar de ces derniers, les organisations internationales et les êtres humains (tant individuellement que collectivement) sont désormais titulaires de droits et tenus à des obligations selon le droit international. Et l'humanité en est elle aussi venue à figurer parmi les sujets du droit international contemporain, le *jus gentium* du XXIe siècle. Bien qu'il s'agisse là d'un phénomène assez récent, son origine remonte à la philosophie du droit qui a marqué le début de la seconde moitié du XXe siècle, voire encore plus loin.

On se souviendra peut-être que la notion de «conscience humaine» a été reconnue en jurisprudence dès 1951, dans l'Avis Consultatif que la CIJ a rendu sur les *Réserves à la Convention contre le génocide*[31], pour être reprise en 1976 par la Commission du Droit International (CDI) dans son projet d'articles sur la responsabilité des Etats[32]. Sur le plan doctrinal, c'est au début du XXe siècle, à partir des années 1920,

---

31 *C.I.J. Recueil* (1951), p. 23.
32 Avec l'adjonction de l'article 19, «Crimes et délits internationaux» ; cf. Nations Unies, *Annuaire de la Commission du droit international [ACDI]* (1976)-II (2ème.partie), pp. 111-113 et 100-102.

qu'ont eu lieu les premières tentatives en vue de formuler les règles du droit commun régissant l'humanité. À la fin des années 1940, Alejandro Álvarez écrivait que le peuple (en tant qu'élément essentiel à la qualité d'Etat) avait enfin fait son entrée dans la vie internationale et qu'il importait au premier chef de rechercher l'intérêt de la communauté internationale dans son ensemble. Aux yeux du juriste chilien, c'étaient la conscience juridique internationale et l'esprit de justice qui allaient permettre la reconstruction du droit international[33].

Ce raisonnement allait être repris et systématisé par C.W. Jenks en 1958[34], puis par R.-J. Dupuy en 1986[35], entre autres, et, en 1966, D. Evrigenis lançait l'idée d'un nouveau «droit universel»[36]. À son tour, dans un article empreint de clairvoyance et paru en 1950, M. Bourquin préconisait que la communauté internationale se voie confier le rôle de «gardienne du droit objectif», surtout devant la menace de «massification» de la civilisation. Par contraste avec la conception traditionnelle, l'Etat allait agir non seulement dans la poursuite de son propre intérêt, mais aussi en tant que membre de cette communauté internationale. Selon lui, la conception volontariste traditionnelle du droit international,

> «[e]n faisant de la volonté de l'Etat la seule force génératrice du droit, (...) déforme le phénomène juridique; (...) elle oublie que le droit est inhérent à toute société, qu'il existe là-même où aucune organisation étatique ne participe à son élaboration»[37].

Les problèmes humains qui nous entourent actuellement à l'échelle internationale n'ont pas manqué d'attirer une attention grandissante sur les conditions de vie des êtres humains dans le monde et d'exercer une incidence directe sur

---

Cf. aussi les travaux ultérieurs de la même CDI: Projet de code des crimes contre la paix et la sécurité de l'humanité, ONU, *ACDI* (1986)-II (1ère partie), pp. 56-57, et le projet d'articles de 1991.

33   A. Álvarez, «Méthodes de la codification du droit international public: L'état actuel de ce droit», in *Annuaire de l'Institut de droit international* – Session de Lausanne (1947) pp. 45-47, 50-51, 54, 63-64 et 68-70.

34   C.W. Jenks, *The Common Law of Mankind*, London, Stevens, 1958, pp. 1-442; et cf. C.W. Jenks, «The New Science and the Law of Nations», *in Evolution et perspectives du droit international: Livre du centenaire de l'Institut de droit international 1873-1973*, Bâle, Karger, 1973, pp. 330-346.

35   R.-J. Dupuy, *La communauté internationale entre le mythe et l'histoire*, Paris, Economica/UNESCO, 1986, pp. 11-182.

36   D. Evrigenis, «Institutionnalisation des droits de l'homme et droit universel», *in Internationales Colloquium über Menschenrechte* (Berlin, Oktober 1966), Berlin, Deutsche Gesellschaft für die Vereinten Nationen, 1966, pp. 26-34.

37   M. Bourquin, «L'humanisation du droit des gens», *La technique et les principes du droit public: Etudes en l'honneur de Georges Scelle*, vol. I, Paris, LGDJ, 1950, pp. 35 et 45, et cf. pp. 21-54.

l'édification du droit lui-même. L'être humain se retrouvait donc à nouveau au centre du droit des gens, ce qui a amené M. Bourquin à conclure que:

> «[n]i au point de vue de son objet, ni même au point de vue de sa structure, le droit des gens ne peut se définir comme un droit inter-étatique»[38].

Vingt ans plus tard, devant les progrès du droit de l'espace, les experts venaient appuyer l'idée que la *comunitas humani generis* (incarnant la «cohésion morale de l'humanité», selon la philosophie de Francisco de Vitoria)[39] présentait déjà un profil juridique faisant de l'«humanité» en soi un «sujet de droit», puisque «son existence en tant qu'entité morale et politique» est une idée qui «devient progressivement réalité, avec toutes les conséquences juridiques que cela comporte»[40]. Depuis, cette théorie a attiré une attention croissante, du moins chez les auteurs les plus clairvoyants. S. Sucharitkul, par exemple, s'est dit d'avis que rien n'empêchait que l'humanité en tant que telle soit sujet de droit international, quitte à être représentée par la communauté internationale elle-même. Cette conception devait prévaloir, grâce à l'*humanisation* du droit international, de façon à «renforcer le statut juridique de l'homme comme sujet de droit» et à sauver l'humanité d'un «désastre imminent» (la menace nucléaire)[41].

Nagendra Singh a fait observer avec lucidité que l'évolution du droit international vers l'universalité ressort du fait que le consensus universel dont ont fait l'objet, avec le temps, les concepts et les normes du droit international (dans des domaines tels que le droit international humanitaire, le droit des traités et le droit diplomatique et consulaire), et ce, en dépit des différences culturelles qui caractérisent la communauté internationale[42]. R. Quadri a pour sa part mis en évidence la nécessité de rechercher le *status conscientiae* des Etats, soutenant que la conscience juridique internationale était la source matérielle de l'ordre juridique international où règne le pluralisme[43]. Il se dégage de la doctrine italienne en droit international une mise en garde concernant l'«unité du monde juridique»:

---

38 *Ibid.*, pp. 53-54, and cf., p. 38.
39 Cf. A.A. Cançado Trindade, *"Totus Orbis*: A Visão Universalista e Pluralista do *Jus Gentium*: Sentido e Atualidade da Obra de Francisco de Vitoria", in 24 *Revista da Academia Brasileira de Letras Jurídicas* – Rio de Janeiro (2008) n. 32, pp. 197-212.
40 L. Legaz y Lacambra, «La Humanidad, Sujeto de Derecho», in *Estudios de Derecho Internacional Público y Privado – Homenaje al Profesor L. Sela Sampil*, vol. II, Oviedo, Universidad de Oviedo, 1970, p. 554, et cf. pp. 549-559.
41 S. Sucharitkul, «L'humanité en tant qu'élément contribuant au développement progressif du droit international contemporain», *in L'avenir du droit international dans un monde multiculturel*, Colloque de La Haye de 1983 (ed. R.-J. Dupuy), La Haye, Nijhoff/Académie de droit international de La Haye, 1984, pp. 419 et 425-427.
42 Nagendra Singh, «The Basic Concept of Universality and the Development of International Law», *L'avenir du droit international dans un monde multiculturel, op. cit. supra* n° (36), pp. 240-241, 246 et 256-257.
43 R. Quadri, «Cours général de droit international public», 113 *RCADI* (1964), pp. 326, 332, 336-337, 339 et 350-351.

«il faut voir dans la conscience commune des peuples, ou conscience universelle, la source des normes suprêmes du droit international ... les principes qui s'inscrivent dans la conscience universelle ... sont à considérer comme également présents dans les ordres juridiques internes...»[44].

Les droits de l'humanité échappent, par définition, à la réciprocité propre aux relations purement interétatiques[45]. On a fait valoir que la communauté internationale devait, en vue de la restructuration du système international, procéder de manière à assurer la survie et le bien-être de l'humanité dans son ensemble[46].

La CDI, dans le cadre de l'élaboration de son projet de code des crimes contre la paix et la sécurité de l'humanité, a posé en postulat (en 1986) qu'on pouvait concevoir le crime contre l'humanité «dans le triple sens de cruauté envers l'existence humaine, d'avilissement de la dignité humaine, de destruction de la culture humaine». Chaque individu étant «le gardien de la dignité humaine, le détenteur des valeurs éthiques fondamentales», l'atteinte dont il est la cible peut constituer un crime contre l'humanité dès lors qu'elle heurte la «conscience humaine». On peut donc conclure – dans la perspective préconisée par la CDI – à l'existence d'un «lien naturel entre le genre humain et l'individu: l'un est l'expression de l'autre». Il s'ensuit que le mot «humanité» (dans l'expression «crime contre l'humanité») s'entend du «genre humain autant dans sa globalité que dans ses diverses manifestations individuelles ou collectives»[47].

De fait, dès les débuts du droit international, on a eu recours aux «notions fondamentales d'humanité» pour régler la conduite des Etats. Ce qu'on en est venu par la suite à appeler les «crimes contre l'humanité» tire son origine du droit international coutumier[48], puis s'est développé dans le cadre du Droit International Humanitaire[49] et, plus récemment, dans celui du Droit Pénal International[50]. Les crimes contre

---

44 G. Sperduti, «La souveraineté, le droit international et la sauvegarde des droits de la personne», in *International Law at a Time of Perplexity – Essays in Honour of S. Rosenne*, Dordrecht, Nijhoff, 1989, pp. 884-885.

45 P.-M. Dupuy, «Humanité, communauté, et efficacité du Droit», in *Humanité et Droit international: Mélanges René-Jean Dupuy*, Paris, Pédone, 1991, p. 137.

46 Ph. Allott, «Reconstituting Humanity – New International Law», 3 *European Journal of International Law* (1992) pp. 219-252, en particulier p. 251; cf. aussi Ph. Allott, *Eunomia – New Order for a New World*, Oxford, University Press, 1990, pp. 10 et 186.

47 Nations Unies, *Annuaire de la CDI* (1986)-II (1ère partie), pp. 56-57.

48 S. R. Ratner et J. S. Abrams, *Accountability for Human Rights Atrocities in International Law*, Oxford, Clarendon Press, 1997, pp. 45-48.

49 Cf. J. Pictet, *Développement et principes du droit international humanitaire*, Genève/Paris, Inst. H.-Dunant/Pédone, 1983, pp. 107 et 77 ; C. Swinarski, *Principales Nociones e Institutos del Derecho Internacional Humanitario como Sistema Internacional de Protección de la Persona Humana*, San José of Costa Rica, IIDH, 1990, p. 20.

50 Cf. D. Robinson, «Defining 'Crimes against Humanity' at the Rome Conference», 93 *American Journal of International Law* (1999) pp. 43-57; pour ce qui est des conditions historiques,

l'humanité trouvent aujourd'hui leur expression dans le Statut de Rome de la Cour Pénale Internationale (article 7)[51]; on se trouve ici au royaume du *jus cogens*.

Lorsqu'un tel crime est commis contre des êtres humains, c'est l'humanité elle-même qui en est victime, comme l'a reconnu expressément le TPIY dans l'affaire *Tadić* (1997), lorsqu'il a statué que le crime contre l'humanité était commis non seulement contre les victimes elles-mêmes, mais contre l'humanité toute entière. Dans l'affaire *Erdemović* (1996), par ailleurs, le Tribunal a fait valoir que les crimes contre l'humanité heurtaient la conscience collective et, transcendant les êtres humains qui en étaient victimes, atteignaient l'humanité elle-même[52].

On trouve dans plusieurs traités actuellement en vigueur et régissant divers domaines du droit international des marques importantes d'un droit commun de l'humanité. Ainsi, la notion de patrimoine culturel de l'humanité trouve son expression dans la Convention concernant la protection du patrimoine mondial, culturel et naturel, adoptée en 1972 par l'UNESCO[53]. Du côté du droit international de l'environnement, depuis la référence faite à la notion de «bien de l'humanité» dans la déclaration finale de la Conférence des Nations Unies sur l'Environnement, adoptée à Stockholm en 1972 (principe 18), nombre de traités ont fait de même, constatant les obligations contractées par les Etats parties au nom de l'intérêt supérieur de l'humanité[54]. C'est ainsi que cette dernière a pris sa place en droit international contemporain et est de plus en plus reconnue en tant que sujet de droit dans différents domaines (tels que le Droit International des Droits de l'Homme, le Droit Pénal International, le Droit International de l'Environnement, et la réglementation internationale des espaces, entre autres). Se pose par ailleurs la question de sa capacité, question qui n'a pas encore fait l'objet d'une analyse suffisante.

VIII. Vers la Réalisation de l'Idéal de la Justice Universelle

Après une longue évolution historique, le principe de la compétence universelle, tel qu'il a été énoncé dans la Convention des Nations Unies contre la Torture

---

cf., e.g., H. Fujita, «Le crime contre l'humanité dans les procès de Nuremberg et de Tokyo», 34 *Kobe University Law Review* (2000) pp. 1-15.

51 Cf., e.g., R. S. Lee (ed.), *The International Criminal Court – The Making of the Rome Statute*, La Haye, Kluwer, 1999, pp. 30-31 et 90-102 ; M. C. Bassiouni, *Crimes against Humanity in International Criminal Law*, 2e éd. rev., La Haye, Kluwer, 1999, pp. 332 et 363-368.

52 J. R. W. D. Jones, *The Practice of the International Criminal Tribunals for the Former Yugoslavia and Rwanda*, 2e éd., Ardsley/N.Y., Transnational Publishers, 1999, pp. 111-112.

53 Précédée, entre autres, par la Convention pour la Protection des Biens Culturels en Cas de Conflit Armé, adoptée à La Haye en 1954.

54 En outre, on en trouve un autre exemple implicite dans les références faites à la «santé humaine» dans le préambule et à l'article 2 de la Convention de Vienne sur la Protection de la Couche d'Ozone (1985), dans le préambule du Protocole de Montréal relatif à des Substances qui Appauvrissent la Couche d'Ozone (1987), ainsi qu'à l'article premier des trois Conventions susmentionnées sur la pollution marine.

(articles 5(2) et 7(1)), semble entretenu, dans cette deuxième décennie du siècle XXI, par l'idéal de la justice universelle, sans limitation dans le temps (passé ou futur) ou dans l'espace (étant transfrontalier), – comme je viens de souligner dans deux arrêts récents de la Cour Internationale de Justice (CIJ)[55]. De plus, ce principe dépasse la dimension interétatique, il prétend sauvegarder non pas les intérêts des États individuels, mais plutôt les valeurs fondamentales partagées par la communauté internationale toute entière. Ce qui est primordial est l'impératif de la justice universelle. Celui-ci s'aligne avec la pensé jusnaturaliste.

La compréhension contemporaine du principe de la compétence universelle nous dévoile un nouvel horizon, plus vaste. Dans ce nouvel horizon, nous pouvons apercevoir le droit international universaliste, le nouvel *jus gentium* universel de l'actualité[56], – qui n'est pas sans nous rappeler le *totus orbis* de F. Vitoria et le *societas generis humanis* de H. Grotius. Il est impératif de poursuivre et de juger les responsables des crimes internationaux, qui bouleversent la conscience de l'humanité. La torture, par exemple, est, après tout, aujourd'hui considérée comme étant une violation grave du Droit International des Droits de l'Homme et du Droit International Humanitaire, interdite par le droit international conventionnel et coutumier. Le *jus cogens* determine son interdiction absolue. Lorsqu'elle est systématiquement pratiquée, il s'agit d'un crime contre l'humanité.

Ceci dépasse le vieux paradigme de la souveraineté de l'État: les victimes individuelles sont reconnues comme appartenant à l'humanité; cette dernière réagit, choquée par l'inhumanité de la torture. Non seulement les droits individuals, mais également les devoirs correspondants de l'État (de protection, d'enquête, de poursuites judiciaries, de sanction et de réparation) sont issus directement du droit international. Les *prima principia*, les principes généraux du droit, – parmi lesquels figurent les principes d'humanité et du respect pour la dignité inhérente des êtres humains, – revêtent une importance capitale. Ces derniers sont rappelés dans la Convention des Nations Unies contre la Torture. Un contenu éthique est ainsi délivré et enfin attribué au *jus gentium* de l'actualité.

IX. Conséquences Juridiques de la Reconnaissance de l'Humanité en tant que Sujet de Droit International

1. Applicabilité du Cadre des Droits de l'Homme

Le recours au concept même de l'humanité en tant que sujet de droit international fait entrer en jeu d'emblée le cadre des droits de l'homme et y place le débat. Il

---

55 Cf. CIJ, affaire des *Immunités Juridictionnelles de l'État* (Allemagne c. Italie, Grèce intervenant, arrêt du 03.02.2012), Opinion Dissidente du Juge A.A. Cançado Trindade (pars. 1-316); CIJ, affaire des *Questions concernant l'Obligation de Poursuivre ou d'Extrader* (Belgique c. Sénégal), Opinion Individuelle du Juge A.A. Cançado Trindade (pars. 1-184).
56 Cf. A.A. Cançado Trindade, *International Law for Humankind – Towards a New Jus Gentium*, Leiden/The Hague, Nijhoff/The Hague Academy of International Law, 2010, pp. 1-726.

convient d'en prendre acte, plutôt que de laisser ce fait à l'implicite et comme coulant de source. Comme le droit ou la règle de droit ne produit pas ses effets dans l'absolu, l'humanité n'est pas une abstraction d'ordre sociologique ou juridique: elle est formée des regroupements humains, de l'ensemble des êtres humains vivant en société au fil du temps. Tout comme certaines questions ont été «soustraites» à la compétence des Etats pour prendre un caractère *international* (essentiellement en ce qui concerne la protection des droits de l'homme et le droit des peuples à l'autodétermination), certaines questions touchant l'ensemble de la planète (comme le changement climatique) sont devenues des préoccupations *communes* de l'humanité.

Là encore, l'incidence de la protection internationale des droits de l'homme et de l'environnement marque la fin de la réciprocité et l'émergence d'obligations *erga omnes*. Le cadre des droits de l'homme est incontournable pour l'analyse du système de protection de l'environnement humain dans tous ses aspects. La question qui se pose en dernière analyse est celle, cruciale, de la survie de l'humanité, par l'affirmation, devant les menaces qui pèsent sur l'environnement humain, du droit fondamental à la vie.

2. La Question de la Capacité d'Agir et de la Représentation Légale

Un sujet de droit est généralement considéré comme titulaire de droits et tenu à des obligations, mais aussi doté de la capacité d'agir. S'il est clair de nos jours que l'humanité est le destinataire des normes internationales et a acquis la qualité de sujet de droit international (le droit de la *comunitas humani generis*), sa capacité d'agir demeure *in statu nascendi*, ce qui soulève la question de sa représentation en justice. Le mécanisme de représentation légale le plus perfectionné, malgré ses lacunes et les revers qu'il a connus, est celui que contient la Convention des Nations Unies sur le droit de la mer (1982)[57], pour le degré d'institutionnalisation qu'emporte la constitution de l'Autorité internationale des fonds marins.

Nous nous trouvons à l'orée d'un processus d'élaboration conceptuelle qui pourrait encore nécessiter beaucoup de temps et d'efforts. La conception de l'humanité dans un cadre temporel embrassant les générations actuelles et à venir présente le double avantage de ne pas négliger le facteur temps et de faire en sorte qu'il n'y ait pas de solution de continuité entre les générations, ce qui, comme l'ont déjà relevé les experts, poserait la difficulté de faire valoir les droits des générations à venir, dont l'avènement pourrait être très éloigné. Il n'est pourtant pas impossible de concevoir, dès maintenant, la représentation en justice de l'humanité, dans ses incarnations présentes et à venir[58].

---

57 Cf. A. Blanc Altemir, *El Patrimonio Común de la Humanidad – Hacia un Régimen Jurídico Internacional para Su Gestión*, Barcelone, Bosch, 1992, pp. 37-44 et 243-244 ; S. Paquerot, *Le statut des ressources vitales en Droit international – Essai sur le concept de patrimoine commun de l'humanité*, Bruxelles, Bruylant, 2002, pp. 91-92.

58 Cf. l'analyse et les propositions exposées *in*: *Future Generations and International Law* (collectif sous la dir. de E. Agius, S. Busuttil et autres), Londres, Earthscan Publs., 1998, pp. 3-165.

Le principe souverain de la solidarité humaine rend les vivants (la génération actuelle) comptables envers ceux qui sont à naître (les générations à venir) de leur administration du patrimoine de l'humanité et des préoccupations communes de celle-ci, obligeant les premiers à laisser aux seconds un monde qui soit dans un état aussi bon que celui dans lequel ils l'ont eux-mêmes trouvé. Après tout,

> «[p]ersonne ne vit en dehors du temps, et la situation juridique de chacun évolue avec celui-ci. Le passage du temps devrait avoir pour effet de renforcer les liens de solidarité qui unissent les vivants à ceux qui les ont précédés en les rapprochant. Il devrait renforcer les liens de solidarité qui unissent tous les êtres humains, jeunes et vieux, dont la vulnérabilité varie tout au long de leur existence (...). En règle générale, c'est au début, puis à la fin de cette existence que la vulnérabilité est la plus grande, lorsqu'on se trouve devant l'inconnu (...)»[59].

Nous n'en sommes qu'aux premiers pas et il reste un long chemin à parcourir avant d'en arriver à mettre au point un système de représentation de l'humanité en droit international, de façon que les droits qui lui sont aujourd'hui reconnus puissent être exercés comme il se doit et de manière systématique. À mon avis, les limites actuelles à la capacité d'agir au nom de l'humanité à l'échelle internationale sont sans effet sur l'émergence de sa personnalité juridique et sa qualité de sujet de droit international. Comme j'ai cru bon de le préciser dans l'opinion concurrente que j'ai jointe à l'avis consultatif nº 17 rendu par la CIADH (sur la *Condition juridique et droits de l'enfant*, 2002), la personnalité juridique internationale de chaque être humain reste intacte malgré les conditions de son existence[60] et les limites imposées à sa capacité de faire valoir lui-même ses droits en justice. Ce qui importe le plus, en dernière analyse, c'est que chacun a le droit de compter sur un ordre juridique (tant à l'échelle internationale qu'à l'échelle nationale) qui protège efficacement ses droits naturels (par. 71). Et cela vaut aussi bien pour l'humanité dans son ensemble que pour chaque individu.

Quoi qu'il en soit, les progrès lents et modestes réalisés à ce jour vers un régime de représentation légale de l'humanité, qui ne sauraient manquer de s'accélérer au cours des années à venir, conjugués à la reconnaissance de sa qualité de sujet de droit international, constituent une nouvelle manifestation du processus actuel d'*humanisation* du droit international public. La conception originale *totus orbis* de Francisco de Vitoria au XVIe siècle a ouvert la voie à la formation et à la cristallisation des notions de communauté internationale en tant que telle et d'un droit international véritablement universel[61], dont l'humanité serait l'un des sujets. Il est à la fois

---

59 CIADH, Avis Consultatif nº 17 du 28 août 2002, *Condition juridique et droits de l'enfant*, Opinion Concurrente de M. le Juge A.A. Cançado Trindade, pars. 4-5.
60 E.g., les enfants, les personnes âgées, les handicapés, les apatrides, entre autres.
61 Nous avons certainement déjà dépassé, dans notre discipline, l'étape du *jus inter gentes* fragmentaire de naguère.

possible et souhaitable, en cette époque troublée, de rétablir cette conception et de l'appliquer aux éléments qui constituent la situation internationale contemporaine, si nous voulons vraiment léguer un monde meilleur à nos descendants. À mon avis, nous venons de pénétrer dans la *terra nova* du nouveau *jus gentium* des débuts du XXIᵉ siècle, le droit international de l'humanité. Il me semble clair, à ce stade, que la question ici examinée continuera d´évoluer avec le passage du temps, et qu´elle méritera une attention plus approfondie de nos cercles juridiques.

La Haye, le 28 juillet 2012.

RESUMO

A humanidade como tal tem emergido como sujeito do Direito Internacional, coexistindo com outros sujeitos sem substituí-los. O princípio de humanidade permeia todo o *corpus juris* do Direito Internacional. Isto tem sido reconhecido na jurisprudência dos Tribunais Internacionais *ad hoc* para a Ex-Iugoslávia e para Ruanda, destacando o sentimento de humanidade (*humaneness*), evidenciado quando a própria humanidade vê-se vitimada por crimes internacionais. De sua parte, as Cortes Interamericana e Europeia de Direitos Humanos têm afirmado em sua jurisprudência os princípios fundamentais da dignidade da pessoa humana e da inalienabilidade dos direitos a ela inerentes. Quando se passa à expansão da personalidade jurídica internacional, tem-se em mente a humanidade (*humankind*), abarcando todos os integrantes do gênero humano como um todo, compreendendo, em uma dimensão temporal, as gerações presentes assim como futuras. A humanidade vem já marcando presença na doutrina jurídica internacional mais lúcida, – presença esta que vem sendo acentuada pelo âmbito dos direitos humanos, com incidência nos esforços rumo à realização do ideal da justiça universal (tendo em mente o princípio da jurisdição universal). O desafio atual reside na concepção completa da construção conceitual da representação legal da humanidade, conducente à consolidação de sua capacidade jurídica internacional, no âmbito do novo *jus gentium* de nossos tempos.

SUMMARY

Humankind as such has emerged as a subject of International Law, coexisting with other subjects without replacing them. The principle of humanity permeates the whole *corpus juris* of International Law. This has been acknowledged in the case-law of the *ad hoc* International Criminal Tribunals for the Former Yugoslavia and for Rwanda, singling out the feeling of humaneness, evidenced even when humanity itself is victimized by international crimes. On their part, the Inter-American and European Courts of Human Rights have asserted in their case-law the fundamental principles of the dignity of the human person and of the inalienability of the rights inherent to her. When one comes to the expansion of international legal personality, one bears in mind humankind, encompassing all the members of the human species as a whole, comprising, in a temporal dimension, present as well as future generations. Humankind has already been marking presence in the more lucid international legal doctrine, – a presence which has lately been accentuated by the human rights framework. It has a bearing in the endeavours towards the realization of the ideal of universal justice (keeping in mind the principle of universal jurisdiction). The present challenge lies in the devising and completion of the conceptual construction of the legal representation of humankind, conducive to the consolidation of its international juridical capacity, in the ambit of the new *jus gentium* of our times.

RESÚMEN

La humanidad como tal ha emergido como sujeto del Derecho Internacional, coexistiendo con otros sujetos sin remplazarlos. El principio de humanidad permea todo el *corpus juris* del Derecho Internacional. Esto ha sido reconocido en la jurisprudencia de los Tribunales Internacionales *ad hoc* para la Ex-Yugoslavia y para Ruanda, destacando el sentimiento de humanidad (*humaneness*), evidenciado cuando la propia humanidad se ve victimada por crímenes internacionales. De su parte, las Cortes Interamericana y Europea de Derechos Humanos han afirmado en su jurisprudencia los principios fundamentales de la dignidad de la persona humana y de la inalienabilidad de los derechos a ella inherentes. Cuando se pasa a la expansión de la personalidad jurídica internacional, se tiene en mente la humanidad (*humankind*), abarcando todos los integrantes del género humano como un todo, comprendendo, en una dimensión temporal, las generaciones presentes así como futuras. La humanidad ya viene marcando presencia en la doctrina jurídica internacional más lúcida, – presencia esta que viene acentuada por el ámbito de los derechos humanos, con incidencia en los esfuerzos hacia la realización del ideal de la justicia universal (teniendo en mente el principio de la jurisdicción universal). El desafío actual reside en la concepción completa de la construcción conceptual de la representación legal de la humanidad, conducente a la consolidación de su capacidad jurídica internacional, en el ámbito del nuevo *jus gentium* de nuestros tiempos.

XIV

Universitas e *Humanitas*: Memorial por uma Formação Humanista para os Nossos Tempos[1]

Não poderia iniciar estas palavras sem externar, a todos os companheiros do Instituto de Relações Internacionais (IREL) e do Conselho Superior Universitário (CONSUNI) da Universidade de Brasília (UnB), a seu Magnífico Reitor, as expressões de minha profunda gratidão pela iniciativa com que hoje me distinguem, de outorga, por unanimidade, do título de Professor Emérito de Direito Internacional da UnB, que devo creditar à sua generosidade. A esta devo igualmente creditar as palavras há pouco proferidas pelos distinguidos e estimados colegas Professora Norma Breda dos Santos e Professor Estevão Rezende Martins, que muito me sensibilizam. Estamos onde nossos semelhantes e próximos nos colocam. Se hoje aqui me encontro, é porque os colegas e amigos de nossa comunidade da UnB assim o decidiram, em sua bondade, e não por meus próprios méritos. Agradeço a todos, aos membros do CONSUNI da UNB e do IREL da UnB, aos membros da comitiva que me recepciona neste ato acadêmico[2], e a cada um dos colegas e amigos aqui presentes neste ato acadêmico (tanto da UnB como do Instituto Rio Branco), por este gentil gesto de sua parte, que tanto me sensibiliza, e se agrega a tantos outros repletos de calor humano que juntos temos aqui vivido, na UnB, nas últimas três décadas e meia.

I. Trajetória Histórica da Universidade

Permito-me, de início, situar no passar do tempo a concepção evolutiva da *Universitas*. A Universidade, em seus primórdios, cultivava um saber tido como revelado. A Universidade medieval, clerical, não era, portanto, propensa a questionamentos. Estes só vieram a ocorrer com o advento do Renascimento e da Reforma, com o iluminismo e o enciclopedismo, que se sobrepuseram ao conhecimento escolástico clássico. Assim, a Universidade moderna veio, não surpreendentemente, a cultivar o conhecimento científico (e tecnológico), atenta à revolução industrial. Em fins do século XVIII e ao longo do século XIX, os cientistas, agrupados nas novas

---

[1] Discurso proferido pelo Autor na cerimônia de outorga do título de Professor Emérito de Direito Internacional da Universidade de Brasília, realizada no Auditório Darcy Ribeiro, no campus da Universidade de Brasília, em Brasília, D.F., aos 06 de maio de 2011.

[2] Assistente da Direção do IREL Sr. Vanderlei Crisóstomo Valverde, Professores Argemiro Procópio Filho, Carlos Roberto Pio da Costa Filho, Alcides Costa Vaz, Cristina Yumi Aoki Inoue, José Flávio Sombra Saraiva, Antonio Carlos Lessa, Adriano Drummond Cançado Trindade, e Professores Eméritos Amado Luiz Cervo e José Carlos Brandi Aleixo.

estruturas departamentais da Universidade, passaram a sustentar que a verdade só poderia ser alcançada pela investigação empírica. Os humanistas (sucessores dos cultores do saber teológico), passando à defensiva, a isto se opuseram.

A Universidade moderna passou, assim, a abrigar as grandes áreas das ciências naturais, por um lado, e, por outro, das humanidades ou artes. Os humanistas, em sua continuada busca do conhecimento, insistiam na centralidade dos valores. Em meados do século passado, no pós-II guerra mundial, as Universidades voltaram a reformar-se, com visão da oferta da educação como um serviço social. A reorganização disciplinar aprofundou a separação dos saberes, com as chamadas "especializações". Ao final de quatro décadas, já eram abertamente questionados a autoridade supostamente infalível do conhecimento científico, e os excessos das especializações, conducentes à comercialização das Universidades, agudizada em nossos dias. As profundas insatisfações das novas gerações se fizeram sentir de modo marcante nos históricos protestos e demonstrações públicas do ano de 1968 (mês de maio), dos quais bem me recordo, como estudante universitário na época.

Permito-me evocar resumidamente esta trajetória histórica para nela situar a ermergência, em nossa Universidade de Brasília, da área de Relações Internacionais. Pertenço ao grupo de professores que a fundou e a pôs a funcionar, em pouco menos de uma década após os protestos mundiais de 1968, e bem me recordo do espírito com que o fizemos, no espaço e no tempo. Poucos eram os que acreditavam em nossos propósitos, mas, parafraseando Isaiah Berlin, cedo aprendemos a nadar contra a maré[3]. A Universidade, nas mutações por que passou ao longo dos últimos séculos, passou a ser vista, nesta época, como dotada, a par de sua função docente e de sua função social, também de uma função a exercer na vida intelectual criativa, na nova era das comunicações, que propiciou a conscientização de sua função supranacional por excelência, como exigência intrínseca de compreensão do entorno e não por mero cosmopolitismo.

II. O Pioneirismo das Relações Intenacionais na UnB

O REL, como veio a ser conhecido na UnB, foi pioneiro em nosso país nesta nova visão. Reforçamos nossa confiança no futuro a partir do reconhecimento do Curso de Relações Internacionais, reproduzido no *Diário do Congresso Nacional* de 13 de março de 1981. Abriu caminhos superando as dificuldades de todo pioneirismo, e fomentando em seus integrantes a capacidade de compreender melhor o seu entorno, livres do cerceamento das chamadas "especializações", e atentos sobretudo aos cânones da integridade ética. Cultivamos o diálogo inter-generacional (a que me referirei mais adiante), mantendo viva a crença na razão humana, ao transmiti-la aos jovens, neles despertando o interesse pela busca de conhecimentos, para descortinar para si mesmos e seus contemporâneos um horizonte ainda mais amplo,

---

3   Cf. I. Berlin, *Against the Current – Essays in the History of Ideas*, N.Y., Viking Press, 1980 [reimpr.], pp. 1-129.

e dar novas respostas aos desafios dos novos tempos. Cabia guardar a independência de espírito e a soberania pessoal, em sua contribuição para elevar a criatura humana e buscar a união entre as pessoas e os povos. Cabia ter sempre presente que há um rigor científico no âmbito de cada especialização, mas apenas uma capa tênue de consciência quanto aos princípios e valores que devem orientar a busca e o uso do conhecimento especializado.

Ao longo dos anos oitenta, formaram-se no REL novas gerações de jovens atentos à realização de sua *vocação* para uma vida integral, de início não limitada pelas vicissitudes do ingresso em carreiras estribadas em conhecimento especializado. Este último esquema, estandardizado e pré-determinado, tragicamente separava o estritamente profissional dos demais aspectos da vida de cada um, e portanto não era capaz de realizar nem satisfazer. O espírito universitário que transmitimos era, – e continua sendo, – o de primeiro compreender o mundo, mediante o cultivo e a transmissão da cultura para responder aos desafios de nosso tempo, – do tempo de cada um, por uma opção de vida pessoal.

Não deixávamos de ser rebeldes, e ainda o somos, decorridas mais de três décadas. Rebeldes bem educados. Não acreditamos em "marcos teóricos", pois somos famintos de saber[4]. Não acreditamos na autosuficiência de "cursos profissionalizantes", pois somos sedentos de saber. Não acreditamos em "conhecimentos especializados", pois queremos sobretudo compreender. Buscamos tão só o saber para poder compreender o nosso entorno e a nossa existência, e viver com lucidez em nosso tempo, – o que talvez signifique querer demais. Vivemos hoje, em qualquer país do mundo, em meio à imprevisibilidade e ao caos, mais ou menos institucionalizado, e em meio à violência, em distintos graus.

A todo momento nos deparamos com o uso indevido da linguagem, para confundir ou manipular, e para camuflar propósitos escusos. Os abusos mais graves cometidos contra coletividades humanas têm sido sempre acompanhados pelo uso indevido da linguagem, seja para diminuir – ou mesmo desumanizar – os vitimados, seja para exorcisar a culpa, ou ambos. Todos os que buscamos aprimorar a condição humana, dentro de nossas modestas possibilidades, temos o dever de querer saber, para compreender, antes de atuar. Em nada surpreende, portanto, que os "conhecimentos especializados", os "cursos profissionalizantes", e os chamados "marcos teóricos", nos pareçam inelutavelmente insatisfatórios. Empenhamo-nos em cultivar a vida interior, a vida intelectual propugnada há algumas décadas por Sertillanges com tanta lucidez.

---

4 Recorde-se que o prócer da UnB, Darcy Ribeiro, em seu livro *A Universidade Necessária*, publicado em 1969, criticava, com toda razão, o "mimetismo" acadêmico, a simples "fruição dos produtos do saber alheio", de "teses defendidas em outras partes", "sem capacidade para observar, inferir e teorizar" sobre a realidade própria; cf. Darcy Ribeiro, *A Universidade Necessária*, Rio de Janeiro, Edit. Paz e Terra, 1969, p. 68.

Hoje, em 2011, muito se fala da "religação dos saberes", e se traduzem ao português e se publicam no Brasil livros dedicados ao tema[5], tido como uma nova e grande descoberta nos países do hemisfério norte. Cabe recordar que aqui, no planalto central do Brasil, há três décadas e meia, já praticávamos na UnB esta "religação dos saberes", no REL, sem muito alarde. Já nos preocupávamos com os jovens, buscando neles infundir uma perspectiva necessariamente humanista, multidisciplinar, que os capacitasse a entender o mundo e preservar os valores a transmitir a seus contemporâneos e descendentes. O que hoje parece ser novidade para os distinguidos colegas do hemisfério norte, era já algo que pacientemente cultivávamos na UnB, há cerca de três décadas e meia.

Quando criamos e consolidamos os cursos de Ciência Política e Relações Internacionais na UnB, cuidamo-nos de assegurar uma formação necessariamente interdisciplinar. O de Relações Internacionais, em particular, tornou-se pioneiro em nosso país, hoje seguido por mais de 60 cursos congêneres. O enfoque interdisciplinar atendia a uma preocupação que nutríamos com os riscos das chamadas "especializações", por vezes tão prematuras, apesar de próprias de nossos tempos. Outrora, quando o saber humano era mais elementar e orgânico, talvez fosse de mais fácil assimilação pelo ser humano. Hoje, o acúmulo de conhecimentos e o processo de aculturação parecem haver ocasionado a perda das raízes da sinceridade no ser humano. Passou-se a cultivar um rigor científico no âmbito de cada especialização, ao qual correspondia apenas um fundo turvo de consciência, ou mesmo indiferença e irresponsabilidade beirando as raias da banalidade, em relação a princípios e valores que pareciam escapar aos parâmetros das especializações.

Recordo-me de outras preocupações, de cunho prático, nos primeiros anos de funcionamento do então Departamento de Ciência Política e Relações Internacionais da UnB. De início, formamos um corpo docente sensível à compreensão do mundo, independentemente da atuação docente de cada um em áreas distintas: Teoria das Relações Internacionais, Teoria Política, Direito Internacional, Direitos Humanos, História, Organizações Internacionais, Economia Internacional, entre tantas outras. Foi neste ambiente acadêmico que continuei cultivando minha própria visão do *jus gentium* de nossos tempos, hoje consignada nos anais da Academia de Direito Internacional da Haia[6], em cujo *Curatorium* tenho a honra de representar toda a América Latina desde 2004. No plano operacional, estava lançada a luta pela regulamentação do exercício da profissão, e a busca dos "estágios supervisionados". Já em 1983

---
5 Cf., *inter alia*, E. Morin (dir.) *et alii*, *A Religação dos Saberes – O Desafio do Século XXI*, Rio de Janeiro, Edit. Bertrand Brasil, 2010, pp. 13-567.
6 A.A. Cançado Trindade, "International Law for Humankind: Towards a New *Jus Gentium* – General Course on Public International Law – Part I", 316 *Recueil des Cours de l'Académie de Droit International de la Haye* (2005) pp. 31-439; A.A. Cançado Trindade, "International Law for Humankind: Towards a New *Jus Gentium* – General Course on Public International Law – Part II", 317 *Recueil des Cours de l'Académie de Droit International de la Haye* (2005) pp. 19-312.

estavam criados e passavam a funcionar regularmente os Cursos de Mestrado em Ciência Política e Relações Internacionais em nossa Universidade. Em meio à proliferação dos chamados cursos profissionalizantes, continuávamos – e continuamos – apostando em outro tipo de formação, de horizonte mais amplo, e imbuída de cunho humanista.

A experiência resistiu à erosão do tempo, consolidou-se, e hoje, dentre os egressos das primeiras turmas de formandos, figuram inclusive novos e talentosos Professores da própria Universidade de Brasília, aqui presentes nesta cerimônia, assim como de outras Universidades brasileiras. Tive a honra de celebrar, em nome do REL, no final da década de setenta, o histórico convênio de cooperação inter--institucional com o Instituto Rio Branco do Itamaraty, vigente até o presente, já transformado em um profícuo *modus vivendi*. Ademais, como alguns dos estimados companheiros aqui presentes se recordarão, a UnB passou a ser a primeira Universidade brasileira a oferecer, no seio do REL, ainda nos tempos sombrios da ditadura em declínio, a disciplina facultativa "Proteção Internacional dos Direitos Humanos", hoje felizmente presente em numerosas Universidades brasileiras. Além de incorporá-la a nosso currículo, em época turva em que o tema era anátema, também a inseri no Curso de Direito Internacional do Instituto Rio Branco, no capítulo "A Condição do Indivíduo no Direito Internacional", pensando nas novas gerações.

III. O Diálogo Inter-Generacional

Vivemos todos, e cada um, dentro do tempo, o limitado tempo da existência humana, que deve ser respeitado pelos demais: as crianças vivem seus momentos, os jovens seu dia-a-dia, e os seres humanos maduros, os veteranos, já impregnados de história, ou ao menos da sua história, vivem sua época. Importa, assim, que cada um viva em seu tempo, em harmonia com o tempo dos demais. A experiência, que só vem precisamente com o passar do tempo, se por um lado aumenta nossa percepção da realidade, por outro lado tira mais do que dá, na medida em que nos vemos cada vez mais prisioneiros de nossa própria percepção e da consciência aguda de nossas limitações e finitudes. O ser humano maduro já conhece a si mesmo, a seus semelhantes e a seu mundo, e já sabe o que deles esperar.

Apercebêmo-nos, com o passar do tempo, de que somos muito menos do que pensávamos que éramos ou poderíamos vir a ser. Cada um deve aprender a viver no seu tempo, e tornar assim possível a configuração do elo entre as gerações. Em lugar algum se aprofunda o diálogo intergeneracional de modo mais gratificante do que na Universidade. É este um atributo que lhe pertence por uma exigência intrínseca: o do encontro harmônico entre as gerações, o da convivência harmônica dentro do tempo de cada um, com a devida compreensão, e a difícil mas necessária aceitação, do inexorável passar do tempo.

Todos os que peregrinamos por estas paragens da Terra, podemos de algum modo nos considerar como descendentes de Homero, seguido de Ésquilo, Sófocles e

Eurípedes, e posteriormente de Cícero e Sêneca, seguidos de Vitoria e Suárez. Neste mesmo espírito, não poderia, nesta ocasião, deixar de ter presente as pessoas de minha convivência pessoal, que tanto se preocuparam com a minha formação, e que já percorreram o caminho de suas vidas, mas permanecem vivos, e queridos, em minha memória. Efetivamente, somos todos, – e cada um de nós, – como Ulisses, um pouco de tudo e de todos que encontramos no decorrer de nossa breve existência.

IV. As Transformações no Mundo, Desde a Criação do [I]REL até o Presente

Desde a criação do REL na UnB até o presente, têm sido profundas as transformações no mundo. Em um esforço de síntese, permito-me aqui evocar as que mais me impressionaram, como Professor do IREL. O final dos anos sessenta e a década de setenta testemunharam o reflorescer do *multilateralismo,* como elemento compensador das desigualdades de poder dos Estados no cenário internacional. Sofisticou-se o processo decisório nos foros internacionais, com novas formas consensuais para superar confrontações e antagonismos. Já se podia vislumbrar em um horizonte distante o ressurgimento de um novo *jus gentium*, que não mais identificava no Estado um fator exclusivo e permanente na evolução das relações internacionais[7]. Em meados dos anos setenta, o primeiro caso dos *Testes Nucleares* (1974) veio a desafiar a Corte Internacional de Justiça na Haia – que tenho a honra de hoje integrar – a ir mais além da dimensão puramente inter-estatal clássica na solução pacífica das controvérsias internacionais.

Densificou-se a emergência do ser humano no plano internacional, com a multiplicação de instrumentos internacionais que lhe reconheciam a personalidade internacional (sua subjetividade tanto ativa como passiva) e lhe viabilizavam o exercício – em graus variados – de sua capacidade jurídica internacional. Os primeiros tratados de direitos humanos começaram a gerar resultados concretos. Houve uma notória distância entre o início e o final dos anos oitenta. No início, uma vez arrefecido o sonho da criação de uma nova ordem econômica internacional (precedida pela iniciativa de proclamação dos direitos e deveres dos Estado), foi indisfarçável a frustração do colapso das chamadas negociações globais, ante a resistência dos países do Norte em aceitar as propostas do Sul relativas aos temas da energia e reestruturação do sistema financeiro internacional.

No final, 1989 marcou o fim de uma época, a da guerra-fria, com a queda do muro de Berlim. Este caiu para os dois lados. Com sua queda, logo nos apercebemos de que não estávamos ante um maravilhoso mundo novo, como de início muitos supuseram. À medida em que, todos os que pertencemos às gerações descendentes da guerra-fria, guardando viva memória da perversidade do equilíbrio pelo terror, nos distanciávamos daquela época sombria rumo ao novo século, nos víamos

---

7 Cf. A.A. Cançado Trindade, *Évolution du Droit international au droit des gens – L'accès des particuliers à la justice internationale: le regard d'un juge*, Paris, Pédone, 2008, pp. 1-188.

assaltados pelas notícias da irrupção de violentos conflitos internos em diferentes partes do mundo, pelo recrudescimento de fundamentalismos (como reação à chamada "modernização") e de ódios seculares, – inclusive de cunho étnico, – assim como pelo agravamento da marginalidade e exclusão sociais de segmentos crescentes da população.

Mais do que uma época de transformações, passávamos a viver uma verdadeira *transformação de época*[8], em que o avanço científico e tecnológico paradoxalmente gerava uma crescente vulnerabilidade dos seres humanos face às ameaças do mundo exterior, projetando-se nos violentos conflitos internos irrompidos nos anos noventa em diferentes países ou regiões. Mas nem tudo era desespero: a par das novas incertezas que passavam a nos circundar, próprias da nova era em que nos adentrávamos, voltavam-se as atenções também aos chamados temas globais, de interesse de toda a humanidade. Passavam eles a ser objeto de exame por parte do recente ciclo das Conferências Mundiais das Nações Unidas: Meio Ambiente e Desenvolvimento, Rio de Janeiro, 1992; Direitos Humanos, Viena, 1993; População e Desenvolvimento, Cairo, 1994; Desenvolvimento Social, Copenhague, 1995; Mulher, Beijing, 1995; Assentamentos Humanos/Habitat-II, Istambul, 1996; Jurisdição Penal Internacional Permanente, Roma, 1998; Combate ao Racismo e Outras Formas de Intolerância, Durban, 2001.

Os extensos documentos finais adotados nestas Conferências Mundiais formaram gradualmente a agenda internacional do século XXI, para cuja implementação as organizações internacionais ainda buscam se reestruturar. Tendo participado ativamente de uma destas Conferências Mundiais (a de Viena, 1993), tendo estado presente em etapas de duas outras (as do Rio de Janeiro, 1992, e de Copenhague, 1995), e tendo acompanhado atentamente os resultados das demais, penso que, se desvendam elas um denominador comum, reside este no reconhecimento da legitimidade da preocupação de toda a comunidade internacional com as *condições de vida* de todos os seres humanos, de todas as populações, em todas as partes do mundo, sobretudo seus segmentos mais vulneráveis[9]. O pensamento humanista estava e está vivo, ao promover este reconhecimento ao que parecia configurar como uma crise avassaladora de valores. Tal reconhecimento corresponde ao novo *ethos* da atualidade, do momento histórico tão denso em que vivemos.

Não podemos deixar de atuar à altura dos desafios de nossos tempos; é nos momentos de crise que se logram os saltos qualitativos. Um exemplo destes últimos reside no surgimento dos múltiplos tribunais internacionais contemporâneos,

---

8 Cf. A.A. Cançado Trindade, *O Direito Internacional em um Mundo em Transformação*, Rio de Janeiro, Edit. Renovar, 2002, pp. 1039-1109.
9 A.A. Cançado Trindade, *Tratado de Direito Internacional dos Direitos Humanos*, 2ª. ed., vol. I, Porto Alegre, S.A. Fabris Ed., 2003, pp. 77-338; A.A. Cançado Trindade, "Memória da Conferência Mundial de Direitos Humanos (Viena, 1993)", 87/90 *Boletim da Sociedade Brasileira de Direito Internacional* (1993-1994) pp. 9-57.

formando uma rede policêntrica de órgãos judiciais internacionais – que seria impensável há algumas décadas – na busca da realização do ideal da justiça internacional e do combate à impunidade. É este, como tenho insistido em meus escritos, um dos traços mais marcantes da nova era em que hoje vivemos, a da jurisdicionalização das relações internacionais, que nos restitui a fé no necessário primado da justiça sobre a força.

Ao nos adentrarmos na segunda década do século XXI, hoje já não nutrimos dúvidas de que o século XX ficará marcado por suas trágicas contradições, por suas oscilações entre avanços e retrocessos, pelo divórcio entre a sabedoria e o conhecimento especializado, pela antinomia entre o domínio das ciências e o descontrole dos impulsos humanos. Os grandes pensadores do século XX são unânimes em apontar estas contradições. Nunca como no século XX, se verificou tanto progresso na ciência e tecnologia acompanhado tragicamente de tanta destruição e crueldade. Nunca, como em nossos tempos, se verificou tanto aumento da prosperidade acompanhado de modo igualmente trágico de tanto aumento das disparidades econômico-sociais. Ao nos adentrarmos no século XXI, seus primórdios nos desvendavam um panorama de progresso científico e tecnológico sem precedentes acompanhado de padecimentos humanos indescritíveis.

A complexidade dos desafios com que se defronta o mundo de hoje não o torna necessariamente pior do que o de ontem. Com o avanço dos meios de comunicação, jamais houve tanto intercâmbio internacional e tantas oportunidades de aproximação entre os povos como na atualidade, favorecendo como nunca o discernimento e a empatia. Com tal avanço, vivemos hoje em um mundo mais transparente, mas devemos nos manter atentos para o risco da massificação e a consequente perda de valores. Mas é inegável que amplas vias de entendimento se encontram hoje disponíveis, mais do que em outras épocas.

Em meu entendimento, o maior legado do pensamento jusinternacionalista das últimas décadas reside no reconhecimento da necessidade do acesso direto da pessoa humana à justiça no plano internacional[10]. Tem sido esta minha bandeira nos foros internacionais, e lutar por este ideal tem sido como extrair o ouro da pedra bruta. Ainda assim, têm-se multiplicado, nos últimos anos, os órgãos internacionais de supervisão dos direitos humanos e os tribunais internacionais, aos quais hoje têm acesso os indivíduos, em graus e condições distintas. Já não mais se questiona a personalidade e capacidade jurídicas internacionais do ser humano. No âmbito do novo *jus gentium* de nossos dias, a pessoa humana tem logrado emancipar-se de seu

---

10   A.A. Cançado Trindade, *El Derecho Internacional de los Derechos Humanos en el Siglo XXI*, 2ª. ed., Santiago de Chile, Editorial Jurídica de Chile, 2006, pp. 9-559; A.A. Cançado Trindade, *El Acceso Directo del Individuo a los Tribunales Internacionales de Derechos Humanos*, Bilbao, Universidad de Deusto, 2001, pp. 9-104; A.A. Cançado Trindade, *The Access of Individuals to International Justice*, Oxford, Oxford University Press, 2011, pp. 1-229.

próprio Estado, e acudir à justiça internacional, sempre que este se afasta de seus fins humanos, e se transforma em mecanismo de opressão. É a postura básica que tenho sustentado em numerosos Votos, tanto na Corte Interamericana de Direitos Humanos[11] (até 2008), como atualmente (a partir de 2009) na Corte Internacional de Justiça.

V. Trajetória Pessoal Revisitada

Permito-me, enfim, resumir, ao máximo possível, minha própria trajetória, nestas três décadas e meia de rica convivência acadêmica em nossa comunidade da UnB, no que imagino possa ser de interesse aos jovens estudantes, das novas gerações, aqui presentes. O que nos foi possível realizar, devemos, em grande parte, ao espírito de verdadeira comunidade solidária que criamos no REL, entre os professores e os dedicados aliados da administração da unidade, hoje Instituto, companheiros de toda uma vida profissional. Posso dizer que, em todo este período de três décadas e meia, desde a criação do REL até o presente, sempre nos esforçamos em cultivar o espírito verdadeiramente acadêmico, e preservar a liberdade acadêmica. Isto nos permitiu inclusive a convivência entre contrários, em espírito de respeito mútuo, próprio da *Universitas*.

A Universidade não conhece fronteiras, tem alcance universal, e muito me alegra que, desde o início de minhas atuais funções da Corte Internacional de Justiça, diversos têm sido os companheiros da UnB que me têm visitado – e espero continuarão visitando – na Haia. A *Universitas* é também a que trazemos dentro de nós, onde quer que estejamos. É ontologicamente universal. Como hoje já não mais posso estar fisicamente no *campus* de nossa Universidade, levo-a comigo para onde vou, e a tenho presente onde quer que esteja.

A atenção ao multidisciplinar, que no REL cultivei com meus colegas do quotidiano laboral, também a trasladei ao exercício da função judicial internacional. Durante a meia-década em que exerci a Presidência da Corte Interamericana de Direitos Humanos, me esmerei, com o respaldo de meus pares, em assegurar que as audiências públicas perante a Corte contassem com as declarações, não só das testemunhas, mas também de peritos oriundos de distintas áreas do saber (psicólogos, antropólogos, sociólogos, entre outros), o que muito nos ajudou na determinação dos fatos e das reparações devidas às vítimas por dano moral.

Subjacente a esta posição que assumi, estava minha convicção no sentido de que o Direito tem muito o que aprender com outras áreas do conhecimento humano (e vice-versa), a contrário do que supõem os positivistas. Neste como em outros particulares, tais como o do necessário reconhecimento de que mais fundamental

---

11   A.A. Cançado Trindade, *Derecho Internacional de los Derechos Humanos – Esencia y Trascendencia (Votos en la Corte Interamericana de Derechos Humanos, 1999-2006)*, México, Edit. Porrúa/Universidad Iberoamericana, 2007, pp. 1-1055; A.A. Cançado Trindade, *El Derecho de Acceso a la Justicia en Su Amplia Dimensión*, Santiago de Chile, CECOH/Librotecnia, 2008, pp. 61-407.

do que a distinção entre o direito e a ética é a sua inescapável *interrelação*, tornei-me um crítico do positivismo jurídico, que continua infelizmente a prevalecer nos cursos de direito e nas instituições públicas em nosso país e alhures, por inércia mental. Do mesmo modo, tornei-me um crítico do realismo, em sua visão estática e atemporal das relações internacionais, em sua incapacidade de compreender e avaliar as mudanças do mundo com o passar do tempo, e – juntamente com o positivismo, – em sua inelutável subserviência aos detentores do poder e à ordem estabelecida. Busquei energia, para opor-me a estes dogmatismos, em minha identificação com o pensamento jusnaturalista em suas mutações e em seu constante renascimento ao longo dos séculos.

Durante as três décadas e meia de labor no REL da UnB, tive a fortuna de ter como parceiros fiéis, as sucessivas gerações dos ex-alunos queridos, muitos dos quais tenho acompanhado, em seu caminhar em distintas latitudes, até o presente. Na primeira década no REL, pude representá-lo na criação e consolidação da Fundação Alexandre de Gusmão (FUNAG), e preparar o *Repertório da Prática Brasileira de Direito Internacional* (em 7 tomos). Até o presente, 2011, o Brasil continua a ser o único país da América Latina a dispor de um *Repertório* do gênero. Concluído este projeto, ao assumir como Consultor Jurídico do Itamaraty, sem deixar em momento algum de lecionar no REL da UnB, preparei, de 1985 a 1990, os Pareceres que serviram de fundamento à inserção do Brasil no Direito Internacional dos Direitos Humanos[12] – fato hoje amplamente documentado[13]. Neste período, 1989-1992, vencendo resistências, realizamos os grandes Seminários em todo o país, pela adesão do Brasil aos tratados gerais de direitos humanos (no âmbito do Programa de Promoção dos Instrumentos Internacionais de Proteção dos Direitos Humanos, do REL), o que veio a ocorrer.

Esta histórica mudança da posição do Brasil em matéria de direitos humanos, depois das atrocidades da ditadura, foi germinada durante meus primeiros anos no REL, nas catacumbas do Minhocão, onde originalmente se situava. Não poderia eu antecipar que, anos depois, seria eleito, na Organização dos Estados Americanos,

---

12 E formulei inclusive a proposta, à Assembleia Nacional Constituinte, que resultou na inserção do parágrafo 2 do artigo 5, na Constituição Federal de 1988; cf. *Assembleia Nacional Constituinte – Atas das Comissões*, vol. I, n. 66 (supl.), Brasília, 27.05.1987, pp. 108-116.

13 MRE, *Pareceres dos Consultores Jurídicos do Itamaraty* (1985-1990 – Pareceres de A.A. Cançado Trindade), vol. VIII (org. A.P. Cachapuz de Medeiros), Brasília, Ministério das Relações Exteriores/Senado Federal, 2004, pp. 7-679; A.A. Cançado Trindade, *A Proteção Internacional dos Direitos Humanos e o Brasil*, 2ª. ed., Brasília, Editora UnB (Série "Humanidades"), 2000, pp. 9-214; A.A. Cançado Trindade, *Tratado de Direito Internacional dos Direitos Humanos*, vol. III, Porto Alegre, S.A. Fabris Ed., 2003, *Addendum* III, pp. 597-643; A.A. Cançado Trindade, "Memorial em Prol de uma Nova Mentalidade quanto à Proteção dos Direitos Humanos nos Planos Nacional e Internacional", in *Relatório da III Conferência Nacional dos Direitos Humanos – 1998*, Brasília, Câmara dos Deputados/Comissão de Direitos Humanos, 1998, pp. 40-76 e 102-110; A.L. Cervo e C. Bueno, *História da Política Exterior do Brasil*, 3ª. ed., Brasília, Editora UnB, 2010, pp. 466-467.

com a maior votação, Juiz da Corte Interamericana de Direitos Humanos em 1994, e reeleito por aclamação em 2000. Continuei lecionando regularmente no (agora) IREL, dotado já então do curso de doutorado. Não pude, felizmente, testemunhar o episódio do divórcio do REL com a Ciência Política, mas me regozijei ao constatar que passamos a cultivar, com nossos diletos e fraternais vizinhos desta última, assim como com os da vetusta Faculdade de Direito, as melhores relações de *bon voisinage, comme il faut*. No início da década de noventa, já havia eu logrado que se consolidassem os programas de cooperação do REL com entidades – parceiros fiéis ao longo dos anos – como o Alto-Comissariado das Nações Unidas para os Refugiados (ACNUR), o Comitê Internacional da Cruz Vermelha (CICV), e o Instituto Interamericano de Direitos Humanos (IIDH).

Ao assumir a Presidência da Corte Interamericana em 1999, prontamente celebrei um convênio de cooperação desta com a UnB, mediante o qual dotamos nossa Biblioteca Central de ampla documentação e bibliografia na área dos direitos humanos, e passamos a enviar, dentre os queridos ex-alunos do IREL, estagiários àquela Corte, – alguns dos quais aqui presentes, neste ato acadêmico de hoje. Em 2003, concluí meu *Tratado de Direito Internacional dos Direitos Humanos*, e atualizei durante a nova década meu *Direito das Organizações Internacionais*[14]. Estou convencido de que a maior realização a que pode aspirar um Professor é contar com a compreensão de sua mensagem por parte das novas gerações. E a Universidade de Brasília – em sua parceria com o Instituto Rio Branco – foi e é o que houve e há de mais permanente em minha vida profissional. Ainda há cerca de três anos, em duas cerimônias realizadas no Congresso Nacional, antes e depois de minha eleição, pela Organização das Nações Unidas, com a maior votação de sua história, para a Corte Internacional de Justiça, vislumbrei, no auditório repleto, não sem emoção, os semblantes de queridos ex-alunos de sucessivas gerações.

Não pode haver, para um Professor (que continuarei sempre a ser), nada mais gratificante. Quis o destino que, na cerimônia de hoje, que tanto me honra, respondam pela Reitoria da UnB, pela Direção e Vice-Direção do IREL, contemporâneos meus, – os Professores José Geraldo de Souza Júnior, Eiiti Sato e Maria Izabel Valladão de Carvalho, respectivamente, – que testemunharam, juntamente com outros diletos colegas e amigos aqui presentes, o que relato em resumo neste ato acadêmico. Quis o destino que a decisão do Conselho Superior Universitário (CONSUNI), de me honrar com o título de Professor Emérito, graças sobretudo à generosidade de meus estimados companheiros de vida universitária aqui presentes, fosse tomada no dia 12 de dezembro de 2010, data do 62º aniversário de adoção pela Assembleia Geral das Nações Unidas da Declaração Universal dos Direitos Humanos, assim como do 12º aniversário da aceitação pelo Brasil da competência em matéria

---

14 A.A. Cançado Trindade, *Direito das Organizações Internacionais*, 4ª. ed., Belo Horizonte, Edit. Del Rey, 2009, pp. 7-814.

contenciosa da Corte Interamericana de Direitos Humanos, da qual guardo gratas recordações[15]. Quis o destino que, nesta mesma cerimônia, pudesse eu apresentar-lhes estas reminiscências resumidas de minha experiência pessoal em nossa Universidade, assim como minhas recém-publicadas Memórias da Corte Interamericana de Direitos Humanos[16]. Permito-me reiterar: tudo começou aqui, na UnB, nas catacumbas do subsolo do Minhocão. A exemplo de Dostoiévski, também temos nossas memórias do subsolo, o nosso nos trópicos. A UnB foi, é e continuará a ser meu derradeiro e mais seguro abrigo.

Quis o destino que esta cerimônia se realizasse após uma série de recentes decisões históricas da Corte Internacional de Justiça, em que tenho deixado claramente consignada, em extensos Votos (sobretudo Dissidentes, até o presente), a fidelidade a meus ideais de juventude[17]. Mas nada disto é mera casualidade, não há casualidades desta natureza, ainda menos repetidas. Trata-se da conjunção dos astros, neste dia 06 de maio de 2011. Não poderia deixar de consignar meus profundos agradecimentos aos queridos amigos da UnB, – companheiros de tantas jornadas no mundo turbulento em que vivemos, – por sua generosidade ao lembrar-se de mim, assim como me recordo constantemente de vocês.

Nestes anos de nossa harmônica e frutuosa convivência no IREL, e na UnB como um todo, floresceu um sentimento comum de solidariedade, que não se desvanecerá. Sempre me recordo da distinção que me concedeu, em dezembro de 1999, a Associação dos Docentes da UnB (ADUnB), pela qual sou muito grato. Importa que continuemos a cultivar nosso espírito de solidariedade. É com ele que podemos contar, todos os que trabalhamos em um meio social que hoje em dia valoriza e

---

15   Minha entrevista sobre este episódio encontra-se reproduzida na Revista *Proposta*, Rio de Janeiro, FASE, vol. 31, n. 92, março/maio de 2002, pp. 39-56; e cf., a respeito, A.A. Cançado Trindade, "Dez Anos de uma Decisão Histórica", in *Correio Braziliense* – Suplemento *Direito e Justiça*, Brasília, 08.12.2008, p. 1.

16   A.A. Cançado Trindade, *El Ejercicio de la Función Judicial Internacional – Memorias de la Corte Interamericana de Derechos Humanos*, Belo Horizonte, Edit. Del Rey, 2011, pp. 1-395.

17   Voto Dissidente (paras. 1-105) no caso relativo a *Questões Atinentes à Obrigação de Processar ou Extraditar*, Bélgica *versus* Senegal (28.05.2009); Voto Arrazoado (paras. 1-220) no caso relativo às *Usinas "Papeleras" no Rio Uruguai*, Argentina *versus* Uruguai (20.04.2010); Voto Dissidente no caso das *Imunidades Jurisdicionais do Estado* (paras. 1-179), Alemanha *versus* Itália, Demanda Reconvencional (06.07.2010); Voto Arrazoado (paras. 1-240) no Parecer sobre a *Conformidade com o Direito Internacional da Declaração de Independência do Kossovo* (22.07.2010); Voto Arrazoado (paras. 1-245) no caso *A.S. Diallo*, Guiné *versus* R.D. Congo (30.11.2010); Declaração Dissidente Conjunta (paras. 1-12) no caso *A.S. Diallo*, Guiné *versus* R.D. Congo (30.11.2010); Voto Dissidente (paras. 1-214) no caso relativo à *Aplicação da Convenção Internacional sobre a Eliminação de Todas as Formas de Discriminação Racial*, Geórgia *versus* Federação Russa (01.04.2011); Voto Dissidente Conjunto (paras. 1-29) no caso da *Disputa Territorial e Marítima*, Nicarágua *versus* Colômbia (Intervenção da Costa Rica, 04.05.2011); Declaração Conjunta (paras. 1-15) no caso da *Disputa Territorial e Marítima*, Nicarágua *versus* Colômbia (Intervenção de Honduras, 04.05.2011).

remunera muito mais as atividades repressivas do que as educativas, como é de conhecimento público e notório. Nem sempre foi assim, mas nem por isso nos abatemos: antes sermos injustiçados, do que ser injustos. Nossa missão é nobre, e dela continuaremos a nos orgulhar, como educadores por livre escolha e sobretudo por vocação. É esta missão que dá sentido a nossas vidas. Tenho plena confiança em que nossa sedimentada convivência solidária perdurará em meio à mais completa liberdade acadêmica, que sempre sustentamos e cultivamos.

Situados em uma cidade – Brasília – identificada como centro do poder público, buscamos, encapsulados na Universidade, despertar em nossos alunos o necessário espírito crítico: o poder não nos coopta, sequer nos impressiona, e certamente não nos deslumbra: o poder, e os paladinos de ocasião, cheios de si, são para nós meros objetos de estudo. Estamos empenhados na busca do saber, que se torna o melhor antídoto contra o ilusionismo e a efemeridade da busca do poder. Buscamos o saber e o uso correto da linguagem para compreender o nosso entorno, permeado, aqui como alhures, sobretudo pela irracionalidade. Aprender a conviver com a irracionalidade, com rebeldia e inconformismo, torna-se a melhor receita para sobreviver, a fim de continuar a buscar o saber.

Mantemos nossa soberania pessoal no espaço, e também no tempo, ao cultivarmos nossa memória coletiva da UnB. Todos nascemos em determinada geração, e temos que buscar compreender o legado de nossos predecessores. E buscar ajudar os jovens a compreender o mundo em que foram lançados. É esta uma missão da Universidade, abrigar e transmitir a *cultura*, que nos permita melhor compreender o mundo e aprimorar a condição humana. Nossos queridos alunos sempre estiveram bem equipados para alcançar esta compreensão, cultores que têm sido dos idiomas. Cada idioma nos proporciona uma nova visão do mundo em que vivemos, um melhor conhecimento do mesmo.

Na Corte Internacional de Justiça na Haia, os magistrados nos agrupamos em dois grupos, o anglófono e o francófono; ou melhor, nos agrupávamos. Ao assumir lá minhas funções, passei a fazer minhas intervenções, intercaladamente, em inglês e em francês (idiomas oficiais da Corte da Haia), sem que os distinguidos colegas e o Secretariado da Corte pudessem assim me filiar a um ou outro grupo. Mas já os tranquilizei, a bem da colegialidade, ao assegurar-lhes que, quanto à forma de expressão, não sou *anglophone*, nem *francophone*, mas ambos (para alívio geral), e, ao mesmo tempo, quanto à procedência, nem um nem outro, por ser, – acrescentei, – lusófono, *lusophone*, pois o português-brasileiro foi o primeiro idioma que ouvi, desde que nasci e cresci (na Minas Gerais *profonde*).

Nesta era da "globalização" massificada, ou da massificação "globalizada", devemos exclamar em alto e bom som: viva a torre de Babel! Mantemos e afirmamos nossa identidade cultural, no âmbito da universalidade do gênero humano. Esta identidade cultural é necessária, para que possamos viver em harmonia no cosmos, respeitando as diferenças que conformam aquela universalidade, e para nos defender do caos e da irracionalidade que nos circundam. Nunca será demais insistir no papel central das Humanidades (originalmente, a *humanitas*, como em Cícero) – abarcando a literatura, a filosofia, a história, o direito, a linguagem e a educação – dentro da *Universitas*. Empenha-se esta em absorver a atividade intelectual, o legado cultural, que jamais serão substituídos pelo simples preparo para o exercício profissional.

As profissões, multiplicadas em nossos tempos, levaram às especializações, que respondem e correspondem a necessidades do meio social. Mas os projetos de vida e de pós-vida de cada ser humano jamais coincidem exatamente, ou se exaurem, na carreira profissional escolhida. Transcendem a esta. Ainda que hoje prevaleça, na maioria das Universidades, uma busca insatisfatória do conhecimento "especializado" ou "profissionalizante" (racionalizado em razão de "necessidades sociais" que descuidam das pessoais de cada ser humano), também há os que não têm perdido de vista – talvez uma minoria, hoje como outrora – de que o significado da existência não pode ser alcançado mediante a simples busca da satisfação de necessidades materiais; o cultivo da cultura faz parte da busca do aperfeiçoamento espiritual, para interpretar o passado, compreender o presente, e dar um sentido à própria vida[18].

O conhecimento especializado, quando minimiza a cultura, tem levado a sucessivas tragédias, revelando a contemporaneidade de Ésquilo, Sófocles e Eurípides. Não se pode praticar qualquer especialização com um fundo turvo de consciência, dos próprios espaço e tempo em que se atua[19]. Os que trabalhamos no IREL temos nos mantido conscientes disso, e confio em que assim persistiremos, não conformistas, atentos ao imperativo do aprimoramento da condição humana, e rebeldes muito bem educados.

Com tudo o que temos vivido juntos, – colegas professores e alunos e membros da administração do IREL, – simbolizado na cerimônia de hoje, jamais me despedirei da UnB, continuarei a dela me despedir reiteradamente até o fim, e, com isto, a aqui retornar sempre, e a continuar a me regozijar com a sua companhia. Às queridas pessoas de minha convivência pessoal, à companheira-pombinha que me sobrevoa de perto, protegendo-me inclusive de mim mesmo, a meus filhos que têm sido sobretudo meus amigos fiéis e solidários de todas as horas, sem jamais se queixarem de minhas falhas, e que têm, os três, sua história de vida também ligada à UnB, só posso dizer que, se não fosse por vocês, talvez já não tivesse energias para prosseguir em meu caminho. Muito obrigado a todos os presentes por estes momentos inesquecíveis que vêm de me proporcionar, e pela fina atenção com que vêm de me distinguir. Gratíssimo.

---

18   Cf., nesse sentido, Hermann Hesse, *Uma Biblioteca da Literatura Universal* [*circa* 1945], Lisboa, Edit. Cavalo de Ferro, 2010, pp. 9-10 e 105.

19   J. Ortega y Gasset, *Misión de la Universidad* [1930], 5ª. ed., Madrid, Edit. Rev. de Occidente, 1968, pp. 134-137, 146-147, 168 e 179.

XV

UNIVERSITAS AND *HUMANITAS*: A PLEA FOR GREATER AWARENESS OF CURRENT CHALLENGES[1]

Summary: I. Introduction: Trajectory of Universities in Time. II. Education and Specializations. III. Specializations and Culture. IV. Avoidance of Undue Uses of Language and Violence. V. Education under the Impact of Mass Society. VI. Integral Education: The Rejoining of Branches of Knowledge. VII. The Legacy of U.N. World Conferences. VIII. International Adjudication and the Right to Education. 1. Contentious Cases. 2. Advisory Opinions. IX. *Universitas* and *Humanitas*, and Free Thinking. X. Concluding Observations.

I. Introduction: Trajectory of Universities in Time

It is a great honour to me to represent the International Court of Justice in this II World Conference on the Right to and Rights in Education (Brussels, November 2012). May I start by briefly situating, in the passing of time, the evolutive conception of the *Universitas*, in order to appreciate it properly, in historical perspective. As it came to be known, the University, in its early beginnings (XIIIth-XIVth centuries), cultivated a knowledge regarded as revealed. The medieval, clerical, University was thus not predisposed to questionings. These latter were only to occur with the advent of the Renaissance (XVth century), which sought to transcend classic scholastic knowledge. The new humanist outlook (flourishing in Italy and then across Europe)[2] lasted for some time (XVIth century). From the late XVIIth century onwards, the confrontation of ideas became generalized[3]. Later on, modern University, attentive to the industrial revolution, came, not surprisingly, to cultivate scientific (and technological) knowledge.

---

1 Conferencia magna de abertura, proferida pelo Autor, como Representante da Corte Internacional de Justiça, na sessão inaugural da II Conferencia Mundial (das Nações Unidas) sobre o Direito à Educação e os Direitos na Educação, realizada em Bruxelas, aos 08 de novembro de 2012.
2 Cf. J. Burckhardt, *The Civilization of the Renaissance in Italy* [1860], N.Y., Barnes & Noble Books, 1992 [reed.], pp. 1-341; P. Hazard, *La pensée européenne au XVIIIe. siècle* [1946], Paris, Fayard, 1963 [reed.], pp. 3-469; T. Todorov, *L'esprit des Lumières*, Paris, Éd. R. Laffont, 2006, pp. 7-143.
3 P. Hazard, *La crise de la conscience européenne – 1680-1715* [1935], Paris, Fayard, 2009 [reed.], pp. 7-421.

In the early XVIII century, the areas of "sciences and letters" emerged, the latter concentrating on the "transcendental humanity" of human beings. By the end of the XVIIIth century and throughout the XIXth century, scientists, grouped together in the new departmental structures of the University, came to sustain that truth could only be reached by empirical investigation. Humanists, in their cultivation of general knowledge, continued to insist on the centrality of the *values*. Scientists, for their part, disclosed a certain indifference to personal self-development outside their specialization. With the emergence of new scientific knowledges, culture began to yield to techniques, and classic Universities began to find opposition in the wider social *milieux*. Modern University, as it spread from the European to other continents, came thus to host the large areas of the natural sciences, on the one hand, and of the humanities or arts, on the other.

In mid-XXth century, in the post-world war II period, Universities underwent a new reform, as from an outlook of the offer of education as a social service. The reorganization of the disciplines deepened the separation of knowledges, with the so-called "specializations". At the end of four decades, however, there was already an open questioning of the assumed infallible authority of scientific knowledge, and of the excesses of specializations, conducive to the commercialization of the Universities, aggravated in our days. The dissatisfactions of the new generations began to be expressed (as in the historical demonstrations of 1968, for example).

In this age of mass "globalization", or "globalized" massification, attention to cultural identity, in the framework of the universality of the human kind, is regarded as necessary, so that we can live in harmony in the cosmos, respecting the differences which conform that universality, and defend ourselves against the chaos and the irrationality that surround us. It will never be excessive to insist on the central role of humanities (originally, the *humanitas*, as in Cicero) – encompassing literature, philosophy, history, law, language and education – within the *Universitas*. This latter is engaged in absorbing the intellectual activity, the cultural legacy, which will never be replaced by the simple preparation for professional exercise.

II. Education and Specializations

University teaching is to be attentive to *education* so as to awaken in the youth of the new generations their *vocation* to an integral life, from the start not limited by the vicissitudes of the entry in careers of specialized knowledge. Such a scheme, standardized and pre-determined, tragically separates the strictly professional from the other aspects of the life of each person, and thus does not give a sense of accomplishment nor satisfies. The University spirit to be transmitted is to be first to understand the world, by means of the cultivation and the transmission of culture to respond to the challenges of one's time, – of the time of each one, by a personal option of life.

The search for knowledge and understanding cannot be limited by the self-sufficiency of "professionalization courses". The youth hopes to acquire knowledge so as to understand the surrounding world and one's own existence, and to live with lucidity in one's own time. We live nowadays, in any country of the world, amidst the imprevisibility and the chaos, more or less institutionalized, and amidst violence, in distinct degrees. Interdisciplinary studies were pursued, given the preoccupation that emerged with premature "specializations", which became rather usual. One began to cultivate a scientific rigour in the ambit of each specialization, to what corresponded a much lesser concern, and even a certain indifference, in relation to principles and values which seemed to escape the parameters of specializations.

Such ambivalence has appeared as a considerable paradox of our age, wherein the enormous progress of scientific knowledge, accompanied by the culture received but not assimilated, produced a type of human being as the contemporary ones, with a potential of violence and self-destruction unparalleled in History. In effect, never, as throughout the XXth century, so much progress was achieved in science and technology tragically accompanied by so much destruction and cruelty, exemplified by successive acts of genocide, atrocities and massive and grave violations of human rights and international humanitarian law.

It so seems that the XXth century will rest marked by its tragic contradictions, by its oscillations between advances and steps backwards, by the divorce between wisdom and specialized knowledge, by the antinomy between the domain of sciences and the lack of control of human impulses. The great thinkers of the XXth century are unanimous in pointing out these contradictions. Never, like in our times, so much growth of material prosperity has been registered, accompanied in a likewise tragic way by some much increase in socio-economic disparities, in extreme and chronic poverty, and in social marginalization and exclusion.

III. Specializations and Culture

Professions, multiplied in modern times, have led to specializations, which respond and correspond to the needs of the social *milieu*. Even if it today prevails, in the majority of the Universities, an unsatisfactory search of "specialized" or "professionalizing" knowledge (rationalized in function of "social needs" which do not take care of the personal needs of each human being), there are also those – perhaps a minority, today as in the recent past – which have not lost sight of the fact that the meaning of existence cannot be acquired by means of a simple search of satisfaction of material needs; the cultivation of culture is part of the search for spiritual development, so as to be able to interpret the past, to understand the present, and to give a meaning to one's own life[4].

---

4 Cf., in this sense, Hermann Hesse, *Uma Biblioteca da Literatura Universal* [*circa* 1945], Lisbon, Edit. Cavalo de Ferro, 2010, pp. 9-10 and 105.

Specialized knowledge, when minimizing culture, has led to successive tragedies, revealing the contemporaneity of Aeschilus, Sophocles and Euripides. One cannot practice any specialization with a blurred awareness of the space and time wherein one acts[5]. There is need to provide a new outlook which helps to develop the capacity of the new generations of students to understand better their surrounding world, the world wherein we live, free from the constraints of the so-called "specializations", and subordinated rather to the canons of ethical integrity, concerned with the improvement of the human condition. Attention needs to be turned to the realization of the *vocation* of each one for an integral life, not limited, from the start by the vicissitudes of a prompt entry in professional careers of specialized knowledge.

IV. Avoidance of Undue Uses of Language and Violence

Nowhere else can the intergenerational dialogue be cultivated in a more gratifying way as in the University. This is an attribute which belongs to it by an intrinsic requirement: that of the encounter between generations, living harmoniously each one within its own time, with the due understanding, and the difficult but necessary acceptance, of the ineluctable passing of time. Looking back in time, we detect, at each historical moment throughout the last decades, the undue uses of language, in order to confuse or to manipulate, and to cover up harmful purposes. We have to guard ourselves against that, and against deceipt and subterfuges. The gravest abuses committed against human collectivities have always been accompanied by the undue use of language, either to devalue – or even dehumanize – the victimized, or to exorcise guilt, or both[6]. All of us who seek, within our modest possibilities, to improve the human condition, are obliged to know, to understand the surrounding world, before acting. "Specialized knowledge" is ineluctably unsatisfactory. We endeavour to cultivate inner life, the intellectual life so lucidly propounded by A.-D. Sertillanges[7], some decades ago.

Looking back at the previous decades, we witness a century of a panorama of unprecedented scientific and technological progress accompanied by undescribable human sufferings. One is to foster the awareness that there is a scientific rigour in the ambit of each specialization, but regrettably only a thin layer of "civilization" as to the principles and values which ought to orient the search for, and use of, specialized knowledge[8]. The extrinsic system of coercion, in the hands of the States, is set

---

5 J. Ortega y Gasset, *Misión de la Universidad* [1930], 5th. ed., Madrid, Edit. Rev. de Occidente, 1968, pp. 134-137, 146-147, 168 and 179.

6 Cf. A.A. Cançado Trindade, *State Responsibility in Cases of Massacres: Contemporary Advances in International Justice* (Inaugural Address, 10.11.2011), Utrecht, Universiteit Utrecht, 2011, pp. 1-71.

7 A.-D. Sertillanges, *A Vida Intelectual* [1920], São Paulo, Realizações Edit., 2010, pp. 9-198.

8 Cf. A.J. Toynbee, *Civilization on Trial*, Oxford/N.Y., Oxford University Press, 1948, pp. 3-263.

up outside the human conscience. It is easy to detect that present-day societies, in distinct parts of the world, tend to be rather repressive, and to ascribe far greater social value, e.g., to the professionals of security (public and private) than to those of education, por example. Most unfortunately, in these social *milieux*, education has ceased to be a *public good*, and has most regrettably been reduced to a mere *commodity*, like any other. It is time to react to this state of affairs, and to restitute to education and educators the social value they should have (and have had in the past), and surely deserve.

V. Education under the Impact of Mass Society

The advent of modern mass society has had its impact upon culture, and educational systems. This phenomenon was launched by industrialization and the consequent mechanization of daily life. This has had an impact in all domains, such as the arts, music, literature, liturgy, – to name a few, – as lucidly pointed out by Étienne Gilson[9]. To him, cultural expression, in its highest form, is "spiritual", but it requires material objects of all sorts to constitute itself, to develop and disseminate[10]. Yet, he wonders, not surprisingly, at the end of his illuminating essay, whether, to the extent that civilization progresses (materially), human beings experience regression[11]... In effect, one has to remain aware that man's quest for knowledge has indeed – and most unfortunately – been accompanied, throughout history, by regression and violence.

Man's longstanding quest for knowledge is evidenced, e.g., by the establishment of the old libraries, well before the medieval libraries and the *Universitas*. Of those, the most renowned one was the Library of Alexandria, generally regarded as the first *universal* library in world history[12]. Although it was subsequently destroyed, its legacy survived in the memory of medieval scholars, not only as a research centre open to everyone, meant to preserve the "memory of mankind", but ultimately as a universal expression of civilization[13]. How and when the Library of Alexandria was destroyed and disappeared remains a question still open to controversies, focused on three distinct occasions (either 48 b.C., or 391 A.D., or else 642 A.D.)[14].

What is widely acknowledged is the legacy of the Library of Alexandria, its contribution to secular (independent from the Church) and universal knowledge, even well before the XIIth century, when the first European Universities (such as

---

9   É. Gilson, *La société de masse et sa culture*, Paris, Libr. Philosophique J. Vrin, 1967, pp. 16, 21, 31, 64-65, 73, 82-83, 91-93, 99, 108, 110, 116-117, 128, 144 and 146-147.

10 *Ibid.*, p. 17.

11 Ibid., p. 148.

12 M. El-Abbadi, *Vie et destin de l'ancienne Bibliothèque d'Alexandrie*, Paris, UNESCO/PNUD, 1992, pp. 18, 42, 88, 95 and 98.

13 *Ibid.*, pp. 76-77, 105 and 134-135.

14 *Ibid.*, pp. 146, 160-161, 170-172 and 174.

Bologna and Oxford) gradually began to appear[15]. The destroyed Library was the cradle of the universality (proper to *Universitas*) of knowledge[16], having survived in the human spirit. The old human search for knowledge thus contributed to the universality of the *Universitas* itself. This happened – and most fortunately so – amidst the chaos wherein humankind lives, and has lived in succeeding eras.

In our times, the impact of mass society upon Universities has taken place and been dealt with in a very worrisome way, dismantling the life of academics and leading students into the vicissitudes of the "market". In effect, the last three decades (from the early eighties onwards) have been witnessing a "privatization" of University studies, pursuant to a utilitarian, economicist and managerial outlook, giving birth to an "international market" of "superior studies". Costs are increased and shared between the State, and private sources (such as collectivies, families and the students themselves).

Short-sided commercialization distorts the mission of the Universities. Competition increases, pursuant to "strategies" guided by the political and administrative power, rather than the academic authority[17]. Pragmatism prevails, seeking insertion into professional life and avoiding unemployment, bearing in mind the "demands" of the "market"[18]. Some positive aspects also appear, such as the circulation of students (e.g., the *Erasmus* programme in Europe, and other schemes of the kind in other continents), the diversification of superior studies, and "affirmative action" (for access to higher education)[19].

But the over-all picture is, in my perception, very worrisome: libraries gradually abandoned with greater use of electronic resources, polytechnics becoming Universities, trivialization and commerce of diplomas, contradictions of neoliberal and managerial discourses, conservative attacks seeking further regression of the Universities[20], and the like. Universities cannot succumb under the "demands" of the "market". They have to respond to changing social needs, as centres of free universal thinking, marked by their "disinterestedness" as a social value; this point was duly made in the United Nations' *Dialogue among Civilizations* (2001-2002)[21].

---

15 *Ibid.*, p. 174.
16 Cf. *ibid.*, pp. 76-77, 105 and 172, and cf. pp. 116, 160-161 and 190-191. – On reason and the search for knowledge in ancient times, reference can also be made to Cicero´s *Academica*; cf. Cicero, *Les Académiques – Academica*, Paris, Flammarion, 2010, pp. 7-337.
17 Chr. Charle and J. Verger, *Histoire des Universités – XIIe-XXIe siècle*, Paris, PUF, 2012, pp. 200, 210, 214 and 222.
18 *Ibid.*, pp. 227, 230-232, 235 and 238.
19 *Ibid.*, pp. 233, 240 and 242.
20 *Ibid.*, pp. 225, 279, 284-285 and 292.
21 Cf., e.g., R. Ellul-Micallef, "The University: A Reflection of Civilizations Past, Present and Future", *in Dialogue entre les Civilisations* (Actes des Conférences au Palais des Nations 2001-2002), Genève, ONU, 2002, pp. 103, 106-107 and 111-113.

Universities can count ultimately on critical reflection and the right reason (the *recta ratio*), to fight back, and reassert their true vocation (cf. *supra*) as centres of universal learning, and formation of cultured persons, competent professionals who understand the world wherein they live and and well dispose to contribute to the improvement of the human condition.

VI. Integral Education: The Rejoining of Branches of Knowledge

It is not surprising to find nowadays some wishful expressions of support for a rejoining, or a grouping together, of distinct branches of knowledge[22], so as to promote a better understanding of the world wherein we live. This appears to reflect a growing awareness of the need to go beyond "specialized" knowledge, at least in the initial years of basic formation at Universities. Some degree of transdisciplinary or multidisciplinary instruction serves the concern as to the need to convey to the new generations a necessarily humanist perspective, that may enable them to understand the world and to preserve basic values to be transmitted to their fellow human beings and their descendants.

We are again faced with the need of an integral education, i.e., of the whole personal development of the individual, besides his occupational training. This remains a basic problem of modern society, which J. Ortega y Gasset detected with intuition some decades ago. Universities are to be also concerned with providing responses to the needs and aspirations of humankind, which calls for constant creativeness; humanities address that which pertains to the human spirit; culture, being the *vital* system of ideas of each historical period thereby providing the foundations of one's way of life, enables the individual to live a meaning life[23].

It is too risky to learn only specializations and to ignore all else (and modern history teaches that to us). The function of the Universities comprises the *transmission of culture*, the *transmission of sciences*, and the *teaching of professions, altogether*; Universities are to teach professionals to be cultured persons, as cultural disciplines and professional studies go together, cannot be isolated from each other. J. Ortega y Gasset further pondered that Universities have to be open-minded, and to apprehend the realities of their times, including spiritual reality; given the usual distortions by the press, Universities have to influence public affairs, they have also a spiritual dimension. There is a need to convey this humanist mentality also to scientists and specialists[24].

---

22 Cf., *inter alia*, E. Morin (dir.) *et alii, A Religação dos Saberes – O Desafio do Século XXI*, Rio de Janeiro, Edit. Bertrand Brasil, 2010, pp. 13-567.

23 J. Ortega y Gasset, *Mission of the University* [1930], Princeton, Princeton University Press, 1944, pp. 35-72.

24 *Ibid.*, pp. 73-99.

VII. The Legacy of U.N. World Conferences

The remarkable transformations in the contemporary world scenario have disclosed the considerable density of our times, which are of profound reflection on the very bases of international society, and indeed of the gradual formation of the international agenda of the United Nations. The cycle of World Conferences convened by the United Nations, initiated in 1992, has disclosed a concern with the precarious living conditions dramatically affecting greater segments of the population in many parts of the world nowadays. There has been, ever since, a growing call for the pursuance of social justice *among* and *within* nations. These recent years are being marked by an over-all reassessment of many concepts in the light of the consideration of global issues (human rights, social justice, social development, environment, population, human settlements, human security and peace), affecting the whole of humankind[25]. This process has generated a universal dialogue and concertation, as clearly disclosed by their final documents (declarations and programmes of action).

The recent U.N. World Conferences have disclosed, as their common denominator, the recognition of the legitimacy of the concern of the international community as a whole with the conditions of living of all human beings. Those World Conferences have indeed been particularly attentive to the *conditions of life* and special needs of protection in particular of vulnerable groups and the poorer segments of the population. This is reflected in various passages of their lengthy final documents, which place human beings at the centre of their concerns. In focusing on vulnerable groups (such as, among others, those formed by the poorest segments of society), the immediate concern has been with meeting basic human needs, and, from there, fostering people's empowerment[26].

The effectiveness of the right to education is of fundamental importance herein, with due attention to the basic principle of equality and non-discrimination. The recent U.N. World Conferences have sought to elevate human rights related issues to a central place on the agenda of contemporary international relations, on the basis of the understanding that human rights do in fact permeate all areas of human activity. The recognition of this reality corresponds to a new *ethos* of our times. It is the privilege of contemporary international lawyers, faithful to the historical origins of our discipline, to contribute to recover and to reestablish the central position of human beings in the universe of the law of nations (*droit des gens*).

---

25 A.A. Cançado Trindade, "Sustainable Human Development and Conditions of Living as a Matter of Legitimate International Concern: The Legacy of the U.N. World Conferences", *in Japan and International Law – Past, Present and Future* (ed. Nisuke Ando), The Hague, Kluwer, 1999, pp. 295 and 307-309.

26 A.A. Cançado Trindade, *Tratado de Direito Internacional dos Direitos Humanos*, 2nd. ed., vol. I, Porto Alegre, S.A. Fabris Ed., 2003, pp. 77-338; A.A. Cançado Trindade, "Memória da Conferência Mundial de Direitos Humanos (Viena, 1993)", 87/90 *Boletim da Sociedade Brasileira de Direito Internacional* (1993-1994) pp. 9-57.

VIII. International Adjudication and the Right to Education

1. Contentious Cases

In the international adjudication of human rights cases, it so happens that the right to education marks its presence in legal reasoning even when the rights at stake are other protected rights under human rights Conventions, – such as the fundamental rights to life and to personal integrity. This has been so, for example, in respect of the *reparations* due to those victimized. This trend starts in the leading case of *Barrios Altos versus Peru*, adjudicated by the Inter-American Court of Human Rights (IACtHR – Judgment of 14.03.2001) under my Presidency, wherein, at the reparations stage (Judgment of 30.11.2011), the IACtHR ordered, *inter alia*, the provision of "educational benefits", to the victims´ close relatives. Half a decade later, in deciding another case, the IACtHR ordered, among the measures of (non-pecuniary) reparations, the setting-up of permanent programmes of education in human rights for public security officials, in the case of *La Cantuta versus Peru* (Judgment of 29.11.2006).

May I, furthermore, briefly refer to a couple of other examples, also on the basis of my own experience. Thus, in my Separate Opinions in two other cases adjudicated by IACtHR, those of *Gómez Palomino*, concerning Peru (Judgment of 22.11.2005), and of *Blanco Romero and Others*, pertaining to Venezuela (Judgment of 28.11.2005), I recalled that educational measures had been ordered by the IACtHR as exemplary forms of reparation. For example, in the case of *Aloeboetoe et alii*, concerning Suriname (Judgment of 10.09.1993), the IACtHR ordered the reopening of a school and the creation of a foundation to assist the beneficiaries; in the case of the "Street Children" (*Villagrán Morales and Others*), concerning Guatemala (Judgment of 26.05.2001), the IACtHR determined the designation of an educational centre allusive to the victims in the *cas d´espèce*; likewise, in the case of *Trujillo Oroza*, pertaining to Bolivia (Judgment of 27.02.2002), the IACtHR again ordered the designation of an educational centre with the name of the victim[27].

There have been cases in which reparations of the kind are meant to provide *satisfaction* to the victims. Thus, in the case of *Cantoral Benavides*, concerning Peru (Judgment of 03.12.2001), for example, the IACtHR ordered the State to provide a scholarship of University studies to the victim; and in the case of *Barrios Altos* (Sentencia del 30.11.2001), pertaining to the same respondent State, the IACtHR determined the provision of educational grants, in addition to health services[28]. I further singled out that, in the aforementioned case of *Gómez Palomino*, the IACtHR ordered, as one of the measures of reparation, as a form of *satisfaction*, the grant of "measures of educational reparation" (including scholarships) to the close relatives of the victim[29].

---

27 Paragraph 5 of my Separate Opinion in the *Gómez Palomino* case, and paragraph 10 of my Separate Opinion in the *Blanco Romero and Others* case.

28 Paragraph 6 of my Separate Opinion in the *Gómez Palomino* case, and paragraph 11 of my Separate Opinion in the *Blanco Romero and Others* case.

29 Paragraph 11 of my Separate Opinion.

Furthermore, in both Separate Opinions I deemed it fit to point out that educational measures in human rights go beyond means of *reparations* (such as satisfaction), as they also pertain to the *prevention* of human rights violations[30], disclosing the *temporal dimension* of the safeguard of those rights. In my Separate Opinion in the aforementioned case of *Blanco Romero and Others*, in particular, I singled out that the IACtHR had ordered, as one of the measures of reparation, as a form of *satisfaction* and *guarantee of non-repetition* of the harmful acts, that the respondent State was to implement a programme of formation in human rights (for members of the forces)[31]. Hence the utmost importance of educational programmes in human rights education, to the benefit of distinct segments of society and different groups of professionals (including those entrusted with public security tasks), so as to secure the effectiveness of those rights, at national and international levels.

In my Separate Opinion in the aforementioned *Gómez Palomino* case, I then concluded that

> "Educational measures in human rights thus have a wider dimension than that of reparations, as they are also preventive measures, to combat violence and abuses against the human person. They assume a special relevance nowadays, all over Latin America: one cannot lose sight of the fact that education is a public good (in search of the common good), and not a simple commodity abandoned to the "logic" (or rather, the lack of logic) of the market (as it is sadly transforming itself all over Latin America), and that, in the mid – and long-run, many of the challenges of the protection of human rights can only be effectively faced as through education"[32].

In the case of the *Institute of Reeducation of Minors versus Paraguay* (Judgment of 02.09.2004), the IACtHR related education to the right to life in its wide dimension, comprising the living conditions with dignity, – an outlook inaugurated by the IACtHR in the case of the *"Street Children"* (*infra*) in 1999. It found that the detained adolescents had not counted on an educational programme to which the respondent State was bound. This situation was aggravated by the social marginalization wherein the adolescents found themselves (even before their deprivation of liberty); the lack of access to education reduced further their possibilities of reinsertion into their social *milieu*, and of development of their project of life (pars. 174 and 177).

In my Separate Opinion, I stressed that IACtHR's Judgment in the present case of the *Institute of Reeducation of Minors* aptly retook its outlook of the right to life encompassing dignified conditions of living, as it originally propounded in the paradigmatic case of the *"Street Children"* (*Villagrán Morales and Others versus*

---

30 Paragraph 13 of my Separate Opinion in the *Gómez Palomino* case, and paragraph 17 of my Separate Opinion in the *Blanco Romero and Others* case.
31 Paragraph 16 of my Separate Opinion.
32 Paragraph 13 of my Separate Opinion.

Guatemala, 1999-2001). It ensued from the Court's reasoning, – I added, – the acknowledgment that all human beings, even in the utmost defencelessness, – like the detained adolescents victimized by the fires in the *Institute of Reeducation of Minors*, – who had been socially marginalized and deprived of education for rehabilitation, were subjects (*titulaires*) of rights and not simple objects of protection (pars. 2-11).

Likewise, in the case of the *Children Yean and Bosico versus Dominican Republic* (Judgment of 08.09.2005), the IACtHR took into account the situation of adversity of the victims, temporarily deprived of nationality, and the difficulties experienced by one of them to have access to education (par. 109.34-36). The IACtHR related this situation of "extreme vulnerability" affecting a sector of the population to the need of attention to education, and to the required observance of the fundamental principle of equality and non-discrimination[33]. In my Separate Opinion, I pondered that the access to nationality can no longer be approached solely from the optics of State-centric discretion; the advent of the International Law of Human Rights has endeavoured to overcome this *capitis diminutio* of human beings, so as to enable these latter to vindicate their own rights, including the right to personal integrity, in the light of the basic principle of equality and non-discrimination (pars. 1-21).

2. Advisory Opinions

The acknowledgment of the right to education has marked presence not only in the international adjudication of contentious cases, but also in [the handling and issuance of] advisory opinions of international tribunals. Thus, in its Advisory Opinion n. 17 (of 28.08.2002) on the *Juridical Condition and Human Rights of the Child*, the IACtHR, under my Presidency, recalled that, already in its Judgment (of 19.11.1999) on the *"Street Children"* case (merits), it had the occasion to refer to the U.N. Convention on the Rights of the Child, within the framework of the comprehensive *corpus juris* of the international protection of the rights of the child (pars. 23-24), keeping in mind the child as a "true subject of rights and not only as object of protection[34] (par. 28, and cf. par. 54).

Turning to the living conditions with dignity (par. 80), the IACtHR then turned to the children's right to education (par. 85) and its relevance (par. 88). In my Concurring Opinion appended thereto, I drew attention to the importance of the respect for the international legal personality of individuals, such as children, in situation of vulnerability (pars. 2-9), – such personality being a response (of the *jus gentium*) to a necessity of the international community as a whole (pars. 21-24 and 70-71). Children are subjects (*titulaires*) of rights in the ambit of the *droit des gens* (pars. 35-57). Children are surely entitled to create and develop their own project of life (par. 60). To that end, access to education remains of the utmost importance.

---

33 Paragraphs 166-169, 171, 175, 188 and 191-192.
34 A qualification reiterated in the *dispositif* (resolutory point 1) of the aforementioned Advisory Opinion.

At United Nations level, the ICJ delivered, on 22 July 2010, its Advisory Opinion on the *Declaration of Independence of Kosovo*. In my lengthy Separate Opinion appended thereto, I examined in detail the prolonged humanitarian tragedy in Kosovo, which preceded that declaration of independence. I drew attention, *inter alia*, to the fact that all the main organs of the United Nations had expressed their concern with the adverse living conditions of the population, and the discrimination and repression it had been subjected to. General Assembly resolution 49/204, of 23.12.1994, for example, *inter alia* denounced "the closing of Albanian-language secondary schools and University, as well as the closing of all Albanian cultural and scientific institutions" (par. 103). In the same resolution the General Assembly strongly condemned such discrimination and repression in the domain of education, among others (par. 104). Likewise, General Assembly resolution 52/139 of 12.12.1997 noted with concern the "use of force by Serbian police against peaceful Albanian student protesters" of Kosovo (par. 107).

For its part, the Security Council, in its resolution 1239 of 14.05.1999, reiterated its "grave concern" at the "humanitarian catastrophe" of the "increasing numbers" of displaced persons in Kosovo (par. 101). Earlier on, in 1994-1995, the ECOSOC and the former U.N. Commission on Human Rights had also condemned those "discriminatory measures and practices" against "non-Serb populations" in Kosovo (pars. 117-118). And the U.N. Secretary-General did the same, reiterating on distinct occasions (mainly in 1999) his grave concern with the humanitarian tragedy in Kosovo, (par. 119). I proceeded, in my Separate Opinion, that that decade (1989-1999) of State-sanctioned discrimination, affecting also the domain of education, and added to recurring violations of fundamental rights, was to be kept in mind, so as to avoid repetition of grave breaches in the future (pars. 165 and 167-168). There had been a pattern of State-planned widespread oppression, in breach of the fundamental principle of equality and non-discrimination, which preceded Kosovo's declaration of independence (par. 168).

IX. Universitas and Humanitas, and Free Thinking

In the case of *La Cantuta versus Peru*, decided by the IACtHR (Judgment of 29.11.2006), some of the established human rights violations (kidnapping and enforced disappearance of one professor and nine students, followed by extra-judicial executions by security officers) had taken place within the campus of the University of La Cantuta, in July 1992. Such violations were not isolated breaches, but formed part of a consistent pattern of a criminal State-planned practice throughout the nineties. This time, however, the University (of La Cantuta) itself, besides the victims, suffered an inadmissible aggression. This is what I sustained, *inter alia*, in my Separate Opinion, werein I recalled its foundation (in 1953) and the teaching and social functions it had been exerting ever since (pars. 37-38).

The arbitrary invasion of the *campus* by the armed forces was inadmissible, – I reiterated, – as that was "the space of free thinking, where the free production and circulation of ideas ought to be preserved and cultivated. Throughout the centuries, one has attributed to the University the character of alma mater ('madre nutricia', alma from Latin alere, meaning to feed and to make grow), as generator and promoter of ideas and knowledge" (par. 39),

to transform thereby the human being, so as to enable him, on the basis of knowledge, to respond to the challenges of the world wherein he lives (par. 12). Armed invasion is not the only form of aggression against the University as such[35], as conceived and developed along the centuries, but it is perhaps "the crudest aggression to the production and free circulation of ideas (par. 39).

The University, – I proceeded, – has a supranational function by an intrinsic requirement (par. 38), and cannot be invaded by security officers in the name of "State security"; this is an aggression to the University itself by the forces of repression (par. 39). As originally conceived, the *Universitas* renders services to *humanitas*, being a centre of cultivation and irradiation of culture, of research and free circulation of ideas, of teaching and transmission of culture, of so much importance to life itself (pars. 41-42). An aggression against the *Universitas* affects the whole social *milieu*. Throughout the XXth century, Universities in distinct parts of the world suffered aggression or repression on the part of the security forces of the State, in distinct moments of their existence (pars. 43-44). The University – I added – cannot exercise its function if the free flux of ideas of each time, conforming culture, is restrained by the security forces of the State (par. 44).

Some of the successive aggressions against the Universities became widely known in history: first, books were publicly burned; then, whole libraries were destroyed with the intention to efface them from history; and subsequently, attempts were made to deny the facts and to hinder the memory of the victims[36]. Yet, – I proceeded in the same Separate Opinion, – despite the recurring repression against Universities,

"the freedom of the spirit has reacted against the repression forces of the State, which have minimized the ideals of the new generations, the force of their ideas and of their goal to construct a world better than the one which they inherited. After darkness came the light.

The Universitas is inviolable. The forces of repression, not satisfied in victimizing thinking human beings, have throughout the centuries eliminated their most faithful companions: the books. They destroyed or burned whole libraries[37], but were unable to

---

35 Another is its "privatization" for mercantile purposes, its sheer commercialization, unduly transforming education into a merchandise.

36 P. Rossi, *El Pasado, la Memoria, el Olvido* [*Il Passato, la Memoria, l'Oblio*, Bologna, 1991], Buenos Aires, Ed. Nueva Visión, 2003 [reed.], p. 33.

37 Cf., in this respect, e.g., F. Báez, *História Universal da Destruição dos Livros*, Rio de Janeiro, Ediouro, 2006, pp. 17-376.

impede the resurgence of the emancipating human ideals. Throughout the centuries, the agents of oppression have murdered thinking human beings, and burned their mortal remains (as in the present case of La Cantuta); they have burned the faithful companions of those who thought – the books, but they have not managed to extinguish free thinking, the ideals of the youth, the right to dissent, the freedom of the spirit.

(...) [A]fter the darkness, there gradually emerges the light, in the chiaroscuro of the life of individuals and of peoples, of the human existence (...)" (pars. 46-47).

X. Concluding Observations

The perennial wisdom of Renaissance's free thinking, centered on the human person, is to be recalled in our days. For example, Picco Della Mirandola, focusing on the dignity of the human person, pointed out that, as the human being is not born in a definitive form, he can strive towards perfection only through education. M. Montaigne, for his part, strongly supported the freedom of thinking. And, Petrarca, in endeavouring to pave the way for the gradual encounter of scholastic thinking with humanism, warned (in his *De Vita Solitaria*) that, in order to escape from lies, one has to seek refuge in solitary reading and meditation, free from the pressures of the outside world with its propensity to violence of various forms. On his turn, Erasmus opened hew horizons for education, in founding the worth of the human person on her existential structure, in conformity with humanism. Erasmus condemned war, and warned against the sordid features and the lies of the "market", which is constantly deceiving people in many ways.

In our days, students cannot simply keep on being instructed to fulfil the demands of the "market". Professors cannot simply keep on being socially devalued, and reduced by their own Universities to numbered "human resources". We count nowadays with a *corpus juris* on the safeguard of the right to education, which is to be rendered effective. Besides the relevant provisions of the general human rights treaties (such as the two 1966 U.N. Covenants on Human Rights) and of the U.N. Conventions against discrimination (of distinct kinds), there are also the international instruments turned specifically to the right to education. Reference can be made, in this respect, to the 1960 UNESCO Convention against Discrimination in Education and the 2000 Dakar Framework of Action on Education of All, the 1990 World Declaration on Education for All, the 1994 Salamanca Declaration and Framework of Action for Education and Special Needs[38], among others.

---

38 Cf., generally, e.g., Y. Daudet and K. Singh, Le droit à l'éducation: analyse des instruments normatifs de l'UNESCO, Paris, UNESCO, 2001, pp. 10-137; M. Bedjaoui, "UNESCO and the Right to Education", *in The Right to Education and Rights in Education* (eds. J. De Groof, G. Lauwers and K. Singh), Paris/Antwerp, UNESCO/ELA, 2006, pp. 15-20; UNESCO, *UNESCO Convention against Discrimination in Education and Articles 13 and 14 (Right to Education) of the International Covenant on Economic, Social and Cultural Rights*, Paris, UNESCO, 2006, pp. 7-69;

On 23 March 2011, the U.N. Human Rights Council adopted the *United Nations Declaration on Human Rights Education and Training*, shortly afterwards adopted by the U.N. General Assembly itself, on 19 December 2011. In its preamble, the Declaration asserts that "everyone has the right to education", and adds that education is aimed at "strengthening respect for human rights"; it expressly refers, in this connection, to one of the U.N. World Conferences, that on Human Rights in 1993 (in the Drafting Committee of which I had the privilege to work), as well as to the 2005 World Summit Outcome. In its operative part, the Declaration ponders that human rights education and training is a "lifelong process" that "concerns all ages", and "all parts of society, at all levels" (Article 3). It stresses the need to raise awareness as to the pressing need of developing a "universal culture of human rights" (Article 4). It recalls the relevance of the fundamental principle of equality and non-discrimination (Article 5(1)).

The 2011 Declaration further observes that human rights education and training are to embrace "the diversity of civilizations, religions, cultures and traditions of different countries, as it is reflected in the universality of human rights" (Article 5(3)). It significantly asserts that States have "the primary responsibility to promote and ensure human rights education and training" (Article 7). And it cares to refer to the mandates of international and regional human rights mechanisms, that are to take into account human rights education and training in their work (Article 13). The 2011 Declaration is in line with the 1948 Universal Declaration of Human Rights, adopted in a rare moment of lucidity in the mid-XXth century.

The Universal Declaration, in asserting (in its holistic vision), in Article 26(1), that "[E]veryone has the right to education", which is to be "free, at least in the elementary and fundamental stages", adds that "[E]ducation shall be directed to the full development of the human personality and to the strengthening of respect for human rights and fundamental freedoms" (Article 26(2)). And the 1948 American Declaration on the Rights and Duties of Man (which preceded in six months the Universal Declaration), states in its preamble that the "spiritual development is the supreme end of human existence and the highest expression thereof", and likewise asserts (also in its holistic vision) the right to education in order to prepare the human person to attain a decent life (Article XII).

In my own view, the new *jus gentium* of our times is centred on the human person[39]. The International Law of Human Rights has much contributed to rescue

---

UNESCO, *Le droit à l'éducation: Suivi de l'application des instruments normatifs de l'UNESCO*, Paris, UNESCO, 2008, pp. 3-35.
39   Cf. A.A. Cançado Trindade, *International Law for Humankind – Towards a New Jus Gentium*, Leiden/The Hague, Nijhoff/The Hague Academy of International Law, 2010, pp. 1-726; A.A. Cançado Trindade, *The Access of Individuals to International Justice*, Oxford, Oxford University Press, 2011, pp. 1-236; A.A. Cançado Trindade, *Le Droit international pour la personne humaine*, Paris, Pédone, 2012, pp. 45-368.

the centrality of the human person in the present-day *corpus juris gentium*. The right to education, and the rights in education, are enshrined herein, to the benefit of the ultimate addressees of legal norms, the human beings. States ought to proceed accordingly, reassuming their responsibility as to the human right to education, and once again turning their to education as a public good, and not as a mere commodity. Education cannot be left at the mercy of the vicissitudes of the market. Bearing in mind the 2011 United Nations Declaration on Human Rights Education and Training, the present II World Conference on the Right to Education constitutes yet another step in the right direction, providing us a unique occasion to gather and foster greater awareness of the current challenges we are faced with.

Brussels, 08 November 2012.

Parte IV

O PRIMADO DO DIREITO INTERNACIONAL SOBRE A FORÇA

XVI

The Primacy of International Law over Force[1]

Sumário: I. Introduction. II. The Crystallization and Continuing Validity of the Principle of Non-Use of Force. III. The Primacy of Law over Force as a Cornerstone of Contemporary International Law. IV. The Decivilizing Effects of Unwarranted Use of Force. V. Final Observations: The Primacy of Law over Force as an Imperative of *Jus Cogens*.

I. Introduction

It is with special satisfaction that I deliver this opening lecture at this International Seminar on International Humanitarian Law. Over 15 years ago, in October 1988, I had the occasion to participate in the first Seminar of the kind held here in Itamaraty[2]; it is thus particularly significant to me to return here to open this Seminar, precisely at the Institute Rio Branco, where I have been teaching Public International Law for over a quarter of a century (continuously since 1978). I shall today address a subject which could hardly be more topical in our days, namely, that of the necessary and ineluctable primacy of International Law over force. Bearing also in mind the continuing relevance of the subject of peaceful settlement of international disputes[3], I am very pleased thus to contribute with this opening lecture to the work of the present International Seminar on International Humanitarian Law.

May I begin by recalling a recent episode. In the evening of 25 February 2003, in face of the announcement of a forthcoming armed attack against Iraq by a self-designated "coalition of States", I convened a public ceremony at the headquarters of the Inter-American Court of Human Rights in San José of Costa Rica to reaffirm the long-standing belief of Latin American countries, deeply-rooted in their theory and practice of international law, in the primacy of international law over force. Ambas-

---

[1] Conferência magna, ministrada pelo Autor, de abertura do Seminário Internacional sobre Direito Internacional Humanitário, realizado no auditório do Instituto Rio Branco (IRBr) do Ministério das Relações Exteriores do Brasil, em Brasília, em 28 de outubro de 2004, e copatrocinado pelo Comitê Internacional da Cruz Vermelha (Genebra) e pelo IRBr do Ministério das Relações Exteriores do Brasil.
[2] Cf. A.A. Cançado Trindade and C. Swinarski *et alii*, *Direito Internacional Humanitário*, Brasília, Series MRE/IPRI – n. 6, 1989, pp. 13-90.
[3] Cf. cap. XI, *infra*.

sadors of several Latin American countries accredited in San José, accompanied by representatives of numerous international organizations and non-governmental organizations, were present.

The Court's room of public hearings was overcrowded. The proceedings of that memorable ceremony have subsequently been published by the Inter-American Court. In my address that evening, I saw it fit to point out that

> "In this same room, yesterday, we witnessed a historical public hearing before the Inter-American Court. Amidst news of the imminence of a new war, amidst a renewed suicidal warlike frenzy, the Delegations of twelve Latin American countries appeared before this Court, as intervening States (Mexico, Honduras, Nicaragua, El Salvador, Costa Rica) or as observers (Uruguay, Paraguay, Dominican Republic, Brazil, Panama, Argentina and Peru), in advisory proceedings [on the Juridical Condition and Rights of Undocumented Migrants], thereby renewing their faith in Law. While in other latitudes there was and there is talk of the use of force, we here renew our faithfulness in Law (in the headquarters of our Court in a country which has opted for not having an army)"[4].

In other parts of the world, international lawyers likewise expressed their hope that international law would prevail, and the armed attack would not take place[5], with all its negative consequences for the international legal order. Most regrettably it did, launched as it was clearly outside the framework of the U.N. Charter, in one of the most flagrant violations of international law in recent years. The upholding of the primacy of Law over force is, in fact, an ineluctable duty of every jurist, who cannot contribute with his silence to the apparent attempts at deconstruction of international law in our days. It is a duty to be performed even more vigorously at a difficult moment of world crisis such as the present one, – reflecting a deep crisis of values, – in which the international system itself is threatened with rupture by unwarranted use of force, outside the framework of the U.N. Charter.

---

4   A.A. Cançado Trindade, "Los Aportes Latinoamericanos al Primado del Derecho sobre la Fuerza", in *Doctrina Latinoamericana del Derecho Internacional*, vol. II (eds. A.A. Cançado Trindade and F. Vidal Ramírez), San José of Costa Rica, Inter-American Court of Human Rights, 2003, p. 39.

5   Cf., e.g., "Appel de juristes de Droit international concernant le recours à la force contre l'Irak", 36 *Revue belge de Droit international* (2003) pp. 266-274; "The Australian Section of the ICJ Questions the Proposed Attack on Iraq", in *ibid.*, pp. 286-287; "Statement by Japanese International Law Scholars on the Iraqi Issue", in *ibid.*, pp. 293-294; "ICJ [International Commission of Jurists] Deplores Moves toward a War of Aggression on Iraq", in *ibid.*, pp. 297-298; declaratory resolution of the *Instituto Hispano-Luso-Americano de Derecho Internacional* (IHLADI), reviewed *infra*, and reproduced *in*: 16 *Anuario del IHLADI* – Madrid (2003) pp. 657-658. And, after the armed attack on Iraq, cf., on the need to respect and ensure respect for International Humanitarian Law, the Declaration of Bruges, adopted by roll-call vote by the *Institut de Droit International*, reproduced *in* 70 *Annuaire de l'Institut de Droit International* (Session de Bruges/2003)-II pp. 284-289.

II. The Crystallization and Continuing Validity of the Principle of Non-Use of Force

The principle of non-use of force, enshrined into Article 2(4) of the U.N. Charter, has been commonly regarded, in historical perspective, as one of the most important provisions of the U.N. Charter. Furthermore, it is nowadays generally recognized that States ought to settle any dispute peacefully (by the methods provided under Article 33 of the U.N. Charter) until the Security Council makes a determination under Article 39 of the Charter[6]. In addition, the more lucid legal doctrine and the more learned commentaries of the U.N. Charter point out that the letter and spirit of its Article 51 (on self-defence) are opposed to the pretension of the so-called "preventive self-defence", and definitively disauthorize it[7]. Its own legislative history clearly indicates that Article 51 is subordinated to the fundamental principle of the general prohibition of the threat or use of force (Article 2(4) of the Charter), besides being subjected to the control of the Security Council[8].

It is important to recall, however succintly, the long history behind the fundamental principle of the prohibition of threat or use of force, particularly in a moment so difficult for international law as the present one, of outburst of generalized violence all over the world, of unilateralisms and of indiscriminate use of force, presenting a considerable challenge to all those who deposit their confidence in the law of nations (*droit des gens*). In fact, over a century ago, the I Hague Peace Conference (1899) ended with an eloquent declaration, still recalled in our days, which retains its topicality, to the following effect:

> "The limitation of military expenses, which presently weigh heavy on the world, is much to be desired for the sake of both material and moral development of humankind"[9].

In the course of the League of Nations era, the 1928 General Treaty for the Renunciation of War as an Instrument of National Policy, a precursor of the U.N.

---

6 T.O. Elias, "Scope and Meaning of Article 2(4) of the United Nations Charter", in *Contemporary Problems of International Law: Essays in Honour of G. Schwarzenberger on his 80th Birthday* (eds. Bin Cheng and E.D. Brown), London, Stevens, 1988, pp. 70-74 and 77.

7 Cf., e.g., B. Simma (ed.), *The Charter of the United Nations – A Commentary*, Oxford, Oxford University Press, 1994, pp. 675-676; A. Cassese, "Article 51", in *La Charte des Nations Unies – Commentaire article par article* (eds. J.-P. Cot and A. Pellet), Paris/Bruxelles, Economica/Bruylant, 1985, pp. 770, 772-773, 777-778 and 788-789; I. Brownlie, *International Law and the Use of Force by States*, Oxford, Clarendon Press, 1981 [reprint], pp. 275-278; J. Zourek, *L'interdiction de l'emploi de la force en Droit international*, Leiden/Genève, Sijthoff/Inst. H. Dunant, 1974, p. 106, and cf. pp. 96-107; H. Kelsen, *Collective Security under International Law* (1954), Union/New Jersey, Lawbook Exchange Ltd., 2001 [reprint], pp. 60-61; Chr. Gray, *International Law and the Use of Force, op. cit. infra* n. (21), pp. 112-115 and 192-193.

8 Cf. H. Kelsen, *The Law of the United Nations*, London, Stevens, 1951, p. 792.

9 *Cit. in*: G. Best, "The Restraint of War in Historical and Philosophical Perspective", in *Humanitarian Law of Armed Conflict: Challenges Ahead – Essays in Honour of F. Kalshoven* (eds. A.J.M. Delissen and G.J. Tanja), Dordrecht, Nijhoff, 1991, p. 19.

Charter on the matter at issue, became of almost universal application, playing a considerable role throughout that era[10], and remaining still in force. The prohibition of war by the Pact Briand-Kellogg promptly caused an impact on both theory and practice of international law. This was significant, as, before the Pact,

> "according to the prevailing positivist opinion, public international law was indifferent towards the State's extra-legal decision to go to war"[11].

The Pact Briand-Kellogg (which entered into force on 24.07.1929) and the subsequent international practice put an end to that indifference. Soon the Pact became the first worldwide prohibition of war[12], having been ratified, within a few years, by the overwhelming majority of the States (63 of them)[13]; in the inter-war period, no other Treaty had more States Parties than it[14]. In the years that followed its adoption, several States issued pronouncements of principle endorsing its terms, and some States even foresaw sanctions for acts which violated the Pact, in the ambit of their domestic law (constitutions and penal codes).

Thus, the cumulative effect of the Pact Briand-Kellogg of 1928, the Pact Saavedra Lamas of 1933, the Stimson doctrine (of non-recognition of situations generated by force, of 1932), on the practice of international law, was to the effect of crystallizing a customary norm of condemnation of illegality of the use of armed force as instrument of national policy. The prohibition of war in international law had become *opinio juris communis*. Three decades after the historical II Hague Peace Conference, the *principle of the non-use of force* found eloquent expression, in the American continent, in the Declaration of Principles adopted by the Inter-American Conference of Lima of 1938, which proclaimed *inter alia* the illegality of recourse to force as an instrument of national or international policy. Seven years later, the Declaration adopted by the Inter-American Conference on Problems of War and Peace of 1945, in Mexico City, in invoking the common good and in recalling that the ultimate aim of the State was the realization of the human person in society, reaffirmed the principle of the juridical equality of States[15].

Already in that epoch, the principle of non-use of force transcended that regional ambit to reach the universal one, and assumed a much wider dimension, set forth as it was in Article 2(4) of the U.N. Charter. In fact, since the Conference of Havana

---

10 As recently recalled, it has been ratified or adhered to by 63 States, and before the second world war only 4 States were not bound by its provisions; cf. I. Brownlie, *op. cit. infra* n. (24), pp. 23 and 25.

11 B. Roscher, "The `Renunciation of War as an Instrument of National Policy'", 4 *Journal of the History of International Law / Revue d'histoire du droit international* (2002) p. 294.

12 Despite not having provided for a mechanism for peaceful settlement of disputes.

13 Which avoided making reservations to it.

14 B. Roscher, *op. cit. supra* n. (11), pp. 295-297 and 303, and cf. p. 299.

15 J.C. Puig, *Les principes du Droit international public américain*, Paris, Pédone, 1954, pp. 23-25.

of 1928 the principle of non-intervention (in inter-State relations) had become one of the basic pillars of international relations in the Latin-American vision; such evolving outlook had an influence in the prohibition – by means of the aforementioned Pact Briand-Kellogg (Pact of Paris) of the same year – of war as an instrument of national policy[16].

The prohibition of war was, thus, in fact, formulated in Europe, where, notwithstanding, it regrettably kept on being practiced, with millions of murdered persons. The Latin-American countries, on their turn, kept on condemning intervention and the use of force (short of war), which often victimized them, to the point of contributing successfully to set forth the principles of non-intervention and non-use of force both in the 1945 U.N. Charter (Article 2(4)) and in the 1948 OAS Charter (Article 18)[17]. The adoption of Article 2(4) of the U.N. Charter was the culmination of a long and dense evolution, consolidating the prohibition of the threat or use of force, with historical roots in the I and II Hague Peace Conferences (1899 and 1907, respectively), almost one century ago.

Two decades after the adoption of the Pact Briand-Kellogg, in its Judgment in the *Corfu Channel* case (1949) the International Court of Justice (ICJ) endorsed the principle of non-use of force in clear and emphatic terms:

> "The Court can only regard the alleged right of intervention as the manifestation of a policy of force, such as has, in the past, given rise to most serious abuses and such as cannot, whatever be the present defects in international organization, find a place in international law. Intervention is perhaps still less admissible in the particular form it would take here; for, from the nature of things, it would be reserved for the most powerful States, and might easily lead to perverting the administration of international justice itself"[18].

The 1987 Declaration on Enhancing the Effectiveness of the Principle of the Non-Use of Force (conformed by a preamble of 21 paragraphs and an operative part with 33 paragraphs) restated the principle as set forth in the U.N. Charter and numerous other documents; referred to, and insisted on, disarmament; asserted the universal character of the principle (par. 10); and acknowledged the relations between the principle at issue and other principles of international law, such as those of peaceful settlement of disputes and of the duty of international cooperation[19]. This Declaration was preceded not only by the 1970 Declaration on Principles of

---

16 J.-M. Yepes, «La contribution de l'Amérique Latine au développement du Droit international public et privé», 32 *Recueil des Cours de l'Académie de Droit International de La Haye* (1930) pp. 744-747.

17 G. Arangio-Ruiz, *The United Nations Declaration on Friendly Relations and the System of the Sources of International Law*, Alphen aan den Rijn, Sijthoff/Noordhoff, 1979, pp. 118-120.

18 ICJ, *Corfu Channel* case (United Kingdom *versus* Albania, Merits), *ICJ Reports* (1949) p. 35.

19 Cf. T. Treves, «La Déclaration des Nations Unies sur le renforcement de l'efficacité du principe du non-recours à la force», 33 *Annuaire français de Droit international* (1987) pp. 383, 388-390 and 396-398.

International Law concerning Friendly Relations and Co-operation among States in Accordance with the Charter of the United Nations, but also by the Definition of Aggression, adopted in 1974 by the U.N. General Assembly.

The 1974 Definition, reflecting a minimum consensus on a matter surrounded by much discussion, limited itself to the use of armed force in inter-State relations, conferring upon the U.N. Security Council the power of determination of the act of aggression[20]. Thus, in three significant Declarations, adopted by the U.N. General Assembly in a period of less than two decades, – the aforementioned 1970 Declaration on Principles of International Law, the 1974 Definition of Aggression, and the 1987 Declaration on the Non-Use of Force, – the General Assembly clearly expressed the prevailing view in the international community that the prohibition of the use of force or of forcible intervention was enunciated and generally understood in absolute terms[21].

In the same understanding of the absolute prohibition of recourse to force have also manifested themselves successive resolutions of the U.N. General Assembly, as well as the Final Act of the Conference of Security and Cooperation in Europe (Helsinki, 1975), and the Charter of Paris for a New Europe (of 21.11.1990). In this way, the restatements of that fundamental principle of international law multiply themselves along the years, in doctrine, in case-law, and in international practice, giving unequivocal testimony of its crystallization, continuing validity, and imperative character.

The ICJ itself, in the *Nicaragua versus United States* case (1986), reasserted the principle of the prohibition of the use of force as "being not only a principle of customary international law but also a fundamental or cardinal principle of such law"[22]. The principle at issue, furthermore, has served along the years as basis for the conclusion of numerous treaties and instruments in the domains of disarmament and of maintenance of international peace and security[23]. The contemporary apologists of the use of force seem to make abstraction of one century of evolution of international law.

---

20 The Definition incorporated the principle of non-recognition of situations generated by aggression, and had the merit of securing the least, namely, the Security Council could no longer ignore an act of aggression alleged by certain States, without opposition; moreover, despite its purely recommendatory character, the Definition provided standards for evaluation of the conduct of States, which, it was hoped, could in certain circumstances constitute a factor of inhibition of the use of force by States. J. Zourek, «Enfin une définition de l'aggression», 20 *Annuaire français de Droit international* (1974) pp. 9-30.
21 C. Gray, *International Law and the Use of Force*, Oxford, University Press, 2000, pp. 5, 27-28 and 51.
22 ICJ, *Nicaragua versus United States* case, Judgment of 27 June 1986 (Merits), *ICJ Reports* (1986) p. 100, par. 190; in this connection, the ICJ expressly referred to the 1970 Declaration on Principles, and to the 1975 Helsinki Final Act; cf. *ibid.*, p. 100, pars. 188-189.
23 *Ibid.*, p. 84.

Half a century after the aforementioned *obiter dicta* of the ICJ in the *Corfu Channel* case (*supra*), the Ministerial Declaration of 24 September 1999 of the Meeting of Foreign Ministers of the Group of 77, – as pertinently recalled by Ian Brownlie, – distinguished between "humanitarian assistance" and other U.N. activities, and "rejected the so-called right of humanitarian intervention" as without foundation in the U.N. Charter or in international law (par. 69); this represented the view of 132 States, including 23 from Asia, 51 from Africa, 22 from Latin America and 13 from the Arab world[24].

Thus, in face of an episode such as that of the *invasion and occupation of Iraq* (2003), by a so-called self-appointed "coalition of States", outside the framework of the U.N. Charter, one cannot consent in the attempted deconstruction of this cardinal principle of international law, nor in the apparently purported destruction of the system of collective security of the Charter, essential to world peace. This system was erected upon the principles of the prohibition of the threat or use of force in inter-State relations and of the peaceful settlement of international disputes. These principles warn that any exception to the regular operation of such system ought to be restrictively interpreted.

III. The Primacy of Law over Force as a Cornerstone of Contemporary International Law

The contemporary heralds of militarism do not seem to take into account the enormous sacrifices of past generations. In the armed conflicts and despotisms of the XXth century, 86 million human beings were killed. This devastating panorama was formed amidst the inhumanity linked to technological avance, and in face of the omission of so many. In a historical moment like the present one, in which it regrettably appears again trivial to speak of war, there is pressing need to face the new threats to international peace and security *within the framework of the U.N. Charter*, and to insist on the realization of justice at international level[25], as the best guarantee for peace.

The principle of the juridical equality of States, just as that of the equality before the Law, are antithetical to any schemes – ineluctably anarchical – of unilateralism or self-help, which aggravate factual inequalities inevitably privileging the great powers[26]. Only with the strengthening of the United Nations and other

---

24 I. Brownlie, "'*International Law and the Use of Force by States*' Revisited", 21 *Australian Year Book of International Law* (2001) p. 21.

25 Cf. A.A. Cançado Trindade, "Los Aportes Latinoamericanos al Derecho y a la Justicia Internacionales", *in Doctrina Latinoamericana del Derecho Internacional*, vol. I (eds. A.A. Cançado Trindade and A. Martínez Moreno), San José of Costa Rica, Inter-American Court of Human Rights, 2003, pp. 33-64.

26 R.P. Anand, «Sovereign Equality of States in International Law», 197 *Recueil des Cours de l'Académie de Droit International de La Haye* (1986) pp. 54, 58 and 107.

international organizations of universal character, with strict adherence of the general principles of international law (including that of juridical equality of States), can one contain and control the frenzy of unilateralism and self-help[27], based usually on force rather than Law, and perpetuating inequalities and privileges rather than fostering equality and justice.

In fact, the somber recrudescence of the primitivism of indiscriminate use of force in the international scenario intensified more than half-a-decade ago, when, as from 1998, one attempted to "justify" such use of force by means the invocation of an alleged "implicit authorization" of the U.N. Security Council; in the following year, one attempted to "explain" the use of force by means of an alleged "authorization *ex post facto*", by the same Security Council (bombardments of Iraq, 1998, and of Kosovo, 1999, respectively). With that, one attempted to render "relative" one of the basic principles of the U.N. Charter, that of the prohibition of threat or use of force, set forth in Article 2(4) of the U.N. Charter.

The unconvincing and frustrated attempts to widen the scope of Article 51 (on self-defence) of the U.N. Charter, so as to encompass an alleged and unsustainable "preventive self-defence", have never succeeded to provide an answer to the objection in the sense that to admit it would be to open the doors to reprisals, to the generalized use of force, to aggression, amidst the most complete conceptual imprecision[28] and discretionality (of the powerful), paving the way back to barbarism. Had the so-called "doctrine" of "preventive self-defence" been applied, for example, in the *Cuban missile crisis* (1961-1962), the world would possibly no longer exist, fatally victimized by the use of nuclear weapons by the two superpowers of the epoch[29]. In our days, with the alarming proliferation of weapons of mass destruction, the principle of the prohibition of the threat and use of force (Article 2(4)) of the U.N. Charter imposes itself even more forcefully[30], disclosing a truly imperative character[31].

---

27 *Ibid.*, p. 164.

28 J. Delivanis, *La légitime défense en Droit international public moderne*, Paris, LGDJ, 1971, pp. 50-53, and cf. pp. 42, 56 and 73; L.D. San Martino, *Legítima Defensa Internacional*, Buenos Aires, Edit. Ciudad Argentina, 1998, pp. 30-31 and 40-42, and cf. pp. 48-49.

29 In his thoughtful account of that crisis, A. Chayes disclosed that "preventive self-defence" was at a stage contemplated by some "realists" naturally supporting the unrestricted use of force, but was fortunately promptly discarded (A. Chayes, *The Cuban Missile Crisis*, Oxford, University Press, 1974, pp. 62-66), and sound reason at last prevailed, to the benefit of the then present, and succeeding, generations, ultimately to the benefit of humankind.

30 G.I. Tunkin, *El Derecho y la Fuerza en el Sistema Internacional*, Mexico, UNAM, 1989, pp. 121, 151 and 155; and cf., to the same effect, the warning – in face of the constant growth of human capacity of destruction – of Quincy Wright, *A Study of War*, 2nd. ed., Chicago/London, University of Chicago Press, 1983 [Midway reprint], pp. 404 and 372-373.

31 A.A. Cançado Trindade, "El Primado del Derecho sobre la Fuerza como Imperativo del *Jus Cogens*", in *Doctrina Latinoamericana del Derecho Internacional, op. cit. supra* n. (4), pp. 51-66.

In fact, Article 2(4) prohibits both the use and the *threat* of armed force. Even well before the actual *invasion and occupation of Iraq* (March-April 2003), the massive displacement of foreign troops and the creation of a true stage of warfare in the region, without the express authorization of the U.N. Security Council to that effect[32], constituted *per se* a flagrant violation of the U.N. Charter, of the principles of International Law, and of the most elementary rules of international life. Nowadays, the institutional response to threats or breaches of peace or acts of aggression is found in chapter VII of the U.N. Charter, not in "preventive self-defence" (a privilege of the great powers), which is disruptive, aggravating disorder and anarchy in the international community[33].

Under the U.N. Charter there is no "anticipatory self-defence", which only challenges the general principles of international law that have preserved international peace and security along the last six decades[34]. What is "anticipatory" is Law itself, rather than the use of force. "Preventive attacks" have no support in international practice either. When Israel, in an air attack, destroyed in June 1981 the nuclear reaction of Osirak, in Irak, alleging "preventive self-defence", the U.N. General Assembly (resolution 36/271) considered the attack as an act of aggression, and neither the Security Council nor any State accepted the Israeli allegation as valid[35]; it was also condemned by the Security Council. When South Africa, in the epoch of *apartheid*, invoked an alleged right of "preventive action" to try to "justify" its armed intervention in Lesotho, the attack was likewise condemned by the Security Council as an "act of premeditated and unjustified aggression"[36]. These are but two, among other examples to the same effect[37].

As pertinently pointed out by Th. Christakis, if permissible self-defence (under the U.N. Charter) is governed by the principles of necessity and proportionality,

---

32 Not even by operative paragraph 13, vague and generic, of its resolution 1441, of November 2002.

33 J.A. Pastor Ridruejo, "Ha Sido Legal el Uso de La Fuerza en Afganistán?", *in Los Retos Humanitarios del Siglo XXI* (ed. C. Ramón Chornet), Valencia, PUV/University of Valencia, 2004, pp. 105-106.

34 L. Condorelli, «Vers une reconnaissance d'un droit d'ingérence à l'encontre des `États voyous'?», *in L'intervention en Irak et le Droit international* (eds. K. Bannelier, O. Corten, Th. Christakis and P. Klein), Paris, Pédone/CEDIN, 2004, pp. 51-52 and 56.

35 J.A. Pastor Ridruejo, "Ha Sido Legal el Uso de la Fuerza...", *op. cit. supra* n. (33), p. 103.

36 Th. Christakis, «Vers une reconnaissance de la notion de guerre préventive?», *in L'intervention en Irak et le Droit international* (eds. K. Bannelier, O. Corten, Th. Christakis and P. Klein), Paris, Pédone/CEDIN, 2004, pp. 23-25.

37 The United States' "preventive" attack with missiles on the plant Al-Shifa in Khartoum, Sudan (in 1998), was surrounded by criticisms of the international community; and the so-called "six-day-war" launched "preventively" by Israel (1967), was likewise criticized by several States, and was never corroborated by either the U.N. General Assembly or the Security Council; *ibid.*, pp. 24-25 and 27.

how will the so-called "preventive" self-defence comply with the principle of proportionality if the armed attack has not occurred? This would mean that, a State victimized by an armed aggression would have its self-defence limited by the requisite of proportionality, while a State which invokes "preventive" self-defence would have no such limitation, other than its own subjective assessment of the situation, which would lead to a juridical absurdity[38].

"Preventive" self-defence is, not surprisingly, rejected by the overwhelming majority of States[39]: it would be open only to the great powers, undermining the principle of the juridical equality of States[40], sinking the world in anarchical self-help, aggravating the effects of factual disparities of power in the international scenario. What is needed, quite on the contrary, is "a universal normative order"[41]. Article 51 of the U.N. Charter, as consistently interpreted and applied to date, has not been "amended" by the practice of power-holders or self-helpers, and it is the U.N. Security Council that regulates the use of force in the international system, in accordance with the relevant provisions of the U.N. Charter.

The current attempted return, by the contemporary apologists of the use of force, to "preventive wars", is unwarranted and retrograde, a dangerous threat to the achievements of International Law in a century of evolution (from the two Hague Peace Conferences, of 1899 and 1907, until the present). The much-needed and much-protracted reforms of the U.N. Charter appear nowadays necessary and urgent, in order to strengthen the United Nations's system of collective security, so as to enable

---

38 Th. Christakis, *op. cit. supra* n. (36), pp. 20-21; not surprisingly, there are no U.N. resolutions endorsing "preventive" self-defence, and all regional treaties on security (from 1935 to date) condition self-defence to a prior armed attack (*ibid.*, pp. 22-23).

39 On the failed attempts by the United States and the United Kingdom to obtain support in the U.N. for the projected armed intervention in Iraq that they were to lead, and on the opposition of numerous non-aligned countries to their "unilateral measures" (in the period from October 2002 to March 2003), cf. F. Nguyen-Rouault, "L'intervention armée en Irak et son occupation au regard du Droit international", 108 *Revue générale de Droit international public* (2003) pp. 835-864; O. Corten, "Opération `Iraqi Freedom'...", *op. cit. infra* n. (59), pp. 205-243.

40 J.A. Pastor Ridruejo, "Ha Sido Legal el Uso de la Fuerza...", *op. cit. supra* n. (33), p. 105.

41 J. Castañeda, *Obras Completas*, vol. I: *Naciones Unidas*, México D.F., Colegio de México/ Secretaría de Relaciones Exteriores, 1995, p. 522. It may be recalled that the codification of international law, in the light of its principles, was undertaken largely in the belief that it should be endowed with a universal character. Cf. G. Guerrero, *La Codification du Droit International*, Paris, Pédone, 1930, pp. 182 and 175, and cf. pp. 9-10, 13, 24, 27 and 150; A. Álvarez, *Exposé de motifs et Déclaration des grands principes du Droit international moderne*, Paris, Éds. Internationales, 1938, pp. 8-9, 16-21 and 51; A. Álvarez, *Le Droit international de l'avenir*, Washington, Institut Américain de Droit International, 1916, pp. 7-8, 26, 71, 114, 134-136 and 146-149; R. Fernandes, *A Sociedade das Nações*, Rio de Janeiro, Imprensa Nacional, 1925, pp. 5-6, 9 and 26.

the U.N. to secure respect for the principles and purposes set forth in Articles 2 and 1 of its Charter[42].

Nothing in International Law authorizes a State, or a group of States, to launch *sponte sua* an international armed conflict (such as the one led by the United States and the United Kingdom in invading and occupying Iraq in 2003), – outside the framework of the U.N. Charter, – under the pretext of dismantling arsenals of weapons of mass destruction, – while they possess themselves some of the major arsenals of weapons of mass destruction in the world. To that end, there are multilateral mechanisms of control and prohibition, created by international conventions, which are to be applied and strengthened, towards world disarmament. And for the necessary struggle against terrorism, there are nowadays twelve international conventions at universal level (adopted within the U.N. system), added to eight others at regional level, that are to be applied and duly complied with. There are, moreover, the enforcement measures foreseen under chapter VII of the U.N. Charter, to face threats to international peace and security, to be applied by a strengthened United Nations.

IV. The Decivilizing Effects of Unwarranted Use of Force

On quite a different level, the dangerous fantasy of the "preventive" armed attacks is destructive not only of the whole structure of the organized international community, but also of the values which inspire it. If, in the domestic legal order, society precedes law, at international level – it has rightly been pondered, – occurs precisely the opposite: it is international law which precedes international society, and this latter cannot even be conceived or exist without the former[43]. It is the law which is preventive or anticipatory, and not force, in the form of armed attacks, aggressions, unilateral interventions, and terrorist acts, which violate it openly.

The dangerous escalade of violence at this beginning of the XXIst century has highly destructive effects and can only be contained by means of the faithful compliance with Law. The apologists of the use of force, in a truly irresponsible attitude, seem to forget the sufferings of previous generations and the lessons of the not too distant past in time; for them, the ends justify the means.

It may be recalled that already the ancient Greeks were aware of the devastating effects of the use of indiscriminate force and of war over both winners and losers, revealing the great evil of the substitution of the ends by the means: since the times of the *Illiad* of Homer until today, all the "belligerents" are transformed in means, in things, in the senseless struggle for power, incapable even to "subject their actions to their

---

42 O. Corten, *Le retour des guerres préventives: le Droit international menacé*, Bruxelles, Éd. Labor, 2003, pp. 42-44, 56 and 80.

43 B. Boutros-Ghali, «Le Droit international à la recherche de ses valeurs: paix, développement, démocratisation», 286 *Recueil des Cours de l'Académie de Droit International de La Haye* (2000) pp. 20, 18 and 30, and cf. p. 37.

thoughts". As Simone Weil so perspicatiously once observed, the terms "oppressors and oppressed" almost lose meaning, in face of the impotence of everyone in front of the machine of war, converted into a machine of destruction of the spirit and of fabrication of the inconscience[44]. As in the *Illiad* of Homer, there are no winners and losers, all are taken by force, possessed by war, degraded by brutalities and massacres[45].

Nothing in the U.N. Charter transfers to one or more of its member States the power to decide unilaterally – as it was done in the *invasion and occupation of Iraq*, as from March-April 2003 – that the peaceful means of settlement of international disputes were "exhausted", and nothing in the U.N. Charter authorizes one or more of its member States to decide *motu propio* and pursuant to their own criteria (or lack of them) and strategies as to the use of armed force. Those who proceed in this way, besides violating the U.N. Charter – with the aggravating circumstance of this latter being endowed with the vocation of constitution of the organized international community – and the basic principles of International Law, have their international responsibility engaged. In sum, no State is allowed to place itself above the Law.

The armed attack on Iraq is, and will keep on, having profound *decivilizing* effects, launched as it was unilaterally, outside the framework of the U.N. Charter, subverting elementary principles of International Law, among which those of the prohibition of the threat or use of force in inter-State relations, of the peaceful settlement of international disputes, and of the juridical equality of States. What, then, in our days, do the terms "civilized nations"[46] mean, devoid of the colonialist connotation of the past? "Civilized nations" are no other than those which respect International Law[47].

There is no point in facing the symptoms without inquiring into the sources of the problems which nowadays afflict humankind, including those which threaten international peace and security. One is here thinking of a *necessary* (rather than voluntary) international legal order to face such problems as from their sources, which practices multilateralism on the basis of the principle of juridical equality of States, and which acknowledges the contribution of international organizations to the construction of a legal order of a more igualitarian international community, with more justice and solidarity[48].

---

44   S. Weil, *Reflexiones sobre las Causas de la Libertad y de la Opresión Social*, Barcelona, Ed. Paidós/Universidad Autónoma de Barcelona, 1995, pp. 81-82, 84 and 130-131.
45   S. Weil, "L'*Iliade* ou le Poème de la Guerre (1940-1941)" *in Oeuvres*, Paris, Quarto Gallimard, 1999, pp. 527-552.
46   Coined in Article 38(1)(c) of the ICJ Statute.
47   This associates the expression to an international legal order of a universal dimension, which seeks justice and peace and discards unwarranted recourse to force; J.A. Carrillo Salcedo, *Soberanía de los Estados y Derechos Humanos en Derecho Internacional Contemporáneo*, 2nd. ed., Madrid, Tecnos, 2001, p. 180.
48   A.A. Cançado Trindade, *Direito das Organizações Internacionais*, 3rd. ed., Belo Horizonte/Brazil, Edit. Del Rey, 2003, pp. 721-747.

In the recent episode of the *invasion and occupation of Iraq* (2003), and the ongoing hostilities in the occupied country, the most numerous victims – like those of terrorism in different parts of the world, – have invariably been innocent and unprotected civilians (including children), – a situation portrayed by some "strategists" (and part of the media) as "collateral damages", an euphemism with which they seek to avoid listening to the voice of conscience, and which reflects in an unequivocal way the deep crisis of values in the world in which we live. The heralds of this new Peloponnesian war of the XXIst century, like those of their predecessors over the centuries, have had their decisions vested with empty words and false rhetorics, seeking thereby a hiding place in the recondite labyrinths of their own irresponsibility (and impunity).

What does one witness after all? Devastation, revenge, violations of International Humanitarian Law[49] and International Human Rights Law[50], the practice of torture and other abuses against prisoners, – opening wounds and leaving scars that will take generations to heal. It has been timely remarked, in relation to some of the armed conflicts we witness nowadays, that

> "The repressive methods used by Israel against the Palestinians, the destabilization of Iraq after the American intervention, including the emergence of a new terrorist resistance, the more than uncertain stabilization of Afghanistan, the inability of Russia to bring peace to Chechnya by the use of force, none of these events is a success story"[51].

In the same line of concern it was pertinently warned by Jean Pictet, four decades ago, in an almost premonitory tone, that

> "it would be a disastrously retrograde step for humanity to try to fight terrorism with its own weapons"[52].

Force only generates force, and one cannot pretend to create a new "international order" on the basis of unilateralism and unwarranted use of force, over the

---

49 Cf. J. Cardona Lloréns, «Libération ou occupation? Les droits et devoirs de l'État vainqueur», in *L'intervention en Irak et le Droit international* (eds. K. Bannelier, O. Corten, Th. Christakis and P. Klein), Paris, Pédone/CEDIN, 2004, pp. 221-250; G. Abi-Saab, «Les Protocoles Additionnels, 25 ans après», in *Les nouvelles frontières du Droit international humanitaire* (ed. J.-F. Flauss), Bruxelles, Bruylant, 2003, pp. 33-36; Y. Sandoz, «L'applicabilité du Droit international humanitaire aux actions terroristes», in *ibid.*, pp. 71-72.

50 In its Judgment of 08.07.2004, in the case of the *Brothers Gómez Paquiyauri versus Peru*, for example, the Inter-American Court of Human Rights pondered that "the prohibition of torture is absolute and non-derogable, even in the most difficult circumstances, such as war, threat of war, `fight against terrorism' and any other delicts (...)"; there is nowadays "an international juridical regime of absolute prohibition of alls forms of torture (...) which belongs (...) to the domain of international *jus cogens*" (pars. 111-112).

51 M. Bothe, "The International Community and Terrorism", in *Les nouvelles menaces contre la paix et la sécurité internationales / New Threats to International Peace and Security*, Paris, Pédone, 2004, pp. 59-60.

52 J. Pictet, *The Principles of International Humanitarian Law*, 1st. ed., Geneva, ICRC, 1966, p. 36.

corpses of thousands of innocent victims (victimized by all kinds of terrorism, perpetrated by non-State entities as well as sponsored by States themselves), destined, amidst indifference, to oblivion. The projection in time of the cardinal principle of the prohibition of the threat or use of force cannot be overlooked. In fact, nothing in International Law authorizes a State or group of States to proclaim themselves defenders of "civilization", – and those which pretend to take such a course of action, making recourse to the indiscriminate use of force, outside the framework of the U.N. Charter, do so in the opposite sense to the purpose professed.

More than half a century ago (in 1950), the learned historian Arnold Toynbee warned that the growing expenditures with militarism would fatally lead to the "ruin of civilizations"[53]; thus, the improvement of military technique was, to him, symptomatic of the "decline of a civilization"[54]. Another remarkable writer of the XXth century, Stefan Zweig, in referring to the "old savagery of war", likewise warned against the *décalage* between technical progress and moral ascent, in the face of "a catastrophe which with one sole blow made us move backwards a thousand years in our humanitarian endeavours"[55].

Nowadays, in the United Nations era, it is incumbent upon the U.N. to regulate, in the light of the provisions of its Charter, the use of force, there being no delegation whatsoever to any State or any self-appointed "coalition of States" in that respect. The horrors of past conflicts in the XXth century, – the two world wars and successive atrocities victimizing millions of human beings, – should be kept in mind, in particular by the contemporary apologists of recourse to force. It is not the function of international lawyers to seek "solutions" for threats to international peace and security through the use of force: this is a distortion of the legal profession, as such solutions are to be found within the domain of Law.

V. Final Observations: The Primacy of Law over Force as an Imperative of Jus Cogens

In fact, from the thinking of the founding fathers of the law of nations to our days, an idea of justice underlies international law. Those who have regarded the legal norms as a means for the realization of justice have insisted on the primacy of law over force. As recalled by E. Jiménez de Aréchaga, except for the hypothesis of self-defence in the terms of the U.N. Charter and of an enforcement measure ordered or duly authorized likewise by an international organization such as the United Nations, the use of force constitutes a delict[56]. The U.N. International Law Commission itself endorsed

---

53   A. Toynbee, *Guerra e Civilização*, Lisbon, Edit. Presença, 1963 (reed.), pp. 20 and 29.
54   *Ibid.*, pp. 178-179. – And cf. J. de Romilly, *La Grèce antique contre la violence*, Paris, Éd. Fallois, 2000, pp. 18-19 and 129-130.
55   S. Zweig, *O Mundo que Eu Vi*, Rio de Janeiro, Ed. Record, 1999 (reed.), p. 19, and cf. pp. 474 and 483, and cf. p. 160.
56   E. Jiménez de Aréchaga, *El Derecho Internacional Contemporáneo*, Madrid, Tecnos, 1980,

(in 1966) the understanding that the prohibition by the U.N. Charter of the use of force has the character of *jus cogens*, and expressed (in 1978) the view that a violation of the prohibition of aggression can result in an international crime[57].

It is in difficult moments of world crisis such as the current one, that one ought to, with all the more reason, reassert and preserve the foundations and principles of international law. Nowadays, the sombre worsening of the primitivism of the indiscriminate use of force in the international scenario has aggravated as from 1998, with the attempt to "justify" such use of force by means of the invocation of an alleged "implicit authorization" of the U.N. Security Council; the following year, an attempt was made to "explain" the use of force by means of an alleged "authorization *ex post facto*", by the same Security Council (bombardments of Iraq, 1998, and of Kosovo, 1999, respectively). Such initiatives, on the basis of allegations by no means persuasive, appear to try – in vain – to render somewhat "relative" one of the basic principles of the U.N. Charter, that of the prohibition of the threat or use of force, set forth in Article 2(4) of the Charter.

Such "implicit authorization" and "authorization *ex post facto*" of the use of force are manifest distortions of chapter VII of the U.N. Charter[58]. In the operation of the system of collective security, there is a presumption in favour of peaceful settlement, and eventual exceptions to that are to be restrictively interpreted, as that system was built upon the principles of non-use of force and peaceful settlement of disputes[59]. This appears, moreover, as the only way to secure a "minimum of international cohesion" in face of the challenges currently facing the international legal order[60].

---

pp. 116-117. He characterized the prohibition of the threat or use of force as a pillar of the peaceful relations among States, and as a guiding principle of international law itself; E. Jiménez de Aréchaga, "International Law in the Past Third of a Century", 159 *Recueil des Cours de l'Académie de Droit International de La Haye* (1978) pp. 87 and 111-113.

57 M. Díez de Velazco, *Las Organizaciones...*, *op. cit. infra* n. (70), pp. 177-178.

58 Cf., e.g., Ph. Weckel, «L'emploi de la force contre la Yougoslavie ou la Charte fissurée», 104 *Revue générale de Droit international public* (2000) pp. 19-36; M. Sahovic, «Le Droit international et la crise en ex-Yougoslavie», 3 *Cursos Euromediterráneos Bancaja de Derecho Internacional* – Castellón/Spain (1999) pp. 417-418; J.M. Ortega Terol, *La Intervención de la OTAN en Yugoslavia*, Oviedo, Septem Ed., 2001, pp. 19-21 and 39-40; D. Momtaz, «'L'intervention d'humanité' de l'OTAN au Kosovo et la règle du non-recours à la force», 82 *Revue internationale de la Croix-Rouge* (2000) n. 837, pp. 89-101; P. Kovács, «Intervention armée des forces de l'OTAN au Kosovo – Fondement de l'obligation de respecter le Droit international humanitaire», 82 *Revue internationale de la Croix-Rouge* (2000) n. 837, pp. 122 and 127-128, and cf. pp. 119-120 and 124.

59 L.-A. Sicilianos, «L'autorisation par le Conseil de Sécurité de recourir à la force: une tentative d'évaluation», 106 *Revue générale de Droit international public* (2002) pp. 7, 39-40 and 42-43; and cf. also O. Corten, «Opération *Iraqi Freedom*: peut-on admettre l'argument de l'^autorisation implicite' du Conseil de Sécurité?», 36 *Revue belge de Droit international* (2003) pp. 218-219, 224-227 and 237-243.

60 L.-A. Sicilianos, *op. cit. supra* n. (59), pp. 47-48.

In the last decades, one has witnessed a true conversion of the traditional and surpassed *jus ad bellum* into the *jus contra bellum* of our days, this being one of the most significant transformations of the contemporary international legal order[61]. For a long time already, it has been contended that, even eventual recourse to force by States, on given occasions, has never affected the primacy of the *jus cogens* provision of Article 2(4) of the U.N. Charter[62]. Law has an objective validity, which resists the violation of its norms. It is inadmissible to try to equate Law with force, which would moreover reflect a mental vice consisting in not distinguishing the world of *Sein* from that of *Sollen*[63]. Law stands above force.

One cannot pretend to erect a new "international order" on the basis of the use of force[64], while the fundamental principle applicable in that order, along almost a century of evolution of International Law, is precisely to the opposite effect, namely, the principle of non-use of force. Moreover, one cannot expect an illicit act or practice to generate legal effects *(ex injuria jus non oritur)*[65]: Law prevails over force. The violation of a basic principle of international law does not generate a "new practice", but rather engages the international responsibility of the wrongdoers.

Every true jusinternationalist has the ineluctable duty to stand against the apology of the use of force, which is manifested in our days through distinct "doctrinal" elaborations. One attempts, e.g., to widen the scope of Article 51 of the U.N. Charter so as to encompass an unsustainable "preventive self defence". One advocates recourse to "countermeasures" (a term reminiscent of the old practices of reprisals and retaliation), outside the framework of the truly central chapter of international law, that of the international responsibility of States. One invokes uncritically "humanitarian intervention or *ingérence*", instead of vindicating the right of the affected populations to humanitarian assistance. One has invented the notion of "persistent objector", instead of focusing attention on the needed construction of an *opinio juris communis*. One has even attempted to issue a death certificate

---

61 M.C. Márquez Carrasco, *Problemas Actuales sobre la Prohibición del Recurso a la Fuerza en Derecho Internacional*, Madrid, Tecnos, 1998, p. 263.

62 Cf., e.g., T.O. Elias, *op. cit. supra* n. (6), p. 84; A.A. Cançado Trindade, "El Primado del Derecho sobre la Fuerza como Imperativo del *Jus Cogens*", in *Doctrina Latinoamericana del Derecho Internacional, op. cit. supra* n. (4), pp. 51-66.

63 A. Truyol y Serra, *Fundamentos del Derecho Internacional Público*, 4th. ed., Madrid, Tecnos, 1977, pp. 47 and 56-57.

64 [Various Authors,] *La pratique et le Droit international* (Geneva Colloquy of 2003), Paris, Pédone/SFDI, 2004, pp. 116 and 120. – It may well be, as pointed out in this Colloquy, that "persistent objectors" of yesterday have become "persistent violators" of today; *ibid.*, pp. 120, 233 and 300-301.

65 Likewise, repeated violations of International Human Rights Law and International Humanitarian Law have not altered these latter; on the contrary, they have promptly reacted to such violations and have strengthened, rather than weakened; cf. *ibid.*, pp. 300-301 (intervention by L. Condorelli).

on Article 2(4) of the U.N. Charter, without foreseeing its harmful consequences for humankind as a whole. One could, in fact, compile a whole glossary of neologisms, empty of any juridical meaning and bearing a potential of disastrous consequences for the international legal order. This reflects the dangerous world in which we live, engulfed in a profound crisis of values.

The common denominator of all these new "doctrines" is their minimization or undervaluing of the foundations of international law, besides the emphasis on the primitivism of the indiscriminate use of force. In this respect, the XXII Congress of the Hispano-Luso-American Institute of International Law (IHLADI), held in San Salvador, El Salvador, adopted a declaration, approved by ample majority on 13 September 2002, which dismissed categorically the "doctrine" of the so-called "preventive self-defence". In the preambular part, the declaration of the IHLADI expressed its preoccupation with the "marked tendency of certain States which place particular interests before the superior interests of the international community", affected as a whole by facts such as terrorism, a "very grave violation of human rights"; moreover, it manifested its preoccupation also by the "announced adoption of unilateral conducts which debilitate institutions already consolidated in international law and which are guarantee of peace and security".

In its operative part, the aforementioned declaration warned that the U.N. Charter, customary international law and the general principles of law "constituted the legal framework to which the exercise of the right of self-defence ought necessarily to adjust itself"; it must, furthermore, fully observe, in any circumstances, the norms and the principles of International Humanitarian Law. The declaration of IHLADI next expressed its "categorical rejection" of the so-called "preventive self-defence", even as a means to "combat terrorism"; and manifested, at last, its equal repudiation to international terrorism, which ought to be "severely punished", in the "framework of Law", by "all the States of the international community"[66]. It is known that, for the necessary struglle against terrorism, within the Law, there are today twelve international conventions, which are to be applied and duly complied with.

At the present moment of world crisis, – a true crisis of values, – of sombre and worrisome rupture of the international system of collective security, there is pressing need to reassert the primacy of International Law over brute force[67], as an imperative of *jus cogens*. There is pressing need, in opposition to the militarism and the unilateralism which despise world public opinion, to rescue the principles,

---

66 Text of the declaration reproduced *in*: IHLADI, 16 *Anuario del Instituto Hispano-Luso-Americano de Derecho Internacional* – Madrid (2003) pp. 657-658.
67 The ICJ, stressing the role of *opinio juris* in the *Nicaragua versus United States* case (1986), effectively affirmed the fundamental character of the principle of the prohibition of the threat and use of force, recognized both in the U.N. Charter and in customary international law; cf. *ICJ Reports* (1986) p. 97 par. 181.

foundations and institutions of international law, wherein are found the elements to detain and combat terrorism, violence and the arbitrary use of power, – faithfully abiding by the Law. "Preventive" armed attacks and indefinite "countermeasures" do not find any support whatsoever in International Law; on the contrary, they openly violate it. They are spurious "doctrines", which show the way back to the law of the jungle[68], besides multiplying their defenceless, silent and innocent victims in different parts of the world.

The most lucid international legal doctrine has characterized the principle of the prohibition of the threat and use of force as belonging to the domain of *jus cogens*[69], and has added that violations of this principle do not weaken its imperative character[70]. The "condemnation of the use of force" has been qualified as the "most remarkable" feature of the U.N. Charter[71], – representing, effectively, a notable advance in relation to the Covenant of the League of Nations. The function of the jusinternationalist, from the times of F. Vitoria and H. Grotius until the present, is not simply that of taking note of what States do, or what some particular States – the most powerful ones – do; his function is to identify and say what the Law is, the Law which derives its authority from certain principles of sound reasoning (*est dictatum rectae rationis*)[72]. Law, definitively, does not silence, not even when recourse is made to weapons either by States or non-State entities. Well above force stands the Law, just as above the will stands the conscience.

---

68   Cf. *cit.*, in this sense, *in* A. Cassese, «Article 51», *in La Charte des Nations Unies – Commentaire article par article* (eds. J.-P. Cot and A. Pellet), Paris/Bruxelles, Economica/Bruylant, 1985, p. 777.

69   R.St.J. Macdonald, "Reflections on the Charter of the United Nations", *in Des Menschen Recht zwischen Freiheit und Verantwortung – Festschrift für Karl Josef Partsch*, Berlin, Duncker & Humblot, 1989, p. 45; R. Macdonald, "The Charter of the United Nations in Constitutional Perspective", 20 *Australian Year Book of International Law* (1999) p. 215; and cf. C. Lang, *L'affaire Nicaragua/États-Unis devant la Cour Internationale de Justice*, Paris, LGDJ, 1990, pp. 135 and 253 (in relation to International Humanitarian Law).

70   Cf. M. Díez de Velazco, *Las Organizaciones Internacionales*, 12nd. ed., Madrid, Tecnos, 2002, p. 177; and cf. also E. Schwelb, "Some Aspects of International *Ius Cogens* as Formulated by the International Law Commission", 61 *American Journal of International Law* (1967) pp. 946-975.

71   D. Uribe Vargas, *La Paz es una Trégua – Solución Pacífica de Conflictos Internacionales*, 3rd. ed., Bogotá, Universidad Nacional de Colombia, 1999, p. 109.

72   A.A. Cançado Trindade, *O Direito Internacional em um Mundo em Transformação*, Rio de Janeiro, Edit. Renovar, 2002, p. 1109.

XVII

The Illegality under Contemporary International Law of All Weapons of Mass Destruction[1]

Sumário: I. Introduction. II. The Search for Peace: Zones of Peace and the Right to Peace. 1. The Attainment of Peace and Human Security: a Permanent Goal. 2. The Initiative of Zones of Peace. 3. The Formulation of the Right to Peace. III. The Establishment of Nuclear-Weapon- Free Zones. IV. The Endeavours towards General and Complete Disarmament. V. The Illegality of Nuclear Weapons. VI. Final Observations.

I. Introduction

It is a great privilege to me to have been invited by the Ministry of Foreign Affairs of Japan and the University of Hiroshima to address this distinguished audience today, 20 December 2004, at the end of the present academic semester, here in Hiroshima, a city which became historically associated with the awakening of the universal conscience of mankind as to the pressing need to restrain the sad technological capacity achieved by human beings to destroy themselves. This is the first time that a Judge from the Inter-American Court of Human Rights is especially invited by the government and the academic circles of Japan (in Tokyo, Kyoto and Hiroshima) to come all the way from Latin America and visit their country, and to benefit from the exchanges of ideas as to the future of international law and of humankind.

It was here, in Hiroshima, that the limitless insanity of man heralded the arrival of a new era, the nuclear one (with the detonation of the atomic bombs in Hiroshima on 06.08.1945 and in Nagasaki on 09.08.1945), which, after six decades, – having permeated the whole cold war period, – remains a stalemate which continues to threat the future of humankind. It was from here, from Hiroshima, that the outcry of humankind began to echo around the world as to the pressing need of international law to outlaw all weapons of mass destruction, starting with nuclear weapons. This is the task which still remains before us today. This is the topic which I purport to address at this academic event in Hiroshima today.

There could, in fact, hardly be a more appropriate occasion to dwell upon the subject I have selected for this ceremony, which I see if fit to name *"The Right*

---

1 Conferência ministrada pelo Autor na Universidade de Hiroshima, em Hiroshima, Japão, em 20 de dezembro de 2004, no encerramento do semestre acadêmico em curso naquela Universidade.

to Live: The Illegality under Contemporary International Law of All Weapons of Mass Destruction". This title reflects the position that I sustain in my book *International Law in a World in Transformation* (*O Direito Internacional em um Mundo em Transformação*), published in Brazil in 2002. I propose to focus on the topic as from the following sequential aspects: firstly, the search for peace through the conception of zones of peace and the formulation of the right to peace; secondly, the establishment of nuclear-weapon-free zones; thirdly, the endeavours towards general and complete disarmament; and fourthly, the illegality of nuclear weapons. I shall then present my final remarks.

II. The Search for Peace: Zones of Peace and the Right to Peace

1. The Attainment of Peace and Human Security: a Permanent Goal

In 1999, on the occasion of the celebration of the centennial of the I Hague Peace Conference, the Hague Agenda for Peace and Justice for the XXIst Century[2], adopted on the occasion, included among its main topics those of disarmament and human security, and of prevention of conflicts. The document recalled the long quest of humankind for peace, and the recurring protest against the use of nuclear weapons on the ground that

> "their effects allegedly cannot be limited to legitimate military targets and that they are thus by nature indiscriminate, and on the ground of excessive cruelty (heat and radiation)"[3].

The aforementioned Hague Agenda warned emphatically as to the dangers of all weapons of mass destruction, and, as part of a universal effort to abolish them, called upon all States to ratify the existing Conventions against Biological Weapons and against Chemical Weapons (cf. *infra*) and to adopt national measures of implementation. It further called upon all States to "negotiate and conclude within five years" a Convention against Nuclear Weapons, which would prohibit their production, use and threat, and would provide for "verification and enforcement of their destruction"[4]. The document well pondered that

> "The continued existence of nuclear weapons and their threat or use by accident, miscalculation or design threaten the survival of all humanity and life on earth"[5].

Weapons of mass destruction continue to constitute a grave threat to the survival of humankind. Comparing with biological weapons and cheminal weapons,

---

2   U.N. document A/54/98/Annex, reproduced *in op. cit. infra* n. (3), pp. 419-454.
3   F. Kalshoven (ed.), *The Centennial of the First International Peace Conference – Reports and Conclusions*, The Hague, Kluwer, 2000, p. 52 (remark by H. Blix).
4   *Ibid.*, pp. 450 and 452 (items 48 and 44 of the Hague Agenda), and cf. pp. 426-427.
5   *Ibid.*, p. 450 (item 44).

the risks raised by nuclear weapons are further aggravated by the virtually total lack of control over their effects (of radioactive fall-out, thermal radiation, and ionizing radiation) in time. For ionizing radiation, in particular, the consequences may extend for days, weeks or years, before the appearance of symptons of ill-health; it may precipitate certain diseases (some terminal ones), and delay the healing of other injuries[6].

The same reasons which have led to the express prohibition of other weapons of mass destruction, and weapons that cause unnecessary and cruel suffering with indiscriminate effects, apply likewise – and even more forcefully to nuclear weapons, the most inhumane of all weapons[7]. The damage caused by them has a *temporal* dimension, which can extend for years and years, distinguishing them from other weapons for their extreme cruelty, and causing a suffering which can simply not be measured. This should be kept in mind by all international lawyers, which, in my view, have a duty to sustain their utter illegality in contemporary international law, particularly if they bear in mind – as they ought to – not only the States, but also – and above all – humankind as a whole.

In any case, any consideration of the matter cannot fail to start from the general principle, enunciated in the Hague Conventions of 1899 and 1907[8], that the choice, by belligerents, of means and methods of combat of the enemy is not unlimited, as well as from the principle – also set forth in those Conventions – of the prohibition of any weapons and methods of combat that may cause unnecessary suffering[9], with indiscriminate effects[10]. The persistence of the arsenals of such weapons nowadays, and the dangers of their proliferation, despite decades of endeavours towards general and complete disarmament frustrated to a large extent by the oscillations of the politics of the great powers[11], has drawn attention in our days to what has come to be termed the *human* security.

Just that the logic of development has developed from the past framework of inter-State state relations into the new conception of *human* development, so has the logic of security: conceived in the past to apply in inter-State relations (including in the renewal scheme of collective security under the U.N. Charter), it nowadays

---

6   International Committee of the Red Cross (ICRC), *Weapons that May Cause Unnecessary Suffering or Have Indiscriminate Effects* (Report on the Work of Experts), Geneva, ICRC, 1973, pp. 20-21.

7   S. Glaser, *L'arme nucléaire à la lumière du droit international*, Paris, Pédone, 1964, pp. 34, 36-37 and 51.

8   Article 22 of the II Hague Convention of 1899, and of the IV Hague Convention of 1907.

9   Article 23(e) of the aforementioned Hague Conventions.

10   ICRC, *Weapons that May Cause Unnecessary Suffering...*, op. cit. supra n. (6), p. 11; S. Glaser, *L'arme nucléaire...*, op. cit. supra n. (7), pp. 45-46.

11   Cf., e.g., M.-F. Furet, *Le désarmement nucléaire*, Paris, Pédone, 1973, p. 9.

transcends that dimension to shift attention to *human* security. In one and the other contexts, the central concern is no longer with States[12] properly, but rather – and more precisely, as it ought to – with human beings "within and across State borders", thus replacing the old State-centric approach of the matter by an anthropocentric one[13]. The concern is, ultimately, with humankind as a whole, pointing, once again, to the new *jus gentium* of our days, the international law for humankind.

Some words of precision are here called for. In order to develop a new approach to the whole subject of security, the United Nations determined the creation, in the framework of the Millennium Summit (2000), of its Commission on Human Security. In its *Report* of 2003, the Commission reaffirmed the importance of multilateralism and categorically rejected unilateral action for the peaceful settlement of disputes. Its approach was based on rights and "humanitarian strategies", thus clearly avoiding to refer to the concept of security of the State. Precisely for that, it insisted on the new concept of "human security"[14]. Moreover, it called for the necessary control of weapons, in order to guarantee the "security of the persons"[15].

In a similar line of thinking, another recent international document, the Declaration on Security in the Americas, adopted in Mexico City by the Special Conference on Security, of the Organization of American States (OAS), of October 2003, singled out the "multidimensional character" of security[16], invoked the principles of the U.N. Charter and of the OAS Charter[17], emphasized the "human dimension" of the issue[18], and affirmed its commitment with multilateralism[19]. In sum, it can thus be fairly concluded, on this particular point, that human security is nowadays conceived – mainly at United Nations level – not at all to allow for unwarranted "humanitarian intervention" at inter-State level, nor for any manifestation of undue unilateralism, but rather, quite on the contrary, it is devised to strengthen

---

12   An outlook of sad memory to those victimized by the invocation of "State security" by the power-holders in order to try to "justify" abuses and human rights violations, in dictatorships and in authoritarian regimes, such as the ones in some South American countries, mainly between the mid-sixties and early eighties.

13   Cf., e.g., S. Ogata and J. Cels, "Human Security – Protecting and Empowering the People", 9 *Global Governance – A Review of Multilateralism and International Organizations* (2003) n. 3, pp. 274-275.

14   Expressly referring to the three branches of the International Law of Human Rights, of the International Law of Refugees and of International Humanitarian Law; U.N./Commission on Human Security, *Human Security Now – Protecting and Empowering People*, N.Y., U.N., 2003, pp. 12, 27 and 49.

15   *Ibid.*, p. 134.

16   Preamble and item II(2).

17   Item I(1).

18   Item II(4)(e).

19   Item II(4)(z).

multilateralism, so as to find common and generally accepted solutions to the current needs of security of human beings, and, ultimately, of the humankind.

2. The Initiative of Zones of Peace

In order to avoid the proliferation of weapons of mass destruction, and to put an end to the existing arsenals of those weapons, multilateral mechanisms of their control and prohibition, as well as their destruction, have been conceived, and created by international conventions, which ought to be applied and strengthened, towards world disarmament[20] (cf. *infra*). Likewise, the initiative was taken of establishing *zones of peace* in distinct continents, to give concrete expression to the emerging right to peace. In the mid-eighties, the issue occupied an important place in the international agenda, with the proposal to set up zones of peace, like the one in the Indian Ocean, also in the Mediterranean and in South-East Asia[21]. In 1990 a similar zone of peace was contemplated for the whole of South America[22].

In fact, the concept of zones of peace (sometimes used interchangeably with that of nuclear-weapon-free zones) appears intermingled with that of right to peace (cf. *infra*). The concepts of zones of peace (found, e.g., in the 1971 U.N. Declaration of the Indian Ocean as a Zone of Peace, not to speak of the 1959 Antarctic Treaty itself[23]), as well as of nuclear-weapon-free zones (finding expression in such instruments as the treaties creating the current four nuclear-weapon-free zones – *infra*), were advanced for curbing the geographical spread of the weapons race[24].

---

20 It is not to pass unnoticed that the Latin American countries (and not the great powers) were the ones which constituted the first – and densely inhabited – region of the world to declare itself a *nuclear-weapon-free zone*, by means of the adoption of the Treaty for the Prohibition of Nuclear Weapons in Latin America and the Caribbean (1967), which served as inspiration for other regions of the world, thus contributing to the formation of a universal conscience as to the pressing need of world disarmament. Cf. OPANAL/UNIDIR, *Las Zonas Libres de Armas Nucleares en el Siglo XXI*, N.Y., U.N., 1997, pp. 8-19 and 46-47; W. Epstein, "The Making of the Treaty of Tlatelolco", 3 *Journal of the History of International Law / Revue d'histoire du Droit international* (2001) pp. 153-177.

21 S. Szurek, «Zones exemptes d'armes nucléaires et zones de paix dans le tiers-monde», 88 *Revue générale de Droit international public* (1984) pp. 123-128 and 151-156.

22 Comisión Sudamericana de Paz (CSP), *Proyecto de Tratado de Zona de Paz* (Grupo de Trabajo de Juristas), Santiago de Chile, CSP, 21.06.1990, pp. 1-9 (internal circulation).

23 For an account, cf., e.g., E. Fujita, *The Prevention of Geographical Proliferation of Nuclear Weapons: Nuclear-Weapon-Free Zones and Zones of Peace in the Southern Hemisphere*, N.Y., U.N./UNIDIR, 1989, pp. 1-40.

24 Reference could also be made to relevant resolutions of the U.N. General Assembly, such as the 1988 Declaration on the Prevention and Removal of Disputes and Situations Which May Threaten International Peace and Security and on the Role of the United Nations in this Field; to this latter one can add other resolutions of the U.N. General Assembly, such as resolution 44/21, of 1989, on enhancing international peace, security and international cooperation in all its aspects in accordance with the U.N. Charter; B. Boutros-Ghali, *An Agenda for Peace*, 2nd. ed., N.Y., U.N., 1995, p. 52.

When the U.N. General Assembly proclaimed in 1971 the Indian Ocean as a zone of peace[25], and the States of the region took the initiative of assuming the primary collective responsibility for the preservation of peace therein, the concept of zone of peace was devised as one which would free the region from "great power rivalry", would exclude the setting up of military bases therein in the context of "great power confrontation", and would furthermore lead to measures of arms control and disarmament and of promotion of peace[26]. It was, thus, a general concept.

Although invoked interchangeably, the concept of zones of peace (such as those proclaimed by the United Nations in the Indian Ocean and in the South Atlantic) is not exactly the same as that of nuclear-weapon-free zones. These latter are based on treaties, while the zones of peace, in turn, give expression to an essentially political conception; but even though based on non-binding instruments, they reflect a consensus, emerging out of debates at the U.N. General Assembly, which cannot be overlooked or ignored, so as to endeavour to secure the total absence of all weapons of mass destruction, including nuclear weapons, in the respective zones of peace[27].

3. The Formulation of the Right to Peace

On its turn, the right to peace has antecedents in successive initiatives taken at international level, in distinct contexts, along the XXth century[28]. Elements provided by Public International Law of relevance for the acknowledgement of the right to peace can be found in the 1928 General Treaty for the Renunciation of War (the so-called Briand-Kellog Pact)[29]; in Articles 1 and 2(4) of the United Nations Charter[30], complemented by the 1970 U.N. Declaration on Principles of International Law

---

25 U.N. General Assembly resolution 2832 (XXVI), of 16.12.1971.
26 International Peace Academy, *Regional Colloquium on Disarmament and Arms Control* (New Delhi, 12-17.02.1978), New Delhi/Bombay/Calcutta, I.P.A., 1978, pp. 23-25 and 78-80.
27 J.C. Carasales, "El Cambiante Valor de las Zonas Libres de Armas Nucleares: La Experiencia de Tlatelolco y Rarotonga", *in XVI Curso de Derecho Internacional Organizado por el Comité Jurídico Interamericano* (1989), Washington D.C., Secretaría General de la OEA, 1991, p. 89.
28 Cf., generally, D. Uribe Vargas, *El Derecho a la Paz*, Bogotá, Universidad Nacional de Colombia, 1996, pp. 1-250; D. Uribe Vargas, "El Derecho a la Paz", in *Derecho Internacional y Derechos Humanos/Droit international et droits de l'homme* (eds. D. Bardonnet and A.A. Cançado Trindade), The Hague/San José of Costa Rica, IIDH/Hague Academy of International Law (1995 External Session), 1996, pp. 177-195.
29 Endeavouring to overcome the dangerous system of the equilibrium of forces by condemning war as an means of settlement of disputes and an instrument of foreign policy, and heralding the new system of collective security and the emergence of the right to peace; J. Zourek, *L'interdiction de l'emploi de la force en Droit international*, Leiden/Genève, Sijthoff/Inst. H.-Dunant, 1974, pp. 39-48.
30 The relevant U.N. provisions. together with the 1928 General Treaty for the Renunciation of War, became major sources – the legal nature of which was unchallenged by States – of limitations of resort to force by States; I. Brownlie, *International Law and the Use of Force by States*, Oxford, Clarendon Press, 1963 (reprint 1981), pp. 83 and 91.

Governing Friendly Relations and Cooperation among States[31], the 1970 Declaration on the Strengthening of International Security[32], and the 1974 Definition of Aggression[33]; in the Code of Offences against the Peace and Security of Mankind, drafted by the U.N. International Law Commission; and in resolutions of the U.N. General Assembly pertaining to the right to peace[34], relating it to disarmament.

The 1974 Charter on Economic Rights and Duties of States in fact acknowledged the States' duty to coexist in peace and to achieve disarmament[35]. Likewise, references to the right to peace and disarmament can be found in the 1982 World Charter for Nature[36]. It has been argued that the right to peace entails as a corollary the right to disarmament; attention has in this regard been drawn to the fact that limitations to, or violations of, the rights of the human person have often been associated with the outbreak of conflicts, the process of militarization and the expenditure of arms (especially nuclear weapons and other weapons of mass destruction)[37], which have often led to arbitrary deprivation of human life in large scale. International law, moved ultimately by the universal juridical conscience, has reacted to that, in prohibiting the threat or use of all weapons of mass destruction, including nuclear weapons.

The antecedents of the right to peace also comprise the long-standing tradition of UNESCO of sponsoring studies to foster a culture of peace[38]. Within the framework of this tradition, UNESCO launched the initiative, in 1997, of the formulation of the *human right to peace*. To that end, the then Director-General of UNESCO (F. Mayor) convened a Group of Legal Experts (acting in their individual capacity)[39]

---

31 U.N. General Assembly resolution 2625 (XXV), of 24.10.1970.

32 U.N. General Assembly resolution 2374 (XXV), of 16.12.1970.

33 U.N. General Assembly resolution 3314 (XXIX), of 14.12.1974.

34 U.N. General Assembly resolution 33/73, "Declaration on the Preparation of Society to Live in Peace", of 15.12.1978; U.N. General Assembly resolution 39/11, "Declaration on the Right of Peoples to Peace", of 12.11.1984; cf. also U.N. General Assembly resolution 34/88, of 1979.

35 Articles 26 and 15, respectively.

36 Preamble, par. 4(c), and Principles 5 and 20.

37 A.A. Tikhonov, "The Inter-relationship between the Right to Life and the Right to Peace; Nuclear Weapons and Other Weapons of Mass-Destruction and the Right to Life", *The Right to Life in International Law* (ed. B.G. Ramcharan), Dordrecht, Nijhoff/Kluwer, 1985, pp. 97-113; Ph. Alston, «Peace, Disarmament and Human Rights», *Armement, développement, droits de l'homme, désarmement* (Colloque à l'UNESCO, 1982) (ed. G. Fischer), Paris/Bruxelles, Bruylant, 1984, pp. 325-330.

38 Cf., e.g., *inter alia*, F. Mayor, *The New Page*, Paris/Aldershot, UNESCO/Dartmouth, 1995, pp. 1-10 and 59-67; J. Symonides and K. Singh, "Constructing a Culture of Peace: Challenges and Perspectives – An Introductory Note", *in From a Culture of Violence to a Culture of Peace*, Paris, UNESCO, 1996, pp. 9-30.

39 The Group was composed of A. Aguiar, M. Bedjaoui, R. Ben Achour, A.A. Cançado Trindade, A. Eide, H. Gros Espiell, G. Guerin, I. Nguema, R. Ranjeva, E. Roucounas, J. Symonides, K. Vasak (*rapporteur*) and C. Zanghi.

which, at the end of their meetings of Las Palmas Island (February 1997) and Oslo (June 1997), produced the *Draft Declaration on the Human Right to Peace*. Its preamble[40] read that

> "Peace, a common good of humanity, is a universal and fundamental value to which all individuals and all peoples, and in particuliar the youth of the world, aspire".

The right to peace was duly inserted into the framework of human rights[41], which was taken into account to assert peace as a right and a duty. It was asserted as a right inherent in all human beings, embodying demands of the human person and of peoples to the ultimate benefit of humankind. The Draft Declaration called upon all subjects of international law (States, international organizations and individuals) to promote and implement that right as the foundation of a genuine culture of peace. The document was prepared as a contribution of UNESCO to the 50th anniversary (in 1998) of the Universal Declaration of Human Rights.

After the Las Palmas and Oslo meetings, UNESCO launched consultations with member States, 42 of which having replied a letter of the Director-General until the end of October 1997[42]. The Draft Declaration became object of much attention when revised by governmental experts from 117 member States, at UNESCO headquarters in Paris, in March 1998. The document, as submitted to them, affirmed that "violence in all its forms is intrinsically incompatible with the right of every human being to peace"[43], and added categorically that peace ought to be based upon "the intellectual and moral solidarity of mankind"[44]. At the end of the debates, three main positions of the participants were discernible: those fully in support of the recognition of the right to peace as a human right, those who regarded it rather as a "moral right", and those to whom it was an "aspiration" of human beings[45].

The main difficulty, as acknowledged by the *Report* of the Paris meeting, was its official recognition as a legal right[46]. While there was general agreement in regarding peace as a universal value and a common good of humankind, some

---

40 Seventh *considerandum*.

41 A.A. Cançado Trindade, "The Right to Peace and the Conditions for Peace", 21 *Diálogo – The Human Right to Peace: Seed for a Possible Future* – UNESCO/Paris (June 1997) pp. 20-21.

42 UNESCO/General Conference (29th Session, Paris), *Report by the Director-General on the Human Right to Peace*, document 29 C/59, of 29.10.1997, p. 5.

43 Operative part I, paragraph 4.

44 *Considerandum* 12 of preamble, and operative part I, paragraph 1. It further recalled the responsibilities of present generations towards future generations, to leave them a better world, with respect for international law and human rights; *considerandum* 14 of preamble.

45 UNESCO/Executive Board, *Report by the Director-General on the Results of the International Consultation of Governmental Experts on the Human Right to Peace (Final Report)*, document 154 EX/40, of 17.04.1998, p. 10.

46 Cf. *ibid.*, pp. 2 and 10.

governmental representatives expressed difficulties in reckoning the existence of true human *right* to peace and its legal consequences[47]. Thus, at the close of the XXth century, it so appeared that some governments were not yet prepared to assume legal obligations ensuing from the formulated right to peace...

This was surely regrettable, though perhaps not so surprising, given the turmoiled world in which we live. States seem to be oversensitive, perhaps more than human beings, particularly when what they realize to be at stake is not the well-being of the human beings they represent and are supposed to protect, but rather what they regard – in their often incongruous practice – as being their own vital interests, in the perception of power-holders.

Be that as it may, the aforementioned UNESCO exercise of formulation of the right to peace is rightly oriented towards an international law for humankind. It is a conceptual construction which is helpful to the formation of a new *jus gentium*, responsive to the needs and aspirations of human beings and peoples. In recent years it has been fostered by the advent and evolution of the International Law of Human Rights[48] and of International Environmental Law; the conception of sustainable development, as endorsed by the 1992 U.N. Conference on Environment and Development, e.g., points to the ineluctable relationship between the rights to peace and to development. Other relevant elements to the attainment of peace can be found in the domain of disarmament, to which I shall now turn.

III. The Establishment of Nuclear-Weapon-Free Zones

The establishment, in the second half of the XXth century, of nuclear-weapon-free zones, surely responded to the needs and aspirations of humankind, so as to rid the world of the threat of nuclear weapons; furthermore, it gave expression to the growing disapproval of nuclear weapons by the international community. The pioneering initiative in this domain was that of Latin America[49], which resulted in the adoption of the 1967 Treaty for the Prohibition of Nuclear Weapons in Latin America and the Caribbean and its two Additional Protocols. This initiative, which was

---

47 Cf. A. Aguiar, "Perfiles Éticos y Normativos del Derecho Humano a la Paz", *in Boutros Boutros-Ghali Amicorum Discipulorumque Liber – Paix, Développement, Démocratie*, vol. II, Bruxelles, Bruylant, 1998, pp. 884-894, and cf. pp. 878-884.

48 In fact, as early as in 1968 the *Final Act* of the I World Conference on Human Rights of the United Nations (held in Teheran) contained several references to the relationship between the observance of human rights and the maintenance of peace; cf. U.N., *Final Act of the International Conference on Human Rights* (1968), U.N. doc. A/CONF.32/41, N.Y., U.N., 1968, pp. 4, 6, 9, 14 and 36. And the U.N. General Assembly, on its turn has constantly been attentive to address the requirements of *survival* of humankind as a whole.

49 On the initial moves in the U.N. to this effect, by Brazil (in 1962) and Mexico (taking up the leading role from 1963 onwards), cf. Naciones Unidas, *Las Zonas Libres de Armas Nucleares...*, *op. cit. infra* n. (50), pp. 116, 20 and 139.

originally prompted by a reaction to the *Cuban missiles crisis* of 1962, was followed by three others (duly concluded to date) of the kind, in distinct regions of the world, conducive to the adoption of the 1985 South Pacific (Rarotonga) Nuclear-Free Zone Treaty, the 1995 Treaty on the Southeast Asia (Bangkok) Nuclear-Weapon-Free Zone Treaty, and the 1996 African (Pelindaba) Nuclear-Weapon-Free Zone Treaty[50].

Basic considerations of humanity have surely been taken into account for the establishment of the nuclear-weapon-free zones. By the time of the creation of the first of them with the adoption in 1967 of the Treaty of Tlatelolco, it was pointed out that it came as a response to humanity's concern with its own future (given the threat of nuclear weapons), and in particular with "the survival of the humankind"[51]. Its reach transcended Latin America, as evidenced by its two Additional Protocols[52], and the obligations set forth in its legal regime were wide in scope:

> «Le régime consacré dans le Traité n'est pas simplement celui de non-prolifération: c'est un régime d'absence totale d'armes nucléaires, ce qui veut dire que ces armes seront interdites à perpétuité dans les territoires auxquels s'applique le Traité, quel que soit l'État sous le contrôle duquel pourraient se trouver ces terribles instruments de destruction massive»[53].

In fact, besides the Treaty of Tlatelolco, also the Rarotonga, Bangkok and Pelindaba Treaties, purport to extend the obligations enshrined therein, by means of the respective Protocols, not only to the States of the regions at issue, but also to nuclear States, as well as States which are internationally responsible, *de jure* or *de facto*, for territories located in the respective regions. The verification of compliance with the obligations regularly engages the International Atomic Energy Agency (IAEA); the Treaty of Tlatelolco has in addition counted on its own regional organism to that end, the Organism for the Prohibition of Nuclear Weapons in Latin America (OPANAL). Each of the four aforementioned treaties (Tlatelolco, Rarotonga, Bangkok and Pelindaba) creating nuclear-weapon-free zones has distinctive features, as to the kinds and extent of obligations and methods of verification[54], but they share the same ultimate goal of preserving humankind from the threat of nuclear weapons.

---

50 Naciones Unidas, *Las Zonas Libres de Armas Nucleares en el Siglo XXI*, N.Y./Geneva, U.N.-OPANAL/UNIDIR, 1997, pp. 9, 25, 39 and 153.

51 A. García Robles, «Mesures de désarmement dans des zones particulières: le Traité visant l'interdiction des armes nucléaires en Amérique Latine», 133 *Recueil des Cours de l'Académie de Droit International de La Haye* (1971) p. 99, and cf. p. 102.

52 The first one concerning the States internationally responsible for territories located within the limits of the zone of application of the Treaty, and the second one pertaining to the nuclear-weapon States.

53 A. García Robles, «Mesures de désarmement dans des zones particulières...», *op. cit. supra* n. (51), p. 103, and cf. p. 71.

54 Cf. J. Goldblat, «Zones exemptes d'armes nucléaires: une vue d'ensemble», in *Le droit international des armes nucléaires* (Journée d'études, ed. S. Sur), Paris, Pédone, 1998, pp. 35-55.

The second nuclear-weapon-free zone, established by the Treaty of Rarotonga (1985), with its three Protocols, came as a response[55] to long-sustained regional aspirations, and increasing frustration of the populations of the countries of the South Pacific with incursions of nuclear-weapons States in the region, "including French testing at Moruroa, U.S. nuclear-armed ship visits, and threats of nuclear waste-dumping"[56]. The Rarotonga Treaty encouraged the negotiation of a similar zone, by the 1995 Bangkok Treaty, in the neighbouring region of Southeast Asia, and confirmed the "continued relevance of zonal approaches" to the goal of disarmament[57] and the safeguard of humankind from the menace of nuclear weapons[58].

The third of those treaties, that of Bangkok, of 1995 (with its Protocol), was prompted by the initiative of the Association of South-East Asian Nations (ASEAN) to insulate the region from the policies and rivalries of the nuclear powers. The Bangkok Treaty, besides covering the land territories of all ten Southeast Asian States, is the first treaty of the kind also to encompass their territorial sea, 200-mile exclusive economic zone and continental shelf[59].

The fourth such treaty, that of Pelindaba, of 1996, in its turn, prompted by the continent's reaction to nuclear tests in the region (as from the French nuclear tests in the Sahara in 1961), and the desire to keep nuclear weapons out of the region[60]. In fact, as early as in 1964 the Organization of African Unity (OAU) had adopted the "Declaration on the Denuclearization of Africa", – a goal which was thus deeply-rooted in African thinking[61]. The Pelindaba Treaty[62] (with its three Protocols) appears to have served the purpose to erradicate nuclear weapons from the African continent.

The four treaties at issue, though containing loopholes (e.g., with regard to the transit of nuclear-weapons), have as common denominator the practical value

---

55 Upon the initiative of Australia.
56 M. Hamel-Green, "The South Pacific – The Treaty of Rarotonga", *in Nuclear Weapons-Free Zones* (ed. R. Thakur), London/N.Y., MacMillan/St. Martin's Press, 1998, p. 59, and cf. p. 62.
57 As to this latter, the States Parties to the NPT decided in 1995 to extend its duration indefinitely and to adopt the document on "Principles and Objectives for Nuclear Non-Proliferation and Disarmament".
58 M. Hamel-Green, *op. cit. supra* n. (56), pp. 77 and 71.
59 This extended territorial scope has generated resistance on the part of nuclear-weapon States to accept its present form; A. Acharya and S. Ogunbanwo, "The Nuclear-Weapon-Free Zones in South-East Asia and Africa", *in Armaments, Disarmament and International Security – SIPRI Yearbook* (1998) pp. 444 and 448.
60 Naciones Unidas, *Las Zonas Libres de Armas Nucleares en el Siglo XXI, op. cit. supra* n. (50), pp. 60-61.
61 Cf. J.O. Ihonvbere, "Africa – The Treaty of Pelindaba", *in Nuclear Weapons-Free Zones, op. cit. supra* n. (28), pp. 98-99 and 109.
62 As the outcome of the initiative from such African States as South Africa (having dismantled its nuclear programme), Egypt and Nigeria; *ibid.*, pp. 109 and 107, and cf. p. 114.

of arrangements that transcend the non-proliferation of nuclear weapons[63]. The establishment of the nuclear-weapon-free zones has fulfilled the needs and aspirations of peoples living under the fear of nuclear-victimization[64]. Their purpose has been served, also in withholding or containing nuclear ambitions, to the ultimate benefit of humankind as a whole.

Nowadays, the four aforementioned nuclear-weapon-free zones are firmly established in densely populated areas, covering most (almost all) of the landmass of the southern hemisphere land areas (while excluding most sea areas)[65]. The adoption of the 1967 Tlatelolco Treaty, the 1985 Rarotonga Treaty, the 1995 Bangkok Treaty, and the 1996 Pelindaba Treaty disclosed the shortcomings and artificiality of the posture of the so-called political "realists"[66], which insisted on the suicidal policy of nuclear deterrence, in their characteristic subservience to power politics. The fact that the international community counts today on four nuclear-weapon-free zones, in relation to which States that possess nuclear weapons do have a particular responsibility, reveals an undeniable advance of human reason, of the *recta ratio* of the Grotian thinking in international law at its best.

Moreover, the idea of nuclear-weapon-free zones keeps on clearly gaining ground. In recent years proposals are being examined for the setting up of new denuclearized zones of the kind (e.g., in Central and Eastern Europe, in the Middle East, in Central and North-East and South Asia, and in the whole of the southern hemisphere), as well as of the so-called single-State zone (e.g., Mongolia)[67]. Another proposal, which has retained the attention in particular of the Middle East countries, has been the expansion of the concept of nuclear-weapon-free zones so as to encompass also other weapons (chemical and biological) of mass destruction[68].

As to this latter, Mongolia in effect declared its territory as a nuclear-weapon-free zone (in 1992), and in February 2000 adopted national legislation defining its

---

63 J. Enkhsaikhan, "Nuclear-Weapon-Free Zones: Prospects and Problems", 20 *Disarmament – Periodic Review by the United Nations* (1997) n. 1, p. 74.

64 Cf., e.g., H. Fujita, "The Changing Role of International Law in the Nuclear Age: from Freedom of the High Seas to Nuclear-Free Zones", in *Humanitarian Law of Armed Conflict: Challenges Ahead – Essays in Honour of F. Kalshoven* (eds. A.J.M. Delissen and G.J. Tanja), Dordrecht, Nijhoff, 1991, p. 350, and cf. pp. 327-349.

65 J. Prawitz, "Nuclear-Weapon-Free Zones: Their Added Value in a Strengthened International Safeguards System", in *Tightening the Reins – Towards a Strengthened International Nuclear Safeguards System* (eds. E. Häckel and G. Stein), Berlin/Heidelberg, Springer-Verlag, 2000, p. 166.

66 Cf. Naciones Unidas, *Las Zonas Libres de Armas Nucleares...*, op. cit. supra n. (50), pp. 27, 33-38 and 134.

67 A. Acharya and S. Ogunbanwo, op. cit. supra n. (59), p. 443; J. Enkhsaikhan, op. cit. supra n. (63), pp. 79-80.

68 M. Shaker, «Zones exemptes d'armes nucléaires et zones exemptes d'armes de destruction massive», in *Le droit international des armes nucléaires* (Journée d'études, ed. S. Sur), Paris, Pédone, 1998, pp. 57-63.

status as a nuclear-weapon-free State. The four treaties establishing nuclear-weapon-free zones foresee cooperation schemes with the IAEA; furthermore, the great majority of States Parties to those four treaties have also ratified the Comprehensive Nuclear-Test-Ban Treaty (CTBT)[69]. All these developments reflect the increasing disapproval by the international community of nuclear weapons, which, for their hugely destructive capability, represent an affront to sound human reason (*recta ratio*).

IV. The Endeavours towards General and Complete Disarmament

At a time when only the nuclear-weapon-free zone established by the Treaty of Tlatelolco existed and the possibility was considered of creation of other zones of the kind (cf. *supra*), the Conference of the Committee on Disarmament presented in 1975 a study on the matter, requested by the U.N. General Assembly in 1974 and undertaken by an *ad hoc* Group of Experts. The study indicated that the creation of future nuclear-weapon-free zones was to take place in conformity with international law, the principles of the U.N. Charter and the fundamental principles of international law that govern mutual relations among States; the effective guarantees of security which nuclear States were to provide to the States which were to create those zones ensued from the general principle of prohibition of the threat or use of force[70].

The study added that the establishment of such zones was not to be regarded as an end in itself, but rather as a means to achieve the wider aims of "general and complete disarmament" and international peace and security[71]. In the preparation of the study it was recalled that other international instruments on disarmament, with which those zones were to coexist in the search for greater protection to the international community, were conceived to the benefit of humankind[72]; it was argued that such zones had "a fundamentally humanitarian purpose"[73].

In fact, it would go almost without saying that the aforementioned nuclear-weapon-free zones, herein envisaged under basic considerations of humanity in relation to territory, are to be duly related to the long-standing endeavours of general and complete disarmament (including non-proliferation of weapons of mass destruction). Non-proliferation of weaponry is but one aspect of the whole matter; thus, the 1968 Treaty on the Non-Proliferation of Nuclear Weapons (NPT) belongs to

---

69 E. Vargas Carreño, *Una Conferencia Internacional de los Estados Partes de las Zonas Libres de Armas Nucleares (ZLANs)*, Mexico City, OPANAL, doc. C/DT/55/Rev.1, of 03.10.2002, pp. 5-8.

70 Naciones Unidas, *Amplio Estudio de la Cuestión de las Zonas Libres de Armas Nucleares en Todos Sus Aspectos – Informe Especial de la Conferencia del Comité de Desarme*, U.N. doc. A/10027/Add.1, N.Y., Naciones Unidas, 1976, p. 50.

71 *Ibid.*, p. 50.

72 *Ibid.*, pp. 18 and 34.

73 *Ibid.*, p. 31. And, in this respect, a parallel was suggested with demilitarized zones foreseen in humanitarian norms of the law of armed conflicts; *ibid.*, p. 31.

the kind of treaties which aim to restrict the spread of weaponry, without however proscribing or limiting the weapons capability of those States which already possess the specified weapons[74].

They have contributed to disarmament, but have not escaped the criticism of being discriminatory, in the pursuance of their goals. Furthermore, the techniques of verification regarding disarmament have not proven wholly satisfactory to date, and it has rightly been warned that they should be strengthened in the context of the faithful compliance of international treaties on the basis of the equilibrium of rights and duties between States Parties[75].

Other treaties, in turn, have gone further, in properly purporting to abolish given categories of weaponry: it is the case, e.g., of the 1972 Convention on the Prohibition of the Development, Production and Stockpiling of Bacteriological (Biological) and Toxin Weapons and on Their Destruction, and of the 1993 Convention on the Prohibition of the Development, Production, Stockpiling and Use of Chemical Weapons and on Their Destruction. The preamble of the 1993 Convention, besides invoking the principles of international law and of the U.N. Charter, states that the complete banning of the use of chemical weapons is for the sake and benefit of all humankind.

Two decades earlier, in the same line of thinking, the preamble of the 1972 Convention expressed likewise the determination to exclude completely the use of bacteriological (biological) weapons, for the sake of all mankind, as their use "would be repugnant to the conscience of mankind"[76]. The preamble further asserted the determination of the States Parties to the 1972 Convention to achieve general and complete disarmament, "including the prohibition and elimination of all types of weapons of mass destruction" (among which the bacteriological [biological] weapons)[77].

The fact that there have been advances in arms control and reduction in recent years does not mean that disarmament has ceased to be a priority goal. The U.N. General Assembly adopted the Comprehensive Nuclear-Test-Ban Treaty (CTBT) on 10 September 1996[78]. Ever since its adoption, the U.N. General Assembly has been attentive to foster the entry into force of the CTBT; a Conference convened

---

74 A. Chayes and D. Shelton, "Commentary", in *Commitment and Compliance* (ed. D. Shelton), Oxford, University Press, 2000, pp. 522-523.
75 S. Sur, «Vérification en matière de désarmement», 273 *Recueil des Cours de l'Académie de Droit International de La Haye* (1998) pp. 96-102.
76 Last *considerandum* of the preamble.
77 First *considerandum* of the preamble.
78 Which is to enter into force 180 days after 44 States deposit their instruments of ratification. Cf. Preparatory Commission for the CTBT Organization, *Advancing the Entry into Force of the Comprehensive Nuclear-Test-Ban Treaty*, Vienna, CTBTO, 2001, pp. 1-14.

to that end in November 2001 counted on the participation of more than one hundred States[79].

In the post-cold war period, the U.N. Conference on Disarmament (originally set up by the I Special Session on Disarmament in 1978 as the single multilateral forum of the international community for negotiating disarmament) has endeavoured to redefine its role, still reckoning that complete disarmament[80] remains a continuing necessity of humankind. The Conference contributed decisively to the successful conclusion of the 1993 Convention against Chemical Weapons as well as of the CTBT in 1996. Yet, it has to endeavour to maintain its relevance, as the risks to humankind entailed by weapons of mass destruction remain, the dangers of arms trade likewise persist, and the need to put a definitive end to nuclear tests is still felt; the ultimate aim of the international community cannot be other than the "total elimination" of all weapons of mass destruction, including nuclear weapons[81].

In the early nineties, at the beginning of the post-cold war period, the Treaty on the Non-Proliferation of Nuclear Weapons (NPT) counted on the accession of 189 States, and in its Review Conference of 1995 its duration was prorrogated indefinitely and unconditionally; on the whole, in the domain of disarmament and arms limitation, there remained in force 11 multilateral treaties at global level[82], 14 multilateral agreements at regional level, and 16 bilateral agreements between the United States and the Russian Federation (the former USSR)[83].

In addition to the indefinite extension of the NPT achieved in 1995, the Review Conference of 2000 attained further commitments in the implementation of the Treaty (Article VI). Yet, there remains a long way to go in the present domain (e.g., the prevention of the acquisition of nuclear weapons by private groups). In a report

---

79 E. Vargas Carreño, "El Futuro de la No Proliferación Nuclear con Especial Énfasis en América Latina", in Seminario Regional sobre el Protocolo Adicional de Salvaguardias Nucleares (Lima/Peru, 04-07.12.2001), Lima, [OPANAL], 2001, pp. 5-6 (restricted circulation).

80 For earlier studies, cf., e.g., C.A. Dunshee de Abranches, Proscrição das Armas Nucleares, Rio de Janeiro, Livr. Freitas Bastos, 1964, pp. 13-179; A.C. Alves Pereira, Os Impérios Nucleares e Seus Reféns: Relações Internacionais Contemporâneas, Rio de Janeiro, Ed. Graal, 1984, pp. 13-288.

81 B. Boutros-Ghali, Nouvelles dimensions..., op. cit. infra n. (84), p. 14, and cf. pp. 3-4, 6, 8, 12-13 and 16-17.

82 Among which the 1971 Treaty on the Prohibition of the Emplacement of Nuclear Weapons and Other Weapons of Mass Destruction on the Sea-bed and the Ocean Floor and in the Subsoil Thereof, and the 1977 Convention on the Prohibition of Military or Any Other Hostile Use of Environmental Modification Techniques.

83 Among which the 1972 Treaty on the Limitation of the Systems of Anti-Ballistic Missiles (the ABM Treaty), the Agreements reached pursuant to the Strategic Arms Limitation Talks (SALT-I and II, 1972 and 1977, respectively); for an account of the negotiation of these latter, cf., e.g., M.-F. Furet, op. cit. supra n. (11), pp. 203-226; and cf. [Various Authors,] Regional Colloquium on Disarmament and Arms Control (New Delhi, February 1978), Bombay/Calcutta, International Peace Academy, 1978, pp. 42-56.

on the matter, a former U.N. Secretary-General, calling for a "concerted effort" towards complete disarmament, rightly pondered that

> «Dans le monde d'aujourd'hui, les nations ne peuvent plus se permettre de résoudre les problèmes par la force. (...) Le désarmement est l'un des moyens les plus importants de réduire la violence dans les relations entre États»[84].

V. The Illegality of Nuclear Weapons

On the occasion of the centennial celebration (1999) of the I Hague Peace Conference, it was pondered that the threat or use of nuclear weapons

> "is protested both on the ground that their effects allegedly cannot be limited to legitimate military targets and that they are thus by nature indiscriminate, and on the ground of excessive cruelty (heat and radiation)"[85].

The *opinio juris communis* as to the prohibition of nuclear weapons, and of all weapons of mass destruction, has gradually been formed[86]. Yet, despite the clarity of the formidable threat that nuclear weapons represent, their formal and express prohibition by conventional international law has most regrettably remained permeated by ambiguities[87], due to resistances on the part of the so-called "realists" of *Realpolitik*, always at the service of power rather than Law.

On two occasions attempts were made, by means of contentious cases, to obtain a pronouncement of the International Court of Justice (ICJ), – in the *Nuclear Tests* (1974 and 1995)[88], – and on both occasions the Court assumed a rather evasive posture, avoiding to pronounce clearly on the substance of a matter pertaining to the

---

84 B. Boutros-Ghali, *Nouvelles dimensions de la réglementation des armements et du désarmement dans la période de l'après-guerre froide – Rapport du Secrétaire Général*, N.Y., Nations Unies, 1993, pp. 21-22.

85 F. Kalshoven, "Introduction", *in* UNITAR, *The Centennial of the First International Peace Conference – Reports and Conclusions* (ed. F. Kalshoven), The Hague, Kluwer, 2000, p. 52.

86 Cf., e.g., C.A. Dunshee de Abranches, *Proscrição das Armas Nucleares, op. cit. supra* n. (80), pp. 114-179; G.E. do Nascimento e Silva, "A Proliferação Nuclear e o Direito Internacional", *in Pensamiento Jurídico y Sociedad Internacional – Libro-Homenaje al Prof. A. Truyol y Serra*, vol. II, Madrid, Universidad Complutense, 1986, pp. 877-886.

87 For example, in preparing the Draft Code of Offences against the Peace and Security of Mankind (first version), the U.N. International Law Commission considered, in 1954, the inclusion of nuclear weapons in the reformulation of a list of weapons to be restricted or limited; the polemics generated rendered it impossible to the Commission to determine whether the use of nuclear weapons constituted or not a crime against the peace and security of mankind; at last, the Commission, following a minimalist approach, excluded from the relation of international crimes the use of nuclear weapons. J.S. Morton, *The International Law Commission of the United Nations*, Columbia/South Carolina, University of South Carolina Press, 2000, pp. 46 and 51.

88 Cf. *ICJ Reports* (1974) pp. 63-455, and criticisms *in*: P. Lellouche, "The *Nuclear Tests* Cases: Judicial Silence *versus* Atomic Blasts", 16 *Harvard International Law Journal* (1975) pp.614-637; and cf. *ICJ Reports* (1995) pp. 4-23, and the position of three dissenting Judges in *ibid.*, pp. 317-421.

very survival of humankind. One aspect of those contentious proceedings may be here briefly singled out, given its significance in historical perspective. It should not pass unnoticed that, in the first *Nuclear Tests* case (Australia and New Zealand *versus* France), one of the applicant States contended, *inter alia*, that the nuclear testing undertaken by the French government in the South Pacific region violated not only the right of New Zealand that no radioactive material enter its territory, air space and territorial waters *and* those of other Pacific territories but *also*

> "the rights of all members of the international community, including New Zealand, that no nuclear tests that give rise to radioactive fall-out be conducted"[89].

Thus, over three decades ago, the perspective of the application by New Zealand (of 1973) went clearly – and correctly so – beyond the purely inter-State dimension, as the problem at issue pertained to the international community as a whole.

The outcome of the case, however, was quite disappointing: even though the ICJ granted orders of interim measures of protection in the case in June 1973 (requiring France to cease testing), subsequently, in its judgments of 1974[90], in view of the announcement of France's voluntary discontinuance of its atmospheric tests, the ICJ found that the claims of Australia and New Zealand no longer had "any object" and it was therefore not called upon to give a decision thereon[91].

The dissenting Judges in the case rightly pointed out that the legal dispute between the parties, far from having ceased, still persisted, since what Australia and New Zealand sought was a declaratory judgment of the ICJ stating that atmospheric nuclear tests were contrary to international law[92]. The reticent position of the Court in that case was even more regrettable if one recalls that the applicants, in referring to the "psychological injury" caused to the peoples of the South Pacific region through "their anxiety as to the possible effects of radio-active fall-out on the well-being of themselves

---

89   ICJ, *Application Instituting Proceedings* (of 09.05.1973), *Nuclear Tests* case (New Zealand *versus* France), pp. 8 and 15-16, cf. pp. 4-16.

90   For a critical parallel between the 1973 orders and the 1974 judgments, cf. P. Lellouche, "The International Court of Justice – The *Nuclear Tests* Cases: Judicial Silence v. Atomic Blasts", 16 *Harvard International Law Journal* (1975) pp. 615-627 and 635.

91   *ICJ Reports* (1974) pp. 272 and 478, respectively.

92   ICJ, *Nuclear Tests* case, Joint Dissenting Opinion of Judges Onyeama, Dillard, Jiménez de Aréchaga and Waldock, *ICJ Reports* (1974) pp. 319-322, 367-369, 496, 500, 502-504, 514 and 520-521; and cf. Dissenting Opinion of Judge De Castro, *ibid.*, pp. 386-390; and Dissenting Opinion of Judge Barwick, *ibid.*, pp. 392-394, 404-405, 436-437 and 525-528. – It was further pointed out that the ICJ should thus have dwelt upon the question of the existence of rules of *customary* international law prohibiting States from causing, through atmospheric nuclear tests, the deposit of radio-active fall-out on the territory of other States; ICJ, *Nuclear Tests* case, Separate Opinion of Judge Petrén, *ICJ Reports* (1974) pp. 303-306 and 488-489. – It was the existence or otherwise of such customary rules that had to be determined, – a question which unfortunately was left largely unanswered by the Court in that case.

and their descendants", as a result of the atmospheric nuclear tests, ironically invoked the notion of *erga omnes* obligations as propounded by the ICJ itself in its landmark *obiter dicta* in the *Barcelona Traction* case only four years earlier[93].

As the Court reserved itself the right, in certain circumstances, to reopen the 1974 case, it did so two decades later, upon an application instituted by New Zealand *versus* France. But in its Order of 22.09.1995, the ICJ dismissed the complaint, as it did not fit into the *caveat* of the 1974 Judgment, which concerned atmospheric nuclear tests; here, the complaint was directed against the underground nuclear tests conducted by France since 1974[94].

Be that as it may, having lost the historical opportunities, in both contentious cases, to clarify the key point at issue (nuclear tests), the Court was, more recently, in the mid-nineties, seized, in the exercise of its advisory function, of a directly related issue, that of nuclear weapons. The U.N. General Assembly and the World Health Organization (WHO) opened those proceedings before the Court, by means of requests for an Advisory Opinion: such requests no longer referred to nuclear tests (as in the aforementioned contentious cases), but rather to the question of the threat or use of nuclear weapons in the light of international law, for the determination of their illegality or otherwise.

The Court, in the Advisory Opinion of 08.07.1996[95] on the *Legality of the Threat or Use of Nuclear Weapons*, affirmed that neither customary international law nor conventional international law authorizes specifically the threat or use of nuclear weapons; neither one, nor the other, contains a complete and universal prohibition of the threat or use of nuclear weapons as such; it added that such threat or use which is contrary to Article 2(4) of the U.N. Charter and does not fulfil the requisites of its Article 51, is illicit; moreover, the conduct in armed conflicts should be compatible with the norms applicable in them, including those of International Humanitarian Law; it also affirmed the obligation to undertake in good will negotiations conducive to nuclear disarmament in all its aspects[96].

---

93 As recalled in the Joint Dissenting Opinion of Judges Onyeama, Dillard, Jiménez de Aréchaga and Waldock, *ICJ Reports* (1974) pp. 362, 368-369 and 520-521; as well as in the Dissenting Opinion of Judge Barwick, *ibid.*, pp. 436-437.

94 Cf. *ICJ Reports* (1995) pp. 288-308; once again, there were Dissenting Opinions (cf. *ibid.*, pp. 317-421). – Furthermore, petitions against the French nuclear tests in the atoll of Mururoa and in that of Fangataufa, in French Polinesia, were lodged with the European Commission of Human Rights (EComHR); cf. EComHR, case *N.N. Tauira and 18 Others versus France* (appl. n. 28204/95), decision of 04.12.1995, 83-A *Decisions and Reports* (1995) p. 130.

95 In response only to one of the petitions, that of the U.N. General Assembly, as the ICJ understood that the WHO was not competent to deal with the question at issue, – despite the purposes of that U.N. specialized agency and the devastating effects of nuclear weapons over over human health and the environment...

96 *ICJ Reports* (1996) pp. 226-267.

In the most controversial part of its Opinion (resolutory point 2E), the Hague Court stated that the threat or use of nuclear weapons "would be generally contrary to the rules of international law applicable in armed conflict", mainly those of humanitarian law; however, the Court added that at the present stage of international law "it cannot conclude definitively if the threat or use of nuclear weapons would be licit or illicit in an extreme circumstance of self defence in which the very survival of a State would be at stake"[97]. With seven dissenting opinions, this point was adopted with the casting vote of the President of the Court, who, in his Individual Opinion, pointed out that the Court limited itself to record the existence of a legal uncertainty[98].

In fact, it did not go further than that, and the Opinion was permeated with evasive ambiguities, not avoiding the shadow of the *non liquet*, in relation to a question which affects, more than each State individually, the whole of humankind. The Advisory Opinion made abstraction of the implications of the basic distinction between the *jus ad bellum* and the *jus in bello*, and of the fact that International Humanitarian Law applies likewise in case of self defence, safeguarding always the principle of proportionality (which nuclear weapons simply ignore)[99]. The Opinion, on the one hand, recognized that nuclear weapons cause indiscriminate and durable suffering, and have an enormous destructive effect[100], and that the principles of humanitarian law (encompassing customary law) are "intransgressible"[101]; nevertheless, these considerations did not appear sufficient to the Court to discard the use of such weapons also in self defence, thus eluding to tell what the Law is[102] in all circumstances.

The Opinion minimized[103] the resolutions of the United Nations General Assembly which affirm the illegality of nuclear weapons[104] and condemn their use as a violation of the U.N. Charter and as a crime against humanity. Instead, it took note of the "policy of deterrence", which led it to find that the members of the international community continued "profoundly divided" on the matter, what rendered impossible to it to determine the existence of an *opinio juris* in this respect[105]. It was not incumbent upon the Court to resort to the "policy of deterrence", devoid of any

---

97 *Ibid.*, p. 266.

98 Cf. *ibid.*, pp. 268-274, esp. p. 270.

99 L. Doswald-Beck, "International Humanitarian Law and the Advisory Opinion of the International Court of Justice on the Legality of the Threat or Use of Nuclear Weapons", 316 *International Review of the Red Cross* (1997) pp. 35-55; H. Fujita, "The Advisory Opinion of the International Court of Justice on the Legality of Nuclear Weapons", *in ibid.*, pp. 56-64.

100 Paragraph 35.

101 Paragraph 79.

102 E. David, "The Opinion of the International Court of Justice on the Legality of the Use of Nuclear Weapons", 316 *International Review of the Red Cross* (1997) pp. 21-34.

103 Paragraph 68.

104 Notably resolution 1653(XVI) of 24.11.1961.

105 Paragraph 67.

legal value for the determination of the formation of the rules of customary law prohibiting the use of nuclear weapons; as rightly regretted, the Court did not help at all in the struggle for non-proliferation and prohibition of nuclear weapons[106], and, in relying on "deterrence"[107] – a division in its view "profound" – between an extremely reduced group of nuclear powers on the one hand, and the vast majority of the countries of the world on the other, it ended up by favouring the former, by means of an inadmissible *non liquet*[108].

The Court, thus, lost yet another opportunity to consolidate the opinio juris communis in condemnation of nuclear weapons. It considered the survival of a hypothetical State, rather than that of humankind formed by human beings of flesh and bone (and those still to come). It mistakenly minimized the whole doctrinal construction on the right to life in the ambit of the International Law of Human Rights, and seemed to have forgotten that the survival of a State cannot have primacy over the right to survival of humankind as a whole[109]. Without humankind there is no State whatsoever; one cannot simply have in mind the States, apparently forgetting humanity. The position of the Court leaves it quite clear that a matter which concerns the whole of humankind, such as that of the threat or use of nuclear weapons, can no longer be appropriately dealt with from a purely inter-State outlook of international law, which is wholly surpassed in our days.

The Court took note of the treaties which nowadays prohibit, e.g., chemical and bacteriological (biological) weapons[110], and weapons which cause excessive

---

106 W.M. Reisman, "The Political Consequences of the General Assembly Advisory Opinion", *in International Law, the International Court of Justice, and Nuclear Weapons* (eds. L. Boisson de Chazournes and Ph. Sands), Cambridge, University Press, 1999, pp. 473-487. The Court did not solve the issue raised before it by the U.N. General Assembly, leaving the "debate open"; S. Sur, "Les armes nucléaires au miroir du Droit", *in Le droit international des armes nucléaires, op. cit. supra* n. (68), pp. 9-25, esp. pp. 12, 16 and 24.

107 Paragraph 73.

108 L. Condorelli, "Nuclear Weapons: A Weighty Matter for the International Court of Justice – *Jura Novit Curia*?", 316 *International Review of the Red Cross* (1997) pp. 9-20. The Opinion is not conclusive and provides no guidance; J.-P. Queneudec, «E.T. à la C.I.J.: méditations d'un extra-terrestre sur deux avis consultatifs», 100 *Revue générale de Droit international public* (1996) 907-914, esp. p. 912. The language utilized in the Opinion is ambiguous, lending itself to the most distinct interpretations (including that whereby in self defence military necessity could have primacy over humanitarian law), dangerous for the prevalence of Law; M.-P. Lanfranchi and Th. Christakis, *La licéité de l'emploi d'armes nucléaires devant la Cour Internationale de Justice*, Aix-Marseille/Paris, Université d'Aix-Marseille III/Economica, 1997, pp. 111, 121 and 123; S. Mahmoudi, «The International Court of Justice and Nuclear Weapons», 66 *Nordic Journal of International Law* (1997) pp. 77-100.

109 Cf. M. Mohr, "Advisory Opinion of the International Court of Justice on the Legality of the Use of Nuclear Weapons under International Law – A Few Thoughts on Its Strengths and Weaknesses", 316 *International Review of the Red Cross* (1997) pp. 92-102.

110 The Geneva Protocol of 1925, and the Conventions of 1972 and 1993 against Biological and Chemical Weapons, respectively.

damages or have indiscriminate effects[111]. But the fact that there does not yet exist a similar general treaty, of specific prohibition of nuclear weapons, does not mean that these latter are permissible (in certain circumstances, even in self defence)[112]. In my understanding, it cannot be sustained, in a matter which concerns the future of humankind, that what is not expressly prohibited is thereby permitted (a classic postulate of positivism).

This posture would amount to the traditional – and surpassed – attitude of the *laisser-faire, laisser-passer*, proper of an international legal order fragmented by State voluntarist subjectivism, which in the history of Law has invariably favoured the most powerful ones. *Ubi societas, ibi jus*... Nowadays, at this beginning of the XXIst century, in an international legal order in which one seeks to affirm common superior values, amidst considerations of international *ordre public*, as in the domain of the International Law of Human Rights, it is precisely the reverse logics which ought to prevail: *that which is not permitted, is prohibited*[113].

Even if there was a "gap" in relation to nuclear weapons, – which there is not (cf. *infra*), – it would have been possible to fill it by resorting to a general principle of Law. The Court surprisingly resorted to that of self-defence of a hypothetical individual State, instead of having developed the rationale of the *Martens clause*, the purpose of which is precisely that of filling gaps[114] in the light of the "laws of humanity" and the "dictates of public conscience" (terms of the wise premonition of Friedrich von Martens[115], formulated in the I Hague Peace Conference of 1899)[116].

---

111 Paragraph 76; the 1980 Convention on Prohibitions or Restrictions on the Use of Certain Conventional Weapons Which May Be Deemed to Be Excessively Injurious or to Have Indiscriminate Effects.

112 The Roman-privatist influence – with its emphasis on the autonomy of the will – had harmful consequences in traditional International Law; in the public domain, quite on the contrary, conscience stands above the will, also in the determination of competences.

113 A.A. Cançado Trindade, *O Direito Internacional em um Mundo em Transformação*, Rio de Janeiro, Ed. Renovar, 2002, p. 1099.

114 J. Salmon, «Le problème des lacunes à la lumière de l'avis `Licéité de la menace ou de l'emploi d'armes nucléaires' rendu le 8 juillet 1996 par la Cour Internationale de Justice», *Mélanges en l'honneur de N. Valticos – Droit et justice* (ed. R.-J. Dupuy), Paris, Pédone, 1999, pp. 197-214, esp. pp. 208-209; R. Ticehurst, «The Martens Clause and the Laws of Armed Conflict», 317 *International Review of the Red Cross* (1997) pp. 125-134, esp. pp. 133-134; A. Azar, *Les opinions des juges dans l'avis consultatif sur la licéité de la menace ou de l'emploi d'armes nucléaires*, Bruxelles, Bruylant, 1998, p. 61.

115 Which was intended to extend juridically the protection to the civilians and combatants in all situations, even if not contemplated by the conventional norms.

116 It is not merely casual that the States militarily powerful have constantly opposed themselves to the influence of natural law in the norms applicable to armed conflict, even if they base themselves on natural law to judge war criminals (as in Nuremberg). R. Ticehurst, *op. cit. supra* n. (114), pp. 133-134.

It cannot be denied that nuclear weapons are intrinsically indiscriminate, incontrolable, that they cause durable harms and in a wide scale, that they are prohibited by International Humanitarian Law (Articles 35 and 48), and are inhuman as weapons of mass destruction[117].

States are bound to respect, and ensure respect for International Humanitarian Law in *any circumstances*; "intransgressible" principles of humanitarian law (encompassing customary law) belong to the domain of *jus cogens*, wherein no derogation is permitted, in any circumstances[118]. As to the aforementioned Advisory Opinion of 1996 of the ICJ, the relevance of the Martens clause in the present context was properly emphasized by two dissenting Judges[119], while another dissenting Judge singled out the *jus cogens* charater of International Humanitarian Law in prohibition of nuclear weapons[120].

The well-known resolution 1653 of 1961, of the U.N. General Assembly, containing the Declaration of the Prohibition of the Use of Nuclear and Thermonuclear Weapons, considered the use of such weapons not only in violation of the U.N. Charter, of International Law and of the "laws of humanity", but also a "crime against humanity and civilization". While various States endorsed the resolution as a result of the "indiscriminate suffering" caused by such weapons, others (mainly the nuclear powers) attempted to minimize their importance for not having been adopted by an overwhelming majority[121]: 55 votes to 20, with 26 abstentions[122].

However, the several subsequent resolutions which reaffirmed the resolution 1653 referred to, were adopted by increasingly expressive majorities, such as resolution

---

117 J. Burroughs, *The (Il)legality of Threat or Use of Nuclear Weapons*, Münster, Lit Verlag/International Association of Lawyers against Nuclear Weapons, 1997, p. 84. – For the inference of the prohibition of nuclear weapons from the express prohibition, by Article 35 of Additional Protocol I (of 1977) to the 1949 Geneva Conventions on International Humanitarian Law, of weapons that cause "superfluous damage" or "unnecessary suffering" (paragraph 2), and which cause or intend to cause "extensive, durable and severe damage to the natural environment" (paragraph 3), cf., e.g., J.A. Pastor Ridruejo, *Curso de Derecho Internacional Público y Organizaciones Internacionales*, 6th. ed., Madrid, Tecnos, 1996, pp. 680 and 683-684; and cf. comments *in Commentary on the Additional Protocols of 8 June 1977 to the Geneva Conventions of 12 August 1949* (ed. Y. Sandoz, C. Swinarski and B. Zimmermann), Genebra, ICRC/Nijhoff, 1987, pp. 389-420 and 597-600.
118 V. Coussirat-Coustère, «La licéité des armes nucléaires en question», *in Le droit international des armes nucléaires, op. cit. supra* n. (68), p. 109.
119 Cf. the Dissenting Opinions of Judge Shahabuddeen (pp. 386-387, 406, 408, 410-411 and 425, and of Judge Weeramantry (pp. 477-478, 481, 483, 486-487, 490-491, 494, 508 and 553-554).
120 Dissenting Opinion of Judge Koroma, pp. 573-574 and 578.
121 A. Cassese, "The Prohibition of Indiscriminate Means of Warfare", *in Declarations on Principles – A Quest for Universal Peace* (eds. R.J. Akkerman *et alii*), Leyden, Sijthoff, 1977, pp. 176-182.
122 With the negative votes coming from NATO member States and other allies of the United States.

46/37D of 1991, which called upon the elaboration of a convention prohibiting the use of nuclear weapons (by 122 votes to 16, with 22 abstentions). The non-nuclear States, which form the overwhelming majority of members of the international community, came to sustain that the series of resolutions in condemnation of the use of nuclear weapons as illegal under general international law, together with the fact the the 1968 Treaty on Non-Proliferation of Nuclear Weapons (NPT) is in force, and the establishment of regional nuclear-weapon-free zones (cf. *supra*), among other developments, evidenced the emergence of a prohibition of customary law of the use of such weapons[123].

Still in the ambit of the United Nations, the Human Rights Committee (under the Covenant on Civil and Political Rights) has affirmed that "the production, the tests, the possession, the proliferation and the use of nuclear weapons" constitute "crimes against humanity"[124]. The Human Rights Committee, stressing that the right to life is a fundamental right which does not admit any derogation not even in time of public emergency, related the current proliferation of weapons of mass destruction to "the supreme duty of States to prevent wars". The Committee characterized that danger as one of the "greatest threats to the right to life which confronts mankind today", which created "a climate of suspicion and fear between States, which is in itself antagonist to the promotion of universal respect for and observance of human rights" in accordance with the U.N. Charter and the U.N. Covenants on Human Rights[125]. The Committee, accordingly, "in the interest of mankind", called upon all States, whether Parties to the Covenant or not, "to take urgent steps, unilaterally and by agreement, to rid the world of this menace"[126].

It may be recalled that, already in 1969, *all* weapons of mass destruction were condemned by the Institut de Droit International. In the debates of its Edinburg session on the matter, emphasis was placed on the need to respect the principle of distinction (between military and non-military objectives)[127]; the terrifying effects of the use of nuclear weapons were pointed out[128], the example of the atomic bombing of Hiroshima and Nagasaki having been expressly recalled[129]. In its resolution of September 1969 on the matter, the *Institut* began by restating, in the preamble, the *prohibition of recourse to force* in International Law, and the duty of protection of civilian populations in any armed conflict; it further recalled the general principles of

---

123   J. Burroughs, *The (Il)legality of Threat or Use of Nuclear Weapons, op. cit. supra* n. (117), p. 27.
124   `General Comment' n. 14 (of 1984) of the Human Rights Committee, text *in*: United Nations, *Compilation of General Comments and General Recommendations Adopted by Human Rights Treaty Bodies*, doc. HRI/GEN/1/Rev.3, of 15.08.1997, p. 19, par. 6.
125   U.N. *Report of the Human Rights Committee, G.A.O.R.* – 40th Session (1985), suppl. n. 40 (A/40/40), p. 162.
126   *Ibid.*, p. 162.
127   Cf. *Annuaire de l'Institut de Droit International* – Session d'Edimbourg (1969)-II, pp. 49, 53, 55, 60, 62-63, 66 and 99.
128   Cf. *ibid.*, pp. 50, 88-89 and 90.
129   *Ibid.*, p. 88.

international law, customary rules and conventions, – supported by international case-law and practice, – which "clearly restrict" the extent to which the parties engaged in a conflict may harm the adversary, and warned against

> "the consequences which the indiscriminate conduct of hostilities and particularly the use of nuclear, chemical and bacteriological weapons, may involve for civilian populations and for mankind as a whole"[130].

In its operative part, the aforementioned resolution of the Institut stressed the importance of the principle of distinction (between military and non-military objectives) as a "fundamental principle of international law" and the pressing need to protect civilian populations in armed conflicts[131], and added, in paragraphs 4 and 7, that:

> "Existing international law prohibits all armed attacks on the civilian population as such, as well as on non-military objects, notably dwellings or other buildings sheltering the civilian population, so long as these are not used for military purposes (...).
>
> Existing international law prohibits the use of all weapons which, by their nature, affect indiscriminately both military objectives and non-military objects, or both armed forces and civilian populations. In particular, it prohibits the use of weapons the destructive effect of which is so great that it cannot be limited to specific military objectives or is otherwise uncontrollable (self-generating weapons), as well as of `blind' weapons"[132].

The absence of conventional norms stating that nuclear weapons are prohibited in all circumstances does not mean that they would be allowed in a given circumstance. The Martens clause safeguards the integrity of Law (against the permissiveness of a *non liquet*) by invoking the "laws of humanity" and the "dictates of the public conscience". Thus, that absence of a conventional norm is not conclusive[133], and is by no means the end of the matter, – bearing in mind also customary international law.

If weapons less destructive than the nuclear ones have already been expressly prohibited by their names, it would be nonsensical to argue that, those which have not, by positive conventional international, and which, like nuclear weapons, have long-lasting devastating effects, threatening the existence of the international community as a whole, would not be illicit in certain circumstances[134]. A single use of nuclear weapons, irrespective of the circumstances, may today ultimately mean the end of humankind itself[135]. The criminalization of the threat or use of such

---

130 Text *in*: *Annuaire de l'Institut de Droit International* – Session d'Edimbourg (1969)-II, pp. 375-376.
131 Paragraphs 1-3, 5-6 and 8, *in ibid.*, pp. 376-377.
132 Text *in ibid.*, pp. 376-377.
133 S. Glaser, *L'arme nucléaire à la lumière du droit international*, Paris, Pédone, 1964, pp. 15, 24-25 and 41.
134 *Ibid.*, pp. 53 and 21, and cf. p. 18.
135 Nagendra Singh, *Nuclear Weapons and International Law*, London, Stevens, 1959, p. 242.

weapons is even more forceful than that – already established by positive conventional international law – of less destructive weapons. This is what ineluctably ensues from an international legal order the ultimate source of which is the universal juridical conscience.

From the outlook of the emerging international law for humankind, the conclusion could not be otherwise. Had the ICJ made decidedly recourse in great depth to the Martens clause, it would not have lost itself in a sterile exercise, proper of a legal positivism *déjà vu*, of a hopeless search of conventional norms, frustrated by the finding of what it understood to be a lack of these latter as to nuclear weapons specifically, for the purposes of its analysis. The existing arsenals of nuclear weapons, and of other weapons of mass destruction, are to be characterized by what they really are: a scorn to human reason, the ultimate insult to human reason, an affront to the juridical conscience of humankind.

If, in other epochs, the ICJ had likewise limited itself to verify a situation of "legal uncertainty" (which, anyway, does not apply in the present context), most likely it would not have issued its *célèbres* Advisory Opinions on *Reparations for Damages* (1949), on *Reservations to the Convention against Genocide* (1951), and on *Namibia* (1971), which have so much contributed to the evolution of International Law. This evolution, in our days, points, in my understanding, with the outlawing by general international law of all weapons of mass destruction (among other aspects), towards the construction of a universal law for humankind.

VI. Final Observations

In the course of the proceedings (written and oral phases) before the ICJ (1994-1995) pertaining to the aforementioned requests for an Advisory Opinion (of 1996) on the question of the legality (or rather illegality) of nuclear weapons (*supra*), Japan, the one country whose population has been victimized by the use of those weapons, consistently argued that

> "because of their immense power to cause destruction, the death of and injury to human beings, the use of nuclear weapons is clearly contrary to the spirit of humanity that gives international law its philosophical foundation"[136].

In its oral statement before the ICJ in the public sitting of 07.11.1995, Japan further asserted that

---

136 Government of Japan, *Written Statement of the Government of Japan* [on the Request for an Advisory Opinion to the ICJ by the World Health Organization], 10.06.1994, p. 2 (internal circulation); Government of Japan, *Written Statement of the Government of Japan* [on the Request for an Advisory Opinion to the ICJ by the United Nations General Assembly], 14.06.1995, p. 1 (internal circulation); Government of Japan, *The Oral Statement by the Delegation of Japan in the Public Sitting Held at the Peace Palace*, The Hague, 07.11.1995, p. 1 (internal circulation).

"with their devastating power, nuclear weapons can in an instant take a tremendous toll in human life and deprive people of their local community structures; they can also cause the victims who survive an attack itself indescribable and lasting suffering due to atomic radiation and other lingering effects"[137].

All this has been duly demonstrated in documents collected by the prefectures of the cities of Hiroshima and Nagasaki[138]. And this coincides with the concerns of the international community as a whole nowadays.

In the aforementioned pleadings (of 1995) before the ICJ, other States were as clear and uncompromising as Japan in their arguments. To recall but a couple of examples, Australia invoked the Martens clause, and argued that the principles of humanity and the dictates of public conscience are not static, an permeate the whole of international law in its evolution, calling for the prohibition of nuclear weapons for all States. Australia further recalled the final preambular paragraph of the Convention against Biological Weapons, pondering that its warning that those weapons are "repugnant to the conscience of mankind" applies likewise to nuclear weapons, and that the use of them all would be contrary to general principles of humanity[139].

On its turn, New Zealand stated that the *rationale* of the 1968 Nuclear Non-Proliferation Treaty is that "nuclear weapons are too dangerous for humanity and must be eliminated"[140]. And Egypt asserted that the threat or use of nuclear weapons as weapons of mass destruction is prohibited by International Humanitarian Law; the Additional Protocol I of 1977 to the 1949 Geneva Conventions establishes the prohibition of unnecessary suffering (Article 35) and imposes the differentiation between civilian population and military personnel (Article 48). Thus, by their effects, nuclear weapons, being weapons of indiscriminate mass destruction, infringe International Humanitarian Law, which contain precepts of *jus cogens*, as recalled by successive resolutions of the U.N. General Assembly; those precepts are the *opinio juris* of the international community[141].

In historical perspective, the lack of common sense of still trying to approach the challenges facing international law from an exclusively inter-State

---

137 Government of Japan, *The Oral Statement...*, *op. cit. supra* n. (136), pp. 1-2 (internal circulation).
138 Cf. accounts: Committee of Japanese Citizens, *Days to Remember – An Account of the Bombings of Hiroshima and Nagasaki*, Hiroshima/Nagasaki, Hiroshima-Nagasaki Publishing Committee, 1981, pp. 1-37; Hiroshima Peace Memorial Museum (HPMM), *Atomic Bomb Tragedy – The Spirit of Hiroshima*, Hiroshima, HPMM, pp. 1-128; Kenzaburô Ôé, *Notes de Hiroshima*, Paris, Gallimard, 1996, pp. 17-230; T. Ogura, *Letters from the End of the World – A Firsthand Account of the Bombing of Hiroshima*, Tokyo, Kodansha International, 2001 [reed.], pp. 15-192; N. Shohno, *The Legacy of Hiroshima – Its Past, Our Future*, Tokyo, Kösei Publ. Co., 1987 [reed.], pp. 13-136.
139 ICJ, *loc. cit.*, pleadings of Australia (1995), pp. 45, 60 and 63, and cf. p. 68.
140 ICJ, *loc. cit.*, pleadings of New Zealand (1995), p. 33.
141 ICJ, *loc. cit.*, pleadings of Egypt (1995), pp. 37-41 and 44.

outlook is today manifest, and has in the past led to some rather awkward situations, to say the least. A pertinent illustration is afforded by the outcome of the case *Shimoda and Others versus Japan*. On 07 December 1963, a Japanese domestic court, the District Court of Tokyo, delivered a decision regarding claims against the Japanese State advanced by five injured survivors of the atomic bombings of Hiroshima and Nagasaki. They claimed compensation from the Japanese government for damages suffered as a result of the atomic blasts. Japan, and not the United States, was the defendant, by virtue of Article 19(a) of the Treaty of Peace following the II world war, whereby Japan waived the claims of its nationals against the United States[142].

The District Court's decision contained discussion of those bombings in the light of the laws of armed conflict and descriptions of the horrifying injuries resulting from the blasts. The plaintiffs argued that the atomic bombing was an illegal act contrary to international law (as it stood in 1945) aiming at a non-military target and causing unnecessary pain, in violation of fundamental human rights. Furthermore, the plaintiffs asserted the responsibility of the defendant State for waiver of claims for damages against the United States (in municipal law as well as in international law)[143].

In its decision, the District Court began by asserting that the atomic bombing on both cities was "an illegal act of hostility as the indiscriminate aerial bombardment on undefended cities" and "contrary to the fundamental principle of the laws of war that unnecessary pain must not be given"; thus, left aside the Peace Treaty, Japan would theoretically have a claim for damages against the United States in international law[144]. By exercising diplomatic protection of its nationals, Japan would be asserting its own right; however, – the Court proceeded, – in principle "individuals are not the subject of rights in international law", and in the case the victims could not ask for redress either before the courts of Japan, or those of the United States[145]: their claims under the municipal laws of Japan and of the United States had in fact been waived by Article 19 (a) of the Peace Treaty[146].

The defendant State, although conceding that the atomic bombing of Hiroshima and Nagasaki was "exceedingly enormous in destructive power" and a

---

142 The Japanese government thereby saw itself in the ironical situation of having to argue as defendant in a case moved by Japanese nationals, victims of the atomic bombings of Hiroshima and Nagasaki. Cf. 355 *Hanrei Jibo* (*Decisions Bulletin*) p. 17, later translated into English and reported *in*: *Toward a Theory of War Prevention* (Series *The Strategy of World Order*), vol. I (ed. R.A. Falk and S.H. Mendlovitz), N.Y., World Law Fund, 1966, pp. 314-354.
143 *Shimoda and Others versus Japan* case, *in op. cit. supra* n. (142), pp. 316-322.
144 *Ibid.*, pp. 339-345.
145 Under the U.S. Federal Tort Claims Act after the war.
146 *Shimoda and Others versus Japan* case, *in op. cit. supra* n. (142), pp. 347-352.

"matter of deep regret", the damage being the "heaviest in history", found nevertheless that the plaintiff's claims were "not legal questions" but rather "abstract questions"[147]. The defendant State's reasoning, as to the waiver of claims pursuant to Article 19(a) of the Peace Treaty, was very much in the lines of an analogy with the practice of diplomatic protection: the individuals concerned could not pursue their claims directly against a foreign State at international level, as their State had exercised its right to waive any such claims by agreement with the foreign State[148]. The defendant State argued that domestic courts were to recognize the conclusion of the Peace Treaty as a *fait accompli*[149]. The District Court of Tokyo concluded that, notwithstanding the atomic bombing of Hiroshima and Nagasaki had been an illegal act in violation of international law, the plaintiffs' claims in the *cas d'espèce* were "improper", and they were therefore dismissed on the merits[150]. It was certainly not purely coincidental that District Court saw it fit to deliver its decision on 07.12.1963, the anniversary of Pearl Harbour[151].

Even in the days of the *Lotus* case (1927), the view endorsed by the old Permanent Court of International Justice (PCIJ), whereby under International Law everything that was not expressly prohibited would thereby be permitted, was object of severe criticisms not only of a compelling Dissenting Opinion in the case itself[152] but also on the part of expert writing of the time[153]. Such conception could only have flourished in

---

147 *Ibid.*, pp. 323-330.

148 *Ibid.*, pp. 330-331.

149 Cf. *ibid.*, pp. 331-332. The defendant State added that although "deep sympathy" was due to the victims of the atomic explosions in the war, the way of consolation for them "must be balanced with the consolation for other war victims". Whether measures should be taken in legislature and in finance was a political rather than legal question; "this is the same as where the State receives indemnity from another country by exercising the right of diplomatic protection, and where the State can decide independently by its authority whether it will distribute the indemnity to the sufferers and also the method of distribution"; *ibid.*, p. 332, and cf. p. 333.

150 The costs of litigation were to be borne by the plaintiffs; *ibid.*, pp. 352 and 314. The Court, nevertheless, expressed its "whole-hearted compassion" for the victims of the atomic blasts; cf. *ibid.*, p. 352.

151 It is somewhat surprising that the District Court should treat the plaintiffs on the same footing as other war victims, as their claims were specifically directed against an armed attack – the atomic bombings of undefended cities – which the same Court had held to have been contrary to the laws of armed conflict.

152 Cf. Dissenting Opinion of Judge Loder, PCIJ, *Lotus* case (France *versus* Turkey), Series A, n. 10, Judgment of 07.09.1927, p. 34 (such conception was not in accordance with the "spirit of International Law").

153 Cf. J.L. Brierly, *The Basis of Obligation in International Law and Other Papers*, Oxford, Clarendon Press, 1958, p. 144; H. Lauterpacht, *The Function of Law in the International Community*, Oxford, Clarendon Press, 1933, pp. 409-412 and 94-96; and cf., subsequently, e.g., G. Herczegh, "Sociology of International Relations and International Law", *in Questions of International Law* (ed. G. Haraszti), Budapest, Progresprint, 1971, pp. 69-71 and 77.

an epoch "politically secure" in global terms[154], certainly quite different from that of the last decades, in face of the recurrent threat of nuclear weapons and other weapons of mass destruction, the growing vulnerability of the territorial State and indeed of the world population, and the increasing complexity in the conduction of international relations. In our days, in face of such terrifying threat, it is – as I sustained in a recent book – the logic opposite to that of the *Lotus* case which imposes itself: all that is not expressly permitted is surely prohibited[155]. All weapons of mass destruction, including nuclear weapons, are illegal and prohibited and contemporary international law.

Furthermore, in an essay published more than two decades ago, I allowed myself to warn against the disastrous consequences – in times of peace and of war – of not recognizing the position of individuals as subjects of international law, and of insisting to erect this latter on an exclusively inter-State basis. The widespread bombings of largely undefended cities (either with weapons of mass destruction, or with conventional weapons in large scale), with thousands and thousands of helpless, innocent and silent victims (e.g., Hiroshima, Nagasaki, Tokyo, Coventry, Dresden, Hamburg, Guernica, to name a few, among so many others also bombarded), has been – like the issue of arms trade – simply overlooked[156] in international legal doctrine, and has passed with impunity in international law to date. The case of *Shimoda and Others* stands as a dreadful illustration of the veracity of the maxim *summum jus, summa injuria*, when one proceeds on the basis of an allegedly absolute submission of the human person to a degenerated international legal order erected on an exclusively inter-State basis.

May I thus reiterate, here at the University of Hiroshima in 2004, what I wrote in 1981, regarding the *Shimoda and Others* case, namely,

> "(...) The whole arguments in the case reflect the insufficiencies of an international legal order being conceived and erected on the basis of an exclusive inter-State system, leaving individual human beins impotent in the absence of express treaty provisions granting them procedural status at international level. Even in such a matter directly affecting fundamental human rights, the arguments were conducted in the case in the classical lines of the conceptual apparatus of the so-called law on diplomatic protection, in a further illustration of international legal reasoning still being haunted by the old Vattelian fiction"[157].

In conclusion, the initiatives I have mentioned in the present study of the conception of zones of peace, of the formulation of the right to peace (within the conceptual

---

154 Maarten Bos, "Dominant Interest in International Law", 21 *Revista Española de Derecho Internacional* (1968) p. 234.

155 A.A. Cançado Trindade, *O Direito Internacional em um Mundo em Transformação, op. cit. supra* n. (113), p. 1099.

156 With rare and distinguished exceptions, among which, e.g.

157 A.A. Cançado Trindade, «The Voluntarist Conception of International Law: A Re-Assessment, 59 *Revue de droit international de sciences diplomatiques et politiques* – Geneva (1981) p. 214.

universe of the International Law of Human Rights[158]), and of the establishment of nuclear-weapon-free zones, added to the successive and constant endeavours towards general and complete disarmament, disclose the existence nowadays of an *opinio juris communis* as to the illegality of all weapons of mass destruction, including nuclear weapons, under contemporary international law. There is no "gap" concerning nuclear weapons; given the indiscriminate, lasting and indescribable suffering they inflict, they are outlawed, as much as other weapons of mass destruction (chemical and bacteriological [biological] weapons) are.

The positivist outlook purporting to challenge this prohibition of contemporary general international law has long been surpassed. Nor can this matter be approached from a strictly inter-State outlook, without taking into account the condition of human beings as subjects of international law. All weapons of mass destruction are illegal under contemporary international law. The threat or use of such weapons is condemned in any circumstances by the *universal juridical conscience*, which in my view constitutes the ultimate *material* source of international law, as of all Law.

This is in keeping with the conception of the formation and evolution of international law which I have been sustaining for many years, also in my Opinions within the Inter-American Court of Human Rights[159]. And this is also in keeping with the similar conception upheld, in his Opinions within the ICJ four decades ago, by the distinguished Japanese Judge Kotaro Tanaka: that is, an international law transcending the limitations of legal positivism[160], and thus capable of responding effectively to the needs and aspirations of the international community as a whole, and, ultimately, of humankind.

---

158   For a projection into the future, cf. A.A. Cançado Trindade, "The Future of the International Protection of Human Rights", *in* B. Boutros-Ghali Amicorum Discipulorumque Liber – *Paix, Développement, Démocratie*, vol. II, Bruxelles, Bruylant, 1998, pp. 961-986.

159   A.A. Cançado Trindade, "La Humanización del Derecho Internacional y los Límites de la Razón de Estado", 40 *Revista da Faculdade de Direito da Universidade Federal de Minas Gerais* – Belo Horizonte/Brazil (2001) pp. 11-23; A.A. Cançado Trindade, "Reflexiones sobre el Desarraigo como Problema de Derechos Humanos Frente a la Conciencia Jurídica Universal", *in La Nueva Dimensión de las Necesidades de Protección del Ser Humano en el Inicio del Siglo XXI* (eds. A.A. Cançado Trindade and J. Ruiz de Santiago), 3rd. ed., San José of Costa Rica, UNHCR, 2004, pp. 19-78.

160   Cf. K. Tanaka, "The Character or World Law in the International Court of Justice" [translated from Japanese into English by S. Murase], 15 *Japanese Annual of International Law* (1971) pp. 1-22; and cf. V. Gowlland-Debbas, "Judicial Insights into Fundamental Values and Interests of the International Community", *in The International Court of Justice: Its Future Role after Fifty Years* (eds. A.S. Muller *et alii*), The Hague, Kluwer, 1997, pp. 344-346; and cf. Y. Saito, "Judge Tanaka, Natural Law and the Principle of Equality", *in The Living Law of Nations – Essays in Memory of A. Grahl-Madsen* (eds. G. Alfredsson and P. Macalister-Smith), Kehl/Strasbourg, N.P. Engel Publ., 1996, pp. 401-402 and 405-408.

XVIII

Peaceful Settlement of International Disputes: Current State and Perspectives[1]

Sumário: I. Introduction: The Basic Problem of Compulsory Jurisdiction. II. Interaction or omplementarity of Means of Peaceful Settlement. III. Diplomatic Means of Peaceful Settlement. 1. Negociation. 2. Conciliation. 3. Fact-Finding. 4. Good Offices. 5. Mediation. 6. Arbitral and Judicial Settlement. IV. Settlement of Disputes in Multilateral Treaties. V. The Search for *ad hoc* Solutions. 1. The Experience of Contadora. 2. The Experience of Guarantor States. 3. Other Experiences. VI. The Work of the Special Committee on the Charter of the United Nations and on the Strengthening of the Role of the Organization. VII. Peaceful Settlement and the Renunciation of the Use of Force in International Relations. VIII. Peaceful Settlement beyond State Voluntarism: Some New Trends. IX. Peaceful Settlement and the General Interests of the International Community. X. Concluding Observations.

I. Introduction: The Basic Problem of Compulsory Jurisdiction

The fundamental problem underlying the whole chapter of international law concerning peaceful settlement of international disputes remains the *vexata quaestio* of compulsory jurisdiction, largely unresolved from the days of the two Hague Peace Conferences (1899 and 1907) to date. For if, on the one hand the U.N. Charter provides for the general principle of the duty of member States of peaceful settlement of disputes which may put at risk international peace[2], on the other hand that duty coexists with the prerrogative of the choice left to the contending parties (members or not of the United Nations) of adoption of one of the methods of peaceful settlement of disputes (within and outside the United Nations)[3].

---

1 Trabalho de pesquisa apresentado pelo Autor em quatro conferências ministradas no XXXI Curso de Direito Internacional Organizado pela Comissão Jurídica Interamericana da Organização dos Estados Americanos (OEA), realizado no Rio de Janeiro, Brasil, em 04-06 de agosto de 2004.
2 A general principle which is incorporated in mandatory terms in the U.N. Charter – Article 2(3) – and restated in resolution 2625 (XXV) of 1970 of the U.N. General Assembly on Principles of International Law Governing Friendly Relations and Cooperation among State; cf. David Davies Memorial Institute of International Studies, *International Disputes: the Legal Aspects* (Report of a Study Group), London, Europa Publs., 1972, pp. 8-14.
3 F.S. Northedge and M.D. Donelan, *International Disputes: the Political Aspects*, London, Europa Publs., 1971, p. 241.

The domain of peaceful resolution of international conflicts appears thus constantly marked by the ineluctable and persistent ambivalence between, on the one hand, the States' general duty of peaceful settlement, – which ensues from a general principle of international law, – and, on the other hand, the freedom of choice accorded to them, – a faculty left to the States, – as to the means of settlement to be employed. The inherent tension between the general duty of peaceful resolution and the free choice of means has had a repercussion in the application of international instruments, in so far as peaceful settlement of disputes is concerned.

Preliminarily, before embarking on an examination of this significant and complex chapter of International Law, I would like to dedicate my present series of four lectures on the topic at issue, in this year's Course of International Law Organized by the Inter-American Juridical Committee of the Organization of American States (2004), to the memory of my distinguished colleague at the *Curatorium* of The Hague Academy of International Law, Professor Daniel Bardonnet, a fine jurist and a *grand seigneur*, who passed away in Paris less than a month ago. The departure of this great and learned friend, who so much appreciated and fully understood the cultures of Latin America, is indeed a great loss to contemporary international law.

A few years ago we participated together, Bardonnet and I, in a previous version of this Course of International Law Organized by the Inter-American Juridical Committee here in Rio de Janeiro. On that occasion, he and I, in the company of another fine jurist, Dr. Keith Highet, former member of the aforementioned Committee, held – the three of us – a long and memorable panel precisely on the topic of the peaceful settlement of international disputes. Most of our remarks were formulated in an entirely spontaneous way. I understand that this panel was then recorded, but was never published, and will thus, most likely and regrettably, be vanished with the onslaught of time. In any case, I cannot let this occasion pass without dedicating my four current lectures of 2004 to my dear and recently departed friend Daniel Bardonnet, with whom I shared gratifying moments during the last three decades, in our common cultivation of international law in various countries, in Latin America and in Europe.

Traditional international legal doctrine has been, somewhat surprisingly, generally conniving with permissiveness (as to choice of methods). Dispute settlement has thus remained particularly vulnerable to manifestations of State voluntarism and considerations of accommodation of power, thereby resisting attempts of codification or systematization[4]. Despite that, multiple instruments of dispute-

---

4 Thus, it has on occasions been relegated to jurisdictional clauses appearing in Optional Protocols, rather than in the codification Conventions themselves. For a criticism, cf. H.W. Briggs, "The Optional Protocols of Geneva (1958) and Vienna (1961, 1963) Concerning the Compulsory Settlement of Disputes", *Recueil d'études de Droit international en hommage à P. Guggenheim*, Genève, IUHEI, 1968, pp. 628-641; and cf. S. Rosenne, "The Settlement of Treaty Disputes under

-settlement have been devised and applied in the last decades, with varying results. And there seems to appear, in recent years, a growing awareness of the need to give greater weight to the general principle of the duty of peaceful settlement, which ought certainly to prevail over the prerrogative (of free choice of means) left to the contending parties.

In the years following the two Hague Peace Conferences (of 1899 and 1907), there were endeavours to render widely obligatory the peaceful settlement of disputes (as exemplified by the 1924 Geneva Protocol on the Pacific Settlement of International Disputes and the 1925 Locarno Treaty). In the absence, in most cases, of a strict obligation of submitting pending disputes specifically to compulsory jurisdiction – without prejudice to the general principle of peaceful settlement – there persists the central problem of the matter:

> "there is a clear obligation not to settle disputes by force, but the option left to the parties to choose among the possible methods of settlement such frequently indecisive methods as negotiation, enquiry or mediation results in a substantial proportion of cases in a stalemate rather than a settlement"[5].

However, keeping in mind this *caveat* as to the absence of a guarantee of a compulsory settlement, it is to be observed that it does not ensue therefrom that the way would be entirely open to State voluntarism in the present domain of international law.

It is certain that the procedures of the U.N. Security Council[6] are supplementary to the traditional methods of peaceful settlement of disputes (mentioned in Article 33(1) of the U.N. Charter)[7], but it does not result therefrom that the question at issue is wholly under the control of the will of the States: in fact, the consent of the contending parties is *not* necessary for a dispute to be taken before the Security Council or the General Assembly, and nor even for the Security Council to exert its investigatory powers[8]; the Council can act on its own initiative, upon request of any member State of the U.N., or as a result of the initiative of the Secretary

---

the Vienna Convention of 1969", 31 *Zeitschrift für ausländisches öffentliches Recht und Völkerrecht* (1971) pp. 1-62; R.J. Dupuy, "Codification et règlement des différends – Les débats de Vienne sur les procédures de règlement", 15 *Annuaire français de droit international* (1969) pp. 70-90.

5   C.W. Jenks, *The World beyond the Charter*, London, Allen & Unwin, 1969, p. 165, and cf. p. 166. – Likewise, Witenberg used to warn that "seuls sont justiciables les États qui auront accepté de l'être. L'État ne sera justiciable que dans la mesure où il aura accepté de l'être»; J.C. Witenberg, *L'organisation judiciaire, la procédure et la sentence internationales – traité pratique*, Paris, Pédone, 1937, p. 3.

6   Chapter VI of the U.N. Charter.

7   D.W. Bowett, "The United Nations and Peaceful Settlement", *International Disputes: the Legal Aspects*, London, Europa Publs., 1972, pp. 179-180.

8   Under Article 34; D. Davies Memorial Institute, *International Disputes: the Legal Aspects, op. cit. supra* n. (1), pp. 8-14.

General[9]. And even if one of the parties refuses to appear before the Council, this latter can examine the situation at the request of a member State, of the General Assembly or the Secretary General[10].

Closely linked to the basic issue of compulsory jurisdiction is the question of the efficacy of the methods of peaceful settlement of international disputes. Data for an examination of the issue are found not only in official publications of international organizations, but also in digests, prepared by individual authors, of cases pertaining to international peace and security[11]; however, even such collections lack a more detailed assessment of the international experience in the peaceful settlement of disputes. Despite the difficulty to extract definitive conclusions on the efficacy of some means of peaceful settlement of international disputes, there are certain factors that often affect or undermine that efficacy, such as, e.g., strict reliance on State sovereignty, and the influence of deep-rooted attitudes in certain frontier conflicts; other attitudes of States can be added, such as, e.g., a certain reluctance in resorting to the judicial solution, and a tendency to resort first to negotiation before contemplating other methods.

II. Interaction or Complementarity of Means of Peaceful Settlement

There are several illustrations, along the years, of the interaction in practice of distinct means of peaceful settlement of international disputes. That a same case can be susceptible of more than one of those means of settlement is illustrated, *inter alia*, at regional level, by the dispute between Chile and Argentina concerning the *Beagle Channel* (which was object, since 1977, of an arbitral award, of attempts of negociation and mediation). There is a complementarity between the distinct means of peaceful settlement utilized, also at global level, by the U.N.: in the case of *Cyprus*, e.g., the U.N. not only exerted the function of peace-keeping but also acted as initiator [cf.] of diplomatic exchanges; and resolution 186, of 1964, of the Security Council, providing for the strategy of U.N. organs, foresaw both diplomatic and regulatory functions[12].

---

9   Articles 34, 35 and 99, respectively. Ch. Rousseau, *Derecho Internacional Público Profundizado*, Buenos Aires, La Ley, 1966, p. 328; J. Stone, *Legal Controls of International Conflict*, N.Y., Rinehart & Co. Publ., 1954, pp. 187 and 193-194.

10 D.W. Bowett, *op. cit. supra* n. (6), p. 128.

11 E.g., M.D. Donelan and M.J. Grieve, *International Disputes: Case Histories 1945-1970*, London, Europa Publs., 1973, pp. 13-279; C.G. Teng and K.L. Hancock, *Synopses of United Nations Cases in the Field of Peace and Security 1946-1965*, N.Y., Carnegie Endowment for International Peace, 1966, pp. 1-76; L.B. Sohn, *Cases on United Nations Law*, 2nd. rev. ed., Brooklyn, Foundation Press, 1967, ch. VI, pp. 291-862; W. Chamberlin, Th. Hovet Jr. and E. Hovet, *A Chronology and Fact Book of the United Nations 1945-1976*, Bobbs Ferry/N.Y., Oceana, 1976, pp. 11-88.

12 V. Pechota, *Complementary Structures of Third-Party Settlement of International Disputes*, N.Y., UNITAR, 1971, p. 10.

The techniques of peaceful settlement employed by the General Assembly are similar to those followed by the Security Council (recommendations; offers of conciliation, mediation, good offices, among others, to the contending parties; establishment of a fact-finding body; and referral of conflicts to other organs (e.g., of the Organization of American States, or of the Organization of African Unity) for settlement[13]. The provision of Article 33(1) of the U.N. Charter whereby the contending parties ought first to seek a solution by the traditional methods (*inter alia*, negotiation, conciliation, mediation), does *not* appear to have been interpreted as requiring that all those methods ought necessarily to be exhausted before resorting to the Security Council[14].

The complementarity of methods of peaceful settlement of disputes has met with judicial recognition. Thus, in the *Nicaragua versus United States* case (Jurisdiction and Admissibility, 1984), the ICJ pondered that

> "even the existence of active negotiations in which both parties might be involved should not prevent both the Security Council and the Court from exercising their separate functions under the Charter and the Statute of the Court (...).
>
> In the light of the foregoing, the Court is unable to accept either that there is any requirement of prior exhaustion of regional negotiating processes as a precondition to seising the Court; or that the existence of the Contadora process constitutes in this case an obstacle to the examination by the Court of the Nicaraguan application and judicial determination in due course of the submissions of the Parties in the case. The Court is therefore unable to declare the application inadmissible, as requested by the United States, on any of the grounds it has advanced as requiring such a finding"[15].

The ICJ further recalled its own *dictum* in the *Aegean Sea Continental Shelf* case (1978), to the effect that its own jurisprudence "provides various examples of cases in which negotiations and recourse to judicial settlement have been pursued pari passu"[16]. More recently, in the case of the *Land and Maritime Boundary between Cameroon and Nigeria* (Preliminary Objections, 1998), the ICJ reiterated its understanding to the effect that

---

13 On this last point, cf. E. Jiménez de Aréchaga, «La coordination des systèmes de l'ONU et de l'OEA pour le règlement pacifique des différends et la sécurité collective», 111 *Recueil des Cours de l'Académie de Droit International de La Haye* (1964) pp. 426-452; D.E. Acevedo, «Relationship between the Organization of American States and the United Nations with Regard to Settlement of Regional Disputes», *in Pacific Settlement of Disputes – Thesaurus Acroasium* (15th Session, 1987), vol. XVIII, Thessaloniki, Institute of Public International Law and International Relations, 1991, pp. 67-133.

14 D. Davies Memorial Institute, *International Disputes: the Legal Aspects, op. cit. supra* n. (1), p. 14; D.W. Bowett, *op. cit. supra* n. (6), p. 180, and cf. pp. 183-196; and cf. also D. Ciobanu, *Preliminary Objections Related to the Jurisdiction of the United Nations Political Organs*, The Hague, M. Nijhoff, 1975, pp. 81 and 83-90.

15 *ICJ Reports* (1984) pp. 440-441, pars. 106 and 108.

16 *Cit. in ibid.*, p. 440, par. 106.

"Neither in the Charter [of the United Nations] nor otherwise in international law is any general rule to be found to the effect that the exhaustion of diplomatic negotiations constitutes a precondition for a matter to be referred to the Court. No such precondition was embodied in the Statute of the Permanent Court of International Justice (...)"[17].

Still at global level, it is significant that the 1982 U.N. Convention on the Law of the Sea foresees the operation of distinct methods of settlement of disputes in matters of the law of the sea, such as conciliation and judicial and arbitral settlement (cf. *infra*). And, at regional level, in the African continent, it is likewise significant that to the Charter of the (then) Organization of African Unity (OAU) was annexed a Protocol creating a Permanent Commission on Mediation, Conciliation and Arbitration (three methods of peaceful settlement)[18], composed of 21 members elected by the Assembly of Heads of State and Government. The Commission was to coexist with *ad hoc* committees subsidiary to the main organs of the OAU, for peaceful settlement (diplomatic means) of international disputes in Africa[19].

In international practice on dispute settlement, the methods of fact-finding and conciliation not seldom have been combined, in several treaties providing for the appointment of "commissions of fact-finding and conciliation"; likewise, several international agreements have stipulated that only after a recourse in vain to a commission of conciliation will a case be submitted to an arbitral tribunal, "thus establishing a close link between those two procedures" [cf.][20]. In sum, such methods of dispute settlement, instead of mutually excluding each other, appear complementary to each other and not seldom have interacted in practice.

III. Diplomatic Means of Peaceful Settlement

1. Negociation

In the inter-State diplomatic *contentieux*, *negotiation* can be singled out[21] as generally an effective method of settlement of disputes, though not always successful; hence its recognized coexistence with other methods. Not seldom negociation has been "complemented" by recourse to other methods of peaceful settlement[22].

---

17 *ICJ Reports* (1998) p. 303, par. 56.
18 Cf. T.O. Elias, "The Commission of Mediation, Conciliation and Arbitration of the Organization of African Unity", 40 *British Year Book of International Law* (1964) pp. 336-348; D.W. Bowett, *The Law of International Institutions*, 2nd. ed., London, Stevens, 1970, pp. 280-282. [cf. 5th. ed.]
19 Cf. *infra*, as to the practice.
20 L.B. Sohn, "The Function of International Arbitration Today", 108 *Recueil des Cours de l'Académie de Droit International* (1963) pp. 18-19.
21 For a general study, cf., e.g., P.J.I.M. de Waart, *The Element of Negotiation in the Pacific Settlement of Disputes between States*, The Hague, M. Nijhoff, 1973, pp. 1-202.
22 Cf., for examples, e.g., H.G. Darwin, "Methods of Peaceful Settlement – Negotiation", *International Disputes: the Legal Aspects*, London, Europa Publs., 1972, p. 81.

Such other methods, as judicial settlement for example, may pave the way for subsequent negotiations (as in the *North Sea Continental Shelf* case)[23], or else precede recourse to such other methods of settlement (when negotiations come to a standstill). Negotiations – or else consultations – are referred to in certain treaties sometimes as a preliminary to resort to other methods of peaceful settlement[24].

International practice of direct negotiation, although vast, has not always been conducive to clearly concluding results, and does not seem to allow for generalizations. In Latin America, for example, a successful outcome of negotiations occurred in cases such as those of the negotiations between Argentina and Uruguay over the River Plate and Maritime Front, between Brazil and Argentina over the use of waters of the Paraná River, between the United States and Panama on the regime of the Panama Canal, there are also cases in which negotiations hang on for many years without satisfactory results, such as those between Venezuela and Guyana on their frontier dispute, between Venezuela and Colombia as to the maritime delimitation, and between Chile and Bolivia on this latter's claim of access to the sea[25].

However, in comparison with other methods, negotiation, perhaps because of its flexibility and the direct control of the process by the States concerned themselves, discloses, as already indicated, rather positive results, when they are sustained. When they fail, the situation may aggravate, and lead to severance of relations between the parties concerned, as illustrated, *inter alia*, by the *contentieux* between the United States and Iran following the seizure of the U.S. Embassy in Tehran in 1979[26]. Hence the importance of complementarity between negotiation and other methods of peaceful settlement (cf. *infra*). Where one methods proves insufficient or inadequate for the settlement of a given controversy, nothing would hinder the parties concerned to resort to other methods to avoid aggravating the dispute at issue.

---

23 For example, in the *North Sea Continental Shelf* case (1969), opposing Denmark and the Netherlands to the Federal Republic of Germany, the decision of the ICJ (cf. *ICJ Reports* (1969) pp. 5-54) served as initial basis for subsequent negociations for settlement of the matter at issue among the States concerned.

24 Cf. J. Collier and V. Lowe, *The Settlement of Disputes in International Law – Institutions and Procedures*, Oxford, University Press, 2000, p. 21.

25 For comments on the negotiations in the aforementioned cases, cf., e.g., H. Gros Espiell, «Le traité relatif au 'Rio de la Plata' et sa façade maritime», 21 *Annuaire français de droit international* (1975) pp. 241-249; Pr.R.Y. Chuang, «The Process and Politics of the Ratification of the Panama Canal Treaties in the United States», 56 *Revue de droit international de sciences diplomatiques et politiques* (1978) pp. 95-113; J. Dutheil de la Rochère, «L'affaire du Canal de Beagle», 23 *Annuaire français de droit international* (1977) pp. 408-435; P. Gilhodes, «Le conflit entre la Colombie et le Venezuela: quelques arpents d'eau salée?», 21 *Revue française de science politique* (1971) pp. 1272-1289; G. Echeverría D., M.T. Infante C., and W. Sánchez G., «Chile y Bolivia: Conflicto y Negociación en la Subregión», in *Las Relaciones entre los Países de América Latina* (ed. W. Sánchez G.), Santiago, Ed. Universitaria, 1980, pp. 153-183.

26 Cf. J.G. Merrills, *International Dispute Settlement*, 3rd. ed., Cambridge, University Press, 1998, pp. 22-23.

As aptly pointed out, more than once, by the International Court of Justice (e.g., in the *Nicaragua versus United States* case, 1984, and in the case concerning *Land and Maritime Boundary between Cameroon and Nigeria*, 1998), there is no requisite in international law whereby a State would be bound to "exhaust" negotiations as a preliminary before resort is made to other means of peaceful settlement[27]. But if negotiations have not prospered, there would be all the more reason for resorting to other methods, this possibility being open at any time, even while negotiations are still pending.

2. Conciliation

Endeavours have constantly been undertaken in the United Nations to foster conciliation as a means of dispute settlement[28]. It is known that the Security Council, e.g., can establish an organ of conciliation, and subsidiary organs of the United Nations have effectively acted in dispute settlement introducing an element of conciliation (with the absence of publicity, and informal consultations), but also disclosing features of mediation[29]. Both the Security Council and the General Assembly have in practice

> "not often themselves assumed the formal role of an organ of conciliation. In general their efforts of conciliation have taken the form of encouraging the parties to negotiate, or making available to them the good offices of the Presidents of the Security Council or General Assembly or of the Secretary General or of putting at their disposal the services of a mediator, and usually in conjunction with a peace-observation mission"[30].

Parallel to the commissions of inquiry and conciliation, the U.N. has developed other techniques of peaceful settlement, in entrusting to the President of the General Assembly, in particular, certain missions of conciliation[31]. Resort to these methods has not been limited to the global, U.N. level; there are examples also at regional level, such as the Mission of Observation of the Organization of American States (OAS) in Belize in 1972 (by means of an agreement between Guatemala and the United Kingdom, this latter not an OAS member State).

As far as conciliation is concerned, it may further be recalled that what is aimed at is not precisely to apply to a given controversy or claim certain well-defined legal

---

27   Cf. *ICJ Reports* (1984) pp. 382 and 440; *ICJ Reports* (1998) p. 275, par. 56.
28   V. Pechota, *op. cit. supra* n. (11), p. 3; cf. also D.W. Bowett, *op. cit. supra* n. (6), p. 207.
29   J.-P. Cot, *La conciliation internationale*, Paris, Pédone, 1968, pp. 262-263; V. Pechota, *op. cit. supra* n. (11), pp. 50 and 54. For a general study, cf. also H. Rolin, *La conciliation internationale*, Genève, Inst. Dr. Intl. (extrait), 1959, pp. 1-38.
30   D. Davies Memorial Institute, *International Disputes: the Legal Aspects...*, *op. cit. supra* n. (1), pp. 15-16; and cf. F. Vallat, "The Peaceful Settlement of Disputes", *in Cambridge Essays in International Law – Essays in Honour of Lord McNair*, London/N.Y., Stevens/Oceana, 1965, p. 164.
31   J.-P. Cot, *op. cit. supra* n. (29), p. 263.

rules, but rather to search an approximation between the contending parties conducive to an agreement which has the support of international law[32]. Conciliation, the nature of which has been much discussed[33], has attracted growing attention in recent years; it is foreseen in several multilateral treaties (cf. *infra*), like, *inter alia*, in the classic 1928 General Act for the Pacific Settlement of International Disputes (revised in 1949), and nowadays it is regarded as a method which may foster compulsory recourse to peaceful dispute-settlement.

3. Fact-Finding or Inquiry

From its institutionalization (as an autonomous method) by the two Hague Conferences (of 1899 and 1907) to date, the procedure of international fact-finding has undergone an interesting evolution. In this respect, one may recall the attempt, by the U.N. General Assembly, of putting into practice the mechanism of a commission of fact-finding and conciliation (1949) to assist States in setting their disputes even outside the U.N., or help the U.N. organs to that end. In 1967 it was decided to elaborate a list of experts in *fact-finding* (with the names forwarded by the member States to the Secretary General), at the disposal of States, to resort to so as to avoid or impede conflicts, thus singling out the *preventive* function of fact-finding[34]. In the U.N. practice, the procedure of investigation was utilized in cases such as those of Palestine (1947), Greece (1947-1949), Indonesia (1947-1948), Germany (1951-1953), South Africa (as from 1967)[35]. A case settled by means of investigation was that of the *Red Crusader*, a dispute opposing Denmark to the United Kingdom, in which a fact-finding commission was established not by the U.N., but rather by an exchange of notes between the two governments[36].

At regional level, the Organization of American States (OAS) had the occasion to embark on a new experience in the peaceful settlement of disputes, in the period 1977-1979, during the frontier dispute between Costa Rica and Nicaragua: the establishment of three *Ad Hoc* Commissions of Observers and one Commission of Civil

---

32   In this sense, e.g., V. Pechota, *op. cit. supra* n. (11), pp. 58-59.

33   D. Bardonnet, «Problèmes intéressant les États nouveaux – l'État des ratifications des Conventions de La Haye de 1899 et de 1907 sur le règlement pacifique des conflits internationaux», 7 *Annuaire français de Droit international* (1961) pp. 726-741.

34   A method based in Article 33 of the U.N. Charter; N. Bar-Yaacov, *The Handling of International Disputes by Means of Inquiry*, London, RIIA/O.U.P., 1974, pp. 296-311 and 344-347.

35   *Ibid.*, pp. 276-292. The U.N. General Assembly, in its resolution 2329, of 1967, urged member States to utilize the already existing means of fact-finding; H.G. Darwin, "[Methods of Peaceful Settlement -] Factfinding and Commissions of Inquiry", *International Disputes: the Legal Aspects*, *op. cit. supra* n. (1), pp. 172-177; and cf. *ibid.*, p. 23; N. Bar-Yaacov, *op. cit. supra* n. (33), pp. 299-312 and 347; as to the U.N. Security Council in particular, cf. E.L. Kerley, "The Powers of Investigation of the U.N. Security Council", 55 *American Journal of International Law* (1961) pp. 892-918.

36   Cf. N. Bar-Yaacov, *op. cit. supra* n. (33), pp. 179-195.

Observers. The former were entrusted with the verification or investigation of the facts (by means of visits of inspection, interviews, examination of evidence or probatory elements), then reporting to the OAS Permanent Council; the latter also reported to the Council, which, in turn, adopted resolutions and recommendations. Despite the limited scope of that method (dependent on the mutual consent of the parties), the dispute no longer prolonged, and the experiment, besides original, was significant for a possible future improvement of the OAS Charter in respect of peaceful settlement of disputes, particularly given the virtual lack of application in practice of the Pact of de Bogotá[37].

Other examples could here be recalled, as the aforementioned OAS Mission of Observation in Belize (1972, *supra*), and the Consultative [Advisory] Committee of the Organization of African Unity (OAU) on Nigeria (1967-1968) which acted during the "war of Biafra" or the "Nigerian civil war"[38]. A merit detected in fact-finding has been the little margin for reservations by the parties to the presentation of the final report, as this latter is based – in the settlement of the dispute – in the respective reports of the parties[39].

Furthermore, fact-finding can be put into practice either as an "autonomous" method, *per se*, of investigation, or "integrated" as a part of a system of settlement of disputes or of control in the application of international conventions[40]. As a technique of dispute-settlement, fact-finding has lately been utilized in the pursuance of the prevalence of common and superior values, such as the search for justice and the safeguard of democracy and the rule of law. Some recent developments to this effect should not pass unnoticed.

a) Fact-Finding and the Search for Justice: the Experience of Truth Commissions

The use of fact-finding as a method of peaceful settlement of international disputes has much expanded through the work of international supervisory organs in the field of human rights[41] and of commissions of inquiry under the ILO

---

37 E. Lagos, "Los Nuevos Mecanismos Procesales para la Eficácia de la Solución Pacífica de las Controvérsias, con Particular Referencia a la Práctica de la OEA en los Últimos Años", *Perspectivas del Derecho Internacional Contemporáneo*, vol. II, Santiago, Universidad de Chile/Instituto de Estudios Internacionales, 1981, pp. 79-91.

38 On this latter, cf., e.g., Z. Cervenka, *The Organization of African Unity and Its Charter*, 2nd. ed., London, C. Hurst & Co., 1969, pp. 209-210.

39 N. Bar-Yaacov, *op. cit. supra* n. (33), pp. 326-327.

40 Cf. T. Bensalah, *L'enquête internationale dans le règlement des conflits*, Paris, LGDJ, 1976, pp. 3-222; and, for an empirical study, cf. G. Fischer and D. Vignes, *L'inspection internationale – quinze études de la pratique des États et des organisations internationales*, Bruxelles, Bruylant, 1976, pp. 3-518.

41 Cf. B.G. Ramcharan (ed.), *International Law and Fact-Finding in the Field of Human Rights*, The Hague, M. Nijhoff, 1982, pp. 137-150, 151-159 and 176-179 (papers by E. Vargas Carreño, H.C. Kruger and B.G. Ramcharan, respectively).

Constitution[42]. In addition, from the mid-seventies onwards, successive Truth Commissions were established in distinct parts of the world, for the determination of facts related to grave violations of human rights and in the framework of the struggle against impunity. In the period of 1974-1994[43], 15 Truth Commissions instituted in those years disclosed the following common characteristics: firstly, the fact of operating as organs of fact-finding in a context of democratic transition in distinctg countries; secondly, the examination of facts occurred in the past, pertaining not so much to isolated events, but rather to a generalized situation of violations of human rights in given countries; and thirdly, a mandate with temporal limitation, which expires with the presentation of the final report with the results of the investigations[44].

The mandates of those Truth Commissions have varied from case to case, as well as the results of their investigations: some have naturally been more successful than others. Among those that achieved concrete results, the Truth Commission for El Salvador (inspired in the experiences on the matter in Chile and Argentina) was the first of the kind to be sponsored and funded by the United Nations[45]; others had a governmental origin, as exemplified by the Commission of Truth and Reconciliation of Chile, established in 1990 by the Presidency of the Republic[46]; the Truth Commission for Rwanda (which reported in 1993) was, in turn, of non-governmental

---

42 Cf. *ibid.*, pp. 160-175 (paper by G. von Potobsky).
43 Namely, Uganda (1974), Bolivia (1982), Argentina (Report *Nunca Más*, 1986), Uruguay (1985), Zimbabwe (1985), Uganda again (1986), Philippines (1986), Chile (National Commission on Truth and Reconciliation, 1990-1991), Tchade (1990), South Africa (I African National Congress, 1992), Germany (1992), El Salvador (1991), Rwanda (1992-1993), South Africa again (II African National Congress, 1993), and Ethiopia (1992-1993). To those fifteen Truth Commissions (cf. *op. cit. infra* n. (43)), one is to add two other rather recent initiatives: that of the Truth Commission for Haiti (cf. [Centre International des Droits de la Personne et du Développement Démocratique,] *Proposition pour une Commission de la Vérité en Haiti – Élements constitutifs*, Montréal, 27.11.1994, pp. 1-13), and that of the investigations undertaken by the National Comissariat of Protection of Human Rights, of Honduras (cf. Comisionado Nacional de Protección de los Derechos Humanos, *Los Hechos Hablan por Sí Mismos – Informe Preliminar sobre los Desaparecidos en Honduras 1980-1993*, Tegucigalpa, Ed. Guaymuras, 1994, pp. 11-496). Unlike this latter, the Truth Commission for Haiti did not produce satisfactory results; cf. J.E. Méndez, "Derecho a la Verdad frente a las Graves Violaciones a los Derechos Humanos", *in La Aplicación de los Tratados sobre Derechos Humanos por los Tribunales Locales* (eds. M. Abregú and C. Courtis), Buenos Aires, CELS, 1997, p. 538.
44 P.B. Hayner, "Fifteen Truth Commissions – 1974 to 1994: A Comparative Study", 16 *Human Rights Quarterly* (1994) pp. 598-604.
45 Cf. *ibid.*, p. 599.
46 For the results of the investigations, cf. *Informe Rettig – Informe de la Comisión Nacional de Verdad y Reconciliación*, vol. I, Santiago, Feb. 1991, pp. 1-448; *Informe Rettig – Informe de la Comisión Nacional de Verdad y Reconciliación*, vol. II, Santiago, Feb. 1991, pp. 449-890; and, for an account of the experience, cf. P. Aylwin, "La Comisión de la Verdad y Reconciliación de Chile", *in Estudios Básicos de Derechos Humanos*, vol. II (eds. A.A. Cançado Trindade and L. González Volio),

(international) character[47]; the two Truth Commissions for South Africa (appointed by Nelson Mandela) resulted from an original decision of the African National Congress of investigating and reporting publicly on past human rights abuses[48]. Recently, the Commission on Truth and Reconciliation of Peru concluded its work and presented, in August 2003, a substantial report[49].

Amidst the diversity of their mandates and of the results achieved, the Truth Commissions have, – as a characteristic feature of their work, – operated in the investigation of past events in relation to which the national society at issue had been profoundly divided and polarized; such investigation is regarded as remaining, however, necessary, as what happened in the past may have influence in the present and the future of the social environment at issue[50]. Overcoming operational difficulties, Truth Commissions have proven to be, in most cases, a relevant instrument in the crystallization of the right to truth[51] in its relations with the search for justice and the struggle against impunity[52].

b) Fact-Finding and the Prevalence of Democracy and the Rule of Law

On rare occasions fact-finding has been undertaken also in pursuance of the prevalence of what comes to be perceived as the *right to the juridical or constitutional order*. This is what fairly recently occurred in the case of the *Institutional Crisis of Nicaragua* (1993-1994). Upon request of the Nicaraguan Government, the then Secretary-General of the OAS (J.C. Baena Soares), in the ambit of a decision of the OAS Permanent Council of

---

San José of Costa Rica, Inter-American Institute of Human Rights (IIHR), 1995, pp. 105-119; P. Aylwin, "La Comisión Chilena sobre la Verdad y Reconciliación", *in Estudios Básicos de Derechos Humanos*, vol. VII (eds. A.A. Cançado Trindade, G. Elizondo Breedy, L. González Volio and J. Ordóñez), San José of Costa Rica, IIHR, 1996, pp. 35-52.

47 P.B. Hayner, *op. cit. supra* n. (43), pp. 600 and 629-632.

48 *Ibid.*, pp. 600, 625-626 and 632-634; and cf. A. Omar, "Truth and Reconciliation in South Africa: Accounting for the Past", 4 *Buffalo Human Rights Law Review* (1998) pp. 5-14.

49 Cf., in particular, Comisión de la Verdad y Reconciliación, *Informe Final – Conclusiones Generales*, Lima, CVR/Peru, 2003, pp. 9-45.

50 [Various Authors,] *Truth Commissions: A Comparative Assessment* (Seminar of Harvard Law School, of May 1996), Cambridge/Mass., Harvard Law School, 1997, pp. 16, 70 and 81.

51 On the meaning of fact-finding, in the search for truth, on *past* violations of human rights, cf. M. Parlevliet, "Considering Truth – Dealing with a Legacy of Gross Human Rights Violations", 16 *Netherlands Quarterly of Human Rights* (1998) pp. 141-174.

52 For an assessment, cf. A.A. Cançado Trindade, *Tratado de Direito Internacional dos Direitos Humanos*, vol. II, Porto Alegre/Brazil, S.A. Fabris Ed., 1999, pp. 400-406; P.B. Hayner, "International Guidelines for the Creation and Operation of Truth Commissions: A Preliminary Proposal", 59 *Law and Contemporary Problems* (1996) pp. 173-180; J.M. Pasqualucci, "The Whole Truth and Nothing but the Truth: Truth Commissions, Impunity and the Inter-American Human Rights System", 12 *Boston University International Law Journal* (1994) pp. 321-370. – And, for a general study of the struggle against impunity, cf., *inter alia*, N. Roht-Arriaza (ed.), *Impunity and Human Rights in International Law and Practice*, Oxford, Oxford University Press, 1995, pp. 3-381; K. Ambos, *Impunidad y Derecho Penal Internacional*, Medellín, Fund. K. Adenauer *et alii*, 1997, pp. 25-451.

03.09.1993 titled "Support to the Constitutional Government of Nicaragua", appointed the Commission of Jurists of the OAS for Nicaragua to "establish the reality of the facts" pertaining to conflicts in the National Assembly of that country (which led virtually to its paralysis) and to the procedure of removal of the *Contralor General* of the Republic.

The Commission of Jurists of the OAS for Nicaragua[53] was set up by the OAS Secretary-General in Managua, on 07 September 1993, when received by the President of the Republic of Nicaragua (Violeta Barrios de Chamorro). In the following months the work of fact-finding, as from a strictly juridical approach, was conducted by the Commission, which was aware that the facts had taken place in a highly politicized and polarized context. The applicable law was identified as being essentially Nicaraguan domestic law, placing the two questions under examination in the ambit of the imperative of the prevalence of the rule of law (*Estado de Derecho*).

The difficult work undertaken by the Commission of Jurists disclosed *sui generis* feature, in that questions of an essentially constitutional and domestic order were taken up to the examination and consideration of an *ad hoc* international fact-finding organ at the request of the Government of the country concerned. The sole precedent of the kind, and a rather distant one in time, found by the Commission of Jurists, was the case of the *Compatibility of Certain Decrees-Laws of Danzig with the Constitution of the Free City of Danzig* (1935), in which a request was made to a judicial organ, the old Permanent Court of International Justice (PCIJ), – entirely distinct from the Commission of Jurists of the OAS for Nicaragua, this latter devoid of jurisdictional functions as an essentially fact-finding organ, – to resolve whether certain decrees-laws of Danzig were or not compatible with the Constitution of the Free City of Danzig[54].

The case of the *Institutional Crisis of Nicaragua* had, thus, no precedent in the American continent. On 04 February 1994 the three members of the aforementioned Commission of Jurists handled its substantive final *Report* final[55] to the OAS Secretary-General at the headquarters of the Organization in Washington D.C.. The *Report*, promptly transmitted by the OAS Secretary-General to the Government of Nicaragua, much contributed to put an end to the serious institutional crisis which affected that country, and in particular to the reopening of the work, on a regular and permanent basis, of the Nicaraguan National Assembly.

---

53 Integrated by A.A. Cançado Trindade (Brazil), E. Ferrero Costa (Peru) and A. Gómez-Robledo Verduzco (Mexico).

54 Cf. doc. *cit.* n. (55) *infra*, p. 336. The PCIJ, in an Opinion of 04.12.1935, concluded that such decrees-laws were incompatible with the guarantees of individual rights set forth in the Constitution of Danzig. The PCIJ understood that, once the question was raised to the international level (the guarantee by the League of Nations of the Constitution of Danzig), it was incumbent upon it to pronounce on the matter; cf. PCIJ, Series A/B, n. 65, 1935, pp. 41-57, especiallly pp. 50 and 57.

55 *Informe de la Comisión de Juristas de la OEA para Nicarágua*, of 04.02.1994, pp. 1-109 (internal circulation).

Only four years later, in 1998, the Commission's *Report* was published[56], when it was deemed that the issues dealt with therein had found a solution, as their contents had a bearing on historical facts would no longer affect the politico-institutional framework of the country concerned[57]. There thus already exist, in our days, elements – although insufficiently known so far – for an in-depth study of the right to the constitutional order (directly linked to the prevalence of democracy and the rule of law), bringing closer together the international an domestic legal orders, as illustrated by the mission of fact-finding undertaken by the Commission of Jurists of the OAS in the case of the *Institutional Crisis of Nicaragua* (1993-1994).

4. Good Offices

It is at global level that a most remarkable illustration of the development of good offices is found: the exercise of these latter by the U.N. Secretary General, on his own initiative (in the ambit of his competence) or at the request of a competent organ of the U.N. or the choice by the contending parties themselves. In practice, the powers of the U.N. Secretary General to utilize good offices have enlarged considerably, parallel to the search for solutions by consensus and conciliation; Article 99 of the U.N. Charter has been interpreted as conferring upon the Secretary General "all the necessary powers" for the search of peaceful settlement, including those of investigation[58].

---

56   A.A. Cançado Trindade, E. Ferrero Costa and A. Gómez-Robledo Verduzco, "Caso da Crise Institucional da Nicarágua (1993-1994): Informe de la Comisión de Juristas de la Organización de los Estados Americanos (OEA) para Nicarágua", 113/118 *Boletim da Sociedade Brasileira de Direito Internacional* (1998) pp. 335-386. The report was subsequently republished in monograph form: A.A. Cançado Trindade, E. Ferrero Costa and A. Gómez-Robledo Verduzco, "Gobernabilidad Democrática y Consolidación Institucional: El Control Internacional y Constitucional de los *Interna Corporis* – Informe de la Comisión de Juristas de la OEA para Nicarágua (Febrero de 1994)", 67 *Boletín de la Academia de Ciencias Políticas y Sociales* – Caracas/Venezuela (2000-2001) n. 137, pp. 593-669.

57   Earlier on (in 1994), a *Report* of the kind was also published, of the Commission of Jurists on aspects pertaining to the administration of justice and human rights in Peru; cf. *Informe de la Comisión de Juristas Internacionales sobre la Administración de la Justicia en el Perú*, Lima, Instituto de Defensa Legal (IDL), 1994, pp. 7-335 (this Commission was integrated by R.K. Goldman (United States), L.C. Arslanian (Argentina), F. Imposimato (Italy) and J. Raffucci (United States)).

58   What illustrates the application of the doctrine of the "implied powers" of the U.N.; V. Pechota, *The Quiet Approach – A Study of the Good Offices Exercised by the United Nations Secretary-General in the Cause of Peace*, N.Y., UNITAR, 1972, pp. 2-9, and cf. pp. 11 and 25. Cf. also M.W. Zacher, "The Secretary General and the United Nations' Function of Peaceful Settlement", 20 *International Organization* (1966) pp. 725-726, 730, 733-734 and 738; G. Fischer, "Les compétences du Secrétaire Général", 1 *Annuaire français de droit international* (1955) pp.346-348. – For a study of the legislative history of Article 99 of the U.N. Charter (on the powers of the U.N. Secretary General), cf. S.M. Schwebel, "The Origins and Development of Article 99 of the Charter", 28 *British Year Book of International Law* (1951) pp. 371-382.

As at the time of the drafting of chapter VI of the U.N. Charter the function of the Secretary General was not defined with precision, the subsequent practice itself has served as element of interpretation of its powers of good offices; thus, there have been numerous examples of performance of the Secretary General in international crises, such as, e.g., *inter alia*, the *Cuban missile crisis* (1962), the *war of Vietnam* (1965-1971), the conflict between India and Pakistan (1965-1971), the tension between Cambodia and Thailand (1961-1968), at times "filling gaps" of the limited operation of the collective organs of the United Nations[59].

The exercise of good offices can of course take place not only on the part of international organs but also on the part of States. In the case of the independence of Indonesia from Dutch ruling and its entry into the United Nations, an important role was exerted by the Committee of Good Offices established by the Security Council (particularly in the period 1949-1950); in turn, in the case of the emancipation of Algeria from French ruling (1955-1962), at a certain stage of the conflict (1957) it was Morroco and Tunisia which offered their good offices[60]. Shortly after the independence of Algeria (1962), with the aggravation of a territorial disputa between this latter and Morocco, Syria and Ethiopia offered mediation, until an arbitral commission of the OAU intervened[61], in yet another example of complementarity of the means of peaceful settlement already referred to (*supra*).

5. Mediation

In practice, the U.N. has at time resorted to "private personalities" to exert the function of mediators[62]. Not seldom the U.N. has appointed a commission of "good offices" or a "mediator" for the settlement of disputes[63]: thus, in the case of Indonesia (1947-1950), the Security Council created the already mentioned Committee of Good Offices, subsequently (in 1949) named U.N. Commission for Indonesia; in the question of Palestine (1947-1949), the General Assembly appointed a mediator and a commission of conciliation for Palestine; in the conflict between India and Pakistan (1948), the Security Council created a Committee of Mediation, which became known as the U.N. Commission for India and Pakistan (UNCIP); in relation to Korea, in 1951, the General Assembly established a Committee of Good Offices; for the question of Cyprus (1964), a mediator was appointed upon recommendation of the Security Council; in the Middle East crisis (1967), the Council suggested to the

---

59 V. Pechota, *op. cit. supra* n. (11), pp. 10-11 and 17-18.

60 A.A. Cançado Trindade, *O Direito Internacional em um Mundo em Transformação*, Rio de Janeiro, Ed. Renovar, 2002, pp. 424-432.

61 M.D. Donelan and M.J. Grieve, *op. cit. supra* n. (10), pp. 145-146.

62 J.-P. Cot, *op. cit. supra* n. (28), p. 263.

63 While good offices would consist in an action aiming at facilitating negotiations but without going into the merits of the dispute, mediation would encompass also these latter; D. Davies Memorial Institute, *International Disputes: the Legal Aspects, op. cit. supra* n. (1), p. 34.

Secretary General to appoint a Special Representative (not a mediator) to foster the negotiations between the contending parties[64].

At regional level, the practice of Latin American States bears witness of some cases of recourse to mediation, namely: that by the Vatican (starting in 1979) in the conflict between Chile and Argentina concerning the *Beagle Channel*; that by the Foreign Ministers of Costa Rica, Guatemala and Nicaragua in the conflict between El Salvador and Honduras (shortly before the beginning of the hostilities in 1969); that of the Peruvian jurist Bustamante y Rivero, whose recommendations led to the settlement of the conflict between El Salvador and Honduras[65].

The prolonged mediation conducted by the Holy See of the Argentinian-Chilean controversy over the *Beagle Channel*, drawing on the earlier arbitral award (of 1977) in the same case, was not tied up to a rigid procedure, and contemplated separate as well as joint meetings with the Delegations of the two countries, with the presence and intervention of the representative of the Holy See[66]. The representative originally appointed by the Pope, Cardinal A. Samoré, played an active role throughout most of the mediatory process, but died before its conclusion

The most complete personal account of the *célèbre* mediation published to date, that of Santiago Benadava, credits Cardinal Samoré with the presentation, at a certain stage of the process (June 1980) of a list of "ideas" passed on to the contending parties, which, though containing concessions on the part of both,

> "did not assume abdication of any principle of natural law, did not contrast with the constitutional foundations of the Parties nor did they oppose substantially the ineluctable exigencies or dictates of the conscience of one or the other Party or of their representatives"[67].

The patient endeavours of the Holy See were rewarded by the Peace Treaty at last concluded between Chile and Argentina on 29.11.1984, whereby the two Parties reiterated their duty to abstain from the threat or use of force, settled the maritime delimitation at issue, and established methods of settlement in case of future differences (comprising recourse to conciliation and arbitration)[68].

---

64 H.G. Darwin, "[Methods of Peaceful Settlement -] Mediation and Good Offices", *International Disputes: the Legal Aspects*, London, Europa Publs., 1972, pp. 89-92.

65 Cf., on this latter, e.g., A.A. Cançado Trindade and F. Vidal Ramírez, *Doctrina Latinoamericana del Derecho Internacional*, vol. II, San José of Costa Rica, Inter-American Court of Human Rights, 2003, pp. 5-66.

66 For an account, cf. A. Brouillet, «La médiation du Saint-Siège dans le différend entre l'Argentine et le Chili dans la zone australe», 25 *Annuaire français de Droit international* (1979) pp. 48ss..

67 S. Benadava, *Recuerdos de la Mediación Pontificia entre Chile y Argentina (1978-1985)*, Santiago de Chile, Edit. Universitaria, 1999, p. 75, and cf. pp. 66-67 and 156.

68 Cf. nota (67), *supra*.

For a general assessment of the application of the political methods of dispute settlement there persists the practical difficulty that elements pertaining to the settlement of some disputes have been published or circulated while those pertaining to other disputes have not yet[69]. As to suggestions advanced for the future, in respect of mediation, reference can be made to the thesis in favour of the competence of a third State to interpret the rules relating to the exercise of its functions of peaceful settlement[70] and that future U.N. resolutions come to define the competence of interpretation of the mediator[71].

6. Arbitral and Judicial Settlement

Numerous cases of systematic recourse to arbitration (some 400 instances), since the 1794 Jay Treaty until the end to the thirties in the XXth century, are registered in the *Survey of International Arbitrations 1794-1970* (by A.M. Stuyt), to refer but to one source[72]. At global level, the historical contribution of arbitral procedure to peaceful settlement is set forth in publications of arbitral awards in series[73]. Along the XXth century, most cases submitted to arbitration were settled mainly by *ad hoc* arbitral tribunals[74]. Further examples of resort to arbitration are found in the early beginnings of what came to be known as the inter-American system[75]. In Latin America, despite the conclusion of multilateral instruments such as the Pact

---

69 S.D. Bailey, *Peaceful Settlement of Disputes: Ideas and Proposals for Research*, New York, 1971, p. 21.

70 As exemplified by what occurs with, e.g., the U.N. General Assembly and Security Council (and subsidiary organs), which retain such competence of interpretation.

71 V. Pechota, *op. cit. supra* n. (11), pp. 54-55.

72 Followed by other subsequent cases; cf. A.M. Stuyt, *Survey of International Arbitrations 1794-1970*, 2nd. printing, Leiden/N.Y., Sijthoff/Oceana, 1976, p. VII.

73 Of the kind of the Moore's *History and Digest of International Arbitrations*, the La Pradelle and Politis's *Recueil des arbitrages internationaux*; the successive volumes of the series *Reports of International Arbitral Awards* (of the U.N.) and of the *International Law Reports* (ed. E. Lauterpacht), among others.

74 Thus, in the era of the old Permanent Court of International Justice (PCIJ), while this latter dealt with 29 contentious cases (judicial settlement), some 80 cases were settled by *ad hoc* arbitral tribunals. In contrast, only seven cases (among which the case of *Sovereignty over Various Red Sea Islands*, Eritrea *versus* Yemen) have been dealt with by the Permanent Court of Arbitration. On its part, the U.N. General Assembly has adopted successive resolutions recommending member States to accept the compulsory jurisdiction of the International Court of Justice (ICJ), but expectations have not been fulfilled to date. Cf. K. Nakamura, "The Convention for the Pacific Settlement...", *op. cit. infra* n. (85), 10 and 12.

75 Ch.G. Fenwick, "El Sistema Regional Interamericano: Cincuenta Años de Progreso", *Anuário Jurídico Interamericano* (1955-1957) pp. 44-45; and cf. J.J. Caicedo Castillo, "El Arbitraje en las Conferencias Panamericanas hasta el Pacto de Bogotá de 1948 sobre Soluciones Pacíficas", 4 *Boletim da Sociedade Brasileira de Direito Internacional* (1948) n. 8, pp. 5-33; and cf, for a general study, e.g., J.L. Simpson and H. Fox, *International Arbitration*, London, Stevens, 1959, pp. 1ss.

of Bogotá (1948), recourse to arbitration continued to take place on an *ad hoc* basis, from time to time[76], as illustrated by the cases of the *Beagle Channel* (1977) and of the *Laguna del Desierto* (1994-1995)[77], both opposing Argentina to Chile.

Like other methods of peaceful settlement, arbitration has also been resorted to, along the last decades, with varying results, as illustrated, e.g., by the *Lac Lanoux* case (France *versus* Spain, 1957), the *Rann of Kutch* case (India *versus* Pakistan, 1968), the case of the *Delimitation of the Continental Shelf* case (United Kingdom *versus* France, 1977), the *Beagle Channel* case (Argentina *versus* Chile, 1977), the *Dubai/Sharjah Boundary* case (1981), the *Maritime Delimitation* case (Guinea *versus* Guinea Bissau, 1985), the *La Bretagne* case (Canada *versus* France, 1986); the *Taba* case (Egypt *versus* Israel, 1988), the *Maritime Delimitation* case (Guinea Bissau *versus* Senegal, 1989), the *St. Pierre and Miquelon* case (Canada *versus* France, 1992), among others[78]. In fact, the contribution of international arbitration to the development of the chapter of peaceful settlement of international disputes is well known, and properly acknowledged, at global and regional levels.

If results proved satisfactory to one or another State, the fact remains that the arbitral solution does not appear susceptible of generalizations, for being an essentially *ad hoc*, casuistic and discontinuous means of settlement of international disputes. In the African continent, parallel to the OAU Permanent Commission of Mediation, Conciliation and Arbitration (1963, *supra*), which has remained to some extent inactive, member States of the OAU continued at times to resort to more flexible means of negotiated settlement (outside the Commission – cf. *supra*), – what has led, e.g., to a settlement (outside this latter) of the conflicts opposing Somalia to Kenya and to Ethiopia, the territorial dispute between Algeria and Morocco, and the controversies between Côte d'Ivoire and Guinea over detention of diplomats[79].

Judicial means of settlement, dealt with in more detail in another study[80], has evolved in a way on the basis of an analogy with the function of tribunals at domestic

---

76 Cf. Ch.G. Fenwick, "Inter-American Regional Procedures for the Settlement of Disputes", 10 *International Organization* (1956) pp. 12-13.

77 Cf. M.E. García Jiménez, "La Sentencia Arbitral de 21.10.1994: Controversia sobre el Recorrido de la Traza del Límite entre el Hito 62 y el Monte Fitzroy (Laguna del Desierto, Chile/Argentina), 12 *Anuario de Derecho Internacional* – Navarra (1996) pp. 379-405; M.E. García Jiménez, "Sentencia del Tribunal Arbitral (Chile/Argentina) de 13.10.1995 sobre la Solicitud de Revisión y, en Subsidio, de Interpretación Planteada por Chile Respecto de la Sentencia de 21.10.1994 (Lacuna del Desierto)", 13 *Anuario de Derecho Internacional* – Navarra (1997) pp. 131-176.

78 Cf., for an assessment, C. Gray and B. Kingsbury, "Inter-State Arbitration since 1945: Overview and Evaluation", in *International Courts for the Twenty-First Century* (ed. M.W. Janis), Dordrecht, Nijhoff, 1992, pp. 55-83, esp. p. 69.

79 D.W. Bowett, *op. cit. supra* n. (6), p. 283.

80 Cf. A.A. Cançado Trindade, "Las Cláusulas Pétreas de la Protección Internacional del Ser Humano: El Acceso Directo de los Individuos a la Justicia a Nivel Internacional y la

law level[81]. It may have occurred that at times expectations have not been amply fulfilled, and this may be partly due, to some extent, to the fact that not seldom what the contending parties seek is not so much an interpretation of the law, but rather a modification in the law[82], or its progressive development.

In another line of thinking, it should further be pointed out that one of the features of contemporary international law has been the gradual *jurisdictionalization* of dispute settlement, as a result of the gradual creation and operation of multiple international tribunals; some are "specialized" in certain domains of international law, such as the European and Inter-American Courts of Human Rights, the Courts of Justice of the European Communities and of the Andean Union, and more recently of the Southern Cone Market (*Mercosur*,) the International Tribunal for the Law of the Sea[83], the *ad hoc* International Criminal Tribunals for the Former Yugoslavia and for Rwanda, the International Criminal Court, so as to settle distinct categories of disputes, endowed with a specificity of their own[84].

IV. Settlement of Disputes in Multilateral Treaties

In the XXth century, in the inter-war period of the League of Nations, a major effort in dispute-settlement was represented by the 1928 General Act for the Pacific Settlement of International Disputes (revised in 1949) provided for conciliation, judicial settlement and arbitration. Although it did not produce the expected results, it in a way stimulated the celebration of bilateral and regional treaties for dispute-settlement. Thus, in the European continent, the 1957 European Convention for the

---

Intangibilidad de la Jurisdicción Obligatoria de los Tribunales Internacionales de Derechos Humanos", *in El Sistema Interamericano de Protección de los Derechos Humanos en el Umbral del Siglo XXI – Memoria del Seminario* (Nov. 1999), vol. I, 2nd. ed., San José of Costa Rica, Inter-American Court of Human Rights, 2003, pp. 3-68.

81 R. Bierzanek, "Some Remarks on the Function of International Courts in the Contemporary World", 7 *Polish Yearbook of International Law* (1975) pp. 121-150. For critical remarks, cf. also, e.g.: F. Honig, "The Diminishing Role of the World Court", 34 *International Affairs* (1958) pp. 184-194; C.H.W. Waldock, "Decline of the Optional Clause", 32 *British Year Book of International Law* (1955-1956) pp. 244-287; J. Fawcett, *International Economic Conflicts: Prevention and Resolution*, London, Europa Publs., 1977, pp. 80-81.

82 F.S. Northedge and M.D. Donelan, *op. cit. supra* n. (2), pp. 326 and 330; and cf., for a general study, e.g., Max-Planck-Institut, *International Symposium on the Judicial Settlement of International Disputes*, Heidelberg, 1972, pp. 1-28 (mimeographed).

83 For a study of its dispute-settlement system, cf., e.g., L. Valencia Rodríguez, "Sistema de Solución de Controversias en la Convención sobre el Derecho del Mar", *in X Curso de Derecho Internacional Organizado por el Comité Jurídico Interamericano* (1983-1984) n. 3, pp. 27-47; A.O. Adede, *The System for Settlement of Disputes under the United Nations Convention on the Law of the Sea*, Dordrecht, Nijhoff/Kluwer, 1987, pp. 3-283.

84 For a recent debate, stressing the complementary roles of multiple international tribunals, cf., e.g., [Various Authors,] *La juridictionnalisation du Droit international* (Colloque de Lille de 2002), Paris, Pédone/Société Française pour le Droit International, 2003, pp. 7-545.

Peaceful Settlement of Disputes had 12 States acceding to it, and, like the aforementioned General Act of Geneva, had some of its States Parties excluding so-called "non-legal disputes" from the application of the provisions on arbitration[85].

In fact, in reviewing some multilateral treaties, an elaborate scheme of dispute settlement can be found in the relevant provisions of the 1982 U.N. Convention on the Law of the Sea (Part XV, Articles 279-299)[86], comprising the Law of the Sea Tribunal (Annex VI, Statute), its Seabed Disputes Chamber (Articles 186-191), and distinct or special chambers (provided by its Statute), a Commission of Conciliation (Annex V), arbitration (Annex VII, including the constitution of an Arbitral Tribunal), and special arbitration (Annex VIII, including the constitution of a Special Arbitral Tribunal, with fact-finding powers). Article 297 of the Convention lists three options (the International Tribunal for the Law of the Sea itself, the International Court of Justice, or arbitration), binding procedures (at the request of a contending party), thus setting limits to the traditional free choice of means which has been kept in this chapter of international law.

The scheme at issue was the result of prolonged and complex negotiations in the preparatory work of the 1982 Montego Bay Convention. Throughout those *travaux préparatoires* the principle of compulsory settlement gave rise to much controversy. There were those who preferred an optional protocol, recalling to that end that solution, set forth in the corresponding provisions of the 1958 Conventions on the Law of the Sea. Others considered that proposal unacceptable for an all-embracing Convention such as that of Montego Bay, containing so many innovations likely to raise disputes which could only be resolved by the use of an obligatory third party procedure. The disagreements which prevailed rendered it unlikely to select a single method of peaceful settlement. Thus,

> "Faced with this wide divergence of views, the negotiators of the Convention took the only practicable course and resolved the problem by (...) invoking (...) a choice of methods of binding settlement"[87].

Hence the aforementioned options left to the States Parties, which had their freedom of choice thus sensibly limited, in addition of the introduction of an element of compulsory settlement.

The scheme of dispute settlement set forth in the 1982 U.N. Convention on the Law of the Sea is particularly significant for a Convention of a universal character

---

85 K. Nakamura, "The Convention for the Pacific Settlement of International Disputes in Historical Perspective – In Commemoration of the Centennial of the I Hague Peace Conference", 43 *Japanese Annual of International Law* (2000) pp. 9, 15 and 18.

86 For an account of the *travaux préparatoires*, cf., e.g., L. Valencia Rodríguez, *Arreglo de Controversias Según el Derecho del Mar*, Caracas, UNESCO, 1989, pp. 15-205.

87 J.G. Merrills, *International Dispute Settlement*, op. cit. supra n. (26), pp. 172-173.

such as the present one. Moreover, it is indeed unique in comparison with other great codification Conventions of the United Nations, in which the ways and means of settling disputes remain left to the free choice of the parties[88]. In addition, some other U.N. codification Conventions (e.g., the 1961 Vienna Convention on Diplomatic Relations, the 1963 Vienna Convention on Consular Relations, the 1969 Convention on Special Missions) have adopted the system of separate Optional Protocols on peaceful settlement[89]; in this respect, L. Caflisch has forcefully argued that, since any progress in the effective application of substantive law goes through the improvement of methods of peaceful settlement, there is a case for adding a system (preferrably of a jurisdictional nature) of peaceful settlement to the U.N. codification Conventions *themselves*[90].

In this connection an important development has been the establishment of a *compulsory procedure of conciliation*, as adopted by the 1969 and 1986 Vienna Conventions on the Law of Treaties[91], and the 1975 Convention on the Representation of States in Their Relations with International Organizations of Universal Character[92], and the 1978 and 1983 Vienna Conventions on State Succession[93]. On its turn, the 1959 Antarctica Treaty provides for consultations between the Contracting Parties, so that any controversy as to its interpretation or application is solved by negociation, investigation, mediation, conciliation, arbitration, judicial settlement (recourse to the ICJ) or any other peaceful means of their choice (Article XI). Similarly, the 1967 Treaty for the Prohibition of Nuclear Weapons in Latin America (or Treaty of Tlatelolco) provides that any question or controversy as to its interpretation or application can be submitted to the ICJ, except if the parties concerned agree on another method of peaceful settlement (Article 24).

---

88   G. Bosco, "40 Years of U.N.: The Evolution of International Law Concerning the Peaceful Settlement of Disputes", *in The Evolution of International Law since the Foundation of the U.N., with Special Emphasis on the Human Rights – Thesaurus Acroasium –* vol. XVI, Thessaloniki, IIPLIR, 1990, pp. 33-35.

89   In practice, «ces Protocoles ont d'ailleurs connu un succès fort modeste»; R.-J. Dupuy, «Codification et règlement des différends...», *op. cit. supra* n. (3), p. 72. For a criticism of the consideration of that solution for an (earlier) international regime on the law of the sea, cf. *ibid.*, p. 73.

90   L. Caflisch, «Cent ans de règlement pacifique des différends interétatiques», 288 *Recueil des Cours de l'Académie de Droit International de La Haye* (2001) pp. 261, 363 and 459, and cf. p. 286.

91   Article 66, and Annex, in case of controvérsias quanto a nulidade, terminação e suspensão de tratados.

92   Article 85.

93   Vienna Convention of 1978, Part VI, Article 42; *ibid.*, pp. 363-364; and H. Caminos, "Nuevos Mecanismos Procesales para la Eficacia de la Solución Pacífica de Controversias, con Particular Referencia a la Solución No Judicial en el Ámbito de las Naciones Unidas", *in Perspectivas del Derecho Internacional Contemporáneo*, vol. II, Santiago, Universidad de Chile/Instituto de Estudios Internacionales, 1981, pp. 21-23.

Recourse to conciliation (even when mentioned as an alternative among other means of peaceful settlement) is set forth in some environmental law treaties, e.g., the 1963 Optional Protocol (Concerning the Compulsory Settlement of Disputes) to the Vienna Convention on Civil Liability for Nuclear Damage (which provides for the establishment of a conciliation procedure), the 1969 International Convention on Intervention on the High Seas in Cases of Oil Pollution Casualties, the 1985 Vienna Convention for the Protection of the Ozone Layer (which fosters the tendency towards unilateral recourse to conciliation), the 1992 Framework Convention on Climate Change, the 1992 Convention on Biological Diversity, the 1994 Convention to Combat Desertification; these last four Conventions also list, as other peaceful settlement means, arbitration[94] and judicial settlement (by the ICJ)[95].

At global U.N. level, when the Ozone Layer Convention was adopted in 1985, an episode occurred which should not pass unnoticed: according to an account of the occasion, a group of 16 States annexed a declaration to the Final Act of the Conference of Plenipotenciaries on the Protection of the Ozone Layer (21.03.1985), stating that they expressed their regret that the Vienna Convention for the Protection of the Ozone Layer lacked any provision for the compulsory settlement of disputes (by third parties upon request of one party); furthermore, they appealed to all Parties to the Convention to make use of a possible declaration under Article 11(3) of the aforesaid Convention[96].

At regional level, prior to the systematization of peaceful settlement of international disputes undertaken by the 1948 American Treaty of Peaceful Settlement (Pact of Bogotá), resort to arbitration was not seldom contemplated and concretized in the practice of some Latin American States[97]. The mechanism of (multilateral) *reciprocal consultations* (in case of threat to peace in the region) was created by one of the five instruments adopted by the Inter-American Conference of Buenos Aires of 1936[98], and was institutionalized shortly afterwards by the Declaration of Lima of 1938[99].

---

94 Examples of which are provided, in distinct contexts, by the successful decisions of arbitral tribunals in the aforementioned *Lac Lanoux* case (1957), and, much earlier on, in the *Bering Sea Fur Seals* case (United Kingdom *versus* United States, 1893).

95 Cf. C.P.R. Romano, *The Peaceful Settlement of International Environmental Disputes*, The Hague, Kluwer, 2000, pp. 61-63 and 322.

96 G. Bosco, *op. cit. supra* n. (88), p. 38.

97 Cf., e.g., J.J. Caicedo Castilla, "El Arbitraje en las Conferencias Panamericanas hasta el Pacto de Bogotá de 1948 sobre Soluciones Pacíficas", 4 *Boletim da Sociedade Brasileira de Direito Internacional* (1948) pp. 5-33.

98 Namely, the Convention on the Maintenance, Preservation and Reestablishment of Peace.

99 It should not pass unnoticed that the organ thus institutionalized in 1938 is the same one which operated continuously in the course of the following decades, and until the eighties, in the consideration of successive crises, such as, for example, in the Anglo-Argentinian conflict in the South Atlantic over the Falklands/Malvinas Islands (1982).

This latter specified that the procedure of consultations would take place through the Meeting of Consultation of Ministers of External Relations. By the time that procedure was created, there was concern with previous treaties which had not yet obtained sufficient ratifications[100] to enter into force. It was hoped that the launching of the system of reciprocal consultations would from then onwards enhance the effectiveness of the procedures of peaceful settlement agreed upon, and consolidate peace in the continent[101].

At the Lima Conference of 1938, it was in fact pointed out that the instruments of conflict prevention in the American continent were dispersed in numerous treaties and declarations, it having become necessary to co-ordinate them. The much-awaited systematization came with the adoption of the Pact of Bogotá of 1948. But despite the contribution of this latter at conceptual level (with, e.g., its elaborate definitions of means of settlement)[102], there remained a practical problem. As the Pact entered into force through the successive ratifications of the States Parties, the effects of previous treaties on peaceful settlement of disputes[103] ceased for these latter[104]; but as some States of the region had ratified the Pact and others had not (*infra*), this gave rise to a diversity of situations where individual States were bound either by the Pact of Bogotá itself, or by earlier treaties or – as in the case of several Caribbean countries – by none.

The Pact was in fact invoked in a boundary conflict between Honduras and Nicaragua in 1957[105], but this was a rather isolated instance in this respect. Three decades later, in the mid-eighties, there remained 18 member States of the Organization

---

100   They were object of attention of the 1936 Convention to Co-ordinate, Extend and Assure the Fulfillment of Existing Treaties between the American States. This Convention had, as antecedent, the so-called "Code of Peace" prepared by the Conference of Montevideo of 1933.

101   Ch.G. Fenwick, *The Organization of American States*, Washington, Kaufmann Pr., 1963, pp. 182-187.

102   For a study, cf., e.g., J.M. Yepes, «La Conférence Panaméricaine de Bogotá et le droit international américain», *Revue générale de droit international public* (1949) pp. 52-74.

103   At the regional Latin American level, the work of codification of the methods of peaceful settlement of disputes materalized in the Pact of Bogotá (1948) represented at a time the culminating point of an evolution marked by a succession of several multilateral treaties on the matter, as, for example, the Gondra Treaty (1923, of prevention of disputes between the American States), the two General Conventions of Washington of Inter-American Conciliation and Arbitration (1928-1929), the Anti-Bellic Treaty of Non-Aggression and Conciliation (1933, also known as Treaty Saavedra Lamas), the Convention on Maintenance, Preservation and Reestablishment of Peace (1936, setting up the system of reciprocal consultations), and the Treaties on Prevention of Disputes and on Good Offices and Mediation (both of 1936).

104   Article LVIII.

105   J.C. Lupinacci, "Los Procedimientos Jurisdiccionales en el Tratado Americano de Soluciones Pacíficas (Pacto de Bogotá)", *Anuario Uruguayo de Derecho Internacional* (1962) pp. 205-206.

of American States (OAS) which were *not* Parties to the Pact of Bogotá; half of those were bound by earlier treaties[106], thus forming a rather diversified – if not confusing – framework of international legal instruments for dispute settlement.

This unsatisfactory legal framework has remained unchanged to date. Nowadays, of the 34 member States of the OAS, only 14 have ratified the Pact (8 of which with reservations); except for the Dominican Republic and Haiti, Caribbean countries have not ratified it at all[107]. Furthermore, the lack of accession by new OAS member States rendered the Pact virtually ineffective. This explains the evolution of the matter in Latin America: it was not surprising to witness, along the years, successive calls for ratification by all OAS member States of the Pact as the "best way" to improve and consolidate the regional system of peace[108], and also for revision of the Pact[109].

One might also here recall the example of the Inter-American Commission of Peace, created by a resolution of the Meeting of Consultation of Ministers of External Relations held in Havana (of 1940)[110] and formally constituted in 1948, which, curiously coexisting with the procedures of the Pact of Bogotá and of the Inter-American Treaty of Reciprocal Assistance (TIAR), came to assume a relevant function in the peaceful settlement of international disputes in the region. The creation of such Commission reflected the search in the American continent for practical and flexible methods of peaceful settlement.

Despite its non-conventional basis, the Commission was effectively resorted to on numerous occasions, on account of its flexibility of action and agility (able to act *motu propio*)[111]. It became possible to attribute its success precisely to the flexibility of action (without the difficulties of the procedures of the Pact of Bogotá and of the TIAR) and to the expediency of operation (not subject to the rigid interpretation and obligations derived from treaties), it being entitled to act on its own initiative[112].

---

106 Cf. OAS, document OEA/Ser.G/CP/CAJP-541/84, of 30 July 1984, pp. 80-82.

107 Cf. OAS *Treaty Series*, ns. 17 and 61 (General Information of the Treaty A-42).

108 Comité Jurídico Interamericano, *Recomendaciones e Informes – Documentos Oficiales 1967-1973*, vol. X, OAS General Secretariat, 1978, pp. 392-407; Comité Jurídico Interamericano, *Recomendaciones e Informes – Documentos Oficiales 1965-1966*, vol. IX, Rio de Janeiro, Gráf. IBGE, 1970, p. 321.

109 Cf., e.g., C. Sepúlveda, "The Reform of the Charter of the Organization of American States", 137 *Recueil des Cours de l'Académie de Droit International de La Haye* (1972) pp. 107-108, and cf. pp. 99-101 and 131.

110 Resolution XIV of the Meeting of the Ministers of External Relations (Havana) in 1940; the Commission was formally established in 1948.

111 A. Herrarte, "Solución Pacífica de las Controversias en el Sistema Interamericano", *VI Curso de Derecho Internacional Organizado por el Comité Jurídico Interamericano* (1979-1980), Washington D.C., OAS General Secretariat, 1980 **[cf.]**, p. 231, and cf. pp. 222-223.

112 Ch.G. Fenwick, *The Organization of American States*, Washington, Kaufmann Pr., 1963, pp. 198-208.

The Commission had its faculties enlarged in 1959, but, on the occasion of the first reform of the OAS Charter (Protocol of Buenos Aires of 1967, operative as from 1970), it was replaced by the Inter-American Commission on Peaceful Settlements, with wider powers but to operate as a subsidiary organ of the OAS Permanent Council[113]. The fact that the action of this new Commission became conditioned by the requirement of prior consent of the contending parties accounted for a certain immobility on the part of the regional Organization in the field of peaceful settlement from then onwards. Hence the continuing resort to *ad hoc* solutions, outside the institutional framework of the regional Organization, – with the resulting use of different methods of conflict resolution, depending on the circumstances of each case.

In the African continent, the Cairo Protocol on Mediation, Conciliation and Arbitration, of July 1964, annexed to the OAU Charter, created a Permanent Commission on Mediation, Conciliation and Arbitration. Parallel to it, since the irruption of the Algerian-Moroccan conflict of 1963, the OAU has resorted, as a complementary and flexible means of dispute-settlement, to the establishment by its main organs of subsidiary *ad hoc* committees (to foster negotiations, or good offices, mediation, inquiry and conciliation); such *ad hoc* committees have endeavoured achieving peaceful settlement without explicitly condemning a member-State of the regional Organization[114]. Those *ad hoc* committees, – composed of member-States (a maximum of ten) rather than personalities, – have acted in the conflict of *Mali versus Haute Volta* (declaration of reconciliation of 1975), later settled by the ICJ (Judgment of 1986); they also acted in the civil war of Tchade, and have become the most utilized means of settlement of inter-African conflicts to date[115].

In turn, the OAU Council of Ministers itself has exerted its good offices in the frontier dispute between Ethiopia and Somalia. The OAU Conference of Heads of State and Government, – which has also acted in the domain of dispute-settlement, – declared that the mechanism instituted by the 1964 Cairo Protocol (*supra*) was an integral part of the OAU Charter, and thus all OAU member-States were automatically Parties to the Statute of the Permanent Commission on Mediation, Conciliation and Arbitration[116]. The main objective of this mechanism is conflict

---

113 C. Sepúlveda, "The Reform of the Charter...", *op. cit. supra* n. (109), pp. 129-130, and cf. p. 118; F. García Amador (org.), *Sistema Interamericano a través de Tratados, Convenciones y Otros Documentos*, vol. I, Washington D.C., General Secretariat of the OAS, 1981, pp. 751-772.

114 H. Gharbi, «Le règlement des différends dans le cadre de l'Organisation de l'Unité Africaine (OUA)», *in Règlement pacifique des différends internationaux* (ed. F. Horchani), Tunis/Bruxelles, Centre de Publication Universitaire/Bruylant, 2002, pp. 538-539.

115 *Ibid.*, p. 540.

116 Composed of 21 member-States of the OAU Conference of Heads of State and Government; *ibid.*, pp. 541-551 and 554.

prevention, but it faces the difficulty of lack of resources; when recourse to arbitration is decided by common agreement, the institution of an arbitral tribunal is foreseen[117].

V. The Search for Ad Hoc Solutions

International practice has disclosed a variety of means of dispute settlement resorted to by States, ranging from negotiations and consultations to good offices and conciliation, from fact-finding to mediation, and also including arbitration and the judicial solution. In the American continent, parallel to the constant and unsuccessful endeavours to secure some degree of effectiveness to the comprehensive codifying treaty on peaceful settlement of disputes in the region (the 1948 Pact of Bogotá), a significant practice of dispute settlement has been developing on an *ad hoc* basis, seeking individual solutions to each *cas d'espèce*. This practice of peaceful settlement has in some instances produced concrete positive results; in any case, this has taken place in most instances *outside* the institutional mechanisms of the regional system of peace.

Pertinent examples to this effect are afforded, e.g., in Central America, by the handling of the border problem between Costa Rica and Nicaragua, in the late seventies, and of the conflict between El Salvador and Honduras in 1980; and, in South America, by the handling of the crisis opposing Peru and Ecuador, in the eighties and nineties (*infra*). Other examples, from a more distant past, could also be referred to[118]. In Central America, in order to settle the tensions in the border between Nicaragua and Costa Rica (1977-1979), *ad hoc* Commissions on Fact-Finding were established, and promptly conducted *in loco* observations, and reported to the OAS Permanent Council; this led to the solution of the conflict, on an *ad hoc* basis[119].

As for the conflict between El Salvador and Honduras, it was settled by the mediation of J.L. Bustamante y Rivero, which led to the Treaty of Peace of 1980 between the

---

117   *Ibid.*, pp. 545, 551 and 554.
118   In a more distant past, there were conflicts settled by inter-American procedures (such as, e.g., the controversy between Haiti and the Dominican Republic in 1937, resolved by the Commission of Investigation and Conciliation established under the 1923 Treaty to Prevent Conflicts between American States (the so-called Gondra Treaty) and the 1929 Washington Convention of Inter-American Conciliation), as well as conflicts resolved *not* by mechanisms of existing treaties, but rather by *ad hoc* Commissions (such was, e.g., the frontier disputes opposing Guatemala and Honduras in 1930, and Peru and Ecuador in 1942; the conflict of Chaco in 1929; and the controversy of Leticia between Colombia and Peru in 1934, – the last two with the assistance of the League of Nations).
119   E. Lagos, "Los Nuevos Mecanismos Procesales para la Eficacia de la Solución Pacífica de las Controversias, con Particular Referencia a la Práctica de la OEA en los Últimos Años", *Perspectivas del Derecho Internacional Contemporáneo*, vol. II, Santiago, Universidad de Chile, 1981, pp. 79-91. – In the early seventies, fact-finding was also employed by the OAS Mission of Observation in Belize (in 1972, pursuant to an agreement between Guatemala and the United Kingdom).

two countries concerned[120]. Some cases transcended the ambit of regional arrangements and were taken into the global – United Nations – level, such as the *cause célèbre* of the *Cuban missile crisis* (1962), taken up to the U.N. Security Council[121]. Still in the American continent, two such experiences may be singled out, given their contribution to contemporary techniques of dispute settlement: those of the process of Contadora, and of guarantor States.

1. The Experience of Contadora

In the eighties, given the intensification of tension in the Central-American region, coupled with the incapacity of international organizations – such as the OAS – to resolve the conflict, the Foreign Ministers of Panama, Mexico, Venezuela and Colombia convened a meeting in the Island of Contadora in January 1983, to formulate a proposal of dialogue and negotiation to reduce tension and reestablish peaceful co-existence among Central American States. The document ensuing therefrom was called the Declaration of Contadora (of 09 January 1983), and the four countries came to be known as the Group of Contadora.

Following initial efforts of good offices on the part of the Presidents of those four countries, in June 1984 the Foreign Ministers of the Group of Contadora drew a document (the so-called Act of Contadora)[122] containing the points and recommendations agreed upon. In September of the same year, the Group of Contadora forwarded to the Heads of State of the Central American countries a revised version of the Act of Contadora[123], stressing the need of reestablishment of peace in the region on the basis of compliance with the principles of international law and of the *joint* search for a regional solution to the Central American crisis; it moreover described the instruments of verification and inspection foreseen for the execution and follow-up of the engagements (*compromisos*) agreed upon[124].

The major difficulties remained the reduction of armaments and demilitarization, the operation of mechanisms of verification and control, and the internal reconciliation. On the other hand, however, the negotiations pursued – together with consultations, *ad hoc* mechanisms of fact-finding, and good offices, – and the international support they received, avoided the aggravation of the conflict with unforeseeable consequences not only for the region but for the whole continent. In mid-1985, the

---

120 H. Gros Espiell, "La Paz entre El Salvador y Honduras", 30 *Revista Internacional y Diplomática* (1981) n. 361, pp. 28-29.

121 For an account, cf. A. Chayes, *The Cuban Missile Crisis*, Oxford, University Press, 1974, pp. 1-154.

122 Its full title was "Act of Contadora for Peace and Cooperation in Central America".

123 Accompanied by four Additional Protocols.

124 For a study, cf. A.A. Cançado Trindade, «Mécanismes de règlement pacifique des différends en Amérique Centrale: de Contadora à Esquipulas-II», 33 *Annuaire français de droit international* (1987) pp. 798-822.

Foreign Ministers of Argentina, Brazil, Peru and Uruguay held informal consultations which led to the creation of the so-called Group of Support to Contadora.

The two Groups had their first joint meeting in Cartagena, in August 1985. In the following months, with the frequency of meetings of the Chancellors of the Groups of Contadora and of Support, the tendency was formed to the effect of minimizing the distinction between the two Groups and of foreseeing common operational initiatives[125]. This was the historical root of the establishment, later on, parallel to the OAS, of the so-called Group of Rio, with a much-expanded agenda (no longer centered on the Central American crisis).

Support to the process of Contadora came at last from the Presidents of the five Central American countries themselves (Guatemala, El Salvador, Honduras, Nicaragua and Costa Rica), in the declaration they adopted in their meeting in Esquipulas, Guatemala, on 25 May 1986 (Esquipulas-I). It was followed by the Plan Arias, adopted by the five Central American Presidents in San José of Costa Rica on 15 February 1987. On 06-07 August 1987 they met again in Esquipulas, where they at last agreed on and signed the "Procedure for the Establishment of the Firm and Lasting Peace in Central America" (Esquipulas-II). The main engagements undertaken were directed towards national reconciliation, cease-fire, democratization and free elections, cessation of aid to irregular forces and rebels, non-use of territory to attack other States, assistance to refugees and displaced persons, the consolidation of democracy[126]. Two supervisory organs were promptly set up, namely, the International Commission of Verification and Follow-up and the Executive Committee[127].

The Procedure worked out in August 1987 managed to save time and occupy political space in the negotiating and fact-finding process, which finally led to the creation of a new atmosphere of peace in the Central American region. The Contadora/Esquipulas-II process, as a whole, had the merit and importance of avoiding the escalade of the regional conflict into one of possibly much greater proportions and unforeseeable consequences for the whole continent[128]. This process, as already pointed out, evolved outside the institutional framework of the OAS and the United Nations, – but eventually counted on the support of both organizations[129] (and of virtually the whole international community), which reckoned that they could not effectively replace it.

---

125   For an account, cf. *ibid.*, pp. 798-822.

126   Points 7, 10 and 11 of Esquipulas II were of particular importance to the means of peaceful settlement.

127   For details, cf. A.A. Cançado Trindade, *op. cit. supra* n. (124), pp. 798-822.

128   For assessments, cf., e.g., J. Ordóñez and N. Gamboa (eds.), *Esquipulas, Diez Años Después: Hacia Dónde Va Centroamérica?*, San José of Costa Rica, CSUCA, 1997, pp. 1-30; V. Flores Olea (ed.), *Relación de Contadora*, Mexico, Fondo de Cultura Económica, 1988, pp. 15-358.

129   Cf. A.A. Cançado Trindade, *op. cit. supra* n. (124), pp. 798-822, esp. p. 810, n. 57.

The process – even before Esquipulas-I and II – was soon recognized as the only viable way to a negotiated peace in the region. Ultimately, it amounted to a non-institutionalized regional Latin American initiative of settlement of the Central American crisis on the basis of consensus of all parties concerned. Negotiations and fact-finding played a very important role in the settlement. The strong international law tradition of Latin American countries was another element of relevance in the successive formulas negotiated, which proved conducive to peace in the region.

2. The Experience of Guarantor States

In South America, the prolonged border problem between Ecuador and Peru, which led to armed confrontation between the two countries in 1981 and 1994-1995, was handled invariably by the *guarantors* designated in the 1942 Protocol of Rio de Janeiro, settled at last in 1998. To the Declaration of Peace of Itamaraty, signed by Peru and Ecuador in Brasilia, on 17 February 1995, in the presence of representatives of the four guarantor States (Argentina, Brazil, Chile and United States), followed the Declaration of Montevideo of 28 February of the same year, signed by the Foreign Ministers of Ecuador and Peru, together with the Foreign Ministers of Argentina, Brazil and Chile, and the Secretary of State of the United States, in which they ratified their will to comply fully with the Declaration of Peace of Itamaraty.

The exercise of mediation undertaken by the guarantor States of the 1942 Protocol of Rio de Janeiro (Argentina, Brazil, Chile and United States) intensified as from 1995[130]. The Declaration of the Guarantors signed in Brasilia on 16 April 1997 took note of the exchange of the descriptive explanations of the respective "lists of deadlocks" (*listas de impasses*). The document further recalled that it was the "exclusive responsibility" of the contending parties to carry on the peace conversations, as to the guarantors corresponded the "autonomous capacity" to make recommendations, suggestions, exhortations, declarations and evaluations on the peace process. The operation of this *ad hoc* mechanism contributed decisively to ease the tensions between Ecuador and Peru, in the search for a peaceful settlement of their border problem.

The successful outcome of the exercise culminated in the final Peace Agreement of 26 October 1998 between Peru and Ecuador. This latter, which insisted in the renegotiation of the frontier as established in the 1942 Protocol, by means of the 1995 Declaration of Peace of Itamaraty admitted that the Protocol remained in force in exchange for the Peruvian recognition that the conclusion of the demarcation foreseen in that instrument required the prior settlement of substantive questions. In October 1996, by the Agreement of Santiago, the contending parties agreed to entrust the guarantors States with the initiative of proposed formulas for peaceful settlement. The first one of them, accepted by all, was the formula of "single

---

130 Successive documents were signed in Quito (agreement of 23.02.1996), Buenos Aires (communiqué of 19.06.1996), and Santiago (agreement of 29.10.1996).

undertaking", whereby no individual aspect of the dispute was to be resolved independently of an over-all solution of the conflict.

Ecuador and Peru, for the first time since 1942, set up a common agenda of discussion, suspending temporarily their respective claims; assisted by the guarantor States[131], and "recommendatory opinions" on minor issues, they started holding direct bilateral meetings, most often in Brasilia; in difficult moments of the exercise each contending party met with the guarantor States in separate rooms. The colegial and concerted exercise of the contending parties together with the guarantor States enlarged the negotiating "package", so as to add to the frontier issue other aspects pertaining to cooperation and joint development in the region. The strategy succeeded[132], and the peace process culminated in the ceremony of the signature of the final peace document of 26.10.1998, which put an end to the misunderstandings which had prevailed until 1995. This is a positive contemporary example of a successful mediation stressing the key role of the guarantor States.

3. Other Experiences

It becomes rather difficult to generalize as to the effectiveness of each of the methods of peaceful settlement. If direct negotiations proved successful, for example, between Argentina and Uruguay over the river Plate and its maritime front[133], and between Brazil and Argentina over the use of waters of the river Paraná, and between the United States and Panamá over the regime of the Canal[134], – there have also been also cases in which negotiations, extended for many years, have not produced entirely satisfactory results, such as, e.g., the territorial problem between Venezuela and Guyana, and the controversy between Venezuela and Colombia as to maritime delimitation[135], and the old issue between Bolivia and Chile concerning Bolivia's access to the sea[136].

Other initiatives involving methods of peaceful settlement other than direct negotiations have likewise been resorted to. In the controversy between

---

131   The consultations followed the formula "2 plus 4", that is, the two contending parties together with the four guarantor States.

132   Oral testimonies that I collected in private interviews with protagonists in the peace process from distinct sides.

133   On the negotiations, cf. H. Gros Espiell, «Le traité relatif au `Rio de la Plata' et sa façade maritime», 21 *Annuaire français de droit international* (1975) pp. 241-249.

134   Cf., e.g., Pr.R.Y. Chuang, "The Process and Politics of the Ratification of the Panama Canal Treaties in the United States", 56 *Revue de droit international de sciences diplomatiques et politiques* (1978) pp. 95-113.

135   For comments on this latter, cf. P. Gilhodes, «Le conflit entre la Colombie et le Venezuela: quelques arpents d'eau salée?», 21 *Revue française de science politique* (1971) pp. 1272-1289.

136   Cf., e.g., G. Echeverría, M.T. Infante and W. Sánchez, "Chile y Bolivia: Conflicto y Negociación en la Subregión", *Las Relaciones entre los Países de América Latina* (ed. W. Sánchez), Santiago, Ed. Universitaria, 1980, pp. 153-183.

Chile and Argentina over the Beagle Channel, for example, shortly after the arbitral award of 1977, the mediation of the Holy See (as from 1979) led to the treaty of peace of 1984 between the two countries[137]. The resolution of the controversy over the Beagle Channel paved the way for the settlement of another boundary dispute between Argentina and Chile, over the *Laguna del Desierto*. This latter was submitted to an arbitral tribunal, which rendered its award on 21 October 1994 (followed by another award – on Chile's requests for revision and interpretation – of 13 October 1995)[138].

Given this most diversified regional framework of resort to means of conflict resolution, most of them outside the institutional machinery of the Organization of American States, it was not surprising to find that, already in its first period of sessions, in 1971, the OAS General Assembly had displayed some concern with the need to strengthen the inter-American system of peace[139]. Two years later, in 1973, the Special Commission to Study the Inter-American System and to Propose Measures for Its Restructuring (CEESI) dwelt upon the theme of the enhancement of the regional system of peaceful settlement[140]. Over a decade later, in an opinion of 1985, the Inter-American Juridical Committee went as far as proposing concrete changes in some of the provisions of the Pact of Bogotá[141].

The field of peaceful settlement of disputes became in fact object of special attention of the second reform of the OAS Charter, – that of the Protocol of Cartagena de Indias of 1985. Attentive to the reality of the matter in the region, endeavours focussed on the search for individual solutions, adequate to each *cas d'espèce*. This implied an acknowledgement of the virtual immobility of the regional Organization

---

137 On the arbitral award, cf., e.g., J. Dutheil de la Rochère, «L'affaire du Canal de Beagle», 23 *Annuaire français de droit international* (1977) pp. 408-435.

138 For comments, cf. F.O. Salvioli, "Las Sentencias del Tribunal Arbitral sobre el Diferendo Argentino-Chileno en Relación al Recorrido del Límite entre el Hito 62 y el Monte Fiz Roy", 101/103 *Boletim da Sociedade Brasileira de Direito Internacional* (1996) pp. 187-205.

139 Cf. Comité Jurídico Interamericano, *Recomendaciones e Informes – Documentos Oficiales 1967-1973*, vol. X, OAS General Secretariat, 1978, pp. 347-348 and 356.

140 Cf. OAS, document OEA/Ser.G/CP/CAJP-541/84, of 30 July 1984, pp. 88-89. – The 1947 Inter-American Treaty of Reciprocal Assistance (TIAR), a typical product of the cold-war period, though not in force, became likewise object of revision (given the increasing dissatisfaction with its invocation), with the adoption of the 1975 Protocol of Reforms to TIAR, advocating a more restrictive approach to it, whilst at the same time not precluding States of the region to resort to the U.N. Security Council or General Assembly. Cf. Rafael de la Colina, *El Protocolo de Reformas al Tratado Interamericano de Asistencia Recíproca*, Tlatelolco/México, Secretaría de Relaciones Exteriores, 1977, pp. 49, 51, 53 and 55; A. Gómez Robledo, "El Protocolo de Reformas al Tratado Interamericano de Asistencia Recíproca", *in III Curso de Derecho Internacional Organizado por el Comité Jurídico Interamericano*, Washington D.C., General Secretariat of the OAS, 1976-1977, pp. 135-137.

141 Cf. Inter-American Juridical Committee, *Recommendations and Reports 1985*, vol. XVII, OAS General Secretariat, 1987, pp. 57-94; and cf. account *in* Isidoro Zanotti, "[Report:] Regional and International Activities", 17 *University of Miami Inter-American Law Review* (1986) pp. 339-344.

to take effective action in this field as from the first reform of its Charter in 1967 (Protocol of Buenos Aires, effective). This prompted the 1985 reform to devise more flexible methods of operation in conflict resolution.

Accordingly, the OAS Charter as amended by the 1985 Protocol of Cartagena of Indias, Colombia, was to authorize any party to a dispute – in relation to which none of the procedures foreseen in the Charter was being made use of – to resort to the OAS Permanent Council to obtain its good offices (Article 84); such unilateral recourse replaced the previous requirement of prior consent of both, or all, contending parties. Moreover, the former Inter-American Commission on Peaceful Settlement, set up by the 1967 reform of the OAS Charter (*supra*), was replaced by the OAS Permanent Council's new faculty of establishing *ad hoc* commissions, with the acquiescence of the contending parties (Articles 85-87).

With the new OAS Charter reforms of 1985[142], a much more practical and flexible mechanism was thus devised, carefully avoiding, at the same time, to "impose solutions" upon either of the parties[143]. Furthermore, the OAS Secretary-General became endowed with the new faculty or initiative of bringing to the attention of the OAS General Assembly or Permanent Council any question which in his opinion might affect peace in the continent (Article 116). While these initiatives of institutional reform of the OAS methods of action were being taken, with the apparent understanding that it would be proper and convenient to leave open to contending parties the largest possibilities or schemes of peaceful settlement, once again, not only inside but also outside the regional Organization that means were pursued to tackle a grave situation which was indeed affecting peace in the continent throughout the eighties: the Central-American crisis (cf. *supra*).

The search for *ad hoc* solutions has by no means been limited to the American continent. In the African continent, reference has already been made to the coexistence between the OAU Permanent Commission on Mediation, Conciliation and Arbitration and *ad hoc* committees subsidiariy to the main organs of the regional Organization. These initiatives are but a reflection of the old professed purpose of finding African solutions for inter-African disputes[144]. And, in the Asian continent,

---

142 For an assessment, cf. J.C. Baena Soares, "Aspectos Jurídico-Políticos das Recentes Reformas da Carta da Organização dos Estados Americanos (OEA)", 87/90 *Boletim da Sociedade Brasileira de Direito Internacional* (1993) pp. 59-71; J.-M. Arrighi, "Les réformes à la Charte de l'Organisation des États Américains: Problèmes des droits de traités", 43 *Annuaire français de droit international* (1997) pp. 1-12.

143 The new mechanism in a way resembled that of the old Inter-American Commission of Peace (*supra*).

144 Cf. J.-M. Bipoun-Woum, *Le droit international africain*, Paris, LGDJ, 1970, pp. 269-273; O. Okongwu, "The OAU Charter and the Principle of Domestic Jurisdiction in Intra-African Affairs", 13 *Indian Journal of International Law* (1973) pp. 589-593; M. Bedjaoui, "Le règlement pacifique des différends africains", ... *Annuaire français de droit international* (1972) p. 92.

a recent example is found in the 1997 fisheries agreement between China and Japan, whereby the two countries revised their earlier agreement of 1975 in the light of the entry into force – in respect of them – of the 1982 U.N. Convention on the Law of the Sea[145]; reference can also be made to the *Southern Bluefin Tuna* case (Australia and New Zealand *versus* Japan (1993-2000), encompassing both the arbitral procedure under that Convention and negotiations between the contending parties[146].

VI. The Work of the Special Committee on the Charter of the United Nations and on the Strengthening of the Role of the Organization

At global U.N. level, the Special Committee of the Charter of the United Nations and of the Strengthening of the Role of the Organization, established in December 1975[147] and composed of 47 member States[148], soon turned its attentions precisely to the chapter of peaceful settlement of international disputes as an aspect of priority for the United Nations, as the possibilities opened by the Charter "had not been fully utilized"[149]. It was observed, from the start, that only 7 States had until then adhered to the Revised General Act of Peaceful Settlement of International Disputes (which had entered into force in 1950), and that perhaps one should restudy the mechanisms of peaceful settlement in connection with a proposal of elaboration of a treaty on non-use of force in international relations[150] (cf. *infra*).

In this respect, the Secretary General prepared a study (February 1976) containing a series of suggestions advanced by memberStates. The possibility was contemplated of a general treaty, and, concerning the mechanisms of peaceful settlement, of an enlargement of the ideas incorporated into chapter VI of the Charter; as to the options available under Article 33, it was suggested that one should foresee a sequence between direct negotiations and interposition of third parties (for disputes not settled by the former), and of the acceptance of arbitral or judicial solution when negotiation, investigation, mediation or conciliation appeared insufficient[151].

---

145 The new 1997 agreement significantly sets up a "provisional measures zone", as "a zone of joint management where the two countries partially exercise joint control or enforcement measures, pending the delimitation of their maritime boundaries"; M. Miyoshi, "New Japan-China Fisheries Agreement – An Evaluation from the Point of View of Dispute Settlement", 41 *Japanese Annual of International Law* (1998) p. 30, and cf. pp. 31-43.

146 Cf., e.g., N. Tanaka, "Some Observations on the *Southern Bluefin Tuna* Arbitration Award", 44 *Japanese Annual of International Law* (2001) pp. 9-34.

147 U.N. General Assembly resolution 3499 (XXX), of 15.12.1975.

148 Cf. U.N. suppl. n. 33 (A/33/33), *cit. infra* n. (154), pp. 2-3.

149 U.N., *Report of the Special Committee on the Charter of the United Nations and on the Strengthening of the Role of the Organization,* suppl. nº 33 (A/32/33), 1977, pp. 39 e 42.

150 *Ibid.*, pp. 42-46.

151 *Ibid.*, pp. 140-143.

More concretely, the strengthening of the functions of the Security Council, the General Assembly and the Secretary General as to fact-finding was supported, through the more effective use of groups of experts and fact-finding panels; there was also support for preventive diplomacy and a wider use of good offices by the Secretary General, as well as for more effective conciliatory procedures; hence the suggestion that emerged of the creation of a Commission of Conciliation and Arbitration, to remain permanently at the disposal of States[152], and of permanent commission (of the General Assembly, pursuant Articles 10, 14 and 22 of the U.N. Charter) exercising the functions of mediation, good offices and conciliation, both in dispute settlement and in the prevention of the aggravation of controversies[153].

In March 1978 the Special Committee on the Charter of the United Nations and on the Strengthening of the Role of the Organization decided to establish a Working Group, the basic priority of which would become the topic of peaceful settlement of disputes. The Special Committee preliminarily prepared a list of 51 proposals[154] and examined the report of the Working Group in 1979 [155]. After consultations with the governments and collection of the working papers presented by them, the Working Group reached the conclusion, in 1980, that it should prepare a draft Declaration on Peaceful Settlement of Disputes[156]. Once launched the drafting process, in the following year a detailed study was undertaken of the texts prepared by the Working Group and through informal consultations (to member States) made by the Special Committee[157].

At last, in 1982, the Special Committee concluded the draft of the Manila Declaration on Peaceful Settlement of International Disputes, submitted to the appreciation of the U.N. General Assembly; the draft started with a preamble (with 11 *consideranda*), followed by part I, with 13 paragraphs. Therein were reaffirmed the principles of good faith, of peaceful settlement of disputes, of sovereign equality of

---

152   Such Commission would be created by the Security Council (Article 29), and composed of 5, 7, 9 or 11 persons of recognized merit (such as former Presidents of the General Assembly), respected the equitable geographical distribution; it would adopt its own procedures and methods, and its work would be conducted in a confidential way; *ibid.*, pp. 143-144.

153   There were naturally also those who opposed those suggestions (of creation of permanent organs) on the basis of State sovereignty and of the right of States of free choice of means of peaceful settlement of disputes; cf. *ibid.*, pp. 144-145.

154   Cf. U.N., *Report of the Special Committee on the Charter of the United Nations and on the Strengthening of the Role of the Organization*, suppl. n. 33 (A/33/33), 1978, pp. 3-4 and 63-70. The Special Committee recalled the drafting of the 1970 Declaration on Principles of International Law Governing Friendly Relations and Cooperation among States in Accordance with the U.N. Charter; cf. *ibid.*, pp. 15 and 21.

155   Cf. U.N., *Report of the Special Committee on the Charter of the United Nations and on the Strengthening of the Role of the Organizaton*, suppl. n. 33 (A/34/33), 1979, pp. 5-18.

156   Cf. U.N., *Report of the Special Committee on the Charter of the United Nations and on the Strengthening of the Role of the Organization*, suppl. n. 33 (A/35/33), 1980, pp. 63-108.

157   Cf. U.N., *Report of the Special Committee on the Charter of the United Nations and on the Strenghthening of the Role fo the Organization*, suppl. n. 33 (A/36/33), 1981, pp. 71-91.

States[158]. Part II of the draft, with 6 paragraphs, started by calling upon member States to utilize the provisions of the U.N. Charter – particularly those of chapter VI – on peaceful settlement of disputes. Especially significant were paragraphs 3 to 6, devoted, respectively, to the General Assembly, the Security Council, the International Court of Justice and the U.N. Secretary General.

Paragraph 3 reaffirmed the function of the U.N. General Assembly of debate and – under Article 12 – recommendation of measures for peaceful settlement of situations which could affect friendly relations among States, and called upon States to utilize consultations in the ambit of the Assembly (and subsidiary organs) aiming at facilitating peaceful settlement. Paragraph 4 reasserted the main function of the U.N. Security Council in the area (e.g., Article 33), referring to its investigatory powers (of *fact finding*) and to the utilization of subsidiary organs in the exercise of its functions. The following paragraph pointed out the utility of recourse to the International Court of Justice in disputes with a predominantly juridical character and endorsed the practice of insertion into treaties of clauses foreseeing such recourse for the settlement of disputes about their interpretation and application[159].

Paragraph 6 reaffirmed the functions of the U.N. Secretary-General, in connection with the operation of the Security Council and the General Assembly, in the settlement of international disputes[160]. Part III contained provisions, in the light of the U.N. Charter itself and without prejudice to the right of self-determination of peoples, as a decisive step to the strengthening of the peaceful settlement of disputes and the effectiveness of the U.N. in this area by means of the progressive development and codification of international law[161]. The Manila Declaration on the

---

158 It further referred to the faculty (mistakenly termed by the draft as "principle") of free choice of means of peaceful settlement (negociation, investigation, mediation, conciliation, arbitration, judicial settlement, recourse to regional organs, good offices or other peaceful means). Recourse to regional organs was not regarded as a prerequisite to lodge a dispute with the U.N. Security Council or the General Assembly, and in the case of failure of any of the means of peaceful settlement (*supra*), recourse to the Security Council was foreseen. The threat or use of force by the contending parties was prohibited. Cf. U.N., *Report of the Special Committee on the Charter of the United Nations and on the Strengthening of the Role of the Organization*, suppl. n. 33 (A/37/33), 1982, pp. 9-11; the draft Declaration further referred to the 1970 Declaration on Principles of International Law Governing Friendly Relations and Cooperation among States in Accordance with the U.N. Charter; cf. *ibid.*, p. 11.

159 After calling upon States to recognize as compulsory the jurisdiction of the Court (Article 36 of the Statute), paragraph 5 raised the possibility that the organs and specialized agencies of the U.N. request – duly authorized – opinions from the Court on juridical questions pertaining to the ambit of their activities; cf. note (150), *infra*.

160 Cf. *ibid.*, pp. 12-14.

161 Cf. *ibid.*, p. 14; herein once again a reference was made to the Declaration of Principles of International Law Governing Friendly Relations and Cooperation Among States in Accordance with the U.N. Charter.

Peaceful Settlement of International Disputes was at last adopted by U.N. General Assembly resolution 37/10, of 15 November 1982.

VII. Peaceful Settlement and the Renunciation of the Use of Force in International Relations

In the past, from the Hague Conventions of 1899 and 1907 on peaceful settlement of international disputes to date, endeavours were undertaken with the concrete purpose of prohibiting the use or threat of force in the conduction of international relations. Thus, for example, in the same year when the League of Nations sponsored the General Act of Geneva on Peaceful Settlement of International Disputes (1928)[162], the well-known Pact Briand-Kellogg (or Treaty of Paris, of renunciation to war) heralded the acknowledgement of the three basic principles of peaceful settlement of disputes, of condemnation of war as a means of settlement of disputes, and of renunciation of recourse to war as an instrument of foreign policy[163]. As from 1932, one started invoking, in inter-State relations, the so-called Stimson doctrine of non-recognition of situations generated by force[164]. And, in the American continent, the Anti-Bellic Treaty of Non-Aggression and Conciliation (or Pact Saavedra Lamas – cf. *supra*) was celebrated in 1933.

Some years later, the system of collective security was formed (in the United Nations era), – endorsing the principles of peaceful settlement of international disputes and of the prohibition of the use of force by the States in their international relations, – determined, to a great extent, by the nuclear deadlock, by the growing economic interdependence among States, and by the general rejection of the unilateral use of force by the States[165]. Just as the notion of sovereignty no longer exerted any function whatsoever in the *interpretation* of treaties[166], the notion of "vital interests" of the States became anachronical in the specific context of the peaceful settlement of international disputes[167].

In the late seventies, in the debates of the U.N. Special Committee on Enhancing the Effectiveness of the Principle of Non-Use of Force in International Relations,

---

162 Revised, by the U.N., in 1949, having entered into force in the following year.
163 J. Zourek, *L'interdiction de l'emploi de la force en droit international,* Leiden/Genève, Sijthoff/Inst. H. -Dunant, 1974, pp. 39-42.
164 Doctrine formulated by the U.S. Secretary of State Stimson on 07.01.1932 (following the Japanese invasion of Mandchuria), consisting int the non-recognition by the U.S. government of situations in conflict with the Pact Briand-Kellogg of 1928 of renunciation to war. Cf. C.-A. Colliard, *Institutions internationales,* Paris, Dalloz, 1956, pp. 195-208; Alf Ross, *A Textbook of International Law – General Part,* London, Longmans, 1947, pp. 118-122; P. Reuter and A. Gros, *Traités et documents diplomatiques,* Paris, P.U.F., 1963, pp. 510-514.
165 J. Zourek, *op. cit. supra* n. (163), pp. 47-49.
166 Lord McNair, «Treaties and Sovereignty», *Symbolae Verzijl (présentées au Professeur J.H.W. Verzijl à l'occasion de son LXXième. anniversaire),* La Haye, M. Nijhoff, 1958, pp. 222-237.
167 J. Zourek, *op. cit. supra* n. (163), p. 121.

in considering the topic of settlement of disputes, a then current preference was detected for flexible and *ad hoc* solutions (surpassing arbitral or judicial settlement), and emphasis was laid on the relevance of fact-finding capacity of the General Assembly and of the Security Council (and subsidiary organs of both) and of the powers of the Secretary General under Article 99 of the U.N. Charter[168]. It was observed, in the debates that followed in 1980, that the concern of the non-aligned countries with their security and stability could be better served by the emphasis on the need of a full implementation of the provisions of chapter VII of the Charter and the development of the system of peaceful settlement of disputes contained in chapter VI than by the adoption of a new treaty reiterating the existing obligations[169].

For the representatives of Spain as well as India, for example, the principle of the non-use of force in international relations had become an imperative norm of international law (*jus cogens*, in the meaning of Articles 53 and 64 of the 1969 Vienna Convention on the Law of Treates)[170], the delegate of India recalling that the principle at issue had already been reasserted in various instruments, such as the 1970 Declaration of Principles of International Law Governing Friendly Relations and Cooperation among States, the 1970 Declaration on the Strengthening of International Security, the 1974 Definition of Aggression, and the resolution 2936 (XXVII) on the non-use of force in international relations and the permanent prohibition of the use of nuclear weapons[171]. In the debates of 1981, three countries of Eastern Europe – Romania, Bulgaria and Poland – lent support to the thesis that the principle of non-use of force had become an imperative norm of international law[172], – a thesis which was to appear in the report of the Working Group [of the Special Committee][173].

In the framework of the interrelationship between peaceful settlement and the renunciation of the use or threat of force in international relations, special attention is to be given to the endeavours of *prevention* of disputes at international level. Fact-finding has often been contemplated to that end. The 1988 Declaration on the Prevention and Removal of Disputes and Situations Which May Threaten

---

168   U.N., *Report of the Special Committee on Enhancing the Effectiveness of the Principle of Non-Use of Force in International Relations*, suppl. n° 41 (A/34/41), 1979, p. 25.

169   Cf. U.N., *Report of the Special Committee on Enhancing the Effectiveness of the Principle of Non-Use of Force in International Relations*, suppl. n. 41 (A/35/41), 1980, p. 26.

170   Cf. *ibid.*, pp. 11 and 28.

171   *Ibid.*, p. 29. One attempted to reach a definition of the threat or use of force (*ibid.*, pp. 47-55), and the report of the Working Group referred *inter alia* to the process of conciliation in the ambit of the Security Council initiated by the Secretary General or any member State (*ibid.*, p. 43).

172   U.N., *Report of the Special Committee on Enhancing the Effectiveness of the Principle of Non-Use of Force in International Relations*, suppl. n. 41 (A/37/41), 1982, pp. 17, 37, 39, 49, 55, 57, 60-61 and 84-85, respectively.

173   *Ibid.*, pp. 54 and 59.

International Peace and Security and on the Role of the United Nations in This Field, for example, calls for the "full use of the fact-finding capabilities of the Security Council, the General Assembly and the Secretary-General" in the preservation of international peace and security[174]. The *Handbook on the Peaceful Settlement of Disputes between States* prepared by the Office of Legal Affairs of the United Nations, and published in 1992, contains in fact several examples of initiatives of *prevention*, as well as settlement, of international disputes, undertaken by the U.N. Security Council, General Assembly and the Secretary-General[175].

VIII. Peaceful Settlement beyond State Voluntarism: Some New Trends

As from the aforementioned United Nations debates of the eighties, an awareness seemed to have been formed to the effect of overcoming the vicissitudes of free will in the present domain of international law. Thus, a point proposed, in relation to dispute settlement, in the work not only of the Special Committee on the Charter of the United Nations and on the Strengthening of the Role of the Organization, but also throughout the work of the III U.N. Conference on the Law of the Sea, was the institutionalization of recourse to conciliation, the operation of which could, in turn, foster negotiations towards attaining peaceful settlement[176]. In fact, on successive occasions the initiative of a *compulsory recourse to conciliation* has been taken.

Such proposal found expression in the 1982 U.N. Convention on the Law of the Sea (Articles 297(2) and (3) and 298(1)(a)), just as it likewise did in some of the "codification Conventions" (e.g., the 1969 Vienna Convention on the Law of Treaties, the 1986 Vienna Convention on the Law of Treaties between States and International Organizations or between International Organizations, the 1975 Vienna Convention on Representation of States in Their Relations with International Organizations of Universal Character, the 1978 Vienna Convention on State Succession on Treaties, the 1983 Vienna Convention on State Succession on Assets, Archives and State Debts); compulsory recourse to conciliation was also enshrined into the 1985 Vienna Convention on the Protection of the Ozone Layer, the 1992 Framework Convention on Climate Change, the 1992 Convention on Biological Diversity[177].

In the same line of thinking, the 1997 Ottawa Convention on Anti-Personnel Mines and the 1997 U.N. Convention on the Law of the Non-Navigational Uses of International Watercourses lent support to the idea of *compulsory recourse to fact-finding*. Although the result of either conciliation or fact-finding is not compulsory,

---

174   U.N., *Handbook on the Peaceful Settlement of Disputes...*, op. cit. infra n. (175), p. 25.
175   U.N., *Handbook on the Peaceful Settlement of Disputes between States*, N.Y., U.N. Office of Legal Affairs/Codification Division, 1992, pp. 120-121 and 127-129.
176   H. Caminos, op. cit. supra n. (93), p. 28; and cf. *supra*.
177   T. Treves, "Recent Trends in the Settlement of International Disputes", 1 *Cursos Euromediterráneos Bancaja de Derecho Internacional* – Castellón (1997) pp. 415-416.

recourse to one or the other becomes so, under those respective Conventions, and it has rightly been suggested that the fact that such recourse is provided for in those multilateral treaties "may have the effect of guiding States to conform to the substantive rules of the Conventions"[178].

These initiatives further suggest a determination of overcoming sheer State voluntarism, and gradually moving towards the configuration of some degree of compulsory settlement also in relation to the operation of non-jurisdictional methods of dispute settlement, – to the benefit, ultimately, of the international community as a whole. These developments cannot pass unperceived in a general assessment of the peaceful settlement of international disputes, which nowadays ought necessarily to be directly related to the general interests of the international community.

At United Nations level, the 1982 Manila Declaration on the Peaceful Settlement of International Disputes, the 1988 Declaration on the Prevention and Removal of Disputes and Situations Which May Threaten International Peace and Security and on the Role of the United Nations in this Field, and the 1991 Declaration on Fact-Finding by the United Nations in the Field of the Maintenance of International Peace and Security, disclose an outlook of the matter which could hardly fit into a rigid positivist outlook of strict application of legal rules. They surely go beyond that outlook, in propounding peaceful settlement of international disputes also on the basis of the general principles of international law.

Another illustration to the effect that the domain of peaceful settlement of international disputes is no longer entirely open manifestations of State voluntarism lies in the fairly recent establishment of the mechanism of dispute settlement in the ambit of the World Trade Organization (WTO). In this latter one can identify, in fact, the advent of a jurisdictionalized [cf.] mechanism of settlement of disputes (with double degree of jurisdiction[179]), of compulsory character, in the ambit of the law on international trade. This mechanism comes to emphasize (although still with some imperfections in practice[180]) multilateralism in contemporary international relations, with rather satisfactory results to date.

In the operation of the WTO mechanism referred to, the relationship between the environment and international trade, for example, has been considered[181]. The new multilateral mechanism of settlement of disputes of the WTO

---

178 *Ibid.*, pp. 416-417.
179 That is, the panels and the Appellate Body.
180 Calling for, e.g., the adoption of rules of its own of more universal acceptance (rather than by reference to more circumscribed experiments, such as OECD).
181 Thus, e.g., in the well-known *Shrimp/Turtle* case (1999), – one of the most relevant of its practice to date, – it was deemed that a country can have a legal interest in activities, undertaken in another country, harmful to migratory species and species in extinction; Ph. Sands, "Turtles and Torturers: The Transformation of International Law", 33 *New York University Journal of International Law and Politics* (2000) p. 534.

represents, by its very existence, a sensible advance in the present domain of international law. To start with, it establishes an obligation of conduct, in the sense of the observance of pre-established proceedings. The decisions are binding, and bring about legal consequences; the mechanism, in sum, in an integral part of public international law[182], and orients itself by the *due process of law*, what is endowed with significance and relevance.

In fact, the procedure of the mechanism of settement of disputes of the WTO was conceived in a way of promoting, as far as possible, the foreseeability and the stability in the *contentieux* of international trade; hence its tendency to a preponderantly juridical outlook[183]. The Appellate Body, of the mechanism of peaceful settlement of the WTO, in some of its reports – mainly in the first of them – has emphasized that the WTO mechanism referred to, – guided by an essentially "rule-oriented" outlook, – effectively integrates international law, and the cases resolved by it fall into the ambit of the *contentieux* proper of Public International Law[184]. In a chapter of international law constantly marked, to a large extent, by inter-State voluntarism, the operation of a compulsory and jurisdictionalized mechanism of peaceful settlement of international disputes is at last achieved in the field of international trade, which fulfils the need of juridical security (also in this domain), oriented by the principles and norms of Law rather than considerations of power, – what in turn reverts itself, ultimately, to the benefit of the evolution of International Law itself[185].

In sum, the old ambivalence between the duty of peaceful settlement and the free choice of means (cf. *supra*) needs to be reassessed in our days. The time seems to have come to tip the balance in favour of the former, which corresponds to a general principle of international law, and its prevalence over the latter, which is but a faculty open to the contending parties. The international community seems to have attained a level of consciousness to concede that the principle of peaceful settlement ought to condition the free choice of means. Developments in the present chapter of international law in recent decades, as already indicated, appear to point in this direction.

---

182   J. Pauwelyn, "The Role of Public International Law in the WTO: How Far Can We Go?", 95 *American Journal of International Law* (2001) pp. 535-578; D. Palmeter and P.C. Mavroidis, "The WTO Legal System: Sources of Law", 92 *American Journal of International Law* (1998) pp. 398-413.

183   J.H. Jackson, *The World Trade Organization – Constitution and Jurisprudence*, London, Royal Institute of International Affairs, 1999 [reprint], pp. 61-62.

184   *Ibid.*, pp. 89 and 98. The Appellate Body has made it clear, in its practice, that the general principles of international law (also in the matter of interpretation of treaties) are applicable to the agreements of the WTO.

185   J. Cameron and K.R. Gray, "Principles of International Law in the WTO Dispute Settlement Body", 50 *International and Comparative Law Quarterly* (2001) pp. 248-298.

The growing institutionalization of dispute settlement systems[186], in particular under some multilateral treaties[187], is bound to foster a less permissive and more clearly rule of law-oriented approach, emphasizing obligations to cooperate, which at times may appear as being truly *erga omnes partes*[188]. Such developments are reassuring, as they appear in keeping with the general interests of the international community.

IX. Peaceful Settlement and the General Interests of the International Community

It can hardly be doubted that peaceful settlement of international disputes is in keeping with the general interests of the international community. By and large, at universal level, States have displayed in most cases a certain preference for less rigid and more flexible methods of conflict resolution, suitable to the circumstances of the *cas d'espèce*. But this has not impeded them to resort, in a few cases, to arbitral and judicial solutions. It is therefore very difficult to generalize as to the greater or lesser effectiveness of a given method of peaceful settlement. The pattern of diversity of means of conflict resolution and of the search for individual solutions is, besides clearly identifiable, a reflection of the perennial tension between the States' general duty of peaceful settlement and their freedom of choice at to the means of settlement (which might appear more suitable to them). Such ambivalence has always permeated this area (of conflict resolution) of public international law.

There has thus been an element of unpredictability in dispute settlement, which remains a domain of international law still impregnated to some extent with elements of State voluntarism, despite all attempts of its recent codification and progressive development at universal U.N. level[189]. Yet, it is undeniable that some progress has been achieved in recent years, as illustrated by the mechanism of dispute settlement of the 1982 U.N. Convention on the Law of the Sea; in addition, the reaction of some States expressing their preference for compulsory settlement of disputes under the 1985 Vienna Convention for the Protection of the Ozone Layer disclosed a greater awareness in the international community as to the need of international compulsory jurisdiction.

---

186   Such as, *inter alia*, as already seen, the panels and the Appelate Body of the current mechanism of dispute settlement of the World Trade Organization (WTO, *supra*).

187   E.g., compulsory recourse to conciliation and to fact-finding (*supra*).

188   A. Peters, "International Dispute Settlement: A Network of Cooperational Duties", 14 *European Journal of International Law* (2003) pp. 1-5, 9-11 and 30-34.

189   Such as, e.g., at global (United Nations) level, the 1982 Manila Declaration on the Peaceful Settlement of International Disputes; the 1988 U.N. Declaration on the Prevention and Removal of Disputes and Situations Which May Threaten International Peace and Security and on the Role of the United Nations on This Field; and various U.N. General Assembly resolutions (including resolution 44/21, of 15.11.1989) on the enhancement of international peace in accordance with the U.N. Charter. Cf. B. Boutros-Ghali, *An Agenda for Peace (1995)*, 2nd. ed. (with Supplement), N.Y., U.N., 1995, p. 52; and cf. also United Nations, *Handbook on the Peaceful Settlement of Disputes between States*, New York, U.N., 1992, pp. 1-153.

If international practice yielded in the past to State voluntarism, such posture is in our days under heavy criticism: in fact, if it is by their free will that States apply norms of international law, – as that conception sustains, – it is also by their free will that they violate those norms, and the voluntarist conception thus revolves in vicious circles that can hardly provide a reasonable explanation for the evolution itself of general international law[190]. Other domains of public international law have long overcome the voluntarist dogma (e.g., the international protection of human rights, the law of international organizations, the international regulation of spaces – particularly as regards the so-called "global commons", – the international protection of the environment, to name a few), and there is reason for hope that dispute-settlement may also evolve to the same effect. There exists nowadays, at least, a growing awareness of some factors which can pave the way for advances in this matter to this end[191].

First, there is consensus today on the importance of *prevention*, – of taking all possible preventive measures to avoid the outbreak and escalade of conflicts. Secondly, the understanding now prevails whereby the settlement of disputes cannot focus only on the symptoms, but ought to encompass also the underlying causes which generate them[192], and their removal, – if a durable solution is to be achieved at all. Thirdly, and last but not least, there is today, furthermore, generalized awareness of the need to find such permanent solutions to conflicts, and of the virtual impossibility to reach them without a sense of fairness and justice. After all, peace and justice go hand in hand; one cannot be achieved without the other.

Thus, although peaceful settlement of international disputes remains a chapter of international law marked by the ambivalence between the general duty underlying it and – in most cases – the prerogative of free choice of means, it is bound to benefit from recent advances on international adjudication in particular. After all, this is also a domain of international law which, despite that ambivalence, for over a century, – from the two Hague Peace Conferences of 1899 and 1907 to date, – has been constantly revised and revitalized by initiatives aiming to explore the potential of the consolidated methods of dispute-settlement.

In historical perspective, it is reckoned that the two aforementioned Hague Peace Conferences contributed in particular to such methods as mediation and good offices, besides dwelling upon investigation and arbitral procedure[193]. The advent of

---

190   A.A. Cançado Trindade, «The Voluntarist Conception of International Law: A Reassessment», 59 *Revue de droit international de sciences diplomatiques et politiques* (1981) pp. 201-240, esp. pp. 224-225.
191   A.A. Cançado Trindade, "Regional Arrangements and Conflict Resolution in Latin America", in *Conflict Resolution: New Approaches and Methods*, Paris, UNESCO, 2000, pp. 141-162 **[cf.]**.
192   B. Boutros-Ghali, *op. cit. supra* n. (189), p. 37, and cf. pp. 5-72.
193   L. Caflisch, *op. cit. supra* n. (90), pp. 308-309 and 325; and cf. also, generally, Permanent Court of Arbitration, *The Hague Peace Conferences of 1899 and 1907 and International Arbitration*

the League of Nations, added to the 1928 Briand-Kellogg Pact, in turn, contributed to relate peaceful settlement to advances in the substantive law itself[194]. In the United Nations era, there have been successive initiatives of institutionalization of procedures of peaceful settlement (e.g., conciliation), under codification Conventions and other multilateral treaties (cf. *supra*).

Thus, the new approach to the technique of choice of procedures, inaugurated by the 1982 Law of the Sea Convention, was retaken[195] by the 1991 Protocol of Madrid on the Protection of the Antarctica Environment. This is likewise found[196], although without a compulsory character, in the 1985 Convention on the Protection of the Ozone Layer, in the 1992 Framework Convention on Cimate Change, and in the 1992 Helsinki Conventions on Protection and Utilization of Transfrontier Watercourses and International Lakes, and on Transfrontier Effects of Industrial Accidents; although rendered entirely optional by those treaties, the latitude of choice of procedures open to the contending parties at least seeks to ensure the settlement of disputes thereunder[197].

Parallel to the multilateral treaties, the U.N. General Assembly has, on distinct occasions, expressed the need and lend support to the institutionalization of procedures. It has, e.g., contemplated the method of *investigation* operating on a permanent basis (including even a list [**roster**] of fact-finders)[198]; it has, furthermore, recommended a wider use of a general procedure of *conciliation*[199], given its usefulness in practice. In one of its best known resolutions in the present context, incorporating the Manila Declaration on Peaceful Settlement of Disputes (of 15.11.1982), the General Assembly restated the principles of peaceful settlement and good faith, and stressed its own role in the present domain (consultations within the Assembly), apart from that of the Security Council. Approved by consensus, the Manila Declaration drew renewed attention to the present chapter of international law, and was regarded as being above all the

> "expression d'une conscience de plus en plus aiguë du besoin de la réalisation pratique du principe du règlement pacifique des différends"[200].

– *Reports and Documents* (ed. S. Rosenne), The Hague, T.M.C. Asser Press, 2001, pp. 21-457; R. Redslob, *Traité de droit des gens*, Paris, Rec. Sirey, 1950, pp. 354-359 and 368-377.

194 L. Caflisch, *op. cit. supra* n. (90), pp. 259-261.
195 In a simplified way, with a choice between the ICJ and arbitration.
196 In the same simplified formula.
197 L. Caflisch, *op. cit. supra* n. (90), pp. 448-449.
198 G.A. resolution 2329(XXII) of 13.12.1967.
199 G.A. resolution 50/50, of 11.12.1995.
200 M. Sahovic, "La Déclaration de Manille sur le règlement pacifique des différends internationaux", *in Essays in International Law in Honour of Judge Manfred Lachs* (ed. J. Makarczyk), The Hague, Nijhoff, 1984, p. 458, and cf. pp. 452-453.

In 1999, in the centennial celebration of the first Hague Peace Conference (1899), attention was again drawn to ideas and proposals on dispute settlement. They included, e.g., the following ones: the relevance of *prevention* of international disputes[201], further use of conciliation, flexible forms of mediation, institutionalization of inquiry and fact-finding, contribution in recent years of Truth and Reconciliation Commissions, enhancement of the advisory function of the ICJ, participation of non-State actors and individuals in ICJ proceedings, rendering regional organizations entitled to request advisory opinions from the ICJ[202]. The current reconsideration of the matter discloses the renewed importance attributed to it by the international community.

There is, in addition, a variety of forms of dispute settlement, some of them not necessarily involving two of more States. There are distinct kinds of disputes at international level. A considerable progress has been achieved, e.g., in the settlement of disputes opposing individual complainants to respondent States, as disclosed by the advances in the domain of the International Law of Human Rights[203]. Much has been achieved also in specialized areas, such as those of environmental dispute settlement and commercial dispute settlement, among others.

Progress may appear somewhat slow in the settlement of traditional inter-State disputes, but even here a certain awareness seems to have been developing in recent years, – otherwise the initiatives already referred to (cf. *supra*), and materialized, some of them, in multilateral treaties, would not have been taken and would not have flourished. Given the factual inequalities of power among States, which are juridical equal, peaceful settlement of international disputes may be perceived as beneficial to States, and, ultimately, to the international community as a whole.

After all, the settlement of disputes on the basis of the rule of law is bound to serve better the interests of contending States than the calculations of power with their characteristical unpredictability. When bilateral negotiations appear no longer viable, third-party dispute settlement appears needed as a guarantee against "unilateral interpretation by a State" (usually, the factually more powerful one) of given provisions[204]. Peaceful settlement by means of the application of the methods known

---

201   As in, e.g., international environmental law.
202   Cf., generally, e.g., F. Orrego Vicuña and C. Pinto, "Peaceful Settlement of Disputes: Prospects for the XXIst Century (Revised Report Prepared for the Centennial of the I International Peace Conference)", *in The Centennial of the I International Peace Conference – Reports and Conclusions* (ed. F. Kalshoven), The Hague, Kluwer/UNITAR, 2000, pp. 268-399.
203   Cf. A.A. Cançado Trindade, *El Derecho Internacional de los Derechos Humanos en el Siglo XXI*, Santiago, Editorial Jurídica de Chile, 2001, pp. 15-455; A.A. Cançado Trindade, *El Acceso Directo del Individuo a los Tribunales Internacionales de Derechos Humanos*, Bilbao, Universidad de Deusto, 2001, pp. 9-104.
204   M.M.T.A. Brus, *Third Party Dispute Settlement in an Interdependent World*, Dordrecht, Nijhoff, 1995, p. 183.

in international law draws attention to the juridical equality of States and the role of law in the present domain. States seem at last to have become aware that they can not at all be expected to endanger international peace and security by placing what they perceive as their own individual interests above the general and superior interests of the international community in the maintenance of peace and realization of justice.

X. Concluding Observations

The fact that the general duty of peaceful settlement of disputes has appeared to date coupled with the free choice of means left to the contending parties, does not mean that it is in the nature of this chapter of international law that it should always and ineluctably be so. Not at all. That general duty ensues from a general principle of international law, that of peaceful settlement of disputes. The free choice of means is *not* a principle of international law, but rather a faculty which States – duly or unduly, I see no point in indulging into conjectures here – have reserved for themselves. The 1982 Manila Declaration on Peaceful Settlement of International Disputes, though rightly sharing, with other Declarations of the kind, an approach of the matter on the basis of general principles of international law (cf. *supra*), in one specific aspect fell into an imprecision: it mistakenly called the free choice of means a "principle", when it is nothing but a faculty granted to the contending parties, and an increasingly residual one.

In that respect, the 1982 Manila Declaration drew on the 1970 Declaration of Principles of International Law Governing Friendly Relations and Cooperation among States (2nd. principle, par. 5), but the Manila Declaration added a qualification, to the effect that the the peaceful settlement of disputes by the means freely chosen by the contending parties should be undertaken "in conformity with obligations under the Charter of the United Nations and with the principles of justice and international law" (3rd. principle, par. 3, and cf. par. 10)[205]. It should not pass unnoticed that Article 33(1) of the U.N. Charter, in opening up a wide choice of means of peaceful settlement to contending parties (negotiation, inquiry, mediation, conciliation, arbitration, judicial settlement, resort to regional arrangements), lays down, in imperative terms ("shall [...] seek a solution"), the principle of the duty of States to settle peacefully any dispute the continuance of which is likely to endanger the maintenance of international peace and security.

This is the basic principle guiding the whole matter, that of peaceful settlement, set forth in mandatory terms in Article 2(3) of the U.N. Charter. The free choice of means is but a prerogative open to contending parties to make sure that that duty is duly complied with. Moreover, it could hardly be doubted that there have been advances in international dispute settlement in recent years, surveyed

---

205 A.A. Cançado Trindade, "Co-existence and Co-ordination of Mechanisms...", *op. cit. infra* n. (206), pp. 387-388 and n. 1284.

in the present chapter of this General Course, tipping the balance nowadays in favour of the general principle of peaceful settlement. This is reassuring. As the prolongation and aggravation of certain international disputes can put directly at risk international peace and security, it is to be hoped that this trend will continue, and that States will be increasingly conscious that their common and general interests are much better served by reliance upon the general principle of peaceful settlement than stubborn insistence upon voluntarism, i.e., an entirely free choice of means.

Almost two decades ago, in my lectures of 1987 at this Hague Academy of International Law, I saw it fit to ponder that

> «(...) the terminology itself of human rights treaties provides a clear indication that the rationale of their implementation, directed to protection of human rights, cannot be equated to that of the classic means of peaceful means of inter-State conflicts of interests. (...) The chapter on peaceful settlement of international disputes has constantly been particularly vulnerable to manifestations of State voluntarism. (...) The actual behaviour of States in this way conditions not only the settlement of a dispute (between two or more of them) but its very configuration.
>
> (...) In contrast, in the fulfilment of their international obligations (...) concerning the settlement of `human rights cases', States cannot be expected to claim or count on the same degree of freedom of action or margin of appreciation. Moreover, the relationship of equilibrium dictated by the principle of sovereign equality of States (supra) is no longer present in the settlement of human rights complaints, which is directed to the protection of the ostensibly weaker party, the alleged victims».
>
> (...) Rather than trying to reach a settlement of a conflict of interests between two or more States, (...) here (...) the concern with reaching a form of `settlement' ought to weigh less than the concern with ensuring the due application (...) of the relevant international norms"[206].

In the same line of thinking, Karel Vasak has aptly emphasized the primacy, in this last domain, of the "valeurs communes à l'emsemble des États parties" to the human rights treaties at issue[207]. The international experience gathered and accumulated in recent years in the setllement of human rights cases has contributed to shift the emphasis to considerations of general interest or *ordre public* in the peaceful settlement of international disputes in general. To this the purpose of *prevention* of disputes is to be added. And here we are faced with the basic legacy of the two Hague Peace Conferences (of 1899 and 1907), which has been characterized as "a

---

206 A.A. Cançado Trindade, "Co-existence and Co-ordination of Mechanisms of International Protection of Human Rights (At Global and Regional Levels)", 202 *Recueil des Cours de l'Académie de Droit International de La Haye* (1987) pp. 385-389, and cf. p. 390.

207 K. Vasak, «Le droit international des droits de l'homme», 140 *Recueil des Cours de l'Académie de Droit International de La Haye* (1974) pp. 383-384.

landmark in the history of mankind", in recalling, *inter alia*, the passage of the Final Act of the I Conference (of 1899) whereby the substantial restriction of military charges would be "extremely desirable for the increase of the material and moral welfare of mankind"[208].

In peaceful-dispute settlement, in any case, despite recurring invocations of the faculty free choice of means, the specification, by several multilateral treaties of various kinds, of choices of means of settlement of disputes open to States Parties as to their interpretation and application, notably reduces in practice the traditional wide – and almost limitless – freedom of choice of means of peaceful settlement that States were used to enjoy, or were used to believe to be entitled to enjoy. The time seems now come to have a more generalized recourse to binding methods of peaceful settlement, which may operate to the benefit not only of contending parties, in settling their differences, but also, ultimately, of humankind itself, in preserving international peace and security. The decreasing discretion left to contending States is nowadays noticeable, besides the International Law of Human Rights, in such other domains of International Law, as the International Law of the Sea (cf. *supra*), among others.

There is greater awareness nowadays that peaceful settlement of international disputes transcends the interests of contending States, and is in keeping with the general interests of the international community as a whole. It does in fact constitute a response to the necessities and requirements of contemporary international relations. Recent initiatives such as those of a compulsory recourse to conciliation as well as to fact-finding, and the growing emphasis on prevention of disputes, are illustrative of the aforementioned greater awareness. Here the recourse to such methods is what becomes binding, even though the solution or outcome is not compulsory. But this trend likewise illustrates the growing awareness of the relevance of peaceful settlement, to the ultimate benefit not only of the contending parties themselves but of the international community as a whole. In a vulnerable world such as ours, the fate of one appears linked to that of the others.

In fact, the international community itself is increasingly conscious that, if international disputes remain unsettled and are likely to spread, they may affect other States and, as pointed out by V. Pechota, impair "common shared values"[209]; the U.N. Charter itself refers to disputes or situations likely to affect friendly relations among States and to endanger international peace and security (Articles 33

---

208 F. Kalshoven (ed.), *The Centennial of the First International Peace Conference – Reports and Conclusions*, The Hague, Kluwer, 2000, pp. 1 and 54 (interventions by F. Kalshoven and H. Blix, respectively).

209 V. Pechota, "Complementary Structures of Third-Party Settlement of International Disputes", *in Dispute Settlement through the United Nations* (ed. K. Venkata Raman), Dobbs Ferry N.Y., Oceana, 1977, p. 174, and cf. 217.

and 14), and, throughout the last decades, the concept of "international concern" came to apply to a growing variety of situations. Thus, even a chapter of international law so much marked in the past by State voluntarism as the present one, may be approached in the light of common and superior interests, so as to promote the values shared by the international community. Third-party settlement functions may thus be regarded as endowed with a new feature, insofar as their exercise contributes not only to settle disputes but also to restore the equilibrium of values of the international community[210].

The relationship between the principles of peaceful settlement of disputes and of the duty of international cooperation in the present domain of international law has already been pointed out (cf. *supra*). Other principles of international law come likewise into play, such as that of the prohibition of the use or threat of force. Moreover, in acting in good faith (in pursuance of another basic principle), States will not only be complying with international law, but also serving their own interests in implementing it, as, ultimately, international law is the guardian of their own rights; in not acting in good faith, they would – as pertinently warned by M. Lachs – be risking much more than what they would have to gain[211].

Bearing recent developments on the matter in mind, the conditions seem to be met for international legal doctrine to move definitively away from voluntarism and ample permissiveness (as to choice of methods) and to place greater weight upon the sense of responsibility and obligation (of peaceful setttlement of disputes), in conformity with a general principle of international law, and in fulfilment of the general interests of the international community as a whole. Recent developments in the domain of peaceful settlement of international disputes indicate that an appropriate study of the matter, if it is to reflect faithfully its present stage of evolution, should no longer take as a starting point – as the legal doctrine of the past did – the free choice of means; it should rather start from the duty of peaceful settlement emanating from a general principle of international law.

The general principle of peaceful settlement of international disputes, in turn, brings to the fore other principles in support of this approach: after all, the irruption and persistence of international disputes cause damage to international relations, and their aggravation put at risk international peace and security. Hence the pressing need to have them peacefully settled, in pursuance also of the principle of the prohibition of the threat or use of force in international law. The principles of

---

210 Cf. *ibid.*, pp. 175-176 and 178-180.
211 M. Lachs, "Some Thoughts of the Role of Good Faith in International Law", *Declarations on Principles, A Quest for Universal Peace – Liber Amicorum Discipulorumque B.V.A. Roling*, Leyden, Sijthoff, 1977, p. 54. E cf. E. Zoller, *La bonne foi en droit international public*, Paris, Pédone, 1977, pp. 3-354.

international cooperation and good faith have also a role to play herein, disclosing the function of law in dispute settlement[212].

Furthermore, the spectre of nuclear deadlock, and the current threat of the arsenals of weapons of mass destruction, and of the arms trade, as well as the irruption of violent [internal] conflicts in different latitudes in recent years, mark their alarming presence in current concerns with the need to secure greater effectiveness to methods of peaceful settlement of international disputes. In the present era of blatant vulnerability of humankind, the prevalence of an international legal order giving expression to values shared by the international community as a whole appears as, more than voluntary, truly necessary[213]. Peaceful settlement of disputes, in particular those which may endanger international peace and security, operates thus to the ultimate benefit of humankind as a whole.

This outlook of the matter ought to illuminate the present chapter of the new *jus gentium*, – centred on the human person rather than on the State, – of the international law for humankind, at this beginning of the XXIst. century. With the preceding considerations in mind, and in the same line of reasoning, the way appears now paved for the examination of what I regard as the necessity of compulsory jurisdiction for the improvement of international adjudication in particular. The determination of safeguarding the integrity of international jurisdiction is nowadays illustrated by a few recent developments on judicial settlement, as illustrated, in particular, by the recent case-law of international tribunals of human rights.

---

212 P.J.I.M. de Waart, *The Element of Negotiation in the Pacific Settlement of Disputes between States*, The Hague, Nijhoff, 1973, pp. 27-28 and 202, and cf. p. 5.
213 Cf. *The Collected Papers of John Westlake on Public International Law* (ed. L. Oppenheim), Cambridge, Cambridge University Press, 1914, p. 79; M. Bourquin, «L'humanisation du Droit des Gens», *La technique et les principes du Droit public – Études en l'honneur de Georges Scelle*, vol. I, Paris, LGDJ, 1950, p. 35; M. Bos, "Dominant Interests in International Law", 21 *Revista Española de Derecho Internacional* (1968) p. 234.

Parte V

A HUMANIZAÇÃO DO DIREITO INTERNACIONAL NA JURISPRUDÊNCIA E NA DOUTRINA

XIX

La Humanización Del Derecho Internacional En La Jurisprudencia y la Doctrina:
Un Testimonio Persona[1]

Sumario: I. Introducción. II. Una *Vue d'Ensemble* de la Construcción Doctrinal y Jurisprudencial de la Materia. III. El Reconocimiento de la Humanización en la Jurisprudencia de la Corte Interamericana de Derechos Humanos. 1. Opiniones Consultivas. 2. Sentencias (Casos Contenciosos). 3. Medidas Provisionales de Protección. IV. El Reconocimiento de la Humanización en la Jurisprudencia de la Corte Internacional de Justicia. 1. Opiniones Consultivas. 2. Sentencias (Casos Contenciosos). 3. Medidas Provisionales de Protección. V. Conclusión.

I. Introducción

El reconocimiento de los individuos como sujetos tanto del derecho interno como del Derecho Internacional vino a representar una verdadera *revolución jurídica*, que posibilitó a cada ser humano – siempre que necesario – enfrentar por sí mismo a la opresión, a las manifestaciones del poder arbitrario, y a las injusticias del orden establecido, así como buscar crear un mundo mejor para sus descendientes y las futuras generaciones. Dicha revolución jurídica vino, en fin, dar un contenido ético a las normas tanto del derecho público interno como del Derecho Internacional[2]. Es este, a mi juicio, el principal legado de la doctrina jusinternacionalista del siglo XX, además de la característica más notable del nuevo *jus gentium* del siglo XXI, reconstruído sobre bases verdaderamente humanistas.

En una dimensión más amplia, estamos, en efecto, en el curso de un proceso histórico ya avanzado, – y jurídicamente revolucionario, – de construcción de un nuevo paradigma en el Derecho Internacional Público, que trasciende claramente y supera su antigua dimensión meramente inter-estatal. En este breve artículo, buscaré revisitar el tema, dando un testimonio personal de cómo he buscado sostener esta visión en los planos doctrinal y jurisprudencial. De inicio, procederé a trazar una *vue d'ensemble* de la construcción de este nuevo paradigma. En seguida, me concentraré en el reconocimiento de la *humanización* del Derecho Internacional, en la jurisprudencia

---

1 *Aula magna* ministrada pelo Autor, na Universidad Nacional de La Plata, em La Plata, Argentina, aos 05 de agosto de 2011, em forma de um testemunho pessoal sobre a matéria tratada.
2 A.A. Cançado Trindade, *A Humanização do Direito Internacional*, Belo Horizonte/Brasil, Edit. Del Rey, 2006, pp. 122-123.

de los dos tribunales internacionales que he tenido el honor de servir en los últimos años, a saber, tanto la Corte Interamericana de Derechos Humanos, como, en seguida, la Corte Internacional de Justicia (en materia de Opiniones Consultivas, Sentencias y Medidas Provisionales de Protección). El campo estará entonces abierto para la presentación final de mi conclusión.

II. Una Vue d'Ensemble de la Construcción Doctrinal y Jurisprudencial de la Materia

En el nuevo *jus gentium* del siglo XXI, el ser humano emerge como sujeto de derechos emanados directamente del Derecho Internacional, dotado de capacidad procesal para vindicarlos[3]. Es esta la tesis que he sostenido ya por varios años en mis Votos tanto en la Corte Interamericana de Derechos Humanos, como en la Corte Internacional de Justicia[4] (aquí recapitulados y resumidos), además de igualmente en mis libros[5], cursos[6], y otros escritos[7]. Mediante su *humanización* y *universalización*,

---

3   *Ibid.*, p. 167.

4   Como en el caso de las *Cuestiones Relativas a la Obligación de Juzgar o Extraditar* (Bélgica *versus* Senegal, Medidas Provisionales), *Ordonnance* del 28.05.2009, Voto Disidente del Juez Cançado Trindade, párrs. 15-25; caso de las *Imunidades Jurisdiccionales del Estado* (Alemania *versus* Italia, Demanda Reconvencional), *Ordonnance* del 06.07.2010, Voto Disidente del Juez Cançado Trindade, párrs. 101-179; Opinión Consultiva del 22.07.2010 sobre la *Declaración de Independencia de Kosovo*, Voto Razonado del Juez Cançado Trindade, párrs. 169-240; caso *Ahmadou Sadio Diallo* (República de Guinea *versus* República Democrática del Congo), Sentencia del 30.11.2010, Voto Razonado del Juez Cançado Trindade, párrs. 88-92 y 200-245; caso del *Templo de Preah Vihear* (Cambodia *versus* Tailandia, Medidas Provisionales), *Ordonnance* del 18.07.2011, Voto Razonado del Juez Cançado Trindade, párrs. 66-117.

5   V.g., A.A. Cançado Trindade, *El Derecho Internacional de los Derechos Humanos en el Siglo XXI*, 2ª. ed., Santiago, Editorial Jurídica de Chile, 2006, cap. VII, pp. 319-376 (1ª. ed., 2001); A.A. Cançado Trindade, *El Acceso Directo del Individuo a los Tribunales Internacionales de Derechos Humanos*, Bilbao, Universidad de Deusto, 2001, cap. III, pp. 41-59; A.A. Cançado Trindade, *Tratado de Direito Internacional dos Direitos Humanos*, tomo III, Porto Alegre/Brasil, S.A. Fabris Ed., 2003, caps. XV-XVI, pp. 27-117 y 119-192; A.A. Cançado Trindade, *A Humanização do Direito Internacional*, op. cit. supra n. (2), pp. 3-409; A.A. Cançado Trindade, *Évolution du Droit international au droit des gens – L'accès des particuliers à la justice internationale: le regard d'un juge*, Paris, Pédone, 2008, pp. 1-187; A.A. Cançado Trindade, *The Access of Individuals to International Justice*, Oxford, Oxford University Press, 2011, pp. 1-236; A.A. Cançado Trindade, *El Ejercicio de la Función Judicial Internacional – Memorias de la Corte Interamericana de Derechos Humanos*, Belo Horizonte/Brasil, Edit. Del Rey, 2011, pp. 1-340; entre otros.

6   A.A. Cançado Trindade, "International Law for Humankind: Towards a New *Jus Gentium* – General Course on Public International Law – Part I", 316 *Recueil des Cours de l'Académie de Droit International de la Haye* (2005) pp. 31-439; A.A. Cançado Trindade, "International Law for Humankind: Towards a New *Jus Gentium* – General Course on Public International Law – Part II", 317 *Recueil des Cours de l'Académie de Droit International de la Haye* (2005) pp. 19-312.

7   A.A. Cançado Trindade, "A Emancipação do Ser Humano como Sujeito do Direito Internacional e os Limites da Razão de Estado", 6/7 *Revista da Faculdade de Direito da*

el Derecho Internacional contemporáneo pasa a ocuparse más directamente de la identificación y realización de valores y metas comunes superiores, que atañen a cada ser humano en particular así como a la humanidad como un todo.

Las atrocidades y abusos que victimaron en las últimas décadas millones de seres humanos en toda parte, despertaron, en definitiva, la *conciencia jurídica universal* para esta reconceptualización de las propias bases del ordenamiento jurídico internacional. El Derecho Internacional no se reduce, en absoluto, a un instrumental a servicio del poder; su destinatario final es el ser humano, debiendo atender a sus necesidades y aspiraciones básicas, entre las cuales se destaca la de la realización de la justicia. Vinculada a la *conciencia jurídica universal*, la llamada *cláusula Martens*, con más de un siglo de trayectoria histórica (desde su formulación original en la I Conferencia de Paz de La Haya de 1899 hasta el presente), ha buscado estender jurídicamente la protección a los individuos en todas las situaciones (aunque no contempladas por las normas humanitarias convencionales); con este propósito, la cláusula Martens invoca "los principios del derecho de gentes" derivados de los "usos establecidos", así como "las leyes de humanidad" y "las exigencias de la conciencia pública".

El hecho de haber sido la referida cláusula reiterada, en sucesivos instrumentos de Derecho Internacional Humanitario, por más de un siglo, la sitúa, – como señalé en mi Voto Concurrente en la Opinión Consultiva n. 18 de la Corte Interamericana sobre *La Condición Jurídica y los Derechos de los Migrantes Indocumentados* (del 17.09.2003), – en el plano de la *fuente material* por excelencia de todo el derecho de gentes (párrs. 23-25 y 28-30, esp. párr. 29), dando expresión a la *razón de humanidad* e imponiendo límites a la *razón de Estado*[8].

Universidade do Estado do Rio de Janeiro (1998-1999) pp. 425-434; A.A. Cançado Trindade, "La Humanización del Derecho Internacional y los Límites de la Razón de Estado", *in* 40 *Revista da Faculdade de Direito da Universidade Federal de Minas Gerais* – Belo Horizonte (2001) pp. 11-23, e *in:* 8 *Ser Social – Revista do Departamento de Serviço Social da Universidade de Brasília* (2001) pp. 15-24; A.A. Cançado Trindade, "La Emancipación de la Persona Humana en la Reconstrucción del *Jus Gentium*", 47 *Revista da Faculdade de Direito da Universidade Federal de Minas Gerais* (2005) pp. 55-74; A.A. Cançado Trindade, "A Humanização do Direito Internacional", 9 *Revista Jurídica Consulex* – Brasília (2005) n. 203, pp. 7-10; A.A. Cançado Trindade, "As Manifestações da Humanização do Direito Internacional", 23 *Revista da Academia Brasileira de Letras Jurídicas* – Rio de Janeiro (2007) n. 31, pp. 159-170; A.A. Cançado Trindade, "Hacia el Nuevo Derecho Internacional para la Persona Humana: Manifestaciones de la Humanización del Derecho Internacional", 50 *Revista da Faculdade de Direito da UFMG* – Belo Horizonte (2007) pp. 65-90, e *in:* 4 *Ius Inter Gentes – Revista de Derecho Internacional* – Pontificia Universidad Católica del Perú (2007) n. 4, pp. 12-21; A.A. Cançado Trindade, "As Manifestações da Humanização do Direito Internacional", *in Estudios de Derecho Internacional – Libro Homenaje al Prof. S. Benadava* (eds. H. Llanos Mansilla y E. Picand Albónico), tomo I, Santiago de Chile, Librotecnia, 2008, pp. 131-142.

8   A.A. Cançado Trindade, *Tratado de Direito Internacional dos Direitos Humanos*, vol. II, Porto Alegre/Brasil, S.A. Fabris Ed., 2003, pp. 497-509.

Toda esta evolución conceptual se ha gradualmente movido de la dimensión *internacional* a la propiamente *universal*, mediante el reconocimiento de ciertos *valores* fundamentales, con base en un sentido de *justicia objetiva*, en mucho contribuyendo a la formación de la *communis opinio juris* en las últimas décadas. Para ésto han contribuído las organizaciones internacionales, sobre todo las de ámbito universal, como voceras de los intereses de la comunidad internacional como un todo[9]. En suma, ya no se sostiene el antiguo monopolio estatal de la titularidad de derechos en el plano internacional; encuéntrase hoy consolidada la emancipación de la persona humana *vis-à-vis* el propio Estado[10].

Nadie podría suponer, hace algunos años, que los refugiados y desplazados, los migrantes documentados e indocumentados (en búsqueda de alimentación, vivienda, trabajo y educación), los niños abandonados en las calles, alcanzasen un tribunal internacional como la Corte Interamericana de Derechos Humanos. El hecho de haberse tornado realidad en nuestros días el acceso de los pobres y oprimidos a la justicia internacional, como demonstrado en la jurisprudencia de la Corte Interamericana de Derechos Humanos, se debe, sobre todo, al despertar de la conciencia humana para las necesidades de protección en particular de los más débiles, vulnerables y oprimidos.

La plena participación de los individuos, sobre todo en el procedimiento contencioso, se ha mostrado imprescindible para la realización de la justicia internacional. Su importancia, como última esperanza de los olvidados del mundo, fue fehacientemente ilustrada, v.g., por el contencioso de los asesinatos de los *"Niños de la Calle"* (caso *Villagrán Morales y Otros*) ante la misma Corte Interamericana de Derechos Humanos. En este caso paradigmático, las madres de los niños asesinados (y la abuela de uno de ellos), tan pobres y abandonadas como los hijos (y nieto), tuvieron acceso a la jurisdicción internacional, comparecieron a juicio (en las inolvidables audiencias públicas del 28-29.01.1999 y 12.03.2001), y, gracias a las sentencias de la Corte Interamericana (en cuanto al fondo, del 19.11.1999, y en cuanto a las reparaciones, del 26.05.2001), que las ampararon, pudieron por lo menos recuperar la fe en la Justicia humana[11].

---

9   A.A. Cançado Trindade, *Direito das Organizações Internacionais*, 4ª. ed., Belo Horizonte, Edit. Del Rey/Brasil, 2009, pp. 543-574.

10   A.A. Cançado Trindade, "The Emancipation of the Individual from His Own State – The Historical Recovery of the Human Person as Subject of the Law of Nations", *in Human Rights, Democracy and the Rule of Law – Liber Amicorum L. Wildhaber* (eds. S. Breitenmoser *et alii*), Zürich/Baden-Baden,
Dike/Nomos, 2007, pp. 151-171.

11   Sobre el acceso a la justicia de víctimas en situación de la más completa adversidad o indefensión, cf., recientemente, A.A. Cançado Trindade, *The Access of Individuals to International Justice...*, op. cit. supra n. (5), pp. 132-191; A.A. Cançado Trindade, *State Responsibility in Cases of Massacres: Contemporary Advances in International Justice* (Inaugural Address, 10.11.2011),

En una más amplia dimensión (del orden jurídico internacional como un todo), la propia dinámica de la vida internacional contemporánea, movida por la conciencia humana, ha cuidado de desautorizar el entendimiento tradicional de que las relaciones internacionales se rigen por reglas derivadas enteramente de la libre voluntad de los propios Estados. El positivismo voluntarista se mostró incapaz de explicar el proceso de formación de las normas del Derecho Internacional general, y se tornó evidente que sólo se podría encontrar una respuesta al problema de los fundamentos y de la validez de este último em la *conciencia jurídica universal*, a partir de la afirmación de la idea de una *justicia objetiva*, en beneficio de todos los seres humanos[12].

Esta misma conciencia ha impulsado el proceso histórico en curso de la *humanización* del Derecho Internacional. Este se ha desarrollado en la línea del pensamiento jusnaturalista, que jamás llegó a perecer. Se ha renovado en el curso del tiempo, dando expresión a la idea de una justicia objetiva, más allá de la voluntad de los Estados o demás sujetos del Derecho. Por encima de la voluntad está la conciencia. Esta visión se ha reflejado, en los últimos años, en el seno tanto de la Corte Interamericana de Derechos Humanos como de la Corte Internacional de Justicia, como veremos a continuación.

III. El Reconocimiento de la Humanización en la Jurisprudencia de la Corte Interamericana de Derechos Humanos

En lo que concierne a la Corte Interamericana de Derechos Humanos, el reconocimiento de la humanización del Derecho Internacional ha encontrado expresión en el ejercicio de sus funciones tanto consultiva como contenciosa. Dicho reconocimiento, en efecto, marca presencia en relación con Opiniones Consultivas, así como con Sentencias en casos contenciosos, y con Medidas Provisionales de Protección, como se puede desprender de los párrafos a continuación.

1. Opiniones Consultivas

En sucesivos Votos en la Corte Interamericana de Derechos Humanos (CtIADH), tanto en sus Sentencias como en sus Opiniones Consultativas, además de Medidas Provisionales de Protección, pasé a construir, a partir de 1998, en el seno de aquel tribunal internacional, la conceptualización del proceso histórico de la *humanización* del Derecho Internacional. En mis Votos en tres Opiniones Consultivas me referí expresamente a dicho proceso histórico, tal como lo percibía y concebía. Así, en la Opinión Consultiva n. 16 (del 01.01.1999) sobre *El Derecho a la Información sobre la Asistencia Consular en el Marco de las Garantías del Debido Proceso Legal*, ponderé, en mi Voto Concurrente, que

---

Utrecht, Universiteit Utrecht, 2011, pp. 1-71.
12   A.A. Cançado Trindade, *A Humanização do Direito Internacional*, op. cit. supra n. (2), pp. 403-404.

"(...) El enlace entre el Derecho Internacional Público y el Derecho Internacional de los Derechos Humanos da testimonio del reconocimiento de la centralidad, en este nuevo corpus juris, de los derechos humanos universales, lo que corresponde a un nuevo ethos de nuestros tiempos. En la civitas maxima gentium de nuestros días, se ha tornado imprescindible proteger, contra un tratamiento discriminatorio, a extranjeros detenidos (...).

En este final de siglo, tenemos el privilegio de testimoniar el proceso de humanización del derecho internacional, que hoy alcanza también este aspecto de las relaciones consulares. En la confluencia de estas con los derechos humanos, se ha cristalizado el derecho individual subjetivo a la información sobre la asistencia consular, de que son titulares todos los seres humanos que se vean en necesidad de ejercerlo (...)" (párrs. 34-35).

En la siguiente Opinión Consultiva n. 17 de la CtIADH (del 28.08.2002) sobre la *Condición Jurídica y Derechos Humanos del Niño*, volví a abordar el tema en mi Voto Concurrente (párr. 48), en el cual ponderé que la aplicación *erga omnes* de la protección de los derechos de la persona humana es "un imperativo de *ordre public* internacional, que implica el reconocimiento de que *los derechos humanos constituyen el fundamento básico, ellos propios, del ordenamiento jurídico*. Y los valores, que le son siempre subyacentes, – además de perfectamente identificables, – cuidan de darles expresión concreta" (párrs. 66-67). Y agregué que

"(...) El reconocimiento y la consolidación de la posición del ser humano como sujeto pleno del Derecho Internacional de los Derechos Humanos constituye, en nuestros días, una manifestación inequívoca y elocuente de los avances del proceso en curso de humanización del propio Derecho Internacional (jus gentium), al cual tenemos el deber de contribuir, tal como lo ha hecho la Corte Interamericana de Derechos Humanos en la presente Opinión Consultiva n. 17 sobre la Condición Jurídica y Derechos Humanos del Niño" (párr. 71).

Un año después, en la Opinión Consultiva n. 18 de la CtIADH (del 17.09.2003), sobre la *Condición Jurídica y Derechos de los Migrantes Indocumentados*, empezé por señalar que,

"En efecto, las atrocidades y abusos que han victimado en las últimas décadas millones de seres humanos en todas partes, aumentando los contingentes de refugiados, desplazados y migrantes indocumentados en búsqueda de la sobrevivencia, han en definitiva despertado la conciencia jurídica universal para la apremiante necesidad de reconceptualizar las propias bases del ordenamiento jurídico internacional. Pero urge, en nuestros días, que se estimule este despertar de la conciencia jurídica universal para intensificar el proceso de humanización del derecho internacional contemporáneo[13]. También en el caso Bámaca

---

13 Tal como enfatizé en mi Voto Concurrente en el caso de los *Haitianos y Dominicanos de Origen Haitiana en la República Dominicana* (Medidas Provisionales de Protección, del 18.08.2000) ante la Corte Interamericana (párr. 12).

Velásquez versus Guatemala (Sentencia sobre el fondo, de 25 de noviembre de 2000), me permití insistir en el punto (...)" (párr. 25).

En la misma línea de razonamiento, proseguí ponderando que

"A pesar de que el ordenamiento jurídico internacional de este inicio del siglo XXI encuéntrase, pues, demasiado distante de los ideales de los fundadores del derecho de gentes (...), no hay que capitular ante esta realidad, sino más bien enfrentarla. Se podría argumentar que el mundo contemporáneo es enteramente distinto del de la época de F. Vitoria, F. Suárez y H. Grotius, quienes propugnaron por una civitas maxima regida por el derecho de gentes, el nuevo jus gentium por ellos reconstruído. Pero aunque se trate de dos escenarios mundiales diferentes (nadie lo negaría), la aspiración humana es la misma, o sea, la de la construcción de un ordenamiento internacional aplicable tanto a los Estados (y organizaciones internacionales) cuanto a los seres humanos (el derecho de gentes), de conformidad con ciertos patrones universales de justicia, sin cuya observancia no puede haber paz social. Hay, pues, que empeñarse en un verdadero retorno a los orígenes del derecho de gentes, mediante el cual se impulsará el actual proceso histórico de humanización del Derecho Internacional.

Si es cierto que el drama de los numerosos refugiados, desplazados y migrantes indocumentados presenta hoy un enorme desafío a la labor de protección internacional de los derechos de la persona humana, también es cierto que las reacciones a las violaciones de sus derechos fundamentales son hoy inmediatas y contundentes, en razón precisamente del despertar de la conciencia jurídica universal para la necesidad de prevalencia de la dignidad de la persona humana en cualesquiera circunstancias. La emergencia y consagración del jus cogens en el Derecho Internacional contemporáneo (...) constituyen, a mi modo de ver, una manifestación inequívoca de este despertar de la conciencia jurídica universal" (párrs. 27-28).

En fin, en el supracitado Voto Concurrente en la Opinión Consultiva n. 18 de la CtIADH de 2003, concluí sobre la cuestión en aprecio que

"El hecho de que, a pesar de todos los sufrimientos de las generaciones pasadas, persistan en nuestros días nuevas formas de explotación del hombre por el hombre, – tales como la explotación de la fuerza laboral de los migrantes indocumentados, la prostitución forzada, el tráfico de niños, el trabajo forzado y esclavo, en medio al aumento comprobado de la pobreza y la exclusión y marginación sociales, al desarraigo y la desagregación familiar, – no significa que `falta reglamentación´ o que el Derecho no exista. Significa más bien que el Derecho está siendo ostensiva y flagrantemente violado, día a día, en detrimento de millones de seres humanos, entre los cuales los migrantes indocumentados en todo el mundo. Al insurgirse contra estas violaciones generalizadas de los derechos de los migrantes indocumentados, que afrentan la conciencia jurídica de la humanidad, la presente Opinión Consultiva de la Corte Interamericana contribuye al proceso en curso de la necesaria humanización del Derecho Internacional" (párr. 88).

2. Sentencias (Casos Contenciosos)

El Derecho Internacional contemporáneo, al reconocer y proclamar derechos inherentes a todo ser humano, – por definición anteriores y superiores al Estado, – desautorizó el arcaico dogma positivista que pretendía autoritáriamente reducir tales derechos a los "concedidos" por el Estado. Tal como me permití señalar en mi Voto Concurrente en el caso *Castillo Petruzzi et alii versus Perú* (Excepciones Preliminares, Sentencia del 04.09.1998) ante la Corte Interamericana,

> – "Tres siglos de un ordenamiento internacional cristalizado, a partir de los tratados de paz de Westphalia (1648), con base en la coordenación de Estados-naciones independientes, en la juxtaposición de soberanías absolutas, llevaron a la exclusión de aquel ordenamiento de los individuos como sujetos de derechos. En el plano internacional, los Estados asumieron el monopolio de la titularidad de derechos; los individuos, para su protección, fueron dejados enteramente a merced de la intermediación discrecional de sus Estados nacionales. El ordenamiento internacional así erigido, – que los excesos del positivismo jurídico intentaron en vano justificar, – de él excluyó precisamente el destinatario último de las normas jurídicas: el ser humano.
>
> Tres siglos de un ordenamiento internacional marcado por el predominio de las soberanías estatales y por la exclusión de los individuos fueron incapaces de evitar las violaciones masivas de los derechos humanos, perpetradas en todas las regiones del mundo, y las sucesivas atrocidades de nuestro siglo, inclusive las contemporáneas. Tales atrocidades despertaron la conciencia jurídica universal para la necesidad de reconceptualizar las propias bases del ordenamiento internacional, restituyendo al ser humano la posición central de donde había sido desplazado. Esta reconstrucción, sobre bases humanas, tomó por fundamento conceptual cánones enteramente distintos, como lo son los de la realización de valores comunes superiores, de la titularidad de derechos del propio ser humano, de la garantía colectiva de su realización, y del carácter objetivo de las obligaciones de protección. El orden internacional de las soberanías cedía terreno al de la solidaridad" (párrs. 6-7).

En el caso *Ximenes Lopes versus Brasil* (Sentencia del 04.07.2006), ponderé, en mi Voto Razonado, que los tribunales internacionales de derechos humanos en operación hace varios años, – las Cortes Europea e Interamericana de Derechos Humanos, – han adoptado la perspectiva correcta en el ejercicio de su jurisdicción,

> "a saber, la de los justiciables[14]. Ambos contribuyeron decisivamente a la emancipación del ser humano vis-à-vis su propio Estado, al establecimiento de un nuevo paradigma en

---

14   A.A. Cançado Trindade, «Le développement du Droit international des droits de l'homme à travers l'activité et la jurisprudence des Cours européenne et interaméricaine des droits de l'homme», 16 *Revue universelle des droits de l'homme* (2004) n. 5-8, pp. 177-180; A.A. Cançado Trindade, «The Development of International Human Rights Law by the Operation and the Case-Law of the European and Inter-American Courts of Human Rights», 25 *Human Rights Law Journal* (2004) n. 5-8, pp. 157-160. Y, para un estudio más amplio, cf. A.A. Cançado Trindade, «Approximations and Convergences in the Case-Law of

el presente dominio de protección internacional, y a la humanización del Derecho Internacional" (párr. 27)[15].

Asímismo, en el caso de la *Comunidad Indígena Yakye Axa versus Paraguay* (Interpretación de Sentencia del 06.02.2006), tuve la ocasión de sostener, en mi Voto Razonado, que la "entrega definitiva de las tierras comunales" a los miembros desplazadas de toda la Comunidad Indígena en aprecio, tratábase, "en última instancia, de una cuestión de sobrevivencia de la identidad cultural" de ellos; sólo mediante aquella providencia se estaría "protegendo debidamente su derecho fundamental a la vida *lato sensu*, abarcando su identidad cultural" (párr. 8). Y agregué, al respecto, que la *conciencia jurídica universal*, fuente material de todo el Derecho, ha evolucionado de tal modo a reconocer esta apremiante necesidad, – tal como ilustrado por la tríada de las significativas Convenciones de UNESCO, conformada por la Convención de 1972 sobre la Protección del Patrimonio Mundial, Cultural y Natural; la Convención de 2003 para la Salvaguardia del Patrimonio Cultural Inmaterial; y la Convención de 2005 sobre la Protección y Promoción de la Diversidad de Expresiones Culturales (párr. 9).

En seguida, en el mismo Voto Razonado en el caso de la *Comunidad Indígena Yakye Axa*, agregué que, al reconocer "la relevancia de la diversidad cultural para la universalidad de los derechos humanos, y vice-versa", la conciencia jurídica universal ha

> "evolucionado hacia la humanización del Derecho Internacional, y la conformación de un nuevo jus gentium en este inicio del siglo XXI, de un Derecho Internacional para la humanidad, – y la supracitada tríada de las Convenciones de UNESCO (de 1972, 2003 y 2005) son, en mi percepción, una de las muchas manifestaciones contemporáneas de la conciencia humana en ese sentido.
>
> Uno no puede vivir en un constante desarraigo y abandono. El ser humano tiene necesidad espiritual de raíces. Los miembros de comunidades tradicionales valoran particularmente sus tierras, que consideran que a ellos pertenece, así como, al revés, ellos "pertenecen" a sus tierras. En el presente caso, la entrega definitiva de las tierras a los miembros de la Comunidad Yakye Axa es una forma necesaria de reparación, que además protege y preserva su propia identidad cultural y, en última instancia, su derecho fundamental a la vida lato sensu" (párrs. 12-13).

En el ordenamiento jurídico tanto nacional como internacional, la centralidad es de la persona humana, titular de derechos emanados directamente del *droit des gens*. De ahí resulta un *ordre public* internacional humanizado. Tal como me permití

---

the European and Inter-American Courts of Human Rights», *in Le rayonnement international de la jurisprudence de la Cour européenne des droits de l'homme* (eds. G. Cohen-Jonathan y J.-F. Flauss), Bruxelles, Nemesis/Bruylant, 2005, pp. 101-138.

15 Y cf., para un estudio general, A.A. Cançado Trindade, *A Humanização do Direito Internacional*, op. cit. supra n. (2), pp. 3-409.

señalar en mi Voto Razonado en el caso de la *Prisión de Castro-Castro versus Perú* (Sentencia de Interpretación, del 02.08.2008),

> "Estamos ante un ordre public humanizado (o mismo verdaderamente humanista) en que el interés público o el interés general coincide plenamente con la prevalencia de los derechos humanos, – lo que implica el reconocimiento de que los derechos humanos constituyen el fundamento básico, ellos propios, del ordenamiento jurídico, en los planos internacional y nacional. Subyacente al concepto de jus cogens encuéntrase el pensamiento jusnaturalista, que conlleva a normas perentorias a partir de la afirmación y consagración de valores éticos que buscan beneficiar a la humanidad como un todo" (párr. 155).

3. Medidas Provisionales de Protección

En el seno de la CtIADH, sostuve la apremiante necesidad de dar expresión a la *humanización* del Derecho Internacional en su construcción jurisprudencial, tanto en Opiniones Consultivas y Sentencias en casos contenciosos (*supra*), como también en Medidas Provisionales de Protección. Urge, en nuestros días, intensificar el proceso de humanización del derecho internacional contemporáneo, – tal como enfaticé, v.g., en mi Voto Concurrente (párr. 12) en el caso de los *Haitianos y Dominicanos de Origen Haitiana en la República Dominicana versus República Dominicana* (Medidas Provisionales de Protección, Resolución del 18.08.2000) ante la CtIADH, y en mi Voto Razonado en el caso *Bámaca Velásquez versus Guatemala* (Sentencia del 25.11.2000), ante la misma Corte, en el cual me permití atribuir los avances en este rumbo – "no sólo en el plano jurídico sino también en lo espiritual" – precisamente a la *conciencia jurídica universal* (correspondiente a la *opinio juris communis*), como fuente *material* por excelencia de todo o *derecho de gentes* (párr. 28 y 16).

En el referido caso de Medidas Provisionales de Protección, el de los *Haitianos y Dominicanos de Origen Haitiana en la República Dominicana* (Resolución del 18.08.2000), insistí, en mi referido Voto Concurrente, en la necesidad de reacción, por medio del Derecho, a la *deshumanización* del mundo, a las notorias iniquidades e injusticias en el tratamiento hoy dispensado a las migraciones forzosas (en búsqueda de sobrevivencia), y en las prácticas contemporáneas de deportaciones y expulsiones:

> "En este umbral del siglo XXI, persiste un descompás entre las demandas de protección en un mundo `globalizado´ y los medios de protección en un mundo atomizado. La llamada `globalización´, me permito insistir, todavía no ha abarcado los medios de protección del ser humano. (...) El Estado debe (...) responder por las consecuencias de la aplicación práctica de las normas y políticas públicas que adopta en materia de migración, y en particular de los procedimientos de deportaciones y expulsiones. (...)
>
> Al Derecho está reservado un papel de fundamental importancia para atender a las nuevas necesidades de protección del ser humano, particularmente en el mundo deshumanizado en que vivimos. Al inicio del siglo XXI, urge, en definitiva, situar el ser humano en el lugar que le corresponde, a saber, en el centro de las políticas públicas de los Estados

(como las poblacionales) y de todo processo de desarrollo, y ciertamente por encima de los capitales, inversiones, bienes y servicios. Urge, además, desarrollar conceptualmente el derecho de la responsabilidad internacional, de modo a abarcar, a la par de la estatal, también la responsabilidad de actores no-estatales. Es éste uno de los mayores desafíos del poder público y de la ciencia jurídica en el mundo `globalizado´ en que vivimos, desde la perspectiva de la protección de los derechos humanos" (párrs. 12 y 25).

Poco después, en el caso de la *Comunidad de Paz de San José de Apartadó versus Colombia* (Medidas Provisionales de Protección, Resolución del 18.06.2002), en mi nuevo Voto Concurrente ponderé que

"las obligaciones que impone la Convención Americana a los Estados Partes coinciden en gran medida con las del Derecho Internacional Humanitario, el cual determina la obligación del Estado de proteger su población civil en un conflito armado (interno). En este, como en varios otros casos, la Corte Interamericana ha tenido presente la normativa del Derecho Internacional Humanitario, como elemento de interpretación de las normas pertinentes de la Convención Americana, para efectos de su aplicación en las circunstancias del cas d'espèce.

Y no podría ser de otro modo; la propiedad y la necesidad de esa hermenéutica se tornan aún más evidentes en un caso como el de la Comunidad de Paz de San José de Apartadó, en que la propia autodenominación de la referida Comunidad, y la proclamación de su "neutralidad", revelan la presencia y relevancia del Derecho Internacional Humanitario, en un país flagelado por un grave conflito armado interno que victimiza segmentos crecientes de su población. Frente a esta tragedia, se tornan evidentes lo que me he permitido denominar las `aproximaciones y convergencias´ entre el Derecho Internacional Humanitario y el Derecho Internacional de los Derechos Humanos[16], en lo que concierne a la aplicación de la normativa de la Convención Americana sobre Derechos Humanos.

En conclusión, el presente caso, que revela las nuevas dimensiones de la protección internacional de los derechos humanos, demuestra además el gran potencial de los mecanismos de protección existentes, accionados para proteger colectivamente los miembros de toda una comunidad (sugeriendo una afinidad con las class actions), aunque la base de acción sea la lesión – o la probabilidad o iminencia de lesión – a derechos individuales. (...)" (párrs. 16-18).

Tres años después, en la subsiguiente Resolución del 15.03.2005 sobre Medidas Provisionales de Protección, en el mismo caso de la *Comunidad de Paz de San José de Apartadó*, subrayé en otro Voto Concurrente que

---

16   A.A. Cançado Trindade, *Tratado de Direito Internacional dos Direitos Humanos*, tomo I, Porto Alegre/Brasil, S.A. Fabris Ed., 1997, capítulo VIII, pp. 269-352; A.A. Cançado Trindade, *El Derecho Internacional de los Derechos Humanos en el Siglo XXI*, 1ª. ed., Santiago, Editorial Jurídica de Chile, 2001, cap. V, pp. 183-265.

"han sido, efectivamente, las nuevas necesidades de protección del ser humano – reveladas por situaciones como la del presente caso – que han, en gran parte, impulsado en los últimos años las convergencias, – en los planos normativo, hermenéutico y operativo, – entre las tres vertientes de protección de los derechos de la persona humana, a saber, el Derecho Internacional de los Derechos Humanos, el Derecho Internacional Humanitario y el Derecho Internacional de los Refugiados[17]" (párr. 3).

En fin, en la posterior Resolución del 02.02.2006, sobre Medidas Provisionales, otra vez en el caso de la *Comunidad de Paz de San José de Apartadó*, agregué, en nuevo Voto Concurrente, que las Medidas Provisionales de Protección ordenadas por la Corte "se riviesten de un carácter, más que cautelar, verdaderamente *tutelar*", en la medida en que "buscan evitar daños irreparables a la persona humana como sujeto del Derecho Internacional de los Derechos Humanos, y del Derecho Internacional Público contemporáneo" (párr. 4). Y concluí:

"El Derecho Internacional de los Derechos Humanos ha transformado la propia concepción de dichas medidas[18] – de cautelares en tutelares, – revelando el proceso histórico corriente de humanización del Derecho Internacional Público[19] también en este dominio específico, pero trátase de un proceso que se encuentra todavía en curso.

Hay que proseguir decididamente en esta dirección. Como próximo paso a ser dado, urge, en nuestros días, que se desarrolle su régimen jurídico, y, en el marco de éste último, las consecuencias jurídicas del incumplimiento o violación de las Medidas Provisionales de Protección, dotadas de autonomía propia. En mi entender, las víctimas ocupan, tanto en el presente contexto de prevención, como en la resolución del fondo (y eventuales reparaciones) de los casos contenciosos, una posición verdaderamente central, como sujetos del Derecho Internacional de los Derechos Humanos y del Derecho Internacional Público contemporáneo, dotados de capacidad jurídico-procesal internacional" (párrs. 10-11).

Reiteré las mismas consideraciones, *ipsis literis*, también en mi Voto Concurrente (párrs. 4 y 10-11) en la Resolución sobre Medidas Provisionales de Protección (del 07.02.2006), en el caso de las *Comunidades de Paz de Jiguamiandó y Curbaradó vs. Colombia* .

IV. El Reconocimiento de la Humanización en la Jurisprudencia de la Corte Internacional de Justicia

En lo que concierne a la jurisprudencia de la Corte Internacional de Justicia (CIJ), el reconocimiento de la humanización del Derecho Internacional ha igualmente

---

17 A.A. Cançado Trindade, *El Derecho Internacional de los Derechos Humanos en el Siglo XXI*, 1ª. ed., *op. cit. supra* n. (16), pp. 183-265.

18 A.A. Cançado Trindade, "Prólogo del Presidente de la Corte Interamericana de Derechos Humanos", *in Compendio de Medidas Provisionales* (Junio 2001-Julio 2003), vol. 4, Serie E, San José de Costa Rica, Corte Interamericana de Derechos Humanos, 2003, pp. V-XXII.

19 Cf. A.A. Cançado Trindade, "La Humanización del Derecho Internacional y los Límites de la Razón de Estado", *op. cit. supra* n. (7), pp. 11-23.

encontrado expresión, en los últimos años, en el ejercicio de sus funciones tanto consultiva como contenciosa. Dicho reconocimiento, en efecto, marca presencia también en relación con Opiniones Consultivas, así como con Sentencias en casos contenciosos y con Medidas Provisionales de Protección, como se puede desprender de los párrafos a continuación.

1. Opiniones Consultivas

En mi extenso Voto Razonado en la Opinión Consultiva de la Corte Internacional de Justicia (CIJ) en el asunto de la *Declaración de Independencia del Kosovo*, del 22 de julio de 2010, señalé la atención especial de los experimentos contemporáneos de Naciones Unidas de administración internacional de territorio con las condiciones de vida de la población (en la línea de la preocupación similar de experiencias precursoras del sistema de mandatos bajo la Liga o Sociedad de Naciones, y del sistema de tutela, – además de los territorios sin-gobierno-propio bajo Naciones Unidas), revelando todos "una perspectiva *humanizadora*" (párr. 231). Las organizaciones internacionales contribuyeron para fomentar esta "visión esencialmente humanista" (párr. 76).

El *jus gentium* (*droit des gens*) contemporáneo – proseguí en mi referido Voto – avanza la visión *humanista* del orden jurídico internacional, dejando claro que el Estado, o cualesquiera otras formas de organización socio-política, "fueron todos concebidos, y pasaron a existir, para la persona humana, y no *vice-versa*. Las organizaciones internacionales, creadas por Estades, han adquirido vida propia, y sido fieles a la observancia del principio de humanidad *lato sensu*, situándolo bien más allá de la antigua y estricta dimensión interestatal. Los experimentos pioneros de los sistemas de mandatos y tutela aportan una clara evidencia histórica en este sentido" (párr. 76). Los seres humanos, la "población" o el "pueblo" constituyen "el más precioso elemento constitutivo de la condición de Estado" (*statehood*) (párr. 77).

Efectivamente, si nos volvemos a las *causas* de aquellos experimentos pioneros de los sistemas de mandatos y de tutela (hoy día seguidos por la administración internacional de territorios), identificamos su propósito común: "salvaguardar los `pueblos´ o `poblaciones´ en cuestión (…) de la exploración, los abusos y la crueldad, y capacitarlos a ser maestros de su propio destino en una dimensión temporal. (…) Aquellos experimentos se inspiraron en el *principio fundamental de humanidad* (…), e buscaron salvaguardar la dignidad de la persona humana. (…)" (párr. 94).

Agregué en mi Voto supracitado en el asunto, ante la CIJ, de la *Declaración de Independencia del Kosovo*, que

> "Las lecciones acumuladas, por aquellos que testimoniaron o sobrevivieron sucesivas masacres y atrocidades de los últimos cien años, y aquellos que los estudian y piensan en ellos seriamente hoy día, sólo pueden conllevar a este reconocimiento humanista: en las raíces de aquellas instituciones jurídicas (mandatos, tustela, administración internacional de territorios) detectamos la conciencia despertada para el deber de cuidado con el género

humano. Este es, al fin y al cabo, en mi propia percepción, su más valioso denominador común" (párr. 96).

2. Sentencias (Casos Contenciosos)

En el caso *A.S. Diallo* (Guinea *versus* R.D. Congo, Sentencia del 30.11.2010), presentado originalmente por Guinea a la CIJ en el ejercicio de la protección diplomática (inter-estatal) discrecional, en el curso del procedimiento en cuanto al fondo (etapas escrita y oral), se tornó claro, a partir de los argumentos de las propias partes litigantes, que el caso se refería en realidad a la protección de los derechos humanos. Por la primera vez en su historia, la CIJ estableció violaciones de dos tratados de derechos humanos, el Pacto de Derechos Civiles y Políticos y la Carta Africana de Derechos Humanos y de los Pueblos, además del artículo 36(1)(b) de la Convención de Viena sobre Relaciones Consulares, como consecuencia de las detenciones de A.S. Diallo en el R.D Congo y de su expulsión del país. Y también por la primera vez en su historia, la CIJ reconoció expresamente la jurisprudencia relevante de las Cortes Europea e Interamericana de Derechos Humanos[20].

La CIJ, de ese modo, se movió del plano *inter*-estatal, al *intra*-estatal. En mi extenso Voto Razonado en el caso *A.S. Diallo*, enfaticé la relevancia de la nueva posición asumida por la CIJ, e invoqué el *principio de humanidad* así como el principio *pro persona humana*, en la jurisprudencia de la Corte (actualmente) en evolución, en la lucha contra las manifestaciones del poder arbitrario. Asímismo, endosé las supracitadas conclusiones de la Corte así como su determinación de la violación del derecho individual a la información sobre la asistencia consular (artículo 36(1)(b) de la Convención de Viena sobre Relaciones Consulares (1963), pero lo hice con base en el enfoque avanzado y pionero propugnado por la Corte Interamericana de Derechos Humanos en su Opinión Consultiva n. 16 sobre el *Derecho a la Información sobre la Asistencia Consular en el Marco de las Garantías del Debido Proceso Legal*, dando testimonio del proceso corriente de humanización del derecho consular[21].

En mi referido Voto, me permití, en fin, llamar la atención para la necesidad de determinar las reparaciones en casos congéneres, a partir de la perspectiva de las propias *víctimas*, los seres humanos (y no de sus Estados respectivos). El así-llamado principio *Mavrommatis*, – agregué, – parece hoy superado (párr. 205), pues pasamos decididamente del plano *inter*-estatal al *intra*-estatal, en la búsqueda de la realización de la justicia. Este desarrollo me parece verdaderamente irreversible. Con ésto, – finalizé, – la CIJ demostró estar preparada para un posible advento de la adjudicación internacional, por ella misma, de casos de derechos humanos (párrs. 232-245).

---

20   Párrafo 68 de la Sentencia.
21   Para un estudio, cf. A.A. Cançado Trindade, "The Humanization of Consular Law: The Impact of Advisory Opinion n. 16 (1999) of the Inter-American Court of Human Rights on International Case-Law and Practice", 6 *Chinese Journal of International Law* (2007) n. 1, p. 1-16.

En mi extenso Voto Disidente en el caso relativo a la *Aplicación de la Convención Internacional sobre la Eliminación de Todas las Formas de Discriminación Racial* (Georgia *versus* Federación Rusa, Sentencia del 01.04.2011), ante la interpretación de la CIJ, a mi juicio equivocada, de la cláusula compromisoria (artículo 22) de la referida Convención (CERD), sostuve que cláusulas compromisorias como la del artículo 22 de la Convención CERD están directamente ligadas al propio *derecho de acceso a la justicia* de los justiciables, bajo los tratados de derechos humanos (párr. 207). La Corte debería, a mi juicio, haber desestimado las excepciones preliminares, mediante la interpretación de la cláusula compromisoria a la luz de la Convención CERD como un todo, tomando en cuenta su naturaleza jurídica y contenido material (pars. 64-78), sobre todo para proteger los justiciables en situación de particular vulnerabilidad (párr. 185). Al declararse sin competencia para proceder al examen de la demanda en cuanto al fondo, la CIJ dejó de valorar, desde la correcta perspectiva humanista, "los sufrimientos y las necesidades de protección de la población" victimada (*summum jus, summa injuria*) (párrs. 145-166).

3. Medidas Provisionales de Protección

En el caso de las *Cuestiones Relativas a la Obligación de Juzgar o Extraditar* (Bélgica *versus* Senegal, Medidas Provisionales, *Ordonnance* del 28.05.2009), presenté un extenso Voto Disidente sosteniendo que la CIJ debía haber indicado o ordenado Medidas Provisionales, para asegurar la aplicación del principio de la jurisdicción universal (*aut dedere aut judicare*), con base en un tratado de derechos humanos (la Convención de las Naciones Unidas contra la Tortura, artículo 7) (párrs. 60-63 y 69), sobre todo en relación con una prohibición del *jus cogens* (párrs. 68, 71 y 100). Era este, a mi juicio, un imperativo para asegurar el derecho a la realización de la justicia (párrs. 95 y 101)[22].

En la *Ordonnance* del 18.07.2011 de la CIJ de Medidas Provisionales de Protección, en el caso del *Templo de Préah Vihéar* (solicitud de interpretación, Cambodia *versus* Tailandia), presenté un Voto Razonado en el cual sostuve que, la determinación por la CIJ de la creación de una zona desmilitarizada alrededor del Templo y cerca de la frontera entre los dos países, busca proteger no solamente el territorio en cuestión, sino también las poblaciones que en él viven, así como un conjunto de monumentos ahí situados (conformando el Templo) que hoy día integra – por decisión de la UNESCO – el patrimonio cultural y espiritual de la humanidad (párrs. 66-95).

---

22 En la misma línea de pensamiento, en mi reciente Voto Razonado en la nueva *Ordonnance* (del 04.07.2011) de la Corte en el caso de las *Imunidades Jurisdiccionales del Estado* (Alemania *versus* Italia, Solicitud de Intervención de la Grecia), me permití llamar la atención – al apoyar la solicitud griega de intervención – para la presencia y la participación de los individuos en el ordenamiento jurídico internacional contemporáneo, y para la coexistencia, en el marco de este último, de derechos de los Estados así como derechos de los individuos (párrs. 9-61), ambos sujetos del Derecho Internacional.

Más allá del enfoque territorialista clásico encuéntrase el "factor humano"; trátase, – agregué, – de proteger, mediante dichas Medidas Provisionales, el derecho a la vida de los miembros de las poblaciones locales así como el patrimonio espiritual de la humanidad (párrs. 96-113). Subyacente a esta construcción jurisprudencial, – agregué, – encuéntrase el *principio de humanidad*, orientando la búsqueda de la mejoría de las condiciones de vida de la *societas gentium* y la realización del bien común (párrs. 114-115), en el marco del nuevo *jus gentium* de nuestros tiempos (párr. 117). Desde la emisión de dichas Medidas Provisionales de Protección por la CIJ hasta el presente (fines de noviembre de 2011), los conflictos armados en los alrededores del *Templo de Préah Vihéar* en la región fronteriza entre Cambodia y Tailandia han cesado.

V. Conclusión

Al identificar, – como he buscado hacerlo en mis escritos, – la fuente *material* última del Derecho en la conciencia humana, la conciencia jurídica universal, – a la par de las "fuentes" formales, – estamos frente a la concepción humanista, que sostengo, del propio Derecho Internacional, del derecho de gentes (*droit des gens*). En mi Voto Disidente en la CIJ en el caso de las *Inmunidades Jurisdiccionales del Estado* (Alemania *versus* Italia, Demanda Reconvencional, *Ordonnance* del 06.07.2010), – de fundamental importancia para el presente y el futuro del Derecho Internacional, – me permití advertir que, en definitiva,

> "No se puede construir (e intentar mantener) un órden jurídico internacional por encima del sufrimiento de los seres humanos, sobre el silencio de los inocentes destinados al olvido. (...) Por encima de la voluntad encuéntrase la conciencia, la cual es, al fin y al cabo, la que mueve el Derecho adelante, como su última fuente material, descartando la injusticia manifiesta" (párr. 179).

La concepción humanista del propio ordenamiento jurídico internacional es ineludible, inclusive para superar las resistencias e incomprensiones presentes y reincidentes en el seno de las sociedades nacionales, – sobre todo los medios sociales confrontados con regímenes represivos, – y buscar evitar los abusos del pasado. Sólo así se avanzará hacia un mundo más justo. No hay cómo hacer abstracción de los seres humanos, destinatarios últimos de las normas del derecho de gentes (*droit des gens*), titulares de derechos emanados directamente del Derecho Internacional.

Los seres humanos son efectivamente sujetos del Derecho Internacional, dotados de personalidad jurídica internacional, como hoy lo reconoce inequívocamente la propia Corte Internacional de Justicia. No hay cómo eludir la posición de los individuos como sujetos del Derecho Internacional, ni siquiera en el contencioso inter-estatal clásico, propio de la Corte de La Haya. Este desarrollo, además de alentador en la búsqueda de la *realización de la justicia* en los planos, a un tiempo, nacional e internacional, me parece, además, irreversible, dado el despertar de la consciencia humana para su necesidad.

XX.

The Right of Access to Justice in Its Wide Dimension[1]

Sumário: I. Introduction. II. The Normative Dimension. III. The Procedural Dimension. IV. The Hermeneutic Dimension. V. The Jurisprudential Dimension. VI. The Epistemological Dimension. 1. The Right of Access to Justice *Lato Sensu*. 2. Access to Justice as an Imperative of *Jus Cogens*. VII. Conclusion.

I. Introduction

It is with special satisfaction that I have acceded to the kind invitation of the Max-Planck Institute to return to it, in order to deliver the present keynote address, for two particular reasons: first, almost a decade ago I was here, at the Max-Planck Institute in Heidelberg, when, as then President of the Inter-American Court of Human Rights (IACtHR), I celebrated an agreement of inter-institutional cooperation with the then Director of this Institute, Professor Rüdiger Wolfrum, which enabled young scholars of the two continents to pursue their research in the place of their choice. I also keep a good memory of my dialogues with Professor Rudolf Bernhardt, also former Director of this Institute and former President of the European Court of Human Rights in Strasbourg.

Having been following the modern history of this Institute, I am particularly pleased to be here in the company of its Director, Professor Armin von Bogdandy, as well as of Professor Mariela Morales Antoniazzi, among others. Secondly, in the lecture I delivered herein, almost one decade ago (which has been published in one of my recent books)[2], I addressed the topic of the condition of the individual as subject of international law, in the light of some historical changes then introduced in the *interna corporis* of the IACtHR during my Presidency. Nowadays I have the hon-

---

[1] Discurso proferido pelo Autor, em um primeiro momento, no Instituto Internacional de Direitos Humanos (40ª. Sessão Anual de Estudos), em Estrasburgo, França, aos 21 de julho de 2009, e, em um segundo momento, de forma atualizada, no Instituto Max-Planck de Direito Público Comparado e Direito Internacional, em Heidelberg, Alemanha, aos 22 de junho de 2011.

[2] Cf. A.A. Cançado Trindade, "Le nouveau Règlement de la Cour Interaméricaine des Droits de l'Homme: Quelques réflexions sur la condition de l'individu comme sujet du droit international", in *A Humanização do Direito Internacional*, Belo Horizonte/Brazil, Edit. Del Rey, 2006,pp. 143-156.

our to render my services to another international jurisdiction, the International Court of Justice; yet, that subject keeps on accompanying me. Two years ago, I had the occasion to lecture on it, at the International Institute of Human Rights – the René Cassin Institute – in Strasbourg, and I deem it fit to retake it in my keynote address of today, 22 June 2011, here at the Max-Planck Institute in Heidelberg.

The right of access to justice (comprising the right to an effective domestic remedy and to its exercise with full judicial guarantees of the due process of law, and the faithful execution of the judgment), at national and international levels, is a fundamental cornerstone of the protection of human rights. It is provided for, e.g., under the human rights treaties endowed nowadays with international human rights tribunals, namely, the European Convention of Human Rights, the American Convention on Human Rights, and the African Charter on Human and Peoples' Rights. The right of access to justice conforms a true *right to the Law*, disclosing a conception of access to justice *lato sensu*.

II. The Normative Dimension

In so far as access to international justice is concerned, the right of individual petition has proven to be an effective means of resolving not only cases pertaining to individuals, but also cases of massive and systematic violations of human rights. At normative level, the fundamental importance of the provision on the right of individual petition was reckoned in the corresponding *travaux préparatoires* of the three aforementioned regional Conventions of Human Rights. Under each of them the right of individual petition has, in practice, and not surprisingly, had a distinct historical development. Under the three Conventions, however, the pursuance of a wide conception *ratione personae* of the right of individual petition – a wide conception of the *legitimatio ad causam*, – has had the immediate effect of enlarging the scope of protection, mainly in cases where the alleged victims (e.g., *incommunicado* detainees, disappeared persons, among other situations) find themselves in the impossibility to act on their own, and stand in need of the initiative of a third party as petitioner on their behalf.

III. The Procedural Dimension

Of all the mechanisms of international protection of human rights, the right of individual petition is in effect the most dynamic, in attributing the initiative of action to the individual petitioner himself (the ostensibly weaker party *vis-à-vis* the public power), distinctly from the exercise *ex officio* of other methods (such as those of reports and investigations) on the part of the organs of international supervision. The granting of *locus standi in judicio* to individuals before international human rights tribunals, in all stages of the procedure before them, has contributed to render the protected rights truly effective.

The human person has thus been erected as subject of the International Law of Human Rights, endowed with juridico-procedural capacity in the proceedings before the Inter-American Court. This has undoubtedly been a development of much significance; as I saw it fit to ponder in my intervention of 10.06.2003 at the plenary of the General Assembly of the OAS in Santiago of Chile, as then President of the Inter-American Court of Human Rights, this latter, in the evolution of its procedures and of its case-law, has given a relevant contribution to

> "the consolidation of the new paradigm of International Law, the new jus gentium of the XXIst century, which recognizes the human being as subject of rights"[3].

The consolidation of the *locus standi in judicio* of individuals before the Court is an appropriate and logical development, as it does not seem reasonable to conceive rights at international level without the corresponding capacity to vindicate them. Upon the right of individual petition is erected the legal mechanism of emancipation of the human being *vis-à-vis* the State itself for the protection of his rights in the domain of the International Law of Human Rights, – an emancipation which comes at last to confer an ethical content to the norms of both domestic public law and international law.

The necessary recognition of the *locus standi in judicio* of the alleged victims (or their legal representatives) before international human rights tribunals constitutes a most significant advance, but not necessarily the final stage of the improvement of the mechanism of protection under the American Convention: from the *locus standi*, the evolution points towards the future recognition of the right of *direct access* of individuals before them (*jus standi*), so as to lodge a complaint directly with it. This is already the case, for the last decade, in the experience of the European Court of Human Rights in particular.

In effect, to recognize the *locus standi in judicio* of the victims (or their relatives or representantives) before the Court (in cases already submitted to it by the Commission) contributes to the "jurisdictionalization" of the mechanism of protection, putting an end to the ambigüity of the role of the Commission, which rigourously is not a "party" in the process, but rather the guardian of the correct application of the Convention. The free and full exercise of the right of individual petition has also contributed to secure respect for the obligations of objective character binding States Parties[4].

IV. The Hermeneutic Dimension

The compulsory jurisdiction of international human rights tribunals (as in the case of the European Court) is the indispensable complement of the right of in-

---

3   OAS, *Asamblea General, XXXIII Período Ordinario de Sesiones (Santiago de Chile, Junio de 2003) – Actas y Documentos*, vol. II, Washington D.C., OAS General Secretariat, pp. 168-171.

4   In several cases, such exercise of the right of petition has gone further, having brought about changes in the domestic legal order and in the practice of the public organs of States Parties concerned.

dividual petition under the American Convention: both constitute the basic pillars of the international protection, of the mechanism of emancipation of the human being *vis-à-vis* his own State[5]. Furthermore, both the European and Inter-American Courts have rightly set limits to State voluntarism, have safeguarded the integrity of the respective human rights Conventions and the primacy of considerations of *ordre public* over the will of individual States, have set higher standards of State behaviour and established some degree of control over the interposition of undue restrictions by States, and have reassuringly enhanced the position of individuals as subjects of the International Law of Human Rights, with full procedural capacity.

In so far as the basis of their jurisdiction in contentious matters is concerned, eloquent illustrations of their firm stand in support of the integrity of the mechanisms of protection of the two Conventions are afforded, for example, by the decisions of the European Court in the *Belilos versus Switzerland* case (1988), in the *Loizidou versus Turkey* case (Preliminary Objections, 1995), and in the *I. Ilascu, A. Lesco, A. Ivantoc and T. Petrov-Popa versus Moldovia and the Russian Federation* case (2001), as well as by the decisions of the Inter-American Court in the *Constitutional Tribunal* and *Ivtcher Bronstein versus Peru* cases, Jurisdiction (1999), and in the *Hilaire, Constantine and Benjamin and Others versus Trinidad and Tobago* (Preliminary Objection, 2001).

The two aforementioned international human rights tribunals, by correctly resolving basic procedural issues raised in the aforementioned cases, have aptly made use of the techniques of public international law in order to strengthen their respective jurisdictions of protection of the human person. They have decisively safeguarded the integrity of the mechanisms of protection of the American and European Conventions on Human Rights, whereby the juridical emancipation of the human person *vis-à-vis* her own State is achieved.

V. The Jurisprudential Dimension

Such jurisprudential dimension (added to the aforementioned previous dimensions) is of the utmost importance, as it discloses the endeavours of international human rights tribunals to secure the effective protection (*effet utile*) of the rights provided for in the respective regional Human Rights Conventions. In this respect, in the Judgment (on preliminary objections) of the Inter-American Court of Human Rights in the case of *Castillo Petruzzi and Others versus Peru* (of 04.09.1998), I saw it fit, in a lengthy Concurring Opinion, to single out the *fundamental* character of the right of individual petition (Article 44 of the American Convention as the

---

5 As foreseen by the so-called "founding fathers" of the law of nations; cf. A.A. Cançado Trindade, "The Emancipation of the Individual from His Own State – The Historical Recovery of the Human Person as Subject of the Law of Nations", in *Human Rights, Democracy and the Rule of Law – Liber Amicorum L. Wildhaber* (eds. S. Breitenmoser *et alii*), Zürich/Baden-Baden, Dike/Nomos, 2007, pp. 151-171.

"cornerstone of the access of the individuals to the whole mechanism of protection of the American Convention" (pars. 3 and 36-38)[6]. After reviewing the *historia juris* of that right of petition (pars. 9-15), and the expansion of the notion of "victim" in the international case-law under human rights treaties (pars. 16-19), I referred to the *autonomy* of the right of individual petition *vis-à-vis* the domestic law of the States (pars. 21, 27 and 29), and added:

> "(...) With the access of individuals to justice at international level, by means of the exercise of the right of individual petition, concrete expression was at last given to the recognition that the human rights to be protected are inherent to the human person and do not derive from the State. Accordingly, the action in their protection does not exhaust – cannot exhaust – itself in the action of the State. (...) Had it not been for the access to the international instance, justice would never have been done in their concrete cases. (...) It is by the free and full exercise of the right of individual petition that the rights set forth in the Convention become effective" (pars. 33 and 35).

The *contentieux* of the leading case of the *"Street Children"* (case *Villagrán Morales and Others versus Guatemala*, 1999-2001) disclosed the importance of the direct access of individuals to the international jurisdiction, enabling them to vindicate their rights against the manifestations of the arbitrary power, and giving an ethical content to the norms of both domestic public law and international law[7]. Its relevance was clearly demonstrated before the Court in the proceedings of that historical case, in which the mothers (and one grand-mother) of the murdered children, as poor and abandoned as their sons (and one grand-son), had access to the international jurisdiction, appeared before the Court[8], and, due to the Judgments as to the merits and reparations of the Inter-American Court[9], which found in their support, they could at least recover the faith in human justice.

Four years later, the case of the *Institute of Reeducation of Minors versus Paraguay* (Judgment of 02.09.2004) came once again to demonstrate, as I pointed out in my Separate Opinion (pars. 3-4), that the human being, even in the most adverse conditions, has emerged as subject of the International Law of Human Rights, en-

---

6 By means of such right of petition, – a "definitive conquest of the International Law of Human Rights", – the *"historical rescue* of the position of the human being as subject of the International Law of Human Rights, endowed with full international procedural capacity" took place (pars. 5 and 12).

7 In my Separate Opinion in the case of the *"Street Children"* (reparations, 2001), I saw it fit to warn that the suffering of the most humble and vulnerable projects itself into the community or social *milieu* as a whole, and their close relatives are forced to live with the silence, the indifference and the oblivion of the others, permeating the whole community with suffering (par. 22).

8 Public hearings of 28-29.01.1999 and 12.03.2001 before the Court.

9 Of 19.11.1999 and of 26.05.2001, respectively.

dowed with full international juridico-procedural capacity. The Court's Judgment in this last case duly recognized the high relevance of the historical reforms introduced in the fourth and current Rules of Court (pars. 107, 120-121 and 126), in force as from 2001[10], in favour of the individuals' *titularity* of the protected rights. The aforementioned cases of the *"Street Children"* and of the *Institute of Reeducation of Minors* bear eloquent witness of such titularity, asserted and exercised before the Court, even in situations of the most extreme adversity[11]. To them, other cases can be added, with numerous other victims, – e.g., in infra-human conditions of detention, in forced displacement from their homes, in the condition of undocumented migrants, in situation of complete defencelessness, and even victims of massacres and their relatives, – which, despite so much adversity, have had access to international justice.

It is significant that cases of massacres, which some decades ago fell into oblivion, are nowadays brought before an international human rights tribunal, as exemplified by the Judgments of the Inter-American Court in the cases of the massacres of *Barrios Altos versus Peru* (of 14.03.2001), of *Plan de Sánchez versus Guatemala* (of 29.04.2004), of the *19 Tradesmen versus Colombia* (of 05.07.2004), of *Mapiripán versus Colombia* (of 17.09.2005), of the *Community Moiwana versus Suriname* (of 15.06.2005), of *Pueblo Bello versus Colombia* (of 31.01.2006), of *Ituango versus Colombia* (of 01.07.2006), of *Montero Aranguren and Others (Retén de Catia) versus Venezuela* (of 05.07.2006), of the *Prison of Castro Castro versus Peru* (of 25.11.2006), of *La Cantuta versus Peru* (of 29.11.2006).

VI. The Epistemological Dimension

The International Law of Human Rights is ineluctably *victim-oriented*, and it could not be otherwise. The centrality of the victim in the international *contentieux* of human rights is inquestionable[12]. The right of access to justice, in its wide scope, is

---

10 Cf., in this respect, A.A. Cançado Trindade, "Le nouveau Règlement de la Cour Interaméricaine... ", *op. cit. supra* n. (3), pp. 143-156.

11 In the case of the *Institute of Reeducation of Minors*, some of the interns were hurt or died burnt amidst three fires; yet, their cause, despite the limitations of their juridical capacity given their existential condition of minors of age, reached an international tribunal of human rights, thus asserting their *titularity* of rights enmanated directly from International Law.

12 To this effect, in my Separate Opinion in the case of the *"Street Children"* (*Villagrán Morales and Others versus Guatemala*, Judgment on Reparations, of 26.05.2001), I drew attention to this, concentrating attention on the triad conformed by victimization, human suffering, and rehabilitation of the victims (pars. 1-43). Moreover, in my Separate Opinions in the Judgments of the Court on the cases *Bulacio versus Argentina* (of 18.09.2003) and *Tibi versus Ecuador* (of 07.09.2004), I sought to identify the sense of the *reparatio* as from the centrality of the suffering of the victims, which I duly emphasized also in my Separate Opinions in the Judgments in the cases of *Brothers Gómez Paquiyauri versus Peru* (of 08.07.2004) and *Ximenes Lopes versus Brazil* (of 04.07.2006). And, in my Separate Opinion in the Judgment in the case of the *Community Moiwana versus Suriname* (of 15.06.2005), I sought to demonstrate the

an imperative at both national and international levels. On this particular issue, there is a convergence between domestic public law and international law. From the perspective of the protected persons, effective domestic remedies integrate the international protection of human rights[13].

1. The Right of Access to Justice *Lato Sensu*

The understanding of the matter at issue advanced by the Inter-American Court in its evolving case-law law in recent years has been to the effect that the right of access to justice (*lato sensu*) *at national and international levels* amounts to the right to the *realization of material justice*. As such, it comprises not only the formal access to a tribunal or judge, but also respect for the guarantees of due process of law, the right to a fair trial, and to reparations (whenever they are due), and the faithful execution of judgments[14].

2. Access to Justice as an Imperative of *Jus Cogens*

Ever since the Inter-American Court, in its pioneering Advisory Opinion n. 18 (of 17.09.2003), on the *Juridical Condition and the Rights of Undocumented Migrants*, rightly enlarged the material content of *jus cogens* so as to comprise also the fundamental principle of equality and non-discrimination (including equality before the law), I began insisting on the need of widening further that material content so as to encompass likewise the right of access to justice[15]. I did so, *inter alia*, in my Separate Opinion

---

projection of human suffering in time, with direct implications for measures of reparation to the victims and their relatives. Cf. texts of the aforementioned Separate Opinions *in*: A.A. Cançado Trindade, *Derecho Internacional de los Derechos Humanos – Esencia y Trascendencia (Votos en la Corte Interamericana de Derechos Humanos, 1991-2006)*, México, Ed. Porrúa/Univ. Iberoamericana, 2007, pp. 251-267, 363-374, 444-456, 417-432, 748-765, 980-983, and 539-567, respectively.

13 A.A. Cançado Trindade, *The Application of the Rule of Exhaustion of Local Remedies in International Law*, Cambridge, Cambridge University Press, 1983, pp. 1-445.

14 In fact, States Parties assume, each one individually, the duty to comply fully with the judgments and decisions of the Inter-American Court, as established in Article 68 of the American Convention itself, in application of the principle *pacta sunt servanda* (this being also an obligation of their own domestic law).

15 Cf., to this effect, my Separate Opinions in the Court's Judgments in the cases of the *Massacre of Plan de Sánchez versus Guatemala* (merits, of 29.04.2004), pars. 22, 29-33 and 35 of the Opinion; and (reparations, of 19.11.2004), pars. 4-7 and 20-27 of the Opinion; of the *Brothers Gómez Paquiyauri versus Peru* (of 08.07.2004), pars. 37-44 of the Opinion; of *Tibi versus Ecuador* (of 07.09.2004), pars. 30-32 of the Opinion; of *Caesar versus Trinidad and Tobago* (of 11.03.2005), pars. 85-92 of the Opinion; of *Yatama versus Nicaragua* (of 23.06.2005), pars. 6-9 of the Opinion; of *Acosta Calderón versus Ecuador* (of 14.06.2005), pars. 4 and 7 of the Opinion; of the *Massacres of Ituango versus Colombia* (of 01.07.2006), par. 47 of the Opinion; of *Baldeón García versus Peru* (of 06.04.2006), pars. 9-10 of the Opinion; of *López Álvarez versus Honduras* (of 01.02.2006), pars. 53-55 of the Opinion.

(devoted to the right of access to justice *lato sensu*) in the Court's Judgment (of 31.01.2006) in the case of the *Massacre of Pueblo Bello versus Colombia*, drawing attention to the fundamental importance precisely of that right of access to justice (par. 65).

It was in the case of *Goiburú and Others versus Paraguay* (Judgment of 22.09.2006), concerning the sinister "Operation Cóndor" of the so-called "intelligence services" of the countries of the Southern Cone of South America (at the time of the dictatorships of three decades ago) that the Inter-American Court at last endorsed my thesis[16], further enlarging the material content of *jus cogens*, so as to comprise the right of access to justice. In my Separate Opinions in the case *Goiburú and Others*[17], as well as in the subsequent cases of *Almonacid Arellano versus Chile* (Judgment of 26.09.2006, pars. 58-60 of the Opinion), and of *La Cantuta versus Peru* (Judgment of 29.11.2006, pars. 49-62 of the Opinion), I stressed the considerable importance of such expansion of the material content of *jus cogens*[18].

VII. Conclusion

As I had the occasion to point out, as guest speaker, in my inaugural address at the opening of the judicial year of 2004 of the European Court of Human Rights in Strasbourg, the two international human rights tribunals (the European and Inter-American Courts) have achieved remarkable advances in the realization of justice, in the correct perspective, namely, that of *the justiciable*[19]. Both have contributed decisively to the emancipation of the human being *vis-à-vis* his own State, to the establishment of a new paradigm in the present domain of international protection, and to what I coined, in my Concurring Opinion (pars. 34-35) in the Court's Advisory Opinion n. 16 (of 01.10.1999) on *The Right to Information on Consular Assistance*, as the historical process of *humanization of International Law*[20].

The theme of the right of access to justice *lato sensu* (encompassing the access to a competent court or a judge, the judicial guarantees of the due process of law, and

---

16 Cf. the text of my Separate Opinion therein, reproduced *in*: A.A. Cançado Trindade, *Derecho Internacional de los Derechos Humanos – Esencia y Trascendencia (Votos en la Corte Interamericana de Derechos Humanos, 1991-2006)*, Mexico, Edit. Porrúa/Universidad Iberoamericana, 2007, pp. 779-804.

17 Pars. 62-68 of the Opinion, text *in ibid.*, pp. 801-804.

18 Cf., on the matter, recently, A.A. Cançado Trindade, "The Expansion of the Material Content of *Jus Cogens*: The Contribution of the Inter-American Court of Human Rights", *in La Convention Européenne des Droits de l'Homme, un instrument vivant – Mélanges en l'honneur de Chr.L. Rozakis* (eds. D. Spielmann *et alii*), Bruxelles, Bruylant, 2011, pp. 27-46.

19 A.A. Cançado Trindade, «Le développement du Droit international des droits de l'homme à travers l'activité et la jurisprudence des Cours européenne et interaméricaine des droits de l'homme», 16 *Revue universelle des droits de l'homme* (2004) n. 5-8, pp. 177-180.

20 A.A. Cançado Trindade, *A Humanização do Direito Internacional*, Belo Horizonte/Brazil, Edit. Del Rey, 2006, pp. 3-409.

the faithful execution of the judgment) has lately been object of close attention in the debates among members and former members of the three international human rights tribunals, – the European, Inter-American and African Courts, – held in the *Palais des Droits de l'Homme* in Strasbourg, on 08-09 December 2008, of which I keep the best memory. One is to expect convergence on the approach to the matter to be pursued in their respective case-law in the future.

Accordingly, and last but not least, the human person has come to occupy, in our days, the central position which corresponds to her, as *subject of both domestic and international law*, with international procedural capacity, amidst that process of *humanization of International Law*, more directly attentive to the identification and realization of common superior values and goals. She has exercised her capacity, in the vindicating of her rights, in situations of extreme vulnerability and under circumstances of the utmost adversity[21]. This evolution, in turn, paves the way for the new primacy of the *raison d'humanité* over the old *raison d'État*. The proper interpretation and application of Human Rights Conventions has contributed decisively to that effect.

Heidelberg, 22 June 2011.

---

21 Cf., recently: A.A. Cançado Trindade, *The Access of Individuals to International Justice*, Oxford, Oxford University Press, 2011, pp. 1-236; A.A. Cançado Trindade, *State Responsibility in Cases of Massacres: Contemporary Advances in International Justice* (Inaugural Address, 10.11.2011), Utrecht, Universiteit Utrecht, 2011, pp. 1-71.

XXI.
Le Déracinement et les Droits des Migrants dans le Droit International des Droits de l'Homme[1]

Résumé: I. Observations Préliminaires. II. Le Drame du Déracinement et la Nécessité Plus Grande de Protection des Migrants. III. Les Principes Fondamentaux du Déplacement Interne. 1. Nations Unies. 2. Niveau Régional. IV. Principes Fondamentaux des Migrations. V. La Protection des Migrants dans la Jurisprudence Internationale. 1. Le Système Européen des Droits de l'Homme. 2. Le Système Interaméricain des Droits de l'Homme. a) L'Avis Consultatif Relatif au *Droit à l'Information sur l'Assistance Consulaire dans le Cadre du Procès Équitable* (1999). b) L'Avis Consultatif Relatif à la *Condition Juridique et aux Droits des Migrants sans Papiers* (2003). VI. La Protection des Migrants dans le Système des Rapporteurs. VII. Justice Sociale et la Prévention des Migrations Forcées: L'Héritage des Conférences Mondiales des Nations Unies. VIII. Conclusions.

I. Observations Préliminaires

Puis-je commencer ce cours inaugural de la session annuelle d'études de 2007 en évoquant mes liens historiques et continus avec l'Institut international des droits de l'homme, ici à Strasbourg? Ici précisément, dans cet auditorium *Carré de Malberg* de l'Université de Strasbourg, où j'eus l'honneur de recevoir des mains de René Cassin lui-même, en 1974, mon diplôme de l'Institut. À nouveau, dans ce même lieu, où je fus accueilli en 1997 comme nouveau membre élu de l'Institut de Droit International. J'ai eu le privilège d'avoir connu et accompagné dans leurs travaux, pendant ces trois dernières décennies, les présidents et secrétaires généraux successifs de l'Institut international des droits de l'homme pour lequel je suis resté un collaborateur fidèle et constant de l'autre côté de l'Atlantique. L'un d'eux est récemment disparu (le 22 mars 2007), le Professeur Alexandre-Charles Kiss, un juriste visionnaire et exemplaire, à la mémoire de qui je me permets de rendre hommage aujourd'hui. Cet auditorium étant chargé de l'histoire de l'Institut de Strasbourg et de ma propre vie académique, ce n'est pas sans émotion que je donne ce cours inaugural.

---

1 Conférence inaugurale de l'Auteur, dans l'ouverture de la 38ᵉ Session d'Études de l'Institut international des droits de l'homme René Cassin (Strasbourg, 2 juillet 2007). Originellement publié (version française) *in*: 19 Revue Trimestrielle des Droits de l'Homme – Bruxelles (2008) n. 74, pp. 289-328.

Puis-je en premier lieu m'élever contre les effets négatifs du fait que, dans un monde «globalisé» – un nouvel euphémisme en vogue, – les frontières sont ouvertes aux capitaux, biens et services mais malheureusement non aux êtres humains? Les économies nationales sont ouvertes aux capitaux spéculatifs alors qu'au même moment s'érodent les conquêtes sociales des dernières décennies. Des parties de plus en plus importantes de la population deviennent marginalisées et exclues du «progrès» matériel. Les leçons du passé semblent oubliées et les souffrances des précédentes générations apparaissent avoir été vaines. L'état actuel des affaires apparaît dénué de sens historique. A cette «dé-historisation» de la vie s'ajoute l'idolâtrie du marché, réduisant les êtres humains à de simples agents de la production économique (ironiquement au milieu d'un chômage grandissant sous diverses latitudes).

Cette nouvelle tragédie contemporaine, essentiellement créée par l'homme et qui aurait pu être parfaitement évitée si la solidarité humaine avait prévalu sur l'égoïsme individuel, a donné naissance au nouveau phénomène des flux massifs de migration forcée qui émerge et s'intensifie, – des millions d'êtres humains cherchant à échapper, non plus à une persécution individuelle politique mais plutôt à la faim, à la misère et aux conflits armés, – avec de graves conséquences pour l'application des normes internationales de protection de la personne humaine. Il y a une décennie, dans une étude que j'avais préparée pour l'Institut interaméricain des droits de l'homme (au Costa Rica en 1998), publiée en 2001 au Guatemala, j'ai proposé pour ce phénomène une approche fondée sur les droits de l'homme, – distincte des études classiques sur le sujet (ayant une approche strictement historique ou économique) – en portant l'attention sur les êtres humains dans un état de grande vulnérabilité.[2]

À cette occasion, je vis qu'il était nécessaire de signaler que: « les avancées dans ce domaine seront seulement accomplies par un changement radical de mentalité. Dans toute échelle de valeurs, les considérations d'ordre humanitaire doivent prévaloir sur celles d'ordre économique et financier, sur le protectionnisme affirmé du marché du travail et sur les rivalités de groupes. Il y a, en définitive, une nécessité urgente de situer l'être humain à la place qui lui convient, certainement au-dessus des capitaux, biens et services. C'est peut être le défi majeur du monde «globalisé» dans lequel nous vivons, défi que nous devons traiter dans une perspective des droits de l'homme[3].

Dans ce cours inaugural de la présente session annuelle de l'Institut, je reprendrai ce sujet, devenu un thème récurrent de discussion, afin d'identifier et rassembler les éléments accumulés au cours de ces dernières années et permettant

---

2   A.A. Cançado Trindade, *Elementos para un Enfoque de Derechos Humanos del Fenómeno de los Flujos Migratorios Forzados* (étude de 1998 préparée pour l'I.I.D.H.), Guatemala, OIM/IIDH, Sept. 2001, pp. 1-57.

3   *Ibid.*, p. 26..

d'approfondir cette approche du phénomène contemporain des migrations forcées grâce aux droits de l'homme. Pour cela, je chercherai à brosser un tableau du drame du déracinement et des nécessités plus importantes de la protection des migrants, puis, à identifier les principes fondamentaux applicables dans ce nouveau domaine des droits de la personne humaine. J'examinerai la jurisprudence internationale en expansion sur ce sujet (des deux cours européenne et interaméricaine des droits de l'homme), ainsi que les autres initiatives de protection des Nations Unies et des organisations régionales, les implications sur la responsabilité des Etats et son importance pour la communauté internationale tout entière. Le moment sera alors venu de présenter mes conclusions sur cette question.

II. Le Drame du Déracinement et la Nécessité Plus Grande de Protection des Migrants

Il a été dit, à juste titre, que l'humanité ne pouvait uniquement accomplir de vrai progrès que si elle allait dans le sens de l'émancipation humaine[4]. On ne doit jamais oublier que l'Etat fut conçu à l'origine pour la réalisation du bien commun[5]. Nul Etat ne peut se considérer au-dessus de la loi dont les normes bénéficient aux êtres humains qui en sont les destinataires ultimes; en somme, l'Etat n'existe que pour l'être humain et non l'inverse.

Paradoxalement, l'expansion de la mondialisation a été accompagnée *pari passu* par l'érosion de la capacité des Etats de protéger les droits économiques, sociaux et culturels des personnes placées sous leur juridiction et il en est résulté des besoins croissants de protection des réfugiés, des personnes déplacées et des migrants dans cette première décennie du XXIe siècle qui requièrent une solidarité à l'échelle universelle[6]. Cette

---

4 J. Maritain, *Los Derechos del Hombre y la Ley Natural*, Buenos Aires, Ed. Leviatán, 1982 (réimpr.), pp. 12, 18, 38, 43, 50, 94-96 et 105-108. Pour J. Maritain, «la personne humaine transcende l'Etat», car elle a «une destinée supérieure au temps»; *ibid.*, pp. 81-82. Sur « les fins humaines du pouvoir », cf. Ch. de Visscher, *Théories et réalités en Droit international public*, 4e éd. rév., Paris, Pédone, 1970, pp. 18-32 et s.

5 Par État, il faut entendre celui d'une société démocratique c'est-à-dire celui qui assure le respect des droits de l'homme, est orienté vers le bien commun, dont la séparation des pouvoirs est garantie tant par la Constitution que par l'Etat de droit, avec des garanties procédurales effectives des droits de l'homme et des libertés fondamentales.

6 S. Ogata, *Challenges of Refugee Protection* (exposé à l'Université de La Havane, 11 mai 2000), La Havane/Cuba, HCNUR, 2000, pp. 7-9 (document interne); S. Ogata, *Los Retos de la Protección de los Refugiados* (exposé au ministère des Affaires étrangères du Mexique, 29 juillet 1999), Mexico, HCNUR, 1999, p. 11 (document interne). – Il a été récemment fait observer que les système d'alertes précoces (à l'origine imaginés et utilisés dans le domaine du droit international des réfugiés) avait divulgué certains points faibles, utilisés parfois simplement pour contraindre des personnes à ne pas émigrer; S. Schmeidl, «The Early Warning of Forced Migration: State or Human Security?», *Refugees and Forced Displacement – International Security, Human Vulnerability, and the State* (éd. E. Newman et J. van Selm), Tokyo, Université des

énorme contradiction apparaît plutôt tragique quand l'on à l'esprit les avancées considérables de la science et de la technologie au cours des dernières décennies mais qui, toutefois, ont été impuissantes à réduire ou éradiquer l'égoïsme humain[7].

Malheureusement le progrès matériel de certains a été accompagné de la fermeture des frontières aux êtres humains ainsi que de l'apparition de formes nouvelles et cruelles de servitude (entres autres: trafic clandestin des personnes, prostitution forcée, exploitation du travail) dont les migrants sans papiers sont souvent victimes[8]. L'augmentation des contrôles et les difficultés actuelles imposées aux migrants ont conduit certains à déceler et caractériser une situation de «crise» du droit d'asile[9].

Depuis les années quatre vingt dix, les migrations et les déplacements forcés se sont accrus et intensifiés[10]. Les disparités des conditions de vie entre le pays d'origine et le pays de destination les ont fortement caractérisés. Leurs causes sont multiples, notamment le marasme économique et le chômage, la carence des services publics (éducation, santé, entre autres), les catastrophes naturelles, les conflits armés générant des flux de réfugiés et de personnes déplacées, la répression et les persécutions, les violations systématiques des droits de l'homme, les rivalités ethniques et la xénophobie, les violences sous différentes formes[11]. Au cours des dernières années, la prétendue « flexibilité » dans le monde du travail, dans le cadre de la mondialisation de l'économie, a aussi engendré la mobilité avec un sentiment d'insécurité personnelle et une peur croissante du chômage[12].

Nations Unies, 2003, pp. 140, 145 et 149-151. Du point de vue de la société civile internationale dans son ensemble, l'argument a été proposé afin d'assurer une citoyenneté pleine et entière aux migrants respectueux de la loi; M. Frost, «Thinking Ethically about Refugees: A Case for the Transformation of Global Governance», *ibid.*, pp. 128-129.

7 Sur le besoin de réévaluer ce qui est de nos jours humain et humanitaire voy. J.A. Carrillo Salcedo, «El Derecho Internacional ante un Nuevo Siglo», 48 *Boletim da Faculdade de Direito da Universidade de Coimbra* (1999-2000) p. 257, voy. également p. 260.

8 M. Lengelle-Tardy, *L'esclavage moderne*, Paris, P.U.F., 1999, pp. 26, 77 et 116, cf. également pp. 97-98.

9 Ph. Segur, *La crise du droit d'asile*, Paris, P.U.F., 1998, pp. 110-114, 117, 140 et 155; F. Crépeau, *Droit d'asile – De l'hospitalité aux contrôles migratoires*, Bruxelles, Bruylant/Éd. Université de Bruxelles, 1995, pp. 306-313 et 337-339.

10 Cf. HCRNU, *The State of the World's Refugees – Fifty Years of Humanitarian Action*, Oxford, UNHCR/Oxford University Press, 2000, p. 9.

11 N. Van Hear, *New Diasporas – The Mass Exodus, Dispersal and Regrouping of Migrant Communities*, Londres, UCL Press, 1998, pp. 19-20, 29, 109-110, 141, 143 et 151; F.M. Deng, *Protecting the Dispossessed – A Challenge for the International Community*, Washington, Brookings Institution, 1993, pp. 3-20. Voy aussi par exemple, H. Domenach M. Picquet, *Les migrations*, Paris, P.U.F., 1995, pp. 42-126.

12 N. Van Hear, *op. cit. supra* n. (10), pp. 251-252. Il a été fait remarquer que « l'omniprésence de la migration est une conséquence du succès du capitalisme qui a encouragé le développement de la commercialisation dans de nombreuses sociétés périphériques tout en sapant la capacité

Les migrations et les déplacements forcés, ayant pour conséquence le déracinement de si nombreux êtres humains, sont la cause de multiples drames. Les témoignages de migrants donnent des exemples de ces souffrances endurées: abandon du domicile, parfois avec séparation ou éclatement de la famille, perte de biens et d'effets personnels, actes arbitraires et humiliations de la part des autorités frontalières et des agents de sécurité, qui génèrent un sentiment permanent d'injustice[13]. Comme Simone Weil l'affirmait déjà, au milieu du XXe siècle, «avoir des racines est peut être le besoin le plus important et le moins reconnu de l'âme humaine. C'est l'un des plus difficiles à définir»[14]. Au même moment et dans la même ligne de pensée, Hannah Arendt soulignait les souffrances des déracinés (perte du domicile et des habitudes de tous les jours, perte de l'emploi et de l'utilité envers les autres, perte de la langue maternelle comme expression spontanée des sentiments) ainsi que l'illusion d'essayer d'oublier le passé[15]. Dans cette même ligne de pensée, J.-M. Domenach observait, dans son livre *Le retour du tragique* (1967) que l'on peut difficilement dénier les racines de l'esprit humain car toute forme d'acquisition de la connaissance de chaque être humain, et par conséquent, la manière dont il perçoit le monde, est largement conditionnée par des facteurs tels que le lieu de naissance, la langue maternelle, les cultes, la famille et la culture[16].

Dans sa nouvelle *Le temps des déracinés* (2003), Elie Wiesel[17] remarquait que les anciens réfugiés restent en quelque sorte des réfugiés pour le reste de leur vie; ils vont d'un exil à un autre, tout semble provisoire, ils ne se sentent chez eux nulle part. Ils se souviennent toujours de leurs origines[18], cultivant leurs souvenirs comme un

---

de ces sociétés à se soutenir elles-mêmes. Dans la mesure où ce 'succès' se poursuivra, les migrants continueront de refluer sur les rives du centre du capitalisme » (traduction libre); *ibid.*, p. 260. Cf. aussi R. Bergalli (coord.), *Flujos Migratorios y Su (Des)control*, Barcelona, OSPDH/Anthropos Edit., 2006, pp. 138, 152 et 244-248. Pour une étude de différents cas, voy. par exemple M. Greenwood Arroyo et R. Ruiz Oporta, *Migrantes Irregulares, Estrategias de Sobrevivencia y Derechos Humanos: Un Estudio de Casos*, San José de Costa Rica, IIHR, 1995, pp. 9-159.

13 *Ibid.*, p. 152.

14 Simone Weil, *The Need for Roots*, Londres/New York., Routledge, 1952 (réimpression 1995), p. 41. Sur le drame contemporain du déracinement, cf. A.A. Cançado Trindade, "Reflexiones sobre el Desarraigo como Problema de Derechos Humanos Frente a la Conciencia Jurídica Universal", *La Nueva Dimensión de las Necesidades de Protección del Ser Humano en el Inicio del Siglo XXI* (éd. A.A. Cançado Trindade et J. Ruiz de Santiago), 4e éd. rév., San José de Costa Rica, HCNUR, 2006, pp. 33-92.

15 Hannah Arendt, *La tradition cachée*, Paris, Ch. Bourgois., 1987 (1ère. éd. 1946), pp. 58-59 et 125-127. Cf. aussi sur le sujet, par exemple, C. Bordes-Benayoun et D. Schnapper, *Diasporas et nations*, Paris, O. Jacob, 2006, pp. 7, 11-12, 45-46, 63-65, 68-69, 129 et 216-219.

16 J.-M. Domenach, *Le retour du tragique*, Paris, Éd. du Seuil, 1967, p. 285.

17 Prix Nobel de la Paix en 1986, qui souffrit lui-même du déracinement.

18 E. Wiesel, *O Tempo dos Desenraizados* (*Le temps des déracinés*, 2003), Rio de Janeiro, Édit. Record, 2004, pp. 18-19.

moyen de défense contre leur condition de déracinés. Mais la «célébration de la mémoire» a aussi ses limites, les déracinés étant dépourvus d'horizons et du sens d'appartenir à un lieu[19]. Ils ont constamment besoin du secours des autres. Le drame des victimes semble ignoré et oublié au fur et à mesure que le temps passe et les déracinés finissent en ayant appris à vivre avec une lente et inéluctable diminution de leur propre mémoire[20].

Dans mon Opinion Individuelle dans l'affaire *Communauté Moiwana c. Surinam*, devant la Cour Interaméricaine des Droits de l'Homme (arrêt du 15 juin 2005), je me suis attardé précisément sur la projection dans le temps de la souffrance endurée par les émigrés de cette communauté (dont certains avaient fui vers la Guyane française) qui avaient survécu à un massacre (perpétré le 29.11.1986 dans le village Moiwana de N'Djuka Maroon au Surinam). J'ai caractérisé les maux dont ils avaient souffert comme

> «immatériels. Selon leur culture, ils restent tourmentés par les circonstances de la mort violente de leurs proches et par le fait que les morts n'avaient pas eu de funérailles convenables. Cette privation, générant une souffrance spirituelle, dure depuis vingt ans, depuis le moment où le massacre fut perpétré jusqu'à ce jour. Les N'Djukas n'ont pas oublié leurs morts» (para. 29).

C'est seulement avec l'arrêt susmentionné de 2005, presque deux décennies plus tard, qu'ils obtinrent enfin satisfaction avec la reconnaissance judiciaire de leurs souffrances et les réparations ordonnées. Dans le cadre de ces dernières figurait la protection par l'Etat de leur retour de plein gré, sain et sauf, dans leur pays[21]. Ce n'était pas la première fois que j'abordais la question de la projection dans le temps de la souffrance humaine et de la tragédie croissante du déracinement. Je l'avais précédemment évoquée dans mon opinion concordante (paras. 1-25) jointe à l'ordonnance de mesures provisoires de la Cour, du 18.08.2000, dans l'affaire des *Haïtiens et Dominicains d'origine haïtienne dans la République dominicaine*, ainsi que dans mon opinion séparée (paras. 10-14) dans l'affaire *Bámaca Velásquez c. Guatemala* (arrêt sur les réparations du 22.02.2002)[22], et je le repris dans l'arrêt plus récent *Communauté Moiwana*[23].

---

19   *Ibid.*, pp. 21, 32, 181 et 197.
20   *Ibid.*, pp. 212, 235, 266 et 278. Sur sa préoccupation de préserver la mémoire, cf. aussi Elie Wiesel, *L'oublié*, Paris, Éd. du Seuil, 1989, pp. 29, 63, 74-77, 109, 269, 278 et 336.
21   Pour le texte complet de mon Opinion Individuelle dans l'affaire *Moiwana Community c. Surinam*, cf. A.A. Cançado Trindade, *Derecho Internacional de los Derechos Humanos – Esencia y Trascendencia* (Votos en la Corte Interamericana de Derechos Humanos, 1991-2006), Mexico, Edit. Porrúa/Universidad Iberoamericana, 2007, pp. 539-567.
22   Pour le texte complet de ces opinions concordante et séparée susmentionnées, cf. *ibid.*, pp. 876-883 et 321-330, respectivement.
23   Il est significatif que, dans son arrêt *Moiwana Community c. Surinam*, la Cour Interaméricaine des Droits de l'Homme, sur le fondement de la Convention américaine et à la lumière du principe *jura novit curia*, consacre une section entière au déplacement forcé – un *malaise* de

En fait, la dimension temporelle de cette souffrance humaine a été absolument reconnue, par exemple dans le document final (Déclaration et Programme d'Action) de la conférence mondiale des Nations Unies contre le racisme, la discrimination raciale, la xénophobie et l'intolérance qui y est associée (Durban, 2001). La Déclaration expose que «nous sommes conscients que l'histoire de l'humanité abonde en atrocités de grande ampleur provoquées par les violations flagrantes des droits fondamentaux et nous croyons que se remémorer l'histoire peut donner des enseignements permettant d'éviter à l'avenir de telles tragédies» (para. 57). Puis, elle souligne «l'importance et la nécessité d'enseigner les faits et la vérité de l'histoire de l'humanité» afin «que les tragédies du passé soient connues de manière complète et objective» (para. 98). Dans cette ligne de pensée, ce texte reconnaît et regrette «les immenses souffrances humaines» et «le sort tragique» subi par des millions d'êtres humains et causé par les atrocités du passé. Puis, la Déclaration engage les Etats concernés «à honorer la mémoire des victimes des tragédies passées» et affirme que «celles-ci doivent être condamnées quels que soient l'époque et le lieu où elles sont advenues, et qu'il faut empêcher qu'elles ne se reproduisent» (para. 99).

La Déclaration de Durban attribue une importance particulière à se souvenir des crimes et abus du passé en des termes vigoureux:

> «Nous soulignons qu'il est essentiel de se souvenir des crimes et des injustices du passé, quels que soient le lieu et l'époque où ils se sont produits, de condamner sans équivoque les tragédies provoquées par le racisme et de dire la vérité historique pour parvenir à la réconciliation internationale et à l'édification de sociétés fondées sur la justice, l'égalité et la solidarité» (para. 106 de la Déclaration).

Le programme d'action reconnaît enfin que ces «injustices de longue date» ont sans conteste contribué à la pauvreté, au sous-développement, à la marginalisation, à l'exclusion sociale, aux disparités économiques, à l'instabilité et l'insécurité qui touchent tant de personnes dans différentes parties du monde et en particulier dans les pays en développement (para. 158).

Comme l'a bien montré Jaime Luiz de Santiago, le drame des réfugiés et des migrants, des déracinés en général, ne peut être correctement traité qu'avec un esprit de vraie solidarité humaine envers les victimes[24]. En définitive, seule la ferme déter-

---

notre temps – et constate une violation par l'Etat défendeur de l'article 22 de la Convention américaine (sur la liberté d'aller et venir et de résidence) en combinaison avec le devoir général de l'article 1(1) de la Convention (paras. 101-119).
24 J. Ruiz de Santiago, «Derechos Humanos, Migraciones y Refugiados: Desafios en los Inicios del Nuevo Milenio», *III Encuentro de Movilidad Humana: Migrante y Refugiado – Memoria* (September 2000), San José de Costa Rica, UNHCR/IIHR, 2001, pp. 37-72; et cf. J. Ruiz de Santiago, *Migraciones Forzadas – Derecho Internacional y Doctrina Social de la Iglesia*, Mexico, Instituto Mexicano de Doctrina Social Cristiana, 2004, pp. 9-82.

mination de reconstruction de la communauté internationale[25], sur le fondement de la solidarité humaine[26], peut conduire à atténuer et adoucir certaines souffrances des déracinés (soit les réfugiés, les personnes déplacées ou les migrants).

III. Les Principes Fondamentaux du Déplacement Interne

Au cours des trois dernières décennies, le problème du déplacement interne a défié les fondements les plus profonds des normes internationales de protection, nécessitant un *aggiornamento* de celles-ci, et de nouvelles réponses à une situation non prévue à l'origine au moment de leur élaboration. Celles-ci ont révélé des insuffisances flagrantes comme, par exemple, l'absence particulière de normes expressément destinées à vaincre la non-application alléguée des règles de protection par les acteurs non étatiques, la non-définition du déplacement interne selon les normes de protection dans les moments critiques. De telles insuffisances ont donné naissance à des initiatives tant au niveau mondial (Nations Unies) que régional (Amérique latine) – initiatives qui ont recherché un cadre conceptuel permettant les réponses pour développer, au niveau opérationnel, de nouveaux besoins de protection. Il est important d'examiner brièvement ces initiatives.

1. Nations Unies

Au cours du premier trimestre de 1998, l'ancienne Commission des Droits de l'Homme des Nations Unies, tenant compte des rapports du représentant du secrétaire général des Nations Unies pour les personnes déplacées (F.M. Deng)[27] adopta les principes directeurs relatifs aux déplacements de personnes à l'intérieur de leur propre pays[28]. Le but fondamental des principes directeurs est de renforcer les moyens de protection déjà existant; à cet effet, les nouveaux principes proposés s'appliquent à la fois aux gouvernements et à tous les autres groupes, individus et autorités concernés dans leurs relations avec les personnes déplacées à l'intérieur de leur propre pays à tout moment de leur déplacement. Le principe fondamental de

---

25 Cf., e.g., A.A. Cançado Trindade, "Human Development and Human Rights in the International Agenda of the XXIst Century", *Human Development and Human Rights Forum* (August 2000), San José de Costa Rica, UNDP, 2001, pp. 23-38; cf. aussi, e.g., L. Lippolis, *Dai Diritti dell'Uomo ai Diritti dell'Umanità*, Milan, Giuffrè, 2002, pp. 21-23 et 154-155.

26 Sur la signification de cette dernière, cf., en général, L. de Sebastian, *La Solidaridad*, Barcelone, éd. Ariel, 1996, pp. 12-196; J. de Lucas, *El Concepto de Solidaridad*, 2e. ed., Mexico, Fontamara, 1998, pp. 13-109; entres autres.

27 Ces rapports ont insisté sur l'importance de la prévention, par exemple en renforçant la protection des droits à la vie et de l'intégrité physique ainsi que le droit de propriété et des possessions; voy. F.M. Deng, *Internally Displaced Persons* (rapport provisoire), N.Y., RPG/DHA, 1994, p. 21; et cf. U.N., doc. E/CN.4/1995/50/Add.1, du 03 oct. 1994, p. 34.

28 Pour des commentaires, cf. W. Kälin, *Guiding Principles on Internal Displacement – Annotations*, Washington D.C., ASIL/Brookings Institution, 2000, pp. 1-276.

non-discrimination occupe une position centrale dans ce document de 1998[29] qui prend soin de mentionner les mêmes droits tant pour les personnes déplacées que pour autres habitants du pays[30].

Les principes directeurs susmentionnés déterminent que le déplacement ne peut avoir lieu de telle façon qu'il violerait les droits à la vie, à la dignité, à la liberté et à la sécurité des personnes affectées[31]; ils affirment également d'autres droits, tels que le droit au respect de la vie familiale, le droit à un niveau de vie suffisant, le droit à l'égalité devant la loi, le droit à l'éducation[32]. L'idée fondamentale derrière l'entier document[33] est que, dans un sens, les personnes déplacées à l'intérieur de leur propre pays ne perdent pas leurs droits à la suite du déplacement et peuvent invoquer les normes internationales de protection (du droit international des droits de l'homme et du droit international humanitaire) afin de sauvegarder leurs droits.

Dans une résolution importante adoptée en 1994, la Commission des Droits de l'Homme, à propos de la question particulière des personnes déplacées à l'intérieur de leur propre pays, rappelle les normes applicables à la fois du droit international des droits de l'homme et du droit international humanitaire ainsi que du droit international des réfugiés[34]. La résolution 1994/68, adoptée par la Commission le 9 mars 1994, rappelle ensuite la Déclaration et le Programme d'action de Vienne de 1993 (adoptée par la Seconde conférence mondiale sur les droits de l'homme) qui avait «invité la communauté internationale à adopter une démarche globale à l'égard des réfugiés et des personnes déplacées»[35].

Elle souligne les «dimensions humanitaires» du «problème des personnes déplacées dans leur propre pays et de la responsabilité qui en découle pour les Etats et la communauté internationale»[36]. Elle attire également l'attention sur la nécessité de s'attaquer aux «causes profondes du déplacement interne»[37] et de «continuer de *sensibiliser* davantage l'opinion au sort des personnes déplacées dans leur propre pays»[38]. Après plus d'une décennie, ces considérations sont encore valables, de nos

---

29 Principes 1(1), 4(1), 22, 24(1).
30 Il affirme de plus l'interdiction du «déplacement arbitraire» (Principe 6).
31 Principes 8 et suivants.
32 Respectivement, Principes 17, 18, 20 et 23.
33 Sur la «démarche globale» du déplacement ainsi que pour aborder le problème des migrations forcées dans son ensemble en ayant à l'esprit les Principes directeurs relatifs aux déplacements de personnes, voy. C. Phuong, *The International Protection of Internally Displaced Persons*, Cambridge University Press, 2004, pp. 54-55 et 237.
34 Second paragraphe du préambule.
35 7e paragraphe du préambule.
36 5e paragraphe du préambule.
37 12e paragraphe du préambule.
38 Para. 12 (3) du préambule (souligné).

jours, aux migrants (cf. *infra*), qui ajoutent même une plus grande dimension aux souffrances des déracinés dans notre prétendu monde «globalisé».

2. Niveau Régional

Sur le continent américain, la Déclaration de Carthagène sur les Réfugiés de 1984, la Déclaration de San José sur les réfugiés et les personnes déplacées de 1994 et les Déclaration et Plan d'action de Mexico, de 2004, afin de renforcer la protection internationale des réfugiés en Amérique latine, sont tous le produit d'un moment historique donné. La Déclaration de Carthagène fut suscitée par une crise de grande ampleur. Celle-ci fut surmontée, grâce en partie à la déclaration dont l'influence s'est étendue aux autres régions et sous-régions du continent américain.

La seconde Déclaration fut adoptée pendant une crise distincte, plus diffuse, marquée par la détérioration des conditions socio-économiques de larges catégories de la population dans différentes régions. En définitive, les déclarations de Carthagène et de San José furent un produit de leur temps. L'*aggiornamento* de la conférence de San José donna en quelque sorte une emphase particulière à l'identification des nécessités de protection de l'individu en toutes circonstances[39]. Il n'y avait plus de place pour un vide juridique[40]. La Déclaration de San José a mis l'accent non seulement sur l'ensemble de la question des déplacements internes, mais aussi, plus largement, sur les défis de nouvelles situations du déracinement humain en Amérique latine et dans les Caraïbes, y compris les mouvements migratoires forcés créés par différentes causes de celles prévues par la Déclaration de Carthagène.

La Déclaration de 1994 reconnaissait que les violations des droits de l'homme sont l'une des causes des déplacements forcés de personnes et que, par conséquent, la protection de ces droits et le renforcement du système démocratique constituaient les meilleures mesures pour la recherche de solutions durables, ainsi que pour la prévention des conflits, les exodes de réfugiés et les graves crises humanitaires[41]. Récemment, après des consultations et une large participation du public, prise à l'initiative du HCNUR à l'occasion du vingtième anniversaire de la Déclaration de Carthagène (*supra*), la Déclaration et le Plan d'action de Mexico furent adoptés afin de renforcer la protection internationale des réfugiés en Amérique Latine[42]. La

---

39 Au lieu de catégories subjectives de personnes (en accord avec les raisons les ayant conduites à abandonner leur domicile), propres au passé, désormais les critères objectifs des nécessités de la protection furent adoptés, comprenant un plus grand nombre de personnes (notamment les personnes déplacées dans leur propre pays) aussi vulnérables que les réfugiés ou davantage que ces derniers.

40 *Ibid.*, pp. 14-15.

41 *Ibid.*, pp. 431-432.

42 Cf. le texte reproduit dans: HCNUR, *Memoria del Vigésimo Aniversario de la Declaración de Cartagena sobre los Refugiados (1984-2004)*, Mexico/San José de Costa Rica, HCNUR, 2005, pp. 385-398.

déclaration était accompagnée d'un plan d'action pour la première fois dans ce processus. Ceci peut s'expliquer par l'aggravation de la crise humanitaire dans la région, particulièrement dans la sous-région andine.

Comme le rapporteur du Comité d'experts juridiques du HCNUR l'observa dans sa présentation du rapport final de la Conférence de Mexico, lors de sa première session plénière, le 15 novembre 2004, bien que des passages de la Déclaration de Carthagène de 1984 et de celle de San José de 1994 soient distincts, leurs réalisations «cumulent et constituent aujourd'hui un patrimoine juridique» de tous les peuples de la région, dévoilant les nouvelles orientations du développement de la sauvegarde internationale des droits de la personne humaine à la lumière des nécessités de la protection, se projetant elles-mêmes dans le futur[43]. Ainsi,

> «la Déclaration de Carthagène confronte le grand drame humain des conflits armés en Amérique centrale mais, de plus, prévoit l'aggravation du problème des personnes déplacées au sein de leur propre pays. La Déclaration de San José, alternativement, insiste plus profondément sur la question de la protection, non seulement des réfugiés, mais aussi des personnes déplacées, et prévoit de plus l'aggravation du problème des flux migratoires forcés. Depuis que les cloisonnements anachroniques ont été surmontés, une manière de penser du passé qui n'existe plus, on en vient à reconnaître les convergences entre les trois régimes de protection des droits de la personne, soit le droit international des réfugiés, le droit international humanitaire et le droit international des droits de l'homme. De telles convergences, aux niveaux normatif, herméneutique et opérationnel, ont été réaffirmées dans toutes les réunions préparatoires de la présente Conférence commémorative de Mexico et ont des répercussions aujourd'hui dans d'autres parties du monde, se conformant ainsi à la plus lucide doctrine de droit international sur le sujet»[44].

Ces convergences[45] furent, sans surprise, reprises dans la Déclaration et le Plan d'action de Mexico en 2004. Le rapporteur du Comité d'experts juridiques du HCNUR déclara lors de la conférence «qu'il n'y a pas place pour le vide juridique et toutes les

---

43 Cf. "Presentación por el Dr. A.A. Cançado Trindade del Comité de Consultores Jurídicos del ACNUR" (Mexico, 15 novembre 2004), HCNUR, *Memoria del Vigésimo Aniversario de la Declaración de Cartagena...*, op. cit. supra n. (41), pp. 368-369.

44 *Ibid.*, p. 369.

45 Cf. A.A. Cançado Trindade, "Derecho Internacional de los Derechos Humanos, Derecho Internacional de los Refugiados y Derecho Internacional Humanitario: Aproximaciones y Convergencias", *10 Años de la Declaración de Cartagena sobre Refugiados – Memoria del Coloquio Internacional* (San José de Costa Rica, décembre 1994), San José de Costa Rica, IIDH/HCRNU, 1995, pp. 77-168; A.A. Cançado Trindade, "Aproximaciones y Convergencias Revisitadas: Diez Años de Interacción entre el Derecho Internacional de los Derechos Humanos, el Derecho Internacional de los Refugiados, y el Derecho Internacional Humanitario (De Cartagena/1984 a San José/1994 y México/2004)", *Memoria del Vigésimo Aniversario de la Declaración de Cartagena sobre Refugiados (1984-2004)*, San José de Costa Rica, HCRNU, 2005, pp. 139-191.

personnes sont placées sous la protection du droit en toutes circonstances (également vis-à-vis de mesures de sécurité)»[46]. Ces développements sont importants pour aborder la question des déplacements internes forcés et des garanties de sécurité en cas de retour volontaire. Toutefois, le problème des migrations forcées a une plus large dimension et constitue de nos jours un défi considérable à la communauté internationale tout entière. Le problème des flux des migrations forcées fut seulement identifié au cours des années 90 et commença à être traité comme tel, de façon systématique.

IV. Principes Fondamentaux des Migrations

Alors que le nombre de réfugiés dépassait 18 millions de personnes et celui des personnes déplacées de plus de sept millions (soit au total 25 millions de personnes)[47], celui des migrants cherchant de meilleures conditions de vie et de travail s'élevait à 80 millions à la fin du XXe siècle[48], et selon les données récentes de l'OMI, atteint à peu près à ce jour, cent à cent vingt millions de personnes dans le monde[49]. Cependant, les souffrances endurées par les migrants sont connues depuis de nombreuses années[50]. Les causes des migrations forcées ne sont pas fondamentalement distinctes de celles des déplacements forcés de personnes; catastrophes naturelles, pauvreté chronique, conflits armés, violence généralisée et violations systématiques des droits de l'homme[51].

Dans l'ancienne Commission des Droits de l'Homme des Nations Unies, il fut remarqué, au milieu des années 90, que le défi soulevé par ce nouveau phénomène devait être examiné dans le contexte de la réalité du monde postérieur à la guerre froide comme conséquence de multiples conflits internes, de caractère religieux ou ethnique, réprimés dans le passé mais surgis au cours des dernières années précisément à cause de la fin de la guerre froide[52]. A ces causes s'ajoutent celle

---

46   Ibid., p. 369.
47   F.M. Deng, *Protecting the Dispossessed...*, op. cit. supra n. (10), pp. 1 et 133.
48   A.A. Cançado Trindade, préface à: V.O. Batista, *União Europeia: Livre Circulação de Pessoas e Direito de Asilo*, Belo Horizonte/Brazil, éditions Del Rey, 1998, p. 9.
49   J. Ruiz de Santiago, *El Problema de las Migraciones Forzosas en Nuestro Tiempo*, Mexico, IMDSC, 2003, p. 10; et voy. projections dans: S. Hune et J. Niessen, "Ratifying the U.N. Migrant Workers Convention: Current Difficulties and Prospects", 12 *Netherlands Quarterly of Human Rights* (1994) p. 393.
50   Sur les difficultés rencontrées par les travailleurs migrants étrangers (par exemple, discrimination en raison de la race, nationalité, entre autres), cf., *inter alia*, S. Castles et G. Kosack, *Los Trabajadores Inmigrantes y la Estructura de Clases en Europa Occidental*, Mexico, FCE, 1984, pp. 11-565.
51   Cf. F.M. Deng, *Protecting the Dispossessed...*, op. cit. supra n. (10), p. 3.
52   Ibid., p. 4. Il a été souligné que l'Etat d'accueil, concernant les migrants, a une propension à montrer son pouvoir et les différentes attitudes des pays d'Europe de l'ouest, d'assimilation ou de ségrégation des migrants, ont eu des implications conflictuelles; E. Todd, *El Destino de los Inmigrantes – Asimilación y Segregación en las Democracias Occidentales* (traduction de: *Le destin des immigrés – Assimilation et ségrégation dans les démocraties occidentales*), Barcelona, Tusquet Edit.,

de l'extension de la pauvreté chronique[53]. Pour affronter ce nouveau phénomène des migrations forcées, l'Assemblée générale des Nations Unies a approuvé, le 18.12.1990, la Convention Internationale sur la Protection des Droits de Tous les Travailleurs Migrants et les Membres de Leur Familles. Une Convention aussi importante, qui est entrée en vigueur le 01.01.2003, a toutefois reçu peu de ratifications – trente-six (début d'avril 2007) et n'a pas été suffisamment traitée par la doctrine en dépit de sa considérable portée. Cette convention prévoit un Comité de protection des droits de tous les travailleurs migrants et des membres de leurs famille comme organe de surveillance (article 72) et chargé de l'examen des rapports des Etats membres (articles 73-74) ainsi que des communications ou plaintes inter-étatiques et individuelles (articles 76-77).

Le Centre pour les Droits de l'Homme des Nations Unies identifia les causes des flux contemporains de travailleurs migrants: l'extrême pauvreté (sous le seuil de subsistance), la recherche d'emploi, les conflits armés, l'insécurité personnelle ou la persécution issue d'une discrimination (en raison de la race, l'origine ethnique, la couleur, la religion, la langue ou les opinions politiques)[54]. L'idée fondamentale qui sous-tend la Convention internationale sur la protection des droits de tous les travailleurs migrants et de leur famille est que ces derniers doivent pouvoir jouir de leurs droits fondamentaux indépendamment de leur situation légale[55]. Ce qui explique la position centrale occupé dans ce contexte par le principe de non-discrimination (comme l'établit l'article 7). Sans surprise, la liste des droits protégés suit une nécessaire vision globale des droits de l'homme (comprenant les droits civils, politiques, économiques, sociaux et culturels). La convention prend en considération tant les standards internationaux de l'O.I.T. (cf. *infra*) que ceux des Conventions des Nations Unies contre les discriminations[56].

Les droits protégés sont énoncés dans trois des neuf parties de la convention: la partie III (articles 8-35) liste les droits de l'homme de tous les travailleurs migrants et les membres de leur famille (y compris ceux n'ayant pas de titre de séjour); la partie IV (articles 36-56) couvre les autres droits de ces personnes «qui sont munis de documents ou en situation régulière» et la partie V (articles 57-63) contient certaines

---

1996, pp. 147, 347, 351 et 353. Le drame des migrants, la recherche de leurs racines et de leur propre identité culturelle – a ainsi persisté.
53 Qui, selon les chiffres du Programme de Développement des Nations Unies, frappe aujourd'hui, rien que pour l'Amérique Latine, plus de 270 millions de personnes (comparés aux 250 millions des années 80) et pourrait toucher bientôt 300 millions de personnes.
54 Centre des Nations Unies pour les Droits de l'Homme, *Los Derechos de los Trabajadores Migratorios* (Foll. Inf. n. 24), Genève, Nations Unies, 1996, p. 4.
55 *Ibid.*, pp. 15-16.
56 Cf. *ibid.*, p. 16.

dispositions applicables à des «catégories particulières»[57]. Le principe fondamental de non-discrimination qui eut tant d'importance lors de l'élaboration de la Déclaration Universelle des Droits de l'Homme de 1948[58] et qui, en conséquence, devint l'objet principal des deux importantes Conventions des Nations Unies (Convention Internationale sur l'Élimination de Toutes les Formes de Discrimination Raciale, 1965; et Convention sur l'Élimination de Toutes les Formes de Discrimination à l'égard des Femmes, 1979), qui en couvrent uniquement certains aspects, a, seulement au cours des années récentes, été traité d'une manière plus approfondie, comme dans les avis consultatifs n° 16 sur *Le Droit à l'Information sur l'Assistance Consulaire dans le Cadre des Garanties du Droit à un Procès Équitable* (1999) et n° 18 sur *La Condition Juridique et les Droits des Travailleurs Migrants sans Papiers* (2003) de la Cour Interaméricaine des Droits de l'Homme.

Comme pour les Etats il n'y a pas de droit fondamental d'émigrer, le contrôle de l'entrée des migrants est soumis à leur propre critère de souveraineté afin de protéger leur marché interne[59]. De plus, au lieu de trouver et appliquer une politique démographique fondée sur les droits de l'homme, la plupart des Etats ont pratiqué un contrôle des flux migratoires et une protection de leurs frontières en sanctionnant les prétendus migrants «illégaux». L'ensemble de cette question a été injustement et inutilement «criminalisée». Il en résulte ainsi, sans surprise, des inconsistances et un arbitraire qui se manifestent dans les «régimes démocratiques» dans lesquels la justice ne s'est pas encore affranchie des vieux préjugés contre les immigrés, surtout s'ils sont pauvres et sans papier. Les programmes de «modernisation» de la justice, avec un financement international, ne s'attardent pas sur cet aspect car leur principale motivation est d'assurer la sécurité des investissements (capitaux et biens).

Ceci révèle la portion congrue accordée par les Etats aux droits de l'homme en ce début du XXIe siècle, qui les considèrent inférieurs à ceux prodigués aux capitaux et aux biens en dépit des luttes du passé et des souffrances endurées par les générations précédentes. Le domaine dans lequel apparaissent la plupart des incohérences est celui de la garantie du procès équitable. Toutefois, la réaction du droit a été rapide et manifeste, comme, par exemple, dans les avis consultatifs n° 16 et 18 de la Cour Interaméricaine des Droits de l'Homme. L'avis n° 16 a placé le droit à la notification consulaire, garanti par l'article 36(1)(b) de la Convention de Vienne de 1963 sur les Relations Consulaires, dans l'univers conceptuel du Droit International des Droits

---

57 Travailleurs frontaliers, travailleurs saisonniers, travailleurs itinérants, travailleurs employés au titre de projets, travailleurs admis pour un emploi spécifique, travailleurs indépendants.

58 Cf. A. Eide *et alii*, *The Universal Declaration of Human Rights – A Commentary*, Oslo, Scandinavian University Press, 1992, p. 6.

59 M. Weiner, "Ethics, National Sovereignty and the Control of Immigration", 30 *International Migration Review* (1996) pp. 171-195.

de l'Homme. Certains postulats du droit classique des relations consulaires ont été ainsi imprégnés par les droits de l'homme, comme je l'ai souligné dans mon opinion concordante (paras. 1-35)[60] jointe à cet avis.

Depuis que le 16ᵉ avis a été prononcé par la Cour, en dehors du fait qu'il inspire la jurisprudence internationale *in statu nascendi*, il a eu un impact considérable sur la pratique internationale du continent américain et, plus particulièrement, en Amérique latine[61]. Cependant, une véritable coopération internationale est nécessaire afin d'assurer une assistance et une protection de tous les migrants et les membres de leur famille. Les normes légales peuvent difficilement être effectives sans les valeurs sous-jacentes correspondantes, et, dans ce domaine, l'application des normes pertinentes exige un changement radical de mentalité.

Les normes existent déjà mais la propre reconnaissance des valeurs semble encore manquer ainsi qu'une nouvelle mentalité. Ce n'est pas un pur hasard si la Convention internationale sur la protection de tous les travailleurs migrants et les membres de leur famille, en dépit de son entrée en vigueur le 1ᵉʳ juillet 2003, comme nous l'avons vu, n'a jusqu'ici que peu de ratifications[62] (cf. *supra*). En dépit de l'identité des principes fondamentaux et de la loi applicable dans des situations distinctes, la protection des migrants exige, néanmoins, une accentuation sur l'un ou l'autre aspect en particulier. Le point de départ semble être que chaque migrant a le droit de bénéficier des droits fondamentaux de l'homme, ainsi que des droits découlant des emplois occupés dans le passé indépendamment de sa situation légale (régulière ou pas).

Ici, une fois de plus, une vision nécessairement globale de tous les droits de l'homme (civils, politiques, économiques, sociaux et culturels) s'applique. Tout comme le principe de non-refoulement constitue la pierre angulaire de la protection des réfugiés (comme un principe de droit coutumier et, en outre, de *jus cogens*), appliqué dans d'autres situations, ainsi en matière de migrants (principalement ceux non régularisés) il revêt une importance particulière, à côté du droit au procès équitable (ci-dessus); ainsi les droits fondamentaux et la dignité des migrants non pour-

---

60 Cf. le texte *in*: A.A. Cançado Trindade, *Derecho Internacional de los Derechos Humanos – Esencia y Trascendencia (Votos en la Corte Interamericana de Derechos Humanos, 1991-2006)*, Mexico, Edit. Porrúa/Universidad Iberoamericana, 2007, pp. 15-27.

61 Cf. A.A. Cançado Trindade, "The Humanization of Consular Law: The Impact of Advisory Opinion n. 16 (1999) of the Inter-American of Human Rights on International Case-Law and Practice", 4 *Chinese Journal of International Law* (2007) pp. 1-16.

62 Dans certains cas, les insuffisances des instruments de protection résultent de la formulation de certaines normes. Par exemple, si la protection des apatrides est en jeu, la Convention de 1954 relative au statut des apatrides (et, implicitement, celle de 1961 sur la réduction des cas d'apatridie) se réfère seulement aux apatrides de jure, ce qui évite l'apatridie de naissance, mais évite d'interdire – ce qui serait plus pertinent – la révocation ou la perte de la nationalité dans des circonstances déterminées; C.A. Batchelor, «Stateless Persons: Some Gaps in International Protection», 7 *International Journal of Refugee Law* (1995) pp. 232-255.

vus de titre de séjour doivent être préservés face à des menaces d'éloignement ou d'expulsion[63]. Chaque personne dans une telle situation a le droit d'être entendu par un juge et ne pas être détenu illégalement ou arbitrairement[64].

La Convention Internationale sur la Protection des Droits de Tous les Travailleurs Migrants et les Membres de Leurs Familles interdit les expulsions collectives et précise que chaque cas d'expulsion doit être «examiné et décidé individuellement» (article 22(1)), en accord avec la loi. Compte tenu de la grande vulnérabilité des migrants non pourvus de titre de séjour, les pays d'origine et d'admission devraient prendre des mesures afin d'assurer que toutes les migrations prennent place de façon régulière[65]. C'est un défi pour tous les pays, et davantage pour ceux qui se prétendent «démocratiques». Enfin, la Convention de 1990 doit être proprement apprécié en conjonction avec le Pacte des Nations Unies relatif aux droits civils et politiques ainsi que les conventions pertinentes de l'O.I.T.[66].

V. La Protection des Migrants dans la Jurisprudence Internationale

1. Le Système Européen des Droits de l'Homme

Le thème des étrangers ou des migrants est présent au sein du système de protection des droits de l'homme. Ainsi, le Protocole n° 4 (de 1963) à la Convention

---

63 Pour un argument irrésistible contre l'arbitraire de l'éloignement des migrants et pour traiter avec équité et humanité tous les migrants (y compris ceux en situation irrégulière), cf. B.O. Hing, *Deporting Our Souls – Values, Morality and Immigrantion Policy*, Cambridge, University Press, 2006, pp. 1-215. Sur les dispositions de la Convention internationale sur la protection des droits de tous les travailleurs migrants et les membres de leur famille contre les expulsions injustes et arbitraires, conformément à des considérations humanitaires, cf. R. Cholewinski, *Migrant Workers in International Human Rights Law – Their Protection in Countries of Employment*, Oxford, Clarendon Press, 1997, pp. 182-184. Contre l'interdiction des expulsions collectives, cf. A.A. Cançado Trindade, «El Desarraigo como Problema de Derechos Humanos frente a la Conciencia Jurídica Universal», *Movimientos de Personas e Ideas y Multiculturalidad* (Forum Deusto), vol. I, Bilbao, University of Deusto, 2003, pp. 82-84; H.G. Schermers, „The Bond between Man and State", *Recht zwischen Umbruch und Bewahrung – Festschrift für R. Bernhardt* (éd. U. Beyerlin *et alii*), Berlin, Springer-Verlag, 1995, pp. 192-194; H. Lambert, "Protection against *Refoulement* from Europe: Human Rights Law Comes to the Rescue", 48 *International and Comparative Law Quarterly* (1999) pp. 515-518.

64 L'établissement, dans un délai raisonnable, dans un pays tiers, devrait être aussi pris en considération; cf. «Los Derechos y las Obligaciones de los Migrantes Indocumentados en los Países de Acogida / Protección de los Derechos Fundamentales de los Migrantes Indocumentados», 21 *International Migration / Migraciones Internacionales* (1983) pp. 135-136.

65 Cf. *ibid.*, p. 136.

66 Principalement, les Conventions sur les Travailleurs Migrants, n° 97 (1949, révisée) et n° 143 (1975), ainsi que la Recommandation n° 151 concernant les Travailleurs Migrants. Pour une discussion dans ce contexte, cf., par exemple, B. Boutros-Ghali, "The U.N. and the I.L.O.: Meeting the Challenge of Social Development", *Visions of the Future of Social Justice – Essays on the Occasion of the I.L.O.'s 75th Anniversary*, Genève, O.I.T.., 1994, pp. 51-53.

Européenne des Droits de l'Homme interdit les expulsions collectives d'étrangers (article 4). Dans les requêtes individuelles, si l'expulsion d'un étranger entraîne la séparation avec les membres de sa famille, l'article 8 de la Convention est violé. Ainsi, les Etats parties ne disposent plus d'un pouvoir discrétionnaire total pour renvoyer les étrangers de leur territoire qui ont déjà établi un lien véritable avec eux[67].

Les limites du pouvoir discrétionnaire de l'Etat lié par des traités relatifs aux droits de l'homme ainsi que le traitement des personnes placées sous sa juridiction furent traités dans les affaires bien connues des *Asiatiques de l'Est Africain*. Dans ces affaires, l'ancienne Commission Européenne des Droits de l'Homme avait estimé que vingt cinq des requérants (qui avaient conservé leur citoyenneté britannique après l'indépendance du Kenya et de l'Ouganda afin de ne pas être soumis aux contrôles migratoires) avaient été victimes d'une loi nouvelle britannique ayant mis fin au droit d'entrée pour les citoyens britanniques qui n'avaient pas de lien ancestral avec le Royaume-Uni. La Commission avait conclu dans son rapport de 1973 que cette loi constituait un acte de discrimination raciale qui caractérisait un traitement dégradant aux termes de l'article 3 de la Convention[68].

Des années plus tard, la Commission confirmait sa position sur cette question dans l'affaire *Abdulaziz, Cabales et Balkandali c. Royaume-Uni* (1983), et considérait que le pouvoir discrétionnaire de l'Etat avait des limites en matière d'immigration, par exemple, en mettant en œuvre une politique fondée sur la discrimination raciale[69]. Cette affaire fut portée devant la Cour Européenne des Droits de l'Homme par la Commission et les trois requérantes (résidentes permanentes et régulières au Royaume-Uni, il leur fut refusé de rejoindre leur mari dans ce pays). La Cour européenne constata une violation fondée non sur l'article 8 seul, mais sur l'article 8 combiné avec l'article 14 en raison de la discrimination fondée sur le sexe[70].

De plus, dans cette affaire, la Cour constata une violation de l'article 13 de la Convention pour défaut de recours effectif. La Cour jugea que «la discrimination sexuelle dont Mmes. Abdulaziz, Cabales et Balkandali ont été victimes découlait de normes incompatibles, à cet égard, avec la Convention. Il ne pouvait y avoir ici de

---

67 H.G. Schermers, "The Bond between Man and State", *Recht zwischen Umbruch und Bewahrung...*, op. cit., supra n. (62), pp. 192-194.

68 En dépit du fait que cette affaire ne fut jamais portée devant la Cour européenne des droits de l'homme et que le Comité des ministres ne se prononça pas sur une telle violation, celui-ci attendit que tous les requérants fussent admis sur le territoire britannique pour conclure qu'il n'était pas nécessaire de prendre d'autre mesure. D.J. Harris, M. O'Boyle et C. Warbrick, *Law of the European Convention on Human Rights*, London, Butterworths, 1995, pp. 81-82 et 695.

69 Cit. in ibid., p. 82. – L'ancienne Commission avait pris soin de déterminer "l'expulsion collective d'étrangers" à propos de l'application de l'interdiction visée dans l'article 4 du Protocole n° 4, par exemple, dans l'affaire *A. et autres c. Pays-Bas* (1988), présentée par vingt trois requérants du Surinam; cf. req. n° 14209/88 (déc. 16 décembre 1988), D.R. 59, pp. 274-280.

70 Paras. 83 et 86, point 3 du dispositif.

«recours effectif» au sens de l'article 13[71]. Dans son Opinion Concordante, le Juge Bernhardt releva que l'on doit

> «attribuer à l'article 13 un sens indépendant de l'existence d'une violation d'une autre clause de la Convention. Dès qu'une personne se plaint de la violation, par une autorité nationale (administrative ou exécutive), soit de l'une des dispositions de la Convention elle-même, soit d'une garantie ou d'un principe similaires consacrés par le système juridique interne, l'article 13 (art. 13) trouve d'après moi à s'appliquer et un recours doit s'ouvrir à l'intéressé»[72].

En dépit du fait que la Convention Européenne ne traite pas du droit de ne pas être expulsé d'un Etat partie, il fut accepté très tôt qu'il y avait des limites à la faculté des pays membres de contrôler l'entrée et la sortie des étrangers en vertu des obligations contractées, comme celles de l'article 8. Ainsi, bien qu'il n'existe pas de définition de la «vie familiale» une jurisprudence protectrice s'est rapidement développée à la lumière des circonstances de chaque espèce. Une telle jurisprudence, en ayant à l'esprit, entre autres, le principe de proportionnalité, a défini restrictivement les conditions de l'expulsion[73].

Une étude de la protection des travailleurs migrants dans le droit international des droits de l'homme a rappelé qu'à plusieurs occasions, la Cour européenne «a constaté que le droit au respect de la vie familiale avait été enfreint dans les affaires impliquant les migrants de la seconde génération, qui avaient été expulsés ou étaient sous la menace d'une expulsion car ils avaient commis des infractions dans le pays de résidence»[74]. Bien que dans chaque affaire les expulsions ou les menaces d'expulsion visaient à prévenir la défense de l'ordre ou les infractions pénales, elles constituaient, selon l'étude qui rappelait entre autres les arrêts de la Cour dans les affaires *Beldjoudi c. France* (26.03.1992) et *Moustaquim c. Belgique* (18.02.1991), « une manière disproportionnée de parvenir à ce but étant donné que les individus frappés avaient passé la plus grande partie de leur vie, avec leur famille, dans le pays concerné et avaient peu ou pas de liens avec leur pays d'origine»[75].

Les affaires *Beldjoudi* et *Moustaquim,* ainsi que *Lamguindaz c. Royaume-Uni* (1992) sont considérées aujourd'hui comme les cas les plus importants dans ce

---

71 Para. 93 et point 6 du dispositif.

72 *Ibid.*, p. 41.

73 En tenant compte des dispositions de l'article 8 de la Convention; cf. M.E. Villiger, «Expulsion and the Right to Respect for Private and Family Life (Article 8 of the Convention) – An Introduction to the Commission's Case-Law», *Protecting Human Rights: The European Dimension – Studies in Honour of G.J. Wiarda / Protection des droits de l'homme: La dimension européenne – Mélanges en l'honneur de G.J. Wiarda* (éd. F. Matscher et H. Petzold), Köln/Berlin, C. Heymanns Verlag, 1988, pp. 657-658 et 662.

74 R. Cholewinski, *Migrant Workers in International Human Rights Law – Their Protection in Countries of Employment*, Oxford, Clarendon Press, 1997, p. 341.

75 *Ibid.*, pp. 341-342.

domaine. Comme une autre étude l'a démontré avec force, étant donné les liens entre les migrants de la seconde génération et leur (nouveau) pays de résidence (tels que les liens sociaux ou familiaux, la scolarité, la compréhension de la culture et du langage), leur éloignement ou expulsion conduirait à une violation de leur droit au respect de la vie privée et familiale[76]. La protection des droits de l'homme des migrants, dans certaines circonstances, a ainsi trouvé une reconnaissance judiciaire dans le système européen. Il en est également ainsi du système interaméricain, qui est même allé plus loin que le système européen comme nous allons le montrer.

2. Le Système Interaméricain des Droits de l'Homme

La protection des migrants a également marqué sa présence aux niveaux normatifs et opérationnel du système interaméricain de protection des droits de l'homme. Elle a été, en fait, très présente dans la jurisprudence de la Cour interaméricaine des droits de l'homme au cours des dernières années. Je me suis d'ores et déjà référé à l'arrêt du 15.06.2005 dans l'affaire de la *Communauté Moiwana c. Surinam*, ainsi que de l'ordonnance sur les mesures provisoires de protection dans l'affaire des *Haïtiens et Dominicains d'origine haïtienne dans la République dominicaine*, du 18.08.2000 où, dans mon opinion concordante, je vis qu'il était nécessaire de faire face à la tragédie contemporaine du déracinement, j'ai aussi considéré que « le principe de non-refoulement, pierre angulaire de la protection des réfugiés (en tant que principe de droit coutumier et de jus *cogens*), peut être invoqué même dans des contextes différents, tels que l'expulsion collective des (…) migrants ou d'autres groupes. Un tel principe existe aussi dans des instruments relatifs aux droits de l'homme comme l'article 22 (8) de la Convention américaine des droits de l'homme »[77].

La pertinence de cette approche sur cette question, en relation avec l'ordonnance de la Cour susmentionnée, a été rapidement reconnue par la doctrine[78]. Quant à l'arrêt déjà cité, il fut suivi d'une interprétation, le 08.02.2006, à laquelle j'ai joint une opinion séparée sur les points suivants: a) la délimitation et la démarcation des terres et le droit au retour (pour les survivants de la Communauté Moiwana et les membres de leur famille) à titre de réparation; b) les obligations de garantie par

---

[76] R. Cholewinski, «Strasbourg's `Hidden Agenda'?: The Protection of Second-Generation Migrants from Expulsion under Article 8 of the European Convention of Human Rights», 12 *Netherlands Quarterly of Human Rights* (1994) pp. 287-306. – Pour les obiter dicta de la Cour eur. dr. h. sur la question des immigrés "de longue durée", en dépit du fait qu'aucune violation de l'article 8 n'ait été constatée dans le *cas d'espèce*, voy. Cour eur. dr. h., *Üner c. Pays-Bas*, arrêt du 18 octobre 2006, §§ 55-60.

[77] Para. 7 n° 5 de mon Opinion Concordante (ma propre traduction), texte *in*: A.A. Cançado Trindade, *Derecho Internacional de los Derechos Humanos – Esencia y Trascendencia (Votos en la Corte Interamericana de Derechos Humanos, 1991-2006)*, Mexico, Edit. Porrúa/Universidad Iberoamericana, 2007, p. 878.

[78] Cf. J. Ruiz de Santiago, *El Problema de las Migraciones Forzosas en Nuestro Tiempo*, Mexico, Instituto Mexicano de Doctrina Social Cristiana, 2003, pp. 27-30.

l'Etat d'un retour de plein gré et raisonnable et c) la nécessité de reconstituer et préserver l'identité culturelle des membres de la Communauté Moiwana[79].

De plus, l'infortune subie par les migrants a été clairement exposée et développée au cours de la procédure d'avis consultatifs devant la Cour Interaméricaine des droits de l'homme ayant conduit à l'adoption des 16e et 18e avis de 1999 et 2003. Ceux-ci ont fait figure de pionniers dans la jurisprudence internationale contemporaine (ci-dessous) et représentent la réaction du droit aux situations de violations, de grande ampleur, des droits fondamentaux de personnes qui, parfois, se retrouvent complètement sans défense. Il est donc utile de revoir, à ce stade, la contribution de ces deux remarquables avis consultatifs pour la sauvegarde des droits de l'homme des migrants sans papiers.

a) L'Avis Consultatif Relatif au *Droit à l'Information sur l'Assistance Consulaire dans le Cadre du Procès Équitable* (1999)

La Cour Interaméricaine a rendu, le 01.10.1999, un avis d'importance capitale, le 16e avis consultatif relatif au Droit à l'Information sur *l'Assistance Consulaire dans le Cadre du Procès Équitable*. La Cour a jugé que l'article 36 de la Convention de Vienne de 1963 sur les relations consulaires reconnaissait des droits individuels à l'étranger en détention, et parmi eux, le droit à l'information sur l'assistance consulaire, qui correspondent à des obligations pesant sur l'Etat d'accueil, indépendamment de sa structure fédérale ou unitaire (paras. 84 et 140).

La Cour fit valoir que l'interprétation évolutive et l'application du *corpus juri* du droit international des droits de l'homme a eu «un impact positif sur le droit international en affirmant et développant l'aptitude de ce dernier à réguler les relations entre les Etats et les personnes placées sous leur juridiction». La Cour adopta alors une approche adéquate en considérant la matière qui lui était soumise dans le cadre de «l'évolution des droits fondamentaux de la personne humaine dans le droit international contemporain» (paras. 114-115). La Cour estima que «les traités relatifs aux droits de l'homme sont des instruments vivants dont l'interprétation doit suivre l'évolution de notre temps et des conditions de vie actuelles» (para. 114). La Cour fit clairement savoir que, dans son interprétation des normes de la Convention américaine des droits de l'homme, une extension de la protection sur la base des droits existants devait être envisagée dans de nouvelles situations.

La Cour précisa que, pour protéger le droit à un procès équitable, «un défendeur doit être capable d'exercer ses droits et défendre effectivement ses intérêts et en pleine égalité procédurale avec les autres défendeurs» (para. 117). Afin d'atteindre

---

79 Pour le texte complet de mon Opinion Individuelle dans l'affaire de la Communauté Moiwana c. Surinam (Interprétation de l´arrêt, 08.02.2006), cf. A.A. Cançado Trindade, *Derecho Internacional de los Derechos Humanos – Esencia y Trascendencia (Votos en la Corte Interamericana de Derechos Humanos, 1991-2006)*, Mexico, Edit. Porrúa/Universidad Iberoamericana, 2007, pp. 683-693.

ses objectifs, « le procès judiciaire doit identifier et corriger les facteurs d'une vraie inégalité » de ceux qui comparaissent en justice (para. 119); ainsi, la notification, aux personnes privées de liberté à l'étranger, de leur droit de communiquer avec leur consul, contribue à sauvegarder leur défense et le respect de leurs droits procéduraux (paras. 121-122). Le droit individuel à l'information de l'article 36(1)(b) de la Convention de Vienne sur les relations consulaires rend ainsi effectif le droit à un procès équitable (para. 124).

L'inobservation ou l'obstruction de l'exercice de ce droit affecte les garanties judiciaires (para. 129). La Cour, de cette façon, a lié ce droit aux garanties en développement du procès équitable. Elle ajouta que son inobservation dans le cas d'application et d'exécution de la peine capitale entraîne une privation arbitraire du droit à la vie lui-même (selon l'article 4 de la Convention américaine des droits de l'homme et l'article 6 du Pacte international des droits civils et politiques) avec toutes les conséquences juridiques inhérentes à une violation de ce genre, c'est-à-dire, celles concernant la responsabilité internationale de l'État et le devoir de réparation (para. 137)[80].

Ce 16e avis, particulièrement innovant, a frayé un chemin pour la jurisprudence internationale émergente, *in statu nascendi*, sur cette matière[81]. Il a eu une influence sensible sur la pratique des Etats dans la région[82]. La procédure a compté une mobilisation considérable (huit Etats intervenants, aux côtés de plusieurs individus et organisations non gouvernementales)[83]. Cet avis consultatif historique, de plus, révèle l'influence du droit international des droits de l'homme sur le droit international public lui-même, principalement pour la Cour interaméricaine d'avoir

---

80   Cf. les Opinions Concordantes des Juges A.A. Cançado Trindade et S. García Ramírez, et l'Opinion Partiellement Dissidente du Juge O. Jackman.

81   Fut rapidement traité par la doctrine, cf., *inter alia*, G. Cohen-Jonathan, «Cour européenne des droits de l'homme et droit international général (2000)», 46 *Annuaire français de Droit international* (2000) p. 642; M. Mennecke, «Towards the Humanization of the Vienna Convention of Consular Rights – The *LaGrand* Case before the International Court of Justice», 44 *German Yearbook of International Law/Jahrbuch für internationales Recht* (2001) pp. 430-432, 453-455, 459-460 et 467-468; L. Ortiz Ahlf, *De los Migrantes – Los Derechos Humanos de los Refugiados, Asilados, Desplazados e Inmigrantes Irregulares*, Mexico, Ed. Porrúa/Univ. Iberoamericana, 2004, pp. 1-68; Ph. Weckel, M.S.E. Helali et M. Sastre, «Chronique de jurisprudence internationale», 104 *Rev. gén. dr. int. pub.* (2000) pp. 794 et 791; Ph. Weckel, «Chronique de jurisprudence internationale», 105 *Rev. gén. dr. int. pub.* (2001) pp. 764-765 et 770.

82   Cf. A.A. Cançado Trindade, "The Humanization of Consular Law: The Impact of Advisory Opinion n. 16 (1999) of the Inter-American of Human Rights on International Case-Law and Practice", 4 *Chinese Journal of International Law* (2007) pp. 1-16.

83   Au cours des audiences publiques de ce seizième avis, excepté les huit Etats intervenants, plusieurs personnes sont intervenues: sept représentants de quatre O.N.G. internationales et nationales, actives dans le domaine des droits de l'homme, deux individus d'une O.N.G. travaillant pour l'abolition de la peine de mort, deux représentants d'une entité nationale d'avocats et trois représentants d'une personne condamnée à mort.

été la première instance internationale à juger que si l'article 36(1)(b) de la Convention de Vienne sur les Relations Consulaires n'est pas respecté, c'est au détriment non seulement de l'Etat partie mais aussi des êtres humains impliqués[84].

Dans la même ligne de pensée, l'avis consultatif n° 18 ouvre une nouvelle base pour la protection des migrants en reconnaissant le caractère de *jus cogens* au principe fondamental d'égalité et de non-discrimination et la prééminence des droits de l'homme indépendamment des Etats migratoires. La procédure a dénombré une mobilisation encore plus forte (douze Etats intervenants, ainsi que le Haut Commissariat pour les réfugiés, plusieurs ONGs, des institutions académiques et des individus), le plus grand nombre dans l'histoire de la Cour jusqu'à ce jour. Cet avis consultatif a de même un impact sur la théorie et la pratique du droit international dans le domaine de la protection des droits de l'homme des migrants[85].

b) L'Avis Consultatif Relatif à la *Condition Juridique et aux Droits des Migrants sans Papiers* (2003)

Le 10.05.2002, le Mexique présentait une requête devant la Cour interaméricaine des droits de l'homme pour un avis consultatif sur la condition juridique et les droits des migrants «sans papiers». Deux audiences publiques se sont tenues au cours de la procédure, la première, au siège de la Cour, à San José de Costa Rica, en février 2003 et la seconde, en dehors de son siège pour la première fois de son histoire, à Santiago du Chili, en juin 2003. Pendant cette procédure, sont intervenus: douze Etats membres (parmi cinq Etats ont participé aux audiences), la Commission Interaméricaine des Droits de l'Homme, le Haut Commissariat des Nations Unies pour les Réfugiés (HCNUR) ainsi que neuf entités de la société civile et des cercles académiques de plusieurs pays de la région, le médiateur du Conseil d'Amérique centrale des Droits de l'Homme.

Le 17.09.2003, la Cour rendit son avis consultatif. La Cour estime que les Etats doivent respecter et assurer le respect des droits de l'homme à la lumière du principe général et fondamental de non-discrimination et que tout traitement discriminatoire

---

84 Comme la C.I.J. l'a ultérieurement aussi reconnu, dans l'affaire *LaGrand*.
85 Commenté promptement par la doctrine, cf., e.g., L. Hennebel, «L`humanisation' du Droit international des droits de l'homme – Commentaire sur l'Avis consultatif n° 18 de la Cour interaméricaine relatif aux droits des travailleurs migrants», 15 *Rev. trim. dr. h.* (2004) n° 59, pp. 747-756; S.H. Cleveland, «Legal Status and Rights of Undocumented Migrants – Advisory Opinion OC-18/03 [of the] Inter-American Court of Human Rights», 99 *American Journal of International Law* (2005) pp. 460-465; C. Laly-Chevalier, F. DA Poïan et H. Tigroudja, «Chronique de la jurisprudence de la Cour interaméricaine des droits de l'homme (2002-2004)», 16 *Rev. trim. dr. h.* (2005) n° 62, pp. 459-498. Cf. aussi sur l'influence de l'avis consultatif n° 18 aux Etats-Unis, R. Smith, „Derechos Laborales y Derechos Humanos de los Migrantes en Estatus Irregular en Estados Unidos", *in Memorias del Seminario Internacional `Los Derechos Humanos de los Migrantes*' (Mexico, June 2005), Mexico, Secretaría de Relaciones Exteriores, 2005, pp. 299-301.

vis-à-vis de la protection et l'exercice des droits de l'homme génère la responsabilité internationale des États. Selon la Cour, le principe fondamental d'égalité et de non-discrimination est une norme de *jus cogens*. La Cour ajoute que les Etats ne peuvent discriminer ou tolérer des situations discriminatoires et doivent garantir le droit à un procès équitable à toute personne, même si sa situation n'est pas régularisée. Celle-ci ne peut être une justification pour priver une personne de jouir de ses droits fondamentaux y compris les droits sociaux. Les travailleurs migrants sans papiers ont les mêmes droits sociaux que les autres travailleurs et l'Etat doit en assurer le respect. Les Etats ne peuvent subordonner ou poser des conditions au principe d'égalité devant la loi et de non-discrimination pour les besoins de leurs politiques migratoires ou autres. Quelques opinions individuelles furent présentées (par quatre juges), toutes étant, de manière significative, des opinions concordantes. Dans celle du Président de la Cour, neuf points furent exposés, principalement: a) la *civitas maxima gentium* et l'universalité du genre humain; b) les disparités du monde contemporain et la vulnérabilité des migrants; c) la réaction de la conscience juridique universelle; d) la construction du droit subjectif d'asile; e) la position et le rôle des principes généraux du droit; f) les principes fondamentaux comme substrat de l'ordre légal lui-même; g) le principe d'égalité et de non-discrimination dans le droit international des droits de l'homme; h) l'émergence, le contenu et la portée du *jus cogens*; et i) l'émergence et l'étendue des obligations *erga omnes* de protection (effet horizontal et vertical).

Le 18ᵉ avis consultatif de la Cour Interaméricaine a eu, pour toutes ses implications, une influence considérable sur le continent américain. Cette influence est destinée à irradier le monde entier en raison de l'importance du sujet. Il propose une dynamique identique ou une interprétation évolutive du droit international des droits de l'homme par la Cour interaméricaine au même titre que, quatre ans plus tôt, l'avis consultatif historique n° 16 qui a, depuis lors, été une source d'inspiration pour la jurisprudence internationale *in statu nascendi* sur ce sujet[86].

VI. La Protection des Migrants dans le Système des Rapporteurs

La protection des droits fondamentaux des migrants est devenue un sujet principal dans l'agenda des droits de l'homme au niveau international en cette première décennie du XXIᵉ siècle. Ceci est peu surprenant compte tenu de la prise de conscience grandissante des relations entre l'intensification des flux migratoires (depuis la fin des années 80), l'internationalisation rapide du capitalisme et l'augmentation de l'exploitation du travail (créée par les «exigences du capital») avec les

---

86 Dans ce 16ᵉ avis consultatif « pionnier » en la matière et d'une importance capitale, la Cour interaméricaine a considéré que, en interprétant les normes de la Convention américaine, la protection devait être étendue à de nouvelles situations (telle que celle concernant le droit à l'information sur l'assistance consulaire) sur le fondement des droits existants (voy. ci-dessus).

coûts humains du chômage et du sous-emploi, l'absence de formalité des relations du travail, la recherche d'une main d'œuvre bon marché, la paupérisation des conditions de vie de larges secteurs de la population et la concentration de la richesse et des revenus à une échelle mondiale)[87].

Il fallait également s'attendre à ce que ce sujet fasse l'objet d'une attention croissante, au cours des années 90, de la part des organisations internationales universelle (Nations Unies) et régionale (Organisation des Etats Américains – OEA). Au niveau mondial, des voix se sont élevées du HCNUR afin de prévenir que ce dernier ne pourrait plus seulement travailler pour la protection des réfugiés mais devrait également prendre en considération le déni des droits de l'homme aux personnes déplacées et aux migrants[88]. Dans cet esprit, il ne devrait pas passer inaperçu que le Haut Commissariat intervint au cours des audiences devant la Cour interaméricaine dans la procédure qui a conduit à l'adoption de l'avis consultatif n° 18[89].

De plus, les organisations internationales, poussées par le nouveau phénomène de l'intensification des flux des migrations forcées, ont décidé (Nations Unies et OEA) de l'intégrer dans le plan de travail de leurs systèmes respectifs de rapporteur. Le mandat du rapporteur spécial des Nations Unies sur les droits de l'homme des migrants fut crée en 1999 par la résolution 1999/44 de l'ancienne Commission des Droits de l'Homme (§ 3). Cette résolution chargeait la rapporteur spécial d'élaborer des rapports et d'entreprendre des visites au niveau national. Elle demanda ensuite au rapporteur spécial d'examiner «les voies et les moyens pour surmonter les obstacles existants à la pleine et entière protection des droits de l'homme des migrants»[90].

La résolution 1999/44 a attiré l'attention sur le «grand nombre croissant de migrants dans le monde» dans une «situation de vulnérabilité», et souligna «la nécessité d'une approche consistante et concentrée sur les migrants en tant que groupe

---

87 Cf., par exemple, A.M. Aragonés Castañer, *Migración Internacional de Trabajadores – Una Perspectiva Histórica*, Mexico, Edit. Plaza y Valdés, 2004 [réimpr.], pp. 21, 23, 54, 62, 71-73, 115-120, 125-126, 148 et 154-157.

88 J. Ruiz de Santiago, "El Impacto en el Refugio de la Nueva Dinámica Migratoria en la Región – Retos para Asegurar la Protección de Refugiados", IIHR, *Primer Curso de Capacitación para Organizaciones de la Sociedad Civil sobre Protección de Poblaciones Migrantes* (Juin 1999), Mexico/San José de Costa Rica, UNHCR/Universidad Iberoamericana/IIHR, 2002, p. 43; J.C. Murillo, "La Declaración de Cartagena, el Alto Comisionado de Naciones Unidas para los Refugiados y las Migraciones Mixtas", *Migraciones y Derechos Humanos* (Août 2004), San José de Costa Rica, IIHR/PRODECA, 2004, pp. 174-176.

89 Pour les plaidoiries du Haut Commissariat devant la Cour interaméricaine cf. IACtHR, Series B (Pleadings, Oral Arguments and Documents), n. 18 (2003), pp. 211-223 (oral argument of 04.06.2003).

90 U.N., *Special Rapporteur of the [U.N.] Commission on Human Rights on the Human Rights of Migrants*, doc. www.ohchr.org, 2nd. paragraph.

vulnérable»⁹¹. Au cours de ce mandat, une série de rapports ont été préparés et présentés par le rapporteur spécial, qui, pendant la période de 2000 à 2005, entreprit des déplacements au Canada, en Equateur, aux Philippines, à la frontière entre les Etats-Unis et le Mexique, en Espagne, au Maroc, en Iran, Italie, au Pérou et au Burkina Faso.

En 2005, la Commission des Droits de l'Homme a élargi le mandat du rapporteur spécial, prévoyant l'adoption d'une politique appropriée sur les migrants – avec priorité sur la protection des droits de l'homme des migrants – et soulignant l'obligation des Etats de prévenir et de sanctionner les agissements individuels contre la vie et l'intégrité physique des migrants ainsi que d'assurer la reconnaissance par la communauté internationale de la situation de vulnérabilité subie par les migrants⁹². C'est un aspect important de cette question; les études récentes et complètes sur les migrations se sont portées sur les initiatives législatives au moyen du droit comparé⁹³, ou avec une portée régionale (par exemple de l'Union européenne)⁹⁴ – en se concentrant sur la structure normative mais sans dresser un portrait de la situation dramatique de vulnérabilité des migrants (qu'ils soient avec ou sans papiers), tous avec un besoin urgent de protection.

La résolution 2005/47 de l'ancienne Commission des Droits de l'Homme, adoptée le 19 avril 2005, a exprimé sa préoccupation, dans son préambule, sur «le nombre croissant de migrants dans le monde», un phénomène inquiétant de «caractère mondial» (para. 6) et a appelé les Etats à revoir leurs politiques d'immigration et d'éliminer toutes pratiques discriminatoires contre les migrants et leur famille (para. 4). Elle invite les Etats à mettre fin aux arrestations arbitraires et la privation de liberté des migrants (para. 15), de prévenir la violation des droits de l'homme des migrants pendant leur transit (para. 18) et de combattre et poursuivre le trafic international des migrants (mettant leur vie en danger et provoquant «différentes formes de servitude ou d'exploitation») (para. 19)⁹⁵. La résolution 2005/47 a rappelé, dans son préambule, la contribution des avis consultatifs n° 16 et 18 de la Cour Interamé-

---

91 Paras. 4, 6, 7 du préambule.
92 Cf. les commentaires dans E.D. Estrasda Tanck, "Legislación y Políticas Públicas Mexicanas: Armonización con el Régimen Jurídico Internacional sobre Derechos Humanos de los Migrantes", *Memorias del Seminario Internacional `Los Derechos Humanos de los Migrantes'*, (Mexico, June 2005), Mexico, Secretaría de Relaciones Exteriores, 2005, pp. 330-331; C. Villán Durán, "Los Derechos Humanos y la Inmigración en el Marco de las Naciones Unidas", *ibid.*, pp. 95-98.
93 Cf., *inter alia*, Federación Iberoamericana de Ombudsman, *I Informe sobre Derechos Humanos – Migraciones* (coord. G. Escobar), Madrid, Ed. Dykinson/Depalma, 2003, pp. 47-420.
94 Cf., e.g., P.A. Fernández Sánchez, *Derecho Comunitario de la Inmigración*, Barcelona, Atelier, 2006, pp. 15-325.
95 La résolution encourage également les Etats parties à mettre en œuvre la convention des Nations Unies contre le crime organisé transnational, ainsi que les deux protocoles additionnels, le protocole contre le trafic d'émigrés par terre, mer et air et le protocole pour la prévention, la répression et la pénalisation de la traite des personnes, en particulier des femmes et des mineurs, et a invité les Etats qui ne l'avaient pas fait de les ratifier (§ 33).

ricaine des Droits de l'Homme ainsi que les arrêts de la Cour Internationale de Justice dans les affaires *LaGrand* (2001) et *Avena et autres Mexicains* (2004)[96].

Au niveau régional, la Commission Interaméricaine des Droits de l'Homme, à la suite d'une demande de l'Assemblée Générale de l'OEA[97] a établi le mandat de son rapporteur spécial sur les travailleurs migrants et leur famille en 1977, en insistant sur leur situation de «vulnérabilités spéciales». Depuis 1997, le rapporteur spécial a été engagé pour contrôler la situation des migrants et leur famille dans la région ainsi que «d'alerter» les Etats de leur devoir de les protéger et «de traiter rapidement» les plaintes ou communications. Le rapporteur spécial a fait des recommandations aux Etats, a préparé des rapports et des études spéciales, a effectué plusieurs déplacements dans des pays de la région, y compris les Etats-Unis, le Mexique, le Guatemala et le Costa Rica. Les sujets de recherche examinés afin d'augmenter la prise de conscience des difficultés rencontrées par les travailleurs migrants et leur famille, comprennent la discrimination en général, le racisme et la xénophobie, le procès équitable, les conditions de détention, le trafic des migrants et la traite des personnes, les pratiques migratoires et leurs conséquences économiques[98].

VII. Justice Sociale et la Prévention des Migrations Forcées: L'Héritage des Conférences Mondiales des Nations Unies

Une partie de la doctrine européenne contemporaine a invoqué la responsabilité internationale des Etats afin de déclarer la pratique de l'Etat créant des réfugiés – et des personnes déplacées – comme constituant un acte international répréhensible (surtout en présence de l'élément de *culpa lata*)[99]. Le fondement conceptuel de cette argumentation peut être trouvé dans le travail de la Commission de Droit International des Nations Unies sur le thème de la responsabilité des États[100]. Une justification pour cette élaboration doctrinale se trouve dans le fait que les instruments internationaux de protection des réfugiés ont limité les dispositions d'obligations uniquement à l'égard des Etats d'accueil mais non pour les Etats d'origine, de ce fait, une norme coutumière de droit humanitaire interdisant la création de flux de réfugiés est invoquée[101]. Ainsi, les consé-

---

96 6ᵉ paragraphe du préambule.
97 OEA, A.G. résolutions AG/RES.1404/XXVI-O/96 (de 1996) et AG/RES.1480/XXVII-0/97 (de 1997).
98 O.E.A., *Special Rapporteurship on Migrant Workers and Their Families*, Washington D.C., IAComHR, document *www.cidh.oas.org/migrants*, 2007, pp. 1-10.
99 P. Akhavan et M. Bergsmo, "The Application of the Doctrine of State Responsibility to Refugee Creating States", 58 *Nordic Journal of International Law – Acta Scandinavica Juris Gentium* (1989) pp. 243-256.
100 Cf. R. Hofmann, „Refugee-Generating Policies and the Law of State Responsibility", 45 *Zeitschrift für ausländisches öffentliches Recht und Völkerrecht* (1985) pp. 694-713.
101 W. Czapliski et P. Sturma, «La responsabilité des États pour les flux de réfugiés provoqués par eux», 40 *Annuaire français de droit international* (1994), pp. 156-169.

quences sont établies d'un acte illicite générant des flux de réfugiés – qui s'appliqueraient *a fortiori* à des flux migratoires soudans, – ainsi qu'aux effets des réparations.

De telles attitudes doctrinales révèlent, selon moi, des aspects positifs et négatifs. D'une part, l'élargissement de l'horizon pour examiner cette question, en comprenant à la fois l'État d'accueil et l'État d'origine afin de rechercher des deux côtés une protection des droits de l'homme, d'autre part, elles traitent de la portée des réparations avec une approche de droit civil, tentant de justifier les sanctions à l'encontre des Etats qui ne sont pas les seuls responsables des flux migratoires forcés. Dans un monde «globalisé» comme celui d'aujourd'hui, plein de profondes inégalités, parmi et à l'intérieur des Etats, comment identifier l'origine de tant de cruauté socio-économique, comment établir la ligne de démarcation, comment déterminer les Etats (justement les plus pauvres) responsables des migrations forcées pour justifier des sanctions ou des représailles?

À mon sens, cela ne soit pas être le chemin à suivre. Le problème des flux migratoires doit être traité avec une approche universelle concernant la communauté internationale tout entière. Il ne peut pas être simplement envisagé selon une manière strictement bilatérale (en se concentrant seulement sur l'Etat d'accueil et l'Etat d'origine) ou dans une perspective uniquement inter-étatique. Etant une question mondiale, il met en évidence les obligations *erga omnes* de protection des migrants qui en sont victimes. Le développement conceptuel de telles obligations – et des conséquences juridiques de leur violation – demeure une priorité importante pour la science légale contemporaine.

Il a été soutenu que face au phénomène des migrations forcées, la responsabilité individuelle des Etats ne peut être dissociée de la responsabilité (subsidiaire) de la communauté internationale dans son ensemble[102]. Comme les causes de migrations forcées peuvent, dans certaines circonstances, résulter de graves et massives violations des droits de l'homme, une réévaluation du fondement conceptuel du refuge peut conduire à une élaboration nécessaire et graduelle du droit à la survie de franges de populations affectées ou en danger[103]. Plus qu'une survie, c'est aussi le droit de vivre avec dignité qui est en cause[104].

L'ensemble de la question met en évidence des impératifs de justice sociale au niveau universel. Il est nécessaire d'insister sur la prévention des migrations forcées. On doit rappeler à ce sujet le système d'alertes précoces des Nations Unies: né d'une

---

102   L. Peral Fernández, *Éxodos Masivos, Supervivencia y Mantenimiento de la Paz*, Madrid, Ed. Trotta, 2001, pp. 208.

103   *Ibid.*, pp. 72 et 79-81.

104   Pour des études générales, cf. J.G.C. Van Aggelen, *Le rôle des organisations internationales dans la protection du droit à la vie*, Bruxelles, E. Story-Scientia, 1986, pp. 1-89; D. Prémont *et alii* (éds.), *Le droit à la vie quarante ans après l'adoption de la Déclaration universelle des droits de l'homme: Évolution conceptuelle, normative et jurisprudentielle*, Genève, C.I.D., 1992, pp. 5-91.

proposition, au début des années 80, du rapporteur spécial sur la question des exodes massifs en raison de violations des droits de l'homme. Par la suite, ce système fut appliqué aux personnes déplacées[105]. En 1997, le Haut Commissaire des Nations Unies pour les Droits de l'Homme avait observé que, dans ce contexte,

> «le terme `prévention´ ne doit pas être interprété dans le sens d'empêcher ces personnes de quitter une zone ou un pays mais plutôt dans le sens de faire obstacle à ce que la situation des droits de l'homme ne se détériore à un point tel que quitter les lieux serait la seule option et aussi pour entraver (...) l'adoption délibérée de mesures pour déplacer par force un grand nombre de personnes, tels que des expulsions en masse, déplacements internes et expulsions de domicile, réinstallation ou rapatriement[106].

De plus, les documents finaux du récent cycle de Conférences Mondiales des Nations Unies au cours des années 90 contiennent des éléments supplémentaires qui nous permettent une approche adéquate, au niveau universel, de la question des flux de population en la situant dans la conception des droits de l'homme[107]. Ainsi, par exemple, la Déclaration de Vienne et le Programme d'Action de 1993, adoptés par la IIème. Conférence Mondiale sur les Droits de l'Homme, invite tous les Etats à garantir la protection des droits de l'homme de tous les travailleurs migrants et les membres de leur famille (Partie II, para. 33). Le document final de la Conférence de Vienne affirme de plus l'importance de créer les conditions afin de promouvoir de plus grandes harmonie et tolérance entre les travailleurs migrants et le reste de la société de l'Etat d'accueil (para. 34). Enfin, il encourage les Etats à ratifier dès que possible la Convention Internationale sur la Protection des Droits de Tous les Travailleurs Migrants et les Membres de Leurs Familles (para. 35).

---

105   Cf. Nations Unies, document E/CN.4/1995/CRP.1, du 30 janvier 1995, pp. 1-119.
106   Nations Unies, *Derechos Humanos y Éxodos en Masa – Informe del Alto Comisionado para los Derechos Humanos*, document E/CN.4/1997/42, of 14.01.1997, p. 4, § 8, et voy. pp. 4-5, §§ 9-10.
107   Pour une étude générale, cf. A.A. Cançado Trindade, "Relations between Sustainable Development and Economic, Social and Cultural Rights: Recent Developments", *in International Legal Issues Arising under the United Nations Decade of International Law* (éd. N. Al-Nauimi et R. Meese), Deventer, Kluwer, 1995, pp. 1051-1077; A.A. Cançado Trindade, "The Contribution of Recent World Conferences of the United Nations to the Relations between Sustainable Development and Economic, Social and Cultural Rights", *Les hommes et l'environnement: Quels droits pour le vingt-et-unième siècle? – Études en hommage à Alexandre Kiss* (éd. M. Prieur et C. Lambrechts), Paris, Éd. Frison-Roche, 1998, pp. 119-146; A.A. Cançado Trindade, "Sustainable Human Development and Conditions of Life as a Matter of Legitimate International Concern: The Legacy of the U.N. World Conferences", *Japan and International Law – Past, Present and Future* (International Symposium to Mark the Centennial of the Japanese Association of International Law), The Hague, Kluwer, 1999, pp. 285-309; A.A. Cançado Trindade, *Tratado de Direito Internacional dos Direitos Humanos*, vol. III, Porto Alegre/Brazil, S.A. Fabris Ed., 2003, pp. 235-299; M.G. Schechter, *United Nations Global Conferences*, London, Routledge, 2005, pp. 95-100 et 134-139.

La Conférence Internationale sur la Population et le Développement (Le Caire, 1994), a bien sûr abordé cette question, en appelant à une approche mondiale du phénomène migratoire (chapitre X du Programme d'Action du Caire de 1994). La Conférence du Caire a examiné les causes des migrations et exhorté à l'adoption de dispositions relatives aux travailleurs migrants en règle ou non pourvus de titre de séjour[108].

Une année plus tard, le Programme d'Action de Copenhague de 1995, adopté par le Sommet Mondial sur le Développement Social, en se penchant sur la création d'emplois et la réduction du chômage, a signalé la nécessité de porter une attention plus grande au niveau national à la situation des travailleurs migrants et des membres de leur famille (chapitre III). En abordant la question de l'intégration sociale, il a encouragé le développement de l'égalité et de la justice sociale, en élargissant entre autres une éducation de base – destinée aux enfants des migrants, – et assurant un traitement équitable et l'intégration des travailleurs migrants en situation régulière et les membres de leur famille (chapitre IV).

Le Sommet Mondial de Copenhague, de plus, a invité les Etats à coopérer afin de «réduire les causes de la migration irrégulière» et de sauvegarder «les droits de l'homme fondamentaux des migrants en situation irrégulière afin d'entraver leur exploitation» et de leur assurer des recours internes[109]. Les Etats étaient enfin incités à ratifier et appliquer les instruments internationaux relatifs aux travailleurs migrants et les membres de leur famille[110].

La situation particulière des femmes, travailleurs migrants (victimes de violence en raison de leur sexe) fut l'objet d'une attention particulière d'une partie de la IVe Conférence Mondiale sur les Femmes (Pékin, 1995). Le Programme d'Action de Pékin, adopté par la Conférence, a appelé les Etats à reconnaître la vulnérabilité des femmes migrantes, y compris celles qui travaillent, face à la violence et autres formes de mauvais traitements (chapitre IV. D)[111].

À son tour, la IIème. Conférence Mondiale sur les Établissements Humains (Habitat-II, Istanbul, 1996) a mis en exergue le rôle important des établissements humains dans la réalisation des droits de l'homme et en particulier, entre autres, le droit au logement et le droit au développement. Dans cette optique, le Programme d'Habitat-II a formulé plusieurs recommandations relatives à «la sécurité juridique des locations, la prévention des expulsions, le développement de centres

---

108 Pour une évaluation de la Conférence du Caire sur la question des migrations internationales, cf., e.g., S. Johnson, *The Politics of Population – The International Conference on Population and Development, Cairo 1994*, London, Earthscan, 1995, pp. 165-174.
109 Nations Unies/Centre pour les droits de l'homme, *Los Derechos de los Trabajadores Migratorios* (Foll. Inf. n. 24), Genève, Nations Unies, 1996, pp. 19-20.
110 *Ibid.*, p. 19.
111 Cf. *ibid.*, p. 20.

pour les réfugiés et le soutien apporté aux services de base ainsi qu'aux unités d'éducation et de soins en faveur des personnes déplacées parmi d'autres groupes vulnérables»[112].

Enfin, la Conférence Mondiale des Nations Unies contre le Racisme, la Discrimination Raciale, la Xénophobie et l'Intolérance qui y est associée (Dunbar, 2001) a également porté une attention spéciale aux travailleurs migrants, en particulier à la discrimination dont ils sont victimes. La Déclaration et le Programme d'Action adoptés par la Conférence de Dunbar a exhorté les Etats à combattre les manifestations de la marginalisation généralisée des migrants, la xénophobie et les préjugés racistes, conformément à leurs obligations découlant des instruments internationaux des droits de l'homme, quelle que soit la situation dans laquelle les migrants se trouvent (paras. 24 et 26).

Récemment, la résolution susmentionnée 2005/47 (du 19.04.2005) de l'ancienne Commission des Droits de l'Homme des Nations Unies a réaffirmé les dispositions concernant la protection des droits des migrants et leur famille enchâssées dans les documents finaux adoptés par les Conférences Mondiales sur les Droits de l'Homme (1993), sur la Population et le Développement (1994), sur le Développement Social (1995), sur les Femmes (1995), et contre le Racisme, la Discrimination Raciale, la Xénophobie et l'Intolérance qui y est associée (2001)[113]. Le Haut Commissariat des Nations Unies pour les Droits de l'Homme a aussi été attentif à certains aspects des difficultés rencontrées par les migrants et à leur besoin pressant de protection[114].

Pour sa part, le Comité pour l'Élimination de la Discrimination Raciale – organe de contrôle de la Convention des Nations Unies sur l'Élimination de Toutes les Formes de Discrimination Raciale – dans sa recommandation n° 30, de 2005, a souligné qu'en vertu de la «Convention, un traitement différent fondé sur la citoyenneté ou le statut d'immigration constitue une discrimination si les critères retenus pour une telle différenciation, jugés à la lumière du but et de l'objet de la Convention, ne sont ni conformes ni proportionnés au but légitime poursuivi» (para. 4). La recommandation réserve une section entière (IV) à «l'accès à la citoyenneté» (paras. 13-17) et, plus loin, traite de la question de la prévention et des remèdes aux problèmes rencontrés par les «travailleurs non nationaux» (para. 34) ainsi que celle d'assurer «l'accès des victimes à un recours légal effectif» et de leur «droit de rechercher une juste et adéquate réparation » pour les préjudices subis (para. 18).

---

112 Nations Unies, *Derechos Humanos y Éxodos en Masa...*, op. cit. supra n° (106), p. 21, § 61.
113 4ᵉ paragraphe du préambule.
114 Nations Unies, *Recommended Principles and Guidelines on Human Rights and Human Trafficking – Report of the U.N. High Commissioner for Human Rights to the Economic and Social Council*, document E/2002/68/Add.1, 20 mai 2002, pp. 3-16.

VIII. Conclusions

En tant que question mondiale, le phénomène des migrations forcées requiert une plus grande concertation au niveau universel afin d'assurer la prédominance des droits des migrants et leur famille. Un rôle important est dévolu aux politiques publiques ainsi qu'à la mobilisation des entités de la société civile pour réduire leurs souffrances et améliorer leurs conditions de vie. De telles entités peuvent aider les organes d'assistance et de protection dans l'identification des différentes caractéristiques du phénomène migratoire dans divers pays[115]. Elles peuvent aussi dénoncer des situations de violations flagrantes des droits de l'homme des migrants[116], porter assistance dans les actions d'urgence, aider à développer la force institutionnelle pour contrer le phénomène migratoire et renforcer les victimes[117]. Enfin, grâce à l'enseignement des droits de l'homme, elle peuvent aider à éradiquer la xénophobie et les autres préjugés existants au sein des populations nationales. Des avancées dans ce domaine ne pourront être accomplies, comme nous l'avons démontré, que dans une atmosphère de solidarité humaine. Dans cette perspective, les récentes dénominations telles que «migrants irréguliers» ou pire encore, «illégaux» sont quelque peu négatives[118] ainsi que le fait de ne pas rechercher du tout une solution durable aux problèmes rencontrés par les migrants à travers le monde.

Les êtres humains ne doivent pas être privés de leurs droits simplement en raison de leur statut migratoire ou de toute autre circonstance. Contrairement à ce que certains voudraient nous laisser entendre, le principe du non-refoulement appartient au domaine du *jus cogens*[119]. Le pouvoir discrétionnaire des Etats a ses limites et leurs politiques d'éloignement et d'expulsion devraient se soumettre aux normes impératives du droit international.

L'aspect positif est qu'il existe de nos jours une plus grande prise de conscience de la nécessité d'une protection mondiale des migrants. Les Conférences Mondiales des Nations Unies, au cours des dernières années, ont contribué d'une manière décisive à créer ce nouvel état d'esprit. Elles ont insisté sur les besoins de protection et

---

115   Sur les caractéristiques distinctes, par exemple, dans quelques pays d'Amérique latine, cf. IIADH, *Balance y Perspectivas del Fenómeno Migratorio en América Latina: Punto de Aproximación desde la Perspectiva de la Protección de los Derechos Humanos*, San José de Costa Rica, IIADH, 1998, p. 2 (restrictions de circulation).

116   Cf., e.g., J.E. Méndez, *A Proposal for Action on Sudden Forced Migrations*, San José of Costa Rica, IIHR, 1997, p. 10 (restrictions de circulation).

117   Cf. IIHR, *Papel Actual de las Organizaciones de la Sociedad Civil en Su Trabajo con las Poblaciones Migrantes en el Continente*, San José de Costa Rica, IIHR, 1998, pp. 1-14 (restrictions de circulation).

118   L. Ortiz Ahlf, "Derechos Humanos de los Migrantes", 35 *Jurídica – Anuario del Departamento de Derecho de la Universidad Iberoamericana* (2005) pp. 14, 19, 23 et 26-29.

119   A.A. Cançado Trindade, "El Desarraigo como Problema de Derechos Humanos frente a la Conciencia Jurídica Universal", *in Movimientos de Personas e Ideas y Multiculturalidad* (Forum Deusto), vol. I, Bilbao, University of Deusto, 2003, pp. 87-103.

les catégories de personnes vulnérables. Désormais, des séminaires et des réunions d'experts se tiennent de plus en plus souvent dans la recherche de solutions tenant compte des impératifs de la protection des migrants[120]. Cependant, une plus grande concertation au niveau universel est nécessaire car la protection des migrants, dont le nombre s'accroît dans différentes parties du monde, est devenue une préoccupation légitime de la communauté internationale tout entière.

Il est réassurant de constater que la Déclaration des Nations Unies du Millénaire de 2000, fut attentive à inclure un appel «afin de prendre des mesures pour assurer le respect des droits de l'homme des migrants, des travailleurs migrants et de leur famille, pour éliminer les actes croissants de racisme et de xénophobie dans de nombreuses sociétés et pour promouvoir de plus grandes harmonie et tolérance au sein de toutes les sociétés». Cinq ans plus tard, en septembre 2005, le document final des Nations Unies sur le Sommet Mondial, a traité de la question des migrations (paras. 61-63) en faisant état du lien important entre la migration internationale et le développement (para. 61) et réaffirmant «notre détermination à prendre des mesures pour assurer le respect et la protection des droits de l'homme des migrants, des travailleurs migrants et de leur famille» (para. 62).

Les avancées dans ce domaine, toutefois, ne seront possibles qu'avec un changement radical de mentalité et une plus grande conscience de la nécessité de protéger les droits fondamentaux des migrants. Dans toute échelle de valeurs, les considérations d'ordre humanitaire doivent prévaloir sur celles d'ordre économique ou financier, du «protectionnisme» allégué du «marché du travail». Il est enfin nécessaire de placer l'individu à la place qui lui correspond, au-dessus du capital, des biens et des services. C'est l'un des défis majeurs du monde «globalisé» dans lequel nous vivons, du point de vue des droits de l'homme.

Puis-je conclure cette leçon inaugurale de l'Institut International des Droits de l'Homme en reprenant ce que j'avais soutenu, il y a deux ans, dans mon cours général de droit international public, donné à l'Académie de Droit International de La Haye, à savoir, que, à mon avis, les avancées en droit sont dues, en fin de compte, à la conscience humaine, la source matérielle ultime de tout droit[121]. Il faut plusieurs siècles aux êtres humains pour prendre conscience de la question du temps

---

120 Cf., *inter alii*, parmi de nombreuses initiatives, International Institute of Humanitarian Law (IIHL), *Conflict Prevention – The Humanitarian Perspective* (Proceedings, August/September 1994), San Remo, IIHL, 1994, pp. 7-185; Universidad de Sevilla, *La Asistencia Humanitaria en el Derecho Internacional Contemporáneo*, Sevilla, Univ. de Sevilla, 1997, pp. 1-74 (circulation interne); XVI Cumbre Iberoamericana, *Compromiso de Montevideo sobre Migraciones y Desarrollo*, of 05.11.2006, pp. 1-10 (ciculation interne).

121 A.A. Cançado Trindade, "International Law for Humankind: Towards a New *Jus Gentium* – General Course on Public International Law – Part I", 316 *Recueil des Cours de l'Académie de Droit International de la Haye* (2005) pp. 177-202.

et d'acquérir, pour eux, une «conscience historique»[122]. Depuis les temps héroïques de l'*Iliade* d'Homère pendant la Grèce antique, il fallut quelques siècles aux êtres humains pour acquérir une «conscience éthique», c'est-à-dire de prendre conscience qu'ils étaient responsables de leur propre conduite (chacun étant juge de sa propre conduite) et de la manière dont ils traitaient les autres, leurs semblables.

Dans cet esprit, au XVIIIe siècle, Emmanuel Kant a conceptualisé la «conscience» comme le « tribunal interne » de toute personne considérée comme un «être moral»[123]. Des siècles plus tôt, l'émergence de la conscience humaine aida à contrer la prétendue «lutte pour l'existence»[124], ce vieux combat pour la survie. La *recta ratio* présente dans les écrits des pères fondateurs du droit des gens aux XVIe et XVIIe siècles (comme F. de Vitoria, F. Suarez, H. Grotius, parmi d'autres), en envisageant la *civitas maxima gentium*, en soutenant les communications du droit au niveau mondial et en proposant l'essentielle unité de l'humanité, – *recta ratio* de pensée et d'écriture scolastiques –, plonge ses racines chez les anciens Grecs (Platon et Aristote), et correspond à leur *orthos logos*[125].

C'est la conscience humaine qui gouverne le mieux les relations entre les individus, soit inter-individuellement soit en groupes. C'est la *conscience juridique universelle* qui guide le droit international universel, comme sa source matérielle ultime[126], qui le fait progresser pour répondre aux nécessités changeantes de protection de la personne humaine et pour remplir le but fondamental de la réalisation de la justice. Je suis confiant que cette session annuelle d'études de 2007 de ce cher Institut International des Droits de l'Homme contribuera à la *prise de conscience* pour assurer les droits de l'homme des migrants dans le monde.

Strasbourg, le 02 juillet 2007.

---

122   Ernst Cassirer, *Essai sur l'homme*, Paris, Éd. de Minuit, 1975, pp. 243-244.

123   *Fondements de la métaphysique des moeurs* (1785); voy. E. Kant, *[Critique de] la raison pratique*, Paris, P.U.F., 1963 [réed.], p. 201.

124   Karl Popper, *In Search of a Better World*, London, Routledge, 2000 [reprint], p. 28.

125   A.A. Cançado Trindade, "International Law for Humankind: Towards a New *Jus Gentium*...", *op. cit. supra* n. (120), Partie I, pp. 40-42 et 179-184.

126   *Ibid.*, pp. 177-202.

XXII

La Invocación Indebida de las Inmunidades del Estado frente a los Crímenes Internacionales de Sujeción a Trabajo Forzado y Masacres[1]

I. El Procedimiento y la Sentencia

El día 23 de diciembre de 2008, Alemania interpuso una demanda contra Italia ante la Corte Internacional de Justicia (CIJ), con base en el artículo 1 de la Convención Europea sobre Solución Pacífica de Controversias (1957), alegando falta de respeto por parte del poder judicial italiano de sus inmunidades jurisdiccionales "como Estado soberano". Alemania se refirió a una serie de decisiones de los tribunales italianos, que alcanzaron su punto "crítico" en la Sentencia de la *Corte di Cassazione* del 11.03.2004 en el caso *Ferrini*, atinente a reparaciones a una persona (un italiano) que había sido sometida a trabajo forzado, durante la II guerra mundial, en la industria bélica alemana.

La Sentencia *Ferrini* fue confirmada en otras decisiones, de mayo y octubre de 2008, del poder judicial italiano. Asímismo, reclamó Alemania de intentos, por parte de nacionales griegos, de buscar la ejecución (en Italia) de una Sentencia de la Corte Suprema griega, favorable a ellos, de reparaciones por una masacre perpetrada en Distomo, Grecia, por las tropas nazistas, en 1944. Alemania solicitó a la CIJ que determinara el comprometimiento de la responsabilidad internacional de Italia, como consecuencia de las sentencias de sus tribunales nacionales y por permitir que se buscara ejecutar las setencias de los tribunales griegos.

Todas estas sentencias (italianas y griegas) reconocieron el derecho a reparaciones de las personas victimadas por las atrocidades nazistas en la II guerra mundial, – sea las sometidas a trabajo forzado o esclavo en pobreza extrema en la industria bélica alemana (en 1943-1945), sea las victimadas por masacres perpetradas por las tropas nazistas (como los de Distomo en Grecia, y de Civitella en Italia, ambas en 1944). Las víctimas ya habían intentado – en vano – obtener reparaciones ante el poder judicial alemán. El trámite del caso ante la CIJ (2009-2012) fue marcado por dos incidentes procesales significativos, que resultaron en dos *Ordonnances* de la CIJ,

---

[1] Estudo de caso que serviu de base a conferência magna proferida pelo Autor na Universidade de Utrecht, na abertura de Seminário Internacional realizado no salão nobre da Universidade, em Utrecht, Holanda, aos 16 de julho de 2012.

respectivamente, del 06 de julio de 2010, sobre una demanda reconvencional de Italia, y del 04 de julio de 2011, sobre una solicitud de intervención por parte de Grecia.

En la primera *Ordonnance*, la CIJ rechazó sumariamente la demanda reconvencional de Italia por "inadmisible", la cual buscaba relacionar la demanda alemana de inmunidad estatal con su propia demanda de reparaciones por crímenes de guerra. En mi Voto Disidente solitario, me opuse a la decisión de la Corte por su falta de fundamentación jurídica y por haber sido tomada sin audiencia pública previa; al recordar todo el histórico de los *counter-claims* en la doctrina jurídica, ponderé que la demanda original y la demanda reconvencional deben recibir el mismo tratamiento, y que la consecuencia de la sucinta y precipitada decisión de la mayoría de la Corte la conllevaría a considerar la inmunidad estatal en un *vacuum, in abstracto*. Además, la decisión de la mayoría, tal como tomada, a mi juicio no estuvo conforme a los principios del contradictorio y de la buena administración de la justicia, y dejó de asegurar la igualdad procesal de las partes[2].

Además, – proseguí en mi Voto Disidente en la referida *Ordonnance* del 06.07.2010, – la mayoría de la Corte no tomó en cuenta la noción de "situación continuada" (de denegación de justicia), y se olvidó de que los Estados no pueden renunciar a reivindicaciones de derechos que no son los suyos, sino más bien inherentes a los seres humanos victimados, – tal como el derecho a no ser deportado para ser sometido a trabajo forzado (como ocurrido en la II guerra mundial, en Alemania nazista, de 1943 a 1945). La inobservancia de dicho derecho (entre otros derechos fundamentales) acarrea violaciones flagrantes del *jus cogens* (violaciones graves de los derechos humanos y del derecho internacional humanitario).

En mi referido Voto Disidente (párrs. 124-153 y 178-179), examiné, en perspectiva histórica, la evolución de la consolidación y la ampliación del contenido material del *jus cogens*, en sus manifestaciones en los planos normativo, jurisprudencial y doctrinal. Al oponerme a la posición voluntarista-positivista (con énfasis en la voluntad del Estado), advertí asimismo que no se puede seguir intentando mantener un órden jurídico internacional por encima del sufrimiento de las gentes; mucho antes de la II guerra mundial, – advertí, – ya se sabía claramente que la deportación para someter personas a trabajo forzado en condiciones infra-humanas y de pobreza extrema constituía un crímen internacional. Por encima de la voluntad, – concluyó,

---

2 Posteriormente, reiteré, más ampliamente, mi firme posición en pro de la primacía del derecho de acceso a la justicia (inclusive en relación con la invocación indebida de las imunidades del Estado en casos de violaciones *graves* de los derechos humanos y del derecho internacional humanitario), en mi extenso Voto Disidente (párrs. 1-316) en la Sentencia de fondo (del 03.02.2012) de la CIJ en el caso de las *Inmunidades Jurisdiccionales del Estado* (Alemania *versus* Italia, Grecia interviniendo – cf. *infra*). Los seres humanos tienen el *derecho al Derecho*, a la realización de la justicia; la reivindicación de sus derechos, – que les son inherentes, – no puede ser objeto de "renuncia" por parte de los Estados.

– está la conciencia, como fuente *material* última del derecho de gentes y de todo el Derecho, removiendo la injusticia manifiesta.

En la segunda *Ordonnance*, del 04.07.2011, la CIJ otorgó permisión a Grecia para intervenir como non-parte en el presente caso, en relación con "las decisiones de los tribunales griegos". En mi Voto Razonado, endosé dicha *Ordonnance* de la Corte, dado el "interés jurídico" demostrado por Grecia en el presente caso, e inclusive dado el hecho de que Alemania, en su demanda contra Italia, invocó expresamente las sentencias de los tribunales griegos. En el referido Voto Razonado, además de proceder a un análisis de las Sentencias pertinentes de 1997, 2000 y 2002 de los tribunales griegos (con atención especial al caso de la *masacre de Distomo*), examiné la *titularidad* de derechos de los individuos contrapuesta a la de los Estados, los límites al consentimiento de los Estados ante los imperativos del j*us cogens*, y la significación de la *ressurectio* de la intervención en el presente procedimiento, trascendiendo la visión tradicional (de cuño arbitral) inter-estatal y orientándose hacia un derecho internacional *universal*.

Las audiencias públicas se realizaron del 12 al 16 de septiembre de 2011, cuando Alemania, Italia y Grecia presentaron a la CIJ sus argumentos orales. En las audiencias, tuve la ocasión de dirigir una serie de cuestiones a las partes (Alemania e Italia) así como al interveniente (Grecia), quienes presentaron sus respuestas días después, por escrito (cf. *infra*). El 03 de febrero de 2012, la CIJ emitió su Sentencia en cuanto al fondo del caso. La Corte decidió, aún ante las graves circunstancias del caso en sus orígenes factuales (los crímenes del Tercer *Reich* en la II guerra mundial, en el período de 1943-1945), que Italia violó las inmunidades soberanas de Alemania en consecuencia de las sentencias de los tribunales italianos (en favor de las víctimas, dándoles acceso a la justicia), y por tornar posible la implementación de las decisiones de los tribunales griegos (también en favor de las víctimas, dándoles igualmente acceso a la justicia), aún tratándose de violaciones graves del derecho internacional humanitario. Además, la CIJ ordenó que Italia tornara sin efecto (por medios legislativos u otros), las decisiones de sus propios tribunales, y otros (en favor de las víctimas, dándoles acceso a la justicia), de modo a asegurar el respeto de las inmunidades soberanas de Alemania. Me vi así en la obligación de presentar un extenso y contundente Voto Disidente.

II. La Disidencia

En mi nuevo Voto Disidente (en cuanto a la Sentencia de fondo), compuesto de 27 partes, empezé por identificar el marco general de la solución de una controversia del tipo de la presente (parte I), sometida al juicio de la CIJ, e ineludiblemente vinculada al imperativo de la *realización de la justicia*; en efecto, dicha solución debe basarse en *consideraciones básicas de humanidad*, frente a las graves violaciones de los derechos humanos y del derecho internacional humanitario que se encuentran en los orígenes factuales del *cas d'espèce*. En seguida, en cuanto a la dimensión intertemporal (parte II), sostuve la necesidad de examinar la materia en juicio teniendo presente la evolución del derecho; aún frente al rechazo, por la mayoría (y con su disidencia), de la demanda reconvencional de Italia (cf. *supra*), las partes continuaron a referirse, a lo largo de todo el proceso (etapas escrita y oral) ante la Corte, a los hechos históricos que dieron origen al *cas d'espèce*, dando muestra – tal como afirmado en mi disidencia anterior – de que las inmunidades del Estado no pueden ser consideradas en un *vacuum*, pues están estrechamente vinculadas a las reivindicaciones de reparaciones por crímenes de guerra, por violaciones graves de los derechos humanos y del derecho internacional humanitario (parte III). Además, en el curso del procedimiento ante la Corte, la propia Alemania reconoció expresamente su responsabilidad internacional, por los crímenes practicados por el Tercer *Reich* durante la II guerra mundial (part IV).

A continuación, recordé algunos desarrollos doctrinales (parte V) de una generación de juristas que conoció los horrores de dos guerras mundiales en el siglo XX, y que fueron elaborados no a partir de un prisma centrado en el Estado (*State-centric*), sino más bien a partir de un enfoque *centrado en valores fundamentales y en la persona humana*, de conformidad con los orígenes del *droit des gens*. También abordé los desarrollos doctrinales en asociaciones como el *Institut de Droit International* y la *International Law Association*. Se desprende de dichos desarrollos doctrinales, – agregué, – que las inmunidades del Estado son una prerogativa o un privilegio, que no puede seguir haciendo abstracción de la evolución del derecho internacional, que hoy día ocurre a la luz de *valores humanos fundamentales*.

En mi entendimiento, la tensión entre la inmunidad del Estado y el derecho de acceso a la justicia debe ser correctamente resuelta en favor de este último, particularmente en casos de crímenes internacionales (parte VI). Hay que tener presentes los imperativos de la realización de la justicia, combatiendo así la impunidad y evitando la repetición de dichos crímenes en el futuro. El teste de la *gravedad* de las violaciones ocurridas (independientemente de quién las conmetió, aún a servicio de políticas criminales del Estado) remueve cualquier obstáculo a la jurisdicción, en la búsqueda de la reparación a ser prestada a los individuos victimados (parte VII). A mi juicio, los Estados no pueden simplemente renunciar a derechos que no son los suyos, pero que son inherentes a los seres humanos; los intentos de "renuncia" a estos derechos por parte del Estado son contrarios al *ordre public* internacional, y son desprovistos de cualesquiera efectos jurídicos (parte VIII). Ésto lo reconoce la propia *conciencia jurídica universal*, la fuente *material* última de todo el Derecho.

Al identificar, – como he buscado hacerlo en mis escritos, – la fuente *material* última del Derecho en la conciencia humana, la conciencia jurídica universal, – a la par de las "fuentes" formales, – estamos frente a la concepción humanista, que sostengo, del propio Derecho Internacional, del derecho de gentes (*droit des gens*)[3]. La

---

[3] En mi anterior Voto Disidente en el presente caso de las *Imunidades Jurisdiccionales del Estado* (Alemania *versus* Italia, Demanda Reconvencional, *Ordonnance* del 06.07.2010), – de

concepción humanista del propio ordenamiento jurídico internacional es ineludible, inclusive para superar las resistencias e incomprensiones presentes y reincidentes en el seno de las sociedades nacionales, – sobre todo los medios sociales confrontados con regímenes represivos, – y buscar evitar los abusos del pasado.

Sólo así se avanzará hacia un mundo más justo. No hay cómo hacer abstracción de los seres humanos, destinatarios últimos de las normas del derecho de gentes (*droit des gens*), titulares de derechos emanados directamente del Derecho Internacional. En mi entendimiento, los seres humanos son efectivamente sujetos del Derecho Internacional, dotados de personalidad jurídica internacional. No hay cómo eludir la posición de los individuos como sujetos del Derecho Internacional, ni siquiera en el contencioso inter-estatal clásico, propio de la Corte de La Haya. Este desarrollo, además de alentador en la búsqueda de la *realización de la justicia* en los planos, a un tiempo, nacional e internacional, me parece, además, irreversible, dado el despertar de la consciencia humana para su necesidad.

En mi Voto Disidente en la Sentencia de fondo (del 03.02.2012) en el presente caso de las *Inmunidades Jurisdiccionales del Estado* (Alemania *versus* Italia, Grecia interviniendo), busqué demostrar, a continuación, que, bien antes de la II guerra mundial, la deportación para sujeción a trabajo forzado (como una forma de trabajo esclavo) ya era prohibida por el derecho internacional. En el plano normativo, dicha prohibición figuraba ya en la II Convención de La Haya de 1907 y en la Convención de la OIT sobre Trabajo Forzado de 1930. Dicha prohibición era reconocida en trabajos de codificación de la época, y pasó a contar con reconocimiento judicial.

Del mismo modo, el derecho a la reparación por crímenes de guerra era también reconocido, ya bien antes de la II guerra mundial, v.g., en la IV Convención de La Haya de 1907 (parte XII). Lo que desestabiliza el órden jurídico internacional son los crímenes internacionales (seguidos de *cover-up* e impunidad), y no la búsqueda de justicia por parte de los individuos victimados (partes X y XIII). Cuando un Estado adopta una política criminal de exterminar segmentos de su propia población, y de la población de otros Estados, no puede situarse por detrás del escudo de las inmunidades soberanas, las cuales jamás fueron concebidas para este fin.

Procedí entonces a una revisión de todas las respuestas de las partes litigantes (Alemania e Italia), así como del Estado interviniente (Grecia), a las cuestiones por mi formuladas a ellos al final de las audiencias públicas ante la Corte, el 16.09.2011 (parte XI). Sostuve que violaciones graves de los derechos humanos y del derecho

---

fundamental importancia para el presente y el futuro del Derecho Internacional, – me permití advertir que, en definitiva: – "No se puede construir (e intentar mantener) un órden jurídico internacional por encima del sufrimiento de los seres humanos, sobre el silencio de los inocentes destinados al olvido. (…) Por encima de la voluntad encuéntrase la conciencia, la cual es, al fin y al cabo, la que mueve el Derecho adelante, como su última fuente *material*, descartando la injusticia manifiesta" (párr. 179).

internacional humanitario, constituyendo crímenes internacionales, son actos anti-jurídicos, violaciones del *jus cogens*, que no pueden simplemente ser removidas o lanzadas en el olvido con base en la inmunidad estatal (partes XII-XIII). En seguida, pasé en revista la tensión prevaleciente, en la jurisprudencia tanto internacional como nacional, entre la inmunidad estatal y el derecho de las víctimas de acceso a la justicia (parte XIV), dando mayor peso a este último, en la era actual del *rule of law* en los planos nacional e internacional (tal como reconocida por la propia Asamblea General de Naciones Unidas). Asímismo, descarté la distinción tradicional y superada entre *acta jure gestionis* y *acta jure imperii* como irrelevante en el presente caso. En su entendimiento, crímenes internacionales perpetrados por Estado (tales como los conmetidos por el Tercer *Reich* en la II guerra mundial) no son actos *jure gestionis*, ni tampoco actos *jure imperii*; son crímenes, *delicta imperii*, para los cuales no hay inmunidad alguna (parte XV).

Cabe trascender al enfoque estrictamente inter-estatal del pasado, y reconocer la presencia de la persona humana en el *droit des gens* (parte XVI), evitando así la impunidad; la inmunidad (por su propio orígen etimológico) es tan sólo uma "prerogativa" del Estado, la cual no puede remover la jurisdicción en casos de crímenes internacionales, de violaciones graves de los derechos humanos y del derecho internacional humanitario, en los cuales la primacía cabe a los derechos de las víctimas, inclusive contra su propio Estado (parte XVII). Los individuos son titulares de derechos y portadores de obligaciones que emanan *directamente* del derecho internacional.

Desarrollos convergentes, en las últimas décadas, del derecho internacional de los derechos humanos, del derecho internacional humanitario, y del derecho internacional de los refugiados, dan testimonio inequívoco de ésto. No hay inmunidades para crímenes contra la humanidad (partes XVIII-XIX). En casos de *delicta imperii*, – agregué, – no puede haber renuncia al derecho individual de acceso a la justicia, abarcando el derecho a la reparación por las violaciones graves de los derechos inherentes al individuo como persona humana. Sin aquel derecho, simplemente no hay um sistema jurídico; estamos aquí en el dominio del *jus cogens*.

Por consiguiente, a mi juicio, no hay inmunidades del Estado para *delicta imperii*, tales como las masacres de civiles en situaciones de indefensión (v.g., la masacre de Distomo, en Grecia, y la masacre de Civitella, en Italia, ambas en 1944), o la deportación y sujeción a trabajo forzado en la industria bélica (v.g., en 1943-1945) (parte XVIII). No importa si dichas violaciones graves fueron gubernamentales, o privadas con la acquiescencia del Estado, ni si fueron conmetidas enteramente en el Estado del *forum* o no (la deportación para trabajo forzado es un crímen transfronterizo); se impone aquí la *realización de la justicia*, y la inmunidad estatal no puede ser invocada como obstáculo a ella, tratándose de violaciones graves de los derechos fundamentales de la persona humana.

En seguida, sostuve que el *derecho de acceso a la justicia lato sensu* abarca no solamente el acceso formal a la justicia (el derecho de iniciar procedimientos legales), por medio de un recurso efectivo, sino también las garantías del debido proceso legal (con la igualdad procesal, conformando un juicio justo (*procès équitable*), hasta la sentencia (como la *prestation juridictionnelle*), con su fiel ejecución, mediante la reparación debida (parte XIX). La jurisprudencia internacional contemporánea – recordé – contiene elementos en este sentido, apuntando hacia el *jus cogens* (partes XX-XXI). La propia realización de la justicia es, en sí misma, una forma de reparación, asegurando la *satisfacción* a la víctima.

De ese modo, los victimados por la opresión tienen su *derecho al Derecho* (*droit au Droit*) debidamente vindicado (parte XXII). En el propio dominio de las inmunidades del Estado, – proseguí, – ha habido reconocimiento de los cambios por él sufridos, en el sentido de restringir o descartar tales inmunidades, en caso de violaciones graves, y dado el advenimiento del Derecho Internacional de los Derechos Humanos, con atención centrada en el derecho de acceso a la justicia y la responsabilidad internacional, sosteniendo el deber estatal de reparación a las víctimas de violaciones como una obligación bajo el derecho internacional consuetudinario y conforme a un principio general fundamental de derecho (parte XXII).

En efecto, – agregué, – admitir la remoción de la inmunidad estatal en el ámbito de las relaciones comerciales, o en relación con delitos como en accidentes de tránsito, y al mismo tiempo insistir en salvaguardar los Estados com inmunidad en casos de perpetración de crímenes internacionales – marcados por violaciones graves de los derechos humanos y del derecho internacional humanitario, – en aplicación de políticas (criminales) del Estado, conlleva, en mi entender, a un verdadero absurdo jurídico. En casos de tamaña gravedad como el presente, oponiendo Alemania a Italia (con Grecia interviniendo), – acrecenté, – el derecho de acceso a la justicia *lato sensu* hay que ser abordado con atención centrada en su esencia, más bien como un derecho *fundamental* (como en la jurisprudencia de la Corte Interamericana de Derechos Humanos), y no a partir de "limitaciones" al mismo, permisibles o implícitas (como en la jurisprudencia de la Corte Europea de Derechos Humanos).

En mi entender, violaciones graves de los derechos humanos y del derecho internacional humanitario corresponden a violaciones del *jus cogens*, acarreando la responsabilidad del Estado y el derecho de reparación a las víctimas (partes XXI y XXIII). Encuéntrase ésto en conformidad, – proseguí, – con la idea de *rectitud* (en conformidad cn la *recta ratio* del derecho natural), subyacente a la concepción del Derecho (en distintos sistemas jurídicos – *Recht / Diritto / Droit / Direito / Derecho / Right*) como un todo (parte XXIII).

A continuación, pasé a examinar el derecho de las víctimas a la reparación, el complemento indispensable de las violaciones graves del derecho internacional que les causaron daños. Este *todo indisoluble*, de violaciones y reparaciones, – acrecenté,

– encuéntrase reconocido en la *jurisprudence constante* de la propia Corte de La Haya (CPJI y CIJ), y la incidencia equivocadamente presumida de la inmunidad estatal no puede aqui deshacer aquel todo indisolube. Es infundado presumir que el régimen de reparaciones por violaciones graves de los derechos humanos y del derecho internacional humanitario se agotaría a nivel inter-estatal, en detrimento de los individuos que sufrieron las consecuencias de los crímenes de guerra y los crímenes contra la humanidad.

El expediente del presente caso, – señalé, – deja claro que hubo "*Italian Military Internees*" (IMIs, i.e., soldados que habían sido aprisionados y tuvieron negado su *status* de prisioneros de guerra), – que fueron enviados, juntamente con civiles, al trabajo forzado en la industria bélica alemana (en 1943-1945), – víctimas de las graves violaciones de los derechos humanos y del derecho internacional humanitario, que efectivamente han sido dejados sin reparación hasta el presente (no obstante los dos Acuerdos de 1961 entre Alemania e Italia).

La propia Alemania admite que hay "IMIs" que no han recibido reparación, en consecuencia de una interpretación (con base en un dictámen de um perito) dada a la ley alemana de 2000 sobre la Fundación "*Remembrance, Responsibility and Future*". Los "IMIs" que no recibieron reparación alguna sufrieron, así, en mi entender, una doble injusticia: en primer lugar, cuando hubieron podido beneficiarse del status de prisioneros de guerra, tal status les fue negado; y ahora que buscan reparaciones por violaciones del derecho internacional humanitario de que fueron víctimas (inclusive la violación de haberles negado el status de prisioneros de guerra), pasan a ser tratados como prisioneros de guerra (parte XXV); ya es demasiado tarde para considerarlos como tales, y, peor aún, para negarles reparación.

Deberían haber sido considerados como tales durante la II guerra mundial y en su término, para el propósito de protección, pero no lo fueron. No se puede dejar sin reparación a las víctimas de las atrocidades estatales de la Alemania nazista. La inmunidad estatal no puede servir de obstáculo a la jurisdicción, en circunstancias como las presentes, ni tampoco a la realización de la justicia. Esta última debe ser preservada, de modo a posibilitar a las víctimas buscar y obtener las reparaciones por los crímenes que sufrieron.

La *realización de la justicia* es, en efecto, *per se*, una forma de reparación (satifacción) a las víctimas. Es la reacción del Derecho a aquellas graves violaciones, conllevando al dominio del *jus cogens*. En mi concepción, a través de la *reparatio* (del término latino *reparare*, "disponer de nuevo"), el Derecho interviene para hacer cesar los efectos de sus violaciones, y asegurar la no-repetición de los actos lesivos. La *reparatio* no pone un fin a las violaciones de los derechos humanos ya perpetradas, pero, al hacer cesar sus efectos, por lo menos evita el agravamiento del daño ya causado (sea por la indiferencia del medio social, sea por la impunidad o por el olvido). La *reparatio*, – en mi entendimiento, – tiene un doble sentido: provee satisfacción (como forma de reparación) a las víctimas, y, al mismo tiempo, restablece el orden jurídico quebrado por aquellas violaciones, – un orden jurídico erigido con base en el pleno respeto de los derechos inherentes a la persona humana. El órden jurídico, así restablecido, requiere la garantía de la no-repetición de los actos lesivos.

En seguida, pasé a sostener, en mi Voto Disidente, la primacía del *jus cogens*, y a presentar mis reflexiones como réplica a su desconstrucción (por la decisión de la mayoría – parte XXVI). En mi entender, la mayoría partió de una presunción formalista y equivocada de la ausencia de un conflicto entre reglas "procesales" y "sustantivas", privando indebidamente al *jus cogens* de sus efectos y consecuencias legales. De hecho, un conflicto material *existe*, y a mi juicio es lamentable intentar negarlo a partir de una aserción meramente formalista. En mi entendimiento, no puede haber la prerogativa o el privilegio de la inmunidad estatal en casos de crímenes internacionales, tales como masacres de la población civil en territorio ocupado, y deportación de civiles y prisioneros de guerra para sujeción a trabajo forzado o esclavo; trátase de violaciones graves del *jus cogens*, para las cuales no hay inmunidades.

No se puede examinar y decidir casos como éste, – agregué, – que revelan tales violaciones graves, sin una cuidadosa atención a *valores humanos fundamentales*. Al contrario de lo que presupone el positivismo jurídico, el derecho y la ética encuéntranse inevitablemente interligados, y ésto hay que ser tomado en cuenta para una fiel realización de la justicia, en los planos nacional e internacional. Los principios que aquí ocupan una posición central son, – en mi percepción, – el principio de humanidad y el principio de la dignidad humana. No se puede situar indebidamente la inmunidad estatal por encima de la responsabilidad del Estado por crímenes internacionales y su inevitable complemento, el deber del Estado responsable de reparación a las víctimas.

La posición opuesta, indiferente a tales valores (adoptada por la mayoría), deriva de un ejercicio factual empírico de identificación de la jurisprudencia incongruente de tribunales nacionales y de la práctica inconsistente de unas pocas legislaciones nacionales sobre la materia en examen. Este ejercicio es típico de la metodología del positivismo jurídico, muy atenta a los hechos y olvidándose de los valores. Aún bajo este prisma, el examen de las decisiones de los tribunales nacionales, – agregué, – no conlleva a concluir que se aplicaría la inmunidad estatal en casos de crímenes internacionales. Trátase – en mi percepción – de ejercicios positivistas acarreando la fosilización del derecho internacional, y revelando su subdesarrollo persistente, en lugar de su desarrollo progresivo, como sería de esperarse.

Hay, pues, así, un conflicto material, aunque no facilmente y *prima facie* discernible, a partir de un enfoque formalista; es del todo lamentable embarcar, como lo ha hecho la mayoría, en una desconstrucción infundada del *jus cogens*, privando a este último de sus efectos y consecuencias jurídicas. Añadí que no es esta la primera vez que ésto ocurre; ha acontecido anteriormente, e.g., en la década pasada, en las

Sentencias de la Corte en los casos del *Órden de Prisión* (2002) y de las *Actividades Armadas en el Territorio del Congo* (R.D. Congo *versus* Ruanda, 2006), recordadas por la CIJ con aprobación en la presente Sentencia. A mi juicio, ya es tiempo de dar al *jus cogens* toda la atención que él requiere y merece.

Su desconstrucción, como en el presente caso, es – en mi percepción, – en detrimento no solamente de los individuos víctimas de violaciones graves de los derechos humanos y del derecho internacional humanitario, sino también del propio derecho internacional contemporáneo. En suma, en mi entendimiento, no puede haber prerogativa o privilegio alguno de inmunidad estatal en casos de crímenes internacionales, tales como masacres de la población civil en territorio ocupado, y deportaciones de civiles y prisioneros de guerra para sujeción a trabajo esclavo: estas son violaciones graves de prohibiciones absolutas del *jus cogens*, para las cuales no puede haber cualesquiera inmunidades.

No se puede continuar a abordar las inmunidades estatales desde un enfoque atomizado o autosuficiente (contemplando las inmunidades estatales en un *vacuum*), sino más bien a partir de una visión amplia del derecho internacional contemporáneo como un todo, y de su rol en la comunidad internacional. Agregué que el derecho internacional no puede ser "congelado" por una continuada y prolongada sumisión a omisiones del pasado, sea en el plano normativo (v.g., en la redacción de la Convención de Naciones Unidas sobre Inmunidades Jurisdiccionales de los Estados y Su Propriedad, de 2004), sea en el plano judicial (v.g., la decisión de la mayoría de la *Grand Chamber* de la Corte Europea de Derechos Humanos en el caso *Al-Adsani*, 2001, invocada por la CIJ en el presente caso).

En suma, – concluí, – el *jus cogens* se sitúa por encima de la prerogativa o el privilegio de la inmunidad estatal, con todas las consecuencias que de ahí se desprenden, evitando así la denegación de justicia y la impunidad. Con base en lo anteriormente expuesto, mi firme posición es en el sentido de que no hay inmunidad estatal para crímenes internacionales, para violaciones graves de los derechos humanos y del derecho internacional humanitario. En mi entendimiento, es ésto lo que la Corte Internacional *de Justicia* debería haber decidido en el presente caso.

Utrecht, 16.07.2012.

XXIII

Execution of Judgments: A Reassessment of the Experience of the Inter-American Court of Human Rights[1]

Summary: I. Preliminary Observations. II. Referral of Non-Compliance to the Main Organs of the OAS. III. Supervision of Compliance with IACtHR Judgments and Decisions. IV. Supervision *Motu Propio* by the IACtHR Itself: the Leading Case of *Baena Ricardo and Others* (*270 Workers versus Panama*, 2003). V. A Setback in the Practice of the IACtHR: "Partial Compliances". VI. Final Observations.

I. Preliminary Observations

It is a source of great satisfaction to me to participate in this Seminar of the European Court of Human Rights (ECtHR): it affords me the occasion to renew the expression of my links of affection with the Tribunal, which go back to the early seventies. I keep a live and good memory of the two previous occasions I took the floor herein, namely, in the ceremony of the opening of the Judicial Year of 2004, under the Presidency of Judge Luzius Wildhaber, and then in the first joint meeting of the three international human rights tribunals (the ECtHR, the Inter-American Court of Human Rights [IACtHR], and the African Court of Human and Peoples´ Rights) in 2008, under the Presidency of Judge Jean-Paul Costa. It is a great pleasure to me to come back to the *siège* of the ECtHR, now under the Presidency of Judge Dean Spielmann, to participate in the present Seminar on a subject of great relevance and topicality, – the *Implementation of Judgments of the European Court of Human Rights*, and to share this panel with Judge Linos-Alexandre Sicilianos.

May I start with a note of gratitude to the organizers of this Seminar. When I was approached by them and suggested, as the topic of my contribution, the experience on the matter of the sister institution, the IACtHR, so that lessons could perhaps be extracted therefrom by my colleagues of the ECtHR in order to tackle the dilemmas they face today, I was touched by their receptiveness. Being engaged in

---

1 Address delivered by the Author in the Seminar of the opening of the Judicial Year of 2014 of the European Court of Human Rights, held at the *Palais des Droits de l´Homme*, in Strasbourg, on 31.01.2014. Originally published *in*: *Implementation of the Judgments of the European Court of Human Rights: A Shared Judicial Responsibility? – Dialogue between Judges 2014/La mise en oeuvre des arrêts de la Cour européenne des droits de l´homme: Une responsabilité judiciaire partagée? – Dialogue entre juges 2014*, Strasbourg, European Court of Human Rights/Cour europénne des droits de l´homme, 2014, pp. 10-17.

the dialogue between international tribunals already for many years, and being a strong believer in it, I wish to express my deep appreciation for the open-mindedness of the ECtHR in taking into account the experience of its homologue Court in Latin America on the subject-matter under reassessment in this Seminar.

To start with, it may be recalled that, unlike the ECtHR, the homologue IACtHR does not count on a Committee of Ministers for the implementation of its Judgments. Given this gap in the mechanism under the American Convention on Human Rights (ACHR), I deemed it fit to insist, during my years of Presidency of the IACtHR (1999-2004), on the need to establish a *permanent* mechanism of supervision of the execution of, or compliance with, the judgments and decisions of the IACtHR. In successive *Reports* that I presented to the main organs of the Organization of American States (OAS), I advanced concrete proposals to that effect. In my *Report* of 17.03.2000, for example, I warned that, in case of "non-compliance with a Judgment of the Court, the State concerned incurred into an additional violation of the Convention"[2].

Despite the attention with which the Delegations of member States of the OAS listened to me, the gap has persisted up to date. On one particular occasion, a respondent State (which had denounced the ACHR), availing itself of the gap, felt free not to provide any information at all concerning compliance with Judgments in the case of *Hilaire, Benjamin and Constantine versus Trinidad and Tobago* (2001-2002). This omission occurred despite the fact that, as President of the IACtHR, I had communicated such non-compliance to the OAS General Assembly (held in Santiago of Chile in 2003), – just as I had done, three years earlier, in relation to the *Peruvian cases*, in the General Assembly of 2000 of Windsor in Canada[3], in conformity with Article 65 of the ACHR.

II. Referral of Non-Compliance to the Main Organs of the OAS

Within the IACtHR, I constantly insisted on the pressing need of having the non-compliance with Judgments (partial or total) by the respondent States submitted to the consideration of the *competent organs of the OAS*, in order to take due measures so as to preserve the integrity of the mechanism of protection of the IACtHR. The supervision of the execution of the Judgments of the IACtHR could not keep on taking place only once a year, and in a very rapid way, by the OAS General Assembly itself.

A proposal which I advanced and insisted upon, during my Presidency of the IACtHR (1999-2004), was the creation, within the Commission on Legal and Political

---

2 *Report* presented to the Commission on Legal and Political Affairs (CAJP) of the Permanent Council of the OAS, reproduced *in*: A.A. Cançado Trindade, *Informe: Bases para un Proyecto de Protocolo a la Convención Americana sobre Derechos Humanos, para Fortalecer Su Mecanismo de Protección*, vol. II, 2nd. ed., San José of Costa Rica, IACtHR, 2003, p. 125.

3 As documented in the OAS General Assembly´s *Annual Reports of* 2000 and 2003.

Affairs (CAJP) of the OAS, of a nuclear Commission, composed of representatives of the States Parties to the ACHR, to be in charge of the supervision, on a *permanent* basis, within the OAS, of the execution of the Judgments of the IACtHR, so as to secure compliance with them, and, thereby, the realization of justice[4]. In successive *Reports* to the main organs of the OAS, I stressed the pressing need of providing mechanisms – of both domestic and international law – tending to secure the faithful and full execution of the Judgments of the IACtHR at domestic law level.

The ACHR expressly provides that the part of the Judgments of the IACtHR, pertaining to indemnizations, can be executed in the respective State by the domestic process in force for the execution of Judgments against the State (Article 68(2)); the Convention adds that States Parties are bound to comply with decisions of the IACtHR in every contentious case to which they are parties (Article 68(1) of the ACHR). By the end of the last decade, at *domestic law* level, only two States Parties to the ACHR had in effect adopted *permanent* mechanisms for the execution of international Judgments[5]. Throughout the last decade, five other States Parties have adopted norms relating to the execution of the Judgments of the IACtHR[6].

III. Supervision of Compliance with IACtHR Judgments and Decisions

In the other States, the Judgments of the IACtHR kept on being executed pursuant to empirical – or even casuistic – criteria, in the absence of a permanent mechanism of domestic law to that end. Given the absence of legislative or other measures to that effect, in my *Tratado de Direito Internacional dos Direitos Humanos*, I expressed the hope that States Parties seek to equip themselves to secure the faithful execution of the Judgments of the IACtHR in their domestic legal orders[7]. And even if a given State Party to the ACHR has adopted a procedure of domestic law to this effect, it cannot be inferred that the execution of the Judgments of the IACtHR is *ipso*

---

4 Cf. A.A. Cançado Trindade, *Informe: Bases para un Proyecto de Protocolo a la Convención Americana sobre Derechos Humanos...*, op. cit. *supra* n. (1), pp. 47-49, 111, 125, 234-235, 664, 793-795 y 918-921, esp. pp. 793-794.

5 They are, respectively, Peru, which attributes to the highest judicial organ in domestic law (the Supreme Court of Justice) the faculty to determine the execution of, and compliance with, the decisions of organs international protection to the jurisdiction of which Peru has engaged itself (judicial model); and Colombia, which has opted for the attribution to a Committee of Ministers of the same function (executive model).

6 Namely, Costa Rica, Guatemala, Brazil, Venezuela and Honduras. – Moreover, the duty of compliance with the judgments and decisions of the IACtHR has been expressly acknowledged by the Supreme Courts of a couple of States Parties: it was done so, e.g., in 2007, by the Supreme Court of Justice of Argentina, as well as the Constitutional Tribunal of Peru, among others. – Despite these advances, there subsists to date the problem of *undue delays* in the full compliance by respondent States with the IACtHR´s judgments and decisions.

7 Cf. A.A. Cançado Trindade, *Tratado de Direito Internacional dos Direitos Humanos*, vol. II, Porto Alegre/Brazil, S.A. Fabris Ed., 1999, p. 184.

jure secured, in the ambit of its domestic legal order. The measures of domestic law are to be complemented by those of international law, particularly by the creation of a permanent mechanism of international supervision of the execution of the Judgments of the IACtHR, – as I sustained throughout the whole period of my Presidency of that Court (1999-2004).

Thus, in my extensive *Report* of 05.04.2001, in which I presented to CAJP (of the OAS Permanent Council) the document I had prepared, as *rapporteur* of the Court, containing the *"Bases for a Draft Protocol to the American Convention on Human Rights, to Strengthen Its Mechanism of Protection"*, I proposed the creation of a mechanism of international supervision, in the ambit of the OAS (in the form of a Working Group of CAJP), of the Judgments of the IACtHR, to operate on a *permanent* basis, so as to overcome a gap in the inter-American system of human rights protection[8]. Such supervision, – I pointed out, – is incumbent upon all the States Parties to the ACHR, in the exercise of their *collective guarantee*, so as to give due application to the basic principle *pacta sunt servanda*[9].

Subsequently, in my *Report* of 19.04.2002, to the CAJP of the Permanent Council of the OAS, I insisted on my proposal (which I had taken to the consideration of the Permanent Council itself and of the General Assembly of the OAS in 2001), aiming at filling a gap in the inter-American system of human rights, and thus strengthening the mechanism of protection of the ACHR[10]. Once again the matter was taken to the attention of the OAS Permanent Council in 2002, and also in 2003. Faced with the imobilism of the OAS in this respect, I retook the subject with special emphasis in my *Report* of 16.10.2002 to the Permanent Council of the OAS, on *"The Right of Access to International Justice and the Conditions for Its Realization in the Inter-American System of Protection of Human Rights"*; on that occasion, I again pondered that States Parties are *individually* bound to comply with the Judgments and decisions of the IACtHR, "as established by Article 68 of the ACHR in application of the principle *pacta sunt servanda*, and, moreover, as an obligation of their own domestic law". They are likewise *jointly* bound to guarantee the integrity of the ACHR; "the supervision of the faithful execution of the sentences of the Court is a task that falls upon all the States Parties to the Convention"[11].

I then recalled that the ACHR, in creating obligations for States Parties *vis-à- -vis* all human beings under their respective jurisdictions, requires the exercise of the *collective guarantee* for the full realization of its object and purpose, whereby its

---

8   A.A. Cançado Trindade, *Informe: Bases para un Proyecto de Protocolo...*, *op. cit. supra* n. (1), pp. 369. For a recent reassessment of that and other proposals, cf. A.A. Cançado Trindade, *Le Droit international pour la personne humaine*, Paris, Pédone, 2012, pp. 169-214.

9   *Ibid.*, p. 378.

10 Cf. *ibid.*, pp. 794-795.

11 *Ibid.*, pp. 919-920.

mechanism of protection can be enhanced. "The faithful compliance with, or execution of, their judgments is a legitimate preoccupation of all international tribunals", and is a "special concern" of the IACtHR[12]. It so happens that, in general, States Parties have been satisfactorily complying with the determinations of reparations in the forms of indemnizations, satisfaction to the victims, and harmonization of their domestic laws with the provisions of the ACHR; but the same has not happened in respect of the duty to investigate the facts and to sanction those responsible for grave violations of the protected human rights (as the *cycle of cases of massacres* was to disclose clearly along the last decade)[13]. This remains cause for concern, as one cannot prescind from such investigation and sanction in order to put an end to impunity (with its negative and corrosive consequences for the social tissue as a whole).

Still in my aforementioned *Report* of 19.04.2002, I observed that, in view of the persisting institutional gap in the inter-American system of protection in this domain, the IACtHR took the initiative of supervising, *motu propio*, the execution of its judgments, in the course of its periods of sessions. Yet this was without prejudice to the *collective guarantee* – by all States Parties to the ACHR – of the faithful execution of judgments and decisions of the Court. My reiterated proposal to the OAS for the creation of a "nuclear Commission" of CAJP to undertake the supervision of compliance with the IACtHR's judgments and decisions on a *permanent* basis did not, unfortunately, see the light of the day. Such measure was to be complemented by measures to be taken by States Parties at domestic law level; the principle *pacta sunt servanda* would thus become effective with measures that were to be taken, *pari passu*, at both international and national levels"[14].

The gap persists to date (beginning of 2014). The OAS took note of my proposal in successive resolutions till early 2007. The only point which materialized was another proposal I had made to create a fund of free legal assistance to petitioners in need of it. The other points have remained presumably "under study", – and the IACtHR keeps on taking nowadays the additional task of supervision of execution of its Judgments at the domestic law level of the respondent States. It has been doing so by means of successive resolutions (on State compliance), at times preceded by post-adjudicative public hearings.

Earlier examples – and remarkable ones – of compliance with IACtHR's judgments can be found, e.g., in the cases of *Barrios Altos* (2001), *cas célèbre* on the incompatibility of amnesties with the ACHR, and of *Loayza Tamayo* (1997), both concerning

---

12   *Ibid.*, pp. 919-920.
13   Cf. A.A. Cançado Trindade, *The Access of Individuals to International Justice*, Oxford, Oxford University Press, 2011, ch. X, pp. 179-191; A.A. Cançado Trindade, *State Responsibility in Cases of Massacres: Contemporary Advances in International Justice*, Utrecht, Universiteit Utrecht, 2011, pp. 1-71.
14   *Ibid.*, pp. 919-921.

Peru. In this latter, the respondent State promptly complied (on 20.10.1997) with the Court´s determination (Judgment of 17.09.1997) to set free a political prisoner. In the case of *Juan Humberto Sánchez versus Honduras* (Judgment of 07.06.2003), the IACtHR recalled its own case-law to the effect that acts or omissions in breach of the protected rights can be committed by any power of the State (Executive, Legislative or Judicial), or any public authority.

IV. Supervision Motu Propio by the IACtHR Itself: the Leading Case of Baena Ricardo and Others (270 Workers versus Panama, 2003)

The supervision, assumed *motu propio* by the IACtHR, of the execution of its Judgments, is what has been occurring in successive cases in recent years. As a pertinent illustration, may I again recall the leading case of *Baena Ricardo and Others (270 Workers) versus Panama* (cf. *supra*). In its memorable Judgment on competence (of 28.11.2003) to supervise the compliance with its previous Judgment (on merits and reparations, of 02.02.2001) in that case, the IACtHR determined that

> "(...) The jurisdiction comprises he faculty of imparting justice; it is not limited to declaring the law, but also encompasses the supervision of compliance with the judgment. (...) The supervision of compliance with the judgments is one of the elements which compose the jurisdiction. (...) Compliance with the reparations ordered by the Court in its decisions is the materialization of justice for the concrete case and, thereby, of the jurisdiction (...).
>
> Compliance with the Judgments is strongly linked to the right of access to justice, which is set forth in Articles 8 (judicial guarantees) and 25 (judicial protection) of the ACHR" (pars. 72-74).

And the IACtHR lucidly added, in the same line of thinking, that to guarantee the right of access to justice, it was not sufficient to have only the final decision, declaring rights and obligations and extending protection to the persons concerned. It was, morevoer, necessary to count on the existence of

> "effective mechanisms to execute the decisions or judgments, so as to protect effectively the declared rights. The execution of such decisions and judgments is to be considered as an integral part of the right of access to justice, this latter understood lato sensu, comprising also full compliance with the respective decision. The contrary would assume the denial itself of this right.
>
> (...) If the responsible State does not execute at national level the measures of reparation determined by the Court, it would be denying the right of access to international justice" (pars. 82-83).

Next, in the same Judgment on competence in the case of *Baena Ricardo and Others (270 Workers) versus Panama* (cf. *supra*), the IACtHR, to my particular satisfaction, endorsed the understanding that I had expressed in my Concurring Opinion in its Advisory Opinion n. 18 (del 17.09.2003), on the *Juridical Condition and Rights of Undocumented Migrants*, – even expressly citing my Individual Opinion (n. 70)[15], – in the sense that the faculty of the IACtHR of supervision of execution of its Judgments was grounded on its "constant and uniform practice" (keeping in mind Articles 33, 62(1) and (3), and 65 of the ACHR, and 30 of the Statute) and the "resulting *opinio juris communis* of the States Parties to the Convention" (reflected in its several resolutions on compliance by them with the IACtHR's judgments). And the IACtHR added, retaking my own doctrine on the *universal juridical conscience* as the ultimate *material* source of international law and of all Law[16] (cf. *infra*):

> "The opinio juris communis means the manifestation of the universal juridical conscience[17] by means of the observance, by the generality of the members of the international community, of a given practice as obligatory. The aforementioned opinio juris communis has manifested itself in the generalized and reiterated attitude shown by [such] States of acceptance of the supervising function of the Court, what has been clearly and widely demonstrated by the presentation on their part of reports requested to them by the Court, as well as the observance of what was resolved by the Tribunal in addressing them instructions or identifying aspects on which there existed controversy between the parties, pertaining to the compliance with the reparations" (par. 102)[18].

In effect, – the Court proceeded, – the sanction foreseen in Article 65 of the ACHR assumes the free exercise by the IACtHR of its inherent faculty of supervision of the execution of its Judgments in the ambit of the domestic law of the respondent States (pars. 90, 113 and 115). Such exercise corresponds to its constant practice, from 1989 until the end of 2003 (pars. 103-104 and 107). In the concrete case of *Baena Ricardo and Others (270 Workers) versus Panama*, the IACtHR recalled that the respondent State had not questioned its competence of supervision earlier on, and already in its Judgment of 02.02.2001 the Court had pointed out that it would supervise compliance with it (par. 121).

---

15 For the complete text of my aforementioned Opinion, cf. A.A. Cançado Trindade, *Derecho Internacional de los Derechos Humanos – Esencia y Trascendencia (Votos en la Corte Interamericana de Derechos Humanos, 1991-2006)*, Mexico, Edit. Porrúa/Univ. Iberoamericana, 2007, pp. 52-87.

16 Cf., on this issue: A.A. Cançado Trindade, "International Law for Humankind: Towards a New *Jus Gentium* – General Course on Public International Law – Part I", 316 *Recueil des Cours de l'Académie de Droit International de la Haye* (2005) pp. 177-202; A.A. Cançado Trindade, *A Humanização do Direito Internacional*, Belo Horizonte/Brazil, Edit. Del Rey, 2006, pp. 3-106 and 394-409.

17 Cf. IACtHR, *Juridical Condition and Rights of Undocumented Migrants*, Advisory Opinion n. 18 (of 17.09.2003), Concurring Opinion of Judge A.A. Cançado Trindade, par. 81.

18 The IACtHR added that its function of supervision has been accepted by the States and the Inter-American Commission of Human Rights (IAComHR), as well as by the victims or the legal representatives; the IACtHR has thus been able to exercise regularly and consistently its function of supervision of complience with its own judgments (par. 103).

And it concluded, in this respect, that the conduct itself of the State showed "beyond doubt" that this latter had recognized the competence of the IACtHR to supervise "the compliance with its decisions", along "the whole process of supervision" (par. 127). After summarizing its conclusions on the question at issue (pars. 128-137), the IACtHR firmly reasserted that it was endowed with competence to "keep on supervising" the "full compliance" with the Judgment of 02.02.2001 in the *cas d'espèce* (pars. 138-139). It thereby thus discharged, categorically, the challenge of the State concerned, which was never again formulated before the IACtHR. And the respondent State then proceeded to give compliance with the respective Judgment.

V. A Setback in the Practice of the IACtHR: "Partial Compliances"

Despite the earlier application (in 2000 and 2003) of Article 65 of the ACHR in cases of manifest non-compliance with judgments of IACtHR (*supra*), from 2004 onwards, up to now, the IACtHR has no longer applied Article 65 of the ACHR (as it should), thus rendering it impossible in the last decade the exercise of the *collective guarantee* (underlying the ACHR). This, in my perception, is affecting ultimately the inter-American system of protection as a whole. It reveals that there is no linear progress in the operation of an international tribunal (or of any other institution of domestic public law or of international law).

If the non-compliance (total or parcial) by States of the judgments of the IACtHR is not discussed and considered in the ambit of the competent organs of the OAS, – as it is happening in the present, – this generates a mistaken impression or assumption that there is a satisfactory degree of compliance with judgments of the IACtHR on the part of respondent States. Regrettably, currently there is not, – to the detriment of the victims. I thus very much hope that the IACtHR will return to its earlier practice, of principle, of applying, in cases of manifest non-compliance of its judgments, Article 65 of the ACHR.

The new majority viewpoint prevailing in the IACtHR in recent years (since the end of 2004), avoiding the application of the sanction foreseen in Article 65, has been a "pragmatic" one, in the sense of avoiding "undesirable" clashes with the respondent States, and of "stimulating" these latter to keep on giving compliance, gradually, with the judgments of the IACtHR. Hence the current practice of adoption, on the part of the IACtHR, of successive resolutions of supervision of compliance with Judgments of the IACtHR, taking note of one or other measure taken by the States concerned, and "closing" the respective cases partially in respect of such measure(s) taken, and in this way avoiding discussions on the matter within the OAS.

In effect, this gives the wrong impression of efficacy of the "system" of protection, as the cases cannot be definitively "closed" because the degree of partial compliance is very high, just as is also the degree of partial non-compliance. And all this is taking place to the detriment of the victims. The cases already decided by the

IACtHR are thus kept in the Court's list, for an indeterminate period of time, waiting for definitive "closing", when full compliance is met, – pursuant to a "pragmatic" approach, seeking to foster "good relations" with the States concerned, and thus eluding the problem. The IACtHR is an international tribunal, not an organ of conciliation, which tries to "persuade" or "stimulate" States to comply fully with its judgments.

VI. Final Observations

If there is a point in relation to which there persists in the inter-American protection system a very high degree of non-compliance with judgments, it lies precisely – as already indicated – on the investigation of the facts and sanction of those responsible for grave violations of human rights. In my times in the Presidency of the IACtHR, I gave due application to Article 65 of the ACHR (in the OAS General Assemblies of Windsor/Canada, 2000, and of Santiago de Chile, 2003), – the last times the Court applied that provision until today, – having held a position of principle and not a "pragmatic" one in this respect. The system of protection exists for the safeguard of the victims, and this consideration ought to have primacy over any others.

On the last two occasions (in 2000 and 2003), under my Presidency of the IACtHR, in which the sanction of Article 65 of the ACHR was applied, the concrete results on behalf of the effective protection of human rights under the ACHR were immediate[19]. In sum, on this jurisdictional point of major importance, the norms of the ACHR exist to be complied with, even if this generates problems with one or another State Party. In ratifying the ACHR, States Parties assumed obligations to be complied with (*pacta sunt servanda*), which are obligations of international *ordre public*. The ACHR calls for a position of principle in this matter; after all, for the safeguard of the protected rights, it sets forth prohibitions which belong to the domain of imperative law, of international *jus cogens*.

A remarkable illustration of full compliance with conventional obligations is provided by the case of the *"Last Temptation of Christ"* (*Olmedo Bustos and Others versus Chile*, Judgment of 05.02.2001), wherein the IACtHR ordered the end of movie censorship, – a measure that required the reform of a constitutional provision[20]. On 07.04.2003 the respondent State reported to the Court its full compliance with the Court's Judgment, and added that the movie at issue was already being exhibited (since 11.03.2003) in the *Cine Arte Alameda* in Santiago. In its resolution of 28.11.2003, the IACtHR declared that the case was thereby terminated, as Chile had fully complied with its Judgment of 05.02.2001.

---

19 For an account, cf. A.A. Cançado Trindade, *El Ejercicio de la Función Judicial Internacional – Memorias de la Corte Interamericana de Derechos Humanos*, 3rd. ed., Belo Horizonte/Brazil, Edit. Del Rey, 2013, pp. 29-45.
20 Namely, Article 19(12) of the Chilean Constitution of 1980.

This Judgment, delivered under my Presidency of the IACtHR, was not only the first pronouncement of the Court in a contentious case on the right to freedom of thinking and of expression, but likewise of full compliance with the Judgment which required the modification of a provision of the national Constitution itself. And this was not an isolated episode. Another one, of similar historical significance, – having also occurred under my Presidency, – was that of the case of the *Constitutional Tribunal versus Peru*, culminating likewise in the full compliance, by the respondent State, with the Court's Judgment (merits and reparations, of 31.01.2001), with deep implications for the consideration of the relations between international and domestic law in the present domain of compliance with Judgments concerning the safeguard of the rights of the human person.

In that particular Judgment, the IACtHR had condemned the destitution of the three magistrates of the Peruvian Constitutional Tribunal as a breach of the ACHR, and determined that such violation of the right to an effective remedy and to the judicial guarantees and the due process of law under the ACHR required the *restitutio in integrum* of the three magistrates (their effective reinstallment into their posts), given the nature of their function and the need to safeguard them from any "external pressures" (par. 75). The resolution of destitution of the three magistrates was annuled by the Peruvian Congress even before the aforementioned Judgment of 31.01.2001 of the IACtHR.

In effect, the National Congress did so on 17.09.2000, before the holding of the public hearing before the Court on 22.11.2000 in the case of the *Constitutional Tribunal*. The three magistrates were reinstalled in their posts in the Peruvian Constitutional Tribunal, which came to be presided by one of them. On the two subsequent occasions – after the reinstallment of the three magistrates – when I visited the plenary of the Constitutional Tribunal in Lima (on 12.09.2001 and on 18.11.2003), its magistrates expressed to me their gratitude to the IACtHR. The episode reveals the relevance of the international jurisdiction. In a subsequent letter (of 04.12.2003) that, as President of the IACtHR, I sent to the Constitutional Tribunal, I observed *inter alia* that the IACtHR's unprecedented Judgment had repercussions "not only in our region but also in other continents", and marked "a starting-point of a remarkable and reassuring approximation between the Judiciary at national and international levels, which nowadays serves as example to other countries"[21].

This precedent is furthermore reflected in the convergence which has followed between their respective jurisprudences (of the IACtHR and of the Constitutional Tribunal). In the same line of thinking, throughout my long period as Judge of the IACtHR, I sustained the view that the *corpus juris* of protection of the

---

21 Text of the letter reproduced *in*: OAS, *Informe Anual de la Corte Interamericana de Derechos Humanos – 2003*, San José of Costa Rica, IACtHR, 2004, Annex LVII, pp. 1459-1460, and cf. pp. 1457-1458.

ACHR is directly applicable, and States Parties ought to give full execution to the Judgments of the IACtHR. This is not to be confused with "homologation" of sentences, as the IACtHR is an international, and not a "foreign", tribunal; States Parties are bound to comply directly with the IACtHR's judgments, without the need of "homologation".

Contrary to what is still largely assumed in several countries, international and national jurisdictions are not conflictual, but rather complementary, in constant *interaction* in the protection of the rights of the human person[22]. In the case of the *Constitutional Tribunal*, the international jurisdiction effectively intervened in defense of the national one, contributing decisively to the restoration of the rule of law (*état de Droit*, *Estado de Derecho*), besides safeguarding the rights of the victimized.

In the history of the relations between the national and international jurisdictions, this is a remarkable precedent, which will keep on being studied for years to come. The two historical episodes that I herein recall, of the closing of the cases of the *"Last Temptation of Christ"* and of the *Constitutional Tribunal*, pertaining to Chile and to Peru, respectively, after due compliance by them with the IACtHR's Judgments, reveal that, in the present domain of protection, the interaction between international and domestic law takes place to safeguard the rights inherent to the human person.

In conclusion, the IACtHR, which does not count on an organ such as a Committee of Ministers to assist it in the supervision of the execution of its judgments and decisions, has taken upon itself that task. It has done so in the exercise of its *inherent faculty* of that supervision. Much has been achieved, but it has also experienced a setback (of "partial compliances"), as we have seen. Its homologue ECtHR counts on the Committee of Ministers, and has reckoned the *complementarity* of its own functions and those of the Committee in this particular domain. I hope the present reassessment of the accumulated experience of the IACtHR to date may prove useful to the colleagues and friends of the ECtHR currently dedicated to the examination of this matter. After all, compliance with the judgments and decisions of contemporary international human rights tribunals is directly related not only to the *rule of law*, but also, and ultimately, to the *realization of justice* at national and international levels.

Strasbourg, 31 January 2014.

---

[22] Cf. A.A. Cançado Trindade, *Reflexiones sobre la Interacción entre el Derecho Internacional y el Derecho Interno en la Protección de los Derechos Humanos*, Guatemala, Ed. del Procurador de los Derechos Humanos de Guatemala, 1995, pp. 3-41; A.A. Cançado Trindade, *The Access of Individuals...*, op. cit. supra n. (12), ch. V, pp. 76-112 (on the interaction between international law and domestic law in human rights protection).

Parte VI

AS CONVERGÊNCIAS E EXPANSÃO DOS REGIMES JURÍDICOS DE PROTEÇÃO INTERNACIONAL DOS DIREITOS DA PESSOA HUMANA

XXIV

Aproximaciones y Convergencias Revisitadas: Diez Años de Interacción entre el Derecho Internacional de los Derechos Humanos, el Derecho Internacional de los Refugiados, y el Derecho Internacional Humanitario (De Cartagena/1984 a San José/1994 y México/2004)[1]

Sumário: I. Las Convergencias Continuadas y Consolidadas entre las Tres Vertientes de Protección Internacional de los Derechos de la Persona Humana. II. Las Convergencias Intensificadas entre las Tres Vertientes de Protección en la Jurisprudencia Internacional. III. Las Declaraciones de Cartagena (1984) y de San José (1994) en Perspectiva Histórica. IV. Nuevos Desafíos: El Deterioro y Agravamiento de las Condiciones de Vida de la Población. V. La Relevancia y Prevalencia de los Principios Básicos. VI. La Contribución del Ciclo de Conferencias Mundiales de Naciones Unidas. VII. El Fenómeno Contemporáneo del Desarraigo como Problema de los Derechos de la Persona Humana. VIII. El Fenómeno del Desarraigo en la Jurisprudencia de la Corte Interamericana de Derechos Humanos. IX. Las Convergencias entre las Tres Vertientes de Protección en la Nueva Concepción de la Seguridad Humana. 1. Las Tres Vertientes de Protección en el Concepto de la Seguridad Humana. 2. Las Tres Vertientes de Protección en Relación con la Privación de Libertad. 3. La Falacia de los Ataques Armados "Preventivos". X. El Carácter de *Jus Cogens* del Principio del *Non-Refoulement*. XI. La Obligación General de "Respetar" y "Hacer Respetar": La Protección *Erga Omnes* de los Derechos de la Persona Humana. XII. Reflexiones Finales.

I. Las Convergencias Continuadas y Consolidadas entre las Vertientes de Protección Internacional de los Derechos de la Persona Humana

Difícilmente podría haber ocasión más oportuna para retomar el examen del tema central de las aproximaciones y convergencias entre el Derecho Internacional de los Derechos Humanos, el Derecho Internacional de los Refugiados, y el Derecho Internacional Humanitario que la presente Reunión de Consultas de

---

[1] Trabalho de pesquisa apresentado pelo Autor, como Consultor Jurídico das Nações Unidas (ACNUR) sobre Direito Internacional dos Refugiados, no plenário da Conferência do México Comemorativa dos 20 Anos da Declaração de Cartagena sobre os Refugiados, patrocinada pelo Alto-Comissariado das Nações Unidas sobre Refugiados (ACNUR), e realizada na Cidade do México, em 15-16 de novembro de 2004.

México (noviembre de 2004), en conmemoración de los 20 años de la Declaración de Cartagena sobre Refugiados. Hace precisamente una década, al presentar mi estudio original de la materia en el Coloquio de Costa Rica (diciembre de 1994), conmemorativo de los 10 años de la Declaración de Cartagena, de la cual resultó la Declaración de San José sobre Refugiados y Desplazados Internos, me permití señalar, de inicio, que

> "Una revisión crítica de la doctrina clásica revela que ésta padeció de una visión compartimentalizada de las tres grandes vertientes de protección internacional de la persona humana – Derechos Humanos, Derecho de los Refugiados, Derecho Humanitario – en gran parte debido a un énfasis exagerado en los orígenes históricos distintos de las tres ramas (...). Tal vez la más notoria distinción resida en el ámbito personal de aplicación – la *legitimatio ad causam*, – por cuanto el Derecho Internacional de los Derechos Humanos ha reconocido el derecho de petición individual (titularidad de los individuos), que no encuentra paralelo en el Derecho Internacional Humanitario ni en el Derecho Internacional de los Refugiados. Pero esto no excluye la posibilidad, ya concretada en la práctica, de la aplicación simultánea de las tres vertientes de protección, o de dos de ellas, precisamente porque son esencialmente complementarias. Y, aún más, se dejan guiar por una identidad de propósito básico: la protección de la persona humana en todas y cualesquiera circunstancias. La práctica internacional se encuentra repleta de casos de operación simultánea o concomitante de órganos que pertenecen a los tres sistemas de protección"[2].

El propósito común de la salvaguardia de los derechos de la persona humana en todas y cualesquiera circunstancias llevó a las aproximaciones o convergencias en las tres referidas vertientes de protección de la persona humana, – identificadas en aquel estudio de 1994, – y manifestadas en los planos normativo, hermenéutico y operativo, las cuales ampliaron y fortalecieron las vías de protección. Con ésto, se

---

2   A.A. Cançado Trindade, "Derecho Internacional de los Derechos Humanos, Derecho Internacional de los Refugiados y Derecho Internacional Humanitario: Aproximaciones y Convergencias", in ACNUR, in *Diez Años de la Declaración de Cartagena sobre Refugiados – Memoria del Coloquio Internacional* (San José de Costa Rica, 05-07.12.1994), San José de Costa Rica, ACNUR/IIDH, 1995, pp. 79-80 (en adelante citado como "A.A.C.T., *Aproximaciones y Convergencias*"). Y cf. también A.A. Cançado Trindade, "Aproximaciones o Convergencias entre el Derecho Internacional Humanitario y la Protección Internacional de los Derechos Humanos", *Seminario Interamericano sobre la Protección de la Persona en Situaciones de Emergencia – Memoria* (Santa Cruz de la Sierra, Bolivia, junio de 1995), San José, CICR/ACNUR/Gob. Suiza, 1996, pp. 33-88; A.A. Cançado Trindade, "Co-existence and Co-ordination of Mechanisms of International Protection of Human Rights (At Global and Regional Levels)", 202 *Recueil des Cours de l'Académie de Droit International de La Haye* (1987) pp. 1-435; Ch. Swinarski, *Principales Nociones e Institutos del Derecho Internacional Humanitario como Sistema Internacional de Protección de la Persona Humana*, San José de Costa Rica, IIDH, 1990, pp. 83-88; C. Sepúlveda, *Derecho Internacional y Derechos Humanos*, México, Comisión Nacional de Derechos Humanos, 1991, pp. 105-107 y 101-102.

superó la visión compartimentalizada del pasado, y se evolucionó hacia la interacción entre las tres vertientes, en beneficio de los seres humanos protegidos[3]. Transcurrida otra década, efectivamente no veo cómo dudar, en 2004, que la evolución de la normativa de estas tres vertientes de la protección de los derechos de la persona humana se ha inclinado de modo definitivo en esta dirección, en beneficio de todos los seres humanos protegidos.

Es innegable que las *consideraciones básicas de humanidad* subyacen tanto al Derecho Internacional Humanitario como al Derecho Internacional de los Derechos Humanos y al Derecho Internacional de los Refugiados. En realidad, a mi juicio dichas consideraciones subyacen a *todo* el Derecho Internacional Público contemporáneo, al nuevo *jus gentium* de este inicio del siglo XXI[4]. Sucesivas resoluciones adoptadas por las Conferencias Internacionales de la Cruz Roja, desde fines de la década de sesenta (1969 en adelante), pasaron a expresamente vincular la aplicación de las normas de derecho humanitario al respeto de los derechos humanos[5]. Es, además, ampliamente reconocida la influencia de la normativa de la protección internacional de los derechos humanos en la elaboración de los dos Protocolos Adicionales (de 1977) a las Convenciones de Ginebra sobre Derecho Internacional Humanitario de 1949, de que son expresión elocuente las garantías fundamentales consagradas en el artículo 75 del Protocolo I y en los artículos 4-5 del Protocolo II[6], comunes a ambas vertientes de protección de los derechos de la persona humana.

Desde el inicio de la década de ochenta (1981 en adelante) hasta la fecha, a su vez, también el Comité Ejecutivo del Programa del ACNUR, en sucesivas conclusiones adoptadas, ha expresamente reconocido la relación directa entre los movimientos y problemas de los refugiados y la normativa de los derechos humanos, y ha ampliado su enfoque de modo a abarcar no sólo la etapa intermedia de protección (refugio) sino también las etapas "previa" de prevención y "posterior" de solución durable (repatriación voluntaria, integración local, reasentamiento)[7]. Se evolucionó gradualmente, de ese modo, de la aplicación de

> "un criterio *subjetivo* de calificación de los individuos, según las razones que les habrían llevado a abandonar sus hogares, a un criterio *objetivo* centrado más bien en las necesidades de protección"[8].

---

3   Cf. A.A.C.T., *Aproximaciones y Convergencias, op. cit. supra* n. (1), pp. 80-84.
4   A.A. Cançado Trindade, *O Direito Internacional em um Mundo em Transformação*, Rio de Janeiro, Ed. Renovar, 2002, pp. 1039-1109; A.A. Cançado Trindade, "La Humanización del Derecho Internacional y los Límites de la Razón de Estado", 40 *Revista da Faculdade de Direito da Universidade Federal de Minas Gerais* – Belo Horizonte (2001) pp. 11-23.
5   Cf. A.A.C.T., *Aproximaciones y Convergencias, op. cit. supra* n. (1), pp. 116-121.
6   *Ibid.*, pp. 117-118 y 121-122.
7   Cf. A.A.C.T., *Aproximaciones y Convergencias, op. cit. supra* n. (1), pp. 85-89.
8   *Ibid.*, pp. 89-90, y cf. pp. 91-93.

Se pasó a dedicar mayor atención a la dimensión preventiva de la protección de la persona humana, la cual ya contaba inclusive con reconocimiento judicial en la jurisprudencia internacional[9]. En suma, en América Latina, la Declaración de Cartagena sobre los Refugiados (1984) enmarcó la materia en el universo conceptual de los derechos humanos. La "violación masiva" de los derechos humanos pasó a figurar entre los elementos que componen la definición ampliada de refugiado[10]. Trascurrida una década, la Declaración de San José sobre los Refugiados y Personas Desplazadas (1994) enfatizó cuestiones centrales de la época que no estaban tan elaboradas en la Declaración anterior de Cartagena[11], y, significativamente, reconoció expresamente las convergencias entre los sistemas de protección de la persona humana consagrados en el Derecho Internacional de los Refugiados, en el Derecho Internacional de los Derechos Humanos y en el Derecho Internacional Humanitario, dado su carácter complementario[12].

En la misma línea de pensamiento, tal como lo senãlé en mi estudio presentado en el Coloquio de San José de Costa Rica una década atrás, las convergencias supracitadas entre el Derecho Internacional de los Refugiados, el Derecho Internacional de los Derechos Humanos y el Derecho Internacional Humanitario, también se desprenden del documento de la Conferencia Internacional sobre Refugiados Centroamericanos (CIREFCA) titulado "Principios y Criterios para la Protección y Asistencia a los Refugiados, Repatriados y Desplazados Centroamericanos en América Latina" (1989), y, aún más claramente, del documento de *evaluación* de la puesta en práctica de las disposiciones del documento "Principios y Criterios", de 1994.

El primer documento, de la Conferencia Internacional sobre Refugiados Centroamericanos (CIREFCA), titulado "Principios y Criterios para la Protección y Asistencia a los Refugiados, Repatriados y Desplazados Centroamericanos en América Latina" (1989) reconoció expresamente la existencia de "una relación estrecha y múltiple entre la observancia de las normas relativas a los derechos humanos, los movimientos de refugiados y los problemas de protección"[13]. Posteriormente, el segundo documento, sobre la puesta en práctica de las disposiciones del documento "Principios y Criterios", de 1994[14], al abordar, en sus conclusiones, los logros del

---

9   Cf. *ibid.*, pp. 93-97.

10 Conclusión tercera.

11 Como, v.g., las del desplazamiento forzado; de los derechos económicos, sociales y culturales; del desarrollo humano sostenible; de las poblaciones indígenas; de los derechos del niño; del enfoque de género; del derecho de refugio en su amplia dimensión.

12 Preámbulo y conclusiones tercera y décima-sexta (a). Cf. A.A.C.T., *Aproximaciones y Convergencias, op. cit. supra* n. (1), pp. 97-98.

13 Párrafo 72 del documento "Principios y Criterios" de 1989, de CIREFCA.

14 Documento de evaluación de la puesta en práctica de "Principios y Criterios", doc. CIREFCA/REF/94/1.

proceso de la citada Conferencia[15], fue aún más allá. Contuvo una sección enteramente dedicada a la observancia de los derechos humanos[16], y señaló que

> "CIREFCA favoreció e impulsó la convergencia entre el derecho de los refugiados, los derechos humanos, y el derecho humanitario, sosteniendo siempre un enfoque integrado de las tres grandes vertientes de protección de la persona humana"[17] (párr. 91).

En mi supracitado estudio presentado al Coloquio Internacional de San José de Costa Rica hace una década, me referí a otras ilustraciones en el mismo sentido, a saber: los *Informe sobre los Desplazados Internos* a la Comisión de Derechos Humanos de Naciones Unidas del Representante del Secretario-General de Naciones Unidas (F. Deng), la actuación del ACNUR en el proceso preparatorio de la II Conferencia Mundial de Derechos Humanos (Viena, 2003), y la intervención del ACNUR en aquella Conferencia Mundial[18]. Y me permití agregar que

> "La contribución del ACNUR tuvo repercusión en la Conferencia Mundial, habiendo sido debidamente registrada en la Declaración y Programa de Acción de Viena, principal documento adoptado por la II Conferencia Mundial de Derechos Humanos (junio de 1993); en efecto, dicha Declaración reconoció (...) que las violaciones masivas de derechos humanos, inclusive en conflictos armados, se encuentran entre los factores múltiples y complejos que llevan a desplazamientos de personas.
>
> La Declaración de Viena sostuvo un enfoque integral de la materia, al incluir el desarrollo de estrategias que tomen en cuenta las causas y efectos de movimientos de refugiados y otras personas desplazadas, el fortalecimiento de mecanismos de respuesta a situaciones de emergencia, el otorgamiento de protección y asistencia eficaces (teniendo en cuenta las necesidades especiales de la mujer y del niño), la búsqueda de soluciones duraderas (...)"[19].

De igual modo, también abordé, en el mismo estudio, la participación del Comité Internacional de la Cruz Roja (CICR) en la misma II Conferencia Mundial de Derechos Humanos de 2003 y su proceso preparatorio: ahí el CICR señaló la

---

15 Párrs. 89-106 del documento de evaluación de la puesta en práctica de "Principios y Criterios", doc. CIREFCA/REF/94/1. Este documento incorporó las aportaciones de los tres integrantes de la Comisión de Consultores Jurídicos del ACNUR para la evaluación final del proceso CIREFCA, a saber, los Drs. Antônio Augusto Cançado Trindade, Reinaldo Galindo-Pohl y César Sepúlveda; cf. *ibid.*, p. 3, párr. 5.

16 Párrafos 80-85 del documento de evaluación de la puesta en práctica de los "Principios y Criterios", doc. CIREFCA/REF/94/1; y cf. también párrafos 16-17 y 13-14.

17 Párrafo 91 del documento sobre la puesta en práctica de los "Principios y Criterios", de 1994, de CIREFCA; y cf. también párrafo 100. Para un estudio general, cf. A.A. Cançado Trindade, *El Derecho Internacional de los Derechos Humanos en el Siglo XXI*, Santiago, Editorial Jurídica de Chile, 2001, pp. 183-265.

18 Cf. A.A.C.T., *Aproximaciones y Convergencias*, op. cit. supra n. (1), pp. 98-105.

19 *Ibid.*, pp. 105-106.

complementariedad y las convergencias entre el derecho humanitario y los derechos humanos[20].

Desde entonces, ha continuado e intensificado la interacción entre el Derecho Internacional de los Refugiados, el Derecho Internacional Humanitario y el Derecho Internacional de los Derechos Humanos. Trascurrida una década, y con el aumento e intensificación de conflictos internos en diferentes partes del mundo[21], los ejemplos de aquella interacción se multiplican. Los *Guiding Principles on Internal Displacement*, resultantes de los *Informes* de F. Deng, concluídos en Viena en 1998 y de los cuales tomó nota la Comisión de Derechos Humanos de Naciones Unidas también en 1998, conyugan la normativa del Derecho Internacional de los Derechos Humanos, del Derecho Internacional Humanitario, y del Derecho Internacional de los Refugiados, de modo a aplicarse y estencer protección a todas las personas que de ella necesiten, en cualesquiera circunstancias, inclusive en conflictos, tensiones o disturbios internos[22].

El reconocimiento del carácter *objetivo* de las obligaciones de protección ha impulsado la *interpretación* convergente de los instrumentos internacionales de Derecho Internacional Humanitario, Derecho Internacional de los Refugiados, y Derecho Internacional de los Derechos Humanos[23]. En el plano *operativo*, ha proseguido, a lo largo de la última década, la actuación concomitante, en sucesivos conflictos, de órganos de supervisión internacional de los derechos humanos, del ACNUR y del CICR (como en los casos de *Haiti* y *Ex-Yugoslavia*)[24], entre otros, – en algunas ocasiones, no sin dificultades (como en los casos de *Cambodia* y *Bosnia*)[25]. En el caso de

---

20   *Ibid.*, pp. 160-165; y cf. también, v.g., C. Sommaruga, "Os Desafios do Direito Internacional Humanitário na Nova Era", 79/80 *Boletim da Sociedade Brasileira de Direito Internacional* (1992) pp. 7-11.

21   Cf., v.g., J.-D. Vigny y C. Thompson, "Fundamental Standards of Humanity: What Future?", 20 *Netherlands Quarterly of Human Rights* (2002) pp. 186-190 and 198.

22   Cf. W. Kalin, *Guiding Principles on Internal Displacement – Annotations*, Washington D.C., ASIL/Brookings Institution, [1999], pp. 1-74, y cf. pp. 79-276.

23   Cf. A.A.C.T., *Aproximaciones y Convergencias, op. cit. supra* n. (1), pp. 125-128. Los problemas de los refugiados, y del derecho de asilo, sólo pueden ser abordados adecuadamente hoy día a partir del enfoque de las convergencias entre el Derecho Internacional de los Refugiados, el Derecho Internacional de los Derechos Humanos y el Derecho Internacional Humanitario; C. Ramón Chornet, "Los Refugiados del Nuevo Siglo", *in Los Retos Humanitarios del Siglo XXI* (ed. C. Ramón Chornet), Valencia, PUV/Univ. de Valencia, 2004, pp. 193-195.

24   Cf., v.g., A.A. Cançado Trindade, G. Peytrignet y J. Ruiz de Santiago, *Las Tres Vertientes de la Protección Internacional de los Derechos de la Persona Humana*, México, Ed. Porrúa/Univ. Iberoamericana, 2003, pp. 1-169; Y. Daudet y R. Mehdi (eds.), *Les Nations Unies et l'Ex-Yougoslavie* (Colloque d'Aix-en-Provence de 1997), Paris, Pédone, 1998, pp. 165-200.

25   Cf., v.g., U. Palwankar (ed.), *Symposium on Humanitarian Action and Peace-keeping Operations* (Geneva, 1994), Geneva, ICRC, [1994], pp. 18-98; D. Rieff, *Una Cama por una Noche – El Humanitarismo en Crisis*, Bogotá, Taurus, 2003, pp. 133-164 y 241-275.

Kosovo (1998-1999), el ACNUR y el CICR actuaron con algun grado de coordinación, en medio a muchas dificultades[26], y teniendo presente también la normativa internacional de derechos humanos. A su vez, el Alto Comisionado de las Naciones Unidas para los Derechos Humanos ha tenido presentes tanto esta normativa como las de derecho de los refugiados y derecho humanitario, en las presencias *in loco* que ha establecido a partir de 1996 (en los casos de *Colombia, Abjasia-Georgia* y *República Democrática del Congo,* entre otros)[27].

El *Institut de Droit International,* al examinar, en su sesión de Berlin de 1999, el tema "La Aplicación del Derecho Internacional Humanitario y de los Derechos Humanos Fundamentales en Conflictos Armados en que Toman Parte Entidades No-Estatales", adoptó una resolución que toman en cuenta, conjuntamente y de modo convergente, el Derecho Internacional Humanitario y el Derecho Internacional de los Derechos Humanos. Tanto su preámbulo como los artículos II, III, VI, VII, X, XI y XII se refieren, de modo expreso, conjuntamente a los derechos humanos y al derecho humanitario[28]. La resolución se refirió, en su preámbulo, a la cuestión tratada como un problema que afecta los intereses de la comunidad internacional como un todo.

El relator del tema (M. Sahovic) destacó la "interdependencia" entre el respeto de las normas de derecho humanitario y las de derechos humanos, y observó que la presencia cresciente de entes no-estatales en los conflictos armados contemporáneos es evidencia de la superación de la dimensión estrictamente inter-estatal de derecho internacional clásico[29]. Al advertir para la necesidad de extender mayor protección a las víctimas de los conflictos internos contemporáneos, reconoció la "legitimidad del control por la comunidad internacional", así como la necesidad de diseminación de las normas de derecho humanitario y de derechos humanos aplicables en conflictos armados internos[30]. Efectivamente, los conflictos armados internos de nuestros tiempos han generado numerosas víctimas[31], y presentado nuevos desafíos para el desarrollo del Derecho Internacional Humanitario, el Derecho Internacional de los Refugiados y el Derecho Internacional de los Derechos Humanos en sus relaciones

---

26   Cf. Independent International Commission on Kosovo, *The Kosovo Report – Conflict, International Response, Lessons Learned,* Oxford, University Press, 2000, pp. 77, 142, 201 y 208-209.

27   Cf., v.g., J.L. Gómez del Prado, *Operaciones de Mantenimiento de la Paz – Presencias en el Terreno del Alto Comisionado de las Naciones Unidas para los Derechos Humanos,* Bilbao, Universidad de Deusto, 1998, pp. 28-88.

28   Institut de Droit International, *L'application du Droit international humanitaire et des droits fondamentaux de l'homme dans les conflits armés auxquels prennent part des entités non étatiques* (Résolution de Berlin du 25.08.1999), Paris, Pédone, 2003, pp. 7-12.

29   *Ibid.,* p. 14.

30   *Ibid.,* p. 16.

31   Cf., en general, v.g., *Human Rights and Ethnic Conflicts* (eds. P.R. Baehr, F. Baudet y H. Werdmölder), Utrecht, SIM, 1999, pp. 1-99.

entre sí[32]. Urge que se contemplen medios de asegurar que nuevas formas de protección a las numerosos individuos por ellos afectados, teniendo presentes sus necesidades básicas desde una amplia perspectiva de salvaguardia de todos los derechos de la persona humana.

II. Las Convergencias Intensificadas entre las Tres Vertientes de Protección en la Jurisprudencia Internacional

En mi ya mencionado estudio presentado en el Coloquio Internacional de San José de Costa Rica con ocasión de los diez años de la Declaración de Cartagena, me permití referirme a las convergencias, manifestadas en el ámbito jurisprudencial, de la normativa de las tres vertientes de protección de los derechos de la persona humana. En aquel estudio, identifiqué los primeros casos en que se verificara tal fenómeno en los planos tanto regional (sistemas interamericano y europeo de protección) como global (sistema de Naciones Unidas de protección)[33]. Desde entonces, a lo largo de la última década, dichas convergencias en materia jurisprudencial se han ampliado e intensificado.

La bibliografía especializada hoy día reconoce ampliamente la intensificación de las convergencias entre, v.g., el Derecho Internacional Humanitario y el Derecho Internacional de los Derechos Humanos en la jurisprudencia de los Tribunales Penales Internacionales *Ad Hoc* para la Ex-Yugoslavia y para Rwanda[34]. La intensificación de dicha interacción es particularmente ilustrada por la jurisprudencia reciente de las Cortes Interamericana y Europea de Derechos Humanos, que han tomado en cuenta la normativa del Derecho Internacional Humanitario en su interpretación y aplicación de las Convenciones Americana y Europea de Derechos Humanos, respectivamente[35]. A la jurisprudencia pertinente de la Corte Interamericana en especial me referiré seguidamente, a lo largo del presente estudio (cf. *infra*).

En el continente europeo, frente al temor de una erosión del derecho de asilo[36], se han buscado novas formas de protección contra tratos inhumanos o degradantes

---

32   Sobre el *corpus* normativo de las Convenciones de Ginebra como sistema de protección internacional de la persona humana, cf., en general, v.g., C. Swinarski, *A Norma e a Guerra*, Porto Alegre/Brasil, S.A. Fabris Ed., 1991, pp. 23-49.

33   Cf. A.A.C.T., *Aproximaciones y Convergencias*, op. cit. supra n. (1), pp. 106-116.

34   Cf. S. Zappalà, «Le Droit international humanitaire devant les tribunaux internationaux des Nations Unies pour l'Ex-Yougoslavie et le Rwanda», *in Les nouvelles frontières du Droit international humanitaire* (ed. J.-F. Flauss), Bruxelles, Bruylant, 2003, p. 91: «On peut certes considérer le Droit international humanitaire et le Droit international des droits de l'homme comme des secteurs frères du Droit international contemporain, et on ne peut nier une évolution historique qui tend, de plus en plus, à éliminer les distinctions de départ».

35   Cf. J.-F. Flauss, «Le Droit international humanitaire devant les instances de contrôle des Conventions européenne et interaméricaine des droits de l'homme», *in Les nouvelles frontières du Droit international humanitaire* (ed. J.-F. Flauss), Bruxelles, Bruylant, 2003, pp. 117-133.

36   F. Crépeau, *Droit d'asile – De l'hospitalité aux contrôles migratoires*, Bruxelles, Bruylant, 1995, pp. 17-353; V. Oliveira Batista, *União Europeia – Livre Circulação de Pessoas e Direito de Asilo*, Belo Horizonte, Ed. Del Rey, 1998, pp. 39-227.

infligidos a los desarraigados³⁷. Así, en los últimos años, se ha desarrollado bajo el artículo 3 de la Convención Europea de Derechos Humanos una jurisprudencia que extiende una protección más amplia contra el *refoulement* que la propia Convención de 1951 sobre el Estatuto de los Refugiados³⁸. Se ha señalado, al respecto, que tal jurisprudencia ha interpretado el artículo 3 de la Convención Europea de modo incondicional, extendiendo una amplia protección a los amenazados de expulsión, deportación o extradición, y elevando el *non-refoulement* no sólo a un principio básico del Derecho Internacional de los Refugiados sino también a una norma perentoria del Derecho Internacional de los Derechos Humanos³⁹.

En un Coloquio copatrocinado por el ACNUR y el Consejo de Europa, y realizado en Estrasburgo en 02-03 de octubre de 1995, se señaló precisamente que el artículo 3 de la Convención Europea (prohibición de la tortura y trato inhumano o degradante) ha sido ampliamente utilizado por los peticionarios para impedir el *refoulement*; del mismo modo, el artículo 13 de la Convención (derecho a un recurso eficaz) ha sido invocado por los refugiados o los que buscan asilo. Así, como admitió en el referendo evento un representante del ACNUR, la protección de los refugiados se ha transformado en "un esquema de derechos humanos"⁴⁰.

Como el referido artículo 3 de la Convención Europea está formulado en términos absolutos o incondicionales, amplía la protección contra el *refoulement*, evitando así los riesgos de malos tratos⁴¹. Esta jurisprudencia protectora ha sido construída en casos atinentes a expulsión, extradición y deportación⁴². Así, la disposición del artículo 3 ha sido clave para esta construcción jurisprudencial, pero algunas veces el artículo 3 ha sido combinado con el artículo 13 (*supra*), y otras veces con el artículo 8 (derecho al respeto a la vida privada o familiar) de la Convención Europea; a su vez, el artículo 5 de la Convención ha sido interpretado como una garantía contra la arbitrariedad de la detención de los que buscan asilo⁴³.

Lo mismo ha ocurrido bajo la Convención de Naciones Unidas contra la Tortura, en casos de proyectada expulsión de individuos que tuvieron las solicitudes de

---

37 Para un estudio general, cf. A.A. Cançado Trindade y J. Ruiz de Santiago, *La Nueva Dimensión de las Necesidades de Protección del Ser Humano en el Inicio del Siglo XXI*, 3ª. edición, San José de Costa Rica, ACNUR, 2004, pp. 27-127.

38 H. Lambert, "Protection against *Refoulement* from Europe: Human Rights Law Comes to the Rescue", 48 *International and Comparative Law Quarterly* (1999) pp. 515-516, y cf. pp. 520, 536 y 538.

39 *Ibid.*, pp. 516-518 y 544.

40 UNHCR/Council of Europe, *The European Convention on Human Rights and the Protection of Refugees, Asylum-Seekers and Displaced Persons* (1995 Strasbourg Colloquy), Strasbourg, UNHCR (Regional Bureau for Europe), [1996], pp. 3-5 (intervención de D. McNamara).

41 *Ibid.*, pp. 8, 16-17 y 65 (intervenciones de S. Egelund y N. Mole).

42 *Ibid.*, pp. 36-37 (intervención de N. Mole).

43 *Ibid.*, pp. 54 y 59 (intervención de N. Mole).

asilo rechazadas (v.g., caso *Mutombo versus Suiza*, 1993)[44]. Las anteriormente referidas convergencias, intensificadas en materia jurisprudencial, han sido objeto de una sistematización de la materia, en forma de repertorio de jurisprudencia en el sentido señalado, preparado por el propio ACNUR (*Bureau* Regional para Europa). La referida publicación, titulada *UNHCR Manual on Refugee Protection and the European Convention on Human Rights*, ordena sistematicamente numerosas decisiones pertinentes de la Corte Europea de Derechos Humanos a lo

largo de los últimos años (hasta 2003), que ilustran fehacientemente las mencionadas convergencias[45].

III. Las Declaraciones de Cartagena (1984) y de San José (1994) en Perspectiva Histórica

En la época de su adopción, la Declaración de Cartagena sobre Refugiados de 1984, al concentrarse en el derecho aplicable, vino atender a nuevas necesidades de protección de la persona humana, mediante su definición ampliada de las personas a ser protegidas. En la época, en razón del conflicto armado centroamericano, se pasó a concebir el procedimiento colectivo de calificación, a efectos de protección, cuando la individualización ya se mostraba inviable o imposible. Se llenó, así, un aparente limbo jurídico, para establecer un régimen de tratamiento protector mínimo en situaciones de afluencia masiva, y se trasladó el énfasis de los requisitos formales para la concesión del asilo, para la condición existencial de la persona humana.

Transcurrida una década, la Declaración de San José sobre Refugiados y Personas Desplazadas de 1994, también en respuesta a nuevas necesidades de protección, amplió aún más el derecho aplicable, para estender protección en particular a los desplazados internos (la nueva dimensión del problema de la época). El derecho continuó evolucionando, y la Declaración de San José sobre los Refugiados y Personas Desplazadas (1994) profundizó las relaciones entre el Derecho de los Refugiados y Desplazados y los derechos humanos, dando nuevo énfasis en cuestiones centrales de la actualidad, no tan elaboradas en la Declaración anterior de Cartagena, como, *inter alia*, las del desplazamiento forzado, y del derecho de refugio en su amplia dimensión, – examinadas bajo la óptica de las necesidades de protección del ser humano en cualesquiera circunstancias, en el universo conceptual de los derechos humanos.

En San José en 1994, se sistematizaron las aproximaciones o convergencias entre el Derecho Internacional de los Derechos Humanos, el Derecho Internacional de los Refugiados y el Derecho Internacional Humanitario, dado su carácter complementario[46], en beneficio de todas las personas protegidas, para maximizar la

---
44   *Ibid.*, p. 63 (intervención de N. Mole).
45   Cf. UNHCR, *UNHCR Manual on Refugee Protection and the European Convention on Human Rights*, Strasbourg, UNHCR (Regional Bureau for Europe, 2003, pp. 1-55.
46   Cf. su preámbulo y sus conclusiones tercera y décima-sexta (a).

salvaguardia de sus derechos. La Declaración de San José de 1994, además, reconoció que la violación de los derechos humanos es una de las causas de los desplazamientos y que, por lo tanto, la protección de tales derechos y el fortalecimiento del sistema democrático constituyen la mejor medida para la búsqueda de soluciones duraderas, así como para la prevención de los conflictos, de los éxodos de refugiados y de las graves crises humanitarias[47]. A partir de entonces, la atención continuó a ser dada a la condición existencial de la persona humana, tanto en el Derecho Internacional de los Refugiados como en el Derecho Internacional de los Derechos Humanos (con el gradual acceso directo de los individuos a los tribunales internacionales de derechos humanos)[48].

En mi Prefacio al tomo de la *Memoria* del Coloquio Internacional sobre los 10 años de la Declaración de Cartagena, realizado en diciembre de 1994 en San José de Costa Rica, y del cual guardo el más grato recuerdo, me permití señalar que la Declaración de Cartagena de 1984 "pasó a enmarcar la temática de los refugiados, desplazados y repatriados en el contexto más amplio de la observancia de los derechos humanos y de la construcción de la paz (inicialmente en la región centroamericana)"[49]. Y agregué:

> "Las Declaraciones de Cartagena de 1984 y de San José de 1994 son, cada una, fruto de determinado momento histórico. La primera fue motivada por necesidades urgentes generadas por una crisis concreta de grandes proporciones; en la medida en que esta crisis se fue superando, gracias en parte a aquella Declaración, su legado pasó a proyectarse a otras regiones y subregiones del continente. La segunda Declaración [...fue] adoptada en medio a una crisis distinta, más difusa, marcada por el deterioro de las condiciones socioeconómicas de amplios segmentos de la población en distintas regiones (...). En suma, Cartagena y San José son producto de su tiempo. (...) El *aggiornamento* del Coloquio de San José [dió] igualmente un énfasis especial en la identificación de las *necesidades de protección* del ser humano en cualesquiera circunstancias. En lugar de categorizaciones subjetivas de personas (de acuerdo con las razones que las llevaron a abandonar sus hogares), propias del pasado, se impone hoy día la adopción del criterio objetivo de las necesidades de protección, lo que de ese modo abarca un número considerablemente mayor de personas (inclusive los desplazados internos) tan vulnerables como los refugiados, o aún más que éstos. No hay lugar para *vacatio legis*"[50].

---

47 Cf. A.A. Cançado Trindade, *Tratado de Direito Internacional dos Direitos Humanos*, vol. I, Porto Alegre, S.A. Fabris Ed., 1997, pp. 328-331.

48 Cf. A.A. Cançado Trindade, *El Acceso Directo del Individuo a los Tribunales Internacionales de Derechos Humanos*, Bilbao, Universidad de Deusto, 2001, pp. 9-104.

49 ACNUR, *10 Años de la Declaración de Cartagena sobre Refugiados – Memoria del Coloquio Internacional* (San José de Costa Rica, 05-07.12.1994), San José de Costa Rica, ACNUR/IIDH, 1995, p. 12.

50 *Ibid.*, pp. 14-15.

Las Declaraciones tanto de Cartagena como de San José tuvieran presentes las necesidades de protección de su época. Y ambas se proyectaron hacia el futuro. Así, la Declaración de Cartagena enfrentó en gran drama humano de los conflictos armados en Centroamérica, pero además presintió el agravamiento del problema de los desplazamientos internos. La Declaración de San José, a su vez, se profundizó en la cuestión de la protección, a la par de los refugiados, también de los desplazados internos, pero además presintió el agravamiento del problema de los flujos migratorios forzados. Me permití señalar este punto en mi discurso de clausura de la Reunión de San José de Costa Rica, al momento de la adopción de la Declaración sobre Refugiados y Personas Desplazadas de 1994, en los siguientes términos:

> "La Declaración de San José de 1994 [dió] un énfasis especial no sólo a la problemática del desplazamiento interno, sino también, más ampliamente, a los retos que plantean las nuevas situaciones de desarraigo humano en América Latina y el Caribe, incluyendo los movimientos migratorios forzados originados por causas diferentes a las previstas en la Declaración de Cartagena. La nueva Declaración reconoc[ió] que la violación de los derechos humanos es una de las causas de los desplazamientos y que por lo tanto la protección de los mismos y el fortalecimiento del sistema democrático constituyen la mejor medida para la búsqueda de soluciones duraderas, así como para la prevención de los conflictos, los éxodos de refugiados y las graves crisis humanitarias"[51].

En realidad, si nos detenemos en lo que ha sido la experiencia de la comunidad internacional en los últimos 20 años, es difícil evitar la impresión de que pasamos continuamente de una crisis a otra. De los conflictos armados centroamericanos, que generaron un gran número de refugiados, en la época de adopción de la Declaración de Cartagena, pasamos al agravamiento de la crisis económico-social en numerosos paises, con sus efectos desagregadores, entre los cuales los grandes flujos de desplazados internos en la época de adopción de la Declaración de San José.

El Coloquio del cual resultó la Declaración de Cartagena hace dos décadas contó con la participación de delegados gubernamentales de 10 paises[52], además de 14 expertos y del equipo del ACNUR[53]. Una década después, el Coloquio del cual resultó la Declaración de San José contó con la participación de delegados gubernamentales de 17 paises, además de 15 expertos y del equipo del ACNUR[54]. O sea, la

---

51   *Ibid*., pp. 431-432.
52   Belice, Costa Rica, Colombia, El Salvador, Guatemala, Honduras, México, Nicaragua, Panamá y Venezuela.
53   Cf. ACNUR, *La Protección Internacional de los Refugiados en América Central, México y Panamá: Problemas Jurídicos y Humanitarios* (Memorias del Coloquio en Cartagena de Indias), Bogotá, Universidad Nacional de Colombia, 1986, pp. 16-19.
54   ACNUR, *10 Años de la Declaración de Cartagena sobre Refugiados – Memoria del Coloquio Internacional* (San José de Costa Rica, 05-07.12.1994), San José de Costa Rica, ACNUR/IIDH, 1995, pp. 471-476.

evaluación de los 10 años de la Declaración de Cartagena contó con la participación de delegados gubernamentales y expertos provenientes de paises que inclusive no habían participado del proceso de elaboración y adopción de aquella Declaración, pero reconocían y recogían su legado, y lo ampliaban. El aumento de la participación público del ejercicio lanzado por el ACNUR resultó en la ampliación, mediante la Declaración de San José, del derecho aplicable, tanto *ratione materiae* como *ratione personae*.

Esto es muy significativo para todos los que participamos de las consultas corrientes del ACNUR del año 2004, que son aún más amplias que las de las dos décadas anteriores, con tres reuniones subregionales (San José de Costa Rica, Brasilia y Cartagena de Indias) y dos reuniones del grupos de expertos (Brasilia y Cartagena de Indias) en preparación de la Conferencia de México de noviembre de 2004. Es de esperarse que este ejercicio de reflexión colectiva, con amplia participación pública, resulte en nueva expansión del derecho aplicable, a abarcar a un número cada vez mayor de personas que necesiten de protección.

IV. Nuevos Desafíos: El Deterioro y Agravamiento de las Condiciones de Vida de la Población

Y que testimoniamos hoy día? Hoy día, transcurridas dos décadas desde la adopción de la Declaración de Cartagena, los refugiados han disminuído, pero han aumentado en mucho los migrantes[55], y no hay cómo dejar de estudiar conjuntamente el problema de los refugiados y el fenómeno migratorio. El aumento de la marginación y exclusión sociales, en escala mundial, ha generado los grandes flujos de migraciones forzadas de nuestros días. O sea, las causas de los conflictos del pasado siguen lamentablemente presentes, y con la agravación de la situación regional y mundial. Hay que considerar dichas causas y estos nuevos desafíos en estrecha relación con la exigibilidad y justiciabilidad de los derechos económicos, sociales y culturales.

Desafortunadamente, hoy día hay mucho más personas que abandonan los países de orígen en la región que en la época de los conflictos armados, hace 20 años. En el pasado fue precisamente al revés: gracias a políticas migratorias liberales y abiertas, refugiados se tornaron migrantes para resolver su situación. Hoy es todo lo contrario, debido a las restricciones migratorias recientes. Verifícase hoy, además, a la par de un recrudecimiento de la intolerancia y la xenofobia, una lamentable ero-

---

55 Según la Organización Internacional para las Migraciones (O.I.M.), de 1965 a 2000 el total de migrantes en el mundo más que duplicó, elevándose de 75 millones a 175 millones de personas; y las proyecciones para el futuro son en el sentido de que este total aumentará aún mucho más en los próximos años; I.O.M., *World Migration 2003 – Managing Migration: Challenges and Responses for People on the Move*, Geneva, I.O.M., 2003, pp. 4-5; y cf. también, en general, P. Stalker, *Workers without Frontiers*, Geneva/London, International Labour Organization (I.L.O.)/L. Rienner Publs., 2000, pp. 26-33.

sión del derecho de asilo[56]. Se necesita seguir dando atención, y aún más atención, a la condición existencial de la persona humana, para atender a sus nuevas necesidades de protección.

La mayoría de los países hoy día son de "tránsito" y de migrantes. Hace 10 años, el tema central era de los desplazados internos, hoy es el de los migrantes. Durante la década 1994-2004, nuevos ejemplos de las convergencias entre el Derecho Internacional de los Derechos Humanos, el Derecho Internacional de los Refugiados y el Derecho Internacional Humanitario, se han producido, como veremos más adelante (cf. *infra*). Hay que vincular la presente temática con el valor justicia, con el imperativo de la justicia. Y hay, además, que hacer prevalecer el principio de la no-regresividad: si ya se ha alcanzado un determinado grado de evolución, en la legislación y los tratados de protección, no se puede admitir regresiones ulteriores. El gran tema hoy es el de los migrantes, y el gran aporte pionero a este tema ha sido hasta la fecha el de la Opinión Consultiva n. 18 de la Corte Interamericana de Derechos Humanos, del 17.09.2003, sobre la *Condición Jurídica y Derechos de los Migrantes Indocumentados*.

La Reunión de San José de 1994 sobre los 10 años de la Declaración de Cartagena se dió bajo el impacto positivo de la Declaración y Programa de Acción de Viena de 1993, adoptada por la II Conferencia Mundial de Derechos Humanos. Había un cierto optimismo y ánimo, y era todavía temprano para evaluar el impacto de la implosión de Yugoslavia y la URSS, además de los nuevos conflictos. Hoy día, vivimos en un mundo mucho más peligroso, aparentemente sin parámetros, flagelado por numerosos conflictos, las diversas formas de terrorismo, el continuado crecimiento de la pobreza, y una crisis de valores de escala mundial. Los desafíos son muchos mayores, en medio a la apatía y al desánimo.

A pesar de algunos avances registrados en las últimas décadas en la protección de los derechos humanos (en particular las libertades públicas), han persistido violaciones graves y masivas de éstos[57]. En este inicio del siglo XXI testimoniamos, más que una época de cambios, un cambio de época. Los eventos que cambiaron dramaticamente el escenario internacional a partir de 1989 siguen se desencadenando en ritmo avasalador, sin que podamos divisar lo que nos espera en el futuro inmediato. A los victimados por los actuales conflictos internos en tantos países, se suman otros tantos en búsqueda de su identidad en este vertiginoso cambio de

---

56 Cf., e.g., F. Crepeau, *Droit d'asile – de l'hospitalité aux contrôles migratoires*, op. cit. supra n. (34), pp. 17-353; Ph. Ségur, *La crise du droit d'asile*, Paris, PUF, 1998, pp. 5-171.

57 A las violaciones "tradicionales", en particular de algunos derechos civiles y políticos (como las libertades de pensamiento, expresión e información, y el debido proceso legal), que continúan a ocurrir, desafortunadamente se han sumado graves discriminaciones "contemporáneas" (contra miembros de minorías y otros grupos vulnerables, de base étnica, nacional, religiosa y lingüística), además de violaciones de los derechos fundamentales y del Derecho Humanitario.

época. La creciente concentración de renta en escala mundial ha acarreado el trágico aumento de los marginados y excluídos en todas las partes del mundo.

Las respuestas humanitarias a los graves problemas contemporáneos afectando crecientes segmentos de la población en numerosos países han buscado curar tan sólo los síntomas de los conflictos, pero se han mostrado incapaces de remover, por sí mismas, suas causas y raíces. En la oportuna advertencia de la ex-Alta-Comisionada de las Naciones Unidas para los Refugiados (Sra. Sadako Ogata), la rapidez con que hoy día los capitales de inversión entran y salen de determinadas regiones, en búsqueda de ganancias fáciles e inmediatas, ha seguramente contribuído, junto con otros factores, a algunas de las más graves crisis financieras de la última década, generando movimientos poblacionales en medio a un fuerte sentimiento de inseguridad humana[58].

Paralelamente a la "globalización" de la economía, la desestabilización social ha generado una pauperización mayor de los estratos pobres de la sociedad (y con ésto, la marginación y exclusión sociales), al mismo tiempo en que se verifica el debilitamiento del control del Estado sobre los flujos de capital y bienes y su incapacidad de proteger los miembros más débiles o vulnerables de la sociedad (v.g., los inmigrantes, los trabajadores extranjeros, los refugiados y desplazados)[59]. Los desprovistos de la protección del poder público a menudo salen o huyen; de ese modo, la propia "globalización" económica genera un sentimiento de inseguridad humana, además de la xenofobia y los nacionalismos, reforzando los controles fronterizos y amenazando potencialmente a todos aquellos que buscan la entrada en otro país[60].

La Agenda Habitat y Declaración de Istanbul, adoptadas por la II Conferencia Mundial de Naciones Unidas sobre Asentamientos Humanos (Istanbul, junio de 1996), advertieron para la situación precaria de más de 1.000 millones de personas que en el mundo hoy día se encuentran en estado de abandono, sin vivienda adecuada y viviendo en condiciones infra-humanas[61]. Ante la realidad contemporánea, la

---

58 S. Ogata, *Los Retos de la Protección de los Refugiados* (Conferencia en la Secretaría de Relaciones Exteriores de México, 29.07.1999), Ciudad de México, ACNUR, 1999, pp. 2-3 y 9 (mecanografiado, circulación limitada); S. Ogata, *Challenges of Refugee Protection* (Statement at the University of Havana, 11.05.2000), Havana/Cuba, UNHCR, 2000, pp. 4, 6 y 8 (mecanografiado, circulación limitada).

59 S. Ogata, *Los Retos...*, op. cit. supra n. (57), pp. 3-4; S. Ogata, *Challenges...*, op. cit. supra n. (57), p. 6.

60 S. Ogata, *Los Retos...*, op. cit. supra n. (57), pp. 4-6; S. Ogata, *Challenges...*, op. cit. supra n. (57), pp. 7-10. Y. cf. también, e.g., J.-F. Flauss, «L'action de l'Union Européenne dans le domaine de la lutte contre le racisme et la xénophobie», 12 *Revue trimestrielle des droits de l'homme* (2001) pp. 487-515.

61 Cf. United Nations, *Habitat Agenda and Istanbul Declaration* (II U.N. Conference on Human Settlements, 03-14 June 1996), N.Y., U.N., 1997, p. 47, y cf. pp. 6-7, 17-17, 78-79 y 158-159.

llamada "globalización" de la economía se revela más bien como un eufemismo inadecuado y disimulado, que, al dejar de retratar la tragedia de la marginación y exclusión sociales de nuestros tiempos, busca, al revés, ocultarla.

En efecto, en tiempos de la "globalización" de la economía se abren las fronteras a la libre circulación de los bienes y capitales, pero no necesariamente de los seres humanos. Avances logrados por los esfuerzos y sufrimientos de las generaciones pasadas, inclusive los que eran considerados como una conquista definitiva de la civilización, como el derecho de asilo, pasan hoy día por un peligroso proceso de erosión[62]. Los nuevos marginados y excluídos sólo pueden contar con una esperanza, o defensa, la del Derecho.

El Secretario General de Naciones Unidas, en una Nota (de junio de 1994) al Comité Preparatorio de la referida Cumbre Mundial de Copenhague, advirtió que el desempleo abierto afecta hoy día a cerca de 120 millones de personas en el mundo entero, sumadas a 700 millones que se encuentran subempleadas; además, "los pobres que trabajan comprenden la mayor parte de quienes se hallan en absoluta pobreza en el mundo, estimados en 1.000 millones de personas"[63]. En su referida Nota, el Secretario-General de Naciones unidas propugnó por un "renacimiento de los ideales de justicia social" para la solución de los problemas de nuestras sociedades, así como por un "desarrollo mundial de la humanidad"[64]. La Declaración de Copenhague sobre Desarrollo Social, adoptada por la Cumbre Mundial de 1995, enfatizó debidamente la necesidad apremiante de buscar solución a los problemas sociales contemporáneos[65].

---

62 Cf., v.g., F. Crépeau, *Droit d'asile – De l'hospitalité aux contrôles migratoires*, Bruxelles, Bruylant, 1995, pp. 17-353. Como observa el autor, «depuis 1951, avec le développement du droit international humanitaire et du droit international des droits de l'homme, on avait pu croire que la communauté internationale se dirigeait vers une conception plus `humanitaire' de la protection des réfugiés, vers une prise en compte plus poussée des besoins des individus réfugiés et vers une limitation croissante des prérrogatives étatiques qui pourraient contrecarrer la protection des réfugiés, en somme vers la proclamation d'en `droit d'asile' dépassant le simple droit de l'asile actuel» (p. 306). Lamentablemente, con el incremento de los fluxos contemporáneos de migración, la noción de asilo vuelve a ser entendida de modo restrictivo y desde el prisma de la soberanía estatal: la decisión de conceder o no el asilo pasa a ser efectuada en función de los «objectifs de blocage des flux d'immigration indésirable» (p. 311).

63 Naciones Unidas, documento A/CONF.166/PC/L.13, del 03.06.1994, p. 37. El documento agrega que "más de 1.000 millones de personas en el mundo hoy en día viven en la pobreza y cerca de 550 millones se acuestan todas las noches con hambre. Más de 1.500 millones carecen de acceso a agua no contaminada y saneamiento, cerca de 500 millones de niños no tienen ni siquiera acceso a la enseñanza primaria y aproximadamente 1.000 millones de adultos nunca aprenden a leer ni a escribir"; *ibid.*, p. 21. El documento advierte, además, para la necesidad – como "tarea prioritaria" – de reducir la carga de la deuda externa y del servicio de la deuda; *ibid.*, p. 16.

64 *Ibid.*, pp. 3-4 y 6.

65 Particularmente en sus párrafos 2, 5, 16, 20 y 24; texto *in* Naciones Unidas, documento A/CONF.166/9, del 19.04.1995, *Informe de la Cumbre Mundial sobre Desarrollo Social* (Copenhague, 06-12.03.1995), pp. 5-23.

Las migraciones y los desplazamientos forzados, intensificados en la década de noventa[66], se han caracterizado particularmente por las disparidades en las condiciones de vida entre el lugar de origen y el de destino de los migrantes. Sus causas son múltiples: colapso económico y desempleo, colapso en los servicios públicos (educación, salud, entre otros), desastres naturales, conflictos armados generando flujos de refugiados y desplazados, represión y persecución, violaciones sistemáticas de los derechos humanos, rivalidades étnicas y xenofobia, violencia de distintas formas[67]. En los últimos años, la llamada "flexibilidad" en las relaciones laborales, en medio a la "globalización" de la economía, también ha generado mobilidad, acompañada de inseguridad personal y de un creciente miedo del desempleo[68].

Las migraciones y los desplazamientos forzados, con el consecuente desarraigo de tantos seres humanos, acarrean traumas. Testimonios de migrantes dan cuenta del sufrimiento del abandono del hogar, a veces con separación o desagregación familiar, de la pérdida de bienes personales, de arbitrariedades y humillaciones por parte de autoridades fronterizas y oficiales de seguridad, generando un sentimiento permanente de injusticia[69]. Como advertía Simone Weil ya a mediados del siglo XX, "estar arraigado es tal vez la necesidad más importante y menos reconocida del alma humana. Es una de las más difíciles de definir"[70]. En las mismas época y línea de pensamiento, Hannah Arendt alertaba para los padecimientos de los desarraigados (la pérdida del hogar y de la familiaridad del cotidiano, la pérdida de la profesión y del sentimiento de utilidad a los demás, la pérdida del idioma materno como expresión espontánea de los sentimientos), así como para la ilusión de intentar olvidarse del pasado (dada la influencia que ejercen sobre cada uno sus antepasados, las generaciones predecesoras)[71].

También en esta línea de razonamiento, en notable libro publicado en 1967, titulado *Le retour du tragique*, J.-M. Domenach observó que no hay cómo negar las

---

66   Los desplazamientos forzados en los años noventa (después del fin de la guerra fría) abarcaron cerca de nueve millones de personas; UNHCR, *The State of the World's Refugees – Fifty Years of Humanitarian Action*, Oxford, UNHCR/Oxford University Press, 2000, p. 9.

67   N. Van Hear, *New Diasporas – The Mass Exodus, Dispersal and Regrouping of Migrant Communities*, London, UCL Press, 1998, pp. 19-20, 29, 109-110, 141, 143 y 151; F.M. Deng, *Protecting the Dispossessed – A Challenge for the International Community*, Washington D.C., Brookings Institution, 1993, pp. 3-20. Y cf. también, v.g., H. Domenach y M. Picouet, *Les migrations*, Paris, PUF, 1995, pp. 42-126.

68   N. Van Hear, *op. cit. supra* n. (20), pp. 251-252. Como bien se ha resaltado, "the ubiquity of migration is a result of the success of capitalism in fostering the penetration of commoditization into far-flung peripheral societies and undermining the capacity of these societies to sustain themselves. Insofar as this `success' will continue, so too will migrants continue to wash up on the shores of capitalism's core"; *ibid.*, p. 260.

69   *Ibid.*, p. 152.

70   Simone Weil, *The Need for Roots*, London/N.Y., Routledge, 1952 (reprint 1995), p. 41.

71   Hannah Arendt, *La tradition cachée*, Paris, Ch. Bourgois Éd., 1987 (ed. orig. 1946), pp. 58-59 y 125-127.

raíces del propio espíritu humano, por cuanto la propia forma de adquisición de conocimientos, por parte de cada ser humano, – y consecuentemente de su manera de ver el mundo, – está en gran parte condicionada por factores como el lugar de nacimiento, el idioma materno, los cultos, la familia y la cultura[72]. El drama de los desarraigados en general sólo podrá ser eficazmente tratado en medio a un espíritu de verdadera solidaridad humana hacia los victimados[73]. En definitiva, sólo la firme determinación de reconstrucción de la comunidad internacional[74] sobre la base de la solidaridad humana[75] podrá llevar a la superación de las trágicas paradojas anteriormente mencionadas.

V. La Relevancia y Prevalencia de los Principios Básicos

Apesar del deterioro y agravamiento de las condiciones de vida de la población (cf. *supra*), la anteriormente mencionada sucesión de crisis en escala mundial ha, sin embargo, también generado una pronta reacción de la conciencia humana, fuente material de todo el Derecho[76], en el sentido de fomentar, aún más, las aproximaciones y convergencias entre el Derecho Internacional de los Derechos Humanos, el Derecho Internacional Humanitario y el Derecho Internacional de los Refugiados. En mi entender, estas tres grandes vertientes de la protección internacional de los derechos de la persona humana interactúan y se interpenetran, hoy día aún más, en beneficio de todos los seres humanos protegidos. Impulsadas por la conciencia humana, han enfrentado todas las crisis y resultan fortalecidas en el propósito común de protección, precisamente en razón de sus convergencias.

Es importante y necesario que, en el momento sombrío testimoniamos del alarmante recrudecimiento de uso de la fuerza al margen de la Carta de Naciones Unidas, y de crisis por que pasan tanto las tres referidas vertientes de protección como el propio Derecho Internacional (v.g., Kósovo, Guantánamo, Irak), los principios fundamentales que los inspiran, y su *corpus juris* como un todo, sean rescatados y reafirmados, y transmitidos a las nuevas generaciones, como profesión de las consideraciones básicas

---

72 J.-M. Domenach, *Le retour du tragique*, Paris, Éd. Seuil, 1967, p. 285.

73 Jaime Ruiz de Santiago, "Derechos Humanos, Migraciones y Refugiados: Desafios en los Inicios del Nuevo Milenio", *Actas del III Encuentro sobre Mobilidad Humana: Migrantes y Refugiados*, San José de Costa Rica, ACNUR/IIDH, 2001 (en prensa).

74 Cf., v.g., A.A. Cançado Trindade, "Human Development and Human Rights in the International Agenda of the XXIst Century", *in Human Development and Human Rights Forum* (August 2000), San José of Costa Rica, UNDP, 2001, pp. 23-38.

75 Sobre el significado de esta última, cf., en general, L. de Sebastián, *La Solidaridad*, Barcelona, Ed. Ariel, 1996, pp. 12-196; J. de Lucas, *El Concepto de Solidaridad*, 2ª. ed., México, Fontamara, 1998, pp. 13-109; entre otros.

76 A.A. Cançado Trindade, "Reflexiones sobre el Desarraigo como Problema de Derechos Humanos Frente a la Conciencia Jurídica Universal", *in La Nueva Dimensión de las Necesidades de Protección del Ser Humano en el Inicio del Siglo XXI* (eds. A.A. Cançado Trindade y J. Ruiz de Santiago), 3ª. ed., San José de Costa Rica, ACNUR, 2004, pp. 27-86.

de humanidad y manifestación intergeneracional de la fe en el primado del Derecho sobre la fuerza bruta. Además, si, por un lado, con la revolución de los medios de comunicación, vivimos actualmente en un mundo más transparente, por otro lado corremos el riesgo de la masificación y la irremediable pérdida definitiva de valores. Sólo hay un verdadero progreso de la humanidad cuando marcha en el sentido de la emancipación humana[77].

No hay que olvidarse jamás que el Estado fue originalmente concebido para la realización del bien común. Ningún Estado puede considerarse por encima del Derecho, cuyas normas tienen por destinatarios últimos los seres humanos; en suma, el Estado existe para el ser humano, y no *vice versa*. La amplia dimensión de la actual crisis mundial, con sus millones de desarraigados (refugiados, desplazados internos, migrantes documentados e indocumentados), torna difícil, en nuestros días, prever las consecuencias de los conflictos y los flujos poblacionales actuales, que afectan, en última instancia, la comunidad internacional como un todo. Resulta, así, imprescindible destacar la *vocación universal* del Derecho Internacional de los Derechos Humanos, del Derecho Internacional de los Refugiados y del Derecho Internacional Humanitario, cuya observancia representa la última esperanza del primado del Derecho y de la razón sobre la fuerza bruta.

A lo largo de las últimas décadas, tanto el Derecho Internacional Humanitario como el Derecho Internacional de los Refugiados han enfrentado situaciones críticas, a veces desesperadas, han conocido violaciones. Sin embargo, como lo señalan una avaliación del Derecho Internacional Humanitaria publicada con ocasión del centenario de las Convenciones de La Haya y cincuentenario de las Convenciones de Ginebra[78], así como una avaliación del Derecho Internacional de los Refugiados editada con ocasión del cincuentenario de la Convención de 1951 Relativa al Estatuto de los Refugiados[79], uno y otro de han reafirmado, adaptado a las nuevas realidades del escenario internacional, se han consolidado y perfeccionado.

Frente a los actuales atentados contra sus normas, se impone reafirmar la validad continuada de sus principios básicos. En mi Voto Concurrente en la reciente Opinión Consultiva n. 18 de la Corte Interamericana de Derechos Humanos sobre *La Condición Jurídica y los Derechos de los Migrantes Indocumentados* (del 17.09.2003), me permití subrayar la importancia de los principios, para todo sistema jurídico,

---

77 J. Maritain, *Los Derechos del Hombre y la Ley Natural*, Buenos Aires, Ed. Leviatán, 1982 (reimpr.), pp. 12, 18, 38, 43, 50, 94-96 y 105-108. Para Maritain, "la persona humana trasciende el Estado", por tener "un destino superior al tiempo"; *ibid.*, pp. 81-82. Sobre los «fines humanos del poder», cf. Ch. de Visscher, *Théories et réalités en Droit international public*, 4ª. ed. rev., Paris, Pédone, 1970, pp. 18-32 *et seq.*

78 P. Tavernier y L. Burgorgue-Larsen (eds.), *Un siècle de droit international humanitaire*, Bruxelles, Bruylant, 2001, pp. 1-213.

79 V. Chetail (ed.), *La Convention de Genève du 28 juillet 1951 relative au Statut des Réfugiés 50 ans après: bilan et perspectives*, Bruxelles, Bruylant, 2001, pp. 3-417.

inclusive las tres vertientes de protección de los derechos de la persona humana, en los siguientes términos (párrafos 44 y 46):

> "Todo sistema jurídico tiene principios fundamentales, que inspiran, informan y conforman sus normas. Son los principios (derivados etimológicamente del latín *principium*) que, evocando las causas primeras, fuentes o orígenes de las normas y reglas, confieren cohesión, coherencia y legitimidad a las normas jurídicas y al sistema jurídico como un todo. Son los principios generales del derecho (*prima principia*) que confieren al ordenamiento jurídico (tanto nacional como internacional) su ineluctable dimensión axiológica; son ellos que revelan los valores que inspiran todo el ordenamiento jurídico y que, en última instancia, proveen sus propios fundamentos. Es así como concibo la presencia y la posición de los principios en cualquier ordenamiento jurídico, y su rol en el universo conceptual del Derecho. (...) De los *prima principia* emanan las normas y reglas, que en ellos encuentran su sentido. Los principios encuéntranse así presentes en los orígenes del propio Derecho. (...) Al contrario de los que intentan – a mi juicio en vano – minimizarlos, entiendo que, si no hay principios, tampoco hay verdaderamente un sistema jurídico. Sin los principios, el 'orden jurídico' simplemente no se realiza, y deja de existir como tal".

En el referido Voto Concurrente, ponderé que las causas de las migraciones forzadas de personas (en búsqueda de sobrevivencia, de trabajo y de mejores condiciones de vida) "no son fundamentalmente distintas de las del desplazamiento poblacional", y no es mera casualidad que el principio básico de la igualdad y no-discriminación ocupe "una posición central" en el documento adoptado por Naciones Unidas en 1998 conteniendo los *Principios Básicos sobre Desplazamiento Interno* (*Guiding Principles on Internal Displacement*)[80] (párrafo 63). Y agregué que

> "La idea básica de todo el documento es en el sentido de que los desplazados internos no pierden los derechos que les son inherentes como seres humanos en razón del desplazamiento, y están protegidos por la normativa del Derecho Internacional de los Derechos Humanos y del Derecho Internacional Humanitario[81]. En la misma línea de razonamiento, la idea básica subyacente a la Convención Internacional sobre la Protección de los Derechos de Todos los Trabajadores Migratorios y de Sus Familiares (1990) es en el sentido de que todos los trabajadores calificados como migrantes bajo sus disposiciones deben disfrutar de sus derechos humanos independientemente de su situación jurídica; de ahí la posición central ocupada, también en este contexto, por el principio de la no-discriminación[82]. En suma,

---

80 Cf. ONU, documento E/CN.4/1998/L.98, del 14.04.1998, p. 5; cf. los principios 1(1), 4(1), 22 y 24(1). El principio 3(2), a su vez, afirma el derecho de los desplazados internos a la *asistencia humanitaria*. – Para comentarios al documento supracitado como un todo, cf., v.g., W. Kälin, *Guiding Principles on Internal Displacement – Annotations*, Washington D.C., ASIL/Brookings Institution, 2000, pp. 1-276.
81 R. Cohen y F. Deng, *Masses in Flight: The Global Crisis of Internal Displacement*, Washington D.C., Brookings Institution, 1998, p. 74.
82 Tal como enunciado en su artículo 7.

los trabajadores migrantes, inclusive los indocumentados, son titulares de los derechos humanos fundamentales, que no se condicionan por su situación jurídica (irregular o no)[83]. En conclusión sobre este punto, al principio fundamental de la igualdad y no- discriminación está reservada, desde la Declaración Universal de 1948, una posición verdaderamente central en el ámbito del Derecho Internacional de los Derechos Humanos" (párrafo 64).

A lo largo de las últimas décadas, se han efectivamente cristalizado los principios básicos comunes al Derecho Internacional de los Refugiados, al Derecho Internacional Humanitario y al Derecho Internacional de los Refugiados, tales como, v.g., el supracitado principio de la igualdad y la no-discriminación, el principio de la inviolabilidad de la persona humana, el principio de la inalienabilidad e irrenunciabilidad de los derechos de la persona humana, el principio de la non-devolución (*non-refoulement*), el principio de la seguridad de la persona humana. Subyacente a la consolidación de los principios encuéntranse las consideraciones básicas de humanidad (emanadas de la conciencia humana), de las cuales es expresión elocuente, v.g., la *cláusula Martens*.

El hecho de que esta última haya sido reiterada en sucesivos instrumentos del Derecho Internacional Humanitario[84] por más de un siglo (de la I Conferencia de Paz de La Haya de 1899 hasta nuestros días) sitúa la referida *cláusula Martens* – como lo señalé en mi referido Voto Concurrente en la Opinión Consultiva n. 18 de la Corte Interamericana de Derechos Humanos sobre *La Condición Jurídica y los Derechos de los Migrantes Indocumentados* en el plano de *fuente* del propio derecho internacional general (párrafo 29). La he caracterizado, en realidad, como expresión de la *razón de humanidad*, imponiendo límites a la *razón de Estado*[85].

En la misma línea de pensamiento, en varios de mis Votos en el seno de la Corte Interamericana de Derechos Humanos[86], he expresado mi convicción de que la *conciencia jurídica universal* constituye la fuente material por excelencia de todo el

---

83   A.A. Cançado Trindade, *Elementos para un Enfoque de Derechos Humanos del Fenómeno de los Flujos Migratorios Forzados*, Ciudad de Guatemala, OIM/IIDH (Cuadernos de Trabajo sobre Migración n. 5), 2001, pp. 13 y 18.

84   H. Meyrowitz, «Réflexions sur le fondement du droit de la guerre», *Études et essais sur le Droit international humanitaire et sur les principes de la Croix-Rouge en l'honneur de Jean Pictet* (ed. Christophe Swinarski), Genève/La Haye, CICR/Nijhoff, 1984, pp. 423-424; y cf. H. Strebel, "Martens' Clause", *Encyclopedia of Public International Law* (ed. R. Bernhardt), vol. 3, Amsterdam, North-Holland Publ. Co., 1982, pp. 252-253.

85   A.A. Cançado Trindade, *Tratado de Direito Internacional dos Direitos Humanos*, tomo III, Porto Alegre/Brasil, S.A. Fabris Ed., 2003, pp. 497-509.

86   En la Opinión Consultiva n. 16 sobre *El Derecho a la Información sobre la Asistencia Consular en el Marco de las Garantías del Debido Proceso Legal* (1999), párrafos 3-4 y 14 del Voto; en las Medidas Provisionales de Protección en el caso de los *Haitianos y Dominicanos de Orígen Haitiano en la República Dominicana* (2000), párrafo 12 del Voto; en la Sentencia sobre el fondo en el caso *Bámaca Velásquez versus Guatemala* (2000), párrafos 16 y 28 del Voto; en la anteriormente citada Opinión Consultiva n. 18 sobre *La Condición Jurídica y los Derechos de los Migrantes Indocumentados* (2003), párrafos 23-25 y 28-30 del Voto; entre otros.

derecho de gentes. Además, nadie osaría hoy día negar que las "leyes de humanidad" y las "exigencias de la conciencia pública" invocadas por la cláusula Martens pertenecen al dominio del *jus cogens*[87]. La referida cláusula, como un todo, ha sido concebida y reiteradamente afirmada, en última instancia, en beneficio de todo el género humano, manteniendo así su gran actualidad.

Como me he permitido señalar en el Coloquio Internacional sobre los 10 años de la Declaración de Cartagena (1994), *el corpus juris* de salvaguardia de los derechos de la persona humana ha superado compartimentalizaciones del pasado, al admitir la aplicación simultánea o concomitante de normas de protección – sean del Derecho Internacional de los Derechos Humanos, sean del Derecho Internacional de los Refugiados, sean del Derecho Internacional Humanitario – en beneficio de los seres humanos en todas y cualesquiera circunstancias[88]. Hoy día, transcurrida una segunda década desde la adopción de la Declaración de Cartagena (2004), se puede constatar que las convergencias entre las tres vertientes de protección de la persona humana siguen encontrando expresión concreta en la teoría así como en la práctica.

VI. La Contribución del Ciclo de Conferencias Mundiales de Naciones Unidas

La evaluación realizada en San José de Costa Rica hace una década, en diciembre de 1994, se efectuó todavía bajo el impacto – como no podría dejar de ser – de los resultados de la II Conferencia Mundial de Derechos Humanos de Naciones Unidas (Viena, 1993), en la cual la visión integrada anteriormente señalada encontró expresión. Desde la avaliación de San José de 1994 hasta la fecha, tuvo seguimiento el ciclo de Conferencias Mundiales de Naciones Unidas. Además de las tres Conferencias ya entonces realizadas (Medio Ambiente y Desarrollo, Rio de Janeiro, 1992; Derechos Humanos, Viena, 1993; y Población y Desarrollo, Cairo, 1994), siguiéronse cinco más (Desarrollo Social, Copenhagen, 1995; Derechos de la Mujer, Beijing, 1995; Asentamientos Humanos – Habitat-II, Istanbul, 1996; Jurisdicción Penal Internacional Permanente, Roma, 1998; y Combate al Racismo, Discriminación Racial, Xenofobia y Formas Conexas de Intolerancia, Durban, 2001).

Este ciclo de Conferencias Mundiales de Naciones Unidas ha despertado la conciencia jurídica universal para la necesidad de reconceptualizar las propias bases del ordenamiento internacional, de modo de equiparlo para tratar con eficacia los temas que afectan a la humanidad como un todo. Como denominador común de ahí resultando,

---

87   S. Miyazaki, «The Martens Clause and International Humanitarian Law», *in Études et essais... en l'honneur de J. Pictet, op. cit. supra* n. (76), pp. 438 y 440.

88   A.A. Cançado Trindade, "Derecho Internacional de los Derechos Humanos, Derecho Internacional de los Refugiados y Derecho Internacional Humanitario: Aproximaciones y Convergencias", *in* ACNUR, *10 Años de la Declaración de Cartagena sobre Refugiados – Memoria del Coloquio Internacional* (San José de Costa Rica, 05-07.12.1994), San José de Costa Rica, ACNUR/IIDH, 1995, pp. 77-168.

"El actual reconocimiento de la centralidad de las *condiciones de vida* de todos los seres humanos en la agenda internacional del siglo XXI corresponde a un nuevo *ethos* de nuestros tiempos. Tal concepción, a su vez, corresponde, en nuestros días, a la búsqueda continuada de la realización del ideal de la *civitas maxima gentium*, visualizado y cultivado por los fundadores del Derecho Internacional. (...) Con la referida evolución del ordenamiento jurídico internacional hacia la realización del ideal de la *civitas maxima gentium*, volvemos (...) a los orígenes del propio Derecho Internacional, el cual, inicialmente, no era un derecho estrictamente interestatal, sino más bien el *derecho de gentes*. La base de las relaciones entre el Estado y los seres humanos bajo su jurisdicción, así como de las relaciones de los Estados entre sí, no es la soberanía estatal, sino más bien la solidaridad humana. El ser humano es, en última instancia, el destinatario final de las normas jurídicas, el sujeto último del derecho tanto interno como internacional"[89].

El Programa de Acción adoptado por la Conferencia Internacional sobre Población y Desarrollo (Cairo, 05-13.09.1994), a su vez, advirtió que, en el período de 1985-1993, el número de refugiados había más que duplicado (de 8 y medio millones a 19 millones), en consecuencia de factores múltiples y complejos, inclusive "violaciones masivas de derechos humanos"[90], instó los Estados a "respetar el principio del *non-refoulement*" (cf. *infra*) y a salvaguardar el derecho de las personas de "permanecer en seguridad en sus hogares", absteniéndose de políticas y prácticas que las fuercen a huir[91]. Significativamente, el documento final de la Conferencia del Cairo insistió en el "pleno respeto por los varios valores éticos y religiosos y *backgrounds* culturales del pueblo de cada país"[92].

En su Informe sobre *Derechos Humanos y Éxodos en Masa* (1997), el entonces Alto Comisionado de las Naciones Unidas para los Derechos Humanos recordó la importancia atribuída por la Conferencia de las Naciones Unidas sobre los Asentamientos Humanos (Istanbul, Habitat-II, 1996) a los asentamientos humanos en la realización de los derechos humanos. Recordó, además, las recomendaciones de la Conferencia Mundial de Istanbul sobre "la prevención de las expulsiones, el fomento de los centros de refugio y el apoyo prestado a los servicios básicos y las instalaciones de educación y salud en favor de las personas desplazadas, entre otros grupos vulnerables"[93].

---

89   A.A. Cançado Trindade, "La Humanización del Derecho Internacional y los Límites de la Razón de Estado", 40 *Revista da Faculdade de Direito da Universidade Federal de Minas Gerais* – Belo Horizonte (2001) pp. 20-21.

90   U.N., *Population and Development – Programme of Action Adopted at the International Conference on Population and Development* (Cairo, 05-13 September 1994), doc. ST/ESA/Ser.A/149, N.Y., U.N., 1995, p. 55, párr. 10/21.

91   *Ibid.*, p. 56, párrs. 10/27 y 10/23.

92   *Ibid.*, p. 74, párr. 14/3(f); p. 79, párr. 15/13; y cf. p. 27, párr. 6/22, para el llamado al respeto de la cultura, de la espiritualidad y de los modos de vida de los pueblos indígenas.

93   Naciones Unidas, documento E/CN.4/1997/42, de 14.01.1997, p. 21, párr. 61.

En efecto, un examen detallado de la Declaración de Istanbul sobre Assentamientos Humanos y de la Agenda Habitat (1996) revela que, de todos los documentos finales de las Conferencias Mundiales de las Naciones Unidas de la década de noventa, los de la Conferencia Habitat-II de Istanbul de 1996 fueron los que mejor articularon las dimensiones cultural y espiritual de la protección de los desplazados y los migrantes. Así, después de advertir que más de un billón de personas viven hoy en "pobreza absoluta", la referida Declaración de Istanbul destacó el valor cultural y espiritual de los estándares de asentamiento humano y su conservación y rehabilitación[94].

En la misma línea de pensamiento, la Agenda Habitat, al detenerse en la protección de los refugiados, desplazados y migrantes (en relación con la falta de abrigo adecuado), identificó en la pobreza y las violaciones de los derechos humanos factores que conllevan a migraciones[95]. Además, destacó la importancia de la preservación de la identidad cultural de los migrantes, y de la igualdad de oportunidades para el desarrollo personal, cultural, social y espiritual de todos[96]. La Agenda Habitat enfatizó la importancia del cultivo, por las nuevas generaciones, de su herencia histórica, – cultural y espiritual, – indispensable para una vida comunitaria estable[97]. En fin, desde esta óptica, la Agenda Habitat propugnó por la construcción de un mundo de paz y estabilidad, sobre la base de una "visión ética y espiritual"[98].

De los mencionados documentos finales de las Conferencias Mundiales de las Naciones Unidas de la década de noventa (*supra*), se puede desprender que el Derecho Internacional pasa a ocuparse cada vez más de la cuestión de las migraciones, y del desarraigo como problema de los derechos humanos. Los análisis de la materia, desde el prisma no sólo jurídico sino también sociológico, destacan aspectos que no pueden pasar desapercibidos de los juristas[99]. La globalización de la economía se hace acompañar de la persistencia (y en varias partes del mundo del agravamiento) de las disparidades nacionales; se puede, v.g., constatar un contraste marcante entre la pobreza de los países de origen de las migraciones (a veces clandestinas) y los recursos incomparablemente mayores de los países receptores de migrantes[100].

Los migrantes (particularmente los indocumentados) se encuentran frecuentemente en una situación de gran vulnerabilidad (mayor que la de los nacionales), ante el riesgo del empleo precario (en la llamada "economía informal"), el propio

---

94 U.N., *Habitat Agenda and Istanbul Declaration* (II U.N. Conference on Human Settlements, Istanbul, June 1996), N.Y., U.N., 1996, pp. 7-8.
95 *Ibid.*, pp. 78-79 y 158-159.
96 *Ibid.*, pp. 15, 23 y 34.
97 *Ibid.*, pp. 98 y 121-122.
98 *Ibid.*, p. 12.
99 Para un estudio general, cf., v.g., [Varios Autores,] *Movimientos de Personas e Ideas y Multiculturalidad* (Forum Deusto), vol. I, Bilbao, Universidad de Deusto, 2003, pp. 11-277.
100 H. Domenach y M. Picouet, *Les migrations*, Paris, PUF, 1995, pp. 58-61 y 111.

desempleo y la pobreza (también en el país receptor)[101]. A ésto se suma el choque o la distancia cultural, que hace con que los migrantes busquen cultivar nuevos lazos de solidaridad, con referencias colectivas, y el cultivo de sus raíces y prácticas culturales originales, y de sus valores espirituales (como, de modo especial, los atinentes a los ritos fúnebres, al respeto a sus muertos y su memoria)[102].

En suma y en conclusión sobre la cuestión en examen, los documentos finales de las recientes Conferencias Mundiales de las Naciones Unidas (realizadas en el período de 1992 hasta 2001) reflejan la reacción de la conciencia jurídica universal contra los atentados y afrentas a la dignidad de la persona humana en todo el mundo. En realidad, el referido ciclo de Conferencias Mundiales ha consolidado el reconocimiento de "la legitimidad de la preocupación de toda la comunidad internacional con las violaciones de derechos humanos en todas partes y en cualquier momento"[103].

VII. El Fenómeno Contemporáneo del Desarraigo como Problema de los Derechos de la Persona Humana

Desafortunadamente, la práctica revela que no siempre ha prevalecido el derecho de *permanecer* en el hogar; pero siempre que ocurre el desplazamiento, hay que salvaguardar los derechos humanos de los desarraigados. A pesar de la persistencia del problema del desplazamiento interno a lo largo sobre todo de las dos últimas décadas, solamente en el primer trimestre de 1998, la Comisión de Derechos Humanos de las Naciones Unidas, teniendo presentes los informes del Representante del Secretario-General de las Naciones Unidas sobre Desplazados Internos (Sr. F.M. Deng)[104], logró en fin adoptar los llamados *Principios Básicos sobre Desplazamiento Interno* de 1998 (*Guiding Principles on Internal Displacement*), con miras a reforzar y fortalecer las vías de protección ya existentes[105]; en este espíritu, los nuevos principios propuestos se aplican tanto a gobiernos como a grupos insurgentes, en todas las etapas del desplazamiento. El principio básico de la *no-discriminación* ocupa una posición central en el mencionado

---

101 *Ibid*., p. 66.
102 *Ibid*., pp. 48 y 82-83, y cf. pp. 84-85.
103 A.A. Cançado Trindade, *El Derecho Internacional de los Derechos Humanos en el Siglo XXI*, Santiago, Editorial Jurídica de Chile, 2001, p. 413, y cf. p. 88.
104 Dichos informes enfatizaron la importancia de la prevención. Según Deng, cualquier estrategia para proteger los desplazados internos debe tener por primer objetivo la prevención de conflictos, la remoción de las causas subyacentes del desplazamiento, vinculando las cuestiones humanitarias con las de derechos humanos. F.M. Deng, *Internally Displaced Persons* (Interim Report), N.Y., RPG/DHA, 1994, p. 21.
105 Sobre todo mediante las convergencias entre el Derecho Internacional de los Derechos Humanos, el Derecho Internacional Humanitario y el Derecho Internacional de los Refugiados; cf. Roberta Cohen y Francis Deng, *Masses in Flight: The Global Crisis of Internal Displacement*, Washington D.C., Brookings Institution, 1998, cap. III, pp. 75 y 78-85.

documento de 1998[106], el cual cuida de enumerar los mismos derechos, de los desplazados internos, de que disfrutan las demás personas en su país[107].

Los referidos *Principios Básicos* de 1998 determinan que el desplazamiento no puede se efectuar de modo a violar los derechos a la vida, a la dignidad, a la libertad y a la seguridad de los afectados (Principios 8 y siguientes). El documento también afirma otros derechos, como el derecho al respeto a la vida familiar (Principio 17), el derecho a un patrón adecuado de vida (Principio 18), el derecho a la igualdad ante la ley (Principio 20), el derecho a la educación (Principio 23)[108]. La idea básica subyacente a todo el documento es en el sentido de que los desplazados internos no pierden sus derechos inherentes, en razón del desplazamiento, y pueden invocar la normativa internacional pertinente de protección para salvaguardar sus derechos[109].

Una corriente de la doctrina europea contemporánea ha invocado el derecho de la responsabilidad internacional del Estado para declarar la práctica estatal generadora de refugiados – y desplazados – como constituyendo un acto internacionalmente ilícito (sobre todo ante la presencia del elemento de *culpa lata*)[110]. Una justificativa para esta elaboración doctrinal reside en el hecho de que los instrumentos internacionales de protección de los refugiados han limitado la previsión de obligaciones solamente a los Estados de recepción, pero no en relación con los Estados de orígen, de refugiados; a partir de esta constatación, se invoca una norma consuetudinaria de derecho humanitario prohibidora de la provocación de flujos de refugiados[111]. Y a partir de ahí, se establecen las conseqüencias del acto internacionalmente ilícito de generar flujos de refugiados – que se aplicarían *a fortiori* a flujos migratorios súbitos, – inclusive para efectos de reparaciones.

Estos esfuerzos doctrinales presentan, a mi modo de ver, aspectos tanto positivos como negativos. Por un lado, amplian el horizonte para el examen de la materia, abarcando a un mismo tiempo tanto el Estado de recepción como el de orígen (de los refugiados), y velando por la protección de los derechos humanos en ambos. Por otro lado, pasam al plano de las reparaciones con un enfoque esencialmente jusprivatista, justificando inclusive sanciones a Estados que, a rigor, no son los únicos

---

106 Principios 1(1), 4(1), 22, 24(1)).

107 Afirma, además, la prohibición del "desplazamiento arbitrario" (Principio 6).

108 El documento se refiere, en fin, al retorno, reasentamiento y reintegración de los desplazados (Principios 28-30). Para la adopción del documento, cf. ONU, doc. E/CN.4/1998/L.98, de 14.04.1998, p. 5.

109 R. Cohen y F. Deng, *op. cit. supra* n. (80), p. 74.

110 P. Akhavan y M. Bergsmo, "The Application of the Doctrine of State Responsibility to Refugee Creating States", 58 *Nordic Journal of International Law – Acta Scandinavica Juris Gentium* (1989) pp. 243-256; y cf. R. Hofmann, "Refugee-Generating Policies and the Law of State Responsibility", 45 *Zeitschrift für ausländisches öffentliches Recht und Völkerrecht* (1985) pp. 694-713.

111 W. Czaplinski y P. Sturma, «La responsabilité des États pour les flux de réfugiés provoqués par eux», 40 *Annuaire français de Droit international* (1994) pp. 156-169.

responsables por los flujos poblacionales forzados. En un mundo "globalizado" de profundas desigualdades e iniquidades como el de nuestros días, del primado de la crueldad económico-financiera anti-histórica (que hace abstracción de los sufrimientos de las generaciones pasadas), de la irrupción de tantos conflictos internos desagregadores, como identificar el orígen "individualizado" de tanta violencia, como trazar la línea divisoria, como singularizar Estados responsables – a la exclusión de otros Estados – por migraciones forzadas, como justificar represalias?

Tal como señalé en obra reciente[112], no me parece ser este el camino a seguir. El mal es de la propia condición humana; la cuestión de los flujos poblacionales forzados – directamente ligada a las precarias condiciones de vida de los victimados – debe ser tratada como verdadero *tema global* que es (a la par de la responsabilidad estatal), teniendo presentes las obligaciones *erga omnes* de protección del ser humano. El desarrollo conceptual de tales obligaciones constituye una alta prioridad de la ciencia jurídica contemporánea[113], con énfasis especial en la prevención.

Las iniqüidades del actual sistema económico-financiero internacional requieren el desarrollo conceptual del derecho de la responsabilidad internacional, de modo a abarcar, a la par de los Estados, los agentes del sistema financiero internacional y los agentes no-estatales en general (los detentores del poder económico). En el presente contexto del desarraigo, la temática de la responsabilidad internacional debe ser abordada no tanto a partir de un enfoque estatocéntrico, i.e., en el marco de las relaciones puramente interestatales, sino más bien en el de las relaciones del Estado *vis-à-vis* todos los seres humanos bajo su jurisdicción. En el centro de las preocupaciones sitúase, como no podría dejar de ser, la persona humana.

En cuanto a la prevención del desarraigo, recuérdese que el antecedente, en el plano de las Naciones Unidas, del sistema de "alerta imediata" (*early warning*), emanó de una propuesta, al inicio de los años ochenta, del *rapporteur* especial sobre la cuestión de los derechos humanos y éxodos en masa. Posteriormente, se relacionó este tema con la cuestión de los desplazados internos[114]. Todo ésto revela, en última instancia, la importancia de la prevalencia del derecho al desarrollo como un derecho humano, así como la *dimensión preventiva* de las interrelaciones del desarrollo con los derechos humanos[115]. La materia ha atraído considerable atención en las ya

---

112 A.A. Cançado Trindade, *Tratado de Direito Internacional dos Direitos Humanos*, vol. II, Porto Alegre/Brasil, S.A. Fabris Ed., 1999, pp. 272-276.

113 Cf., en ese sentido, mis Votos Razonados en los siguientes casos ante la Corte Interamericana de Derechos Humanos: caso *Blake versus Guatemala* (Sentencia sobre el fondo, 1998, Serie C, n. 36, párrs. 26-30); caso caso *Blake versus Guatemala* (Sentencia sobre reparaciones, 1999, Serie C, n. 48, párrs. 39-40 y 45); caso *Las Palmeras*, relativo a Colombia (Sentencia sobre excepciones preliminares, 2000, Serie C, s/n., párrs. 1-15 – todavía no-publicado).

114 Cf. ONU, documento E/CN.4/1995/CRP.1, de 30.01.1995, pp. 1-119.

115 Cf., recientemente, v.g., PNUD, *Informe sobre Desarrollo Humano 2000*, Madrid, Ed. Mundi-Prensa, 2000, pp. 1-290.

citadas Conferencias Mundiales de las Naciones Unidas de la década de noventa, que han proveído importantes elementos para su consideración[116] (cf. *supra*).

La Convención Internacional sobre la Protección de los Derechos de Todos los Trabajadores Migratorios y de Sus Familiares (1990), a pesar de algunas insuficiencias (como la de su artículo 3, al excluir de su ámbito, *inter alii*, los refugiados y apátridas), extiende protección a todos los migrantes – tanto "regulares" como "irregulares" – en distintas situaciones[117]. Además, la adopción de la referida Convención, – que ha recientemente entrado en vigor, en julio de 2003, – ha contribuído decisivamente para superar la visión compartimentalizada que prevalecía anteriormente a su adopción en el sistema de Naciones Unidas, mediante la cual las Naciones Unidas sólo se ocupaban – en esta area específica – de la protección de los derechos de los extranjeros y los no-ciudadanos, mientras que la OIT sólo se ocupaba de la protección de los migrantes en su condición de trabajadores[118].

A partir de la adopción de la supracitada Convención de 1990, el tratamiento del tema de los derechos de los migrantes pasó a efectuarse desde una perspectiva más amplia, holística. Y la reciente Opinión Consultiva n. 18 de la Corte Interamericana de Derechos Humanos, del 17.09.2003, sobre la *Condición Jurídica y Derechos de los Migrantes Indocumentados*, constituye un marco de trascendental importancia en esta línea de evolución hacia una protección integral de los derechos de todos los migrantes (doumentados e indocumentados). Además, en nuestros días, no se justifica disociar el problema de derechos humanos de los migrantes del de los refugiados; no hay cómo dejar de considerar conjuntamente, desde un enfoque integral.

VIII. El Fenómeno del Desarraigo en la Jurisprudencia de la Corte Interamericana de Derechos Humanos.

El fenómeno del desarraigo, actualmente en escala universal, como problema de los derechos de la persona humana, que en los últimos años empieza a atraer

---

116 Para un estudio reciente, cf. A.A. Cançado Trindade, "Sustainable Human Development and Conditions of Life as a Matter of Legitimate International Concern: The Legacy of the U.N. World Conferences", *in Japan and International Law – Past, Present and Future* (International Symposium to Mark the Centennial of the Japanese Association of International Law), The Hague, Kluwer, 1999, pp. 285-309.

117 R. Cholewinski, *Migrant Workers in International Human Rights Law – Their Protection in Countries of Employment*, Oxford, Clarendon Press, 1997, pp. 153 y 182. Y, sobre el contenido normativo de la Convención de 1990 en general, cf., v.g., J. Bonet Pérez, "La Convención Internacional sobre la Protección de los Derechos de Todos los Trabajadores Migratorios y de Sus Familiares", *in La Protección Internacional de los Derechos Humanos en los Albores del Siglo XXI* (eds. F. Gómez Isa y J.M. Pureza), Bilbao, Universidad de Deusto, 2003, pp. 321-349.

118 *Ibid.*, pp. 139-140. – Sobre el lento y difícil proceso de las ratificaciones de la Convención de 1990, cf. S. Hune y J. Niessen, "Ratifying the U.N. Migrant Workers Convention: Current Difficulties and Propects", 12 *Netherlands Quarterly of Human Rights* (1994) pp. 393-404.

atención de la bibliografía especializada[119], ha sido tratado por la Corte Interamericana de Derechos Humanos en su jurisprudencia reciente tanto en materia de Medidas Provisionales de Protección como en el ejercicio de su función consultiva. La referida cuestión fue fin sido sometida a la consideración de la Corte Interamericana, inicialmente en el caso de los *Haitianos y Dominicanos de Origen Haitiana en la República Dominicana*; la Corte adoptó Medidas Provisionales de Protección en Resolución adoptada el día 18 de agosto de 2000. Dichas medidas tuvieron por objeto, *inter alia*, proteger la vida e integridad personal de cinco individuos, evitar la deportación o expulsión de dos de ellos, permitir el retorno inmediato a la República Dominicana de otros dos, y la reunificación familiar de dos de ellos con sus hijos menores, además de la investigación de los hechos.

En mi Voto Concurrente en la Resolución de la Corte en el referido caso, me permití, al señalar la dimensión verdaderamente global del fenómeno contemporáneo del *desarraigo*, – que se manifiesta en diferentes regiones del mundo y representa un gran desafío al Derecho Internacional de los Derechos Humanos, – advertir que

> – "En efecto, en un mundo `globalizado' – el nuevo eufemismo *en vogue*, – se abren las fronteras a los capitales, inversiones, bienes y servicios, pero no necesariamente a los seres humanos. Se concentran las riquezas cada vez más en manos de pocos, al mismo tiempo en que lamentablemente aumentan, de forma creciente (y estadísticamente comprobada), los marginados y excluídos. Las lecciones del pasado parecen olvidadas, los sufrimientos de generaciones anteriores parecen haber sido en vano. El actual frenesí `globalizante', presentado como algo inevitable e irreversible, – en realidad configurando la más reciente expresión de un perverso neodarwinismo social, – muéstrase enteramente desprovisto de todo sentido histórico" (párrs. 2-3).

Proseguí ponderando que este es, para mí, un cuadro revelador de que, en este umbral del siglo XXI,

> "(...) el ser humano ha sido por sí mismo situado en escala de prioridad inferior a la atribuída a los capitales y bienes, – a pesar de todas las luchas del pasado, y de todos los sacrificios de las generaciones anteriores. (...) Como consecuencia de esta tragedia contemporánea – causada esencialmente por el propio hombre, – perfectamente evitable si la solidaridad humana primase sobre el egoísmo, surge el nuevo fenómeno del desarraigo, sobre todo de aquellos que buscan escapar del hambre, de las enfermedades y de la

---

119 Cf., v.g., Virginia Trimarco, "Reflexiones sobre la Protección Internacional en los '90", *Derecho Internacional de los Refugiados* (ed. J. Irigoin Barrenne), Santiago, Ed. Universidad de Chile, 1993, pp. 88-113; Diego García-Sayán, "El Refugio en Situación de Violencia Política", *in ibid.*, pp. 114-125; Cristina Zeledón, "Derechos Humanos y Políticas Frente a la Mundialización de los Flujos Migratorios y del Exilio", *Migrações Contemporâneas: Desafio à Vida, à Cultura e à Fé*, Brasília, CSEM, 2000, pp. 97-111.

miseria, – con graves consecuencias e implicaciones para la propia normativa internacional de la protección del ser humano" (párr. 4)[120].

Con el desarraigo, – proseguí, – uno pierde sus medios espontáneos de expresión y de comunicación con el mundo exterior, así como la posibilidad de desarrollar un *proyecto de vida*: "es, pues, un problema que concierne a todo el género humano, que involucra la totalidad de los derechos humanos, y, sobre todo, que tiene una dimensión espiritual que no puede ser olvidada, aún más en el mundo deshumanizado de nuestros días" (párr. 6).

Y, sobre este primer aspecto del problema, concluí que "el problema del desarraigo debe ser considerado en un marco de la acción orientada a la erradicación de la exclusión social y de la pobreza extrema, – si es que se desea llegar a sus causas y no solamente combatir sus síntomas. Se impone el desarrollo de respuestas a nuevas demandas de protección, aunque no estén literalmente contempladas en los instrumentos internacionales de protección del ser humano vigentes. El problema sólo puede ser enfrentado adecuadamente teniendo presente la indivisibilidad de todos los derechos humanos (civiles, políticos, económicos, sociales y culturales)" (párr. 7).

En seguida pasé a abordar, en mi Voto Concurrente, a la par de la *dimensión global*, el otro aspecto del problema del desarraigo, a saber, el de la *responsabilidad estatal*. Después de dejar constancia de "los vacíos y lagunas de la normativa de protección existente" sobre la materia, me permití advertir:

– "Nadie cuestiona, por ejemplo, la existencia de un derecho a *emigrar*, como corolario del derecho a la libertad de movimiento. Pero los Estados aún no aceptaron un derecho a *inmigrar* y a *permanecer* donde uno se encuentre. En lugar de políticas poblacionales, los Estados, en su gran mayoría, ejercen más bien la función policial de proteger sus fronteras y controlar los flujos migratorios, sancionando los llamados migrantes *ilegales*. Como, a juicio de los Estados, no hay un derecho humano de inmigrar y de permanecer donde uno esté, el control de los ingresos migratorios, sumado a los procedimientos de deportaciones y expulsiones, encuéntranse sujetos a sus propios criterios soberanos. No sorprende que de ahí advengan inconsistencias y arbitrariedades" (párr. 8).

---

120   En el párrafo siguiente, observé que "ya en 1948, en un ensayo luminoso, el historiador Arnold Toynbee, cuestionando [en su libro *Civilization on Trial*] las propias bases de lo que se entiende por *civilización*, – o sea, avanzos bastante modestos en los planos social y moral, – lamentó que el dominio alcanzado por el hombre sobre la naturaleza no-humana desafortunadamente no se extendió al plano espiritual" (párr. 5). – Ya a mediados del siglo XX, corrientes distintas del pensamiento filosófico de entonces se rebelaban contra la deshumanización de las relaciones sociales y la despersonalización del ser humano, generadas por la sociedad tecnocrática, que trata el individuo como simple agente de producción material; cf., v.g., *inter alia*, Roger Garaudy, *Perspectivas do Homem*, 3ª. ed., Rio de Janeiro, Ed. Civilização Brasileira, 1968, pp. 141-143 y 163-165.

Y acrecenté: – "La normativa de protección atinente a los derechos humanos sigue siendo insuficiente, ante la falta de acuerdo en cuanto a las bases de una verdadera cooperación internacional referente a la protección de todos los desarraigados. No hay normas jurídicas eficaces sin los valores correspondientes, a ellas subyacentes[121]. En relación con el problema en cuestión, algunas normas de protección ya existen, pero faltan el reconocimiento de los valores, y la voluntad de aplicarlas; no es mera casualidad, por ejemplo, que la Convención Internacional sobre la Protección de los Derechos de Todos los Trabajadores Migratorios y de Sus Familiares[122], una década después de aprobada, aún no haya entrado en vigor" (párr. 9).

En mi entender, "la cuestión del desarraigo debe ser tratada no a la luz de la soberanía estatal, sino más bien como problema de dimensión verdaderamente *global* que es (requiriendo una concertación a nivel universal), teniendo presentes las obligaciones *erga omnes* de protección" (párr. 10). A pesar de ser el desarraigo "un problema que afecta a toda la *comunidad internacional*", – continué advirtiendo,

> "sigue siendo tratado de forma atomizada por los Estados, con la visión de un ordenamiento jurídico de carácter puramente interestatal, sin parecer darse cuenta de que el modelo westphaliano de dicho ordenamiento internacional se encuentra, ya hace mucho tiempo, definitivamente agotado. Es precisamente por esto que los Estados no pueden eximirse de responsabilidad en razón del carácter global del desarraigo, por cuanto siguen aplicando al mismo sus propios criterios de ordenamiento interno. (...) El Estado debe, pues, responder por las consecuencias de la aplicación práctica de las normas y políticas públicas que adopta en materia de migración, y en particular de los procedimientos de deportaciones y expulsiones" (párrs. 11-12).

Por último, en mi Voto Concurrente supracitado, insistí en el énfasis a ser dado a la *prevención* del desarraigo (párr. 13), inclusive mediante las Medidas Provisionales de Protección adoptadas por la Corte en el presente caso de los *Haitianos y Dominicanos de Origen Haitiana en la República Dominicana* (2000).

La indivisibilidad de todos los derechos humanos, – proseguí, – "se manifiesta tanto en el fenómeno del desarraigo (cf. *supra*) como en la aplicación de las medidas

---

121 Obsérvese que la propia doctrina jurídica contemporánea ha sido simplemente omisa en relación con la Convención de Naciones Unidas sobre la Protección de los Derechos de Todos los Trabajadores Migratorios y de Sus Familiares (1990), – a pesar de la gran significación de que ésta se reviste. La idea básica subyacente en esta Convención es que todos los migrantes – inclusive los *indocumentados* e *ilegales* – deben disfrutar de sus derechos humanos independientemente de su situación jurídica. De ahí la posición central ocupada, también en este contexto, por el principio de la *no-discriminación* (artículo 7). No sorprendentemente, el elenco de los derechos protegidos sigue una visión necesariamente holística o integral de los derechos humanos (abarcando derechos civiles, políticos, económicos, sociales y culturales).

122 Que prohíbe medidas de expulsión colectiva, y determina que cada caso de expulsión deberá ser "examinado y decidido individualmente", conforme a la ley (artículo 22).

provisionales de protección. Siendo así, no hay, jurídica y epistemológicamente, impedimento alguno a que dichas medidas, que hasta el presente han sido aplicadas por la Corte Interamericana en relación con los derechos fundamentales a la vida y a la integridad personal (artículos 4 y 5 de la Convención Americana sobre Derechos Humanos), sean aplicadas también en relación con otros derechos protegidos por la Convención Americana. Siendo todos estos derechos interrelacionados, se puede perfectamente, en mi entender, dictar medidas provisionales de protección de cada uno de ellos, siempre y cuando se reúnan los dos requisitos de la `extrema gravedad y urgencia' y de la `prevención de daños irreparables a las personas', consagrados en el artículo 63(2) de la Convención" (párr. 14).

En cuanto a los derechos protegidos, – agregué, – "entiendo que la extrema gravedad del problema del desarraigo acarrea la extensión de la aplicación de las medidas provisionales tanto a los derechos a la vida y a la integridad personal (artículos 4 y 5 de la Convención Americana) como a los derechos a la libertad personal, a la protección especial de los niños en la familia, y de circulación y residencia (artículos 7, 19 y 22 de la Convención), como en el presente caso de los *Haitianos y Dominicanos de Origen Haitiano en República Dominicana*. Es ésta la primera vez en su historia que la Corte procede de ese modo, a mi modo de ver correctamente, consciente de la necesidad de desarrollar, por su jurisprudencia evolutiva, nuevas vías de protección inspiradas en la realidad de la intensidad del propio sufrimiento humano" (párr. 15).

Después de algunas otras observaciones, concluí mi referido Voto Concurrente con la ponderación siguiente:

> – "Al Derecho está reservado un papel de fundamental importancia para atender a las nuevas necesidades de protección del ser humano, particularmente en el mundo deshumanizado en que vivimos. Al inicio del siglo XXI, urge, en definitiva, situar el ser humano en el lugar que le corresponde, a saber, en el centro de las políticas públicas de los Estados (como las poblacionales) y de todo proceso de desarrollo, y ciertamente por encima de los capitales, inversiones, bienes y servicios. Urge, además, desarrollar conceptualmente el derecho de la responsabilidad internacional, de modo a abarcar, a la par de la estatal, también la responsabilidad de actores no-estatales. Es éste uno de los mayores desafíos del poder público y de la ciencia jurídica en el mundo `globalizado' en que vivimos, desde la perspectiva de la protección de los derechos humanos" (párr. 25).

Posteriormente, en el caso de la *Comunidad de Paz de San José de Apartadó*, se planteó la cuestión de la protección de los miembros de una "Comunidad de Paz" en Colombia, ordenada por una Resolución, sobre Medidas Urgentes, dictada por el Presidente de la Corte Interamericana, el 09 de octubre de 2000. Dichas Medidas fueron ratificadas por la Corte en pleno, la cual, en su Resolución sobre Medidas Provisionales de 24 de noviembre de 2000, al extenderlas a todos los miembros de la Comunidad, requirió al Estado, *inter alia*, que asegurase las condiciones necesarias para que las personas de la mencionada Comunidad "que se hayan forzadas a desplazarse a otras zonas del país, regresen a sus hogares"[123].

En cuanto al ejercicio de su función consultiva, la Corte Interamericana emitió el día 01 de octubre de 1999, su Opinión Consultiva n. 16, de considerable importancia, sobre *El Derecho a la Información sobre la Asistencia Consular en el Marco de las Garantías del Debido Proceso Legal*. Trátase de un pronunciamiento pionero, el cual desde entonces ha servido de inspiración a la jurisprudencia internacional *in statu nascendi* al respecto, y que tiene incidencia en la cuestión de la protección de los desarraigados. La referida Opinión Consultiva n. 16 de la Corte Interamericana sostuvo que el artículo 36 de la Convención de Viena sobre Relaciones Consulares (1963) concierne a la protección de los derechos del detenido extranjero, a quien reconoce el derecho individual a la pronta información sobre la asistencia consular[124]. Agregó que este derecho confiere eficacia, en los casos concretos, al derecho al debido proceso legal, susceptible de expansión; y que debe, así, ser respetado por todos los Estados Partes, independientemente de su estructura federal o unitaria[125].

La inobservancia de tal derecho, acrecentó la Opinión Consultiva n. 16, afecta, por consiguiente, las garantías del debido proceso legal, y, en estas circunstancias, la imposición de la pena de muerte constituye una violación del derecho a no ser privado de la vida "arbitrariamente"[126], "con las consecuencias jurídicas inherentes a una violación de esta naturaleza, es decir, las atinentes a la responsabilidad internacional del Estado y al deber de reparación"[127]. Esta transcendental Opinión Consultiva de la Corte Interamericana tiene relevancia directa para toda persona privada de su libertad en el exterior, – inclusive, naturalmente, los migrantes.

En mi Voto Concurrente en esta Opinión Consultiva n. 16, observé que la evolución de las normas internacionales de protección ha sido "impulsada por nuevas y constantes valoraciones que emergen y florescen en el seno de la sociedad humana, y que naturalmente se reflejan en el proceso de la interpretación evolutiva de los tratados de derechos humanos" (párr. 15). Y me permití, a seguir, formular la siguiente ponderación:

> – "La acción de protección, en el ámbito del Derecho Internacional de los Derechos Humanos, no busca regir las relaciones entre iguales, sino proteger los ostensiblemente más débiles y vulnerables. Tal acción de protección asume importancia cresciente en un mundo dilacerado por distinciones entre nacionales y extranjeros (inclusive discriminaciones *de jure*, notadamente *vis-à-vis* los migrantes), en un mundo `globalizado´ en que las fronteras se

---

123 Punto resolutivo n. 6 de la citada Resolución; y cf. el Voto Razonado Concurrente de los Jueces A. Abreu Burelli y S. García Ramírez.
124 OC-16/99, de 01.10.1999, puntos resolutivos 1-3.
125 *Ibid.*, puntos resolutivos 6 y 8.
126 En los términos del artículo 4 de la Convención Americana sobre Derechos Humanos, y del artículo 6 del Pacto Internacional de Derechos Civiles y Políticos.
127 OC-16/99, de 01.10.1999, punto resolutivo n. 7.

abren a los capitales, inversiones y servicios pero no necesariamente a los seres humanos. Los estranjeros detenidos, en un medio social y jurídico y en un idioma diferentes de los suyos y que no conocen suficientemente, experimentan muchas veces una condición de particular vulnerabilidad, que el derecho a la información sobre la asistencia consular, enmarcado en el universo conceptual de los derechos humanos, busca remediar" (párr. 23).

Y concluí mi Voto Concurrente observando que, "en este final de siglo, tenemos el privilegio de testimoniar el proceso de *humanización* del derecho internacional, que hoy alcanza también este aspecto de las relaciones consulares. En la confluencia de estas con los derechos humanos, se ha cristalizado el derecho individual subjetivo a la información sobre la asistencia consular, de que son titulares todos los seres humanos que se vean en necesidad de ejercerlo: dicho derecho individual, situado en el universo conceptual de los derechos humanos, es hoy respaldado tanto por el derecho internacional convencional como por el derecho internacional consuetudinario" (párr. 35).

No hay que pasar desapercibido, en la jurisprudencia de la Corte en materia contenciosa, la amplia dimensión del propio derecho a la vida, sostenida por la Corte Interamericana en el caso *Villagrán Morales y Otros versus Guatemala* (fondo, 1999, – el de los llamados *"Niños de la Calle"*), a abarcar igualmente las condiciones que aseguren una vida digna (párrafo 144). Como se señaló en aquel caso paradigmático ante la Corte Interamericana,

> "El derecho a la vida implica no solo la obligación negativa de no privar a nadie de la vida arbitrariamente, sino también la obligación positiva de tomar las medidas necesarias para asegurar que no sea violado aquel derecho básico. (...) El derecho a la vida no puede seguir siendo concebido restrictivamente, como lo fue en el pasado, referido sólo a la prohibición de la privación arbitraria de la vida física. (...) El deber del Estado de tomar medidas positivas *se acentúa* precisamente en relación con la protección de la vida de personas vulnerables e indefensas, en situación de riesgo, como son los niños en la calle. La privación arbitraria de la vida no se limita, pues, al ilícito del homicidio; se extiende igualmente a la privación del derecho de vivir con dignidad. (...)
>
> En los últimos años, se han deteriorado notoriamente las condiciones de vida de amplios segmentos de la población de los Estados Partes en la Convención Americana, y una interpretación del derecho a la vida no puede hacer abstracción de esta realidad, sobre todo cuando se trata de los niños en situación de riesgo en las calles de nuestros países de América Latina. Las necesidades de protección de los más débiles, – como los niños en la calle, – requieren en definitiva una interpretación del derecho a la vida de modo que comprenda las condiciones mínimas de una vida digna.(...)
>
> Una persona que en su infancia vive, como en tantos países de América Latina, en la humillación de la miseria, sin la menor condición siquiera de crear su proyecto de vida, experimenta un estado de padecimiento equivalente a una muerte espiritual; la muerte física que a ésta sigue, en tales circunstancias, es la culminación de la destrucción total del ser humano. Estos agravios hacen víctimas no sólo a quienes los sufren directamente, en

su espíritu y en su cuerpo; se proyectan dolorosamente en sus seres queridos, en particular en sus madres, que comúnmente también padecen el estado de abandono"[128].

Posteriormente, la Corte Interamericana se pronunció sobre las violaciones de derechos humanos ocurridas en el primer caso en toda su historia relativo a una masacre (Sentencia del 29 de abril de 2004); en mi Voto Razonado en este caso de la *Masacre de Plan de Sánchez*, relativo a Guatemala, retomé el tema que había desarrollado hace una década con ocasión del Coloquio sobre los 10 años de la Declaración de Cartagena, en los siguientes términos:

> "La presente Sentencia de la Corte Interamericana en el caso de la *Masacre de Plan de Sánchez* va más allá del denominador común del Derecho Internacional de los Derechos Humanos y del Derecho Internacional Humanitario, y contiene elementos conceptuales propios también del Derecho Internacional de los Refugiados: es el caso, v.g., de la referencia expresa al criterio del `temor fundado de persecución' (párr. 42.28), propia de esta última vertiente de protección de los derechos de la persona humana. En efecto, hechos como los del presente caso (de masacres y planes de `tierra arrasada') dieron lugar a desplazamientos forzados y llegada de refugiados en México (sobre todo a partir de 1981- 1982)[129]. Del presente caso se desprenden, en efecto, las *aproximaciones o convergencias* entre las tres vertientes de protección, que, como vengo sosteniendo hace algunos años, se manifiestan en los planos tanto normativo y hermenéutico así como operativo, de modo a maximizar la protección de los derechos de la persona humana[130]" (párrafo 23).

En su Opinión Consultiva n. 18, del 17.09.2003, sobre la *Condición Jurídica y Derechos de los Migrantes Indocumentados*[131], la Corte Interamericana de Derechos

---

128 Corte Interamericana de Derechos Humanos, Caso *Villagrán Morales y Otros versus Guatemala* (Caso de los *"Niños de la Calle"*), Sentencia (sobre el fondo) del 19.11.1999, Serie C, n. 63, Voto Concurrente Conjunto de los Jueces A.A. Cançado Trindade y A. Abreu Burelli, pp. 105-108, párrafos 2-4, 6-7 y 9.

129 ACNUR, *Memoria – Presencia de los Refugiados Guatemaltecos en México*, México, ACNUR/Comisión Mexicana de Ayuda a Refugiados, 1999, pp. 41, 45, 167, 235 y 314.

130 Cf. A.A. Cançado Trindade, *Tratado de Direito Internacional dos Direitos Humanos*, tomo I, 1ª. ed., Porto Alegre, S.A. Fabris Ed., 1997, cap. VIII, pp. 269-352; A.A. Cançado Trindade, *El Derecho Internacional de los Derechos Humanos en el Siglo XXI*, Santiago de Chile, Editorial Jurídica de Chile, 2001, cap. V, pp. 183-265; A.A. Cançado Trindade, *Derecho Internacional de los Derechos Humanos, Derecho Internacional de los Refugiados y Derecho Internacional Humanitario – Aproximaciones y Convergencias*, Ginebra, CICR, [2001], pp. 1-66.

131 En el curso del procedimiento consultivo ante la Corte Interamericana atinente a la Opinión Consultiva n. 18, el ACNUR, al enfatizar la situación de vulnerabilidad de los migrantes, se refirió al nexo existente entre migración y asilo, y agregó con lucidez que la naturaleza y complejidad de los desplazamientos contemporáneos dificultan establecer una clara línea de distinción entre refugiados y migrantes. Esta situación, – como lo señalé en mi Voto Concurrente en la presente Opinión Consultiva, – involucrando millones de seres humanos, "revela una nueva dimensión de la protección del ser humano en determinadas circunstancias, y subraya la importancia capital del principio fundamental de la igualdad y no-discriminación" (párrafo 34).

Humanos determinó que los Estados deben respetar y asegurar el respeto de los derechos humanos a la luz del principio general y básico de la igualdad y no-discriminación, y que cualquier trato discriminatorio atinente a la protección y ejercicio de los derechos humanos (con base en, v.g., el estatuto migratorio o cualquier otra condición) genera la responsabilidad internacional de los Estados. En el entender de la Corte, el principio fundamental de la igualdad y no-discriminación ha ingresado en el dominio del *jus cogens*.

Agregó la Corte que los Estados no pueden discriminar o tolerar situaciones discriminatorias en detrimento de los migrantes, y deben garantizar el debido proceso legal a cualquier persona, independientemente de su estatuto migratorio. Este último no puede ser una justificación para privar una persona del goce y ejercicio de sus derechos humanos, incluyendo sus derechos laborales. Los trabajadores migrantes indocumentados tienen los mismos derechos laborales que otros trabajadores del Estado de empleo, y debe este último respetar tales derechos en la práctica. Los Estados no pueden subordinar o condicionar la observancia del principio de igualdad ante la ley y no-discriminación a los propósitos de sus políticas migratorias y de otra naturaleza.

En mi Voto Concurrente en esta Opinión Consultiva n. 18, me permití examinar detalladamente nueve puntos, a saber: a) la *civitas maxima gentium* y la universalidad del género humano; b) las disparidades del mundo contemporáneo y la vulnerabilidad de los migrantes; c) la reacción de la conciencia jurídica universal; d) la construcción del derecho individual subjetivo del asilo; e) la posición y el rol de los principios generales del Derecho; f) los principios fundamentales como *substratum* del propio ordenamiento jurídico; g) el principio de igualdad y la no-discriminación en el Derecho Internacional de los Derechos Humanos; h) la emergencia, el contenido normativo y el alcance del *jus cogens*; y i) la emergencia, el contenido y el alcance de las obligaciones *erga omnes* de protección (sus dimensiones horizontal y vertical dimensions).

En el referido Voto Concurrente, me permití recordar, de inicio, que, desde los orígenes del Derecho de Gentes, el ideal de la *civitas maxima gentium* fue propugnado y cultivado en los escritos de los llamados fundadores del Derecho Internacional (como en las célebres *Relecciones Teológicas* (1538-1539), sobre todo la *De Indis – Relectio Prior*, de Francisco de Vitoria; el tratado *De Legibus ac Deo Legislatore* (1612), de Francisco Suárez; el *De Jure Belli ac Pacis* (1625), de Hugo Grotius; el *De Jure Belli* (1598), de Alberico Gentili; el *De Jure Naturae et Gentium* (1672), de Samuel Pufendorf; y el *Jus Gentium Methodo Scientifica Pertractatum* (1749), de Christian Wolff), – los cuales tuvieron presente la humanidad como un todo (párrafos 4-8). Señalé, además, que,

> "ya en la época de la elaboración y divulgación de las obras clásicas de F. Vitoria y F. Suárez (*supra*), el *jus gentium* se había liberado de sus orígenes de derecho privado (del derecho romano), para aplicarse universalmente a todos los seres humanos (...). El nuevo *jus gentium* (...) abrió camino para la concepción de un derecho internacional universal. (...) En el marco de la nueva concepción universalista se afirmó, a partir de F. Vitoria, el *jus commu-*

nicationis, erigiendo la libertad de movimiento y de intercambio comercial como uno de los pilares de la propia comunidad internacional. Los controles de ingreso de extranjeros sólo se manifestaron en época histórica bien más reciente (...), a la par de los grandes flujos migratorios y del desarrollo del derecho de los refugiados y desplazados" (párrafos 11-12).

Esta cuestión constituye, en nuestros días, "una preocupación legítima de toda la comunidad internacional", y, en realidad, de "la humanidad como un todo" (párrafo 2). Así, – proseguí, – "hoy día, en una era de grandes migraciones, se constata lamentablemente una distancia cada vez mayor del ideal universalista de la *societas gentium* de los fundadores del Derecho Internacional. Las migraciones y los desplazamientos forzados, intensificados en la década de noventa, se han caracterizado particularmente por las disparidades en las condiciones de vida entre el lugar de origen y el de destino de los migrantes" (párr. 13). Además,

> "Como circunstancias agravantes, el Estado abdica de su ineludible función social, y entrega irresponsablemente al `mercado´ los servicios públicos esenciales (educación y salud, entre otros), transformándolos en mercadorías a las cuales el acceso se torna cada vez más difícil para la mayoría de los individuos. Éstos últimos pasan a ser vistos como meros agentes de producción económica, en medio a la triste mercantilización de las relaciones humanas. Verifícase hoy, además, a la par de un recrudecimiento de la intolerancia y la xenofobia, una lamentable erosión del derecho de asilo (...). Todos estos peligrosos desarrollos apuntan hacia un nuevo mundo vacío de valores, que se adhiere, sin mayor reflexión, a un modelo insostenible" (párr. 17).

Esta situación preocupante, – agregué en el mismo Voto, – presenta, en nuestros días,

> "un gran desafío a la salvaguardia de los derechos de la persona humana en nuestros días, en este inicio del siglo XXI. (...) En efecto, sólo en la segunda mitad del siglo XIX, cuando la *inmigración* penetró en definitiva en la esfera del derecho *interno*, pasó a sufrir restricciones succesivas y sistemáticas. De ahí la importancia creciente de la prevalencia de determinados derechos, como el derecho de acceso a la justicia (el derecho a la justicia *lato sensu*), el derecho a la vida privada y familiar (comprendiendo la unidad familiar), el derecho a no ser sometido a tratos crueles, inhumanos y degradantes; es este un tema que trasciende a la dimensión puramente estatal o interestatal, y que tiene que ser abordado a la luz de los derechos humanos fundamentales de los trabajadores migrantes, inclusive los indocumentados" (párrafo 35).

En fin, en mi supracitado Voto Concurrente, propugné por una pronta reconstrucción de "un verdadero derecho individual al asilo" (párrafo 38), del reconocimiento de la relevancia del principio de la igualdad y no-discriminación como integrante del derecho internacional general o consuetudinario (párrafo 60), así como de la ampliación del contenido sustantivo del *jus cogens* (párrafos 65-73) y de la consolidación de las obligaciones *erga omnes* de protección (párrafos 74-85). Y concluí que la

Opinión Consultiva n. 18, al rescatar "la visión universalista que marcó los orígenes de la mejor doctrina del Derecho Internacional", contribuye para

> "la construcción del nuevo *jus gentium* del siglo XXI, orientado por los principios generales del derecho (entre los cuales el principio fundamental de la igualdad y no-discriminación), caracterizado por la intangibilidad del debido proceso legal en su amplio alcance, sedimentado en el reconocimiento del *jus cogens* e instrumentalizado por las consecuentes obligaciones *erga omnes* de protección, y erigido, en última instancia, sobre el pleno respeto y la garantía de los derechos inherentes a la persona humana" (párrafo 89).

En la misma línea de razonamiento adoptada por la Corte Interamericana en el caso de la *Comunidad de Paz de San José de Apartadó* (2000), más recientemente, en el caso de las *Comunidades del Jiguamiandó y del Curbaradó*, también relativo a Colombia, la Corte adoptó Medidas Provisionales de Protección, el 06 de marzo de 2003, para asegurar a todas las personas por ellas amparadas seguir viviendo en su residencial habitual, y proporcionar a las personas desplazadas de aquellas comunidades las condiciones necesarias para regresar a sus hogares. En mi Voto Concurrente en este caso de las *Comunidades del Jiguamiandó y del Curbaradó*, me permití señalar que

> "(...) Han sido, efectivamente, las nuevas necesidades de protección del ser humano – reveladas por situaciones como la del presente caso – que han, en gran parte, impulsado en los últimos años las convergencias, – en los planos normativo, hermenéutico y operativo, – entre las tres vertientes de protección de los derechos de la persona humana, a saber, el Derecho Internacional de los Derechos Humanos, el Derecho Internacional Humanitario y el Derecho Internacional de los Refugiados.
>
> Las medidas adoptadas por esta Corte, tanto en el presente caso de las *Comunidades del Jiguamiandó y del Curbaradó*, como en los casos anteriores de la *Comunidad de Paz de San José de Apartadó* (2000-2002) y de los *Haitianos y Dominicanos de Origen Haitiano en la República Dominicana* (2000-2002), apuntan en el sentido de la gradual formación de un verdadero *derecho a la asistencia humanitaria*. Dichas medidas ya han salvado muchas vidas, han protegido el derecho a la integridad personal y el derecho de circulación y residencia de numerosos seres humanos, estrictamente dentro del marco del Derecho. Se impone, en nuestros días, concentrar la atención en el contenido y los efectos jurídicos del derecho emergente a la asistencia humanitaria, en el marco de los tratados de derechos humanos, del Derecho Humanitario, y del Derecho de los Refugiados, de modo a refinar su elaboración, en beneficio de los *titulares* de ese derecho.
>
> La práctica reciente de la Corte Interamericana en materia de medidas provisionales de protección, en beneficio de miembros de colectividades humanas, demuestra que es perfectamente posible sostener el derecho a la asistencia humanitaria *en el marco del Derecho*, y jamás mediante en uso indiscriminado de la fuerza. El énfasis debe incidir en las personas de los beneficiarios de la asistencia humanitaria, y no en el potencial de acción de los agentes materialmente capacitados a prestarla, – en reconocimiento del necesario primado del

Derecho sobre la fuerza. El fundamento último del ejercicio del derecho a la asistencia humanitaria reside en la dignidad inherente de la persona humana. Los seres humanos son los *titulares* de los derechos protegidos, y las situaciones de vulnerabilidad y padecimiento en que se encuentran, sobre todo en situaciones de pobreza, explotación económica, marginación social y conflicto armado, realzan las obligaciones *erga omnes* de la protección de los derechos que les son inherentes.

El reconocimiento de dichas obligaciones se enmarca en el actual proceso de humanización del derecho internacional. En efecto, a la construcción de una comunidad internacional más institucionalizada corresponde un nuevo *jus gentium*, centrado en las necesidades y aspiraciones del ser humano y no de las colectividades políticas o sociales a las cuales pertenece. (...)" (párrafos 5-8).

En fin, en los aún más recientes casos del *Pueblo Indígena Kankuamo* (Medidas de Protección del 05.07.2004), atinente a Colombia, y del *Pueblo Indígena de Sarayaku* (Medidas de Protección del 06.07.2004), referente al Ecuador, la Corte Interamericana requirió a ambos Estados que garantizaran el derecho de libre circulación de las personas de los dos pueblos indígenas. En mis Votos Concurrentes em ambos casos, destaqué la relevancia tanto de las obligaciones *erga omnes* de protección bajo la Convención Americana con sus efectos también *vis-à-vis* terceros particulares (el *Drittwirkung*), así como de las convergencias, – en los planos normativo, hermenéutico y operativo, – entre el Derecho Internacional de los Derechos Humanos, el Derecho Internacional Humanitario y el Derecho Internacional de los Refugiados[132]. Y volví a referirme al *derecho emergente a la asistencia humanitaria*, en los siguientes términos:

"En el seno del *Institut de Droit International*, he sostenido que, en el ejercicio del derecho emergente a la asistencia humanitaria, el énfasis debe incidir en las personas de los beneficiarios de la asistencia humanitaria, y no en el potencial de acción de los agentes materialmente capacitados a prestarla. El fundamento último del ejercicio de aquel derecho reside en la dignidad inherente de la persona humana; los seres humanos son efectivamente los *titulares* de los derechos protegidos, así como del propio derecho a la asistencia humanitaria, y las situaciones de vulnerabilidad y padecimiento en que se encuentran, – sobre todo en situaciones de pobreza, exploración económica, marginación social y conflicto armado, – realzan la necesidad de las obligaciones *erga omnes* de la protección de los derechos que les son inherentes.

Además, los titulares de los derechos protegidos son los más capacitados a identificar sus necesidades básicas de asistencia humanitaria, la cual constituye una respuesta, basada en el Derecho, a las nuevas necesidades de protección de la persona humana. En la medida en que la personalidad y la capacidad jurídicas internacionales de la persona

---

132 Párrafos 8-9 de mi Voto en el caso del *Pueblo Indígena Kankuamo*, y párrafos 6-7 de mi Voto en el caso del *Pueblo Indígena de Sarayaku*.

humana se consoliden en definitivo, sin margen a dudas, el derecho a la asistencia humanitaria puede tornarse gradualmente justiciable[133]. A su vez, el fenómeno actual de la expansión de dichas personalidad y capacidad jurídicas internacionales responde, como se desprende del presente caso (...), a una necessidad apremiante de la comunidad internacional de nuestros días. En fin, el desarrollo doctrinal y jurisprudencial de las obligaciones *erga omnes* de protección de la persona humana, en toda y cualquier situación o circunstancia, ciertamente contribuirá a la formación de una verdadera *ordre public* internacional basada en el respeto y observancia de los derechos humanos, capaz de asegurar una mayor cohesión de la comunidad internacional organizada (la *civitas maxima gentium*), centrada en la persona humana como sujeto del derecho internacional"[134].

IX. Las Convergencias entre las Tres Vertientes de Protección en la Nueva Concepción de la Seguridad Humana

A lo largo de la última década, las tres vertientes de protección de los derechos de la persona humana han marcado presencia, de forma convergente, en relación con el tema de la seguridad, y más propiamente de la seguridad humana. La cuestión ha sido planteada de forma expresa en el marco de la adopción de medidas de privación de libertad, ligadas a los llamados ataques armados "preventivos" en la lucha contra actos de terrorismo. Cada uno de estos aspectos amerita consideración especial.

1. Las Tres Vertientes de Protección en el Concepto de la Seguridad Humana

A lo largo de la última década, las convergencias entre las tres vertientes de protección de los derechos de la persona humana han marcada presencia también en la nueva construcción conceptual de la *seguridad humana*, face a las crecientes amenazas de nuestros días (aumento de la marginación social, el crímen organizado, el narcotráfico, el comercio de armas, los ataques terroristas, entre otros). La vieja expresión "seguridad de los Estados", de triste memoria por contener toda una historia de represión y violación masiva de los derechos humanos en la experiencia reciente de muchos paises latinoamericanos, es debidamente remplazada por la expresión "seguridad humana".

No hay que pasar desapercibido que, la propia Convención Interamericana contra el Terrorismo, adoptada en 2002 por la Asamblea General de la OEA en Barbados (en la cual tuve el honor de representar la Corte Interamericana de Derechos Humanos), si bien dispone sobre la denegación de asilo (artículo 13) y de la condición de refugiado (artículo 12) a personas respecto de las cuales haya "motivos

---

133 Cf. A.A. Cançado Trindade, «Reply [- Assistance Humanitaire]», 70 *Annuaire de l'Institut de Droit International* – Session de Bruges (2002-2003) n. 1, pp. 536-540.
134 Párrafos 12-13 de mi Voto en el caso del *Pueblo Indígena Kankuamo*, y párrafos 10-11 de mi Voto en el caso del *Pueblo Indígena de Sarayaku*.

fundados para considerar" que han cometido un acto terrorista, sin embargo determina que las medidas adoptadas por los Estados Partes en el marco de la mencionada Convención tienen que llevarse a cabo con "pleno respeto al estado de Derecho" y a "los derechos humanos y las libertades fundamentales" (artículo 15(1)). La misma disposición asegura a los detenidos "el goce de todos los derechos y garantías" (artículo 15(3)), y se refiere expresamente al amplio *corpus juris* conformado por "el Derecho Internacional Humanitario, el Derecho Internacional de los Derechos Humanos y el Derecho Internacional de los Refugiados" (artículo 15(2))[135].

Esta disposición, que da expresión concreta a las convergencias de las tres vertientes de protección de los derechos de la persona humana, fue insertada en la referida Convención, de forma dramática (como bien me acuerdo), en los últimos minutos de los debates al respecto, en la Asamblea General de la OEA en Bridgetown, Barbados, en 2002. Así, ni siquiera la llamada lucha contra el terrorismo podrá servir de pretexto para menoscabar los derechos inherentes a la persona humana.

Hay dos otros elementos que hay que señalar al respecto. Fue fue precisamente para dar un nuevo enfoque a la temática de la seguridad que las Naciones Unidas determinaron la creación, en el marco da la Cumbre del Milenio (2000), de su Comisión sobre Seguridad Humana, dirigida por la Ex-Alto-Comisionada de Naciones Unidas para los Refugiados (Sra. Sadako Ogata). Tuve la ocasión de transmitir mis reflexiones a esta Comisión, hace un par de años. La Comisión sobre Seguridad Humana, en su *Informe* de 2003[136], reafirma la importancia del multilateralismo y rechaza categóricamente la acción unilateral para la solución pacífica de conflictos (págs. 12 y 49). Su enfoque se fundamenta en derechos y "estrategias humanitarias" (pág. 27), evitando, así, evidentemente, referirse al concepto de seguridad del Estado. Precisamente por esto, insiste en el nuevo concepto de "seguridad humana", refiriéndose expresamente a las tres vertientes del derecho internacional de los derechos humanos, del derecho internacional de los refugiados y del derecho internacional humanitario (pág. 49). Además, hace un llamado al necesario control de armamentos, para asegurar la "seguridad de las personas" (pág. 134).

Por último, otro documento internacional reciente, la Declaración sobre Seguridad en las Américas, adoptada en la Ciudad de México por la reciente Conferencia Especial sobre Seguridad, de la OEA, de octubre de 2003 (en la cual otra vez tuve el honor de representar la Corte Interamericana de Derechos Humanos), destacó el "carácter multidimensional" de la seguridad (preámbulo e item II(2)), invocó los principios de la Carta de Naciones Unidas y de la Carta de la OEA (item I(1)), enfatizó la "dimensión humana" del problema (item II(4)(e)), y afirmó su compromiso con el multilateralismo (item II(4)(z)). La adopción de esta Declaración, en estos

---

135 Texto *in*: OEA, documento OEA/Ser.P/AG/doc.4100/02/rev.1, del 03.06.2002, pp. 1-11.
136 U.N. Commission on Human Security, *Human Security Now*, N.Y., U.N., 2003, pp. 2-152.

términos (y con una u otra imprecisión), puede ser considerada como otro triunfo, tampoco fácil, de la diplomacia latinoamericana[137].

2. Las Tres Vertientes de Protección en Relación con la Privación de Libertad

Todas las veces en que se ha intentado disociar la normativa de Derecho Internacional de los Derechos Humanos de la del Derecho Internacional Humanitario y del Derecho Internacional de los Refugiados los resultados han sido desastrosos. Un ejemplo contemporáneo se encuentra en medidas de privación de libertad en el contexto de la llamada lucha contra el terrorismo. El 13 de noviembre de 2001 el Presidente de Estados Unidos emitió, como Comandante-Jefe de las Fuerzas Armadas de aquel país, un *Órden Ejecutivo* (de naturaleza militar), titulado "*Detención, Tratamiento y Enjuiciamiento de Ciertos Extranjeros en la Guerra contra el Terrorismo*", en respuesta a la agresión terrorista del 11 de septiembre de 2001. El referido *Órden Ejecutivo* abarca extranjeros que el Presidente de los Estados Unidos considere deban ser detenidos y procesados como responsables por actos de terrorismo[138].

Es manifiesta e inaceptable la violación, en que incurre el *Órden Ejecutivo*, de los princípios básicos de la no-discriminación y de la igualdad de todos ante la ley. El terrorismo no es siquiera definido, dada la generalidad de los términos del documento, lo que conflicta con el principio de la legalidad. En lugar del principio de la presunción de la inocencia (consagrado en todos los sistemas jurídicos), la medida presidencial presume la culpabilidad. El llamado *Patriot Act* atenta igualmente contra los principios generales do derecho y lesiona las garantías fundamentales. El *Órden Executivo* del 13.11.2001 atribuye un poder discrecional ilimitado al Presidente de la República. Dispone que los acusados serán juzgados por comisiones militares especiales a ser creadas, – sean o no militares los detenidos, – excluídos los tribunales ordinarios, en flagrante lesión al derecho al juez natural.

Olvidado de las conquistas norteamericanas en pro de los *civil rights*, el *Órden Ejecutivo* nada dispone sobre el derecho de los acusados de comunicarse libremente con sus abogados (derecho de defensa), ni sobre la protección contra confesiones forzadas, ni tampoco sobre la publicidad de los juicios (por consiguiente, secretos). Y excluye expresamente la aplicación de principios generales del derecho en materia probatoria, así como cualquier recurso ante tribunales norteamericanos o internacionales: solamente el Presidente de los Estados Unidos, o el Secretario de Defensa,

---

137 Me acuerdo que, durante los debates de esta Conferencia de 2003 en México, la Asociación de Parlamentarios Latinoamericanos, por ejemplo, sostuvo que, en lugar de "guerra preventiva", se impone la diplomacia preventiva. Y las ONGs mexicanas destacaron la importancia del derecho internacional de los refugiados en el marco del multilateralismo reforzado. Cf. el texto de la Declaración *in* OEA, documento OEA/Ser.K/XXXVIII/CES/CG/doc.1/03, de 28.10.2003, pp. 1-14.
138 Para intentar justificarla, el Procurador General norteamericano declaró (en 26.11.2001) que terroristas extranjeros "no ameritan la protección de la Constitución" de su país.

pueden revisar las decisiones de las comisiones militares, que pueden inclusive imponer la pena de muerte. Estas disposiciones se chocan con el Pacto de Derechos Civiles y Políticos de Naciones Unidas (que vincula los Estados Unidos). Las comisiones militares a que alude el *Órden Ejecutivo* no integran el Poder Judicial independiente, pero sí el Ejecutivo. Su Jefe atribuye así responsabilidad a las fuerzas armadas de "administrar justicia" en casos de terrorismo, a la par de su función precipua de combatir y destruir el terrorismo; pero no se puede ser concomitantemente parte beligerante y "juez" en una situación de conflicto armado internacional, como pretende el referidoa *Órden* presidencial. Al firmarla, el Presidente norteamericano adoptó exactamente las mismas medidas condenadas por los Estados Unidos cuando otros países en el pasado reciente pretenderan aplicarlas, o efectivamente las aplicaron[139].

A ningun Estado es permitido considerarse por encima del Derecho; no se puede combatir el terrorismo con la represión indiscriminada, al margen del Derecho. No se puede luchar contra el terrorismo con sus propias armas. El necesario combate a actos de terrorismo es hoy día reglado por doce convenciones internacionales (adoptadas entre 1970 y 2000), que cabe aplicar. De igual modo, para poner fin a arsenales de armas de destrucción en masa, hay mecanismos multilaterales de control y prohibición, creados por convenciones internacionales, que hay igualmente que aplicar y fortalecer, todo dentro del Derecho. Solamente con el primado del Derecho sobre la fuerza, las víctimas inocentes de los atentados del 11.09.2001, y otras tantas de quienes no se tiene noticia, serán verdaderamente reivindicadas.

El 12 de marzo de 2002 la Comisión Interamericana de Derechos Humanos ordenó medidas cautelas con miras a la determinación, por los Estados Unidos, del estatuto jurídico de los detenidos en Guantánamo. Los Estados Unidos prontamente cuestionaron la competencia de la Comisión para adoptar dichas medidas, y, en escrito subsiguiente, del 15 de julio de 2002, argumentaron que el derechos de los conflictos armados y los derechos humanos eran distintos *corpus* normativos, siendo el primero *lex specialis*, y no se aplicando el segundo; además, se refirió el documento a la figura de los "combatientes ilegales", con fines restrictivos[140].

Al contrario de lo argumentado por los Estados Unidos, el Derecho Internacional Humanitario determina que toda persona capturada en conflictos armados internacionales recae en el ámbito de su normativa. Si se trata de combatientes, recaen bajo la III Convención de Ginebra de 1949, si se trata de civiles, no-combatientes, recaen bajo la IV Convención de Ginebra de 1949. La expresión "combatientes ilegales" no se encuentra utilizada en las Convenciones de Ginebra, y es utilizada por los

---

139 Como podrán en adelante los Estados Unidos reclamar la observancia del debido proceso legal en otros paises, cuando la niegan en su propio sistema penal? Hay una vasta jurisprudencia internacional condenatoria de medidas de excepción (como el fuero militar especial).

140 Cf. U.S., *Additional Response of the United States to Request for Precautionary Measures of the Inter-American Commission on Human Rights – Detainees in Guantanamo Bay, Cuba*, of 15.07.2002, pp. 1-35.

Estados Unidos para evitar la definición del estatuto jurídico de determinados detenidos, ignorando así las Convenciones de Ginebra. La III Convención determina (artículo 5) que, en caso de duda, tal estatuto jurídico debe ser definido por un tribunal competente e independiente.

Los Estados Unidos no pueden clasificar como bien entienden los detenidos, unilateralmente, según sus propios criterios, ignorando el derecho universalmente aplicable, que es una verdadera conquista de la civilización. No se puede ignorar las garantías del I Protocolo (de 1977) a las Convenciones de Ginebra, que son de derecho internacional consuetudinario, y se extienden a todas las personas capturadas. No hay aquí un vacío o limbo jurídico[141]; lo que está ocurriendo en las prisiones de Guantánamo y Abu Ghraib es una violación del Derecho Internacional Humanitario y del Derecho Internacional de los Derechos Humanos. A ningún Estado es permitido "escojer" a quien aplicar las Convenciones de Ginebra y subtraer su aplicación a los demás.

Además, también en circunstancias como las presentes se aplican, concomitantemente, el Derecho Internacional Humanitario, el Derecho Internacional de los Derechos Humanos, y el Derecho Internacional de los Refugiados. En lo que concierne a las normas aplicables del Derecho Internacional de los Derechos Humanos, las más pertinentes son las de la Convención de las Naciones Unidas contra la Tortura, e las del Pacto de Derechos Civiles y Políticos de las Naciones Unidas (que vincula los Estados Unidos). Es enteramente infundado el argumento de los Estados Unidos de que, siendo el Derecho Internacional Humanitario *lex specialis* (de la manera como lo entienden), su aplicación (según sus propios criterios) excluiría la de la normativa internacional de los derechos humanos.

Las normativas del Derecho Internacional Humanitario y del Derecho Internacional de Derechos Humanos se aplican simultánea y concomitantemente, y la práctica internacional en las últimas décadas está llena de ejemplos en ese sentido. Varias entidades humanitarias han protestado contra la argumentación desagregadora avanzada por los Estados Unidos, e contra los abusos que propicia[142]. Basta recordar las recientes noticias de casos comprobados de práctica de tortura cometida en las prisiones de Abu Ghraib y Guantánamo, y las protestas que han generado en todo el mundo. Son enteramente infundados los argumentos invocados para intentar crear un limbo jurídico en que puedan prevalecer ciertas prácticas que se encuentram hace mucho condenadas, en términos perentorios, por la conciencia

---

141 Como bien ha aclarado en su jurisprudencia el Tribunal Penal Internacional *Ad Hoc* para la ex-Iugoslavia, en el caso *Celebici* (1998, párr. 271).
142 Cf., v.g., Amnesty International, *Memorandum to the United States Government on the Rights of People in U.S. Custody in Afghanistan and Guantánamo Bay*, of April 2002, pp. 1-59; Human Rights Watch, *Background Paper on Geneva Conventions and Persons Held by U.S. Forces*, of 29.01.2002, pp. 1-6; International Committee of the Red Cross, *International Humanitarian Law and the Challenges of Contemporary Armed Conflicts – Report* (28th International Conference of the Red Cross and Red Crescent, 02-06.12.2003), Geneva, ICRC, 2003, pp. 3-70.

universal. No hay vacío o limbo jurídico. Lo que ha habido es una violación sistemática de preceptos básicos del derecho internacional.

Es verdaderamente asustador el intento de relativizar la prohibición de la tortura en la llamada "guerra contra el terrorismo". La tortura está rigurosamente prohibida por el Derecho Internacional de los Derechos Humanos, en términos absolutos y en cualesquiera circunstancias. Se ha conformado un verdadero régimen jurídico internacional de prohibición absoluta de todas las formas de tortura, tanto física como psicológica[143]. Esta prohibición cuenta hoy día con reconocimiento judicial, en la jurisprudencia protectora de las Cortes Interamericana y Europea de Derechos Humanos y del Tribunal Penal Internacional *Ad Hoc* para la Ex-Yugoslavia[144]. La prohibición absoluta de la tortura, en toda y cualquier circunstancia, recae actualmente en el dominio del *jus cogens* internacional. Hay que reafirmar con firmeza, cuantas veces sea necesario, el primado del Derecho sobre la fuerza bruta, como una conquista definitiva de la civilización.

3. La Falacia de los Ataques Armados "Preventivos"

Los graves abusos y violaciones del Derecho Internacional Humanitario y del Derecho Internacional de los Derechos Humanos que hoy testimoniamos se han originado de actos ilícitos internacionales, en el marco de acciones armadas dichas "preventivas", y la llamada "legítima defensa preventiva", que no tienen fundamento algun en el derecho internacional[145]. Para intentar justificar el uso indiscriminado de la fuerza en el plano internacional se ha invocado la llamada "legítima defensa preventiva". No se puede consentir pasivamente en esta desconstrucción del derecho internacional por los detenedores del poder económico y militar, que lamentablemente ya se encuentra en curso hace media-década, y mediante la cual se intenta "relativizar" uno de los principios básicos de la Carta de las Naciones Unidas, consagrado en su artículo 2(4), el de la prohibición de la amenaza o uso de la fuerza. Las llamadas "doctrinas" de la "autorización implícita", por el Consejo de Seguridad de Naciones Unidas, del uso de la fuerza, invocada para intentar "justificar" el bombardeo de Irak en 1998, y de la "autorización *ex post facto*", por el mismo Consejo de Seguridad, del uso de la fuerza, invocada para intentar "explicar" el bombardeo del Kosovo en 1999, no encuentran respaldo alguno en el derecho internacional.

---

143 A.A. Cançado Trindade, *Tratado de Direito Internacional dos Direitos Humanos*, vol. II, Porto Alegre/Brasil, S.A. Fabris Ed., 1999, pp. 345-352.

144 A.A. Cançado Trindade, "A Proibição Absoluta da Tortura", *in Correio Braziliense – Suplemento 'Direito e Justiça'*, Brasília, 23.08.2004, p. 1.

145 Ian Brownlie, "'International Law and the Use of Force by States' Revisited", 21 *Australian Year Book of International Law* (2000-2001) pp. 21-37; J.A. Pastor Ridruejo, "Ha Sido Legal el Uso de la Fuerza en Afganistan?", *in Los Retos Humanitarios del Siglo XXI* (ed. C. Ramón Chornet), Valencia, PUV/Universidad de Valencia, 2004, pp. 95-109; O. Corten, *Le retour des guerres préventives: le droit international menacé*, Bruxelles, Éd. Labor, 2003, pp. 5-95.

Los principios de la prohibición de la amenaza o uso de la fuerza en las relaciones interestatales y de la solución pacífica de las controversias internacionales son los alicerces del sistema de seguridad colectiva de la Carta de las Naciones Unidas, que permanece esencial para la paz mundial[146]. Estos principios advierten que cualquier excepción a la operación regular de tal sistema debe ser restrictivamente interpretada[147]. La doctrina jurídica más lúcida y todos los comentarios más autorizados de Carta de las Naciones Unidas señalan que la letra y el espíritu de su artículo 51 (sobre la legítima defensa) se oponen a la pretensión de la llamada "legítima defensa preventiva", y la desautorizan en definitivo[148]. Su propio histórico legislativo indica claramente que el artículo 51 se subordina al principio fundamental de la prohibición general de la amenaza o uso de la fuerza (artículo 2(4) de la Carta), además de sujetarse al control del Consejo de Seguridad[149].

Los intentos frustrados e inconvincentes de ampliar su alcance, para abarcar una pretensa e insostenible "legítima defensa preventiva", jamás lograron dar una respuesta a la objeción en el sentido de que admitirla sería abrir las puertas a las represalias, al uso generalizado de la fuerza, a la agresión, en medio ala más completa imprecisión conceptual[150]. Además, en nuestros días, con la alarmante proliferación de armas de destrucción en masa, el principio de no-amenaza y del no-uso de la fuerza se impone con aún más vigor, revelando un carácter verdaderamente imperativo[151].

---

146   A.A. Cançado Trindade, «Foundations of International Law: The Role and Importance of Its Basic Principles», in *XXX Curso de Derecho Internacional Organizado por el Comité Jurídico Interamericano* – OEA (2003) pp. 359-415.

147   L.-A. Sicilianos, «L'autorization par le Conseil de Sécurité de recourir à la force: une tentative d'évaluation», 106 *Revue générale de Droit international public* (2002) pp. 5-50, esp. pp. 47-48; B. Conforti, «Puissance et justice», in *Ouvertures en Droit international – Hommage à René-Jean Dupuy*, Paris, SFDI/Pédone, 2000, pp. 105-109, esp. p. 109.

148   Cf., v.g., B. Simma (ed.), *The Charter of the United Nations – A Commentary*, Oxford, Oxford University Press, 1994, pp. 675-676; A. Cassese, «Article 51», in *La Charte des Nations Unies – Commentaire article par article* (eds. J.-P. Cot y A. Pellet), Paris/Bruxelles, Economica/Bruylant, 1985, pp. 770, 772-773, 777-778 y 788-789; I. Brownlie, *International Law and the Use of Force by States*, Oxford, Clarendon Press, 1981 [reprint], pp. 275-278; J. Zourek, *L'interdiction de l'emploi de la force en Droit international*, Leiden/Genève, Sijthoff/Inst. H. Dunant, 1974, p. 106, y cf. pp. 96-107; H. Kelsen, *Collective Security under International Law* (1954), Union/New Jersey, Lawbook Exchange Ltd., 2001 [reprint], pp. 60-61; Chr. Gray, *International Law and the Use of Force*, Oxford, Oxford University Press, 2000, pp. 112-115 y 192-193.

149   Cf. H. Kelsen, *The Law of the United Nations*, London, Stevens, 1951, p. 792.

150   J. Delivanis, *La légitime défense en Droit international public moderne*, Paris, LGDJ, 1971, pp. 50-53, y cf. pp. 42, 56 y 73; y cf. L.D. San Martino, *Legítima Defensa Internacional*, Buenos Aires, Fundación Centro de Estudios Políticos y Administrativos, 1998, pp. 20-21, 30-31, 40-42 y 48-49.

151   A.A. Cançado Trindade, "El Primado del Derecho sobre la Fuerza como Imperativo del *Jus Cogens*", in *Doctrina Latinoamericana del Derecho Internacional* (eds. A.A. Cançado Trindade y F. Vidal Ramírez), vol. II, San José de Costa Rica, Corte Interamericana de Derechos Humanos, 2003, pp. 51-66; R.St.J. Macdonald, "Reflections on the Charter of the United Nations", in *Des*

En el caso de la *invasión de Irak* de 2003, la violación flagrante de la Carta de Naciones Unidas y del derecho internacional por las potencias invasoras conllevó a violaciones del Derecho Internacional de los Derechos Humanos, del Derecho Internacional Humanitario y del Derecho Internacional de los Refugiados[152]. Para intentar "justificar" su acción armada, al margen de la Carta de las Naciones Unidas, las potencias invasoras inicialmente, intentaron extraer una "autorización implícita" de la resolución 1441 del Consej de Seguridad, de noviembre de 2002, lo que se mostró inocuo[153], además de infundado.

Los Estados Unidos y el Reino Unido sabían que tendrían que obtener una autorización expresa del Consejo de Seguridad, tanto que circularon (en la época juntamente con España) un proyecto de resolución con este fin, el 24.02.2003, que luego lo retiraron y no lo someteron al Consejo de Seguridad, anticipándose al anunciado veto de Francia y Rusia, y frente a la oposición de Alemania y tantos otros. En el momento en que la gran mayoría de los Estados miembros de Naciones Unidas se mantenía favorable a la continuación de las misiones de inspecciones de armas en Irak, los Estados Unidos y el Reino Unido, con su así-llamada "coalición", optaron por la invasión de este último sin la autorización del Consejo de Seguridad[154].

En seguida, intentaron vincular la citada resolución 1441 a las anteriores resoluciones 678 (de 1990) y 687 (de 1991), del Consejo de Seguridad, adoptadas en contexto distinto hace más de una década, pero que tampoco autorizaban el uso de la fuerza armada contra Irak. Éste fue un argumento central de los Estados Unidos y del Reino Unido, que se mostró igualmente infundado. A partir de entonces, se invocó la "acción armada preventiva", la "guerra preventiva", la "legítima defensa preventiva", para intentar encubrir una flagrante violación de la Carta de Naciones Unidas y del Derecho Internacional[155]. En más de una ocasión los numerosos países

---

Menschen Recht zwischen Freiheit und Verantwortung – Festschrift für Karl Josef Partsch, Berlin, Duncker & Humblot, 1989, p. 45; R. Macdonald, "The Charter of the United Nations in Constitutional Perspective", 20 *Australian Year Book of International Law* (1999) p. 215.

152   Cf., v.g., *inter alia*, E. Metcalfe, "Inequality of Arms: The Right to a Fair Trial in Guantanamo Bay", 6 European Human Rights Law Review (2003) pp. 573-584; C. Moore, "The United States, International Humanitarian Law and the Prisoners at Guantánamo Bay", 7 *International Journal of Human Rights* (2003) pp. 1-27; J.-C. Paye, "Lutte antiterroriste: la fin de l'état de Droit", 15 *Revue trimestrielle des droits de l'homme* (2004) n. 57, pp. 61-75.

153   Dado el tenor vago y genérico de su párrafo operativo 13.

154   F. Nguyen-Rouault, «L'intervention armée en Irak et son occupation au regard du Droit international», 108 *Revue générale de Droit international public* (2003) pp. 835-864; O. Corten, «Opération `Iraqi Freedom': peut-on admettre l'argument de l'`autorisation implicite' du Conseil de Sécurité?», 36 *Revue belge de Droit international* (2003) pp. 205-243.

155   Tampoco fue posible calificar la invasión de Irak de "contramedida", por cuanto el artículo 50 de los artículos sobre responsabilidad de los Estados de la Comisión de Derecho Internacional de Naciones Unidas de 2001 excluye el recurso a la fuerza armada y prohíbe, así, las represalias armadas.

no-alineados se opusieron a la amenaza de agresión armada contra Iraq[156], la cual fue condenada por la mayoría de los países miembros de Naciones Unidas[157], que favorecía la continuación de las inspecciones de armas en Irak en el marco de las decisiones de Naciones Unidas.

Un crimen grave como el terrorismo no determina la calificación jurídica de un "acto de guerra", que está prohibido por el derecho internacional. No se puede confundir el *jus in bello* con el *jus ad bellum*, como está ocurriendo; trátase de un preocupante retroceso, dado que el *jus ad bellum* está prohibido por el derecho internacional contemporáneo[158]. No se puede consentir en la destrucción del sistema de seguridad colectiva de la Carta de Naciones Unidas, adoptada, como señala su preámbulo, para preservar las generaciones venideras del flagelo de la guerra y de sufrimientos indecibles a la humanidad. La violación de principios básicos de la Carta de Naciones Unidas no genera una "nueva práctica", sino más bien compromete la responsabilidad internacional de los responsables por su violación.

Actos ilícitos, en flagrante violación del derecho internacional, no generan efectos jurídicos en el sentido de crear una "nueva práctica". *Ex injuria jus non oritur.* Una o más violaciones de determinadas normas del derecho internacional no significan que dichas normas no más existen, sino que han sido violadas. Tanto el Derecho Internacional de los Derechos Humanos, como el Derecho Internacional Humanitario, como el Derecho Internacional de los Refugiados, han conocido violaciones, y muchas, y ni por eso han dejado de existir. Al contrario, los violadores de sus normas han intentado negar los hechos, o su responsabilidad, o encontrar "justificaciones", o proponer nuevas "teorías", – y las tres vertientes de protección han salido fortalecidas, contando, además, con la observancia por parte de la gran mayoría de los Estados, y de los demás sujetos del derecho internacional[159].

Nada en la Carta de Naciones Unidas transfiere a uno o más de sus Estados miembros el poder de decidir unilateralmente que los medios pacíficos de solución de controversias internacionales están "agotados", y nada en la Carta de las Naciones Unidas autoriza a uno o más de sus miembros decidir *motu propio* y de acuerdo con sus criterios (o falta de los mismos) y estrategias acerca del uso de la fuerza armada. El infundado artificio de la "legítima defensa preventiva" fue repudiado, de modo

---

156 Comunicados de 18.09.2002, de 16.10.2002, de 25.02.2003, de 24.03.2003.

157 F. Nguyen-Rouault, «L'intervention armée en Irak...», *op. cit. supra* n. (153), pp. 835-864; O. Corten, «Opération `Iraqi Freedom'...», *op. cit. supra* n. (153), pp. 205-243.

158 G. Abi-Saab, «Les Protocoles Additionnels, 24 ans après», *in Les nouvelles frontières du Droit international humanitaire* (ed. J.-F. Flauss), Bruxelles, Bruylant, 2003, pp. 17-39, esp. pp. 34-36; Y. Sandoz, «L'applicabilité du Droit international humanitaire aux actions terroristes», *in ibid.*, pp. 54-55 and 71-72; L. Condorelli, *in ibid.*, pp. 181-188.

159 [Varios Autores,] *La pratique et le Droit international* (Colloque de Genève de la SFDI, 2003), Paris, SFDI/Pédone, 2004, pp. 116 y 300-301.

categórico, por el XXII Congreso do Instituto Hispano-Luso-Americano de Derecho Internacional (IHLADI, en septiembre de 2002). En su resolución entonces adoptada, que tuve el honor de copatrocinar, en la compañia de jusinternacionalistas de 15 otros paises, y que fuei aprobada por amplia maioria, en 13.09.2001, el IHLADI, en la parte preambular de la referida resolución, expresó su preocupación por la "acentuada tendencia de ciertos Estados que anteponen intereses particulares a los superiores de la comunidad internacional", y por "hechos que, como el terrorismo, gravísima violación de los derechos humanos, la afectan en su conjunto". Manifestó su preocupación también por "conductas unilaterales que debilitan instituciones ya consolidadas en el Derecho Internacional y que son garantía de la paz y de la seguridad"[160].

En la parte operativa, la referida declaración advirtió que la Carta de Naciones Unidas, el derecho internacional consuetudinario y los principios generales del derecho "constituyen el ámbito jurídico al cual debe ajustarse necesariamente el ejercicio del derecho de legítima defensa", que debe, además, observar plenamente, en cualesquiera circunstancias, las normas y los principios del Derecho Internacional Humanitario. La declaración del IHLADI expresó, en seguida, su "categórico rechazo a la denominada legítima defensa preventiva como medio para combatir el terrorismo internacional" (párr. 3). Y manifestó, en fin, su igual y "firme repudio" al terrorismo internacional, a ser "severamente sancionado", en el "ámbito del Derecho", por "todos los Estados de la comunidad internacional" (párr. 4)[161].

Otras manifestaciones han ocurrido. En resolución adoptada en su Sesión de Bruges (Bélgica) en 2003, el *Institut de Droit International* aprobó por amplia mayoría (y con mi voto favorable) una declaración en que condenó la guerra de agresión, conclamó al respeto del Derecho Internacional Humanitario, y recordó que la ocupación beligerante no implica cesión o transferencia de soberanía, y la potencia ocupante no puede disponer como bien entiende de los recursos naturales – que no le pertenecen – del país ocupado. Tal potencia tiene, además, el deber de satisfacer las necesidades básicas de la población local, y la responsabilidad por la manutención del órden y la garantía de la seguridad de los habitantes del país[162]. Las resoluciones pertinentes de las Naciones Unidas han tratado la ocupación como una cuestión de hecho, sin legitimarla, y han advertido para la necesidad, durante la ocupación y siempre, del respeto de los derechos humanos y de la aplicabilidad del Derecho Internacional Humanitario[163].

---

160 Texto *in*: 16 *Anuario del Instituto Hispano-Luso-Americano del Derecho Internacional* (2003) pp. 657-658.

161 *In ibid.*, p. 658.

162 I.D.I., *Bruges Declaration on the Use of Force*, del 02.09.2003, pp. 1-3 (circulación interna, a ser publicada próximamente en el *Annuaire* del I.D.I. de la Sesión de Bruges).

163 J. Cardona Lloréns, «Libération ou occupation? Les droits et devoirs de l'État vainqueur», *in L'intervention en Irak et le Droit international* (eds. K. Bannelier, O. Corten, Th. Christakis y P. Klein), Paris, Pédone/CEDIN, 2004, pp. 221-250.

Otra importante iniciativa ha sido el manifiesto firmado por 300 profesores de Derecho Internacional de varios paises, del 15.01.2003, divulgado por la Universidad Libre de Bruselas, que repudió la "legítima defensa preventiva" como contraria al derecho internacional, condenó la guerra de agresión como un crímen contra la paz, y reafirmó la responsabilidad principal del Consejo de Seguridad de Naciones Unidas por la manutención de la paz y seguridad internacionales[164]. En suma, no hay, bajo la Carta de Naciones Unidas, justificativa alguna para la llamada acción armada preventiva o la "legítima defensa anticipatoria", que se muestra en flagrante violación del derecho internacional. En sus discursos de 2003 y 2004 ante la Asamblea General de Naciones Unidas, el Secretario General de la Organización (Sr. Kofi Annan) advirtió que la nueva argumentación de las potencias invasoras de Irak desafía los principios básicos que han asegurado la paz y seguridad internacionales en las seis últimas décadas[165].

No es sorprendente que la aplastante mayoría de los Estados rechaze la llamada "legítima defensa preventiva" y el unilateralismo armado, como manifiestamente contrarios al derecho internacional. Precisamente porque el mundo en que vivimos es mucho más peligroso, hay que rechazar com mayor vigor estas violaciones del derecho internacional. Cualquier acción preventiva se basa en una apreciación enteramente subjetiva de la supuesta amenaza. Si, distintamente, un Estado es víctima de un ataque armado, se aplica el artículo 51 de la Carta de las Naciones Unidas, y el derecho clásico de legítima defensa se rige por los principios de la buena fe, la necesidad y la proporcionalidad. Si no ocurrió el ataque armado, como determinar si la acción armada "preventiva", – en respuesta a una supuesta amenaza, apreciada subjetivamente, – observa los principios de la necesidad y proporcionalidad?

Como ha bien observado Th. Christakis, la "doctrina" de la "legítima defensa preventiva" conduce, así, a un absurdo jurídico: si un Estado es víctima de una agresión armada, su derecho de legítima defensa es limitado, pero si no lo es, su legítima defensa anticipatoria o preventiva sería ilimitada! No sorprende la total ausencia de resoluciones de Naciones Unidas avalando dichas acciones "preventivas o anticipatorias", las cuales, además de lógicamente absurdas, son manifiestamente ilegales[166].

Frente al recrudecimiento del uso de la fuerza en nuestros días, todo verdadero jusinternacionalista tiene el dever ineludible de rescatar y reafirmar los principios, fundamentos e instituciones del Derecho Internacional, en que se encuentran

---

164 Cf. «Appel de juristes de Droit international concernant le recours à la force contre l'Irak», 36 *Revue belge de Droit international* (2003) pp. 266-274.

165 L. Condorelli, «Vers une reconnaissance d'un droit d'ingérence à l'encontre des `États voyous'?», *in L'intervention en Irak et le Droit international* (eds. K. Bannelier, O. Corten, Th. Christakis y P. Klein), Paris, Pédone/CEDIN, 2004, pp. 47-57, esp. pp. 51-52 y 55-56.

166 Th. Christakis, «Vers une reconnaissance de la notion de guerre préventive?», *in L'intervention en Irak et le Droit international* (eds. K. Bannelier, O. Corten, Th. Christakis et P. Klein), Paris, Pédone/CEDIN, 2004, pp. 9-45, esp. pp. 20-23.

los elementos para detener y combatir la violencia, los actos terroristas y el uso arbitrario del poder. Muchos analistas, en lugar de concentrarse en tales princípios, fundamentos e instituciones, lamentablemente prefieren teorizar sobre lo que hay de más retrógrado en el ordenamiento internacional, o sea, la práctica de represalias y el uso de la fuerza en general. Ataques armados "preventivos" y "contramedidas" indefinidas no encontram respaldo alguno en el Derecho Internacional. Al contrario, lo violan abiertamente[167].

Son "doctrinas" espurias, que muestran el camino de vuelta a la barbarie, además de multiplicar sus víctimas silenciosas e inocentes, en medio a violaciones sistemáticas del Derecho Internacional de los Derechos Humanos, del Derecho Internacional Humanitario, y del Derecho Internacional de los Refugiados. Lo que es preventivo es el Derecho, es la diplomacia, y no la guerra. La peligrosa escalada de violencia en este inicio del siglo XXI sólo podrá ser contenida mediante el fiel apego al Derecho. Es en los momentos difíciles de crisis como la actual, de consecuencias mundiales imprevisibles, que hay que preservar los principios y valores fundamentales en los cuales se basan las sociedades democráticas.

En conferencia magna que he recientemente proferido en el Instituto Diplomático Rio Branco en Brasilia, el 28 de octubre de 2004, copatrocinada por dicho Instituto y por el Comité Internacional de la Cruz Roja, me permití sostener mis argumentos en respaldo de diez puntos, que resumo a continuación. Primero, las convergencias entre el Derecho Internacional de los Derechos Humanos, el Derecho Internacional de los Refugiados y el Derecho Internacional Humanitario (en los planos normativo, hermenéutico y operativo) se han intensificado en la última década, y toda vez que se ha intentado disociar un dominio de protección del otro (como han pretendido los Estados Unidos para "justificar" los abusos en Guantánamo, *supra*) los resultados son desastrosos. Segundo, no se confunden el *jus in bello* con el *jus ad bellum*, siendo este último condenado perentoriamente por el derecho internacional contemporáneo.

Tercero, no hay alternativa al multilateralismo; el unilateralismo atenta contra los principios básicos del derecho internacional público, y hoy se impone el fortalecimiento del sistema de Naciones Unidas. Cuarto, la "legítima defensa preventiva" o "guerra preventiva" es jurídicamente infundada, lógicamente absurda y manifiestamente ilegal. Quinto, las normas del Derecho Internacional Humanitario se aplican necesariamente a todos los capturados en conflictos armados, no habiendo vacío o limbo jurídico alguno, y no habiendo razón alguna para "revisión" del Derecho Internacional Humanitario, que es un derecho universal. Sexto, el uso de la fuerza armada en violación de la Carta de Naciones Unidas no genera una "nueva práctica", sino más bien la responsabilidad internacional del Estado en cuestión por agresión.

---

167 A.A. Cançado Trindade, "O Direito e os Limites da Força", in 12 *Fonte – Procuradoria Geral do Estado do Ceará* – Fortaleza/Brasil (agosto/octubre de 2002), n. 51, p. 2.

Séptimo, el necesario combate al terrorismo debe darse dentro del ámbito del Derecho (habiendo 12 Convenciones internacionales sobre la materia), y con pleno respeto de las normativas del Derecho Internacional Humanitario, del Derecho Internacional de los Refugiados, y del Derecho Internacional de los Derechos Humanos. Octavo, la ocupación territorial no implica cesión o transferencia de soberanía, y la potencia ocupante tiene el deber de cumplir las normativas de las tres vertientes de protección internacional de los derechos de la persona humana. Novena, la potencia ocupante no puede apropiarse de los recursos naturales del país ocupado, que no le pertececen. Y décimo, en toda y cualquier circunstancia, se impone el primado del Derecho sobre la fuerza, como conquista definitiva de la civilización.

X. El Carácter de Jus Cogens del Principio del Non-Refoulement

El próximo punto a considerar en el presente estudio concierne al principio del *non-refoulement*. Las primeras referencias al *non-refoulement* surgieron en la práctica internacional en el período del entre-guerras, sobre todo a partir de mediados de los años treinta[168]; pero fue en el período posterior a la II guerra mundial que el *non-refoulement* se configuró como un *principio básico* del Derecho Internacional de los Refugiados, consagrado en el artículo 33 de la Convención Relativa al Status de los Refugiados de 1951, y, años después, también en el artículo II(3) de la Convención de la OUA Regiendo Aspectos Específicos de Problemas de Refugiados en África de 1969[169].

El contenido normativo del principio del *non-refoulement* también encontró expresión en tratados de derechos humanos, tales como la Convención Europea de Derechos Humanos de 1950 (artículo 3), la Convención Americana sobre Derechos Humanos de 1969 (artículo 22(8)), y, más recientemente, y de manera categórica, en la Convención de Naciones Unidas contra la Tortura de 1984 (artículo 3)[170]. Así, apesar de su desarrollo histórico relativamente reciente, puédese decir que ya en los años siguientes al fin de la guerra del Vietnam (fines de los años setenta e inicio de los ochenta) el *non-refoulement* pasaba a ser considerado como un principio del propio derecho internacional consuetudinario[171] más allá de la aplicación de los tratados de derecho de los refugiados y de derechos humanos.

---

168 Cf., v.g., el artículo 3 de la Convención Relativa al Status Internacional de los Refugiados (de 1933), la cual, sin embargo, sólo alcanzó ratificaciones de ocho Estados.
169 Cf. G.S. Goodwin-Gill, *The Refugee in International Law*, 2ª. ed., Oxford, Clarendon Press, 1996, pp. 117-124, y cf. pp. 135 y 167.
170 A su vez, la Carta Africana de Derechos Humanos y de los Pueblos de 1981 prefiere centrarse más bien en el instituto del asilo (artículo 12(3)).
171 Recientemente, esta tesis fue reiterada por el Instituto Internacional de Derecho Humanitaria, de San Remo. Con ocasión del cincuentenario de la Convención de 1951 sobre el Estatuto de los Refugiados, el referido Instituto adoptó la *Declaración de San Remo sobre el Principio del Non-Refoulement* (de septiembre de 2001), según la cual aquel principio, consagrado en el artículo 33 de la citada Convención, forma "parte integrante del derecho internacional

El paso siguiente fue dado por la Declaración de Cartagena sobre Refugiados de 1984, que pasó a referir el principio del *non-refoulement* al dominio del propio *jus cogens*[172]. Esta caracterización ha encontrado respaldo también en la doctrina contemporánea al respecto[173], – la cual necesita, sin embargo, un mayor desarrollo conceptual al respecto (cf. *infra*). Nunca es demasiado reiterar la importancia capital del principio del *non-refoulement*, verdadera piedra angular de toda la protección internacional de los refugiados. El principio del *non-refoulement* ha sido correctamente caracterizado como la "columna vertebral" del sistema jurídico protector de los refugiados, no admitiendo disposición en contrario, e integrando así el dominio del *jus cogens*[174].

Quizás sea, incluso, necesario, recordar en nuestros días el carácter imperativo del non-refoulement, en relación con la normativa tanto del Derecho Internacional de los Refugiados como del Derecho Internacional de los Derechos Humanos, – como oportunamente señala la Declaración de San José sobre Refugiados y Personas Des-

---

consuetudinario". En su *Nota Explicativa* sobre el mismo principio, afirmó el Instituto de San Remo: – "The principle of *non-refoulement* of refugees can be regarded as embodied in customary international law on the basis of the general practice of States supported by a strong *opinio juris*. The telling point is that, in the last half-century, no State has expelled or returned a refugee to the frontiers of a country where his life or freedom would be in danger – on account of his race, religion, nationality, membership of a particular social group or political opinion – using the argument that *refoulement* is permissible under contemporary international law. Whenever *refoulement* occurred, it did so on the grounds that the person concerned was not a refugee (as the term is properly defined) or that a legitimate exception applied. As the International Court of Justice pointed out in a different context, in the 1986 *Nicaragua* Judgment, the application of a particular rule in the practice of States need not be perfect for customary international law to emerge: if a State acts in a way *prima facie* incompatible with a recognized rule, but defends its conduct by appealing to exceptions or justifications contained within the rule itself, this confirms rather than weakens the rule as customary international law". International Institute of Humanitarian Law, *San Remo Declaration on the Principle of Non-Refoulement*, San Remo, IIHL, 2001, pp. 1-2.

172 Conclusión quinta.

173 Cf., v.g., Jaime Ruiz de Santiago, "Derechos Humanos y Protección Internacional de los Refugiados", *XV Curso de Derecho Internacional Organizado por el Comité Jurídico Interamericano* (1988), Washington D.C., Secretaría-General de la OEA, 1989, pp. 250 y 243; Roberto Garretón, "Principio de No-Devolución: Fuerza Normativa, Alcances, Aplicación en los Países No Partes en la Convención", *Diez Años de la Declaración de Cartagena sobre Refugiados – Memoria del Coloquio Internacional* (San José, diciembre de 1994), San José de Costa Rica, ACNUR/IIDH, 1995, pp. 229-230.

174 Jaime Ruiz de Santiago, "El Derecho Internacional de los Refugiados en su Relación con los Derechos Humanos y en su Evolución Histórica", *in Derecho Internacional de los Refugiados* (ed. J. Irigoin), Santiago de Chile, Universidad de Chile, 1993, p. 67. Y para la caracterización del principio del *non-refoulement* como "garantía básica" del asilo, cf. Leonardo Franco, "El Derecho Internacional de los Refugiados y su Aplicación en América Latina", *Anuario Jurídico Interamericano* – OEA (1982) pp. 178-179.

plazadas de 1994[175]. La ya citada Convención de Naciones Unidas contra la Tortura (1984) consagra el principio del *non-refoulement* esencialmente para prevenir la tortura, en un contexto eminentemente de derechos humanos. Y, en relación con lo dispuesto en el artículo 22(8) de la Convención Americana sobre Derechos Humanos, en mi Voto Concurrente en el supracitado caso de los *Haitianos y Dominicanos de Origen Haitiano en República Dominicana* (2000) ante la Corte Interamericana de Derechos Humanos, sostuve que el principio fundamental del *non-refoulement* había ingresado en el derecho internacional consutudinario e inclusive en el dominio del *jus cogens* (párr. 7 n. 5).

Así, se debe tener precaución en relación con ciertos neologismos *en vogue*, que pueden, cuando mal utilizados, sugerir una indebida relativización del principio de la no-devolución. Ya en 1980, por ejemplo, en su resolución n. 19(XXXI) sobre el llamado "refugio provisional", el Comité Ejecutivo del ACNUR consideró necesario advertir que se debería observar "escrupulosamente" el principio de no-devolución "en todas las situaciones de gran afluencia de refugiados" (item (a)). Más recientemente, en su resolución n. 82(XLVIII) de 1997, el Comité Ejecutivo del ACNUR volvió a subrayar la importancia fundamental del *non-refoulement*, inclusive a la luz de la Convención de Naciones Unidas contra la Tortura de 1984 (item (d)(i)). Sería lamentable que el uso corriente, en nuestros días, de expresiones como "protección temporaria", vinieran a rebajar los estándares de protección consolidados a lo largo de años de lucha en pro de los derechos de los refugiados y desplazados. La nueva expresión "desplazados internos en tránsito", a veces utilizada en nuestro continente, además de peligrosa, es de difícil comprensión.

Y la expresión "refugiados en órbita", un tanto surrealista, apesar de parecer relativizar el propio concepto clásico de "refugiado", ha sido, sin embargo, incorporada al vocabulario de la bibliografía especializada contemporánea sobre la materia, sin mayor espíritu crítico. Si uno está "en órbita", es decir, es expulsado o enviado de un país a otro, dificilmente se caracterizaría como refugiado *stricto sensu*; aunque se pretenda más bien ampliar la protección de los refugiados al mayor número de personas en situaciones congéneres de vulnerabilidad – lo que me parece acertado, – se debería evitar el uso de palabras o expresiones inadecuadas, quizás vacías. Con razón señaló la antigua Comisión Europea de Derechos Humanos, sobre el problema de los llamados "refugiados en órbita", que en determinadas circunstancias la "expulsión repetida de un extranjero" puede plantear un problema bajo el artículo 3 de la Convención Europea, que prohíbe el trato inhumano o degradante[176]. Se evita, así,

---

175 Conclusión decimosexta, letra (a).
176 Application n. 8100/77, *X versus República Federal de Alemania* (no publicado), *cit. in*: N. Mole, *Problems Raised by Certain Aspects of the Present Situation of Refugees...*, *op. cit. infra* n. (180), p. 26; e *in*: N. Mole, *Asylum and the European Convention on Human Rights*, Strasbourg, Council of Europe/Directorate of Human Rights, doc. H/INF(2000)/8 prov., de mayo de 2000, p. 28.

el uso de una expresión un tanto rara, tratando el asunto en términos más precisos y con clara base jurídica convencional[177].

Neologismos nefastos han surgido también en el dominio del Derecho Internacional Humanitario, con un nítido propósito de desconstrucción: "legítima defensa preventiva", "guerra preventiva", "intervención humanitaria" (en lugar de derecho a la asistencia humanitaria), "combatientes ilegales", entre otros. Como ya señalado, son infundados y vacíos de sentido, y su uso debe ser definitivamente evitado (cf. *supra*). Es lamentable como expresiones sin el menor sentido pasan a ser utilizadas en el dominio de la protección internacional de los derechos de la persona humana, inclusive por "operadores del derecho", sin el menor espíritu crítico y sin la menor reflexión. Se impone un mínimo de rigor terminológico, inclusive para preservar las conquistas de generaciones anteriores en pro de los derechos de la persona humana. A mi juicio, en el presente *derecho de protección* no hay espacio para relativizaciones ni retrocesos.

Las ya mencionadas *convergencias* entre el Derecho Internacional de los Refugiados y el Derecho Internacional de los Derechos Humanos (cf. *supra*) han tenido el efecto de ampliar el contenido normativo del principio del *non-refoulement*[178]. Identificado, el *non-refoulement*, en el marco del primero como la prohibición del rechazo en la frontera, pasó a también asociarse, en el marco del segundo, con la prohibición absoluta de la tortura y los tratos crueles, inhumanos o degradantes, como evidenciado por su previsión en el artículo 3 de la Convención de las Naciones Unidas contra la Tortura (1984)[179].

El principio del *non-refoulement* revela una dimensión preventiva, buscando evitar el simple *riesgo* de ser sometido a tortura o a tratos crueles, inhumanos o degradantes (resultante de una extradición, deportación o expulsión). Es lo que se desprende de la jurisprudencia internacional reciente, a niveles tanto regional como global. Lo ilustra, v.g., en materia extradicional, la célebre sentencia de la Corte Europea de Derechos Humanos en el caso *Soering versus Reino Unido* (1989), en el cual se infiere el *non-refoulement* bajo el artículo 3 de la Convención Europea de Derechos

---

177 Para otras críticas que me permití formular al uso de expresiones inadecuadas, en el contexto del sistema interamericano de protección de los derechos humanos, cf. A.A. Cançado Trindade, "Reflexiones sobre el Futuro del Sistema Interamericano de Protección de los Derechos Humanos", *in El Futuro del Sistema Interamericano de Protección de los Derechos Humanos* (eds. J.E. Méndez y F. Cox), San José de Costa Rica, IIDH, 1998, pp. 573-603.

178 A su vez, la Convención de la OUA que Regula los Aspectos Específicos de Problemas de los Refugiados en África, de 1969, dedica particular atención, v.g., a las condiciones de la repatriación *voluntaria* (artículo 5, párrs. 1-5), y es categórica al afirmar que "ningún refugiado será repatriado en contra de su voluntad" (párr. 1). En la disposición sobre el derecho de asilo (artículo 2), prohíbe igualmente el rechazo en la frontera, la devolución o la expulsión (párr. 3).

179 W. Suntinger, "The Principle of *Non-Refoulement*: Looking Rather to Geneva than to Strasbourg?", 49 *Austrian Journal of Public and International Law* (1995) pp. 203-208; G.S. Goodwin-Gill, "The International Protection of Refugees: What Future?", 12 *International Journal of Refugee Law* (2000) pp. 2-3.

Humanos[180]. El mismo principio enunciado por la Corte Europea en el caso *Soering*, oponiéndose a la extradición con base en el artículo 3 de la Convención Europea, fue reafirmado por la misma Corte en el caso *Vilvarajah versus Reino Unido* (1991), en el cual sostuvo que la prohibición de malos tratos bajo el artículo 3 de la Convención Europea era absoluta y se aplicaba igualmente en casos de expulsión[181]. La referida inferencia del *non-refoulement* se da, pues, en materia tanto de extradición, como de deportación, como de expulsión, bajo el artículo 3 de la Convención Europea (cf. *supra*).

Se puede proceder del mismo modo bajo disposiciones sobre otros derechos protegidos, como, v.g., el derecho a la vida privada y familiar bajo el artículo 8 de la Convención Europea. Cuestiones planteadas en algunos casos recientes bajo la Convención Europea revelan que el artículo 8 puede efectivamente ser invocado para proteger migrantes de segunda generación, por ejemplo, contra la deportación o la expulsión, con base en sus vínculos familiares y sociales y en sus raíces firmemente establecidas en el país de residencia[182].

También ejemplifica la dimensión preventiva del principio del *non-refoulement*, en materia de expulsión, v.g., el ya mencionado caso *Mutombo versus Suiza* (1994): el Comité de las Naciones Unidas contra la Tortura[183] concluyó que la expulsión (o retorno forzado) por Suiza del peticionario a Zaire constituiría una violación del artículo 3 de la Convención de las Naciones Unidas contra la Tortura, por cuanto existía en aquel país un "patrón consistente" de violaciones graves y masivas de los derechos humanos[184]. En la misma línea de razonamiento, igualmente el Comité de Derechos Humanos (bajo el Pacto de Derechos Civiles y Políticos de Naciones Unidas) ha considerado sucesivos casos de posibilidad o amenaza de extradición a la luz de la prevalencia de los derechos humanos protegidos, entendiendo como revistiéndose del carácter de *jus cogens* la prohibición de malos tratos y tortura (aunque probables o potenciales, en el Estado requerente)[185].

---

180   También el Comité de Derechos Humanos, bajo el Pacto de Derechos Civiles y Políticos de Naciones Unidas, además de haber afirmado el principio del *non-refoulement* en sus "comentarios generales" n. 7/16 (de 1982) y 20/44 (1992), ha, en su práctica, tratado la materia en casos relativos a extradición (de personas corriendo el riesgo de la pena de muerte); *cit. in* W. Suntinger, *op. cit. supra* n. (178), pp. 205, 208 y 214.

181   Cf. N. Mole, *Problems Raised by Certain Aspects of the Present Situation of Refugees from the Standpoint of the European Convention on Human Rights*, Strasbourg, Council of Europe (Human Rights Files n. 9 rev.), 1997, pp. 10, 16 y 18.

182   Cf., v.g., los casos *Moustaquim versus Bélgica* (1991), *Beldjoudi versus Francia* (1992), *Djeroud versus Francia* (1991), y *Lamguindaz versus Reino Unido* (1992-1993), *cit. in*: R. Cholewinski, "Strasbourg's 'Hidden Agenda'?: The Protection of Second-Generation Migrants from Expulsion under Article 8 of the European Convention on Human Rights", 3 *Netherlands Quarterly of Human Rights* (1994) pp. 287-288, 292-294 y 297-299.

183   Bajo la supracitada Convención de las Naciones Unidas contra la Tortura (1984).

184   *Cit. in* W. Suntinger, *op. cit. supra* n. (178), pp. 210, 217 y 221-222.

185   F. Pocar, "Patto Internazionale sui Diritti Civili e Politici ed Estradizione", *in Diritti dell'Uomo, Estradizione ed Espulsione – Atti del Convegno di Ferrara per Salutare G. Battaglini* (ed. F. Salerno), Padova/Milano, CEDAM, 2003, pp.79-95.

Ciertos principios básicos, como el del *non-refoulement*, forman, pues, un mínimo irreductible de la protección de los derechos de la persona humana, y tienen, inclusive, una proyección en el derecho interno de los Estados[186]. Al contrario de Monsieur Jourdain, célebre personaje de Molière, que hablaba prosa sin saberlo[187], los órganos internacionales de salvaguardia de los derechos humanos saben perfectamente lo que hacen, aplicando el principio del *non-refoulement* sin decirlo...

En efecto, el ámbito de aplicación del principio del *non-refoulement* se ha ampliado, tanto *ratione personae* cuanto *ratione materiae*, sobre todo a partir de los años ochenta, bajo los tratados de derechos humanos, en beneficio, además de los refugiados, a los extranjeros en general, y, en última instancia, a todo y cualquier individuo, en casos de extradición, expulsión, deportación o devolución, hacia un Estado en que pueda estar en riesgo de ser sometido a tortura o trato cruel, inhumano o degradante (la dimensión preventiva)[188].

Considerando que ya se ha conformado en nuestros días un verdadero régimen internacional contra la tortura, las desapariciones forzadas de personas, y las ejecuciones sumarias, extra-legales y arbitrarias[189], y que el principio del *non-refoulement*, con el aporte que le ha sido dado por el Derecho Internacional de los Derechos Humanos, pretende precisamente evitar el simple *riesgo* de someter a alguién a tortura (y a tratos crueles, deshumanos o degradantes), cuya prohibición es *absoluta*, – ya no hay cómo dudar, en mi entender, que el principio del *non-refoulement* recae en el dominio del *jus cogens*.

El carácter de *jus cogens* del *non-refoulement* ubica a este último por encima de las consideraciones políticas tanto de los Estados como de los órganos políticos de organizaciones internacionales[190]; de ese modo, también llama la atención para la importancia del acceso de los individuos a la justicia en el plano internacional[191]. La consagración de este principio fundamental del Derecho Internacional de los

---

186   En Suiza, por ejemplo, hoy se reconoce el "carácter perentorio de la prohibición del *refoulement*" (a partir de una iniciativa del Consejo Federal Suízo de 1994); la Constitución Federal Suiza revisada de 1999 aclara que ninguna enmienda constitucional puede entrar en conflicto con normas del *jus cogens*; Erika de Wet, "The Prohibition of Torture as an International Norm of *Jus Cogens* and Its Implications for National and Customary Law", 15 *European Journal of International Law* (2004) pp. 101-102.

187   Molière, "Le bourgeois gentilhomme" (acto II, escena IV, y acto III, escena III), *in Oeuvres complètes*, Paris, Éd. Seuil, 1962, pp. 514-515 y 518.

188   Henri Fourteau, *L'application de l'article 3 de la Convention européenne des droits de l'homme dans le droit interne des États membres*, Paris, LGDJ, 1996, pp. 211-212, 214, 219-220 y 227.

189   A.A. Cançado Trindade, *Tratado de Direito Internacional dos Direitos Humanos*, vol. II, Porto Alegre, S.A. Fabris Ed., 1999, pp. 345-358.

190   J. Allain, "The *Jus Cogens* Nature of *Non-Refoulement*", 13 *International Journal of Refugee Law* (2002) n. 4, pp. 538-558.

191   Cf., sobre este punto, A.A. Cançado Trindade, *El Acceso Directo del Individuo a los Tribunales Internacionales de Derechos Humanos*, Bilbao, Universidad de Deusto, 2001, pp. 9-104.

Refugiados, del *non-refoulement*, confirmado y ampliado por el Derecho Internacional de los Derechos Humanos, como siendo de *jus cogens*, acarrea, indudablemente, una limitación a la soberanía estatal (en materia de extradición, deportación, y expulsión), en favor de la integridad y del bien estar de la persona humana. Corresponde, además, a mi modo de ver, a una inequívoca manifestación de la visión crecientemente antropocéntrica del derecho internacional contemporáneo.

XI. La Obligación General de "Respetar" y "Hacer Respetar": La Protección Erga Omnes de los Derechos de la Persona Humana

A partir de la célebre Resolución XXIII, titulada "Derechos Humanos en Conflictos Armados", adoptada el 12.05.1968 por la I Conferencia Mundial de Derechos Humanos de Teherán, las propias Conferencias Internacionales de la Cruz Roja pasaron a adoptar sucesivas resoluciones refiréndose a los "derechos humanos". La consolidación, en los últimos años, de un verdadero régimen jurídico internacional de prohibición absoluta de la tortura; de los tratos o puniciones crueles, inhumanos o degradantes; de la detención y la prisión arbitrarias; y de las ejecuciones sumarias, arbitrarias y extrajudiciales[192], han impulsado en mucho las convergencias normativas entre las tres vertientes de protección de los derechos de la persona humana. Tales convergencias se tornaron notorias, v.g., en la proyección de la evolución de los derechos humanos en la consagración de las garantías fundamentales en los dos Protocolos Adicionales (de 1977) a las Convenciones de Ginebra de 1949[193].

En el estudio que presenté al Coloquio Internacional conmemorativo de los 10 años de la Declaración de Cartagena (1994), me centré en el amplio alcance de las obligaciones convencionales de protección, a partir del deber general de *respetar* y *hacer respetar* los derechos consagrados en los tratados humanitarios. Tal deber – consignado tanto en las Convenciones de Ginebra de 1949 y su Protocolo Adicional I de 1977 como en los tratados de derechos humanos[194] – trae a colación las obligaciones *erga omnes* de protección[195]. Como ponderé en aquel estudio,

> "Se trata de obligaciones incondicionales, exigibles por todo Estado independientemente de su participación en un determinado conflicto, y cuyo cumplimiento integral interesa a la comunidad internacional como un todo (...). En virtud del referido deber general de `hacer respetar' el Derecho Humanitario, se configura la existencia de un *interés jurídico común*, en virtud del cual todos los Estados Partes en los Convenios de Ginebra, y cada

---

192 Cf. A.A. Cançado Trindade, *Tratado de Direito Internacional dos Direitos Humanos*, vol. II, Porto Alegre/Brasil, S.A. Fabris, Ed., 1999, pp. 345-358.

193 Cf. A.A.C.T., *Aproximaciones y Convergencias, op. cit. supra* n. (1), pp. 119-122.

194 V.g., Pacto de Derechos Civiles y Políticos de Naciones Unidas, artículo 2(1); Convención sobre Derechos del Niño, artículo 2(1); Convención Europea de Derechos Humanos, artículo 1; Convención Americana sobre Derechos Humanos, artículo 1(1); entre otros.

195 Cf. *ibid.*, pp. 128-134.

Estado en particular, tienen interés jurídico y están capacitados para actuar para asegurar el respeto del Derecho Humanitario (artículo 1 común a los cuatro Convenios de 1949), no solamente contra un Estado autor de violación de una disposición de los Convenios de Ginebra, sino también contra los demás Estados Partes que no cumplen la obligación (de conducta o de comportamiento) de `hacer respetar' el Derecho Humanitario"[196].

Lo mismo se aplica a la normativa de los derechos humanos[197]. En el referido estudio, me permiti referirme a los casos en que aquel deber general (de *respetar* y *hacer respetar*) tuvo particular incidencia, – en lo que concierne las interacciones entre los derechos humanos y el derecho humanitario, – a saber, el *conflicto Irán/Iraq* (1983-1984), el contencioso *Nicarágua versus Estados Unidos* (1984-1986), los casos de *ex-Yugoslavia* (1992-1993) y del *Kuwait bajo la ocupación iraquí* (1992)[198], 129-143 entre otros. A lo largo de la última década (1994-2004), el énfasis en el deber general de los Estados Partes en tratados humanitarios de *respetar* y *hacer respetar* los derechos protegidos de la persona humana ha marcado una presencia constante, y nadie osaría cuestionar su amplio alcance en nuestros días.

Tanto es así que se ha recientemente sugerido que este deber general, de *respetar* y *hacer respetar*, del mismo modo que la célebre cláusula Martens, pertenecen al "grupo selecto de normas y principios" sostenidos por la comunidad internacional como un todo para la promoción de consideraciones básicas de humanidad y la construcción de un verdadero *ordre public* internacional[199]. En reciente intervención en el Institute de San Remo de Derecho Internacional Humanitario, el Presidente del Comité Internacional de la Cruz Roja (J. Kellenberger) argumentó que, en adición al deber general de *respetar* y *hacer respetar*, el artículo 1 común de las cuatro Convenciones de Ginebra de 1949[200] también requiere que los Estados se abstengan de respaldar cualquier acción armada en violación del derecho humanitario y tomen medidas positivas para evitar dicha violación[201].

---

196   *Ibid.*, pp. 129-130.
197   En la jurisprudencia internacional en materia de derechos humanos, aquel deber general (de *respetar* y *hacer respetar*) fue objeto de atención, v.g., en los casos clásicos de *Irlanda versus Reino Unido* (1976-1978) y de *Chipre versus Turquía* (1975), bajo la
Convención Europea de Derechos Humanos, y en toda la jurisprudencia, en materia contenciosa, de la Corte Interamericana de Derechos Humanos hasta la fecha, bajo la Convención Americana sobre Derechos Humanos.
198   Cf. A.A.C.T., *Aproximaciones y Convergencias, op. cit. supra* n. (1), pp. 129-143.
199   Cf. L. Boisson de Chazournes y L. Condorelli, "Common Article 1 of the Geneva Conventions Revisited: Protecting Collective Interests", 82 *Revue internationale de la Croix Rouge* (2000) n. 837, p. 85.
200   Y la disposición correspondiente de diversos tratados de derechos humanos.
201   J. Kellenberger, "Striving to Improve Respect for International Humanitarian Law", *XXVIII Round Table on Current Problems of International Humanitarian Law*, San Remo, 02.09.2004, p. 3 (disponible en versión eletrónica: www.cicr.org).

El Presidente del CICR insistió, en otra ocasión reciente, insistió en las convergencias entre las tres vertientes de protección de los derechos de la persona humana, en los siguientes términos:

"The common underlying purpose of international humanitarian and international human rights law is the protection of the life, health and dignity of human beings. (...) The guiding principle is that individuals have the right to be protected from arbitrariness and abuse because they are human, which was an idea which revolutionized international law and had a lasting impact on international relations. (...)

(...) Like international human rights, international humanitarian law aims, among other things, to protect human life, prevent and punish torture and ensure fundamental judicial guarantees to persons subject to criminal process. (...) One of the basic tenets of international refugee law aimed also at safeguarding, among other things, the right to life, is the principle of *non-refoulement*.

As regards torture and other forms of cruel, inhuman or degrading treatment or punishment, it hardly needs to be emphasized that such acts are prohibited under both international humanitarian law and other bodies of law in all circumstances, and are considered crimes under international law. (...)

Fundamental judicial guarantees are another example of norms that are common to international humanitarian and human rights law. (...) The ICRC's Study on Customary International Humanitarian Law Applicable in Armed Conflicts (...) confirms the overlapping nature of a number of fundamental guarantees provided for in both humanitarian and human rights law"[202].

Es ésta una de las manifestaciones de reconocimiento de la intensificación, a lo largo de la última década, de las convergencias entre las tres vertientes de protección de los derechos de la persona humana, – en los planos normativo, hermenéutico y operativo. En el plano normativo, por ejemplo, hoy día hay instrumentos internacionales que combinan, en su propio contenido material, normas tanto de derechos humanos como de derecho humanitario; es el caso, v.g., del Protocolo Facultativo de la Convención de Naciones Unidas sobre los Derechos del Niño Relativo a la Participación de Niños en los Conflictos Armados (2000). Recientemente también se ha dedicado atención, v.g., a la convergencia entre los derechos humanos y el derecho de los refugiados con atención especial al derecho de asilo[203].

---

202 J. Kellenberger, "International Humanitarian Law and Other Legal Regimes: Interplay in Situations of Violence" (Address of September 2003), 85 *Revue internationale de la Croix Rouge* (2003) n. 851, pp. 646-649.

203 Cf., v.g., C.W. San Juan y M. Manly, "El Asilo y la Protección Internacional de los Refugiados en América Latina: Análisis Crítico del Dualismo `Asilo-Refugio' a la Luz del Derecho Internacional de los Derechos Humanos", *in El Asilo y la Protección Internacional de los Refugiados en América Latina* (coord. Leonardo Franco), Buenos Aires, Univ. Nac. Lanus/ACNUR, 2003, pp. 29-30 y 53-61.

La diversificación de las fuentes de violaciones de los derechos de la persona humana, la cual se evidencia en los desafíos actuales que enfrenta la aplicación del Derecho Internacional de los Derechos Humanos, del Derecho Internacional de los Refugiados y del Derecho Internacional Humanitario, atribuye, a mi modo de ver, una importancia aún mayor a la obligación general de los Estados de *respetar* y *hacer respetar* aquellos derechos, en todas las circunstancias. Como me permití resaltar en mi Voto Razonado en el caso *Las Palmeras* (Excepciones Preliminares, Sentencia del 04.02.2000), relativo a Colombia, al sostener (como lo vengo haciendo hace años) las convergencias entre el *corpus juris* de las tres vertientes de protección de la persona humana (en los planos normativo, hermenéutico y operativo), pienso que el propósito concreto y específico del desarrollo de las obligaciones *erga omnes* de protección (cuya necesidad vengo igualmente sosteniendo hace mucho tiempo) puede ser mejor servido por la clara identificación y el fiel cumplimiento de la referida *obligación general de garantía* del ejercicio de los derechos de la persona humana (párr. 7).

El tenor de dicha obligación general es claro: trátase de *respetar* y *hacer respetar* las normas de protección, en todas las circunstancias. Dicha obligación puede conducirnos a la consolidación de las obligaciones *erga omnes* de protección[204] (párr. 8), teniendo presente el gran potencial de aplicación de la noción de *garantía colectiva*, subyacente a los tratados humanitarios (párr. 9). El concepto de obligaciones *erga omnes* ya ha marcado presencia en la jurisprudencia internacional[205], la cual, sin embargo, todavía no ha todavía las consecuencias de la afirmación de la existencia de tales obligaciones, ni de sus violaciones, y tampoco ha definido su regimen jurídico[206] (párr. 10). Pero si, por un lado, no hemos todavía logrado alcanzar la oponibilidad de una obligación de protección a la comunidad internacional como un todo, por otro lado, – me permití agregar en mi referido Voto Razonado en el caso *Las Palmeras*, –

---

204 Cf. A.A.C.T., *Aproximaciones y Convergencias, op. cit. supra* n. (1), pp. 143-149, y cf. también pp. 149-160.

205 Como lo ilustran, en lo que concierne a la Corte Internacional de Justicia, sus Sentencias en los casos de la *Barcelona Traction* (1970), de los *Ensayos Nucleares* (1974), de *Nicarágua versus Estados Unidos* (1986), del *Timor Oriental* (1995), y de *Bosnia-Herzegovina versus Yugoslavia* (1996), y los argumentos de las partes en los casos del *Camerún Septentrional* (1963) y de *África Sudoccidental* (1966), así como su Opinión Consultiva sobre *Namibia* (1971) y los argumentos (escritos y orales) atinentes a las dos Opiniones Consultivas sobre las *Armas Nucleares* (1994-1995).

206 La Corte de la Haya tuvo una ocasión única para hacerlo en el caso del *Timor Oriental* (1995), habiendo lamentablemente desperdiciado tal oportunidad, al relacionar las obligaciones *erga omnes* con algo antitético a ellas: el consentimiento estatal como base del ejercicio de su jurisdicción en materia contenciosa. Nada podría ser más incompatible con la existencia misma de las obligaciones *erga omnes* que la concepción positivista-voluntarista del Derecho Internacional y el énfasis en el consentimiento estatal como fundamento del ejercicio de la jurisdicción internacional.

"el Derecho Internacional de los Derechos Humanos hoy nos proporciona los elementos para la consolidación de la oponibilidad de obligaciones de protección a todos los Estados Partes en tratados de derechos humanos (obligaciones *erga omnes partes*[207]). *Así, diversos tratados, tanto de derechos humanos*[208] *como de Derecho Internacional Humanitario*[209], *disponen sobre la obligación general de los Estados Partes de garantizar* el ejercicio de los derechos en ellos consagrados y su observancia.

Como correctamente señaló el *Institut de Droit International*, en una resolución adoptada en la sesión de Santiago de Compostela de 1989, tal obligación es aplicable *erga omnes*, por cuanto cada Estado tiene un interés legal en la salvaguardia de los derechos humanos (artículo 1)[210]. Así, a la par de la obligación de todos los Estados Partes en la Convención Americana [sobre Derechos Humanos] de proteger los derechos en ésta consagrados y garantizar su libre y pleno ejercicio a todos los individuos bajo sus respectivas jurisdicciones, existe la obligación de los Estados Partes *inter se* de asegurar la integridad y efectividad de la Convención: este deber general de protección (la garantía colectiva) es de interés directo de cada Estado Parte, y de todos ellos en conjunto (obligación *erga omnes partes*). Y esto es válido en tiempos tanto de paz como de conflicto armado[211]" (párrs. 11-12).

Hay otra posibilidad de hacer valer las obligaciones *erga omnes partes* de protección, como igualmente lo señalé en el mismo Voto Razonado en el caso *Las Palmeras* atinente a Colombia:

"Algunos tratados de derechos humanos establecen un mecanismo de peticiones o comunicaciones que comprende, a la par de las peticiones individuales, también las interestatales; estas últimas constituyen un mecanismo *par excellence* de acción de garantía

---

207 Sobre el sentido de las obligaciones *erga omnes partes*, oponibles a todos los Estados Partes en ciertos tratados o a una determinada comunidad de Estados, cf. M. Ragazzi, *The Concept of International Obligations Erga Omnes*, Oxford, Clarendon Press, 1997, pp. 201-202; C. Annacker, "The Legal Regime of *Erga Omnes* Obligations in International Law", 46 *Austrian Journal of Public and International Law* (1994) p. 135.

208 Cf., v.g., Convención Americana sobre Derechos Humanos, artículo 1(1); Pacto de Derechos Civiles y Políticos de Naciones Unidas, artículo 2(1); Convención de Naciones Unidas sobre los Derechos del Niño, artículo 2(1).

209 Artículo 1 común a las cuatro Convenciones de Ginebra sobre Derecho Internacional Humanitario de 1949, y artículo 1 del Protocolo Adicional I de 1977 a las Convenciones de Ginebra de 1949.

210 Cf. I.D.I., 63 *Annuaire de l'Institut de Droit International* (1989)-II, pp. 286 y 288-289.

211 Así, un Estado Parte en las Convenciones de Ginebra de 1949 y su Protocolo Adicional I de 1977, aunque no esté involucrado en un determinado conflicto armado, está habilitado a exigir de otros Estados Partes – que lo estén – el cumplimiento de sus obligaciones convencionales de cuño humanitario; L. Condorelli y L. Boisson de Chazournes, «Quelques remarques à propos de l'obligation des États de `respecter et faire respecter' le droit international humanitaire `en toutes circonstances'», *in Études et essais sur le droit international humanitaire et sur les principes de la Croix-Rouge en l'honneur de Jean Pictet* (ed. C. Swinarski), Genève/La Haye, CICR/Nijhoff, 1984, pp. 29 y 32-33.

colectiva. El hecho de que no hayan sido usadas con frecuencia (jamás en el sistema interamericano de protección, hasta la fecha) sugiere que los Estados Partes no han revelado todavía su determinación de construir un verdadero *ordre public* internacional basado en el respeto por los derechos humanos. Pero podrían – y deberían – hacerlo en el futuro, con su cresciente conscientización de la necesidad de lograr mayor cohesión e institucionalización en el ordenamiento jurídico internacional, sobre todo en el presente dominio de protección.

De todos modos, difícilmente podría haber mejores ejemplos de mecanismo para aplicación de las obligaciones *erga omnes* de protección (al menos en las relaciones de los Estados Partes *inter se*) que los métodos de supervisión previstos *en los propios tratados de derechos humanos*, para el ejercicio de la garantía colectiva de los derechos protegidos. En otras palabras, los mecanismos para aplicación de las obligaciones *erga omnes partes* de protección ya existen, y lo que urge es desarrollar su régimen jurídico, con atención especial a las *obligaciones positivas* y las *consecuencias jurídicas* de las violaciones de tales obligaciones.

En fin, la prohibición absoluta de violaciones graves de derechos humanos fundamentales – empezando por el derecho fundamental a la vida – se extiende en efecto, en mi juicio, mas allá del derecho de los tratados, incorporada, como se encuentra, igualmente, en el derecho internacional consuetudinario contemporáneo. Tal proibición da realce a las obligaciones *erga omnes*, debidas a la comunidad internacional como un todo. Estas últimas transcienden claramente el consentimiento individual de los Estados, sepultando en definitiva la concepción positivista-voluntarista del Derecho

Internacional, y anunciando el advenimiento de un nuevo ordenamiento jurídico internacional comprometido con la prevalencia de valores comunes superiores, y con imperativos morales y jurídicos, tal como el de la protección del ser humano en cualesquiera circunstancias, en tiempos tanto de paz como de conflicto armado" (párrs. 13-15).

Me he permitido insistir en esta posición en respaldo a las obligaciones *erga omnes* de protección en otras ocasiones en el seno de la Corte Interamericana de Derechos Humanos, como, por ejemplo, en mis Votos Concurrentes en las Resoluciones de Medidas Provisionales de Protección adoptadas por la Corte en los casos de la *Comunidad de Paz de San José de Apartadó* (del 18.06.2002, atinente a Colombia), de las *Comunidades del Jiguamiandó y del Curbaradó* (del 06.03.2003, también referente a Colombia), del *Pueblo Indígena Kankuamo* (del 05.07.2004, relativa igualmente a Colombia), del *Pueblo Indígena de Sarayaku* (del 06.07.2004, atinente a Ecuador), de la *Cárcel de Urso Branco* (del 07.07.2004, referente a Brasil), y de la *Emisora de Televisión `Globovisión'* (del 04.09.2004, relativa a Venezuela).

En fin, en el caso *Bámaca Velásquez versus Guatemala* (Fondo, Sentencia del 25 de noviembre de 2000), la Corte examinó, en el contexto del *cas d'espèce*, el conflicto interno guatemalteco bajo la perspectiva convergente del Derecho Internacional de los Derechos Humanos y del Derecho Internacional Humanitario. La Corte tomó en cuenta las Convenciones de Ginebra de 1949, en particular su artículo 3 común, como elemento de interpretación para la determinación de violaciones particularmente de la Convención Americana sobre Derechos Humanos, y tuvo presente el deber general, bajo el artículo 1(1) de ésta, de "respetar" y "hacer respetar" los derechos protegidos[212]. En mi Voto Razonado en el mismo caso *Bámaca Velásquez*, tomé igualmente en cuenta las normativas tanto del Derecho Internacional de los Derechos Humanos como del Derecho Internacional Humanitario, así como la *cláusula Martens*[213].

XII. Reflexiones Finales

No podría concluir el presente estudio sin agregar una breves reflexiones personales. La presente Conferencia de México de noviembre de 2004 es parte de un significativo proceso histórico. En mi estudio de una década atrás, que presenté el en Coloquio Internacional de San José de Costa Rica de diciembre de 1994 y publicado con ocasión de los diez años de la Declaración de Cartagena de 1984, me permití senãlar que

> "Los desarrollos recientes en la protección internacional de la persona humana, tanto en tiempo de paz como de conflicto armado (...), realzan la obligación general de la *debida diligencia* por parte del Estado, desdoblable en sus deberes jurídicos de tomar medidas positivas para prevenir, investigar y sancionar violaciones de los derechos humanos, lo que además resalta e inserta en la orden del día el debate sobre la protección *erga omnes* de determinados derechos y la cuestión del *Drittwirkung*, de su aplicabilidad en relación a terceros. La nueva dimensión del *derecho de protección* del ser humano, dotado reconocidamente de especificidad propia, viene siendo jurisprudencialmente erigida sobre el binomio de las obligaciones de `respetar' y `hacer respetar', en todas las circunstancias, los tratados del Derecho Internacional Humanitario y del Derecho Internacional de los Derechos Humanos.
>
> En el presente dominio del *derecho de protección*, se ha hecho uso del derecho internacional a efectos de perfeccionar y fortalecer, nunca de restringir o debilitar, el grado de protección de los derechos humanos consagrados, en los planos tanto normativo como procesal. Hay que continuar explorando todas las posibilidades jurídicas con ese propósito. El reconocimiento, incluso judicial, de los amplios alcance y dimensión de las obligaciones convencionales de protección internacional de la persona humana asegura la continuidad del proceso de expansión del *derecho de protección*. Las aproximaciones o convergencias entre los regímenes complementarios de protección, entre el Derecho Internacional Humanitario, el Derecho Internacional de los Refugiados, y el Derecho Internacional de los Derechos Humanos, dictadas por las propias *necesidades* de protección y manifestadas en los planos normativo, hermenéutico y operativo, contribuyen a la búsqueda de soluciones eficaces a problemas corrientes en este dominio, y al perfeccionamiento y fortalecimiento de la protección internacional de la persona humana en cualesquiera situaciones o circunstancias. Cabe seguir avanzando decididamente en esta dirección"[214].

---

212   CtIADH, caso *Bámaca Velásquez versus Guatemala* (Fondo), Sentencia del 25.11.2000, Serie C, n. 70, pp. 136-140, párrs. 203-210.

213   *Ibid.*, Voto Razonado del Juez A.A. Cançado Trindade, Serie C, n. 70, pp. 151-168, párrs. 1-40, esp. pp. 157-158 y 166, párrs. 17-18 y36.

214   Cf. A.A.C.T., *Aproximaciones y Convergencias, op. cit. supra* n. (1), pp. 167-168.

A lo largo de la última década, se ha afortunada y efectivamente avanzado en esta dirección, e importa que se continúe avanzando en los próximos años. Con aún más razón ésto se impone, por cuanto los desafíos a la protección de los derechos de la persona humana son hoy día mucho mayores que hace una década. De todos modos, las iniciativas contemporáneas de ayuda o asistencia humanitaria han reconocido que no hay cómo dejar de tomar en cuenta, simultánea o concomitantemente, las normativas del Derecho Internacional de los Derechos Humanos, del Derecho Internacional Humanitario y del Derecho Internacional de los Refugiados, para atender con eficacia las nuevas necesidades de protección[215].

Las Consultas Globales sobre Protección Internacional realizadas por el ACNUR, en forma de Reunión Regional de Expertos que tuvo lugar en San José de Costa Rica en 2001, en la sede de la Corte Interamericana de Derechos Humanos, durante mi Presidencia de aquel Tribunal internacional, concluyeron *inter alia* que, para enfrentar ciertas tendencias restrictivas al asilo, se requería "la aplicación convergente de las tres vertientes del derecho internacional para la protección de las personas, a saber, el Derecho Internacional de los Derechos Humanos, el Derecho Internacional Humanitario y el Derecho Internacional de los Refugiados" (recomendación 2(XVI)). En el plano universal, se cuenta hoy con una amplia serie de resoluciones de la Asamblea General de Naciones Unidas que abordan los problemas que atañen a los derechos humanos y a los derechos de los refugiados desde una óptica esencialmente convergente[216].

Nunca es demás resaltar los efectos benéficos de las interacciones entre el Derecho Internacional de los Derechos Humanos, el Derecho Internacional de los Refugiados y el Derecho Internacional Humanitario para la protección efectiva de los derechos de la persona humana. Así, e.g., la consolidación de un verdadero régimen internacional contra la tortura en el dominio del Derecho Internacional de los Derechos Humanos resulta hoy día benéfica también para los refugiados, pues la protección contra la tortura y los tratos crueles, inhumanos o degradantes que les es otorgada por algunos tratados de derechos humanos es particularmente amplia,

---

215 Cf., v.g., H. Fischer y J. Oraá, *Derecho Internacional y Ayuda Humanitaria*, Bilbao, Universidad de Deusto, 2000, pp. 28-29, 41-55, 61-65 y 81-83.
216 Cf. las siguientes resoluciones de la Asamblea General de Naciones Unidas: resoluciones 34/60, del 29.11.1979; 36/148, del 16.12.1981; 37/186, del 17.12.1982; 38/103, del 16.12.1983; 39/117, del 14.12.1984; 40/149, del 13.12.1985; 41/148, del 04.12.1986; 42/144, del 07.12.1987; 43/117, del 08.12.1988; 43/154, del 1988; 44/137, del 15.12.1989; 44/164, del 15.12.1989; 45/140, del 14.12.1990; 45/153, del 18.12.1990; 46/106, del 16.12.1991; 46/127, del 17.12.1991; 47/105, del 16.12.1992; 48/116, del 20.12.1993; 48/135, del 20.12.1993; 48/139, del 20.12.1993; 49/169, del 23.12.1994; 50/152, del 21.12.1995; 50/182, del 22.12.1995; 51/70, del 12.12.1996; 51/71, del 12.12.1996; 51/75, del 12.12.1996; 52/103, del 12.12.1997; 52/132, del 12.12.1997; 53/123, del 09.12.1998; 53/125, del 09.12.1998; 54/147, del 17.12.1999; 54/180, del 17.12.1999; 55/77, de. 04.12.2000; 56/13, del 19.12.2001; 56/166, del 19.12.2001; y 57/206, del 18.12.2002.

logrando en este particular una salvaguardia de mayor alcance que sería posible en el marco del Derecho Internacional de los Refugiados[217].

La práctica de los órganos internacionales de supervisión de los derechos humanos es particularmente ilustrativa, al reforzar la prohibición de la devolución. Recuérdese, al respecto, además de los ejemplos anteriormente citados, v.g., la práctica del Comité de Naciones Unidas contra la Tortura, en aplicación del artículo 3 de la Convención de Naciones Unidas contra la Tortura de 1984, acerca precisamente del alcance del principio del *non-refoulement*[218]. Este desarrollo es ilustrativo de la intensificación de las interrelaciones convergentes de las vertientes de protección de los derechos de la persona humana, maximizando la protección en los planos normativo, hermenéutico y operativo.

A los 20 años de la adopción de la Declaración de Cartagena, los avances en la labor de protección se han hecho acompañar del agravamiento de la situación de vulnerabilidad que hoy afecta los integrantes de los grandes flujos migratorios forzados de nuestros días. Surgen, así, nuevas demandas de protección del ser humano[219]. Lamentablemente, el progreso económico y la "liberalización" del trabajo nunca lograron poner fin a nuevas formas contemporáneas de esclavitud; hoy día, los migrantes indocumentados corren el riesgo de encontrarse en condiciones muy próximas o similares a las de la esclavitud[220]. El actual cierre de fronteras en tantos países puede, una vez más lamentablemente, perpetuar y agravar las formas contemporáneas de esclavitud[221]. Tampoco el progreso científico-tecnológico ha logrado liberar los seres humanos de ese mal[222]. Los victimados sólo cuentan con una defensa contra esta forma de exploración del ser humano: la del Derecho.

El Derecho Internacional de los Refugiados se erigió, a partir de mediados del siglo XX, a la luz de una visión de un mundo dividido en Estados territoriales soberanos y auto-suficientes. Tres décadas después, el fenómeno del desplazamiento vino a desafiar esta visión, que se tornó anacrónica. Los conflictos internos, en diferentes latitudes, pasaron a requerir una reevaluación y actualización del *corpus juris* del Derecho Internacional de los Refugiados, centradas no más en las restricciones

---

217 J.-F. Flauss, «Les droits de l'homme et la Convention de Genève du 28 juillet 1951 relative au Statut des Réfugiés», *in La Convention de Genève du 28 juillet 1951 relative au Statut des Réfugiés 50 ans après: bilan et perspectives* (ed. V. Chetail), Bruxelles, Bruylant, 2001, p. 117.

218 *Ibid.*, pp. 118 y 123.

219 Cf. A. Roberts, "El Papel de las Cuestiones Humanitarias en la Política Internacional en los Años Noventa", *in Los Desafíos de la Acción Humanitaria – Un Balance*, Barcelona, Icaria/Antrazyt, 1999, pp. 31-70; J. Abrisketa, "El Derecho a la Asistencia Humanitaria: Fundamentación y Límites", *in ibid.*, pp. 71-100; X. Etzeberría, "Marco Ético de la Acción Humanitaria", *in ibid.*, pp. 101-127.

220 M. Lengellé-Tardy, *L'esclavage moderne*, Paris, PUF, 1999, pp. 8-9, 26 y 77, y cf. p. 13.

221 *Ibid.*, p. 116.

222 *Ibid.*, pp. 96-98.

fronterizas de los Estados, sino más bien en la situación objetiva de la vulnerabilidad de los seres humanos, independientemente de encontrarse éstos en conformidad o no con las restricciones fronterizas de los Estados.

Más recientemente, en los años noventa, el fenómeno de dimensiones aún mayores del *desarraigo* humano, victimizando millones de seres humanos en todo el mundo, ha acentuado aún más esta tendencia, centrando una atención cada vez mayor en las necesidades de protección, independientemente de las fronteras de los Estados. No puede aquí haber retroceso. Los estándares consagrados en instrumentos internacionales de protección sólo pueden y deben ser elevados, como sostuve yo en dictámen jurídico que preparé para el Consejo de Europa en 1995 a propósito de la co-existencia de la Convención Europea de Derechos Humanos y de la Convención de Minsk de Derechos Humanos de la Comunidad de Estados Independientes (CEI, 1995)[223]. Cualesquiera retrocesos o la simple estagnación de los estándares internacionales de protección serían, a mi juicio, injustificables e inadmisibles.

En fin, es significativo que, a lo largo de todo el proceso preparatorio de consultas de la presente Conferencia de México de noviembre de 2004, se hayan reiterado algunas conquistas de la conciencia humana en el dominio del presente *derecho de protección* de la persona humana. He acompañado de cerca este proceso, y en las tres reuniones subregionales preparatorias[224] – la de San José de Costa Rica, de 12-13 de agosto de 2004; la de Brasilia, de 26-27 de agosto de 2004; y la de Cartagena de Indias, de 16-17 de septiembre de 2004; precedida por la reunión previa de los consultores jurídicos del ACNUR, de Brasilia, de 27-28 de marzo de 2004, – se han reconocido expresamente, para mi gran satisfacción personal, tres puntos que me parecen de fundamental importancia en nuestros días: 1) las convergencias entre las tres vertientes de protección internacional de los derechos de la persona humana, a saber, el Derecho Internacional de los Derechos Humanos, el Derecho Internacional de los Refugiados, y el Derecho Internacional Humanitario; 2) el rol central y la alta relevancia de los principios generales del derecho; y 3) el carácter de *jus cogens* del principio básico del *non-refoulement* como un verdadero pilar de todo el Derecho Internacional de los Refugiados.

Esto significa que, a pesar de los nuevos desafíos y algunos preocupantes retrocesos de nuestros días (como, v.g., las migraciones forzadas y el desarraigo, las

---

223 Cf. A.A. Cançado Trindade, "Analysis of the Legal Implications for States that Intend to Ratify both the European Convention on Human Rights and Its Protocols and the Convention on Human Rights of the Commonwealth of Independent States (CIS)", 17 *Human Rights Law Journal* (1996) pp. 164-180 (también disponible en francés, español, alemán y ruso).

224 He tenido el honor de presidir las dos primeras, – las de San José de Costa Rica, de 12-13.08.2004, y de Brasília, de 26-27.08.2004, – que contaron ambas con la participación de representantes tanto gubernamentales como de entidades de la sociedad civil, – como debe ser, en reuniones de consulta de esta naturaleza, y sobre una temática que afecta la población del continente americano y del Caribe como un todo.

políticas migratorias restrictivas y abusivas, el cierre de fronteras y la xenofobia), la conciencia humana sigue moviendo el Derecho adelante, como su fuente material última. Así, a pesar de las incongruencias de la práctica de los Estados en nuestros tiempos, la *opinio juris communis* sigue alumbrando el camino a seguir, el cual no puede ser otro que el de la prevalencia de los derechos fundamentales de la persona humana en todas y cualesquiera circunstancia y de la consolidación de las obligaciones *erga omnes* de protección. Ésto implica, en última instancia, el primado de la razón de humanidad sobre la antigua razón de Estado.

XXV

El Largo Camino de la Humanización del Derecho Internacional: Una Nueva Década de Consultas del Alto Comisionado de las Naciones Unidas para los Refugiados (ACNUR) (De México/2004 a Brasília/2014)

Resúmen: I. Introducción. II. La Relevancia de las Convergencias entre el Derecho Internacional de los Derechos Humanos, el Derecho Internacional de los Refugiados y el Derecho Internacional Humanitario, en el Contexto Regional Actual. III. Reflexiones acerca de las Situaciones de Vulnerabilidad de la Persona Humana a Requerir Su Protección. IV. Una Nueva Década (2004-2014): Las Consultas del ACNUR de 2014 y Su Resultado, la Declaración y el Plan de Acción de Brasil. V. Observaciones Finales.

I. Introducción

Una nueva década ha transcurrido, desde las anteriores Consultas del Alto Comisionado de las Naciones Unidas para los Refugiados (ACNUR), y, a pesar de todos los avances realizados de Cartagena/1984 a San José/ 1994 y a México/2004[1], nuevos desafíos han surgido, de México/2004 a Brasília/2014, a requerir nuevas respuestas para atender a las nuevas necesidades de protección de los seres humanos, particularmente los que se encuentran en nuevas situaciones de vulnerabilidad o indefensión. Dichas situaciones y necesidades han sido identificadas en las nuevas Consultas del ACNUR a lo largo de 2014, una vez más revelando que la labor de protección internacional de los derechos de la persona humana, como en el mito de Sísifo, no tiene fin. Este trabajo de actualización, – en el marco del proceso histórico de la humanización del Derecho Internacional, – que constituyó el proceso de Consultas de 2014, culminó en la Conferencia Interministerial de Brasília, de 02-03 de diciembre de 2014.

Dicha labor de actualización encuéntrase condensada en tres discursos que tuve el honor de proferir, en tres momentos de las Consultas del ACNUR de 2014, a saber: 1) en la Reunión del Grupo Latinoamericano y Caribeño (GRULAC), en la

---

1 Para un estudio, cf. A.A. Cançado Trindade, "Aproximaciones y Convergencias Revisitadas: Diez Años de Interacción entre el Derecho Internacional de los Derechos Humanos, el Derecho Internacional de los Refugiados, y el Derecho Internacional Humanitario (De Cartagena/1984 a San José/199 y México/2004)", *in Memoria del Vigésimo Aniversario de la Declaración de Cartagena sobre los Refugiados (1984-2004)*, San José de Costa Rica/México, ACNUR, 2005, pp. 139-191.

ONU/ACNUR en Ginebra, el 03 de noviembre de 2014, sobre la relevancia de las convergencias entre el Derecho Internacional de los Derechos Humanos, el Derecho Internacional de los Refugiados y el Derecho Internacional Humanitario, en el contexto regional actual; 2) nuevamente en la Reunión del GRULAC, en la ONU/ACNUR en Ginebra, el 14 de noviembre de 2014, sobre las situaciones de vulnerabilidad de la persona humana a requerer su protección; y 3) en la Conferencia Interministerial de Brasilia, el 02 de diciembre de 2014, un día antes de la adopción de la Declaración y el Plan de Acción de Brasil, sobre las Consultas del ACNUR de 2014 y sus resultados. Reproduzco, a continuación, estos tres discursos, para, en seguida, presentar mis breves observaciones finales sobre la materia.

II. La Relevancia de las Convergencias entre el Derecho Internacional de los Derechos Humanos, el Derecho Internacional de los Refugiados y el Derecho Internacional Humanitario, en el Contexto Regional Actual[2].

Guardo un grato recuerdo de la anterior reunión con el GRULAC, el 13 de febrero pasado, aquí en el ACNUR en Ginebra, que abrió el actual proceso de Consultas de la tercera década desde la adopción de la *Declaración de Cartagena sobre Refugiados* (1984), a culminar, dentro de un mes, en la Conferencia interministerial en Brasília. Con satisfacción comparezco a esta nueva reunión con el GRULAC, el día de hoy, 03 de noviembre de 2014, otra vez aquí en el ACNUR en Ginebra, para compartir algunas reflexiones con todos los presentes, en relación específicamente con el actual Proyecto de Declaración de Brasília, en lo que concierne al tema que me ha sido confiado, a saber, el de la *"Relevancia de las Convergencias entre el Derecho Internacional de los Derechos Humanos, el Derecho Internacional de los Refugiados y el Derecho Internacional Humanitario, en el Actual Contexto Regional"*.

Quisiera empezar con una importante observación: a lo largo de todo el proceso de Consultas del ACNUR, iniciado con la Declaración de la primera década (1994) después de la Declaración de Cartagena, estuvo presente el *reconocimiento expreso* de la relevancia de aquellas convergencias, para asegurar la protección más eficaz de los derechos de la persona humana, en las más distintas circunstancias. Así, la *Declaración de San José sobre Refugiados y Personas Desplazadas* (1994) alaba y enfatiza expresamente, tanto en sus consideraciones preambulares (10ª) como en sus conclusiones (3ª) el carácter complementario y las convergencias entre el Derecho Internacional de los Derechos Humanos (DIDH), el Derecho Internacional de los Refugiados (DIR) y el Derecho Internacional Humanitario (DIH), con el propósito de "proporcionar un marco común" para asegurar la protección eficaz de los derechos de la persona humana.

De igual modo, la *Declaración de México para Fortalecer la Protección Internacional de los Refugiados en América Latina* (2004) también reconoció expresamente el

---

2 Discurso proferido por el Autor, en la ONU/ACNUR, Ginebra, en la Reunión del GRULAC, el 03 de noviembre de 2014.

carácter complementario de las referidas tres vertientes convergentes para asegurar y fortalecer la protección de los que de ésta necesiten, a la luz del principio *pro persona humana* (6º párrafo preambular). Teniendo esto presente, me parece necesario, por las razones adicionales que pasaré a exponer,

que, en el Proyecto de la Declaración de Brasília (2014), figure igualmente un reconocimiento expreso a la relevancia de las convergencias entre el DIDH, el DIR y el DIH. Un párrafo adicional (preambular), en este sentido, podría tener la siguiente redacción:

> "Enfatizando las convergencias y el carácter complementario del Derecho Internacional de los Derechos Humanos, del Derecho Internacional de los Refugiados, y del Derecho Internacional Humanitario, de modo a proporcionar un marco jurídico común para fortalecer la protección, a la luz del principio *pro persona humana*, de los refugiados y de otras personas que de ella necesiten, en razón de las circunstancias de vulnerabilidad en que se encuentren".

En efecto, las convergencias entre el DIDH, el DIR y el DIH han marcado presencia en las tres Consultas succesivas del ACNUR, – las de 1994, de 2004, y de 2014. De inicio, se reconoce que el desplazamiento transfronterizo forzado puede resultar de conflictos o tensiones o disturbios internos, entre otras causas. Se busca el otorgamiento de *visas humanitarias* para personas que no necesariamente califican como refugiados. Se busca la aplicación efectiva de los altos estándares del debido proceso legal establecidos en la *jurisprudence constante* de la CtIADH (reunión subregional del Mercosur, 18-19.03.2014). Se caracteriza como "buena práctica" la de la mobilidad humana, como forma de protección, a la par de otras (como la residencia permanente y la naturalización) (reunión subregional andina, 09-10.06.2014).

Se centran las atenciones en los grupos vulnerables, y los distintos grados de vulnerabilidad, inclusive en circunstancias extremas, como en relación con niños, niñas y adolescentes no acompañados (reunión subregional de Mesoamérica, 10-11.07.2014). Es alentador que el actual Proyecto de Declaración de Brasília (2014) ya reconozca expresamente, para efectos de la protección debida, la situación de extrema vulnerabilidad en que se encuentran las personas y grupos que tanto necesitan de protección (párrs. 7, 16, 19, 43 y 47). El referido Proyecto de Declaración también ya resalta, correctamente, la posición central de la persona humana, y la importancia del espíritu de solidaridad, en las presentes Consultas del ACNUR.

Se reconoce la necesidad de intensificar la cooperación internacional entre países de origen, de tránsito y de destino de los migrantes (reunión subregional caribeña, 10-11.09.2014). En todas estas situaciones, identificadas a lo largo de las actuales Consultas del ACNUR, a culminar en la próxima Conferencia Interministerial de Brasília, programada para 2-3 de diciembre de 2014, inciden las convergencias entre el DIDH, el DIR y el DIH, para proporcionar la protección eficaz a los que de ella necesitan, en razón de su vulnerabilidad. Estas tres vertientes están siempre presentes para atender a los imperativos de protección. No hay, a mi juicio, espacio para la invocación de una supuesta *lex specialis*, que inviabilize su aplicación concomitante, siempre que necesaria.

May I take a step further, in this respect: the three aforementioned branches of international law for the protection of the human person (namely, the ILHR, the ILR and IHL), converging at normative, hermeneutic and operational levels, do not exclude the possibility that other branches of international law may also converge with them as well, to the same effect. For example, in the most recent Caribbean subregional meeting, the point was made of the relevance of the search and rescue-at-sea and recovery operations, under the U.N. Convention on the Law of the Sea (UNCLOS) and other treaties. This was the first time, along the UNHCR Consultations of the last three decades, that UNCLOS and other Law of the Sea treaties were invoked, in connection with the international protection of the human person as migrant. This shows, in my perception, the *unity of the law*, and the possibility of wider convergences to secure the protection of the human person, in particular when surrounded by circumstances of the utmost vulnerability.

In effect, the problems we have faced have varied from decade to decade, but what remains always present is the vulnerability of the human person, in constantly changing and distinct circumstances. As facts seem to come always before the legal norms, we have to bear always in mind the imperatives of justice. To abide by them, we are obliged to bear constantly in mind that the ILHR, the ILR and IHL go together, – at normative, hermeneutic and operational levels. The UNHCR has acknowledged that, on several occasions. And this applies in distinct phases of its work; for example, to invoke but one, in the specific phase of *determination of refugee status*, the UNHCR has constantly underlined the need to ensure the access to justice encompassing the guarantees of due process of law, as asserted and construed in the *jurisprudence constante* of the Inter-American Court of Human Rights (CtIADH – under Articles 25 and 8, jointly, of the American Convention on Human Rights). In order to reach a better understanding of this issue, we have to approach it in its temporal dimension.

Así, media década después de la adopción de la *Declaración de San José sobre Refugiados y Personas Desplazadas* (1994), la CtIADH emitió su Opinión Consultiva n. 16, sobre el *Derecho a la Información sobre la Asistencia Consular en el Marco de las Garantías del Debido Proceso Legal* (1999), verdaderamente pionera, que ha venido ejerciendo considerable influencia en la jurisprudencia internacional, inclusive de la propia Corte Internacional de Justicia. La CtIADH procedió a la *humanización* del Derecho Consular, mediante una relectura e interpretación evolutiva del artículo 36 de la Convención de Viena sobre Relaciones Consulares (1963), y vinculando el referido derecho a la información sobre asistencia consular al derecho de acceso a la justicia *lato sensu*, abarcando las garantías del debido proceso legal. Aquí se dio la convergencia ampliada, de las anteriormente mencionadas tres vertientes de protección de la persona humana con el propio Derecho Consular.

La etapa siguiente tuvo lugar en vísperas de la adopción de la *Declaración y Plan de Acción de México para Fortalecer la Protección Internacional de los Refugiados en América Latina* (2004), cuando la CtIADH emitió su Opinión Consultiva n. 18, sobre la *Condición Jurídica y los Derechos de los Migrantes Indocumentados*. Dicha Opinión Consultiva tuvo un considerable impacto, no sólo en nuestra región como en otras partes del mundo, como tuve ocasión de señalar en mi conferencia de apertura de la sesión anual de estudios de 2007 del Instituto Internacional de Derechos Humanos (Instituto René Cassin) en Estrasburgo. La CtIADH centró su análisis en el principio fundamental de la igualdad y non-discriminación, que prohíbe la invocación de cualquier tratamiento discriminatorio en detrimento de cualquier persona, inclusive migrantes indocumentados. La CtIADH se tornó el primer tribunal internacional contemporáneo a afirmar que el principio básico de la igualdad y no-discriminación hoy pertenece al dominio del *jus cogens*.

Desde las Opiniones Consultivas ns. 16 y 18 de la CtIADH (*supra*), algo extraordinario ocurrió en nuestra región: a la luz de dichas Opiniones Consultivas, varios Estados de nuestra región pasaron a actualizar sus *Guías* o *Manuales Consulares*, a fin de proporcionar asistencia consular más eficaz; hubo los que crearon *consulados itinerantes*, o que pasaron a acompañar el contencioso ante tribunales extranjeros (para asegurar el derecho a la información sobre la asistencia consular); también hubo los que crearon nuevos órganos nacionales de coordinación del ejercicio de la asistencia y protección consulares. Me permito traer a colación este desarrollo, teniendo presente el aporte, e.g., de la reunión subregional del Mercosur (*supra*) en las presentas Consultas del ACNUR.

No llegamos, sin embargo, al final de este desarrollo; han surgido nuevas necesidades de protección. En la misma línea de pensamiento de las mencionadas Opiniones Consultivas ns. 16 y 18 de la CtIADH, viene ésta de adoptar la Opinión Consultiva n. 21, sobre los *Derechos y Garantías de Niñas y Niños en el Contexto de la Migración y/o en Necesidad de Protección Internacional* (2014). La contribución de la *jurisprudence constante* de la CtIADH ha sido reconocida por la doctrina jurídica contemporánea (a partir de la Opinión Consultiva n. 16): la persona humana ha asumido, también en el presente contexto, posición central en el ordenamiento jurídico internacional, en el marco general del nuevo *jus gentium* de nuestros tiempos.

Les insuffisances du *corpus juris* de protection ont donné naissance à des initiatives, dans notre région, pour donner des réponses appropriées aux nouveaux besoins de protection dans des situations originairement non-prévues, comme celles de déplacements internes, des migrants sans papiers, de déracinement en général. Elles ont été prises pour faire face à l'aggravation du problème des flux migratoires forcés. Dans ce propos, la *Déclaration et le Plan d'Action du Mexique* (2004) avait réaffirmé expressément les convergences, – aux niveaux normatif, herméneutique et opérationnel, – du DIDH, le DIR et le DIH, déjà consacrées expressément dans la *Déclaration de San José du Costa Rica* (1994). Il s'agit d'une position principiste, que, à mon avis, doit être réitérée dans la prochaine *Déclaration et le Plan de Action de Brasília* (2014).

De este modo, nuestra región ha, una vez más, asumido una posición de vanguardia en el presente dominio de protección internacional de los derechos de la persona humana, entendida ésta como sujeto del derecho de gentes (*droit des gens*). Además, nuestra región ha impulsado, con las providencias supracitadas, el proceso de *formación* de una nueva rama del derecho internacional contemporáneo, el *Derecho Internacional de las Migraciones*. Pero este proceso de su formación se encuentra, todavía, en sus primordios: aún resta un largo camino a recorrer.

Ha habido otras iniciativas recientes apuntando en la misma dirección. Por ejemplo, al inicio de este año, la *Declaración de la II Cumbre de la Comunidad de Estados Latinoamericas y Caribeñas* (CELAC) (reunida en La Habana, Cuba, en fines de enero de 2014), hizo un llamado – en lenguaje reminiscente de la Opinión Consultiva n. 18 (2003) de la CtIADH, – a la erradicación de la discriminación de las desigualdades y de la marginación social, que son "violaciones de los derechos humanos y transgresiones del Estado de Derecho" (párr. 1). La referida Declaración de la CELAC afirmó su compromiso en "continuar a consolidar sólidos principios regionales en materia de reconocimiento de los derechos de los migrantes, así como profundizar la coordinación de políticas migratorias regionales y de posiciones comunes en las negociaciones globales e inter-regionales sobre migraciones, y, en especial, en la formación del debate internacional sobre el nexo entre la migración, el desarrollo y los derechos humanos" (párr. 26).

En conclusión, en las presentes Consultas del ACNUR, debemos mantenernos conscientes de que provenimos de una región – América Latina y Caribe – que ha asumido posiciones de vanguardia en diversos dominios del Derecho Internacional. Esto es hoy día internacionalmente reconocido. En el curso de estas Consultas del ACNUR, ahora en su tercera década, estoy confiante en que sabremos mantenernos, fieles a nuestra mejor doctrina jusinternacionalista, a la altura de los nuevos desafíos que hoy enfrentamos en nuestra parte del mundo, en el marco de la universalidad de los derechos humanos.

Nuestro ejercicio no es estatocéntrico; está centrado, más bien, en la persona humana, y en el atendimiento de sus necesidades básicas de protección. Para este propósito, que corresponde a los fines humanos del Estado, es de capital importancia tener presentes las convergencias entre las tres vertientes de protección de la persona humana, a saber: el Derecho Internacional de los Derechos Humanos, el Derecho Internacional de los Refugiados, y el Derecho Internacional Humanitario. Mi recomendación al GRULAC es, pues, que pase a constar del Proyecto de Declaración de Brasília (2014) un reconocimiento expreso en este sentido (en los términos que vengo de proponer), tal como ocurrió con las Declaraciones de San José (1994) y de México (2004), para fortalecer la protección de la persona humana en distintas y cambiantes circunstancias.

III. Reflexiones acerca de las Situaciones de Vulnerabilidad de la Persona Humana a Requerir Su Protección[3]

El actual proceso de Consultas del ACNUR constituye un elemento adicional a demonstrar que, en nuestros días, encuéntrase enteramente superada la visión estrictamente inter-estatal del ordenamiento jurídico internacional, con el reconocimiento general de la presencia en el mismo de la persona humana, y de su acceso a la justicia, a niveles tanto nacional como internacional. A la persona humana ha sido restituída la posición central que hoy ocupa en el derecho de gentes, de que da testimonio el ejercicio que hoy, 14 de noviembre de 2014, nos congrega no en este acto tan significativo en esta reunión del GRULAC, en Naciones Unidas/ACNUR aquí en Ginebra, – al cual comparezco en representación del equipo de los tres Expertos Jurídicos del ACNUR en suas actuales Consultas conducentes a la Conferencia Interministerial de Brasília de 02-03 de diciembre de 2014.

El hecho de que tantos individuos hayan, en nuestros días, logrado alcanzar la jurisdicción internacional en la vindicación o defensa de sus derechos, en medio a circunstancias de la más aguda adversidad o vulnerabilidad, es señal de los nuevos tiempos, revelador del nuevo paradigma del derecho internacional *humanizado*, el nuevo *jus gentium*, sensible y atento a las necesidades de protección de la persona humana en cualesquiera circunstancias[4]. Sin embargo, hay tantos otros individuos que siguen padeciendo en situaciones de extrema vulnerabilidad, en medio a necesidades agudas y apremiantes de protección.

Hace casi dos semanas, en otra reunión del GRULAC como la presente, me permití destacar las proyecciones de este proceso de *humanización* del derecho internacional, que se han hecho sentir en las tres vertientes, *convergentes*, de protección internacional de los derechos de la persona humana, a saber, el Derecho Internacional de los Derechos Humanos, el Derecho Internacional de los Refugiados, y el Derecho Internacional Humanitario[5]. Es cierto que, en nuestra parte del mundo, se han logrado muchos avances, a lo largo de las tres últimas décadas (1984-2014), pero han surgido nuevas necesidades de protección.

---

3   Discurso proferido por el Autor, en la ONU/ACNUR, Ginebra, en la Reunión del GRULAC, el 14 de noviembre de 2014.

4   A.A.Cançado Trindade, *Évolution du Droit international au droit des gens – L'accès des particuliers à la justice internationale: le regard d'un juge*, Paris, Pédone, 2008, pp. 7-9, 17, 26-30, 57-61, 81-99, 116-117 y 145-149, y cf. pp. 3-184; A.A. Cançado Trindade, *A Humanização do Direito Internacional*, 1ª. ed., Belo Horizonte/Brasil, Edit. Del Rey, 2006, pp. 3-409 (agotado); A.A. Cançado Trindade, *Los Tribunales Internacionales Contemporáneos y la Humanización del Derecho Internacional*, Buenos Aires, Ed. Ad-Hoc, 2013, pp. 7-185.

5   Cf. A.A. Cançado Trindade, *Derecho Internacional de los Derechos Humanos, Derecho Internacional de los Refugiados y Derecho Internacional Humanitario – Aproximaciones y Convergencias*, 1ª. ed., Ginebra, CICV, [2000], pp. 1-66 (agotado).

La jurisprudencia de la Corte Interamericana de Derechos Humanos (CtIADH) se ha construído, en los últimos años, extendiendo protección a migrantes indocumentados o desarraigados, "niños en la calle" o abandonados, entre otras personas afectadas, individualmente o en grupos o comunidades, por tipos distintos de marginación o exclusión social, – victimados en situaciones de conflicto armado o desplazados forzosamente, e inclusive familiares de víctimas de masacres[6]. Sin embargo, a lo largo de la última década (2004-2014), han surgido, como lo vienen de revelar las Consultas de este año del ACNUR en América Latina y el Caribe (2014), nuevas situaciones de la más aguda vulnerabilidad de los seres humanos, que hoy día requieren nuevas respuestas para asegurar su efectiva protección. De ahí la considerable importancia del presente ejercicio que aquí nos congrega, en un momento tan significativo para todos nosotros: el de la conclusión del proceso de redacción del Proyecto de *Declaración y Plan de Acción de Brasília para Fortalecer la Protección Internacional de los Refugiados en América Latina* (2014).

En el actual proceso de Consultas del ACNUR, las cuatro reuniones subregionales realizadas durante este año (a saber, las del Mercosur, 18-19.03.2014; de la subregión andina, 09-10.06.2014; de Mesoamérica, 10-11.07.2014; y del Caribe, 10-11.09.2014) nos han permitido actualizarnos e identificar los nuevos desafíos, – que revisamos en nuestra anterior reunión del GRULAC del 03.11.2014, aquí en Ginebra. Hay que tener presente, en una dimensión temporal, que la *protección de los vulnerables* ha constituído el gran legado de la II Conferencia Mundial de Direitos Humanos (Viena, 1993)[7] de Naciones Unidas.

Pero a pesar de toda la atención que los órganos de supervisión de los tratados de derechos humanos de Naciones Unidas se han venido dedicando a esta causa, todavía falta una conceptualización adecuada de vulnerabilidad, inclusive con criterios para identificar personas o grupos de personas en situación de vulnerabilidad[8], para los efectos de su protección eficaz. A ésto se agrega el hecho de que, en determinadas situaciones, dicha vulnerabilidad se ha configurado en medio a la descomposición del poder público, incapaz de prestar un mínimo de

---

6 Cf. A.A. Cançado Trindade, *State Responsibility in Cases of Massacres: Contemporary Advances in International Justice*, Utrecht, Universiteit Utrecht, 2011, pp. 1-71; A.A. Cançado Trindade, *The Access of Individuals to International Justice*, Oxford, Oxford University Press, 2011, cap. X, pp. 179-191; A.A. Cançado Trindade, "Die Entwicklung des interamerikanischen Systems zum Schutz der Menschenrechte", 70 *Zeitschrift für ausländisches öffentliches Recht und Völkerrecht* (2010) pp. 629-699.
7 Cf. A.A. Cançado Trindade, *A Proteção dos Vulneráveis como Legado da II Conferência Mundial de Direitos Humanos (1993-2013)*, Fortaleza, IBDH/IIDH/SLADI, 2014, pp. 13-363.
8 Cf. A.R. Chapman and B. Carbonetti, "Human Rights Protection for Vulnerable and Disadvantaged Groups: The Contribution of the U.N. Committee on Economic, Social and Cultural Rights", 33 *Human Rights Quarterly* (2001) pp. 682-732.

protección a las referidas víctimas, en un contexto más amplio de descomposición del propio tejido social.

En este contexto sumamente preocupante, assume particular relevancia la observancia del *principio básico de la igualdad y no-discriminación*, frecuentemente proclamado pero insuficientemente estudiado hasta el presente. Se entiende por discriminación una distinción arbitraria o injustificable (sin justificación alguna), y por lo tanto inadmisible. Su prohibición se da en relación con el ejercicio de todos los derechos consagrados como inmanentes a la persona humana, en razón del *principio fundamental de la igualdad y no-discriminación*[9]. La violación de la prohibición de todo tipo de discriminación acarrea violación de los propios derechos humanos protegidos, con todas sus consecuencias jurídicas. La insuficiente atención dedicada por la doctrina jurídica hasta el presente, al principio básico de la igualdad y no-discriminación, está lejos de guardar proporción con la fundamental importancia de dicho principio, tanto en la teoría como en la práctica del derecho.

Igualdad y no-discriminación han pasado a ser invocadas en relación con individuos y grupos de individuos en situación de vulnerabilidad, o en relación con ellos o en su nombre, en las más variadas circunstancias. Desde mediados de la década de los noventa hasta el presente (1994-2014), las atenciones se han concentrado en los desafios de la condición de personas afectadas tanto por tensiones y disturbios internos como por el empobrecimiento y la pobreza crónica, en las migraciones como indocumentados[10] (en particular las niñas y niños no acompañados y las mujeres), y en las víctimas de la trata de personas. Los victimados son sometidos a condiciones infra-humanas de vida, cuando sobreviven.

El ciclo de las Conferencias Mundiales de las Naciones Unidas[11], que se extendió por toda la década de los noventa hasta el inicio de la década pasada, vino significativamente presentar un denominador común, a dar cohesión a los documentos finales por ellas adoptados, – denominador éste que fue afirmado de forma contundente por la II Conferencia Mundial de Derechos Humanos: el reconocimiento de *la legitimidad de la preocupación de la comunidad internacional como un todo con las condicio-*

---

9 Para un estudio reciente, cf. A.A. Cançado Trindade, *El Principio Básico de Igualdad y No-Discriminación: Construcción Jurisprudencial*, 1ª. ed., Santiago de Chile, Ed. Librotecnia, 2013, pp. 39-748.
10 Cf., e.g., A.A. Cançado Trindade, "Le déracinement et la protection des migrants dans le Droit international des droits de l'homme", 19 *Revue trimestrielle des droits de l'homme* – Bruxelles (2008) n. 74, pp. 289-328; L. Ortiz Ahlf, *Derechos Humanos de los Indocumentados*, México D.F., ELD/Tirant lo Blanch, 2013, pp. 11-136.
11 Conferencias Mundiales sobre Medio Ambiente y Desarrollo, Rio de Janeiro, 1992; sobre Derechos Humanos, Viena, 1993; sobre Población y Desarrollo, Cairo, 1994; sobre Desarrollo Social, Copenhagen, 1995; sobre Derechos de la Mujer, Beijing, 1995; sobre Assentamientos Humanos – Habitat-II, Istanbul, 1996; y Conferencia Mundial contra el Racismo, Durban/África del Sur, 2001.

nes de vida de *la población en todas partes*[12]. El referido conclave mundial buscó examinar los medios de asegurar la indivisibilidad de todos los derechos humanos (civiles, políticos, económicos, sociales y culturales) en la práctica, con atención especial a las personas discriminadas o desfavorecidas, a los grupos vulnerables, a los pobres y los socialmente marginados o excluídos, – en suma, a los más necesitados de protección[13], – y con vistas a asegurarles las condiciones de una vida digna.

Este ciclo de Conferencias Mundiales, en el plano global, sumado a las tres décadas de Consultas del ACNUR (1984-2014), en nuestro plano regional, han mucho contribuído al reconocimiento de la *centralidad* de las víctimas en el presente domínio de protección, inclusive – y sobre todo – de las que padecen de vulnerabilidad, en medio a circunstancias particularmente *agravantes*. Sólo podremos buscar *soluciones duraderas* mediante una acción colectiva, movida por la solidaridad humana. Son aquí necesarios esfuerzos a través de una concertación de Estados y entidades de la sociedad civil, congregados en una causa común, para asegurar la salvaguardia de los derechos básicos de los migrantes y sus familiares, en todas circunstancias.

On reconnaît de nos jours que, face au phénomène des migrations forcées, c'est la responsabilité de la communauté internationale dans son ensemble qui est en cause, pour défendre le droit humain de vivre avec dignité, et même la survie, des victimes réelles et potentielles. L'ensemble de la question met en évidence des impératifs de justice sociale au niveau universel. Un rôle important est dévolu aux politiques publiques ainsi qu'à la mobilisation des entités de la société civile pour réduire leurs souffrances et améliorer leurs conditions de vie. Des avancées dans ce domaine ne pourront être accomplies que dans une atmosphère de vraie solidarité humaine. Les êtres humains ne doivent pas être privés de leurs droits simplement en raison de leur statut migratoire ou de toute autre circonstance. Il faut placer la personne humaine à la place qui lui correspond, au-dessus du capital, des biens et des services.

Quite significantly, in the three decades of the Consultations of the UNHCR in our part of the world, this is the first time that our community of nations, *as a whole, encompassing Latin America as well as the Caribbean* (as from the memorable meeting in Grand Cayman Island, held last10-11.09.2014), assume jointly this humanitarian cause. This is in line with the long-standing contribution of our region to the most lucid

---

12   Cf. A.A. Cançado Trindade, *Tratado de Direito Internacional dos Direitos Humanos*, vol. I, 2ª. ed., Porto Alegre/Brasil, S.A. Fabris Ed., 2003, caps. III-VII, pp. 165-338; y cf. A.A. Cançado Trindade, "Sustainable Human Development and Conditions of Life as a Matter of Legitimate International Concern: The Legacy of the U.N. World Conferences", *in Japan and International Law – Past, Present and Future* (Symposium of the Centennial of the Japanese Association of International Law), The Hague, Kluwer, 1999, pp. 285-309.
13   A.A. Cançado Trindade, "Nouvelles réflexions sur l'interdépendence ou l'indivisibilité de tous les droits de l'homme, une décennie après la Conférence Mondiale de Vienne", *in El Derecho Internacional: Normas, Hechos y Valores – Liber Amicorum J.A. Pastor Ridruejo* (eds. L. Caflisch *et alii*), Madrid, Universidad Complutense, 2005, pp. 59-73.

doctrinal trend in modern international law, as evidenced, successively, in the II Hague Peace Conference (1907); in the creation (in 1907) of the first permanent international tribunal in the world, the Central American Court of Justice; in the concertation, along decades, of the old International Conferences of American States, wherefrom emerged some historical Conventions, such as, *inter alia*, the Convention on Asylum (La Habana, 1928), the Convention on Political Asylum (Montevideo, 1933), and the Conventions on Political and Territorial Asylum (Caracas, 1954), without parallel in other regions of the world; in the adoption, in 1948, of the American Declaration of Rights and Duties of Man, one semester before the adoption by the U.N. General Assembly of the Universal Declaration of Human Rights.

El derecho de acceso a la justicia (artículo 8 de la Declaración Universal) fue una contribución de las más significativas de nuestra región a la Declaración Universal como un todo. Y los ejemplos, del pionerismo de nuestros países en el dominio de la protección internacional de los derechos de la persona humana, se multiplican. Las tres décadas de las Consultas del ACNUR, subsiguientes a la Declaración de Cartagena (1984), de las cuales han enmanado las Declaraciones de San José (1994) y de México (2004), y ahora el Proyecto de la Declaración de Brasília (2014), son otra manifestación en el mismo sentido. No hay otra región del mundo que haya procedido del mismo modo; es ésto un patrimonio jurídico de los países y pueblos de nuestra región[14].

En todo el proceso de este ejercicio humanitario de tres décadas, el derecho de la persona humana de acceso *lato sensu* a la justicia, en los planos nacional e internacional, ha significativamente marcado presencia. En todo este proceso se han buscado y encontrado nuevas respuestas a nuevas necesidades de protección del ser humano, a saber: "ciudades y fronteras solidarias", visas humanitarias, mejora en los procedimientos de asilo y de determinación de la condición de refugiados, mobilidad laboral, repatriación voluntaria y "reasentamiento solidario".

En lo que concierne a las Consultas de este año de 2014, es gratificante que nos sintamos responsables por el Proyecto de Declaración y Plan de Acción de Brasília. Hemos alcanzado, juntos, el compromiso, de toda nuestra región, de erradicar la apatridia, y de fortalecer la protección de los vulnerables (inclusive las víctimas de actores no-estatales, y de grupos criminales), en todas y cualesquiera circunstancias. El actual proceso de Consultas ha contado, por primera vez, con los aportes de los Estados de *toda* la región (América Latina así como el Caribe), y de los representantes de la sociedad civil, con el más alto grado de participación, y de compromiso con su seguimiento.

Es gratificante que la Providencia nos haya reservado el privilegio de participar de este proceso de Consultas de 2014, marcante en las vidas profesionales de

---

14   Para un estudio reciente, cf. A.A. Cançado Trindade, *El Derecho de Acceso a la Justicia en Su Amplia Dimensión*, 2ª. ed., Santiago de Chile, Ed. Librotecnia, 2012, pp. 79-574.

todos nosotros, con resultados ciertamente benéficos para tantas personas vulnerables que no conocemos, que tanto necesitan de protección. Al fin y al cabo, es este un ejercicio del cual jamás nos olvidaremos. Dificilmente podría haber algo más gratificante que el sentimiento del empeño desplegado en dejar para las nuevas generaciones un mundo quizás mejor que el que nos fue legado.

IV. Una Nueva Década (2004-2014): Las Consultas del ACNUR de 2014 y Su Resultado, la Declaración y el Plan de Acción de Brasil[15]

Las Consultas del ACNUR, iniciadas en febrero de este año y que ahora alcanzan su punto culminante, en esta Conferencia Interministerial de Brasília (02-03.12.2014), han buscado extraer las lecciones acumuladas desde la adopción de la Declaración y Plan de Acción de México de 2004, para identificar los nuevos retos humanitarios que hoy enfrentamos y divisar respuestas a nuevas necesidades de protección de los seres humanos afectados, como sujetos de derechos y de protección internacional. Las Consultas de 2014, particularmente densas, han contado con cuatro reuniones subregionales, a saber: la del Mercosur (18-19.03.2014), la andina (09-10.06.2014), la de Mesoamérica (10-11.07.2014), y la del Caribe (10-11.09.2014). Han, además, contado con un proceso adicional de consultas en el marco del Grupo Latinoamericano y del Caribe (GRULAC), realizado en el ACNUR en Ginebra: fue éste iniciado el 13.02.2014, evaluado el 03.11.2014, y concluído el 14.11.2014.

Las Consultas de 2014 han propiciado un amplio diálogo, con espíritu constructivo, que congregó representantes gubernamentales de más de 30 países de la región (América Latina y el Caribe), además de países observadores, de más de 150 entidades de la sociedad civil, los defensores del pueblo (*ombudspersons*), y representantes de los principales organismos internacionales competentes en la materia. Las Consultas de 2014 han sido las de mayor participación pública de las tres últimas décadas, – y he tenido el privilegio de participar de todas ellas como Consultor Jurídico *ad honorem* del ACNUR, – a las cuales, por primera vez, se han sumado, a los países latinoamericanos, los países del Caribe como un todo.

Es necesario evaluar las Consultas de 2014 en perspectiva histórica, teniendo en mente las Consultas de las dos décadas anteriores, de San José de Costa Rica de 1994 y de México de 2004, para bien apreciar la ampliación del derecho aplicable. La evolución del Derecho, en el presente dominio de salvaguardia de los derechos de la persona humana, debe ser examinada bajo la óptica de las nuevas respuestas a las necesidades cambiantes de protección; la centralidad es de la persona humana. Cada Declaración, resultante de las Consultas anteriores del ACNUR, es fruto de un determinado momento histórico. Pero todas ellas, inclusive la que estamos listos a adoptar en la presente Conferencia Interministerial de Brasília, enmarca la

---

15 Discurso proferido por el Autor, en la primera sesión plenaria de la Conferencia Interministerial del ACNUR, Brasília, el 02 de diciembre de 2014.

temática de los refugiados, desplazados y migrantes, en el contexto más amplio y el universo conceptual de la observancia de los derechos humanos en todas las circunstancias. De San José/1994 a México/2004 y a Brasília/2014, se han reconocido las *convergencias* entre el Derecho Internacional de los Derechos Humanos (DIDH), el Derecho Internacional de los Refugiados (DIR), y el Derecho Internacional Humanitario (DIH)[16].

Tal como ponderé en mi Prefacio al tomo de la *Memoria* de las Consultas que generaron la Declaración de San José de Costa Rica de 1994, se ha comprendido que, en lugar de "categorizaciones subjetivas de personas (de acuerdo con las razones que las llevaron a abandonar sus hogares)", pasamos a la "adopción del criterio objetivo de las *necesidades de protección*, lo que de ese modo abarca un número considerablemente mayor de personas (inclusive los desplazados internos) tan vulnerables como los refugiados", no habiendo lugar para *vacatio legis*[17]. Con ésto, se logra la *ampliación del derecho de protección* aplicable, en beneficio de todos los seres humanos protegidos.

Así como la Declaración de Cartagena (1984) enfrentó el gran drama humano de los conflictos armados en Centroamérica, y además presintió el agravamiento del problema de los desplazamientos internos; así como la Declaración de San José (1994) se profundizó en la cuestión de la protección también de los desplazados internos, y además presintió el agravamiento del problema de los flujos migratorios forzados; y así como la Declaración de México (2004) se profundizó en la cuestión de la protección de los migrantes (inclusive los indocumentados), y además presintió el agravamiento del problema de los flujos migratorios mixtos de gran complejidad; – así también el Proyecto de Declaración que estamos a punto a adoptar aquí en Brasília (2014) se concentra en los miembros de grupos que padecen de extrema vulnerabilidad, y además presiente el agravamiento del problema de las víctimas de actividades criminales de actores no-estatales.

Con el espíritu de encontrar respuestas a las nuevas necesidades de protección de los miembros de los segmentos victimados de la población, el actual Proyecto de Declaración (2014) reconoce expresamente, para efectos de la protección debida, la situación de extrema vulnerabilidad en que se encuentran las personas y grupos que tanto necesitan de protección[18]. El referido Proyecto de Declaración también resalta, correctamente, la responsabilidad primaria de los Estados (párr. 6), la posición central de la persona humana (párr. 8), y la importancia del espíritu de solidaridad, tal como demonstrado a lo largo de las Consultas del ACNUR de 2014.

---

16   Párr. 5 del actual Proyecto de Declaración de Brasil.
17   ACNUR, *10 Años de la Declaración de Cartagena sobre Refugiados – Memoria del Coloquio Internacional* (San José de Costa Rica, 05-07.12.1994), San José de Costa Rica, ACNUR/IIDH, 1995, pp. 14-15.
18   Párrs. 5, 9, 18, 20, 40-41 y 44-45.

Se puede constatar, en todas estas Declaraciones de tres décadas succesivas, que la violación de los derechos humanos constituye una de las causas de los éxodos de refugiados y las graves crisis humanitarias, a requerir *soluciones duraderas* para los victimados[19], los desarraigados que pasan a encontrarse en situación de creciente vulnerabilidad. El Derecho ha reaccionado, para extender la debida protección a tantos desarraigados[20]. En las Consultas del ACNUR en las tres últimas décadas, se ha buscado lograr, mediante las Declaraciones respectivas, la correspondiente ampliación del derecho aplicable, tanto *ratione materiae* como *ratione personae*.

En efecto, ya mi contribución como Consultor Jurídico del ACNUR en suas Consultas, que presenté al pleno de la Conferencia de México de la cual resultó la Declaración y Plan de Acción de 2004, me permití señalar que, a partir de la experiencia de la comunidad internacional en nuestra parte del mundo, era difícil evitar la impresión que pasamos continuamente de una crisis a otra, con sus efectos desagregadores. Por otro lado, es muy significativo también constatar que la reacción de la comunidad internacional, movida por la conciencia humana, ha sido inmediata, mediante el ejercicio de reflexión colectiva, y con una participación pública cada vez más amplia, en las Consultas realizadas en los tres decenios successivos. Con ésto, – agregué, – se viene logrando la continua expansión del derecho aplicable, de modo a extender protección a un número cada vez mayor de personas que de ella necesitan, en las más distintas circunstancias[21].

Las Consultas de 2014 han vuelto a reconocer la importancia de las convergencias entre las tres vertientes de protección de la persona humana, – el DIDH, el DIR, y el DIH, – en los planos normativo, hermenéutico y operativo. Pero las Consultas de 2014, en mi percepción, han imprimido una dimensión aún más amplia a dichas convergencias, al traer a colación tratados e instrumentos internacionales propios de otras ramas del derecho internacional, el derecho de gentes (*droit des gens / jus gentium*). Permítome señalar dos ejemplos en este sentido.

En la más reciente reunión subregional del Caribe (realizada en Grand Cayman, en septiembre de 2014), se ha subrayado la relevancia de la Convención de las Naciones Unidas sobre el Derecho del Mar (1982) y del Convenio Internacional sobre Búsqueda y Salvamento Marítimos (1979) para las operaciones de protección de las personas en peligro en el mar. Este aporte encuéntrase debidamente consignado en

---

19 A.A. Cançado Trindade, "Discurso de Clausura" (San José, 07.12.1994), *in ibid.*, pp. 431-432.

20 A.A. Cançado Trindade, "Le déracinement et la protection des migrants dans le Droit international des droits de l'homme", 19 *Revue trimestrielle des droits de l'homme* – Bruxelles (2008) n. 74, pp. 289-328.

21 A.A. Cançado Trindade, "Aproximaciones y Convergencias Revisitadas: Diez Años de Interacción entre el Derecho Internacional de los Derechos Humanos, el Derecho Internacional de los Refugiados, y el Derecho Internacional Humanitario (De Cartagena/1984 a San José/1994 y México/2004)", *in Memoria del Vigésimo Aniversario de la Declaración de Cartagena sobre los Refugiados (1984-2004)*, San José de Costa Rica/México, ACNUR, 2005, pp. 147-148.

el Proyecto de Plan de Acción de Brasil (capítulo V), para hacer face a la situación de vulnerabilidad de personas en necesidad de protección marítima. Es esta la primera vez que esto ocurre, expandiendo el marco de protección internacional. Las convergencias son ampliadas: aquí se juntan, a las referidas tres vertientes de protección internacional, otros instrumentos internacionales propios del derecho del mar.

En la reunión subregional de Mesoamérica (realizada en Manágua, en julio de 2014), se ha señalado la situación de mayor y extrema vulnerabilidad de las víctimas, reales o potenciales, de la trata de personas, como las mujeres, y los niños y niñas no acompañados o separados, entre otros. Se han traído a colación las necesidades de protección internacional de las víctimas frente al crimen organizado transnacional, también consignadas en el referido Proyecto de Plan de Acción (capítulo IV), que se espera sea adoptado por esta Conferencia Interministerial de Brasília. En realidad, es este un problema que hace mucho viene preocupando el ACNUR, aún antes de las Consultas de 2004 y a lo largo de la última década.

Permítome aquí recordar que, en 2002, el ACNUR emitió sus *Directrices sobre la Protección Internacional*, en los contextos tanto de *Persecución por Motivos de Género*[22], como de *Pertenencia a un Determinado Grupo Social*[23]. Posteriormente, en 2006, el ACNUR emitió sus *Directrices sobre las Víctimas de la Trata de Personas y las Personas que Están en Riesgo de Ser Víctimas de la Trata*[24], en las cuales, inter alia, después de invocar la Convención de Naciones Unidas contra la Delincuencia Organizada Transnacional (Palermo, 2000) y sus Protocolos Adicionales sobre la Trata de Personas y el Tráfico de Migrantes, recuerda que el Protocolo sobre la Trata de Personas, después de señalar la situación de vulnerabilidad de estas últimas (artículo 3), contempla la convergencia normativa con los tratados del DIDH y del DIR (artículo 14), para asegurar mejor protección a aquellas personas[25].

Aquí se juntan, a las ya mencionadas tres vertientes de protección internacional, otros instrumentos internacionales de control de la delincuencia organizada transnacional y de combate a la exploración de seres humanos (como la trata de personas) en situación de especial vulnerabilidad. La dimensión es más amplia, no sólo *ratione personae* y *ratione temporis* (las víctimas reales o potenciales), sino también *ratione materiae*, por abarcar los agentes de persecución tanto estatales como no-estatales. Con este nuevo enfoque, el ACNUR divulgó, en 2010, su *Nota de Orientación sobre las Solicitudes de la Condición de Refugiado Relacionadas con las Víctimas de Pandillas Organizadas*[26].

---

22   ACNUR, doc. HCR/GIP/02/01, de 07.05.2002, pp. 1-13.

23   ACNUR, doc. HCR/GIP/02/02, de 07.05.2002, pp. 1-6.

24   ACNUR, doc. HCR/GIP/06/07, de 07.04.2006, pp. 1-17.

25   Cf. *ibid.*, pp. 4-5, paras. 8 y 12.

26   ACNUR/División de Protección Internacional, *Nota de Orientación sobre las Solicitudes de la Condición de Refugiado Relacionadas con las Víctimas de Pandillas Organizadas*, Ginebra, marzo de 2010, pp. 1-25.

Le travail de protection, dans cet univers conceptuel plus vaste, revèle, dans ma perception, l'*unité du Droit*[27], *comprenant domaines distincts du Droit international public contemporain en convergence* pour sauvegarder les droits de la personne humaine dans toutes les circonstances, aux niveaux national aussi qu'international, en *interaction* dans le présent contexte de protection[28]. Il reste clair que des avancées dans le présent domaine de protection que nous concerne dans cette Conférence de Brasília, ne pourront être accomplies que dans une atmosphère de vraie solidarité humaine. Les êtres humains ne doivent pas être privés de leurs droits simplement en raison de leur statut migratoire ou de toute autre circonstance. La personne humaine doit être placée à la place que le correspond, certainement au-dessus du capital, des biens et des services.

La reunión subregional andina (realizada en Quito, en junio de 2014) ha contribuído al examen actualizado de las *soluciones duraderas* en el marco tanto del DIR como del DIDH, tomados conjuntamente. En lo que concierne a integración local, por ejemplo, el Proyecto de Plan de Acción, considerado para adopción en la presente Conferencia de Brasilia (de diciembre de 2014), hace un llamado a los "servicios públicos solidarios" (como la salud, educación, vivienda y empleo) y a la integración intercultural[29]. El referido Proyecto de Plan de Acción, además, pondera (capítulo III) que las soluciones duraderas ya consagradas[30] – a saber, la *repatriación voluntaria*, la *integración local* y el *reasentamiento* – son susceptibles de efectuarse de modo complementario, coordinado y conjunto, para lograr soluciones adecuadas, integrales y sostenibles en beneficio del conjunto de los segmentos afectados de la población[31].

A su vez, la reunión subregional del Mercosur (realizada en Buenos Aires, en marzo de 2014), ha agregado a este marco conceptual un programa propuesto de

---

27 Sobre dicha *unidad del Derecho* en la labor de los tribunales internacionales contemporáneos, cf., recientemente, A.A. Cançado Trindade, "A Contribuição dos Tribunais Internacionais à Evolução do Direito Internacional Contemporâneo", *in: O Direito Internacional e o Primado da Justiça*" (eds. A.A. Cançado Trindade e A.C. Alves Pereira), Rio de Janeiro, Edit. Renovar, 2014, pp. 70-74; cf. también A.A. Cançado Trindade, – "Vers un droit international universel: la première réunion des trois Cours régionales des droits de l'homme", *in* XXXVI *Curso de Derecho Internacional Organizado por el Comité Jurídico Interamericano – 2009*, Washington D.C., Secretaría General de la OEA, 2010, pp. 103-125.

28 Sobre tal interacción, cf., recientemente, A.A. Cançado Trindade, "A Century of International Justice and Prospects for the Future", *in*: A.A. Cançado Trindade e D. Spielmann, *A Century of International Justice / Rétrospective d'un siècle de justice internationale et perspectives d'avenir*, Oisterwijk, Wolf Publs., 2013, pp. 24-25.

29 Proyecto de Plan de Acción, párr. 23.

30 También el actual Proyecto de Declaración aborda las *soluciones duraderas*, desde la perspectiva de las lecciones aprendidas en la implementación de los componentes de "ciudades solidarias", "fronteras solidarias" y "reasentamiento solidario", del Plan de Acción de México de 2004 (párrs. 22-25).

31 Cf. también, en el mismo sentido, el párr. 49 del Proyecto de Declaración.

movilidad laboral, que venga a facilitar el libre tránsito de los refugiados a terceros países, donde puedan acceder a empleo remunerado para alcanzar la autosuficiencia económica, – tal como también consignado en el mencionado Proyecto de Plan de Acción (capítulo III)[32]. El Proyecto de Declaración caracteriza dicha *movilidad laboral*, para promover la integración de refugiados en terceros países, como un "mecanismo regional de solidaridad" (párr. 52). Además, la misma reunión subregional del Mercosur ha sostenido los altos estándares de protección consagrados en los desarrollos de "la jurisprudencia y la doctrina" de la Corte Interamericana de Derechos Humanos (CtIADH), y el carácter de *jus cogens* del principio de *non-refoulement*, – tal como consignado en el Proyecto de Declaración de Brasil (párr. 12).

El documento final de las Consultas del ACNUR de 2014 expresa el compromiso de erradicación de la apatridia dentro de la próxima década[33]. Subraya la necesidad continuada de la otorga de las *visas humanitarias*[34], *entre otras medidas, en un espíritu de solidaridad*[35]. Enfatiza la necesidad de fiel observancia de las garantías del debido proceso legal[36] y del principio básico de no-discriminación[37]. Y, en fin, reconoce la necesidad de *evaluación y seguimiento* de la labor realizada[38]. El referido documento final encuéntrase orientado, como no podría dejar de ser, hacia las personas a ser protegidas, consideradas como verdaderos *sujetos* de derecho y de protección internacional[39].

En todo el proceso de este ejercicio humanitario de tres décadas de Consultas del género, el derecho de la persona humana de acceso *lato sensu* a la justicia, en los planos nacional e internacional, ha significativamente marcado presencia. Hemos alcanzado, juntos, el compromiso, de toda nuestra región, de erradicar la apatridia, y de fortalecer la protección de los que padecen en situaciones de la más completa vulnerabilidad (inclusive las víctimas de actores no-estatales, y de grupos criminales), en todas y cualesquiera circunstancias. Ésto encuéntrase en plena conformidad con el carácter pionero de las valiosas contribuciones de los países y pueblos de nuestra región al desarrollo progresivo del derecho internacional contemporáneo.

To have disclosed this wider normative and conceptual universe constitutes, in my understanding, one of the achievements of the process of Consultations of the

---

32   También consignado en el actual Proyecto de Declaración de 2014 (párr. 52).
33   Declaración, párrs. 29-30 y 53; y Plan de Acción, párr. 12, y cap. VI, párrs. 39-40.
34   Declaración, párr. 14; Plan de Acción, párrs. 24 y 47.
35   Plan de Acción, párr. 30.
36   Declaración, párrs. 13, 18 y 38.
37   Declaración, párrs. 42 y 48.
38   Declaración, párr. 48.
39   Declaración, párrs. 41-42. Para un estudio general de esta cuestión, cf. A.A. Cançado Trindade, *Le Droit international pour la personne humaine*, Paris, Pédone, 2012, pp. 45-368.

UNHCR of 2014, culminating today in this Conference of Brasília, that congregates all of us around the Draft Declaration and Plan of Action of Brazil. Throughout this whole process of Consultations we have searched for, and found, new responses to the new humanitarian challenges, to the new needs of protection of human beings. The holding of the present Interministerial Conference of Brasília constitutes a most significant historical moment, wherein, for the first time ever, in the three decades of Consultations of the kind of the UNHCR, Latin America and the Caribbean congregate here to face, *jointly*, the new humanitarian challenges of our times, by means of the adoption of its final document.

O atual processo de Consultas de 2014 tem contado com o mais alto grau de participação pública nas três últimas décadas, tanto dos representantes governamentais como dos representantes da sociedade civil. Estas três décadas das Consultas do ACNUR são um exemplo único em todo o mundo. Não há outra região do mundo que tenha procedido do mesmo modo; é este um patrimônio jurídico dos países e povos de nossa região. No tocante às Consultas deste ano de 2014, é gratificante que nos possamos sentir, todos, responsáveis pelo Projeto de Declaração e Plano de Ação de Brasília, cuja aplicação se reverterá em benefício de tantas pessoas em situações de vulnerabilidade, em busca de proteção. É importante que, a partir de agora, nos mantenhamos atentos a sua efetiva aplicação. Dificilmente poderia haver algo mais gratificante do que o sentimento do empenho na *construção* do direito das gentes (*droit des gens / jus gentium*) contemporâneo: tem este sido verdadeiramente um exercício de *construção*, para que possamos deixar às novas gerações um mundo talvez melhor do que o que encontramos.

V. Observaciones Finales

La Declaración y el Plan de Acción de Brasil vinieron a ser adoptados, por consenso y aclamación, en la última sesión plenaria de la Conferencia Interministerial del ACNUR, en Brasília, el 03 de diciembre de 2014. En comparación con Cartagena/1984, San José/1994 y México/2004, Brasilia/2014 fue la Conferencia que logró el más alto grado de participación pública, abarcando, por primera vez, *todos* los países de la región, tanto los de América Latina como también del Caribe. Es cierto que la temática ha despertado interés en otras latitudes (en relación, v.g., con los problemas de los flujos migratorios forzados[40], de la trata de personas y del tráfico

---

40 Cf., v.g., [Varios Autores,] *Les migrations contraintes* (Actes du Colloque de Caen, 2012 – ed. C.-A. Chassin), Paris, Pédone, 2014, pp. 5-186; [Varios Autores,] *La protection internationale et européenne des réfugiés* (ed. A.-M. Tournepiche), Paris, Pédone, 2014, pp. 5-176; [Varios Autores,] *La société internationale face aux défis migratoires* (eds. H. Gherari y R. Mehdi), Paris, Pédone, 2012, pp. 7-217; M. Dubuy, "À propos de l´émergence d´un nouvel ordre migratoire mondial – Aspects récents", *in L'État dans la mondialisation* (Colloque de Nancy), Paris, Pédone, 2013, pp. 345-370; M.-F. Valette, "La vulnérabilité de l´enfant au gré des migrations",

ilícito de migrantes[41], de la falta de acceso a la justicia[42], entre otros), pero la mobilización de *toda* nuestra región al rededor de la temática general es única, asumiendo posición de vanguardia en todo el mundo, tal como me permiti señalar en mis intervenciones[43] en el proceso de Consultas del ACNUR de 2014.

En dichas Consultas de 2014 (cf. *supra*), que culminaron con la adopción en Brasilia, el 03 de diciembre de 2014, de la Declaración y el Plan de Acción de Brasil, participaron, a la par de los gobiernos de todos los países de nuestra región, también numerosas entidades de la sociedad civil de la misma región, – como no podría dejar de ser, tratándose de una temática de carácter humanitario. En sus intervenciones en la Conferencia Interministerial de Brasilia, los representantes de dichas entidades defendieron una interpretación progresiva de los instrumentos internacionales pertinentes, y la armonización con ellos de las legislaciones nacionales. En relación con las nuevas causas de desplazamiento forzado, enfatizaron la necesidad de asegurar el respeto de los derechos humanos en las políticas migratorias, y de transformar el enfoque de seguridad nacional hacia un enfoque de seguridad humana.

Los representantes de las entidades de la sociedad civil también se refirieron a la contribución de los Estados caribeños al traer a colación la necesidad de asegurar

---

23 *Revue trimestrielle des droits de l'homme* (2012) n. 89, pp. 103-123; [Varios Autores,] *Migrations de populations et droits de l'homme*, Bruxelles, Nemesis/Bruylant, 2011, pp. 13-260; C. Pérez González, *Migraciones Irregulares y Derecho Internacional*, Valencia, Tirant lo Blanch, 2012, pp. 21-207; S. Castles y M.J. Miller, *The Age of Migration – International Population Movements in the Modern World*, N.Y., Guilford Press, 1993, pp. 1-275; F.F. Höpfner, *L'évolution de la notion de réfugié*, Paris, Pédone, 2014, pp. 265-454; V. Longhi, *The Immigrant War – A Global Movement against Discrimination and Exploitation*, Bologna, SEPS, 2014, pp. 1-122.

41 Cf., v.g., K. Plouffe-Malette, *Protection des victimes de traite des êtres humains – Approches internationales et européennes*, Bruxelles, Bruylant, 2013, pp. 1-184; A.G. Chueca Sancho, "Protección Internacional frente a la Trata de Personas", in *Un Mundo sin Desarraigo: El Derecho Internacional de las Migraciones* (ed. F.M. Mariño Menéndez), Madrid, Catarata, 2006, pp. 132-197; [Varios Autores,] *From Human Trafficking to Human Rights – Reframing Contemporary Slavery* (eds. A. Brysk y A. Choi-Fitzpatrick), Philadelphia, University of Pennsylvania Press, 2012, pp. 1-216; y cf., en general, J. Pierrat, *Mafias, gangs et cartels – La criminalité internationale en France*, [Paris,] Éd. Denoël, 2008, pp. 7-456; L. Corte Ibáñez y A. Giménez-Salinas Framis, *Crimen Organizado – Evolución y Claves de la Delinguencia Organizada*, Barcelona, Ariel, 2010, pp. 17-428; N. Kranrattanasuit, *ASEAN and Human Trafficking – Case Studies of Cambodia, Thailand and Vietnam*, Leiden, Brill/Nijhoff, 2014, pp. 1-214.

42 Cf., v.g., J. McBride, *Access to Justice for Migrants and Asylum Seekers in Europe*, Strasbourg, Council of Europe, 2009, pp. 5-129; M. Morel, *The Right Not to Be Displaced in International Law*, Cambridge/Antwerp, Intersentia, 2014, pp. 49-310; [Varios Autores,] *The Protection of Separated or Unaccompanied Minors by National Human Rights Structures* (Coloquio de Padova, octubre de 2009), Strasbourg/Padova, Council of Europe/Universidad de Padova, 2009, pp. 5-63; Y. Ktistakis, *Protecting Migrants under the European Convention on Human Rights and the European Social Charter*, Strasbourg, Council of Europe, 2013, pp. 9-119.

43 En el segundo y tercer discursos, *supra*.

protección en la alta mar, y, en seguida, destacaron cinco otros puntos, a saber: a) la necesidad de atención especial a personas en alto grado de vulnerabilidad (como los niños no acompañados), a ejemplo de las víctimas de la trata de personas; b) la importancia de los principios de no-discriminación y no-rechazo; c) la necesidad de expedición de un documento de identidad a ser reconocido a nivel regional; d) la garantía del derecho a la nacionalidad; y e) la importancia de alcanzar soluciones duraderas. En fin, dichos representantes destacaron la importancia de los mecanismos de *seguimiento y monitoreo*, a ser fortalecidos por una composición tripartita, abarcando la participación de los Estados, del ACNUR y de la sociedad civil (juntamente con la academia).

Poco antes del cierre de la Conferencia Interministerial de Brasilia, el Estado anfitrión procedió a un breve resúmen del aporte de los recién-adoptados Declaración y Plan de Acción de Brasil. Después de subrayar la importancia de la incorporación a ellos de los países caribeños, – registrando la proximidad entre América Latina y el Caribe, – señaló, en el ejercicio de actualización, la inclusión del drama de los apátridas y la relevancia del derecho a la nacionalidad (que ya figuraba en la Declaración Universal de los Derechos Humanos de 1948), y el compromiso con la erradicación (además de prevención) de la apatridia en el transcurso de la próxima década. También destacó la importancia de la protección de personas en situaciones de *vulnerabilidad* (en un espíritu de solidaridad), como los niños/niñas y adolescentes no-acompañados (rumbo al Norte).

Efectivamente, la Declaración y el Plan de Acción de Brasil (2014) han logrado, a mi juicio, un *aggiornamento* del marco de protección para la próxima década (2014-2024) de personas en situaciones de vulnerabilidad en el contexto regional actual. Es significativo su reconocimiento expreso de las convergencias entre el Derecho Internacional de los Derechos Humanos, el Derecho Internacional de los Refugiados y el Derecho Internacional Humanitario, revelando la *unidad del Derecho*. Es, además, significativo el reconocimiento de la relevancia de la incidencia del derecho de acceso *lato sensu* a la justicia, así como del carácter de *jus cogens* del principio de *non-refoulement*.

En la evaluación de la Conferencia Interministerial de Brasilia a la que de inmediato procedimos (el ACNUR y representantes de entidades de la sociedad civil y de la academia) en la Universidad de Brasilia (UnB – Instituto de Relaciones Internacionales – IREL), en la tarde del 3 y mañana del 4 de diciembre de 2014, nos concentramos en los proyectados y necesarios mecanismos de seguimiento y monitoreo de la Declaración y Plan de Acción de Brasil. No se anticiparon dificultades en que sean preferiblemente de composición tripartita (Estados, ACNUR, y sociedad civil y academia), – al menos, de inicio, en el Cono Sur y en Centroamérica, y además en la subregión andina; en cuanto al Caribe, se podría, quizás, para la coordinación, contar con la asistencia del CARICOM.

En fin, en el mundo conturbado en que vivimos, nuestra región – América Latina y el Caribe – ha sabido, fiel a la mejor tradición de su más lúcida doctrina jusinternacionalista, salvaguardar los valores humanos y su cuidado con los que padecen en situaciones de vulnerabilidad, en un espíritu de solidaridad y en el marco de la universalidad de los derechos de la persona humana. Es un privilegio haber podido participar de este proceso de Consultas del ACNUR que culminó en la adopción de la Declaración y Plan de Acción de Brasil (2014) para la próxima década, como un paso más en el largo camino de la *humanización* del Derecho Internacional.

XXVI

Le Développement du Droit International des Droits de l'Homme à travers l'Activité et la Jurisprudence des Cours Européenne et Interaméricaine des Droits de l'Homme[1]

Résumé: I. Introduction. II. La dimension jurisprudentielle. III. La dimension institutionnelle. IV. Conclusions.

I. Introduction

C'est pour moi un grand privilège et un grand honneur que de m'adresser à vous à l'occasion de cette cérémonie d'ouverture officielle de l'année judiciaire 2004 de la Cour Européenne des Droits de l'Homme. Permettez-moi tout d'abord de remercier votre Cour – soeur de la nôtre – en la personne de son éminent Président, le Juge Luzius Wildhaber, de m'avoir fait l'honneur de cette invitation. Au cours des quatre années et demie passées de ma Présidence à la Cour Interaméricaine des Droits de l'Homme, j'ai eu le plaisir d'entretenir d'excellentes relations avec le président Wildhaber et certains de ses collègues, Juges de la Cour Européenne; nous sommes en effet parvenus à instaurer un précieux mode de coopération par le biais de réunions conjointes, qui ont lieu périodiquement ou annuellement, tour à tour à Strasbourg et à San José, au Costa Rica, entre des délégations de Juges et d'agents des greffes respectifs de nos deux juridictions internationales des droits de l'homme, et ce aux fins d'un échange d'informations et d'une appréciation concernant les tendances qui se dégagent actuellement de nos activités et les développements jurisprudentiels récents des deux juridictions.

Ce dialogue permanent que nos deux juridictions internationales ont eu la sagesse de maintenir durant les quatre années et demie écoulées nous a en fait tous aidés à mieux comprendre les problèmes auxquels nous sommes confrontés dans notre travail quotidien (car les systèmes régionaux de protection fonctionnent dans le cadre de l'universalité des droits de l'homme), et a accru notre sens de la solidarité qui, après tout, constitue le socle même de notre action pour la défense des droits de l'homme. Cette protection est en effet une conquête irréversible et décisive de la civilisation, et

---

1 Discurso proferido pelo Autor, a convite da Corte Europeia de Direitos Humanos, na cerimônia da abertura oficial do ano judiciário de 2004 da Corte Europeia de Direitos Humanos, no Palácio dos Direitos Humanos do Conselho da Europa, em Estrasburgo, França, na noite de 22 de janeiro de 2004. Discurso também publicado *in*: European Court of Human Rights, *Annual Report 2003*, Strasbourg, ECtHR, 2004, pp. 41-49 / Cour Européenne des Droits de l'Homme, *Rapport annuel 2003*, Strasbourg, CourEDH, 2004, pp. 41-50.

notre obligation commune est de ne permettre aucun recul. L'esprit de confiance mutuelle entre nos deux cours a de plus rendu possible une remarquable fertilisation jurisprudentielle croisée, grâce à laquelle les deux tribunaux internationaux des droits de l'homme ont largement contribué au renforcement du droit international des droits de l'homme et à l'impact de celui-ci sur le droit international en général.

En fait, la jurisprudence évolutive des Cours Européenne et Interaméricaine des droits de l'homme fait désormais partie du patrimoine juridique de l'ensemble des Etats et des peuples de nos continents. Dans le cadre du dialogue souple et constructif maintenu par nos deux juridictions internationales durant les quatre années et demie écoulées, ce jour du 22 janvier 2004 est très particulier pour moi, puisque j'ai le plaisir de retrouver les éminents Juges de la Cour Européenne et les agents de son greffe, cette fois-ci pour la cérémonie d'ouverture officielle de l'année judiciaire 2004, qui sera une nouvelle année de travail en faveur de la prééminence des droits fondamentaux de la personne humaine. Ce soir, dans mon discours, je m'efforcerai de me concentrer sur ce que je considère être les éléments saillants du fructueux dialogue entre nos deux tribunaux internationaux des droits de l'homme, considérés sous l'angle de leurs dimensions jurisprudentielle et institutionnelle actuelles. Je présenterai ensuite mes conclusions.

II. La dimension jurisprudentielle

Malgré les différences entre les réalités propres aux deux continents sur lesquels elles déploient leurs activités, les Cours Européenne et Interaméricaine des Droits de l'Homme ont des jurisprudences qui présentent des rapprochements et des convergences. La façon d'aborder les questions fondamentales d'interprétation et d'application des deux Conventions régionales des droits de l'homme est un bon exemple de la convergence des points de vue. Je considère la riche jurisprudence sur les méthodes d'interprétation de la Convention Européenne comme une contribution majeure de la Cour Européenne au Droit International des Droits de l'Homme dans son ensemble. Sa jeune soeur, la Cour Interaméricaine, a également eu l'occasion, lors du règlement d'affaires qui reflétaient les réalités des droits de l'homme sur le continent américain, de constituer sa propre jurisprudence sur les méthodes d'interprétation de la Convention Américaine, faisant ainsi apparaître, comme je l'ai indiqué, une convergence rassurante avec la jurisprudence de la Cour Européenne.

Ces jurisprudences convergentes ont donné lieu au constat, de part et d'autre de l'Atlantique, que les traités en matière de droits de l'homme revêtent un caractère particulier (qui les distingue des traités multilatéraux traditionnels); que ces traités ont une essence normative, d'ordre public; que leurs dispositions doivent être interprétées de manière autonome; qu'il faut veiller en les appliquant à apporter une protection effective (effet utile) des droits garantis; que les obligations qui y sont consacrées ont bien un caractère objectif et qu'elles doivent être dûment observées par les Etats parties, qui par ailleurs ont le devoir commun d'assurer la garantie collective des droits protégés; et que les restrictions acceptables (limitations et dérogations) à l'exercice des droits garantis doivent être interprétées de manière étroite. L'activité des Cours Européenne et Interaméricaine des Droits de l'Homme a en effet contribué à la création d'un ordre public international fondé sur le respect des droits de l'homme en toutes circonstances.

Par ailleurs, l'interprétation dynamique ou évolutive de nos conventions respectives des droits de l'homme (dimension intertemporelle) a été suivie tant par la Cour européenne (affaires *Tyrer versus Royaume-Uni*, 1978 ; *Airey versus Irlande*, 1979; *Marckx versus Belgique*, 1979; *Dudgeon versus Royaume-Uni*, 1981, entre autres) que par la Cour interaméricaine (seizième avis consultatif, sur le *Droit à l'Information sur l'Assistance Consulaire dans le Cadre des Garanties du Procès Équitable*, 1999; dix-huitième avis consultatif, sur le *Statut Juridique et les Droits des Migrants sans Papiers*, 2003). Dans son seizième avis consultatif, qui est complètement original et occupe une place de premier ordre (il a inspiré la jurisprudence internationale *in statu nascendi* en la matière), la Cour Interaméricaine a précisé qu'en interprétant les dispositions de la Convention Américaine elle devait étendre la protection aux situations nouvelles (par exemple en ce qui concerne le respect du droit à l'information sur l'assistance consulaire) sur la base des droits préexistants. La même vision des choses ressort d'ailleurs de son dix-huitième avis consultatif (le plus récent), qui est tourné vers l'avenir.

S'agissant du droit procédural, l'une des grandes questions sur lesquelles se sont étendues les deux juridictions est précisément celle de l'accès à la justice au niveau international, accès que donnent les deux conventions, par la mise en œuvre de leurs dispositions respectives sur la compétence internationale des deux Cours des Droits de l'Homme et sur le droit de recours individuel. A mes yeux, ces dispositions – véritables pierres angulaires de la protection internationale des droits de l'homme – sont si importantes que toute démarche visant à les affaiblir menacerait le fonctionnement de l'ensemble du système de protection prévu par les deux conventions régionales. Ces dispositions constituent les principaux piliers du mécanisme qui permet à l'individu de s'émanciper à l'égard de son propre Etat. Cette conception est en train de progresser, puisqu'elle est apparue au moment où s'annonce la création d'un nouveau tribunal international des droits de l'homme (une Cour Africaine des Droits de l'Homme et des Peuples), en vertu du Protocole de 1998 relatif à la Charte Africaine sur les Droits de l'Homme et des Peuples.

Dans le système de Strasbourg, le Protocole n. 11 à la Convention Européenne des Droits de l'Homme, entré en vigueur le 1er. novembre 1998 (lors d'une cérémonie officielle à laquelle j'ai eu le plaisir d'assister, ici même, au Palais des Droits de l'Homme du Conseil de l'Europe, à Strasbourg, en tant que représentant de la Cour interaméricaine), a reconnu aux individus le *jus standi*, droit d'accès direct à la Cour Européenne des Droits de l'Homme. Dans le système de San José du Costa Rica, les individus se sont vu conférer en vertu de la Convention Américaine relative aux

Droits de l'Homme, par l'adoption – étape historique – du règlement actuel de la Cour (entré en vigueur le 1er. juin 2001), le *locus standi,* c'est-à-dire, la capacité d'ester en justice, grâce à laquelle ils peuvent participer directement à toutes les phases de la procédure devant la Cour Interaméricaine des Droits de l'Homme.

Malgré les difficultés auxquelles nos deux juridictions sont aujourd'hui confrontées, notamment en raison du volume croissant des affaires (la Cour Européenne dans une bien plus large mesure que la Cour Interaméricaine), les individus ont été élevés au rang de sujets du Droit International des Droits de l'Homme, dotés de la pleine capacité en matière procédurale, et ont retrouvé la foi dans la justice humaine alors que celle-ci semblait sur le déclin au niveau du droit interne. Cette grande avancée sur le plan procédural – avec le caractère automatique de la compétence internationale de la Cour européenne et des progrès récents allant dans le même sens à la Cour Interaméricaine – nous donne fortement à penser, en ce qui concerne nos deux juridictions, que le vieil idéal de la justice internationale prend enfin corps.

Il s'agit là d'un point qui mérite d'être souligné en cette occasion, car dans certains cercles juridiques internationaux, l'attention a ces dernières années été détournée de cette réalisation fondamentale au profit du faux problème qu'est la «prolifération des tribunaux internationaux». Cette expression de courte vue, inélégante et péjorative méconnaît purement et simplement l'élément central des avancées considérables du vieil idéal de justice internationale dans notre monde contemporain. La création de nouveaux tribunaux internationaux n'est rien d'autre que le reflet de l'évolution du droit international contemporain, ainsi que de la quête et de l'édification actuelles d'une communauté internationale guidée par la primauté du droit et attachée à la concrétisation de la justice. L'apparition de ces juridictions est de plus la reconnaissance de la supériorité des moyens judiciaires de régler les litiges; elle met en évidence la prééminence du droit dans les sociétés démocratiques et écarte toute abdication en faveur du volontarisme de l'Etat.

Après les idées et les écrits clairvoyants de Nicolas Politis et Jean Spiropoulos en Grèce, d'Alejandro Àlvarez au Chili, d'André Mandelstam en Russie, de Raul Femandes au Brésil, de René Cassin et Georges Scelle en France, de Hersch Lauterpacht au Royaume-Uni, de John Humphrey au Canada, entre autres, il a fallu attendre des décennies pour qu'arrivent les progrès actuels dans la concrétisation de la justice internationale qui, aujourd'hui, loin de menacer et de saper le droit international, l'enrichissent et le renforcent au contraire. Le développement rassurant des tribunaux internationaux est le signe d'une nouvelle époque, et nous devons nous montrer à la hauteur pour permettre à chacune de ces juridictions d'apporter sa contribution à l'évolution constante du droit international en quête de justice internationale.

En matière de protection des droits fondamentaux de la personne humaine, le développement et la consolidation des juridictions internationales des droits de l'homme sur nos deux continents – l'Europe et l'Amérique – témoignent des progrès notoires réalisés à notre époque par le vieil idéal que représente la justice internationale. Le dialogue fécond que nos deux cours des droits de l'homme ont instauré au cours des années passées dans un esprit de coopération, de respect mutuel et de coordination dans la défense d'une cause et d'un idéal communs constitue aujourd'hui une source d'inspiration pour d'autres tribunaux internationaux.

La Cour Européenne et la Cour Interaméricaine ont toutes deux, à juste titre, imposé des limites au volontarisme étatique, protégé l'intégrité de leurs Conventions respectives des droits de l'homme ainsi que la prépondérance des considérations d'ordre public face à la volonté de tel ou tel Etat, élevé les exigences relatives au comportement de l'Etat, instauré un certain contrôle sur l'imposition de restrictions excessives par les Etats, et, de façon rassurante, mis en valeur le statut des individus en tant que sujets du droit international des droits de l'homme en les dotant de la pleine capacité sur le plan procédural. En ce qui concerne le fondement de leur juridiction contentieuse, la fermeté de leur position en faveur de l'intégrité des mécanismes de protection des deux conventions est bien illustrée, notamment par les décisions ou arrêts de la Cour Européenne dans les affaires *Belilos versus Suisse* (1988), *Loizidou versus Turquie* (exceptions préliminaires, 1995), et *Ilascu, Lesco, Ivantoc et Petrov-Popa versus Moldova et la Fédération de Russie* (2001), ainsi que par les décisions de la Cour Interaméricaine dans les affaires *Tribunal Constitutionnel* et *Ivcher Bronstein versus Pérou*, (compétence, 1999), ou encore *Hilaire, Constantine et Benjamin et alii versus Trinité-et-Tobago* (exception préliminaire, 2001).

En résolvant correctement les questions procédurales fondamentales soulevées dans les affaires susmentionnées, nos deux juridictions internationales ont fait un bon usage des méthodes du droit international public pour renforcer leurs compétences respectives en matière de protection de la personne humaine. Elles ont de façon décisive préservé l'intégrité des mécanismes de protection des conventions américaine et européenne des droits de l'homme, permettant ainsi l'émancipation juridique de la personne humaine vis-à-vis de son propre État.

S'agissant des dispositions normatives, la contribution de nos deux cours est illustrée par de nombreux précédents jurisprudentiels concernant les droits protégés par chacune des deux conventions régionales. La Cour Européenne dispose d'une vaste et impressionnante jurisprudence, par exemple sur le droit de la personne à la liberté et à la sûreté (article 5 de la Convention Européenne) ou sur le droit à un procès équitable (article 6). La Cour Interaméricaine a quant à elle une importante jurisprudence sur le droit fondamental à la vie, qui englobe les conditions de vie, depuis sa décision dans l'affaire cruciale des «Enfants de la Rue» (*Villagrán Morales et alii versus Guatemala*, fond, 1999).

Nos deux juridictions ont bâti une jurisprudence remarquable sur le droit d'accéder à la justice (et d'obtenir réparation) au niveau international. Dans le fameux arrêt qu'elle a rendu dans l'affaire du massacre de *Barrios Altos* (2001), qui concernait le Pérou, la Cour Interaméricaine a déclaré que les mesures d'amnistie, de prescription et d'exclusion de la responsabilité qui visent à entraver la recherche et le châtiment des personnes responsables de graves violations des droits de l'homme (actes de torture, exécutions sommaires, extrajudiciaires ou arbitraires, ou encore disparitions forcées) sont inadmissibles, car elles portent atteinte à des droits inaliénables reconnus par le droit international des droits de l'homme. Cette jurisprudence a été confirmée par la Cour (en ce qui concerne la prescription) dans sa récente décision dans l'affaire *Bulacio versus Argentine* (2003).

L'abondante jurisprudence de la Cour Européenne recouvre la quasi-totalité des droits protégés par la Convention Européenne et certains de ses Protocoles. La jurisprudence croissante de la Cour Interaméricaine semble quant à elle novatrice et tournée vers l'avenir en ce qui concerne la réparation dans ses multiples formes et les mesures provisoires de protection, ces dernières bénéficiant quelquefois aux membres de toute une communauté humaine (notamment dans la situation actuelle de conflit armé en Colombie).

III. La dimension institutionnelle

J'en viens à présent au volet institutionnel. Nos deux Cours ont le souci permanent et bien légitime de préserver et renforcer leur autonomie en tant que tribunaux internationaux des droits de l'homme. En ce qui concerne la Cour Interaméricaine, cette préoccupation englobe ses relations avec l'organisation mère, à savoir, l'Organisation des Etats Américains (OEA). En fait, au cours des années passées, la Cour Interaméricaine a pris des initiatives concrètes pour assurer et renforcer son autonomie en tant que tribunal international des droits de l'homme. Au rang des grandes initiatives figure l'accord d'autonomie administrative conclu avec le Secrétariat général de l'OEA et en vigueur depuis le 01 janvier 1998.

Cet accord – qui entre autres définit les règles relatives à l'allocation de ressources, par l'Assemblée Générale de l'OEA, aux activités de la Cour – vise essentiellement à garantir à la Cour Interaméricaine une réelle indépendance administrative en tant que tribunal international des droits de l'homme en lui permettant de gérer son propre budget, de prendre ses propres décisions en matière de recrutement d'agents du greffe et d'être autonome dans l'acquisition de biens et la location de services. Dans la pratique, cet accord s'est en effet avéré être un instrument important pour l'autonomie administrative de la Cour.

Une communication régulière avec l'organisation mère est bien sûr maintenue. Il s'agit là d'un élément crucial, par exemple en ce qui concerne la supervision de l'exécution des arrêts rendus par la Cour interaméricaine. Si le système de protection européen comporte un mécanisme de contrôle par le Comité des Ministres, il n'y a rien d'équivalent dans le système interaméricain. Pour combler cette lacune, j'ai jugé bon de proposer aux organes compétents de l'OEA la création d'un groupe de travail permanent de la Commission des Affaires Juridiques et Politiques (CAJP) de l'OEA; ce groupe de travail serait chargé d'informer les organes principaux – à savoir, le Conseil Permanent et l'Assemblée Générale de l'OEA – du degré d'observation des arrêts de la Cour Interaméricaine par les États Parties à la Convention Américaine, et présenterait ses recommandations sur les décisions à prendre dans chaque cas par l'Assemblée Générale de l'OEA.

Plus généralement, tous ces éléments donnent à penser que l'avenir du système interaméricain de protection des droits de l'homme dépend à présent d'une série de mesures que doivent prendre les États de la région. Il s'agit premièrement de la ratification de la Convention Américaine relative aux Droits de l'Homme (et de ses deux Protocoles, ainsi que des Conventions interaméricaines sectorielles) par *tous* les États de la région. Si dans le système européen 44 Etats membres du Conseil de l'Europe sur 45 sont parties à la Convention Européenne, dans le système interaméricain – différence notable – 25 Etats membres de l'OEA sur 34 sont parties à la Convention Américaine, et 21 États ont accepté la juridiction contentieuse obligatoire de la Cour.

Les États qui se sont exclus eux-mêmes du régime juridique de la Convention Américaine – comme ceux d'Amérique du Nord – ont envers le système interaméricain de protection des droits de l'homme une dette historique dont ils feraient bien de s'acquitter. Après tout, c'est par l'initiative d'un État et sa détermination à devenir partie aux traités relatifs aux droits de l'homme et d'assumer les obligations conventionnelles de protection qui y sont consacrées que l'on peut le mieux apprécier la réalité de son attachement à la protection des droits de l'homme reconnus sur le plan international. Les mêmes critères, principes et normes doivent s'appliquer à tous les Etats – qui sont égaux sur le plan juridique – et doivent profiter à tous les êtres humains, indépendamment de leur nationalité ou d'autres caractéristiques.

Deuxièmement, tout cela doit nécessairement aller de pair avec l'adoption au niveau national des mesures indispensables à la mise-en-oeuvre de la Convention Américaine. Si dans le système européen la Convention Européenne est désormais intégrée dans le droit interne de la totalité des 44 Etats parties, on ne peut pas encore en dire autant dans le cadre du système interaméricain. Tant que l'ensemble des États de l'OEA n'auront pas ratifié la Convention Américaine, n'auront pas pleinement accepté la juridiction contentieuse de la Cour et n'auront pas incorporé les dispositions normatives de la Convention dans leur droit interne, de grands progrès seront peu probables dans le dispositif interaméricain de défense des droits de l'homme. Le régime de protection internationale n'a qu'un effet limité si ses normes conventionnelles n'atteignent pas la base des sociétés nationales.

Troisièmement, seuls trois Etats de la région (Colombie, Costa Rica et Pérou) s'appuient actuellement sur des procédures de droit interne pour garantir l'exécution des arrêts de la Cour Interaméricaine; il y a une nécessité urgente à ce que tous les Etats parties à la Convention Américaine se dotent de procédures de ce type fonctionnant en permanence. Quatrièmement, il convient d'examiner de manière approfondie la proposition officielle de la Cour Interaméricaine concernant un Projet de Protocole portant modification de la Convention Américaine relative aux Droits de l'Homme, projet qui vise à renforcer le mécanisme de protection par la reconnaissance du *jus standi* (et non plus seulement du *locus standi*) des individus devant la Cour Interaméricaine, et du caractère *automatique* de la compétence obligatoire de la Cour Interaméricaine.

Cinquièmement, les Etats parties à la Convention Américaine doivent être prêts à assurer conjointement la *garantie collective* de cette Convention, parallèlement à l'établissement, dans le cadre de l'OEA, d'un mécanisme de supervision (contrôle permanent) de l'exécution des arrêts de la Cour Interaméricaine. Sixièmement, enfin, l'OEA doit garantir, conformément aux résolutions de l'Assemblée Générale ns. 1828 (2001) et 1850 (2002), l'allocation de crédits nettement plus élevés à la Cour Interaméricaine, pour lui permettre de s'acquitter pleinement de ses fonctions et de faire face aux exigences nouvelles et croissantes en matière de protection.

IV. Conclusions

Permettez-moi de conclure ce discours par une dernière série de réflexions. Il n'y a rien d'étonnant à ce que l'interprétation et l'application de certaines dispositions de tel ou tel traité relatif aux droits de l'homme guident quelquefois l'interprétation et l'application des dispositions équivalentes d'un autre traité dans le même domaine. Ainsi, dans la défense de leur cause et de leur idéal communs, les Cours Européenne et Interaméricaine n'hésitent guère à se référer chacune à la jurisprudence de l'autre à chaque fois qu'elles le jugent pertinent. L'ensemble de la jurisprudence actuelle de la Cour Interaméricaine comporte des renvois constants à la jurisprudence de son «homologue» européenne. Pour sa part, la Cour Européenne a une tendance croissante à faire de même, surtout ces dernières années: en juillet 2003, par exemple, ses arrêts publiés contenaient des références à la jurisprudence de la Cour Interaméricaine dans pas moins de douze affaires.

Ainsi, grâce à cette interaction dans l'interprétation, les traités en matière de droits de l'homme — telles les Conventions Européenne et Américaine – se sont mutuellement renforcés, et ce en définitive au profit des êtres humains protégés. Cette interaction a d'une certaine façon contribué à l'universalité du droit conventionnel relatif à la protection des droits de l'homme. Cela a permis une interprétation *uniforme* du *corpus juris* du Droit International contemporain des Droits de l'Homme. Cette uniformité dans l'interprétation ne menace aucunement l'unité du Droit International. Bien au contraire, loin de risquer une «fragmentation» du Droit International, nos deux tribunaux ont contribué à forger et à développer la capacité du Droit International à réguler efficacement des relations qui sont spécifiques – car elles se situent non pas au niveau interétatique, mais au niveau intra-étatique, où l'Etat concerné et l'individu relevant de sa juridiction s'opposent – et qui nécessitent des connaissances spéciales de la part des juges.

En la matière, nos deux juridictions ont concouru à garantir le respect des obligations conventionnelles de protection des États vis-à-vis de l'ensemble des êtres humains placés sous leurs juridictions respectives. Grâce à l'évolution du Droit International des

Droits de l'Homme, c'est le Droit International Public lui-même qui est justifié et légitimé dans l'affirmation de principes, concepts et catégories juridiques propres à la protection des droits de l'homme, domaine fondé sur des prémisses fondamentalement différentes des postulats qui guident les relations purement interétatiques.

On ne peut encourager le développement du Droit International des Droits de l'Homme au détriment du droit des traités, et l'on ne doit pas davantage entraver cette évolution en faisant abstraction de la spécificité des traités en matière des droits de l'homme. Par l'application des traités relatifs aux droits de l'homme, dans le cadre du droit des traités, et également en recourant au droit international général, on peut parfaitement développer la capacité du droit international à réguler convenablement les relations juridiques tant aux niveaux interétatique qu'intra-étatique, en vertu des traités pertinents de protection. L'unité et l'efficacité du droit international public se mesurent précisément à l'aune de son aptitude à réguler les rapports juridiques dans différents contextes avec une égale compétence.

L'ensemble des considérations qui précèdent révèlent le processus historique d'*humanisation* du Droit International (émergence d'un nouveau *jus gentium*) qui est en cours et fait apparaître une nouvelle conception des relations entre l'autorité publique et l'être humain, conception qui en définitive se résume par la reconnaissance du fait que l'Etat existe pour l'être humain et non pas le contraire. En utilisant et en édifiant dans ce sens leurs jurisprudences convergentes, nos deux tribunaux internationaux des droits de l'homme – la Cour Européenne et la Cour Interaméricaine – ont en effet contribué à enrichir et à humaniser le Droit International Public contemporain. Elles l'ont fait dans une optique essentiellement et nécessairement anthropocentrique, comme l'avaient bien prévu, dès le XVIe. siècle, les «pères fondateurs» du droit des gens.

XXVII

Quelques Réflexions à l'Occasion de la Première Réunion des Trois Cours Régionales des Droits de l'Homme (Strasbourg, 08-09.12.2008)[1]

Résumé: I. Introduction. II. L'accès direct de l'individu à la Cour Interaméricaine des Droits de l'Homme. III. L'importance du droit d'accès *lato sensu* à la justice internationale. IV. La sauvegarde de l'intégrité de la juridiction internationale de protection. V. L'interposition de limites au volontarisme étatique. VI. La condamnation des crimes d'Etat. VII. L'humanisation du droit international et l'émergence d'un nouveau *jus gentium*.

I. Introduction

Je voudrais tout d'abord remercier les organisateurs de ce Séminaire de m'avoir fait l'honneur de m'inviter à y participer. Il m'est ainsi donné l'occasion de revenir à Strasbourg, une ville où j'ai vécu des moments d'une rare intensité, parfois même historiques: *a)* l'inauguration, au début du mois de novembre 1998, de la nouvelle Cour Européenne des Droits de l'Homme, avec l'entrée en vigueur du Protocole nº 11 à la Convention Européenne des Droits de l'Homme ; *b)* les réunions conjointes des délégations des juges des Cours Européenne et Interaméricaine des Droits de l'Homme, tenues entre 1997 et 2003, qui ont permis la mise en place d'une coopération étroite entre ces deux juridictions internationales ; *c)* l'inauguration, en 2004, de l'année judiciaire de la Cour Européenne des Droits de l'Homme ; et *d)* les colloques organisés par l'Institut International des Droits de l'Homme (Institut Cassin) réunissant les juges des Cours Européenne et Interaméricaine des Droits de l'Homme et les membres de la Commission Africaine des Droits de l'Homme et des Peuples, dont les actes ont été publiés par ce même Institut. Je suis vraiment heureux, à l'occasion de cette réunion des Cours Européenne, Interaméricaine et Africaine, de retrouver ici, au Palais des Droits de l'Homme de Strasbourg, de très chers collègues et amis représentant ces trois systèmes régionaux de protection internationale des droits de l'homme.

À l'occasion de cette séance inaugurale, je souhaiterais soumettre à la considération des juges et experts participants quelques réflexions, fondées sur mon expérience personnelle, autour de six thèmes auxquels j'attache une grande importance, à savoir: *a)* l'accès direct de l'individu à la Cour Interaméricaine des Droits de l'Homme

---

[1] Addresse de l'Auteur à la Réunion de Strasbourg, Palais des Droits de l'Homme, 08-09 décembre 2008.

(CIDH); *b)* l'importance du droit d'accès *lato sensu* à la justice internationale; *c)* la sauvegarde de l'intégrité de la juridiction internationale de protection; *d)* l'interposition de limites au volontarisme étatique; *e)* la condamnation des crimes d'État; et *f)* l'humanisation du droit international et l'émergence d'un nouveau *jus gentium*.

II. L'accès direct de l'individu à la Cour Interaméricaine des Droits de l'Homme

À l'occasion de cette première réunion des trois Cours régionales des droits de l'homme, je voudrais tout d'abord appeler l'attention des participants sur une question que j'ai déjà traitée dans mes rapports des 9 mars 2001[2] et 19 avril 2002[3] à la Commission des Questions Juridiques et Politiques de l'Organisation des États Américains (OEA), à savoir, les implications majeures des modifications apportées en 2000 au Règlement de la Cour. L'avènement d'un nouveau siècle a coïncidé avec un saut qualitatif fondamental dans l'évolution du Droit International des Droits de l'Homme. En effet, l'adoption du quatrième et actuel Règlement de la Cour, daté du 24 novembre 2000 et entré en vigueur le 1er juin 2001, a profondément modifié le fonctionnement du mécanisme de protection de la Convention américaine des droits de l'homme (Convention Américaine)[4].

Dans son nouveau Règlement de 2000, la Cour a ainsi introduit une série de mesures visant à autoriser la participation directe *(locus standi in judicio)* des victimes présumées, de leurs proches ou de leurs représentants dûment accrédités à toutes les étapes de la procédure judiciaire. Dans une perspective historique, c'est là la plus importante des modifications apportées par le dernier Règlement de la Cour. Elle représente une étape décisive dans l'évolution du système interaméricain de protection des droits de la personne humaine, en particulier, et du Droit International des Droits de l'Homme, en général. L'article 23 du Règlement de 2000 prévoit en ces termes la «participation des victimes présumées»:

---

2 Cf. Organisation des Etats Américains (OEA), *Rapport du Président de la CIDH, le juge Antônio A. Cançado Trindade, à la Commission des affaires juridiques et politiques du Conseil permanent de l'Organisation des États Américains (9 mars 2001)*, document OEA/Ser.G/CP/CAJP-1770/01, du 16 mars 2001, p. 6-8 (également disponible en anglais, espagnol et portugais).

3 Cf. OEA, *Rapport présenté par le Président de la CIDH, le juge Antônio A. Cançado Trindade, à la Commission des affaires juridiques et politiques du Conseil permanent de l'Organisation des Etats américains, dans le cadre du dialogue sur le renforcement du système interaméricain de protection des droits de la personne humaine: «Vers la consolidation de la capacité juridique internationale des pétitionnaires dans le système interaméricain de protection des droits de la personne humaine» (19 avril 2002)*, document OEA/Ser.G/CP/CAJP-1933/02, du 25 avril 2002, p. 5-17 (également disponible en anglais, espagnol et portugais).

4 Pour un commentaire récent, cf. A. A. Cançado Trindade, «El Nuevo Reglamento de la Corte Interamericana de Derechos Humanos (2000) y su proyección hacia el futuro: La Emancipación del Ser Humano como Sujeto del Derecho Internacional», 30-31 *Revista del Instituto Interamericano de Derechos Humanos* (2001) p. 45-71.

«1. Une fois la demande accueillie, les victimes présumées, leurs proches ou leurs représentants dûment accrédités peuvent présenter leurs demandes, arguments et preuves de façon autonome pendant toute la durée de la procédure.

2. S'il y a pluralité de victimes présumées, de proches ou de représentants dûment accrédités, [ils] doivent désigner un intervenant commun qui sera la seule personne autorisée à présenter les demandes, arguments et preuves au cours de la procédure, y compris aux audiences publiques.

3. En cas de désaccord éventuel, la Cour prendra les mesures qui s'imposent».

Aux termes de cet article, les victimes présumées, leurs proches ou leurs représentants peuvent ainsi présenter des demandes, arguments et éléments de preuve de façon autonome pendant toute la durée de la procédure. Ils disposent à cet effet d'un délai de trente jours à compter de la date à laquelle la demande leur est notifiée par la Cour (article 35.4). De même peuvent-ils prendre la parole pour présenter leurs arguments et preuves pendant les audiences publiques, en tant que véritables parties à l'affaire (article 40.2)[5]. Grâce à ces progrès importants, il est enfin établi sans ambiguïté que les véritables parties à une affaire contentieuse portée devant la Cour sont les personnes demanderesses, l'Etat défendeur et, seulement aux fins de la procédure, la Commission (article 2.23).

Ainsi habilités à participer directement *(locus standi in judicio)* à toutes les étapes de la procédure devant la Cour, les victimes présumées, leurs proches ou leurs représentants ont désormais tous les droits et devoirs d'ordre procédural qui, jusqu'à l'adoption du Règlement de 1996, étaient l'apanage de la Commission et de l'Etat défendeur (sauf au stade des réparations). Cela signifie que, pendant le déroulement de la procédure[6], peuvent exister et se manifester trois positions distinctes: celle des victimes présumées ou de leurs proches ou représentants légaux[7], en tant

---

[5] En ce qui concerne la demande d'interprétation, elle sera communiquée par le greffier de la Cour aux parties à l'affaire – y compris, naturellement, aux victimes présumées, à leurs proches ou à leurs représentants – afin de leur permettre, si elles l'estiment nécessaire, de présenter des mémoires écrits dans le délai fixé à cet effet par le président de la Cour (article 58.2).

[6] En ce qui concerne la procédure relative aux affaires en instance devant la Cour avant l'entrée en vigueur du nouveau Règlement, le 1er juin 2001, la Cour a adopté, le 13 mars 2001, une résolution sur les dispositions transitoires par laquelle elle a décidé: *a)* que les affaires en instance au moment de l'entrée en vigueur du nouveau Règlement (2000) continueraient d'être régies par les normes du Règlement antérieur (1996) jusqu'au moment où s'achèverait l'étape procédurale en cours; et *b)* que les victimes présumées participeraient aux étapes commençant après l'entrée en vigueur du nouveau Règlement (2000), conformément à l'article 23 de ce dernier.

[7] Les mémoires, présentés de manière autonome, par les victimes présumées (leurs représentants ou leurs proches) doivent naturellement être en rapport avec la demande (c'est-à-dire avec les droits dont la violation est alléguée dans la demande) parce que – comme ne cessent de le répéter les procéduriers (en invoquant surtout les auteurs italiens) – ce qui n'est pas dans le dossier n'existe pas dans le monde...

que sujets du Droit international des droits de l'homme; celle de la Commission en tant qu'organe de supervision de la Convention et auxiliaire de la Cour; et celle de l'Etat défendeur.

Cette réforme historique introduite dans le Règlement de la Cour attribue aux différents acteurs le rôle qui leur revient ; contribue à une meilleure instruction du procès ; assure le maintien du principe du contradictoire essentiel à la recherche de la vérité et au triomphe de la justice en vertu de la Convention Américaine; reconnaît que la confrontation directe des individus demandeurs et des Etats défendeurs est un aspect essentiel de la procédure contentieuse internationale relative aux droits de l'homme; reconnaît le droit à la libre expression des victimes présumées elles-mêmes, garantie essentielle de l'équité et de la transparence de la procédure; enfin, et surtout, assure l'égalité des parties (*equality of arms*/égalité des armes) tout au long de la procédure suivie par la Cour[8]. Nous assistons ainsi à un renforcement progressif de la capacité procédurale des individus dans les instances introduites au titre de la Convention américaine, avec l'évolution graduelle non seulement du Règlement lui-même (cf. *supra*), mais aussi de l'interprétation de diverses dispositions de la Convention Américaine, à la lumière de l'objet et du but de celle-ci, et du Statut de la Cour.

S'agissant des dispositions pertinentes de la Convention, nous pouvons souligner que: *a)* l'article 44 et le paragraphe 1(f) de l'article 48 de la Convention peuvent clairement être interprétés comme tendant à octroyer aux pétitionnaires individuels le rôle de parties demanderesses; *b)* le paragraphe 1 de l'article 63 de la Convention vise la «partie lésée» ; il ne peut donc s'agir que d'individus (et jamais de la Commission); *c)* l'article 57 de la Convention dispose que la Commission «participera aux audiences auxquelles donnent lieu toutes les affaires évoquées devant la Cour», mais ne précise pas à quel titre, et notamment n'indique pas que la Commission est partie à ces affaires; *d)* l'article 61 de la Convention établit que seuls les Etats Parties à la Convention et la Commission ont qualité pour saisir la Cour, sans évoquer la notion de «parties»[9]; *e)* l'article 28 du Statut de la Cour prévoit que la Commission comparaîtra «comme partie en cause» (dans un sens purement procédural), mais n'établit pas qu'elle est effectivement «partie» à l'affaire.

---

8   A l'appui de cette position (qui a réussi à venir à bout des résistances, opposées surtout par des nostalgiques du passé, y compris au sein du système interaméricain de protection des droits de l'homme), cf. A.A. Cançado Trindade, «Las Cláusulas Pétreas de la Protección Internacional del Ser Humano: El Acceso Directo de los Individuos a la Justicia a Nivel Internacional y la Intangibilidad de la Jurisdicción Obligatoria de los Tribunales Internacionales de Derechos Humanos», in *El Sistema Interamericano de Protección de los Derechos Humanos en el Umbral del Siglo XXI – Memoria del Seminario (Noviembre de 1999)*, tome I, San José de Costa Rica, CIDH (2001), p. 3-68; A.A. Cançado Trindade, *El Acceso Directo del Individuo a los Tribunales Internacionales de Derechos Humanos*, Bilbao, Universidad de Deusto (2001), p. 17-96.

9   À l'avenir, lorsque sera consacré – comme je l'espère – le *jus standi* de l'individu devant la Cour, cet article de la Convention devra être modifié.

III. L'importance du droit d'accès lato sensu à la justice internationale

En ce qui concerne la subjectivité active des individus, le droit de pétition individuelle internationale représente le dernier espoir de ceux qui n'ont pas obtenu justice au niveau national. L'accès direct des individus à la justice internationale permet aux intéressés de revendiquer leurs droits lorsqu'ils sont victimes de manifestations d'un pouvoir arbitraire et donne un contenu éthique aux normes tant du droit interne que du droit international. L'introduction du *locus standi in judicio* dans la procédure suivie par la Cour, avec la pleine participation de tous les individus, a été essentielle, représentant le dernier espoir de ceux qui semblaient abandonnés de la justice.

Les progrès que représentent le Règlement de la Cour de 2000 et le Projet de Protocole à la Convention Américaine (que j'ai élaboré et présenté à l'OEA en 2001 – cf. *infra*, n. 18) devraient nécessairement être appréciés conjointement avec les récentes avancées de la jurisprudence de la Cour. Celle-ci vise à assurer la protection effective *(effet utile)* des droits garantis par la Convention Américaine. Dans un avis historique, l'Avis consultatif n° 16, rendu le 1er octobre 1999, sur le *Droit d'information sur l'assistance consulaire dans le cadre des garanties d'une procédure équitable*, la Cour a reconnu la cristallisation, dans le cadre des droits de l'homme, d'un vrai droit subjectif à l'information sur l'assistance consulaire (dont tout être humain peut se prévaloir lorsqu'il se trouve privé de liberté dans un autre pays); elle a ainsi rejeté la perspective traditionnelle et purement interétatique adoptée en la matière[10] et a étendu la protection garantie par la Convention à de nombreux migrants pauvres qui se trouvaient sans défense. Cette perspective nouvelle a ensuite été exprimée par la Cour dans un autre avis Avis consultatif novateur, l'Avis consultatif n° 18, du 17 septembre 2003, sur la *Condition juridique et les droits des migrants sans papiers*, qui revêt une importance capitale dans le monde d'aujourd'hui en ce qui concerne le respect du principe fondamental d'égalité et de non-discrimination (y compris l'égalité devant la loi).

S'agissant des affaires contentieuses, dans mes Opinions Individuelles jointes aux arrêts rendus par la Cour il y a plus de dix ans (arrêts des 30 et 31 janvier 1996 sur les exceptions préliminaires), dans les affaires *Castillo Páez* et *Loayza Tamayo c. Pérou*, j'ai avancé des arguments tendant à accorder aux requérants individuels le *locus standi in judicio* à toutes les étapes de la procédure (pars. 14-17). Lesdites Opinions ont inspiré certains des changements introduits par la suite dans les troisième et quatrième Règlements de la Cour (1996 et 2000, respectivement). Dans une longue

---

10 En fait, il n'est plus possible d'examiner le Droit international comme un tout dans une perspective strictement interétatique; cf. A.A. Cançado Trindade, «International Law for Humankind: Towards a New *Jus Gentium* – General Course on Public International Law – Part I», 316 *Recueil des Cours de l'Académie de Droit International de La Haye* (2005) pp. 31-439; A.A. Cançado Trindade, «International Law for Humankind: Towards a New *Jus Gentium* – General Course on Public International Law – Part II», 317 *Recueil des Cours de l'Académie de Droit International de La Haye* (2005) pp. 19-312.

Opinion Concordante que j'ai jointe à l'arrêt rendu le 4 septembre 1998 par la Cour (exceptions préliminaires) dans l'affaire *Castillo Petruzzi et autres c. Pérou*, alors que le troisième Règlement de la Cour était en vigueur, j'ai jugé opportun de souligner le caractère *fondamental* du droit de pétition individuelle (article 44 de la Convention américaine), en le qualifiant de «pierre angulaire de l'accès des individus au mécanisme de protection de la Convention américaine» (pars. 3 et 36-38)[11]. Après avoir passé en revue l'*historia juris* de ce droit de pétition (pars. 9-15) et de l'élargissement de la notion de «victime» dans la jurisprudence internationale se rapportant aux traités relatifs aux droits de l'homme (pars. 16-19), j'ai fait référence à l'*autonomie* du droit de pétition individuelle *vis-à-vis* du droit interne des Etats (pars. 21, 27 et 29), en ajoutant:

> «Avec l'accès des individus à la justice internationale, à travers l'exercice du droit de pétition individuelle, la reconnaissance du fait que les droits de l'homme à protéger sont inhérents à la personne humaine et non une émanation de l'Etat trouvait son expression concrète. Par conséquent, l'action tendant à leur protection ne s'épuise pas ¾ ne peut pas s'épuiser – dans l'action de l'Etat. (…)
>
> Sans cet accès à une instance internationale, la justice n'aurait jamais été obtenue en ce qui les concerne (...). C'est par l'exercice libre et entier du droit de pétition individuelle que les droits consacrés par la Convention prennent effet» (pars. 33 et 35).

Plus tard, dans l'Opinion Concordante que j'ai jointe à l'arrêt rendu le 28 février 2003 dans la première affaire contentieuse entièrement examinée après l'entrée en vigueur de l'actuel et quatrième Règlement de la Cour – l'affaire des *Cinq Retraités c. Pérou*, – j'ai suivi la même ligne de raisonnement: avec l'affirmation de la personnalité et de la capacité juridiques de l'individu était venu le temps de surmonter les limitations classiques de la *legitimatio ad causam* en Droit international, qui avaient si longtemps freiné le «développement progressif [de ce droit] vers la construction d'un nouveau *jus gentium*» (par. 24). Cette idée se retrouve en évolution, dans ce sens, dans la jurisprudence de la Cour en matière non seulement contentieuse mais aussi consultative, comme l'illustre l'Avis consultatif n° 17 sur la *Condition juridique et les droits de l'enfant* (28 août 2002), dans lequel la Cour, suivant le même ordre de pensée, a soutenu l'émancipation juridique de l'être humain en mettant l'accent sur le renforcement de la personnalité juridique de l'enfant, comme vrai sujet de droits et non comme simple objet de protection ; tel est de fait son *Leitmotiv* dans cet Avis[12].

Auparavant déjà, l'affaire contentieuse des «*Enfants de rue*» (affaire *Villagrán Morales et autres c. Guatemala*, 1999-2001), qui a fait jurisprudence, avait révélé toute

---

11 A travers ce droit de pétition, – «une conquête définitive du Droit international des droits de l'homme», – s'est opéré «*le sauvetage historique* de la position de l'être humain comme sujet du Droit international des droits de l'homme, doté de la pleine capacité procédurale internationale» (pars. 5 et 12).

12 Affirmé avec force aux paragraphes 41 et 28.

l'importance de l'accès direct des individus à la justice internationale en ce qu'il permet aux intéressés de revendiquer leurs droits contre les manifestations d'un pouvoir arbitraire et donne un contenu éthique aux normes du droit public tant interne qu'international[13]. Dans cette affaire, historique, les mères (et une grand-mère), aussi pauvres et abandonnées que les victimes elles-mêmes, ont eu accès à la justice internationale: elles ont comparu devant la Cour[14] et, grâce aux arrêts rendus en leur faveur quant au fond et aux réparations qui leur ont été accordées[15], ont à tout le moins pu recouvrer leur foi en la justice humaine.

L'arrêt rendu quatre ans plus tard, le 2 septembre 2004, en l'affaire de l'*Institut de rééducation des mineurs c. Paraguay*, atteste une fois de plus, comme je l'ai souligné dans mon Opinion Individuelle (pars. 3-4), que l'être humain, aussi défavorable que soit sa situation, est devenu un sujet du Droit International des Droits de l'Homme, doté de la pleine capacité juridico-procédurale internationale. Dans cette affaire, la Cour a dûment reconnu toute l'importance des réformes historiques introduites par le quatrième et actuel Règlement de la Cour (pars. 107, 120-121 et 126), en vigueur depuis 2001[16], tendant à faire des individus les titulaires à part entière des droits protégés par la Convention. Les affaires susmentionnées des *Enfants de rue* et de l'*Institut de rééducation des mineurs* fournissent d'éloquents exemples de la nécessité d'une telle titularité, affirmée et exercée devant la Cour, même dans les circonstances les plus adverses[17]. Outre ces exemples, bien d'autres affaires pourraient être évoquées, concernant personnes détenues dans des conditions inhumaines,

---

13 Dans l'Opinion Individuelle que j'aie jointe en l'affaire des «*Enfants de rue*» (réparations, arrêt du 31 mai 2001), j'ai estimé nécessaire de préciser que la souffrance des personnes les plus humbles et les plus vulnérables avait des répercussions sur l'ensemble de leur communauté ou milieu social, et que leurs parents proches, qui subissent le supplice du silence et de l'indifférence, imprègnent de leur souffrance toute la communauté (par. 22). Plus récemment, des personnes abandonnées et oubliées de tous ont, dans leur quête de la justice, saisi une juridiction internationale des droits de l'homme, comme, e.g., dans les affaires des membres des communautés *Yakye Axa* (arrêt du 17 juin 2005) et *Sawhoyamaxa* (arrêt du 29 mars 2006), concernant le Paraguay. Dans ces deux dernières affaires, les victimes, chassées de leurs foyers et de leurs terres ancestrales, socialement marginalisées et exclues, ont pu accéder à une juridiction internationale, devant laquelle elles ont finalement obtenu justice.

14 Audiences publiques des 28-29 janvier 1999 et du 12 mars 2001.

15 Du 19 novembre 1999 et du 26 mai 2001, respectivement.

16 Cf., à cet égard, A. A. Cançado Trindade, «Le nouveau Règlement de la Cour interaméricaine des droits de l'homme: quelques réflexions sur la condition de l'individu comme sujet du droit international», *in Libertés, justice, tolérance – Mélanges en Hommage au Doyen G. Cohen-Jonathan*, tome I, Bruxelles, Bruylant, 2004, p. 351-365.

17 Dans l'affaire de l'*Institut de Rééducation des Mineurs*, trois incendies avaient éclaté, causant des morts et des blessés parmi les jeunes detenus; mais la cause des victimes, en dépit de la capacité juridique limitée de celles-ci en tant que mineurs, a été portée devant une juridiction internationale des droits de l'homme, ce qui conforte l'idée que la titularité de ces droits découle directement du Droit international.

expulsées de leurs maisons, en situation de migrants sans papiers, et personnes totalement sans défense, comptant parmi elles les survivants et les proches des victimes fatales de massacres, qui ont néanmoins eu accès à la justice internationale.

L'affaire de l'*Institut de Rééducation des Mineurs c. Paraguay* témoigne la capacité des oubliés du monde à accéder à la justice internationale. La Cour, dans son arrêt susmentionné du 2 septembre 2004, en reconnaissant l'importance des réformes historiques introduites par le Règlement, adopté le 24 novembre 2000 et entré en vigueur le 1er juin 2001, s'est prononcé, de conformité avec son nouveau Règlement, en faveur des *titulaires* de droits sous la Convention, en leur accordant le *locus standi in judicio* à *toutes* les étapes de la procédure contentieuse[18]. Ces réformes prendront effet plein le jour où elles seront consolidées par un Protocole d'amendements à la Convention Américaine destiné à renforcer le mécanisme de protection que celle-ci prévoit, comme celui que j'ai préparé et présenté, en qualité de Rapporteur et Président de la Cour, à l'Organisation des Etats Américains, en mai 2001, et qui reste aujourd'hui encore à l'ordre du jour de l'Assemblée Générale de l'OEA[19].

Le droit de l'accès à la justice ne se réduit pas à l'accès formel à un tribunal au niveau national ou international. Comme le soulignent plusieurs traités relatifs aux droits de l'homme, cet accès à la justice au niveau national fait partie de la protection internationale elle-même, comme indiqué dans les dispositions relatives au droit à un recours interne effectif et aux garanties d'un procès équitable. Sans ces derniers, il n'y a pas d'accès à la justice, lequel inclut le droit de tout individu à ce que sa cause soit entendue équitablement, avec les garanties judiciaires et la prééminence du droit. Le droit d'accès *lato sensu* à la justice comprend également les réparations éventuellement dues aux victimes et – comme reconnu par les Cours interaméricaine et européenne des droits de l'homme – l'exécution complète et fidèle de leurs arrêts.

Dans l'affaire *Goiburú et autres c. Paraguay* (arrêt du 22 septembre 2006) se rapportant à l'«Opération Condor», de sinistre mémoire, menée par les «services de renseignements» du cône sud de l'Amérique du Sud (à l'époque des dictatures des années 1970 et 1980), la Cour a finalement repris la thèse que j'avais soutenue pendant plus de

---

18 Cf., à ce sujet, A.A. Cançado Trindade, «El Nuevo Reglamento de la Corte Interamericana de Derechos Humanos (2000) y Su Proyección Hacia el Futuro: La Emancipación del Ser Humano como Sujeto del Derecho Internacional», in *XXVIII Curso de Derecho Internacional Organizado por el Comité Jurídico Interamericano – OEA* (2001) pp. 33-92; A.A. Cançado Trindade, «Le nouveau Règlement de la Cour interaméricaine des droits de l'homme: quelques réflexions sur la condition de l'individu comme sujet du droit international», in *Libertés, justice, tolérance – Mélanges en hommage au doyen G. Cohen-Jonathan,* tome I, Bruxelles, Bruyland (2004) pp. 251-365.

19 A. A. Cançado Trindade, *Bases para un Proyecto de Protocolo a la Convención Americana sobre Derechos Humanos, para Fortalecer Su Mecanismo de Protección,* 1re éd., San José, CIDH (2001), pp. 1-669 (réédité en 2003).

deux ans[20], en élargissant effectivement le contenu matériel du *jus cogens* de telle sorte qu'il couvre le droit d'accès à la justice aux niveaux tant national qu'international. L'élargissement progressif du contenu matériel du *jus cogens* a eu lieu *pari passu* avec la récente condamnation judiciaire des violations *graves* des droits de l'homme et de massacres constitutifs, à mon sens, de véritables crimes d'Etat[21].

IV. La sauvegarde de l'intégrité de la juridiction internationale de protection

Le droit d'accès des individus à la justice internationale a pour pendant l'assurance de l'intégrité de celle-ci. A cet égard, la base de la compétence de la Cour en matière contentieuse a été l'objet d'une attention particulière dans les affaires *Hilaire, Benjamin* et *Constantine c. Trinité-et-Tobago* (exceptions préliminaires, arrêts du 1er septembre 2001). L'Etat défendeur avait soulevé une exception préliminaire d'une nature qui n'était pas formellement prévue par l'article 62 de la Convention Américaine, et qui, si elle avait été retenue, aurait, selon la Cour, mené «à une situation dans laquelle [celle-ci] aurait eu pour premier point de référence la Constitution de l'Etat, la Convention Américaine occupant seulement une place subsidiaire, avec pour conséquence une fragmentation de l'ordre juridique international de protection des droits de l'homme rendant illusoires l'objet et le but de la Convention» (par. 93).

Une telle éventualité était clairement inadmissible; comme la Cour l'a par ailleurs observé, «l'instrument d'acceptation, par Trinité-et-Tobago, de la compétence de la Cour en matière contentieuse n'est pas conforme aux hypothèses formulées au paragraphe 2 de l'article 62 de la Convention. Cet instrument a une portée si générale qu'il aboutit à la subordination totale de l'application de la Convention Américaine au droit interne de Trinité-et-Tobago, selon les décisions des tribunaux nationaux. D'où l'incompatibilité manifeste de cet instrument d'acceptation avec l'objet et le but de la Convention» (par. 88). Sur la base de sa conclusion quant au *sens* du paragraphe 2 de l'article 62 de la Convention (*numerus clausus*), la Cour s'est déclarée compétente pour connaître des affaires *Hilaire, Benjamin* et *Constantine*, préservant ainsi l'intégrité de sa propre base juridictionnelle et, plus généralement, celle du mécanisme de protection prévu par la Convention.

Deux ans auparavant, la Cour avait déjà eu l'occasion de défendre l'intégrité de sa propre juridiction dans une autre décision, réellement historique, face à un

---

20 Cf. le texte de mon Opinion Individuelle dans cette affaire, reproduit *in:* A.A. Cançado Trindade, *Derecho internacional de los Derechos Humanos – Esencia y Trascendencia (Votos en la Corte Interamericana de Derechos Humanos, 1991-2006)*, Mexico, Ed. Porrúa/Universidad Iberoamericana, 2007, pp. 779-804.

21 Dans les Opinions Individuelles que j'ai rédigées et présentées dans les affaires *Goiburú et autres* (par. 62-68, texte *in ibid.*, p. 801-804), *Almonacid Arellano c.Chili* (arrêt du 26 septembre 2006, pars. 58-60 de l'Opinion) et *La Cantuta c. Pérou* (arrêt de 29 novembre 2006, pars. 49-62 de l'Opinion), j'ai souligné l'importance que revêt cet élargissement du contenu matériel du *jus cogens*.

défi d'un genre nouveau. Peu après le prononcé de l'arrêt de la Cour en l'affaire *Castillo Petruzzi et autres c. Pérou* (30 mai 1999), l'Etat défendeur[22] avait annoncé le «retrait» de son instrument d'acceptation de la juridiction obligatoire de la Cour, avec «effet immédiat». Quelques temps plus tard, dans deux arrêts sur la compétence rendus le 24 septembre 1999 dans les affaires de la *Cour constitutionnelle* et d'*Ivcher Bronstein c. Pérou*, la Cour s'est déclarée compétente, jugeant *irrecevable* le rejet avec «effet immédiat» de sa compétence en matière contentieuse opposé par l'Etat défendeur. Elle a indiqué que sa compétence ne pouvait être conditionnée par des actes du défendeur contraires à des actes antérieurs de ce même défendeur, et sans aucun fondement dans la Convention. Elle a ajouté que, en acceptant sa juridiction en matière contentieuse, un Etat lui reconnaissait le droit exclusif de trancher toute question concernant sa compétence, étant entendu qu'il ne pourrait soudainement tenter de s'y soustraire par la suite, ce qui aurait pour conséquence d'ébranler le mécanisme international de protection dans son ensemble.

La Cour considérait que la clause attributive de compétence (clause juridictionnelle) sous la Convention ne pouvait être soumise à des limitations qu'elle n'avait pas elle-même établies et qui lui étaient imposées subitement par un Etat Partie pour des raisons d'ordre interne[23]. Telle était la condition nécessaire pour assurer la sécurité juridique, qui devrait être rigoureusement respectée dans l'intérêt de tous les Etats Parties. La Cour a donc poursuivi son examen des affaires pendantes contre l'Etat péruvien: il n'aurait pu en aller autrement, puisque tel était son devoir en vertu de la Convention Américaine, en sa qualité d'organe judiciaire autonome chargé de la protection internationale des droits de l'homme. L'Etat défendeur avait contracté une obligation internationale dont il ne pouvait, brusquement, s'affranchir selon son bon vouloir. Le «retrait» avec «effet immédiat» de l'instrument d'acceptation de l'Etat défendeur n'avait pas de fondement juridique, ¾ ni dans la Convention Américaine, ni dans le droit des traités, ni dans le droit international général. Ainsi la Cour a-t-elle conclu à son irrecevabilité.

En prenant cette décision capitale, la Cour a préservé l'intégrité de la Convention Américaine, dont l'application, comme celle des autres traités relatifs aux droits de l'homme, repose sur la *garantie collective* du fonctionnement du mécanisme international de protection. Les arrêts rendus par la Cour dans les affaires *Cour constitutionnelle* et *Ivcher Bronstein c. Pérou* (cf. *supra*) ont contribué, en définitive, au renforcement de sa base de compétence en matière contentieuse. À la suite d'un

---

22 Sous la présidence de M. A. Fujimori.
23 La Convention Américaine ne prévoit pas le retrait unilatéral d'une clause, et encore moins, d'une clause aussi importante que celle relative à l'acceptation de la compétence de la Cour en matière contentieuse. La seule possibilité prévue par la Convention est celle de la dénonciation (de la Convention dans son entièreté), au terme d'un préavis de douze mois, qui demeure sans effet sur les obligations antérieures à la dénonciation. Ce délai est identique à celui prévu par la Convention de Vienne sur le droit des traités de 1969.

changement de gouvernement, l'Etat péruvien a ultérieurement déclaré nul et non avenu le «retrait» de l'instrument d'acceptation de la compétence de la Cour, et «normalisé» ses relations avec cette dernière (le 9 février 2001), en acceptant de se conformer à ses arrêts[24].

V. L'interposition de limites au volontarisme étatique

Dans la jurisprudence de la Cour, comme, plus généralement, dans le Droit International des Droits de l'Homme dans son ensemble, le processus d'interprétation des traités des droits de l'homme a clairement mis l'accent sur l'objet et le but de ces traités, aux fins d'assurer la protection effective *(effet utile)* des droits qui y sont garantis. Au début de son histoire, la Cour a insisté sur le caractère spécial des traités des droits de l'homme (par opposition aux traités multilatéraux classiques) et, notamment, sur le caractère objectif des obligations énoncées dans la Convention Américaine[25]. En outre, son interprétation de la Convention s'est inscrite dans un processus dynamique propre à répondre à l'évolution des besoins en matière de protection[26].

Particulièrement significative est la position adoptée par la Cour en ce qui concerne l'examen d'importantes questions d'interprétation et d'application de la Convention Américaine, comme le droit de pétition individuelle[27] et la base de sa compétence propre en matière contentieuse[28]. La Cour a indiqué que ces questions renvoyaient à des clauses conventionnelles revêtant une importance fondamentale *(cláusulas pétreas)* pour la protection internationale des droits de l'homme; toute mesure visant à en entraver l'application risquerait de compromettre le fonctionnement de l'ensemble du mécanisme de protection prévu par la Convention, et serait dès lors inadmissible. Dans les décisions susmentionnées, la Cour a considéré ces dispositions (relatives au droit de pétition individuelle et à l'acceptation de sa juridiction

---

24   Pour un exposé historique des faits, cf. A. A. Cançado Trindade, «El Perú y la Corte Interamericana de Derechos Humanos – Una Evaluación Histórica (première partie) », *in Ideele – Revista del Instituto de Defensa Legal* – Lima (Pérou), n° 138 (juin 2001), pp. 108-113; et A. A. Cançado Trindade, «El Perú y la Corte Interamericana de Derechos Humanos (deuxième partie)», in *Ideele*, n° 139 (juillet 2001), pp. 85-88.

25   Cf., par exemple, A. A. Cançado Trindade, «The Interpretation of the International Law of Human Rights by the Two Regional Human Rights Courts», *in Contemporary International Law Issues: Conflicts and Convergence* (Actes de la troisième Conférence conjointe organisée par l'American Society of International Law et l'Asser Instituut, à La Haye, en juillet 1995), La Haye, Asser Instituut (1996), p. 157-162 et 166-167.

26   Cf. l'Avis consultatif n° 16 de la Cour en l'affaire relative au *Droit à l'information sur l'assistance consulaire dans le cadre des garanties d'une procédure régulière* (1er octobre 1999); l'arrêt sur le fond de l'affaire *Cantoral Benavides c. Pérou* (2000, par. 99 104); ainsi que l'Avis consultatif n° 18 de la Cour sur la *Condition juridique et les droits des migrants sans papiers* (17 septembre 2003).

27   Dans l'affaire *Castillo Petruzzi et autres c. Pérou* (arrêt sur les exceptions préliminaires, 1998).

28   Dans les affaires de la *Cour constitutionnelle* et d'*Ivcher Bronstein c. Pérou* (arrêts sur la compétence, 1999) et de *Hilaire, Benjamin et Constantine c. Trinité-et-Tobago* (arrêts sur les exceptions préliminaires, 2001).

obligatoire) comme des rouages essentiels du mécanisme par lequel l'objectif d'émancipation de l'individu *vis-à-vis* de son propre Etat peut être atteint[29]. Ainsi qu'il ressort de sa jurisprudence, la Cour a, à juste titre, opposé des limites au volontarisme étatique ; préservé l'intégrité de la Convention et la primauté des considérations d'*ordre public* sur la volonté des Etats individuels ; établi des critères plus stricts en matière de comportement étatique, ainsi qu'un certain degré de contrôle sur l'imposition, par les États, de restrictions injustifiables; et amélioré de manière rassurante le statut des individus en tant que sujets du Droit International des Droits de l'Homme, dotés d'une pleine capacité procédurale.

VI. La condamnation des crimes d'État

L'élargissement progressif du contenu matériel du *jus cogens*, à travers la jurisprudence de la Cour Interaméricaine *(supra)*, a eu lieu *pari passu* avec la récente condamnation judiciaire des auteurs de graves violations des droits de l'homme. En fait, au cours de la dernière moitié de cette décennie, la Cour s'est prononcée sur un nouveau cycle d'affaires contentieuses, portant sur des *massacres*, constitutifs, à mon sens, de vrais *crimes d'État*. Ces crimes avaient été planifiés aux plus hauts niveaux du pouvoir et exécutés dans le cadre de véritables politiques d'État visant à l'extermination systématique d'êtres humains.

Des références peuvent être faites, à cet égard, pour une étude de la matière, par exemple, aux arrêts rendus par la Cour dans les affaires suivantes, portant sur des massacres, à savoir: *Barrios Altos c. Pérou* (14 mars 2001), *Caracazo c. Venezuela* (29 août 2002), *Plan de Sánchez c. Guatemala* (29 avril 2004), *19 Marchands c. Colombie* (5 juillet 2004), *Communauté Moiwana c. Suriname* (15 juin 2005), *Mapiripán c. Colombie* (15 septembre 2005), *Pueblo Bello c. Colombie* (31 janvier 2006), *Ituango c. Colombie* (1er juillet 2006), *Montero-Aranguren et autres (Retén de Catia) c. Venezuela* (5 juillet 2006), *Prison de Castro Castro c. Pérou* (25 novembre 2006), *La Cantuta c. Pérou* (29 novembre 2006).

D'autres références peuvent encore être faites aux décisions de la même Cour rendues dans des affaires concernant des assassinats, et autres crimes, planifiés au plus haut niveau du pouvoir étatique et exécutés sur ordre de celui-ci, telles que dans les affaires de *Myrna Mack Chang c. Guatemala* (25 novembre 2003) et de *Goiburú et autres c. Paraguay* (22 septembre 2006). Il est significatif que des affaires de massacres, tombées dans l'oubli pendant des décennies, soient aujourd'hui portées devant un tribunal international des droits de l'homme, comme exemplifié par ces arrêts de la Cour Interaméricaine, et que les États responsables ont été condamnés par celle-ci.

---

29 A. A. Cançado Trindade, «Las Cláusulas Pétreas de la Protección Internacional del Ser Humano: El Acceso Directo de los Individuos a la Justicia a Nivel Internacional y la Intangibilidad de la Jurisdicción Obligatoria de los Tribunales Internacionales de Derechos Humanos», *in El Sistema Interamericano de Protección de los Derechos Humanos en el Umbral del Siglo XXI – Memoria del Seminario (Noviembre de 1999)*, tome I, San José, CIDH (2001), p. 3-68.

VII. L'humanisation du droit international et l'émergence d'un nouveau *jus gentium*

J'en viens maintenant aux dernières réflexions que je tenais à exposer à l'occasion de cette première réunion des trois Cours régionales des droits de l'homme. Comme je l'ai souligné dans mon dernier ouvrage,

> "Les écrits des 'pères fondateurs' du droit international au cours des XVIème et XVIIème siècles, particulièrement F. Vitoria, F. Suárez, H. Grotius, A. Gentili et S. Pufendorf, concevaient la *civitas maxima gentium* comme constituée des êtres humains organisés socialement et politiquement en des Etats émergents, coextensifs avec l'humanité elle-même. (...) Le monde a entièrement changé après les idées développées par F. Vitoria, F. Suárez, A. Gentili, H. Grotius, S. Pufendorf et C. Wolff, mais les aspirations humaines à la réalisation de la justice et la préservation de la paix restent les mêmes dans cette première décennie du XXIème siècle. (...)
>
> Dans la cosmovision des 'pères fondateurs' du droit des gens, les individus, les groupes sociaux, les peuples, et les Etats étaient coextensifs avec l'humanité elle-même, toute entière. En effet, on reconnaît aujourd'hui la nécessité de restituer à la personne humaine la position centrale qui lui est due, en tant que *sujet du droit tant interne qu'international.* (...) Le nouveau *jus gentium* contemporain se caractérise, dans ce particulier, par l'incontestable expansion de la personnalité juridique internationale, accompagné par l'expansion correspondante de la responsabilité juridique internationale. En dépit de toutes les adversités, les droits universels de la personne humaine s'affirment aujourd'hui avec une plus grande vigueur».

Et je m'ai permis ajouter que

> «La personne humaine a enfin reconquis la position centrale qui lui était réservée dans l'ordre juridique international contemporain. (. . .) Nous sommes aujourd'hui témoins de l'indéniable consolidation de la personnalité juridique de la personne humaine, en tant que véritable sujet du droit des gents, et non plus en tant que simple objet de protection. (...) La réalisation du but de la sauvegarde pleine et de la prévalence des droits inhérents à l'être humain, quelles que soient les circonstances, correspond au nouvel *ethos* du monde actuel. Les avancées dans cette direction, telles que je les perçois, constituent, en ce début du XXIème siècle, une manifestation claire de la *conscience juridique universelle*, laquelle, à mon avis, est la source *matérielle* ultime du droit international, ainsi que du Droit dans son ensemble»[30].

L'octroi, par l'actuel Règlement de la Cour Interaméricaine, du *locus standi in judicio* aux personnes exerçant devant la Cour leur droit de pétition, et ce, à toutes les étapes de la procédure, constitue peut-être le progrès juridico-procédural le plus important du point de vue du perfectionnement du mécanisme de protection de la

---

30 A.A. Cançado Trindade, *Évolution du droit international au droit des gens: L'accès des individus à la justice internationale – Le regard d'un juge*, Paris, Pédone, 2008, pp. 145-149.

Convention Américaine, depuis que cette dernière est entrée en vigueur, voilà près de vingt-cinq ans. Ce changement représente la conséquence logique de la conception et de la formulation des droits que la Convention impose de protéger sur le plan international, auxquelles doit nécessairement correspondre, pour les pétitionnaires, la pleine capacité juridique des pétitionnaires de revendiquer ces droits. Grâce à cette initiative historique de la Cour, les individus se sont vu reconnaître le statut de sujets du Droit International des Droits de l'Homme, dotés d'une capacité juridico-procédurale internationale.

La notion même de «victime» a élargi dans le Droit International des Droits de l´Homme, et le même s´est passé avec le contenu matériel du *jus cogens*[31], comme j´ai eu occasion de souligner dans mon Opinion Individuelle dans l´affaire de *La Cantuta c. Pérou* (arrêt du 29 novembre 2006):

«Au fil des années, au sein de cette Cour, j'ai insisté sur la nécessité de reconnaître et d´identifier le *jus cogens*, et j'ai contribué, dans de nombreuses Opinions Individuelles (dans l'exercice des fonctions contentieuses et consultatives de la Cour), à l'élaboration de la doctrine concernant l'élargissement du contenu matériel du *jus cogens* et des obligations *erga omnes* de protection correspondantes, en leurs dimensions tant horizontale (*vis-à-vis* la communauté internationale dans son ensemble) que verticale (se rapportant aux relations de l'individu avec la puissance publique, des entités non étatiques et d'autres individus). Ainsi la notion même de `victime´ visée par la Convention américaine a-t-elle évolué et les paramètres de la protection due aux justiciables ainsi qu'au cercle des personnes protégées ont-ils été élargis»[32].

Le *jus cogens* résiste aux crimes d'Etat et prévoit des sanctions, en vertu de l'engagement immédiat de la responsabilité internationale *aggravée* de l'État. Les réparations dues à raison de ces crimes s'accompagnent de la triple obligation d'enquêter, de juger et de sanctionner les responsables de crimes d'État (commis par action ou par omission). Le Droit ne cesse pas d'exister dès lors que ses normes sont violées, comme voudraient le faire accroire les «réalistes», emportés par leur inéluctable et pathétique idolâtrie de la puissance établie. Bien au contraire, le droit impératif (*jus cogens*) réagit immédiatement à de telles violations et impose des sanctions.[33]

Cette jurisprudence a été confirmée par la Cour Interaméricaine – en ce qui concerne la prescription – dans l'arrêt qu'elle a rendu en l'affaire *Bulacio c. Argentine*, le 18 septembre 2003. L'ensemble des considérations développées ultérieurement

---

31 Cf. A.A. Cançado Trindade, "La Ampliación del Contenido Material del *Jus Cogens*", in *XXXIV Curso de Derecho Internacional Organizado por el Comité Jurídico Interamericano*, Washington D.C., Secretaría General de la OEA (2008), pp. 1-15.
32 Cf. mon Opinion Individuelle dans l'affaire de *La Cantuta c. Pérou*, jointe à l'arrêt rendu par la Cour le 29 novembre 2006 (par. 60).
33 *Ibid.*, par. 59.

dans la jurisprudence de la Cour à ce propos, en ce qu'elles tendent à imposer des limites au volontarisme étatique, sont révélatrices du processus historique d'*humanisation* du droit international et de l'émergence d'un nouveau *jus gentium*[34]. Ce processus est en marche et témoigne d'une nouvelle conception des relations entre l'autorité publique et l'être humain[35], conception qui, en définitive, revient à reconnaître que l'État existe pour l'être humain et non l'inverse.

Strasbourg, le 08 décembre 2008.

---

34 Cf. note (10), *supra*.
35 Cf. A. A. Cançado Trindade, "The Right of Access to Justice in the Inter-American System of Human Rights Protection", 17 *ItalianYearbook of International Law* (2007) p. 7-24; A. A. Cançado Trindade, "The Human Person and International Justice", 47 *Columbia Journal of Transnational Law* (2008) p. 16-30.

XXVIII

Address to the U.N. Human Rights Committee on the Occasion of the Commemoration of Its 100th Session (United Nations, Geneva, 29.10.2010)[1]

Résumé: I. Introduction. II. Views on Communications. III. Concluding Observations on Reports of States Parties. IV. General Comments. V. Conclusions.

I. Introduction

This is a significant day to all those devoted to the international protection of human rights: we all gather today, 29 October 2010, here at the United Nations Headquarters in Geneva, to commemorate the 100th session of the U.N. Human Rights Committee, the organ established by the International Covenant on Human Rights to supervise compliance with its provisions. The Committee has been doing so, along the years of its existence, in the faithful exercise of its functions, by means either of its *Views* on communications under the Optional Protocol (Article 5(4)), or of its *Concluding Observations* on reports of States Parties to the Covenant, or else of its *General Comments*.

I am particularly honoured by, and grateful for, the kind invitation to address this commemorative act of the 100th session of the Committee. More than three decades ago, by the end of 1977 and the beginning of 1978, I had the occasion to assist in the processing, in the old U.N. Division of Human Rights, here at the *Palais des Nations* in Geneva, of the first lot of communications, for examination by the Human Rights Committee. The great majority of them conformed what came to be known, in those days, as the cycle of cases concerning Uruguay. Much of South America was, in those years, plagued by authoritarian and repressive regimes, which became one of the earliest challenges faced by the Human Rights Committee in its history. Today, 33 years later, if we look back, we are bound to express our recognition for the significant contribution, in all continents, of the Human Rights Committee, to the international protection of human rights.

II. Views on Communications

In so far as the petitioning system is concerned, the Committee's handling of communications provides a clear illustration of its interpretation of the Covenant

---

1 Discurso proferido pelo Autor na Organização das Nações Unidas, no *Palais des Nations*, em Genebra, aos 29 de outubro de 2010; texto reproduzido de: 29 *Netherlands Quarterly of Human Rights* (2011) pp. 131-137.

provisions concerning the absolute prohibition of torture or ill-treatment, a wide range of protected rights (such as the right to life, the right to a fair hearing, the right to liberty and security of person, the right to freedom of movement, the right of aliens not to be expelled arbitrarily, the right to privacy and family and reputation, among others). The Committee has further interpreted the Covenant's provisions on, e.g., the prohibition of slavery, servitude and forced labour, as well as its provisions on fundamental freedoms (such as the freedom of thought and conscience and religion, the freedom of expression, the freedoms of assembly and association).

By means of its *Views* on communications, the Committee has further interpreted the Covenant to deal with crucial issues, such as, for example, that of non-derogable rights and states of emergency[2]. In relation to another key issue, that of non-discrimination, the Committee gave a pioneering contribution when, in its views in the cases of *Broeks and Zwaan-de Vries versus The Netherlands* in 1987, it found a breach of Article 26 of the Covenant in respect of social security benefits, and upheld, in a ground-breaking way, an autonomous right to non-discrimination, thus paving the way for further developments on the issue.

It is, moreover, deserving of singling out the way the Committee has tackled the issue of *arbitrariness* of public authorities, in its Views on communications. The Committee has avoided equating *arbitrariness* only with the expression "against the law". Thus, in the *Marques de Morais versus Angola* case (2005), *inter alia*, it gave *arbitrariness* a broader interpretation, so as to encompass elements of injustice, lack of due process of law, inappropriateness, and lack of predictability. Likewise, earlier on, in the *R. Mojica versus Dominican Republic* case (1994) and in the *Tshishimbi versus Zaire* case (1996), the Committee warned that an interpretation that would allow States Parties "to tolerate, condone or ignore" threats made by public authorities to the personal liberty and security of non-detained individuals under the jurisdiction of the States Parties concerned, "would render ineffective the guarantees of the Covenant"[3].

III. Concluding Observations on Reports of States Parties

In so far as the reporting system is concerned, by means of its *Concluding Observations* the Human Rights Committee has, along the years of its operation, contributed to give precision to the scope of the rights protected under the Covenant, as well as to the corresponding obligations incumbent upon States Parties. Moreover, the Committee has, in the exercise of this function, at times disclosed the impact of the International Law of Human Rights upon distinct chapters of Public

---

2 Cf., e.g., [Various Authors] *Droits intangibles et états d'exception* (eds. D. Prémont *et alii*), Bruxelles, Bruylant, 1996, pp. 1ss.

3 Para. 5.4, in both cases. In the *L. Rajapakse versus Sri Lanka* case (2006), likewise, the Committee again pondered that personal security was to be safeguarded in distinct circumstances, also beyond the context of formal deprivation of liberty.

International Law: a pertinent illustration is provided by its acknowledgment of the continuity of human rights obligations in cases of State succession[4]. Last but not least, by discharging its tasks in respect of the reporting system under the Covenant, the Committee has undertaken a *continuous monitoring* of the situation of human rights in States Parties around the world.

IV. General Comments

By means of its *General Comments*, the Human Rights Committee has provided invaluable guidance to its interpretation of the relevant provisions of the Covenant on Civil and Political Rights. Its successive *General Comments* (33 to date) have covered a wide range of topics. The *principle of humanity* underlies the two *general comments*, ns. 9 (1982, para. 3) and 21 (1992, para. 4) on Article 10 of the Covenant (humane treatment of persons deprived of their liberty). The principle of humanity, usually invoked in the domain of International Humanitarian Law, thus extends itself also to that of International Human Rights Law. And, as the Committee rightly stated in its *general comment* n. 31 (2004), "both spheres of law are complementary, not mutually exclusive" (para. 11).

The principle of humanity, thus understood in its wide dimension, permeates the Committee's consideration of the fundamental right to life (Article 6) *lato sensu*, in its *general comments* ns. 6 (1982 para. 2) and 14 (1984, paras. 2-7). The Committee stresses therein the "supreme duty" to prevent wars and other acts of mass violence (which "continue to be a scourge of humanity"), and calls upon all States, "in the interest of mankind", to rid the world of the menace of nuclear weapons. The Committee has likewise devoted special attention to the fundamental principle of non-discrimination: in its *general comment* n. 18 (1989), the Committee singles out the wide scope of that fundamental principle, by pointing out that while Article 2 circumscribes the rights to be protected against discrimination to those enshrined into the Covenant, Article 26 goes much further in providing in itself an autonomous right, and in prohibiting discrimination "in law or in fact in any field regulated and protected by public authorities"(para. 12).

In its recent and lengthy *general comment* n. 32 (2007), the Committee identified the right to equality before the courts and tribunals and to a fair trial, as "a key element of human rights protection" and "a procedural means to safeguard the rule of law" (para. 2). In the Committee's understanding, Article 14 of the Covenant contains guarantees that "States Parties must respect, regardless of their legal traditions and their domestic law" (para.4). Thus, to deviate from the fundamental principles of fair trial, encompassing the presumption of innocence, "is prohibited at all times" (para.6).

This whole issue is linked to *access to justice* itself, as Article 14 encompasses the right of access to the courts and tribunals and to equality before them. This right

---

4 Cf., e.g., F. Pocar, "Patto Internazionale sui Diritti Civili e Politici ed Estradizione", *in Diritti dell´Uomo, Estradizione ed Espulsione* (Atti del Convegno di Ferrara di 1999 per Salutare G. Battaglini, ed. F. Salerno), Padua/Milan, Cedam, 2003, pp. 89-90.

"is not limited to citizens of States Parties, but must also be available to all individuals, regardless of nationality or statelessness, or whatever their status, whether asylum-seekers, refugees, migrant workers, unaccompanied children or other persons, who may find themselves in the territory or subject to the jurisdiction of the State Party"(para. 9).

The Committee added that the guarantees of Article 14 – in particular that of equality of all persons before the courts and tribunals – apply in all circumstances, including when domestic law entrusts a judicial body with the task of deciding about expulsions and deportations (para.62). The issue was also examined by the Committee in its *general comment* n. 15 (1986), wherein it pondered that Article 13 of the Covenant clearly aims at preventing arbitrary expulsions, in providing that expulsions can only be carried out "in pursuance of a decision reached in accordance with law", without discrimination, and giving the alien the means to pursue his appeal against expulsion (para. 10).

Some of the *general comments* of the Human Rights Committee, on certain issues of substantive as well as procedural law, were soon to echo in other mechanisms of human rights protection, both at U.N. and at regional levels. Such was the case, for example, of *general comment* n. 24 (1994), on issues relating to reservations to the Covenant on Civil and Political Rights or the Optional Protocols thereto. I promptly captured this contribution of the Committee, in my Separate Opinions in the *Blake versus Guatemala* case (Judgments on Preliminary Objections, Merits, and Reparations), decided shortly afterwards by the Inter-American Court of Human Rights.

And, throughout my years of Presidency of the Inter-American Court (1999-2004), I kept in mind the keen awareness, on the part of the Human Rights Committee, of the *time factor* in the settlement of cases raising issues of competence *ratione temporis*. In this respect, reference can also be made to the Committee's *general comment* n. 26 (1997), on the *continuity* of obligations, with an incidence in another area of international law. The Committee boldly stated therein that "the Covenant is not the type of treaty which, by its nature, implies a right of denunciation" (para.3). In insisting that "international law does not permit a State which has ratified or acceded or succeeded to the Covenant to denounce it or withdraw from it" (para.5), the Committee reiterated the view that it has consistently taken in its long-standing practice, to the effect that

"The rights enshrined in the Covenant belong to the people living in the territory of the State Party. (...) Once the people are accorded the protection of the rights under the Covenant, such protection devolves with territory and continues to belong to them, not-withstanding change in government of the State Party, including dismemberment in more than one State or State succession or any subsequent action of the State Party designed to divest them of the rights guaranteed by the Covenant" (para. 4).

The general obligation of States Parties *to respect and to ensure* the rights recognized by the Covenant (Article 2(1)) was examined by the Committee in its *general comment* n. 31 (2004). Such general obligation, added to the specific obligations in respect of each of the protected rights, were all obligations *erga omnes partes*, as Article 2 is couched in such terms as to make it clear that "every State Party has a legal interest in the performance by every other State Party of its obligations" (para. 2). The enjoyment of the protected rights is to be secured to all individuals, irrespective of any circumstances, under the jurisdiction of the State Party (para. 10). This applies also to cases of expulsions (para. 12). States Parties are thus to conform their domestic law and practices with the Covenant (para.13), and are to provide accessible and effective remedies to individuals to vindicate the protected rights (para. 15).

General comment n. 31 further asserts that States Parties are to secure the "direct applicability" of the Covenant provisions in domestic law, as well as the "interpretive effect" of the Covenant provisions in the application of domestic law (para. 15). Article 2(3) provides for reparations to individuals whose Covenant rights have been violated, and the Committee noted in this respect that reparations can consist of:

> "restitution, rehabilitation and measures of satisfaction, such as public apologies, public memorials, guarantees of non-repetition and changes in relevant laws and practices, as well as bringing to justice the perpetrators of human rights violations" (para. 16).

Last but not least, *general comment* n. 31 espoused the view that the individual's right to an effective remedy:

> "may in certain circumstances require States Parties to provide for and implement provisional or interim measures to avoid *continuing situations* and to endeavour to repair at the earliest possible opportunity any harm that may have been caused by such violations"[5].

V. Conclusions

In the exercise of its functions, the Human Rights Committee has thus aptly identified, in its interpretation of the Covenant on Civil and Political Rights, the proper time and space dimensions in all its consequences. Examples of the former are provided by its endorsement of the notions of *continuing situation*[6] and *persistent effects*, in its handling of communications, as well as, in certain circumstances, of *potential victims*[7]. As to the latter, an example is provided by its endorsement of the *extra-territorial* application of the protected rights.

---

5   Para. 19 (emphasis added).
6   On the origins of the notion of "continuing situation", and its configuration in international litigation and case-law, and in international legal conceptualization at normative level, cf.: ICJ, case of the *Jurisdictional Immunities of the State* (Counter-Claim, Germany *versus* Italy, Order of 06.07.2010), Dissenting Opinion of Judge A.A. Cançado Trindade, paras. 55-94.
7   The notion of "potential victim" was soon to mark presence in the evolving international case-law in the domain of international human rights protection; cf. A.A. Cançado Trindade, "Co-existence and Co-ordination of Mechanisms of International Protection of Human Rights", 202 *Recueil des Cours de l'Académie de Droit International de La Haye* (1987), ch. XI, pp. 262-283.

The hermeneutics pursued by the Human Rights Committee, on the basis of the general rule of treaty interpretation (Article 31 of the two Vienna Conventions on the law of Treaties of 1969 and 1986), has been proper to a system of protection which is ineluctably *victim-oriented*. It has disclosed distinct features, namely:

a) it has pursued a hermeneutical criterion grounded on the principle *pro persona humana, pro victima*;

b) it has pursued a holistic approach, relating the protected rights *inter se* (thus avoiding to consider them in isolation from each other), in a way conducive to the acknowledgement of the interdependence and indivisibility of all human rights;

c) it has worked in the framework of the universality of human rights.

The contribution of the Human Rights Committee to the international protection of human rights has been reckoned within the United Nations system as a whole, and indeed beyond it, at regional level. There have been, in recent years, successive judgments of the European Court of Human Rights which refer to *Views* adopted by the Committee on communications. Likewise, the Inter-American Court of Human Rights, ever since my years serving and presiding it until now, has referred, in successive judgments, to the *Views*, as well as *General Comments*, of the Committee. And I am confident that the new African Court on Human and Peoples' Rights will be no exception to this trend.

Turning back to the universal level, the International Court of Justice, as the principal judicial organ of the United Nations, has, in the exercise of its contentious as well as advisory functions in recent years, referred either to relevant provisions of the Covenant on Civil and Political Rights, or to the work of its supervisory organ, the Human Rights Committee. Thus, as to contentious cases, in its Judgement in the case of *Armed Activities on the Territory of the Congo* (D.R. Congo *versus* Uganda, 19.12.2005), the Court held that the Covenant provisions were applicable to the case. Shortly afterwards, in its Judgment in the case of the *Application of the Convention against Genocide* (Bosnia-Herzegovina *versus* Serbia and Montenegro, 26.02.2007), the Court recalled the wording of Articles 2 and 3 of the Covenant to support its interpretation of the meaning of the word "undertakes" in the Convention against Genocide (Article 1).

As to its advisory function, the ICJ held, in its Advisory Opinion on *Legal Consequences of the Construction of a Wall in the Occupied Palestinian Territory* (09.07.2004), that the Covenant is not unconditionally suspended in times of conflict (para. 106), and that the Covenant applies outside the States Parties' territory when they exercise their jurisdiction therein, as emerges from the legislative history of the Covenant, as well as from the consistent practice of the Human Rights Committee (paras. 107-111 and 134). Earlier on, in its Advisory Opinion on the *Threat of Use of Nuclear Weapons* (08.07.1996), the ICJ referred to Article 6 (right to life) of the Covenant. Very recently, in my Separate Opinion in the Court's Advisory Opinion on

Accordance with International Law of the Declaration of Independence of Kosovo (22.07.2010), I deemed it fit to refer to Article 1 of the Covenant(s) as well as to the Human Rights Committee's position on the States' automatic succession in respect of human rights treaties and on the extra-territorial application of human rights (paras. 154 and 191), – already referred to.

At the end of this incursion into the work of the Human Rights Committee, along its first 100 sessions, singling out some of the main positions it has adopted, in its *Views on Communications*, its *Concluding Observations* on States Reports, and its *General Comments*, and their repercussions, we can conclude that the Committee's contribution, through the interpretation of the Covenant, to the evolution of the International Law of Human Rights itself, has been remarkable. On the present commemoration of the 100th session of the Committee, may I present my compliments to it, and the expression of confidence that it will continue to render its invaluable contribution to the cause of the prevalence of human rights along its next 100 sessions. Thank you very much for your attention.

Geneva, 29 October 2010.

Parte VII

RUMO AO NOVO *JUS GENTIUM*, O DIREITO INTERNACIONAL DA HUMANIDADE

XXIX

A Perenidade dos Ensinamentos dos "Pais Fundadores" do Direito Internacional[1]

Sumário: I. Considerações Preliminares. II. A *Recta Ratio* em Projeção e Perspectiva Históricas. III. A Consciência Humana (*Recta Ratio*) como Fonte Material Última do Direito das Gentes. IV. O Universalismo do Direito das Gentes: A *Lex Praeceptiva* para o *Totus Orbis*. V. Universalidade do *Jus Gentium*: Direito e Justiça Universais. VI. Os Indivíduos como Sujeitos de Direitos. VII. A Titularidade Internacional de Direitos da Pessoa Humana. VIII. A Centralidade das Vítimas no Ordenamento Jurídico Internacional. IX. Concepção Humanista na Jurisprudência Internacional e Sua Irradiação. X. Relação da Presente Temática com o Direito Internacional dos Direitos Humanos. XI. A Importância dos Princípios Fundamentais. XII. O Princípio Fundamental da Igualdade e Não Discriminação. XIII. O Dever de Reparação de Danos. XIV. Considerações Finais.

I. Considerações Preliminares

Há sete anos tive a satisfação de proferir uma palestra, aqui na Universidade de Coimbra, à qual tenho a satisfação de retornar hoje, 24 de outubro de 2014, para, diante deste auditório repleto, apresentar algumas reflexões acerca da obra sobre a *Escola Peninsular da Paz*, de tanta relevância para o cultivo do tema pelas novas gerações de estudiosos do Direito Internacional. Em minha percepção, os escritos dos "pais fundadores" da disciplina, ainda insuficientemente estudados em nossos dias, são verdadeiros clássicos do Direito Internacional, dadas a perenidade e a atualidade de seus ensinamentos, como a ineludível vinculação que estabelecem entre o jurídico e o ético, sua visão universalista, e a posição central que atribuem à pessoa humana em seu enfoque essencialmente humanista da disciplina.

Ater-me-ei às ideias básicas e essenciais que naqueles clássicos se encontram ou que deles derivam, para demonstrar precisamente a perenidade de seus ensinamentos, a partir de uma ótica fundamentalmente humanista, sempre atenta aos princípios gerais do direito, a informar e conformar as normas jurídicas. Para isto, referir-me-ei a reflexões que tenho desenvolvido nestas duas últimas décadas e meia, em meus Votos Arrazoados, Concordantes e Dissidentes, tanto na Corte

---

[1] Trabalho de pesquisa que serviu de base à aula magna ministrada pelo Autor na Universidade de Coimbra, Portugal, aos 24 de outubro de 2014.

Interamericana de Direitos Humanos (CtIADH)[2] como na Corte Internacional de Justiça (CIJ), na esperança de que possam servir para ensejar maior reflexão por parte das novas gerações de estudiosos da disciplina.

Minhas referências a meus Votos em duas jurisdições internacionais são aqui feitas a título tão só de ilustração, não exaustiva, das ideias básicas ou centrais dos referidos clássicos da Escola Peninsular da Paz, fundamentados, de forma pioneira, nos direitos fundamentais inerentes aos seres humanos. Procedo a tais referencias ao completar duas décadas e meia de exercício da magistratura internacional, em duas jurisdições internacionais distintas (a CtIADH e a CIJ), com permanente fidelidade aos ensinamentos dos "pais fundadores" do direito das gentes.

Ao legado da notável Escola Peninsular da Paz tenho fielmente recorrido em ambos tribunais internacionais, na adjudicação de casos contenciosos surgidos de circunstâncias as mais diversas, assim como na emissão de Pareceres Consultivos, – o que revela a perenidade e atualidade notáveis dos referidos ensinamentos. Não poderia haver ocasião mais propícia para desenvolver as reflexões que seguem do que o presente ato acadêmico, aqui na Universidade de Coimbra, direta e historicamente ligada ao legado dos "pais fundadores" do direito das gentes.

De início, concentrar-me-ei na *recta ratio*, na consciência humana, – em projeção e perspectiva históricas, – como fonte *material* última do direito das gentes. A partir daí, abordarei o universalismo do direito das gentes (a *lex praeceptiva* para o *totus orbis*), destacando a visão da universalidade do *jus gentium* como atinente ao direito e justiça verdadeiramente universais. A seguir, abordarei a titularidade internacional de direitos da pessoa humana (os indivíduos como sujeitos de direitos), a *centralidade* das vítimas no ordenamento jurídico internacional, consoante a concepção humanista na jurisprudência internacional e sua irradiação.

Em sequência lógica, passarei a demonstrar a relação desta temática com o Direito Internacional dos Direitos Humanos de nossos tempos, realçando a importância dos princípios fundamentais do Direito, com atenção especial ao princípio fundamental da igualdade e não discriminação. Em seguida, abordarei o reconhecimento, presente já na doutrina clássica, do dever de reparação de danos. O campo estará então aberto à apresentação de minhas considerações finais.

II. A Recta Ratio em Projeção e Perspectiva Históricas

Permito-me, de início, assinalar que a *recta ratio* passou, com efeito, a ser identificada, a partir das obras dos chamados "pais fundadores" do Direito Internacional, nos séculos XVI e XVII, como pertencente ao domínio dos fundamentos do direito natural, e, para alguns, a identificar-se ela própria integralmente com este último. As

---

[2] Hoje reunidos em volumosa coletânea, a saber, A.A. Cançado Trindade, *Derecho Internacional de los Derechos Humanos – Esencia y Trascendencia (Votos en la Corte Interamericana de Derechos Humanos, 1991-2006)*, México, Edit. Porrúa/Universidad Iberoamericana, 2007, pp. 1-1055.

raízes do pensamento humanista, próprio dos "pais fundadores" do Direito Internacional, remontam a um passado mais distante, o das *Institutas* de Justiniano com sua reconceitualização do *jus gentium* (abarcando todo o gênero humano)[3], e dos ensinamentos magistrais no *De Officiis* de Cícero (baseados na *recta ratio*).

A contribuição dos "fundadores" do *jus gentium* se inspirou assim em grande parte na filosofia escolástica do direito natural, em particular, na concepção estóica-tomista da *recta ratio* e da justiça, que reconheceu o ser humano como um ser social, racional, e dotado de dignidade intrínseca; a *recta ratio* passou a afigurar-se como indispensável à sobrevivência do próprio Direito Internacional. Ademais, concebeu, face à unidade do gênero humano, um direito universal, aplicável a todos – *tanto aos Estados como aos indivíduos* – em todas partes (*totus orbis*)[4]. Ao contribuir à emergência do *jus humanae societatis*, mestres como Francisco de Vitoria e Domingo de Soto permearam suas lições do pensamento humanista que os antecedeu.

Foi Cícero quem efetivamente formulou a mais célebre caracterização da *recta ratio*, ao sustentar que tudo aquilo que é correto é determinado, em muitos aspectos, pelo *orthos logos*. Consoante os princípios da *recta ratio*, cada sujeito de Direito deve comportar-se com justiça, boa-fé e benevolência. São princípios cogentes que emanam da consciência humana, e afirmam a relação inelutável entre o jurídico e o ético. O direito natural reflete os ditames da *recta ratio*, em que se fundamenta a justiça. Cícero conceituava o direito emanado da *recta ratio* como dotado de validez perene, a afigurando-se como inderrogável: sua validade intransgressível se estende a todas as nações em todas as épocas[5]. Inspirado no pensamento dos antigos gregos, Cícero deixou um legado precioso aos mestres da Escola Peninsular da Paz, ao situar a *recta ratio* nos fundamentos do próprio *jus gentium*.

O novo *jus gentium* veio, sobre estas bases, a ser construído pelos chamados "fundadores" do direito das gentes, precisamente os expoentes da Escola Peninsular da Paz (Francisco de Vitoria, Domingo de Soto, Serafim de Freitas, Martín de Azpilcueta, Martinho de Ledesma, Pedro Simões, António de São Domingos, Francisco Suárez, dentre outros), nas Universidades de Salamanca, Coimbra e Évora, e também nas de Valladolid e Alcalá de Henares, e alhures, no "Novo Mundo" (como os

---

3   Segundo as *Institutas* de Justiniano, o que a "razão natural" estabeleceu entre as nações é que se chama *jus gentium*.

4   O propósito de Francisco de Vitoria foi precisamente o de fazer com que o *jus gentium* se aplicasse não só às relações entre indivíduos, mas também às relações entre as nações; Vitoria considerava o termo *gentes* como sinônimo de *nationes*.

5   Na célebre síntese formulada por M.T. Cícero em sua obra clássica *De Republica*, "o verdadeiro Direito é a *recta ratio* em conformidade com a natureza; é de aplicação universal, inalterável e perene (...), um Direito eterno e imutável (...) válido para todas as nações em todos os tempos" (*De Republica*, livro III, cap. XXII, par. 33). Cícero ainda ponderou, em seu igualmente célebre *De Legibus* (livro II, *circa* 51-43 a.C.), que nada havia mais destrutivo para os Estados e mais contrário ao direito do que o uso da violência nos assuntos públicos, em um país dotado de uma constituição (livro II, *circa* 51-43 a.C.).

missionários Bartolomé de Las Casas e António Vieira, dentre outros), a partir dos séculos XVI e XVII. Este novo *jus gentium* passou a ser associado com a própria humanidade, buscando assegurar sua unidade e satisfazer suas necessidades e aspirações, consoante uma concepção essencialmente universalista (ademais de pluralista).

O *jus communicationis* de F. Vitoria, por exemplo, foi concebido como um Direito para todos os seres humanos. Assim, já nos séculos XVI e XVII, para os autores da Escola Peninsular da Paz, o Estado emergente não era um sujeito exclusivo do direito das gentes, e este último também abarcava os povos e os indivíduos. A partir de então, a *recta ratio* passou a ser invocada para fundamentar a visão do direito internacional nascente como *necessário*, ao invés de simplesmente "voluntário". Desde então se admitiu o aprimoramento do *jus gentium* na medida em que o sentimento ou noção de uma humanidade comum a todos se desenvolvesse em todas as nações.

As raízes do que já se afigurava como o direito comum da humanidade podiam, assim, se identificar nesta considerável evolução do *jus gentium*. Na verdade, bem antes dos "fundadores" do Direito Internacional, já no século XIII, Tomás de Aquino (1225-1274) considerou o conceito de *jus gentium* (em sua *Summa Theologiae*), apreendido pela própria razão natural (sendo assim mais perfeito do que o direito positivo), e revelando uma consciência da dimensão temporal, como se revestindo de uma validade universal, e voltado à realização do bem comum, em benefício último de todos os seres humanos, – pois de outro modo seria injusto.

Em seu correto entender, é a própria *recta ratio* que revela que "o bem comum é melhor" do que o bem de um ou de outro individualmente. A *synderesis*, para ele, denotava uma forma de conhecimento, ou disposição da razão de aderir a princípios voltados à realização do bem comum. Na visão de Tomás de Aquino, o *jus gentium* se propunha regulamentar as relações humanas com uma base ética, formando uma espécie de "razão comum de todas as nações" em busca da realização do bem comum. A *recta ratio* dotou efetivamente o *jus gentium*, em sua evolução histórica, de bases éticas, e lhe imprimiu um caráter de universalidade, ao ser um direito comum a todos, emanando, em última análise, da *consciência jurídica universal*, – sua fonte material *par excellence*, tal como a identifico e concebo.

III. A Consciência Humana (*Recta Ratio*) como Fonte Material Última do Direito das Gentes

Na linha do pensamento jusnaturalista, os direitos não emanam de expressões da simples vontade, mas transcendem esta última, e se conformam à luz de imperativos éticos. Reconhece-se a necessidade de uma justiça objetiva, e a *opinio juris* emana da consciência, de modo a atender as aspirações da humanidade[6]. Fiel ao pensamento jusnaturalista, sempre renascente do século XVI até a atualidade, tenho

---

6 Cf. F. Castberg, "Natural Law and Human Rights", 1 *Revue des droits de l´homme / Human Rights Journal* (1968) pp. 21, 34-35 e 37. E cf. também, em geral, F. Castberg, *La philosophie du Droit*, Paris, Pédone, 1970, pp. 113-118.

sustentado, ao longo dos anos, que acima da vontade se encontra a consciência, que inspira a *communis opinio juris*.

Efetivamente, ao longo dos anos, tenho me referido em meus Votos e escritos à fonte *material* por excelência do Direito Internacional dos Direitos Humanos, assim como de todo o Direito Internacional, que identifico na *consciência jurídica universal*, e não na mera vontade dos Estados, articulada no direito positivo, e por eles acordado consoante suas relações de poder e de interesse estatal. No meu entender, a consciência situa-se necessariamente acima da vontade. Esta concepção se encontra por mim desenvolvida em vários de meus escritos em distintos países, assim como em meus Votos, tanto na CtIADH como na CIJ (cf. *infra*).

No âmbito da CtIADH, permito-me recordar, *inter alia*, a passagem de meu Voto Concordante no histórico Parecer Consultivo n. 18 sobre *A Condição Jurídica e os Direitos dos Migrantes Indocumentados* (de 17.09.2003), na qual situo a continuada presença da cláusula Martens em sucessivos instrumentos do Direito Internacional Humanitário, por mais de um século, precisamente no plano da *fonte material* por excelência de todo o direito das gentes (par. 29), dando expressão à *razão de humanidade* e impondo limites à *razão de Estado*[7]. Outras ponderações congêneres encontram-se em meu Voto Arrazoado (pars. 63 e 68) no caso da *Comunidade Indígena Sawhoyamaxa versus Paraguai* (Sentença de 29.03.2006), e no meu Voto Arrazoado (par. 28) no caso *Almonacid Arellano versus Chile* (Sentença de 26.09.2006), entre outros.

No âmbito da CIJ, permito-me aqui me referir, por exemplo, ao caso das *Imunidades Jurisdicionais do Estado*. Diante da decisão da CIJ, de 06.07.2010, de rechaçar a demanda reconvencional da Itália, emiti um longo Voto Dissidente no qual sustentei, *inter alia*, que era inadmissível e infundado sugerir – nem mesmo com base nos ultrapassados dogmas positivistas – que os crimes de trabalho forçado e escravo da época do Terceiro *Reich* não eram proibidos. Repliquei que eram claramente proibidos pela consciência humana, e que não poderiam ser acobertados por imunidades estatais; já na época da Alemanha nazista, e mesmo antes dela, a impossibilidade de impunidade do Estado por crimes contra a humanidade[8] encontrava-se "profundamente arraigada na consciência humana, na *consciência jurídica universal*, que é, em meu entendimento, a fonte *material* última de todo o Direito" (para. 125).

Da concepção que sustentei neste caso (assim como em outros) emanam várias consequências, como, de início, o reconhecimento de que os seres humanos não são meros *objetos* de regulamentação do Direito Internacional, mas *sujeitos* de

---

7 Ponto que desenvolvo em meu *Tratado de Direito Internacional dos Direitos Humanos*, vol. II, Porto Alegre/Brasil, 2003, pp. 497-509.

8 Como os massacres, perpetrados pelas tropas nazistas, em Civitella (Itália) e em Distomo (Grécia), e a sujeição de pessoas arbitrariamente detidas a trabalho forçado e escravo na indústria bélica alemã, em 1943-1945.

direitos que deste emanam diretamente. No mesmo Voto Dissidente no dramático caso da *Imunidades Jurisdicionais do Estado* (2010), ponderei ter sido o "despertar gradual da consciência humana" que levou à evolução da conceitualização dos *delicta juris gentium*", das "violações do direito internacional humanitário", e acrescentei:

> "Com o despertar gradual da consciência humana, do mesmo modo, os seres humanos deixaram de ser objetos de proteção e foram reconhecidos como sujeitos de direitos, a começar pelo direito fundamental à vida, abarcando o direito de viver em condições dignas. Os seres humanos foram reconhecidos como sujeitos de direitos em quaisquer circunstâncias, em tempos de paz assim como de conflito armado" (pars. 145-146).

Outra consequência da referida fonte *material* do direito (*supra*) – a par das fontes formais – é a prevalência da concepção humanista, que sustento, do próprio Direito Internacional, o direito das gentes (*droit des gens*). No mesmo Voto Dissidente me permiti advertir ainda que

> "Não se pode erguer (e tentar manter) um ordenamento jurídico internacional por cima do sofrimento dos seres humanos, com o silêncio dos inocentes abandonados ao esquecimento. (...) Acima da vontade está a consciência, que, no final das contas, é a que move o Direito adiante, como sua fonte material última, removendo a injustiça manifesta" (par. 179).

Daí resulta um *ordre public* internacional humanizado. Tal como elaborei em meu Voto Arrazoado na CtIADH, no caso da *Prisão de Castro-Castro versus Peru* (Interpretação de Sentença de 02.08.2008),

> "Estamos diante de um ordre public humanizado (ou mesmo verdadeiramente humanista) em que o interesse público ou o interesse geral coincide plenamente com a primazia dos direitos humanos, – o que implica o reconhecimento de que os direitos humanos constituem o fundamento básico, eles próprios, do ordenamento jurídico, nos planos internacional e nacional. Subjacente ao concepto de jus cogens encontra-se o pensamento jusnaturalista, que leva a normas peremptórias a partir da afirmação e consagração de valores éticos que buscam beneficiar a humanidade como um todo" (par. 155).

Do anteriormente exposto, decorre uma consequência adicional inescapável, a saber, os direitos humanos se sobrepõem aos interesses e conveniências dos Estados, são *anteriores e superiores aos Estados*. Nesse entendimento, elaborei, em meu supracitado Voto Dissidente no caso das *Imunidades Jurisdicionais do Estado* na CIJ, sobre a inalienabilidade dos direitos inerentes ao ser humano:

> "(...) [Q]ualquer pretendida renúncia pelo Estado dos direitos inerentes à pessoa humana seria contrária, em meu entendimento, à ordre public internacional, e estaria desprovida de quaisquer efeitos jurídicos. Afirmar que isto ainda não estava reconhecido à época da II guerra mundial (...), – uma visão própria da velha postura positivista, com sua inevitável subserviência ao poder estabelecido, – seria, a meu ver, infundado. Equivaleria a admitir que os Estados poderiam perpetrar crimes contra a humanidade com total impunidade, que

poderiam sistematicamente perpetrar massacres, humilhar e escravizar grupos de pessoas, deportá-las e submetê-las a trabalho forçado, e então escudar-se por detrás de uma cláusula de renúncia negociada com outro[s] Estado(s), e tentar resolver todas as contendas por meio de tratados de paz com seu[s] Estado[s] contraparte[s]" (par. 124).

Mais recentemente, retomei a mesma linha de reflexões em um contexto distinto, atinente à Sentença da CIJ de 16.04.2013, no caso da *Disputa Fronteiriça entre Burkina Faso e Níger*. Neste caso, a CIJ procedeu, a pedido das partes, a determinar o curso de parte de sua fronteira, tendo presente a promessa de ambas de que as condições de vida das populações locais – nômades e semi-nômades – que habitam a região não seriam afetadas pelo traçado da fronteira. Em meu Voto Arrazoado, concentrei-me sobretudo no "fator humano" (pars. 11-105), e assinalei que as próprias partes litigantes, no decorrer do procedimento perante a CIJ (particularmente na fase oral), haviam expresso sua preocupação com as populações locais (principalmente nas extensas respostas a perguntas que me permiti formular-lhes em uma audiência pública perante a CIJ). Chegaram elas inclusive a externar seu entendimento no sentido da conformação de um regime de *transhumance* como um verdadeiro "sistema de solidariedade".

Em meu referido Voto Arrazoado, ponderei que o presente caso revelava que, mesmo um tema clássico como o do território, é hoje abordado conjuntamente com a população. Subjacente a esta construção jurisprudencial, – agreguei, – "encontra-se o *princípio de humanidade*, orientando à busca da melhoria das condições de vida da *societas gentium* e a consecução e realização do bem comum", no âmbito do "novo *jus gentium* de nossos tempos" (párr. 90). Observei, ademais, que a lição básica a se extrair do presente caso reside na constatação de que "é perfeitamente permissível e viável determinar uma linha fronteiriça tendo em mente as necessidades das populações locais" (par. 99).

O direito, – prossegui, – "não pode ser aplicado de forma mecânica" (par. 104), e o direito das gentes não pode ser abordado ou estudado adequadamente a partir de um paradigma exclusivamente inter-estatal. No final das contas, "em perspectiva histórica ou temporal, as populações nômades e semi-nômades, assim como sedentárias, precederam em muito a emergência dos Estados no *jus gentium* clássico" (par. 104). Os Estados, – concluí em meu referido Voto Arrazoado, – "não são entidades perenes, sequer na história do direito das gentes"; formaram-se eles

> "a fim de cuidar dos seres humanos sob suas respectivas jurisdições, e para avançar rumo ao bem comum. Os Estados têm fins humanos. Mais além da soberania estatal, a lição básica a extrair-se do presente caso está, em minha percepção, centralizada na solidariedade humana, pari passu com a necessária segurança jurídica das fronteiras. Isto se encontra em linha com a sociabilidade, emanando da recta ratio nos fundamentos do jus gentium. A recta ratio marcou presença no pensamento dos `pais fundadores´ do direito das gentes, e continua a ressoar na consciência humana em nossos dias" (par. 105).

A *recta ratio* encontra-se profundamente arraigada no pensamento humano, e a *consciência jurídica universal* constitui-se na fonte *material* última do direito das gentes, assim como de todo o Direito, transcendendo em muito o positivismo jurídico. Como assinalei e busquei demonstrar em meu Curso Geral de Direito Internacional Público ministrado na Academia de Direito Internacional da Haia em 2005, às manifestações da consciência jurídica universal devemos, em última análise, o que vislumbro como a construção de um novo *jus gentium* (reconhecendo a ideia de uma justiça objetiva), o Direito Internacional *para a humanidade*[9].

IV. O Universalismo do Direito das Gentes: A *Lex Praeceptiva* para o *Totus Orbis*

A Escola Peninsular da Paz, já a partir do século XVI, afigurava-se como precursora da noção da prevalência do *Estado de Direito*; em suas aclamadas *Relecciones Teológicas* (1538-1539), por exemplo, Francisco de Vitoria ensinou que o ordenamento jurídico obriga a todos – tanto governados como governantes, – e, nesta mesma linha de pensamento, sustentou que a comunidade internacional (*totus orbis*) prima sobre o livre arbítrio de cada Estado individual[10]. Em sua concepção, o direito das gentes regula uma comunidade internacional constituída de seres humanos organizados socialmente em Estados e coextensiva com a própria humanidade[11]; a reparação das violações dos direitos humanos reflete uma necessidade internacional atendida pelo direito das gentes, com os mesmos princípios de justiça aplicando-se, em conformidade com a *recta ratio*, tanto aos Estados como aos indivíduos ou povos que os formam.

Em um mundo marcado pela diversificação (dos povos e culturas) e pelo pluralismo (de ideias e cosmovisões), o novo *jus gentium* assegurava a unidade da *societas gentium*, da própria humanidade. Este novo *jus gentium* não poderia assim derivar da "vontade" de seus sujeitos de direito (dentre os quais começavam a sobressair-se os Estados nacionais), mas se baseava, ao invés disso, em uma *lex praeceptiva*, apreendida pela razão humana[12]. A partir dessa unidade da humanidade, podia-se

---

9 Cf. A.A. Cançado Trindade, *International Law for Humankind – Towards a New Jus Gentium*, 2ª. ed. rev., The Hague/Leiden, The Hague Academy of International Law/Nijhoff, 2013, pp. 139-161 e 638-639.

10 Cf. Francisco de Vitoria, *De Indis – Relectio Prior* (1538-1539), *in*: *Obras de Francisco de Vitoria – Relecciones Teológicas* (ed. T. Urdanoz), Madrid, BAC, 1960, p. 675.

11 O novo ordenamento jurídico internacional passava, assim, a ser concebido (particularmente em sua *Relectio De Indis Prior*) como *gentium*, inteiramente emancipado de sua origem de direito privado (no Direito Romano), imbuído de uma visão humanista, respeitosa das liberdades das nações e dos indivíduos, e de âmbito universal. Passava a regular, com base nos princípios do direito natural e da *recta ratio*, as relações entre todos os povos, com o devido respeito a seus direitos, aos territórios em que viviam, a seus contatos e liberdade de movimento (*jus communicationis*).

12 Nas palavras do próprio F. Vitoria, *quod naturalis ratio inter omnes gentes constituit, vocatur jus gentium*; em seu *De Lege – Commentarium in Primam Secundae*, deixou ele claro que o próprio direito natural se encontra não na vontade, mas sim na *recta ratio*.

depreender que o *jus gentium* fornecia o fundamento jurídico (decorrente de uma *lex praeceptiva* do direito natural) para o *totus orbis*, suscetível de ser descoberto pela razão humana, a *recta ratio* inerente à humanidade. O caminho estava assim aberto para a apreensão de um verdadeiro *jus necessarium*, transcendendo as limitações do *jus voluntarium*[13]. Decorridos mais de quatro séculos e meio, sua mensagem retém uma impressionante atualidade.

No século XVII, na visão de F. Suárez, o direito das gentes revelava a unidade e universalidade do gênero humano; afinal, os Estados têm necessidade de um sistema jurídico que regule suas relações, como membros da sociedade universal. Em sua consagrada obra *De Legibus ac Deo Legislatore* (1612), F. Suárez mantinha que o *jus gentium* – transcendendo em muito o *jus civile* e o direito privado – é formado pelos usos e costumes comuns à humanidade, sendo conformado pela razão natural para toda a humanidade como um direito universal. Na visão de Suárez, os preceitos do *jus gentium* encontram-se imbuídos de equidade e justiça; o *jus gentium* se afigura em completa harmonia com o direito natural, de onde emanam suas normas, revelando, um e outro, o mesmo caráter verdadeiramente universal.

É notável a contribuição da Escola Peninsular à formação e consolidação do *jus gentium*. Vitoria e Suárez, entre outros, sentaram as bases de um direito de aplicação universal (*commune omnibus gentibus*), de um direito para toda a humanidade. Lamentavelmente, a emergência do positivismo jurídico (em fins do século XVIII e no século XIX) personificou o Estado, dotando-o de "vontade própria", e reduzindo os direitos dos seres humanos aos que o Estado a estes "concedia" (o positivismo voluntarista). Dificultou, assim, a própria compreensão da comunidade internacional, e enfraqueceu o próprio Direito Internacional, reduzindo-o a um direito estritamente inter-estatal, não mais *acima* mas *entre* Estados soberanos. As consequências desastrosas desta distorção são sobejamente conhecidas. A personificação do Estado todo-poderoso teve uma influência nefasta na evolução do Direito Internacional em fins do século XIX e nas primeiras décadas do século XX.

Esta corrente doutrinária resistiu com todas as forças ao ideal de *emancipação* do ser humano da tutela absoluta do Estado, e ao reconhecimento do indivíduo como sujeito do Direito Internacional. A ideia da soberania estatal absoluta (com que se identificou o positivismo jurídico, inelutavelmente subserviente ao poder, inclusive nos regimes autoritários, ditatoriais e totalitários), levou à irresponsabilidade e à pretensa onipotência do Estado, não impedindo as sucessivas atrocidades por este cometidas contra os seres humanos sob sua jurisdição. Tal soberania estatal absoluta mostrou-se com o passar do tempo inteiramente injustificável e descabida.

---

13 Nos capítulos VI e VII de seu *De Indis*, Vitoria esclarece seu entendimento do *jus gentium* como um direito para todos (indivíduos e povos assim como Estados), ou seja, um direito conformado, em sua visão, pelo "consenso comum de todos os povos e nações"; *ibid.*, pp. 140 e 170.

Desde a Escola Peninsular dos séculos XVI e XVII até nossos dias, a concepção jusnaturalista do Direito Internacional jamais se desvaneceu; superou todas as crises por que este passou, esteve sempre presente na doutrina jusinternacionalista mais lúcida, – do que dá testemunho constante seu perene renascimento como reação da consciência humana contra as sucessivas atrocidades cometidas contra o ser humano. Tais atrocidades lamentavelmente contaram, em sucessivas ocasiões, com a subserviência e a covardia do positivismo jurídico.

Poder-se-ia argumentar que o mundo contemporâneo é inteiramente distinto do da época dos chamados fundadores do Direito Internacional, que propugnaram por uma *civitas maxima* regida pelo direito das gentes. Ainda que se trate de dois cenários mundiais diferentes (ninguém o negaria), não há como negar que a aspiração humana permanece a mesma, qual seja, a da construção de um ordenamento internacional aplicável tanto aos Estados (e organizações internacionais) quanto aos indivíduos, consoante certos padrões universais de justiça. Estamos ante um "renascimento" contínuo do direito natural, ainda que este último jamais tenha desaparecido. Não mais se trata de um retorno ao direito natural clássico, mas sim de seu ressurgimento renovado, mediante a afirmação ou restauração de um padrão de justiça, pelo qual se avalia o direito positivo.

V. Universalidade do *Jus Gentium*: Direito e Justiça Universais

Encontram-se arraigadas na linha do pensamento jusnaturalista a importância atribuída aos princípios fundamentais, a ideia de uma justiça objetiva, e sua presença nas leis que passam assim a obrigar em consciência[14]. Desprovidas de justiça, deixam as leis de obrigar em consciência, segundo F. Suárez[15]. No entender de F. Vitoria, expoente do jusnaturalismo, não se dissociam o direito e a ética[16]. Tanto F. Vitoria como F. Suárez tiveram em mente o *jus gentium* universal, e não um *jus inter gentes* fragmentado[17]. F. Vitoria, em particular, teve o mérito de insistir na importância da responsabilidade de cada um pelos demais, de modo a fomentar uma solidariedade universal, que propiciaria avanços na civilização, no âmbito do *jus gentium*[18].

F. Vitoria lançou as bases para o surgimento do direito internacional (tal como passou a ser conhecido), a partir da renovação da escolástica, com a atenção voltada aos princípios fundamentais, aos direitos e deveres de todos *inter se*[19]. A

---

14 B. Hamilton, *Political Thought in Sixteenth-Century Spain – A Study of the Political Ideas of Vitoria, De Soto, Suárez, and Molina*, Oxford, Clarendon Press, 1963, pp. 20, 28 e 50-52.

15 *Ibid.*, p. 56.

16 *Ibid.*, p. 160.

17 *Ibid.*, pp. 106-107.

18 *Ibid.*, pp. 166 e 168-169.

19 J. Brown Scott, *The Spanish Origin of International Law – Lectures on Francisco de Vitoria (1480-1546) and Francisco Suárez (1548-1617)*, Washington D.C., Georgetown University, 1928, pp. 15 e 20-21.

partir do *jus naturale*, tanto F. Vitoria como F. Suárez visualizaram, com raciocínios distintos, um direito das gentes universal[20]. Seus escritos foram em seguida retomados por H. Grotius, que sustentou a necessidade do direito para a sociedade das nações (*jus naecessarium*)[21].

As raízes do pensamento humanista, próprio dos "pais fundadores" do direito internacional (F. Vitoria e F. Suárez, seguidos de H. Grotius, dentre outros) remontam a um passado mais distante, passando pelas *Institutas* de Justiniano com sua reconceitualização do *jus gentium* (abarcando todo o gênero humano), e alcançando os ensinamentos magistrais no *De Officiis* de Cícero (baseados na *recta ratio*)[22]. Frente à unidade do gênero humano, concebeu-se um direito universal, aplicável a todos – tanto aos Estados como aos indivíduos – em todas partes (*totus orbis*)[23]. Ao contribuir à emergência do *jus humanae societatis*, autores como F. Vitoria e D. De Soto permearam suas lições do pensamento humanista que os antecedeu[24].

Segundo as *Institutas* de Justiniano, o que a "razão natural" estabeleceu entre as nações é que se chama *jus gentium*. O propósito de F. de Vitoria foi precisamente o de fazer com que o *jus gentium* se aplicasse não só às relações entre indivíduos, mas também às relações entre as nações; F. de Vitoria considerava o termo *gentes* como sinônimo de *nationes*, i.e. nações/*nations*[25]. A concepção de Vitoria do direito internacional deixava claro que este último muito devia ao direito natural e aos princípios gerais[26]. F. Suárez debruçou-se sobre a obra de F. de Vitoria; mas enquanto Vitoria se concentrou em "princípios gerais de justiça"[27], a conformar os princípios do direito das gentes emergente, Suárez desenvolveu "uma filosofia do direito aplicável a situações concretas"[28].

Na atualidade, no seio da CIJ, em meu Voto Arrazoado no Parecer de 22.07.2010 sobre a *Declaração de Independência de Kossovo*, evoquei a o ideal da *civitas*

---

20 *Ibid.*, pp. 92-94, 99 e 101-102.
21 *Ibid.*, p. 120.
22 Cf. J. Moreau-Reibel, "Le droit de société interhumaine et le *jus gentium* – Essai sur les origines et le développement des notions jusqu'à Grotius", 77 *Recueil des Cours de l'Académie de Droit International de la Haye* (1950), pp. 489-490, 492, 495-496, 503, 514-515, 566, 572 e 582.
23 Cf. *ibid.*, pp. 494, 507-508, 510, e cf. pp. 585-586.
24 Cf. *ibid.*, p. 538, e cf. pp. 588-590.
25 J. Brown Scott, *The Catholic Conception of International Law* [Francisco de Vitoria and Francisco Suárez], Clark/N.J., Lawbook Exchange Ed., 2008, p. 18.
26 *Ibid.*, p. 25.
27 Cf. *ibid.*, pp. 127-128 and 130.
28 *Ibid.*, p. 130. Embora seus enfoques respectivos fossem distintos, lograram eles alcançar "uma meta comum – o estabelecimento de um único padrão universal de certo e errado nas relações dos indivíduos dentro de um Estado, nas relações dos Estados entre si, e nas relações da comunidade internacional composta destes indivídos e destes Estados"; *ibid.*, p. 130.

maxima gentium cultivado nos escritos dos chamados "pais fundadores" do direito internacional (*supra*). Já então, em sua época, o *jus gentium* já se havia liberado de suas origens de direito privado (de direito romano) para aplicar-se universalmente a todos os seres humanos (par. 72). A partir daí, procedi à advertência de que "os Estados existem para os seres humanos e não vice-versa. O direito internacional contemporâneo já não é indiferente ao destino da população, o mais precioso elemento constitutivo da qualidade de Estado" (par. 238).

Efetivamente não se sustenta a inversão dos fins do Estado, a qual lamentavelmente levou "os Estados a considerar-se depositários finais da liberdade humana, e a tratar os indivíduos como meios e não como fins em si mesmos, com todas as desastrosas consequências que daí derivaram. A expansão da personalidade jurídica internacional acarretou a expansão da responsabilidade internacional" (par. 238) em nossos tempos. E, ao referir-me à "eterna saga do gênero humano em sua busca da emancipação da tirania e da opressão sistemática", concluí que "os Estados que se transformaram em máquinas de opressão e destruição" deixaram de ser Estados aos olhos de sua população vitimada (par. 239). Abandonadas em meio à inobservância generalizada da lei, suas vítimas buscaram refúgio e sobrevivência em outras partes, no *jus gentium*, no direito das gentes, e, em nossos tempos, no *direito das Nações Unidas*.

Nos últimos anos, tanto na CtIADH como mais recentemente aqui na CIJ, tenho voltado minhas reflexões à complexa temática da responsabilidade internacional *dos Estados* em meio a circunstâncias *agravantes*, que se encontra em grande parte ainda aberta na doutrina jusinternacionalista contemporânea. Não obstante, creio poder dizer que a justiça internacional contemporânea tem logrado alguns avanços, embora ainda haja um longo caminho a percorrer.

É o que indica a adjudicação internacional (impensável há alguns anos atrás) de casos de massacres pela CtIADH, na década passada, na qual tive o privilégio, ademais da enorme responsabilidade, de participar como magistrado. A este ciclo se somam casos congêneres, inclusive, na atualidade, diante da CIJ. Este ciclo de casos nos põe em contato com o que há de mais sombrio na natureza humana; tenho me empenhado em adjudicá-los a partir do que visualizo como o advento do novo *jus gentium* de nossos tempos, o Direito Internacional para a pessoa humana, e, em última análise, para a humanidade[29].

VI. Os Indivíduos como Sujeitos de Direitos

Houve os que vislumbraram, no legado dos "pais fundadores" do direito internacional da Península Ibérica, um *jus humanae societatis*, caracterizando o novo *jus*

---

[29] Para minha própria concepção, cf. A.A. Cançado Trindade, *International Law for Humankind – Towards a New Jus Gentium*, 2ª. ed. rev., The Hague, Nijhoff, 2013, pp. 1-726; A.A. Cançado Trindade, *Le Droit international pour la personne humaine*, Paris, Pédone, 2012, pp. 45-368.

gentium[30] *como o direito comum* de toda a humanidade[31]. As raízes desta cosmovisão remontam aos escritos de Cícero, e sua visão de que as máximas da justiça aplicam-se aos Estados assim como aos indivíduos[32]. Autores como F. de Vitoria, Domingo de Soto e Melchor Cano, entre outros, imbuíram suas lições de *humanismo*[33] (tal como veio este a ser concebido posteriormente). Seu precioso legado jusnaturalista continuou a ser cultivado por estudiosos (como H. Grotius) das gerações seguintes, concebendo os direitos dos indivíduos como membros da sociedade internacional humana (*jus humanae societatis*), – direitos estes oponíveis a outros indivíduos e a grupos assim como ao próprio Estado[34].

Bartolomeu de Las Casas (1474-1566) foi efetivamente um precursor humanista a advogar a *igualdade* dos povos (independentemente de seus distintos graus de desenvolvimento), e a partir dela a sustentar a *unidade* do gênero humano, tal como F. Vitoria e F. Suárez. Las Casas rechaçou a pretensão de "superioridade" de uns sobre outros, e se opôs com veemência à barbárie perpetrada pelos conquistadores contra os indígenas[35]. Atento às lições de Vitoria, Las Casas elaborou seu próprio pensamento, apoiando-se nos discursos do Renascimento[36]. Com o advento do Humanismo, as ideias de ambos passaram a ecoar com mais influência.

B. Las Casas formulou a crítica mais contundente do colonialismo dos conquistadores, e pregou incansavelmente a compaixão pelos indígenas, e inclusive o dever de reparação aos mesmos. Rechaçou como ilegítimas a dominação dos povos e a guerra, inteiramente ilegítimas[37]. A pessoa humana passou a ser vista como *sujeito* de direito, uma ideia básica que se projetou nos séculos seguintes[38]. A partir da

---

30   J. Moreau-Reibel, "Le Droit de société interhumaine et le *jus gentium*", 77 *Recueil des Cours de l'Académie de Droit International de La Haye* (1950) pp. 515, 547, 572 e 588-590.

31   *Ibid.*, pp. 542 e 510.

32   *Ibid.*, pp. 494 e 514.

33   *Ibid.*, p. 538.

34   *Ibid.*, p. 586.

35   Cf., para uma análise circunstanciada, e.g., N. Matsumori, *Civilización y Barbárie – Los Asuntos de Indias y el Pensamiento Político Moderno (1492-1560)*, Madrid, Edit. Biblioteca Nueva, 2005, pp. 71, 73, 83, 86 e 88-90. Na visão de Las Casas, todos os seres humanos necessitam não só a razão, mas também a prudencia; niguém foi criado por Deus para ser servo dos demais, a todos foi concedido o livre arbítrio (*ibid.*, p. 40). Cf. também, e.g., P. Borges, *Quién Era Bartolomé de Las Casas*, Madrid, Edic. RIALP, 1990, pp. 282-283, 293-298 e 305-306.

36   Recorde-se que os humanistas renascentistas se concentravam na *dignitas hominis*, celebrando a *centralidade* do ser humano; sobre este ponto em particular, cf., e.g., A. Pele, *El Discurso de la Dignitas Hominis en el Humanismo del Renacimiento*, Madrid, Univ. Carlos III de Madrid/Edit. Dykinson, 2010, pp. 17, 19-21, 29-30, 37, 41-42, 45, 47, 55, 58, 62-68, 92, 101, 108 e 119.

37   Cf. L. Mora-Rodríguez, *Bartolomé de Las Casas – Conquête, domination, souveraineté*, Paris, PUF, 2012, pp. 19, 25, 114, 149, 156, 160, 228-229 e 231-233 e 235-239-241.

38   A.A. Cançado Trindade, *The Access of Individuals to International Justice*, Oxford, Oxford University Press, 2011, pp. 1-212; A.A. Cançado Trindade, *Évolution du droit international au droit des gens – L'accès des individus à la justice internationale: Le regard d'un juge*, Paris, Pédone, 2008, pp. 7-184.

asserção da ideia da *igualdade humana*, F. Vitoria e Las Casas tornaram-se pioneiros na postura contra a opressão[39].

VII. A Titularidade Internacional de Direitos da Pessoa Humana

Em meu Voto Arrazoado no caso da *Comunidade Indígena Sawhoyamaxa versus Paraguai* (Sentença da CtIADH de 29.03.2006), observei que transcorridos sete anos da Sentença paradigmática da CtIADH no caso dos *"Meninos de Rua"* (*Villagrán Morales e Outros versus Guatemala*, mérito, Sentença de 19.11.1999),

> "os abandonados e esquecidos do mundo voltam a alcançar um tribunal internacional de direitos humanos em busca de justiça, nos casos dos membros das Comunidades Yakye Axa (Sentença de 17.06.2005) e Sawhoyamaxa (a presente Sentença). No cas d'espèce, os arrancados forçosamente de seus lares e terras ancestrais, e socialmente marginalizados e excluídos, efetivamente alcançaram uma jurisdição internacional, perante a qual finalmente encontraram a justiça" (par. 37).

Procedi, então, a recapitular, nas origens do direito das gentes, os ensinamentos dos mestres da Escola Peninsular, particularmente as célebres *Relecciones Teológicas* (1538-1539) de Francisco de Vitoria e os *Tratados Doctrinales* (1552-1553) de Bartolomé de las Casas (par. 62), com sua fiel observância do *princípio da humanidade*. Recordei (par. 63), as palavras de F. Vitoria, que sustentava residir o fundamento último do Direito

> "na dignidade da pessoa humana como ser racional. O homem se constitui em (...) sujeito capaz de direitos e deberes por sua racionalidade, já que pelo uso de sua faculdade racional e sua consequente liberdade tem domínio de seus próprios atos e é também dono de eleger livremente seus destinos (...). A faculdade racional é, pois, a raiz fundamento formal que outorga ao homem o ser capaz de domínio e de direitos"[40].

Por sua vez, Bartolomé de las Casas denunciou, em seus *Tratados Doctrinales* do mesmo século XVI, a "crueldade e desumanidade" das conquistas no "Novo Mundo" (par. 65), transgredindo assim o direito natural e o das gentes (par. 66). Em seu entender, cada agente do poder público deveria possibilitar a cada criatura racional "alcançar o seu fim" (sobretudo o espiritual). Em sua *Brevísima Relación de la Destrucción de las Indias* (1552), ao expressar su indignação ante as destruições das populações, matanças, servidão e outras crueldades perpetradas contra os indígenas, B. de Las Casas também invocou expressamente a *recta ratio* e o direito natural (par. 66). Os discursos penetrantes de F. Vitoria e B. de las Casas no século XVI

---

39 Bartolomeu de Las Casas tinha, em particular, um problema religioso: empenhou-se, a partir de 1514, na luta em defesa dos índios, em busca da salvação eterna, – e sua própria e a dos demais; foi sincero em seus firmes argumentos, e atuou como um Dom Quixote de La Mancha do pensamento jusinternacionalista; cf. P. Borges, *op. cit. supra* n. (33), pp. 305-306.

40 *Cit. in Obras de Francisco de Vitoria – Relecciones Teológicas* (ed. T. Urdanoz), Madrid, BAC, 1960, p. 521, e cf. p. 552.

continuam a ressoar na consciência humana e a se revestir de triste atualidade: na presente era dos tribunais internacionais, a existência de uma jurisdição internacional dos direitos humanos (como a da CtIADH) tem-se com efeito transformado na última esperança dos marginalizados e esquecidos nas jurisdições nacionais (par. 67).

Na adjudicação do caso da *Comunidade Moiwana versus Suriname* (mérito, Sentença da CtIADH de 15.06.2005) pude me concentrar na titularidade internacional dos direitos da pessoa humana. Tratava-se do massacre, perpetrado pelo exército em 1986, da grande maioria dos membros da Comunidade Moiwana (excetuados os poucos sobreviventes que escaparam, adentrando-se pela floresta amazônica). Em meu Voto Arrazoado, recordei que

> "mais de dois séculos antes de ter o Suriname alcançado a condição de Estado, seus povos Maroon celebraram acordos de paz com as autoridades coloniais, subsequentemente renovados, e obtiveram assim sua liberdade da escravidão. E os Maroons, – os N´djuka em particular, – consideravam estes tratados como ainda válidos e autênticos nas relações com o Estado sucessor, o Suriname. Isto significa que aqueles povos exerceram seus atributos de pessoas jurídicas no direito internacional, bem antes de o território em que viviam ter alcançado a condição de Estado. Isto reforça a tese que sempre sustentei, no sentido de que os Estados não são, e jamais foram, os sujeitos únicos e exclusivos do Direito Internacional.
>
> Este enfoque puramente inter-estatal foi forjado pelo positivismo, a partir do reducionismo vatteliano em meados do século XVIII[41], e tornou-se en vogue ao final do século XIX e início do século XX, com as bem conhecidas consequências desastrosas – as sucessivas atrocidades perpetradas em distintas regiões do mundo contra os seres humanos individualmente e coletivamente – que marcaram a história trágica e horrenda do século XX. No entanto, desde suas origens históricas no século XVI, o direito das gentes (droit des gens) abarcava não só os Estados, mas também os povos, e a pessoa humana, individualmente e em grupos), e a humanidade como um todo" (pars. 6-7).

Recordei, ademais, o legado da Escola Peninsular, a partir da aula em Salamanca, *De Indis – Relectio Prior* (1538-1539), capítulos VI-VII, em que Francisco de Vitoria avançou seu entendimento no sentido de um *jus gentium* como um direito para todos, – indivíduos e povos assim como Estados, "toda fração da humanidade". E ressaltei a importância de "resgatar este enfoque universalista, no processo corrente de *humanização* do direito internacional e de construção do novo *jus gentium* do século XXI" (par. 8). O presente caso da *Comunidade Moiwana*, – prossegui, – proporcionava a ocasião para seguir avançado, ainda mais, a "visão universalista do direito das gentes"[42] (par. 9). E acrescentei:

---

41 Encontrado na obra de E. de Vattel, *Le Droit des gens ou Principes de la loi naturelle appliquée à la conduite et aux affaires des nations et des souverains* (1758).

42 Propugnada, e.g., por Francisco de Vitoria (*Relecciones Teológicas* (1538-1539) e Francisco Suárez (*De Legibus ac Deo Legislatore*, 1612), – que exerceram influência sobre a obra do próprio H. Grotius, – em seu enfoque essencialmente universalista, como já havia eu ressaltado em meu

"Os seres humanos, individualmente e coletivamente, emergiram como sujeitos do direito internacional. Os direitos protegidos revelam uma dimensão tanto individual como coletiva ou social, mas são os seres humanos, membros de tais minorias ou coletividades, que, em última análise, são titulares daqueles direitos. Esta visão foi adotada pela Corte Interamericana de Direitos Humanos na decisão sem precedentes (o primeiro pronunciamento do gênero de um tribunal internacional) no caso da Comunidade Mayagna (Sumo) Awas Tingni versus Nicarágua (2001), que salvaguardou o direito à propriedade comunal de suas terras (sob o artigo 21 da Convenção Americana sobre Direitos Humanos) dos membros de toda uma comunidade indígena" (par. 10).

Em meu Voto Arrazoado no mencionado caso da *Comunidade Moiwana*, abordei ainda a projeção do sofrimento humano no tempo (pars. 24 e 29-33), tal como o fiz igualmente em meus Votos Arrazoados no caso dos *"Meninos de Rua"* (*Villagrán Morales e Outros versus Guatemala*, reparações, Sentença de 26.05.2201) e no caso *Bámaca Velásquez versus Guatemala* (reparações, Sentença de 22.02.2002). Mais recentemente, em meu Voto Arrazoado no caso *Servellón García e Outros versus Honduras* (Sentença de 21.09.2006), retomei este ponto, face à tragédia contemporânea dos atentados contra os direitos humanos em meio à descomposição do tecido social, e alertei:

"A violência gratuita e desnecessária por parte de órgãos e agentes do poder estatal, sobretudo contra os segmentos mais vulneráveis da população, e a exclusão e punição, assim como o confinamento, dos `indesejáveis´ como `respostas´ estatais a um `problema social´, tem sido uma constante na história do Estado moderno. Não têm ocorrido só nos países da América Latina, mas também da Europa e de todo o mundo. (...) O assassinato de crianças nas ruas do mundo é, ademais de uma violação grave dos direitos humanos, uma manifestação da loucura dos `civilizados´, a mais enfática e assustadora negação da razão" (par. 24).

O caso *Servellón García e Outros*, – acrescentei, – era "um dos muitos casos congêneres que ocorrem diariamente em toda a América Latina e em todo o mundo. O Estado cria os `indesejáveis´, ao deixar de cumprir as funções sociais para as quais foi históricamente criado, e depois os marginaliza, exclui, confina, ou mata (ou deixa que os matem)" (par. 26). Ao menos, no presente caso, – concluí, – os esquecidos do mundo tiveram sua causa alçada ao conhecimento de um tribunal internacional de direitos humanos, a CtIADH, e

"As humilhações e sofrimentos de que padeceram foram judicialmente reconhecidos, com suas consequências jurídicas para os responsáveis pelos mesmos. Na presente Sentença, a Corte advertiu para a perigosa estigmatização de que crianças e jovens pobres estariam condicionados à delinquência, que cria um `clima propicio´ para que aqueles menores em situação de risco se encontrem diante de uma ameaça latente a sua vida e integridade e liberdade pessoais" (par. 113).

---

anterior Voto Concordante no Parecer Consultivo n. 18 da CtIADH sobre a *Condição Jurídica e Direitos dos Migrantes Indocumentados* (2003, pars. 4-12) (par. 62).

VIII. A Centralidade das Vítimas no Ordenamento Jurídico Internacional

A partir desta ótica essencialmente humanista, um dos pontos que assinalo, em meus Votos recentes, que tenho emitido tanto aqui na CIJ como anteriormente na CtIADH, é o da *centralidade* das vítimas e das condições de vida da população no ordenamento jurídico internacional contemporâneo. No seio da CtIADH, fiz questão de ressaltar a centralidade das vítimas (ainda nas condições da mais completa vulnerabilidade), como sujeitos do Direito Internacional dos Direitos Humanos, e.g., em meu Voto Arrazoado, entre outros, no mencionado caso da *Comunidade Indígena Sawhoyamaxa versus Paraguai* (Sentença de 29.03.2006):

> "O presente caso da Comunidade Sawhoyamaxa revela a centralidade, não da posição do Estado que invoca circunstâncias presumivelmente eximentes de sua responsabilidade, mas sim das vítimas, em uma situação de alta vulnerabilidade, e que, ainda que sobrevivendo em condições de indigência total, e virtual abandono, não obstante têm logrado que sua causa fosse examinada por um tribunal internacional de direitos humanos para a determinação da responsabilidade internacional do Estado em questão. A centralidade das vítimas, nas circunstâncias mais adversas, como sujeitos do Direito Internacional dos Direitos Humanos, realça seu direito ao Direito, seu direito à justiça sob a Convenção Americana [sobre Direitos Humanos], o qual abarca a proteção judicial (artigo 25) conjuntamente com as garantias judiciais (artigo 8). Tal direito abarca toda a proteção jurisdicional, até a fiel execução da Sentença internacional (o direito de acesso à justiça internacional lato sensu), devidamente motivada, e fundamentada no direito aplicável no cas d'espèce. O artigo 25 da Convenção Americana constitui efetivamente um pilar do Estado de Direito em uma sociedade democrática, em estreita relação com as garantias do devido processo legal (artigo 8), dando a devida expressão aos princípios gerais do direito universalmente reconhecidos, que pertencem ao domínio do jus cogens internacional" (par. 35).

Na última meia-década tenho retomado esta mesma linha de reflexão em outros casos recentes na Corte da Haia, a saber: a) em meu Voto Dissidente (par. 48) no caso *Bélgica versus Senegal* (no qual sustento a aplicação do princípio da jurisdição universal, com base na Convenção das Nações Unidas contra a Tortura); b) em meu extenso Voto Arrazoado no Parecer Consultivo sobre a *Declaração de Independência de Kossovo* (pars. 161-168); e c) em meu Voto Dissidente (pars. 1-214) no recente caso *Geórgia versus Federação Russa*, sobre os conflitos armados na Ossétia do Sul e em Abkhazia (no qual sustento a necessidade da interpretação da cláusula compromissória em questão, consoante o objeto e fim da Convenção das Nações Unidas sobre a Eliminação de Todas as Formas de Discriminação Racial).

A centralidade das vítimas tem-se feito presente inclusive em casos de violação sistemática de seus direitos fundamentais, em meio a circunstâncias particularmente *agravantes*, tal como ilustrado dramaticamente pela adjudicação, ao longo da década passada, do referido ciclo de casos de massacres. Nestes casos, as vítimas, circundadas da mais completa vulnerabilidade, por vezes inteiramente indefesas, lograram ter sua causa alçada às instâncias internacionais, na busca da realização da justiça. No seio da CtIADH, a partir de 1998-1999, e na CIJ, a partir de 2009, tenho insistido, em sucessivos Votos (no exercício das funções tanto consultiva como contenciosa, e em medidas provisórias de proteção) na relevância deste processo histórico da *humanização* do Direito Internacional.

IX. Concepção Humanista na Jurisprudência Internacional e Sua Irradiação

Em uma ampla dimensão, a concepção humanista do ordenamento jurídico internacional requer a promoção contínua da cultura dos direitos humanos no seio das sociedades nacionais, inclusive para superar as resistências e incompreensões nestas presentes e reincidentes, e buscar evitar os abusos do passado. Há, ademais, que buscar capacitar os círculos jurídicos nos mais diversos países, sobretudo face à pouca familiaridade com o Direito Internacional, demonstrada notoriamente por muitos Judiciários nacionais. Tenho sempre presentes as interações entre os ordenamentos jurídicos internacional e nacional no presente domínio de proteção da pessoa humana.

Não há que passar despercebido que, no recente *A.S. Diallo* (*Guiné versus R.D. Congo*, Sentença de 30.11.2010), a CIJ, pela primeira vez em toda a sua história, estabeleceu violações de dois tratados de direitos humanos, o Pacto das Nações Unidas de Direitos Civis e Políticos, e a Carta Africana de Direitos Humanos e dos Povos, em decorrência das detenções arbitrárias de A.S. Diallo no Congo seguidas de sua expulsão do país. Tal como assinalei em meu Voto Arrazoado (pars. 1-245) naquele caso, a Corte da Haia, movendo-se da dimensão *inter*-estatal à *intra*-estatal, igualmente pela primeira vez em toda a sua história procedeu a um reconhecimento explícito da contribuição, à matéria em apreço, da jurisprudência de dois tribunais internacionais de direitos humanos, as Cortes Interamericana e Europeia de Direitos Humanos, além da prática da Comissão Africana de Direitos Humanos e dos Povos (precursora da recém-estabelecida Corte Africana de Direitos Humanos e dos Povos). Isto teria sido impensável há poucos anos atrás aqui na Corte da Haia.

No mesmo Voto Arrazoado no caso *A.S. Diallo*, destaquei a relevância da nova posição assumida pela CIJ, e invoquei o princípio da humanidade (que a meu ver transcende o Direito Internacional Humanitário convencional e se estende ao próprio direito internacional geral) assim como o princípio *pro persona humana*, no âmbito da jurisprudência – agora realmente em evolução – da CIJ, no combate à arbitrariedade. Ademais, endossei as conclusões da CIJ e sua determinação adicional da violação do direito individual à informação sobre assistência consular (artigo 36(1)(b) da Convenção de Viena sobre Relações Consulares), mas o fiz com base no enfoque pioneiro e inovador avançado pela CtIADH em seu Parecer Consultivo n. 16 sobre o *Direito à Informação sobre Assistência Consular no Âmbito das Garantias do Devido Processo Legal* (1999), testemunhando o processo histórico em curso da *humanização* do direito consular em particular, e do Direito Internacional em geral.

Não há como fazer abstração dos seres humanos, destinatários últimos das normas do direito das gentes, titulares de direitos emanados diretamente do direito internacional. São efetivamente sujeitos do Direito Internacional, dotados de personalidade jurídica internacional, como hoje o reconhece inequivocamente a própria CIJ. Não há como eludir a posição dos indivíduos como sujeitos do Direito Internacional, nem sequer no contencioso inter-estatal clássico, próprio da Corte da Haia. Este desenvolvimento, ademais de alentador na busca da *realização da justiça* nos planos, a um tempo, nacional e internacional, parece-me, ademais, irreversível, dado o despertar da consciência humana para sua necessidade.

X. Relação da Presente Temática com o Direito Internacional dos Direitos Humanos

O "renascimento" contínuo do direito natural reforça a universalidade dos direitos humanos, porquanto inerentes a todos os seres humanos, – em contraposição às normas positivas, que carecem de universalidade, por variarem de um meio social a outro; daí se depreende a importância da personalidade jurídica do titular de direitos, inclusive como limite às manifestações arbitrárias do poder estatal. O legado humanista da Escola Peninsular da Paz fundamentada nos direitos inerentes à pessoa humana encontra-se subjacente à reconstrução do Direito Internacional, a partir do segundo meado do século XX, mediante o reconhecimento da importância de seus princípios fundamentais, afigurando-se, ademais, como precursor da emergência e considerável evolução, nas últimas seis décadas e meia, do Direito Internacional dos Direitos Humanos.

O "eterno retorno" do jusnaturalismo vem contribuindo em muito à afirmação e consolidação do primado, na ordem dos valores, das obrigações estatais em matéria de direitos humanos, *vis-à-vis* os seres humanos sob as jurisdições respectivas de cada Estado, assim como em relação à comunidade internacional como um todo. Esta última, testemunhando a moralização do próprio direito, assume a vindicação dos interesses comuns superiores. Resgatar, nesta segunda década do século XXI, o legado do *jus gentium* em evolução, – como me venho propondo fazer já por anos[43], – equivale a sustentar a concepção universalista do Direito Internacional, voltada ao mundo em que vivemos. É esta uma tarefa que me parece crucial em nossos dias, em um mundo dilacerado por conflitos e disparidades, de modo a tornar o Direito Internacional capaz de responder às necessidades e aspirações da humanidade na atualidade.

Em meu Voto Concordante no histórico Parecer n. 18 (de 17.09.2003) da CtIADH, sobre a *Condição Jurídica e Direitos dos Migrantes Indocumentados*, destaquei a importância crescente da prevalência de determinados direitos, como o direito de acesso à justiça (no sentido *lato sensu* de direito à realização da justiça), o direito à

---

43 Cf., e.g., A.A. Cançado Trindade, *O Direito Internacional em um Mundo em Transformação*, Rio de Janeiro, Edit. Renovar, 2002, pp. 1040-1109.

vida privada e familiar (compreendendo a unidade familiar), o direito a não ser submetido a tratamentos cruéis, desumanos e degradantes, de modo a transcender a dimensão puramente estatal ou inter-estatal (a meu ver insatisfatória, e eivada de uma ideologia insustentável). O grande problema apresentado à CtIADH, objeto de seu paradigmático Parecer n. 18 de 2003, veio uma vez mais ilustrar a atualidade e a continuada necessidade do pensamento visionário dos mestres da Escola Peninsular da Paz, inclusive para encontrar soluções para dificuldades que afligem o quotidiano de milhões de seres humanos em nossos dias.

No capítulo dos *sujeitos* do Direito Internacional, a par dos Estados e organizações internacionais, figuram hoje também os indivíduos, a pessoa humana. Ora, se o Direito Internacional contemporâneo reconhece direitos aos indivíduos e grupos de particulares, – como o ilustram os múltiplos instrumentos internacionais de direitos humanos de nossos dias, – não há como negar-lhes *personalidade* jurídica internacional, sem a qual não poderia dar-se aquele reconhecimento. O próprio Direito Internacional, ao proclamar direitos inerentes a todo ser humano, – por definição *anteriores e superiores ao Estado*, – desautoriza o arcaico dogma positivista que pretendia autoritariamente reduzir tais direitos aos "concedidos" pelo Estado.

O reconhecimento dos indivíduos como sujeitos tanto do direito interno como do Direito Internacional representa uma verdadeira *revolução jurídica*, à qual temos o dever de contribuir. Esta revolução jurídica, que vem enfim dar um conteúdo ético às normas tanto do direito público interno como do Direito Internacional, culmina na atual consagração do acesso direto dos indivíduos aos tribunais internacionais (Cortes Europeia e Interamericana, seguidas mais recentemente da Corte Africana) de direitos humanos[44].

A relação dos ensinamentos da Escola Peninsular da Paz com o que hoje conhecemos como o Direito Internacional dos Direitos Humanos manifesta-se em nossos dias na própria conceituação do ser humano como sujeito do direito à reparação de danos por ele sofridos. O ponto veio recentemente à tona no contencioso não só diante dos referidos tribunais internacionais de direitos humanos, mas inclusive da própria CIJ. No já mencionado caso *A.S. Diallo*, dediquei atenção, – em meus Votos Arrazoados nas Sentenças da CIJ tanto quanto ao mérito (2010) como às reparações (2012), – à necessidade de decidir a questão das reparações, em casos do gênero, a partir da perspectiva das próprias *vítimas*, os seres humanos (e não de seus Estados respectivos).

---

44 O *jus standi* dos indivíduos já é uma realidade sob a Convenção Europeia de Direitos Humanos (emendada pelo Protocolo n. 11, em vigor desde fins de 1998); o *locus standi in judicio* em todas as etadas do procedimento perante a Corte Interamericana de Direitos Humanos é do mesmo modo uma realidade (com a entrada em vigor, em 2001, do quarto e atual Regulamento da Corte Interamericana, sob minha Presidência). Cf. A.A. Cançado Trindade, *El Acceso Directo del Individuo a los Tribunales Internacionales de Derechos Humanos*, Bilbao, Universidad de Deusto, 2001, pp. 9-104.

Assim, na Sentença de reparações da CIJ (de 19.06.2012) naquele caso, em meu Voto Arrazoado assinalei que o dever de reparação, a partir do princípio *neminem laedere*, "tem raízes históricas profundas", remontando aos escritos dos "pais fundadores" do direito das gentes, em seus primórdios. O próprio Francisco de Vitoria, por exemplo, em sua segunda *Relectio – De Indis* (1538-1539), afirmava o dever de reparação de "todos os danos", inclusive em meio a hostilidades armadas[45] (par. 14). Tal dever de reparação se impunha em todos os tipos de disputas, – entre Estados, ou entre grupos, ou entre indivíduos; a reparação, assim entendida, correspondia a "uma necessidade" da comunidade internacional regida pelo novo direito das gentes (pars. 14-15). E acrescentei, no mesmo Voto Arrazoado no caso *A.S. Diallo*, que

> "Os ensinamentos dos `pais fundadores´ do direito das gentes (...) jamais se desvaneceram. Sucessivas violações graves dos direitos da pessoa humana (alguns em escala maciça) despertaram a consciência humana para a necessidade de restaurar ao ser humano a posição central da qual havia sido indevidamente despojado pelo pensamento exclusivamente inter-estatal que veio a prevalecer no século XIX. A reconstrução [do Direito Internacional], em bases humanas, de meados do século XX em diante, tomou, como fundamento conceitual, os cânones do ser humano como sujeito de direitos (titulaire de droits), da garantia coletiva da realização destes últimos, e do caráter objectivo das obrigações de proteção, e da realização de valores comuns superiores. O indivíduo passou novamente a ser visto como sujeito do direito à reparação pelos danos sofridos" (par. 21).

XI. A Importância dos Princípios Fundamentais

Encontram-se arraigadas na linha do pensamento jusnaturalista a importância atribuída aos princípios fundamentais, a ideia de uma justiça objetiva, e sua presença nas leis que passam, assim, a obrigar em consciência. Desprovidas de justiça, deixam as leis de obrigar em consciência, segundo F. Suárez. No entender de F. Vitoria, expoente do jusnaturalismo, não se dissociam o direito e a ética; Vitoria teve o mérito de insistir na importancia da responsabilidade de cada um pelos demais, de modo a fomentar uma solidariedade universal, que propiciaria avanços na civilização, no âmbito do *jus gentium*. Sua concepção do direito das gentes foi desenvolvida a partir da renovação da escolástica, com atenção voltada aos princípios fundamentais, aos direitos e deveres de todos *inter se*.

A partir do *jus naturale*, tanto Vitoria como Suárez visualizaram, com raciocínios distintos, um direito das gentes universal. Enquanto a concepção de Vitoria do *jus gentium* realçava a importância dos princípios, entendidos estes como "princípios gerais de justiça", Suárez desenvolveu "uma filosofia do direito aplicável a situações

---

[45] Cf. Francisco de Vitoria, "*Relección Segunda – De los Indios*" [1538-1539], *in Obras de Francisco de Vitoria – Relecciones Teológicas* (ed. T. Urdanoz), Madrid, BAC, 1955, p. 827, e cf. pp. 282-283; e cf. Association Internationale Vitoria-Suarez, *Vitoria et Suarez: Contribution des théologiens au Droit international moderne*, Paris, Pédone, 1939, pp. 73-74, e cf. pp. 169-170.

concretas"; a partir de enfoques distintos, alcançaram a meta comum de conceber um ordenamento jurídico universal (abarcando os indivíduos e os Estados), baseado na *recta ratio*, proibindo o que é mal, e buscando o *bem comum*. Para Vitoria e Suárez, não há como dissociar o jurídico do ético; o Estado nada mais é do que uma organização social de seres humanos, e toda *rule of law*, nacional ou internacional, cria obrigações legais, de conteúdo ético[46].

O pensamento de F. Vitoria em muito contribuiu à conscientização do *princípio básico da igualdade*, abarcando tanto a igualdade de todos os seres humanos como a igualdade jurídica de todos os povos[47]. Os ensinamentos de F. Vitoria e F. Suárez se projetaram na gradual conceitualização da personalidade jurídica internacional, e ambos contribuíram a uma visão da sociedade universal do gênero humano[48]. E F. Vitoria fez questão de situar o cumprimento das normas do direito das gentes acima da soberania estatal[49]. Estava plantada a semente para a construção conceitual de uma communidade internacional organizada.

Em meu Voto Arrazoado no recente Parecer Consultivo da CIJ (de 01.02.2012) sobre a *Revisão de uma Sentença (n. 2867) do Tribunal Administrativo da Organização Internacional do Trabalho (OIT)*, tive a ocasião de, uma vez mais, recordar que o direito das gentes, na visão de Vitoria e Suárez, revelava a unidade e a universalidade do gênero humano. Foi concebido como um ordenamento verdadeiramente universal, para a realização do bem comum, baseado na *recta ratio* (par. 62). A pessoa humana passou a ser vista como *sujeito* de direito, uma ideia básica que se projetou nos séculos seguintes[50] (pars. 57-59).

Os mesmos princípios de justiça, e normas deles emanadas, – prossegui no referido Voto Arrazoado, – vieram a aplicar-se tanto aos Estados, como as povos e indivíduos que os formavam (par. 58). Ressaltei, então, em relação ao assunto *sub judice*, a relevância do princípio básico da *igualdade jurídica das partes* (*égalité des armes/equality of arms*), ligado ao princípio geral da boa administração da justiça (*la bonne administration de la justice*), ainda mais na atualidade, em que se afirma nas Nações Unidas o *rule of law* nos planos tanto nacional como internacional, tornando imprescindível assegurar a fiel observância dos princípios gerais do direito em todas e quaisquer circunstâncias (par. 110).

---

46 Por sua vez, Suárez, ainda que atento à equidade, abre um certo espaço à vontade individual, ao livre arbítrio; mas para ele não há uma associação de seres humanos (nos planos nacional e internacional) que não tenha uma base ética.
47 A.M. Palamidessi, *Alle Origini del Diritto Internazionale – Il Contributo di Vitoria e Suárez alla Moderna Dottrina Internazionalistica*, Roma, Aracne Edit., 2010, pp. 52 e 66-69.
48 *Ibid.*, pp. 83, 169 e 176.
49 *Ibid.*, p. 53.
50 A.A. Cançado Trindade, *The Access of Individuals to International Justice*, Oxford, Oxford University Press, 2011, pp. 1-212; A.A. Cançado Trindade, *Évolution du droit international au droit des gens – L'accès des individus à la justice internationale: Le regard d'un juge*, Paris, Pédone, 2008, pp. 7-184.

XII. O Princípio Fundamental da Igualdade e Não Discriminação

Há que ter em mente que a ideia da igualdade humana já estava presente nos primórdios do direito das gentes, bem antes de encontrar expressão nos instrumentos internacionais que conformam seu *corpus juris gentium*, tal como o conhecemos em nossos tempos. Assim, a ideia da *igualdade humana* era subjacente à concepção da *unidade do gênero humano* (presente, por exemplo, no pensamento de Francisco de Vitoria e de Bartolomé de Las Casas, pioneiros na postura contra a opressão). O princípio fundamental da igualdade e não discriminação é um dos pilares básicos do *corpus juris* da proteção internacional dos direitos humanos. O referido princípio foi captado pela consciência humana ao longo da história, da época da Escola Peninsular da Paz aos nossos dias.

E tanto F. Vitoria como F. Suárez propugnaram pela *igualdade* tanto entre as nações assim como entre os indivíduos; a comunidade internacional era tida como uma verdadeira *comunidade*, e o *princípio da igualdade* era fundamental para ambos, Vitoria e Suárez, – não havendo qualquer razão jurídica ou justificativa para a desigualdade entre os indivíduos ou entre os Estados[51]. Ambos destacaram as relações entre a igualdade e a justiça, e seus ensinamentos – também neste particular – têm, em meu entender, se mostrado perenes, resistindo à erosão do tempo.

Para F. Suárez, o direito natural, universal, se baseia na *recta ratio*, desta emana, proibindo o que é mal, e buscando o *bem comum*[52]; mesmo assim, Suárez abre um certo espaço à vontade individual, ao livre arbítrio[53]. Atento à equidade, a concepção de Suárez toma o direito natural como fundamento para erguer a "estrutura da justiça, nacional e internacional", – a primeira aplicando-se a indivíduos dentro do Estado, a segunda a indivíduos agrupados em Estados[54]. Para Suárez, não há uma associação de seres humanos que não tenha uma base moral; toda *rule of law*, nacional ou internacional, cria uma obrigação legal e natural, e violar a boa fé (*bona fides*) é violar o direito natural[55].

Na concepção de F. de Vitoria e F. Suárez, o Estado "não é algo em si mesmo", nada mais é do que "uma organização humana", ou seja, "homens, mulheres e crianças em sociedade organizada"[56]. Suárez acrescentava que a existência de Estados como entidades isoladas e autosuficientes era impossível, pois o mundo é uma "comunidade internacional", ainda que "inorgânica"[57]. Estava plantada a semente para a construção conceitual de uma comunidade internacional organizada.

---

51 Cf., e.g., J. Brown Scott, *The Catholic Conception of International Law* [Francisco de Vitoria and Francisco Suárez], Clark/N.J., Lawbook Exchange Ed., 2008, pp. 25, 130, 137-142 e 239.

52 Cf. *ibid.*, pp. 138-142, 155 e 163-164.

53 *Ibid.*, pp. 142-143.

54 *Ibid.*, pp. 137 e 157.

55 *Ibid.*, pp. 239-240.

56 *Ibid.*, p. 481.

57 *Ibid.*, pp. 483-484.

Tanto F. Vitoria como F. Suárez propugnaram pela *igualdade* entre as nações assim como entre os indivíduos[58]. Ambos destacaram a tríade justiça / boa fé / igualdade[59], e seus ensinamentos têm se mostrado perenes, resistindo à erosão do tempo. Para ambos, Vitoria e Suárez, a comunidade internacional era de fato uma comunidade, de Estados iguais; o *princípio da igualdade* é fundamental para ambos (no que permanecem modernos), – não havendo qualquer razão jurídica ou justificativa para a desigualdade entre os indivíduos ou entre os Estados[60].

Na concepção de F. de Vitoria, o direito das gentes, em sua universalidade, abarca efetivamente os Estados assim como os indivíduos organizados socialmente em seu seio, de modo coextensivo com a própria humanidade[61]. O direito das gentes se aplica assim a todas as pessoas, tenham nele consentido ou não[62]; situa-se *acima* da vontade. Há uma obrigação de *reparação* de suas violações, por ele estabelecida para satisfazer uma necessidade da própria comunidade internacional, com os mesmos princípios de justiça aplicando-se tanto aos Estados como aos indivíduos e povos que os conformam[63].

Consoante o próprio legado tomista, as regras de direito são captadas pela consciência humana; a partir dos ensinamentos dos "pais fundadores" do direito internacional, as construções doutrinárias jusnaturalistas subsequentes buscaram desenvolver-se a partir da *consciência jurídica* e dos "sentimentos de sociabilidade internacional"[64]. Esta linha de pensamento abriu caminho para a interpretação teleológica (buscando os fins), e não exegética (buscando a vontade), dos textos legais[65].

Como se vê, a emergência e formação do *direito das gentes* muito deve à Escola Peninsular da Paz, e os pensadores que conformaram esta última encontraram seus fundamentos no pensamento jusnaturalista em evolução. O *jus gentium*, tal como por eles entendido, deriva seu caráter obrigatório dos "padrões éticos de uma

---

58 *Ibid.*, p. 486.
59 *Ibid.*, p. 487.
60 Cf. *ibid.*, p. 493. Daí também adveio o princípio da nacionalidade; cf. *ibid.*, p. 494. Os professores (como F. Vitoria e F. Suárez) são mais artistas do que os pintores e escultores (que trabalham com materiais inanimados), pois seu trabalho é o de "formar almas", não só dos seres humanos como também das nações"; *ibid.*, p. 494 Cf. *ibid.*, p. 494. Os professores (como F. Vitoria e F. Suárez) são mais artistas do que os pintores e escultores (que trabalham com materiais inanimados), pois seu trabalho é o de "formar almas", não só dos seres humanos como também das nações"; *ibid.*, p. 494.
61 J. Brown-Scott, *The Spanish Origin of International Law – Francisco de Vitoria and His Law of Nations*, Oxford/London, Clarendon Press/H. Milford, 1934, pp. 140, 163 e 282-283.
62 *Ibid.*, pp. 158 e 172.
63 *Ibid.*, pp. 150 e 282-283.
64 N. Mateesco, *Doctrines – écoles et développement du droit des gens*, Paris, Pédone, 1951, pp. 10-11, 16 e 45.
65 *Ibid.*, pp. 48-49.

coexistência justa das nações"; desse modo, ensinava F. de Vitoria, se lograria a realização do bem comum da comunidade internacional (*bonum commune totius orbis*). Posteriormente, F. Suárez introduziu um elemento voluntarista neste panorama, ao buscar fundamentar o direito das gentes nascente no *consenso* entre os Estados emergentes[66]. De todos modos, não obstante estes distintos matizes, os "pais fundadores" do Direito Internacional da Escola Peninsular da Paz comungaram todos a visão própria do jusnaturalismo.

Os autores da escolástica ibérica (séculos XVI-XVII), tidos como "pais fundadores" do direito internacional, a partir do legado tomista construíram sua doutrina, em que rechaçaram a injustiça da violência e tirania dos colonizadores, e ressaltaram o papel capital da *solidariedade* nas relações internacionais em escala universal, no novo *jus gentium* que florescia. Assim o fizeram, entre outros, Francisco de Vitoria, Domingo de Soto[67], Francisco Suárez[68]. No *De Justitia et Jure* de Domingo de Soto (e também na obra de F. Vitoria) no século XVI já se encontravam as sementes do princípio básico da igualdade e não discriminação[69].

Não obstante, não deixa de ser paradoxal, se não trágico, constatar que os avanços, nos dois últimos séculos, no domínio do conhecimento científico e tecnológico, tenham gerado desigualdades recorrentes entre os seres humanos, como evidenciado – em lugar da distribuição – concentração de riqueza nas mão de poucos, com uma consequente marginalização social de segmentos mais amplos da população. A insuficiente atenção dedicada pela doutrina jurídica até o presente, ao princípio básico da igualdad e não discriminação, encontra-se longe de guardar proporção con a fundamental importância de tal princípio, tanto na teoria como na prática do Direito.

Nas últimas décadas, a igualdade e a não discriminação passaram a ser invocadas em relação a indivíduos e grupos de indivíduos, em situação de vulnerabilidade, nas mais variadas circunstâncias. As bases para atendê-los e protegê-los já se encontravam – desde meados do século XX – em instrumentos básicos como como a Declaração Universal dos Direitos Humanos de 1948[70], a Carta das Nações Unidas

---

66 Cf. W.G. Grewe, *The Epochs of International Law* (transl. M. Byers), Berlin, W. de Gruyter, 2000, cap. V, pp. 189-197, esp. pp. 189-190.

67 J. Brufau Prats, "Francisco de Vitoria y Domingo de Soto – Proyección de Su Doctrina en la Evangelización de América", in *Actas del II Congreso Internacional sobre los Dominicos y el Nuevo Mundo* (Salamanca, março-abril de 1989), Salamanca, Edit. San Esteban, 1990, pp. 47-53, 56 e 58.

68 Cf. P.E.V. Borges de Macedo, *O Nascimento do Direito Internacional*, São Leopoldo/R.S., Edit. Unisinos, 2009, pp. 249 e 285-286.

69 Cf. J. Brufau Prats, *op. cit. supra* n. (67), pp. 46 e 56-57.

70 Cujo artigo 1 proclama: – "Todos os seres humanos nascem livres e iguais em dignidade e direitos e, dotados como estão de razão e consciência, devem comportar-se fraternalmente uns com os outros".

de 1945[71]. Com efeito, o direito das gentes, e, mais particularmente, o Direito Internacional dos Direitos Humanos, tem se confrontado com formas distintas e sucessivas de discriminação, e a proibição desta última continua a ter vigência em nossos dias. O combate à discriminação parece, em última análise, tal como em Sísifo, um trabalho ou uma luta sem fim.

A gradual consolidação, nas últimas décadas do século XX, dos sistemas de proteção internacional dos direitos humanos, veio refletir a crescente conscientização do princípio, – pilar básico de todos estes sistemas de proteção, – do respeito da dignidade humana, contribuindo assim à prevalência do princípio da igualdade e não discriminação. Determinadas expressões passaram a emergir sucessivamente, tais como, e.g., "igualdade perante a lei", "igual proteção da lei", e "não discriminação por força de lei", nesta sequência. Subjacentes a elas encontram-se valores humanos; a cristalização da expressão "igualdade perante a lei" se deve a sua presença marcante no direito público interno comparado. Estas expressões vieram associar-se às obrigações correspondentes do Estado, consagradas em numerosos instrumentos internacionais de direitos humanos hoje existentes.

A partir de então, o princípio básico da igualdade e não discriminação veio a ter uma incidência em setores distintos das relações humanas, e tem logrado avanços na eliminação da discriminação racial (final dos anos sessenta e década dos setenta), na promoção da igualdade entre os sexos (final dos anos setenta e década dos oitenta), na proteção das pessoas deslocadas (final dos anos oitenta e década dos noventa). Desde então (fins dos anos noventa) e até o presente (final de 2013), concentra-se nos desafios da condição das pessoas mais recentemente afetadas pelo empobrecimento, das vitimas de distúrbios e conflitos internos, e dos migrantes indocumentados.

No final das contas, o princípio básico da igualdade e não discriminação encontra-se nos fundamentos do próprio Direito das Nações Unidas, assim como nos dos sistemas regionais de direitos humanos dotados de tribunais internacionais de direitos humanos. Estes últimos (Corte Europeia de Direitos Humanos, Corte Interamericana de Direitos Humanos, e Corte Africana de Direitos Humanos e dos Povos), estabelecidos por Convenções regionais de direitos humanos, operam em continentes distintos no âmbito da universalidade dos direitos humanos.

XIII. O Dever de Reparação de Danos

Francisco de Vitoria expressou, com fidelidade ao jusnaturalismo, seu sentimento da existência de uma *justiça objetiva internacional*. É significativo que F. Vitoria tenha desenvolvido esta sensibilidade em uma era de construção imperial. Durante sua época, quase todos os internacionalistas, a começar pelos da própria Península Ibérica,

---

71 Que começa por afirmar a determinação dos "povos das Nações Unidas" de "reafirmar a fé nos direitos humanos fundamentais, na dignidade e no valor da pessoa humana, na igualdade dos direitos de homens e mulheres e das nações grandes e pequenas" (segundo parágrafo preambular).

eram expansionistas, abertamente favoráveis ao colonialismo (europeu-cristão)[72], – a exemplo, *inter alii*, de Juan Ginés de Sepúlveda, notório imperialista, oponente de Bartolomeu de Las Casas nos célebres debates da "Junta de Valladolid" (1550-1551).

Para F. Vitoria, a própria *sociabilidade* humana, de direito natural, explicava a universalidade do direito das gentes (no que diferia de Francisco Suárez, mais consensualista e não tanto universalista). F. Vitoria logrou, assim, expandir a própria concepção do *jus gentium*, além de abrir caminho para o reconhecimento de que princípios fundamentais regem a vida internacional[73]. A ideia de *solidariedade* marcava presença, tanto em seus ensinamentos como nos de outros autores da Escola Ibérica da Paz. Seu principal legado encontra-se em suas *Relecciones – De Indis*, mais do que em suas lições sobre o direito de guerra (justa), das quais se podem extrair consequências contraditórias. F. Vitoria mostrou-se atento à preservação e defesa do bem público, ao dever de consciência, e à *raison d´humanité* [74] (ao invés da *raison d´État*).

Outros autores, como José de Acosta, somados a F. Vitoria, denunciaram a falta de piedade e a extrema violência dos colonizadores, que faziam a guerra para se enriquecer[75]. Mas nenhum foi mais veemente nas denúncias do que Bartolomeu de Las Casas. Tanto em sua *Brevíssima Relação da Destruição das Índias* (1542), como, posteriormente, nos debates da já mencionada "Junta de Valladolid" (1550-1551), Las Casas denunciou, em um misto de compaixão e indignação, a tirania, a brutalidade e os crimes perpetrados pelos conquistadores[76]; para ele, eram estes últimos, e não os autóctones, que se afiguravam bárbaros, matando pessoas inocentes[77]. Em nada surpreende que os "pais fundadores" do direito das gentes sustentassem o dever de *reparação* dos danos causados aos vitimados. Tanto Las Casas como Vitoria avançaram uma visão humanista do direito das gentes nascente, revelando a consciência da dignidade inerente a todos os seres humanos[78].

XIV. Considerações Finais

Cabe recordar e ter sempre em mente que, já nos séculos XVI e XVII, para os mestres da Escola Peninsular da Paz, o Estado não era um sujeito exclusivo do direito das gentes, o qual abarcava também os povos e os indivíduos, titulares de direitos próprios. Já naquela época, houve os que alertaram, com coragem, que o im-

---

72 C. Barcía Trelles, "Francisco de Vitoria et l´École moderne du Droit international", 17 *Recueil des Cours de l'Académiede Droit International de La Haye* (1927) pp. 143 e 328, e cf. p. 332.
73 *Ibid.*, pp. 196, 198, 200, 212 e 331, e cf. pp. 204-205.
74 *Ibid.*, pp. 228, 248, 256, 279, 292, 315 e 331.
75 Cf. L. Pereña Vicente, "Francisco de Vitoria: Conciencia de América", in *Actas del II Congreso Internacional...*, op. cit. supra n. (67), pp. 94 e 101-106.
76 Cf. P. Leuprecht, Reason, *Justice and Dignity – A Journey to Some Unexplored Sources of Human Rights*, Leiden, Nijhoff, 2012, pp. 78-84, e cf. p. 88.
77 Cf. *ibid.*, pp. 84-86, e cf. p. 95.
78 Cf. *ibid.*, pp. 100-101.

perador não era o senhor do mundo (Francisco de Vitoria, Diego de Covarrubias y Leiva, Alonso de Veracruz, Luis de Molina). Os "pais fundadores" do direito das gentes tiveram em mente a humanidade como um todo. Estavam plantadas as sementes do que se prenunciava como um verdadeiro *direito comum da humanidade*, nesta evolução inicial do *jus gentium*, a partir do pensamento humanista da Escola Peninsular da Paz.

A Universidade, em suas origens medievais, sob a influência do clero, tomava o conhecimento como revelado, e era pouco propensa a questionamentos. Com o advento do Renascimento, passou ela a buscar transcender o conhecimento escolástico clássico, e com isto começou a florescer o pensamento humanista, que encontrou na Escola Peninsular da Paz os seus expoentes que fizeram emergir o novo *jus gentium*. A esse respeito, permito-me mencionar que, no caso emblemático da *Universidade de La Cantuta versus Peru*, decidido pela CtIADH (Sentença de 29.11.2006), ponderei, em meu Voto Arrazoado, que, ao longo dos séculos, atribuiu-se à Universidade "o caráter de *alma mater* ('*madre nutricia*', *alma* do latim *alere*, significando alimentar e fazer crescer), como gerador e promotor de ideias e conhecimento", de modo a transformar assim o ser humano, e capacitá-lo a responder aos desafios do mundo em que vive (pars. 12 e 39). Tal como originalmente concebida, – concluí, – a *Universitas* veio prestar serviços à *humanitas*, como centro do cultivo e irradiação da cultura, da pesquisa e da livre circulação de ideias, do ensino e da transmissão da cultura, de tanta importância para a própria vida (pars. 41-42).

Nos séculos XVI e XVII, a Escola Peninsular da Paz – congregando as Universidades de Salamanca, Coimbra e Évora, e também as de Valladolid e Alcalá de Henares – deu testemunho eloquente da sabedoria perene do livre pensamento próprio do Renascimento, centralizado na pessoa humana, que marcou o florescer do *direito das gentes*. Ademais, mostrou-se aberta inclusive ao exame de consciência por parte de seus mestres, em plena época das conquistas no "Novo Mundo". As referidas Universidades espanholas e portuguesas mostraram-se admiravelmente abertas ao livre pensamento e às ideias básicas e essenciais que busquei identificar neste Prefácio (*supra*). Seus mestres expressaram os sérios questionamentos acerca da legalidade, legitimidade e moralidade das conquistas no "Novo Mundo", a partir de uma ótica essencialmente humanista. Surgia o direito das gentes, imbuído do espírito da justiça universal, e centralizado na pessoa humana.

Muito significativamente, houve mestres da Escola Peninsular (Francisco de Vitoria, Domingo de Soto, Melchor Cano, Martinho de Ledesma, Fernão Pérez, Luis de Molina, Pedro Simões, Bartolomé de Las Casas, Manuel da Nóbrega) que rechaçaram os sofismas de pretensas diferenças "civilizacionais" e/ou "culturais", que pretendiam o domínio com opressão, ou a guerra, ou a escravatura. Para eles, eram inaceitáveis títulos de conquista e ocupação em meio a crimes e "leis iníquas e vergonhosas" (José de Acosta). O missionário António Vieira predicou que não é a justiça que depende da paz, "senão a paz da justiça". No pensamento dos mestres da Escola Peninsular da

Paz, tornou-se possível vislumbrar o *jus gentium* provavelmente em sua acepção mais aperfeiçoada, destacando a importância da *solidariedade humana*.

Parece-me de todo apropriado resgatar, mediante a presente obra sobre a *Escola Peninsular da Paz*, neste ato acadêmico de 24.10.2014 aqui na Universidade de Coimbra, seus ensinamentos de um direito impessoal que é o mesmo para todos – não obstante as disparidades de poder, – e que situa a solidariedade humana acima da soberania, e que submete os diferendos ao juízo da *recta ratio*. O renascimento – que sustento firmemente – em nossos tempos desses ensinamentos clássicos, que ademais propugnam por uma ampla concepção da personalidade jurídica internacional (incluindo os seres humanos, e a humanidade como um todo), pode certamente nos ajudar a enfrentar mais adequadamente os problemas com que se defronta o Direito Internacional contemporâneo, movendo-nos rumo a um novo *jus gentium* do século XXI, o Direito Internacional para a humanidade[79].

Todos os que lutamos pela construção de um direito internacional verdadeiramente *universal*, e pela salvaguarda, em quaisquer circunstâncias, dos direitos inerentes à pessoa humana, anteriores e superiores ao Estado, reverenciamos o legado dos ensinamentos dos mestres da Escola Peninsular da Paz. Tais ensinamentos têm se mostrado perenes, e se revestem de grande importância na atualidade. Com efeito, mais do que uma época de transformações, vivemos atualmente uma *transformação de época*, mas as aspirações humanas – de um mundo mais justo e solidário – permanecem as mesmas ao longo dos séculos, desde os ensinamentos humanistas dos mestres daquela Escola aos nossos dias.

O mundo contemporâneo é certamente distinto do mundo dos "fundadores" do direito das gentes; não obstante, é notável que a aspiração humana a uma unidade harmônica da humanidade, como já assinalado, permanece a mesma. A meu ver, o Direito Internacional simplesmente não pode fazer abstração desta aspiração, sendo hoje chamado a fornecer respostas a questões que Estado algum, isoladamente, pode tratar de modo adequado ou satisfatório, e que dizem respeito à humanidade como um todo.

Em um mundo como o nosso, hoje marcado por uma profunda crise de valores, torna-se imperativo recorrer ao pensamento dos "fundadores" da disciplina. Em um mundo violento como este em que vivemos, em que os apologistas do uso da força buscam inventar "doutrinas" espúrias, inteiramente esquecidos do sofrimento das gerações passadas e dos avanços dificilmente alcançados pelo Direito Internacional, – parece de todo necessário resgatar, permito-me reiterar em conclusão, os ensinamentos imperecíveis dos clássicos da Escola Peninsular da Paz (*supra*), apontando, em convergência, a um Direito Internacional *necessário* (e não simplesmente voluntário), a uma justiça *objetiva*, que dá expressão a valores universais.

---

79 Cf. nota (9), *supra*.

É significativo que o legado dos "pais fundadores" do direito das gentes tenha se mantido presente em um segmento da doutrina jusinternacionalista (em meu entender, o mais lúcido) ao longo dos séculos e até a atualidade. Importa, a meu ver, que continue a ser cultivado doravante, para fazer face aos novos desafios com que nos defrontamos em nossos dias, em um prisma essencialmente humanista. O atendimento das aspirações humanas e a busca da realização da justiça são atemporais, se fazem sempre presentes, como imperativos da própria condição humana. No final de nosso percurso, constatamos que a solidariedade humana está efetivamente acima da soberania, e a consciência humana certamente acima da vontade.

Coimbra, 24.10.2014.

XXX

Quelques Réflexions sur les Systèmes Régionaux dans le Cadre de l'Universalité des Droits de l'Homme[1]

– I –

Ce Forum 8 de la 5ᵉ Conférence Générale de la Société Européenne de Droit international (2012), organisée à Valence, est consacré à un thème de grande actualité, comme en témoigne le nombre important de participants. En entamant la dernière partie de ce débat qui fera date, je tiens tout d'abord à remercier le Professeur Theodore Christakis et le Professeur Djamchid Momtaz pour leurs exposés et éminentes contributions. C'est un plaisir pour moi que de participer à ce forum à leurs côtés. Mon intention première n'était pas d'exprimer mon opinion personnelle sur certains points soulevés par les panélistes, mais comme quelques questions m'ont été aimablement posées, compte tenu de l'expérience que j'ai accumulée dans la magistrature internationale, tant au niveau régional qu'universel (à la Cour interaméricaine des droits de l'homme et à la Cour internationale de Justice), je les aborderai brièvement.

La première question, posée par mon collègue d'Amérique Latine (Bogotá), a trait à l'activisme judiciaire face à la multiplicité des juridictions internationales (dans des domaines distincts du droit international), au niveau régional et universel. Pour ma part, je ne vois aucun risque de chevauchement de compétences. À cet égard, nous devons nous garder d'utiliser abusivement certains néologismes délétères, tels que les expressions «prolifération des juridictions internationales» ou «fragmentation du droit international». Pareils néologismes dénigrants reposent en effet sur l'hypothèse erronée d'une délimitation de compétences, tout en passant à côté de l'essentiel: le développement de l'autorité judiciaire sur le plan international et l'accès à la justice internationale pour un nombre bien plus important de justiciables.

À mon avis, les travaux des juridictions internationales doivent aujourd'hui être appréciés du point de vue des justiciables eux–mêmes[2], et de la mission commune de *réalisation* de la justice qui est celle desdites juridictions. Leur multiplicité – signe de notre temps – se révèle rassurante et met en évidence les progrès

---

1 Discurso de encerramento proferido pelo Autor, Presidente da Sociedade Latino-Americana de Direito Internacional (SLADI), como Presidente do Forum 8 da V Conferência Geral da Sociedade Europeia de Direito Internacional (SEDI), realizada em Valencia, Espanha, aos 15 de setembro de 2012.

2 A.A. Cançado Trindade, *Évolution du Droit international au droit des gens – L'accès des particuliers à la justice internationale: Le regard d'un juge*, Paris, Pédone, 2008, pp. 1-187; A.A. Cançado Trindade, *The Access of Individuals to International Justice*, Oxford, Oxford University Press,

considérables qui ont déjà été accomplis dans la réalisation de l'idéal de justice internationale. Chacune de ces juridictions voit sa compétence fondée sur une convention, un accord ou un instrument international distinct, et dispose de son propre droit applicable. Plutôt que de hiérarchie, il s'agit ici de complémentarité, sous la forme d'un réseau polycentrique de juridictions, affirmant et réaffirmant la capacité du droit international de régler les différends internationaux les plus divers, tant sur le plan interétatique qu'intraétatique[3]. C'est à chaque juridiction qu'il appartient – de concert avec les autres – d'apporter sa contribution effective à l'évolution constante du droit international, dans la quête de la réalisation de la justice internationale.

– II –

À mon avis, le meilleur moyen d'exercer durablement et harmonieusement cette mission réside dans un dialogue soutenu et respectueux entre juridictions internationales. A cet égard, je garde un excellent souvenir de la première réunion entre pareilles institutions qui s'est tenue à Luxembourg, les 3 et 4 décembre 2002, à l'occasion du cinquantième anniversaire de la Cour de justice des Communautés européennes (la Cour de l'Union européenne), ainsi que de la deuxième réunion de ce type qui s'est tenue à Managua, les 4 et 5 octobre 2007, à l'occasion du centenaire de la création de l'ancienne Cour centraméricaine de Justice (première juridiction internationale permanente des temps modernes)[4]. Le dialogue doit se poursuivre, sans solution de continuité.

Le présent Forum est tout à fait approprié pour se pencher sur cette question, puisqu'il rassemble, dans un même lieu, des participants issus des trois systèmes régionaux de protection des droits de l'homme, à savoir les systèmes européen, interaméricain et africain. En tant que président de la Société latino-américaine pour le droit international, je me dois d'exprimer ma gratitude aux organisateurs de cette Conférence de Valence – MM. les Professeurs Mariano J. Aznar et Jorge Cardona Llorens – pour leur esprit d'ouverture, lequel permet de nourrir le dialogue entre juristes de différents continents, comme l'illustre la composition même de cette table ronde: le professeur D. Momtaz, le professeur Th. Christakis et moi-même venons de trois continents différents, mais nous nous comprenons fort bien, car depuis des années, nous nous intéressons à la même discipline, celle du droit des nations (le droit des gens).

2011, pp. 1-236; A.A. Cançado Trindade, *El Derecho de Acceso a la Justicia en Su Amplia Dimensión*, Santiago de Chile, CECOH/Librotecnia, 2008, pp. 61-407; A.A. Cançado Trindade, *Le Droit international pour la personne humaine*, Paris, Pédone, 2012, pp. 45-368.

3   A.A. Cançado Trindade, "International Law for Humankind: Towards a New *Jus Gentium* – General Course on Public International Law – Part II", 317 *Recueil des Cours de l'Académie de Droit International de La Haye* (2005) pp. 243-245; A.A. Cançado Trindade, "The Merits of Coordination of International Courts on Human Rights", 2 *Journal of International Criminal Justice* (2004) pp. 309-312.

4   Pour un compte rendu de ces deux réunions, cf. A.A. Cançado Trindade, *Direito das Organizações Internacionais*, 5e éd., Belo Horizonte/Brésil, Édit. Del Rey, 2012, ch. XXVI, pp. 575-607.

– III –

La deuxième question m'a été posée par mon collègue scandinave (Oslo), et a trait à ce qu'il est désormais convenu d'appeler l'activisme judiciaire. Je suis d'accord pour dire que cette attitude s'est progressivement imposée dans le droit international contemporain. Mais j'irai plus loin: selon moi, le pire est l'inactivisme judiciaire. Il y a ceux qui craignent «de créer un précédent» ou «d'innover». Si cette crainte était fondée, la justice pourrait être «administrée» par des machines ou des ordinateurs, de manière totalement mécanique. L'inactivisme judiciaire, en revanche, constitue un réel danger. Il y a quelques dizaines d'années, Gaston Morin, au sujet du droit privé[5], a ainsi souligné la nécessité d'un réexamen constant des notions juridiques, faisant observer avec lucidité que les faits précédaient habituellement les normes et représentaient un défi permanent pour les personnes chargées de l'application desdites normes, celui de répondre à l'évolution des besoins en rendant la justice.

Dans cette mission ardue qui est la leur, les juges sont guidés par leurs propres raisonnements et convictions ainsi que par leur expérience, qui dépassent assurément le cadre du seul droit positif. Il y a plus d'un demi-siècle, Piero Calamandrei a rappelé que le terme *sententia* avait la même racine étymologique que le terme «sentiment», soulignant que «la sentence n'[était] l'œuvre ni de l'intelligence ni de la science, ce qui consisterait à connaître et à appliquer un élément préexistant, mais qu'il s'agissait d'une création empirique (...). Même lorsque le juge recherche la solution d'un cas concret en se fondant sur certaines hypothèses générales, (...) c'est en lui–même, dans sa conscience, qu'il la trouve»[6]. Il est des juges qui estiment que leur fonction se réduit à la simple ou stricte application du droit positif; il en est d'autres (dont je fais partie) qui, par un effort d'interprétation – voire de recherche – du droit applicable, ouvrent un espace à la pensée créative. Selon moi, l'innovation et le développement progressif du droit sont inéluctables, à condition que nous soyons à la hauteur des principaux défis de notre époque.

– IV –

La troisième question m'a été posée par mon collègue, M. le Professeur Luigi Condorelli. Nous sommes d'accord pour considérer que le droit international humanitaire est, par essence, universel. De surcroît, certaines conventions des Nations Unies en matière de droits de l'homme, telles que la convention de 1989 relative aux droits de l'enfant, sont, elles aussi, devenues quasiment universelles. Dans le domaine du droit international des droits de l'homme, des systèmes régionaux ont été créés (pour des raisons historiques que l'implacable contrainte de temps ne nous permet hélas pas d'examiner ici) parallèlement aux mécanismes des Nations Unies.

---

5   G. Morin, *La révolte du Droit contre le Code – La révision nécessaire des concepts juridiques*, Paris, Libr. Rec. Sirey, 1945, pp. 2, 6-7 et 109-115.
6   P. Calamandrei, *Proceso y Democracia*, Buenos Aires, Ed. Jur. Europa-América, 1960, p. 67.

Les juridictions régionales et les organes de contrôle ont conçu une interprétation téléologique commune des instruments de protection respectifs, conformément aux postulats de la règle générale d'interprétation des traités énoncée à l'article 31 des deux Conventions de Vienne sur le droit des traités (de 1969 et 1986).

Cette construction jurisprudentielle prétorienne des droits inhérents à la personne humaine est effectivement remarquable et s'est effectuée au sein des trois systèmes régionaux de protection dotés de juridictions internationales des droits de l'homme dans le cadre conceptuel de l'universalité de ces droits. Dans le système africain, la Commission Africaine des Droits de l'Homme et des Peuples avait déjà dûment pris en considération les dispositions pertinentes des traités relatifs aux droits de l'homme (tels que la Charte Africaine des Droits de l'Homme et des Peuples) *tout autant que* du Droit International Humanitaire, avant même que la Cour Africaine des Droits de l'homme et des Peuples ait commencé à fonctionner (en 2006). Dans le système interaméricain, la Cour Interaméricaine des Droits de l'Homme a développé une jurisprudence novatrice en matière de réparations et en ce qui concerne le droit fondamental à la vie[7] (comme comprenant les conditions de vie). Enfin, dans le système européen, la Cour Européenne des Droits de l'Homme a développé une vaste et impressionnante jurisprudence, par exemple quant au droit à la liberté et à la sécurité de la personne et quant au droit à un procès équitable.

Cette construction jurisprudentielle prétorienne est tout à fait claire, même en cas de doute au sujet de la norme applicable, en ce qu'elle prévoit – en vertu et en application du principe général *pro persona humana* – que la norme qui trouve à s'appliquer est celle qui protège le mieux la personne humaine. Les Cours Européenne et Interaméricaine, qui, depuis 1999, entretiennent un dialogue fructueux sur une base permanente, se sont réunies pour la première fois avec la Cour Africaine des Droits de l'Homme et des Peuples récemment créée. Cette première réunion des trois cours internationales des droits de l'homme existant à ce jour, à laquelle j'ai participé, a eu lieu à Strasbourg, les 8 et 9 décembre 2008. Elle a été l'occasion d'instaurer un dialogue instructif[8] sur certaines questions d'intérêt commun telles que l'accès à la justice, les mesures conservatoires ou les différentes formes de réparation.

– V –

Enfin, et ce n'est pas le moins important, la multiplicité des traités et instruments internationaux et de protection des droits de la personne humaine est assortie

---

7   Cf. mon récent ouvrage à ce sujet: A.A. Cançado Trindade, *El Ejercicio de la Función Judicial Internacional – Memorias de la Corte Interamericana de Derechos Humanos*, Belo Horizonte/Brésil, Édit. Del Rey, 2011, pp. 1-340.

8   Cf. A.A. Cançado Trindade, «Quelques réflexions à l'occasion de la première réunion des trois Cours régionales des droits de l'homme», 9 *Revista do Instituto Brasileiro de Direitos Humanos* (2009) p. 229; Ph Weckel, «La justice internationale et le soixantième anniversaire de la Déclaration Universelle des Droits de l'Homme», 113 *Revue Générale de Droit International Public* (2009) p. 5.

d'un objectif commun fondamental et déterminant: la protection des droits inhérents à la personne humaine. Ces traités et autres instruments, au champ d'application universel ou régional, sont inspirés d'une source commune, à savoir la Déclaration Universelle des Droits de l'Homme de 1948, véritable foyer d'irradiation des efforts visant la réalisation de l'idéal de l'universalité des droits de l'homme. Aussi n'est-il guère surprenant de retrouver des références à la Déclaration universelle dans les préambules de ces traités et instruments internationaux

Dans le processus de généralisation de la protection des droits de l'homme, l'unité conceptuelle qui est la leur, en ce qu'ils sont tous inhérents à la personne humaine, a transcendé les différences dans la formulation desdits droits, tels que reconnus par les différents instruments. L'universalité ne signifie pas l'uniformité totale, mais elle constitue le cadre conceptuel du corpus juris en matière de protection des droits de l'homme, tant au niveau mondial que régional. Les particularités régionales viennent en réalité enrichir cette universalité, chaque système régional vivant son propre moment historique[9] et fonctionnant au sein de son propre espace géographique. Il n'en demeure pas moins que tous ces systèmes régionaux – tous – sont inspirés par l'universalité des droits de l'homme.

Les traités et instruments internationaux de protection des droits de l'homme ont été élaborés en *réponse* à toutes les formes de violation de ces droits, et ils comportent tous une dimension préventive. Leur application, au niveau universel (Nations Unies) ou régional, – dans le cadre conceptuel de l'universalité des droits de l'homme, – obéit à une herméneutique commune, qui met en exergue leur objectif commun, les valeurs supérieures qui les sous-tendent, le caractère objectif des obligations qu'ils énoncent ainsi que la nécessité avérée de réaliser leur objet et leur but. Puisse ce Forum 8 de la 5e conférence générale de la Société européenne de droit international (2012) avoir contribué à clarifier ces questions.

Valencia, le 15 septembre 2012.

---

9 Prenons, par exemple, le système interaméricain des droits de l'homme: cinq étapes historiques peuvent être distinguées. La première étape, celle des antécédents du système, a été marquée par une panoplie d'instruments au contenu et aux effets juridiques variables (conventions et résolutions axées sur des situations ou des catégories de droits données). La deuxième étape, celle de la genèse du système interaméricain, s'est caractérisée par le rôle déterminant joué par la seule Commission Interaméricaine des Droits de l'Homme et par le développement progressif de ses facultés. La troisième étape, celle de l'institutionnalisation conventionnelle du système, a débuté au moment de l'entrée en vigueur, en juillet 1978, de la Convention Américaine relative aux Droits de l'Homme. La quatrième étape a été marquée par l'évolution de la jurisprudence de la Cour Interaméricaine des Droits de l'Homme ainsi que par l'adoption des Protocoles Additionnels à la Convention Américaine et des Conventions interaméricaines sectorielles. La cinquième étape, enfin, a été marquée par les efforts visant à renforcer le mécanisme de protection établi par la Convention Américaine.

XXXI

The Universality of International Law, Its Humanist Outlook, and the Mission of The Hague Academy of International Law

Summary: I. The Centenary of the Peace Palace. II. Ninety Years of the Hague Academy. III. The Universality of International Law: The External Programmes. IV. The Hague Academy and the Humanist Outlook of International Law. V. Concluding Remarks.

I. The Centenary of the Peace Palace

It is a source of great satisfaction to me that the Hague Academy of International Law has decided to associate itself, by means of this Seminar, with the present commemorations of the Centenary of the Peace Palace. The Hague Academy is likewise commemorating, in this year of 2013, its ninetieth anniversary, and its history is intimately linked to that of the Peace Palace, as well as the other institutions hosted in this latter, namely, the International Court of Justice (ICJ), – preceded by the Permanent Court of International Justice (PCIJ), – the Permanent Court of Arbitration (PCA), and the Carnegie Endowment for International Peace. Despite all the turmoil and devastation endured throughout this century, the ideal of a world guided by justice and peace has remained alive. It is this that we commemorate today, in this Peace Palace that has been sheltering succeeding generations of international law scholars who never failed to cherish this ideal.

Six years ago, in this same auditorium of the Hague Academy, we commemorated yet another centenary, that of the II Hague Peace Conference[2]. Having expounded the outlook of the Latin American international legal doctrine therein, I keep the most grateful memories of that centennial celebration[3], being again here in the company of Professor Yves Daudet and of other colleagues of the *Curatorium* of the Hague Academy, in this Seminar of a new centennial celebration of today, 15 July

---

1   Address delivered by the Author in the Seminar of the Hague Academy of International Law, at The Hague, in commemoration of the centenary of the Peace Palace, on 15 July 2013; address originally published *in*: 32 *Netherlands Quarterly of Human Rights* (2014) pp. 109-117.
2   [Various Authors,] *Actualité de la Conférence de La Haye de 1907 – II Conférence de la Paix (Colloque de 2007)* (ed. Y. Daudet), Leiden/La Haye, Académie de Droit International/Nijhoff, 2008, pp. 3-302.
3   A.A. Cançado Trindade, "The Presence and Participation of Latin America at the II Hague Peace Conference of 1907", *in ibid.*, pp. 51-84, and cf. pp. 110-112, 115-117, 122 and 205-206 (debates).

2013. And, allowing myself to be somewhat confident or optimistic, in one decade we will be commemorating yet another centenary, that of the Hague Academy of International Law itself. This succession of three centenaries greatly pleases me, as they represent ideals which have survived the onslaught of time, and have kept on inspiring successive generations of scholars of international law, attentive to the needs and aspirations of whole of humankind[4].

II. Ninety Years of the Hague Academy

In effect, when the historical II Hague Peace Conference of 1907 was held, the idea was already germinating of the creation of a future Academy of International Law, hosted in the Peace Palace by the Carnegie Endowment for International Peace. A project to that effect was developed, *inter alii*, by Tobias M.C. Asser and James Brown Scott, to which the *Institut de Droit International* and the Carnegie Endowment for International Peace associated themselves in 1910. A financial aid granted by the Carnegie Endowment rendered the conclusion of the project possible in 1913, followed by its approval by the *Curatorium* of the Academy in its January 1914 meeting. But the outbreak of the cataclism of the Great War (as the I world war was then called) prevented the first session of the Academy from taking place in mid-1914.

Likewise, the III Hague Peace Conference, which was to be convened in the newly inaugurated Peace Palace at The Hague, for the same reason did not take place. The beginning of the academic activities of the Hague Academy was postponed until 1923, nine decades ago. There was initially the idea of linking the work of the Academy with that of the Hague Peace Conferences. Be that as it may, by the time the Academy started functioning, modern international law was no longer Euro-centric; as one of my predecessors in the Academy´s *Curatorium* once put it, on the occasion of the 75th anniversary of our *confrèrie*, the universalist approach prevailed from the outset in the Hague Academy, and became well-established. It would be contrary to the Academy´s function to pursue a kind of "intellectual straitjacket"; it instead fostered a variety or pluralism of views or interpretations[5].

By the time the teaching started (in 1923), for example, – as pointed out in the commemoration of the fiftieth anniversary of the Academy, – two trends of international legal doctrine coexisted, in relation to the sources of international law: one

---

4   A.A. Cançado Trindade, "International Law for Humankind: Towards a New *Jus Gentium* -General Course on Public International Law – Part I", 316 *Recueil des Cours de l'Académie de Droit International de la Haye* (2005) pp. 31-439; A.A. Cançado Trindade, "International Law for Humankind: Towards a New *Jus Gentium* – General Course on Public International Law – Part II", 317 *Recueil des Cours de l'Académie de Droit International de la Haye* (2005) pp. 19-312.
5   K. Skubiszewski, "The Contribution of the Academy to the Development of the Science and Practice of Public International Law", *in Seventy-Fifth Anniversary of The Hague Academy of International Law (1923-1998)*, The Hague, The Hague Academy of International Law, 1998, pp. 31-32, and cf. pp. 27 and 29-30.

privileged treaties and State practice (custom), in the line of legal positivism; the other acknowledged the emergence and relevance of of general principles of law, in the line of jusnaturalism[6], – just as it had happened, three years earlier (June-July 1920), in the work of the League of Nations´ Advisory Committee of Jurists entrusted with the drafting of the Statute of the Permanent Court of International Justice (PCIJ).

Attentive to the cultivation of a pluralism of outlooks, the Hague Academy promptly ensured, and has constantly maintained, an international composition, constantly renewed, of its teaching staff, conceiving the General Course as the backbone of its teaching, alongside of the thematic annual courses. This secured its unique dissemination of the knowledge of international law[7]. By the time the Academy commemorated its 75th anniversary, its then Secretary-General, Daniel Bardonnet, recalled that it had been in an atmosphere of idealism that the original statutes of the Academy had been prepared on the occasion of the II Hague Peace Conference of 1907, counting on the enthusiasm of T.M.C. Asser, Nobel Peace Prize of 1911.

Yet, it was not until seven years later, in January 1914, that its *Curatorium* met for the first time, presided by L. Renault, Nobel Peace Prize in 1907. However, with the prompt eruption of the Great War, the Academy had to wait another decade for its official inauguration. The outbreak of the first world war, with its widespread violence and atrocities, conveyed the feeling – as narrated in the autobiography of Stefan Zweig – that the world had got used to brutality and inhumanity, as never in many centuries before[8]. Notwithstanding that devastation, the ideal of a world oriented by peace and justice had not vanished. On 14 July 1923, at the *Grande Salle de Justice* in the Peace Palace (where the public sittings of the PCIJ used to take place and where those of the International Court of Justice [ICJ] are held nowadays), the inauguration of the Hague Academy of International Law took place, with the opening of its first study session[9].

The annual study sessions were held continuously from 1923 to 1939, but in 1940 the Hague Academy had to suspend them temporarily (for six years), as a result of the outbreak of the second world war. The annual study sessions restarted in 1947, and, ever since, have been held, continuously and without any other interruptions, until now (mid-2013). Its summer study sessions, in these nine decades of 1923-2013, have become exercises of academic freedom, "une véritable école de liberté", and the

---

6 A. Verdross, "Coincidences: Deux théories du droit des gens apparues à l'époque de la création de l'Académie de droit international", *in Livre jubilaire de l'Académie de Droit International de La Haye* (1923-1973) (ed. R.-J. Dupuy), Leyde, Sijthoff, 1973, pp. 84-85 and 89-96.
7 K. Skubiszewski, "The Contribution of the Academy...", *op. cit. supra* n. (4), pp. 30 and 33-34.
8 .Stefan Zweig, *O Mundo que Eu Vi* [1944, *Die Welt von Gestern*], Rio de Janeiro, Edit. Record, 1999, p. 483, and cf. pp. 272-274, 278, 462, 467, 474, 490 and 503-505.
9 D. Bardonnet, "Présentation", *in Seventy-Fifth Anniversary of The Hague Academy of International Law (1923-1998)*, The Hague, The Hague Academy of International Law, 1998, pp. 10-11.

corresponding volumes of its *Recueil des Cours* have turned out to be "an integral part of the history of international law" itself[10]. Even beyond that, the Hague Academy has been contributing to the progressive development of international law, without being attached to any "school of thinking", any system ir any specific doctrine; the Hague Academy, in the course of its academic activities, has been showing that international law is not a strictly technical disciplined, but rather a living subject, with a soul, accompanying and shaping history[11].

The academic activities of the Hague Academy encompass teaching (in the annual summer sessions, and external programmes – *infra*), as well as research. In effect, as time went on, the Hague Academy decided to add research to the teaching activity: in 1957, its Centre for Studies and Research in International Law and International Relations held its first annual session. The participants (from 20 to 30) have been ever since grouped in two language sections (English and French), to undertake research on the topics chosen by the *Curatorium* for each year. In this, as well as other of its activities, the Hague Academy has much contributed not only to the systematization, but also to the study of the progressive development of international law[12].

III. The Universality of International Law: The External Programmes

A Study Group, created in 1965, assisted the *Curatorium* of the Hague Academy of International Law in devising, as from 1967, its External Programme. The decision to create it was taken in the meeting of the *Curatorium* of January 1968, and the External Program was at last launched in 1969, aiming at groups of advanced auditors, such as young professors or diplomats. According to a testimony of the time,

> "les traditions d´impartialité de l´Académie lui faisaient précisément un devoir de tenter organiser à travers le monde des sessions d´un niveau scientifique élevé"[13].

The Secretary-General, after choosing the counterparts (among Foreign Ministries and their Diplomatic Schools and local Universities) for the external sessions, was to agree with them on the choice of topical subjects for each session, one particular interest for the region. Participants were to be selected from the countries of the region (some thirty or so), the host country being assured of some seats in the audience. Like all teaching of the Academy, courses were to be conducted in an atmosphere of academic freedom, without necessarily upholding a particular doctrine, and attentive to the current status and the evolution of international law.

---

10   Cf. *ibid.*, pp. 14-15.
11   Cf. *ibid.*, pp. 16 and 18-19.
12   Cf. *ibid.*, pp. 36 and 61-62.
13   R.-J. Dupuy, "Le Programme extérieur", *in Livre jubilaire de l´Académie de Droit International de La Haye* (1923-1973) (ed. R.-J. Dupuy), Leyde, Sijthoff, 1973, p. 161.

The motivation for the creation of the External Programme was thus outlined by one of the participants of the Study Group which assisted the *Curatorium* of the Hague Academy in launching the Programme in 1969:

> "l'Académie devait reconnaître sa responsabilité intellectuelle et morale à l'égard de l'évolution du droit international dans un monde en cours de changement et troublé, dans lequel le danger d'une fragmentation de ce droit et la formation de différents systèmes antagonistes demeurait réel et grave.
>
> (...) La philosophie profonde du Programme extérieur (...) ne fait que refléter à travers les continents l'idée universaliste qui reste à la base même de l'activité de l'Académie à La Haye (...)"[14].

Ever since its first external sessions (in Rabat [Morocco] and in Bogotá), in 1969, marking the beginning of the External Programme, successive external sessions have been held in rotation in distinct continents, countering apparently "fragmenting" tendencies and aiming at bringing the message of the universality of international law to new generations of scholars in distinct continents. As member of the *Curatorium* of the Hague Academy of International Law, I have been a strong supporter of its External Programme, having personally lectured in all but one of the external sessions held in the Americas and the Caribbean in the last two and a half decades, – namely, in Bogotá (1989), Santiago of Chile (1991 and 2011), San José of Costa Rica (1995), Montevideo (1998), Mexico City (2002), Lima (2005), and Santo Domingo (2008). Earlier on, external sessions were also held in Bogotá (1969), Mexico City (1970 and 1979), Buenos Aires (1972 and 1986, and then 2012), Caracas (1975), and Brasília (1983).

All these external sessions sessions have focused on topical subjects of the international agenda, of particular interest to the countries of the region. I have many memories of the several external sessions in which I have participated. For example, the one in Central America (San José) in the mid-nineties (1995), coincided – by a conjunction of the stars – with the end of the armed conflicts in Central America, while there remained uncertainties as to the fate of refugees and displaced persons in the region[15]. That memorable external session took place in San José at the time when the Conference of Tegucigalpa marked formally the end of the armed conflicts in the region and the beginning of a new epoch of peaceful relations *between* and *within* the States concerned. The external sessions which followed, in the Southern Cone (Montevideo, 1998), as well as in Mexico City (2002), and in the

---

14 *Ibid.*, pp. 160 and 173.
15 Cf. [Various Authors,] *Droit international et droits de l'homme / Derecho Internacional y Derechos Humanos – Libro Conmemorativo de la XXIV Sesión del Programa Exterior de la Academia de Derecho Internacional de La Haya* [San José de Costa Rica, 1995] (eds. D. Bardonnet and A.A. Cançado Trindade), San José/La Haye, IIDH, 1996, pp. 13-305.

Andean region (Lima, 2005)[16], beheld new situations of human vulnerability, with the emerging new flows of undocumented migrants[17]. They also addressed the issues of democratization, and of regional and subregional experiments of integration and cooperation.

The external session of Santo Domingo (2008) coincided – by a new conjunction of the stars – with the impressive XX Summit of Heads of State and Government of the Group of Rio, which contributed decisively to the preservation of peace in the region, in achieving a historical reconciliation, just before the closing of the tense debates, between the Heads of State and Government of the four countries involved in a serious diplomatic confrontation in the north of the Andean region and in Central America (Ecuador, Colombia, Venezuela and Nicaragua). That Summit, and the external session of Santo Domingo, took place, once again, within the rich juridical tradition of Latin American and Caribbean countries of compliance with, and fidelity to, the principles and norms of International Law.

In external sessions of the last 15 years in Latin America, attention has furthermore been devoted to the issues of the relations between universalism and regionalism, and of the common mission of contemporary international tribunals. Discussions were conducted within the vision of the universality of international law, as manifested in that part of the world, – the one I come from. The Academy´s external sessions in Latin America have taken place in the framework of the tradition of the countries of the region of cultivation and fidelity to the principles of international law (such as, e.g., those of the prohibition of use or threat of force in inter-State relations, and of the juridical equality of States), – besides well-known Latin American doctrines, – permeating distinct chapters of international law, such as those of peaceful settlement of disputes, regulation of spaces (e.g., law of the sea and of international watercourses), international responsibility of States, condition of individuals in international law and human rights, law of treaties, recognition of States and governments, among others.

In sum, the external sessions of the Academy held in Latin America have provided the participants, young scholars of international law, the unique occasion to sustain a dialogue *inter se* and with their Professors, on topical issues of the existing law (*lex lata*) of nations, without excluding the projection of this latter into the future (*de lege ferenda*). In this way, by bringing together the teaching and research as well

---

16 Cf. [Various Authors,] *Democracia y Libertades en el Derecho Internacional Contemporáneo / Democracy and Liberty in Current International Law – Libro Conmemorativo de la XXXIII Sesión del Programa Exterior de la Academia de Derecho Internacional de La Haya* [Lima, 2005], Lima, PUC/Peru, 2005, pp. 9-270.

17 A.A. Cançado Trindade, "Le déracinement et la protection des migrants dans le Droit international des droits de l'homme", 19 *Revue trimestrielle des droits de l'homme* – Bruxelles (2008) n. 74, pp. 289-328.

as the promotion of international law, those external sessions of the Academy have devoted themselves also to an understanding of the changing international agenda, dictated by the changing configuration of forces in the international scenario.

IV. The Hague Academy and the Humanist Outlook of International Law

This is particularly important, as we do not live in a rational world, and it is necessary at least to seek to understand it, keeping in mind the lessons of the past. In endeavouring to do so, it is important to aim at the gradual improvement of the law of nations (*droit des gens*), in this new era of the advent of the new primacy of the *raison d´humanité* over the *raison d´État*. In this way, we can contribute to enabling the humanized law of nations (*droit des gens*) to provide responses to the basic needs and aspirations of the international community as a whole, and, ultimately, of humankind. This is the great task before us today.

Throughout its historical trajectory, the Hague Academy has constantly cared to contribute to develop the humanist outlook of international law. Thus, in so far as *human rights* are concerned, the first courses delivered in our Academy were those of A.N. Mandelstam (1923, vol. 1; and 1931, vol. 38). Besides those, there have been 22 other courses to date, among which those of J. Dumas (1937, vol. 59), Hersch Lauterpacht (1947, vol. 70), René Cassin (1951, vol. 79, and lecture of 1974, vol. 140), B. Mirkine-Guetzévitch (1953, vol. 83), E. Hamburger (1959, vol. 97), F. Ermacora (1968, vol. 124), K. Vasak (1974, vol. 140), H. Gros Espiell (1975, vol. 145), M. Schreiber (1975, vol. 145), G. Arangio-Ruiz (1977, vol. 157), G. Ténékidès (1980, vol. 168), E.G. Bello (1985, vol. 194), A.A. Cançado Trindade (1987, vol. 202; and 2005, vols. 316-317), J.A. Pastor Ridruejo (1991, vol. 228), J. Rideau (1997, vol. 265), A. Moulay Rchid (1997, vol. 268), G. Matscher (1997, vol. 270), P. Kinsch (2005, vol. 318), R. Pisillo Mazzeschi (2008, vol. 333), P.R. Beaumont (2008, vol. 335).

As to the *condition of the individual* in international law, there have been 10 courses to date, among which those of N. Bentwich (1929, vol. 29), J. Spiropoulos (1929, vol. 30), S. Séfériadès (1935, vol. 51), C.Th. Eustathiades (1953, vol. 84), G. Sperduti (1956, vol. 89), Y. Ben Achour (1994, vol. 245), E. Decaux (2008, vol. 336). To those one can add 4 other courses, on the *right of individual petition*, namely, the ones of N. Feinberg (1932, vol. 40), J.-C. Witenberg (1932, vol. 41), G. Vedovato (1950, vol. 76), F.A. Von der Heydte (1962, vol. 107). Furthermore, there have been 6 courses on *international humanitarian law*, among which those of H. Coursier (1960, vol. 99), R.J. Wilhelm (1972, vol. 137), D. Momtaz (2001, vol. 292), D. Thürer (2008, vol. 338). One can add 4 courses on *international refugee law*, namely, those of E. Reut-Nicolussi (1948, vol. 73), F. Schnyder (1965, vol. 114), O. Casanovas (2003, vol. 306), J.-Y. Carlier (2007, vol. 332). And one can also add 2 courses of *international criminal law*, namely, those of Q. Saldaña (1925, vol. 10), and J. Graven (1950, vol. 76).

Moreover, the Hague Academy´s Centre for Studies and Research in International Law and International Relations, likewise, has also included, in its successive annual topics for studies and research, those which require a humanist outlook. This has been the case, e.g., of the following ones (13 in total so far), in chronological order: "The Protection of Human Rights by International Law" (1967), "Problems of Application of the Humanitarian Law of War to Conflicts not of an International Character" (1973), "International Protection of the Rights of the Child" (1979), "The Legal Status of Refugees" (1980), "The Protection of the Right to Life under Existing Rules of International Law" (1983), "The International Legal Status of Minorities" (1984), "The Application of Humanitarian Law" (1986), "The Right of Asylum" (1989), "International Criminal Justice" (2002), "The Cultural Heritage of Mankind" (2005), "Rules and Institutions of International Humanitarian Law Put to the Test of Recent Armed Conflicts" (2007), "Cultural Diversity" (2009), and "International Migrations" (2010).

V. Concluding Remarks

This brings me to my concluding remarks. As we have seen, in the course of the last nine decades of its existence, the Hague Academy of International Law has secured academic freedom, the pluralism of ideas, and has cultivated the universality of international law. In all its academic activities, it has pursued the humanist outlook of the law of nations (the *droit des gens*), and passed it on to succeeding generations of our discipline. By the mid-XXth century, in the aftermath of two world wars, the humanist outlook of the law of nations – which had never faded away, – appear consolidated, as evidenced by the conceptual universe of the law of nations: the *Dictionnaire de la Terminologie du Droit International*, published in 1960 by the *Union Académique Internationale*, for example, included expressions such as, *inter alia*, "conscience publique", "justice internationale", "lois de l´humanité", and "morale internationale"[18].

The present celebration is a proper occasion to single out the humanist outlook of the law of nations, in this commemoration by the Hague Academy of International Law of the centenary of the Peace Palace, which coincides with the 20th anniversary of the II World Conference of Human Rights, convened by the United Nations in Vienna in mid-1993[19]. Throughout these nine decades, the Hague Academy has operated harmoniously with the other institutions also lodged in the Peace Palace, namely, the International Court of Justice (ICJ), the Permanent Court of Arbitration (PCA), and the Carnegie Foundation.

---

18   Union Académique Internationale, *Dictionnaire de la Terminologie du Droit International*, Paris, Sirey, 1960, pp. 153-154, 361-362, 379 and 395-396, respectively.

19   For an account, cf. A.A. Cançado Trindade, "Recollections of Some Vitorian and Grotian Moments Shared with Boutros Boutros-Ghali", *in Le 90e. anniversaire de Boutros Boutros-Ghali – Hommage du Curatorium à son Président / The 90th Birthday of Boutros Boutros-Ghali – Tribute of the Curatorium to Its President*, The Hague, Académie de Droit International de La Haye/Nijhoff, 2012, pp. 33-51; and cf. A.A. Cançado Trindade, "Memória da Conferência Mundial de Direitos Humanos (Viena, 1993)", 87/90 *Boletim da Sociedade Brasileira de Direito Internacional* (1993-1994) pp. 9-57.

All these institutions are, in this second semester of 2013, celebrating the centennial anniversary of the Peace Palace. Each of then is thereby expressing its satisfaction at this celebration, by sponsoring its own Seminar to this effect. Today, 15 July 2013, we are now having the first of these Seminars. In two month´s time, next 23 September 2013, we shall have the Seminar to be held by the International Court of Justice. I have the pleasure to serve today both institutions, and I can here express what I behold as the confidence in a world guided by the imperatives of justice and peace, to the benefit ultimately of humankind as a whole.

Each generation has to try at least to understand the world wherein it leaves, so that each one can devise one´s project of life and the goals one purports to attain in one´s lifetime. This is already a great challenge, as life is brief (*vita brevis*). Moreover, the world itself is constantly changing, at times considerably, being, for example, quite different from what it used to be, say, three or four decades ago. Yet, human aspirations towards justice and peace remain the same[20]. In facing the challenges of international law nowadays, one has to consider international law in the course of time. The passing of time is surely the greatest enigma of human existence. But of one thing you can be sure: you have come from your home countries to the Hague Academy of International Law in your youth; the Hague Academy, in turn, will then come with you, will accompany you throughout all your lives, will be a faithful companion of your lifetime of devotion to the study of international law.

The Hague, 15 July 2013.

---

20 A.A. Cançado Trindade, "The Human Person and International Justice" [W. Friedmann Memorial Award Lecture 2008], 47 *Columbia Journal of Transnational Law* (2008) pp. 16-30.

XXXII

A Century of International Justice and Prospects for the Future[1]

Summary: I. Introduction: The Emergence of International Tribunals. II. Lessons from the Past. III. The Expansion of International Jurisdiction. 1. International Human Rights Tribunals. 2. International Criminal Tribunals. 3. General Overview. 4. The Contribution of Expanded Advisory Jurisdiction. IV. The Move Towards Compulsory Jurisdiction. V. Emerging Conceptions of the Exercise of the International Judicial Function. VI. The Relevance of General Principles of Law. VII. The Awareness of the Primacy of the *Jus Naecessarium* over the *Jus Voluntarium*. VIII. International Tribunals and Jurisprudential Cross-Fertilization. IX. Effects of the Work of International Tribunals. X. Interactions between International and Domestic Law: The Unity of the Law. XI. Concluding Remarks: The Tasks Ahead, and Prospects for the Future.

I. Introduction: The Emergence of International Tribunals

It is a satisfaction to me to dwell upon the topic *"A Century of International Justice and Prospects for the Future"* today, 23 September 2013, on the occasion of this celebration, by the International Court of Justice (ICJ), of the centenary of the Peace Palace here at The Hague. I propose this morning, as the topic indicates, to present, within the merciless constraints of the time available, a *vue d'ensemble* of a century of international justice, the lessons learned, and the perspectives for the future. It is an additional pleasure to me to be in the company, in this panel, of two distinguished colleagues and friends, – Judge Ronny Abraham, of the ICJ, and Judge Dean Spielmann, President of the European Court of Human Rights, with both of whom I have been sharing memorable moments, along the last two decades, not only here at the ICJ, but also in the *sièges* of both the European and the Inter-American Courts of Human Rights.

May I begin by recalling that six years ago we had the thoughtful celebration, of which I guard the best memories, of another centenary, that of the II Hague Peace Conference (of 1907), held in the premises of the Hague Academy of International Law. That workshop marked the centenary of the birth of international tribunals, of the judicial settlement of international disputes. As I had the occasion to ponder in that centennial celebration[1], by then there were already calls for the creation of per-

---

1 A.A. Cançado Trindade, "The Presence and Participation of Latin America at the II Hague Peace Conference of 1907", *in Actualité de la Conférence de La Haye de 1907, II Conférence de la*

manent courts or tribunals, as illustrated by two initiatives: first, to render permanent a Court of Arbitral Justice[2], as from the model of the Permanent Court of Arbitration (PCA) envisaged in the previous I Hague Peace Conference (of 1899), and secondly, to establish an International Prize Court, with access to it granted to individuals.

The proposal for a permanent Court of Arbitral Justice as a whole was to project itself on the advent of judicial solution proper, at international level, as it became one of the sources of inspiration for the drafting of the Statute of the PCIJ in 1920[3]. And although the projected International Prize Court, set forth in the XII Hague Convention of 1907 never saw the light of day, as the Convention did not enter into force, it presented issues of relevance for the evolution of International Law, namely: first, it foresaw the establishment of a jurisdiction above national jurisdictions to decide on last appeal on maritime prizes; secondly, it provided, for example, in such circumstances, for the access of individuals directly to the international jurisdiction[4]; thirdly, it envisaged a type of international compulsory jurisdiction; and fourthly, it admitted the proposed Court's free authority to decide (the *compétence de la compétence*)[5].

The 1907 debates of the II Hague Peace Conference led to the prevailing view of granting individuals direct appeal before the projected International Prize Court. Yet, it was elsewhere, in Latin America, still in the year of 1907, that the first modern international tribunal – the Central American Court of Justice – came to operate. It

---

Paix (Colloque de 2007) (ed. Y. Daudet), Leiden/La Haye, Académie de Droit International/Nijhoff, 2008, pp. 66-73, and cf. pp. 51-84, 110-112, 115-117, 122 and 205-206 (debates).

2   Cf. D.J. Bederman, "The Hague Peace Conferences of 1899 and 1907", *in International Courts for the Twenty-First Century* (ed. M.W. Janis), Dordrecht, Nijhoff, 1992, pp. 10-11.

3   Cf. S. Rosenne, "Introduction", *in*: PCA, *The Hague Peace Conferences of 1899 and 1907 and International Arbitration – Reports and Documents* (ed. S. Rosenne), The Hague, T.M.C. Asser Press, 2001, p. XXI. And cf. also A. Eyffinger, "A Highly Critical Moment: Role and Record of the 1907 Hague Peace Conference", 54 *Netherlands International Law Review* (2007) n. 2, pp. 217 and 227.

4   It was then admitted that the individual is "not without standing in modern international law"; J. Brown Scott, "The Work of the Second Hague Peace Conference", 2 *American Journal of International Law* (1908) p. 22. The view prevailed that it would be in the interests of the States – particularly the small or weaker ones – to avoid giving to this kind of cases the character of inter-State disputes: "les litiges nés des prises garderaient (...) le caractère qu'ils avaient en première instance (...), affaires regardant d'un côté l'État capteur et de l'autre les particuliers"; S. Séfériadès, "Le problème de l'accès des particuliers à des juridictions internationales", 51 *Recueil des Cours de l'Académie de Droit International de La Haye* (1935) pp. 38-40.

5   João Cabral, *Evolução do Direito Internacional*, Rio de Janeiro, Typ. Rodrigues & Cia., 1908, pp. 97-98. – On the evolution of this last point (the *compétence de la compétence* of international tribunals), cf., generally, I.F.I. Shihata, *The Power of the International Court to Determine Its Own Jurisdiction (Compétence de la Compétence)*, The Hague, Nijhoff, 1965, pp. 1-304.

did so for ten years, granting access not only to States but also to individuals[6]; in its decade of operation, the Court was seized of ten cases, five lodged with it by individuals and five inter-State cases[7]. It was in this respect truly pioneering[8], and contributed to the gradual expansion of international legal personality. The very advent of permanent international jurisdiction at the beginning of the XXth. century, before the creation of the Permanent Court of International Justice (PCIJ), was thus *not* marked by a purely inter-State outlook of the international *contentieux*[9].

II. Lessons from the Past

At the time of the drafting and adoption, in 1920, of the Statute of the Permanent Court of International Justice (PCIJ), an option was, however, made for a strictly inter-State dimension for its exercise of the international judicial function in contentious matters. Yet, as I have pointed out in my Separate Opinion (paras. 76-81) in the ICJ's Advisory Opinion (of 2012) on *a Judgment of the ILO Administrative Tribunal upon a Complaint Filed against the IFAD,* the fact that the Advisory Committee of Jurists did not find, in 1920, that the time was ripe to grant access to the PCIJ to subjects of rights other than States (such as individuals), did not mean that a definitive

---

6 A.A. Cançado Trindade, "Exhaustion of Local Remedies in International Law Experiments Granting Procedural Status to Individuals in the First Half of the Twentieth Century", 24 *Netherlands International Law Review / Nederlands Tijdschrift voor international Recht* (1977) p. 376.

7 Cf. *ibid.*, pp. 376-377; and cf. F.A. von der Heydte, "L'individu et les tribunaux internationaux", 107 *Recueil des Cours de l'Académie de Droit International de La Haye* (1962) p. 321.

8 C.J. Gutiérrez, *La Corte de Justicia Centroamericana*, San José de Costa Rica, Edit. Juricentro, 1978, pp. 42, 106 and 150-152.

9 The ideal of an international judicial instance, beyond the inter-State dimension, had already found expression in earlier experiments which granted procedural capacity to individuals, in the era of the League of Nations, such as the systems of minorities (including Upper-Silesia) and of territories under mandates, and the systems of petitions of the Islands Aaland and of the Saar and of Danzig, besides the practice of mixed arbitral tribunals and of mixed claims commissions, of the same epoch; cf. J.-C. Witenberg, "La recevabilité des réclamations devant les juridictions internationales", 41 *Recueil des Cours de l'Académie de Droit International de La Haye [RCADI]* (1932) pp. 5-135; J. Stone, "The Legal Nature of Minorities Petition", 12 *British Year Book of International Law* (1931) pp. 76-94; M. Sibert, "Sur la procédure en matière de pétition dans les pays sous mandat et quelques-unes de ses insuffissances", 40 *Revue générale de droit international public* (1933) pp. 257-272; M. St. Korowicz, *Une expérience en Droit international – La protection des minorités de Haute-Silésie,* Paris, Pédone, 1946, pp. 81-174; C.A. Norgaard, *The Position of the Individual in International Law,* Copenhagen, Munksgaard, 1962, pp. 109-128; A.A. Cançado Trindade, "Exhaustion of Local Remedies in International Law Experiments Granting Procedural Status to Individuals in the First Half of the Twentieth Century", 24 *Netherlands International Law Review* (1977) pp. 373-392. Those experiments paved the way, in the era of the United Nations, for the consolidation of the mechanisms of international individual petition; cf. J. Beauté, *Le droit de pétition dans les territoires sous tutelle,* Paris, LGDJ, 1962, pp. 1-256; M.E. Tardu, *Human Rights – The International Petition System,* binders 1-3, Dobbs Ferry N.Y., Oceana, 1979-1985.

answer had been found to the question at issue. The fact that the same position was maintained at the time of adoption in 1945 of the Statute of the ICJ did not mean a definitive answer to the question at issue either.

The question of access of individuals to international justice, with procedural equality, continued to draw the attention of legal doctrine ever since, throughout the decades. Individuals and groups of individuals began to have access to other international instances, reserving the PCIJ, and later on the ICJ, only for disputes between States. The dogmatic position taken originally in 1920, on the occasion of the preparation and adoption of its Statute, did not hinder the PCIJ to occupy itself promptly of cases pertaining to the treatment of minorities and inhabitants of cities or territories with a juridical statute of their own. In considerations developed in the examination of such matters, the PCIJ went well beyond the inter-State dimension, taking into account the position of individuals themselves (as in, e.g., *inter alia*, the Advisory Opinions on *German Settlers in Poland*, 1923; on *the Jurisdiction of the Courts of Danzig*, 1928; on the *Greco-Bulgarian "Communities"*, 1930; on *Access to German Minority Schools in Upper Silesia*, 1931; on *Treatment of Polish Nationals in Danzig*, 1932; on *Minority Schools in Albania*, 1935)[10]. Ever since, the artificiality of that dimension became noticeable and acknowledged, already at an early stage of the case-law of the PCIJ.

The option in 1920 (endorsed in 1945) for an inter-State mechanism for judicial settlement of contentious cases, was made, as I have recalled,

> "(...) not by an intrinsic necessity, nor because it was the sole manner to proceed, but rather and only to give expression to the prevailing viewpoint amongst the members of the Advisory Committee of Jurists in charge of drafting the Statute of the PCIJ. Nevertheless, already at that time, some 90 years ago, International Law was not reduced to a purely inter-State paradigm, and already knew of concrete experiments of access to international instances, in search of justice, on the part of not only States but also of individuals.
>
> The fact that the Advisory Commitee of Jurists did not consider that the time was ripe for granting access, to the PCJI, to subjects of law other than the States (e.g., individuals) did not mean a definitive answer to the question. (...). (...) Already in the travaux préparatoires of the Statute of the PCIJ, the minority position marked presence, of those who favoured the access to the old Hague Court not only of States, but also of other subjects of law, including individuals. This was not the position which prevailed, but the ideal already marked presence, in that epoch, almost one century ago"[11].

---

10 Cf. C. Brölmann, "The PCIJ and International Rights of Groups and Individuals", *in Legacies of the Permanent Court of International Justice* (eds. C.J. Tams, M. Fitzmaurice and P. Merkouris), Leiden, Nijhoff, 2013, pp. 123-143.

11   A.A. Cançado Trindade, *Os Tribunais Internacionais Contemporâneos*, Brasília, FUNAG, 2013, pp. 11-12.

The dogmatic position of the PCIJ Statute passed on to the ICJ Statute. Once again, the exclusively inter-State character of the *contentieux* before the ICJ has not appeared satisfactory at all. At least in some cases (cf. *infra*), pertaining to the condition of individuals, the presence of these latter (or of their legal representatives), in order to submit, themselves, their positions, would have enriched the proceedings and facilitated the work of the Court. The artificiality of the exclusively inter-State outlook of the procedures before the ICJ has been disclosed by the very *nature* of some of the cases submitted to it.

Such artificiality has been criticised, time and time again, in expert writing, including by a former President of the Court itself. It has been recalled that "nowadays a very considerable part of international law" (e.g., law-making treaties) "directly affects individuals", and the effect of Article 34(1) of the ICJ Statute has been "to insulate" the Court "from this great body of modern international law". The ICJ remains thus

> "trapped by Article 34(1) in the notions about international law structure of the 1920s. (...) [I]t is a matter for concern and for further thought, whether it is healthy for the World Court still to be, like the international law of the 1920s, on an entirely different plane from that of municipal courts and other tribunals"[12].

To the same effect, S. Rosenne expressed the view, already in 1967, that there was "nothing inherent in the character of the International Court itself to justify the complete exclusion of the individual from appearing before the Court in judicial proceedings relating of direct concern to him"[13]. The current practice of exclusion of the *locus standi in judicio* of the individuals concerned from the proceedings before the ICJ, – he added, – in addition to being artificial, could also produce "incongruous results". It was thus highly desirable that that scheme be reconsidered, in order to grant *locus standi* to individuals in proceedings before the ICJ, as

> "it is in the interests of the proper administration of international justice that in appropriate cases the International Court of Justice should take advantage of all the powers which it already possesses, and permit an individual directly concerned to present himself before the Court, (...) and give his own version of the facts and his own construction of the law"[14].

In a thoughtful International Symposium convened by the Max Planck Institute for Comparative Public Law and International Law in the early seventies, wherein the perceptions of judicial settlement of disputes were clearly disclosed, a

---

12 R.Y. Jennings, "The International Court of Justice after Fifty Years", 89 *American Journal of International Law* (1995) p. 504.

13 S. Rosenne, "Reflections on the Position of the Individual in Inter-State Litigation in the International Court of Justice", in *International Arbitration – Liber Amicorum for M. Domke* (ed. P. Sanders), The Hague, Nijhoff, 1967, p. 249, and cf. p. 242.

14 *Ibid.*, p. 250, and cf. p. 243.

lack of enthusiasm with judicial settlement was expressed by some participants[15], as – in the view of one of them – "States were moving further and further away from the rule of law as the basis of their behaviour"[16]. The requirements of the rule of law, and of the unity of law, did not pass unnoticed; furthermore, the need for consistency in international case-law was pointed out[17]. Significantly, already at that time the need was acknowledged of the creation of other international tribunals, and the view was expressed that the dynamics of international relations had already long surpassed the anachronistic inter-State dimension (as by then evidenced by the rise and growth of international organizations)[18].

If we are to consider in this workshop of today, 23 September 2013, the prospects for the future of international justice, we have also, and first, to look back in time, and grasp the lessons we can extract therefrom. The understanding that the *corpus juris gentium* applies to States and individuals alike is deeply-rooted in jusinternationalist thinking, – with roots going back, through the lessons of the "founding fathers" of international law (like F. Vitoria, F. Suárez and H. Grotius), to the classics upholding the *recta ratio*, such as the masterly *De Officis* of Cicero.

The subsequent devising of the strictly inter-State dimension (in the late XIXth. and in the XXth. centuries) represented an *involution*, with disastrous consequences. Fortunately, in the last decades, States themselves seem to have been acknowledging this, in lodging with the ICJ successive cases and matters which clearly transcend the inter-State level. And the Court has been lately responding, at the height of these new challenges and expectations, in taking into account, in its decisions, the situation not only of States, but also of peoples, of individuals or groups of individuals alike (cf. *infra*).

The gradual realization – that we witness, and have the privilege to contribute to, nowadays, – of the old ideal of justice at international level[19] has been revitalizing itself, in recent years, with the reassuring creation and operation of the multiple contemporary international tribunals. This is a theme which has definitively assumed a prominent place in the international agenda of this second decade of the XXIst. century. Since the visionary ideas and early writings, of some decades ago, – of B.C.J. Loder, André Mandelstam, Nicolas Politis, Jean Spiropoulos, Alejandro Álvarez, Raul Fernandes, Édouard Descamps, Albert de La Pradelle, René Cassin,

---

15 Cf. [Various Authors,] *Judicial Settlement of International Disputes* (International Symposium, Max Planck Institute for Comparative Public Law and International Law), Berlin/Heidelberg, Springer Verlag, 1974, pp. 165-167, 169-170 and 189.
16 *Ibid.*, p. 168.
17 *Ibid.*, pp. 171, 173 and 187.
18 *Ibid.*, pp. 180 and 182.
19 For a general study, cf., e.g., J. Allain, *A Century of International Adjudication – The Rule of Law and Its Limits*, The Hague, T.M.C. Asser Press, 2000, pp. 1-186.

James Brown Scott, Georges Scelle, Max Huber, Hersch Lauterpacht, John Humphrey, among others[20], – it was necessary to wait for some decades for the current developments in the realization of international justice to take place, not without difficulties[21], now enriching and enhancing International Law.

III. The Expansion of International Jurisdiction

Nowadays, the international community fortunately counts on a wide range of international tribunals, adjudicating cases that take place not only at *inter-State* level, but also at *intra-State* level. This invites us to approach their work from the correct perspective of the *justiciables* themselves[22], and brings us closer to their common mission of securing the realization of international justice, either at *inter*-State or at *intra*-State level. From the standpoint of the needs of protection of the *justiciables*, each international tribunal has its importance, in a wider framework encompassing the most distinct situations to be adjudicated, in each respective domain of operation[23].

In a Colloquium organized to celebrate, in 1996, the 50th anniversary of the ICJ, critical views were expressed as to the traditional features of the inter-State mechanism of adjudication of contentious cases before the ICJ, which has kept on defying the passing of time to. A couple of examples were evoked as illustrations, such as the settlement of disputes on environmental issues[24], requiring a wider range of participants in the procedure. One guest speaker, for example, recalled the manifest inadequacy of that mechanism in the handling of the case of the *Application of the 1902 Convention on the Guardianship of Infants* (1958)[25]. Another guest speaker was particularly critical of the handling of the *East Timor* case (1995), where the East Timorese people had no *locus standi* to request intervention in the proceedings, not even to present an *amicus curiae*, although the crucial point under consideration was that of sovereignty over their territory.

---

20 A.A. Cançado Trindade, *The Access of Individuals to International Justice*, Oxford, Oxford University Press, 2011, pp. 7-11.

21 Cf., *inter alia*, e.g., G. Fouda, "La justice internationale et le consentement des États", *in International Justice – Thesaurus Acroasium*, vol. XXVI (ed. K. Koufa), Thessaloniki, Sakkoulas Publs., 1997, pp. 889-891, 896 and 900.

22 A.A. Cançado Trindade, *Évolution du Droit international au droit des gens – L'accès des particuliers à la justice internationale: le regard d'un juge*, Paris, Pédone, 2008, pp. 1-187.

23 Cf., to this effect, A.A. Cançado Trindade, "Contemporary International Tribunals: Their Continuing Jurisprudential Cross-Fertilization, with Special Attention to the International Safeguard of Human Rights", *in The Global Community – Yearbook of International Law and Jurisprudence* (2012) vol. I, p. 188.

24 M. Fitzmaurice, "Equipping the Court to Deal with Developing Areas of International Law: Environmental Law – Presentation", *in: Increasing the Effectiveness of the International Court of Justice...*, op. cit. infra n. (21), pp. 398-418.

25 S. Rosenne, "Lessons of the Past and Needs of the Future – Presentation", *in: Increasing the Effectiveness of the International Court of Justice* (1996 Colloquy – eds. C. Peck and R.S. Lee), The Hague, Nijhoff, 1997, pp. 487-488, and cf. pp. 466-492.

Worse still, the interests of a third State (which had not even accepted the Court's jurisdiction) were taken for granted for the purpose of protection, and promptly safeguarded by the Court, at no cost to itself, by means of the application of the so-called *Monetary Gold* "principle"[26]. This workshop is an occasion for further reflection, rather than self-praise: the fact remains that inconsistencies of the kind have survived the passing of the century, and have now reached the centennial celebration of the Peace Palace. The aforementioned examples are far from being the only ones. They in fact abound in the ICJ history.

In respect of situations concerning individuals or groups of individuals, reference can further be made, e.g., to the *Nottebohm* case (1955) pertaining to double nationality; to the cases of the *Trial of Pakistani Prisoners of War* (1973), and of the *Hostages (U.S. Diplomatic and Consular Staff) in Teheran* case (1980); to the case of the *Application of the Convention against Genocide* (1996 and 2007); to the case of the *Frontier Dispute between Burkina Faso and Mali* (1998); to the triad of cases concerning consular assistance – namely, the cases *Breard* (1998), the case *LaGrand* (Germany *versus* United States, 2001), the case *Avena and Others* (Mexico *versus* United States, 2004).

In respect of those cases, one cannot fail to reckon that one of their predominant elements was precisely the concrete situation of the individuals directly affected, and not merely abstract issues of exclusive interest of the litigating States in their relations *inter se*. Moreover, one may further recall that, in the case of *Armed Activities in the Territory of Congo* (D.R. Congo *versus* Uganda, 2000), the ICJ was concerned with grave violations of human rights and of International Humanitarian Law; and the *Land and Maritime Boundary between Cameroon and Nigeria* (1996) was likewise concerned with the victims of armed clashes.

More recently, examples wherein the Court's concerns have had to go beyond the inter-State outlook have further increased in frequency. They include, e.g., the case on *Questions Relating to the Obligation to Prosecute or Extradite* (2009-2013) pertaining to the principle of universal jurisdiction under the U.N. Convention against Torture, the case of *A.S. Diallo* (Guinea *versus* D.R. Congo, 2010) on detention and expulsion of a foreigner, the case of the *Jurisdictional Immunities of the State* (2010-2012), the case of the *Application of the International Convention on the Elimination of All Forms of Racial Discrimination* (2011), and the case of the *Temple of Preah Vihear* (provisional measures, 2011).

The same can be said of the two last Advisory Opinions of the Court, on the *Declaration of Independence of Kosovo* (2010), and on on a *Judgment of the ILO Administrative Tribunal upon a Complaint Filed against the IFAD* (2012), respectively. The artificiality of the exclusively inter-State outlook has thus been made often manifest, and increasingly so; that outlook rests on a longstanding dogma of the past, which has

---

26   C. Chinkin, "Increasing the Use and Appeal of the Court – Presentation", *in ibid.*, pp. 47-48, 53 and 55-56.

survived to date as a result of mental lethargy. Those more recent contentious cases, and requests for Advisory Opinions, lodged with the Court, have asked this latter, by reason of their subject-matter, to overcome that outlook.

Even if the mechanism of dispute-settlement by the ICJ remains strictly or exclusively inter-State, the *substance* of those disputes or issues brought before the Court pertains also to the human person, as the aforementioned cases and Opinions clearly show. The truth is that the strictly inter-State outlook has an ideological content, is a product of its time, a time long past. In these more recent decisions (1999-2013), the ICJ has at times rightly endeavoured to overcome that outlook, so as to face the new challenges of our times, brought before it in the contentious cases and requests of Advisory Opinions it has been seized of. I shall come back to this point in my concluding observations (*infra*).

1. International Human Rights Tribunals

The United Nations era has in effect been marked by the rise of multiple international tribunals. This is, in my perception, a reassuring phenomenon, which has filled a gap which persisted in the international legal order. It has contributed to the access to justice, at international level. The international procedural capacity of individuals has been exercised before international human rights tribunals, thanks to the system of international individual petitions[27]: the European Court of Human Rights, which celebrated its 60th anniversary in 2010, and the Inter-American Court of Human Rights, which celebrated its 30th anniversary in 2009, have more recently (in 2006) been followed by African Court of Human and Peoples´ Rights.

Their contribution to the historical recovery of the position of the human person as subject of the law of nations (*droit des gens*) constitutes, in my understanding, the most important legacy of the international legal thinking of the last six decades[28]. The mechanism of the European Court has already evolved into the conferment of *jus standi* of individuals directly before the Court; that of the Inter-American Court has reached the stage of conferring *locus standi in judicio* to individuals in all stages of the procedure before the Court; each one lives its own historical moment, and operates in it, within the framework of the universality of human rights.

Another basic feature, and a remarkable contribution, of the work of the European and Inter-American Courts, is found in the position they both have firmly taken of setting limits to State voluntarism, thus safeguarding the integrity of the respective human rights Conventions and the primacy of considerations of *ordre public* over the

---

27   A.A. Cançado Trindade, *El Acceso Directo del Individuo a los Tribunales Internacionales de Derechos Humanos*, Bilbao, Universidad de Deusto, 2001, pp. 34-35.

28   A.A. Cançado Trindade, *Évolution du Droit international au droit des gens...*, *op. cit*, *supra* n. (22), pp. 1-187; A.A. Cançado Trindade, *Le Droit international pour la personne humaine*, Paris, Pédone, 2012, pp. 45-368.

will of individual States. This is illustrated, e.g., by the European Court's decisions in the cases of *Belilos* (1988), of *Loizidou* (preliminary objections, 1995), and of *Ilascu, Lesco, Ivantoc and Petrov-Popa* (2001), as well as, e.g., by the Inter-American Court's decisions in the cases of the *Constitutional Tribunal* and of *Ivtcher Bronstein* (jurisdiction, 1999), as well as of *Hilaire, Benjamin and Constantine* (preliminary objection, 2001).

Both international tribunals have thus set higher standards of State behaviour and have established some degree of control over the interposition of undue restrictions by States; they have thereby reassuringly enhanced the position of individuals as subjects of international law, with full procedural capacity. By correctly resolving basic procedural issues raised in the aforementioned cases, both international tribunals have aptly made use of the techniques of public international law in order to strengthen their respective jurisdictions of protection of the human person, emancipated *vis-à-vis* her own State[29]. International human rights tribunals have drawn attention to the position of *centrality* of the victims, the *justiciables*.

2. International Criminal Tribunals

Contemporary international criminal tribunals saw the light of day along the nineties, bearing in mind the precedents of the Nuremberg and the Tokyo Tribunals of the post-II world war. *Ad hoc* international criminal tribunals (for the Former Yugoslavia and for Rwanda) were established (in 1993 and 1994), by decision of the U.N. Security Council in the light of chapter VII of the U.N. Charter. They were followed by the permanent International Criminal Tribunal (Rome Statute of 1998), and by the so-called "internationalized" or "hybrid" or mixed international tribunals (for Sierra Leona, East Timor, Kosovo, Bosnia-Herzegovina, Cambodia and Lebanon).

Each of these tribunals has contributed, in its own way, to the determination of the accountability of those responsible for grave violations of human rights and of international humanitarian law. They afford yet another illustration of the rescue of the international legal personality (and responsibility) of individuals, but, ironically, first as *passive* subjects of international law (international criminal tribunals), and, only afterwards, as *active* subjects of international law (international human rights tribunals).

Such developments, due to a reaction of the conscience of humankind against crimes against peace, crimes against humanity, grave violations of human rights

---

29 A.A. Cançado Trindade, "The Trans-Atlantic Perspective: The Contribution of the Work of the International Human Rights Tribunals to the Development of Public International Law", *in: The European Convention on Human Rights at 50 – Human Rights Information Bulletin*, n. 50 (Special Issue), Strasbourg, Council of Europe, 2000, pp. 8-9; A.A. Cançado Trindade, "The Merits of Coordination of International Courts on Human Rights", 2 *Journal of International Criminal Justice* (2004) pp. 309-312.

and of International Humanitarian Law, give testimony of the expansion not only of international personality (and capacity), but also of international jurisdiction and of international responsibility. This is a notable feature of our times, in this present era of international tribunals.

Their determination of responsibility, – with all its legal consequence, – has exercised a key role in the struggle against impunity. While international human rights tribunals determine the responsibility of States, international criminal tribunals determine de responsibility of individuals. Anywhere in the world, it is reckoned nowadays that the perpetrators of grave violations of human rights (be them States or individuals), as well as those responsible for acts of genocide, war crimes and crimes against humanity, ought to respond judicially for the atrocities committed, irrespective of their nationality or the position held in the hierarchical scale of the public power of the State.

3. General Overview

Thanks to the work of those international tribunals, the international community no longer accepts impunity for international crimes, for *grave* violations of human rights and of international humanitarian law[30]. The determination of the international criminal responsibility of individuals by those tribunals is a reaction of contemporary international law to *grave* violations, guided by fundamental principles, and values shared by the international community as a whole[31]. There is no more room for impunity, with the present-day configuration of a true *droit au Droit*, of the persons victimized in any circumstances, including amidst the most complete adversity[32]. International human rights tribunals as well as international criminal tribunals have operated decisively to put an end to impunity.

Their jurisprudencial advances in recent years were unforeseeable, and even unthinkable, some decades ago[33]. International human rights tribunals have helped to awaken public conscience in respect of situations of utmost adversity or even

---

30 E. Möse, "Main Achievements of the ICTR", 3 *Journal of International Criminal Justice* (2005) pp. 932-933; E. Möse, "The International Criminal Tribunal for Rwanda", *in International Criminal Justice – Law and Practice from the Rome Statute to Its Review* (ed. R. Bellelli), Farnham/U.K., Ashgate, 2010, p. 90. And cf. also, likewise, A. Cassese, "The Legitimacy of International Criminal Tribunals and the Current Prospects of International Criminal Justice", 25 *Leiden Journal of International Law* (2012) p. 497.

31 S. Zappalà, *La justice penale internationale*, Paris, Montchrestien, 2007, pp. 15, 19, 23, 29, 31, 34-35, 43, 135, 137 and 145-146.

32 A.A. Cançado Trindade, *The Access of Individuals to International Justice, op. cit. supra* n. (20), pp. 196-198, and cf. pp. 132-191.

33 As to the growing importance currently devoted to the theme, cf. Y. Beigbeder, *International Justice against Impunity – Progress and New Challenges*, Leiden, Nijhoff, 2005, pp. 1-235.

defencelessness affecting individuals, and of widespread violence victimizing vulnerable segments of the population[34]. They have, in effect, brought justice to those victimized, even in situations of systematic and generalized violence, and mass atrocities. They have thus contributed, considerably and decisively, to the primacy of the *rule of law* at national and international levels, demonstrating that no one is above the law, – neither the rulers, nor the ruled, nor the States themselves. International law applies directly to States, to international organizations, and to individuals[35].

4. The Contribution of Expanded Advisory Jurisdiction

It was with the PCIJ that, for the first time, an international tribunal was attributed the advisory function, – surrounded as it was by much discussion. It was originally conceived to assist the Assembly and the Council of the League of Nations, by the PCIJ, making good use of it, ended up by assisting not only those organs, but States as well: among the 27 Advisory Opinions it delivered, 17 of them addressed then existing aspects of disputes between States. It thus contributed to the avoidance of full-blown contentious proceedings, and exercise a preventive function, to the benefit of judicial settlement itself of international disputes[36]. The advisory function, as exercised by the PCIJ, thus contributed also to the progressive development of international law.

Ever since the advisory jurisdiction expanded. While the PCIJ Statute enabled only the League Council and Assembly to request Advisory Opinions, the ICJ Statute enabled other United Nations organs (besides de General Assembly, the Security Council and ECOSOC) and specialized agencies and others to do so, and the ICJ has issued 27 Advisory Opinions to date. Other contemporary international tribunals have been endowed with the advisory jurisdiction, and there are examples of frequent use made of it, such as the advisory jurisprudential construction of the Inter-American Court of Human Rights.

Advisory Opinions of the ICJ, on their part, can also contribute, and have indeed done so, to the prevalence of the *rule of law* at national and international levels. Some of them have, likewise, contributed to the progressive development of

---

34 Cf., as to the ECtHR, e.g., M.D. Goldhaber, A People's History of the European Court of Human Rights, New Brunswick/London, Rutgers University Press, 2009, pp. 2, 11, 57, 123, 126-127, 149-151, 155-158 and 168; and, as to the IACtHR, e.g., A.A. Cançado Trindade, "Die Entwicklung des interamerikanischen Systems zum Schutz der Menschenrechte", 70 *Zeitschrift für ausländisches öffentliches Recht und Völkerrecht* (2010) pp. 629-699.
35 A.A. Cançado Trindade, *Os Tribunais Internacionais Contemporâneos, op. cit. supra* n. (11), pp. 109-110.
36 M.G. Samson and D. Guilfoyle, "The Permanent Court of International Justice and the `Invention´ of International Advisory Jurisdiction", *in Legacies of the Permanent Court of International Justice* (eds. C.J. Tams, M. Fitzmaurice and P. Merkouris), Leiden, Nijhoff, 2013, pp. 41-45, 47, 55-57 and 63.

international law (e.g., the ones on *Reparation for Injuries*, 1949; on *Namibia*, 1970; on *Immunity from Legal Process of a Special Rapporteur of the U.N. Commission on Human Rights*, 1999; among others). The same can be said of some of the Advisory Opinions of the Inter-American Court of Human Rights (e.g., the ones on the *Right to Information on Consular Assistance in the Framework of the Guarantees of the Due Process of Law*, 1999; on the *Juridical Condition and Human Rights of the Child*, 2002; on the *Juridical Condition and Rights of Undocumented Migrants*, 2003).

IV. The Move Towards Compulsory Jurisdiction

It is not my intention today to dwell upon the bases of jurisdiction of contemporary international tribunals, as I have already done so in detail elsewhere[37], and recently in my lengthy Dissenting Opinion (paras. 1-214) in the ICJ's Judgment (of 01.04.2011) in the case of the *Application of the Convention on the Elimination of All Forms of Racial Discrimination*; but I cannot refrain from recalling, in this centennial celebration, the difficulties experienced in the long path towards compulsory jurisdiction. Throughout the last decades, advances could here have been much greater if State practice would not have undermined or betrayed the purpose which originally inspired the creation of the mechanism of the optional clause of compulsory jurisdiction (of the PCIJ and the ICJ), that is, the submission of political interests to Law, rather than the acceptance of compulsory jurisdiction the way one freely wishes.

Only in this way would one, as originally envisaged, achieve greater development in the realization of justice at international level on the basis of compulsory jurisdiction. The foundation of compulsory jurisdiction lies, ultimately, in the confidence in the *rule of law* at international level[38]. The very nature of a court of justice (beyond traditional arbitration) calls for compulsory jurisdiction[39]. Conscience stands above the will.

---

37 A.A. Cançado Trindade, "Towards Compulsory Jurisdiction: Contemporary International Tribunals and Developments in the International Rule of Law – Part I", *in* XXXVII *Curso de Derecho Internacional Organizado por el Comité Jurídico Interamericano – 2010*, Washington D.C., OAS General Secretariat, 2011, pp. 233-259; A.A. Cançado Trindade, "Towards Compulsory Jurisdiction: Contemporary International Tribunals and Developments in the International Rule of Law – Part II", *in* XXXVIII *Curso de Derecho Internacional Organizado por el Comité Jurídico Interamericano – 2011*, Washington D.C., OAS General Secretariat, 2012, pp. 285-366.

38 Cf., in this sense, C.W. Jenks, *The Prospects of International Adjudication*, London, Stevens, 1964, pp. 101, 117, 757, 762 and 770.

39 Cf., in this sense, B.C.J. Loder, "The Permanent Court of International Justice and Compulsory Jurisdiction", 2 *British Year Book of International Law* (1921-1922) pp. 11-12. And cf., earlier on, likewise, N. Politis, *La justice internationale*, Paris, Libr. Hachette, 1924, pp. 7-255, esp. pp. 193-194 and 249-250.

Soon renewed hopes to that effect were expressed in compromissory clauses enshrined into multilateral and bilateral treaties[40]. These hopes have grown in recent years, with the increasing recourse to compromissory clauses as basis of jurisdiction [41]. In any case, be that as it may, the ICJ retains at least the power and duty to address *motu proprio* the issue of jurisdiction[42]. The time has come to overcome definitively the regrettable lack of automatism of the international jurisdiction, which, despite all difficulties, is no longer an academic dream or utopia, but has become reality in respect of some international tribunals.

I pointed this out in my General Course on Public International Law delivered at the Hague Academy of International Law in 2005, wherein, *inter alia*, I reviewed the developments in the domain of peaceful settlement of international disputes well beyond State voluntarism, and keeping in mind the general concerns of the international community[43]. More recently, I have reiterated that

> "International jurisdiction is becoming, in our days, an imperative of the contemporary international legal order itself, and compulsory jurisdiction responds to a need of the international community in our days; although this latter has not yet been fully achieved, some advances have been made in the last decades[44]. The Court of Justice of the European Communities provides one example of supranational compulsory jurisdiction, though limited to community law or the law of integration. The European Convention of Human Rights, after the entry into force of Protocol n. 11 on 01.11.1998, affords another conspicuous example of automatic compulsory jurisdiction. The International Criminal Court is the most recent example in this regard; although other means were contemplated throughout the travaux préparatoires of the 1998 Rome Statute (such as cumbersome `opting in´ and `opting out´ procedures), at the end compulsory jurisdiction prevailed, with no need for further expression of consent on the part of States Parties to the Rome Statute. This was a significant decision, enhancing international jurisdiction.

---

40   E. Hambro, "Some Observations on the Compulsory Jurisdiction of the International Court of Justice", 25 *British Year Book of International Law* (1948) p. 153.

41   Cf. R. Szafarz, *The Compulsory Jurisdiction of the International Court of Justice*, Dordrecht, Nijhoff, 1993, pp. 4, 31-32, 83 and 86; R.P. Anand, "Enhancing the Acceptability of Compulsory Procedures of International Dispute Settlement", 5 *Max Planck Yearbook of United Nations Law* (2001) pp. 5-7, 11, 15 and 19.

42   R.C. Lawson, "The Problem of the Compulsory Jurisdiction of the World Court", 46 *American Journal of International Law* (1952) pp. 234 and 238, and cf. pp. 219, 224 and 227.

43   A.A. Cançado Trindade, "International Law for Humankind: Towards a New *Jus Gentium* -General Course on Public International Law – Part II", 317 *Recueil des Cours de l'Académie de Droit International de la Haye* (2005), chapters XXIV-XXV, pp. 173-245.

44   H. Steiger, "Plaidoyer pour une juridiction internationale obligatoire", *in Theory of International Law at the Threshold of the 21st Century – Essays in Honour of K. Skubiszewski* (ed. J. Makarczyk), The Hague, Kluwer, 1996, pp. 818, 821-822 and 832; and cf. R.St.J. MacDonald, "The New Canadian Declaration of Acceptance of the Compulsory Jurisdiction of the International Court of Justice", 8 *Canadian Yearbook of International Law* (1970) pp. 21, 33 and 37.

The system of the 1982 U.N. Convention on the Law of the Sea, in its own way, moves beyond the traditional regime of the optional clause of the ICJ Statute. It allows States Parties to the Convention the option between the International Tribunal for the Law of the Sea, or the ICJ, or else arbitration (Article 287); despite the exclusion of certain matters, the Convention succeeds in establishing a compulsory procedure containing coercitive elements; the specified choice of procedures at least secures law-abiding settlement of disputes under the U.N. Law of the Sea Convention[45]. In addition to the advances already achieved to this effect, reference could also be made to recent endeavours in the same sense.

These illustrations suffice to disclose that compulsory jurisdiction is already a reality, – at least in some circumscribed domains of International Law, as indicated above. International compulsory jurisdiction is, by all means, a juridical possibility. If it has not yet been attained on a world-wide level, in the inter-State contentieux, this cannot be attributed to an absence of juridical viability, but rather to misperceptions of its role, or simply to a lack of conscience as to the need to widen its scope. Compulsory jurisdiction is a manifestation of the recognition that International Law, more than voluntary, is indeed necessary[46/47].

V. Emerging Conceptions of the Exercise of the International Judicial Function

With the operation of international tribunals, there have gradually emerged two basic disting conceptions of the exercise of the international judicial function: one, – a strict one, – whereby the tribunal has to limit itself to settle the dispute at issue and to handle its resolution of it to the contending parties (a form of transactional justice), addressing only what the parties had put before it; the other, a larger one, – the one I sustain, – whereby the tribunal has to go beyond that, and say what the Law is (*juris dictio*), thus contributing to the settlement of other like situations as well, and to the progressive development of international law. In the interpretation

---

45 L. Caflisch, "Cent ans de règlement pacifique des différends interétatiques", 288 *Recueil des Cours de l'Académie de Droit International de La Haye* (2001) pp. 365-366 and 448-449; J. Allain, "The Future of International Dispute Resolution – The Continued Evolution of International Adjudication", *in Looking Ahead: International Law in the 21st Century* (Proceedings of the 29th Annual Conference of the Canadian Council of International Law, Ottawa, October 2000), The Hague, Kluwer, 2002, pp. 61-62.

46 One such example is found in the Proposals for a Draft Protocol to the American Convention on Human Rights, which I prepared as *rapporteur* of the IACtHR, which *inter alia* advocates an amendment to Article 62 of the American Convention so as to render the jurisdiction of the IACtHR in contentious matters automatically compulsory upon ratification of the Convention. Cf. A.A. Cançado Trindade, *Informe: Bases para un Proyecto de Protocolo a la Convención Americana sobre Derechos Humanos, para Fortalecer Su Mecanismo de Protección*, vol. II, 2nd. ed., San José of Costa Rica, Inter-American Court of Human Rights, 2003, pp. 1-64.

47 A.A. Cançado Trindade, "Towards Compulsory Jurisdiction: Contemporary International Tribunals and Developments in the International Rule of Law – Part II", *in op. cit. supra* n. (37), pp. 310-311.

itself – or even in the search – of the applicable law, there is space for judicial creativity; each international tribunal is free to find the applicable law, independently of the arguments of the contending parties[48] (*juria novit curia*).

Furthermore, there are circumstances wherein the judgments of international tribunals may have repercussions beyond the States parties to a case, – as exemplified by the well-known Judgments of the Inter-American Court of Human Rights (having as leading case that of *Barrios Altos*, 2001), which held amnesties leading to impunity to be incompatible with the American Convention on Human Rights[49]. Such repercussions tend to occur when the judgments succeed to give expression to the idea of an *objective* justice. In this way, they contribute to the evolution of international law itself, and to the *rule of law* at national and international levels in democratic societies.

The more international tribunals devote themselves to explaining clearly the foundations of their decisions, the greater their contribution to justice and peace is bound to be. This issue has attracted the attention of juridical circles in the last decades[50]. In my conception, in judgments of international tribunals (also at regional level, in addition to national tribunals as well), the *motifs* and the *dispositif* go together: one cannot separate the decision itself from its foundations, from the reasoning which upholds it. Reason and persuasion permeate the operation of justice, and this goes back to the historical origins of its conception.

VI. The Relevance of General Principles of Law

General principles of law, enlisted among the formal sources of international law (Article 38 of the ICJ Statute), encompass those found in all national legal systems[51] (thus ineluctably linked with the very foundations of Law), and likewise the general principles of international law[52]. Such principles, in my own conception, in-

---

48 Cf. M. Cappelletti, *Juízes Legisladores?*, Porto Alegre/Brazil, S.A. Fabris Ed., 1993, pp. 73-75 and 128-129; M.O. Hudson, *International Tribunals – Past and Future*, Washington D.C., Carnegie Endowment for International Peace/Brookings Inst., 1944, pp. 104-105.

49 For an account, cf. A.A. Cançado Trindade, *El Ejercicio de la Función Judicial Internacional – Memorias de la Corte Interamericana de Derechos Humanos*, 3rd. ed., Belo Horizonte/Brazil, Edit. Del Rey, 2013, pp. 267-268.

50 Cf., e.g., [Various Authors,] *La Sentenza in Europa – Metodo, Tecnica e Stile* (Atti del Convegno Internazionale di Ferrara di 1985), Padova, CEDAM, 1988, pp. 101-126, 217-229 and 529-542.

51 Cf. H. Mosler, "To What Extent Does the Variety of Legal Systems of the World Influence the Application of the General Principles of Law within the Meaning of Article 38(1)(c) of the Statute of the International Court of Justice", *in International Law and the Grotian Heritage* (Hague Colloquium of 1983), The Hague, T.M.C. Asser Instituut, 1985, pp. 173-185.

52 It is not suprising that the heralds of absolute sovereignty of the past have resisted to the applicability to the general principles of law at international level; F.O. Raimondo, *General Principles of Law in the Decisions of International Criminal Courts and Tribunals*, Leiden, Nijhoff, 2008, pp. 59 and 41.

form and conform the norms and rules of international law, being a manifestation of the universal juridical conscience; in the *jus gentium* in evolution, basic considerations of humanity play a role of the utmost importance[53].

The aforementioned general principles of law have always marked presence in the search for Justice, despite the dictinct perceptions of this latter in distinct countries. International human rights tribunals and international criminal tribunals have ascribed great importance to such general principles of law[54]. Those principles have been reaffirmed time and time again, and retain full validity in our days. Legal positivism has always attempted, in vain, to minimize their role, but the truth is that, without those principles, there is no legal system at all, be it national or international. They give expression to the idea of an *objective justice*, paving the way to the application of the *universal* international law, the new *jus gentium* of our times[55].

I have had the occasion to ponder, for example, in my Concurring Opinion in the ground-breaking Advisory Opinion n. 18, de 17.09.2003, of the IACtHR, on the *Juridical Condition and Rights of Undocumented Migrants*:

> "Every legal system has fundamental principles, which inspire, inform and conform their norms. It is the principles (derived ethmologically from the Latin principium) that, evoking the first causes, sources or origins of the norms and rules, confer cohesion, coherence and legitimacy upon the legal norms and the legal system as a whole. It is the general principles of law (prima principia) which confer to the legal order (both national and international) its ineluctable axiological dimension; it is they that reveal the values which inspire the whole legal order and which, ultimately, provide its foundations themselves. This is how I conceive the presence and the position of the principles in any legal order, and their role in the conceptual universe of Law. (...)
>
> From the prima principia the norms and rules emanate, which in them find their meaning. The principles are thus present in the origins of Law itself. The principles show us the legitimate ends to seek: the common good (of all human beings, and not of an abstract collectivity), the realization of justice (at both national and international levels), the necessary primacy of law over force, the preservation of peace. Contrary to those who attempt – in my view in vain – minimize them, I understand that, if there are no principles, nor is there truly a legal system. Without the principles, the `legal order´ simply is not accomplished, and ceases to exist as such" (paras. 44 and 46).

---

53   A.A. Cançado Trindade, *International Law for Humankind – Towards a New Jus Gentium*, 2nd. rev. ed., Leiden/The Hague, Nijhoff, 2013, pp. 1-726.

54   To this effect, cf., *inter alia*, e.g., K. Grabarczyk, *Les principes généraux dans la jurisprudence de la Cour Européenne des Droits de l´Homme*, Aix-Marseille, Presses Universitaires d´Aix-Marseille, 2008, pp. 375-473; M. Shahabuddeen, *International Criminal Justice at the Yugoslav Tribunal – A Judge´s Recollection*, Oxford, Oxford University Press, 2012, pp. 55, 57, 86, 88-89, 185 and 203.

55   A.A. Cançado Trindade, *International Law for Humankind...*, *op. cit. supra* n. (53), pp. 1-726.

An international tribunal like the ICJ has resorted to general principles of law (recognized in domestic legal system and in international law) in its *jurisprudence constante*. For their part, international human rights tribunals have always kept in mind the principle of the dignity of the human person, as well as the principle (*pro victima*) of the application of the norm most favourable to the victim. And international criminal tribunals have kept in mind the principle of humanity, as well as the principle of universal jurisdiction; and one may add, in respect of the ICC, the principle of complementarity (enshrined in its Statute), – to refer to some examples.

From this outlook, the basic posture of an international tribunal can only be *principiste*, without making undue concessions to State voluntarism. I had the occasion of pointing this out, as guest speaker, in the opening of the judicial year of the ECtHR, on 22.01.2004, at the *Palais des Droits de l'Homme* in Strasbourg, in the following terms:

> "La Cour européenne et la Cour interaméricaine ont toutes deux, à juste titre, imposé des limites au volontarisme étatique, protégé l'intégrité de leurs Conventions respectives des droits de l'homme, ainsi que la prépondérance des considérations d'ordre public face à la volonté de tel ou tel État, élevé les exigences relatives au comportement de l'État, instauré un certain contrôle sur l'imposition de restrictions excessives par les États, et, de façon rassurante, mis en valeur le statut des individus en tant que sujets du Droit International des Droits de l'Homme en les dotant de la pleine capacité sur le plan procédural"[56].

More recently, within the ICJ, I have likewise sustained the same position. For example, in my lengthy Separate Opinion in the ICJ's Advisory Opinion (of 22.07.2010) on the *Conformity with International Law of the Declaration of Independence of Kosovo*, I singled out, *inter alia*, the relevance of the principles of international law in the framework of the Law of the United Nations, and in relation with the *human ends* of the State (paras. 177-211), leading also to the overcoming of the strictly inter-State paradigm in contemporary international law. Subsequently, in my extensive Dissenting Opinion in the case concerning the *Application of the International Convention on the Elimination of All Forms of Racial Discrimination* (CERD, Georgia *versus* Russian Federation, Judgment of 01.04.2011), I sustained the pressing need of the realization of justice on the basis of the compromissory clause (Article 22) of the CERD Convention, discarding any yielding to State voluntarism (paras. 1-214) (cf. *supra*).

---

56 *In*: "Discours de A.A. Cançado Trindade, Président de la Cour Interaméricaine des Droits de l'Homme", Cour Européenne des Droits de l'Homme, *Rapport annuel 2003*, Strasbourg, CourEDH, 2004, pp. 41-50; também reproduzido *in* A.A. Cançado Trindade, *El Desarrollo del Derecho Internacional de los Derechos Humanos mediante el Funcionamiento y la Jurisprudencia de la Corte Europea y la Corte Interamericana de Derechos Humanos*, San José de Costa Rica/Strasbourg, CtIADH, 2007, pp. 41-42, para. 13.

VII. The Awareness of the Primacy of the *Jus Naecessarium* over the *Jus Voluntarium*

As already seen, in the present era of international tribunals there have been advances towards *compulsory* international jurisdiction (cf. *supra*), seeking to secure the primacy of the *jus naecessarium* over the *jus voluntarium*. The present-day phenomenon of the multiplicity of international tribunals is indeed related to the move towards international compulsory jurisdiction[57]. As to the ICJ, the original purpose of the optional clause (Article 36(2) of the Statute) was to attract general acceptance so as to establish compulsory international jurisdiction, in the light of the principle of juridical equality of States; the subsequent practice of adding restrictions – at each State's free will – to the acceptance of the optional clause distorted the purpose originally propounded. But there is today renewed hope in the growing use of compromissory clauses, as jurisdictional basis in the *contentieux* before the ICJ; for their consideration one is, in my view, to take into account the respective conventions as a whole (including their object and purpose), in the path towards international compulsory jurisdiction.

The International Tribunal for the Law of the Sea (UNTLOS) counts on a *sui generis* mechanism (*supra*), opening four alternatives for dispute-settlement: if there is no agreement as to which one to select, arbitration applies. This provides another illustration that State discretion is not unlimited as in times past. The Court of Justice of the European Communities (CJEC, of the European Union) provides yet another illustration of the move towards international compulsory jurisdiction, in the domain of regional or subregional integration, a domain in which there is a multiplicity of international tribunals nowadays (e.g., in Latin America and in Africa). An international tribunal such as the CJEC has contributed considerably to the consolidation of the *autonomous* nature of community law, to its effectiveness and to the specificity of Community treaties, and to the identification of the essential characteristics of the Community legal order[58] (such as its primacy over the law of member States, and the direct effect of several of its provisions, applicable alike to their nationals and to member States themselves).

---

57 Cf. H. Ascensio, "La notion de juridiction internationale en question", *in La juridictionnalisation du droit international* (SFDI, Colloque de Lille de 2002), Paris, Pédone, 2003, pp. 192-194; E. McWhinney, *Judicial Settlement of International Disputes – Jurisdiction, Justiciability and Judicial Law-Making on the Contemporary International Court*, Dordrecht, Nijhoff, 1991, p. 13.

58 Cf., e.g., P.J.G. Kapteyn, "The Role of the Court of Justice in the Development of the Community Legal Order", *in Il Ruolo del Giudice Internazionale nell'Evoluzione del Diritto Internazionale e Comunitario – Atti del Convegno di Studi in Memoria di G. Morelli* (Università di Reggio Calabria, 1993 – ed. F. Salerno), Padova, CEDAM, 1995, pp. 161-162, 165-167 and 170-173. And cf., recently, e.g., A. von Bogdandy, *I Principi Fondamentali dell'Unione Europea – Un Contributo allo Sviluppo del Costituzionalismo Europeo*, Roma, Edit. Scientifica, 2011, pp. 63-137.

VIII. International Tribunals and Jurisprudential Cross-Fertilization

In our days, the more lucid international legal doctrine has at last discarded empty euphemistic expressions used some years ago, – such as so-called "proliferation" of international tribunals, so-called "fragmentation" of international law, so-called "forum-shopping", – which diverted attention to false issues of delimitation of competences, oblivious of the need to focus it on the imperative of an enlarged access to justice. Those expressions, narrow-minded and unelegant and derrogatory, and devoid of any meaning, paid a disservice to our discipline; they missed the key point of the considerable advances of the old ideal of international justice in the contemporary world.

It has become clear today that contemporary international tribunals, rather than threatening the cohesion of international law, enrich and strengthen it, in asserting its aptitude to resolve disputes in distinct domains of international law, at both *inter*-State and *intra*-State levels. Contemporary international law has thereby become more responsive to the fulfilment of the basic needs of the international community, of human beings and of humankind as a whole, amongs which that of the realization of justice. The expansion of international jurisdiction by the establishment of contemporary international tribunals is but a reflection of the way contemporary international law has evolved, no longer indifferent to human suffering, and of the current search for, and construction of a *corpus juris* for the international community guided by the *rule of law* in democratic societies and committed to the realization of justice.

In the performance of their common mission of imparting justice, contemporary international tribunals have begun to take into account each other´s case-law. The case-law of the ICJ, for example, has been regularly taken into account by other contemporary international tribunals. In addition, recently, the ICJ itself has also displayed its openness of mind and has begun to do the same, as disclosed by its Judgment (merits, of 30.11.2010) in the case of *A.S. Diallo*. For the first time in its history, the ICJ established therein violations of the two human rights treaties at issue *together*, namely, at universal level, the 1966 U.N. Covenant on Civil and Political Rights, and, at regional level, the 1981 African Charter on Human and Peoples´ Rights, – both in the framework of the universality of human rights, – in addition to the established breach of the 1963 Vienna Convention on Consular Relations (Article 36(1)(b)).

Also in an unprecedented way, the ICJ made express cross-references to the relevant case-law of the Inter-American and European Courts of Human Rights; and again, in its subsequent Judgment (reparations, of 19.06.2012) in the same case of *A.S. Diallo*, has again referred to the pertinent case-law of other international tribunals, such as, e.g., the European and Inter-American Courts of Human Rights, the International Tribunal for the Law of the Sea, and the Iran-United States Claims Tribunal. Likewise, the handling of the *Lubanga* case (2007-2012) by the International Criminal

Court (ICC) has been marked, from the start, by the attention dispensed by the ICC to the relevant case-law of international human rights tribunals[59]; when it came to its treatment of specific issues concerning reparations, the ICC (Trial Chamber I) has, to an even far greater extent, made express cross-references to the relevant case-law of the Inter-American Court of Human Rights in particular.

Like other contemporary international tribunals, the ITLOS has also contributed to jurisprudential cross-fertilization. Thus, recently (Judgment of 14.03.2012), in the case of the *Delimitation of the Maritime Boundary between Bangladesh and Myanmar in the Bay of Bengal*, the ITLOS has made several cross-references to decisions of the ICJ in distinct cases of maritime delimitation[60]. Earlier on, in its first Advisory Opinion (of 01.02.2011), on *Responsibilities and Obligations of States Sponsoring Persons and Entities with Respect to Activities in the Area*, the ITLOS (Seabed Disputes Chamber) has referred to other decisions of the ICJ (pars. 57 and 169), in particular to its Judgment (of 20.04.2010) in the case of the *Pulp Mills on the River Uruguay* (paras. 57, 115, 135 and 147), as well as to the ICJ Advisory Opinion (of 22.07.2010) on the *Declaration of Independence of Kosovo* (paras. 39 and 60).

Jurisprudential cross-fertilization, furthermore, exerts a constructive function in the safeguard of the rights of the *justiciables*. It is thus to be expected that contemporary international tribunals remain increasingly aware of the case-law of each other, in their continuing performance of their common mission of imparting justice in distinct domains of international law[61], thus preserving its basic *unity*. This is to the benefit of the international community as a whole, and of all the *justiciables*, all subjects of law around the world, – States, international organizations and individuals alike.

IX. Effects of the Work of International Tribunals

In the present era of multiple international tribunals, the effects of their joint work can already be perceived. These effects have been, in my perception, first, their *law-making* endeavours, not only applying but also creating an *objective* law, beyond the will or consent of individual States, on the basis of the consciousness of human values; secondly, the acknowledgment of the fundamental importance of general principles of law[62]; thirdly, the development of international legal procedure (with a blend of traditions of national legal systems around the world, and the acknowledg-

---

59 Pre-Trial Chamber I decision of 29.01.2007, Trial Chamber I decision of 07.08.2012.
60 Paragraphs 90, 95, 117, 185, 191, 211, 229-230, 233, 264, 294-295 and 330.
61 A.A. Cançado Trindade, "Contemporary International Tribunals: Their Continuing Jurisprudential Cross-Fertilization...", *op. cit. supra* n. (23), p. 188. And cf., in general, e.g., G. de Vergottini and J.-J. Pardini, *Au-delà du dialogue entre les Cours*, Paris, Dalloz, 2013, pp. 39-138.
62 A.A. Cançado Trindade, "Foundations of International Law: The Role and Importance of Its Basic Principles", *in XXX Curso de Derecho Internacional Organizado por el Comité Jurídico Interamericano* – OAS (2003) pp. 359-415.

ment of the importance for the justiciables of the holding of oral hearings); fourthly, the fostering of the *unity* of law, with the interactions between international law and domestic law; and fifthly, the aforementioned fostering of respect for the *rule of law* at national and international levels.

The assertion of an *objective* law (first point), beyond the will of individual States, is a revival of jusnaturalist thinking. Judicial settlement of international disputes is needed as a guarantee against unilateral interpretation by a State of conventional obligations. After all, the basic foundations of international law emanate ultimately from the human conscience, from the universal juridical conscience, and not from the "will" of individual States[63]. The assertion of the *unity* of the law is intertwined with the *rule of law* at national and international levels, as access to justice takes place, and ought to be preserved, at both levels[64].

The ICJ itself, despite its anachronistic inter-State mechanism of operation, has been attentive to developments in the domains of the International Law of Human Rights[65] and of International Humanitarian Law[66]. In this respect, it should not pass unnoticed that distinct trends of protection of the *justiciables* (International Law of Human Rights, International Humanitarian Law, International Law of Refugees, International Criminal Law) *converge*, rather than conflict with each other, at normative, hermeneutic and operative levels[67].

X. Interactions between International and Domestic Law: The Unity of the Law

The work of international human rights tribunals, as well as of contemporary international criminal tribunals (cf. *supra*), bear witness of the interactions between international and domestic law in their respective domains of operation. The

---

63 M.M.T.A. Brus, *Third Party Dispute Settlement in an Interdependent World*, Dordrecht, Nijhoff, 1995, pp. 142 and 182-183; A.A. Cançado Trindade, "La *Recta Ratio* dans les Fondements du *Jus Gentium* comme Droit International de l'Humanité", 10 *Revista do Instituto Brasileiro de Direitos Humanos* (2010) pp. 11-26.

64 A.A. Cançado Trindade, *Os Tribunais Internacionais Contemporâneos*, op. cit. supra n. (11), pp. 80-82.

65 Cf., *inter alia*, e.g., A.A. Cançado Trindade, "La jurisprudence de la Cour Internationale de Justice sur les droits intangibles / The Case-Law of the International Court of Justice on Non-Derogable Rights", *in Droits intangibles et états d'exception / Non-Derogable Rights and States of Emergency* (eds. D. Prémont, C. Stenersen and I. Oseredczuk), Bruxelles, Bruylant, 1996, pp. 53-71 e 73-89.

66 Cf., *inter alia*, e.g., G. Zyberi, *The Humanitarian Face of the International Court of Justice*, Utrecht, Intersentia, 2008, pp. 26-60 and 259-341.

67 Cf. A.A. Cançado Trindade, *Los Tribunales Internacionales Contemporáneos y la Humanización del Derecho Internacional*, Buenos Aires, Ed. Ad-Hoc, 2013, pp. 7-185; A.A. Cançado Trindade, *Derecho Internacional de los Derechos Humanos, Derecho Internacional de los Refugiados y Derecho Internacional Humanitario – Aproximaciones y Convergencias*, Geneva, ICRC, [2000], pp. 1-66.

realization of justice becomes a common goal, and a converging one, at the domestic and international legal orders. They both testify the *unity of the Law* in the realization of justice, a sign of our times. International human rights tribunals have shown that, in the great majority of cases lodged with them, international jurisdiction is resorted to when there is no longer a possibility to find justice at domestic law level.

And there have been occasions wherein the international jurisdiction has come to support national jurisdiction (*infra*), so as to secure also within this latter the primacy of law (*prééminence du droit, rule of law*). In effect, the expansion of international jurisdiction (cf. *supra*) has counted on the co-participation of national jurisdictions[68]. After all, international law attributes international functions also to national tribunals[69]. These latter have a role to play also in the search of the primacy of the international *rule of law*[70].

Among international criminal tribunals, the ICC shows, inter alia, that the principle of the principle of complementarity, for examples, signals the call for a greater aproximation, if not interaction, between the international and national jurisdictions. And it could not be otherwise, particularly in our times, when, with growing frequency, the most diverse matters are brought before judicial control at international level[71]. Contrary to what keeps on being assumed in various legal circles, national and international jurisdictions, in our times, are not concurring or conflictive, but rather complementary, in constant interaction in the protection of the rights of the human person and in the struggle against the impunity of the violators of thoses rights.

It is not certain either, – also contrary to what is usually assumed, – that the international jurisdiction for the protection of the rights of the human person is always and only "subsidiary" to national jurisdiction, or "autonomous" in relation to it. The two jurisdictions interact in the present domain of protection. And, further than that, there are significant illustrations, in certain situations of extreme adversity

---

68 Cf., in general, e.g., Y. Shany, *Regulating Jurisdictional Relations between National and International Courts*, Oxford, Oxford University Press, 2009, p. 1-200. – For an account of the relations between the Prosecutors´ offices of the ad hoc International Tribunais for the Former Yugoslavia and for Rwanda (ICTFY and ICTR) and the competent national authorities, cf. V. Peskin, *International Justice in Rwanda and the Balkans – Virtual Trials and the Struggle for State Cooperation*, Cambridge, Cambridge University Press, 2009 [reed.], pp. 3-257.

69 Cf. A.A. Cançado Trindade, *The Access of Individuals to International Justice*, Oxford, Oxford University Press, 2011, ch. V, pp. 76-112 (on the interaction between international law and domestic law in human rights protection).

70 A. Nollkaemper, *National Courts and the International Rule of Law*, Oxford, Oxford University Press, 2011, pp. 1-304.

71 T. Koopmans, "Judicialization", *in Une communauté de droit – Festschrift für G.C. Rodríguez Iglesias* (eds. N. Colneric *et alii*), Berlin, Berliner Wissenschafts-Verlag (BWV), 2003, pp. 51-57; G. Ulfstein, "The International Judiciary", *in The Constitutionalization of International Law* (eds. J. Klabbers, A. Peters e G. Ulfstein), Oxford, Oxford University Press, 2011 [reed.], pp. 126-152.

to human beings, of the international jurisdiction having even *preceded* national jurisdiction in the protection of the rights of the victimized and in the reparations due to them.

For example, the determination, by the IACtHR, of the international responsibility of the respondent State for grave violations of human rights in the cases of the massacres of *Barrios Altos* and *La Cantuta* (Judgments of 2001[72] and 2006[73], respectively), *preceded* the condemnation, by the Special Penal Chamber of the Peruvian Supreme Court (in 2007-2010), of the former President of the Republic (A. Fujimori)[74]. In those two cases, in addition to the paradigmatic case of the *Constitutional Tribunal* (IACtHR's Judgment of 2001) – pertaining to the destitution of three magistrates, later reincorporated into the Tribunal – the *international jurisdiction effectively intervened in defense of the national one*, decisively contributing to the restoration of the *État de Droit*, – as it occurred, – besides having safeguarded the rights of the victimized[75]. In the history of the relations – and interactions – between national and international jurisdictions, this trilogy of cases will surely keep on being studied by the present and future generations of internationalists and constitutionalists.

XI. Concluding Remarks: The Tasks Ahead, and Prospects for the Future

I have now come to my concluding observations, as to the prospects for the future, keeping in mind the lessons learned along a century of experience sedimented in the domain of international justice. It is high time, in my view, to begin focusing attention constantly on the proper ways of achieving the realization of justice, rather than keeping cultivating strategies of litigation for the sake of it, making abstraction of human values. Likewise, it is high time to accompany consistently the ongoing expansion of international jurisdiction, and of international legal personality and capacity, as well as international responsibility, by drawing closer attention to *all* subjects of international law, not only States, but also international organizations, peoples and individuals.

---

72 Judgments of 14.03.2001 (merits), 03.09.2001 (interpretation), and 30.11.2001 (reparations).

73 Judgment of 29.11.2006 (merits and reparations).

74 For a historical account, cf. A.A. Cançado Trindade, *El Ejercicio de la Función Judicial Internacional...*, op. cit. supra n. (40), pp. 42-45; A.A. Cançado Trindade, *Os Tribunais Internacionais Contemporâneos*, op. cit. supra n. (11), pp. 84-90.

75 Almost three years after the IACtHR's Judgment (of 31.01.2001) in the case of the *Constitutional Tribunal*, I sent a letter to this latter (on 04.12.2003), as then President of the IACtHH, in which I expressed *inter alia* that "we can appreciate this Judgment of the IACtHR in historical perspective (...), as a landmark one not only (...) [in the] inter-American system of protection of human rights. (...) [It] constitutes an unprecedented judicial decision also at world level. It has had repercussions not only in our region but also in other continents. It has marked a starting point of a remarkable and reassuring approximation between the judicial power at national and international levels (...)". Text of the letter reproduced *in*: OAS, *Informe Anual de la Corte Interamericana de Derechos Humanos – 2003*, San José of Costa Rica, IACtHR, 2004, Annexo LVII, pp. 1459-1460, and cf. pp. 1457-1458.

In the last three years, the ICJ has given signs of its preparedness to do so. Thus, in its Order of Provisional Measures of Protection of 18.07.2011, in the case of the Temple of Preah Vihear, the ICJ, in deciding *inter alia* to order the establishment of a provisional demilitarized zone around the Temple (part of the world's cultural and spiritual heritage) and its vicinity, it extended protection (as I pointed out in my Separate Opinion, paras. 66-113) not only to the territory at issue, but also to the local inhabitants, in conformity with the *principle of humanity* in the framework of the new *jus gentium* of our times (paras. 114-117). Territory and people go together.

Subsequently, in the recent of the *Frontier Dispute* (Judgment of 16.04.2013), the contending parties (Burkina Faso and Niger) themselves expressed before the Court their concern, in particular with local nomadic and semi-nomadic populations, and assured that their living conditions would not be affected by the tracing of the frontier. Once again, as I pointed out in my Separate Opinion (paras. 90, 99 and 104-105), the *principle of humanity* permeated the handling of the case by the ICJ.

In the aforementioned *A.S. Diallo* case (Judgment on reparations, of 2012), the ultimate beneficiary of the reparations ordered by the ICJ was, in my perception, the individual concerned, rather than his State of nationality. On another recent occasion, the application, by the ICJ, of the principle of *universal jurisdiction* under the 1984 U.N. Convention against Torture in the case of *Questions Relating to the Obligation to Prosecute or Extradite* (Judgment of 20.07.2012), has a bearing, in my understanding, on restorative justice (the realization of justice itself) for the numerous victims of the Habré regime (1982-1990) in Chad, as I pointed out in my lengthy Separate Opinion (paras. 169-184).

Moving to another point, it is now time to accompany the expansion of international jurisdiction, also by fostering the dialogue and co-ordination between contemporary international tribunals. Endeavours of co-ordination already exist, but have been far from sufficient to date. There is nowadays pressing need for greater dialogue and co-ordination of contemporary international tribunals, in their common mission of imparting justice. At conceptual level, there is pressing need of further jurisprudential developments in the matter of reparations, as well as provisional measures of protection, both still in their infancy,

I have recently pointed this out, as to reparations, in my Separate Opinion in the case of *A.S. Diallo* (ICJ Judgment on reparations, of 19.06.2012). The jurisprudential construction of the IACtHR in respect of distinct forms or reparations is surely deserving of close attention from other international tribunals. The matter discloses the relevance of the rehabilitation of victims. And as to provisional measures of protection, I have made the same point, recently, in my Dissenting Opinion in the joined cases of *Certain Activities Carried out by Nicaragua in the Border Area* and of *Construction of a Road in Costa Rica along the San Juan River* (Order of 16.07.2013), where I stressed the need to contribute to the conformation of an autonomous legal regime of those measures, beyond the traditional inter-State dimension, in the proper exercise of the international judicial function.

Likewise, the issue of compliance with judgments and decisions of international tribunals requires far greater attention and study on the part of international tribunals, – some of them being already engaged in its careful consideration currently. Here, each international tribunal counts on a mechanism of its own; yet, all of them are susceptible of improvement. May it here be recalled that, some years ago, the ECtHR, in the case *Hornsby versus Greece* (Judgment of 19.03.1997), stressed the relevance of the execution of judgments for the *effectiveness* itself of the right of access to a tribunal under Article 6(1) of the European Convention of Human Rights. In its own words,

> "that right would be illusory if a Contracting State's domestic legal system allowed a final, binding judicial decision to remain inoperative to the detriment of one party. It would be inconceivable that Article 6(1) should describe in detail procedural guarantees afforded to litigants – proceedings that are fair, public and expeditious – without protecting the implementation of judicial decisions; to construe Article 6 as being concerned exclusively with access to a court and the conduct of proceedings would be likely to lead to situations incompatible with the principle of the rule of law which the Contracting States undertook to respect when they ratified the Convention" (para. 40).

This issue pertains, as pointed out by the ECtHR, to the *rule of law* itself, so as to secure "the proper administration of justice" (para. 41). Thus, not one formal access, but also the guarantees of the due process of law, and the due compliance with the judgment, integrate the right of access to justice *lato sensu*[76]. *In the same line of thinking, the IACtHR, in its Judgment (on jurisdiction, of 28.11.2003) in the case of Baena Ricardo and Others (270 Workers) versus Panama,* stated that

> "(...) The jurisdiction comprises the faculty to impart justice; it is not limited to declaring the law, but also comprises the supervision of compliance with the judgment (...), [which is] one of the elements which integrate the jurisdiction. (...) Compliance (...) is the materialization of justice for the concrete case (...). The effectiveness of the Judgments depends on compliance with them, (...) [which is] closely linked with the right of access to justice, (...) set forth in Articles 8 (judicial guarantees) and 25 (judicial protection) of the American Conventin" (paras. 72-74).

Only with the due compliance with the Judgments the proclaimed rights are effectively protected; the execution of judgments, added that IACtHR lucidly,

> "ought to be considered an integral part of the right of access to justice, this latter understood lato sensu (...) If the responsible State does not execute at national level the measures of reparation ordered by the Court, it would be denying the right of access to international justice" (paras. 82-83).

---

76 On the matter, cf. A.A. Cançado Trindade, *El Derecho de Acceso a la Justicia en Su Amplia Dimensión*, 2nd. ed., Santiago de Chile, CECOH/Librotecnia, 2012, pp. 79-574.

Despite all the experience accumulated so far, this remains an open issue, which – may I insist on this point – is still in its infancy, like those of reparations and of provisional measures of protection (*supra*).

It is to hoped that the on-going reflections within some international tribunals on how to improve their respective mechanisms in this respect prove fruitful. The issue does not exhaust itself at international level. It is highly desirable that, parallel to the distinct mechanisms for the supervision of compliance with Judgments of contemporary international tribunals, the States adopt procedures of *domestic* law to secure, on a *permanent* basis, the faithful compliance with the Judgments of international tribunal, thus avoiding casuistic solutions.

After all, such faithful compliance with, or execution of, their Judgments is a legitimate concern of all contemporary international tribunals. Such compliance ought to be integral, rather than partial or selective. This is a position of principle, in relation to an issue which pertains to the international *ordre public*, and to the *rule of law* (*prééminence du droit*) at international and national levels. In sum, the present era of international tribunals has brought about remarkable advances, and the expansion of international jurisdiction has been accompanied by the considerable increase in the number of the *justiciables*, granted access to justice, in distinct domains of international law, and in the most diverse situations, including in circumstances of the utmost adversity, and even defencelessness. Yet, there remains a long way to go.

The Hague, 23 September 2013.

XXXIII

Human Development and Human Rights in the International Agenda of the XXIst Century[1]

Sumário: I. Introduction. II. Human Development and Human Rights. 1. The Conceptual Construction of Human Development. 2. Crystallization of the Right to Development as a Human Right. III. The Contribution of the Recent Cycle of World Conferences Convened by the United Nations. 1. U.N. Conference on Environment and Development (Rio de Janeiro, 1992). 2. II World Conference on Human Rights (Vienna, 1993). 3. International Conference on Population and Development (Cairo, 1994). 4. World Summit for Social Development (Copenhagen, 1995). 5. IV World Conference on Women (Beijing, 1995). 6. U.N. Conference on Human Settlements (Habitat-II, Istambul, 1996). IV. Conclusions.

I. Introduction

The ceremony which takes place today, 07 August 2000, at the headquarters of the Inter-American Court of Human Rights in San José of Costa Rica, in which the *Human Development Report 2000* of the United Nations Development Programme (UNDP) is presented in the premises of an international human rights tribunal, has a symbolic value. Human development and human rights are brought together, as they should, in a systematic way, in that *Report*. Moreover, a regional system of protection of the rights of human beings operates necessarily within the framework of the universality of human rights. And, given the international scenario of today's world, there is no reason why human rights and developmental organs should not work more closely together, to the ultimate benefit of the human person.

The UNDP has been warning, for some time now, that more than a billion people keep on living – or surviving – today in conditions of extreme poverty[2]. There is, most unfortunately, a considerable and alarming number of persons living today in conditions of extreme vulnerability as a result of the phenomenon of general impoverishment, which seems to be aggravating since the beginning of

---

1 Conferência proferida pelo Autor no Seminário Internacional sobre Desenvolvimento Humano, realizado na sede da Corte Interamericana de Direitos Humanos em San José da Costa Rica, em 07 de agosto de 2000, e copatrocinado pela Corte Interamericana e pelo Programa das Nações Unidas para o Desenvolvimento (PNUD/UNDP).
2 Cf., e.g., UNDP, *Human Development Report 1993*, Oxford, University Press, 1993, p. 1.

the eighties³. As we warned in a book seven years ago, given the aggravation nowadays of the tragic phenomenon of impoverishment of large sectors of the population, attention is shifted in particular to the situation of the vast segments of the population unjustly excluded from the benefits of so-called "growth" and "modernization"⁴.

The matter has, not surprisingly, has been atracting grwoing attention of the UNDP as well as of international supervisory organs operating in the domain of human rights protection. Furthermore, it has assumed a central position in the recent cycle of World Conferences convened by the United Nations in the nineties (on Environment and Development, 1992; Human Rights, 1993; Population and Development, 1994; Social Development, 1995; Women, 1995; Habitat-II, 1996). Those Conferences have disclosed a concern with the deterioration of living conditions dramatically affecting increasingly greater segments of the population in many parts of the world nowadays, and have acknowledged the pressing need to revert this situation.

In fact, if one is to detect a common denominator in the recent U.N. World Conferences, it may well be found in the recognition of the legitimacy of the concern of the international community as a whole with the *conditions of living* of all human beings⁵. In meeting the challenge of the eradication of poverty, education and knowledge – people's empowerment – are recognized as being of key importance to pursue and achieve human development. This, in turn, has a direct bearing upon the prevalence of human rights. At the United Nations level, recent endeavours to face the challenge of pursuing development in the light of human rights are reflected in the conceptual construction of human development, the formulation of the right to development as a human right, and the relevant work in this domain of the current cycle of U.N. World Conferences. Let us consider these three points.

---

3   Cf. A.A. Cançado Trindade, "Sustainable Human Development and Conditions of Life as a Matter of Legitimate International Concern: The Legacy of the U.N. World Conferences", *Japan and International Law – Past, Present and Future* (International Symposium to Mark the Centennial of the Japanese Association of International Law), The Hague, Kluwer, 1999, pp. 285-286; A.A. Cançado Trindade, "L'interdépendance de tous les droits de l'homme et leur mise en oeuvre: obstacles et enjeux", 158 *Revue internationale des sciences sociales* – Paris/UNESCO (1998) pp. 571-582.

4   A.A. Cançado Trindade, *Direitos Humanos e Meio Ambiente – Paralelo dos Sistemas de Proteção Internacional*, Porto Alegre/Brazil, S.A. Fabris Ed., 1993, pp. 96-97, and cf. pp. 99-112 (on the protection of vulnerable groups and the fulfilment of basic human needs) and 89-97 (on the protection of vulnerable groups at the confluence of international human rights law and international environmental law).

5   A.A. Cançado Trindade, "The Contribution of Recent World Conferences of the United Nations to the Relations between Sustainable Development and Economic, Social and Cultural Rights", in *Les hommes et l'environnement: Quels droits pour le vingt-et-unième siècle? – Études en hommage à Alexandre Kiss* (eds. M. Prieur and C. Lambrechts), Paris, Éd. Frison-Roche, 1998, pp. 119-146.

II. Human Development and Human Rights

The links between human development and human rights hardly require any demonstration. Development is now seen as encompassing social justice and the strengthening of democratic institutions (public participation). Within this framework, the centrality of people in all development strategy or process is beyond question. Likewise, the whole construction of the right *of* development in the framework of inter-State relations has yielded to the formulation to the right *to* development as a human right. Here, again, the anthropocentric framework has come to prevail.

1. The Conceptual Construction of Human Development

It is highly significant that, four years after the formulation of the right to development as a human right in the 1986 U.N. Declaration on the matter (cf. *infra*), the UNDP started working on the elaboration of the concept of *human development*, in the framework of a reassessment of the guidelines of the three previous United Nations Decades for Development. The turning point was its first *Human Development Report*, of 1990: questioning the propriety of statistical indicators such as the gross national product (GNP) to measure development adequately, it turned attention to other aspects through the adoption of a new index, called human development index (HDI), comprising three key components – longevity (life expectancy), knowledge (education) and income (decent living standards), – so as to provide a more global measurement of human progress[6].

Given the grave threat constituted by poverty, any measure of development should not be limited to the search of economic growth only: it should be much more comprehensive than GNP alone (1990 *Report*), and combine indicators of education, health and income. It was soon realized that to the new HDI index one was to add other indicators of human progress, such as human freedom and the advances in the cultural domain. Hence the proposed new index of political freedom in order to evaluate the situation of this latter in the light of human rights[7].

The UNDP next called for the establishment of a network – at international level – of social security for those in need, and of global consultations conducive to a new "international covenant" on human development that places people in the centre of national policies and international cooperation for development[8]. The concept of human development propounded by the UNDP was directly linked also to

---

6 Cf. UNDP, *Human Development Report 1990*, New York, UNDP, 1990, pp. 1-113. The UNDP starts from the premises that human beings ought to be at the centre of all development, and that human development is "a process of enlarging people's choices"; *ibid.*, pp. III, 1, 6 and 11.

7 Cf. PNUD, *Desarrollo Humano: Informe 1991*, Bogotá, PNUD/Tercer Mundo Ed., 1991, pp. 51-57, and cf. pp. 17-235.

8 Cf. PNUD, *Desarrollo Humano: Informe 1992*, Bogotá, PNUD, 1992, pp. 25, 30 and 35, and cf. pp. 21 and 85-112.

the issue of the observance of human rights[9]. In the fourth *Human Development Report*, of 1993, the UNDP centered on the basic theme of people's participation, warned that "although the achievements in human development have been significant during the past three decades, the reality is continuing exclusion. More than a billion of the world's people still languish in absolute poverty, and the poorest fifth find that the richest fifth enjoy more than 150 times their income"[10].

But in spite of that, "new windows of opportunity are opening": for example, since for the first time since the II world war global military spending is beginning to decline with the end of the cold war, the new motivation must be the rebuilding of societies around genuine human needs and the fight against "global poverty", as "poverty anywhere is a threat to prosperity everywhere"[11]. Here, again, poverty was seen as a "formidable barrier to participation, whether within or between nations"[12].

Earlier UNDP *Reports* concentrated on the components of development *of* the people (investing in human capabilities) and *for* the people (ensuring that economic growth is distributed widely and fairly), whereas the 1993 *Report* approached developmnent *by* the people (giving everyone a chance to participate)[13]. The implications of placing people at the centre of politico-economic changes – as recent U.N. World Conferences have rightly done (cf. *infra*) – are considerable, and do challenge traditional concepts: one moves, e.g., from national to people's security (food, health, employment, safe environment), from old models of development to new models of sustainable human development, from outmoded forms of international cooperation to new forms of international cooperation directly focused on people's needs[14]. The new emphasis placed on people's empowerment and the strengthening of democracy has a direct bearing on human rights protection[15].

---

9   Human development, besides not limiting itself to certain social sectors (such as education or health), stresses the necessity to develop human capacities; freedom itself – in a democracy – constitutes a vital component of human development. In the understanding of UNDP, the sources of information should not be limited to the "negative aspects" (such as human rights violations), but should also encompass the responses and achievements of each country in this area. Human development and freedom and political participation are closely related, but in this wide outlook one is equally to consider the situation of economic and social rights (cf. *ibid.*, pp. 39, 69-72, 77 and 83-84, and cf. p. 64).

10 UNDP, *Human Development Report 1993*, N.Y./Oxford, Oxford University Press, 1993, p. 1.

11 *Ibid.*, pp. 1 and 8-9.

12 *Ibid.*, pp. 27 and 21.

13 *Ibid.*, p. 3.

14 Cf. *ibid.*, pp. 1-8.

15 Democratic practices cannot in fact be confined within national borders; they are to be followed at international level by all countries, and international financial agencies, in assuming responsibility to prevent economic recession and unemployment and their negative impact upon economic, social and cultural rights. – For a study, cf., e.g., A.A. Cançado Trindade, "Democracia y Derechos Humanos: Desarrollos Recientes, con Atención Especial al Continente

Subsequently, the UNDP focused on the new dimensions of *human security* as a universal concern: the concept of security is no longer related to the territory of nation-States, but rather to people, to their legitimate concerns in their daily lives (e.g., protection from the threats of hunger, disease, unemployment, crime, social conflicts, political repression, environmental hazards)[16]. It further pointed out that the paradigm of the concept of *sustainable human development* values human life for itself, rather than wrongfully seeing human beings as merely the means of producing material goods. The quality of human life is an end in itself, which takes into account all human rights (economic and social and cultural as well as civil and political)[17].

As a contribution to the IV World Conference on Women (Beijing, 1995), a new index was presented, called the gender-related development index (GDI), given the fact that human development would be "impossible without gender equality"; its paradigm, "putting people at the centre of its concerns, would have little meaning if it were not fully gender-sensitive"[18]. Thus, "the four critical elements of the human development concept – productivity, equity, sustainability and empowerment – demand that gender issues be addressed as development issues and as human rights concerns"[19].

The human development challenges for the XXIst century, in the view of the UNDP, include providing basic services to all deprived people, accelerating job-led growth, reducing population growth, and making global compacts for fighting poverty and improving the physical environment. Empowering people, the UNDP argued, "is a sure way to link growth and human development", and this latter discloses a "holistic development paradigm" embracing "both productivity and equity, both economic and social development", placing people at the centre of its concerns[20]. Last but not least, in its just released *Human Development Report 2000*, the UNDP clearly stated that "human rights and human development share a common vision and a common purpose – to secure the freedom, well-being and dignity of all people everywhere"[21].

Americano", *Federico Mayor Amicorum Liber – Solidarité, Égalité, Liberté*, Bruxelles, Bruylant, 1995, pp. 371-390.

16   UNDP, *Human Development Report 1994*, N.Y./Oxford, Oxford University Press, 1994, pp. 22 and 24, and cf. pp. 22-40.

17   *Ibid.*, pp. 13 and 17.

18   UNDP, *Human Development Report 1995*, N.Y./Oxford, Oxford University Press, 1995, pp. 1, 12 and 102.

19   *Ibid.*, p. 23.

20   *Ibid.*, pp. 122-123. People are regarded "not merely as the beneficiaries of economic growth but also as the real agents of every change in society – whether economic, political, social or cultural. To establish the supremacy of people in the process of development – as the classical writers always did – is not to denigrate economic growth. It is to rediscover its real purpose"; *ibid.*, p. 124.

21   PNUD, *Informe sobre Desarrollo Humano 2000*, Madrid, Ed. Mundi Prensa, 2000, p. 1.

2. Crystallization of the Right to Development as a Human Right

The close relationship between human development and human rights is also illustrated by the recognition and crystallization of the right to development as a human right. The African Charter on Human and Peoples' Rights (1981) provides for the right of all peoples to their economic, social and cultural development (Article 22). On its part, the 1986 U.N. Declaration on the Right to Development, it may be recalled, not only places the human person as the "central subject of development" (Article 2(1), and preamble), but also qualifies the right to development as an inalienable human right of "every human person and all peoples" (Article 1), by virtue of which they are "entitled to participate in, and contribute to, and enjoy economic, social, cultural and political development", in which all human rights "can be fully realized" (Article 1(1)).

As from the 1986 U.N. Declaration, it has been clarified that the active subjects or beneficiaries of the right to development are the human beings and peoples, and the passive subjects are those responsible for the realization of that right[22], with special emphasis on the obligations conferred upon the States, individually and collectively. The measures envisaged for that realization extend to both national and international levels[23]. The major significance of this trend lies in the recognition or assertion of the right to development as an "inalienable human right" (Article 1(1)).

Its implementation can accordingly be considered appropriately within the universe of international human rights law, as the U.N. Declaration itself refers in its preamble to the relevant *instruments* of the United Nations and its specialized agencies. For the implementation of this right one could thus consider the utilization of mechanisms developed in the field of human rights, such as, e.g., the reporting system, the monitoring (by a working group or a special *rapporteur*) of situations manifestly resulting from the condition of underdevelopment (directly affecting the realization of the right to development), the undertaking of in-depth studies (identifying problems concerning some economic and social rights, for example, pertaining to health, housing, education)[24].

The 1986 U.N. Declaration on the Right to Development saw it fit to underline that, in order to promote development, equal and urgent attention should be given to the implementation of civil, political, economic, social and cultural rights (given their indivisibility and interdependence), and the observance of certain human rights cannot thus justify denial of others. Likewise, all aspects of the right to

---

22 Mainly States but also human beings – cf. Articles 3(1) and (3), 4(1), 2(2) and 8.
23 Articles 3(1), 4, 8 and 10. On the identification of obstacles to overcome, cf. Articles 5 and 6(3) and Preamble.
24 A.A. Cançado Trindade, *Legal Dimensions of the Right to Development as a Human Right: Some Conceptual Aspects*, U.N. doc. HR/RD/1990/CONF.36, of 1990 (U.N. Global Consultations on the Right to Development as a Human Right), pp. 1-17.

development are indivisible and interdependent and each of them is to be considered in the context of that right as a whole (Articles 6(2) and 9(1), and Preamble).

The recognition of the right to development as a human right by the U.N. Declaration can only come to *reinforce* other previously formulated human rights; moreover, it has contributed to focus on the promotion and protection of the rights pertaining at a time to individuals and to human collectivities as well as on the priority search for solutions to generalized gross and flagrant violations of human rights. The crystallization of the right to development as a human right is to a large extent due to the globalist perspective pursued by the United Nations, prompted by the fundamental changes undergone by contemporary international society (*inter alia*, decolonization, imperatives of social justice, capacity of massive destruction, population growth, environmental sustainability, production and consumption patterns), and the reshaping of the world scenario in the post-cold war era.

In the context of development initiatives, the right to development reinforces existing rights, and renders it unwarranted to invoke so-called requirements of material development in order to try to justify restrictions to the exercise of guaranteed human rights. The right to development was meant to enhance, never to restrict, pre-existing rights. This is so given the complementary nature of all human rights. All aspects of the right to development, in their turn, are likewise interdependent and to be taken into account in the context of the whole. Thus, a denial of the right to development is bound to entail adverse consequences for the exercise of civil and political as well as economic, social and cultural rights. The recognition and crystallization of the right to development could only have been undertaken in the light of an *integral* conception and the indivisibility of human rights[25].

---

25 Economic, social and cultural rights are deserving of special attention; as warned in the work of the U.N. Working Group on the Right to Development, the State cannot simply abandon its responsibility in this domain to the forces of the market. There is urgent need to put an end to the tendency to separate economic development from social development, macroeconomic policies (aiming at economic growth) from the social objectives of development; the concepts contained in the 1986 Declaration on the Right to Development should be incorporated into the policies and programs of all agencies and organs of the U.N. system, including the Bretton Woods institutions (World Bank and IMF). U.N., document E/CN.4/AC.45/1994/L.4/Rev.1, of 14.10.1994, pp. 1-26. – It is reckoned today that many of the economic, social and cultural rights are of immediate applicability (e.g., some labour rights, equality of payment for equal work, right to free primary education); one has distinguished, in relation to them, beyond "minimal" obligations, distinct obligations (to respect, protect, secure and promote those rights). The importance has been pointed out of the application of the principle of non-discrimination also in the present domain. The justiciability of economic, social and cultural rights has been asserted, and, in this sense, there have been attempts to identify at least the justiciable components of those rights (e.g., of the rights to education, to health, to adequate housing, above all in its aspects pertaining to non-discrimination). These elements have been object of recent international case-law under human rights treaties, and they have further been

III. The Contribution of the Recent Cycle of World Conferences Convened by the United Nations

As already indicated, the recent cycle of World Conferences convened by the United Nations (1992-1996) has disclosed a concern with the deterioration of living conditions dramatically affecting increasingly greater segments of the population in many parts of the world nowadays. There is a growing call for the pursuance of social justice *among* and *within* nations. The common denominator in the recent U.N. World Conferences of the nineties can be found in the recognition of the legitimacy of the concern of the international community as a whole with the conditions of living of all human beings, as disclosed by the following brief survey of the relevant work of those Conferences.

1. U.N. Conference on Environment and Development (Rio de Janeiro, 1992)

Agenda 21, adopted by the 1992 U.N. Conference on Environment and Development (UNCED), expressly referred to the *vulnerable groups* [26]. The central preoccupation was with the satisfaction of *basic human needs* [27] (such as food, health preservation, adequate housing, education) [28]. In a chapter dedicated entirely to "combating poverty", Agenda 21, after pondering that poverty is a "complex multidimensional problem" without uniform solution of global application, and one that thereby requires specific programs for each country, advocated a strategy of eradication of poverty focussing on resources, production, demographical questions, health care and education, women's rights, the role of youth and indigenous communities, and the process of democratic participation together with improved governability [29].

On their turn, both the Framework Convention on Climate Change and the Convention on Biological Diversity (1992), expressly referred, in their respective

---

applied in the domestic legal order of many countries. Cf. A.A. Cançado Trindade, *Tratado de Direito Internacional dos Direitos Humanos*, vol. I, Porto Alegre, S.A. Fabris Ed., 1997, pp. 381-397. Economic, social and cultural rights can thus no longer be neglected.

26 Exemplifying with the urban and rural poor, indigenous populations, children, women, the elderly, the homeless, the terminally-ill, the disabled persons; cf. chapter 6, par. 2, 5, 13 and 23, and chapter 3, par. 4 and 8-9, and chapter 7, par. 16, 20, 26-27, 30, 36, 45, 51 and 76.

27 Chapter 4, par. 5 and 8, and chapter 6, par. 1, 18 and 32, and chapter 7, par. 4-5 and 67-68.

28 Significantly, Agenda 21 makes express reference to two instruments of human rights – the Universal Declaration of Human Rights and the U.N. Covenant on Economic, Social and Cultural Rights – in approaching the right to adequate housing: it warns that, although this right is already provided for in those two instruments, one estimates that today at least one billion people do not have access to adequate or safe housing, and, if the present situation persists, this total will dramatically increase by the turn of the century (chapter 7, par. 6).

29 Chapter 3, par. 1-2. Agenda 21, in this respect, stressed, in sum, the *fulfilment of basic human needs*, with special attention to the protection of vulnerable groups and the poorer segments of the population, as a pre-requisite for sustainable development (Chapter 6, par. 18).

preambles, to the fundamental and urgent aim of *eradication of poverty*[30].Likewise, the Declaration of Principles on Forests, adopted as well by the 1992 Rio Conference, also called for the eradication of poverty and the meeting of the "social, economic, ecological, cultural and spiritual human needs of present and future generations"[31].

Both the Declaration of Rio de Janeiro and the Agenda 21, adopted by UNCED on 14 June 1992, were significantly permeated by elements proper to the conceptual universe of human rights. Thus, the Rio Declaration on Environment and Development, in Principle 1, placed human beings at the centre of concerns for sustainable development, and asserted their right to a healthy and productive life in harmony with nature. Principle 3 added that the right to development ought to be exercised so as to allow that the necessities of present and future generations are equitably fulfilled. Principle 5 focused on the eradication of poverty as an essential task of all States and all people, and an indispensable requisite for sustainable development and the improvement of living standards of the majority of the people in the world. On its turn, Principle 10 stressed the importance of the right to information, the right of participation and the right to effective local remedies[32].

The 1992 Rio Declaration devoted particular attention to the right of participation[33], pointing out the role of women, of youth, and of indigenous people and other local communities[34]. The exercise of such right of participation was object of detailed treatment by Agenda 21[35]. Chapter 23 stressed that it is of key importance to the effective implementation of the programme areas of Agenda 21 the participation of "all social groups" so as to achieve a "real social partnership" in support of common endeavours in favour for sustainable development; it then added that "one of the fundamental prerequisites for the achievement of sustainable development is broad public participation in decision-making"[36].

---

30 The former related it to the "legitimate priority needs of developing countries" and the latter regarded it, together with economic and social development, as "the first and overriding priorities of developing countries".

31 Paragraphs 7(a) and 2(b), respectively.

32 The Rio Declaration further refers to international humanitarian law applicable to the protection of the environment (Principle 24), to the protection of human health (Principle 14) and to the interdependence and indivisibility between environmental protection, development and peace (Principle 25).

33 In environmental management and in the promotion of sustainable development.

34 Principles 20, 21 and 22, respectively.

35 It opens space in the programme of action to the role of women (chapter 24), of children and youth (chapter 25), of indigenous people and their communities (chapter 26), and of non-governmental organizations (chapter 27). Agenda 21 also turns to the strengthening of the role of workers and their trade unions, of business and industry, of farmers, as well as the scientific and technological community (chapters 29-32).

36 Paragraph 2.

Agenda 21 was attentive to the promotion of education and public awareness (chapter 36) as one of the means of its implementation[37]. In turning to the pressing problems of today and the challenges of the XXIst century, Agenda 21 supported "the broadest public participation and the active involvement of the non-governmental organizations and other groups"[38]. The 1992 Rio Declaration, on its turn, was categorical in asserting that "the right to development must be fulfilled so as to equitably meet developmental and environmental needs of present and future generations" (Principle 3).

2. II World Conference on Human Rights (Vienna, 1993)

On its turn, the Vienna Declaration and Programme of Action, the main document adopted by the II World Conference on Human Rights (1993), addressed sustainable development in relation to distinct aspects of international human rights law, such as, e.g.: the strengthening of democratic institutions, in particular those concerned with the independent administration of justice[39]; the continuing adaptation of U.N. human rights machinery to current and future needs of protection (aiming in particular at improved coordination and efficiency)[40]; concerted international action to ensure the economic, social and cultural well-being of indigenous peoples, on the basis of equality and non-discrimination, and their full and free participation in all aspects of society[41]; the full and equal enjoyment by women of all human rights, as a matter of priority[42].

Economic, social and cultural rights have admittedly been overlooked in the past, in so far as their actual implementation is concerned. It was thus not surprising to find the Vienna Declaration and Programme of Action dispensing special attention to them[43]. The Declaration condemned continuing violations of, and obstacles

---

37 In the ambit of these latter, it also referred to international humanitarian law and expressly to other measures in accordance with international law to be considered in order to address unjustifiable "large-scale destruction" of the environment in times of armed conflict (chapter 39, paragraph 6(a)).

38 Chapter 1, paragraph 3; and cf. chapter 38, paragraphs 11 and 13-14.

39 Part I, paragraph 27.

40 Part II, paragraph 17.

41 Part I, paragraph 20.

42 In underlining the importance of "the integration and full participation of women as both agents and beneficiaries in the development process", the Vienna Declaration and Programme of Action expressly reiterates "the objectives established on global action for women towards sustainable and equitable development set forth in the Rio Declaration on Environment and Development and chapter 24 of Agenda 21" adopted by UNCED in 1992; Part II, paragraph 36.

43 The document affirmed categorically that "there must be a concerted effort to ensure recognition of economic, social and cultural rights at the national, regional and international levels"; Part II, paragraph 98.

to the full enjoyment of, human rights in various parts of the world, such as, *inter alia*, "poverty, hunger and other denials of economic, social and cultural rights"; it called upon States to refrain from any unilateral measure that impedes the full realization of human rights, "in particular the rights of everyone to a standard of living adequate for their health and well-being, including food and medical care, housing and the necessary social services"[44]. In particular, the Declaration called upon the international community "to make all efforts to help alleviate the external debt burden of developing countries, in order to supplement the efforts of the Governments of such countries to attain the full realization of the economic, social and cultural rights of their people"[45].

The Programme of Action went further than that: it indicated "additional approaches" to be considered in order to strengthen the enjoyment of economic, social and cultural rights, such as "a system of indicators to measure progress in the realization of the rights" set forth in the U.N. Covenant on Economic, Social and Cultural Rights[46]. Moreover, the Programme encouraged the U.N. Commission on Human Rights, in cooperation with the U.N. Committee on Economic, Social and Cultural Rights, "to continue the examination of optional protocols" to the U.N. Covenant on Economic, Social and Cultural Rights[47].

Last but not least, the final document of the Vienna Conference stressed the interrelationship between democracy, development and respect for human rights, which, in its own words, "are interdependent and mutually reinforcing"[48]. In fact, approval of the insertion of the section on the right to development as a human right into the Vienna Declaration and Programme of Action represented a major breakthrough in the exercise of elaboration and adoption of the document; the Vienna Declaration and Programme of Action significantly endorsed[49] the key provisions of the 1986 Declaration on the Right to Development. Moreover, it pertinently warned that "the lack of development may not be invoked to justify the abridgement of internationally recognized human rights"[50], and that "the right to development should be fulfilled so as to meet equitably the developmental and environmental needs of

---

44 Part I, paragraphs 30-31.
45 Part I, paragraph 12.
46 Part II, paragraph 98.
47 Part II, paragraph 75. The Committee on Economic, Social and Cultural Rights has in fact ALREADY prepared a draft optional protocol that foresees the adoption of a system of individual petitions or communications (on alleged human rights violations) under the Covenant on Economic, Social and Cultural Rights, parallel to the one operating under the [first] Optional Protocol to the other Covenant (on Civil and Political Rights); such draft optional protocol is currently still waiting for approval.
48 Part I, paragraph 8; and cf. part II, paragraph 80.
49 Part I, paragraphs 10-11; part II, paragraph 72.
50 Part I, paragraph 10.

present and future generations"[51]. The Programme of Action added that all obstacles to the implementation of the right to development should thus be eliminated[52].

3. International Conference on Population and Development (Cairo, 1994)

The Programme of Action adopted by the Cairo Conference on Population and Development (1994) related populations issues and reproductive health to sustainable development and universally recognized human rights standards. Chapter II of the Programme of Action, containing its Principles, called for an improvement in the standards and quality of life (Principles 5,6 and 8)[53]. Like the previous Rio and Vienna Conferences, the Cairo Conference also devoted attention to vulnerable groups[54], and restated the right to development in the following terms: – "The right to development is a universal and inalienable right and an integral part of fundamental human rights, and the human person is the central subject of development. While development facilitates the enjoyment of all human rights, the lack of development may not be invoked to justify the abridgement of internationally recognized human rights. The right to development must be fulfilled so as to equitably meet the population, development and environment needs of present and future generations" (Principle 3)[55].

The Programme of Action insisted upon poverty eradication as a major challenge in order to achieve sustainable development[56]; it focused on certain economic and social rights (such as the rights to health and to education)[57], as well as on

---

51 Part I, paragraph 11.
52 Part II, paragraph 72. – Shortly after the Vienna Conference, and parallel to the creation of the post of U.N. High Commissioner for Human Rights (General Assembly decision 48/141, of 20.12.1993), in a series of U.N. meetings and consultations for the preparation of a Plan of Activities for the Implementation of the Vienna Declaration, attention was focused on: inter-agency cooperation; the establishment of "focal points" (in each specialized agency or secretariat) in order to improve co-ordination in the present domain; the evaluation by the specialized agencies of the U.N. system themselves of the impact of their activities and strategies on the enjoyment of human rights; and the development of indicators that may assess objectively the progress achieved in this area U.N., *The World Conference on Human Rights – Note by the United Nations*, Geneva, U.N., 22.03.1994, pp. 3-7 (mimeographed, unpublished); for an account and general assessment of the Vienna Conference results, cf. A.A. Cançado Trindade, "Balance de los Resultados de la Conferencia Mundial de Derechos Humanos (Viena, 1993)", *Estudios Básicos de Derechos Humanos*, vol. III, San José of Costa Rica, Inter-American Institute of Human Rights, 1995, pp. 17-45.
53 In stating that "human beings are at the centre of concerns for sustainable development" (Principle 2).
54 Principles 11, 12, 13 and 14.
55 U.N., *Population and Development – Programme of Action Adopted at the International Conference on Population and Development* (Cairo, 05-13.09.1994), U.N. doc. ST/ESA/SER.A/149, 1995, p. 9.
56 Cf. doc. *cit. supra* n. (54), chapter III, pp. 13-14.
57 Chapters VII, VIII and XI of the Programme of Action.

cultural rights (e.g., in the context of the diversity of family structure and composition)[58]; it stressed the importance of "participation in all aspects of social, economic and cultural life"[59]. The document called for compliance with treaties for the protection of the human person, such as the 1989 Convention on the Rights of the Child, the 1949 Geneva Convention Relative to the Protection of Civilian Persons in Time of War, and the 1951 Convention and 1967 Protocol Relating to the Status of Refugees[60]; it further called for resource mobilization and allocation for population programmes to improve the quality of life for all, to foster respect for individual rights and thereby to contribute to sustainable development[61].

The whole of chapter VII of the Programme of Action was devoted to reproductive rights and health. The Cairo document observed, at last, in chapter XVI on the follow-up of the Conference, that the "implementation of the present Programme of Action at all levels must be viewed as part of an integrated follow-up efffort" to the recent and major World Conferences convened by the United Nations[62]. In other words, it viewed itself as part of the current universal dialogue largely centered on the conditions of living of all human beings in the light of the prevalence of their fundamental rights.

4. World Summit for Social Development (Copenhagen, 1995)

The Declaration and Programme of Action adopted by the World Summit for Social Development (1995) purported to address the core issues of eradication (originally, alleviation and reduction) of poverty, expansion of productive employment, and enhancement of social integration (particularly of the more disadvantaged groups). Its main objetives included those of placing human needs at the centre of development, identifying common problems of disadvantaged or socially marginalized groups, mobilizing resources for social development (at local, national, regional and international levels), and ensuring a more effective rendering of social services for the more disadvantaged. All those points were duly reflected in the final document of the Summit.

The Declaration and Programme of Action enshrined, to start with, the commitments to eradicate – not only to alleviate or reduce – poverty in the world, and to promote people's empowerment (right to education) and full employment as well as social integration through respect for human rights and human development (in all countries, of South and North). It called on the Bretton Woods institutions (the

---

58 Chapter V; it also addresses gender equality, equity and empowerment of women; chapter IV of the Programme of Action.
59 U.N., doc. *cit. supra* n. (54), p. 29.
60 *Ibid.*, pp. 26 and 31, 48 and 56.
61 *Ibid.*, p. 71, and cf. p. 73.
62 *Ibid.*, p. 81.

World Bank and the International Monetary Fund) to make of social development the main goal of structural adjustment programs (so as to avoid placing the heavier burdens on the weaker and more vulnerable). Like the final documents of previous World Conferences (*supra*), it also referred expressly to the right to development, to the effect of placing human beings at the centre of all development and economics at the service of human needs[63].

The Copenhagen document had a direct bearing on the relations between human rights and sustainable development. It contained references to human rights treaties (such as the Covenant on Economic, Social and Cultural Rights), and stressed the need of strengthening civil society. Moreover, it focused on vulnerable groups (including migrants, refugees and displaced persons), when dwelling upon social integration; it called for the devising and dissemination of adequate indicators of poverty and vulnerability and their structural causes (aiming at their eradication)[64].

The Declaration and Programme of Action warned as to the risks of social disintegration (in its various manifestations) and the need to promote social development in the light of the observance of human rights. Like Agenda 21, the Vienna Declaration and Programme of Action, and the Cairo Programme of Action (*supra*), the Copenhagen document also set forth detailed agendas for law-making by States[65] and for co-ordinated action by international organizations. The same applies to the 1995 Beijing Platform for Action (*infra*).

5. IV World Conference on Women (Beijing, 1995)

The Platform for Action adopted by the IV World Conference on Women (Beijing, 1995) focused on the areas where improvements were needed to achieve the

---

[63] Naciones Unidas, *Proyecto de Resultado de la Cumbre Mundial sobre Desarrollo Social: Proyecto de Declaración y Proyecto de Programa de Acción*, document A/CONF.166/PC/L.22, of 25.11.1994, p. 6; and, for thefinal version, cf. Naciones Unidas, *Informe de la Cumbre Mundial sobre Desarrollo Social* (Copenhague, 06-12.03.1995), doc. A/CONF.166/9, of 19.04.1995, Anexo I, pp. 10-29.

[64] N.U., *Informe de la Cumbre Mundial...*, doc. cit. supra n. (62), pp. 5-101; N.U., *Proyecto de Resultado...*, doc. cit. supra n. (62), pp. 15-47. – As pointed out in a recent seminar of follow-up to the World Summit, the Declaration and Programme of Action of Copenhagen enlarges the concept of poverty so as "to include lack of access to basic services and amenities, lack of security and exclusion from participation in the life of the community. Furthermore, discrimination and social inequality are emphasized as significant facets of poverty; and the reduction of poverty is explicitly linked to the reduction of inequalities". United Nations Research Institute for Social Development (UNRISD), *After the Social Summit: Implementing the Programme of Action* (Report, Geneva Seminar, 04.07.1995), Geneva, UNRISD, 1995, p. 4.

[65] J. Paul, *Incorporating Human Rights into the Work of the World Summit for Social Development*, Washington, American Society of International Law (Issue Papers on World Conferences n. 3), 1995, pp. 54, and cf. pp. 27 and 33.

objectives of the 1985 Nairobi Forward-Looking Strategies for the Advancement of Women, and purported to accelerate the strategies of promotion, protection and enhancement of human rights of women. It was based on the principle of sharing of powers and responsibilities between men and women everywhere, and at national and international levels[66]. The Platform of Action warned against the threatening growth of poverty (affecting mostly women)[67] and singled out the role of women in the struggle against poverty[68].

Chapter IV of the Platform called repeatedly for compliance with human rights treaties[69]; it explained that its insistence on this point was due to the "systematic and systemic character of discrimination against women"[70]. In the section on the human rights of women, the document asserted the universality and indivisibility of all human rights (civil, cultural, economic, political and social), including the right to development, and referred to the provisions to this effect of the 1993 Vienna Declaration and Programme of Action[71]. In approaching reproductive rights, the Platform likewise quoted the passages of the Cairo Programme of Action on the matter[72]. The section on women and the environment referred to Agenda 21 and other results of UNCED[73]. Particular attention was given to some economic and social rights, such as the rights to health, to education and to work[74].

The Beijing Platform strongly condemned violence against women, as a violation of their rights and for all its negative effects also on development itself; the Platform warned against violence originating from certain cultural practices (traditional or modern) and aggravated by social pressures[75]. It further pointed out the

---

66 Cf. B. Boutros-Ghali, «Introduction», *Les Nations Unies et les droits de l'homme 1945-1995*, N.Y., U.N., 1995, p. 94.
67 Naciones Unidas, *Informe de la IV Conferencia Mundial sobre la Mujer* (Beijing, 04-15.09.1995), doc. A/CONF.177/20, of 17.10.1995, Anexo I, chapter II, paragraphs 16-17.
68 *Ibid.*, chapter II, paragraph 21; and chapter IV, paragraphs 47-57.
69 Such as the two U.N. Covenants on Human Rights, the U.N. Convention against Torture, the 1951 Convention and the 1967 Protocol on the Status of Refugees, the 1949 Geneva Conventions on Humanitarian Law and its Additional Protocols of 1977, the U.N. Convention on the Rights of the Child, the Convention on the Elimination of All Forms of Racial Discrimination, and, in particular, the Convention on the Elimination of All Forms of Discrimination against Women. Cf., as to this latter, e.g., chapter IV, paragraphs 124, 199 and 221; chapter V, paragraphs 323-324 and 327.
70 Chapter IV, paragraph 222.
71 Chapter IV, paragraph 213.
72 Chapter IV, paragraph 223.
73 Chapter IV, paragraphs 246, 248 and 252.
74 Chapter IV, paragraphs 69-111 and 150-180.
75 Chapter IV, parqagraphs 118, 224 and 276-277.

role of women in achieving sustainable development[76]. Like other final documents of recent U.N. World Conferences, the 1995 Platform for Action clearly saw itself as part of the process of formation of the international agenda – centered on human beings, their needs and rights – of the XXI century[77].

6. U.N. Conference on Human Settlements (Habitat-II, Istambul, 1996)

The II U.N. Conference on Human Settlements (Habitat-II, Istanbul, June 1996) purported to dwell upon the central issues of sustainable human settlements in an urbanizing world[78] and adequate shelter for all[79]. The Habitat Agenda, adopted by the Conference, comprised a preamble, a statement of goals and principles, and commitments, and a Global Plan of Action (strategies for implementation). The contribution of the World Summit for Social Development to the effect of linking economic policies to social policies (*supra*) had repercussions in the Habitat-II Conference. The Habitat Agenda in fact stated the interdependence of economic development, social development and environmental protection[80], and affirmed the right of everyone to an adequate standard of living, including "adequate food, clothing, housing, water and sanitation", and to the "continuous improvement of living conditions"[81].

It retook (from the Copenhagen Summit) the issues of eradication of poverty, creation of productive employment and social integration[82], devoting special attention to "vulnerable groups and people with special needs"[83]. It reaffirmed the

---

76 Reminding the point made in its preparatory work as well as in recent World Conferences on Development to the effect that the policies on sustainable development that do not count on the participation of men and women will not achieve their results in the long run; chapter IV, paragraph 251.

77 Cf., *inter alia*, its express endorsement of engagements undertaken under the Cairo Programme of Action and the Copenhagen Declaration and Programme of Action, *in* chapter IV, paragraph 106 (in relation to health).

78 Shortly before the Conference, it was estimated that over one billion people around the world live in inadequate conditions: one third of the urban population live in substandard housing, and at least 600 million people in human settlements (cities, towns and villages) already live in health – and life – threatening situations; it was feared that Agenda 21 would not succeed if the cities' environmental agenda was not addressed. U.N., *Why a Conference on Cities?*, N.Y., U.N., 1995, pp. 1-3.

79 Already in 1993, the U.N. Commission on Human Rights adopted a resolution on forced evictions, expressing its concern that more than one billion people in the world are homeless (and that number is growing), – a grave problem which intensifies social conflict and affected invariably the poorest and most disadvantaged sectors of society; cf. Commission resolution 1993/77, adopted at its 49th session (1993).

80 U.N. Centre for Human Settlements, *Habitat Agenda as Adopted at the United Nations Conference on Human Settlements (Habitat II)*, preamble, para. 1 (advance unedited version).

81 Ibid., preamble, para. 9.

82 Ibid., paras. 86-92 and 15.

83 Ibid., paras. 72-75.

indivisibility and interdependence of all human rights[84]. The Habitat Agenda warned that "civil, ethnic and religious strife, violations of human rights, alien and colonial domination, foreign occupation, economic imbalances, poverty, organized crime, terrorism in all its forms, and corruption are destructive to human settlement and should therefore be denounced and discouraged by all States"; it urged States to cooperate in order to achieve "the elimination of such practices and all unilateral measures impeding social and economic development", and expressed the belief that attaining the goals listed in the Istanbul document would promote "a more stable and equitable world free from injustice and conflict" and would contribute to "a just, comprehensive and lasting peace"[85].

IV. Conclusions

The remarkable transformations in the contemporary world scenario have characterized the end of the XXth century as a moment in history of considerable political density and of profound reflection on the very bases of international society, and of the gradual formation of the international agenda of the XXIst century. The current passage into the new century is being marked by an over-all reassessment of many concepts in the light of the consideration of global issues (human rights, development, environment, population, human security and peace), affecting the whole of humankind. This process has generated a universal dialogue and concertation, as eloquently disclosed by the recent U.N. World Conferences of the nineties[86].

In those Conferences, the issues of sustainable human development, satisfaction of basic human needs, observance of human rights, and peoples' empowerment, have occupied a special place and deserved particular attention[87]. Those recent U.N. World Conferences have been particularly attentive to the *conditions of life* and special needs of protection in particular of vulnerable groups and the poorer segments of the population. This is reflected in various passages of their lengthy final documents, which place human beings at the centre of their concerns. In focusing on vulnerable groups (such as, among others, those formed by the poorest

---

84 *Ibid.*, para. 13 *bis*.
85 *Ibid.*, para. 13.
86 Namely, the U.N. Conference on Environment and Development (Rio de Janeiro, 1992), the II World Conference on Human Rights (Vienna, 1993), the International Conference on Population and Development (Cairo, 1994), the World Summit for Social Development (Copenhagen, 1995), the IV World Conference on Women (Beijing, 1995), and the II U.N. Conference on Human Settlements (Habitat-II, Istanbul, 1996).
87 Given the current phenomenon of aggravation of poverty, which affects a considerable part of humankind today, one should arguably go further than meeting basic needs (especially of the most vulnerable or disadvantaged), in seeking new models of sustainable human development.

segments of society), the immediate concern has been with meeting basic human needs, and, from there, fostering people's empowerment[88].

The experience in human rights promotion and protection has not, in fact, been confined to meeting basic human needs: it has gone much further than that, towards empowerment, in the civil, political, economic, social and cultural domains. The international human rights agenda has, with the crystallization of the right to development as a human right, expanded considerably. The eradication of extreme or absolute poverty remains an imperative in order to achieve social justice, sustainable human development and the observance of human rights.

The implications of placing people at the centre of politico-economic changes and of all development process are considerable and call for a reassessment of traditional concepts (e.g., models of development, security, international cooperation). All these issues have marked their presence in the UNDP's conceptual construction of human development. Furthermore, the reassertion of the right to development as a human right by the 1992 Rio de Janeiro Declaration, the 1993 Vienna Declaration and Programme of Action, and the 1994 Cairo Programme of Action, followed by the 1995 Copenhagen Declaration and Programme of Action, the 1995 Beijing Platform for Action, and the 1996 Habitat Agenda, has contributed decisively to its crystallization and insertion into the realm of positive International Human Rights Law.

The recent developments here surveyed have sought to elevate human rights related issues to a central place on the international agenda of the XXIst century. Human rights do in fact permeate all areas of human activity, and the recognition of this reality corresponds to a new *ethos* of our times. It is the duty of contemporary international lawyers, faithful to the historical origins of our discipline, to contribute to recover and to reestablish the central position of human beings in the universe of the law of nations (*droit des gens*)[89]. In this way we shall be building, pursuant to a necessarily anthropocentric outlook, the new *jus gentium* of the XXIst century[90].

---

[88] It should be kept in mind that the recognized rights of certain categories of protected persons, regarded as belonging to particularly vulnerable groups in special need of protection (such as, e.g., the elderly, women, children, disabled persons, workers, refugees, stateless persons), are to be properly approached on the understanding that they are complementary to those enshrined in general human rights treaties, so as to achieve a higher degree of protection.

[89] A.A. Cançado Trindade, "The Procedural Capacity of the Individual as Subject of International Human Rights Law: Recent Developments", *Karel Vasak Amicorum Liber – Les droits de l'homme à l'aube du XXIe. siècle*, Bruxelles, Bruylant, 1999, pp. 521-544; A.A. Cançado Trindade, "A Emancipação do Ser Humano como Sujeito do Direito Internacional e os Limites da Razão de Estado", in *Quem Está Escrevendo o Futuro? 25 Textos para o Século XXI* (ed. W. Araújo), Brasília, Ed. Letraviva, 2000, pp. 99-112.

[90] A.A. Cançado Trindade, *Tratado de Direito Internacional dos Direitos Humanos*, vol. II, Porto Alegre, S.A. Fabris Ed., 1999, pp. 412-420.

XXXIV

Réflexions sur le Principe d'Humanité dans sa Vaste Dimension

Résumé: I. Introduction. II. Le principe d'humanité: sa vaste dimension. III. Le principe d'humanité dans l'ensemble du *corpus juris* de la protection internationale de l'individu. IV. Le principe d'humanité dans l'héritage de la philosophie du droit naturel. V. Les lois de l'humanité et les exigences de la conscience publique: La clause Martens. VI. Le principe fondamental d'humanité dans le cadre du droit des Nations Unies. VII. Le principe fondamental d'humanité dans la jurisprudence des juridictions internationales contemporaines. VIII. Observations finales.

I. Introduction

Dans les brèves réflexions qui vont suivre, le principe d'humanité sera abordé dans sa vaste dimension, englobant l'ensemble du *corpus juris* de la protection internationale de l'individu, en toutes circonstances et particulièrement celles de grande adversité. Le principe d'humanité, conformément à la philosophie traditionnelle du droit naturel, sera alors considéré comme une émanation de la conscience humaine, se répercutant sur le droit international conventionnel et coutumier. L'attention se portera ensuite sur la présence de ce principe dans le cadre du droit des Nations Unies ainsi que sur sa reconnaissance judiciaire dans la jurisprudence des juridictions internationales contemporaines. J'arriverai ainsi à la présentation de mes observations finales en la matière.

II. Le principe d'humanité: sa vaste dimension

Lorsque l'on évoque le principe d'humanité, il y a une tendance à le considérer dans le cadre du Droit International Humanitaire. Il ne fait aucun doute que, dans ce cadre, par exemple, les civils et personnes *hors de combat* doivent être traités avec humanité. Le principe de traitement humain des civils et personnes *hors de combat* est prévu dans les Conventions de Genève de 1949 sur le Droit International Humanitaire (article 3 commun, et articles 12(1)/12(1)/13/5 et 27(1)), et leurs Protocoles Additionnels I (article 75(1)) et II (article 4(1)). De surcroît, ce principe est généralement considéré comme l'un des principes du droit international humanitaire coutumier.

---

[1] Aula magna ministrada pelo Autor, no salão nobre da Universidade Católica de Louvain, em Louvain, Bélgica, na noite de 14 de março de 2013.

Pour ma part, ma compréhension va dans le sens d'un principe d'humanité doté d'une dimension plus vaste encore[2]: il trouve à s'appliquer dans les circonstances les plus diverses, à la fois en temps de conflit armé et de paix, dans les relations entre la puissance publique et tous les individus relevant de la juridiction de l'État concerné. L'incidence de ce principe est notoire lorsque ces derniers se trouvent en situation de vulnérabilité ou de grande adversité, voire *d'impuissance*, comme en attestent des dispositions pertinentes de différents traités qui intègrent le Droit International des Droits de l'Homme.

Ainsi, au niveau des Nations Unies, la Convention Internationale de 1990 sur la Protection des Droits des Travailleurs Migrants et des Membres de leurs Familles dispose notamment, en son article 17(1), que «[l]es travailleurs migrants et les membres de leur famille qui sont privés de leur liberté sont traités avec humanité et avec le respect de la dignité inhérente à la personne humaine et de leur identité culturelle». De même, la Convention des Nations Unies sur les Droits de l'Enfant de 1989 stipule que «[l]es États parties veillent à ce que [t]out enfant privé de liberté soit traité avec humanité et avec le respect dû à la dignité de la personne humaine, et d'une manière tenant compte des besoins des personnes de son âge.(...)» (article 37(c)). Des dispositions de ce type peuvent également être retrouvées dans des traités relatifs aux droits de l'homme au niveau régional.

Pour ne rappeler que quelques exemples, la Convention Américaine relative aux Droits de l'Homme de 1969, affirmant le droit à un traitement humain (article 5), dispose notamment que «[t]oute personne privée de sa liberté sera traitée avec le respect dû à la dignité inhérente à la personne humaine» (par. 2). De même, la Charte Africaine des Droits de l'Homme et des Peuples de 1981 dispose notamment que «[t]out individu a droit au respect de la dignité inhérente à la personne humaine et à la reconnaissance de sa personnalité juridique» (article 5). Et la Convention [de l'OUA] sur les Aspects Propres aux Problèmes des Réfugiés en Afrique prévoit notamment que «[l'] octroi du droit d'asile aux réfugiés constitue un acte pacifique et humanitaire ( )» (article II(2)). Et les exemples dans le même sens sont multiples.

III. Le principe d'humanité dans l'ensemble du *corpus juris* de la protection internationale de l'individu

En toutes circonstances, le traitement accordé aux êtres humains doit respecter le *principe d'humanité*, qui imprègne l'ensemble du *corpus juris* de la protection internationale des droits de l'individu (englobant le Droit International Humanitaire,

---

2 Il s'agit de la position que je soutiens dans mon Opinion Individuelle jointe à la décision récemment rendue par la Cour internationale de Justice en l'affaire *A.S. Diallo* (fond, Guinée c. R.D. Congo, arrêt du 30.11.2010). La partie V de mon Opinion Individuelle est spécifiquement consacrée au principe d'humanité dans sa vaste dimension (par. 93-106), et de plus amples considérations y afférentes en imprègnent la partie VI, concernant la prohibition de l'*arbitraire* dans le Droit International des Droits de l'Homme (pars. 107-142).

le Droit International des Droits de l'Homme et le Droit International des Réfugiés), sur le plan conventionnel et coutumier, aux niveaux international (Nations Unies) et régional. Le principe d'humanité sous-tend, en effet, les deux *observations générales*, n° 9 (de 1982, par. 3) et n° 21 (de 1992, par. 4), du Comité des Droits de l'Homme des Nations Unies, à l'article 10 du Pacte des Nations Unies relatif aux droits civils et politiques (traitement humain de toutes les personnes privées de leur liberté)[3]. Le principe d'humanité, généralement invoqué dans le domaine du Droit International Humanitaire, s'étend donc également à celui du Droit International des Droits de l'Homme. Et comme le Comité des Droits de l'Homme l'a déclaré à juste titre dans son *observation générale* n° 31 (de 2004), «les deux domaines du droit sont complémentaires et ne s'excluent pas l'un l'autre» (par. 11).

Le droit international n'est nullement insensible à la pressante nécessité de voir un traitement humain accordé aux personnes et le principe en question s'applique en toutes circonstances, de manière à proscrire tout traitement inhumain, en référence à l'humanité tout entière, afin d'assurer une protection à toutes les personnes, y compris celles qui se trouvent en situation de grande vulnérabilité (par. 17-20). *L'humanité* est appelée à conditionner le comportement humain en toutes circonstances, en temps de paix, ainsi qu'en périodes de troubles et de conflit armé. Le principe d'humanité imprègne l'ensemble du *corpus juris* de la protection de la personne humaine, et fournit l'une des illustrations des ressemblances ou convergences entre ses branches distinctes et complémentaires (Droit International Humanitaire, Droit International des Droits de l'Homme et Droit International des Réfugiés), au niveau herméneutique, qui se manifestent également aux niveaux normatif et opérationnel[4].

Par loyauté envers ma propre conception, j'ai jugé utile de développer quelques réflexions sur la base du principe d'humanité au sens large, dans de récentes décisions de la Cour Internationale de Justice (ainsi que, précédemment, de la Cour Interaméricaine des Droits de l'Homme). Je l'ai fait récemment, e.g., dans mon

---

3 Concernant la récente affaire *A.S. Diallo* (Guinée *c.* R.D. Congo), tranchée par la CIJ, j'ai estimé propre de préciser, dans mon Opinion Individuelle, notamment, que le principe d'humanité sous-tend, par exemple, l'article 7 du Pacte International des Nations Unies des Droits Civils et Politiques, qui protège l'intégrité personnelle de l'individu contre les mauvais traitements, ainsi que l'article 10 dudit Pacte (relatif aux personnes en détention), qui commence par affirmer que «[t]oute personne privée de sa liberté est traitée avec humanité et avec le respect de la dignité inhérente à la personne humaine» (par. 1). Cela comprend non seulement l'obligation négative de s'abstenir de tout mauvais traitement (article 7), mais également l'obligation positive de s'assurer qu'un détenu, sous la garde de l'Etat, est traité avec humanité et avec le respect de la dignité inhérente à la personne humaine (par. 98).
4 Sur ce point particulier, voir, e.g., A.A. Cançado Trindade, *Derecho Internacional de los Derechos Humanos, Derecho Internacional de los Refugiados y Derecho Internacional Humanitario – Aproximaciones y Convergencias*, Genève, CICR, [2000], pp. 1-66.

Opinion Dissidente[5] dans l'affaire concernant l'*Obligation de Poursuivre ou d'Extrader* (Belgique *c.* Sénégal, demande en indication de mesures conservatoires, ordonnance du 28.05.2009), et dans mon Opinion Dissidente[6] dans l'affaire concernant des *Immunités Juridictionnelles de l'État* (requête et demande reconventionnelle, Allemagne *c.* Italie, ordonnance du 06.07.2010), ainsi que dans mon Opinion Individuelle dans l'avis consultatif de la Cour sur la *Conformité au Droit International de la Déclaration d'l'indépendance du Kosovo* (du 22.07.2010)[7].

IV. Le principe d'humanité dans l'héritage de la philosophie du droit naturel

Il convient de ne pas passer sous silence le fait que le principe d'humanité s'inscrit en droite ligne dans la philosophie du droit naturel. Il sous-tend la pensée classique relative au traitement humain ainsi que le maintien de relations sociables, ce également au niveau international. L'humanité s'est manifestée avec d'autant plus de vigueur dans le traitement des personnes en situation de vulnérabilité, voire d'impuissance, telles que celles qui se voient privées de leur liberté personnelle pour quelque raison que ce soit. Lorsque le *jus gentium* commença à correspondre au droit des gens, il en vint alors à être conçu par ses "pères fondateurs" (F. de Vitoria, A. Gentili, F. Suárez, H. Grotius, S. Pufendorf, C. Wolff) comme un droit régissant la communauté internationale composée d'êtres humains organisés socialement en Etats (émergents), existant de concert avec l'espèce humaine, correspondant ainsi au droit *nécessaire* de la *societas gentium*. Cette dernière prévaut sur la

---

5 Paragraphes 24-25 et 61.
6 Paragraphes 116, 118, 125, 136-139 et 179. Dans cette Opinion Dissidente, mes réflexions concernant le principe d'humanité sont établies notamment dans leur partie XII, sur les êtres humains en tant que véritables titulaires des droits initialement violés et les pièges du volontarisme étatique (par. 112-123), ainsi que, dans leur partie XIII, sur l'incidence du *jus cogens* (par. 126-146), outre les conclusions (principalement les pars. 178-179).
7 Dans l'avis consultatif de la Cour sur la *Conformité au Droit International de la Déclaration d'indépendance du Kosovo* (du 22.07.2010), j'ai expressément consacré une section entière (XIII(4)) de mon Opinion Individuelle au «principe fondamental d'humanité» (pars. 196-211) dans le cadre du droit des gens proprement dit. J'ai estimé opportun de rappeler que les «pères fondateurs» du droit international (F. de Vitoria, A. Gentili, F. Suárez, H. Grotius, S. Pufendorf, C. Wolff) proposaient un *jus gentium* inspiré par le principe d'humanité au sens large (par. 73-74). Mon Opinion Individuelle précitée est imprégnée de mes réflexions personnelles portant sur des considérations fondamentales d'humanité dans le traitement des peuples selon le droit des gens (pars. 67-74); la partie VI, quant à elle, est centrée sur l'actualité du «*droit des gens*» et assortie d'une attention particulière consacrée à la vision humaniste de l'ordre juridique international (pars. 75-96); la partie XII met l'accent sur la place centrale des peuples dans le droit international contemporain (pars. 169-176), la partie XIV, sur une conception globale de l'incidence du *jus cogens* (pars. 212-217); et la partie XIII, sur les principes du droit international, le droit des Nations Unies et les fins humaines de l'Etat (pars. 177-211). Dans cette dernière partie, j'aborde spécifiquement le principe fondamental d'humanité dans le cadre du droit des Nations Unies (pars. 196-211 – et cf. *infra*).

volonté individuelle de chaque Etat, dans le respect de l'individu et au bénéfice du bien commun[8].

Le précieux héritage de la philosophie du droit naturel, qui évoque le droit naturel de la raison droite (*recta ratio*), n'a jamais disparu et il importe de le souligner inlassablement, notamment face à l'indifférence et au pragmatisme du *droit d´étatistes* «stratégique», si fréquent de nos jours au sein de la profession juridique. En ce qui concerne le droit international relatif aux droits de l'homme, il convient de rappeler à nouveau qu'au lendemain de la seconde guerre mondiale, la Déclaration universelle des droits de l'homme de 1948 proclamait que «[t]ous les êtres humains naissent libres et égaux en dignité et en droits» (article 1). Dans son avis consultatif n° 18 concernant le *Statut Juridique et les Droits des Migrants sans Papiers* (du 17.09.2003), la Cour Interaméricaine des Droits de l'Homme (CIADH) a considéré que le principe fondamental de l´égalité et de la non-discrimination relevait du *jus cogens*.

Dans cet avis qui fait date, la CIDH soulignait, dans le droit fil de l'enseignement humaniste des «pères fondateurs» du *droit des gens* (*jus gentium*), qu'en vertu de ce principe fondamental, l'élément de l'égalité ne saurait guère être séparé de celui de la non-discrimination et que l'égalité devait être garantie sans discrimination d'aucune sorte. Cela est étroitement lié à la dignité inhérente à la personne humaine, découlant de l'unité du genre humain. Le principe fondamental de l'égalité devant la loi et de la non-discrimination imprègne l'ensemble du fonctionnement du pouvoir étatique et relève de nos jours du *jus cogens*[9].

V. Les lois de l'humanité et les exigences de la conscience publique: La clause Martens

En ce qui concerne le droit international humanitaire, on rappellera qu'en 1907 déjà, le préambule de la IV Convention de La Haye contenait la *célèbre clause Martens*, selon laquelle dans les cas non compris dans les dispositions réglementaires

---

8 A.A. Cançado Trindade, *A Humanização do Direito Internacional*, Belo Horizonte/Brazil, Edit. Del Rey, 2006, pp. 9-14, 172, 318-319, 393 et 408.

9 CIDH, Avis consultatif n° 18 (du 17.09.2003) concernant le *Statut Juridique et les Droits des Migrants sans Papiers*, série A, n° 18, par. 83, 97-99 et 100-101. Dans mon Opinion Concordante, j'ai souligné que le principe fondamental de l'égalité et de la non-discrimination pénétrait l'ensemble du *corpus juris* du Droit International des Droits de l´Homme, avait des incidences en droit international public, se répercutait sur le droit international général ou coutumier lui-même et faisait désormais partie des normes toujours plus nombreuses relevant du *jus cogens* (par. 59-64 et 65-73). – Depuis quelques années, la Cour Interaméricaine des Droits de l'Homme, ainsi que le Tribunal Pénal International pour l'ex-Yougoslavie sont les juridictions internationales contemporaines qui ont le plus contribué, dans leur jurisprudence, à l'évolution théorique du *jus cogens* (débordant largement le cadre du droit des traités) et à l'expansion graduelle de son contenu matériel; cf. A.A. Cançado Trindade, «*Jus Cogens*: The Determination and the Gradual Expansion of its Material Content in Contemporary International Case Law», *in XXXV Curso de Derecho Internacional Organizado por él Comité Jurídico Interamericano* – OEA (2008) p. 329.

adoptées annexées à ladite Convention, «les populations et les belligérants restent sous la sauvegarde et sous l'empire des principes du droit des gens, tels qu'ils résultent des usages établis entre nations civilisées, des lois de l'humanité et des exigences de la conscience publique» (par. 8). La *clause Martens*, insérée dans le préambule de la IV Convention de La Haye de 1907 – et avant cela, également dans le préambule de la deuxième Convention de La Haye de 1899 (par. 9)[10], ces deux Conventions concernant les lois et coutumes de la guerre sur terre – invoquait les «principes du droit des gens» dérivés des usages «établis», ainsi que les «lois de l'humanité» et les «exigences de la conscience publique».

Par la suite, la clause Martens est réapparue dans la disposition commune, relative à la dénonciation, aux quatre Conventions de Genève sur le Droit International Humanitaire de 1949 (articles 63/62/142/158), et dans le Protocole Additionnel I (de 1977) auxdites Conventions (article 1(2)), – pour ne citer que quelques-unes des principales Conventions sur le Droit International Humanitaire[11]. Le fait que, durant plus d'un siècle, les rédacteurs des Conventions de 1899, 1907 et de 1949 ainsi que du Protocole I de 1977, ont à maintes reprises réaffirmé dans ces instruments internationaux les éléments contenus dans la clause Martens, identifie cette clause comme étant une émanation de la conscience humaine en tant qu'ultime source matérielle de droit international humanitaire et de droit international en général.

En ce sens, elle exerce une influence constante sur la formation spontanée du contenu des nouvelles règles du droit international humanitaire. En conjuguant les lois de l'humanité et les exigences de la conscience publique, la clause Martens établit, avec sa légitimité, une «interdépendance organique» de la légalité de la protection au bénéfice de tous les êtres humains[12]. L'héritage de la clause Martens est également lié à la primauté du droit dans le règlement des litiges et la recherche de la paix.

---

10   Elle fut initialement présentée par le délégué russe (Friedrich von Martens) à la I Conférence de Paix de La Haye (de 1899).

11   Depuis plus d'un siècle, la clause Martens jouit donc d'une validité constante lorsqu'elle évoque la conscience publique et réitère ses mises en garde contre l'hypothèse selon laquelle tout ce qui n'est pas expressément proscrit par les Conventions sur le Droit International Humanitaire serait permis; bien au contraire, la clause Martens soutient l'applicabilité constante des principes du droit des gens, les principes d'humanité ainsi que les exigences de la conscience publique, indépendamment de l'émergence de nouveaux contextes. Par conséquent, la clause Martens évite le *non liquet* et exerce une fonction importante au niveau de l'herméneutique et de l'application des normes humanitaires.

12   C. Swinarski, «Préface», *in* V.V. Pustogarov, *Fedor Fedorovitch Martens – Jurist i Diplomat*, Moscow, Ed. Mezdunarodinye Otnoscheniya, 1999, p. XI. Et voir également, par exemple, B. Zimmermann, «Protocole I – Article premier», *in Commentaire des Protocoles additionnels d[u 8 juin]e 1977 aux Conventions de Genève d[u 12 août] 1949* (eds. Y. Sandoz, Ch. Swinarski et B. Zimmermann), Genève, ICRC/Nijhoff, 1987, p. 39; H. Meyrowitz, "Réflexions sur le fondement du droit de la guerre », *in Études et essais sur le Droit International Humanitaire et sur les principes de la Croix-Rouge en l'honneur de J. Pictet* (ed. Ch. Swinarski), Genève/La Haye, CICR/Nijhoff, 1984,

La doctrine juridique contemporaine a elle aussi caractérisé la clause de Martens comme une source de droit international général[13]; et personne aujourd'hui n'oserait nier que les «lois d'humanité» et les «exigences de la conscience publique» invoquées par cette clause relèvent du domaine du *jus cogens*[14]. Cette clause, dans son ensemble, a été conçue et réaffirmée maintes fois, en dernier ressort, au bénéfice du genre humain dans son entièreté, ce qui fait qu'elle demeure d'une grande actualité. On peut la considérer comme une expression de la raison d'humanité imposant des limites à la raison d'État[15].

VI. Le principe fondamental d'humanité dans le cadre du droit des Nations Unies

Dans mon Opinion Individuelle concernant l'avis consultatif de la CIJ sur la *Conformité au Droit International de la Déclaration d'Indépendance du Kosovo* (du 22.07.2010), j'ai insisté notamment sur le principe fondamental d'humanité, dans le cadre du droit des organisations internationales et, particulièrement, du droit des Nations Unies (pars. 196-211). Dans cette Opinion Individuelle, j'ai signalé que les différents mécanismes auxquels se sont essayées les organisations internationales – *mandats*, protection des *minorités, territoires sous tutelle* et, de nos jours, *administration internationale* de territoires – ont non seulement orienté davantage l'attention sur les "peuples" ou les "populations", sur la satisfaction des besoins et la réalisation pratique des droits, mais ont aussi promu, chacun à sa manière, l'accès de ces peuples ou populations à la justice internationale (par. 90).

Un tel accès à la justice s'entend *lato sensu*, c'est-à-dire en ce qu'il englobe la *réalisation de la justice*. Ces diverses tentatives des organisations internationales (rendues possibles par l'élargissement parallèle de la personnalité juridique internationale, qui n'est plus le monopole des Etats) ont contribué à la revendication, par les particuliers, de leurs propres droits, directement issus du *droit des gens* (par. 196). À mon avis, c'est là une des caractéristiques fondamentales du nouveau *jus gentium* contemporain. Après tout, chaque être humain est une fin en soi et, tant individuellement que collectivement, a le droit d'être libre «de croire, libéré de la terreur et de la misère», comme le proclame la Déclaration Universelle des Droits de l'Homme au deuxième alinéa de son préambule.

---

pp. 423-424; et cf. H. Strebel, «Martens' Clause», *in Encyclopedia of Public International Law* (ed. R. Bernhardt), vol. 3, Amsterdam, North-Holland Publ. Co., 1982, pp. 252-253.

13   F. Münch, «Le rôle du droit spontané», *in Pensamiento Jurídico y Sociedad Internacional – Libro-Homenaje al Prof. D. A. Truyol y Serra*, vol. II, Madrid, Univ. Complutense, 1986, p. 836.

14   S. Miyazaki, «The Martens Clause and International Humanitarian Law», *in Études et essais sur le droit international humanitaire et sur les principes de la Croix-Rouge en l'honneur de J. Pictet* (ed. C. Swinarski), Genève/La Haye, CICR/ Nijhoff, 1984, pp. 438 et 440.

15   A.A. Cançado Trindade, *International Law for Humankind – Towards a New Jus Gentium*, 1ère. éd., Leiden, Nijhoff, 2010, pp. 150-152 et 275-285.

Tout individu a droit, en tant que représentant du genre humain, au respect de sa dignité[16]. La reconnaissance de ce *principe d'humanité* fondamental – ai-je ajouté dans mon Opinion Individuelle précitée – est l'une des grandes réalisations irréversibles du *jus gentium* contemporain (par. 197). À la fin de cette première décennie du XXIe siècle, il est temps de tirer les conséquences d'une violation manifeste de ce principe fondamental d'humanité[17]. Les États, créés par des êtres humains réunis en un *milieu* social, doivent protéger et non opprimer tous ceux qui relèvent de leur juridiction par. 199).

C'est là le minimum éthique aujourd'hui universellement requis par la communauté internationale. Les Etats sont tenus de protéger l'intégrité de la personne humaine contre la violence systématique et les traitements discriminatoires et arbitraires. La notion de droits fondamentaux et inaliénables est profondément ancrée dans la conscience juridique universelle; malgré des variantes dans sa présentation ou dans sa formulation, cette notion est présente dans toutes les cultures et dans l'histoire de la pensée de tous les peuples[18].

Il ne faut pas oublier que la reconnaissance du principe du respect de la dignité humaine est l'œuvre de la Déclaration Universelle de 1948 dont elle constitue l'un des fondements. La Déclaration affirme avec fermeté que: – "[t]ous les êtres humains naissent libres et égaux en dignité et en droits" (article premier) et rappelle que «la méconnaissance et le mépris des droits de l'homme ont conduit à des actes de barbarie qui révoltent la conscience de l'humanité» (deuxième alinéa du préambule). La Déclaration Universelle considère qu'«il est essentiel que les droits de l'homme soient protégés par un régime de droit pour que l'homme ne soit pas contraint, en suprême recours, à la révolte contre la tyrannie et l'oppression» (troisième alinéa du préambule); et aussi que «la reconnaissance de la dignité inhérente à tous les membres de la famille humaine et de leurs droits égaux et inaliénables constitue le fondement de la liberté, de la justice et de la paix dans le monde» (premier alinéa du préambule).

---

16   B. Maurer, *Le principe de respect de la dignité humaine et la Convention Européenne des Droits de l'Homme*, Paris, CERIC/Univ. d'Aix-Marseille, 1999, p. 18.

17   J'ai également ajouté que: – «Les droits de la personne humaine se caractérisent par leur universalité (corollaire de l'unité du genre humain) et par leur intemporalité, puisque, loin d'être "concédés" par la puissance publique, ils précèdent en vérité la formation de la société et de l'Etat. Ces droits sont indépendants de toute forme d'organisation sociopolitique, y compris de l'Etat créé par la société. Inhérents à la personne humaine, ils précèdent l'Etat et le transcendent. Tous les êtres humains doivent jouir de leurs droits intrinsèques, parce qu'ils appartiennent à l'humanité. En conséquence, la préservation de ces droits ne se limite pas et ne saurait se limiter à l'action de l'Etat. De la même façon, un Etat ne peut arguer de son droit à l'intégrité territoriale pour violer de manière systématique l'intégrité personnelle des êtres humains relevant de sa juridiction» (par. 198).

18   Cf., e.g., [Divers Auteurs], *Universality of Human Rights in a Pluralistic World* (Proceedings of the 1989 Strasbourg Colloquy), Strasbourg/Kehl, N.P. Engel Verlag, 1990, pp. 45, 57, 103, 138, 143 et 155.

On ne pouvait guère prévoir que l'adoption de la Déclaration Universelle des Droits de l'Homme, en 1948, allait être à l'origine d'un processus historique de généralisation de la protection internationale des droits de l'homme, à une échelle véritablement universelle[19]. Pendant plus de soixante ans d'une projection historique remarquable, la Déclaration a progressivement acquis une autorité que ses auteurs n'auraient pu envisager. Cela s'explique principalement par le fait que des générations successives d'êtres humains, appartenant à diverses cultures et à toutes les régions du monde, l'ont reconnue comme "l'idéal commun à atteindre" (comme cela avait été proclamé à l'origine), correspondant à leurs aspirations les plus profondes et les plus légitimes.

VII. Le principe fondamental d'humanité dans la jurisprudence des juridictions internationales contemporaines

Enfin et surtout, le principe fondamental d'humanité a également été affirmé dans la jurisprudence des juridictions internationales contemporaines, où il a reçu une pleine reconnaissance judiciaire[20]. Sur la base de ma propre expérience personnelle, je rappellerai la jurisprudence constante de la Cour Interaméricaine des Droits de l'Homme [CIADH] à cet égard, qui a fait observer, durant la période où j'ai eu l'honneur de présider ladite CIADH, que le principe d´humanité, inspirant le droit d'être traité avec humanité (article 5 de la Convention Américaine relative aux

---

19 Dès les *travaux préparatoires* de la Déclaration Universelle (en particulier pendant la période de treize mois allant de mai 1947 à juin 1948), une vision globale de tous les droits à proclamer s'est rapidement dégagée. Cette perspective a été adoptée dans les travaux préparatoires officiels de la Déclaration, c'est-à-dire dans les débats et les projets de texte de l'ancienne Commission des Droits de l'Homme de l'ONU (*rapporteur* René Cassin) puis à la III Commission de l'Assemblée Générale. En outre, en 1947, dans une contribution aux travaux en cours à la Commission des Droits de l'Homme de l'époque, l'UNESCO a examiné les principaux problèmes théoriques posés par l'élaboration de la Déclaration Universelle; elle a adressé à certains des intellectuels les plus influents dans le monde à l'époque un questionnaire sur les relations entre les droits des individus et des groupes dans les sociétés de différents types et dans des situations historiques différentes ainsi que sur les relations entre les libertés individuelles et les responsabilités sociales ou collectives. Pour les réponses fournies, cf. *Los Derechos del Hombre – Estudios y Comentarios en torno a la Nueva Declaración Universal Reunidos por la UNESCO*, Mexico/Buenos Aires, Fondo de Cultura Económica, 1949, pp. 97-98 (Teilhard de Chardin), pp. 181-185 (Aldous Huxley), pp. 14-22 et 69-74 (Jacques Maritain), pp. 24-27 (E.H. Carr), pp. 129-136 (Quincy Wright), pp. 160-164 (Levi Carneiro), pp. 90-96 (J. Haesaert), pp. 75-87 (H. Laski), pp. 143-159 (B. Tchechko), pp. 169-172 (Chung Shu Lo), p. 23 (M.K. Gandhi), pp. 177-180 (S.V. Puntambekar), et 173-176 (H. Kabir). Les deux Conférences Mondiales des Nations Unies sur les Droits de l'Homme (Téhéran, 1968 et Vienne, 1993) ont permis d'exprimer concrètement l'interdépendance de tous les droits fondamentaux et leur universalité, enrichies par la diversité culturelle.

20 Cf. A.A. Cançado Trindade, «Le déracinement et la protection des migrants dans le droit international des droits de l´homme», 19 *Revue trimestrielle des droits de l´homme* – Bruxelles (2008) pp. 289-328, esp. pp. 295 et 308-316.

Droits de l´Homme), s'applique avec d'autant plus de vigueur lorsqu'une personne est illégalement détenue et gardée dans une «*situation exacerbée de vulnérabilité*»[21].

Dans mon Opinion Individuelle dans l´arrêt de la CIDH dans l´affaire du *Massacre de Plan de Sánchez* (du 29.04.2004), concernant le Guatemala, j'ai consacré une section entière (III, pars. 9-23) à la reconnaissance judiciaire du principe d´humanité dans la jurisprudence récente de cette Cour et de celle du Tribunal Pénal International pour l´ex-Yougoslavie. De surcroît, j'y ai exprimé la conception selon laquelle le principe d´humanité, en orientant la manière de traiter autrui (*el trato humano*), «englobe toutes les formes de comportement humain et tous les aspects de la vulnérabilité de l'existence humaine» (par. 9).

En l'affaire du *Massacre de Plan de Sánchez* (arrêt du 29.04.2004), à un certain stade de la procédure devant la Cour Interaméricaine des Droits de l'Homme, l'Etat défendeur a accepté sa responsabilité internationale pour la violation de droits garantis par la convention américaine relative aux droits de l'homme, et en particulier pour «n'avoir pas garanti le droit des parents des ( ) victimes et membres de la communauté d'exprimer leurs convictions religieuses, spirituelles et culturelles» (par. 36). Dans mon Opinion Individuelle en l'affaire, j'ai fait valoir que la primauté du principe d'humanité correspondait à la finalité même, au but ultime du droit, de l'ordre juridique tout entier, national et international, à savoir la reconnaissance du caractère inaliénable de tous les droits inhérents à la personne humaine (par. 17).

Ce principe est présent – ai je ajouté – non seulement dans le Droit International des Droits de l'Homme, mais aussi dans le Droit International Humanitaire, il s'applique en toutes circonstances. Que l'on considère qu'il est à la base de l'interdiction du traitement inhumain (établie à l'article 3, commun aux quatre Conventions de Genève de 1949 relatives au Droit International Humanitaire) ou qu'il est implicite dans la référence à l'humanité tout entière, ou encore qu'il sert à qualifier tel comportement d'«*humain*», le principe d'humanité est toujours et inéluctablement présent (pars. 18-20). Ce même principe d'humanité – ai je conclu dans l'Opinion Individuelle précitée en l'affaire du *Massacre de Plan de Sánchez* – a également des incidences dans le domaine du Droit International des Réfugiés, comme le montrent les faits de cette espèce, où étaient en cause des massacres et la pratique par l'Etat de la politique de la *tierra arrasada*, consistant à détruire et à brûler les maisons, qui a entraîné des déplacements massifs de populations (par. 23).

Des cruautés de cet ordre se produisent sous différentes latitudes et aussi dans d'autres régions du monde, la nature humaine étant ce qu'elle est. Ce que je voudrais noter ici, et je souhaite insister sur ce point, c'est que l'économie du principe

---

21 Cour Interaméricaine des Droits de l'Homme [CIDH], arrêts concernant les affaires *Maritza Urrutia c. Guatemala*, du 27 novembre 2003, par. 87; *Juan Humberto Sánchez c. Honduras*, du 7 juin 2003, par. 96; *Cantoral Benavides c. Pérou*, du 18 août 2000, par. 90; et voir *Bámaca Velásquez c. Guatemala*, du 25 novembre 2000, par. 150.

d'humanité vise selon moi à favoriser les convergences entre les trois tendances de la protection internationale des droits fondamentaux de la personne (Droit International des Droits de l'Homme, Droit International Humanitaire et Droit International des Réfugiés – cf. *supra*).

De même, le Tribunal Pénal International pour l'ex-Yougoslavie [TPIY] a lui aussi porté son attention sur ce principe dans ses arrêts, par exemple dans les affaires *Mucic et consorts* (2001) et *Celebici* (16.11.1998). Dans l'affaire *Mucic et consorts* (arrêt du 20.02.2001), le TPIY (Chambre d'Appel) a fait valoir que le Droit International Humanitaire et le Droit International des Droits de l'Homme prennent comme «point de départ» leur préoccupation commune visant à sauvegarder la dignité humaine, qui constitue le fondement de leurs normes minimales d'humanité[22]. En effet, le principe d'humanité peut être perçu de trois manières différentes. Tout d'abord, il peut se concevoir comme un principe qui sous-tend l'interdiction de tout traitement inhumain, établi par l'article 3, commun aux quatre Conventions de Genève de 1949. Ensuite, le principe en question peut être invoqué dans la référence à l'humanité toute entière, en relation avec des questions qui représentent pour elle un intérêt commun, général et direct. Et enfin, le même principe peut être utilisé pour qualifier une qualité donnée du comportement d'"humain" (humanité).

Précédemment, dans l'affaire *Celebici* (arrêt du 16.11.1998), le TPIY (Chambre de 1ère. Instance) a qualifié de *traitement inhumain* un acte ou une omission délibéré ou intentionnel qui cause de grandes souffrances mentales ou physiques ou constitue une atteinte grave à la dignité humaine; ainsi, a ajouté le tribunal, «les traitements inhumains sont des traitements intentionnellement administrés qui contreviennent au principe fondamental d'humanité; ils constituent une catégorie dans laquelle entrent toutes les autres infractions graves énumérées dans les Conventions»[23]. Par la suite, dans l'affaire *T. Blaskic* (arrêt du 03.03.2000), le même Tribunal (Chambre de 1ère. Instance) a réitéré cette position[24].

Pour sa part, le Tribunal Pénal International pour le Rwanda [TPIR] a fait valoir à juste titre, dans l'affaire *J.-P. Akayesu* (arrêt du 02.09.1998), que le concept de crimes contre l'humanité avait été reconnu bien avant le Tribunal de Nuremberg lui-même (1945-1946). La clause Martens a contribué à cet effet (cf. *supra*); des expressions similaires à celles de ces crimes, évoquant une humanité maltraitée, sont, en effet, apparues bien plus tôt dans l'histoire humaine[25]. Dans l'affaire *J. Kambanda* (arrêt du 04.09.1998), le même TPIR a souligné que le crime de génocide a, tout au long de l'Histoire, infligé de grandes souffrances à l'humanité, les victimes n'étant

---

22 Paragraphe 149 de cet arrêt.
23 Paragraphe 543 du présent arrêt.
24 Paragraphe 154 du présent arrêt.
25 Paragraphes 565-566 du présent arrêt.

pas seulement les personnes massacrées, mais l'humanité elle-même (dans les actes de génocide comme dans les crimes contre l'humanité)[26].

VIII. Observations finales

Le droit international (conventionnel et général) contemporain se caractérise dans une large mesure par l'émergence et l'évolution de ses normes impératives (le *jus cogens*) et par une plus grande conscience du principe d'humanité, à une échelle pratiquement universelle. Les violations graves des droits de l'homme, les actes de génocide, les crimes contre l'humanité, entre autres atrocités, contreviennent aux interdictions absolues du *jus cogens*. Le sentiment d'*humanité* – propre à un nouveau *jus gentium* du XXIe siècle – vient pénétrer l'ensemble du *corpus juris* du droit international contemporain. J'ai appelé ce développement, notamment dans mon Opinion Concordante concernant l'avis consultatif n° 16 (du 01.10.1999) de la Cour Interaméricaine des Droits de l'Homme sur le *Droit à l'information sur l'assistance consulaire dans le cadre des garanties du procès équitable*, un processus historique de véritable *humanisation* du droit international[27].

La primauté du principe de respect de la dignité de la personne humaine s'est identifiée au but ultime même du droit, de l'ordre juridique, national et international. En vertu de ce principe fondamental, toute personne doit être respectée (dans son honneur et ses convictions) du simple fait de son appartenance au genre humain, indépendamment de toutes circonstances. Le principe d'inaliénabilité des droits inhérents à l'être humain s'est, quant à lui, identifié à une hypothèse fondamentale de la construction de l'ensemble du *corpus juris* du droit international relatif aux droits de l'homme.

Dans son application en toutes circonstances (à la fois en temps de conflit armé et de paix), dans les relations entre la puissance publique et les êtres humains relevant de la juridiction de l'Etat concerné, le principe d'humanité imprègne l'ensemble du *corpus juris* de la protection internationale des droits de l'individu (englobant le Droit International Humanitaire, le Droit International des Droits de l'Homme et le Droit International des Réfugiés), sur le plan conventionnel et coutumier. Émanant de la conscience humaine, le principe, inscrit en droite ligne dans la philosophie du droit naturel, s'est plus amplement répercuté sur le droit des organisations internationales (et en particulier sur le droit des Nations Unies) et a obtenu la reconnaissance judiciaire de la part des juridictions internationales contemporaines. Il en a résulté la *raison d'humanité* imposant des limites à la *raison d'État*.

Louvain, le 14 de mars 2013.

---

26 Paragraphes 15-16 du présent arrêt. Un raisonnement similaire sous-tend les arrêts du même Tribunal dans l'affaire *J.P. Akayesu* précitée, ainsi que dans l'affaire *O. Serushago* (arrêt du 5 février 1999, par. 15).

27 Paragraphe 35 de l'Opinion Concordante.

XXXV

The Human Person and International Justice (2008 Friedmann Memorial Award[1]

– I –

To be the recipient of the *Wolfgang Friedmann Memorial Award* today, 08 April 2008, here at Columbia University in New York, is a source of great satisfaction and an honour to me. And this, for one compelling reason, namely, a sense of identification with the juridical legacy of Professor Wolfgang G. Friedmann. I could sum up this identification in a couple of points. To start with, in his days, Professor W. Friedmann accumulated his knowledge and experience in an essentially multicultural environment, as I have been doing in the last decades. He published his major works in distinct languages, as I have been doing over many years. He stressed the relevance of international organizations and multilateralism, as I do. He pursued, as I do, an essentially universalist approach to International Law.

He had the opportunity to deliver a General Course of Public International Law at the Hague Academy, in 1969, as I did, in 2005. In his General Course, he presented his own views on the international legal order of his times, as I have recently done, at the same Hague Academy in my General Course. Yet, there are four decades which form a gap between the time of the peak of his intellectual production, and the current days in which, like he did, I also attempt to leave my perceptions of the discipline for the future generations of scholars. The world has much changed in the last four decades, and so have the challenges that face the international community nowadays.

There are also, not surprisingly, other differences in our perceptions. Professor W. Friedmann was attentive to realism, whilst I have been a staunch critic of "realist thinking"[2]. Yet, this in no way affects the identity shared of basic outlook of International Law, further encompassing its temporal dimension, the sensitiveness to change, the acknowledgement of the position of the individuals (alongside States,

---

1   Discurso proferido pelo Autor na sessão solene de outorga do título honorário "Wolfgang Friedmann Memorial Award", por suas "outstanding contributions to the field of International Law", realizada em Columbia University, em Nova York, N.Y., no auditório da referida Universidade, na noite de 08 de abril de 2008; discurso originalmente publicado *in* 47 *Columbia Journal of Transnational Law* (2008) n. 1, pp. 16-30.
2   Cf. A.A. Cançado Trindade, International Law for Humankind: Towards a New *Jus Gentium* – General Course on Public International Law – Part I", 316 *Recueil des Cours de l'Académie de Droit International de la Haye* (2005) pp. 79-82.

international organizations and peoples), the relevance of international cooperation. I perceive each other's works, belonging as we do to different generations, in the realm of the shared appreciation for the pluralism of ideas, for the respect for distint legal cultures, and for the deep-rooted belief in the inter-generational dialogue among scholars.

And last but not least, we both ascribe considerable importance to the general principles of international law, without which – I would add – there is ultimately no international legal system at all. We both single out the pressing need of the strengthening of the judicial solution in the peaceful settlement of international disputes. And we both stress the pressing need for the international legal system effectively to address the concerns of humankind as a whole[3]. To both of us, the old merely inter-State dimension of International Law is ineluctably surpassed, and peoples, juridical persons and individuals have at last occupied the place which is theirs in the international legal order, in the law of nations (*droit des gens*), in the new *jus gentium* of our times.

– II –

Wolfgang Friedmann was a scholar of initiative, and integrated the Study Group which assisted the *Curatorium* of the Hague Academy of International Law in devising and launching, in 1969, its External Programme[4]. Ever since, this Programme, consisting of external sessions successively held in distinct continents, has been countering apparently "fragmenting" tendencies and bringing the message of the universality of international law to new generations of scholars in distinct continents. With this purpose in mind, I have been, as member of the *Curatorium* of the Hague Academy of International Law[5], a strong supporter of its External Programme, having personally lectured in all the external sessions held in the Americas and the Caribbean in the last two decades[6].

In his General Course in Public International Law delivered at the Hague Academy in 1969, W. Friedmann remarked that "each generation has to draw afresh for itself a picture of the kind of world in which it lives, and to seek to define the

---

3   W. Friedmann, "General Course in Public International", 127 *Recueil des Cours de l'Académie de Droit International de la Haye* (1969) pp. 93, 103, 142-155, 172 and 235; A.A. Cançado Trindade, "International Law for Humankind... – Part I", *op. cit. supra* n. (1), pp. 85-121 and 252-439; A.A. Cançado Trindade, "International Law for Humankind: Towards a New *Jus Gentium* – General Course on Public International Law – Part II", 317 *Recueil des Cours de l'Académie de Droit International de la Haye* (2005) pp. 19-282.

4   R.-J. Dupuy, "Wolfgang Friedmann at the Hague Academy of International Law", 10 *Columbia Journal of Transnational Law* (1971) pp. 10-11; B. Boutros-Ghali, "Friedmann Award Address", 33 *Columbia Journal of Transnational Law* (1995) p. 251.

5   Since the beginning of 2004, in representation of Latin America.

6   Bogotá (1989), Santiago of Chile (1991), San José of Costa Rica (1995), Montevideo (1998), Mexico City (2002), Lima (2005), and Santo Domingo (2008).

goals which it is striving to reach"[7]. W. Friedmann did so, and elaborated on the passage from the international law of co-existence, disclosing a horizontal dimension, to the international law of co-operation, with a vertical dimension, in which States were "no longer the exclusive subjects of international law"[8], as international organizations, juridical persons, peoples and individuals have also emerged as subjects of rights and bearers of duties emanating directly from international law.

– III –

The world today has considerably changed, being quite different from that of the days of W. Friedmann. Yet, human aspirations towards justice and peace remain the same. In facing the challenges of international law nowadays, in this first decade of the XXIst century, it is compelling to undertake the same exercise that Friedmann did, four decades ago. In fact, I feel privileged to have taken up the theme of the place of the human person in international law at the point where Professor Friedmann left it[9]. Among the many substantial changes undergone by international law, this is the one which will be the central theme of my address tonight. I am very pleased to deliver it at Columbia University, – in a ceremony convened by the editors of the *Columbia Journal of Transnational Law*, – where I was Visiting Professor precisely one decade ago, in 1998, – a University which has succeeded in remaining in the mainstream of international legal doctrine for many decades[10].

In my General Course on Public International Law, delivered at the Hague Academy of International Law in 2005, I dwelt upon, *inter alia*, the gradual emancipation of the individual from his own State, to vindicate rights inherent to the human person, as foreseen – in an entirely different world – by the founding fathers of the law of nations. The evolution of international legal thinking to this effect has

---

7 W. Friedmann, "General Course...", *op. cit. supra* n. (2), p. 229.
8 *Ibid.*, p. 93.
9 My first monograph on the subject dates from 1968 (A.A. Cançado Trindade, *Fundamentos Jurídicos dos Direitos Humanos*, Belo Horizonte, Ed. Law Faculty UFMG/Brazil, 1969, pp. 1-55), one year before Friedmann's General Course at The Hague Academy, and four years after his *The Changing Structure of International Law*.
10 Well before W. Friedmann's times, for example, in a series of lectures delivered at Columbia University in as early as July 1926, at a time when humankind was "just emerging from one of the greatest catastrophes of its history", the Greek jurist Nicolas Politis recalled that, at the II Hague Peace Conference in 1907, even the States that had not agreed with the proposed composition of the projected International Prize Court, supported compulsory arbitration in general, as the "juridical consciousness" had already awakened for the need to secure a "binding rule of law". N. Politis, *The New Aspects of International Law*, Washington, Carnegie Endowment for International Peace, 1928, pp. V, 7-8 and 15-16. In N. Politis's view, codification would contribute to the spread of compulsory justice, thus fulfilling the need for compulsory arbitration as well as compulsory justice (*ibid.*, pp. 50-51 and 62). Furthermore, – he added, – international norms no longer ignored the position of individuals, who had become their addressees; ibid., pp. 22 and 26.

accomplished a true juridical revolution, in my view the most significant one along the last six decades. As I pondered in my aforementioned General Course,

> "The major juridical revolution of contemporary legal thinking lies, in my view, in the advent and development of the International Law of Human Rights, as it is this latter that sustains that individuals, independently of circumstances of most profound adversity in which they may find themselves, can engage (as active subjects of International Law) the international responsibility of the State for violations of the rights which are inherent to them as human beings. The expansion of the international personality and procedural capacity of the human being corresponds to a true a necessity of the contemporary international legal order"[11].

I feel privileged to have given my contribution to this effect along the last four decades, and more recently as Judge and President of the Inter-American Court of Human Rights. Still in the earlier phase of this evolution, Professor W. Friedmann, with insight and sensitiveness, drew attention, in his *The Changing Structure of International Law* (1964), to "the helplessness of the individual in contemporary society". This unfortunate condition resulted from a series of factors, namely: the concentration of power in modern industrial and technological developments, the power of those who control the machinery of the State "to mould or suppress" the "freedom of movement of the individual"; the development of modern techniques of mass communication; and the pressure towards "uniformity and conformity", inherent in "the social and technical conditions of modern life"[12].

At the level of legal theory, Friedmann launched a devastating criticism – which I entirely share – of what he termed the "perverse" and "poisonous Hegelian and neo-Hegelian doctrines", which postulated the State as the ultimate and "necessary repository" of the freedom of individuals[13]. The disastrous consequences of such "glorification" of the national State[14] are well known. The reaction of the human conscience to the successive atrocities of the XXth century and of this beginning of the XXIst century found expression in the emergence and expansion of the

---

11 A.A. Cançado Trindade, "International Law for Humankind... – Part I", *op. cit. supra* n. (1), pp. 315-316.

12 W. Friedmann, *The Changing Structure of International Law*, New York, Columbia University Press, 1964, pp. 43-44.

13 *Ibid.*, pp. 247 and 42 (an articulation which symbolised "the conservative monarchy of the Prussia of his time", seen as "the supreme integration of freedom"). Also in his learned *Legal Theory*, W. Friedmann condemned Hegel's influence, as "dangerous in the extreme", in particular his thesis that "true freedom" is gained "only through the individual's integration" in the State, for having thereby inspired fascism and "laid the foundation for the ascendancy of the State over the individual"; W. Friedmann, *Legal Theory*, 5th. ed., New York, Columbia University Press, 1967, pp. 170-171, 173-174 and 176.

14 W. Friedmann, "General Course...", *op. cit. supra* n. (2), p. 60.

corpus juris of the International Law of Human Rights. This latter, nowadays, keeps on evolving, *inter alia*, by means of the case-law of international human rights tribunals. Beyond that, it is moved ahead, in the last resort, by the *universal juridical conscience*, which to my mind is the ultimate *material* source of all Law[15].

– IV –

If we dwell upon some of the advances achieved in recent years, in the international protection of the human person in situations of great adversity, if not entire defencelessness, we then realize how much has so far been achieved in the present domain of protection. No one would have anticipated, some years ago, that "street children", and their equally abandoned mothers (and grandmother), would have had their cause brought before, and heard and adjudicated by, an international tribunal such as the Inter-American Court of Human Rights (IACtHR), as in the *Villagrán Morales and Others versus Guatemala* case (1999-2001), with the condemnation of the perpetrated human rights violations[16]. No one would have predicted, some years ago, that a respondent State would have amended its Constitution, so as to bring it into conformity with a human rights treaty (such as the American Convention on Human Rights), as it occurred in the case of *"The Last Temptation of Christ"* (*Olmedo Bustos and Others versus Chile*, 2001), in order to comply with the judgment of the IACtHR.

No one would have foreseen, some years ago, that an international human rights tribunal would have, for the first time ever in modern international law, quashed a self-amnesty law as *invalid*, and devoid of any juridical effects, as did the IACtHR in the case of *Barrios Altos versus Peru* (2001), thus contributing decisively to the current struggle against impunity. No one would have forecasted, some years ago, that respondent States would publicly apologize to victims of human rights violations, or their relatives, as a satisfaction (as a form of reparation) owed to them as a result of sentences of the IACtHR, as they have done, e.g., in the cases of *Cantoral Benavides versus Peru* (2000-2001), of *Myrna Mack Chang versus Guatemala* (2003), of *Molina Theissen versus Guatemala* (2004).

No one would have thought, some years ago, that a respondent State would release a political prisoner so as to comply with a judgment of an international human rights tribunal such as the IACtHR, as it happened in the *Loayza Tamayo versus Peru* case (1997-1998). No one would have imagined, some years ago, that, less than three decades after the establishment of an international tribunal such as the IACtHR, one

---

15 A.A. Cançado Trindade, "International Law for Humankind: Towards a New *Jus Gentium*... – Part I", *op. cit. supra* n. (1), pp. 177-202.

16 In that paradigmatic case, the mothers of the murdered children (and the grandmother of one of them), as poor and abandoned as their sons (and grandson), had access to the international jurisdiction, appeared before the IACtHR (public hearings of 28-29.01.1999 and 12.03.2001), and, thanks to the Judgments of the IACtHR (of 19.11.1999 and 26.05.2001), which brought them relief, could at least recover faith in human justice.

fifth of the cases brought before it were to count on the respondent States' total or partial recognition of their own international responsibility for the human rights violations complained of, as it so occurs today. No one would have predicted, some years ago, that over 12 thousand persons were to have their rights safeguarded, all over the American continent and the Caribbean, as is the case today, as a result of provisional measures of protection ordered by an international tribunal such as the IACtHR.

No one would have suggested, some years ago, that an international human rights tribunal such as the IACtHR would read a treaty such as the 1963 Vienna Convention on Consular Relations, no longer from a State-centric outlook, and would identify therein – in a pioneering way – the right to information on consular assistance within a human rights framework and as an integral element of the guarantees of due process of law, as the IACtHR did, thus accelerating the historical process of *humanization of international law*, an expression that I coined in my Concurring Opinion in the IACtHR's Advisory Opinion n. 16 on *The Right to Information on Consular Assistance in the Framework of the Guarantees of Due Process of Law* (of 01.10.1999), and which appears now to have penetrated into contemporary international legal doctrine.

No one would have entertained the thought, some years ago, that an international human rights tribunal such as the IACtHR would have upheld, – as the IACtHR has done in Advisory Opinion n. 18 on the *Juridical Condition and Rights of Undocumented Migrants* (of 17.09.2003), – the basic principle of equality and non-discrimination as belonging to the domain of imperative law, as belonging to *jus cogens*. No one would have dreamed, some years ago, that the defenceless victims of massacres or their relatives would succeed to reach an international human rights tribunal, as they did in seizing the IACtHR, e.g., in the cases of the *Massacre of Plan de Sánchez versus Guatemala* (2004), of the *Massacre of Mapiripán versus Colombia* (2005), of the massacre of the *Moiwana Community versus Suriname* (2006), of the *Massacres of Ituango versus Colombia* (2006), of *Montero Aranguren and Others (Retén de Catia) versus Venezuela* (2006), of the *Prison Castro Castro versus Peru* (2006), among others.

– V –

Both the Inter-American and the European Courts of Human Rights have construed a remarkable case-law on the *condition of victim* for purposes of reparation. The IACtHR has, furthermore, much contributed to the evolution of the International Law of Human Rights itself with its creative jurisprudential construction on the distinct forms of reparation. It is a phenomenon of our times that victims in distress, who had lost all hope in justice at national level, have been able duly to vindicate their rights at international level. This has been the case, in the experience of the IACtHR thus far, of numerous victims in situations of great adversity or defencelessness, as, e.g., abandoned or "street children", persons under infra-human conditions of detention, forcefully and internally displaced persons, members of peace communities in situations of internal armed conflicts, members of marginalized or abandoned indigenous communities, uprooted and undocumented migrants, victims of torture and of inhuman and degrading treatment, relatives of victims of massacres[17], – who, despite so much adversity, notwithstanding have had access to international justice.

Individuals indeed count nowadays on international jurisdiction, which has expanded to grant them relief. The suffering of vulnerable or defenceless individuals no longer falls into oblivion. Individuals are nowadays able to set into motion international procedures for the vindication of rights inherent to them. Individuals are no longer at the mercy of the powerful, or of some *Staatsrecht*. Atrocities are no longer covered-up. The human person has at last recovered the central place reserved to it in the contemporary international legal order. Irrespective of the extent of one's legal capacity to exercise one's rights for oneself (capacity of exercise), – and its limitations in some cases, as in that of children, for example, – we witness nowadays the undeniable consolidation of the juridical personality of the human person, as a true subject of the law of nations, and no longer as simple object of protection.

The Advisory Opinion n. 17 of the IACtHR on the *Juridical Condition and Human Rights of the Child* (of 28.08.2002), for example, fits into this line of thinking, well in keeping with the Kantian conception of every human person as being ultimately an end in herself. The juridical category of the international legal personality "has not shown itself insensible to the *necessities* of the international community, among which appears with prominence that of providing protection to the human beings who compose it", as subjects of inalienable rights, "in particular those who find themselves in a situation of special vulnerability"[18]. As I have recently seen it fit to ponder,

> "The consolidation of the international legal personality of individuals, as active as well as passive subjects of international law, enhances accountability in international law for abuses perpetrated against human beings. Thus, individuals are also bearers of duties under international law, and this reflects the consolidation of their international legal personality. Developments in international legal personality and international accountabil-

---

17   On these latter, cf., e.g., the IACtHR's Judgments in the cases of the *Massacres of Barrios Altos versus Peru* (of 14.03.2001), of *Plan de Sánchez versus Guatemala* (of 29.04.2004), of the *19 Tradesmen versus Colombia* (of 05.07.2004), of *Mapiripán versus Colombia* (of 17.09.2005), of the *Moiwana Community versus Suriname* (of 15.06.2005), of *Pueblo Bello versus Colombia* (of 31.01.2006), of *Ituango versus Colombia* (of 01.07.2006), of *Montero Aranguren and Others (Retén de Catia) versus Venezuela* (of 05.07.2006), of the *Prison of Castro Castro versus Peru* (of 25.11.2006), of *La Cantuta versus Peru* (of 29.11.2006).

18   A.A. Cançado Trindade, "The Emancipation of the Individual from His Own State – The Historical Recovery of the Human Person as Subject of the Law of Nations", *in Human Rights, Democracy and the Rule of Law – Liber Amicorum Luzius Wildhaber* (eds. S. Breitenmoser *et alii*), Zürich/Baden-Baden, Dike/Nomos, 2007, pp. 165-166.

ity go hand in hand, and this whole evolution bears witness of the formation of the opinio juris communis to the effect that the gravity of certain violation of fundamental rights of the human person affects directly basic values of the international community as a whole"[19].

– VI –

This reassuring development, prompted by the universal juridical conscience, contributes ultimately to the *international rule of law*, to the realization of justice also at international level. It thus fulfills a long-standing aspiration of humankind. International law itself, the new *jus gentium* of our days, has at last liberated itself from the chains of statism. Individuals have been enabled promptly to react against all manifestations of arbitrary power; they have succeeded to have direct access to national as well as international justice. This is a point which cannot pass unperceived in this ceremony tonight.

In so far as the active subjectivity of individuals is concerned, the right of individual international petition indeed shelters the last hope of those who did not find justice at national level. The direct access of individuals to the international jurisdiction has enabled them to vindicate their rights against the manifestations of arbitrary power, and has given an ethical content to the norms of both domestic and international law. The relevance of the *locus standi in judicio* in the proceedings before the IACtHR, with the full participation of all individuals, has proven essential, as the last hope of those forgotten by the world.

Four years after the paradigmatic case in this respect, that of the "*Street Children*" (*Villagrán Morales and Others versus Guatemala*), the case of the *Institute of Reeducation of Minors versus Paraguay* came again to demonstrate, – as I pointed out in my Separate Opinion (pars. 3-4), – that the human being, even in the most adverse conditions, emerges as subject of International Law, endowed with full international juridico-procedural capacity. The IACtHR's Judgment in this case (of 02.09.2004) duly recognized the high relevance of the historical reforms introduced by the IACtHR in its present Rules of Court[20], – of 24.11.2000, in force as from 01.06.2001, – in favour of the *titularity*, vested in the individuals, of the protected rights, granting them *locus standi in judicio* in *all* the stages of the contentious procedure before the Court[21]. Such reforms will be consolidated the day they are

---

19 *Ibid.*, p. 166.
20 Pars. 107, 120-121 and 126 of the aforementioned Judgment.
21 Cf., on the matter, A.A. Cançado Trindade, "El Nuevo Reglamento de la Corte Interamericana de Derechos Humanos (2000) y Su Proyección Hacia el Futuro: La Emancipación del Ser Humano como Sujeto del Derecho Internacional", *in XXVIII Curso de Derecho Internacional Organizado por el Comité Jurídico Interamericano – OEA* (2001) pp. 33-92; A.A. Cançado Trindade, "Le nouveau Règlement de la Cour Interaméricaine des Droits de l'Homme: quelques réflexions sur la condition de l'individu comme sujet du Droit international", *in Libertés, justice, tolérance – Mélanges en hommage au Doyen G. Cohen-Jonathan*, vol. I, Bruxelles, Bruylant, 2004, pp. 351-365.

endorsed by a Protocol of Amendments, to the same effect, to the American Convention on Human Rights, in order to strengthen its mechanism of protection, such as the one I prepared and presented, as *rapporteur* and President of the IACtHR, to the Organization of American States in May 2001, and which remains in the agenda of its General Assembly to date[22].

The right of access to justice does not exhaust itself in its formal dimension, that is, the access to a tribunal at national or international level. Under several human rights treaties, such access to justice at national level forms part of the international protection itself, as disclosed by the provisions of human rights treaties on the right of access to an effective domestic remedy and on the guarantees of the due process of law. Without these latter, there is no access to justice, which also encompasses the right to have one's case fairly heard and properly adjudicated upon. The right of access to justice *lato sensu* further encompasses the reparations owed to the victims, whenever they are due to them, and, – as acknowledged by the Inter-American and the European Courts of Human Rights, – the faithful and full execution of, or compliance with, their Judgments.

– VII –

Last but not least, although Professor W. Friedmann did not live long enough to witness the reassuring search by contemporary international legal doctrine for a hierarchy of norms[23], I have no doubt that, if he were among us today, he would have strongly supported such endeavour. In this respect, we are nowadays witnessing, and contributing to, the gradual expansion of the material content of *jus cogens*, which nowadays goes beyond the law of treaties, encompassing the law on the international responsibility of the State, and projecting itself into the whole *corpus juris* of contemporary International Law, comprising ultimately any juridical act. Accordingly, it further projects itself into domestic law itself, invalidating any measure or act incompatible with it. *Jus cogens* has a direct incidence on the very foundations of a universal international law, being a basic pillar of the new *jus gentium*[24].

The ad hoc International Criminal Tribunal for the Former Yugoslavia categorically sustained, in the *A. Furundzija* case, that the absolute prohibition of torture has the character of a norm of *jus cogens*[25]. The same position has been firmly upheld by the Inter-American Court of Human Rights in the case Cantoral Benavides versus

---

22 A.A. Cançado Trindade, *Bases para un Proyecto de Protocolo a la Convención Americana sobre Derechos Humanos, para Fortalecer Su Mecanismo de Protección*, 1st. ed., San José of Costa Rica, IACtHR, 2001, pp. 1-669 (2nd. ed., 2003).

23 Cf. Ch. Leben, "The Changing Structure of International Law Revisited: By Way of Introduction", 8 *European Journal of International Law* (1997) n. 3, pp. 399-408.

24 A.A. Cançado Trindade, "International Law for Humankind: Towards a New *Jus Gentium* ... – Part I", *op. cit. supra* n. (1), pp. 336-346.

25 Judgment of 10.12.1998, pars. 137-139, 144 and 160.

Peru (2000)[26], as well as the cases of *Brothers Gómez Paquiyauri versus Peru* (2004)[27] and *Tibi versus Ecuador* (2004)[28], among others[29]. Such absolute prohibition, according to the IACtHR, covers torture as well as other cruel, inhuman and degrading treatment[30]. Years before this position was rightly taken by the IACtHR, I insisted, within this latter, on the pressing need of a jurisprudential development of the prohibitions of *jus cogens*[31].

The IACtHR has gone much further than those initial prohibitions, and has lately been contributing, more than any other contemporary international tribunal, to the expansion of the material content of jus cogens. Thus, in its transcendental Advisory Opinion n. 18 on the *Juridical Condition and Rights of Undocumented Migrants* (of 17.09.2003), it has, – as already pointed out, – upheld the fundamental principle of equality and non-discrimination as belonging to the domain of *jus cogens*. Ever since, I insisted within the IACtHR, in the course of its consideration of successive contentious cases, on the need to expand further the material content of *jus cogens* so as to encompass likewise the right of access to justice[32], and thus to fulfil the pressing needs of protection of the human person.

But it was in the case of *Goiburú and Others versus Paraguay* (Judgment of 22.09.2006), pertaining to the sinister "Operation Cóndor" of the so-called "intelligence services" of the countries of the Southern Cone of South America (in the epoch of the dictatorships of three decades ago), that the IACtHR at last endorsed the

---

26 Judgment of 18.08.2000, par. 99.
27 Judgment of 08.07.2004, pars. 111-112.
28 Judgment of 07.09.2004, par. 143.
29 E.g., case *Baldeón García versus Peru*, Judgment of 06.04.2006, par. 121.
30 Cf., e.g., case *Caesar versus Trinidad and Tobago*, Judgment of 11.03.2005.
31 In my Separate Opinions (pars. 11 and 14; 15, 17, 23, 25 and 28; and 15, 17, 23, 25 and 28, respectively) in the case *Blake versus Guatemala* (preliminary objections, Judgment of 02.07.1996; merits, Judgment of 24.01.1998; and reparations, Judgment of 22.01.1999). And, likewise, later on, in my Concurring Opinions in the cases of *Barrios Altos versus Peru* case (Judgment of 14.03.2001) and of *Maritza Urrutia versus Guatemala* (Judgment of 27.11.2003), in my Separate Opinions in the aforementioned cases of *Cantoral Benavides, Brothers Gómez Paquiyauri versus Peru*, as well as in the cases of *Hilaire versus Trinidad and Tobago* (Judgment of 01.09.2001), and in my Dissenting Opinion in the case of the *Sisters Serrano Cruz versus El Salvador* (Judgment of 23.11.2004).
32 Cf., to this effect, my Separate Opinions in the IACtHR's Judgments in the cases of the *Massacre of Plan de Sánchez versus Guatemala* (of 29.04.2004 and 19.11.2004), of the *Brothers Gómez Paquiyauri versus Peru* (of 08.07.2004), of *Tibi versus Ecuador* (of 07.09.2004), of *Caesar versus Trinidad and Tobago* (of 11.03.2005), of *Yatama versus Nicaragua* (of 23.06.2005), of *Acosta Calderón versus Ecuador* (of 14.06.2005), of the *Massacre of Pueblo Bello versus Colombia* (of 31.01.2006), of the *Massacres of Ituango versus Colombia* (of 01.07.2006), of *Baldeón García versus Peru* (of 06.04.2006), of *López Álvarez versus Honduras* (of 01.02.2006), of *Ximenes Lopes versus Brazil* (of 04.07.2006).

thesis that I had been sustaining within it for more than two years[33], in effectively further enlarging the material content of *jus cogens*, so as to encompass the right of access to justice at national and international levels[34]. The gradual expansion of the material content of the *jus cogens* has occurred *pari passu* with the recent judicial condemnation of grave violations of human rights and of massacres, which conform, in my understanding, true crimes of State[35].

– VIII –

The concern which Professor W. Friedmann expressed, in his days, as to the helplessness of the individual in the international legal order, has been addressed, in our times, by contemporary International Law, probably to a larger extent that he could have anticipated. Although there is still a long way to follow in the enhancement of the vindication of the rights of the human person before international tribunals, many advances have been achieved in recent years. Such advances, as I perceive them, are also due to the universal juridical conscience, which, in my understanding, is the ultimate *material* source of International Law, as indeed of all Law.

We can here behold a true *right to the Law*, that is, the right to a legal order which effectively safeguards – at national and international levels – the rights inherent to the human person. This discloses the recognition that human rights constitute the basic foundation of the legal order. This evolution, with the recognition of the direct access of the individuals to international justice, reveals, in this first decade of the XXIst century, the advent of the new primacy of the *raison d'humanité* over the *raison d'État*, to inspire the historical process of *humanization* of International Law.

New York, N.Y., 08 April 2008.

---

33 Cf. the text of my Separate Opinion in this case, reproduced *in*: A.A. Cançado Trindade, *Derecho Internacional de los Derechos Humanos – Esencia y Trascendencia (Votos en la Corte Interamericana de Derechos Humanos, 1991-2006)*, Mexico, Edit. Porrúa/Universidad Iberoamericana, 2007, pp. 779-804.

34 In my Separate Opinions in the case of *Goiburú and Others* (pars. 62-68, text *in ibid.*, pp. 801-804), as well as in the subsequent cases of *Almonacid Arellano versus Chile* (Judgment of 26.09.2006, pars. 58-60 of the Opinion), and of *La Cantuta versus Peru* (Judgment of 29.11.2006, pars. 49-62 of the Opinion), I stressed the considerable importance of such expansion of the material content of the *jus cogens*.

35 Cf., on the matter, A.A. Cançado Trindade, "Complementarity between State Responsibility and Individual Responsibility for Grave Violations of Human Rights: The Crime of State Revisited", *in International Responsibility Today – Essays in Memory of O. Schachter* (ed. M. Ragazzi), Leiden, M. Nijhoff, 2005, pp. 253-269. – The significance, importance and implications of this remarkable jurisprudential advance are emphasized in my aforementioned Separate Opinion (pars. 62-68) in the case *Goiburú and Others versus Paraguay* (Judgment of 22.09.2006), in which, moreover, I dwelt upon the criminalization of the grave violations of human rights; the crime of State in the context of State terrorism (of the aforementioned "Operation Cóndor", and the cover-up by the State of the atrocities perpetrated); the international responsibility of the State aggravated by the crime of State (cf. *ibid.*, pp. 253-269); and new elements of the necessary complementarity between the International Law of Human Rights and contemporary International Criminal Law.

XXXVI

Hacia el Nuevo *Jus Gentium* del Siglo XXI:
El Derecho Universal de la Humanidad[1]

Me es particularmente grato comparecer el día de hoy, 18 de noviembre de 2003, a este acto académico, que mucho me sensibiliza, mediante el cual la distinguida Pontificia Universidad Católica del Perú me confiere la alta distinción de otorga del grado de Doctor *Honoris Causa*. Como académico, es esta la más significativa distinción que puede uno recibir, y quisiera extender mis más sinceros agradecimientos a la Pontificia Universidad Católica del Perú, en la persona de su Rector, Dr. Salomón Lerner Febres, Presidente de la Comisión de la Verdad y Reconciliación Nacional del Perú, por el gran honor que hoy me concede. Agradezco, igualmente, por su constante atención, al Director del Instituto de Estudios Internacionales (IDEI) de la Pontificia Universidad Católica del Perú, Profesor Fabián Novak Talavera, distinguido cultor del Derecho Internacional Público en el Perú, así como al Profesor Enrique Bernales Ballesteros, eminente constitucionalista peruano, y al Profesor Francisco Eguiguren, ilustre académico peruano con amplia trayectoria en el campo de la promoción y protección internacionales de los derechos humanos, por la generosidad de sus palabras en este acto académico, de las cuales guardaré un muy grato recuerdo.

Me siento muy complacido por estar en el Perú, país de tan rica tradición y trayectoria jurídicas, dónde tengo publicados algunos estudios monográficos, y dónde he vivido, en los tres últimos años, momentos memorables que ya forman parte de la historia de la protección internacional de los derechos humanos en América Latina. El día 25 de febrero último tuve ocasión de dejar constancia de todo mi aprecio por la contribución histórica de los jusinternacionalistas peruanos a la evolución del derecho de gentes, al promover – en un momento de gran crisis del Derecho Internacional – un acto público en la sede de la Corte Interamericana en San José de Costa Rica, en tributo al legado de Don José Luis Bustamante y Rivero, en el marco del mejor pensamiento jusinternacionalista peruano. Las actas de aquella sesión conmemorativa, publicadas hace un par de meses (*Doctrina Latinoamericana del Derecho Internacional*, tomo II, San José de Costa Rica, Corte Interamericana de Derechos Humanos, 2003) han generado un considerable interés en los círculos jurídicos latinoamericanos.

---

[1] Discurso do Autor na sessão solene de outorga do título de Doutor *Honoris Causa* da Pontifícia Universidade Católica do Peru, realizada no auditório da referida Universidade, em Lima, Peru, em 18 de novembro de 2003.

Quisiera, en la presente ocasión en la capital peruana, referirme a un tema que me es particularmente caro, y que me permitiría caracterizar como el de la construcción del nuevo *jus gentium* del siglo XXI: el *derecho universal de la humanidad*. En efecto, los desarrollos del Derecho Internacional Público en la segunda mitad del siglo XX revelan una notable evolución desde un ordenamiento de simple regulación hacia un instrumental jurídico sobre todo de libertación del ser humano. No hay que pasar olvidado que el derecho internacional tradicional, vigente en el inicio del siglo pasado, caracterizábase, en efecto, por el voluntarismo estatal ilimitado, que se reflejaba en la permisividad del recurso a la guerra, de la celebración de tratados desiguales, de la diplomacia secreta, del mantenimiento de colonias y protectorados y de zonas de influencia.

Contra este orden oligárquico e injusto se insurgieron principios como los de la prohibición del uso y amenaza de la fuerza y de la guerra de agresión (y del no-reconocimiento de situaciones por estas generadas), de la igualdad jurídica de los Estados, de la solución pacífica de las controversias internacionales. Se dió, además, inicio al combate a las desigualdades (con la abolición de las capitulaciones, el establecimiento del sistema de protección de minorías bajo la Sociedad de las Naciones, y las primeras convenciones internacionales del trabajo de la OIT). El rol de los principios ha sido de fundamental importancia en toda esta evolución del derecho internacional. Como me permití ponderar en mi Voto Concurrente en la reciente Opinión Consultiva n. 18 de la Corte Interamericana de Derechos Humanos, sobre *La Condición Jurídica y los Derechos de los Migrantes Indocumentados* (del 17.09.2003, párrs. 44 y 46):

> – "Todo sistema jurídico tiene principios fundamentales, que inspiran, informan y conforman sus normas. Son los principios (derivados etimológicamente del latín principium) que, evocando las causas primeras, fuentes o orígenes de las normas y reglas, confieren cohesión, coherencia y legitimidad a las normas jurídicas y al sistema jurídico como un todo. Son los principios generales del derecho (prima principia) que confieren al ordenamiento jurídico (tanto nacional como internacional) su ineluctable dimensión axiológica; son ellos que revelan los valores que inspiran todo el ordenamiento jurídico y que, en última instancia, proveen sus propios fundamentos. Es así como concibo la presencia y la posición de los principios en cualquier ordenamiento jurídico, y su rol en el universo conceptual del Derecho. (...) De los prima principia emanan las normas y reglas, que en ellos encuentran su sentido. Los principios encuéntranse así presentes en los orígenes del propio Derecho. (...) Al contrario de los que intentan – a mi juicio en vano – minimizarlos, entiendo que, si no hay principios, tampoco hay verdaderamente un sistema jurídico. Sin los principios, el `orden jurídico´ simplemente no se realiza, y deja de existir como tal".

A mediados del siglo XX se reconoció la necesidad de la reconstrucción del derecho internacional con atención a los derechos inherentes a todo ser humano, de lo que dió elocuente testimonio la proclamación de la Declaración Universal de 1948, seguida, a lo largo de cinco décadas, por más de 70 tratados de protección de los derechos de la persona humana hoy vigentes en los planos global y regional. El derecho internacional pasó a experimentar, en la segunda mitad del siglo XX, una extraordinaria expansión, fomentada en gran parte por la actuación de las Naciones Unidas y agencias especializadas, además de las organizaciones regionales.

La emergencia de los nuevos Estados, en medio al proceso histórico de descolonización, vino a marcar profundamente su evolución en las décadas de cinquenta y sesenta, en medio al gran impacto en el seno de las Naciones Unidas del derecho emergente de autodeterminación de los pueblos. Se desencadenó el proceso de *democratización* del derecho internacional. Al trascender los antiguos parámetros del derecho clásico de la paz y de la guerra, se equipó el derecho internacional para responder a las nuevas demandas y desafíos de la vida internacional, con mayor énfasis en la cooperación internacional. En las décadas de sesenta hasta ochenta, los foros multilaterales se involucraron en un intenso proceso de elaboración y adopción de sucesivos tratados y resoluciones de reglamentación de los espacios.

Se comprendió, en el desarrollo del derecho internacional a lo largo de la segunda mitad del siglo XX, que *la razón de Estado tiene límites*, en el atendimiento de las necesidades y aspiraciones de la población, y en el tratamiento ecuánime de las cuestiones que afectan a toda la humanidad. El ordenamiento internacional tradicional, marcado por el predominio de las soberanias estatales y la exclusión de los individuos, de la persona humana, no fue capaz de evitar la intensificación de la producción y de la amenaza y del uso de armamentos de destrucción en masa, y tampoco las violaciones masivas de los derechos humanos en todas las regiones del mundo, y las sucesivas atrocidades a lo largo del siglo XX, inclusive las contemporáneas.

Las notables transformaciones en el escenario mundial desencadenadas a partir de 1989, por el fin de la guerra fría y la irrupción de numerosos conflictos internos, caracterizaron los años noventa como un denso momento en la historia contemporánea marcado por una profunda reflexión, en escala universal, sobre las propias bases de la sociedad internacional y la formación gradual de la agenda internacional del siglo XXI. El ciclo de las Conferencias Mundiales de las Naciones Unidas del final del siglo XX e inicio del siglo XXI[2] ha procedido efectivamente a una reevaluación global de muchos conceptos a la luz de la consideración de temas que afectan a la humanidad como un todo.

Su denominador común ha sido la atención especial a las *condiciones de vida* de la población (particularmente de los grupos vulnerables, en necesidad especial de

---

2 Conferencia de las Naciones Unidas sobre Medio Ambiente y Desarrollo, Rio de Janeiro, 1992; II Conferencia Mundial sobre Derechos Humanos, Viena, 1993; Conferencia Internacional sobre Población y Desarrollo, Cairo, 1994; Cumbre Mundial para el Desarrollo Social, Copenhagen, 1995; IV Conferencia Mundial sobre la Mujer, Beijing, 1995; II Conferencia de las Naciones Unidas sobre Asentamientos Humanos, Habitat-II, Istanbul, 1996. A estas se siguieron la Conferencia de Roma sobre el Estatuto del Tribunal Penal Internacional, 1998, y la Conferencia de Durban contra el Racismo, 2001.

protección), de ahí resultando el reconocimiento universal de la necesidad de situar los seres humanos, en definitiva, en el centro de todo proceso de desarrollo. En efecto, los grandes desafíos de nuestros tiempos – la protección del ser humano y del medio ambiente, la superación de las disparidades alarmantes entre los paises y dentro de ellos así como de la exclusión social, la erradicación de la pobreza crónica y el fomento del desarrollo humano, el desarme, – han incitado a la revitalización de los propios fundamentos y principios del derecho internacional contemporáneo, tendiendo a hacer abstracción de soluciones jurisdiccionales y espaciales (territoriales) clásicas y desplazando el énfasis para la noción de solidaridad.

Tal como me permití señalar en mi Voto Concurrente en la Opinión Consultiva n. 16, de la Corte Interamericana de Derechos Humanos, sobre *El Derecho a la Información sobre la Asistencia Consular en el Marco de las Garantías del Debido Proceso Legal* (1999),

> "toda la jurisprudencia internacional en materia de derechos humanos ha desarrollado, de forma convergente, a lo largo de las últimas décadas, una interpretación dinámica o evolutiva de los tratados de protección de los derechos del ser humano. (...) Las propias emergencia y consolidación del corpus juris del Derecho Internacional de los Derechos Humanos se deben a la reacción de la conciencia jurídica universal ante los recurrentes abusos conmetidos contra los seres humanos, frecuentemente convalidados por la ley positiva: con ésto, el Derecho vino al encuentro del ser humano, destinatario último de sus normas de protección" (párrs. 3-4).

En seguida, en el referido Voto Concurrente, dejé constancia del reconocimiento, en nuestros días, de la necesidad de restituir al ser humano "la posición central – como *sujeto del derecho tanto interno como internacional* – de dónde fué indebidamente desplazado, con consecüencias desastrosas, evidenciadas en las sucesivas atrocidades conmetidas en su contra en las (...) últimas décadas. Todo ésto ocurrió con la complacencia del positivismo jurídico, en su subserviencia típica al autoritarismo estatal" (párr. 12). Y acrecenté:

> – "Con la desmistificación de los postulados del positivismo voluntarista, se tornó evidente que sólo se puede encontrar una respuesta al problema de los fundamentos y de la validad del derecho internacional general en la conciencia jurídica universal, a partir de la aserción de la idea de una justicia objetiva. Como una manifestación de esta última, se han afirmado los derechos del ser humano, emanados directamente del derecho internacional, y no sometidos, por lo tanto, a las vicisitudes del derecho interno" (párr. 14).

En efecto, las atrocidades y abusos que han victimado en las últimas décadas millones de seres humanos en todas partes han en definitiva despertado la *conciencia jurídica universal* para la apremiante necesidad de reconceptualizar las propias bases del ordenamiento jurídico internacional. Urge, en nuestros días, estimular este despertar de la *conciencia jurídica universal* para intensificar el proceso de humanización del derecho internacional contemporáneo, – tal como enfaticé en mi ya citado Voto Concurrente en el caso de los *Haitianos y Dominicanos de Origen Haitiana en la República Dominicana* (Medidas Provisionales de Protección, 2000) ante la Corte Interamericana (párr. 12).

Posteriormente, en el caso *Bámaca Velásquez versus Guatemala* (Sentencia sobre el fondo, de 25 de noviembre de 2000), también ante la misma Corte, me permití insistir en el punto, en mi Voto Razonado; al opinar que los avances en el campo de la protección internacional de los derechos de la persona humana se deben a la *conciencia jurídica universal* (párr. 28), expresé mi entendimiento en los siguintes términos:

> "(...) en el campo de la ciencia del derecho, no veo cómo dejar de afirmar la existencia de una conciencia jurídica universal (correspondiente a la opinio juris communis), que constituye, en mi entender, la fuente material por excelencia (más allá de las fuentes formales) de todo el derecho de gentes, responsable por los avances del género humano no sólo en el plano jurídico sino también en el espiritual" (párr. 16).

En esta misma línea de razonamiento, también en mi Voto Razonado en la Opinión Consultiva n. 18 sobre *La Condición Jurídica y los Derechos de los Migrantes Indocumentados* (2003), he expresado mi convicción de que la *conciencia jurídica universal* constituye expresión de la fuente *material* por excelencia de todo el derecho de gentes (párrs. 23-25 y 28-30, esp. párr. 29).

Espero, sinceramente, que la doctrina jurídica del siglo XXI dedique a este punto considerablemente más atención que la prestada por la doctrina jurídica a lo largo de todo el siglo pasado, – a empezar por la consideración de la cuestión básica de los fundamentos y la validez del derecho internacional. La actitud más común de los jusinternacionalistas del siglo XX, al abordar, v.g., el capítulo atinente a las fuentes del derecho internacional, era atenerse a sus aspectos meramente formales (las "fuentes" formales consagradas en el artículo 38 del Estatuto de la Corte Internacional de Justicia, una disposición enteramente anacrónica, – como tantas otras, mero fruto de su tiempo, – originalmente redactada al inicio de los años veinte, hace más de ocho décadas!).

Los desafíos del siglo XXI no más admiten tanta reserva mental, y tampoco la cómoda actitud de eximirse de examinar la cuestión muchísimo más difícil de la fuente *material* del derecho internacional contemporáneo. Esta cuestión no puede ser abordada adecuadamente desde una perspectiva positivista, y haciendo abstracción de los valores, y del propio fin del Derecho, – en el presente contexto, la protección de la persona humana en todas y cualesquiera circunstancias. El derecho internacional no se reduce, en absoluto, a un instrumental a servicio del poder; su destinatario final es el ser humano, debiendo atender a sus necesidades, entre la cuales se destaca la realización de la justicia.

A mi juicio, hay elementos para abordar la materia, de modo más satisfactorio, tanto en la jurisprudencia internacional (de las Cortes Interamericana y Europea de Derechos Humanos), como en la práctica internacional (de los Estados y organismos internacionales), así como en la doctrina jurídica más lúcida (cf. fuentes *in* A.A. Cançado Trindade, *O Direito Internacional em um Mundo em Transformação*, Rio de Janeiro, Edit. Renovar, 2002, pp. 1022-1029). De estos elementos se desprende, – me permito insistir, – *el despertar de una conciencia jurídica universal*, para reconstruir, en este inicio del siglo XXI, el derecho internacional, con base en un nuevo paradigma, ya no más estatocéntrico, sino situando la persona humana en posición central y teniendo presentes los problemas que afectan a la humanidad como un todo (*supra*).

Me permito aquí recordar un aspecto de los difíciles trabajos del Comité de Redacción de la II Conferencia Mundial de Derechos Humanos (Viena, 1993), en los cuales tuve el privilegio de participar. En mi relato de aquellos trabajos, me referí a la iniciativa de insertar, en la Declaración y Programa de Acción de Viena (principal documento resultante de aquella Conferencia, hace precisamente una década), una invocación al "espíritu de nuestra época" y a las "realidades de nuestro tiempo", a requerir que los Estados miembros de las Naciones Unidas y todos los pueblos del mundo se dedicasen a la tarea verdaderamente global de promover y proteger todos los derechos humanos de modo a asegurarles goce pleno y universal. Y agregué, en mi relato:

> – "En efecto, los debates sobre este último pasaje proporcionaron uno de los momentos más luminosos de los trabajos del Comité de Redacción de la Conferencia, en la tarde del 23 de junio [de 1993]. Originalmente se contemplaba hacer referencia sólo al `espíritu de nuestra época´, pero se decidió agregar otra referencia a las `realidades de nuestro tiempo´ en el entendimiento de que éstas habrían de ser apreciadas a la luz de aquél: el `espíritu de nuestra época´ se caracteriza por la aspiración común a valores superiores, al fortalecimiento de la promoción y protección de los derechos humanos intensificadas en la transición democrática e instauración del Estado de Derecho en tantos países, a la búsqueda de soluciones globales en el tratamiento de temas globales (mención hecha, v.g., a la necesidad de erradicación de la pobreza extrema). Este el entendimiento que prevaleció, al respecto, en el Comité de Redacción" (cf.A.A. Cançado Trindade, Tratado de Direito Internacional dos Direitos Humanos, vol. I, 1ª. ed., Porto Alegre/Brasil, S.A. Fabris Ed., 1997, pp. 185-186).

Vinculada al despertar de la *conciencia jurídica universal*, una cláusula de la mayor trascendencia merece destaque: la llamada *cláusula Martens*, que cuenta con más de un siglo de trayectoria histórica (desde la I Conferencia de Paz de La Haya de 1899 hasta nuestros días). Su propósito ha sido el de extender jurídicamente la protección a los individuos en todas las situaciones, aunque no contempladas por las normas humanitarias convencionales; con este fin, la cláusula Martens invoca "los principios del derecho de gentes" derivados de "los usos establecidos", así como "las leyes de humanidad" y "las exigencias de la conciencia pública". La referida cláusula constituye una perenne advertencia contra la suposición de que lo que no esté expresamente prohibido por las Convenciones de Derecho Internacional Humanitario pudiera estar permitido.

Todo lo contrario, sostiene ella la aplicabilidad continuada de los principios del derecho de gentes, las leyes de humanidad y las exigencias de la conciencia pública, independientemente del surgimiento de nuevas situaciones y del desarrollo de la tecnología. La referida cláusula impide, pues, el *non liquet*, y ejerce un rol importante en la hermenéutica de la normativa humanitaria. La cláusula Martens, como un todo, ha sido concebida y reiteradamente afirmada, en última instancia, en beneficio de todo el género humano, manteniendo así su gran actualidad.

El hecho de que la mencionada cláusula haya sido reiterada, en sucesivos instrumentos de Derecho Internacional Humanitario, por más de un siglo, sitúa a dicha cláusula, – como lo señalé en mi Voto Concurrente en la Opinión Consultiva n. 18 de la Corte Interamericana de Derechos Humanos sobre *La Condición Jurídica y los Derechos de los Migrantes Indocumentados*, – en el plano de la *fuente material* por excelencia de todo el derecho de gentes (párrs. 23-25 y 28-30, esp. párr. 29). La he caracterizado, en realidad, como expresión de la *razón de humanidad* imponiendo límites a la *razón de Estado* (*Tratado de Direito Internacional dos Direitos Humanos*, tomo III, Porto Alegre/ Brasil, S.A. Fabris Ed., 2003, pp. 497-509).

Toda esta evolución conceptual a que aquí me refiero se ha gradualmente movido, en los últimos años, de la dimensión *internacional* a la propiamente *universal*, bajo la decisiva influencia del desarrollo del propio Derecho Internacional de los Derechos Humanos. El reconocimiento de ciertos *valores* fundamentales, sobre la base de un sentido de justicia objetiva, ha en mucho contribuído a la formación de la *communis opinio juris* en las últimas décadas del siglo XX, la cual tiene una dimensión mucho más amplia que la de simple elemento subjetivo de la costumbre internacional. Lo mismo se puede decir de los intereses comunes de la comunidad internacional y del reconocimiento generalizado del imperativo de satisfacer las necesidades humanas básicas.

Referencias a aquella dimensión universal figuran igualmente en tratados internacionales. La Convención contra el Genocidio de 1948, v.g., se refiere, en su preámbulo, al "espíritu" de las Naciones Unidas. Transcurrido medio siglo, el preámbulo del Estatuto de Roma de 1998 del Tribunal Penal Internacional se refiere a la "conciencia de la humanidad" (segundo *considerandum*). Y el preámbulo de la Convención Interamericana de 1994 sobre la Desaparición Forzada de Personas, para citar otro ejemplo, menciona la "conciencia del hemisferio" (tercero *considerandum* del preámbulo).

En suma, ya no se sostienen el monopolio estatal de la titularidad de derechos ni los excesos de un positivismo jurídico degenerado, que excluyeron del ordenamiento jurídico internacional el destinatario final de las normas jurídicas: el ser humano. En nuestros días, el modelo westphaliano del ordenamiento internacional se configura en definitiva agotado y superado. La emancipación de la persona humana *vis-à-vis* el propio Estado avanza lentamente, pero avanza. Nadie podría suponer o antever, hace algunos años atrás, que las causas de los desplazados, de los migrantes indocumentados (en búsqueda de alimento, vivienda, trabajo y educación), y de los niños abandonados en las calles, alcanzasen un tribunal internacional como la Corte Interamericana de Derechos Humanos. El hecho de haberse tornado el acceso de los pobres y oprimidos a la justicia internacional una realidad en nuestros días se debe, sobre todo, al despertar de la conciencia humana para las necesidades de protección de los más débiles y de los olvidados.

Movida por esta conciencia, la propia dinámica de la vida internacional contemporánea ha cuidado de desautorizar el entendimiento tradicional de que las relaciones internacionales se rigen por reglas derivadas enteramente de la libre voluntad de los propios Estados. El positivismo voluntarista se mostró incapaz de explicar el proceso de formación de las normas del derecho internacional general, y se tornó evidente que sólo se podría encontrar una respuesta al problema de los fundamentos y de la validez de este último en la *conciencia jurídica universal*, a partir de la afirmación de la idea de una justicia objetiva.

En la construcción del ordenamiento jurídico internacional del siglo XXI, testimoniamos, con la gradual erosión de la reciprocidad, la emergencia *pari passu* de consideraciones superiores de *ordre public*, reflejadas en las concepciones de las normas imperativas del derecho internacional general (el *jus cogens*), de los derechos fundamentales inderogables, de las obligaciones *erga omnes* de protección (debidas a la comunidad internacional como un todo). La consagración de estas obligaciones representa la superación de un patrón de conducta erigido sobre la pretendida autonomía de la voluntad del Estado, del cual el propio derecho internacional buscó gradualmente liberarse ao consagrar el concepto de *jus cogens*.

En este inicio del siglo XXI, la expansión de la personalidad y capacidad jurídicas internacionales, abarcando la persona humana, como titular de derechos emanados directamente del derecho internacional, responde a una verdadera necesidad de la comunidad internacional contemporánea. Tenemos hoy día el privilegio de testimoniar e impulsar el proceso de *humanización* del derecho internacional, que pasa a ocuparse más directamente de la identificación y realización de valores y metas comunes superiores. El reconocimiento de la centralidad de los derechos humanos corresponde a un nuevo *ethos* de nuestros tiempos.

Este nuevo *ethos*, a su vez, ha abierto el camino para la construcción de un nuevo *jus gentium* como derecho universal de la humanidad, en la misma línea visionaria preconizada, a partir del siglo XVI, por los teólogos españoles F. de Vitoria y F. Suárez, de conformidad con el más lúcido pensamiento jusinternacionalista. En definitiva no es la función del jurista simplemente tomar nota de la práctica de los Estados (frecuentemente ambígua e incongruente), sino más bien decir cual es el Derecho. Desde la obra clásica de H. Grotius en el siglo XVII, se ha desarrollado una influyente corriente del pensamiento jusinternacionalista que concibe el Derecho Internacional como un ordenamiento jurídico dotado de valor propio o intrínseco (y por lo tanto superior a un derecho simplemente "voluntario"), – por cuanto deriva su autoridad de ciertos principios de la razón sana (*est dictatum rectae rationis*).

No se puede visualizar la humanidad como sujeto del Derecho a partir de la óptica del Estado; lo que se impone es reconocer los límites del Estado a partir de la óptica de la humanidad. Y al jurista está reservado un papel de crucial importancia en la construcción de este nuevo *jus gentium* del siglo XXI, el derecho universal de la humanidad. Muchas gracias a la Pontificia Universidad Católica del Perú por el alto honor que me confiere el día de hoy, y muchas gracias a todos por la presencia y la atención con que me han distinguido.

Lima, 18 de noviembre de 2003.

XXXVII

Memorial por um Novo *Jus Gentium*, o Direito Internacional da Humanidade[1]

– I –

É com profunda satisfação que agradeço ao Acadêmico Ministro Sálvio de Figueiredo Teixeira, Vice-Presidente do Superior Tribunal de Justiça (STJ), por suas generosas palavras de saudação e acolhida nesta memorável cerimônia. Igualmente agradeço a Academia Brasileira de Letras Jurídicas, na pessoa do Presidente J.M. Othon Sidou, e, por seu intermédio, nas de todos os integrantes de seu Colégio Acadêmico, pela honra da outorga do Prêmio "Pontes de Miranda" a meu livro *O Direito Internacional em um Mundo em Transformação*. O livro é, na verdade, um testemunho pessoal de 25 anos de reflexão e atuação neste domínio do Direito. [...]

O Ministro Sálvio sempre manteve viva sua preocupação com a formação dos magistrados, como ilustrado por sua marcante atuação em relação à Escola Nacional de Magistratura, [...] que se estendeu ao plano internacional. Em 08 de outubro de 1999, tive a grata satisfação de com ele celebrar e firmar um Convênio de Cooperação Interinstitucional, entre a Corte Interamericana de Direitos Humanos e a Escola Nacional de Magistratura. Subsequentemente, o Ministro Sálvio visitou a sede da Corte Interamericana em San José da Costa Rica, em 11 de abril de 2002. Como Presidente daquele Tribunal internacional, tive a alegria e o privilégio de acolher e saudar [...] o primeiro Ministro de um tribunal superior brasileiro a visitar oficialmente a Corte Interamericana, estreitando, desse modo, os contatos iniciais entre os Judiciários nacional e internacional, de tanta importância para a realização da justiça em casos atinentes à salvaguarda dos direitos humanos. [...]

– II –

Na cerimônia desta tarde proponho-me sintetizar minha visão dos rumos do Direito Internacional contemporâneo, exposta em meu livro *O Direito Internacional em um Mundo em Transformação*, publicado em 2002 pela Editora Renovar, sem me eximir de situá-los no contexto da profunda crise mundial em que vivemos, que se configura como uma verdadeira crise de valores. No mundo sombrio em que vivemos, impõe-se afirmar, hoje mais do que nunca, o necessário primado do

---

1 Discurso proferido pelo Autor na sessão solene da Academia Brasileira de Letras Jurídicas, por ocasião da outorga da Prêmio "Pontes de Miranda", realizada na sede da Academia Brasileira, no Rio de Janeiro, Brasil, em 25 de maio de 2004.

Direito sobre a força, assim como o imperativo de acesso direto da pessoa humana à justiça internacional, e a importância dos valores universais. Nesses três pontos, que representam notáveis conquistas do Direito internacional contemporâneo, me concentrarei em minha mensagem de hoje, 25 de maio de 2004, de agradecimento à Academia Brasileira de Letras Jurídicas pela grande honra que me concede.

Com efeito, vivemos hoje um momento verdadeiramente sombrio, de recrudescimento do uso da força no cenário internacional. Alguns teóricos do Direito, cooptados pelos donos de poder, elaboram novas "doutrinas", como a da chamada "legítima defesa preventiva", com que buscam legitimar os arroubos do unilateralismo sem limites. Para isso advogam o recurso a "contramedidas", à margem dos fundamentos da responsabilidade internacional do Estado. Invocam a "intervenção humanitária", ao invés de vindicar o direito das populações afetadas à assistência humanitária. O denominador comum de todas estas novas "doutrinas" é o descaso com os fundamentos do Direito Internacional, a par da ênfase no primitivismo do uso indiscriminado da força.

Os arautos do militarismo parecem não tomar em conta os enormes sacrifícios das gerações passadas. Nos conflitos armados e despotismos do século XX, foram mortos 86 milhões de seres humanos, dos quais 58 milhões nas duas guerras mundiais. Este panorama devastador se formou em meio à desumanidade aliada ao avanço tecnológico, ante a omissão de tantos. Este legado trágico das vítimas das guerras, genocídios e massacres do século passado nos conduz à inelutável conclusão de que o atual armamentismo (nuclear e outros) constitui a derradeira afronta à razão humana.

É penoso constatar que, apesar da proscrição da guerra como instrumento de política exterior e como meio de solução de controvérsias (desde o célebre Pacto Briand-Kellogg de 1928) no âmbito do Direito Internacional Público, e apesar dos consideráveis avanços no Direito Internacional Humanitário, alguns Estados e líderes políticos continuam se sentindo hoje no direito de enviar inescrupulosamente os jovens à guerra, ou seja, à morte, e com licença para matar. Mais além dos crimes de guerra, não há como escapar da caracterização da guerra, por si mesma, como um crime.

Reunido há um ano e meio em seu XXII Congresso em San Salvador, El Salvador, o Instituto Hispano-Luso-Americano de Direito Internacional (IHLADI) adotou uma declaração que merece registro. Coube-me a honra de copatrociná-la no conclave, na companhia de internacionalistas de 15 outros países. Foi aprovada por ampla maioria, em 13 de setembro de 2002. Na parte preambular, expressa sua preocupação pela "acentuada tendência de certos Estados que antepõem interesses particulares aos superiores da comunidade internacional", e por "fatos que, como o terrorismo, gravíssima violação dos direitos humanos, a afetam em seu conjunto". Manifesta sua preocupação também pela "anunciada adoção de condutas unilaterais que debilitam instituições já consolidadas no Direito Internacional e que são garantia da paz e da segurança".

Na parte operativa, a referida declaração adverte que a Carta das Nações Unidas, o direito internacional consuetudinário e os princípios gerais do Direito "constituem o âmbito jurídico ao qual deve ajustar-se necessariamente o exercício do direito de legítima defesa", que deve, ademais, observar plenamente, em quaisquer circunstâncias, as normas e os princípios do Direito Internacional Humanitário. A declaração do IHLADI expressa, a seguir, seu "categórico repúdio" à chamada "legítima defesa preventiva", inclusive como meio para "combater o terrorismo". E manifesta, enfim, seu igual repúdio ao terrorismo internacional, a ser "severamente sancionado", no "âmbito do Direito", por "todos os Estados da comunidade internacional".

Para a necessária luta contra o terrorismo, existem hoje 12 convenções internacionais, cuja aplicação e cumprimento se impõem. O que é inaceitável é o combate ao terrorismo com suas próprias armas, fazendo configurar o igualmente abominável terrorismo de Estado. Ataques armados "preventivos" e "contramedidas" indefinidas não encontram respaldo algum no Direito Internacional. Ao contrário, violam-no abertamente. São "doutrinas" espúrias, que mostram o caminho de volta à barbárie, além de multiplicarem suas vítimas silenciosas e inocentes.

Em matéria intitulada "A Guerra como Crime", publicada no *Correio Braziliense* de Brasília (pág. 5), em 20 de março de 2003, às vésperas da invasão e ocupação do Iraque à margem da Carta das Nações Unidas, adverti que

> "Não podemos consentir passivamente nesta desconstrução do Direito Internacional pelos detentores do poder econômico e militar, que lamentavelmente já se encontra em curso há meia-década. As chamadas "doutrinas" da "autorização implícita", pelo Conselho de Segurança das Nações Unidas, do uso da força, invocada para tentar `justificar' o bombardeio do Iraque em 1998, e da `autorização ex post facto', pelo mesmo Conselho de Segurança, do uso da força, invocada para tentar `explicar' o bombardeio do Kosovo de 1999, não encontram respaldo algum no Direito Internacional, e fomentam as ameaças à paz mundial.
>
> Não podemos consentir na destruição do sistema de segurança coletiva da Carta das Nações Unidas, alicerçado nos princípios – para cuja consagração tanto contribuíram os países latinoamericanos – da proibição da ameaça ou uso da força nas relações interestatais e da solução pacífica das controvérsias internacionais. Estes princípios advertem que qualquer exceção à operação regular de tal sistema deve ser restritivamente interpretada. Com efeito, a doutrina jurídica mais lúcida e todos os comentários mais autorizados da Carta das Nações Unidas assinalam que a letra e o espírito de seu artigo 51 (sobre a legítima defesa) se opõem à pretensão da chamada "legítima defesa preventiva", e a desautorizam em definitivo. Seu próprio histórico legislativo indica claramente que o artigo 51 se subordina ao princípio fundamental da proibição geral da ameaça ou uso da força (artigo 2(4) da Carta), ademais de sujeitar-se ao controle do Conselho de Segurança.
>
> As tentativas frustradas e inconvincentes de ampliar seu alcance, para abarcar uma pretensa e insustentável "legítima defesa preventiva", jamais lograram dar uma resposta à

objeção no sentido de que admiti-la seria abrir as portas às represálias, ao uso generalizado da força, à agressão, em meio à mais completa imprecisão conceitual. Ademais, em nossos dias, com a alarmante proliferação de armas de destruição em massa, o princípio da não ameaça e do não uso da força (artigo 2(4)) impõe-se com ainda maior vigor, desvendando um caráter verdadeiramente imperativo. O referido artigo 2(4) proíbe tanto o uso como a ameaça da força. O deslocamento maciço de tropas e a criação de um verdadeiro palco de guerra, sem a autorização expressa do Conselho de Segurança (nem sequer pelo parágrafo operativo 13, vago e genérico, de sua resolução 1441, de novembro de 2002), constituem per se uma violação flagrante da Carta das Nações Unidas e do Direito Internacional.

Não podemos consentir na destruição da Carta das Nações Unidas, adotada, como reza seu preâmbulo, para preservar as gerações vindouras do flagelo da guerra e de sofrimentos indizíveis à humanidade. (...) Foi necessário esperar décadas para que se lograsse a tipificação dos crimes de guerra. Hoje, mais além destes últimos, não há como escapar da caracterização da guerra, por si mesma, como um crime".

Com efeito, nada no direito internacional autoriza um Estado a desencadear *sponte sua* um conflito armado internacional, – ainda mais por ser violatório da Carta das Nações Unidas, – sob o pretexto de por fim a arsenais de armas de destruição em massa, quando ele próprio é o detentor de alguns dos maiores arsenais de armas de destruição em massa no mundo. Para este fim, há mecanismos multilaterais de controle e proibição, criados por convenções internacionais, que há que aplicar e fortalecer, rumo ao desarmamento mundial. Nada no direito internacional autoriza um Estado a autoproclamar-se defensor da "civilização", e os que assim atuam, recorrendo ao uso indiscriminado da força, o fazem em sentido contrário ao propósito professado. No controle de armamentos assim como no combate ao terrorismo, não há alternativa ao multilateralismo no âmbito das Nações Unidas; o abandono do multilateralismo significa a ruptura do sistema internacional, com consequências desastrosas para toda a humanidade, engajando a responsabilidade internacional agravada dos Estados em questão.

Recentemente, resolução aprovada pelos membros do *Institut de Droit International*, a mais prestigiosa instituição do gênero no mundo, que tenho a honra de integrar, reunida em Bruges, Bélgica, em agosto-setembro de 2003, para cuja adoção concorri com meu voto favorável, afirmou que em todo e qualquer conflito armado impõe-se a fiel observância da normativa e dos princípios do Direito Internacional Humanitário. A resolução recordou o respeito devido aos prisioneiros de guerra, cujo estatuto jurídico, em caso de dúvida, deve ser decidido por um tribunal. Advertiu, a seguir, a resolução dos membros do *Institut*, que a ocupação beligerante não implica uma transferência de soberania à potência ocupante. Esta última, assume a responsabilidade pela ordem pública, pela segurança e bem-estar dos habitantes do território, pela salvaguarda de seus direitos, pela preservação de seus recursos naturais, e pela proteção dos bens culturais e do legado histórico do país ocupado.

A resolução mencionada caracterizou a guerra de agressão como um crime internacional, e invocou enfim a "consciência universal da humanidade" ao requerer de todos os Estados, independentemente de seu poderio, o devido respeito aos referidos princípios fundamentais. As situações de fato que hoje lamentavelmente testemunhamos, ao contrário do que muitos pensam, não geram uma nova prática. Configuram, antes, violações flagrantes do direito internacional, que geram a responsabilidade internacional dos Estados por elas responsáveis.

É chegado o momento de, mais além da condenação dos crimes de guerra, se por um fim à antiga barbárie da guerra propriamente dita. Já os antigos gregos tinham consciência dos efeitos devastadores da guerra sobre vencedores e vencidos. Todos eram destruídos pela força bruta, impotentes ante a máquina da guerra, destruidora de sua vida e de seu espírito. Desde a época da *Ilíada* de Homero até o presente, todos os beligerantes se transformam em objetos, na incessante luta pelo poder, incapazes sequer de submeter suas ações ao crivo de seu pensamento. Como na *Ilíada* de Homero, não há vencedores e vencidos, todos são brutalizados pela guerra e tragados pela devastação dos massacres[2].

Na antiguidade como em nossos dias, o unilateralismo armado tem um profundo efeito descivilizador. Haja vista as notícias que hoje nos chegam do Iraque e de Guantánamo. Não se sustenta uma ordem internacional que se pretenda criada pela livre vontade dos Estados, pois é por sua livre vontade que os Estados – mormente os mais poderosos – a violam. A perigosa escalada de violência neste

início do século XXI só poderá ser contida mediante o fiel apego ao Direito e a seus princípios básicos. Acima da força está o Direito, assim como acima da vontade está a consciência.

– III –

No tocante ao segundo ponto central que me proponho a aqui abordar, o do acesso direto da pessoa humana à justiça internacional, ao qual me tenho dedicado ao longo de vários anos, não vejo como deixar de situá-lo no âmbito do que me permitiria caracterizar como o da construção do novo *jus gentium* do século XXI: o *direito universal da humanidade*. O direito internacional tradicional, vigente no início do século passado, marcava-se pelo voluntarismo estatal ilimitado, que se refletia na permissividade do recurso à guerra, da celebração de tratados desiguais, da diplomacia secreta, da manutenção de colônias e protetorados e de zonas de influência. Contra esta ordem oligárquica e injusta se insurgiram princípios como os da proibição do uso e ameaça da força e da guerra de agressão (e do não reconhecimento de

---

2   A.A. Cançado Trindade, "El Primado del Derecho sobre la Fuerza como Imperativo del *Jus Cogens*", in *Doctrina Latinamericana del Derecho Internacional*, vol. II (eds. A.A. Cançado Trindade e F. Vidal Ramírez), San José de Costa Rica, Corte Interamericana de Derechos Humanos, 2003, pp. 62-63.

situações por estas geradas), da igualdade jurídica dos Estados, da solução pacífica das controvérsias internacionais. Deu-se, ademais, início ao combate às desigualdades (com a abolição das capitulações, o estabelecimento do sistema de proteção de minorias sob a Liga das Nações, e a adoção das primeiras convenções internacionais do trabalho da OIT, de que é exímio conhecedor o Acadêmico Ministro Arnaldo Sussekind, aqui presente).

Na meia-década em que me coube a honra, até há pouco, de presidir a Corte Interamericana de Direitos Humanos, nunca deixou esta de reconhecer a importância fundamental da promoção do acesso direto da pessoa humana à jurisdição internacional assim como da função dos princípios gerais do direito (abarcando os princípios do direito internacional) no sistema jurídico. Como me permiti ponderar em meu Voto Concordante no recente Parecer n. 18 da Corte, sobre *A Condição Jurídica e os Direitos dos Migrantes Indocumentados* (de 17.09.2003, pars. 44 e 46):

- "Todo sistema jurídico tem princípios fundamentais, que inspiram, informam e conformam suas normas. São os princípios (...) que, evocando as causas primeiras, fontes ou origens das normas e regras, conferem coesão, coerência e legitimidade às normas jurídicas e ao sistema jurídico como um todo. São os princípios gerais do direito (prima principia) que conferem ao ordenamento jurídico (tanto nacional como internacional) sua inelutável dimensão axiológica; são eles que revelam os valores que inspiram todo o ordenamento jurídico e que, em última análise, provêm seus próprios fundamentos. (...) Sem os princípios, a `ordem jurídica´ simplesmente não se realiza, e deixa de existir como tal".

Em meados do século XX reconheceu-se a necessidade da reconstrução do direito internacional com atenção aos direitos do ser humano, do que deu eloquente testemunho a adoção da Declaração Universal de 1948, seguida, ao longo de cinco décadas, por mais de 70 tratados de proteção hoje vigentes nos planos global e regional. Na era das Nações Unidas consolidou-se, paralelamente, o sistema de segurança coletiva, que, no entanto, deixou de operar a contento em razão dos impasses gerados pela guerra fria. O direito internacional passou a experimentar, no segundo meado deste século, uma extraordinária expansão, fomentada em grande parte pela atuação das Nações Unidas e agências especializadas, ademais das organizações regionais.

A emergência dos novos Estados, em meio ao processo histórico de descolonização, veio marcar profundamente sua evolução nas décadas de cinquenta e sessenta, em meio ao grande impacto no seio das Nações Unidas do direito emergente de autodeterminação dos povos. Desencadeou-se o processo de *democratização* do direito internacional. As Nações Unidas gradualmente voltaram sua atenção também ao domínio econômico e social, a par do comércio internacional, sem prejuízo de sua preocupação inicial e continuada com a preservação da paz e segurança internacionais. Ao transcender os antigos parâmetros do direito clássico da paz e da guerra, equipou-se o direito internacional para responder às novas demandas e desafios da vida internacional, com maior ênfase na cooperação internacional. Nas décadas de sessenta a oitenta, os foros multilaterais se engajaram em um intenso processo de elaboração e adoção de sucessivos tratados e resoluções de regulamentação dos espaços, em áreas distintas como as do espaço exterior e do direito do mar.

As notáveis transformações no cenário mundial contemporâneo desencadeadas, a partir de 1989, pelo fim da guerra fria e a irrupção de numerosos conflitos internos, caracterizaram os anos noventa como um momento na história marcado por uma profunda reflexão, em escala universal, sobre as próprias bases da sociedade internacional e a formação gradual da agenda internacional do século XXI. O ciclo das Conferências Mundiais das Nações Unidas deste final de século tem procedido a uma reavaliação global de muitos conceitos à luz da consideração de temas que afetam a humanidade como um todo.

Seu denominador comum tem sido a atenção especial às *condições de vida* da população (particularmente dos grupos vulneráveis, em necessidade especial de proteção), daí resultando o reconhecimento universal da necessidade de situar os seres humanos de modo definitivo no centro de todo processo de desenvolvimento. Com efeito, os grandes desafios de nossos tempos – a proteção do ser humano e do meio-ambiente, o desarmamento, a erradicação da pobreza crônica e das discriminações, a superação das disparidades alarmantes entre os países e dentro deles, e a busca do desenvolvimento humano, – têm incitado à revitalização dos próprios fundamentos e princípios do direito internacional contemporâneo, tendendo a fazer abstração de soluções jurisdicionais e espaciais (territoriais) clássicas e deslocando a ênfase para a noção de solidariedade.

Compreendeu-se, no desenvolvimento do direito internacional ao longo da segunda metade do século XX, que *a razão de Estado tem limites*, no atendimento das necessidades e aspirações da população, e no tratamento equânime das questões que afetam toda a humanidade. O ordenamento internacional tradicional, marcado pelo predomínio das soberanias estatais e exclusão dos indivíduos, não foi capaz de evitar a intensificação da produção e uso de armamentos de destruição em massa, e tampouco as violações maciças dos direitos humanos perpetradas em todas as regiões do mundo, e as sucessivas atrocidades de nosso século, inclusive as contemporâneas.

Como me permiti assinalar em meu Voto Concordante no histórico Parecer n. 16, da Corte Interamericana de Direitos Humanos, sobre *O Direito à Informação sobre a Assistência Consular no Âmbito das Garantias do Devido Processo Legal* (1999),

> "toda a jurisprudência internacional em matéria de direitos humanos tem desenvolvido, de forma convergente, ao longo das últimas décadas, uma interpretação dinâmica ou evolutiva dos tratados de proteção dos direitos do ser humano. (...) As próprias emergência e consolidação do corpus juris do Direito Internacional dos Direitos Humanos se devem à reação da consciência jurídica universal ante os recorrentes abusos cometidos contra os

seres humanos, frequentemente convalidados pela lei positiva: com isto, o Direito veio ao encontro do ser humano, destinatário último de suas normas de proteção" (pars. 3-4).

Em seguida, no referido Voto Concordante, deixei registro do reconhecimento, em nossos dias, da necessidade de restituir ao ser humano a posição central – como *sujeito do direito tanto interno como internacional*[3] – de onde foi indevidamente alijado, com as consequências desastrosas, evidenciadas nas sucessivas atrocidades cometidas contra si nas últimas décadas. Tudo isto "ocorreu com a complascência do positivismo jurídico, em sua subserviência típica ao autoritarismo estatal" (par. 12). E acrescentei:

"Com a desmistificação dos postulados do positivismo voluntarista, tornou-se evidente que só se pode encontrar uma resposta ao problema dos fundamentos e da validade do direito internacional geral na consciência jurídica universal, a partir da asserção da ideia de uma justiça objetiva. Como uma manifestação desta última, têm-se afirmado os direitos do ser humano, emanados diretamente do direito internacional, e não submetidos, portanto, às vicissitudes do direito interno" (par. 14).

Com efeito, as atrocidades e abusos que têm vitimado nas últimas décadas milhões de seres humanos em toda parte têm definitivamente despertado a *consciência jurídica universal* para a premente necessidade de reconceitualizar as próprias bases do ordenamento jurídico internacional. Urge, em nossos dias, estimular este despertar da *consciência jurídica universal* para intensificar o processo de humanização do direito internacional contemporâneo, – tal como enfatizei em meu Voto Concordante no caso dos *Haitianos e Dominicanos de Origem Haitiana na República Dominicana* (Medidas Provisórias de Proteção, 2000) perante a Corte Interamericana (par. 12).

Posteriormente, no caso *Bámaca Velásquez versus Guatemala* (Sentença sobre o mérito, de 25 de novembro de 2000), também ante a mesma Corte, me permiti insistir no ponto, em minha Explicação de Voto; ao opinar que os avanços no campo da proteção internacional dos direitos da pessoa humana se devem à *consciência jurídica universal* (par. 28), expressei meu entendimento nos seguintes termos:

"(...) no campo da ciência do direito, não vejo como deixar de afirmar a existência de uma consciência jurídica universal (correspondente à opinio juris communis), que

---

3 Esta nova condição jurídica da pessoa humana requer a intangibilidade da jurisdição dos tribunais internacionais de direitos humanos, que devem ser dotados de jurisdição automaticamente *obrigatória* em relação a todos os Estados Partes nos respectivos tratados ou convenções. Cf., nesse sentido, A.A. Cançado Trindade, "Las Cláusulas Pétreas de la Protección Internacional del Ser Humano: El Acceso Directo de los Individuos a la Justicia a Nivel Internacional y la Intangibilidad de la Jurisdicción Obligatoria de los Tribunales Internacionales de Derechos Humanos", *in El Sistema Interamericano de Protección de los Derechos Humanos en el Umbral del Siglo XXI – Memoria del Seminario* (Nov. 1999), vol. I, 2ª. ed., San José de Costa Rica, Corte Interamericana de Derechos Humanos, 2003, pp. 3-68.

constitui, em meu entender, a fonte material por excelência (mais além das fontes formais) de todo o direito das gentes, responsável pelos avanços do gênero humano não só no plano jurídico como também no espiritual" (par. 16).

Nesta mesma linha de raciocínio, também em meu Voto Concordante no Parecer n. 18 da Corte Interamericana sobre *A Condição Jurídica e os Direitos dos Migrantes Indocumentados* (2003), expressei minha convicção de que a *consciência jurídica universal* constitui expressão da fonte *material* por excelência de todo o direito das gentes (pars. 23-25 e 28-30, esp. par. 29).

Os desafios do século XXI não mais admitem que os jusinternacionalistas continuem se eximindo de examinar, mais além das "fontes formais", a questão bem mais difícil da fonte *material* do direito internacional contemporâneo. O direito internacional não se reduz, em absoluto, a um instrumental a serviço do poder; seu destinatário final é o ser humano, devendo atender a suas necessidades básicas, entre as quais se destaca a da realização da justiça. Neste início do século XXI, em meio aos escombros do uso indiscriminado da força, impõe-se a reconstrução do direito internacional com base em um novo paradigma, já não mais estatocêntrico, mas situando a pessoa humana em posição central e tendo presentes os problemas que afetam a humanidade como um todo.

Vinculada ao despertar da *consciência jurídica universal*, a chamada *cláusula Martens*, com mais de um século de trajetória histórica (desde sua formulação original na I Conferência da Paz da Haia de 1899 até o presente), tem visado estender juridicamente proteção aos indivíduos em todas as situações, ainda que não contempladas pelas normas humanitárias convencionais; com este propósito, a cláusula Martens invoca "os princípios do direito das gentes" derivados dos "usos estabelecidos", assim como "as leis de humanidade" e "as exigências da consciência pública". A referida cláusula constitui uma perene advertência contra a suposição de que o que não esteja expressamente proibido pelas Convenções de Direito Internacional Humanitário poderia estar permitido. Muito pelo contrário, sustenta ela a aplicabilidade continuada dos princípios do direito das gentes, das leis da humanidade e das exigências da consciência pública, independentemente do surgimento de novas situações e do desenvolvimento da tecnologia.

A referida cláusula impede, pois, o *non liquet*, e exerce uma função importante na hermenêutica da normativa humanitária. A cláusula Martens, como um todo, tem sido concebida e reiteradamente afirmada, em última análise, em benefício de todo o gênero humano, mantendo assim sua grande atualidade. O fato de ter sido a referida cláusula reiterada, em sucessivos instrumentos de Direito Internacional Humanitário, por mais de um século, situa-a, – como assinalei em meu citado Voto Concordante no Parecer n. 18 sobre *A Condição Jurídica e os Direitos dos Migrantes Indocumentados*, – no plano da *fonte material* por excelência de todo o direito das gentes (pars. 23-25 e 28-30, esp. par. 29). Tenho a caracterizado, na verdade, como expressão da *razão de humanidade* impondo limites à *razão de Estado*[4].

Toda esta evolução conceitual a que aqui me refiro tem gradualmente se movido, nos últimos años, da dimensão internacional à propriamente *universal*, sob a decisiva influência do desenvolvimento do próprio Direito Internacional dos Direitos Humanos. O reconhecimento de certos *valores* fundamentais, com base em um sentido de justiça objetiva, tem em muito contribuído à formação da *communis opinio juris* nas últimas décadas do século XX e início do século XXI (com uma dimensão bem mais ampla que a de simples elemento subjetivo do costume internacional). Para isto têm em muito contribuído as organizações internacionais, sobretudo as de âmbito universal, como porta-vozes dos interesses da comunidade internacional como um todo[5].

Em suma, já não se sustenta o antigo monopólio estatal da titularidade de direitos no plano internacional, tendo-se hoje consolidado a emancipação da pessoa humana *vis-à-vis* o próprio Estado. Ninguém poderia supor, há alguns anos atrás, que os refugiados e deslocados, os migrantes documentados e indocumentados (em busca de alimento, moradia, trabalho e educação), e as crianças abandonadas nas ruas, alcançassem um tribunal internacional como a Corte Interamericana de Direitos Humanos. O fato de haver se tornado realidade em nossos dias o acesso dos pobres e oprimidos à justiça internacional, como demonstrado pela jurisprudência recente da Corte Interamericana de Direitos Humanos, se deve, sobretudo, ao despertar da consciência humana para as necessidades de proteção em particular dos mais fracos e oprimidos.

A plena participação dos indivíduos, sobretudo no procedimento contencioso, tem se mostrado imprescindível para a realização da justiça internacional. Sua importância, como última esperança dos esquecidos do mundo, vem de ser ilustrada, e.g., pelo contencioso dos assassinatos dos *"Meninos de Rua"* (caso *Villagrán Morales e Outros*) perante a mesma Corte Interamericana de Direitos Humanos. Neste caso paradigmático, as mães dos meninos assassinados (e a avó de um deles), tão pobres e abandonadas como os filhos (e neto), tiveram acesso à jurisdição internacional, compareceram a juízo (audiências públicas de 28-29.01.1999 e 12.03.2001), e, graças às sentenças da Corte Interamericana (quanto ao mérito, de 19.11.1999, e quanto às reparações, de 26.05.2001), que as ampararam, puderam ao menos recuperar a fé na Justiça humana.

Movida pela consciência humana, a própia dinâmica da vida internacional contemporânea tem cuidado de desautorizar o entendimento tradicional de que as relações internacionais se regem por regras derivadas inteiramente da livre vontade

---

[4] A.A. Cançado Trindade, *Tratado de Direito Internacional dos Direitos Humanos*, vol. II, Porto Alegre, S.A. Fabris Ed., 2003, pp. 497-509.

[5] A.A. Cançado Trindade, *Direito das Organizações Internacionais*, 3ª. ed., Belo Horizonte, Edit. Del Rey, 2003, pp. 721-783.

dos próprios Estados. O positivismo voluntarista se mostrou incapaz de explicar o processo de formação das normas do direito internacional geral, e se tornou evidente que só se poderia encontrar uma resposta ao problema dos fundamentos e da validade deste último na *consciência jurídica universal*, a partir da afirmação da ideia de uma justiça objetiva, em benefício de todos os seres humanos.

– IV –

Passo, enfim, a meu terceiro e derradeiro ponto central, atinente à relevância dos valores universais. Na construção do ordenamento jurídico internacional deste novo século, testemunhamos, com a gradual erosão da reciprocidade, a emergência *pari passu* de considerações superiores de *ordre public*, refletidas, no plano normativo, nas concepções das normas imperativas do direito internacional geral (o *jus cogens*), e dos direitos fundamentais inderrogáveis, e, no plano processual, na concepção das obrigações *erga omnes* de proteção. A consagração destas obrigações representa a superação de um padrão de conduta erigido sobre a pretensa autonomia da vontade do Estado, do qual o próprio Direito Internacional buscou gradualmente se libertar ao consagrar o conceito de *jus cogens*.

O novo *jus gentium* do século XXI, tal como o concebo, é dotado de *dimensões espacial e temporal* muito mais amplas do que as do passado. No tocante à dimensão espacial, não mais visualizo o direito internacional como condicionado ao consentimento dos Estados territoriais. A repartição territorial de competências é simplesmente incapaz de resolver os problemas da comunidade internacional contemporânea. O novo *jus gentium* de nossos dias não se reduz ao que os Estados se mostram dispostos a conceder; esta visão anacrônica levou à fragmentação histórica do *jus gentium* no *jus inter gentes*. A teoria geral do direito baseada e centralizada no Estado e sua "vontade" mostrou-se incapaz de evitar a desagregação do gênero humano e as sucessivas atrocidades do século XX. Em definitivo, a nenhum Estado é dado considerar-se acima do direito internacional.

Com base na experiência internacional acumulada até o presente, a communidade internacional não pode prescindir dos valores universais. Há um sentimento ineluctável de injustiça desprendendo-se de um sistema jurídico internacional incapaz de dar respostas às necessidades prementes de proteção de segmentos inteiros da população mundial e de milhões de seres humanos vulneráveis e indefesos. Este quadro de destituição afigura-se incompatível com a própria concepção de uma comunidade internacional, a qual pressupõe a existência de interesses comuns e superiores, e de deveres emanados diretamente do direito internacional (o direito *das gentes*) que a todos vinculam, – os Estados, os povos, e os seres humanos.

No domínio do novo *jus gentium*, não mais insensível à pobreza crescente e à marginalização e exclusão sociais, o Estado de Direito no plano já não só nacional mas também internacional, imbuído de um sentimento inquebrantável de justiça, prevalece sobre a anacrônica *raison d'État*. Na medida em que se estender reconhecimento aos valores universais, a comunidade internacional se moverá do *jus inter gentes* ao novo *jus gentium*, o direito internacional da humanidade.

A alentadora multiplicidade dos tribunais internacionais contemporâneos[6] é reveladora dos consideráveis avanços na busca da realização do ideal da justiça internacional. A esse respeito, – como me permiti assinalar em minha intervenção de 03 de dezembro de 2002 no Colóquio do Cinquentenário da Corte de Justiça das Comunidades Europeias em Luxemburgo, assim como em meu recente discurso de abertura do ano judiciário de 2004 da Corte Europeia de Direitos Humanos em Estrasburgo, em 22 de janeiro de 2004, – estamos ante a gradual formação de um verdadeiro Judiciário internacional, na construção de uma comunidade internacional engajada no primado do direito sobre a força e na realização da justiça internacional.

Há que prosseguir com determinação nesta direção. Em ocasiões recentes, como em suas Sentenças nos casos do *Tribunal Constitucional* e de *Ivtcher Bronstein versus Peru* (Competência, 1999), e de *Hilaire, Constantine e Benjamin e Outros versus Trinidad e Tobago* (Exceção Preliminar, 2001), a Corte Interamericana de Direitos Humanos, e.g., defendeu com firmeza a integrigade do mecanismo de proteção da Convenção Americana sobre Direitos Humanos, e impôs limites ao voluntarismo estatal, assegurando desse modo a salvaguarda dos direitos protegidos e a emancipação da pessoa humana *vis-à-vis* seu próprio Estado.

Em outra linha de consideração, nem o antigo enfoque wesfaliano interestatal, nem a atual capitulação ao *laisser-faire* dos mercados, deixam espaço suficiente para a realização da justiça. Os assim-chamados mercados "livres" são de natureza contratual, mais do que comunitária. Buscam os fluxos imediatos de capital à procura de lucros rápidos, e não metas universais. Têm sua linguagem própria codificada, acessível a poucos, e desprezam o pluralismo de valores. A busca de interesses comuns e superiores da humanidade não pode simplesmente ser deixada às vicissitudes das negociações e transações do mercado. Os mercados vivem o presente, o momento, não têm a dimensão intertemporal.

O novo *jus gentium*, por sua vez, tem uma dimensão muito mais ampla, não só *espacial*, mas também *temporal*. Tem em mente a humanidade, compreendendo as gerações presentes e também futuras, que não deixam de reconhecer as conquistas de seus predecessores, na consolidação dos direitos e deveres que conformam o novo *jus gentium*. A dimensão intertemporal dimension tem sido destacada pelos domínios do direito internacional que têm experimentado uma expansão marcante nas últimas décadas, notadamente a proteção dos direitos humanos e a proteção ambiental. A esse respeito, a noção de vítima potencial, por exemplo, é objeto de uma vasta jurisprudência dos tribunais internacionais de direitos humanos.

---

6 Que a doutrina menos esclarecida, mediante o uso da expressão indevidamente pejorativa "proliferação de tribunais internacionais", vem tentando em vão minimizar.

Neste início do século XXI, a expansão da personalidade e capacidade jurídicas internacionais, abarcando a pessoa humana, como titular de direitos emanados diretamente do direito internacional, responde a uma verdadeira necessidade da comunidade internacional contemporânea. Temos hoje o privilégio de testemunhar e impulsionar o processo de *humanização* do direito internacional, que passa a ocupar-se mais diretamente da identificação e realização de valores e metas comuns superiores. O reconhecimento da centralidade dos direitos humanos corresponde a um novo *ethos* de nossos tempos.

Este novo *ethos*, por sua vez, tem aberto o caminho para a construção de um novo *jus gentium* como direito universal da humanidade, na mesma linha visionária preconizada, a partir do século XVI, pelos teólogos espanhóis F. de Vitoria e F. Suárez, em conformidade com o mais lúcido pensamento jusinternacionalista. Definitivamente, não é função do jurista simplesmente tomar nota da prática dos Estados (frequentemente ambígua e incongruente), mas sim dizer qual é o Direito. Neste início do século XXI testemunhamos o processo de *humanização* do direito internacional, – para o qual constitui um privilégio poder contribuir, – que passa a se ocupar mais diretamente da realização de metas comuns superiores.

Neste sentido, visualizo em nossos dias, neste limiar do século XXI, um grande esforço, por parte da doutrina jurídica mais lúcida, de *retorno às origens*, no que diz respeito à disciplina que me concerne, a do Direito Internacional. As manifestações deste processo histórico de *humanização* do Direito Internacional se fazem presentes nos capítulos os mais diversos da disciplina. No capítulo de suas *fontes*, por exemplo, destaca-se o papel da *opinio juris communis*, graças à atuação libertária, nos foros internacionais, dos países mais fracos e oprimidos, somando-se à das organizações internacionaciais, que tanto têm contribuído à universalização do direito internacional.

No capítulo dos *sujeitos* do Direito Internacional, a par dos Estados e organizações internacionais, figuram também os indivíduos, a pessoa humana, como já ressaltei, dotados hoje de *personalidade* e *capacidade* jurídicas internacionais, sem a qual não poderia dar-se aquele reconhecimento. O próprio Direito Internacional, ao proclamar direitos inerentes a todo ser humano, – por definição anteriores e superiores ao Estado, – desautoriza o arcaico dogma positivista que pretendia autoritariamente reduzir tais direitos aos "concedidos" pelo Estado.

No que diz respeito ao capítulo da *responsabilidade* internacional, a par da dos Estados e organizações internacionais afirma-se hoje também a dos indivíduos. Exemplificam-no a criação dos dois Tribunais Internacionais *ad hoc* das Nações Unidas, para a ex-Iugoslávia e para Ruanda (em 1993 e 1994, respectivamente), assim como a adoção em Roma em 1998 do Estatuto do Tribunal Penal Internacional. A subjetividade internacional dos indivíduos passa, assim, a vincular-se ineluctavelmente à temática da responsabilidade internacional (outrora limitada à dos Estados). Em relação ao capítulo das *imunidades* dos agentes dos Estados, a consagração do princípio da *jurisdição universal* em alguns instrumentos internacionais (como, e.g., a Convenção das Nações Unidas contra a Tortura, de 1984), acarreta profundas implicações.

Recorde-se, ademais, que a codificação do capítulo da *sucessão de Estados* (a respeito de tratados, e de matérias outras que tratados, Convenções de Viena de 1978 e 1983) só foi possível após o exercício efetivo do *direito de autodeterminação dos povos*, por estes últimos. E o capítulo do *reconhecimento*, – outrora de Estados e governos, – com o tempo expandiu-se, abarcando também a beligerância, ilustrada, a partir de meados do século XX, também pela emergência dos movimentos de libertação nacional.

No tocante à *regulamentação dos espaços*, a antiga liberdade dos mares, por exemplo, cede terreno ao conceito de *patrimônio comum da humanidade* (os fundos oceânicos), consagrado na Convenção das Nações Unidas sobre o Direito do Mar (1982). O mesmo conceito passa, a partir dos anos sessenta, a ter aplicação também no âmbito do capítulo do direito do espaço exterior. E o direito ambiental internacional contemporâneo passa a cunhar uma nova expressão, a do *interesse comum da humanidade* (*common concern of mankind*), de que dão testemunho os preâmbulos das Convenções sobre o Clima, e sobre a Biodiversidade, de 1992).

Ao concluir, permito-me referir-me à notável contribuição à agenda social internacional do século XXI do ciclo – em que tive ocasião de participar em distintos momentos – das grandes Conferências Mundiais das Nações Unidas da última década do século XX (Meio Ambiente e Desenvolvimento, Rio de Janeiro, 1992; Direitos Humanos, Viena, 1993; População e Desenvolvimento, Cairo, 1994; Desenvolvimento Social, Copenhagen, 1995; Direitos da Mulher, Beijing, 1995; Assentamentos Humanos – Habitat-II, Istambul, 1996; jurisdição penal internacional permanente, Roma, 1998; seguidas da Conferência Mundial contra o Racismo e Discriminação Racial e Xenofobia, Durban, 2001), ao despertar a consciência jurídica universal para a necessidade de reconceituar as próprias bases do ordenamento internacional.

Revelou, como denominador comum, a atenção especial dispensada às *condições de vida* da população (particularmente dos grupos vulneráveis, em necessidade especial de proteção). Daí resultaram o reconhecimento universal da necessidade de situar os seres humanos de modo definitivo no centro de todo processo de desenvolvimento[7], assim como o reconhecimento da legitimidade da preocupação de toda a comunidade internacional com a situação real de todos os seres humanos em toda parte. O referido ciclo de Conferências Mundiais, da passagem do século, alertou, em suma, para a premente necessidade do atendimento às necessidades básicas e aspirações da população mundial. O ordenamento jurídico internacional já se movera de um enfoque estatocêntrico a uma nova dimensão antropocêntrica.

---

7   A promoção do desenvolvimento humano e a realização da totalidade dos direitos humanos têm uma motivação comum e convergente; cf. PNUD, *Informe sobre Desarrollo Humano 2000*, Madrid, Ed. Mundi-Prensa, 2000, pp. 19-26.

Desde a obra clássica de H. Grotius no século XVII, tem-se desenvolvido uma influente corrente do pensamento jusinternacionalista que concebe o direito internacional como um ordenamento jurídico dotado de valor próprio ou intrínseco (e portanto superior a um direito simplesmente "voluntário"), – porquanto deriva sua autoridade de certos princípios da *recta ratio* (*est dictatum rectae rationis*). Efetivamente, não se pode visualizar a humanidade como sujeito do direito a partir da ótica do Estado; o que se impõe é reconhecer os limites do Estado a partir da ótica da humanidade. E ao jurista encontra-se reservado um papel de crucial importância na construção deste novo *jus gentium* do século XXI, o direito universal da humanidade. É esta a mensagem que me permito transmitir nesta memorável cerimônia, agradecendo, uma vez mais, pela honra que me vem de conceder a Academia Brasileira de Letras Jurídicas da acolhida das reflexões que por um quarto de século venho alimentando sobre o presente e o futuro do Direito Internacional. Muito agradecido a todos pela atenção com que me distinguiram.

ANEXO

BIBLIOGRAFIA
livros e monografias do mesmo autor

I. Livros

– *Tratado de Direito Internacional dos Direitos Humanos*, vol. I, Porto Alegre, S.A. Fabris Ed., 1997, pp. 1-486 (1ª. ed. esgotada); vol. I, Porto Alegre, S.A. Fabris Ed., 2003, pp. 1-640 (2ª. ed.);

– *Tratado de Direito Internacional dos Direitos Humanos*, vol. II, Porto Alegre, S.A. Fabris Ed., 1999, pp. 1-440 (esgotado);

– *Tratado de Direito Internacional dos Direitos Humanos*, vol. III, Porto Alegre, S.A. Fabris Ed., 2003, pp. 1-663;

– *Developments in the Rule of Exhaustion of Local Remedies in International Law*, em 2 vols., 15 capítulos, 1.728 páginas (circ. interna): Tese premiada com o Yorke Prize, concedido pela Faculdade de Direito da Universidade de Cambridge, Inglaterra, como a melhor das teses de Ph.D. defendidas naquela Universidade na área do Direito Internacional no biênio 1977-1978;

– *The Application of the Rule of Exhaustion of Local Remedies in International Law*, Cambridge, Cambridge University Press (Série "Cambridge Studies in International and Comparative Law"), 1983, pp. 1-445 (livro baseado na tese de Ph.D. do Autor, esgotado);

– *O Esgotamento de Recursos Internos no Direito Internacional*, 1ª. ed., Brasília, Ed. Universidade de Brasília, 1984, pp. 1-285 (esgotada); 2ª. ed. atualizada, Brasília, Editora Universidade de Brasília, 1997, pp. 1-327 (esgotado);

– *Princípios do Direito Internacional Contemporâneo*, 1ª. ed., Brasília, Ed. Universidade de Brasília, 1981, pp. 1-268 (esgotado);

– *International Law for Humankind – Towards a New Jus Gentium*, 1ª. ed. esgotada, Leiden/The Hague, Nijhoff/The Hague Academy of International Law(Monograph Series n. 6), 2010, pp. 1- 726; 2ª. ed. rev., 2013, pp. 1-726;

– *Co-Existence and Co-Ordination of Mechanisms of International Protection of Human Rights (At Global and Regional Levels)*, The Hague/Dordrecht, M. Nijhoff, 1987, pp. 1-435 (vol. 202 do «*Recueil des Cours de l'Académie de Droit International de Haye*»);

– *International Law for Humankind: Towards a New Jus Gentium – General Course on Public International Law* – Part I, 316 *Recueil des Cours de l'Académie de Droit International de la Haye* (2005) pp. 31-439;

– *International Law for Humankind: Towards a New Jus Gentium – General Course on Public International Law* – Part II, 317 *Recueil des Cours de l'Académie de Droit International de la Haye* (2005) pp. 19-312;

– *A Humanização do Direito Internacional*, Belo Horizonte/Brasil, Edit. Del Rey, 2006, pp. 3-409;

– *Derecho Internacional de los Derechos Humanos – Esencia y Trascendencia (Votos en la Corte Interamericana de Derechos Humanos, 1991-2006)*, 1ª. ed., México, Edit. Porrúa/Universidad Iberoamericana, 2007, pp. 1-1055 (1ª. ed. esgotada);

– *Évolution du Droit international au droit des gens – L'accès des particuliers à la justice internationale: Le regard d'un juge*, Paris, Pédone, 2008, pp. 1-187;

– *The Access of Individuals to International Justice* [2007 General Course at the Academy of European Law in Florence], Oxford, Oxford University Press, 2011, pp. 1-236;

– *El Ejercicio de la Función Judicial Internacional – Memorias de la Corte Interamericana de Derechos Humanos*, 3ª. ed., Belo Horizonte/Brasil, Edit. Del Rey, 2013, pp. 1-409;

– *El Derecho de Acceso a la Justicia en Su Amplia Dimensión*, 2ª. ed., Santiago de Chile, Ed. Librotecnia, 2012, pp. 79-574;

– *El Principio Básico de Igualdad y No-Discriminación: Construcción Jurisprudencial*, 1ª. ed., Santiago de Chile, Ed. Librotecnia, 2013, pp. 39-748;

– *Le Droit international pour la personne humaine*, Paris, Pédone, 2012, pp. 45-368;

– *Direito das Organizações Internacionais*, Brasília, Escopo Ed., 1990, pp. 1-521 (esgotada); 2ª. ed., Belo Horizonte, Ed. Del Rey, 2002, pp. 1-795 (esgotada); 3ª. ed., Belo Horizonte, Ed. Del Rey, 2003, pp. 1-990 (esgotada); 4ª. ed., Belo Horizonte, Edit. Del Rey, 2009, pp. 1-814 (esgotada); 5ª. ed., Belo Horizonte, Edit. Del Rey, 2012, pp. 1-838; 6ª. ed., Belo Horizonte, Edit. Del Rey, 2014, pp. 1-846;

– *O Direito Internacional em um Mundo em Transformação*, Rio de Janeiro, Ed. Renovar, 2002, pp. 1-1163;

– *El Derecho Internacional de los Derechos Humanos en el Siglo XXI*, 2ª. ed., Santiago, Editorial Jurídica de Chile, 2006, pp. 9-559;

– *Los Tribunales Internacionales Contemporáneos y la Humanización del Derecho Internacional*, Buenos Aires, Ed. Ad-Hoc, 2013, pp. 7-185;

– *La Humanización del Derecho Internacional Contemporáneo*, México, Edit.Porrúa/IMDPC, 2013, pp. 1-324;

– *Os Tribunais Internacionais Contemporâneos*, Brasília, FUNAG, 2013, pp. 7-132;

– *Os Tribunais Internacionais e a Realização da Justiça*, Rio de Janeiro, Edit. Renovar, 2015, pp. 1-507;

– *La Protección de la Persona Humana frente a los Crímenes Internacionales y la Invocación Indebida de Inmunidades Estatales*, Fortaleza, IBDH/IIDH/SLADI, 2013, pp. 5-305;

– *A Proteção dos Vulneráveis como Legado da II Conferência Mundial de Direitos Humanos (1993-2013)*, Fortaleza/Brazil, IBDH/IIDH/SLADI, 2014, pp. 13-356;

– *El Acceso Directo del Individuo a los Tribunales Internacionales de Derechos Humanos*, Bilbao, Universidad de Deusto, 2001, pp. 9-104;

– *Repertório da Prática Brasileira do Direito Internacional Público (Período 1961-1981)*, Brasília, Fundação Alexandre de Gusmão/Ministério das Relações Exteriores, 1984, pp. 1-353 (1ª. ed. esgotada); 2ª. ed., Brasília, Fundação Alexandre de Gusmão/Ministério das Relações Exteriores, 2012, pp. 1-424;

– *Repertório da Prática Brasileira do Direito Internacional Público (Período 1941-1960)*, Brasília, Fundação Alexandre de Gusmão/Ministério das Relações Exteriores, 1984, pp. 1-365 (1ª. ed. esgotada); 2ª. ed., Brasília, Fundação Alexandre de Gusmão/Ministério das Relações Exteriores, 2012, pp. 1-444;

– *Repertório da Prática Brasileira do Direito Internacional Público (Período 1919-1940)*, Brasília, Fundação Alexandre de Gusmão/Ministério das Relações Exteriores, 1984, pp. 1-278 (1ª. ed. esgotada); 2ª. ed., Brasília, Fundação Alexandre de Gusmão/Ministério das Relações Exteriores, 2012, pp. 1-388;

– *Repertório da Prática Brasileira do Direito Internacional Público (Período 1899-1918)*, Brasília, Fundação Alexandre de Gusmão/Ministério das Relações Exteriores, 1986, pp. 1-518 (1ª. ed. esgotada); 2ª. ed., Brasília, Fundação Alexandre de Gusmão/Ministério das Relações Exteriores, 2012, pp. 1-587;

– *Repertório da Prática Brasileira do Direito Internacional Público (Período 1889-1898)*, Brasília, Fundação Alexandre de Gusmão/Ministério das Relações Exteriores, 1988, pp. 1-271 (1ª. ed. esgotada); 2ª. ed., Brasília, Fundação Alexandre de Gusmão/Ministério das Relações Exteriores, 2012, pp. 1-302;

– *Repertório da Prática Brasileira do Direito Internacional Público (Índice Geral Analítico)*, Brasília, Fundação Alexandre de Gusmão/Ministério das Relações Exteriores, 1987, pp. 1-237 (1ª. ed. esgotada); 2ª. ed., Brasília, Fundação Alexandre de Gusmão/Ministério das Relações Exteriores, 2012, pp. 1-284;

– *O Direito Internacional e a Solução Pacífica das Controvérsias Internacionais*, Rio de Janeiro, Sindicato dos Bancos do Estado do Rio de Janeiro, 1988, pp. 3-135 (ed. experimental, esgotada);

– *A Proteção Internacional dos Direitos Humanos (Coletânea de Ensaios)*, Rio de Janeiro, Sindicato dos Bancos do Estado do Rio de Janeiro, 1988, pp. 7-280 (ed. experimental, esgotada);

– *A Proteção Internacional dos Direitos Humanos – Fundamentos Jurídicos e Instrumentos Básicos*, São Paulo, Editora Saraiva, 1991, pp. 1-742 (esgotado);

– *A Proteção dos Direitos Humanos nos Planos Nacional e Internacional: Perspectivas Brasileiras* (ed.), San José de Costa Rica/Brasília, IIDH/Fundação F. Naumann, 1992, pp. 1-358 (esgotado);

– *Derechos Humanos, Desarrollo Sustentable y Medio Ambiente/Human Rights,Sustainable Development and the Environment/Direitos Humanos, Desenvolvimento Sustentável e Meio Ambiente* (ed.), San José de Costa Rica/Brasília, IIDH/BID, 1992, pp. 1-356 (1ª. ed. esgotada); 2ª. ed., San José de Costa Rica/Brasília, IIDH/BID, 1995, pp. 1-414 (2ª. ed. esgotada);

– *Direitos Humanos e Meio-Ambiente: Paralelo dos Sistemas de Proteção Internacional*, Porto Alegre, S.A. Fabris Ed., 1993, pp. 1-351 (esgotado);

– *La Protección Internacional de los Derechos Humanos en America Latina y el Caribe (Reunión Regional de América Latina y el Caribe Preparatoria de la Conferencia Mundial de Derechos Humanos de Naciones Unidas)*, San José de Costa Rica, IIDH/CEE, 1993, pp. 1-137 (1ª. ed. esgotada); e *in*: ONU, doc. A/CONF.157/PC/63/Add.3, de 18.03.1993, pp. 9-137 (2ª. ed. esgotada);

– *A Incorporação das Normas Internacionais de Proteção dos Direitos Humanos no Direito Brasileiro* (ed.), San José de Costa Rica/Brasília,IIDH/ACNUR/CICV/CUE, 1996, pp. 1-845 (1ª. ed. esgotada); 2ª. ed., San José de Costa Rica/Brasília, IIDH/ACNUR/CICV/CUE/ASDI, 1996, pp. 1-845 (2ª. ed. esgotada);

– *O Direito Internacional e o Primado da Justiça* (em coautoria com A.C. Alves Pereira), Rio de Janeiro, Edit. Renovar, 2014, pp. 3-363;

– *As Três Vertentes da Proteção Internacional dos Direitos da Pessoa Humana* (em coautoria com G. Peytrignet e J. Ruiz de Santiago), Brasília/San José de Costa Rica, IIDH/ACNUR/CICV, 1996, pp. 1-289 (esgotado);

– *A Proteção Internacional dos Direitos Humanos e o Brasil (1948-1997): As Primeiras Cinco Décadas*, 1ª. ed., Brasília, Editora Universidade de Brasília (Edições Humanidades), 1998, pp. 1-208 (1ª. ed. esgotada); 2ª. ed., Brasília, Editora Universidade de Brasília (Edições Humanidades), 2000, pp. 1-214 (2ª. ed. esgotada);

– *A Sociedade Democrática no Final do Século* (em coautoria com M. Faro de Castro), Brasília, Paralelo 15, 1997, pp. 7-255 (esgotado);

– *La Nueva Dimensión de las Necesidades de Protección del Ser Humano en el Inicio del Siglo XXI* (em coautoria com Jaime Ruiz de Santiago), San José de Costa Rica, ACNUR, 2001, pp. 09-421 (1ª. ed. esgotada; reimpr., 2002); San José de Costa Rica, ACNUR, 2003, pp. 7-764 (2ª. ed.); San José de Costa Rica, ACNUR, 2004, pp. 17-1212 (3ª. ed.); San José de Costa Rica, ACNUR, 2006, pp. 21-1284 (4ª. ed.);

– *Informe: Bases para un Proyecto de Protocolo a la Convención Americana sobre Derechos Humanos, para Fortalecer Su Mecanismo de Protección* (Relator: A.A. Cançado Trindade), vol. II, San José de Costa Rica, Corte Interamericana de Derechos Humanos, 2001, pp. 1-669 (1ª. ed.); San José de Costa Rica, Corte Interamericana de Derechos Humanos, 2003, pp. 1-1015 (2ª. ed.);

– *Las Tres Vertientes de la Protección Internacional de los Derechos de la Persona Humana* (em coautoria com G. Peytrignet e J. Ruiz de Santiago), México, Ed. Porrúa/Univ. Iberoamericana, 2003, pp. 1-169;

– *O Direito Internacional e o Primado da Justiça* (em coautoria com A.C. Alves Pereira), Rio de Janeiro, Ed. Renovar, 2014, pp. 1-363;

– *Doctrina Latinoamericana del Derecho Internacional*, vol. I (em coautoria com A. Martínez Moreno), San José de Costa Rica, Corte Interamericana de Derechos Humanos, 2003, pp. 5-64 (esgotado);

– *Doctrina Latinoamericana del Derecho Internacional*, vol. II (em coautoria com F. Vidal Ramírez), San José de Costa Rica, Corte Interamericana de Derechos Humanos, 2003, pp. 5-66 (esgotado);

– *Pareceres dos Consultores Jurídicos do Itamaraty* (1985-1990 – Pareceres de A.A. Cançado Trindade), vol. VIII (org. A.P. Cachapuz de Medeiros), Brasília, Ministério das Relações Exteriores/Senado Federal, 2004, pp. 7-679 (esgotado);

– *El Futuro de la Corte Interamericana de Derechos Humanos* (em coautoria com M.E. Ventura Robles), 3ª. ed. rev., San José de Costa Rica, Corte Interamericana de Derechos Humanos, 2005, pp. 7-629;

– *La Nueva Dimensión de las Necesidades de Protección del Ser Humano en el Inicio del SigloXXI* (em coautoria com J. Ruiz de Santiago), 3ª. ed., San José de Costa Rica, ACNUR, 2004, pp. 23-1284.

– *Derecho Internacional y Derechos Humanos / Droit international et droits de l'homme* (em coordenação com D. Bardonnet e R. Cuéllar) (Libro Conmemorativo de la XXIV Sesión del Programa Exterior de la Academia de Derecho Internacional de la Haya), 2ª. ed., San José de Costa Rica/Haia, 2005, pp. V-VIII e 7-322.

II. Monografias

– *A Expansão da Jurisdição Internacional*, Belo Horizonte, Edit. Del Rey, 2010, pp. 1-63;

– *A Visão Humanista do Direito Internacional*, Belo Horizonte, Edit. Del Rey, 2013, pp. 1-55;

– *El Desarrollo del Derecho Internacional de los Derechos Humanos mediante el Funcionamiento y la Jurisprudencia de la Corte Europea y la Corte Interamericana de Derechos Humanos*, San José de Costa Rica, CtIADH, 2007, pp.1-75;

– *Elementos para un Enfoque de Derechos Humanos del Fenómeno de los Flujos Migratorios Forzados* (Cuaderno n. 5 de la Serie `Cuadernos de Trabajo sobre Migración´), Guatemala, OIM/IIDH, 2001, pp. 1-26;

– *Reflexiones sobre la Interacción entre el Derecho Internacional y el Derech Interno en la Protección de los Derechos Humanos* (Colección Cuadernos de Derechos Humanos, vol. 3-95), Guatemala, Ed. del Procurador de los Derechos Humanos de Guatemala, 1995, pp. 3-41 (1ª. ed.); e *in V Congreso Iberoamericano de Derecho Constitucional*, México, Universidad Nacional Autónoma de México (UNAM), 1998, pp. 107-135 (2ª. ed.);

– *O Estado e as Relações Internacionais: O Domínio Reservado dosEstados na Prática das Nações Unidas e Organizações Regionais*, 1ª. ed., Brasília, Ed. Universidade de Brasília, 1979, pp. 1-54 (esgotado);

– *Considerações Acerca do Relacionamento entre o Direito Internacional e o Direito Econômico*, in Cadernos da Fundação Brasileira de Direito Econômico, vol. 1, Belo Horizonte, FBDE, 1972, pp. 1-70;

– *El Agotamiento de los Recursos Internos en el Sistema Interamericano de Protección de los Derechos Humanos*, San José de Costa Rica, Instituto Interamericano de Derechos Humanos (Série para ONGs, vol. 1), 1991, pp. 1-60 (esgotado);

– *La Cuestión de la Protección Internacional de los Derechos Económicos, Sociales y Culturales: Evolución y Tendencias Actuales*, San José de Costa Rica, Instituto Interamericano de Derechos Humanos (Série para ONGs, vol. 6), 1992, pp. 1-61 (esgotado);

– *Medio Ambiente y Desarrollo: Formulación e Implementación del Derecho al Desarrollo como un Derecho Humano*, San José de Costa Rica, Instituto Interamericano de Derechos Humanos (Série para ONGs, vol. 8), 1993, pp. 1-54 (esgotado);

– *As Perspectivas da Paz*, Belo Horizonte, Imprensa Oficial de Minas Gerais, 1970, pp. 1-83 (1º. lugar em Concurso nacional de Monografias);

– *International Positions of Brazil at the Multilateral Level*, Washington D.C., Johns Hopkins University-School of Advanced International Studies/Center of Brazilian Studies, 1982, pp. 1-127;

– *Fundamentos Jurídicos dos Direitos Humanos*, Belo Horizonte, Ed. Faculdade de Direito da Universidade Federal de Minas Gerais, 1969, pp. 1-55 (1º. lugar em Concurso estadual universitário de Monografias);

– *Aspectos do Direito Internacional Público Contemporâneo*, 1982, Instituto Rio Branco, Brasília, Edição (interna) do Ministério das Relações Exteriores, 1983, pp. 1-126;

– *Derecho Internacional de los Derechos Humanos, Derecho Internacional de los Refugiados y Derecho Internacional Humanitario – Aproximaciones y Convergencias*, Genebra, CICV, [2000], pp. 1-66 (1ª. ed.);

– *State Responsibility in Cases of Massacres: Contemporary Advances in International Justice* (Inaugural Address, 10.11.2011), Utrecht, Universiteit Utrecht, 2011, pp. 1-71;

– *A Century of International Justice / Rétrospective d'un siècle de justice internationale et perspectives d'avenir* (em coautoria com Dean Spielmann), Oisterwijk, Wolf Publs., 2013, pp. 1-44;

– *A Questão da Implementação Internacional dos Direitos Econômicos, Sociais e* ais*: Evolução e Tendências Atuais*, San José de Costa Rica, Instituto Interameri- *Derechos Humanos* (VII Curso Interdisciplinario), 1989, pp. 1-46 (1ª. ed.); e *l Instituto Interamericano de Derechos Humanos*, San José de Costa Rica,

1989, n. 9, pp. 11-44 (2ª. ed.); e *in Revista Brasileira de Estudos Políticos*, Belo Horizonte, Ed. Universidade Federal de Minas Gerais, 1990, n. 71, pp. 7-55 (3ª. ed.); e *in Arquivos do Ministério da Justiça*, Brasília, Departamento de Imprensa Nacional, 1990, n. 175, pp. 5-42 (4ª. ed.).

– E cerca de seiscentos e setenta (670) outros trabalhos, entre ensaios, ontribuições a livros e coletâneas e *Mélanges/Festschriften*, e artigos, publicados em numerosos países e em distintos idiomas.